KB177608

임마누엘 칸트(1724~1804)

◀ 칸트의 생가
19세기 동판화

칸트가 태어난 쾨
니히스베르크는
독일 북동부에 위
치한 그 무렵 동
프로이센 지방으
로 정치·경제·문
화의 중심지였다.
오늘날은 러시아
땅이 되었다.

▼ 쾨니히스베르크
대학교(19세기 우
편엽서 사진)
1746년(22세)에 이
대학을 졸업한 칸
트는 1755년 강사
로 돌아온다. 1770
년 정교수가 된 그
는 1796년(72세) 노
령으로 강의를 그
만둘 때까지 쾨니
히스베르크 대학
을 떠나지 않았다.

▲〈별이 빛나는 밤〉 빈센트 반 고흐. 1889.
풍경을 생생한 색의 소용돌이로 바꾼 것은, 개인의 감각으로 경험되어진 '실재'의 대표적 사례라 할 수 있다.

칸트는 '정신'이 활발하게 '경험의 세계'를 만들어 낸다고 주장함으로써 정신은 세상에서 우연히 일어나는 일들을 기록해 둘 뿐이라는 생각을 뒤집었는데 이는 코페르니쿠스가 태양계를 재정리한 것만큼이나 인식의 전환이었다.

▶프리드리히 폰 실러(1759~1805)
실러는 칸트 철학을 연구했다. 그는 자신의 논문에서 미적 행위의 성격, 사회에서의 미의 역할, 미와 도덕경험의 관계를 밝히고자 했다.

Critik

der

reinen Vernunft

von

Immanuel Kant

Profeſſor in Königsberg.

Riga,
verlegts Johann Friedrich Hartknoch
1 7 8 1.

《순수이성비판》(1781) 초판 속표지

Immanuel Kant
KRITIK DER REINEN VERNUNFT
순수이성비판
임마누엘 칸트/정명오 옮김

동서문화사

이 책은 칸트 《순수이성비판》(제1판 1781년, 제2판 1787년)의 완역으로, 다음 판본들을 바탕 삼아 우리말로 옮겼다.

1. Kritik der reinen Vernunft, Herausgegeben von Raymund Schmidt, Philosophische Bibliothek Bd. 37, Felix Meiner Verlag, Nachdruck Hamburg, 1971.

2. Kritik der reinen Vernunft, Herausgegeben von Jens Timmermann, Mit einer Bibliographie von Heiner Klemme, Philosophische Bibliothek Bd. 505, Felix Meiner Verlag, Hamburg 1998.

3. Kritik der reinen Vernunft, Reclam.

4. Kritik der reinen Vernunft, Akademie−Ausgabe, Bd. 3, Bd. 4.

5. Kritik der reinen Vernunft, Weihschedel−Ausgabe.

6. Immanuel Kant's Critique of Pure Reason, Translated by Norman Kemp Smith, 1929, Houndmills, Basingstoke, Hampshire and London, Second Impression 1933, Reprinted 1992.

7. Critique of Pure Reason, Translated by Werner S. Pluhar, Introduction by Partricia W. Kitcher, Hackett Publishing Company, Inc. Indianapolis/Cambridge 1996.

8. Critique of Pure Reason, Translated and Edited by Paul Guyer, Allen W. Wood, Cambridge University Press 1998.

순수이성비판
차례

초월적 방법론

칸트의 생애와 사상

베룰람의 베이컨
'대변혁' 머리글

우리는 우리 자신에 대해서는 침묵한다. 그러나 여기에서 다루는 문제에 관해서는, 그것이 단순한 사견(私見)의 표시가 아니라 정직한 작업으로 간주되기를 원한다. 즉 여러분이 이것을 한낱 사사로운 견해로 보지 말고 하나의 중요한 일로 이해해 주며, 또한 우리가 의도하는 것이 한 학파의 창설이나 우연의 착상을 정당화하려는 것이 아니라 실로 인류의 복리와 존엄의 확립에 있음을 믿어주기 바란다. 따라서 여러분이 특별한 관심을 가지고—공동의 복리를 생각해—이 사업에 기꺼이 참여해 주기 바란다. 마지막으로 각자가, 우리의 변혁은 무한하고 초인간적인 일도 말하지 않고 있다는 것에 신뢰를 보내주기 바란다.

왜냐하면 이 '대변혁'이야말로 사실상 무한한 오류를 마감하는 동시에 또한 그 정당한 한계를 의미하는 것이기 때문이다.[1]

---

1) 이상의 모토는 제2판에 처음으로 덧붙여졌다.

왕립 국무장관
폰 체틀리츠 남작 각하

각하!

저마다 자신의 분야에서 학문의 발달을 촉진하는 것이 바로 각하께서 관심을 기울이고 있는 문제일 것입니다. 그것은 각하께서 학문의 보호자라는 고귀한 지위에 있기 때문만이 아니라, 학문의 애호자이며 또한 명철한 지식인이라는 매우 친근한 관계에 의해서 각하의 관심이 학문과 긴밀히 결부되어 있기 때문입니다. 따라서 저 또한 작은 힘이나마 바칠 수 있는 유일한 수단을 사용하여, 제가 이 목적에 무엇인가 기여할 수 있으리라고 생각해 주신 각하의 두터운 신뢰에 감사한 마음을 전하고자 합니다.

각하께서 이 책의 제1판에서 보여주신 배려에 보답하기 위해 제2판도 각하께 바침과 동시에,[1] 저작자로서의 제 직분에 따른 모든 일에 대해서 각하의 호의를 바랍니다. 깊은 경의를 표하면서.

쾨니히스베르크 1787년 4월 23일[2]
각하의 충실한 신하 임마누엘 칸트

---

1) 이 단락은 제1판에서는 다음과 같이 되어 있다. "사변적(思辨的)인 생활을 기쁨으로 삼는 사람에게는, 사물을 깨달은 판정자의 찬동은, 조촐한 희망 안에서 미력을 다하는 자에 대한 마음 든든한 격려가 됩니다. 미력을 다함으로써 얻어지는 효용은 신변적인 것이 아니라, 그런 까닭으로 대중의 눈에는 전혀 인정되지 않는 것이기는 하지만, 막대한 것입니다. 그와 같은 각하의 분에 넘치는 평가에 대하여 저는 이 책을 바치며 또 각하의 비호에 대하여 제 집필 활동의……"

2) 제1판은 '쾨니히스베르크, 1781년 3월 29일.

제1판 머리글(1781년)

인간의 이성은 어떤 종류의 인식에 있어서는 특수한 운명을 지니고 있다. 곧 이성은 자신이 물리칠 수도 없고, 그렇다고 대답할 수도 없는 문제로 괴로워하는 운명이다. 물리칠 수 없다는 것은, 그와 같은 문제가 이성 자신의 본성에 의해서 떠맡겨져 있기 때문이고, 대답할 수 없다는 것은, 그와 같은 문제가 인간의 이성 능력을 모조리 초월하고 있기 때문이다.

인간의 이성이 이런 곤경에 빠지는 것은 이성의 책임이 아니다. 이성은 원칙들에서 출발하고, 이 원칙들은 경험의 과정에서 반드시 사용되며, 또한 동시에 경험에 의해 충분히 증명된다. 이성은 이와 같은 원칙에 따라 (이성의 본성에 따라 으레 따라다니는 것이지만) 전제 또 그 전제로 어디까지나 높이 올라간다. 그러나 이성은, 문제가 도대체 해결되지 않기 때문에, 이와 같은 방식으로는 자기가 하고 있는 일이 언제까지나 완성될 수 없다는 것을 알아차리게 된다. 따라서 이성은 모든 가능한 경험적 사용을 초월해 있으면서도 보통의 상식과도 일치할 만큼 확실한 원칙들에게로 도피할 수밖에 없음을 안다. 하지만 이 때문에 이성은 수수께끼와 모순에 빠진다. 그 수수께끼와 모순으로부터 이성은 그 어디인가 잘못이 반드시 깃들어 있음을 알아차리기는 하나, 그 잘못이 무엇인지는 발견하지 못한다. 왜냐하면 이성이 사용하고 있는 원칙들은 모두 경험 한계를 초월해 있어서, 이성은 이제는 경험을 시금석으로 인정하지 않기 때문이다. 이처럼 끝없는 논쟁이 벌어지고 있는 싸움터, 그것을 형이상학이라고 한다.

그 옛날 형이상학이 모든 학문의 '여왕'이라고 일컬어졌던 시대가 있었다. 만약 의지를 행동과 같은 것으로 본다면, 형이상학은 그 대상이 매우 중요했기 때문에 확실히 이와 같은 존칭을 받을 만했다.

그러나 지금은 형이상학에 대해 온갖 경멸을 표하는 것이 시대의 풍조처럼 되어 있다. 그래서 추방되고 버림받은 형이상학이라는 노파는 마치 '헤카베'[3]처럼 탄식한다.

"나는 얼마 전까지도 만인 중에 최고 권력자며 많은 사위들과 자식들에게 둘러싸인 지배자였지만 이제 나라를 빼앗기고 나라로부터 추방되어 어떻게 할 줄을 모르고 있다."(오비디우스, 《변신이야기》)

초기 형이상학의 통치는 독단론자들의 지배 아래서 전제적이었다. 그러나 그 입법은 아직도 옛날의 조잡한 흔적을 남기고 있었기 때문에, 형이상학의 통치는 내전에 의해 점차 땅에 떨어져 완전히 무정부 상태가 되고 말았다. 그리하여 땅을 부지런히 경작하는 것을 무엇보다도 싫어하는 유목민과 같은 회의론자들이 가끔 국민의 통합을 해체했다. 그러나 다행히도 회의론자는 그 수가 적었기 때문에, 독단론자들이 서로 짠 계획에 따른 것은 아니었지만 다시금 형이상학의 통치를 재건하려는—전혀 새롭게라고는 할 수 없었지만—움직임을 저지할 수가 없었다. '우리의 시대에 들어와서 (유명한 로크의) 인간 오성에 대한 하나의 생리학은 일단 이들 모든 싸움에 종지부를 찍어서, 형이상학이 하는 요구의 정당성에도 개운하게 결말을 짓는 듯싶었다. 그러나 그 결과는 다음과 같았다. 자칭 여왕인 형이상학의 집안은 일상 경험이라고 하는 출신이 나쁜 피를 이어받고 있고, 그것으로 인하여 여왕의 참칭(僭稱)은 당연히 의심스러워졌다. 하지만 이 계보는 실제로는 날조되어 그녀에게 강요된 것이었기 때문에 여왕은 여전히 자기 요구를 주장했다. 그리하여 형이상학은 손상을 받아 시대에 뒤떨어진 독단론에 빠져, 거기서부터 다시 사람들이 이 학문에서 씻어내려고 했던 멸시로 빠져들었다.

온갖 방법들(흔히 사람들이 생각하듯이)이 시도되었지만 허사로 돌아간 지금 학문을 지배하고 있는 것은 권태와 극심한 무관심주의이다. 이것들은 모든 학문에 있어서의 혼돈과 어둠의 산모(産母)이다. 그러나 그와 동시에 이들이 잘못된 노력 때문에 아무 쓸모없는 것으로 돼버렸다면, 그것은 오히려 학문이 머지않아 개조되고 계몽될 근원이 되며 적어도 그 서막이 될 것이다.

사실 '무관심할 수 없는' 대상의 연구에 대해 억지로 '무관심'을 가장하려고

---

3) 그리스 신화에 나오는 트로이의 왕 프리아모스의 왕비. 트로이 전쟁에서 남편과 아들이 죽고 딸이 노예가 된 것을 슬퍼하다 개가 되어 죽었다고 한다.

해도 그것은 인간의 본성상 '무익한' 일이다. 스스로 형이상학에는 무관심하다고 일컫는 사람들이, 아무리 학술적 용어를 통속적 어조로 바꾸어서, 자기 정체를 감추려고 한다 하더라도,[4] 그들이 무엇인가를 사유하고 있는 한 그들이 통렬히 경멸했던 그 형이상학적 주장으로 되돌아갈 수밖에 없다. 그러나 모든 학문이 번성하는 한가운데서, 그것도 모든 지식 중에서 특히 그 누구도 단념할 수 없는 지식―그와 같은 것이 있다고 가정하고―에 관한 학문으로 향해져 있다고 하는 것은 하나의 중요한 사건이며 주의를 기울여 신중히 생각해 볼 가치가 있다. 이와 같은 무관심은 경박해서 생겨난 결과가 아니라, 분명히, 이제는 겉치레 지식으로는 성이 차지 않게 된 시대의 성숙된 판단력[5]의 결과이다. 그것은 또한, 이성의 작업 중에서 가장 까다로운 자기인식이라고 하는 일을 새로 떠맡아서 하나의 법정을 설치하라고 하는 이성에 대한 요구이다. 그 법정은, 이성이 정당한 요구를 내걸 경우에는 이성을 보전하고, 다른 한편으로 근거가 없는 모든 월권에 대해서는, 강권에 의해서가 아니라, 이성의 영원불변한 법에 따라서 이를 각하할 수가 있는 것이다. 이 법정이 바로 순수이성비판 바로 그 자체이다.

그러나 순수이성비판이라고 해도 내가 의미하는 비판이란, 저서나 체계의 비판을 말하는 것이 아니다. 여기서 말하는 비판이란 이성 능력 일반의 비판이며, 그것도 이성이 모든 경험으로부터 독립적으로 달성하려고 하는 모든 인식에 관한 것이다. 그러므로 이것은 형이상학 일반의 가능성 또는 불가능성을 결정

---

4) 1750년대에서 1790년대에 걸쳐 독일에 성행한 멘델스존 등의 통속철학을 비꼬는 말이다.

5) 우리 시대의 사고법은 천박하다거나, 철저한 학문이 쇠퇴하고 있다고 한탄하는 목소리를 여기저기에서 듣는다. 그러나 내가 보기에는, 수학이나 자연과학 등과 같이 기초가 튼튼한 학문은 그와 같은 비난은 조금도 해당되지 않으며, 오히려 철저하다는 예부터의 명성을 그대로 유지하고 있고, 자연과학의 경우에는 옛 명성을 능가하고 있을 정도이다. 먼저, 다른 종류의 인식의 원리를 시정하는 일에 배려하기만 한다면, 그와 같은 인식에서도 철저한 정신이 살아 있다고 하는 사실이 증명될 것이다. 그와 같은 시정이 이루어지지 않는 동안에는, 무관심도 의문도, 더 나아가서 엄격한 비판도 오히려 철저한 사고법의 증거인 것이다. 우리가 사는 시대는 원래 비판시대이며, 모든 것이 비판되지 않으면 안 된다. 종교는 신성하다는 이름 아래, 입법은 존엄(尊嚴)이라는 이름 아래 비판을 모면하려고 한다. 그러나 그러한 상태에 있으면 종교도 입법도 스스로 자신에 대하여 의문을 제기하여 거짓 없는 경의(敬意)를 요구할 수가 없게 될 것이다. 이성은 사로잡히지 않는 공적인 음미를 견딜 수 있을 때에만 그와 같은 거짓 없는 경의가 인정되는 것이다.

하고 형이상학의 원천과 범위와 한계를 규정하지만, 그것을 모두 원리에 따라 행한다는 것을 의미한다.

나는 지금까지 남겨져 있었던 유일한 방법, 즉 비판의 길을 택했으며, 이제 껏 경험을 떠났을 때 이성이 빠졌던 모든 자가당착적 오류를 제거했다는 것을 기쁘게 생각하고 있다. 이 과정에서 나는 인간 이성의 무력함을 핑계로 이성의 문제들을 회피하려 하지는 않았다. 오히려 그것들을 원리에 따라서 충분히 분류하고, 이성이 자기 자신에 대해 오해하고 있는 점을 밝힌 다음, 스스로 충분히 만족하도록 그 문제점들을 해결했다. 그러나 물론 그 문제들에 대한 해답은 독단적으로 몽상하는 지식욕이 부응할 만한 결과는 얻지 못했다. 왜냐하면 그와 같은 지식욕을 만족시킬 수 있는 것은 신통력뿐일 텐데 나는 신통력을 터득한 사람이 아니기 때문이다. 하지만 그와 같은 일은 우리 이성의 본성이 의도하는 것이 아니다. 게다가 그때, 비록 크게 칭찬을 받고 인기가 있는 망상이 소멸한다 해도 철학의 의무는 오해로부터 생긴 환상을 폐기하는 일이 아니었던가. 나는 이 작업에서 미치지 않는 곳이 없도록 매우 신경을 썼다. 그러므로 과감하게 말하자면 여기에서 해결되지 않았던 형이상학적 과제, 또는 적어도 해결의 열쇠가 주어지지 않았던 형이상학적 과제는 하나도 없다. 사실 순수이성도 하나의 완전한 통일체이다. 그렇기 때문에 순수이성의 원리가, 이성 자체의 본성에 의해서 이성에 부과된 모든 문제 가운데 단 하나라도 불충분하다면 이런 원리를 가차 없이 버려도 좋을 것이다. 왜냐하면 그러한 경우, 이 원리가 다른 어떤 문제의 해결에 있어서도 완전히 의지할 만한 것이 될 수 없기 때문이다.

나는 이렇게 말하면서도, 거만하고 불손해 보이는 내 주장에 대해 경멸 섞인 분노가 눈에 떠오르는 것 같다. 그러나 사실 나의 주장은, 가장 평범한 철학적 프로그램을 내거는 그 어떤 저자의 요구보다도 비교가 되지 않을 정도로 온건한 것이다. 이런 저자들은 그와 같은 프로그램 안에서, 이를테면 영혼의 단순한 본성, 또는 세계의 맨 처음 필연성을 증명한다고 떠들어대고 있는 것이다. 나의 요구 쪽이 온건하다고 하는 것은, 그와 같은 저자들은 인간의 인식을 가능한 경험의 한계를 넘어서 확장하려고 주장하는 데 반해, 나는 그와 같은 일에 대하여, 다음과 같이 겸허하게 털어놓기 때문이다. 그와 같은 일은 내 능력을 완전히 넘어서 있고, 그 대신 나는, 다만 이성 자신과 그 순수한 사고에 관여할 뿐이다라고. 나는 이성에 대한 자세한 지식을 얻기 위해 나 자신의 몸 주위에서 일부러 그것을 찾을 필요도 없다. 왜냐하면 나는 그것을 나 자신 안에서 발견하기 때문이다. 또 그것에 대해서는, 이미 일반적 논리학도, 이성의 모든 단순한 작용이 완전히, 또 체계적으로 열거될 수 있다는 것을 나타내는 한 예가 되어 있기 때문이다. 다만 여기에서 문제가 되는 것은, 경험이라는 소재와 도움이 모두 배제되었을 경우, 이성만을 가지고 대체 어느 정도의 일을 성취할 수 있을 것인가 하는 것이다.

하나하나의 목적을 달성함에 있어서의 완전성과, 모든 목적을 달성함에 있어서의 철저함에 대해서는 이 정도로 좋을 것이다. 이것들은 임의의 결의에 의해서가 아니라 우리의 비판적 탐구의 주제인 인식 그 자체의 본성에 의해서 우리에게 부과되는 것이다.

더 나아가 '확실성'과 '판명성'은 비판적 탐구의 형식에 관계되는 두 가지 점이며 본질적 요구로 간주할 수가 있다. 사람은 이 요구를, 이 정도로 바탕이 불안한 일에 도전하는 저자에 대해서 당연히 들이댈 수가 있다.

먼저 확실성과 관련하여, 나는 스스로에게 다음과 같은 판결을 내렸다. 이런 종류의 고찰에 있어서 억측한다는 것은 아무래도 금물이라는 것이다. 여기에서는, 가설과 비슷하다는 것만으로도 모든 것이 금지된 상품이며, 아무리 값이 싸다 하더라도 팔아서는 안 되고, 발견하자마자 모두 철거되어야 한다. 왜냐하면 선험적(先驗的 : a priori)으로 확립될 모든 인식은, 그것이 절대적으로 필연적인 것으로 간주되어야 한다는 것을 알리고 있기 때문이다. 그 이상으로, 모든 선험적 순수한 인식의 확정은 반증이 불가능한 (철학적) 확실성의 기준이며, 그 자체가 그 실례가 되어야 한다는 것을 알리고 있기 때문이다. 이런 점에서, 내가 스스로 맡은 일을 완수했는지의 여부는 모두 독자의 판정에 맡기기로 한다. 왜냐하면 저자로서 할 일은 다만 증거를 제시하는 것뿐, 나를 심판할 사람과 어깨를 나란히 해서 판결을 내리는 일이 아니기 때문이다. 다만, 결과는 어쨌든 간에, 그 원인 자체가 본의 아니게 약화되는 일이 없도록, 조금이라도 의혹을 가져올 우려가 있는 부분을 저자 스스로가 주(註)를 다는 일은 허용될 것이다. 이런 부분은 본질적 목적에 대한 것은 아니지만, 이 점에 대한 의혹으로 주목적에 관한 독자의 판단이 영향을 받는 것을 미연에 방지하기 위한 것이다.

우리가 지성이라고 부르는 능력을 규명하고, 동시에 그것을 사용할 때의 규칙과 한계를 정하기 위해서, 내가 초월적 분석론의 제2부에서, '순수지성 개념의 연역(演繹)'이라고 하는 제목으로 행한 탐구만큼 중요한 연구는 없을 것이다. 이 연구는 사실 나에게 말할 수 없이 큰 고생을 치르게 했다. 그러나 기대한 대로 그 수고가 무익한 것으로만 끝나지는 않으리라 생각한다. 이 고찰은 약간 깊이 들어가 있으며, 다음과 같은 두 측면을 가지고 있다. 그 하나는 순수지성의 대상에 관한 것으로, 지성의 선험적 개념의 객관적인 타당성을 증명하고, 이를 명확히 밝히려고 하는 것이다. 그렇기 때문에 그것은 본질적으로도 나의 목적에 포함되어 있다. 다른 하나는 순수지성이 입각하는 가능성과 인식능력에 따라서, 즉 주관적인 관계에서 순수지성 자신을 고찰하는 일을 지향하고 있다. 이두 번째 해명은 나의 주목적과 관련해 중요한 것이기는 하지만 본질적이라고할 수는 없다. 왜냐하면 무엇보다 주요한 문제는 '지성이나 이성은 모든 경험을 떠나서, 무엇을 어느 정도 인식할 수 있고, 어느 정도 인식할 수 없는가'이지 '생각하는 능력 자체가 어떻게 해서 가능한가' 하는 문제가 아니기 때문이다. 후자는, 말하자면 주어진 원인의 결과들로부터 원인을 찾는 일이며, 그러는 한에있어서는 무엇인가 가설 비슷한 것을 (기회를 봐서 제시하겠지만, 실제로는 그렇지 않지만) 수반하고 있다. 그러므로 거기에서는, 나는 마치 억측하는 일을 나에게 허용하고, 그 때문에 독자도 독자 나름대로 따로 억측하는 일은 자유라고 인정하지 않을 수 없는 인상을 준다. 이런 점을 고려해 나는 독자에게 다음과 같은 주의를 미리 말해 두지 않으면 안 된다. 그것은, 이를테면 나의 주관적 연역이 기대한 대로 완전한 확신을 독자에게 주지 못했다 해도, 여기서 특히 중요한 객관적 연역은 유감없이 그 위력을 발휘한다는 점이다.

끝으로 '판명성'에 대해 말하자면, 독자들은 먼저 개념에 의한 논증적(논리적) 판명성을 요구할 권리가 있고, 다음에는 직관에 의한, 즉 실례나 그 밖의 구체적 해명에 의한 직관적(감성적) 판명성을 요구할 권리가 있다. 논리적 판명성에는 나는 충분히 배려했다. 그것은 내 목적을 이루기 위해 필수적인 것이었다. 그러나 이 때문에, 본의 아니게도, 그다지 엄밀하지는 않으나 꽤 합당한 둘째요구는 만족시킬 수 없게 되었다. 나는 이 책을 집필해 가는 동안에, 이 점을 어떻게 하면 좋은가 결심을 내리지 못하고 있었다. 실례나 해설은 그동안에 언제나 필요하다고 여겨졌기 때문에, 실제로도 초고(草稿)에서는 적당한 곳에다 그것을 끼워넣어 두었다. 하지만 얼마 안 가서 나의 과제가 크다는 것, 내가 관여하게 될 제재(題材)가 너무 많다는 것을 깨달았다. 그리고 이들 모두를 무미건조하게, 오직 스콜라적으로 쓴다고 해도 이 책이 방대해질 것을 알았다. 그래서 대중적 목적에서 필요한 정도의 실례나 해설로 책의 분량을 이 이상 늘리지 않는 것이 좋겠다고 생각하게 되었다. 게다가 이 책은 결코 대중적 용도로는 적합하지 않을 뿐만 아니라, 또 그와 같은 알기 쉽게 하는 일을 도모한다 해도—그것은 바람직한 일이기는 하지만—본디 학문에 밝은 사람들은 이런 대중화를 그다지 필요로 하지 않다는 것을 감안하면 더더욱, 오히려 목적에 어긋나는 결과까지도 초래할지 모른다. 수도원장 테라송은 이렇게 말했다.

"만일 책의 크기가 면수가 아니라 그것을 이해하는 데 필요한 시간에 따라 측정된다고 한다면, 다음과 같이 말할 수 있을 것이다. '이 책이 이토록 짧지 않았다면, 훨씬 짧았을 텐데.'"

사변적 인식의 전체는 광범위하다고는 하지만 하나의 원리로 이어져 있고, 그 전체적 체계가 이해하기 쉽다는 점에 대해서, 여기서 말한 테라송의 참뜻을 전용한다면 마찬가지로 다음과 같이 말할 수가 있을 것이다. '많은 책이 이토록 명료해지려고 하지 않았다면 훨씬 명료해졌을 것이다'라고. 왜냐하면 판명성이라고 하는 보조수단은 확실히 부분적으로는 이해를 돕지만, 독자가 전체를 신속하게 개관(概觀)하게 해주지는 못하며, 화려하기는 하지만 전체의 구분이나 체계의 골격을 교착시켜 그것을 구별할 수 없게 한 나머지, 결과적으로 전체를 망가뜨리기 때문이다. 그런데 체계의 통일성과 우수성을 판정하는 데에는, 그 골격이 중요한 것이다.

생각건대 만일 독자가, 여기에서 제시된 구상에 의한 일대 중요사업을 완전히, 다만 오랜 시간을 들여서 이룩하려고 한다면, 그것만으로도, 독자가 자기 노력을 저자의 노력과 하나로 만들 수 있는 유인(誘因)이 될 수가 있다. 그런데 형이상학은, 우리가 이 책에서 제시하는 개념에 의하면, 모든 학문 중에서—더욱이 짧은 시간으로, 또 일치단결만 한다면—아주 적은 노력으로 그와 같은 완성이 기대되는 유일한 학문이다. 그러므로 후세 사람들에게는 모든 것을 교시적인 방법으로, 자신들의 목적에 따라서 정리하는 일 말고는 아무것도 남아 있지 않는 것이다. 왜냐하면 이런 의미의 형이상학은 순수이성을 통해 얻은 모든 실재의 재산을 체계적으로 정리한 재산목록이기 때문이다. 여기에서는 무엇 하나 우리의 눈을 벗어날 길이 없는 것이다. 이성이 자기 스스로 산출한 것은, 우리가 일단 그 공통의 원리를 발견한 뒤에는 감추어질 수 없으며, 저절로 이성에 의해 밝혀지는 것이기 때문이다. 이런 종류의 완전한 통일성, 더구나 오직 순수개념만에 의한 통일성은, 이와 같은 절대적 완전성을 가능하게 할 뿐만 아니라 그것을 필연적인 것으로 만들기도 한다. 그때, 경험에서 유래하는 그 무엇인가가—또는 확고한 경험으로 통한다고 여겨지는 특수한 직관이라 할지라도—그와 같은 인식에 그 어떤 영향을 주어서 그것을 확장하거나 증대하거나 할 수는 없다.

"네 자신의 집 안을 둘러보아라. 그러면 너의 재산목록이 얼마나 단순한가를 알 수 있을 것이다."(로마의 시인 페르시우스, 〈풍자시〉 IV, 52면)

나는 이와 같은 순수(사변적)이성의 체계를 '자연의 형이상학'이라는 제목으로 출판하기를 원하고 있다. 그것은 두께로 보아 이 책의 절반도 되지 않지만, 그래도 이 비판과는 비교가 되지 않을 정도로 내용이 풍부할 것이다. 비판은 먼저 자연의 형이상학을 가능하게 하는 원천과 조건들을 설명하지 않으면 안 되었고, 요철(凹凸)이 심한 지반을 정리해서 평탄하게 만들 필요가 있었다. 이 비판에 있어서 나는 독자에게 '재판관'으로서의 인내심과 공평함을 기대한다. 한편 이성의 체계인 '자연의 형이상학'에서는 '협력자'로서의 호의와 지원을 기대한다. 왜냐하면 비판에서는 체계를 위한 모든 원리가 완전히 제출되었다고는 하지만, 체계 그 자체가 면밀해지기 위해서는 더 필요한 것이 있기 때문이다. 그것은 바로 어떠한 파생적 개념도 결여되어서는 안 된다는 것이지만, 우리는 이들을 선험적으로 짐작할 수는 없고, 오히려 서서히 하나하나 찾아내지 않으면 안 되는 것이다. 마찬가지로 분석에 대해서도 같은 일이 이루어지도록 요구된다. 다만 그것은 모두 쉬운 일이고, 노동이라고 하느니보다는 즐거움이다.

제2판 머리글(1787년)

    이성의 기능에 속하는 인식, 그것을 연구하는 작업이 하나의 학문으로서 확실한 길을 걷고 있느냐의 여부는 그 성과를 보면 바로 알 수 있다. 그 작업이, 이러저러한 많은 준비나 장비를 정비한 다음, 그 목적을 수행하려고 하자마자 막다른 골목에 이르는 경우가 있다. 또는 그 목적에 다다르기 위해, 자주 뒤로 돌아오거나 다른 길을 취해야 하는 경우도 있다. 그러한 어느 경우든지 이와 같은 연구가 하나의 학문으로서 확고한 길을 걷고 있다고는 말하기 어려우며, 단순히 모색 단계에 있다고 보아도 무방하다. 또, 여러 연구 동료들이, 공통된 목적을 어떻게 달성할 것인가, 그 방법에 합의를 보지 못할 경우에도 같은 말을 할 수 있다. 그리고 비록 처음에는 잘 생각하지도 않고 목적이 설정되었기 때문에, 그 목적에 포함된 많은 일들이 쓸모가 없다는 단정이 내려졌다고 해도, 그 뒤에 확실한 길을 발견할 수만 있다면 그것만으로도 이성에 대한 하나의 공헌이 된다.

    논리학은 아주 오랜 옛날부터 이런 확실한 길을 걸어왔다. 이것은, 이 학문이 아리스토텔레스 이래 한 걸음도 후퇴할 필요가 없었다는 사실을 보더라도 명확하다. 없어도 되는 몇 가지 사소한 점을 해결해야 한다거나, 다루어 오던 문제를 보다 명석하게 규정한다는 개선의 여지는 있지만, 그런 점을 도외시한다면 말이다. 하지만 지금 거론한 것들은, 학문의 확실성이라고 하느니보다는, 결국 보는 눈에 좋다고 하는 문제이다. 논리학에서 더 주목할 일이 있다. 그것은, 논리학이 오늘날에 이르기까지 한 걸음도 진보할 수가 없었다는 점이다. 따라서 어디에서 보나 자체 완결되고, 완성된 것처럼 보인다는 점이다. 왜냐하면 다음과 같은 사정이 있기 때문이다. 즉 근대인들 가운데에는, 여러 인식능력(구상력, 기지와 같은)에 관한 심리학적 장(章)을 삽입하는 사람도 있었다. 또, 인식의 근원이나 객체의 차이(관념론, 회의론 기타)에 의한 확실성의 여러 존재양식에 관한 형이상학적 장을 삽입하는 사람도 있었다. 더 나아가서 선입관(그 원인과 대책)에 대한 인간학적 장을 도입함으로써 논리학을 확장하려고 시도한 사람도 있었다. 그러나 이런 시도는 그들이 논리학의 고유한 성질을 잘 몰랐기 때문에 생겨난 일이다. 여러 학문의 경계를 서로 뒤섞는다는 것은, 학문을 보충하고 키우는 일이 아니라, 오히려 그것을 기형화하는 것이라고 할 수 있다. 하지만 논리학이란 오직 모든 사유의 형식적 규칙만을 명시하여 엄밀하게 증명하는 학문이다. 이로써 논리학의 경계선은 확정되어 있는 것이다(이때 사고(思考)가 선험적이든 경험적이든, 또 무엇을 기원으로 하여 어떠한 객체를 상대하든 문제가 아니다. 또는 우리의 마음속에서 가끔 만나는 장애가 있건, 본성적인 장애를 만나건 문제가 아니다).

　논리학은 이 정도로 성공을 거두었는데, 이와 같은 성과는 오직 이 학문이 제한되어 있는 덕택이다. 이러한 제한에 의해 논리학은, 인식의 모든 개체를 사상(捨象)하는 권리를 갖는다. 아니, 그렇게 의무 지워져 있는 것이다. 그렇기 때문에 논리학에서 지성이 관여한다고 하는 것은 지성 자신과 지성의 형식에 지나지 않는다. 그러나 이성이 그 자체뿐만 아니라 대상도 규명해야 한다면, 학문으로서의 확실한 길을 걷기란 매우 곤란한 것임에 틀림없다. 그러므로 논리학은 예비학으로서, 다만 여러 학문의 현관을 이룰 뿐이다. 그리고 지식이 문제될 경우, 그것을 판정하기 위해서는 확실히 논리학이 전제가 된다. 하지만 지식을 얻는 문제가 되면 우리는 그것을, 본디적이고 객관적인 의미에서의 이른바 학문에서 구하지 않으면 안 되는 것이다.

　그런데 이들 학문에는 이성이 작용하고 있어야 한다. 그러는 한에 있어서 거기에는 선험적으로 인식되는 것이 있어야 한다. 그리고 그 이성의 인식은 두 가지 방법으로 각 대상과 관계가 지워진다. 하나는 대상(그것은 외부에서 주어져야 하는 것이지만)의 개념을 규정하는 방식이고, 다른 하나는 대상을 실제로도 만들어 내는 방식이다. 전자는 이성의 '이론적 인식'이며, 후자는 이성의 '실천적 인식'이다. 이들 양자에 관해서 순수한 부분—그것이 어느 정도 많건 적건 간에—즉 이성이 객체를 완전히 선험적으로 규정하는 부분만이 미리 서술되어야 한다. 그리고 다른 원천에서 오는 것은 그것을 순수한 부분과 혼동해서는 안 된다. 왜냐하면 수입(收入)을 맹목적으로 지출하여 나중에 그것을 융통할 수가 없게 되었을 때, 수입의 어느 부분이 지출을 지탱할 수가 있고, 어느 부분으로부터는 지출을 삭감하지 않으면 안 되는가를 구별할 수가 없게 되면, 그것은 불건전 재정이라고 할 수밖에 없기 때문이다.

'수학'과 '물리학', 이들은 둘 다 이성의 이론적 인식이며, 각 객체를 당연히 선험적으로 규정한다. 수학은 완전히 순수하게 객체를 규정하지 않으면 안 된다. 물리학은 적어도 부분적으로 순수하게 객체를 규정하지 않으면 안 된다. 왜냐하면 그것은 이성 이외의 인식 원천에도 준거하여 객체를 규정하지 않으면 안 되기 때문이다.

'수학'은, 인간 이성의 역사가 소급할 수 있는 가장 오랜 옛날부터, 그리스 인이라는 놀라운 민족 사이에서 확실한 길을 걸어왔다. 하지만 수학이 저 빛나는 길을 연다는 것, 또는 오히려 스스로를 개척한다는 것은, 인성이 자기 자신에만 관계하는 논리학처럼 손쉬웠다고 생각해서는 안 된다. 오히려 내가 생각하기에는, 수학은 오랜 기간 동안 특히 (아직 이집트 사람의 지배를 받고 있을 무렵에는) 모색하는 상태에 있었으며, 이와 같이 변혁된 것은 어떤 시도에서 단 한 사람의 훌륭한 착상이 일으킨 하나의 혁명으로 돌릴 수가 있다. 이 시도를 신호로, 취해야 할 길은 틀림없는 것이 되고, 학문으로서의 확실한 걸음의 전망이 시간을 넘어, 훨씬 앞까지 열렸다. 이 사고법의 혁명은 저 유명한 '희망봉'을 도는 항로를 발견한 것보다도 훨씬 중대했다. 다만 그 역사도, 혁명을 일으킨 행운의 인물의 역사도 우리에게 알려지지 않고 있다.

그러나 디오게네스 라에르티오스는, 상식적으로 전혀 증명할 필요가 없는 기하학적 최소 원리의 발견자라고 여겨지는 인물을 들고 있는데, 그가 전하는 전설은 다음과 같은 일을 증명하고 있다. 즉 이 새로운 길에 발견의 첫 발자취를 남김으로써 변화가 이루어졌는데, 그 변화의 추억은 수학자들에게 매우 중요한 것으로 여겨졌음에 틀림이 없고, 그렇기 때문에 잊을 수 없는 것이 된 것이다. '이등변삼각형'을 맨 처음 증명한 사람(탈레스였건 다른 사람이었건 간에)에게 한 줄기 빛이 비친 것이다. 왜냐하면 그는 다음과 같이 생각했기 때문이다. 자기가 이등변삼각형이라고 하는 도형에서 본 것에 따르는 것도 아니고, 또는 이 도형의 단순한 개념에 따라서, 거기에서 이 도형의 성질을 말하자면 배우는 것도 아니라고. 오히려 그 성질을, 자기가 개념에 따라 스스로 선험적으로 생각해서 그려낸(작도에 의해서) 것으로부터 가져와야 한다고. 그리고 무엇인가를 선험적으로 확실히 알기 위해서는, 자기가 자기 개념에 따라서 스스로 도형 안에 설치한 것으로부터 필연적으로 귀결하는 것 말고는 다른 어떠한 특성도 더해서는 안 된다고.

자연과학이 학문으로서의 튼튼한 길을 발견할 때까지는 상태는 훨씬 느리게밖에 진행되지 않았다. 왜냐하면 총명한 베룰람의 베이컨의 제안이 이와 같은 발견을 어떤 뜻에서는 촉진하고, 또—다른 한편에서는 사람들이 이미 이 발견의 도상에 있었는데—이에 활기를 불어넣은 것은 불과 약 1세기 반 이전의 일이었기 때문이다. 이 발견도 사고법의 혁명이 급속히 진행된 것으로 설명할 수 있다. 나는 여기서 자연과학을 '경험적 원리'에 기초를 두고 있는 한에 있어서만 고찰하고자 한다.

갈릴레이는 자신이 임의로 고른 무게의 공을 비탈에서 굴렸다. 토리첼리는 미리 알려진 물기둥의 무게와 같다고 생각한 무게를 공기로 받쳤다. 그보다 훨씬 뒤에 슈탈이 금속으로부터 어떤 것을 제거하거나 첨가하거나 했고, 금속을 석탄으로 바꾸고 석회를 다시 금속으로 바꾸었다.[1] 그때였다, 그들 모두에게 광명이 비친 것은. 그들은 다음과 같이 이해한 것이다. 즉 이성은 이루려고 한 계획에 따라서 스스로 낳는 것만을 통찰한다는 것이다. 또 이성은, 확고한 법칙에 따른 판단의 원리로 우위에 서서, 이성의 물음에 대답을 하도록 자연에 강요하는 것이지, 말하자면 안내의 끈에 매달려 일방적으로 자연에 끌려다녀서는 안된다는 것이다. 왜냐하면 그렇게 하지 않으면 우연적 관찰은, 이미 짜인 계획에 전혀 의존하지 않고 이루어져, 한 가지 법칙에서 맥락을 이룰 리가 없기 때문이다. 그런데 그 법칙이야말로 이성이 구하고 필요로 하는 것이다. 일치해서 일어나는 현상은, 이성의 원리에 의해서만 법칙으로서 통용될 수가 있다. 이성은 그 자체의 원리를 한 손에 들고, 다른 손에는 이 원리에 따라서 생각해 낸 실험을 들고서 자연으로 향하지 않으면 안 된다. 확실히 그것은 자연으로부터 배움을 받기 위해서이다. 그러나 그것은 학생의 자격으로서가 아니라 정규 재판관의 자격에 있어서이다. 학생이라면 무슨 일이나 교사의 뜻대로 일방적으로 시범을

---

1) 나는 여기에서 실험적 방법의 단서를 엄밀하게 더듬고 있는 것은 아니다. 이 역사의 발단은 알려지지도 않은 것이기 때문에.

제시받는다. 하지만 재판관이라면 증인에게 질문을 들이대고, 그 물음에 대답을 하도록 그에게 강요한다. 물리학의 경우, 그 사고법의 결실 많은 혁명은 다음과 같은 발상 덕택이다. 그것은, 이성 자신이 자연 안에 투입한 것에 따라서, 이성이 자연으로부터 배워야 한다는 것, 이성이 단독으로서는 알지 못할 것이라는 것을, 자연 속에서 구한다는 (자연에 덮어씌우는 것이 아니라) 발상이다. 이것으로 마침내 자연과학은 학문으로서의 확실한 걸음을 걷기 시작한 것이다. 왜냐하면 자연과학은 그때까지 몇 세기 동안 오직 암중모색에 의지하지 않으면 안 되었기 때문이다.

문제는 '형이상학'이다. 그것은 경험적 지식을 무시하고 다만 개념에만 의존하여 (그러나 수학처럼 개념을 직관에 적용하는 것이 아니고) 성립되는, 완전히 고립된 사변적 이성 인식이었으므로, 지금까지 하나의 학문으로서의 확실한 길에 들어서는 행운을 잡을 수 없었다. 따라서 거기에서는 이성이 이성 자신의 학생이어야 하는 것이다. 이 학문은 다른 어떠한 학문보다도 오래되고, 비록 다른 학문들이, 모든 것을 없애버리는 만행에 삼켜지는 한이 있더라도 끝까지 존재할 것이다. 그럼에도 불구하고 이 학문은 이제까지 학문으로서의 확실한 걸음을 걸을 수 있는 운명에 있지 않았다. 그러하다. 형이상학적 이성은 아주 평범한 경험이 확증할 수 있는 법칙(그 자신이 일컫고 있는 것처럼)조차도 선험적으로 통찰하는 데에 있어 끊임없이 장애에 부딪혔던 것이다. 형이상학에 있어서 사람들은 몇 번이고 수없이 길을 후퇴할 수밖에 없는 것이다. 그도 그럴 것이 그 길이 목적지로 통하지 않고 있기 때문이다. 한편 형이상학을 신봉하고 있는 사람들의 의견이 일치해 있는가 하면 그렇지가 않고, 그것과는 먼, 형이상학은 하나의 싸움터가 되어 있는 것이다. 이곳에서는 어떤 투사도 아직 한 뼘의 땅조차 정복할 수 없었고, 한때 승리를 거두었다 하더라도 이를 오래 지킬 수도 없었다. 따라서 의문의 여지가 없다는 것은 형이상학의 수행 방법이 지금까지 암중모색에 불과하며, 더욱 나쁜 점은 그것이 단순한 개념들 사이의 암중모색이었다는 것이다.

도대체 형이상학에서 지금까지 학문으로서의 확실한 길이 발견되지 않은 이유는 어디에 있는가? 또 이런 길을 찾는 것은 과연 불가능한 일일까? 그렇다면 왜 자연은 우리 이성이 이와 같은 길을 가장 주요한 과업의 하나로 탐구하는 끊임없는 노력을 기울이게 만들어서 괴롭혀 왔던 것일까? 그뿐만 아니라, 만일 이성이 우리 지식욕의 가장 중요한 부분 중 하나에 이르러 우리를 현혹해 기대를 걸게 했다가 끝내 배신한다면, 우리가 우리 이성에 대해서 신뢰할 이유가 있겠는가? 그런 것이 아니라 지금까지의 길이 잘못된 것이라면, 우리가 새로운 길의 탐구에 있어서 과거의 사람들보다 더 큰 행운을 얻기 위해서 어떤 지표(指標)에 의존하면 좋은가?

　나로서는 다음과 같이 생각하지 않을 수가 없다. 수학과 자연과학이 갑자기 성취된 혁명에 의해 오늘날과 같은 학문으로 이루어졌는데, 이 두 학문이 이성 인식이라는 점을 감안해 형이상학과의 유비(類比)가 허용된다면, 이들 학문에 커다란 이익을 가져다준 사고방식적 변혁의 본질적 요소를 성찰하기 위해 형이상학에 있어서도 최소한 이들 두 학문의 범례를 따르는 시도를 하는 것이 어떨까? 지금까지 우리는 우리 인식의 모두가 대상을 따르지 않으면 안 된다고 생각해 왔다. 그러나 이런 전제 아래서 어떤 대상에 대한 지식을 개념에 의해 선험적 방법으로 규정함으로써 우리의 인식을 확대하려는 (그것으로 우리의 인식도 확장되는 것이지만) 시도는 모두 실패로 돌아갔다. 그러므로 대상이 우리 인식에 따라서 규정되어야 한다고 상정하면 형이상학의 여러 과제가 더 잘 해결되는지를 한번 시도해 보기로 하자. 이러한 가정은 대상이 우리에게 주어지기 전에 대상에 대해서 무엇인가를 결정해야 한다고 하는 선험적 인식에 요구되는 가능성과 훨씬 잘 일치한다. 이것은 코페르니쿠스의 제일의 생각과 같다. 즉 코페르니쿠스는 온 천체가 관찰자의 둘레를 회전한다고 상정하면 천체운동의 설명이 제대로 되지 않으므로, 이와는 반대로 관찰자로 하여금 그 천체의 둘레를 회전하도록 하는 것이 옳지 않을까 생각하여 그 이론을 시도해 본 것이다. 형이상학에 있어서도 우리가 대상을 직관하는 경우 이와 같은 방법을 시도해 볼 수 있다. 만약 직관이 대상의 성질에 따라야 한다면, 우리가 어떻게 그 대상의 상태에 대해서 무엇인가를 선험적으로 알 수 있는지 나는 모른다. 이에 반해 대상(감각의 대상으로서의)이 우리 직관 능력의 성질에 따른다고 한다면 그 가능성을 충분히 알 수가 있는 것이다. 그러나 직관이 인식되어야 한다고 하면, 나는 이들 직관에 머무를 수가 없다. 개념으로서의 직관을 대상으로 한 무엇인가 다른 것에 관계시켜, 대상을 관념으로 규정하지 않으면 안 된다. 그러므로 나는 두 가지 생각을 할 수가 있다. 하나는 내가 이와 같은 생각을 성립시키기 위한 개념도 대상에 따른다고 하는 것이다. 이 경우 어떻게 해서 나는 대상에 대해서 무엇인가를 선험적으로 알 수 있는가를 둘러싸고 또다시 같은 궁지에 몰리게 된다. 또 하나는 대상, 또는 같은 말이지만 경험—거기에서만이 대상(주어진 대상으로서)이 인식되는 것이지만—이 지금 말한 개념에 따른다고 하는 점이다. 이 경우라면 전망은 훨씬 밝아진다. 왜냐하면 경험 자신이 지성을 필요로 하는 인식 방법이며, 지성의 규칙은 대상이 나에게 주어지기 전에 내 안에, 곧 선험적으로 전제되지 않으면 안 되기 때문이다. 그 규칙은 선험적 개념에서 표현되며, 따라서 경험의 대상은 모두 필연적으로 이들 선험적인 개념에 따르며, 그것과 일치되지 않으면 안 된다. 단지 이성에 의해 고찰되고, 더욱이 필연적으로 생각할 수 있는 한에 있어서의 대상, 그러면서도 (적어도 이성이 그것을 생각하는 대로는) 경험 안에서는 전혀 주어지지 않은 대상에 대해서 말할 것 같으면, 다음과 같이 된다. 즉 그런 대상을 고찰하는 시도는 (이것들은 어쨌든 생각할 수가 있어야 하므로) 우리가 변혁된 사고법으로서 다음과 같이 생각할 수 있는 훌륭한 시금석이 되어 나타날 것이다. 우리는 사물에 대해서, 우리 자신이 대상 안에 투입한 것만을 선험적으로 인식할 수 있다라고.[2]

이런 시도는 바라던 대로 성공을 거두어, 형이상학 제1부문에 학문으로서의 확실한 길을 약속해 준다. 즉 형이상학은 제1부문에서 선험적 개념을 다루게 되는데, 그와 같은 개념에 대해서 대응하는 대상이 경험에서 개념에 적합한 방법으로 주어질 수가 있기 때문이다. 왜냐하면 우리는 사고법의 이와 같은 변혁

---

2) 따라서 자연 과학자에게서 배우게 되는 이 방법의 요지는 다음과 같은 점에 있다. 즉 순수이성의 여러 요소들을, 실험에 의해서 확증하거나 반증될 수 있는 것 안에서 구한다는 것이다. 그런데 순수이성의 여러 원칙을 검증하기 위해서는, 특히 이들 원칙이 가능한 경험의 모든 한계를 넘어선 경우, 이들 원칙의 객체에 관해서 실험을 할 수가 없다(자연과학처럼은). 그러기 때문에 실험은 우리가 선험적으로 생각하는 개념과 원칙에 대해서만 가능하다. 이때 우리는 이들 개념과 원칙을 다음과 같이 처리하는 것이다. 우리는 동일한 대상을, 한편에서는 경험에 대한 감각과 지성의 대상으로서 고찰할 수 있음과 동시에, 다른 한편에서는 우리가 단순히 생각하는 것만으로의 대상으로서, 경험의 한계를 넘어 격리된 이성의 대상으로서 고찰할 수가 있다. 따라서 동일한 대상을 다른 두 측면에서 고찰할 수가 있는 것이다. 사물을 이와 같은 이중 관점에서 고찰할 경우에는, 순수이성이 원리와 일치된다는 것을 알 수 있는 반면에, 하나의 관점으로만 파악했을 경우 이성 자신과의 피할 수 없는 다툼이 생긴다고 한다면, 실험은 앞서의 구별이 정당하다는 것을 확증하는 셈이 된다.

으로, 선험적 인식의 가능함을 실로 잘 설명할 수가 있기 때문이다. 여기에 더하여, 경험 대상의 총체인 자연의 밑바탕에 선험적으로 존재하는 법칙들은 충분히 이해할 수 있는 설명을 갖게 되기 때문이다. 이 두 가지는 모두 과거의 방법으로는 전혀 불가능했던 것이다. 그런데 이 선험적으로 인식하는 우리 능력의 이 연역으로부터, 형이상학 제1부문에서 위화감을 미치는 결과가 생겼다. 또 제2부문에 해당되는 형이상학의 모든 목적으로부터는 언뜻 보기에 매우 불리한 결과가 생겼다. 형이상학의 모든 목적을 연구하는 것은 제2부문 '초월적 변증론'의 요지이기도 한데, 선험적 인식 능력에 의해서는 가능한 경험의 한계를 도저히 넘어설 수 없다는 것이 바로 그 불리한 결론이다. 그럼에도 불구하고 이 가능한 경험의 한계를 넘어서는 것이야말로 바로 형이상학의 가장 본질적 역할인 것이다. 그러나 바로 이 점에 우리의 선험적 이성 인식에 관한, 지금 말한 최초의 평가 결과가 옳았다는 것을 재심사하는 실험이 있는 것이다. 즉 우리의 선험적 이성 인식은 현상에만 미친다는 것이다. 한편 동일한 이성 인식은 사물 자체는 사실 독자적으로 실재하므로 우리에게 미지의 것으로 남게 된다고 했던, 제1부문에서의 평가가 참이었다는 사실을 반증하는 실험이 제2부문에 들어 있다. 한편 우리에게 필연적으로 경험과 모든 현상의 한계를 넘어서도록 강요하는 것은 '무제약자(무조건적인 것)'인데, 이성은 이런 무제약자를 모든 피제약자(조건적인 것)에 대립시켜 사물 자체(무조건자) 속에서 요구하고, 이것에 의해서 여러 제약의 계열이 완성될 것을 요구하는 것은 당연하다. 우리의 경험적 인식이 사물 자체로서의 대상에 따라서 규정되는 것으로 가정하면, 무제약자는 모순 없이는 전혀 생각할 수 없다. 이와는 달리 우리가 사물이 주어지는 대로 표상하고, 또 이 표상이 대상 자체에 따르지 않고 오히려 대상이 현상으로서 우리의 방식에 따른다고 가정한다면 이런 모순은 해소된다. 따라서 무제약자는 우리가 알고 있는(우리에게 주어진) 한의 사물에서는 찾아낼 수 없고, 우리가 알 수 없는 범위에서, 곧 사물 자체로서의 사물에서 찾아낼 수밖에 없다는 것이 드러나면, 우리가 처음에 단순한 시도로서 상정한 것(즉 독자적으로 실재하는 사물 자체는 미지의 것으로 남게 된다는 평가)이 근거를 갖게 되는 셈이다.[3]

---

3) 순수이성의 이런 실험은 화학자들이 흔히 '환원법'이라 부르며 일반적으로는 '합성법'이라 부르는 화학실험과 많은 유사점을 가지고 있다. 형이상학자들의 분석은 선험적 순수인식을 매

반면 사변적 이성은 이런 초감성적인 영역에 있어서는 아무런 활동도 할 수 없지만 그래도 우리에게 남겨진 일이 있다. 그것은 무조건적이라고 하는 선험적 이성개념을 규정하는 식의 방법으로, 형이상학이 바라는 대로 모든 가능한 경험의 한계를 넘어서 우리의 선험적 인식, 즉 실천적 의미에 있어서만 가능한 선험적 인식을 가지고 그런 선험적 이성개념에 도달하기 위한 자료를 이성의 실천적 인식 속에서 찾아낼 수 있는지의 여부를 검토하는 일이다. 그리고 이와 같은 조치가 행해질 때마다, 사변적 이성은 그것을 공허한 대로 남길 수밖에 없다고는 할지라도, 항상 이런 확대를 위해 우리에게 여지를 마련해 주었다. 따라서 가능한 한 그 여지를 이성의 실천적 자료에 의해서 채워야 한다. 아니 오히려 이성은 우리에게 그렇게 하도록 구하고 있다.[4]

이제까지의 형이상학 수행 방법을 바꾸려는 시도, 더욱이 기하학자나 자연과학자의 범례에 따라 형이상학 전반에 혁신을 꾀함으로써, 그렇게 하려고 시도하는 것이 이 사변적 순수이성비판이 할 일이다. 이 순수이성비판은 방법론이지, 하나의 학문 체계 자체는 아니다. 그럼에도 사변적 순수이성은 그런 학문의 외적 한계와 그 내적 구조 전체를 고려하면서 그 학문의 윤곽을 그리려고 하는 것이다. 사변적 순수이성의 특성은 첫째로 사유의 대상을 선택하는 방법의 차이에 따라서 자기 자신의 능력을 측정할 수 있고 또 측정해야만 하며, 둘째로 스스로 과제를 제시하는 여러 방법을 빠짐없이 열거하여, 형이상학의 체계에 대한 모든 구도를 그릴 수 있고 또 그려내야만 한다는 것이다. 왜냐하면

우 이질적인 두 요소로 구별한다. 하나는 현상으로서의 사물의 인식이고, 또 하나는 사물 그 자체의 인식이다. 변증론은 이 두 가지를 다시 결합하여 무조건적인 것이라고 하는 필연적 이성의 개념과 일치시킨다. 그리고 이 일치는 지금 말한 구별에서 당연히 생각지 않을 수가 없는 것이라고 여긴다. 그렇기 때문에 이 구별은 옳은 것이다.

4) 그런 식으로 천체운동의 주요한 법칙들을 코페르니쿠스가 당초 가설로서만 상정했던 것에 결정적 확실성을 주었으며, 이와 동시에 우주를 결합하는 보이지 않는 힘(뉴턴의 만유인력)의 존재를 증명했다. 이 힘은, 코페르니쿠스가 감각에 위배되는 방법이라고는 하지만, 확실히 올바른 방법으로 천체 속에서가 아니라 천체의 관찰자 속에서 감히 구하지 않았더라면 영구히 발견해 내지 못했을 것이다. 내가 《비판》에서 서술하고 있는 사고방식의 전환은 코페르니쿠스의 가설과 유사한 것이다. 나는 이런 전환을 이 머리글에서는 다만 가설로서 제기하고 있지만, 본문에서는 공간 및 시간에 대한 우리 표상의 성질이나 오성의 기본개념에 의거해서 가설적인 것으로서가 아니라 확연히 증명된다. 그것은, 이런 변혁의 최초 시도는 언제나 가설적인 것임을 주의시키고자 한 것에 불과한 것이다.

그 첫 번째 특성은 선험적 인식에서 사유하는 주관이 자기 자신으로부터 이끌어 낸 것이 아닌, 다른 것을 객관에 부여할 수 없는 성질의 것이기 때문이다. 또한 두 번째 특성에 대해서 말하자면, 사변적 순수이성이 인식 원리로부터 완벽히 독립되어 그 자체로서 존재하는 하나의 통일체이기 때문에 그러하다. 그와 같은 통일체에서는, 하나의 유기체에 있어서와 같이, 각각의 구성 요소는 다른 모든 구성 요소를 위해 존재하고, 또 구성 요소는 각각의 구성 요소를 위해 존재한다. 그렇기 때문에 어떤 원리도 동시에 순수한 이성 사용 전체에 대한 전반적 관련에 있어서 고찰되지 않고서는 안전하게 어떤 한 관련에서 채택될 수 없는 것이다. 그러나 그 대신, 형이상학은 대상을 연구하는 다른 어떤 이성적 학문('논리학'은 사유 일반의 형식만을 연구하는 것이기 때문에 이를 제외하고)도 얻을 수 없는 행운을 지니고 있다. 즉 형이상학이 이 비판을 통해 하나의 학문으로서 확실한 길을 잡게 되기만 한다면, 자기에게 속하는 인식의 모든 영역을 충분히 파악해 그 업무를 완수하여, 결코 그 이상 증대시킬 필요가 없는 자원으로 활용하도록 후세에게 남길 수 있는 것이다. 왜냐하면 형이상학은 다만 원리와 원리 자체에 의해 규정되는 원리 사용의 제한에 관한 취급에 한정되어 있기 때문이며 그 제한은 비판 그 자체에 의해 결정되기 때문이다. 그러므로 이 형이상학은 근본학으로서 완벽을 기해야 할 의무가 있으므로, 형이상학에 대해서는 다음과 같이 말해지고 있는 것이다.

'무엇인가 아직도 해야 할 일이 남아 있는 한, 형이상학은 아직 이루어지지 않고 있다고 간주한다.'

그러나 사람들은 다음과 같이 물을 것이다. 비판에 의해 순화되어 하나의 확고한 지위를 갖게 된 형이상학에는 어떤 가치가 있으며, 또 그것에 의해서 어떤 재보를 남기려고 하느냐고. 독자들은 이 책을 개관하면서 사변적 이성으로는 경험의 한계를 결코 넘어설 수 없다고 가르쳐 주는 것이 이 책의 효용이고, 그 점이 소극적으로밖에 여겨지지 않을지도 모른다. 그러나 실제로는 이것도 이 형이상학의 첫 번째 효용이다. 사변적 이성이 자기 한계를 넘어서려고 할 때 사용하는 원칙들은, 실은 우리 이성 사용을 확장하는 것이 아니라, 잘 생각해 보면 할 수 없이 그것을 좁히는 결과가 된다. 심지어 최초의 순수(실천)이성조차 배제하려고 위험하게 된다. 따라서 이 비판은 사변적 이성을 제한하는 점에서 보면

과연 '소극적'이라고 할 수 있지만, 다른 한편으로 이성의 실천적 사용을 제한하
거나 부정하려는 장애도 제거하기 때문에 실제로는 '적극적'이고 매우 주요한
효용을 가지고 있는 것이다. 우리는 절대적으로 필연적인 순수이성의 실천적(도
덕적) 사용이 있다는 것과 순수이성은 이 사용에 의해 필연적으로 감성의 한계
를 넘어 확장된다는 것을 확신하게 된다. 한편 이를 위해 순수이성은 사변적(논
리적) 이성으로부터 어떤 도움을 구할 필요는 없지만 자기모순에 빠지시 않기
위해서 사변적 이성의 반작용으로부터 안전을 보장받아야 한다. 비판의 이런
임무에 적극적 효용이 없다고 부정하는 것은, 마치 다음과 같이 말하는 것과
같을 것이다. 경찰의 주요 임무가, 단순히 시민들이 맡은 직무에 편안하게 종사
할 수 있도록, 시민들 서로에 대한 폭력 활동을 막는 것일 뿐이므로 경찰은 그
어떤 적극적인 효용을 가져오지 못한다고. 시간과 공간은 다만 감성적 직관의
형식에 지나지 않으며, 따라서 현상으로서 사물이 존재하기 위한 조건에 지나
지 않는다. 우리는 대응하는 직관이 주어진 한에서밖에 지성 개념을 가지지 못
한다. 그러므로 그것을 넘어 사물을 인식하는 그 어떤 요소도 가지고 있지 않
다. 따라서 우리가 인식할 수 있는 것은, 사물 자체로서의 대상이 아니라 감상
적 직관에 의한 사물, 다시 말하면 현상으로서의 사물뿐이다. 이로부터 가능한
이성의 사변적 인식이 경험의 대상에만 제한되는 결과가 나온다. 한편 충분히
주의해야 할 점은, 이 대상들을 설사 사물 자체로서 '인식'할 수 없다 하더라도
최소한 이것을 사물 자체로서 '사고'할 수는 있어야 한다는 생각이 여전히 보류
되어 있다는 것이다.[5]

만일 그렇지 않다면, 현상으로서 나타나는 어떤 것의 존재 없이 그 현상이
존재한다는 불합리한 명제가 생겨나기 때문이다. 다음과 같이 가정해 보자. 우

---

5) 하나의 대상을 '인식하기' 위해서는, 내가 그 대상의 가능성(경험의 증언에 따라 이 대상의 현실
   적 존재로부터든 선험적으로 이성에 의해서든)을 증명할 수 있어야 한다. 자기모순을 범하지 않
   는 한, 다시 말해 내가 가지고 있는 개념이 사유의 소산으로서 가능하다면, 비록 가능한 것의
   전체 속에 내 개념에 대응할 만한 대상이 존재하는지의 여부를 보증할 수 없다 하더라도, 나
   는 무엇이나 사고할 수 있다. 그러나 이런 개념에 객관적 타당성(즉 실제적 가능성, 왜냐하면 사
   유의 소산으로서의 가능은 한낱 논리적 가능성에 불과하기 때문에)을 부여하기 위해서는, 무언
   가 그 이상의 것이 필요하다. 하지만 이상의 무언가는 반드시 이론적 인식 원천 속에서만 발
   견되어야 하는 것은 아니며, 실천적 인식 원천 속에도 존재하는 것이다.

리의 비판에 의해서, 경험의 대상으로서의 사물은, 사물 자체로서의 사물로부터 구별되었다. 만일 이런 필연적 구별이 전혀 이루어지지 않았다고 하면 인과성의 원칙, 따라서 인과성이 결정하는 자연의 메커니즘은, 작용 원인으로서 모든 사물 일반에 철두철미 적용되지 않을 수가 없을 것이다. 그러므로 동일한 실재자—예컨대 인간의 영혼과 같은—에 대해 '그것의 의지는 자유로우나 한편으로는 자연 필연성의 지배를 받아 자유롭지 않다'고는, 명확한 모순을 저지르지 않고서는 말할 수 없을 것이다. 왜냐하면 나는 지금 말한 이 두 명제에서 영혼을 아주 동일한 의미로, 즉 사물 일반(경험 대상으로서의 사물이 아닌 사물 현상으로서)으로 해석했기 때문이다. 그러나 비판은 객관을 '이중 의미로', 곧 현상으로서 또는 사물 자체로서 해석하도록 가르쳐 준다. 만일 비판이 가르치는 지성 개념의 연역방식이 정당하다면 어떨까? 순수지성 개념의 연역이 옳다고 한다면 어떨까? 따라서 인과성의 원칙도, 첫 번째 의미로 해석되는 사물, 즉 경험 대상으로서의 사물에만 적용되고, 두 번째 의미의 사물들에는 지배력을 갖지 못한다면 어떨까? 그렇다면 바로 동일한 의지는 현상에 있어서는 (눈에 보이는 행위에 있어서는) 필연적으로 자연법칙을 따르는 것이므로 그런 뜻에서 '자유가 아니'라고 여겨진다. 그러나 동일한 의지가 다른 한편으로 사물 자체에 속하는 것으로서는 자연법칙에 지배되지 않고, 자유라고 여겨진다. 여기에 어떤 모순도 나타나지 않는다. 그런데 나는 제2의 측면에서 고찰된 나의 영혼을, 사변적 이성에 의해서는 (하물며 경험적 관찰에 의해서는) '인식'할 수 없으며, 따라서 어떤 존재자의 특성으로서의 자유도 인식할 수가 없다. 그 까닭은, 나는 그와 같은 존재자를 그 현실 존재에 관해서, 더욱이 시간 안에서 인식하는 것이 아니라 확정적으로 인식하지 않으면 안 될 것이기 때문이다(이것은 내가 이와 같은 존재자의 개념 아래 어떠한 직관도 둘 수 없는 한 불가능하다). 확실히 그렇기는 하다. 그러나 나는 자유를 생각할 수 있는 것만은 할 수가 있다. 즉 만약에 이 두 가지 (감성적 및 지성적이라고 하는) 관념 양식에 관한 우리의 비판적 구별과, 그것으로 생기는 순수지성 개념에 대한 제한이 이루어지고, 또 순수지성 개념을 기원으로 하는 원칙에 제한이 가해진다고 하면, 자유의 개념은 적어도 자기모순을 안고 있지는 않은 것이다. 다음과 같이 가정해 보기로 하자. 도덕은 필연적으로 우리 의지의 특성으로서의 자유(가장 엄밀한 뜻에서의)를 전제로 한다고. 왜냐하면 도덕은 우리 이성 안에 있는 실천적이고 근원적인 원칙을 자유의 선험적 데이터로서 들기 때문이다. 이와 같은 원칙은, 자유를 전제로 하지 않으면 전혀 불가능할 것이다. 그런데 사변적 이성이 자유 같은 건 전혀 생각할 수 없다고 증명했다고 하자. 그러면 지금 말한 도덕적 전제는 필연적으로 다음과 같은 전제에 굴복하지 않을 수가 없다. 즉 그 전제를 역전하면 분명한 모순에 빠지고, 결과적으로 자유와 함께 도덕성이 자연의 메커니즘에 자리를 내주는 것 같은 전제이다(왜냐하면 이와 같은 역전은 자유를 전제로 하지 않으면 모순을 포함하지 않기 때문이다). 도덕을 위해 필요한 것은, 자유는 자기모순을 갖지 않으며 세밀한 고찰 없이도 사유될 수 있으므로 동일한 행위(다른 관계에 있어서 받아들여진)의 자연적 메커니즘을 조금도 방해하는 것이 아니라는 사실이다. 이렇게 되면 윤리학과 아울러 자연학도 저마다 자기 자리를 확보하게 된다. 그러나 이런 일은 비판 과정이 우리에게 사물 자체에 대한 우리의 무지를 미리 증명해 주지 않았다면, 그리고 우리가 이론적으로 인식할 수 있는 모든 것을 오직 현상에만 제한시키지 않았다면 일어나지 않았을 것이다. 순수이성의 비판적 원칙이 갖는 적극적 효용에 대한 이 설명은 '신'이나 우리 '영혼의 단순성'에 대한 개념에 대해서도 이와 마찬가지의 타당한 설명을 제시할 수 있지만 나는 번잡함을 피하기 위해 그것을 생략하고자 한다. 따라서 사변적 이성으로부터 과도하게 경험을 초월해 인식하려는 월권을 박탈하지 않는다면, 내 이성의 필연적인 실천적 사용을 위해 '신' '자유' '불사성'을 전혀 상정(想定)할 수 없는 것이다. 왜냐하면 사변적 이성이 초경험적 인식을 성립시키기 위해 필요한 원칙은 사실은 (초월적이 아닌) 가능한 경험의 대상에만 적용되어야 하는 것인데, 경험의 대상이 될 수 없는 것에 적용되어 실제로 이런 초경험적인 것을 언제나 현상으로 전환시켜, 결국 순수이성의 '실천적 확장'을 불가능한 것이라고 선언하기 때문이다. 그래서 나는, '믿는다'는 것에 여지를 마련하기 위해 '안다'는 것을 파기하지 않으면 안되었다. 형이상학의 독단론은, 순수이성의 비판이 없어도 형이상학은 잘되어 간다는 선입관이다. 그것은 도덕성에 맞지 않는 모든 불신의 원천이며, 이 불신이야말로 언제나 독단적인 것이다. 따라서 순수이성비판에 의거해 이루어진 체계적 형이상학을 후세에 유산으로서 남기는 것이 반드시 어려운 일은 아니라고 한다면, 가볍게 볼 수 있는 선물이다. 실제로도 비판이 결여된 학문이 까닭

없이 서툰 걸음으로 경박하게 배회하는 데 비해, 학문 일반의 착실한 걸음으로 이성이 개화(開化)되는 모습을 잠깐 생각해 보는 것이 좋으리라. 또 지식욕에 불타는 젊은이들이 시간을 보다 잘 활용할 것을 생각해 보면 좋을 것이다. 이 젊은이들도 통상적인 독단론 아래에서는 자기가 아무것도 이해하지 못하고 있는 것에 대해, 또 이 세상 누구나가 그러한 것처럼 자기가 아무것도 통찰하지 못하는 일에 대해서 철이 들기도 전에, 마침내 되지도 않는 이치를 날조하도록 강하게 자극을 받는 것이다. 더 나아가서, 그들은 새로운 사상이나 의견을 발명하려는 데 신경을 쓰는 나머지 근본적 학문의 습득을 소홀히 하고 있었다. 그러나 무엇보다도 다음과 같은 헤아릴 수 없는 효용을 고려하면 좋을 것이다. 그 효용이란, 소크라테스적 방법으로, 즉 상대방의 무지를 명확하게 증명함으로써 도덕성과 종교에 대한 일체의 이론(異論)에 영원히 종지부를 찍는 일이다. 왜냐하면 이 세상에는 어떤 형이상학이든 늘 존재해 왔고, 앞으로도 그러할 것이며, 이 형이상학과 아울러 순수이성의 변증론 또한 존재할 것이기 때문이다(변증성은 이성에게는 본성적인 것이므로 순수이성 속에서 찾아볼 수 있는 것은 당연하다). 따라서 제일의, 그리고 가장 중요한 '철학의 역할'은 오류의 원천을 막음으로써 형이상학에 이롭지 못한 일체의 영향을 제거하는 것이다. 학문 영역에 이와 같이 중대한 변화가 일어나고 사변적 이성이 지금까지의 상상적 소유에 손실을 입을 수밖에 없었다고 하더라도, 인간의 보편적 관심사와 이제까지 세계가 순수이성에 기초를 둔 학설들로부터 얻은 효용을 보면, 모든 것이 이전과 다름없는 유리한 상태에 있다. 손실을 입는 것은 다만 '학파들의 독점 시장'뿐이며 결코 '인류의 이권'이 아니다. 나는 완고한 독단주의자에게 다음과 같이 묻고 싶다. 우리의 영혼이 죽은 뒤에도 존속한다는 증명이, 주관적 필연성과 객관적·실천적 필연성이라는 섬세하지만 무력한 구별에 근거한 '보편적 기계론에 대항해서 의지의 자유' 증명이, 한 번이라도 대중의 확신에 영향을 주었던가? 또한 최고 실재 존재자라는 개념(가변적인 것의 우연성 개념 또는 최초의 원동자의 필연성 개념)으로 신의 존재를 증명하는 것 등이 여러 학파에 의해 시도되어 왔지만, 과연 그것이 일반 대중의 신념에 얼마만큼의 영향을 미칠 수 있었는가? 그런데 이런 일이 아직까지 제대로 되지 않았고, 보통의 인간지성이 이와 같은 치밀한 사변에 적합하지 않으며, 또 앞으로도 도저히 이것을 기대할 수 없다면 어떻겠는가? 영혼의 불사성이라는 첫 번째 문제를 보면, 인간의 본성으로서 예외 없이 주어진 소질이 시간적 유한성으로는 (그것은 전체적 존재로서 인간의 소질을 충분히 나타낼 수 없으므로) 도저히 만족을 얻을 수 없기 때문에 영혼은 내세의 삶에 대한 희망을 가질 수밖에 없었던 것이다. 또한 두 번째 문제에 관해서는, '욕구적' 성향의 모든 요구에 뚜렷이 대립되어 나타나는 의무들에 의해, 자유의 의식이 생겨난 것이라 할 수 있다. 그리고 마지막 문제는, 자연 어디서나 찾아볼 수 있는 장엄한 질서와 아름다움, 그리고 섭리가 전적으로 총명하고 위대한 '세계 창조자'에 대한 신앙을 낳게 한 것이다. 이것은 이성적 근거에 기초를 두고 있는 한 일반 대중에게 퍼져 있는 확신이다. 이런 확신은 훼손되지 않을 뿐만 아니라 오히려 그 권위가 더 높아지게 된다. 이러한 권위는, 여러 학파들은 인간의 일반적 관심사에 관한 문제에 있어서 위대한 (우리가 가장 존경할 만한) 사람들이 쉽사리 도달할 수 없는, 보다 고차적이고 광범위한 인식을 가질 수 있다고 자부할 수 없음을, 따라서 일반적으로 이해하기 쉽고, 도덕적 관점에 있어서도 충분한 증명 근거를 밝히는 일에 그쳐야 한다는 교훈을 줌으로써 얻게 된다. 그러므로 학문의 변화에 의해서 영향을 입게 되는 것은, 이런 형이상학적 문제에 있어서 (항상 다른 많은 문제에 있어서도 당연히 그렇지만) 자기만이 이런 진리의 유일한 정통자인 동시에 수호자임을 인정받고자 하며, 대중에게는 이 진리를 사용하도록 알려주기만 하고, 그 진리의 열쇠는 혼자만 쥐고 있으려고 하는 각 학파의 오만한 요구일 뿐이다(나와 마찬가지로 그도 모르는 것을 그 자신은 알고 있는 듯이 보이고자 한다). 그러나 사변적 철학자의 비교적 정당하고 공정한 요구 또한 나는 배려를 했다. 사변적 철학자는, 일반인들이 잘 모르지만 그들 자신에게 유용한 학문, 즉 이성비판의 유일한 보관자이다. 이성비판은 결코 대중적일 수 없으며, 또한 그럴 필요도 없다. 왜냐하면 유용한 진리를 위한 정교한 논증이 대중이 쉽게 이해할 수 있는 것이 아닌 것처럼, 이런 논증에 대한 '자세한 반론'도 머리에 들어가지 않을 것이기 때문이다. 이에 반해 사변에 전념하는 사람들이 그러하듯이, 학파는 이런 논의와 반론에 열중하지 않을 수 없다. 따라서 학파들은 사변적 이성의 권리를 철저히 연구해서, 형이상학자들의 (궁극적으로는 성직자들도) 비판이 결여될 때 반드시 빠져들며 나중에는 자신의 이론까지도 변질시키는 논쟁에서 야기되는 분규를 근절할 의무가 있다.

이 이성비판을 통해서만이, 일반적으로 유해할 수 있는 '유물론'·'숙명론'·'무신론'·'자유사상적 무신앙'·'광신'·'미신'과 같은 사상에서부터, 학파에게는 위험하지만 대중에게는 전파되지 않는 '관념론'이나 '회의론' 같은 사상에 이르기까지 모두 근절할 수 있다. 만일 정부가 학자의 일에 관여하는 것이 타당하다고 한다면, 학문과 학자를 위해서는 비판의 자유를 장려함으로써 이성의 작업들이 확고한 기반을 갖게 하는 것이, 여러 학파의 가소로운 전제(專制)를 지지하는 것보다 훨씬 적절하고 현명한 배려가 될 것이다. 이 학파들은 그들의 거미줄(학설체계)이 망가지게 되면 마치 공공의 위험이 발생한 것처럼 소란을 피우지만, 일반인들은 그 학파들의 거미줄에 한 번도 주의를 기울인 적이 없었으며, 따라서 그것이 없어졌다고 해도 아무렇지도 않다.

비판은 학문으로서의 순수인식에서 이성의 독단적 절차와 반대되는 것이 아니다(왜냐하면 학문이란 언제나 교조적 방법, 즉 확실한 선험적 원리로부터 엄밀한 증명을 이끌어 나가는 방법을 쓸 수밖에 없기 때문이다). 그렇지 않고 서로 맞지 않는 것은 독단론이다. 다시 말해 이성이 오랫동안 사용해 왔던 원리들에 따르고 있으면서도 그 도달 방식이나 권리를 묻지도 않고 개념(철학적인)에 의한 순수인식만을 가지고 성과를 거두려고 하는 전제적인 주장, 곧 '독단주의'에 반대한다. 따라서 독단론은 '이성 자체의 능력에 대한 선행적 비판 없이' 순수이성에 의해서 행해지는 독단적 절차이다. 비판의 이런 반대는 대중성이라는 이름 아래에 제멋대로 행해지는 천박한 잡담을 변호하는 것도 아니고, 또 전체 형이상학을 간단히 부정해 버리는 회의론을 옹호하는 것도 아니다. 오히려 비판은 반드시 독단적 방식으로, 또 매우 엄밀한 요구에 따라서 체계적이고도 학술적으로(대중적이 아니라) 완성되어야 하는 학문으로서 근본적 형이상학을 촉진시키기 위해 필수적인 예비적 준비과정이다. 형이상학은 어디까지나 선험적으로, 그러니까 사변적 이성을 충분히 만족시키면서 이 작업을 완성할 책임이 있기 때문에 이에 대한 요구는 소홀히 할 수 없다. 그러므로 비판이 지정하는 계획의 수행에 있어서, 즉 장래의 형이상학에 있어서는, 우리는 어느 때인가는 저 유명한 볼프의 엄밀한 방법에 따라야 할 것이다. 볼프는 원리의 합법적 확인에 의해서, 또 개념의 명확한 정의에 의해서 증명을 엄밀히 검토하고, 추리에서의 대담한 비약을 방지함으로써 학문의 확실한 길을 얻을 수 있다는 실례를 최초로 보여준 인물이다(이 전례에 의해 그는 오늘날까지도 사라지지 않는 독일의 철저한 정신의 창시자가 되었다). 따라서 그가 오르가논의 비판, 즉 순수이성 자체를 비판함으로써 미리 영역을 준비할 생각을 했더라면, 형이상학이라는 학문을 확실한 학문의 위치로 바꾸어 놓았을 수도 있었다. 그러나 거기에까지 이르지 못한 것은, 볼프 자신의 탓이라기보다 오히려 당시의 독단론적 사고방식 때문이며, 이에 대해서는 그와 동시대나 그 이전의 모든 철학자들이 서로 비난할 게 아무것도 없다. 볼프의 학문적 방법뿐만 아니라, 순수이성비판의 방법까지도 부인하는 사람들이 머릿속에 그리고 있는 것을 말하자면, 학문 특유의 구속을 모두 떨쳐 버리고, 일을 유희로 바꾸고, 확실성을 억측으로 바꾸고, 또 철학을 억측 취미로 바꾸는 것밖에 되지 않는 것이다.

이 제2판에 대해서 말하자면, 나는 가능한 한 난해함과 모호함을 없애려고 많은 노력을 기울였다. 나에게도 책임이 없지 않겠지만, 그 난해함과 모호함은 총명한 사람들이 이 책을 비평할 때 부딪쳤던 많은 오해의 원인이 되었으리라고 생각된다. 이 비판에 포함되어 있는 여러 명제 자체나 그 명제의 증명 근거, 또한 계획의 형식과 그 완벽성에 대해서 전혀 바꿔야 할 점을 찾지 못했다. 그것은 내가 이 책을 출판함에 앞서 이런 점들을 오랫동안 검토했기 때문이기도 하고, 다른 한편으로는 문제 자체의 성질, 즉 사변적 순수이성의 본성이 본디 그러하기 때문이기도 하다. 사변적 순수이성은 본디 유기적 구조를 가지며, 거기에서는 모두가 기관(器官)이다. 다시 말해 전체는 하나를 위해 있고, 하나는 모든 것을 위해 존재한다. 따라서 잘못(착오)이든 결함이든 아무리 작은 결점이라도 그 모습이 남김없이 드러나지 않을 수 없는 것이다. 바라건대 이 체계가 앞으로도 변하지 않고 계속 유지되기를 바란다. 나는 자만에 빠져서 이것을 믿는 것이 아니라 명확한 증거에 의해서 확신한다. 순수이성의 가장 작은 요소로부터 점차 그 전체로 나아가거나, 반대로 전체(이 전체도 순수이성의 궁극적 의도에 의해 실천적 영역에서 주어진 것이므로)에서 각 부분으로 도달할 때에 어떤 사소한 부분이라도 바꾸려면 곧 순수이성의 체계에서뿐만이 아니라 일반적 인간 이성에 있어서도 모순을 불러일으키므로 결과는 동일하다. 요컨대 나의 확신은 이런 실험에 의한 명확한 증거에 기초를 둔 것이다. 그러나 '서술'에 대해서는 아직도 개선할 것이 많다. 이 점에 대해 나는 제2판에서 여러 가지로 교정하려고 했다. 그것은 ① 감성론에 대한 오해, 특히 시간 개념에 대한 오해를 제거하고, ② 순수지성 개념의 연역에서의 모호성을 제거해 줄 것이다. ③ 순수이성의 원칙 증명에 있어서 충분히 명확하지 않은 점을 제거하고, 끝으로 합리적 심리학을 향한 오류 추리론에 대한 오해 등을 제거해 줄 것이다. 서술 방식을 바꾼 것은 여기까지이며 (즉 초월적 변증론 제1편의 끝까지) 더 이상은 손대지도 않았다.[6]

---

6) 본디 증보—이것도 다만 증명 방법에 지나지 않지만—는 심리학적 관념론에 대한 새로운 논박에 의해서 한 것과, 외적 직관의 객관적 실재성에 관한 엄밀한 (내가 생각하기로는 유일하게 가능한 것이기도 한) 증명에 의해서 한 것이다. 관념론은 형이상학의 본질적 목적이라는 점에서는 아직도 죄가 없는 것으로 (실제로는 그렇지 않은 것이지만) 여겨질지도 모른다. 그러나 관념론은 우리 밖에 있는 사물(우리는 인식의 모든 소재를, 더욱이 내적 감각의 소재까지도 거기에서 얻는다)이 현실적으로 존재한다는 것을, 단지 그렇게 믿고 생각하지 않으면 안 된다고 하고, 또 그와 같은 현실 존재를 의심하는 사람이 있어도, 그에게 만족스러운 반대 증명으로 대항할 수 없는 것으로 여긴다. 그것은 철학과 일반적 인간 이성의 추문임에는 변함이 없다. 관념론 논박의 증명 제3행부터 제6행까지의 표현 중에 약간 불명료한 점이 있으므로 나는 다음과 같이 바꾸어 쓰고자 한다. "이 고정불변적인 것이란 내 속에 있는 직관이 아니다. 왜냐하면 내 속에서 찾아볼 수 있는 나의 현존재를 규정하는 모든 근거는 관념이며, 관념이란 서로 다른 불변의 것을 스스로 필요로 하기 때문이다. 관념의 이동, 따라서 시간—그 안에서 관념은 이동하는 것이지만—에 있어서의 나의 현실 존재는 이 불변한 것과의 관계에서 확인할 수 있는 것이다." 이 증명에 대해서 다음과 같이 말하는 사람이 있을지도 모르겠다. "내가 직접 인식하는 것은 내 안에 있는 것뿐, 즉 밖에 있는 것에 대한 관념뿐이다. 따라서 그 관념에 대응하는 무엇인가가 나의 밖에 있는가의 여부, 아직도 미결 상태이다." 그러나 나는 시간에 있어서의 나의 현실 존재를 (따라서 시간에 의해 그것을 확인할 수 있다는 것도) 내적 경험에 의해서 의식하고 있다. 이것은 단순히 나의 관념만을 의식하고 있는 것 이상의 것이며, 더욱이 그것은 내가 존재하고 있다는 것을 경험적으로 의식하는 것과 동일한 것이다. 이 경험적 의식은 나의 현존과 결부되어, 나의 외부에 있는 어떤 것과의 관계에 의해서만 확인할 수가 있다. 따라서 시간에 있어서 나의 현존이라는 의식은, 감각이지 구상력이 아니다. 이 의식은 밖의 것을 나의 내적 감각과 결부시키고 있는 것이다. 왜냐하면 외적 감각은 이미 그 자체이고 나의 밖에 있는 현실적인 그 무엇인가에의 직관(直觀) 관계이기 때문이다. 외부감각의 실재성은 상상과는 달리서, 그것이 내적 경험을 가능하게 하는 조건으로서, 내적 경험 그 자체와 불가분하게 결부되는 것에만 바탕을 두고 있기 때문이다. 그 일이 여기에서 일어나고 있는 것이다. 이를테면 내가, 나의 모든 판단과 지성 작용에 수반되는 '나는 존재한다'는 관념에서, 나의 현실 존재의 지적인 의식과 나의 현실 존재의 생각을, 지적 직관으로 결부시킬 수가 있다고 하자. 그렇게 되면, 나의 밖에 있는 그 무엇인가와의 관계 의식이, 나의 현실 존재의 규정에 필연적으로 속하는 일은 없을 것이다. 이 지적 의식은 사실 내적 직관보다 선행하지만, 나의 현존이 규정되는 유일한 곳은 내적 직관이며, 그것은 감성과 시간 조건의 제한을 받고 있다. 곧 이 규정, 따라서 내부 경험 그 자체는, 내 안에는 없는 무엇인가 불변한 것에, 즉 나의 밖에만 있는 무엇인가 불변한 것—나는 자신을 그것과의 관계에서 있다고 간주하지 않으면 안 된다—에 의존하고

왜냐하면 시간상의 압박이 있기도 했고, 그 밖의 부분에 대해서는 전문적 지식을 가진 공정한 비판자의 어떤 오해도 없었기 때문이다. 여기서 이분들의 이름을 하나하나 들어 합당한 찬사를 할 수는 없지만, 그분들이 나에게 일러준 주의점에 대해 내가 충분한 고려를 했다는 사실은 각 부분에서 확인할 수 있을 것이다. 한편 이번 정정이 독자에게는 어느 정도 손실을 주지 않을 수 없지만, 이런 손실을 막으려다 보면 결국 책이 매우 장황하게 되어버릴 것이다. 그래서 나는 몇 군데를 삭제하거나 또는 간단하게 서술하지 않을 수 없었는데, 이런 부분이 사실 전체의 완벽성을 위해서 꼭 필요한 것은 아니어도, 다른 의미에서는 필요할 수도 있기 때문에, 독자들 중에는 이번 수정을 달가워하지 않는 분도 있을 것이다. 그러나 이런 삭제나 단축으로 확보된 교정의 여지로, 지금과 같은 훨씬 이해하기 쉬운 서술이 이루어졌다고 생각한다. 이 서술은 명제에 대해서는 말할 것도 없고, 그 증명 근거에 대해서까지도 근본적으로는 전판과 조금도 다르지 않다. 다만 곳곳에 새로운 내용을 끼워넣는 것만으로는 이 책을 완수할 수 없을 정도였으므로, 서술의 방식은 초판과는 다르다. 사실 이런 손실은 독자들이 임의대로 제1판과 이 책을 비교함으로써 보충될 수 있는 것이며, 이번 판

있는 것이다. 그렇다고 한다면 외적 감각의 실재성은, 경험 일반의 가능성을 위해서는 필연적으로 내적 감각과 결부되어 있지 않으면 안 된다. 다시 말해 나는 나 자신이 시간 안에서 규정되어 실재하고 있다는 것을 의식하는 것과 마찬가지로, 나의 밖에서 내 감각에 관계하고 있는 사물이 존재하고 있다는 것을 확실하게 의식하는 것이다. 그런데 실제로 나의 밖에 있는 객체, 외적 감각에 속하는 객체가—객체는 이 외적 감각에 의존하며 구상력에는 의존하지 않는다—주어진 어떠한 직관에 대응하는가 하는 것은, 경험 일반(내적 경험까지도)을 구상력으로부터 구별하는 규칙에 따라서 특수한 경우마다 해결되지 않으면 안 된다. 그때, 실제로 외적 경험은 존재한다고 하는 명제가 항상 그 바탕에 있다. 그것에 대해서 여기에서 다시 주석을 덧붙이고자 한다. 그것은, 현실 존재에 있어서의 무엇인가 불변한 것이라는 관념은, 불변한 관념과 동일하지가 않다는 것이다. 왜냐하면 불변한 것이라는 관념은 우리 모두의 관념이나, 물질이라고 하는 관념조차도 그러한 것처럼, 매우 변하기 쉬운 경우가 있기 때문이다. 그래도 불변한 것에 대한 관념은 무엇인가 불변한 것에 관계하고, 그러기 때문에 이 불변한 것은 나의 모든 관념과는 구별되는 외적인 사물이어야 한다. 이 외적 사물의 현재 존재의 규정 안에 함께 포함되어, 사물의 현재 존재와 함께 유일한 경험을 형성하는 것이다. 이 유일한 경험이 (부분적으로) 동시에 외적이 아니라고 한다면, 그것이 내적으로 일어나는 일은 결코 없을 것이다. 그것이 어떻게 일어나느냐 하는 것은, 본디 우리는 어떻게 해서 시간에 있어서의 영속적인 것을 생각하느냐 하는 것과 마찬가지로, 여기에서는 이 이상 설명할 수가 없다. 영속적인 것이 동시에 존재하며 변화하는 것을 수반하여 변화라고 하는 관념을 낳는 것이다.

이 초판보다 훨씬 이해하기 쉽다는 점을 생각하면 충분히 보상되리라고 생각한다. 나는 출판된 여러 책들에서 (때로는 많은 서평의 경우에서, 또는 특수한 논문에서) 철저성의 정신이 독일에서 아직 소멸되지 않았으며, 다만 천재 행세를 하는 자유사상 풍조에 의해 잠시 그늘에 가려졌을 뿐이라고 밝혔다. 또 학술적이기 때문에 유일하게 영속적이며, 따라서 가장 필연적 순수이성의 학문으로 이끄는 비판의 가시밭길이, 대담하고 명석한 사람들이 그 어려움을 극복하는 데 방해되지 않았음을 감사하고, 기쁜 마음으로 인정해 왔다. 나는 통찰의 철저성과 명쾌한 서술 재능(이 재능은 나로서도 자신이 없다)을 지닌 훌륭한 분들에게, 명쾌한 서술이라고 보기에는 아직 여러 곳에 결함이 많은 이 책의 완성을 부탁하고 싶다. 왜냐하면 이 책이 논박당할 위험은 전혀 없지만, 이해되지 않을 위험이 있기 때문이다. 이제 나로서는 논쟁에 관여할 수 없다. 그러나 물론 이 예비학의 지시에 따라서 장차 체계를 완성하는 데 이용하기 위해 찬성자의 의견이든 반대자의 의견이든 모든 시사에 충분한 주의를 기울일 것이다. 이 책에 몰두해 있는 사이에 나는 이미 상당한 노령(이달로서 64세가 된다)에 달했기 때문에, 사변적 이성 및 실천적 이성 비판의 정당성을 실증하며, 자연의 형이상학 및 도덕의 형이상학을 제시할 계획을 실현하기 위해서는 시간을 낭비하지 말아야 한다. 한편 이런 책에서는 처음에 거의 불가피했던 불명료한 점을 밝히고, 또 전체에 대해서 변호하는 일은 나의 책을 잘 소화시킨 훌륭한 분들에게 기대할 수밖에 없겠다. 어떤 철학의 논문이든 개개의 대목을 꼬집자면 결함은 있을 수 있다(철학상의 논문은 수학상의 논문만큼 빈틈없이 무장할 수 없기 때문에). 그렇다고 해서 유기적 통일을 이룬 체계의 구조가 위험에 빠질 우려는 없다. 새로운 체계의 경우에 있어서는 이를 개관할 수 있는 숙달된 정신을 가진 자가 실로 적으며, 더욱이 혁신이란 그런 사람들에게마저도 그리 달가운 것이 아니기 때문에, 새로운 체계의 개관에 흥미를 가진 사람은 더욱 적어진다. 거기다 사람들이 각 부분을 그 전체의 연관으로부터 잘라내어 서로 비교한다면, 어떤 책이라도, 특히 그것이 자유로운 대담 형식으로 쓰인 책이라면 더욱 모순된 부분을 지적당할 수 있다. 이런 모순이 다른 사람의 평가에만 의존하는 사람들의 눈에는 불리한 인상을 주지만, 이 책의 전체 이념을 파악한 사람에게는 매우 쉽게 해결될 수 있는 것이다. 하나의 이론이 자체적으로 견고하게 확립되어 있기만 하다면, 최초에는 여러 가지 위험을 수반했던 작용과 반작용도 시간과 더불어 다만 이론의 매끄럽지 못한 부조리를 해결하는 데 도움이 될 따름이고, 또 공평하고 통찰력 있고 참된 대중성을 가진 사람들이 그 이론에 관심을 쏟는다면 그것은 짧은 시간 안에 필요한 세련미까지도 갖출 수 있을 것이다.

1787년 4월
쾨니히스베르크에서

서론

1. 순수한 인식과 경험적 인식의 구별에 대해서

우리의 인식은 모두 경험과 함께 시작된다. 여기에는 조금도 의심할 여지가 없다. 인식 능력이 우리 감각을 자극하는 대상에 의해 작용하지 않는다고 한다면 무엇에 의해서 작용하겠는가? 대상은 우리의 감각을 자극하여 한편으로는 스스로 관념을 가져오고, 다른 한편으로는 우리의 지성 활동을 작동시킨다. 그 지성 활동은 여러 관념을 비교, 결합, 분리하여 감성적 인상이라고 하는 생생한 소재를 대상의 인식으로 완성시킨다. 그리고 이 대상의 인식이 경험이라고 불리는 것이다. 따라서 '시간 순서'로 말하자면 우리의 그 어떤 인식도 경험에 앞서는 것이 아니고, 모든 인식이 경험과 함께 시작된다.

그러나 그렇다 하더라도, 모든 인식이 반드시 경험에서 생기는 것은 아니다. 왜냐하면 우리의 경험 인식조차도, 우리가 인상으로부터 받은 것에 우리 자신의 인식 능력이 (감성적 인상은 단순히 계기로 해서) 자기 안에서 끌어낸 것을 첨가한 합성물이기 때문이다. 이 원소재와 우리 자신이 덧붙인 감각적 인상은 오랫동안의 훈련에 의해서 그것이 첨가된 것을 알아차리고, 그것을 적절하게 분리할 수 없는 동안에는, 우리는 그것을 감성적 인상이라고 하는 생생한 근본 소재로부터 구별할 수가 없다.

그러기 때문에 다음과 같은 물음은 적어도 더 자상한 탐구가 필요한 물음이며, 바로 결론을 낼 수 없는 물음이다. 즉 그런 경험으로부터 독립하여, 감각의 모든 인상으로부터까지도 독립된 인식이 존재하는가 하는 것이다. 이런 인식은 '선험(아 프리오리)적' 인식이라고 불리며, 경험적 인식과 구별된다. 경험적 인식은 그 원천을 아 프리오리(선험) 안에 둔다.

하지만 아 프리오리라고 하는 표현은 여기에 제시된 문제의 적절한 의미를 완벽히 표현하기에는 아직 충분히 명확하지가 않다. 왜냐하면 사람들은 경험을 근원으로 하는 인식에 대해서 곧잘 다음과 같이 말하기 때문이다. "우리는 아 프리오리한 경험을 행사할 수가 있다. 또는 그것에 신세를 지고 있다. 왜냐하면 우리는 그것을 직접 경험으로부터가 아니라, 어느 일반규칙에서 이끌어 내기 때문이다. 하기야 그 규칙 자체는 경험에서 빌려온 것이기는 하지만." 어떤 사람이 자기 집터 밑을 파서 무너뜨리고 있는 것을 보고 사람들은 다음과 같이 말한다. "그는 그 집이 무너질 것을 (일반규칙에 따라) 선험적으로 알 수 있었다. 그는 집이 실제로 무너지는 것을 경험할 필요가 없었던 것이다." 그러나 그는 완전히 선험적으로만 이것을 알았던 것은 아니다. 왜냐하면 물체는 무게가 있어서 떨어지는 성질이 있으며, 따라서 물체를 떠받치는 받침대를 없애버리면 물체가 떨어진다는 사실은, 아무래도 그가 경험에 의해서 미리 알고 있어야 했기 때문이다.

따라서 앞으로 우리가 선험적 인식이라는 말을 사용할 때에는, 특정 종류의 경험으로부터만 독립된 것이 아니라, 모든 경험에서 절대 독립해 성립되는 인식을 의미하는 것으로 하기로 한다. 이것에 대립되는 것이 경험적 인식, 말하자면 경험에 의해서 후천적으로만 가능한 인식이다. 선험적 인식 중에서도 전혀 경험적이지 않은 인식을 순수인식이라고 한다. 예컨대 '모든 변화에는 원인이 있다'는 명제는 선험명제이기는 하지만 순수하지는 않다. 왜냐하면 변화라는 개념은 경험을 통해서만 이끌어 낼 수 있는 것이기 때문이다.

2. 우리는 어떤 종류의 선험적 인식을 가지고 있으며, 상식이라 할지라도 반드시 그런 인식이 있다

여기서 문제되는 것은, 우리가 순수인식과 경험적 인식을 확실히 구별할 수 있는 표지가 무엇인가 하는 것이다. 확실히 경험은 어떤 대상의 성질을 우리에게 알려주지만, 그것이 왜 반드시 그런 성질을 가지고 있어야만 하는지는 가르쳐 주지 않는다. 따라서 첫째로, 어떤 명제가 동시에 필연성을 갖추고 있다고 여겨진다면, 그 명제는 아 프리오리한 판단이다. 더욱이 그 명제가 그 자신이 필연명제로서 통용되는 이외의 그 어떤 명제로부터도 이끌어 낸 것이 아니라면 그 명제는 절대 선험명제다. 둘째로, 경험은 자기 판단에 참된 보편성을, 또는 엄밀한 보편성을 주지 않는다. 경험은 단지 일시적이면서 비교에 근거한 보편성

(귀납에 의한)을 줄 뿐이다. 그러므로 본디 다음과 같이 말하지 않으면 안 된다. "우리가 이제까지 보아온 한에서는, 이러저러한 규칙에 대해서 예외는 볼 수 없다." 따라서 어떤 판단이 엄정한 보편성을 갖는다 여겨지고 하나의 예외도 가능하지 않다면, 그 판단은 경험에서 이끌어 낸 것이 아니라 절대 선험에 근거한 것이라고 할 수 있다. 그래서 경험적 보편성은 단지 많은 경우에 통용되는 타당성을 모든 경우에 통용되는 타당성으로 멋대로 승격시킨 것에 지나지 않는다. 예컨대 '모든 물체는 무게를 가진다'고 하는 명제와 같다. 이에 대해 엄밀한 보편성이 본질적으로 포함되어 있을 경우, 이런 보편성은 그 판단이 특별한 인식 원천에서 비롯된다는 것을, 즉 선험 인식의 능력에서 비롯된다는 것을 시사하고 있는 것이다. 그러므로 필연성과 엄밀한 보편성은 선험 인식의 확실한 표지이며, 서로 떨어질 수 없게 굳게 결부되어 있다. 다만 이들 표지를 사용할 때, 경험상 제약되어 있다는 것을 판단에서의 우연성으로 제시하는 편이 때로는 용이하다. 또는 대개의 경우 우리가 어떤 판단에 돌아가는 무제한적 보편성을, 그 판단의 필연성으로 제시하는 편이 알기가 쉽다. 그렇기 때문에 지금 말한 두 가지 기준은 어느 쪽이나 그 자체로 확실하며, 이것들을 따로따로 사용하는 것이 좋다.

이제 이처럼 필연적이고 또한 가장 엄밀한 의미에서 보편적인 선험적 순수 판단이 인간의 인식 속에 존재함을 제시한다는 것은 쉬운 일이다. 만일 학문에서 그 일례를 찾아보려 한다면 수학명제를 보면 될 것이다. 같은 예를 일상 속에서의 지성 사용에서 든다고 하면 '모든 변화에는 원인이 있어야 한다'는 명제가 유용하다. 실제로 두 번째 예증을 보면 원인의 개념은, 원인이 결과와 결부되는 필연성의 개념, 그리고 인과율의 엄밀한 보편성의 개념과 명확하게 관련되어 있다. 따라서 흄이 한 것처럼, 생성되는 것과 선행되는 것을 연결시켜 표상을 결합시킴으로써 원인의 개념을 이끌어 내려고 한다면, 앞에서 말한 것과 같은 원인의 개념은 완전히 무너지고 말 것이다. 그러나 선험적 순수 원칙이 우리 인식 속에 실존함을 증명하기 위해 굳이 이런 예증을 들지 않더라도, 그것이 경험을 가능하게 하는 불가결한 조건임을, 따라서 그것은 선험적인 것임을 명시할 수 있다. 왜냐하면 경험이 성립되기 위한 모든 규칙이 그때마다 경험적인 것이고, 그러므로 우연적인 것이라고 한다면, 경험의 확실성을 어디서 찾을 것인가? 이 경우 이들 규칙을 제1의 원칙으로서 통용시킬 수는 없다. 그러나 현재로서는 선험적 순수인식 능력이 실제로 존재하며 우리가 그것을 사용한다는 사실과, 그 인식을 적절히 파악할 기준이 보편성과 필수성이라는 사실을 알아낸 것에 만족해야 할 것이다. 하지만 단순히 판단에서뿐만 아니라, 개념에서까지도 그 몇 가지가 선험에서 비롯된다는 것이 분명해진다. 물체라고 하는 개념에 부수되는 모든 경험적인 것, 즉 색깔이나 딱딱한 정도·무게, 심지어 불가입성(不可入性)까지도 하나하나 제거해 보라. 그러면 물체는 완전히 사라지지만 그것이 차지하고 있었던 공간은 남아 있을 것이며, 이 공간은 마음속으로도 제거할 수 없다. 이와 마찬가지로 여러 가지 물체적 또는 비물체적 대상에 대한 경험적 개념에서 경험으로부터 배운 성질을 제거한다 하더라도, 그 대상의 실체 또는 실체에 속한 것으로 생각하는 성질을 객체에서 제거할 수는 없는 것이다 (이 실체라는 개념은 객체 일반이라고 하는 개념보다도 더 많은 규정을 포함하고 있다고는 하지만). 따라서 객체라는 개념이 여러분에게 다가오는 필연성에 이끌려 다음과 같이 고백하지 않으면 안 된다. '실체라고 하는 개념은 자신들의 선험적 인식 능력 안에 자리를 차지하고 있다'고.

3. 철학은 모든 선험적 인식의 가능성, 원리 및 범위를 규정하는 학문을 필요로 한다

앞에서 논술한 모든 것보다도 훨씬 더 중요한 의미를 가지는 것이 있다. 어떤 종류의 인식은 모든 가능한 경험의 영역을 떠나서, 경험 안의 그 어디에도 대응하는 대상이 주어지지 않은 개념에 의해서, 우리 판단의 범위를 경험의 모든 한계의 저편으로까지 확장하는 것 같은 겉모습을 띠고 있다는 것이다. 그리고 이와 같은 감각계를 벗어나는 인식에서는, 경험은 아무런 인도의 실마리도 주지 않고 잘못을 고쳐주지도 않지만, 바로 거기에 우리 이성의 탐구가 있다. 우리는 이런 탐구를 그 중요성으로 보아, 지성이 현상의 영역에서 배울 수 있는 그 어느 것보다도 훨씬 탁월한 것으로 보고, 또 그 궁극의도를 더 숭고한 것으로 간주한다. 그때 우리는 이런 연구를 어떤 의심 때문에 단념하거나, 경멸이나 무관심 때문에 포기하기보다는, 오히려 오류에 빠질 위험을 무릅쓰고서라도 감행하는 것이다. 순수이성 자신의 이 피할 수 없는 과제는 '신', '자유', '불사(不死)'이다. 그리고 모든 준비를 갖추어, 궁극적으로 이들 과제를 해결하고자 하는 학문이 형이상학이다. 형이상학이라는 학문이 취하는 방법은, 처음에는 독단적이다. 다시 말해 이성이 이런 거창한 계획을 이루어 낼 능력이 있는지 여부를 미리 가늠하지 않고 자신 있게 이 사업의 수행을 떠맡는다.

일단 경험의 지반을 떠난 뒤에는, 사람들은 유래를 알 수 없는 인식에 의해 기원을 알 수 없는 원칙을 믿고, 건물의 기초를 확고히 하지도 않은 채 무턱대고 건물을 세우지는 않을 것이다. 오히려 그에 앞서 다음과 같은 물음이 던져졌을 것이다. 지성은 도대체 어떻게 해서 이들 모든 선험 인식에 다다를 수가 있었으며, 또 그것들은 어느 정도의 범위와 타당성과 가치를 갖는 것일까? 사실 '당연한' 일이라고 하는 말을, 적절하고도 이성적인 방식으로 당연히 생길 것이라고 해석한다면, 이토록 '당연한' 일은 없을 것이다. 그러나 그것을, 변함없는 방법으로 일어난다고 이해한다면, 이런 탐구가 오랫동안 이루지지 않은 채 있어왔다고 하는 것은, 반대로 이토록 당연하고 알기 쉬운 일은 없다. 왜냐하면 이런 종류의 인식의 일부인 수학은 오래전부터 신뢰를 얻어왔고, 다른 인식과는 본질적으로 전혀 다르다고는 하지만, 그런 인식에도 밝은 기대를 가지게 하기 때문이다. 게다가 일단 경험의 범위를 넘게 되면, 경험에 의해서 반박당할 염려는 없다. 또한 자기 인식을 확대한다는 것은 매우 큰 매력이므로, 일을 추진하는 데에 명확한 모순에 직면하지 않으면, 제지할 수 있는 일이 아니다. 그러나 이 매력은 허구(虛構)만 조심하면 피할 수 있다고는 하지만, 그렇다고 해서 허구가 결코 허구가 아니게 되는 일은 없다. 수학은, 우리가 경험하는 것과는 독립적으로 선험 인식에 의해 어디까지 이를 수가 있는가에 대한 빛나는 실례를 보여주고 있다. 그런데 수학은, 확실히 단지 직관에 의해 제시된다는 점에서 대상과 인식에 종사한다. 그렇지만 그 사정을 전망한다는 것은 쉬운 일이다. 왜냐하면 문제가 되어 있는 직관 자체가 선험에 의해 주어지고 있기 때문이며, 그런 뜻에서 단순한 순수 개념과 도저히 구별되지 않기 때문이다. 이성의 힘을 나타내는 이런 실례에 마음이 빼앗겨, 인식을 확장하려고 하는 충동은 멈추는 곳을 모른다. 몸이 가벼운 비둘기는, 자유로이 공중을 날다가 공기저항을 느끼기 때문에, 진공 속이라면 훨씬 날기가 쉽다고 생각할지도 모른다. 마찬가지로 플라톤도 이와 같았다. 그는 감성계가 지성에게 매우 까다로운 제한을 가

한다는 이유로, 감성계를 버리고 이데아의 날개를 펴서 감성계의 피안, 즉 순수 지성이라는 진공 속으로 날아간 것이다. 그러나 플라톤은 그런 노력을 해도 앞으로 나아갈 수 없다는 것을 알아차리지 못한 것이다. 왜냐하면 그에게는 자기를 고정할 수 있는 받침이 없었고, 지성을 그 자리에서 데리고 나갈 수 있도록, 가지고 있는 힘을 적용할 수 있는 받침이, 말하자면 토대로 이어지는 받침이 없었기 때문이다. 하지만 이성의 건물을 되도록 빨리 완성시킨 뒤에 비로소 기초도 튼튼하게 잘되어 있는가를 조사하는 것이 생각에서의 아주 보편적인 인간 이성의 운명이다. 그러나 거기에서는 기초가 튼튼한가의 여부를 둘러싸고 자신을 위로하기 위해, 또는 이런 사후의 위험한 검사도 되도록 거부하기 위해 갖가지 변명이 찾아내지는 것이다. 그럼에도 건물을 짓는 동안 우리를 불안이나 의심에서 벗어나게 해주고, 외관상의 견고함에 대해 자신감을 가질 수 있게 해주는 것은 이것을 말한다. 우리의 이성이 해야 하는 일의 대부분, 어쩌면 가장 큰 부분을 차지하는 것은, 우리가 이미 대상에 관해서 가지고 있는 개념의 분석에 있다. 이것은 많은 인식을 제공한다. 이 인식들은, 우리의 개념 속에서 이미 사고된 것을 분해하는 방법으로 해명하거나 설명하는 것뿐이지만, 적어도 형식상으로는 새로운 통찰과 동등하게 평가된다. 하기야 그것들은 자료 또는 내용면에서 보아 우리가 가지고 있는 개념의 확대가 아닌 분석에 지나지 않지만. 그런데 이런 방법이 실제로 확실하고 유용하게 진전하는 실제의 선험 인식을 주기도 하기 때문에, 이성은 자기도 모르는 사이에 주어진 개념에 전혀 이질적인 개념들이 덧붙여진 전혀 다른 주장에 빠져들기도 한다. 그런데 우리는 이성이 왜 그렇게 되는지 모르며 또 그런 물음을 생각해 보려고도 하지 않는다. 그러므로 나는 가장 먼저 이런 두 종류 인식을 구별하는 방법에 대해서 말하고자 한다.

4. 분석적 판단과 경험적 판단의 구별에 대해서

모든 판단에서는 주어와 술어 관계를 생각할 수 있다(여기에서는 긍정판단만 고려하기로 한다. 나중에 부정판단에 쉽게 응용할 수 있기 때문이다). 이 관계는 두 가지 방식으로 가능하다. 하나는 술어 B가 주어 개념 A에 (숨은 방식으로) 포함되어 있는 것으로서, 주어 A에 속하는 경우이다. 또 하나는 술어 B가 주어 A와 결부되어 있기는 하지만, 완전히 주어 A 밖에 있는 경우이다. 나는 첫 번째 경우를 분석판단이라 부르고, 두 번째 경우를 종합판단이라고 부른다. 그렇기 때문에 분석판단(긍정적)은 술어와 주어의 결합이 동일률(同一律)에 의해서 생각할 수 있는 경우와 같은 판단이다. 이에 대해서, 이 결합이 동일성을 빼고 생각할 수 있는 판단은 당연히 종합판단이라고 부를 수 있다. 분석판단은 또한 해명판단으로, 종합판단은 확장판단으로 부를 수도 있을 것이다. 왜냐하면 분석판단은 술어에 의해서 주어의 개념에 덧붙이는 일 없이 주어 개념을 단지 분석에 의해서, 이미 주어의 개념에서 (혼란된 상태기는 하지만) 생각되고 있었던 부분 개념으로 분해하기만 하기 때문이다. 이에 대해서 종합판단은 주어 개념에서 전혀 생각하지 않았던 술어를 주어의 개념에 덧붙인다. 예를 들어 내가 '모든 물체는 외연(外延)을 가진다'라고 말하면, 이것은 하나의 분석판단이다. 왜냐하면 '외연'을 물체와 결부된 것으로 발견하기 위해 물체라는 주어에 연관되어 있는 개념을 넘어설 필요가 없으며, 다만 그 개념만을 분석하면 되기 때문이다. 즉 '외연'이라는 술어를 찾아내기 위해서는, 물체에 대해서 늘 생각하고 있는 다양한 성질을 의식하기만 하면 되는 것이다. 그러므로 이것은 분석판단이다. 이에 대해서 '모든 물체는 무게를 갖는다'고 말했다고 하자. 그러면 술어는 내가 물체 일반의 개념에서 생각하는 것과는 전혀 다른 것이다. 그렇기 때문에 이런 술어를 덧붙인다는 것은 하나의 종합판단이 성립되는 것이다.

경험판단은 그 자체가 모두 종합적이다. 사실 분석판단의 바탕을 경험에 두게 하려는 것은 불합리한 일이다. 왜냐하면 분석적 판단을 구성하기 위해서 이미 가지고 있는 개념 밖으로 나갈 필요가 전혀 없으며 따라서 아무런 경험의 증언도 필요하지 않기 때문이다. '물체는 외연적이다'라는 명제는 선험에 따라 확립된 명제로서, 경험판단이 아니다. 왜냐하면 내가 경험을 하기 전에 나는 나의 판단을 위한 모든 조건을 이미 개념 안에 가지고 있고, 그 개념에서 모순율에 의해서 술어를 끌어내어, 그것에 의해서 동시에 판단의 필연성을 의식할 수가 있기 때문이다. 경험은 결코 그 필연성을 나에게 가르쳐 주지는 않을 것이다. 이에 대해서, 분명히 나는 물체 일반이라고 하는 개념에 무게라고 하는 술어를 전혀 포함시키지 않고 있다. 그래도 물체의 개념은 경험의 일부에 의해서 경험의 대상이라고 하는 것을 나타내고 있기 때문에, 나는 이 일부에, 바로 같은 경험, 물체라고 하는 개념에 속해 있던 이외의 다른 부분도 덧붙일 수가 있는 것이다. 나는 물체라는 개념을, 연장성·불가입성·형태 등, 이 개념에서 생각할 수 있는 모든 특성을 통해서 미리 분석적으로 인식할 수 있다. 그런데 다른 한편으로 나는 나의 인식을 확장해서, 내가 물체라고 하는 개념이 바탕인 경험을 되돌아보면, 나는 지금 든 특성에 무게도 항상 결부되어 있다는 것을 알고, 그와 같이 해서 무게를 술어로서 물체의 개념에 종합적으로 덧붙는 것이다. 그렇기 때문에 무게라는 술어와 물체라는 개념을 종합시킬 수 있는 바탕은 경험이다. 왜냐하면 이 두 개념은 한편이 다른 한편을 함유하고 있는 것은 아니지만 전체의 부분, 즉 그 자체가 여러 직관들의 종합 결합인 경험의 부분으로서, 우연적인 방식이기는 해도 서로에게 속해 있기 때문이다.

그런데 선험적 종합판단에서는 이런 근거가 전혀 눈에 띄지 않는다. 내가 A라는 개념을 뛰어넘지 않으면 다른 B라는 개념을 종합적으로 인식할 수 없다고 하자. 그 경우 내가 의지하는 것은 무엇이며, 종합은 무엇에 의해서 가능할까? 왜냐하면 이 경우, 나는 그것들을 경험의 영역에서 구한다고 하는 의지할 만한 줄을 가지고 있지 않기 때문이다. 예컨대 '발생하는 모든 것에는 원인이 있다'는 명제를 들어보자. 발생한다는 개념에 실제로 나는 일정 시간 선행하는 존재를 생각하고, 그로부터 분석적 판단들을 이끌어 낼 수가 있다. 그러나 원인이라는 개념은 전적으로 발생한다는 개념 외부에 있으며, '발생하는 것'과는 다른 어떤 것을 나타내고 있으므로, 생기게 되는 것이라고 하는 개념에는 포함되어 있지 않다. 그렇다면 어떻게 해서 나는 '발생하는 것'에 대해서 그것과는 전혀 다른 일을 말하며, 원인의 개념은 발생하는 것에 포함되어 있지 않음에도 그것을 발생하는 것에 속하는 것으로, 더욱이 필연적인 것에 속하는 것으로 인식할 수 있는 것인가? 지성이, A라는 개념 외부에 그것과는 다른 B라는 술어를 찾을 수 있다고 믿고, 그러면서도 여전히 그 술어를 A와 결부되어 있다고 간주한다면, 거기에서 지성이 의지하는 알 수 없는 것=X는 무엇일까? 그것이 경험일 수는 없다. 왜냐하면 지금 인용한 원칙은 보다 큰 보편성에 의해서가 아니라 필연성이라고 하는 표현으로, 따라서 완전히 선험에 의해, 그리고 단순한 개념에서, 결과라는 관념에 원인이라는 개념을 덧붙이는 것이기 때문이다. 그런데 우리의 선험적인 사변적 인식의 궁극목적 전체는 이런 종합적 원칙에, 결국은 확장적 원칙에 바탕을 두고 있다. 확실히 분석판단은 매우 중요하고 필요하기는 하나,

단순히 개념이 다음과 같은 판명성을 얻기 위한 것에 지나지 않는다. 즉 참으로 새로운 획득으로서의 확실하고 광범위한 종합을 위해 필요한 판명성이다.

5. 이성의 모든 이론적 학문에는 선험적 종합판단이 원리로서 포함되어 있다

1. '수학적 판단들은 모두 종합적이다.' 이 명제는 어느 누구도 반대할 수 없을 만큼 확실하며, 앞으로 매우 중요한 것이 되는 것이지만, 지금까지 인간 이성을 분석해 왔던 사람들에 의한 종래 견해에 위배되어 있는 것처럼 보인다. 뿐만 아니라, 그들의 모든 예측과 대립하는 것처럼 여겨진다. 그 까닭은 이러하다. 사람들이, 수학자의 추리는 모두 모순율에 따라서 진행된다(이것은 모든 반증 불가능한 확실성의 본성이 요구하는 일이다)고 보았기 때문에 원칙도 행해지는 것—모든 필연적 확실성의 본성이 이것을 요구한다—을 알고서, 다른 학문들의 근본원칙 또한 모순율에 의거해 인식되었을 것이라고 생각했기 때문이다. 그러나 이것은 잘못이었다. 왜냐하면 종합명제는 물론 모순율에 의해서 판별할 수가 있다. 하지만 그것은, 그 종합명제가 귀결되기 위한 다른 종합명제가 전제되는 경우에 한하는 것이지, 결코 그 자체가 모순율에 따라서 인식되는 것은 아니기 때문이다.

무엇보다도 먼저 주의해 둘 것은, 본디 수학명제는 선험판단이지 경험판단은 아니라는 점이다. 왜냐하면 이들 경험으로부터는 추측할 수 없는 필요성을 갖추고 있기 때문이다. 그러나 이 사실을 인정하지 않는 사람이 있다면, 일단 이 명제를 순수 수학에만 국한하기로 하겠다. 순수 수학은 경험적이지 않은, 단지 선험적 순수인식만을 포함하고 있는 것이 그 본질이다.

7+5=12. 이 명제를 사람들은, 확실히 처음에는 단순히 분석판단이라고 생각할 것이다. 7과 5의 합이라는 개념에서 모순율에 의해서 생기는 것이니까 하고. 그러나 잘 생각해 보면, 다음과 같은 사실을 알 수가 있다. 7과 5의 합이라는 개념은 이들 두 가지 수를 하나의 수로 결합했다는 사실 말고는 어떤 것도 포함하고 있지 않으며, 이들 두 가지 수를 포괄하는 하나의 수가 무엇인가에 대해서는 전혀 생각되지 않고 있다. 12라는 개념은, 내가 단순히 7과 5의 합을 뜻한다고 생각했다고 해서 결코 생각을 했다고 말할 수는 없다. 또 내가 이런 가능한

총합이라는 개념을 아무리 분석해도 그 개념 안에서 12라는 수를 만나는 일은 없을 것이다. 우리는 두 개념 가운데 어느 쪽과 대응하는 직관을 의지하여, 이들 개념을 넘지 않으면 안 되는 것이다. 예컨대 다섯 손가락, 또는 (제그녀가 그의 산술에서 말하고 있는 것처럼) 5개 점의 도움을 받아, 서서히 직관으로 주어진 5라는 한 덩어리를, 7이라고 하는 개념에 덧붙이는 것이다. 왜냐하면 나는 먼저 7이라는 수를 취하여, 5라는 개념 대신에, 직관의 대상인 내 손가락을 의지하면서, 내가 5라는 수를 형성하기 위해 미리 정리해 둔 단위를, 이번에는 차례로 7이라는 수에 더하여, 그 결과로 12라는 수가 생기는 것을 알게 되기 때문이다. 7이 5에 더해져야 한다는 것은 이 두 수의 가산, 즉 7+5의 개념에서 생각해 낸 것이지만, 그 합이 12라는 수와 같다는 것은 거기에서 생각된 것이 아니다. 따라서 산술의 명제는 언제나 종합적이다. 이 사실은 좀 더 큰 수를 예로 들어보면 훨씬 더 명확해진다. 왜냐하면 이 경우, 이들 두 수에 대한 개념을 우리가 하고 싶은 대로 다루어도 좋지만, 직관에 의존하지 않고 개념의 단순한 분석으로는 결코 그 합산을 알아낼 수 없기 때문이다.

이와 마찬가지로, 순수 기하학의 어떤 원칙도 분석과는 거리가 멀다. '직선은 두 점 사이의 가장 짧은 거리이다'라는 명제는 종합명제이다. 왜냐하면 직선이라는 개념은 양에 대한 것을 포함하는 것이 없으며 질에 대한 것만을 의미하기 때문이다. 따라서 '가장 짧은'이라는 개념은 전적으로 아주 새롭게 덧붙여진 것이며, 분석에 의해서 직선이라고 하는 개념에서 이끌어 낼 수 있는 것이 아니다. 그러므로 여기에서는, 직관에 의지하지 않으면 안 되는 것이다. 오직 직관을 통해서만 종합할 수 있게 된다.

기하학자들이 전제하고 있는 몇몇 원칙은, 아닌 게 아니라 실제로도 분석적이며 모순율에 바탕을 두고 있다. 그러나 이들도, 동일율이 그런 것처럼, 방법상 연쇄고리로 쓰일 뿐 원리로서 사용되는 것은 아니다. 예컨대 'a=a', '전체는 그 자체와 동일하다', 혹은 (a+b)>a, 즉 '전체는 부분보다도 크다'는 등의 명제가 그런 것들이다. 이들 원칙도 비록 단순한 개념으로 통용된다고는 하지만, 이들은 직관에서 제시될 수 있기 때문에 수학에서 승인되는 것이다. 여기에서 우리는, 이런 반증이 불가능한 판단의 술어가 이미 개념 속에 들어 있고, 그러기 때문에 판단은 분석적이라고 대충 생각하게 되는데, 그것은 표현이 모호하기 때문이다. 다시 말해 우리는 어떤 주어진 개념에 어떤 술어를 덧붙여 생각하지 않으면 안 되며, 이런 필연성은 이미 그 개념에 고착되어 있는 것이다. 그러나 문제는, 주어진 개념에 무엇을 술어로서 덧붙여 생각해야 하느냐가 아니라, 비록 막연하나마 그 개념에서 실제로 무엇을 생각하느냐이다. 그렇게 되면 확실히 술어는 개념에 필연적으로 고착되지만, 개념 자체에 의해서 생각된 것이 아니라, 그 개념에 덧붙여져야 하는 직관을 매개로, 해당 개념에 고착된다는 것을 알 수가 있다.

2. 자연과학(물리학)은 선험적 종합판단을 그 원리로서 내부에 포함하고 있다. 나는 여기서 몇 가지 실례를 들고자 한다. 이를테면 '물체계의 모든 변화에서 물질의 양은 일정불변이다', 혹은 '모든 운동의 전달에서 작용과 반작용은 언제나 서로 같아야 한다' 등의 명제들이다. 이들 두 명제에서 필연성, 즉 이들의 근원이 선험에 따른 것이라는 점뿐만 아니라, 이들이 종합명제라는 것도 분명하다. 왜냐하면 물질의 개념을 생각할 때 나는 늘 불변성이 아니라, 단지 물질이 공간을 채움으로써 그 안에 존재한다고 생각하기 때문이다. 즉 물질 개념 속에서 생각되지 않고 있는 것을, 그 개념에 선험적으로 덧붙이기 위해 나는 실제로 그 개념을 넘어서는 것이다. 따라서 이 명제는 분석적이 아니라 종합적이며, 그러면서도 선험적으로 생각할 수가 있다. 그리고 자연과학의 순수한 부문의 다른 명제도 마찬가지이다.

3. 형이상학은 지금까지 한갓 시도만 되었던 학문으로 여겨져 왔다고는 하지만, 그래도 우리가 그것을 인간 이성의 본성에 의한 불가결한 학문이라고 간주한다면, 거기에는 당연히 선험적인 종합적 인식이 포함되어 있어야 한다. 그러나 형이상학에서 문제가 되는 것은, 우리가 사물에 대해서 선험을 통해 만들어 내는 개념을 단지 분석하고, 그것으로 해명하는 일이 아니다. 그렇지 않고 우리는 우리의 선험인식을 확장하려 하고 있으며, 그 때문에 우리는 그런 원칙을 사용하지 않으면 안 되는 것이다. 그런 원칙은 주어진 개념을 넘어서, 그 개념에 포함되어 있지 않았던 무엇인가를 덧붙이는 것이다. 그리고 우리는 선험적 종합판단을 통해서, 거기까지는 경험 자체도 우리를 따라올 수 없을 정도로 더 멀리까지 나아가는 것이다. 예를 들어 '세계는 시초가 있다' 등의 명제에 있어서이다. 이렇게 해서 형이상학은 적어도 그 목적으로 보아, 명확히 선험적 종합판

단으로 성립된다.

6. 순수이성의 일반 과제

많은 연구를 하나의 과제로 묶어서 이것을 일정한 형식으로 표현할 수 있다면 그것만으로도 이미 우리는 많은 것을 얻었다고 할 수 있다. 왜냐하면 그것을 통해 우리가 할 일을 스스로 엄밀히 한정함으로써 업무를 쉽게 할 뿐만 아니라, 다른 사람들이 우리의 과업이 만족하게 수행됐는지 판단하기도 쉽게 해주기 때문이다. 그래서 순수이성의 본디 과제는 다음 물음 안에 있다. '어떻게 선험적 종합비판을 할 수 있는가?'

형이상학이 지금까지 그토록 불확실한 모순 상태에 머물러 있었던 원인은 전적으로 사람들이 일찍이 이 과제와 관련하여 '분석'판단과 '종합'판단을 구분하는 것조차 생각하지 못했기 때문이다. 이 과제를 해결하든가, 그렇지 않으면 이 과제를 해명할 가능성이 사실 전혀 없다는 것을 입증하든가 하는 것에 형이상학의 사활이 달려 있다. 모든 철학자 가운데 그래도 이 과제에 가장 가까이 접근한 이는 데이비드 흄이었다. 그러나 그는 이 과제를 충분히 명확하게 사고하지 못했고, 또 그 보편성도 생각하지 않았으며, 단지 결과를 그 원인에 결부시키는 종합명제(인과성 원리)라는 점에서 멈췄다. 그리고 이런 명제가 선험의 관점에서 아주 불가능하다는 것을 밝히려고 했다. 그의 추리에 의하면 우리가 형이상학이라고 부르는 것은 모두, 실제로는 순전히 경험으로부터 얻어진 것들과, 습관에 의해서 필연성의 가상(假象)을 이어받은 것에 대해서 우리가 이성적 통찰을 한다고 착각하는 데서 오는 단순한 망상일 뿐이라는 것이다. 그러나 흄이 우리 과제의 보편성을 염두에 두었었다면, 그는 모든 순수 철학을 파괴하는 이런 주장에 결코 빠져들지는 않았으리라. 왜냐하면 그때 그는 다음과 같은 일을 알아차렸을 것이기 때문이다. 즉 자기 논증에 의하면, 순수 수학까지도 존재할 수가 없다고. 순수 수학은 선험적 종합명제를 엄연히 포함하고 있었기 때문이며, 그런 점에서 그의 뛰어난 지성은 지금 본 주장에서 그 자신을 지켰을 것이기 때문이다.

위 과제에는, 동시에 대상의 선험적 이론적 인식을 포함하는 모든 학문을 수립하고 수행할 때의 순수이성 사용의 가능성이 함께 포함되어 있는 것이다. 곧 다음 물음에 대한 대답이 포함되어 있는 것이다.

'순수 수학은 어떻게 해서 가능한가?'

'순수 자연과학은 어떻게 해서 가능한가?'

이들 여러 학문은 현실적으로 주어져 있는 것이므로, 이런 학문들이 어떻게 가능한가를 묻는다면 우선 '어떻게 해서 가능한가' 하는 것이 어울릴 것이다. 왜냐하면 그것이 가능하지 않으면 안 된다는 것은, 그것들이 실제로 존재하고 있다는 것으로 증명되기 때문이다.[1] 그러나 형이상학에 관해서 말하자면 이제까지의 진보는 그것이 의심스럽고, 이 학문 본디의 목적으로 말하자면 이제까지 제의된 그 어느 것에 대해서도, 형이상학은 실제로 존재하고 있다고는 말할 수가 없다. 그렇기 때문에 누구나 당연히 그 가능성을 의심할 수밖에 없는 것이다.

하지만 이런 종류의 인식은 어떤 의미에서는 주어진 것이라고 볼 수가 있다. 즉 '형이상학'은 비록 학문으로서가 아닐지라도, 소질(자연적 형이상학)로서는 실제로 존재하고 있는 것이다. 왜냐하면 인간의 이성은 아는 체하는 허영의 자극을 받지 않는다 해도, 자기 욕구에 쫓겨, 참을 수 없이, 이성의 경험적 사용으로서는 대답할 수 없는, 다른 데서 빌려온 원리로는 대답할 수 없는 원리를 좇아서 나아가기 때문이다. 그런 까닭으로 이성이 인간 안에서 사변(思辨)으로까지 확대되자마자, 모든 인간 안에 언제나 그 어떤 형이상학이 존재하고 있었고, 앞으로도 그럴 것이다. 여기에서 그런 형이상학에 대해서도 다음과 같은 물음이 생긴다. '소질(천성)로서의 형이상학은 어떻게 해서 가능한가?' 곧 이성이 자기 자신에게 던지는 물음, 이성이 자기 자신의 욕구에 의해서 가능한 대답을 하라고 추궁되고 있는 물음은, 어떻게 해서 보편적 인간 이성의 본성으로부터 생기는가 하는 것이다.

그러나 이제까지는, 예를 들어 '세계는 그 시작이 있는가, 그렇지 않으면 영원

---

[1] 순수 자연과학에 대해서, 이 점을 의심하고 있는 사람이 있을지도 모른다. 그러나 본디의 (경험적) 물리학의 처음에 나타나는 여러 명제들, 예컨대 물질의 동일한 양은 불변하다는 명제, 관성의 명제 또는 작용 및 반작용의 동등성 명제 등을 주의해서 보게 되면, 이들 명제가 하나의 순수 자연과학(혹은 합리적 자연과학)을 형성하고 있으며, 이 학문이 그 범위가 좁든 넓든 모든 범위에서 독자적 학문으로 설 수 있음을 쉽게 이해할 수 있을 것이다.

으로부터 존재하고 있는가' 등의 물음에 답하려고 하는 모든 시도는 언제나 피할 수 없는 모순을 자아내 왔었다. 그렇기 때문에 우리는 형이상학에 대한 단순한 자연 소질에 만족해 있을 수는 없다. 오히려 순수이성으로 그 대상을 알 수 있는가 없는가에 대해서, 바꾸어 말하면 형이상학 문제의 대상에 대해서 어떤 판단을 내릴 이성 능력이 있는지 없는지에 대해서 확실하게 할 수 있어야 한다. 따라서 우리의 순수이성을 확실하게 확장할 것인가, 인성에 일정하고도 분명한 제한을 둘 것인가를 확정할 수 있어야 할 것이다. 위에서 말한 일반 과제에서 나오는 이 최종 물음은 당연히 다음과 같이 될 것이다. '학문으로서의 형이상학은 어떻게 가능한가?'

그러므로 이성의 비판은, 마지막에는 필연적으로 학문에 이르게 된다. 이에 대해서 비판 없는 이성의 독단적 사용은 근거 없는 주장—이들에게는 마찬가지로 겉치레 주장이 대치(對置)된다—에 이르고, 따라서 회의론에 빠지게 된다.

이 학문 또한 놀라울 정도로 광범위한 것은 아니다. 왜냐하면 이 학문은 이성의 무한히 다양한 객체가 아니라 오직 자기 자신이며, 전적으로 이성의 모태에서 생기는 과제이며, 이성과는 다른 사물의 본성에 의해서가 아니라 이성 자신의 본성에 의해서 제출된 과제이기 때문이다. 그런 뜻에서, 경험에서 나타날 대상에 관해서 이성이 자기 자신의 능력을 이미 완전하게 안다면, 경험의 한계를 넘어서 시도되는 이성 사용의 범위와 한계를 완전하고 확실하게 하는 일이 쉬워질 것이다.

그러므로 우리는 형이상학을 독단적으로 성립시키려고 했던 지금까지의 모든 시도를 없었던 일로 간주할 수 있고, 또 그렇게 봐야 한다. 왜냐하면 이런저런 형이상학의 시도에서 나온 분석적인 것, 즉 우리의 선험적 이성에 내재하는 여러 개념의 단순한 분석, 그것은 진정한 형이상학이 갖는 목적이 될 수 없으며, 우리의 선험적 인식을 종합적으로 확대하는 여흥일 뿐 이런 목적에는 도움이 되지 않기 때문이다. 이 여흥이 나타내는 것은 단순히 이들 개념에 무엇이 포함되어 있는가이지, 어떻게 해서 그런 개념에 이르는가가 아니다. 그것이 제시되면, 모든 인식 일반의 대상에 관한 이들 개념의 효과적인 사용도 결정할 수가 있다. 이들 요구를 모두 내던진다고 해도 조금도 자기부정이 되지 않는다. 왜냐하면 부정할 길이 없는 이성의 자기모순, 독단적 방법으로는 피할 수 없는 이성의 자기모순 자체가, 종래의 모든 형이상학으로부터 그 명성을 빼앗았기 때문이다. 보다 더 확고한 태도는, 다음과 같은 일이 필요하게 될 것이다. 인간 이성에 없어서는 안될 이 형이상학을, 이제까지와는 전혀 다른 조치로 어느 날인가 마침내 꽃을 피울, 풍성한 성장을 이룰 때까지 추진하는 일을, 내부 문제와 외부 저항 때문에 단념하지 않도록 해야 한다는 것이다. 그런 학문이 자라는 줄기는 잘라낼 수 있어도 그 뿌리까지 뽑아낼 수는 없다.

7. 순수이성비판이라는 이름의 특수학문의 구상과 구분

앞에서 살펴본 모든 것에서 순수이성비판이라고 부를 수 있는 하나의 특수학문의 구상이 생긴다. 왜냐하면 이성은 선험적 인식의 원리를 부여하는 능력이기 때문이다. 따라서 순수이성은 어떤 것을 완벽하게 선험에 기초하여 인식하는 원리들을 포함하는 것이다. 순수이성의 오르가논은, 모든 선험적 순수인식이 획득되고, 이들이 실제로 성립되기 위한 원리의 총괄이라고 할 것이다. 이런 오르가논을 남김없이 적용하면 순수이성의 체계를 얻을 수가 있을 것이다. 그러나 그것은 무리한 요구이며, 또 여기에서도 우리의 인식을 확장할 수 있을지, 또 어떤 경우에 가능한가는 아직 알지 못하고 있다. 그렇기 때문에 우리는 순수이성과 그 원천과 한계를 단지 판정하는 데에 지나지 않는 학문을, 순수이성의 체계에 이르는 예비학으로 간주할 수 있다. 이런 학문은 교리가 아니라, 순수이성비판이라고 불러야 할 것이다. 그리고 그 효용은 사변에 관련해서는 실제로는 소극적 의미에 지나지 않고, 우리 이성의 확장을 위해서가 아니라 단순히 그 정화에만 도움이 될 뿐이며, 그것은 이성을 오류에서 멀리하게 될 것이다. 그것만으로도 얻는 바가 크다고 하리라. 나는 인식 방법이 선험적으로 가능한 한에서, 대상에 관련되는 인식이 아니라 대상의 인식 방법에 관련되는 모든 인식을 초월적이라 부른다. 그런 개념의 체계는 초월적 철학이라고 부를 수 있을 것이다. 그러나 초월적 철학은 첫 명칭으로서는 너무 포괄적이다. 이런 학문은 분석적 인식뿐만 아니라, 선험적 종합인식도 포함해야 한다는 점을 생각하면, 우리의 의도에 관한 한 그 명칭의 범위는 너무 넓기 때문이다. 우리가 해결해야 할 문제는 선험적 종합의 원리들을 그 모든 범위와 대비시켜 통찰하는 일이고, 그것은 그 연구를 위해 불가결한 만큼 분석만 하면 되는 것이다. 우리가 이 연구를 교리라고 부르지 않고 단지 선험적 비판이라고 칭하는 이유는, 이 연구가 인식 자체의 확장이 아니라 오로지 인식의 시정만을 의도하고, 모든 선험적 인식의 가치 유무를 식별하기 위한 시금석을 제공해야 하기 때문이다. 그리고 우리는 지금 바야흐로 그 일을 시작하려 하고 있는 것이다. 따라서 이런 비판은 가능하다면 규준(規準)에 대한 준비이며, 만일 그것이 성공할 수 없다고 해도 적어도 선험적 인식의 규준에 대한 준비인 것이다. 그렇게 된다면 언젠가는 순수이성의 인식을 확대하는 데서 성립되든, 또는 그것을 다만 제한하는 데서 성립되든 간에, 순수이성 철학의 완벽한 체계가 분석적이면서도 종합적으로도 서술될 수 있을 것이다. 왜냐하면 이런 체계를 완성할 수 있다는 사실과, 게다가 그것을 완전히 완성시키는 기대를 가질 수 있을 만큼 체계 범위가 그다지 드넓지 않다는 사실을 다음과 같은 일로부터 미리 추측할 수 있기 때문이다. 즉 여기에서 대상이 되는 것은 사물의 성질이라는 무제한한 것이 아니라, 사물의 성질에 대해서 판단하는 지성, 그것도 다만 그 선험적 인식에만 관련되는 지성이다. 지성의 내용을 우리는 밖에서 구할 수가 없기 때문에 우리로부터 숨어 있을 수 없으며, 아무리 추정을 해봐도 그리 많지는 않을 것이다. 따라서 우리는, 그것을 완전히 들추어내어 그 가치와 무가치를 판정함으로써 정당하게 평가할 수 있을 것이다. 우리는 여기에서, 서적의 비판이나 순수이성의 체계를 기대해서는 안 된다. 기대해도 좋은 것은, 순수한 이성 능력과 그 자체의 비판이다. 비판이 바탕에 있으므로 해서 비로소 우리는 고금을 통한 저서의 철학적 내용의 가치를 평가하는 확실한 시금석을 가질 수 있다. 그렇지 않은 경우에는, 권한이 없는 역사가나 심판가들이 타인의 근거 없는 주장에 대해서, 역시 근거 없는 자신들의 주장을 기준으로 판정을 내리게 될 것이다.

초월적 철학은, 그 모든 설계도를 순수이성이 건축술적으로, 원리로부터 계획해야 할 한 학문의 구상이다. 이 건물을 이루는 전체 부분의 완전성과 확실성이 충분히 보증된 뒤에 말이다. 이 비판이 그것만으로 아직은 초월적 철학이라고 일컬어지지 않는 까닭은, 이런 비판이 완전한 체계가 되려면 인간의 선험적 인식 전체의 면밀한 분석을 포함하고 있어야 하기 때문이다. 물론 우리의 비판은 앞에서 언급한 순수인식을 형성하는 모든 기본 개념을 완벽히 열거해야 할 것도 염두에 두어야 한다. 그러나 비판이 이런 개념 자체에 대한 분석이나,

이들 개념에서 이끌어 낼 수 있는 개념에 대한 완전한 논평도 삼가야 할 것이다. 그 이유의 하나는 본디 종합이므로 비판이 있는 것인데, 분석에는 종합에서 볼 수 있는 염려가 없기에, 그런 분석은 목적에 걸맞지 않을 것이기 때문이다. 또 다른 하나는 이와 같은 분석과 도출의 완전성에 대해서까지 책임을 지게 하는 일은 설계도의 통일에 위배되기 때문이다. 우리는, 우리의 목적에 관해서는 그런 책임을 면제받을 수가 있었던 것이다. 그러나 분석의 완전성이나 앞으로 제시하고자 하는 선험적 개념들로부터 이끌어 낼 수 있는 완전성은, 이들 선험적 개념들이 무엇보다 먼저 종합의 충분한 원리로서 존재하고, 그 본질적 의의와 관련하여 결여되는 것이 없기만 하다면 쉽게 보완할 수 있다.

따라서 순수이성비판에는, 초월적(선험적) 철학을 형성하는 모든 것이 포함되어 있다. 그리고 순수이성비판 자신은, 아직 초월적 철학은 아니지만 그에 대한 완전한 구상이다. 왜냐하면 순수이성비판은 선험적 종합인식의 완전한 판정에 필요한 경우에서만 분석을 진행시키기 때문이다.

이런 학문을 구분함에 있어서 가장 주의해야 할 점은, 그 속에 그 어떤 경험에 기초한 것을 내포한 개념이 결코 스며들게 해서는 안 된다는 점이다. 다시 말하면 선험적 인식은 완전히 순수해야 한다는 것이다. 그러므로 도덕의 최고 원칙과 그 근본 개념은 선험적 인식이기는 하지만 초월적 철학에는 포함되지 않는다. 왜냐하면 이들 원칙이나 근본 개념은 쾌(快), 불쾌, 욕구나 경향성 같은 경험적 기원을 가지는 개념을, 도덕규칙을 바탕에 두는 것은 아니지만 의무의 개념에서 극복해야 할 장해로서, 또는 동기로 여겨져서는 안 될 자극으로서 순수 도덕 체계의 저술에 가지고 들어올 수밖에 없기 때문이다. 그러므로 초월적 철학은 전적으로 순수한 사변에 바탕한 이성의 철학이 된다. 왜냐하면 모든 실천적인 것은 동기를 내포하는 한, 경험에 바탕한 인식 원천에 속하는 감정에 관여하고 있기 때문이다.

그런데 이 학문을 체계 일반이라고 하는 일반 관점에서 구분하려고 한다면, 우리가 지금 기술하는 구분은 첫째로 순수이성의 '원리론'을, 둘째로 순수이성의 '방법론'을 포함하지 않으면 안 된다. 이 두 주요 부문은 각기 하위 부문으로 세분되겠지만, 그 근거에 대해서는 여기에서는 아직 언급할 수가 없다. 다만 다음과 같은 일만은, 서론이나 서문으로서 필요하다고 여겨진다. 즉 인간의 인식에는, 우리에게는 분명치 않지만, 아마도 하나의 공통된 뿌리에서 생긴 두 줄기가 있다는 것이다. 그 두 가지란 감성과 지성이다. 감성에 의해서 대상이 우리에게 주어지고, 지성에 의해서 대상은 생각되어지는 것이다. 그런데 감성이 우리에게 대상이 주어지기 위한 조건이 되는 선험적 관념을 포함해야 하는 한, 감성은 초월적 철학에 속할 것이다. 초월적 감성론은, 원리적 학문(원리론)의 모두 부분에서 필요한 것이다. 왜냐하면 인간의 인식 대상이 주어지기 위한 유일 조건은, 그것을 생각하기 위한 조건에 앞서기 때문이다.

초월적 원리론

제1부 초월적 감성론

§1

첫머리

어떤 방식, 또는 어떤 수단으로 인식이 대상에 관계하든지 간에, 인식이 대상에 직접 관계되는 것은 직관을 통해서이며, 수단으로서의 모든 사고가 향하는 곳도 '직관'이다. 그러나 직관은 어디까지나 대상이 우리에게 주어지는 경우에만 생긴다. 이런 일은 적어도 우리 인간에게는 대상이 어떤 방식으로든 마음을 유발함으로써만 가능하다. 우리가 대상에 의해 유발되는 방식을 통해 관념을 얻게 되는 능력(감수성), 그것을 '감성'이라고 한다. 따라서 감성을 매개로 대상은 우리에게 '주어지는' 것이며 '감성'만이 우리에게 직관을 공급한다. 한편 대상은 지성에 의해서 '사유되며', 지성으로부터 '개념'이 태어난다. 하지만 사고는 모두, 직접적이든 간접적이든, 결국은 직관에 관계하지 않으면 안 된다. 즉 우리 인간은 감성에 관계해야 한다. 왜냐하면 그 밖의 방법으로는 어떤 대상도 우리에게 주어지지 않기 때문이다.

우리의 마음이 대상에 의해 유발되는 한, 어떤 대상이 우리의 표상 능력에 미치는 작용은 '감각'이다. 감각을 통해 대상에 관계하는 직관은 경험에 바탕한 직관이라고, 또한 경험에 바탕한 직관의 대상은 어느 것을 막론하고 '현상'이라고 불린다.

현상 중에서도 감각에 대응하는 것을 나는 현상의 '질료'라 부르고, 다른 한편으로 그 현상의 다양한 내용들에 일정한 관계의 질서를 부여하는 것을 현상의 '형식'이라고 부른다. 감각에 질서를 주고 일정한 형식으로 정리할 수 있는 유일한 것은, 그 자신은 이미 감각일 수가 없다. 그렇기 때문에 분명히 모든 형상의 질료는 아 포스테리오리(후험적)로만 주어진다. 그러나 그 현상의 형식은 마음속에 선험적으로 준비되어 있어야 하고, 따라서 모든 감각과는 구별되어 고찰될 수 있다.

나는 감각에 속하는 것을 일체 포함하고 있지 않은 관념을 '순수(초월적 의미로)'라고 부른다. 그러므로 감성적 직관 일반의 순수형식은 우리 마음속에 선험적으로 주어져 있는 것이며, 모든 다양한 현상은 그 형식에 안에서, 어떤 관계에서 직관된다. 감성의 이런 순수형식은, 그 자체 또한 '순수직관'이라고 일컬어진다. 여기에서 내가 어떤 물체의 관념으로부터, 지성이 생각하는 것, 예컨대 실체·힘·가분성(可分性) 등으로 생각할 수 있는 것을 제거한다고 가정해 보자. 즉 불가투입성·강성(强性)·색깔 등 감각에 속하는 것을 제거했을 때, 이 경험적 직관으로부터 여전히 무엇인가가 남는다. 이때 그 무엇인가라고 하는 것은 외연(外延)과 모양이다. 이것들은 순수직관에 속하며, 선험적으로, 즉 비록 실제로 감각기관의 대상 또는 감각 내용이 없어도 감성의 단순한 형식으로서 마음속에 있는 것이다.

감성의 모든 선험적 원리에 관한 학문을, 나는 초월적 감성론이라고 부른다.[1]

그러기 때문에 초월적 원리론의 제1부를 이루는 것으로, 이런 학문이 있어야 한다. 그것은, 순수한 사고의 여러 원리를 포함한 초월적 논리학이라고 불리는 학문과 대치(對置)된다. 따라서 우리는 초월적 감성론에서 감성을 먼저 격리한다. 어떻게 하느냐 하면, 지성이 그 개념으로 생각하는 것을 모두 분리한다. 그것은, 경험적 직관 말고는 아무것도 뒤에 남지 않게 하기 위해서이다. 다음으로 우리는 이 경험적 직관으로부터, 이번에는 감각적 내용에 속하는 모든 것을 분

---

1) 독일 사람들은 다른 나라 사람들이 취미의 비판이라고 부르는 것을 나타내기 위해 오늘날 '에스테티크(Ästhetik)'라는 말을 사용하는 유일한 국민이다. 여기에는, 뛰어난 분석가 바움가르텐의 잘못된 기대가 밑바탕에 가로놓여 있다. 그는 아름다움에 대한 비판적 판단을 이성원리 아래에 두고, 그 판단의 규칙을 학문으로 높이고자 했다. 그러나 그런 노력은 무익한 일이다. 왜냐하면 여기에서 고려되는 규칙이나 기준은, 그 주된 원천으로 보아 단지 경험적인 것이며, 그러므로 그것은 결코 우리의 취미 판단이 따라야 할 선험적인 일정한 법칙으로는 쓸모가 없기 때문이다. 오히려 우리의 취미 판단은 선험적 법칙이 옳음을 판정하는 본디의 시금석을 이루고 있는 것이다. 따라서 에스테티크라는 호칭은 참다운 학문인 이론용으로 따로 두는 것이 좋다(그렇게 하면 옛사람의 말과 의미적으로도 가까워질 것이다. 옛사람들 사이에서는 인식을 감각적인 것과 학문적인 것으로 구별한다는 것은 잘 알려진 일이었다). 또는 이 호칭을 때로는 사변적 철학과 서로 나누어, 에스테티크를 어떤 때에는 초월적 의미로, 어떤 때에는 심리학적 의미로 사용하는 것이 적절하다.

리시키게 될 것이다. 그것은 순수직관과 현상의 단순한 형식만을 남기기 위해서이다. 이 뒤에 남은 것이, 감성이 선험적으로 공급할 수 있는 유일한 것이다. 이 탐구에서 선험적 인식의 원리로서, 감성적 직관의 두 가지 순수한 형식, 즉 시간과 공간이 존재한다는 것을 알 수 있을 것이다. 여기에서 우리는 바로 시간과 공간에 관해 고찰한다.

제1절 공간에 대해서

§2
공간 개념에 대한 형이상학적 규명

우리는 외적 감각(이것은 우리 마음속의 한 특성이다)을 매개로, 대상을 우리 외부에 있는 것으로 떠올린다. 이 경우 우리는 이들 대상을 모두 공간 안에서 마음에 그린다. 대상의 모양이나 크기, 또는 대상 상호 간 관계는 공간 안에서 측정되고, 또 측정할 수 있다. 한편 내적 감각, 이것을 통해서 마음은 자기 자신을, 또는 그 내적 상태를 직관하게 되는데, 그 내적 감각은 확실히 객체로서의 영혼 그 자체의 직관을 주는 것이 아니다. 그러나 영혼의 내적 직관이 가능하게 되는 것은, 어느 일정한 형식 아래에서만이고, 그 때문에 내적 규정에 속하는 것은 모두 시간의 여러 관계에서 마음에 떠올릴 수가 있다. 시간이 외적으로 직감될 수 없는 것은 공간이 우리 안에 있는 그 무엇인가로서 직관되지 않는 것과 마찬가지이다. 그런데 공간은 무엇이고, 시간은 무엇인가? 이것들은 현실적으로 존재하는 것인가? 이들은 사물의 단순한 규정이면서도 관계이기도 하지만, 이들 규정이나 관계는 그 자체로서의 사물—사물 자체는 직관되지 않는다 해도—에서도 인정될 수 있을까? 그렇지 않으면 단지 직관의 형식에만 밀착되어 있고, 따라서 우리의 마음속 주관적인 성질에 밀착된 것으로, 이 주관적 성질 없이는 시간·공간이란 말은 어떤 경우에도 사물에 적용할 수 없는 것일까? 이것을 이해하기 위해, 우리는 공간이라는 개념부터 규명하기로 하자. 다만 내가 의미하는 '규명'이라는 말은, 어떤 개념에 속하는 것을 명료하게(비록 상세하지는 않다 하더라도) 제시하는 것이다. 그리고 그 규명이 개념을 '선험적으로 주어진' 것으로 제시할 경우, 그것은 형이상학적 규명이 된다.

(1) 공간은 외적 경험에서 추출된 경험적 개념이 아니다. 왜냐하면 어떤 감각이 나의 밖에 사물(곧 내가 있는 공간과는 다른 장소에 있는 사물)에 관계하기 위해서는, 즉 내가 이들의 감각을 서로 외부에 나열된 것으로, 개별적인 것으로서가 아니라 각기 다른 장소로 생각을 떠올리게 하기 위해서는 이미 공간이라고 하는 관념이 그 바탕에 있지 않으면 안 되기 때문이다. 그러므로 공간이라는 개념은 경험에 의해서 외적 현상의 여러 관계들로부터 빌려온 것이 아니다. 그렇지 않고 외적 경험 자체야말로 공간이라고 하는 관념에 의해서만 비로소 가능한 것이다.

(2) 공간은 모든 외적 직관의 바탕에 있는 필연적인 선험적 관념이다. 우리는 공간 속에 아무런 대상도 없는 경우를 생각할 수 있지만, 공간 그 자체가 없는 상태를 생각할 수는 결코 없다. 따라서 공간은 현상에 의존하는 규정이 아니라 현상을 가능하게 하는 조건으로 간주되며, 외적 현상의 밑바탕에 필연적으로 존재하는 선험적 관념이다.[2]

(3) 공간은 사물 일반의 관계에 대한 논증적 개념이나, 이른바 일반 개념이 아니라 하나의 순수직관이다. 왜냐하면 첫째 우리는 유일한 공간만을 떠올릴 수 있을 뿐이며, 많은 공간에 대해 말하는 경우가 있더라도 그것을 동일하고 유일한 공간의 여러 부분으로서만 이해하고 있기 때문이다. 이 부분들은 모든 것을 아우르는 유일한 공간에 앞서거나, 이른바 그 구성 요소(거기에서 공간의 합성이 가능하다)로서 공간에 앞설 수도 없으며, 오직 유일한 공간에서만 생각할 수가 있다. 공간은 본질적으로 유일한 것이다. 공간에서의 다양한 것, 곧 여러 공간들 일반 개념도, 오직 유일한 공간을 제한함으로써 성립되는 것이다. 이렇게

---

2) 제1판에서는 이 뒤에 다음과 같은 문장이 온다. '모든 기하학적 원칙의 반증 불가능한 확실성과 이들을 구성하는 일이 선험적으로 가능하다고 하는 것은, 이 필연성에 입각하고 있다. 즉 이 공간이라고 하는 개념이, 일반적·외적 경험으로부터 꺼낼 수 있는 선험적으로 획득된 개념이었다고 한다면, 수학적 규정의 제1원칙은 지각에 지나지 않는 것이 될 것이다. 따라서 이들 원칙은 모두 지각의 우연이라고 하는 것이 될 것이다. 그리고 '두 점 사이에는 하나의 직선밖에 없다'고 하는 것도 필연적이 아니라, 경험이 그때마다 가르쳐 주는 것이 될 것이다. 경험으로부터 빌려온 것은 또한 비교적인 보편성, 즉 귀납에 의한 보편성밖에 가지지 못한다. 그러기 때문에 우리는 다음과 같이만 말할 수가 있는 것이다. 현재 인정되는 바로는, 3차원 이상을 갖는 공간은 발견되지 않고 있다고.

해서, 이를테면 '삼각형의 두 변을 합하면 나머지 한 변보다 길다'와 같은 모든 기하학적 원칙은 결코 선이나 삼각형의 일반 개념에서가 아니라, 직관에서, 그것도 반증 불가능할 정도로 확실하게 선험적으로 이끌어 낼 수 있다.

(4) 공간은 '주어진' 무한의 크기로 떠올릴 수 있다. 그런데 분명히 우리는 어떤 개념이나 무한히 많은 여러 가능한 관념(공통된 표지로서의)에 포함되며, 따라서 그런 관념을 그 하위에 포함하는 관념으로서 생각하지 않으면 안 된다. 그러나 어떤 개념도, 마치 그것이 무한하게 많은 관념을 자신의 내부에 포함하고 있는 것으로는 생각할 수 없다. 그럼에도 공간은 그처럼 여겨지고 있는 것이다 (왜냐하면 공간의 무한에 걸치는 부분은 동시에 존재하기 때문이다). 그러므로 공간이라는 근원적 관념은 선험적 직관이지 개념이 아니다.[3]

§3

공간 개념에 대한 초월적 규명

내가 선험적 규명이라는 말로 의미하고자 하는 것은, 한 원리로서의 어느 개념에서 다른 선험적 인식을 이해할 수 있는, 그런 개념의 해명이다. 이를 위해 다음 두 가지가 필요하다. ①실제로 선험적인 여러 인식이 주어진 개념으로부터 유출된다는 것과, ②그런 선험적 인식은 개념에 주어진 일정한 설명 방식을 전제해야만 가능하다는 것이다.

기하학은 공간의 여러 성질들을 종합적으로, 또한 선험적으로 규정하는 학문이다. 이런 인식이 가능하기 위해서는, 도대체 공간이라는 관념은 어떠한 것이어야 할까? 공간은 본디 직관이어야 한다. 왜냐하면 단순한 개념으로부터는 개념을 넘어설 수 있는 명제를 이끌어 낼 수 없지만, 기하학에서는 이것이 가능하기 때문이다(서론 5 참조). 그러나 이 직관은 선험적으로, 즉 대상에 대한 모든 지각에 앞서서 우리 속에 존재해야 하며, 따라서 경험적 직관이 아니라 순수직관이어야 한다. 왜냐하면 기하학적 명제는 어느 것이나 반증할 수 없는 것으로,

---

3) 제1판에서는 이 단락은 다음과 같이 되어 있다. '5 공간은 무한한 크기로 주어진 것으로 생각할 수 있다. 공간의 일반적 개념(피트 단위나 아르 단위도 마찬가지이지만)은 크기에 관해서는 아무것도 규정할 수는 없다. 이를테면 직관이 한없이 퍼지는 무한한 것이 아니었다면, 관계의 개념이 관계의 무한성 원리를 수반하고 있다는 뜻은 아닐 것이다.

'공간은 3차원만을 가진다'는 명제처럼 필연성의 의식과 결합되어 있기 때문이다. 그러나 이런 명제는 경험에 입각한 판단, 또는 경험 판단도 아니며, 그런 판단에서 추리할 수 있는 것도 아니다(서론 2 참조).

그런데 객체 그 자체에 선행하며, 객체 개념의 선험적 규정이 일어나는 외적 직관은 어떻게 해서 우리의 마음에 깃드는 것일까? 그것은 분명, 외적 직관이 주체의 형식적 성질로서 주체 안에 자리를 차지하는 경우에 한해서만 가능한 일이다. 그 성질은 객체에 의해 촉발되는 직접적인 관념, 곧 직관을 얻게 되며, 따라서 이 외적 직관은 오직 외적 감각의 일반 형식으로서 주체 안에 자리를 갖는 것이다.

그렇기 때문에 이런 우리의 설명만이, 선험적인 종합적 인식의 하나인 기하학의 가능성을 해명할 수 있다. 이 해명을 할 수 없는 설명 방법과 우리의 설명이, 비록 겉보기에는 어딘가 비슷하다 해도, 그런 점에서 가장 확실하게 구별될 수가 있다.

앞에서 말한 개념들로부터 얻은 결론

(a) 공간은 어떤 사물들 자체의 성질이나, 사물 자체끼리의 관계를 나타내는 것이 아니다. 즉 그 어떤 대상에 밀착해서, 직관의 모든 주관적 조건을 제거해도 남는 것과 같은 사물 자체의 규정을 나타내는 것이 아니다. 왜냐하면 절대적 규정도 상대적 규정도, 이와 같은 규정이 이루어지는 사물의 현실적 존재보다도 앞서서는 선험적으로 직관할 수 없기 때문이다.

(b) 공간은 외적 감각의 모든 현상을 받아들일 수 있는 단순한 형식에 지나지 않으며, 우리에게는 그 조건 아래에서만 외적 직관이 가능하다. 그런데 대상에 의해서 촉발되는 주체의 수용성은, 필연적으로 이들 객체의 모든 직관에 선행한다. 그렇기 때문에 모든 현상의 형식(즉 공간)이 어떻게 실제로 모든 지각에 선행하여, 따라서 마음속에 선험적으로 주어질 수가 있는가를 이해할 수 있다. 또 순수직관이라고 하는 그 형식 안에 모든 대상을 규정해야 하는데, 그와 같은 직관으로서 어떻게 모든 경험에 앞서서 대상의 관계 원리를 포함할 수가 있는가를 이해할 수 있다.

그러므로 우리는 오직 인간의 입장에서만, 공간에 대해서 외연을 갖는 것 등에 대해서 이야기할 수가 있는 것이다. 우리가 외적 직관을 얻을 수 있는, 다른 말로 대상에 의해서 촉발되는 이 주관적 조건에서 이탈해 버린다면 공간이라는 관념은 아무런 뜻이 없어진다. 공간이라는 술어는, 사물이 우리에게 현상되는 한에 있어서만, 즉 감성의 대상이 되는 한에 있어서만 사물에 부여되는 것이다. 우리가 감성이라고 부르는 이 수용성의 항구적 형식은, 대상이 우리 외부에 있는 것으로 직관되는 모든 관계의 필연적 조건이며, 이들 대상이 제거되면 공간이라는 이름의 순수직관이 된다. 우리는 감성의 특수한 조건을 사물을 가능케 하는 조건이 아니라, 다만 사물이 현상을 가능케 하는 조건이 되도록 할 수 있을 뿐이므로 다음과 같이 말할 수가 있다. '공간은 우리에 대해서 외적으로 현상하는 모든 사물을 포함한다. 그러나 공간은, 사물 자체가 직관되든 직관되지 않든, 또 어떠한 주체에 의해서 직관되든, 그와 같은 사물 자체를 일절 포함하지 않는다.' 왜냐하면 우리 이외에 사유하는 존재들의 직관에 대해서, 그것이 우리의 직관을 제한하는 조건에 구속되어 있는가 어떤가, 우리에게 보편적으로 적용되는 것과 같은 조건에 구속되어 있는가 어떤가 하는 점을 판단할 수가 없기 때문이다. 만약에 우리가 어떤 판단의 제한을 주어 개념으로 덧붙이면, 판단은 무조건적으로 타당하게 된다. 예를 들어 '모든 사물은 공간 속에 서로 인접해 있다'는 명제는, 이들 사물이 우리의 감각적 직관의 대상으로 받아들여질 수 있다는 제한 아래에서만 타당하다. 여기에서 개념을 덧붙여서 '외적 현상으로서의 모든 사물은 공간 속에 서로 인접해 있다'고 말한다면, 이 규칙은 제한 없이 보편적으로 타당하게 된다. 그러므로 우리의 규명은 대상으로서 우리에게 나타나는 모든 것에 관해서 공간의 '실재성(객관적 타당성)'을 주장한다. 그러나 동시에 이성을 통해서, 우리의 감성 상태를 고려하지 않고 고찰되는 사물에 관해서는 공간의 객관성을 주장한다. 그렇기 때문에 우리는 모든 가능한 외적 경험에 대해서 공간의 경험적 실재성을 주장하지만, 동시에 공간의 초월적 관념성도 주장한다. 즉 우리가 모든 경험을 가능케 하는 조건을 버리고 공간을 사물 자체의 바탕에 있는 것이라고 생각하자마자, 공간은 무(無)와 같다고 주장하는 것이 된다.

그러나 공간 이외에는, 외적인 것에 관계되는 주관적 관념에서 선험적이고 객관적이라고 불릴 만한 관념은 존재하지 않는다. 왜냐하면 공간에서의 직관으로부터 했던 것처럼 선험적 종합명제를 이끌어 낼 수 있는 다른 관념은 없기 때문이다(§3 참조). 그러므로 선험적인 종합적 명제가 다음과 같은 점에서 공간의 관념과 일치한다고는 하지만, 엄밀하게 말하자면 이런 표상은 결코 관념성을 갖지 않는다. 즉 그것들은 색채나 소리, 온도 등의 감각 내용에 의한 시각, 청각, 감정처럼 단순히 감각 양식의 주관적 상태에 속한다는 것이다. 그러나 이들은 단순한 감각이지 직관이 아니므로 그 자체가 객체가 아니고, 적어도 선험적으로는 인식되지 않는다.[4]

여기에서 이런 주의를 하는 의도는 앞에서 주장한 공간의 관념성을 전혀 믿을 수 없는 실례로 설명하려는 것을 방지하는 데에 있다. 즉 색깔이나 맛 등은 당연히 사물의 상태로서가 아니라, 다만 우리 주체의 변용으로서 간주되기 때문이며, 더욱이 그 변용도 사람에 따라 여러 가지일 수가 있기 때문이다. 왜냐하면 이런 경우 본디 그 자체가 현상에 지나지 않는 것이, 예컨대 장미 같은 것이 경험적 의미로 통용되고 있지만, 그것은 색에 관해서 각자의 눈에 다르게 비칠 수가 있기 때문이다. 이에 반해 공간에서의 현상들의 초월적 개념이란, 다음과 같은 비판적 함축을 담고 있다. 공간에서 직관되는 것은 사물 자체도 아니고, 또 공간은 말하자면 그 자체로서 사물에 고유한 형식도 아니라는 점이다. 관념의 참다운 상관자인 사물 자체는 그런 관념으로는 결코 인식되는 일도 없

---

4) 제1판에서는 이 단락의 '왜냐하면 공간에서의 직관으로부터······ 선험적으로는 인식되지 않는다'고 하는 서술 대신에 다음과 같이 되어 있다. '그렇기 때문에 모든 외적 현상의 이 주관적 조건을 다른 조건과 비교할 수는 없다. 와인의 맛은 와인의 객관적 규정에는 속하지 않으므로 현상으로 간주되어도 객체의 규정에는 속하지 않는다. 와인의 맛은 그것을 맛보는 주체 감각의 개별적 상태에 속하는 것이다. 색은 물체의 직관에 부착되어 있지만, 그것도 물체의 상태가 아니라 빛의 어떤 방식으로 자극되는 시각이라는 감각의 변용에 지나지 않는다. 이에 대해서 공간은 외적 객체의 조건으로서, 필연적으로 현상에, 또는 그 직관에 속해 있다. 맛이나 색은, 대상이 우리에게 비로소 감각의 객체가 될 수 있는 필연적 조건은 전혀 아니다. 이들은 단순히 감각 조직에 우연적으로 첨가된 효과로서, 현상과 결부되어 있는 것이다. 그러므로 맛이나 색은 선험 관념도 아니다. 그것들은 감각 내용에 입각해 있고, 맛은 감각 내용의 효과로서 감정(쾌, 불쾌)에 입각하는 것이다. 또 어떤 색의 관념도 그 어떤 맛도, 선험적으로 가질 수 있는 사람은 없다. 그러나 공간은 직관의 순수한 형식에만 관련되는 것이고, 따라서 전적으로 감각 내용(경험적인 것)은 포함하고 있지 않다. 형태의 개념 및 관계의 개념이 성립되어야 하므로, 공간의 모든 존재 양식과 규정은 선험적으로 떠올릴 수가 있어야 한다. 사물이 우리에게 외적인 대상이 되는 것은 공간에 의해서만 가능하다.

고, 인식할 수도 없다는 것이다. 그러나 또한 경험에서는 그런 참다운 상관자는 탐구되는 일이 없다.

제2절 시간에 대해서

§4

시간 개념에 대한 형이상학적 규명

(1) 시간은 어떤 경험으로부터 끌어낼 수 있는 경험적 개념이 아니다. 왜냐하면 시간의 개념이 선험적으로 그 밑바탕에 없다면, 동시에 존재하는 일이나 계속해서 일어나는 일이 지각되지 않을 것이기 때문이다. 우리는 시간이라는 관념을 전제로 해서만이, 무엇인가가 같은 시간에(동시에), 또는 다른 시간에 (계속해서) 존재하는 것을 생각에 떠올릴 수 있기 때문이다.

(2) 시간은 모든 직관의 바탕에 있는 필연적 관념이다. 우리는 시간으로부터 현상을 제거하는 일을 쉽게 할 수 있어도, 현상 일반에 관해서 시간 그 자체를 폐기할 수는 없다. 그렇기 때문에 시간은 선험적으로 주어져 있다. 현상의 모든 현실성은 시간에 있어서만 가능하다. 현상은 모두 제거할 수 있어도, 시간 그 자체는 (현상이 가능해지는 보편적 조건으로서) 폐기할 수 없다.

(3) 시간의 관계에 대한 반증할 수 없는 여러 원칙, 또는 시간 일반에 대한 공리는 이 선험적 필연성에 입각하고 있다. 시간은 하나의 차원밖에 가지지 않는 서로 다른 시간은 동시에 있지 않고 잇따라 있다(마치 서로 다른 공간이 잇따라 있지 않고 동시에 존재하는 것처럼). 이런 원칙은 경험으로부터 이끌어 낼 수 있는 것이 아니다. 만약에 그렇다고 한다면 이들 원칙은 엄밀한 보편성도, 반증할 수 없는 확실성도 나타내지 않을 것이기 때문이다. 그런 경우 우리는 '보통으로 보기에 그러하다'고는 할 수 있어도, '그래야만 한다'고 말할 수는 없다. 지금 든 원칙은 본디 경험을 가능하게 하는 규칙으로서 인정되는 것이며, 경험에 앞서서 우리를 이해시키는 것이지, 경험에 의해서 가르쳐 주는 것은 아니다.

(4) 시간은 논증적 개념 또는 흔히 말하는 일반 개념이 아니라, 감성적 직관의 순수한 형식이다. 서로 다른 시간은 같은 시간의 여러 부분에 지나지 않는

다. 그런데 그 어떤 유일한 대상에 의해서만 주어지는 관념은 직관이다. '서로 다른 시간은 동시에 존재할 수 없다'는 명제는, 일반 개념으로부터는 이끌어 낼 수 없을 것이다. 이 명제는 종합적이며, 개념에서만 생기는 것이 아니다. 그렇기 때문에 이 명제는 직관과 시간 관념에 직접 포함되어 있다.

(5) 시간의 무한성이란, 시간의 모든 일정한 길이란, 바탕에 있는 단 하나의 시간을 제한함으로써만이 가능하다는 것을 의미한다. 따라서 시간이라고 하는 근원적 관념은 무제한한 것으로 주어지지 않으면 안 된다. 그러나 이런 시간의 여러 부분 그 자체나 어떤 대상의 어떤 크기도 제한에 의해서만 확고하게 표시되는 것이므로, 시간 전체의 관념은 개념에 의해서 주어지는 것이 아니다(왜냐하면 전체의 개념은 부분 개념을 포함하고 있기 때문에). 따라서 부분 개념의 바탕에는 직접적 직관이 있어야만 한다.

§5

시간 개념에 대한 초월적 규명

나는 지금 말한 (3)을 인용하도록 하겠다. 간단히 말하자면 나는 여기에서, 본디 초월적인 것을 형이상학 규명이라고 하는 항목에 할당한 것이다. 여기에서 또 한 가지 덧붙이자면 변화라고 하는 개념, 그와 함께 운동(장소의 변화로서)이라고 하는 개념은 시간 관념을 통해서, 또 시간 관념에서만 가능하다는 점이다. 즉 만약에 시간이라고 하는 관념이 선험적 (내적) 직관이 아니었다고 한다면, 그 어떤 개념을 가져와도 변화라는 것의 가능성을, 곧 모순적으로 서로 대립하는 술어(이를테면 전적으로 동일한 사물이 한 장소에 있고, 동시에 동일한 장소에 있지 않다와 같이)를 결합한다는 것을 동일한 객체에서 이해시킬 수가 없을 것이다. 오직 시간 속에서만 모순 대립적인 두 개의 규정이 하나의 사물 안에 잇따라 존재하는 것이 가능하다. 이들의 ['있다' '없다'고 하는] 모순적으로 대립하는 규정은 시간의 관점에서 계기적(繼起的)으로만 볼 수 있다. 그렇기 때문에 우리의 시간 개념은 상당히 결실이 많은 일반적 운동론이 말하고 있는 것 같은, 많은 선험적인 종합적 인식의 가능성을 설명해 준다.

이들 개념들로부터 얻은 결론

a 시간은 그 자체적으로 존립하는 것이나, 객관적 규정으로서 사물에 부착되어 있는 것이 아니다. 따라서 사물에 대한 직관의 주관적 조건을 모두 제거하더라도, 뒤에 남는 것이 아니다. 왜냐하면 만약에 시간이 뒤에 남는 것이라고 한다면, 현실의 대상이 없어도 여전히 현실적인 것이 될 터이기 때문이다. 또 시간이 그 자체로서 존립한 것이라고 한다면, 그것은 사물 그 자체에 부속되는 규정 내지는 질서가 되어, 대상의 조건으로서 대상에 앞설 수가 없을 것이다. 그리고 종합적인 명제에 의해서 선험적으로 인식되거나 직관될 수도 없을 것이다. 그런데 시간이 주관적 조건이고, 그 조건 아래에서 모든 직관이 우리 내부에서 일어난다고 한다면, 그것은 충분히 성립될 수가 있다. 왜냐하면 그런 경우 이 내적 직관의 형식은 대상에 앞서서, 결국은 선험적으로 떠올릴 수가 있기 때문이다.

b 시간은 바로 내적 감각의 형식, 즉 우리 자신과 우리의 내적 상태를 직관하는 형식이다. 왜냐하면 시간은 외적 현상의 규정일 수가 없기 때문이다. 시간은 모양에도 위치에도 속하지 않으며, 오히려 시간은 우리 내적 상태에서의 여러 관념의 관계를 규정한다. 그리고 시간이 모양을 제시하지 않기 때문에, 바로 우리는 그 약점을 유추에 의해서 보충하려고 하여, 시간의 경과를 무한히 계속하는 하나의 직선으로 떠올리는 것이다. 무한히 계속되는 하나의 직선에서는 다양한 것은 일차원만을 갖는 계열을 이루고, 우리는 이 직선의 여러 성질로부터 시간의 모든 성질을 추리하는 것이다. 직선의 여러 부분은 동시에 존재할 수 있지만, 시간의 여러 부분은 언제나 잇따라 존재한다고 하는 점만은 제외하고 말이다. 이런 점에서도 시간 그 자체의 관념이 직관이라는 것을 알 수 있다. 왜냐하면 시간의 모든 관계는 외적 직관으로 표현되기 때문이다.

c 시간은 모든 현상 일반의 선험적인 형식적 조건이다. 공간은 모든 외적 직관의 순수한 형식이기 때문에, 선험적 조건으로서는 단지 외적 현상에 한정되어 있다. 이에 반해 모든 표상은, 그것이 외적 사물을 대상으로 하든 그렇지 않든 상관없이, 그 자체로서 마음의 규정으로 내적 상태에 속한다. 그러므로 시간은 모든 현상 일반의 선험적 조건이며, 더욱이 내적(우리 영혼의) 현상의 직접

적 조건이고, 바로 그 일에 의해 간접적으로는 외적 현상의 조건이기도 하다. 내가 '모든 외적 현상은 공간 안에 있고, 공간의 여러 관계에 의해 선험적으로 규정되어 있다'고 선험적으로 말할 수 있다면, 나는 내적 감각의 원리에서 완전히 보편적으로 다음과 같이 말할 수가 있다. '모든 현상 일반, 즉 모든 감각의 대상은 시간 안에 있으며 필연적으로 시간 안에 선다.'

만일 우리가 우리 자신을 내적으로 직관하고, 또 이 직관을 매개로 하여 관념 안에 있는 모든 외적 직관을 파악하는 우리의 방법을 도외시한다고 하자. 다시 말하면 대상을 그 자체로서 있는 그대로 본다고 하자. 그렇게 하면, 시간은 무(無)와 같다. 시간이란 오로지 현상에 관해서만 객관적 타당성을 갖는 것이다. 왜냐하면 현상은 이미 우리 감각의 대상으로 간주되는 사물이기 때문이다. 그러나 우리 직관의 감성, 즉 우리의 고유한 관념 양식을 도외시하고 사물 일반에 대해서 이야기한다면, 사물은 이미 객관적인 것이 아니다. 그렇기 때문에 시간은 오직 우리 인간 직관의 주관적 조건이며(우리 인간의 직관은 늘 감성적이며, 다시 말하면 대상에 의해 촉발될 때의 직관이다), 주체를 빼고서는 그 자체로서는 무와 같다. 그럼에도 시간은 모든 현상에 관해서, 따라서 또 경험에서는 우리에게 일어날 수 있는 모든 사물에 관해서 필연적으로 객관적인 것이다. 우리는 '모든 사물은 시간 속에 있다'고 말할 수는 없다. 왜냐하면 사물 일반이라는 개념을 문제 삼을 경우, 사물의 모든 직관 방식은 도외시되기 때문이다. 그런데 이 직관이라고 하는 조건이 덧붙여져 '현상으로의 모든 사물(감성적 직관의 대상)은 시간 안에 있다'고 말하면, 이 원칙은 훌륭하게 객관적 정당성과 선험적 보편성을 갖는 것이 된다.

그러므로 우리의 주장은 시간의 경험적 실재성을, 즉 그때마다 우리의 감각에 주어질 모든 대상에 관해서 객관적 타당성을 말하는 것이다. 그리고 우리의 직관은 언제나 감성적이므로, 경험에서는 시간 제약을 받지 않는 대상은 결코 주어지지 않는다. 이에 반해 우리는, 시간에 절대적 실재성을 구하는 일에 대하여 이의를 제기한다. 이런 요구에 의하면 시간이 우리의 감성적 직관의 형식이라는 것을 무시하고, 조건이나 성질로서 사물에 직접 부속되어 있는 것이 된다. 이런 성질은 사물 자체에 어울리는 것이겠지만, 감각을 통해서 우리에게 결코 주어지는 일도 없다. 그렇기 때문에 여기에, 시간의 초월적 관념성이 성립된다. 시간의 초월적 관념성이란, 감성적 직관의 주관적 조건을 도외시하면 시간은 무와 같다는 것이다. 또 시간은 대상 그 자체(우리의 직관에 대한 관계는 빼고)의 바탕에 스스로 존재하는 것으로도, 대상 그 자체에 내장된 것으로도 간주할 수가 없다는 것이다. 그러나 시간의 이 관념성은 공간의 관념성과 마찬가지로, 감각 내용의 허위 진술과는 동일시할 수가 없다. 왜냐하면 그럴 경우 우리는 이들 시간·공간이라는 술어가 내장하는 현상 그 자체에 관해서, 그것이 객관적 실재성을 갖는다는 것을 전제로 하고 있기 때문이다. 객관적 실재성은 단순히 경험적인 것으로, 대상 그 자체를 단순히 현상이라고 간주하지 않으면 여기에서는 전적으로 없어진다. 이것에 대해서는 앞에서 논술한 제1절의 주석을 참조하기 바란다.

§7

설명

시간에 대해 경험적 실재성은 승인하지만 절대적 초월적 실재성을 거부하는 이 이론에 대해 학자들로부터 한결같은 비난도 들었기 때문에, 이런 고찰에 익숙지 못한 독자들에게서도 당연히 그런 비난이 일어날 수 있으리라. 그 비판은 다음과 같다. '변화는 현실이다(이것은 이를테면 모든 외적 현상을 그것이 변화할 때마다 거부한다 해도, 우리 자신의 관념이 바뀐다고 하는 것이 이를 증명하고 있다). 그런데 변화라고 하는 것은 시간 안에서만 가능하다. 따라서 시간은 무엇인가 현실적인 것이다.' 이것에 대답하는 것은 어려운 일이 아니다. 나는 이 말을 모두 인정하기로 한다. 시간은 물론 무엇인가 현실적이다. 즉 내적 직관의 실재적 형식이다. 그렇기 때문에 시간은 내적 경험에 대해서 주관적 실재성을 가진다. 다시 말하면 나는 실제로 시간의 관념과 시간에 있어서의 나의 규정을 가지고 있다. 따라서 시간은 실제로 객체로서가 아니라, 나 자신을 객체로서 떠올리는 방식으로 여길 수 있다. 그러나 나 자신, 또는 다른 존재자가 이 감성의 조건 없이 나를 인식할 수 있다고 한다면, 우리가 지금 변화라고 떠올리고 있는 바로 그 동일한 규정이 가져오는 인식은 시간의 관념도, 따라서 변화의 관념도 전혀 수반하지 않는 것이 되어버리고 말 것이다. 그렇기 때문에 남는 것은, 시간이 우리의 모든 경험의 조건으로서 경험적 실재성을 갖는다는 것이다. 지금 말해 온 것으로는 시간의 절대적 실재성만은 인정할 수가 없다. 시간은 우리의 내적 직관[5]의 형식이다. 만약에 시간으로부터 우리 감성의 특수한 조건을 제거한다면, 시간이라는 관념도 소멸한다. 시간은 대상 그 자체에 대해서가 아니라, 단순히 대상을 직관하는 주체에 부착되어 있는 것이다.

왜 이런 비판이 이토록 이구동성으로 일어났던 것일까? 더욱이, 공간의 관념성에 관한 설(說)을 아무런 명확한 이론도 제기할 줄 모르는 사람들이 제기했을까? 그 원인은 이러하다. 그들은, 공간의 절대적 실재성을 명증적으로 증명할 수 없었던 것이다. 왜냐하면 그들에게는 외적 대상의 현실성을 엄밀하게 증명할 수는 없다는 관념론이 앞을 가로막고 있었기 때문이다. 이에 반해 우리의 내적 감각기관의 대상(나 자신과 나의 상태)이 현실적으로 존재한다는 사실은 의식을 통해 직접 명확한 것이다. 외적 대상은 단순한 가상일 수도 있겠지만, 그들의 생각에 의하면 내적 감각의 대상은 현실적으로 존재하는 부정할 수 없는 그 무엇이다. 그러나 그들은 관념으로서의 양쪽의 현실성이 의문시될 수 있다는 것은 물론이고, 양쪽이 단순히 현상에 속하며 현상은 언제나 두 가지 면을 가지고 있다는 생각에는 이르지 못한 것이다. 즉 한쪽으로는 객체는 그 자체로서 고찰되고(객체가 직관되는 방식을 도외시하기 때문에 객체 자체의 상태는 늘 개연성을 띠고 있지만), 다른 한쪽으로는 대상의 직관 형식에 눈을 돌리면, 이 형식은 대상 그 자체 안에서가 아니라, 대상이 현상하는 상대인 주체 안에서 구하지 않으면 안 된다. 그럼에도 이 형식은 대상의 현상에 현실적이고 필연적으로 인정된다.

그렇기 때문에 시간과 공간은 두 가지 인식 원천이며, 거기에서 여러 가지 종합적 인식을 선험적으로 이끌어 낼 수가 있다. 특히 순수 수학은 공간과 그 여러 관계의 인식에 대해서 훌륭한 실례를 제시하고 있다. 즉 시간과 공간은 다같이 모든 감성적 직관의 순수한 형식이며, 따라서 선험적인 종합적 명제를 가능케 하는 것이다. 그러나 이들 선험적인 인식 원천은, 바로 그렇기(단순히 감성의 조건이기)에 스스로 한계를 긋는다. 그 한계란, 이들의 인식 원천은 다만 형

---

5) 나는 '나의 관념은 계기적으로 생긴다'고 말할 수 있다. 그러나 이것은 우리가 표상을 하나의 시간 계열상에 있는 것으로서, 내적 감각기관의 형식에 따라서 의식한다고 말하는 것과 같다. 그러므로 시간이란 무엇인가 그 자체가 아니고, 사물에 객관적으로 속해 있는 성질도 아니다

상으로 간주되는 한 대상에만 관련되는 것이지, 사물 그 자체를 나타내는 것이 아니라고 하는 것이다. 현상만이 이들의 인식 원천의 타당 영역이며, 그 밖으로 더 나가려 해도 이들의 객관적 사용은 있을 수가 없는 것이다. 그런데 시간과 공간의 이런 실재성은 경험 인식의 확실성을 안정된 것으로 한다. 왜냐하면 우리는 마찬가지로, 이들 형식이 사물 그 자체에 속해 있는지, 그렇지 않으면 단순히 이들 사물이 우리의 직관에 필연적으로 속해 있는지에 대해서 확신을 가지고 대답할 수 있기 때문이다. 이에 반해 시간과 공간의 절대적 실재성을 주장하는 사람들은, 그 실재성을 스스로 존재하는 것으로 생각하든, 단순히 종속적인 것으로 생각하든 경험의 여러 원리와는 불일치할 수밖에 없는 것이다. 왜냐하면 스스로 존재하는 것으로 정하고 시작한다면(일반적으로 수학적 자연과학자 일파가 그러하듯이), 그들은 모든 현실적인 것을 포함하기 때문에 (어떤 현실적인 것이 없어도) 현존하는 것 같은, 영원하고 무한하게 존재하는 두 가지 알 수 없는 것(시간과 공간)을 생각해야만 하기 때문이다. 한편 그들이 두 번째 견해를 취해서 시간과 공간이 경험으로부터 추출된 현상의 여러 관계(병립적인, 또는 일직선상에 잇따라 존재하는 전후 관계)라고 본다고 하자. 하기야 이런 추상에서는, 이들 관계는 혼란된 상태로 떠오르고 있는 데에 지나지 않지만. 이 경우 그들은 현실적 사물(예컨대 공간에서의)에 관해서 선험적인 수학적 이론의 타당성, 적어도 반증 불가능한 확실성을 의문시하지 않을 수 없게 된다. 왜냐하면 이 확실성은 결코 후험적으로는 생길 수가 없고, 공간이나 시간이라는 선험적 개념은, 그들의 견해에 의하면 구상력의 산물에 지나지 않는 것이 되기 때문이다. 이들 원천은 실제로는 경험에서 구할 수밖에 없으며, 구상력이 추상된 경험의 여러 관계로부터 어떤 것을 만들었다는 것이 된다. 즉 그 여러 관계의 일반적인 것을 포함하고 있다고는 하지만, 자연이 이들 여러 관계에 부여한 제한 없이는 생길 수 없는 그 어떤 것을 말이다. 첫 번째 견해를 취하는 사람들은, 수학적 주장을 위해 현상의 영역을 확보한다는 점에서는 뛰어나다. 그 대신에 지성이 이 영역을 넘어서려고 하면, 그들은 바로 이들 조건으로 인해 격심한 곤혹감에 빠지게 된다. 두 번째 주장을 하는 사람들은 이 영역에 대해서 대상을 현상으로서가 아니라 단순히 지성과의 관계에서 판단하려고 하면, 시간과 공간의 관념이 장해가 되지 않는다는 점에서 뛰어나다. 그러나 그들은 선험적인 수학적 인식의 가능성에 근거를 줄 수도 없고(그들은 진정하게 객관적으로 타당한 선험적 직관을 가지고 있지 않으므로), 또 경험명제를 수학적 인식의 주장과 필연적으로 일치시킬 수도 없다. 우리의 이론은 감성의 이런 두 가지 근원적 형식(시간과 공간)의 참된 상태에 관한 것이며, 이 이론에서는 쌍방의 곤란이 제거되는 것이다.

끝으로 초월적 감성론은 이들 두 요소, 즉 공간과 시간 이상의 것을 포함할 수가 없다. 왜냐하면 감성에 속한 다른 모든 개념은 이들 두 요소를 하나로 합치는 운동의 개념이라 할지라도, 그 어떤 경험에 바탕한 것을 전제로 하고 있기 때문이다. 운동은 운동하는 그 어떤 것의 지각을 전제로 한다. 그러나 공간을 그 자체만으로 고찰하면, 거기에서는 아무런 운동도 볼 수가 없다. 그러므로 운동하는 것은 공간에서 경험을 통해서만 찾을 수 있는 것, 즉 경험적 자료가 있어야만 한다. 마찬가지로 초월적 감성론은 변화라고 하는 개념을 그 선험적 자료에 끼어넣을 수가 없다. 왜냐하면 시간 그 자체는 변화하지 않고, 변화하는 것은 시간 안에 존재하는 그 무엇이기 때문이다. 따라서 변화에는 무엇인가 사물이 있다는 지각과, 그 현존하는 것의 여러 규정이 계속해서 일어난다는 지각이, 즉 경험이 필요하다.

§8

초월적 감성론에 대한 일반 주해

(1) 우리의 견해에 대한 모든 오해를 미리 막기 위해서 무엇보다도 먼저 필요한 것은 감성적 인식 일반의 근본 성질에 대해 우리의 견해가 어떤가를 가능한 한 명료하게 설명하는 일일 것이다. 우리가 언급하고자 했던 것은 다음의 사실들이다. 우리의 모든 직관은 현상의 개념에 지나지 않는다. 우리가 직관하는 사물은 우리가 그것을 직관하는 그대로의 것도 아니며, 그 사물의 관계들도 그 자체로서는 우리에게 현상하는 그대로의 성질을 갖는 것이 아니다. 그러므로 우리의 주체, 또는 감각기관 일반의 주관적 성질만이라도 제거한다면, 공간과 시간에서의 객체의 모든 상태, 모든 관계, 심지어는 공간과 시간까지도 소멸해 버릴 것이다. 이들은 현상 그 자체로서가 아니라, 오로지 우리 안에서만 존재할 수 있을 뿐이다. 대상이 우리 감성의 수용성을 완전히 떠나서, 그 자체로서 어떤 상태에 있는가는, 우리는 전혀 알 수 없는 것이다. 우리는 객체를 지각하는

우리 고유의 방법 말고는 알 수가 없는 것이다. 그것은 모든 사람에게 인정되는 것이지만, 반드시 모든 존재자에게서 인정되는 것은 아니다. 우리가 관여하고자 하는 것은 오로지 이 방식에 대한 것이다. 공간과 시간은 이 방식의 형식이며 감각 일반은 그 내용이다. 우리는 형식만을 선험적으로, 즉 모든 현실적 지각에 앞서서 인식할 수가 있게 되는 것이다. 그러기 때문에 이 형식은 순수직관이라고 불린다. 한편 내용 쪽은 우리의 인식에 있어서 그것을 후험적 인식, 즉 경험적 직관이라 불리는 것을 이룬다. 우리의 감각이 어떤 것이 되었든지 간에 형식은 우리의 감성 그 자체에 필연적으로 의거하고 있다. 감각들은 다종다양할 수가 있다. 비록 우리가 우리의 이런 직관에 대해 최고로 판명할 수 있다 해도, 우리는 그것에 의해서 대상 그 자체의 상태에 접근할 수는 없을 것이다. 왜냐하면 우리는 어떤 경우에도 우리의 직관 방식, 곧 우리의 감성만을 완벽히 인식할 수밖에 없을 테고, 감성은 언제나 공간과 시간이라고 하는 본디 주체에 붙어 있는 조건 아래에만 있기 때문이다. 대상 그 자체가 무엇인가 하는 것은, 그 현상—우리에게 주어진 것은 이것뿐이지만—에 관한 인식을 아무리 해명한다 하더라도 우리는 결코 알 수가 없을 것이다.

그렇기 때문에 다음과 같은 일은 감성과 현상이라고 하는 개념의 왜곡이며, 이들에 관한 학설을 무익하고 공허한 것으로 만들어 버린다. 그것은 바로 우리의 모든 감성은 사물 자체에 속하는 성질만을 포함한 그 사물의 혼란된 관념에 지나지 않으며, 그 징표나 부분적 관념이 많다고 해도 우리는 그것들을 의식해서 그 감각을 구별하고 있지 않다는 것이다. 확실하지 않은 관념과 확실한 관념의 구별은 단순히 논리적인 것이지, 내용에는 관계하지 않는다. 상식으로 사용하는 '정의'라는 개념은, 틀림없이 치밀한 사변이 이 개념에서 전개할 수 있는 것과 전적으로 동일한 것을 포함하고 있고, 일반적인 실천적 사용에서는 사람들은 이들 여러 관념을 정의라는 생각에서 의식하고 있지 않을 뿐이다. 그렇다고 해서 일반적 개념은 감성적이고, 단순히 현상만을 포함하고 있을 뿐이라고 말할 수는 없다. 왜냐하면 정의가 현상하는 일은 결코 있을 수 없고, 정의의 개념은 지성 안에 있으며, 행위 그 자체에 인정되는 행위의 (도덕적) 상태를 나타내고 있기 때문이다. 이에 반해 직관에 있어서 물체라고 했을 경우 그 관념은 대상 그 자체에서 인정할 수 있는 것을 아무것도 포함하고 있지 않으며, 단지 어떤 것의 현상과, 그 어떤 것에 의해 우리가 촉발되는 방식을 포함하고 있을 뿐이다. 그리고 우리 인식 능력의 이 수용성을 감성이라고 한다. 이 수용성은 비록 우리가 현상을 근원까지 밝히려 해도, 대상 그 자체의 인식과는 매우 다르다.

따라서 라이프니츠—볼프의 철학은 감성을 지적인 것과 구별함에 있어서 그 구별을 단지 논리적인 것으로 보았는데, 그것으로 인해 우리 인식의 본성과 기원에 관한 모든 연구에 전적으로 부당한 관점을 제시했다. 감성과 지성의 구별은 분명히 선험적인 것이므로, 단순히 인식의 명료성 또는 불명료성이라는 형식에 관련된 것이 아니고, 그 내용의 기원에 대한 것이기 때문이다. 그러므로 감성에 의해서는 사물 자체의 성질을 불명료하게밖에 인식할 수 없다는 것이 아니라, 그것을 전혀 인식하지 못하는 것이다. 또한 우리가 떠올릴 수 있는 객체는 감성이 그 객체에 부여한 특성을 수반하고 있지만, 우리가 우리의 주관적 상태를 제거하자마자 그와 같은 객체는 그 어디에서도 찾을 수 없을 뿐만 아니라, 찾을 수 있는 것도 아니다. 왜냐하면 이 주관적 상태가 바로 객체의 형식을 결정하기 때문이다.

우리는 보통 현상들 안에서 현상의 직관에 본질적으로 속하고, 인간의 모든 감각 일반에 타당한 것과, 단지 우연히 덧붙여진 것에 불과한 것을 구별한다. 우연히 덧붙여진 것이란, 감성 일반에의 관계에 대해서가 아니라, 이러저러한 감각의 개별적 위치나 성립에 대해서만 말할 수 있기 때문이다. 그래서 사람들은 지금 말한 첫 번째 인식을 대상 자체를 나타내는 인식으로 부르는 데 반해 두 번째 인식은 단지 대상 자체의 현상을 표상하는 인식이라 일컫는다. 그러나 이런 구별은 경험적인 것에 불과하다. 만일 우리가 이런 경험적 구별의 입장에 머물러서(흔히 그렇지만), 그런 경험적 직관을 또 한 번(당연히 그래야 하지만) 단순한 현상으로 보지 않고 현상 속에는 사물 자체로부터 취한 것이 아무것도 없다는 사실을 고찰하지 않는다면, 우리의 선험적 구별은 성립되지 못한다. 그렇게 되면 우리는 감성계에서는 아무리 깊이 탐구하더라도 결국 현상만을 다루는 것임에도 불구하고, 감성이 사물 자체를 인식한다고 믿어버린다. 예컨대 우리는 무지개를 비온 뒤 일어나는 단순한 한 현상으로 보며, 비를 사물 자체라고 부른다. 우리가 사물 자체라는 개념을 단순히 물리적으로 해석한다면, 이

견해도 옳다. 즉 사물 자체가 감각에 대한 어떤 조건 아래에서도 일반적 경험 속의 직관에서 일관되게 규정되는 한에서는 말이다. 그러나 우리가 이런 경험적인 것 일반을 들추어서, 그것과 모든 인간의 감각과의 일치를 문제 삼지 않고 '이 경험적인 것도 대상 그 자체를 (빗방울이 아니다. 왜냐하면 빗방울도 현상으로서 경험적 객체이기 때문이다) 나타내고 있는가' 묻는다고 하자. 그러면 대상에의 관념 관계를 둘러싼 이 물음은 초월적이다. 그리고 이 빗방울만이 현상이라는 것에 머물지 않고, 빗방울의 둥근 모양까지도, 아니 빗방울이 떨어지는 공간까지도 그 자체로서 있는 것이 아니고, 단순한 변용 또는 우리의 감성적 직관의 바탕에 지나지 않는다. 그리고 초월적 객체는 우리에게 여전히 알려지지 않은 채 남는 것이다.

이 초월적 감성론에서 두 번째로 중요한 점은 이렇다. 즉 초월적 감성론은 단지 겉치레의 가설로서 나름대로 형편이 좋은 것이 아니라, 오르가논으로서 쓸모 있는 이론에서 찾을 수 있을 정도로 확실하고 의심할 수 없는 것이라는 점이다. 이 확실성을 완전히 밝혀내기 위해, 여기에서 하나의 사례를 들기로 한다. 그 예부터 지금 말한 것에 대한 타당성과 3절에서 든 논술이 더 분명해질 것이다.

여기에서 시간과 공간이 그 자체로서 객관적이고, 사물 그 자체를 가능하게 하는 조건이라고 가정해 보자. 그러면 우선 다음과 같은 일이 명확해진다. 이들에 대해서 선험적으로 반증 불가능하고 종합적인 명제, 특히 공간에 대한 명제를 많이 볼 수 있기 때문에, 여기에서는 공간을 예로 들어 살펴보고자 한다. 기하학의 여러 명제는 선험적이고 종합적이며, 반증 불가능할 정도로 확실하게 인식되므로 나는 다음과 같이 묻고자 한다. '여러분은 어디에서 그와 같은 명제를 가져왔는가? 또 이와 같이 절대적이고 필연적으로 보편 타당한 진리에 도달하기 위해서 우리의 지성은 무엇에 의지하고 있는가?' 그것은 개념에 의하거나 직관에 의하는 것 가운데 하나이다. 하지만 양쪽 모두 선험적이거나 후험인 것으로밖에 존재하지 못한다. 후험적인 것, 즉 경험적 개념 및 그 경험 개념에 입각한 경험적 직관은 명제를 줄 수가 없다. 이것은 마찬가지로 단순히 경험적, 곧 경험명제에 지나지 않으며, 따라서 결코 필연성과 절대적 보편성을 포함할 수가 없다. 그런데 필연성과 보편성은 기하학의 모든 명제의 특징인 것이다. 그러나 그와 같은 인연에 이르는 유일한 수단은 단지 개념에 의하는가, 그렇지 않으면 선험적 직관에 의하는가 하는 문제에 관해서는 다음과 같은 점이 분명하다. 즉 단순한 개념으로부터는 전혀 종합적 인식은 얻을 수 없고, 단지 분석적 인식밖에 얻을 수 없다는 점이다. 다음 명제를 들어보는 것만으로도 충분하다. '두 직선으로는 어떤 공간도 둘러쌀 수 없으며, 따라서 어떤 도형도 만들수 없다.' 그리고 둘러싸인 공간을 직선이라고 하는 개념과 2라고 하는 수에서 끌어내 보려고 하면 된다. 또한 '세 직선에 의해서 하나의 도형을 만들 수 있다'는 명제를 전적으로 이런 개념들에서 이끌어 내려고 시도해 보면 된다. 여러분의 그런 노력은 모두 실패로 돌아갈 것이며, 여러분은 기하학에서 언제나 그러하듯이 직관에 의존할 수밖에 없다는 사실을 알게 될 것이다. 이와 같이 해서 여러분은 직관 안에서 하나의 대상을 가능하게 하는 것이다. 그렇다면 그와 같은 직관은 어떠한 것인가? 그것은 선험적 순수직관일까, 그렇지 않으면 경험적 직관일까? 만일 경험적 직관이라고 한다면, 거기에서는 결코 보편 타당한 명제도, 하물며 반증 불가능한 명제도 생기지 않을 것이다. 왜냐하면 경험은 결코 이런 명제를 제공할 수 없기 때문이다. 따라서 여러분은 대상을 선험적으로 직관 안에서 제시하고, 이 직관 위에 종합적 명제를 세워야만 할 것이다. 여러분에게 선험적으로 직관할 수 있는 능력이 없다면 어떻게 될까? 이 주관적 조건이 형식면에서 동시에 선험적인 보편적 조건이자, 그 조건 아래에서만 이 (외적) 직관의 객체 그 자체가 가능해지는 것이 아니었다면, 어떻게 될까? 대상(삼각형)이 여러분의 주관과 관계없이, 무엇인가 그 자체의 것이었다고 한다면 어떻게 될 것인가? 그때 여러분은 어떻게 해서 다음과 같이 말할 수가 있을까? 삼각형을 구성하는 여러분의 주관적 조건 속에 있는 것이, 삼각형 그 자체에도 인정되지 않으면 안 된다고. 왜냐하면 여러분은 (세 개의 직선이라고 하는) 기존 개념에 그 어떤 새로운 것(도형)을 덧붙일 수 없을 것이기 때문이다. 그런데 이 새로운 것은, 그렇기 때문에 아무래도 대상에서 발견되어야 하는 것이다. 왜냐하면 그 대상은 여러분의 인식에 앞서서 주어진 것이지 여러분의 인식에 의해서 주어진 것이 아니기 때문이다. 따라서 만약에 공간이 (그리고 시간도) 선험적 조건을 포함하는 직관의 단순한 형식이 아니었다면—그와 같은 조건 아래에서만 사물이 여러분에게 외적 대상일 수 있고, 그 외적 대상은 지금 말한 주관적 조건 없이는 그 자체로서는 무(無)와 같은 것이지만—, 여러분은 선험적으로 외적 객체에 대해서는 아무것도 종합적으로는 결정할 수 없을 것이다. 그러므로 시간과 공간이 일체의(외적 및 내적인) 경험의 필요조건으로서, 단순히 우리의 모든 직관의 주관적 조건이라고 하는 것은 단지 있음직한 것이 아니라 의심할 바 없이 확실하다. 따라서 이 조건과의 관계에서 모든 대상은 단순한 현상이며, 그 자체로서가 아니라 이와 같은 방식으로 주어진 사물인 것이다. 이런 이유로 현상에 대해서는 많은 일을 선험적으로 말할 수가 있지만 이 현상의 바탕에 있을 것으로 여겨지는 사물 그 자체에 대해서는 조금도 이야기할 수가 없다.

(2) 외적 및 내적 감각 대상의 관념성에 대한 이론, 따라서 감각의 모든 객체를 단순히 현상으로 보는 이 이론을 확증하기 위해서 다음과 같은 주해(註解)는 매우 쓸모가 있다. 우리의 인식에서 외연에 속하는 것은 (따라서 전혀 인식이라고 할 수 없는 쾌·불쾌의 감정이나 의지는 제외하고) 직관에 있어서의 장소(연장), 장소의 변화(운동), 또는 이 변화를 규정하는 법칙(운동력)이라고 하는, 단순한 여러 관계에 지나지 않는다. 그러나 장소에 현존하고 있는 것, 또는 장소 변화 외에 사물 자체 안에 작용하고 있는 것은 이들 관계에 의해서는 주어지지 않는다. 그런데 단순한 관계에 의해서는 사물 자체는 인식되지 않는다. 그렇기 때문에 다음과 같이 판단해도 좋을 것이다. 외적 감각에 의해서는 단순한 관계의 관념 이외의 것은 주어지지 않으므로, 이 외적 감각 또한 주체와 대상과의 관계만을 자기 관념 속에 가질 수 있을 뿐이며, 대상 자체에 고유한 내적인 것을 포함할 수는 없다. 내적 직관에 대해서도 사정은 마찬가지이다. 내적 직관에서 '외적 감각의 관념'은, 우리 마음을 채우는 본디(원천) 소재를 이루기 때문이다. 뿐만 아니라 우리는 이들 관념을 시간 안에 두게 되는데, 시간 그 자체는 경험에 있어서 관념의 의식에 선행하고, 또 그것을 우리 마음속에 앉히는 방식의 형식적 조건으로서 이미 계기적(시간상 일직선으로 잇따라 있음) 관계, 동시적 관계, 계기적이면서 동시적인 것(고정불변한 것)의 관계를 포함하고 있기 때문이다. 그런데 무엇인가를 생각하는 모든 작용에 앞서, 관념으로서 앞설 수 있는 것은 직관이다. 그리고 직관이 관계 이외에 아무것도 포함하고 있지 않을 때, 그것에 앞서는 것은 직관의 형식이다. 직관의 형식은 마음속에 무엇인가가 들어오는 것 말고는 아무것도 나타내지 않는다. 그렇기 때문에 그것은, 마음이 자신의 활

동에 의해서, 즉 자기 속에 관념을 가짐으로써 자기 자신에 의해 유발되는 방식 바로 그것이며, 형식으로 말하자면 바로 내적 감각이다. 그렇게 되는 한에 있어서, 내적 감각에 의해 표시되는 것은 언제나 현상이다. 따라서 내적 감각은 전혀 인정되지 않든가, 그렇지 않으면 내적 감각의 대상인 주체는 내적 감각에 의해서 다만 현상으로서만 제시되든가 둘 중 하나이다. 그것은 주체의 직관이 단순히 자기 활동이며, 결국은 지적인 것과는 달라서, 주체가 자기 자신에 대해서 판단하는 것으로는 되지 않는다. 이 경우 모든 어려움은, 주체가 어떻게 자기 자신을 전적으로 직관할 수 있는가에 있다. 그러나 이런 어려움은 어떤 이론에 있어서나 공통된 것이다. 자기 자신에 대한 의식(통각)은 나의 단순한 관념이다. 그리고 만일 이 의식에 의해서만 주체에 있어서의 모든 다양한 것이 자동적으로 주어진다고 한다면, 내적 직관은 지적인 것이 될 것이다. 인간에 있어서 이 의식은 주체에 미리 주어지는 다양한 것들에 대한 내적 지각을 필요로 하며, 이것들이 자발성 없이 마음속에 주어지는 방식을 감성이라고 부른다. 스스로를 의식하는 능력이 마음속에 있는 것을 찾아내야 한다(감각적으로 안다)면, 마음속에 있는 것이 자기의식 능력을 촉발하지 않으면 안 된다. 그리고 그렇게 함으로써만이 자기 자신의 직관이 이루어질 수 있는데, 이런 자기 직관 형식은 미리 마음의 밑바탕에 놓여 있으며 다양한 것들이 마음속에서 함께 존재하는 방식을 시간의 관념으로 규정한다. 왜냐하면 이것은 주관이 직접 자동적으로 떠오르는 식이 아니라, 자기 내부로부터 촉발되는 방식, 곧 있는 그대로가 아닌 대상들에 의해 현상되는 자기를 직관하는 것이기 때문이다.

(3) 다음과 같이 말한다고 하자. 시간과 공간에서 외적 객체의 직관도 마음의 자기 직관도 다 같이 객체가 우리의 감각을 촉발하여, 객체가 현상하는 방식을 나타내고 있다고. 하지만 그렇다고 해서 이들 대상이 단순한 가상(假象)이라고 말하려는 것은 아니다. 왜냐하면 현상에서 객체는 언제나, 뿐만 아니라 우리가 객체에 돌리는 성질은 실제로 주어진 그 무엇으로 간주되기 때문이다. 다만 이 성질이 주어진 대상의 주체에 대한 관계에서 주체의 직관 양식에만 의존하는 한, 이 대상은 현상이며, 객체 자체로서의 대상과는 구별된다고 하는 것이다. 그렇다고 해서 내가, 사물은 단지 나의 밖에 존재하는 것처럼 보일 뿐이라고 말하고 있는 것은 아니다. 또는 내 영혼은 나의 자기의식에서 주어진 것처럼

보이는 데에 지나지 않는다고 말하고 있는 것도 아니다. 시간과 공간의 성질은 이들이 현존하기 위한 조건이며, 나는 그 성질에 따라서 사물이나 영혼을 설정하는 것인데, 그 성질은 나의 직관 양식 안에 있는 것이지, 이들 객체 자체 안에 있는 것이 아니다. 내가 이와 같이 주장했다고 해서 현상에 넣어야 할 것을 단순한 가상으로 만들려고 한다면, 나 자신이 책망받아야 한다.[6] 그러나 이런 오류는 우리의 모든 감성적 직관의 관념성 원리에 따른다면 일어나지 않을 일이다. 오히려 해당 관념 형식에 객관적 실재성을 귀결시키면, 그것으로 인해 모든 것이 단순한 가상으로 바뀔 수밖에 없다. 시간과 공간을, 그 가능성으로 보아 사물 자체 안에서 찾아야 하는 성질을 갖는다고 하자. 그리고 그것으로 우리가 휘말리게 되는 불합리를 잘 생각한다고 하자. 그 불합리는 다음과 같은 것이다. 즉 실재도 아니고, 실제로 실체에 내재하는 것이 아님에도 실재하는 것으로, 더욱이 모든 사물이 실재하기 위한 필연적 조건이어야 하는 두 개의 무한한 형식(시간과 공간)이, 모든 실재하는 것이 폐기된 뒤에도 여전히 남는다고 하는 것이다. 그렇게 되면 우리는 일괄적으로, 사물을 단순한 가상으로 격하시키는 버클리를 욕할 수가 없다. 오히려 우리 자신의 현실 존재가, 이와 같은 방식으로 시간과 같이 불합리한 것 그 자체에서 존립하는 실재성에 의존하게 되어, 분명한 가상으로 변하지 않을 수가 없을 것이다. 이것은 그 누구도 범한 일이 없는 불합리이다.

(4) 자연신학에서는, 그 대상이 우리에게 전혀 직관의 대상이 아닐 뿐 아니라, 본디 감성적 직관의 대상이 아니라 생각하고, 친절하게도 모든 직관으로부터 시간과 공간이라는 조건을 제거하도록 배려되어 있다(왜냐하면 대상의 인식

---

6) 현상의 술어는 우리의 감각과의 관계에서, 객체 그 자체에 부여될 수 있다. 예를 들면 장미에 붉은색 또는 향기를 부여하는 것과 같다. 그러나 가상은 바로 감각과의 관계에서만, 또는 본디 주체에 인정되는 것이기 때문에 술어로서는 결코 대상에 부여할 수가 없고, 객체 자체에 수반되어 있지 않다. 예컨대 사람들이 처음에 토성에 두 개의 손잡이가 있다고 했는데 그렇지 않았던 것처럼, 객체 자체에는 전혀 볼 수 없지만 객체와 주체와의 관계에서 늘 볼 수 있으며, 객체의 관념과는 불가분한 것, 바로 그것이 현상이다. 그러므로 시간·공간이라고 하는 술어가 감각의 대상 그 자체로 돌려지는 것은 옳은 일이다. 그 점에서는 가상은 없다. 이에 반해 주체에 대한 이들 대상의 일정한 관계를 무시하고, 나의 판단을 그 관계에 제한하지 않으며, 내가 장미 자체에 빨간색을 부여하고, 토성에 손잡이를, 또는 모든 외적 대상에 연장을 그 자체로서 부가한다면, 거기에 바로 가상이 생긴다.

은 모두 그와 같은 직관이어야 하고, 언제나 한계를 노출시키는 사고여서는 안 되기 때문이다). 그러나 무슨 권리가 있어서 그와 같은 일을 할 수가 있는가? 그와 같은 일은, 시간과 공간을 미리 사물 자체의 형식으로 마련했다는 것이 된다. 더욱이 사물 그 자체를 제거한 뒤에도, 사물의 현재 존재의 선험적 조건으로서 남는 형식을 마련한 것이 된다. 왜냐하면 시간·공간은 모든 현재 존재 일반의 조건으로서, 신이 실제로 존재하는 조건이기도 해야 하기 때문이다. 시간과 공간을 만물의 객관적 형식으로 하고 싶지 않으면, 남는 것은 이것들을 우리의 외적 및 내적 직관 양식의 주관적 형식으로 만들 수밖에 없다. 이와 같은 직관 양식은 근원적인 것, 즉 직관되는 객체의 현실 존재를 부여하는 것이 아니라(그와 같은 직관 양식은 우리가 통찰하는 한, 근원적 존재자에게만 귀속된다), 객체의 현실 존재에 의존하며, 따라서 주체의 관념 능력이 객체로 촉발되어야만 생기는 것이기 때문에 감성적이라고 불린다.

그러나 시간·공간이라고 하는 직관 양식을 인간의 감성에만 국한시킬 필요는 없을 것이다. 생각하는 모든 유한적인 존재자는, 이 점에서 일치해 있지 않으면 안 되는지도 모른다(우리는 그렇다고 단언할 수는 없지만). 이 보편타당성 때문에, 이 직관 양식은 감성적인 것을 그만두지 않는다. 왜냐하면 이 직관 양식은 파생적인 것(파생적 직관 intuitus derivativus)이지 근원적인 것 (근원적 직관 intuitus originarius)이 아니며, 따라서 지적 직관이 아니기 때문이다. 지적 직관은, 지금 든 이유로 해서, 거기에 어울리는 근원적 존재자에게만 귀속되는 것이며, 현실 존재라고 하는 점에서나 직관이라고 하는 점에서 의존적 존재자에게는 귀속될 수 없는 것으로 여겨진다(즉 주어진 객체에 관해서, 직관이 의존적 존재자의 현실 존재를 규정하는 것이다). 하지만 지금 말한 내용은 단순한 주석으로서 초월적 감성론에 더해져야 하는 것이지, 증명 근거는 아니다.

초월적 감성론의 마무리

초월적 철학의 일반적 과제는, 어떻게 해서 선험적 종합판단이 가능한가 하는 것인데, 여기에서 우리는 그것을 해결하는 데에 필요한 요건의 하나는 얻게 된다. 그것은 선험적 순수직관, 시간과 공간이다. 선험적인 판단에서 주어진 개념을 뛰어넘기 위해, 개념에서가 아니라 개념에 대응하는 선험적 직관 안에서 발견되고, 개념과 종합적으로 결합할 수 있는 것, 그것을 우리는 이 시간과 공간에서 찾을 수 있다. 그러나 이 선험적 판단은, 이와 같은 이유로 해서 결코 감각의 대상 이상에는 미칠 수 없으며, 가능한 경험의 객체로밖에 통용되지 못하는 것이다.

제2부 초월적 논리학

서론
초월적 논리학의 구상

1. 논리학 일반에 대해서

우리의 인식은 마음의 두 근본 원천에서 생긴다. 그 하나는 개념을 받아들이는 능력이며(인상의 수용성), 또 하나는 이들 관념을 통해서 대상을 인식하는 능력이다(개념의 자발성). 첫 번째 원천에 의해서 대상이 주어지고, 두 번째 원천에 의해서 그 대상이 지금 말한 관념(감각의 단순한 규정으로서)과의 관계에서 고려될 수 있다. 따라서 직관과 개념이 어울려서 우리의 모든 인식 요소를 구성하는 것이다. 그렇기 때문에 그 어떤 방식으로든 개념에 대응하는 직관 없이, 개념이 단독으로 인식을 가져올 수도 없으며, 개념 없이 직관이 단독으로 인식을 가져올 수도 없다. 개념도 직관도 순수하거나 경험적이거나 그 어느 하나이다. 감각 내용(이것은 대상이 실제로 현존하고 있는 것을 전제로 한다)이 포함되어 있을 경우에는 경험적이고, 관념에 감각 내용이 섞여 있지 않은 경우에는 순수한 것이다. 이 감각 내용은 감성적 인식의 질료(質料)라고 부를 수 있다. 그러므로 순수 직관이란 오직 무엇인가가 직관되기 위한 형식을 포함하고 있고, 순수개념은 대상 일반을 생각하는 형식만을 포함하고 있다. 오직 순수직관 또는 순수개념만이 선험적으로 가능하며, 경험적 직관과 경험적 개념은 후험적으로만 가능하다.

우리의 마음은 어떤 방식으로 촉발될 때에만 여러 관념을 받아들이는데, 그와 같은 수용성을 '감성'이라고 부르기로 하자. 이에 대해 관념 자신을 낳는 능력, 또는 인식의 자발성은 '지성'이다. 직관은 감성적일 수밖에 없고, 결국 우리의 본성은 우리가 대상에 의해 촉발되는 방식만을 포함하는 식으로 되어 있다.

이에 반해 감성적 직관의 대상을 '생각하는' 능력은 '지성'이다. 이 두 가지 성질은 그 어느 하나가 다른 하나보다 뛰어나다고 할 수 없다. 감성 없이는 우리에게 어떤 대상도 주어지지 않을 테고, 지성 없이는 어떤 대상도 생각할 수가 없을 것이다. 내용 없는 사고는 공허하며, 개념 없는 직관은 맹목이다. 따라서 지성의 개념을 감성화하는 일(즉 이들 개념에 직관의 대상을 덧붙이는 일)도 필요할 것이고, 대상의 직관을 명확히 하는 일(즉 이들 개념에 직관을 끌어들이는 일)도 필요한 것이다. 이런 두 능력 또는 두 소질은, 그 기능을 서로 바꿀 수 없다. 지성은 아무것도 직관할 수 없으며, 감각이 무엇인가를 생각할 수도 없다. 이들 지성과 감각이 하나가 됨으로써만이 인식이 생기는 것이다. 그렇다고 해서 이들 역할 분담을 혼동해서는 안 된다. 이들 역할 분담을 신중히 나누어서 구별해야 할 중대한 이유가 있다. 그러므로 우리는 감성 일반의 규칙에 관한 학문, 곧 감성론을, 지성 규칙 일반에 대한 학문, 즉 논리학과 구별하는 것이다.

한편 논리학은 논리학대로 두 가지 의도로 계획된다. 일반적 지성의 사용 논리학으로서, 또 하나는 특수한 지성의 사용 논리학으로서이다. 전자는 무엇이든지 필요한 사고의 규칙을 포함하고 있다. 그것 없이는 어떤 지성의 사용도 성립되지 않는, 그와 같은 규칙이다. 그렇기 때문에 이 논리학은 지성의 사용이 그 어떤 대상을 상대하고 있건 간에, 대상의 차이를 문제 삼지 않고 지성의 사용에 동원된다. 특수한 지성 사용의 논리학으로 말하자면, 무엇인가 어떤 종류의 대상을 올바르게 생각하는 규칙을 포함하고 있다. 전자(일반적 지성 사용 논리학)는 기본적 논리학이라 부를 수 있고, 후자(특수적 지성 사용 논리학)는 어떤 특정한 학문 기관이라고 부를 수 있다. 후자는 대개 여러 학교에서 학문의 예비학으로서 맨 먼저 가르쳐지고 있다. 그러나 사실 그것은 이성의 발전에서 보자면, 학문이 훨씬 이전에 이미 완성되어, 그 보충과 완성을 위해 마지막으로 손질을 가하기만 하면 좋을 단계로, 이성이 마침내 도달하는 단계의 것이다. 왜냐하면 하나의 학문을 성립시키기 위해 규칙을 제시하려고 한다면, 우리는 이미 그 학문의 대상에 상당한 정도로 정통해 있지 않으면 안 되기 때문이다.

그런데 일반 논리학은 순수 논리학이거나 응용 논리학 가운데 어느 하나이다. 전자에 있어서는, 우리는 지성 활동이 행사될 때 받는 경험적 조건을 모두 도외시한다. 그와 같은 조건이란, 예를 들어 감각의 영향, 상상력의 활동, 기억의 여러 법칙, 습관의 힘, 기호 등을 말한다. 따라서 또 선입견의 원천 뿐만 아니라 본디 우리에게 어떤 종류의 인식을 생기게 하고, 그것을 살며시 스며들게 할 염려가 있는 모든 원인을 도외시한다. 왜냐하면 그와 같은 원인은 지성을 사용하는 어떤 상황 아래에서 지성을 함부로 좌우하고, 또 그와 같은 원인을 알기 위해서는 경험이 필요하기 때문이다. 따라서 일반 논리학이자 '순수한 논리학'은 전적으로 선험적 원리와 관련되며, 지성과 이성의 모범적 표준이다. 단 그것은 지성·이성 사용의 형식적인 면에 관해서만이고, 내용이 어떠한가(경험적인가 초월적인가)는 묻지 않는다. 그러나 '일반 논리학'이, 심리학에서 말하는 것처럼 주관적이고 경험적인 조건 아래에서의 지성 사용의 규칙으로 향하게 되며, 그것은 응용 논리학이라고 불린다. 따라서 이와 같은 논리학은 경험적 원리를 가지고 있다. 비록 이와 같은 논리학이 대상의 차이와는 무관한 지성 사용으로 돌려지는 한에는, 일반적인 것이라 해도 사정은 변함이 없다. 그렇기 때문에 그것은 지성 일반의 모범적 표준도 아니고, 특수 학문의 오르가논도 아니며, 단순히 보통의 지성(상식)의 순화에 지나지 않는다.

따라서 일반 논리학에서는 순수 논리학[이성론]을 이루는 부분을, 응용논리학(이것 역시 일반 논리학이기는 하지만)을 이루는 부분으로부터 확실하게 분리하지 않으면 안 된다. 설사 무미건조하다 할지라도, 또한 무미건조하다는 것이 지성의 원리론을 교과서적으로 말할 경우에 필요한 것처럼, 오직 순수한 논리학만이 본디 학문인 것이다. 그렇기 때문에 원리론에서는 논리학은 언제나 다음 두 가지 점을 철칙으로 삼아야만 한다.

(1) 일반 논리학으로서, 지성 인식의 모든 내용과 그 대상의 차이를 도외시하고, 사고의 단순한 형식 이외의 어떤 것과도 관련되어서는 안 된다.

(2) 순수 논리학으로서, 경험적 원리도 갖지 않아야 한다. 따라서 심리학으로부터 무슨 일이든 끌어들이지 않아야 한다(때로는 그렇게 하는 일을 강변하는 논리학자도 볼 수 있었지만). 그렇기 때문에 심리학은 지성의 규준에 결코 아무런 영향도 줄 수 없다. 순수 논리학은 하나의 증명이 끝난 교리이며, 거기에서는 모든 것이 완전히 선험적으로 확실하지 않으면 안 된다.

내가 응용 논리학이라고 부르는 것은(이 말의 통속적 의미에 의하면 그것은 어떤 종류의 숙제—순수 논리학이 그것을 위한 규칙을 제공하는 것이지만—를 포함하는 것으로 되어 있지만, 그러한 뜻과는 달리), 구체적 장면에서의 지성과, 지성의 필연적 사용 규칙을 나타내는 것이다. 즉 주체의 우연적 조건 아래에 놓이는 것이다. 이와 같은 조건은 지성 사용을 방해하는 일도, 조장하는 일도 할 수 있어서, 총체적으로 단지 경험적으로 주어진다. 응용 논리학은 주의 작용, 그 방해나 결과, 오류의 근원, 의심 상태, 망설임의 상태, 또는 숙려 등을 문제 삼는다. 일반적이고 순수한 논리학과 응용 논리학과의 관계는, 마치 단순한 자유의지의 필연적·도덕적 법칙 일반을 포함하는 순수 도덕과 본디적 도덕론과의 관계와 같다. 본디적 도덕론은 많든 적든 간에 겪게 되는 감정이나 욕정의 방해에 따라서 도덕 법칙을 고려하기는 하지만, 결코 진실로 실증된 학문의 역할을 하는 일은 없다. 왜냐하면 도덕론은 마치 그 응용논리학처럼, 경험적으로 심리학적인 원리를 필요로 하기 때문이다.

2. 초월적 논리학에 대해서

우리가 제시한 바와 같이, 일반 논리학은 인식의 내용을 모두 도외시한다. 즉 객체에 대한 인식의 모든 관계를 도외시한다. 그리고 여러 인식들 상호 간의 관계에 있어서의 논리적 형식만을 고찰한다. 그러나 직관에도 순수직관과 경험 직관이 있기 때문에(초월적 감성론이 증명하는 것처럼), 대상에 대한 순수한 사고와 경험적 사고의 구별도 있을 수 있다. 만약에 그렇다고 한다면, 반드시 인식의 내용을 도외시하지 않는 논리학이 존재할 것이다. 왜냐하면 단순히 대상의 순수한 사고의 규칙을 포함하는 논리학, 경험적 내용에 관한 인식을 모두 배제할 것이기 때문이다. 그런 논리학은, 대상에 관한 우리 인식의 기원—그 인식이 대상에 귀속하지 않는 한에 있어서—까지 거슬러 올라갈 것이다. 왜냐하면 그것과는 반대로, 일반 논리학은 이와 같은 인식에는 관여하지 않고, 본디 우리 속에 선험적으로 주어져 있는지의 여부를 불문하고, 관념을 오직 법칙에 따라 관찰할 뿐이기 때문이다. 지성은 생각할 때 그 법칙에 의해서 관념을 상호 간의 관계에서 사용하는 것이기 때문에, 일반 논리학은 관념이 그 밖에 어디에서 유래하든지 간에, 그 관념에 주어질 수 있는 지성 형식을 문제로 삼기 때문이다.

여기서 나는 하나의 주의를 달고자 한다. 그것은 앞으로의 모든 고찰에 영향을 미치므로 잘 염두에 두기 바란다. 그것은, 선험적 인식이면 어느 것이나 초월적이라고 불러야 하는 것이 아니라, 어떤 종류의 관념(직관 또는 개념)이 오직 선험적으로 적용되거나 가능하다는 것, 또 어떻게 해서 가능한가가 인식되는 것 같은 인식만이 초월적이라고 불러야 한다는 것이다(즉 선험적 인식의 가능성이나 인식의 선험적 사용에 관련되는). 그러므로 공간도, 공간에 관한 그 어떤 선험적인 기하학적 규정도 선험적 개념이 아니다. 그렇지 않고, 이들 관념이 결코 경험적 기원에 속하는 것이 아니라고 하는 인식이나, 기하학적 규정이 어떻게 경험의 대상에 선험적으로 관련될 수 있는가 하는, 그 가능성만이 초월적이라고 불릴 수 있는 것이다. 마찬가지로, 대상 일반에 대한 공간의 사용도 초월적이라고 말할 수 있다. 그러나 공간이 오직 감각의 대상으로 제한되면, 그 사용은 경험적이다. 그러므로 '초월적'과 '경험적'의 구별은 단지 인식의 비판에만 속하는 것으로, 대상에 대한 인식의 관계에 관련되는 것이 아니다.

여기에서 우리는 다음과 같은 기대로 어떤 하나의 학문을 구상한다. 그 기대란, 순수직관으로서도 아니고 감성적 직관으로서도 아니며 전적으로 순수한 사고의 작용으로서 선험적으로 대상에 관여할 수 있는, 따라서 개념이기는 하나 경험적 기원도 감성적 기원도 아닌 개념이 존재할 수 있으리라는 것이다. 그렇게 되면 우리는 대상을 완벽히 선험적으로 사유하게 되는데, 순수지성 인식과 순수이성의 한 학문 이념을 갖게 된다. 이런 인식의 기원 범위 및 객관적 타당성을 규정하는 학문을 초월적 논리학이라고 불러야 할 것이다. 왜냐하면 그 것은 단순히 지성과 이성의 여러 법칙에 관계되고, 그 법칙이 대상에 대해 선험적으로 관여되는 한에서만 그러하며, 일반 논리학처럼 경험적 이성 인식이든 순수한 이성 인식이든 무차별적으로 논하지는 않기 때문이다.

3. 일반 논리학을 분석론과 변증론으로 구분하는 일에 대해서

오래된 유명한 물음이 있다. 사람들은 그 물음으로 논리학자들을 막다른 골목으로 몰아넣는다 생각하고, 또 그들이 비참한 동어반복을 만나야 하든가, 그렇지 않으면 자기들의 무지, 즉 그들의 기술 전체의 허망함을 고백하지 않을 수 없는 상태로 노출시키려고 했다. 바로 그것은 '진리란 무엇인가' 하는 물음이다. 진리란 말할 것도 없이 '인식과 대상의 일치'라고 하는 진리의 정의가 전제되어 있다. 그러나 (여기에서) 사람들이 알려고 하는 것은, 모든 인식의 진리의 보편적이고 확실한 기준이란 무엇인가 하는 것이다.

합리적인 물음이 어떠해야 하는가를 안다는 것은, 이미 그것만으로도 현명함이나 통찰력이 크다는 증거이고, 꼭 필요한 증거이다. 왜냐하면 물음 그 자체가 부적당하고, 쓸데없는 대답을 요구하는 것이라면, 물음을 던지는 자의 수치일 뿐만 아니라, 그 물음을 받고 당황한 사람은 불합리한 대답으로 잘못 이끌리기 때문이다. 그것은 마치 (옛사람이 말하는) 한 사람이 숫양의 젖을 짜고 다른 한 사람이 체로 그 아래를 받친다는 우스갯소리와도 비슷한 광경이다.

만일 진리가 대상과 인식의 일치로 성립된다고 한다면, 그것으로 인하여 그 대상은 다른 대상과 구별되지 않으면 안 된다. 왜냐하면 인식이 관계하는 대상과 일치하지 않으면, 비록 인식이 다른 대상에 적용할 수 있는 것을 가지고 있다 해도, 그 인식은 잘못된 것이기 때문이다. 그런데 진리의 보편적 기준이 있다고 한다면, 그것은 인식 대상의 구별에 관계없이 모든 인식에 타당한 것이 될 것이다. 그러나 다음과 같은 일은 명확하다. 즉 보편적 기준이라고 할 경우, 사람은 인식의 내용을 일체 도외시하고, 더욱이 진리는 바로 이 내용에 관련되므로, 인식의 이 내용(인식의 객체에 관한 관계)에 관한 진리의 징표를 묻는다는 것은, 전적으로 불가능하고 불합리한 것이 될 것이다. 따라서 진리에 관한 충분하고도 동시에 보편적인 기준이 되는 것은 불가능하다고 여겨질 것이다. 우리는 앞에서 이미 인식의 내용을 인식의 질료라고 불렀기 때문에 다음과 같이 말해야 한다. 인식의 진리에 관해서는, 질료의 면에서 그 어떤 보편적 징표도 요구할 수 없다. 왜냐하면 그런 일은 그 자체가 모순적이기 때문이다.

그러나 인식을 전적으로 단순한 형식면에서(모든 내용을 배제하고) 본다면, 마찬가지로 다음과 같은 일이 명확하다. 그것은, 논리학이 지성의 보편적이고도 필연적인 규칙을 제기하는 한, 논리학은 바로 이런 규칙 안에 진리의 기준을 제시해야 한다는 것이다. 왜냐하면 이들 규칙에 모순되는 것은 잘못이며, 그 경우 지성은 지성의 보편적 규칙과 충돌하게 되므로 결국은 자기 자신에게 모순된 것이기 때문이다.

그러나 이들 기준은 진리의 형식에만, 즉 사고 일반의 형식에만 관계하며, 그런 한에 있어서는 전적으로 정당하기는 하지만 충분하지는 않다. 왜냐하면 비록 인식이 논리적 형식에 완전히 합당하고, 자기모순에 빠지지 않았다 하더라도, 그것으로도 인식이 여전히 대상과는 모순되는 일이 있을 수 있기 때문이다. 그러므로 진리의 단순한 논리적 기준, 곧 지성과 이성의 보편적이고 형식적인 법칙과 인식이 일치한다고 하는 것은, 필요조건, 다시 말해 모든 진리의 소극적 조건임에는 틀림없다. 하지만 논리학은 그것을 웃돌 수는 없으며, 형식에 대해서가 아니라 내용에 관련되는 잘못을 찾아내기 위한 아무런 기준도 가질 수 없다.

그런데 일반 논리학은 지성과 이성의 모든 형식적 작업을 그 여러 요소로 분할한다. 그리고 이들 요소를 우리 인식의 모든 논리적 판정의 원리로서 서술한다. 그렇기 때문에, 논리학의 이 부문은 분석론이라고 부를 수가 있다. 바로 이런 이유로, 이 부분은 적어도 진리의 소극적 기준이 되는 것이다. 인식이 대상에 관해서 적극적 진리를 포함하고 있는가를 결정하기 위하여, 인식 자체를 내용면에서 조사하기 전에, 우리는 우선 모든 인식을, 그 형식면에서 이들 규칙에 비추어 음미하고 평가하지 않으면 안 된다. 그러나 인식의 단순한 형식이 아무리 논리적 법칙에 잘 일치한다 하더라도, 그것으로 인식의 실질적(객관적) 진리를 결정하기에는 아직 충분하지 않다. 그러므로 대상에 대해서 사전에 논리학 바깥에서 명확한 확인을 해두지 않으면, 아무도 논리학 하나만으로 대상에 대해서 판단하거나 무엇인가를 주장할 수는 없다. 그것은 최소한 논리적 법칙에 의해서 전체로서 맥락을 이루는 형태로 여러 인식의 사용이나 연관을 가져와서, 보다 더 적절하게 말하자면 그것들을 논리적 법칙으로 음미하기 위해서이다. 하지만 우리 모두의 인식에 관해서, 매우 빈약하고 공허하기는 하지만 인식에 지성의 형식을 부여한다고 하는, 이토록 겉치레의 기술을 소유한다고 하는 것은 사람들을 현혹시키는 경우가 있다. 단지 대상을 판정하는 규준에 지나지 않은 저 일반 논리학이, 말하자면 실제로 대상을 낳는 오르가논처럼, 적어도 객관적 주장을 하는 속임수로 사용되어 실제로 오용되고 있다는 것이다. 이와 같이 오르가논이라고 여겨진 일반 논리학, 그것을 변증론이라고 한다.

옛날 사람들이 사용한 변증론이라고 하는 학문 또는 기술의 명칭, 그 의미가 아무리 가지각색이었다고 해도, 그 명칭의 사용에서 확실히 볼 수 있는 것이 있다. 변증론의 뜻이 가상 논리학이었다는 사실이다. 그것은 자기의 무지는 물론, 계획적인 기만을 진리로 보이게 하는 소피스트적 기술이며, 논리학이 지정하는 철저성의 방법을 모방하여 논리학의 장소론을, 모든 공허한 추이를 그럴듯하게 보이기 위해 사용한다는 것이다. 그래서 다음과 같은 일을 확실하고 효과적인 경고로 들 수가 있다. 즉 오르가논으로 간주된 일반 논리학은 항상 가상의 논리학이며, 변증적이다라고. 왜냐하면 일반 논리학은 우리에게 인식의 내용에 대해서는 아무것도 가르쳐 주지 않고, 단지 지성과 일치하는 형식적 조건을 가르칠 뿐이며, 더욱이 이들 형식적 조건의 대상에 관해 전적으로 무신경하기 때문이다. 그러므로 지성의 지식을, 최소한 우대 조치에 의해서 확장하기 위해 일반 논리학을 도구로 사용하려고 하는 것은 너무도 안이한 생각이며 재치 있는 말로 끝나는 것이 고작이다. 그 말은 제멋대로의 생각을 그럴듯하게 주장하거나 멋대로 말을 덧붙이거나 하는 것이다. 이와 같은 교시(敎示)는 어느 면으로 보나 철학의 품위에 합당한 것은 아니다. 그렇기 때문에 우리는 변증론적 가상의 비판이라고 하느니보다는, 오히려 이 변증론이라고 하는 명칭을 논리학에 맞아들인 것이다. 우리는 여기에서도 변증법은 그와 같은 것으로 이해되고 있다는 것을 알아야 할 것이다.

4. 초월적 논리학을 분석론과 변증론으로 구분하는 일에 대해서

초월적 논리학에서, 우리는 지성을 격리한다(마치 앞에서 초월적 감성론에서 감성을 격리시킨 것과 마찬가지로). 그렇게 해서 우리의 인식으로부터, 오직 지성을 근원으로 하는 사고의 부분만을 한층 돋보이게 한다. 그러나 이와 같은 순수인식의 사용은, 순수인식의 조건으로서 다음과 같은 일에 바탕을 둔다. 즉 순수인식이 적용될 수 있는 대상은 직관으로 주어지고 있다는 사실이다. 왜냐하면 직관 없이는, 우리의 모든 인식은 객체가 결여되는 것이 되고, 그렇게 되면 인식은 완전히 공허한 것이 되기 때문이다. 따라서 초월적 논리학 중에서도 순수한 지성지식의 요소와, 대상을 생각하기 위해 불가결한 원리를 논하는 부문은 초월적 분석론이며, 그것은 동시에 진리의 논리학이다. 왜냐하면 인식이 동시에 모든 내용을 잃지 않고서는, 즉 그 어떤 객체와의 모든 관계, 따라서 진리를 잃지 않고서는 어떤 인식도 이 논리학에 모순될 수는 없기 때문이다. 하지만 유일한 경험만이 우리에게 순수지성 개념이 적용될 수 있는 실질(객체)을 공급할 수 있는데도 불구하고, 그 경험의 한계를 넘어서까지도 이들 순수한 지성의 인식과 원칙을 사용한다는 것은, 상당히 유혹적이고 도발적이다. 그 때문에 지성은 위험에 처하게 된다. 그 위험이란, 공허한 궤변에 의해서 순수지성의 단순한 형식적 원리의 실질적 사용을 수반하여, 우리에게 주어지지 않은 대상, 아니 어쩌면 주어진 일도 없는 대상에 관해서 무차별적으로 판단한다는 것이다. 그렇기 때문에 진리의 논리학은 본디 경험적 사용을 판정하는 카논일 것이며, 그것을 보편적이고 무제한한 오르가논으로서 통용되게 하여 순수지성에 의해서만 대상 일반에 대해서 판단하고 주장하고 결정하는 것을 내맡기게 되면, 그것은 이 논리학을 잘못 사용하는 것이 된다. 그러므로 그때, 순수지성의 사용은 변증적이 될 것이다. 따라서 초월적 논리학의 제2부문은 변증적 가상의 비판이어야 할 것이며, 그것은 변증론으로 불린다. 그것은 이런 종류의 가상을 독단적으로 야기한 기술로서가 아니라(유감스럽게도 만연해 있는 여러 형이상학의 속임수로서가 아니라), 지성의 비판으로서, 또 이성의 초자연적 사용에 관한 비판으로서이다. 그것은 이성의 잘못된 가상을 밝히기 위한 것이며, 또한 이성이 다만 초월적 원칙에 의해서만 달성된다고 생각하여, 발견이네 확장이네 하고 자부하는 일을 삼가게 하고, 그 자부를, 순수지성을 심사하고 순수지성을 소피스트적 환상에서 보호하는 일로 전환시키기 위한 것이다.

제1부문 초월적 분석론

초월적 분석론은 우리의 선험적 인식 전체를, 순수한 지성 인식 요소로 분해하는 일이다. 이때 다음과 같은 점이 중요하다. ① 여러 개념이 순수개념이고, 경험적 개념이 아닐 것. ② 여러 개념이 직관이나 감성에 속하는 것이 아니라 사고나 지성에 속하는 것일 것. ③ 여러 개념이 요소적 개념이며, 파생적 또는 이들로부터 합성된 개념과는 완전히 구별될 것. ④ 이 개념들의 표가 완벽하고, 순수지성의 전 영역을 모두 채울 것 등이 그것이다. 그런데 학문의 이런 완벽성은 단순히 시행착오적 시도들로 모아진 개념의 집합을 추정하는 것에 의해서만은 신뢰성을 가지고 구상될 수 없다. 그러므로 그것은 선험적 지성 인식의 전체라는 이념을 매개로, 그리고 이 인식을 구성하고 있는 각 개념들을 전체의 이념으로부터 명확히 구분함으로써만, 그러니까 전적으로 이런 개념을 하나의 체계에 연관시킴으로써만 가능하다. 순수지성은 모든 경험적인 것으로부터 분리될 뿐만 아니라 더 나아가 모든 감성으로부터도 완전히 분리된다. 따라서 그것은 그 자체로서도 독립적으로 성립하며, 외부에서 무엇이 덧붙여지더라도 증대될 수 없는 통일체이다. 그러므로 순수지성 인식의 총체는 하나의 이념 아래 파악되며 규정되는 체계를 이룰 것이다. 그리고 이 순수지성에 의한 개념들의 체계가 완벽하고 유기적이라면 그것은 동시에 그 속에 결합되어 있는 모든 인식 요소가 정당하고 진실함을 증명하는 것이다. 그러나 초월적 논리학의 이 부문은 두 편으로 구성된다. 제1편은 순수지성의 개념을 다루고, 제2편은 순수이성의 여러 원칙을 다룬다.

제1편 개념의 분석론

내가 의미하는 개념의 분석론이란, 여러 개념들을 그 내용면에서 분석하는 일이 아니다. 또는 주어진 개념을 그 내용에 따라서 분석하고 명확하게 한다고 하는, 철학적 연구에서 흔히 볼 수 있는 절차를 말하는 것이 아니다. 그렇지 않고 아직까지 거의 시도된 적 없는 지성 능력 그 자체를 분석하는 것이다. 그것은 선험적 개념을 그 출생지인 지성 안에서만 찾아서, 지성의 순수한 사용 일반을 분석함으로써 선험적 개념의 가능성을 탐구하기 위해서이다. 왜냐하면 그것이 초월적 철학에 고유한 일이기 때문이다. 그 밖의 일은 철학 일반에 있어서의 개념들을 논리적으로 처리하는 것이다. 따라서 우리는 순수개념을 인간의 지성 안에 있는 그 최초의 싹과 바탕에 이르기까지 추구할 것이다. 순수개념은 마침내 경험을 계기로 해서 전개되고, 바로 인간 지성을 통해서 자신들에 붙어 있는 경험적 조건으로부터 해방되어, 선명하게 그 모습을 나타낼 때까지는 그 싹과 바탕 안에 준비되어 있다.

제1장 모든 순수지성 개념을 발견하는 실마리에 대해서

우리가 인식 능력을 발휘하기 시작하면, 여러 계기에서 여러 개념이 머리를 드는 법이다. 그와 같은 개념은 인식 능력의 모습을 명확히 해준다. 또 우리는, 이들에 오랫동안 관찰을 기울여, 또는 그것들을 확실하게 관찰한 뒤에, 많건 적건 면밀한 논문 등으로 모을 수가 있다. 이와 같은 탐구가 어디에서 완성될 것인가 하는 것은 이와 같은 기계적 방법으로는 결코 확정되지 않는다. 또한 단순히 마구잡이로 발견된 개념은, 정연한 체계적 통일의 형태로 발견되는 것은 아니고, 결국 유사하다는 점만으로 그것을 모아 내용의 양에 따라, 단순한 것으로부터 복합적인 것에 이르기까지 계통이 세워지는 데에 지나지 않는다. 그 계통을 세운다는 일은 나름대로 방법적으로 이루어지기는 하지만 체계적이지는 않다.

초월적 철학은 지금 말한 지성의 여러 개념들을 하나의 원리에 따라서 찾아내는 장점을 가지고 있으며, 그것은 또한 의무이기도 하다. 이런 개념들은 절대적 통일체인 지성으로부터 순수하게 아무것도 섞이지 않고 발생하며, 그러므로 그 자신이 하나의 개념이나 이념에 따라서 서로 맥락을 이루고 있어야만 한다. 이와 같은 맥락은 하나의 규칙을 준다. 그 규칙에 의해 각 순수지성 개념에 그 장소가 결정되고, 또한 모든 순수지성 개념에 선험적 완전성이 결정된다. 그 밖의 방법이 있다고 하면 그것은 모두 기호나 우연에 의한 것이다.

제1절 지성의 논리적 사용 일반에 대해서

앞에서 지성은 소극적으로 설명되었을 뿐이었다. 즉 지성이란 비감성적 인식 능력이라고. 그런데 우리는 감성을 떠나서는 어떤 직관도 받아들일 수 없다. 따라서 지성은 직관의 능력이 아니다. 그러나 직관을 제외하고는 개념에 의하지 않고 인식할 수 있는 기술(Art)이 없다. 그러므로 모든 지성의 인식은 개념에 의한 인식이며, 직관적이 아니라 사변적이다. 적어도, 인간의 지성은 그러하다. 모든 직관은 감성적인 한, 촉발(Affection)에 입각하고 있다. 이에 반해 개념은 기능(Function)에 입각하고 있다. 그러나 내가 의미하는 기능이란, 여러 가지 관념을 하나의 공통된 관념 아래에 모아서 질서를 주는 작용의 통일을 의미한다. 따라서 감성적 직관은 여러 인상의 수용성 위에 성립되는 데에 대하여, 개념은 사고의 자발성 위에 성립된다. 그런데 지성은 이들 개념에 의해서 판단을 내리는 것 말고는 달리 개념을 사용할 수 없다. 직접 대상으로 향하는 개념은 직관 말고는 없으므로, 개념은 결코 대상에 직접 관여하지 않고 대상의 그 어떤 관념(직관이든 그 자체가 이미 개념이든)에 관계한다. 따라서 판단은 대상의 간접적 인식이며, 대상의 관념에 겹치는 개념이다. 어떠한 판단에도 많은 관념에 적용되는 개념이 있고, 그 많은 개념 가운데서도 대상에 직접 관여하는 주어진 개념을 포함한다. 예를 들면 '모든 물체는 분할될 수 있다'라는 판단에서 '분할될 수 있다'고하는 개념은, 그 밖의 여러 개념에도 관계한다. 그러나 여러 가지 다른 개념 중에도 '분할할 수 있다'는 개념은, 여기서는 특히 물체라는 개념에 관계되고, 이 개념은 또한 우리에게 나타나는 어떤 직관과 관계하게 된다. 그러므로 이들 대상은, '분할할 수 있다'는 개념을 통해서 간접적으로 떠올릴 수 있다. 따라서 모든 판단은 우리의 개념들을 통일하는 기능이다. 왜냐하면 직접적 관념 대신에, 이것저것 많은 관념을 자기 아래에 포함하는 높은 관념이 대상의 인식에 사용되어, 그로써 모든 인식은 하나의 인식으로 관련지어지기 때문이다. 그런데 우리는 지성의 작용을 모두 판단으로 귀착시킬 수 있기에 지성 일반은 '판단하는 능력'으로서 나타낼 수 있다. 왜냐하면 앞에서 말한 것에 의하면 지성은 생각하는 능력이기 때문이다. 사고란 개념에 의한 인식이다. 그런데 개념은 가능한 판단의 술어로서, 규정되어 있지 않은 대상을 나타내는 어떤 관념에 관계한다. 따라서 물체라는 개념은, 그 개념에 의해서 인식될 수 있는 어떤 것, 예컨대 금속과 같은 것을 의미한다. 그러므로 개념은 그 하위에 다른 여러 개념을 포함하고, 이들을 통해서 개념이 대상에 관계를 가질 수가 있기 때문에 개념인 것이다. 예를 들어 '금속은 모두 물체이다'라는 판단의 술어이다. 따라서 만일 우리가 판단을 위해 통일 기능을 완전히 제시할 수 있다면, 지성의 기능을 남김없이 찾아낼 수 있다. 이것이 잘 진행될 수 있다는 것은 다음 절에서 분명해진다.

제2절

$$§9$$

판단에 있어서 지성의 논리적 기능에 대해서

판단 일반의 모든 내용을 버리고 오로지 지성 형식에만 주의를 돌리면, 다음과 같은 일을 알 수가 있다. 그것은 판단에 있어서 사고의 기능은 네 가지 항목으로 나뉘며, 그 네 항목이 각각 세 요소를 가지고 있다는 것이다. 이것을 다음과 같은 표로 적절하게 표시할 수 있다.

1 판단의 분량

전칭(全稱)판단

특칭(特稱)판단

단칭(單稱)판단

2 판단의 성질

긍정(肯定)판단

부정(否定)판단

무한(無限)판단

3 판단의 관계

정언(定言)판단

가언(假言)판단

선언(選言)판단

4 판단의 양상

개연(蓋然)판단

실연(實然)판단

필연(必然)판단

이 구분은 본질적인 점은 아니지만 몇 가지 점에 있어서 논리학자들의 익숙한 수법과 동떨어진 것처럼 보이므로, 오해를 막기 위해 다음과 같은 항변을 하는 것도 쓸데없는 일은 아니리라.

(1) 논리학자들이 말하기를, 삼단논법에서 판단을 사용하는 경우 단칭판단을 전칭판단과 마찬가지로 취급할 수 있다. 그것은 지당한 이야기이다. 왜냐하면 단칭판단은 외연을 전혀 갖지 않으므로, 그 술어는 주어 개념에 포함되어 있는 것 가운데 일부분에만 관계하면서, 다른 부분에서는 제외되는 일도 없기 때문이다. 그러므로 단칭판단의 술어는 예외 없이 주어 개념에 타당하다. 그것은 마치, 주어 개념이 일반적으로 널리 적용되는 개념이면서, 그 외연의 모든 의미에 들어맞는 것처럼 보인다. 이에 반해서 단칭판단을 다만 인식으로서, 분량이라는 점에서 전칭판단과 비교하면, 전칭판단에 대한 단칭판단의 관계는 무한성에 대한 단일성의 관계에 상당하며, 따라서 단칭판단은 그 자체로서 본질적으로 전칭판단과 구별되고, 사고 일반의 완전한 표에서(물론 판단 상호의 사용에만 한정된 논리학에서는 그렇지 않지만) 독립된 위치를 차지하고 있다.

(2) 마찬가지로 무한판단은 일반 논리학에서는 당연히, 긍정판단에 포함되어 있고, 판단 구분에서 독립된 항목을 가지고 있지 않지만 초월적 논리학에서는 긍정판단으로부터 구별되어야 한다. 즉 일반 논리학은 술어(그것이 부정적인데)의 내용을 일체 도외시하고, 그 술어가 주어에 귀속되는가, 아니면 주어와 대립하는가에만 주목한다. 그러나 초월적 논리학의 판단은 단지 부정적 술어를 매개로 하는 논리의 긍정적 가치 또는 내용도 고찰하고, 이와 같은 논리적 긍정이 인식 전체에 어떤 이익을 가져오는가도 고찰한다. 이를테면 내가 영혼에 대해 '영혼은 죽지 않는다'고 말했다고 하면, 나는 이 부정판단에 의해서 적어도 하나의 오류를 저지한 것이 된다. 그런데 나는 '영혼은 불사이다'라는 명제에 의해서, 영혼을 불사적 존재자의 무제한의 외연 속에 자리하게 함으로써, 논리적

형식면에서는 사실상 긍정하는 것이 된다. 그러나 가능한 존재자의 외연 가운데 죽는 것이 한 부분을 차지하고, 죽지 않는 것이 다른 부분을 차지한다. 그렇기 때문에 지금 말한 명제는, 영혼이란 내가 죽는 것 모두를 제거한 뒤에 남는 무한히 많은 사물의 하나라고 말하는 것을 의미하는 것이 된다. 하지만 이것에 따르면 모든 가능한 것의 무한한 영역은, 죽는 것이 죽지 않는 것으로부터 분리되어, 영혼이 무한한 영역이라고 하는 공간의 나머지 외연에 놓이는 한, 제한될 뿐이다. 그러나 이와 같이 제외되어도 이 공간은 여전히 무한인 채로 남아 있으며, 이 공간이 갖는 여러 부분이 제거될 수 있다. 그렇다고 해서 영혼의 개념이 조금이라도 커지는 것은 아니고, 긍정적으로 규정되는 것도 아니다. 따라서 논리적 외연에 관한 이 무한판단은, 인식 일반의 내포에 관해서는 실제로는 제한적이며, 그러는 한에 있어서 그것은 판단을 위한 모든 사고 항목의 초월적 표에서 빠뜨려서는 안 된다. 왜냐하면 이때 작용하는 지성의 기능은 아마도, 지성의 선험적 순수인식의 영역에서 중요한 것일 수도 있기 때문이다.

(3) 판단에 있어서의 모든 사고 관계에는 다음 세 가지가 있다. (a) 주어에 대한 술어의 관계, (b) 귀결에 대한 근거의 관계, (c) 구분된 인식과 구분의 모든 선택지(選擇肢)끼리의 상호 관계. 첫째 판단에서는 다만 두 개의 개념이, 둘째 판단에서는 두 개의 판단이, 셋째 판단에서는 여러 가지 판단이 상호 관계 속에서 고찰된다. '만일 완벽한 정의가 존재한다면 뿌리 깊은 악도 처벌받는다'는 가언판단은, 본디 두 개의 명제 관계를 포함하고 있다. '완벽한 정의가 있다'는 명제와, '뿌리 깊은 악은 처벌된다'는 명제이다. 이들 두 명제가 그 자체로서 참인가 아닌가 하는 것은, 여기서는 미결인 채로 있다. 이 판단에 의해서 생각되고 있는 것은 [논리적] 귀결뿐이다. 마지막으로 선언판단은, 두 개 또는 몇 가지 명제끼리의 관계이다. 하지만 이 관계는 순서의 관계가 아니라, 하나의 명제 영역이 다른 명제의 영역을 배제하는 한에 있어서는, 논리적 대립 관계를 포함하고 있으며, 다른 한편으로 여러 명제가 서로 얽혀서 본디 인식의 전영역을 충족시키는 한에 있어서는, 동시에 고유의 관계를 포함하고 있다. 따라서 이 관계는, 하나의 인식 영역의 부분 관계이다. 왜냐하면 어느 부분의 영역도 본디 인식의 총체를 위해 다른 부분의 영역을 보완하는 부분이기 때문이다. 예를 들어 '세계는 맹목적 우연에 의해서 존재하거나, 그렇지 않으면 내적 필연성에 의해

서 존재하거나 또는 외적 원인에 의해서 존재하거나 그중 어느 것이다'라고 말하는 경우가 그렇다. 이들 명제는 저마다 세계 일반의 현실 존재에 관한 가능한 인식의 한 부분을 차지하여, 이들 모든 영역이 서로 얽혀 전체 영역을 이루는 것이다. 이들 영역의 하나에서 인식을 제거한다고 하는 것은, 그것을 나머지 영역에서 배제하는 것을 의미한다. 그렇기 때문에 선언판단에서 볼 수 있는 것은 여러 영역의 어느 종류의 상호 관계이다. 그 상호 관계는 여러 인식이 서로 배제한다는 점에서, 그러나 그 일로 인해 전체로서는 참다운 인식을 규정한다는 점에서 성립되고 있다. 여러 인식은 주어진 유일한 인식의 모든 내용을 형성한다. 이상은 또한, 다음에 서술할 절을 위해 내가 여기에서 주의해 둘 필요가 있다고 생각할 뿐이다.

(4) 판단의 양상은 매우 특수한 판단의 기능이고, 판단의 내용에는 아무런 기여를 하지 않는다는 특이성을 가지고 있으며(왜냐하면 분량·성질·관계 이외에는 판단의 내용을 구성하고 있지 않기 때문에), 다만 사고 일반에 대한 연결어[~이다] 의 값에 관계할 뿐이다. '개연판단'은, 긍정 또는 부정이 단순히 '가능(임의)'하다고 여겨지는 판단이다. '필연판단'이란 마찬가지로 그것은 필연적이라고 여겨지는 판단이다.[1] 그러므로 두 판단의 상호작용으로 선언판단이 성립될 경우(구분의 항) 두 판단은 단지 개연적이다. 위에서 든 예로 말하자면, '완전한 정의가 존재한다'는 명제는 실연적(확정적)으로 말해지고 있는 것이 아니고, 다만 그와 같이 상정할 수 있다고 하는 임의의 판단으로서 고려되고 있으며, 귀결만이 실연적이다.

그러므로 이와 같은 판단은 분명히 잘못일 수 있지만, 개연적(미정적)으로 받아들이면 진리 인식의 조건이 될 수도 있다. 그렇다면 '세계는 맹목적 우연에 의해서 존재한다'는 판단은, 선언판단에서는 개연적 의미밖에 가지고 있지 않아서, 누구나 이 명제를 어느 순간 생각할 수 있다는 의미를 가질 뿐이다. 그러나 이 판단은 (우리가 취할 수 있는 여러 길 중에서 잘못된 길을 지적하는 경우처럼) 참된 명제를 찾아내는 데 도움이 된다. 따라서 개연명제는 다만 논리적 가능성(객관적 가능성이 아닌)을 나타내는 명제이다. 즉 이와 같은 명제를 통용시키는 자유

---

1) 그렇다고 하면 사고는 개연판단에서는 지성의 기능이고, 실연판단에서는 판단력의 기능이며, 필연판단에서는 이성의 기능처럼 보인다. 이에 대해서는 나중에 설명하기로 한다

로운 선택을 나타내며, 이와 같은 명제를 지성 안에 임의로 받아들이는 것으로 나타낸다. 실연적(확정적) 명제는 논리적 현실성 또는 진리성에 대해서 말하는 것이다. 그것은 이를테면 가언적 삼단논법에서, 대전제에 있어서는 개연적으로 제언되는 전제가 소전제에 있어서는 실연적으로 제언됨으로써, 이 명제가 지성 법칙에 따라서 이미 지성과 결부되어 있다는 것을 보여준다. 필연적 명제는 실연적 명제가 이 지성 법칙 자체에 의해서 결정된 것으로 보고, 따라서 선험적으로 주장하는 것으로 생각하며, 그와 같이 해서 논리적 필연성을 나타낸다. 여기에서는, 우리는 무엇인가를 우선 개연적으로 판단하고, 다음에 그것을 또한 실연적 진리로 보고, 마지막에 지성과 불가분하게 결부되어 있는 것으로서, 즉 필연적이고 당연한 것으로 주장하는 식으로, 모두가 단계적으로 지성과 동화해 간다. 그렇기 때문에 우리는 이들 세 가지 양상 기능을 사고 일반의 세 가지 계기라고 부를 수 있다.

제3절

§10

순수지성 개념, 또는 범주에 대해서

이미 여러 번 이야기한 것처럼 일반 논리학은 인식의 내용을 모두 도외시하고, 관념이 어디서인가—어디가 되었든 간에—주어지는 것을 기대한다. 그것은 관념을 우선 개념으로 바꾸기 위한 것인데, 이것은 분석적으로 이루어진다. 이에 반해 초월적 논리학은 감성의 선험적인 다양성을 가지고 있다. 이 다양성은 순수지성 개념에 소재를 주기 위하여, 초월적 감성론이 초월적 논리학에 제공하는 것이다. 이 소재가 없으면 초월적 논리학은 모든 내용이 결여되어, 결국은 완전히 공허한 것이 될 것이다. 그런데 시간과 공간은 순수직관의 선험적 다양함을 포함하고 있다. 그러나 둘 다 우리 마음의 수용성 조건에 속한다. 이 조건 아래에서만 대상의 관념을 받을 수 있으며, 또한 이 조건은 언제나 대상의 개념을 촉발하는 것이어야만 한다. 그런데 우리 사고의 자발성은 이와 같은 다양함을 먼저 일정한 방식으로 전체를 훑어본 다음 받아들이고 결합해서, 거기에서 하나의 인식을 구성할 것을 요구한다. 이 사고 작용을 나는 종합이라고 부른다.

　그러나 종합이란 가장 일반적인 의미에서는, 여러 가지 관념을 서로 결합하여 이들 다양성을 하나의 인식으로서 파악하는 작용을 말한다. 다양한 것이 경험적이 아니라 선험적으로 주어지면(시간과 공간에 있어서처럼), 종합은 순수하다. 우리 관념의 분석에 앞서서 먼저 관념이 주어져 있어야 한다. 그리고 어떠한 개념도 내용면에서 보면 분석적으로 생기지 않는다. 그러나 다양한 것(이것이 경험적으로 주어지든 선험적으로 주어지든)의 종합이 우선 한 개의 인식을 가져온다. 그 인식은 처음에는 아직 조잡하고 혼란스러울 수가 있기 때문에 분석을 필요로 한다. 하지만 본디 요소들을 모아서 인식으로 만들고, 어떤 내용으로 정리하는 것이 종합이다. 그렇기 때문에 종합은 우리 인식의 기원에 대해서 판단하려고 할 때, 우리가 주의를 기울여야 하는 첫 번째 것이다.

　우리가 앞으로 보게 되듯이, 종합 일반은 오직 구상력의 작용이다. 구상력은 영혼의 없어서는 안 될, 그러나 맹목적 기능이다. 우리는 좀처럼 의식하지 않지만, 이 구상력이 없으면 우리는 아마도 인식이라는 것을 가지는 일이 없을 것이다. 그런데 이 종합을 개념으로 완성시키는 것은 지성에 속하는 고유 기능이며, 그 기능에 의해 비로소 지성은 본디 의미에 있어서의 인식을 얻는다.

　한편 순수한 종합을 일반적으로 나타내면, 순수지성 개념이 된다. 그러나 이 종합이 의미하는 것은, 선험적인 종합적 통일에 바탕을 둔 종합을 의미한다. 그렇게 하면, 우리가 수를 센다는 것은 (특히 큰 수일수록 알기 쉽지만) '개념에 의한 종합'이다. 왜냐하면 이 종합은 통일이라고 하는 공통된 기반에 따라서 생기기 때문이다(예컨대 십진법). 그래서 이 개념 아래에서는 다양한 것의 종합에서 통일이 필요하게 된다.

　여러 가지 관념이 분석에 의해서 하나의 개념 아래에 포괄된다(이것은 일반 논리학이 하는 일이다). 그러나 관념이 아니라, 관념의 순수한 종합을 개념으로 마무리할 것을 주장하는 것은 초월적 논리학이다. 모든 대상의 선험을 위해 가장 먼저 주어져야 할 것은 순수직관의 다양함이다. 둘째로는 구상력에 의해서 이 다양함을 종합하는 일이다. 아직 인식이 될 수 없다. 이 순수종합에 통일성을 주는 개념, 그리고 오직 이 필연적이고 종합적인 통일된 관념으로 성립하는 개념이 주어지는 대상의 인식을 위해 셋째 역할을 다하는데, 이 개념은 지성에 기초를 둔다.

하나의 판단에 있어서 여러 가지 관념에 통일을 주는 것과 같은 기능이, 하나의 직관에 있어서 여러 가지 관념의 단순한 종합에도 통일을 준다. 이 종합은 일반적으로 순수지성 개념이라고 부른다. 따라서 동일한 지성이, 더욱이 지성이 분석적 통일을 매개로 개념들에 대한 판단의 논리적 형식을 가져온 바로 그와 같은 작용이, 직관 일반에 있어서의 다양한 종합적 통일을 매개로 하여, 지성의 개념에도 초월적 내용을 가져온다. 그렇기 때문에 그 작용은 순수지성 개념이라고 불린다. 그것은 선험적으로 객체를 향하지만, 이것은 일반 논리학이 할 수 없는 일이다.

이와 같이 해서, 앞에서 든 표에서 모든 가능한 판단의 논리적 기능과 똑같은 수만큼 순수지성 개념이 생기게 되며, 이것이 직관된 대상 일반에 선험적으로 관계한다. 왜냐하면 지성은 지금 말한 논리적 기능에 의해서 완전히 드러나고, 지성의 능력은 그 기능에 의해 전적으로 측정되고 있기 때문이다. 우리는 이런 개념을, 아리스토텔레스를 따라 '범주'라고 부르려 한다. 그것은 우리의 의도가 본디 그의 의도와 같기 때문이다. 하기야 우리 의도는 실제로 전개될 때에는 그의 것과 현저하게 동떨어진 것이기는 하지만.

〈범주의 표〉

1
분량
단일성(單一性)
다수성(多數性)
전체성(全體性)

2	3
성질	관계
실재성(實在性)	속성과 자존성(실체와 우유성)
부정성(否定性)	인과성과 의존성(원인과 결과)
제한성(制限性)	상호성(능동자와 수동자의 상호작용)

4
양상
가능성—불가능성
현존성(現存性)—비존재성
필연성—우연성

이것이 지성이 선험적으로 그 속에 포함하고 있는 모든 근원적이고 순수한 개념의 일람표이다. 지성은 이들 순수개념 때문에 또한 오직 순수지성인 것이다. 지성은 이들 개념에 의해서만, 직관의 다양성에 대해 무엇인가를 이해할 수 있고, 직관의 객체를 생각할 수가 있기 때문이다. 이 구분은 하나의 공통된 원리, 즉 판단하는 능력(이것은 생각하는 능력과 같다)에서 체계적으로 생겨난 것으로, 무턱대고 꾸며진 수습에서 긁어모으는 식으로 성립된 것이 아니다. 오로지 귀납법에 의해서 순수개념들을 추리한다면 우리는 도저히 그것이 완벽하게 열거되었다고는 확신할 수 없다. 또한 도대체 왜 이런 개념들만이 순수지성에 내재하고 다른 개념들은 내재해 있지 않는가를 귀납적으로 통찰할 수 없다. 이런 근본 개념을 수집(收集)한다는 것은 아리스토텔레스와 같은 현명한 사람에게는 어울리는 시도였다. 그러나 그는 아무런 원리도 가지지 않았었기 때문에, 손 닿는 대로 기본 개념을 주워 모았다. 그리고 먼저 그 개념들 가운데 열 개를 골라 범주들(술어들)이라고 불렀다. 뒤이어 그는 다섯 개를 더 찾아냈다고 믿었으며, 그것들을 후술어라는 이름으로 덧붙였다. 그럼에도 그의 표는 여전히 결핍된 채로 남아 있었다. 뿐만 아니라 그 표에서는 순수감성의 몇몇 양상도 발견되며(언제, 어디서, 위치, 그리고 선행, 동시), 게다가 지성의 이와 같은 개념 목록에는 전혀 속하지 않는 경험적인 것(운동), 또는 파생 개념들(능동, 수동)까지도 이 근원 개념에 들어가 있다. 그리고 몇 가지 개념은 완전히 틀리기까지 했다.

따라서 파생 개념에 대해서 다음과 같은 사항을 설명해 두고자 한다. 순수지성의 참된 근본 개념으로서의 범주들은, 마찬가지로 순수한 파생 개념들도 가지는데, 이 파생 개념들은 초월적 철학의 완전한 체계 속에서 어떠한 방식으로도 간과될 수 없는 것이다. 그러나 이 책처럼 단순히 비판적인 시도에서는 나는 이것에 대한 언급만으로 만족하고자 한다.

이 순수하지만 파생된 지성 개념을, 순수지성의 파생적 술어(근본 술어에 대응해서)라고 부르고자 한다. 만약 우리가 근원적이고 본원적인 개념들을 갖는다면 파생적이고 종속적인 개념들은 쉽게 덧붙여질 수 있을 것이며, 순수지성의 계보도 완전히 상세하게 그려질 것이다. 나는 여기서 체계의 완전성이 아니라 단지 하나의 체계에 대한 원리들만을 다루고자 하므로 이 완성은 다음 기회로 미루겠다. 그러나 만약 사람들이 존재론 교과서를 손에 들고, 예컨대 인과성의 범주에 힘이나 작용, 수동이라고 하는 파생적 술어를, 공동의 범주에 현재 또는 저항의 파생적 술어를, 양상의 범주에 생성·소멸·변화의 파생적 술어들을 종속시킨다면 이와 같은 목적을 거의 달성할 수 있을 것이다. 범주들은 순수감성의 양태들에 결부되거나 서로 간에 결합되면, 더 많은 양의 파생개념을 선험적으로 얻을 수 있다. 이 파생 개념들을 인지하고, 가능하다면 완전하게 그려내는 것은 유익하되 즐겁지 않은, 여기서는 없어도 되는 노력일 것이다.

나는 이들 범주의 정의를 가지고는 있지만, 이 논문에서는 감히 이를 생략하려고 한다. 나중에 나는 이런 개념을, 내가 손을 대는 방법론과의 관계에서 충분한 정도까지 분석할 것이다. 순수이성의 체계에서는, 사람들이 나에게 범주의 정의를 요구하는 것은 당연하다. 그러나 그와 같은 정의는 의문이나 공격을 불러일으킴으로써, 연구의 주안점을 잃게 할 것이다. 사람들은 그와 같은 의문이나 공격을 좀 더 다른 일에 돌릴 수가 있고, 그렇게 하는 것이 본질적 의도를 해치지 않는 일이 될 것이다. 하지만 여기에서 조금이나마 다룬 내용만으로도 뚜렷이 떠오르는 일이 있다. 그것은, 정의에 필요한 설명을 갖춘 완전한 서사가 가능할 뿐만 아니라, 손쉽게 실현될 수 있다는 점이다. 뼈대는 이미 정해져 있는 것이다. 필요한 것은 그 뼈대를 채우는 일뿐이다. 체계적 장소론—현존하는 장소론과 마찬가지로—은 각 개념이 본디 어디에 속하는가, 그 장소를 잘못 정하게 하는 일도 없고, 동시에 어느 장소가 아직 비어 있는가, 그렇지 않은가를 쉽게 알아차리게 해준다.

§11

이 범주의 표에 대해서는 여러 가지 고찰을 할 수 있다. 그와 같은 고찰은, 아마도 모든 이성인식의 학문적 형식에 관해서 매우 중요한 결과를 가져다줄 수 있을 것이다. 왜냐하면 이 표는 철학의 이론적 부문에서, 학문―그것이 선험적 개념에 근거를 두고 있는 한―의 전체를 위한 계획을 완전히 설계하고, 그것을 일정한 원리에 따라서 수학적으로 끌어내는 데에 매우 효과적일 뿐만 아니라 불가결한 것이기도 하는데, 그것은 이미 다음과 같은 사실로부터 저절로 분명해질 것이기 때문이다. 즉 지금 문제가 되어 있는 표는 지성의 모든 기본 개념을 빠짐없이 포함하고 있을 뿐만 아니라, 인간 지성 가운데 기본 개념의 체계 형식까지도 포함하고 있으며, 그 결과 사변적 학문의 모든 계기들에, 아니 심지어 학문의 질서에까지 지시를 내린다는 사실로부터 말이다. 그것에 대해서는 나는 다른 장소[2]에서 시도해 보았다. 여기에서는 몇 가지 주석을 달아두는 것으로 한다.

주 1. 이 표는 네 쌍의 지성 개념을 포함하고 있는데, 그것은 우선 두 부분으로 나눌 수 있다. 그 하나는 직관(순수 및 경험적인)의 대상에 관계하고, 또 하나는 이들 대상의 현실 존재(대상 상호의 관계 또는 지성과의 관계에서)에 관계한다. 나는 첫 번째를 수학적 범주의 부류, 두 번째를 역학적 범주의 부류라고 불러두기로 한다. 표에서 볼 수 있듯이, 첫 번째 부류는 상관개념을 가지지 않는 데 비해서, 두 번째 부류에서는 상관개념을 볼 수가 있다. 이 차이의 이유는 지성의 본성이어야 한다.

주 2. 모든 부문에 있어서 범주들의 수가 3으로 동일하다는 사실 또한 마찬가지로 숙고를 필요로 한다. 왜냐하면 개념을 통한 모든 선험적 구분은 이분법이어야 하기 때문이다. 뿐만 아니라 모든 부문에 있어서 세 번째 범주는 각 부문의 두 번째와 첫 번째의 결합으로부터 발생한다.

따라서 전체성(총체성)은 단일성으로 관찰된 다수성에 지나지 않으며, 제한성은 부정성과 결합된 실재성이다. 상호성은 타자와 상호 규정하는 실체의 인과성이며, 마지막으로 필연성은 가능성 자체에 의해 주어진 실존이다. 그럼에도 불구하고 사람들은, 이 세 번째 범주가 단지 파생적이며 순수지성의 근본 개념은 아닐 것이라고 생각한다. 왜냐하면 세 번째 개념을 산출하기 위한 첫 번째와 두 번째의 결합은 지성의 특수한 작용을 필요로 하기 때문이다. 이 작용은

2) '자연과학의 형이상학적 원리'

첫 번째와 두 번째 개념에서 수행되는 작용과 같지 않다. 양의 개념과 단일성의 개념이 주어졌다고 해서(이를테면 무한의 개념에서처럼) 수의 개념(이것은 전체성 범주에 속한다)이 언제나 가능하지는 않다. 또는 내가 원인의 개념과 실체의 개념 양자를 결합한다고 해서 영향이라는 것을, 즉 어떻게 하나의 실체가 다른 실체 내의 어떤 것에 대한 원인이 될 수 있는지를 곧장 이해할 수 있는 것은 아니다. 그러한 개념들에 대한 지성의 특수한 작용이 필요하리라는 것이 그 개념들로부터 밝혀진다. 이는 나머지 개념들에 대해서도 마찬가지이다.

주 3. 하나의 범주에 대해서만은, 논리적 기능표에서 이 제목에 대응하는 선언판단 형식과의 일치는 다른 경우만큼은 눈에 띄지 않는다. 그 범주란, 세 번째 제목에서 볼 수 있는 상호성의 범주이다. 이 일치를 이해하기 위해서는, 다음과 같은 일에 주의하지 않으면 안 된다. 즉 모든 선언판단에서 영역(판단 아래에 포함되어 있는 모든 것의 양)은 여러 부분(하위 개념)으로 분할된 전체로서 떠올릴 수 있다. 그리하여 어느 부분도 다른 부분에 포함된다는 것은 있을 수 없는 일이기 때문에, 그런 부분은 서로 병렬적인 것이며, 서로 종속적인 것은 아니다. 따라서 여러 부분은 계열에서처럼 일방적으로 규정하는 것이 아니라, 집합체의 경우처럼 상호작용적으로 규정하는 것이다(구분의 한 항목이 설정되면 다른 모든 항목은 배제되며, 그 반대도 이와 같다).

그런데 이와 마찬가지 결합이 사물 전체에서도 생각될 수 있다. 왜냐하면 결과로서의 어떤 사물이, 그 현실 존재의 원인으로서의 다른 사물에 종속하는 것이 아니라, 어떤 사물이 다른 사물의 규정에 관해서, 동시에 또 상호 간의 원인으로서 병렬적으로 놓이기 때문이다(예를 들어 하나의 물체에서 그 여러 부분이 서로 끌어당기고 있는 것처럼). 이와 같은 결합은 결과에 대한 원인(귀결에 대한 근거)의 단순한 관계에서 볼 수 있는 것과는 전혀 별개의 것이다. 이와 같은 관계에서는 귀결은 서로 다시 근거를 규정하는 일 없이, 그렇기 때문에 근거와 함께(세계가 세계 창조자와 어울려서 하는 식으로) 하나의 전체를 형성하는 일은 없다. 지성은 어느 구분된 개념의 영역을 떠올릴 때 사용하던 것과 같은 방법을, 사물을 분할 가능한 것으로 생각하는 경우에도 사용한다. 그리고 첫째 관계에서의 구분의 항(項)이 서로 배제하면서도 하나의 영역에서 결합해 있는 것처럼, 지성은 둘째 관계에 있어서의 여러 부분을, 현실 존재가(실체로서) 각 부분에 다른 부분과는 배타적으로 주어지면서도 하나의 전체로 결합되어 있는 것으로 표상한다.

§12

그러나 옛사람들의 초월적 철학에는 순수지성 개념을 포함한 장(章)이 이미 있다는 것을 알 수가 있다. 거기에서 순수지성 관념은 범주에 포함되어 있지 않지만, 그들에 의하면 선험적 개념으로서 대상에 들어맞는 것으로 되어 있다. 그 경우에 범주는 더 늘어난다고 하지만, 그와 같은 일은 있을 수가 없다. 그와 같은 범주를 말하고 있는 것은, 스콜라 철학자들 사이에서 곧잘 인용되는 다음과 같은 명제이다. '무엇이 되었든 간에 존재하는 것은 하나되는 것이며, 참이며 선이다.' 그런데 추리(그것은 명백한 동어반복적 명제를 나타내는 것이지만)를 의도한 이 원리의 사용은 비참한 결과로 끝났다. 근대에서도 사람들은 형이상학에서 그 원리를 곧잘 설정하고 있는데, 그것은 그 원리의 명예를 간신히 유지하기 위한 것일 뿐이다. 하지만 아무리 공허하게 보여도, 그토록 오랜 시간에 걸쳐서 유지되어 온 생각에는 언제나 그 기원을 탐구해 볼 가치가 있다. 또, 그 기원이—흔히 있는 일이지만—잘못 대변된 것이 아닌가 하는 추측을 가능하게 한다. 사물의 이와 같은 술어가 초월적이라고 하는 것은 일방적인 생각으로, 이들은 사물 일반의 모든 인식의 논리적 요건이며 기준 바로 그것이다. 이들 술어는 인식의 바탕에 분량의 범주, 즉 단일성, 다수성, 전체성을 두고 있는 것이다. 다만 옛사람들은, 사물 그 자체에 속하며 질료적으로 파악해야 한 이들 범주를, 실제로는 각 인식에 관한 논리적 요구에 속하는 것으로서 논리적인 뜻으로 사용했다. 그러면서 그들은 사고의 이와 같은 기준을 본의 아니게 사물 그 자체의 성질로 삼았다. 객체의 어떤 인식에도, 개념의 통일이 있다. 그것은 말하자면 연극이나 강연이나 우화에서의 주제의 통일처럼, 그 아래에서 다양한 인식의 총괄의 통일이 생각될 수 있는 한, '질적 통일'이라고 부를 수 있는 것이다. 둘째로, 귀결에 관한 진리성이 있다. 주어진 개념으로부터 참된 귀결이 많으면 많을수록, 그 개념의 객관적 실재성의 표지도 많아진다. 이것은 공통된 근거로서의 하나의 개념에 속하는 (그것들은 개념 안에서 분량으로는 생각할 수 없다) 표지의 질적 다수성이라고 불러도 좋을 것이다. 마지막 셋째로, '완전성'이다. 완전성은 이 다수성을 일괄해서 개념의 단일성으로 환원된 것에, 그리고 단일성의 개념에 일치하고 다른 어떤 개념에도 일치하지 않는 것에 존립한다. 이것을 우리는 '질적 완전성(전체성)'이라고 부를 수가 있다. 여기에서 다음과 같은 일이 명확해진다. 그리고 여기에서는, 인식 일반을 가능케 하는 논리적 기준은 이 분량의 세 범주들이며, 그 안에서는 어떤 분량이 산출되는 경우 단위는 전적으로 동질적인 것으로 받아들여져야 한다는 것이다. 또 이들 세 분량의 범주가 여기서는 다만 이질적인 인식 요소까지도 하나의 의식에 결합하려고 했기 때문에, 원리로서의 인식의 성질에 의해서 변질되고 있는 것도 알 수 있다. 이와 같이 해서 개념(개념의 객체가 아니라)이 가능하기 위한 기준이란 정의이다. 그리고 이 정의에서는 개념의 '단일성'과 그 개념으로부터 직접 도출되는 모든 것의 진리성, 그리고 마지막으로 개념에서 도출되는 모든 것의 완전성이 개념 전체를 수립하기 위해 필요한 것을 형성하게 되는 것이다. 또, 만약 그렇다고 한다면 '가설의 시금석'은 가정된 설명 근거가 이해될 수 있는 것이어야 하고, 바꾸어 말하면 '설명 근거'의 단일성(보조 가정을 필요로 하지 않는)은 가설로부터 도출되는 귀결의 '진리성'(귀결 상호 간의 일치 및 경험과의 일치)이며, 마지막에는 귀결을 위한 설명 근거의 '완전성'이다. 귀결은, 바로 가설에 의해서 가정되어 있는 것을 되돌아보고 지시하는 것이다. 그리고 귀결은 선험적으로 종합적으로 생각하고 있던 것을, 다시 후험적으로 분석적으로 제출하여, 그것과 일치하게 되는 것이다. 그렇기 때문에 범주의 초월적인 표가 단일성, 진리성, 완전성이라는 개념에 의해서—마치 이들 표에 제대로 갖춰지지 않은 점이 있는 것처럼—보완되는 일은 없다. 그렇지 않고 객체에 대한 이들 개념의 관계가 전적으로 무시됨으로써, 이들 개념을 사용한 방식이 그 자체와의 일치를 위해 일반적·논리적 규칙으로서 사용될 뿐이다.

제2장 순수지성 개념의 연역에 대해서

§13

초월적 연역 일반의 원리에 대해서

법률학자가 권한이나 월권에 대해 논하는 경우, 하나의 소송 사건에서 무엇이 권리인가 하는 문제(권리 문제)와, 사실에 관계되는 문제를 구별한다. 그리고 이 둘에 대해 증명을 요구하면서, 권한 또는 권리의 요구를 밝히기 위한 전자 쪽의 증명을 '연역'이라 부르고 있다. 우리는 많은 경험적 개념들을, 그 누구의 이의 신청도 받는 일 없이 사용하고 있으며, 연역도 하지 않고, 이들 경험 개념에 고유한 의미와 상상된 의미를 내 것으로 할 권리가 있다고 생각하고 있다. 왜냐하면 우리는 언제나 가까이에서 이런 개념의 객관적 실재성을 증명할 수 있는 경험을 가지고 있기 때문이다. 그러나 또한 예컨대 행운·운명 등과 같은 횡령(橫領)된 개념도 있고, 이런 개념은 사실 일반적으로 세간에서 거의 관대하게 간과되어 널리 사용되고 있지만, 때로는 무엇이 권리인가 하는 물음에 의해서 도전을 받고 있다. 왜냐하면 이들 개념을 사용하는 권리를 분명히 해야 할 경험이나 이성으로부터도, 명확한 권리 근거를 들 수가 없다고 한다면, 사람들은 이들 개념의 연역 때문에 간과할 수 없는 궁지에 빠지기 때문이다.

그러나 인간 인식의 매우 복잡한 조직을 구성하고 있는 다양한 개념들 가운데에는, 순수하게 선험적인 사용(모든 경험으로부터 완전히 독립된)을 하도록 결정되어 있는 몇몇 개념이 있다. 그리고 이와 같은 개념을 사용할 권한은 언제나 연역을 필요로 한다. 왜냐하면 이런 개념 사용이 적법하기 위해서는 경험으로부터의 증명만으로는 충분하지 않고, 우리는 이런 개념이 경험으로부터 얻을 수 없는 객체에 어떻게 관계할 수 있는가 하는 것을 알아내야 하기 때문이다. 그러므로 나는 선험적 개념이 어떻게 대상에 관계할 수 있는가의 설명을 그와 같은 개념의 초월적 영역이라 이름 짓고, 이것을 경험적 연역과 구별한다. 경험적 연역은, 개념이 경험과 경험에 관한 반성으로부터 어떻게 해서 획득되었는가를 제시하며, 그렇기 때문에 개념의 합법성이 아니라 개념의 소유가 생긴 사실에 관련되는 것이다.

우리는 이미 다 같이 선험적으로 대상에 관계한다는 점에서는 일치하고 있으면서도, 전혀 다른 두 개의 개념을 가지고 있다. 즉 감성의 형식으로서의 공간 및 시간의 개념과, 지성의 개념으로서의 범주이다. 이들 개념에 대해 경험적 연역을 시도하고자 하는 것은 전혀 무익한 일일 것이다. 왜냐하면 이런 개념은 그 대상의 관념 때문에 경험으로부터 아무것도 빌리지 않고, 대상과 관계한다고 하는 바로 그 점에서 본성적으로 독특하기 때문이다. 따라서 이런 개념에 연역이 필요하다면, 그 연역은 언제나 선험적 연역이어야 할 것이다.

이런 개념에 대해서도—모든 인식에서와 마찬가지로—그것을 가능케 하는 원리까지는 아니지만, 그것이 산출되는 기회 원인을 경험 속에서 찾아낼 수 있다. 그것은 감각의 인상이 계기가 되어 경험에 관한 인식 능력이 열려, 경험이 성립될 때이다. 경험은 매우 질이 다른 두 가지 요소를 포함하고 있다. 즉 감각에 유래하는 인식의 질료와, 순수직관 및 사고의 내적 원천에 유래되어 인식의 질료를 정리하는 어떤 형식이 그것이다. 이들 요소는 처음에 감각을 계기로 행사되고, 개념을 낳는다. 개개의 지각으로부터 일반 개념으로 상승하기 위하여, 우리 인식 능력의 최초 노력을 이와 같이 더듬어보는 것은 말할 것도 없이 매우 유익한 일이다. 우리가 이런 일을 하기 위한 최초의 길을 열어준 사람은 유명한 존 로크이다. 그러나 선험적 순수개념의 연역은 로크와 같은 방식으로는 결코 성취될 수 없다. 왜냐하면 선험적 순수개념의 영역은, 이와 같은 방법으로는 전혀 그 진척을 볼 수가 없기 때문이다. 그 까닭은, 경험과는 완전히 독립되어 있어야 할 선험적 순수개념을 앞으로 사용할 경우, 이들 개념은 경험으로부터 유래하는 것과는 완전히 다른 출생증명서를 명시하지 않으면 안 되기 때문이다. 이와 같이 시도된 생리학적인 도출은 사실의 문제에 관한 것이므로, 본디는 전혀 연역이라고 부를 수 없는 것이다. 그러므로 나는 이것을 순수인식을 소유하는 설명이라고 부르고자 한다. 따라서 분명한 일은, 이들 선험적 순수개념에 관해서는 다만 초월적 연역이 있을 뿐 결코 경험적 연역은 아니라는 것, 그리고 생리학적 도출은 공허한 시도에 지나지 않는다는 것이다. 이와 같은 시도에 관여할 수 있는 것은, 순수인식의 매우 독특한 본성을 파악하지 못한 사람들뿐이다.

그러나 비록 선험적 순수인식의 연역이 가능한 유일한 양식, 즉 초월적 방법에 의한 연역이 승인된다고 하더라도 그것이 꼭 필요하다는 것이 판명되지는 않는다. 우리는 앞에서 공간 및 시간의 개념을 선험적 연역에 의해서 그 원천에까지 거슬러 올라가고, 이들의 객관적 타당성을 설명하고 확정했다. 그럼에도 기하학은 그 근본 개념인 공간의 순수하고 합법적인 기원의 신임장을 철학에 청구할 것까지는 없이, 진짜 선험적 인식에 의해 착실한 걸음을 계속하고 있는 것이다. 그러나 개념의 사용은 기하학에서도 외적 감성계로만 향하고 있으며, 여기에서 공간은 이 외적 감성계를 수용할 직관의 순수형식이다. 따라서 모든 기하학적 인식은—그것이 선험적 직관에 기초를 둔 것이므로—직접적 명증성을 가지며, 대상은 인식 자체에 의해서 선험적으로 (형식면에서) 주어진다. 한편 순수지성 개념에 관련해서는 자기 자신에 대해서뿐만 아니라, 공간에 대해서도 선험적 연역을 행하려고 하는 불가피한 욕구가 고개를 쳐든다. 왜냐하면 이 순수지성 개념은 직관이나 감성의 술어에 의해서가 아니라, 순수한 사고의 술어에 의해서 대상을 이야기하기 위해 감성의 모든 조건을 떠나 일반적으로 대상에 관계하기 때문이다. 또한 순수지성 개념은 모든 경험에 앞서서 그 종합을 선험적 직관 위에 기초를 다졌으나 경험에는 입각하지 않으므로, 선험적 직관 안에도 아무런 객체를 제시할 수 없기 때문이다. 따라서 그런 개념을 사용하는 객관적 타당성과 제한에 관해 의혹을 불러일으킬 뿐만 아니라, 공간 개념을 감성적 직관의 제약을 초월해서 사용하려는 경향을 가져 공간 개념도 애매하게 하는 것이다. 이것이 또한 선행적으로 공간에 대해 선험적 연역이 필요한 까닭이다. 그래서 독자는 순수이성의 분야에 한 걸음이라도 발을 들여놓기 전에 이런 선험적 연역이 꼭 필요하다는 필연성을 확신하지 않으면 안 된다. 왜냐하면 그렇지 않을 경우 독자는 맹목적으로 행동해 이리저리 미로를 걸은 다음, 역시 자기가 출발했던 무지로 되돌아갈 수밖에 없기 때문이다. 그러나 독자는 또한 특히 자기 은폐적 애매성에 불평하거나 장애의 배제에 너무 조급해하지 않도록, 피할 수 없는 곤경이 앞에 놓여 있음을 미리 통찰해야만 한다. 왜냐하면 우리의 궁극적 문제는 사람들이 가장 애호하는 영역으로서 가능한 모든 경험의 한계를 넘어선 이 순수이성의 통찰에 대한 모든 주장을 완전히 단념하든가, 그렇지 않으면 그 한계 초월을 비판하는 이 연구를 완성시키든가 그 어느 것을 선택해야 하기 때문이다.

우리는 앞에서 공간 및 시간의 개념에 대해, 이런 개념이 어떻게 선험적 인식임에도 필연적으로 대상에 관계될 수밖에 없는가, 또 어떻게 해서 모든 경험과는 독립적으로 대상의 종합적 인식을 가능케 하는가를 비교적 쉽게 명확히 할 수가 있었다. 왜냐하면 감성의 이런 순수한 형식을 매개로 해서만 우리에게 대상이 현상되므로, 다시 말해 대상이 경험적 직관의 대상이 될 수 있으므로 공간과 시간은 순수직관이기 때문이다. 이 순수직관은 현상으로서의 대상이 가능해지는 선험적 조건을 포함하고 있어, 현상에서 있어서의 종합은 객관적 타당성을 가지게 된다.

이에 대해서 지성의 범주는, 직관에 있어서의 대상이 주어지기 위한 조건을 전혀 나타내지 않는다. 즉 대상이 불가피하게 지성의 기능에 관계해야만 하는 것도 아니며, 동시에 지성이 대상의 선험적 조건을 포함하고 있는 것도 아니다. 지성이 대상의 선험적 조건을 포함하고 있지 않아도, 대상은 확실하게 우리에게 현상될 수 있다. 그러므로 여기에서, 우리가 감성의 영역에서는 부딪치지 않았던 곤란함이 나타나게 된다. 즉 사유의 주관적 조건이 어떻게 해서 객관적 타당성을 가지게 되는가, 바꾸어 말하면 어떻게 모든 대상의 인식을 가능하게 하는 조건이 되는가이다. 왜냐하면 지성의 기능이 없어도 물론 현상은 직관으로 주어질 수 있기 때문이다. 예컨대 원인이라는 개념을 보더라도, 이 개념은 종합의 특수한 존재양식을 의미하고 있다. 왜냐하면 A라는 어떤 것 뒤에, B라는 전혀 다른 것이 어떤 규칙에 따라서 놓이기 때문이다. 현상이 무엇 때문에 이와 같은 그 무엇인가를 포함하게 되는가는, 선험적으로는 명료하지가 않다(왜냐하면 이 개념의 타당성은 선험적으로 입증되어야 하므로, 우리는 경험을 그 증거로서 인용할 수 없기 때문이다). 그러므로 이와 같은 개념은 말하자면 전혀 공허하며, 현상 속을 아무리 찾아도 이것에 대응하는 어떤 대상도 없는 것이 아닌가 하는 것은 선험적으로는 의심스러운 일이다. 왜냐하면 감성적 직관의 대상이 마음속에 선험적으로 존재하는 감성의 형식적 조건에 맞아야 한다는 것은, 그와 같은 대상이 그 밖의 방식으로는 우리에게 대상이 될 수 없다는 사실에서 분명하기 때문이다. 게다가 대상은 지성이 사고의 종합적 인식을 위해 필요로 하는 조건에도 맞아야 하는데, 그것에 대한 결론은 그리 쉽게 이해할 수 없는 것이다. 왜냐하면 경우에 따라서는, 어쩌면 다음과 같은 일이 있을지도 모르기 때문이다. 즉 지성에서 보자면 현상이 지성의 통일 조건에 맞지 않고, 예컨대 현상의 순서에서 종합의 규칙을 제시하는 것이, 따라서 원인과 결과의 개념에 대응하는 것이 아무런 현상도 하지 않고, 그 결과 이 개념은 전혀 공허해서 의미를 잃고 모두가 혼란된 상태가 되어 있다는 것이다. 현상은 그럼에도 우리의 직관에 대상을 제공한다. 왜냐하면 직관은 사고의 기능을 조금도 필요로 하지 않기 때문이다.

이를테면 이 연구의 번거로움에서 해방되려고 생각하여, 다음과 같이 말했다고 하자. 경험은 현상의 이와 같은 규칙성의 실례를 끊임없이 주고, 이들 실례는 원인의 개념을 번거로움과는 무관한 것으로 하여, 그것으로 말미암아 이와 같은 개념의 객관적 타당성을 확증하는 충분한 계기를 준다고. 그렇다면 이경우 사람들은 다음과 같은 사정을 알아차리고 있지 못하는 것이다. 즉 원인의 개념은 완전히 선험적으로 지성 안에 기초를 두고 있어야만 하든가, 그렇지 않으면 단순한 망상으로서 완전히 단념되어야만 하든가, 둘 중 하나라는 것이다. 왜냐하면 이 개념은 어떤 것 A는, 따로 있는 것 B가 거기에서 필연적으로, 어떤 절대적 보편적인 규칙에 의해서 결과로서 생기는 그런 식의 것이기 때문이다. 확실히 현상은 여러 사례를 제시해 주고, 그 여러 사례로부터는 '대개는 무엇인가가 생긴다'는 규칙이 가능하다. 그러나 결코 결과가 필연적이라는 규칙이 가능해지는 것은 아니다. 그렇기 때문에 원인과 결과의 종합은, 경험적으로는 표출될 수 없는 위엄을 띠고 있다. 즉 결과는 단지 원인에 덧붙여지는 것이 아니라, 원인에 의해 설정되어 원인에서 생기는 것이다. 규칙의 엄밀한 보편성은 경험적 규칙의 성격과 같은 것은 아니다. 귀납법에 의한 이와 같은 경험적 규칙은 상대적 보편성으로밖에 쟁취할 수가 없다. 다시 말하면 세상에 보급된 좋은 상태로밖에 쟁취할 수가 없다. 그런데 만일 순수지성 개념을 다만 귀납적 경험적인 산물로 다루려고 한다면, 이 개념의 사용은 완전히 변모되고 말 것이다.

§14

범주가 초월적 연역으로 건너감

종합적 표상과 그 대상이 일치하고 서로 필연적 방식으로 관계하며, 이 둘이 서로 만나는 것은 두 가지 경우뿐이다. 대상이 표상을 완전히 가능케 하거나, 표상이 대상을 완전히 가능케 하거나 둘 중 하나이다. 전자인 경우, 이 관계는 단지 경험적이며 관념은 결코 선험적으로는 불가능하다. 이쪽은, 감각 내용에 속하는 것에 관해서, 현상의 경우에 일어나는 일이다. 그러나 후자인 경우라면, 관념 그 자체가(의지에 의한 관념의 원인성은 여기서 문제되지 않으므로) 자기 대상을 '현실적 존재에 관해서는' 산출하지 않는다. 그렇기 때문에 관념에 의해서만 무엇인가를 대상으로 인식하는 것이 가능하다면, 관념은 대상에 관해 선험적으로 규정하게 된다. 그러나 대상의 인식이 가능할 수 있는 두 가지 조건이 있다. 첫째는 직관이며, 이것에 의해서 대상은 단지 현상으로서이지만 주어진다. 둘째는 개념이며, 이것에 의해서 이 직관에 대응하는 대상이 생각된다. 하지만 앞에서 말한 것으로 명확하듯이, 첫째 조건—그 아래에서는 대상만이 직관되는 것이지만—은 형식으로 보자면 마음에서 선험적으로 객체에 바탕을 두고 있다. 따라서 모든 현상은 감성의 형식적 조건과 필연적으로 일치한다. 왜냐하면 현상은 이런 감성적 형식 조건에 의해서만 현상, 곧 경험적으로 직관될 수 있고 또 주어질 수 있기 때문이다. 그런데 관념 또한 조건이며, 그 아래에서만 무엇인가가, 비록 직관되지 않는다 해도 대상 일반으로서 생각할 수 있는 조건으로서 선험적으로 선행하지 않을까? 왜냐하면 이와 같은 개념을 전제하지 않고는, 어떤 대상도 '경험의 객관'으로서 가능해지지 않기 때문이다. 한편 모든 경험은 어떤 것을 제공하는 감성의 직관 말고도 직관에서 주어지는 대상, 즉 현상하는 대상에 대한 개념을 포함하고 있다. 따라서 대상 일반의 개념은 선험적 조건으로서, 모든 경험적 개념의 밑바탕에 있다. 그러므로 선험적 개념으로서의 범주의 객관적 타당성은, 범주에 의해서만 경험(사고의 형식으로 말하자면)이 가능하다는 사실에 입각한다. 이 경우 범주는 필연적으로 경험의 대상에 선험적으로 관계한다. 왜냐하면 범주를 매개로 해서만, 어떤 경험의 그 어떤 대상을 생각할 수 있기 때문이다.

따라서 모든 선험적 개념의 초월적 연역에는 하나의 근본 방침이 있고, 탐구는 모두 그 근본 방침에 따르지 않으면 안 된다. 그 근본 방침이란, 바로 선험적 개념은 경험을 가능하게 하는 선험적 조건으로서 인식되어야만 한다는 것이다 (경험 안에서 찾아볼 수 있는 직관의 조건이든 사고의 조건이든). 경험이 가능하기 위한 객관적 근거를 이루는 개념은, 바로 이 때문에 필수적이다. 그와 같은 개념은 경험에서 찾아볼 수 있지만, 경험을 전개하는 것만으로는 그와 같은 개념의 연역은 되지 않는다(그것은 오히려 해설이다). 왜냐하면 그 경우 개념은 단순히 우연적인 것에 지나지 않기 때문이다. 인식의 모든 대상은 가능한 경험에서 현상하지만, 가능한 경험에 대한 이 근원적인 관계 없이는 그 어떤 객체에 대한 개념도 도저히 이해할 수 없을 것이다.

로크는 이런 근원적 고찰을 하지 않았기 때문에, 또 지성의 순수개념을 경험 속에서 찾았기 때문에 순수개념을 경험에서 도출했고, 또 그것으로 모든 경험의 한계를 훨씬 뛰어넘은 인식을 얻으려고 하는 불합리한 일을 저질렀다. 데이비드 흄으로 말하자면, 이런 일을 달성하기 위해서는 이들 개념이 선험적 기원을 가지고 있어야 한다는 것을 인식하고 있었다. 그러나 그는, 지성이 그 자신 속에서는 결부되어 있지 않은 개념을 대상에서는 필연적으로 결부되어 있다고 생각해야 한다는 것이 어떻게 가능한가를 설명할 수 없었다. 그리고 그는, 어쩌면 지성은 이들 개념에 의해서 대상을 찾아낼 수 있는 경험의 창시자일지도 모른다는 점을 알아차리지 못했다. 그래서 그는 이들 개념을 할 수 없이 도출한 것이다(즉 경험에서 빈번하게 일어나는 연상에 의해서 생기는 주관적 필연성으로부터, 곧 습관으로부터 이끌어 냈다. 이 주관적 필연성은 결국 잘못되어 객관적으로 간주되는 것이다). 그러나 그는 그것으로 다음과 같은 점에서, 매우 앞뒤가 맞는 방식을 행했다. 즉 그는, 주관적 필연성을 유발하는 이들 개념과 원칙을 가지고는 경험의 한계를 넘는 것은 불가능하다고 본 것이다. 하지만 로크와 흄이 생각해 낸 경험적 도출은 우리가 가지고 있는 선험적인 학문적 인식의 실체, 곧 순수 수학과 일반 자연과학의 현실과는 서로 양립하지 않으며, 따라서 이것은 사실에 의해서 반증된다.[3]

이 유명한 두 사람 중에서, 로크에 의해서 몽상(夢想)의 문이 열렸다. 왜냐하면 이성은 일단 자기편에 권한이 있다는 것을 알면 무제한으로 칭찬을 받는 나머지, 이미 한계 내에서 자신을 알 수가 없어지기 때문이다. 한편 흄은 회의론에 전적으로 몸을 맡겼다. 그는 한때 이성이라고 여겨졌을 정도로 일반적인 우리 인식 능력의 착각을 발견했기 때문이다. 지금 우리는 이 두 사람의 암초 사이에서 인간의 이성을 안전하게 빠져나오게 하여, 인간 이성에게 일정한 한계를 제시하고, 그래도 여전히 이성의 목적이 합당한 활동의 모든 영역을 이성을 위

---

3) 이 단락을 포함하여 제2판의 이 장 마지막까지의 세 단락에 상당하는 곳은, 제1판에서는 다음과 같이 하나의 단락에서 기술되어 있다. '그러나 모든 경험을 가능하게 하는 조건을 포함하여 그 자체가 다른 마음으로부터 도출될 수 없는 것은, 세 가지 근본적 원천(영혼의 소질 또는 능력)이다. 그것은 곧 감각(감각기관)과 구상력, 그리고 통각(統覺)이다. 이 각각에 ① 감각에 의한 다양한 것의 선험적인 통관(通觀), ② 구상력에 의한 이 다양한 것의 종합, 그리고 마지막으로 ③ 근원적 통각에 의한 이 종합적 통일이 바탕을 두고 있다. 이들 모든 능력에는 경험적 사용 말고도 초월적 사용이 있다. 그것은 오직 형식에 관계되며, 선험적으로 가능하다. 우리는 감각에 대해서는 앞에 나온 제1부[초월적 감성론]에서 말했다. 거기에서 우리는 지금부터 나머지 두 가지의 본성을 살펴보고자 한다.'

해 개방해 둘 수 있는지 어떤지, 그 시도에 착수하려 하고 있는 것이다.

나는 이에 앞서 범주에 대해 약간 설명을 해두고자 한다. 범주란 어떤 대상 일반의 개념이며, 그것으로 대상의 직관이, 판단하는 논리적 기능에 관해서 규정된 것으로 간주된다. 그러므로 예를 들면 '모든 물체는 분할될 수 있다'와 같이, 정언판단의 기능은 술어에 대한 주어의 관계였던 것이다. 그런데 지성의 단순한 논리적 사용에 관해서는, 우리는 물체와 '분할할 수 있다'고 하는 두 개념 가운데 어느 쪽에 주어의 기능을 주고, 어느 쪽에 술어의 기능을 주려고 하는지는 결정하지 않은 채로 있다. 왜냐하면 몇 가지로 분할이 가능한 것은 물체라고 말할 수가 있기 때문이다. 그러나 실체라고 하는 범주에 의해서—만일 물체의 개념을 실체의 범주 아래에 포섭해 본다면—다음과 같은 일이 결정된다. 즉 경험에 있어서의 물체의 경험적 직관은 언제나 주어로서만 간주되어야 하며, 결코 술어로서 고찰되어서는 안 된다는 것이다. 다른 모든 범주에 대해서도 사정은 마찬가지이다.

[제1판]

제2절 순수지성 개념의 초월적 연역

경험을 가능하게 하는 선험적 근거에 대해서

어떤 개념이 완전히 선험적으로 생겨나고, 그것이 대상에 관계되는 것으로 여겨지며, 그러면서도 그 개념 자신은 가능한 경험에 속하는 일도 없이 가능한 경험의 요소로 되어 있지 않다고 하는 것은, 전적으로 모순이며 있을 수 없는 일이다. 왜냐하면 그 개념에는 아무런 직관도 대응해 있지 않으므로, 그때 그 개념은 내용을 가지지 않을 것이기 때문이다. 그런데 직관 일반에 의해 대상이 우리에게 주어지는 것으로, 직관 일반은 가능한 경험의 영역 또는 그 모든 대상이 된다. 가능한 경험에 관계하지 않는 선험적 개념은 개념을 위한 단순한 논리적 형식에 지나지 않으며, 무엇인가를 생각하기 위한 개념 그 자체는 아닐 것이다.

그렇기 때문에 순수지성 개념이 어떻게 해서 가능한가를 알려고 한다면, 우리는 다음과 같은 일을 추구하지 않으면 안 된다. 즉 경험의 가능성으로 좌우하는 선험적 조건이 어떠한 것이며, 또 현상의 경험적인 것을 모두 버려도 경험의 가능성 바닥에 있는 조건은 어떠한 것인가 하는 것이다. 경험의 이러한 형식적이고 객관적인 조건을 일반적으로, 또 충분히 나타내는 개념은 순수지성 개념이라고 불릴 것이다. 막상 내가 순수지성 개념을 손에 쥔다면, 나는 어쩌면 불가능한 대상도 멋대로 생각해 낼지 모른다. 또, 어쩌면 그 자체가 가능하다고 하지만 경험에서는 주어질 수 없는 대상도 멋대로 생각할 수가 있다. 왜냐하면 그 순수지성 개념의 결합에는, 가능한 경험의 조건에 필연적으로 속하는 어떤 것이 부족할 때가 있기 때문이다(영(靈)의 개념). 그러나 모든 선험적 인식의 요소, 자의적이고 터무니없는 조작의 요소까지도 확실히 경험으로부터 빌려온 것일 수는 없다(그렇지 않으면 그것은 선험적 인식이 아닐 테니까). 그러나 이들 요소는 언제나 가능한 경험과 그 대상의 선험적이고 순수 조건을 포함하고 있어야만 한다. 그렇지 않으면 이들 요소에 의해서 아무것도 생각할 수 없고, 요소는 자료가 결여되어 생각 안에 생길 수 없을 것이기 때문이다.

이들 개념은 어떠한 경험을 할 때에도 순수한 사고를 선험적으로 포함하고 있는 것인데, 이것들을 우리는 범주에서 발견하게 된다. 그리고 우리가, 범주를 매개로 해서만 대상을 생각할 수 있다는 것을 증명할 수 있으면 그것은 범주의 충분한 연역이며, 범주의 객관적 타당성의 변명이다. 그러나 이와 같은 사고 안에서는, 생각하는 유일한 능력인 지성 이외의 것도 작용하고 있고, 또 지성 자신이 객체와 관계를 가질 인식 능력으로서 객체와의 관계 가능성을 둘러싸고 마찬가지로 규명을 필요로 한다. 그 때문에 우리는 경험을 가능하게 하는 선험적 기반이 되는 주관적 원천을, 경험적 성질에 따라서가 아니라 초월적 성질에 따라서 미리 고찰하지 않으면 안 된다.

이를테면 개개의 개념이 다른 관념과는 전혀 무관하고, 말하자면 절연되어 다른 관념으로부터 분단되어 있다고 하자. 그렇게 되면 인식이라고 하는 것은 생기지 않을 것이다. 인식은 관념이 비교되고 결합되어 생긴 전체인 것이다. 따라서 감각은 그 직관 안에 다양성을 포함하고 있는 것이므로, 내가 감각에 통관(通觀)의 작용을 덧붙인다고 하면, 여기에는 언제나 종합이 대응한다. 그리고 수용성은 자발성과 결합할 때에만 인식을 가능하게 한다. 그런데 이 자발성은 모든 인식에서 필연적으로 볼 수 있는 세 겹의 조합 근거이다. 이 세 겹의 종합이란, 직관에 있어서 마음의 변용으로서의 관념의 감각지(感覺知) 종합과, 구상력에 있어서 관념의 재현 종합, 그리고 개념에 있어서 재인식의 종합이다. 그런데 이들 세 겹의 종합은 세 개의 주관적 인식 원천에 이르는 줄이 된다. 이들 인식 원천은 지성까지도 가능케 하고, 또 지성을 통해서 지성 경험의 산물인 모든 것의 인식을 가능하게 한다.

임시로 주는 주의

범주의 연역은 매우 많은 곤란을 수반하고 있어, 우리의 인식 일반을 가능하게 하는 첫째 근거에 깊이 파고들지 않을 수 없게 한다. 그래서 나는 완벽한 이론이 지루해지지 않도록, 또 이 정도로 필요한 논고(論考)에서 소홀히 되는 것이 없도록 다음 네 절로 나누어서 독자에게 해설하는 것보다는 오히려 마음가짐을 가지게 하는 것이 좋다고 생각했다. 그러므로 그것에 이어지는 제3장에서, 마침내 지성의 이들 요소를 체계적으로 밝히기로 한다. 이를 위해 독자들은 거기에 이르기까지 난해함을 면치 못할 것이다. 그러나 그것도 아마 제3장에서 완전히 이해할 수 있도록 해명될 것이다.

1. 직관에 있어서 감각지의 종합에 대해서

우리의 개념이 외적 사물에 의해서 생기든, 내적 원인에 의해 생기든, 또 선험적으로 생기든, 현상으로서 경험적으로 생기든, 그 어디에서 생기든 간에 이들은 마음의 변용으로서 내적 감각에 속한다. 그리고 그와 같은 상태로, 우리의 모든 인식은 결국 내적 감각의 형식적 조건인 시간의 지배 아래에 있다. 어떠한 개념도 시간 안에서 질서가 지워지고, 결합되고, 관계를 맺지 않으면 안 된다. 이것은 다음에서 말하는 일에서 일관되게 그 바탕에 놓여야 할 일반적 주석이다.

어떠한 직관도 그 안에 다양한 것을 포함하고 있다. 그러나 여러 인상이 서로 앞뒤로 연속되는 가운데에서, 마음이 시간을 구별하지 않았다면 다양한 것은 다양할 것으로 상기되지 않으리라. 왜냐하면 관념이 한 순간에 포함되면, 어떠한 관념도 절대적 단일체일 수밖에 없을 것이기 때문이다. 그런데 이 다양한 것으로부터 직관의 통일이 생기기 위해서는 (공간 관념의 경우처럼) 우선 다양성이 흘러 지나가야 한다는 것과 다양한 것의 맥락이 필요하다. 이 작용을 나는 '감각 파악의 종합'이라고 부른다. 왜냐하면 그 작용은 바로 직관으로 향하고 있기 때문이다. 그 직관은 다양한 것을 공급한다고는 하지만, 감각 파악이 다양할 것을 다양한 것으로, 더욱이 '하나의 관념'에 포함되는 것으로 불러일으키는 것은, 종합 없이는 결코 볼 수가 없다.

그런데 감각 파악의 이 종합은 선험에도, 즉 경험적이지 않은 관념에 관해서 이루어져야 한다. 왜냐하면 이 종합이 없으면 우리는 시간의 관념도, 공간의 관념도 선험적으로 가질 수가 없을 것이기 때문이다. 이들 시간·공간의 개념은 감성이 그 근원적 수용성에서 공급하는 다양한 것을 종합함으로써만 낳을 수 있다. 그렇기 때문에 우리는 감각 파악의 순수한 종합을 가지고 있는 것이다.

2. 구성에 있어서 재현의 종합에 대해서

빈번하게 서로 연속하거나 수반하는 관념이 마지막에는 서로 융합하여 그것으로 인해 서로 결합하고, 그 결합에 의하여 이들 관념의 하나는 비록 대상이 현존하지 않아도, 마음이 다른 관념으로 이행하는 것을 하나의 안정된 규칙에 따라 생기게 한다. 이것은 확실히 단순한 경험적 법칙이다. 그러나 이 재현의 법칙은 다음과 같은 일을 전제로 하고 있다. 즉 현상 자신이 실제로 이와 같은 법칙의 지배를 받고 있으며, 또 현상의 다양한 관념은 어떤 종류의 규칙에 합당한 수반 내지는 연속이 일어나고 있다는 것이다. 그렇지 않으면 우리의 경험적 구상력은 그 능력에 어울리는 일을 조금도 할 수 없을 것이고, 따라서 경험적 구상력은 우리 자신에게도 알려지지 않은 마비된 능력처럼 마음 안쪽에 숨어 있는 채로 있을 것이기 때문이다. 진사(辰砂)가 어떤 때에는 빨갛게, 어떤 때에는 검게, 어떤 때에는 가볍게, 어떤 때에는 무거웠다고 하자. 또 인간이 어떤 때에는 지금과 같은 모습이고, 어떤 때에는 동물과 같은 모습으로 변했다고 하자. 더 나아가서 땅이 오랜 세월이 지나는 어느 날 결실로 덮이고, 어떤 때에는 얼음으로 덮이고, 어떤 때에는 눈으로 덮였다고 하자. 또, 어떤 말이 어떤 때에는 어떤 물건에, 다른 때에는 다른 물건에 적용되거나 완전히 같은 물건이 있을 때,

어떤 때에는 그렇게 불리거나 해서 거기에 현상이 이미 저절로 따르고 있는 어떤 규칙이 지배하고 있지 않다고 하면, 재현의 경험적 종합은 일어날 수가 없을 것이다.

그렇기 때문에 현상의 필연적·종합적 통일의 선험적 근거라는 점에서, 현상의 이 재현을 가능하게 하는 그 무엇인가가 있지 않으면 안 된다. 그러나 다음과 같은 점을 잘 생각해 보면 우리는 그것을 바로 알아차리게 된다. 즉 현상은 사물 그 자체가 아니라 우리 관념의 유희적 활동이며, 관념이란 결국 내적 감각의 규정에 귀착된다는 것이다. 그런데 우리의 선험적이고 가장 순수한 직관이라고 해도, 재현의 일관적 종합을 가능하게 하는 다양한 것의 결합을 포함하고 있지 않으면 인식을 만들어 낼 수 없다는 것을 설명할 수 있다고 하자. 그러면 구상력의 이 종합도 모든 경험에 앞서서 선험적 원리에 입각하고 있는 것이 된다. 그리고 우리는 경험 가능성(현상의 재현 가능성을 필연적으로 전제하는 것으로서)의 바탕에 있는 구상력의 순수하고 초월적인 종합을 생각하지 않으면 안 된다.

그런데 다음과 같은 일은 명확하다. 즉 내가 머릿속에서 하나의 줄을 그을 때, 또는 낮에 다른 시점의 시간을 생각하려고 하거나, 무엇인가 하나의 수를 상기하려고 할 때 나는 머릿속에서, 우선 필연적으로 이들 다양한 관념의 하나는 다른 관념의 뒤에 오게 하지 않으면 안 된다. 그러나 이를테면 내가 앞선 관념(선의 처음 부분이나 시간의 앞선 부분이나, 서로 전후해서 상기할 수 있는 단위)을 그때 잊어버리고 뒤에 이어지는 관념으로 나아가면서, 그것을 재현하지 않는다고 하자. 그러면 관념의 전체도, 앞에 말한 어떠한 생각도, 더 나아가서 시간·공간이라고 하는 가장 순수한 첫째 기본 관념도 결코 생기는 일이 없을 것이다.

그렇기 때문에 감각 파악의 종합은 재현의 종합과 불가분하게 결합되어 있는 것이다. 그리고 감각 파악의 종합은 모든 인식 일반(단지 경험적 인식뿐 아니라 선험적 순수인식도)을 가능하게 하는 초월적 근거를 이루는 것이므로, 구상력의 재현적 종합은 마음의 초월적 작용에 속한다. 그리고 이 초월적 작용을 고려해서, 우리는 이 능력을 구상력의 초월적 능력이라고 부르기로 한다.

3. 관념에서의 재인식 종합에 대해서

우리가 생각하고 있는 것이 한순간 전에 생각하고 있었던 것과 전적으로 동일하다는 의식이 없으면, 관념의 계열적 재인식은 소용없는 일일 것이다. 왜냐하면 지금 상태에 있는 것은 새로운 관념이 되어, 그 관념은 서서히 낳게 된 작용에는 전혀 속하지 않을 테고, 다양한 관념은 전체를 이루지 않을 것이기 때문이다. 그 다양한 것은 의식만이 가져올 수 있는 통일이 결여되어 있으니 말이다. 내가 한참 수를 세고 있을 때, 지금 머리에 떠오른 단위가 서서히 나에 의해서 덧붙여져 왔다는 것을 잊는다고 한다면, 나는 1에 1을 잇달아 더함으로써 양을 산출하는 일을, 따라서 또 수라는 것도 인식할 수 없을 것이다. 왜냐하면 수의 개념은 오직 종합의 이 통일 의식으로 성립되기 때문이다.

개념이라고 하는 말은 이미 그 자체가 지금 말한 주석을 위한 암시가 될 수 있을 것이다. 왜냐하면 이 하나의 의식이란 서서히 직관된 다양한 것을, 또 재현된 다양한 것을 하나의 관념으로 합치는 것이기 때문이다. 이 의식은 흔히 애매한 것에 지나지 않는다. 그렇기 때문에 우리가 그것을 관념의 산출과 결부시키는 것은, 작용 그 자체에 있어서 직접으로가 아니라 그 결과에 있어서이다. 이와 같은 차이가 있지만, 비록 의식에 뚜렷한 선명성이 결여된다고 해도 어쨌든 늘 하나의 의식이 있어야만 하는 것이다. 이 의식이 없으면 개념과 함께 대상의 인식도 전혀 불가능하다.

그런데 여기에서는 대상이라고 하는 개념 아래, 사람은 도대체 무엇을 의미하고 있는가를 알아둘 필요가 있다. 우리는 이전에 다음과 같이 말했다. 즉 현상 그 자체는 감성적 관념이며, 바로 관념이라는 존재 양식으로 말미암아 대상(관념 능력 이외의)으로 간주되어서는 안 된다고. 인식에 대응하는 대상, 따라서 또 인식과는 구별되는 대상을 말할 때 우리는 도대체 무엇을 이해하는가? 이 대상을 무엇인가 일반=X로밖에 생각해서는 안 된다는 것은 쉽게 알 수가 있다. 왜냐하면 우리는 우리 인식 말고는, 이 인식에 대응시킬 수 있는 것을 아무것도 가지고 있지 않기 때문이다.

그러나 우리는 대상의 모든 인식 관계에 대한 우리의 사고가, 필연적인 것과 같은 것을 갖추고 있다는 점을 인정한다. 왜냐하면 대상은 우리의 인식이 무턱대고, 또는 임의로 규정되어 있는 것과는 반대로, 어떤 방식으로 선험적으로 규정되어 있는 것으로 간주되기 때문이다. 바꿔 말하면 인식은 대상에 관계되어야 하는 것이므로, 인식끼리도 필연적으로 대상과의 관계에서 일치하지 않으면 안 되기 때문이며, 결국은 대상의 개념을 이루는 통일을 갖추고 있지 않으면 안 되기 때문이다.

그러나 다음과 같은 일은 분명하다. 즉 우리는 우리의 다양한 관념과 관련될 뿐, 관념에 대응하는 저 X(대상)는 우리의 관념과 다른 것이어야 하기 때문에, 우리에게는 무(無)와 같다는 것이다. 그러므로 대상이 필수적인 것으로 삼는 통일은, 다양한 관념의 종합에서 인식의 형식적 통일 이외 것은 될 수 없다는 것이다. 그래서 우리는 '우리가 다양한 직관 안에서 종합적 통일을 낳았을 때 우리는 대상은 인식하는 것이다'라고 말하는 것이다. 그러나 만약에 직관이 규칙에 의한 종합의 이와 같은 기능에 의해 가져와지지 않았다면, 이 통일은 불가능하다. 종합의 기능은 선험적인 다양한 것의 재현을 필연적으로 하고, 다양한 것을 하나로 합치는 개념을 가능하게 하는 것이다. 이렇게 해서 우리는 삼각형을 대상으로 생각하는 것이지만, 그것은 세 직선의 합성을, 언제나 삼각형이라고 하는 직관을 나타낼 수 있는 규칙에 따라서 의식하는 일에 의한 것이다. 그런데 '규칙'의 이 '통일'은 모든 다양한 것을 규정한다. 그리고 다양한 것을, 통각(統覺)의 통일을 가능하게 하는 조건으로 제약한다. 그리고 이 통일의 개념이, 내가 삼각형이라고 하는 술어에 의해서 생각하는 대상=X의 관념이다.

모든 인식은 개념을 필요로 한다. 그런데 개념은 비록 불완전한 것이든, 선명하지 못한 것이든 그 형식으로 인해 보편적인 것이며, 규칙으로서 쓸모가 있는 것이다. 이렇게 해서 물체라고 하는 개념은, 그 개념에 의해서 생각할 수 있는 다양한 것의 통일에 따라서, 외적 현상의 인식에 쓸모가 있는 것이다. 그러나 관념이 규칙이 될 수 있는 것은 다음과 같은 경우에 한해서이다. 즉 관념은 현상이 주어질 때, 그 다양한 것의 필연적 재현을 나타내고, 따라서 현상을 의식할 때 종합적 통일을 나타낸다는 것이다. 이와 같이 해서 물체의 개념은 우리가 외부에 있는 것을 지각할 때, 연장이라고 하는 관념, 그것과 함께 불가입성, 형태 그 밖의 관념을 필연적인 것으로 만드는 것이다.

모든 필연성의 바닥에는 늘 초월적인 조건이 있다. 그렇기 때문에 의식 통일의 초월적 근거는 우리의 모든 다양한 직관의 종합에서, 따라서 객체 일반의 개념의 종합에서도, 또 경험의 모든 대상의 종합에서도 찾을 수 있어야 한다. 이 초월적 근거가 없으면, 우리의 직관에 대응해서 그 어떤 대상을 생각한다는 일은 불가능할 것이다. 왜냐하면 개념은 그 어떤 것에 대해서 이와 같은 종합의 필연성을 나타내는 것인데, 대상이란 그와 같은 무엇인가가 있는 것이기 때문이다.

그런데 이 근원적이고 초월적인 조건이 바로 초월적 통각이다. 내적 지각의 경우 우리의 상태를 규정하는 것에 의한 자기 자신의 의식은, 단지 경험적인 것에 지나지 않아서 늘 바뀐다. 이 의식은 내적 현상의 흐름 안에서 멈춰 서는 자기를 부여할 수가 없어서 통상 내적 감각 또는 경험적 감각이라고 불린다. 필연적으로 수적으로 동일한 것으로서 상기되어야 할 것은, 경험적 자료에 의한 이와 같은 의식이라고는 생각할 수가 없다. 그것은 모든 경험에 앞서서, 경험을 가능하게 하여, 이와 같은 초월적 전제를 효과적으로 만드는 조건이어야 한다.

직관의 모든 자료에 앞선 의식의 통일—대상의 관념은 이 인식과의 관계에서만 가능하다—이 없으면 우리 안에 인식도 일어날 수 없고, 또 인식끼리의 결합도 통일도 일어나지 않는다. 이 순수하고 근원적으로 바뀌지 않는 의식을 초월적 통각이라고 부르기로 하자. 그것이 초월적 통각이라고 하는 이름을 붙일 만한 가치가 있다는 것은, 이미 다음과 같은 일로 분명하다. 즉 가장 순수한 통일, 선험적 개념(시간과 공간)의 통일은 이와 같은 통각에 대한 직관의 관계에 의해서만 가능하다는 것이다. 그렇기 때문에 이 통각의 수적 단일성[통일]은 모든 관념의 바닥에 선험적으로 있는 것이다. 그것은 시간과 공간의 다양한 것이 감성의 직관의 바닥에 있는 것과 같다.

그러나 통각의 이 초월적 통일이야말로 언제나 하나의 경험 안에 모일 수 있는 모든 가능한 직관으로부터, 법칙에 의한 이들 모든 관념의 맥락을 만든다. 왜냐하면 마음이 다양한 것의 인식에 있어서 기능의 동일성을 의식할 수 없었다고 하면, 의식의 이 통일은 불가능할 것이기 때문이다. 통각의 통일은 기능의 동일성을 의심함으로써, 다양한 것을 하나의 인식으로 종합적으로 결합하는 것이다. 그렇기 때문에 자기 자신에 대한 동일성의 근원적이고 필연적인 의식은 동시에 개념, 즉 규칙에 의한 모든 현상의 종합, 곧 필연적 통일의 의식이다. 그 규칙은 현상을 재현 가능하게 할 뿐만 아니라, 그것으로 말미암아 현상의 직관에도 대상을 규정하여, 그 어떤 개념을 규정한다. 현상은 그 개념에서 필연적으로 맥락을 이루게 된다. 왜냐하면 마음이 그 작용의 동일성을 분명히 떠올리지 않았다고 한다면, 마음은 그 관념의 다양한 것 안에서 자기 자신의 동일성을 생각할 수가 없게 되기 때문이다. 이 작용의 동일성은 감각 파악(이것은 경험적이다)의 모든 종합을 초월적 통일에 따르게 하여, 선험적 규칙에 의해서 감각 파악의 맥락을 비로소 가능하게 하는 것이다. 이제 우리는 대상 일반에 관한 우리의 개념도 규정할 수가 있게 될 것이다. 모든 관념은 그것이 관념인 한 그 대상을 가지게 되며, 더 나아가 그 자신이 다른 개념의 대상이 될 수가 있다. 현상은 우리에게 직접 줄 수 있는 유일한 대상이다. 그리고 현상에서 직접 대상에 관계하는 것을 직관이라고 한다. 그러나 이 현상은 사물 그 자체가 아니라, 그 자신이 관념에 지나지 않고, 관념은 더 나아가 그 대상을 가진다. 그렇기 때문에 그 대상은 우리에 의해서 이미 직관되지 않으며, 따라서 비경험적 대상, 즉 초월적 대상=X라고 불려도 좋을 것이다.

이 초월적 대상(이것은 실제로 우리의 모든 인식에서 늘 똑같이 X이다)의 순수한 개념은, 우리의 모든 경험적 개념 일반에서 대상에의 관계, 곧 객관적 실재성을 가져올 수 있는 것이다. 그런데 이 개념은 아무런 일정한 직관을 포함하고 있지 않다. 그렇기 때문에 그것은 인식의 다양성에서—그것이 대상과 관계를 갖는 한—발견해야 하는 통일에 관련될 뿐이다. 그러나 이 관계는 의식의 바로 필연적 통일이다. 따라서 또, 마음의 공통된 기능에 의한 다양한 것을 하나의 관념으로 결합하는 것이다. 그런데 이 통일은 선험적이고 필연적인 것으로 간주되어야만 한다(왜냐하면 그렇지 않으면 인식은 대상을 가지지 않을 것이기 때문에). 그래서 초월적 대상에 대한 관계, 즉 우리의 경험적 인식의 객관적 실재성은 초월적 법칙에 입각하게 된다. 그 법칙이란, 현상에 의해서 우리에게 대상이 주어져야 하는 한, 모든 현상은 현상의 종합적 통일의 선험적 법칙에 따라야 하고, 그 규칙에 의해서만 경험적 직관에서의 현상 관계가 가능해질 것이라는 것이다. 다시 말해 모든 현상은 경험에서는 통각의 필연적 통일에 따르지 않으면 안 됨과 동시에, 단순한 직관에서는 시간과 공간의 형식 조건에 따라야 한다는 것이다. 결국 그 어떤 인식도 통각의 필연적 통일에 의해서 비로소 가능하게 된다는 것이다.

4. 선험적 인식으로서의 범주의 가능성을 우선 설명

모든 지각은 하나의 경험에서 일관적이고 법칙에 따를 맥락으로 표시된다. 그것은 마치 모든 현상의 형식과 존재·비존재의 관계가, 단 하나의 시간·공간에서 일어나는 것과 마찬가지이다. 여러 가지 경험을 말할 때 그것은, 그와 같은 경험이 동일한 보편적 경험에 속하는 한, 많은 지각을 말하는 것이다. 즉 지각의 일관적이고 종합적인 통일은 바로 경험의 형식을 형성하는 것이며, 그 통일이 현상의 개념에 의한 종합적 통일을 말하는 것이다.

경험적 개념에 의한 종합의 통일은 전적으로 우연적일 것이다. 그리고 경험적 개념이 통일의 초월적 근거에 기초하지 않는다면, 우리의 영혼은 잡다한 현상으로 가득 차게 되어, 거기에서 경험이 성립되는 일도 없을 것이다. 그렇게 되면 대상에 대한 인식의 관계도 모조리 상실될 것이다. 왜냐하면 경험은 보편적이고 필연적인 법칙에 의한 결합을 잃을 것이기 때문이다. 결국 경험은 생각이 없는 직관이기는 하겠지만 그 어떤 인식도 아니고, 따라서 우리에게는 전적으로 무(無)와 같기 때문이다.

가능한 경험 일반의 선험적 조건은, 동시에 경험의 대상을 가능하게 하는 조건이다. 그런데 나는 다음과 같이 주장한다. 지금 문제가 되어 있는 범주는 가능한 경험에 있어서의 사고 조건이며, 그것은 시간과 공간이 바로 경험을 위한 직관의 조건을 포함하고 있는 것과 같다고. 그렇기 때문에 범주는 또한 현상에 대해서 객체 일반을 생각하는 기본 개념이며, 따라서 그것은 선험적으로 객관적 타당성을 갖는다. 이것이 우리가 본디 알려고 하고 있던 일이다.

이들 범주의 가능성은커녕 그 필연성은, 감성 전체와 함께 모든 가능성 현상이 근원적 감각에 대해서 갖는 관계에 입각한다. 이 근원적 감각에서 모두가 필연적으로 자기의식의 일관성 통일의 조건에 합당하고, 종합의 일반적 기능에 따르지 않으면 안 된다. 즉 개념에 의한 종합에 의하지 않으면 안 된다. 통각은 이 종합에서만 그 선험적인 일관적, 필연적 동일성을 증명할 수가 있다. 그러므로 원인의 개념은 개념에 의한 종합(시간 계열에서 생기는 것과 다른 현상과의)이다. 그리고 선험적 규칙을 갖추고 현상을 거느릴 수 있는 이와 같은 통일이 없으면, 다양한 지각에서의 의식의 일관적이고 보편적인 통일, 즉 필연적 통일은 볼 수 없을 것이다. 그러나 그렇게 되면 또한 지각은 경험에 속하는 일도 없고, 객체를 가지는 일도 없으며, 관념의 맹목적 유희에 지나지 않아 꿈만도 못할 것이다.

그렇기 때문에 순수지성 개념을 경험으로부터 이끌어 내서, 그것들을 단순히 경험적 근원으로 돌리려고 하는 시도는, 모두 공허하고 쓸데없는 일이다. 나는, 예를 들어 원인의 관념이 필연성이라고 하는 경향을 갖추고 있다고 말할 생각은 없다. 필연성은 전적으로 경험이 줄 수 없는 것이다. 분명히 경험은 우리에게, 어떤 현상 뒤에 대개는 어떤 다른 일이 이어진다는 것을 가르쳐 준다. 그러나 경험은, 그 현상에 있는 어떤 다른 일이 필연적으로 후속하지 않으면 안 된다는 것을 가르쳐 주지 않는다면, 조건으로서의 어떤 현상으로부터 선험적 필연적으로 추리될 것이라는 점도 가르쳐주지 않는다. 그러나 우리가 다음과 같이 말할 때, 우리는 일관해서 연상의 경험적 규칙을 생각해야만 한다. 즉 사건의 순서에서, 무엇인가가 결코 무엇인가에 앞서서 생기지 않고, 늘 그것에 후속한다는 방식으로 모든 것이 규칙에 따른다고. 이것은 자연의 법칙이지만 내가 묻는 것은, 그것이 무엇인가에 입각하는가이고, 이 연상조차도 어떻게 해서 가능한가 하는 것이다. 다양한 것의 연상을 가능하게 하는 근거가 객체 안에 있는 한, 그것을 다양한 것의 친화성이라고 한다. 그렇기 때문에 나는 다음과 같이 묻는다. 독자는 어떻게 현상의 일관성, 친화성(이 친화성에 의해서 현상은 항상적 규칙에 따르고, 또 그 법칙에 속하지 않으면 안 된다)을 이해할 것인가 하고.

나의 원칙에 의하면, 친화성은 매우 잘 이해할 수가 있다. 모든 가능한 현상은, 관념으로서 가능한 자기의식 전체에 속한다. 그러나 수적 동일성은 초월적 관념으로서 이 자기의식과 나눌 수 없으며, 선험적으로 확실하다. 왜냐하면 이 근원적 통각을 거치지 않고서는, 무슨 일이든 인식이 되지 못하기 때문이다. 그런데 이 동일성은 경험적 인식이어야 하는 한, 필연적으로 현상의 모든 다양성의 종합에 포함되어야 한다. 그렇기 때문에 현상은, 그 (감각지의) 종합이 일관해서 합당해야 할 선험적 조건에 따르고 있다. 그런데 어떤 다양한 것이 (따라서 같은 방법으로) 설정되기 위한 일반적 조건의 관념을 '규칙'이라고 한다. 또 다양한 것이 같은 방식으로 설정되어야 할 경우 그 관념을 '법칙'이라고 한다. 그러므로 일관적 결합 안에 있는 모든 현상, 따라서 초월적 친화성 안에 있는 모든 현상은 필연적 법칙에 따른다. 경험적 친화성은 이 초월적 친화성의 단순한 귀결인 것이다.

자연은 통각이라고 하는 우리의 주관적 근거에 준하지 않으면 안 된다. 뿐만 아니라 합법칙성에 관해서는, 이 근거에 의존하지 않으면 안 된다. 이와 같이 말하면 마치 불합리하고 엉뚱하게 들릴지 모른다. 그러나 자연 자체는 현상의 총체라는 것, 따라서 사물 자체가 아니라 단지 마음의 관념들 집합에 지나지 않는 것이라고 생각하면 된다. 그렇게 되면 현상을 우리의 모든 인식의 근본적 능력 안에, 즉 초월적 통각 안에, 통일 안에 본다는 것은 전혀 이상한 일은 아니다. 오직 이 통일로 말미암아 현상은 모든 가능한 경험의 객체, 곧 자연이라고 불린다. 그리고 우리는 그렇기 때문에 이 통일을 선험적으로 인식할 수 있고, 따라서 또 필연적인 것이라고 인식할 수가 있다. 현상이 우리 사고의 첫 번째 원천과는 독립적으로, 그 자체로서 주어진다고 하면, 우리는 지금 말한 것을 도중에서 단념해야만 한다. 왜냐하면 그럴 경우 나로서는 우리가 어디에서 이와 같은 보편 자연 통일의 종합적 명제를 따라야 할지 모르게 되고, 우리는 종합적 명제를 자연의 대상 자체로부터 빌려오지 않으면 안 되기 때문이다. 그러나 그와 같은 일은 경험적으로밖에 할 수 없으므로, 거기로부터는 단순히 우연적인 통일밖에 끌어낼 수가 없을 것이다. 하지만 우연적 통일은, 우리가 자연이라고 말할 때에 뜻하는 필연적 맥락에는 훨씬 미치지 못한다.

제3절 대상 일반에 대한 지성의 관계와 선험적으로 인식하는 가능성에 대해서

우리가 앞 장에서 개별적으로 말한 것을 이번에는 하나로 정리해서, 전체 맥락 안에서 제시하기로 한다. 경험 일반의 가능성과 경험의 대상이 기초를 두고 있는 것은, 세 가지 주관적인 인식 원천이다. 이들은 감각이며, 구상력이며, 통각이다. 이들은 어느 것이나 경험적인 것으로서, 즉 주어진 현상에 적용되는 것으로서 고찰된다. 그러나 이들은 모두 그 자체가, 경험적 사용을 가능하게 하는 요소 또는 기반이기도 하다. 감각은 직관에서 현상을 경험적으로 나타내고, 구상력은 연상에서 (그리고 그 재현에서), 감각 파악은 이 재현적 관념과 현상—현상에 의해서 관념이 주어진—과의 동일성의 경험적 의식에서, 즉 재인식에서 현상을 나타낸다.

그러나 모든 지각의 바탕에는 순수직관(관념으로서의 지각에 관해서, 시간이라고 하는 내적 직관의 형식)이 선험적으로 있고, 연상의 바탕에는 구상력의 순수 종합이 선험적으로 있다. 또 경험적 의식의 바탕에는 순수통각, 즉 모든 가능한 관념에서의 자기 자신의 일관적 동일성이 선험적으로 있다.

그런데 우리가 관념에 대한 이 결부의 내적 근거를 추구해서, 모든 관념이 가능한 경험을 우리 인식의 통일을 처음으로 얻기 위해 합류하는 지점에까지 다다랐다고 하면, 우리는 순수통각부터 시작해야만 한다. 직관은 모두 의식 안에 받아들여지지 않으면 무와 같다. 직접적이든 간접적이든, 관념은 의식 안에 흘러들 것이다. 그것에 의해서만, 인식은 가능한 것이다. 우리는 우리가 인식에 속하는 모든 관념에 관해서, 우리 자신의 동일성을, 모든 관념을 가능하게 하는 필연적 조건으로서 선험적으로 의식한다(왜냐하면 이들 관념은 다른 관념과 함께 의식에 속하며, 거기에서 적어도 결부되지 않으면 안 되고, 그것에 의해서만 내 마음 속에서 무엇인가를 나타내기 때문이다). 이 원리는 선험적으로 확립되어 있고, 우리 관념의(따라서 또 직관에서의) 모든 다양한 것을 통일하는 초월적 원리라고 불릴 수 있다. 그런데 주체에 있어서 다양한 것의 통일은 종합적이다. 그렇기 때문에 순수감각은 모든 가능한 직관에서의 다양한 것의 종합적 통일 원리를 제공해 준다.[4] 그러나 모든 경험적 의식은 초월적 (모든 특수한 경험에 앞서는) 의식에 필연적으로 관계한다. 즉 근원적 통각인 나 자신의 의식에 필연적으로 관계한다. 따라서 나의 인식에서는 모든 의식이 나의(나 자신의) 의식에 속한다고 하는 것은, 절대로 필연적이다. 그런데 이것이 다양한 것의 종합적 명제의 근거가 된다. 그것은 시간과 공간이 단순한 직관의 형식에 관련된 종합적 명제의 근거가 되는 것과 같은 일이다. 모든 경험적 의식은 유일한 자기의식에서 통합되어야만 한다는 종합적 명제는 우리의 사고 일반의 절대적인 첫 번째 종합적 원칙이다. 그러나 나라고 하는 단순한 관념은 다른 모든 관념(그 집합적 통일을 나라는 관념이 가능하게 하는)과의 관계에서 초월적 의식이라는 것을 간과해서는 안 된다. 그런데 이 관념은 선명(경험적 의식)한 경우도 있고 선명하지 않은 경우도 있을 테지만, 여기에서는 그것은 물론 그것이 실제로 있다고 하는 일까지도 중요하지

---

4) 이 명제는 매우 중요하므로 독자는 주의하기를 바란다. 모든 관념은 가능한 경험적 의식에 필연적으로 관계된다. 왜냐하면 관념이 그와 같은 관계를 가지지 않고 의식되는 일이 전혀 불가능하다고 하면, 그것은 관념이 전혀 존재하지 않는다는 의미와 같을 것이기 때문이다.

않다. 중요한 것은, 모든 인식의 논리적 형식의 가능성은 필연적으로 하나의 능력으로서의 이 통각에 대한 관계에 근거한다는 것이다.

하지만 이 종합적 통일은 종합을 전제로 하거나 그것을 포함한다. 그리고 종합적 통일이 선험적이어야 한다면, 그 종합도 선험적이어야 한다. 그렇기 때문에 통각의 초월적 통일은, 하나의 인식에서 모든 다양한 것의 합성을 가능하게 하는 선험적 조건으로의 구상력의 순수통합에 관계한다. 그러나 선험적이 될 수 있는 것은, 구상력의 생산적 종합뿐이다. 왜냐하면 재현적 구상력은 경험의 조건에 입각하기 때문이다. 그러므로 통각에 앞선 구상력의 순수(생산적)종합의 필연적 통일이라고 하는 원리는, 모든 인식을 가능하게 하는 근거이며 특히 경험을 가능하게 하는 근거이다.

한편 직관의 구별 여하에 상관없이, 종합이 단순히 선험적인 다양한 것의 결합으로만 돌려질 때, 우리는 구상력에서의 다양한 것의 종합을 초월적이라고 부른다. 그리고 이 종합의 통일이 통각의 근원적 통일에 대한 관계에서 선험적이고 필연적인 것으로 제시될 때, 종합의 통일은 초월적이다. 그런데 이 종합의 통일은 모든 인식 가능성의 바탕에 있으므로, 구상력의 종합적인 추월적 통일은 모든 가능한 경험의 순수형식이다. 따라서 가능한 경험의 모든 대상은 이 순수형식에 의해서 선험적으로 제시되지 않으면 안 된다.

구상력의 종합과 관계되는 통각의 통일은 지성이다. 그리고 완전히 동일한 통일이 구상력의 초월적 종합에 관계되면 순수지성이다. 그렇기 때문에 모든 가능한 현상에 대해서, 구상력의 순수종합의 필연적 통일을 포함하는 선험적 순수인식은 지성 안에 있다. 그리고 이것이 범주, 즉 순수지성 개념인 것이다. 따라서 인간의 경험적 인식 능력은 필연적으로 지성을 포함하고 있다. 지성은 감각의 모든 대상에—직관과 구상력에 의한 직관의 종합을 통해서만이지만—관계한다. 그러므로 가능한 경험을 위한 자료인 모든 현상은 지성에 따른다. 그런데 가능한 경험에 대한 현상의 이 관계도 마찬가지로 필연적이다(왜냐하면 이 관계가 없으면 우리는 그 관계에 의한 인식을 전혀 얻을 수 없을 테고, 현상이 우리에게 관계하는 일도 없을 것이기 때문이다). 따라서 다음과 같은 일이 귀결된다. 즉 순수지성은 범주를 사이에 두고 모든 경험의 형식적이고 종합적인 원리이며, 현상은 지성에 대하여 필연적 관계를 가진다는 것이다.

그래서 우리는 범주를 사이에 둔 지성과 현상의 필연적 맥락을 아래에서, 즉 경험적인 것으로부터 시작함으로써 이를 밝히고자 한다. 우리에게 주어지는 첫 번째 것은 현상이다. 현상이 의식과 결부되어 있을 때, 그것을 지각이라고 한다(하나의 의식에 대한, 적어도 가능한 의식에 대한 관계가 없으면 현상은 우리에게 결코 인식의 대상은 될 수 없고, 그렇기 때문에 우리에게는 무와 같은 것이며, 게다가 현상은 그 자체로서는 객관적 실재성을 가지지 못하고, 인식 안에밖에 없으므로 어느 경우나 무와 같은 것이다). 그러나 어떠한 현상도 다양한 것을 포함하고 있다. 따라서 마음에 있어서의 여러 가지 지각은 그 자체로서는 하나하나 분리되어 발견되기 때문에, 다양한 것의 결합이 필요하다. 지각은 그와 같은 결합을 감각 안에 가질 수는 없다. 그렇기 때문에 우리 내부에는 이 다양한 것들을 종합하는 활동적 능력이 있고, 그것을 우리는 구상력이라고 부른다. 그리고 구상력이 직접 지각에서 행사되는 작용을 나는 감각지(感覺知)[5]라고 부른다. 즉 구상력은 다양한 직관을 현상으로 완성시키는 것이다. 그러므로 구상력은 미리 여러 인상을 자신의 활동에 받아들여야 하고, 그것들을 감각적으로 파악하지 않으면 안 되는 것이다. 왜냐하면 사람들은 이 능력을 재현에만 한정시켰으며, 감각이 인상을 공급할 뿐만 아니라 인상을 합성하기도 하고 대상의 현상을 성립시킨다고도 생각했기 때문이다. 그러나 그러기 위해서는 틀림없이 인상의 수용능력 말고도 그 이상의 무엇인가가, 즉 인상을 종합하는 작용이 필요하다.

　　하지만 마음이 다른 지각으로 이행했을 경우, 그 어떤 지능을 불러일으켜서 후속되는 지각에 연동시켜서 지각의 모든 계열을 나타내는 주관적 근거가 없었다고 하자. 즉 구상력의 재현적 능력—이것은 역시 경험적임에 지나지 않지만—이 없었다고 하자. 그러면 지금 말한 다양한 것의 감각지까지도, 단독으로는 아직 현상도 인상의 맥락도 낳지 않는다는 것은 분명하다.

　　그러나 관념끼리 서로 만나거나 무차별적으로 재현한다고 해도 역시 관념의 일정한 맥락은 생기지 않은 채 관념이 무질서하게 겹칠 뿐, 인식은 전혀 생기지 않을 것이다. 그렇기 때문에 관념의 재현은 하나의 규칙을 가지지 않으면 안 된다. 그 규칙에 의해서 관념은 구상력으로, 다른 관념이 아니라 '이' 관념과 결합

---

5) 구상력은 지각 그 자체의 필연적 성분이지만, 심리학자는 이 일을 미처 생각하지 못하고 있었다.

되게 되는 것이다. 재현의 이 주관적이고 경험적인 근거를 우리는 관념의 영상이라고 부른다.

그런데 연상의 이 통일이 아직은 객관적 근거를 가지지 못하고, 현상이 구상력에 의해서, 다름 아닌 이 감각지의 가능한 종합적 통일의 조건 아래에서 감각적으로 알려지는 일이 불가능하다고 하자. 그러면 현상이 인간의 인식 맥락에 들어오는 것도 전적으로 우연한 일이 될 것이다. 왜냐하면 우리가 지각을 연상하는 능력을 가지고 있다 해도, 이들 지각이 연상 가능한가 어떤가는 그 자체로서는 전혀 불확실하고 우연인 채로 있을 것이기 때문이다. 지각이 연상 가능하지 않다고 하면 대량의 지각이 가능할 테고, 감성 전체에서도 많은 경험적 의식이 나의 의식 안에서 각기 흩어져 보이는 일이 가능할 것이기 때문이다. 그리고 많은 경험적 의식은 나 자신의 하나의 의식에 속하는 일도 없는 것이다. 그리고 그와 같은 일은 있을 수 없는 일이다. 왜냐하면 내가 모든 지각을 하나의 (근원적 통각의) 의식에 세어서 넣음으로써만이, 나는 그 어떤 지각의 경우에도 '나는 지각을 의식한다'고 말할 수 있기 때문이다. 따라서 구상력의 객관적 근거, 즉 모든 경험적 법칙에 앞서서 선험적으로 통찰되어야 할 근거가 있어야 한다. 모든 현상에 고루 해당되고 현상을 일관적으로 그와 같은 감각 자료로서 보는 법칙의 가능성은커녕, 그 필연성은 그와 같은 근거에 입각하는 것이다. 그 자료는 그 자체가 연상 가능한 것이며, 재현에서 일관적 통합의 규칙에 따르고 있다. 현상에 대한 모든 연상의 이 객관적 근거를, 나는 친화성이라고 부른다. 그러나 우리는 이 근거를 나에게 속해야 할 모든 인식에 관해서 통각의 통일이라고 하는 원칙에 두고, 다른 그 어디에서도 발견할 수가 없다. 이 원칙에 의해서, 모든 현상은 모름지기 신적 능력 안으로 들어오거나 또는 감각적으로 알려져, 통각의 통일에 합치하게 되는 것이다. 이와 같은 일은 현상을 결부시키는 종합적 통일이 없으면, 따라서 객관적으로도 필연적인 종합적 통일이 없으면 불가능할 것이다.

그렇기 때문에 하나의 (근원적 통각의) 의식에서의 모든 (경험적) 의식의 객관적 통일은, 모든 지각의 필연적 조건이다. 그리고 모든 현상의 친화성(가까운 것이든 떨어진 것이든)은 규칙적으로 선험에 입각하는 구상력에서의 종합의 필연적 결과인 것이다.

따라서 구상력은 선험적인 종합 능력이기도 하다. 그렇기 때문에 우리는 구상력에 생산적 구상력이라고 하는 이름을 붙이는 것이다. 그리고 구상력이 노리는 것이 모든 현상의 다양한 것에 관해서, 현상의 종합에서의 필연적 통일 바로 그 자체인 한, 이 종합(diese)은 구상력의 초월적 기능이라고 불릴 수가 있다. 그렇기 때문에 구상력의 이 초월적 기능을 매개함으로써만이 현상의 친화성까지도 가능하게 되고, 그와 함께 연상과, 그것을 통해서 마침내는 법칙에 의한 재현도 가능하게 된다. 이것은 확실히 이상한 일일지도 모른다. 그러나 이제까지 말한 것으로 보자면, 그것은 당연한 일인 것이다. 왜냐하면 구상력의 초월적 기능이 없으면 대상의 개념이 하나의 경험 안으로 합류하는 일은 없을 테고, 관념을 의식하는 일이 가능한 한 멈춰 서는 (순수통각의) '나'는 우리의 모든 관념의 상관자가 되기 때문이다. 그리고 모든 의식은 모든 것을 포함하는 하나의 순수통각에 속하지만, 그것은 관념으로서의 모든 감성적 직관이 하나의 순수직관으로, 즉 시간에 속하는 것과 같은 일이다. 그런데 이 통각은 구상력의 기능을 지성화하기 위하여, 순수구상력에 가담하지 않으면 안 된다. 왜냐하면 구상력의 종합은 선험적으로 행사되는 것이지만, 그 자체로서는 언제나 감성적이기 때문이다. 구상력은 이를테면 삼각형의 모양처럼 다양한 것이 직관에서 현상하는 그대로밖에 그것을 결합할 수 없는 까닭이다. 그러나 개념은 통각의 통일로 가는 다양한 것과의 관계에 의해서 생기는 것이다. 개념은 지성에 속하지만, 감성적 직관과 관계하는 구상력을 매개로 성립된다.

　그렇기 때문에 우리는, 모든 선험적 인식의 바탕에 있는 인간 영혼의 근본 능력으로서 순수구상력을 가지고 있다. 우리는 순수구상력을 매개로 하여 한쪽에서는 다양한 직관을 가져오고, 다른 한쪽에서는 그것을 순수통각의 필연적 통일 조건과 결부시킨다. 감성과 지성이라고 하는 양극은, 구상력의 이 초월적 기능을 매개로 하여 필연적으로 서로 연결되어야 한다. 그렇지 않으면 감성은 분명히 현상을 주기는 하지만, 경험적 인식의 대상은 주지 않고, 따라서 경험을 주지 않기 때문이다. 감각지와 (재현의) 연상, 그리고 마지막으로 현상의 재인식으로 이루어지는 실제의 경험은, 최고의 것인 (경험의 단순한 경험적 요소의) 재인식에서 개념을 포함하고 있다. 그 개념은, 경험의 형식적 통일과 함께 경험적 인식의 모든 객관적 타당성(진리)을 가능하게 한다. 그런데 이들 다양한 것의 재인식 근거는, 단지 하나의 경험 일반의 형식에 관련되는 한 그 범주이다. 그렇기 때문에 구상력 종합의 형식적 통일은 범주에 입각하며, 이 통일을 매개로 하여 구상력의 모든 경험적 사용도(재인식, 재현, 연상, 감각 파악에 있어서의) 현상에 이르기까지 범주에 입각하고 있다. 이들은 인식의 그 요소를 매개로 해서만 우리의 의식에 속하고, 결국은 우리 자신에게 속하고 있기 때문이다.

그러므로 우리가 자연이라고 부르는 현상에서 볼 수 있는 질서와 규칙성은, 우리 자신이 그 안에 가지고 들어오는 것이다. 따라서 만약에 우리가 그것들을, 또는 우리 마음의 자연을 본디 그 안에 넣어두지 않았다면, 우리는 그것들을 그 안에서 발견할 수가 없을 것이다. 왜냐하면 이 자연 통일은 현상의 결부의 필연적 통일, 즉 선험적이고 확실한 통일이어야 하기 때문이다. 이를테면 우리 마음의 근원적 인식 원천 안에, 이와 같은 선험적 통일의 주관적 근거가 없었다고 하자. 또 이들 주관적 조건이 본디 경험 안에 객체를 인식하는 일을 가능하게 하는 근거라고 해서, 그와 동시에 객관적으로 타당한 일이 없었다고 하자. 그렇게 되면 우리는 어떻게 해서, 종합적 통일을 선험적으로 작용할 수 있게 하는가?

이전에, 우리는 지성을 여러 가지 방식으로 정의했다. 인식의 자발성(감성의 수용성과 대비해서)으로서, 생각하는 능력으로서, 또는 개념의 능력으로서, 더 나아가서는 판단의 능력으로서 말이다. 이들 정의는, 잘 보면 한곳으로 다다른다. 즉 지금 우리는 지성을 규칙의 능력으로서 특징지을 수가 있는 것이다. 이 특징 부여는 보다 풍부하고, 지성의 본질에 다가붙고 있다. 감성은 우리에게 (직관의) 형식을 주고, 지성은 규칙을 준다. 지성은 언제나 그 어떤 규칙을 찾아내려고 현상을 살펴보는 데에 전념한다. 규칙이 객관적인 (따라서 대상의 인식에 필연적으로 수반하는) 한, 그것은 법칙이라고 불린다. 비록 우리가 경험을 통해서 많은 법칙을 배운다고 해도, 이들 법칙은 보다 고차적 법칙의 개별적 한정에 지나지 않는다. 이보다 고차적인 법칙 안에서도, 최고의 법칙(다른 모든 법칙은 이에 따른다)은 지성 자신으로부터 선험적으로 유래하는 것이다. 그 법칙은 경험으로부터 빌려온 것이 아니라, 오히려 현상에 그 합법칙성을 가져오고, 바로 그 점으로 인해 경험을 가능하게 하지 않으면 안 되는 것이다. 따라서 지성은 현상을 비교하여 그것을 자기 규칙으로 삼는 능력이 아니다. 지성은 그 자체가 자연의 입법인 것이다. 즉 지정 없이는 자연은 존재하지 않고, 따라서 규칙에 의한 다양한 것의 종합적 통일은 존재하기 않을 것이다. 왜냐하면 자연은 그와 같은 것으로서, 우리가 없어서는 있을 수 없고 우리의 감성에만 현존하기 때문이다. 그러나 어쨌든 자연은 경험에 있어서의 인식의 대상으로서, 통각의 통일에서만 가능한 것이다. 그렇기 때문에 통각의 통일은 경험에서의 모든 현상의 필연적 합법칙성의 초월적 근거이다. 관념의 다양한 것에 관한 통각의 동일한 통일(즉 다양한 것을 유일한 관념으로 규정하는)은 규칙이며, 규칙의 능력은 지성이다. 그러므로 모든 현상은 가능한 경험으로서 선험적으로 지성 안에 있으며, 그 형식적 가능성을 지성에 의존하고 있다. 그것은 모든 현상이 단순한 현상으로서는 감성 안에 있고, 형식으로 보자면 감성에 의해서만 가능하다는 것과 같다.

그러므로 지성 자신이 자연 법칙의 원천이며, 따라서 자연의 형식적 통일의 근원인 것이다. 이와 같이 말하면 거창하고 불합리하게 들릴지도 모른다. 그럼에도 이와 같은 주장은 옳은 것이며, 대상에, 따라서 경험에 합당한 것이다. 확실히 경험적 법칙 자체는 그 근원을 순수지성으로부터 꺼낼 수는 없다. 현상의 헤아릴 수 없는 다양성도, 감성적 직관의 순수형식으로 충분히 파악할 수 있는 것이 아니다. 그러나 모든 경험적 법칙은 지성의 순수법칙의 개별적 한정에 지나지 않는다. 이 지성의 순수법칙 아래에서, 또 그것을 기준으로 해서 비로소 경험적 법칙은 가능하며, 현상은 법칙적 형식을 받게 되는 것이다. 마찬가지로 모든 현상도, 이들 경험적 형식에 차이가 있음에도 언제나 감성의 순수형식 조건에 합당하지 않으면 안 되는 것이다.

그렇기 때문에 순수지성은 범주에서 모든 현상이 종합적 통일의 법칙이며, 그것으로 말미암아 경험을 비로소 형식적으로, 또 근원적으로 가능하게 한다. 하지만 그렇다고 해도, 우리가 범주의 초월적 연역에서 할 일은 다음과 같은 영역을 벗어나지 못한다. 그것은, 감성에 대한 관계를, 그리고 감성을 매개로 하여 모든 경험의 대상에 대한 지성의 이와 같은 관계를, 따라서 지성의 선험적 순수개념의 객관적 타당성을 명확히 하는 일, 그리고 그것을 통해서 이들 개념의 근원과 진리성을 확정하는 것을 말한다.

순수지성 개념의 연역이 정당하며 유일 가능하다는 것을 총괄한다

우리 인식이 관여하는 대상, 그것이 사물 그 자체였다고 한다면, 우리는 대상에 대해서 선험적 개념을 전혀 가질 수가 없을 것이다. 왜냐하면 그 경우 우리는 선험적 개념을 어디에서 가져와야 할지 모르기 때문이다. 객체로부터(그것을 우리가 어떻게 알게 되는가를 여기에서 새삼 추구하지는 않지만) 취한다고 하면, 우리의 개념은 단지 경험적인 것에 지나지 않고, 선험적인 개념은 아니다. 만약에 개념을 우리 자신으로부터 가져온다고 한다면, 우리 안에 있는 것의 우리 개념과는 다른 대상 상태를 규정할 수가 없다. 즉 왜 우리의 사고 안에 있는 것이 덧붙여지는 사물이 존재해야 하는가, 그리고 왜 이 개념이 모두 공허하지 않은가 그 이유는 있을 수가 없다. 이에 대해서 만약에 우리의 현상하고만 관계해야 한다고 하면, 어떤 종류의 선험적 개념이 경험적 인식에 앞선다는 것은 가능할 뿐만 아니라 필연적이기도 하다.

왜냐하면 현상인 바에는, 그것은 단순히 우리 안에 있는 대상을 이루기 때문이다. 우리 감성의 단순한 변용이 우리 밖에서 발견되는 일은 없는 까닭이다. 그런데 이들 모든 현상, 즉 우리가 관여하는 대상은 모두가 나 안에 있고, 결국은 나와 동일한 자기 규정이라고 하는 이 생각은, 그 자체가 동일한 통각에 있어서의 현상의 일관적 통일을 필연적인 것으로 나타내고 있다. 그러나 대상에 대한 모든 인식의 형식도, 가능한 의식의 이 통일에서 성립되는 것이다(그것에 의해서 다양한 것은 하나의 개체에 속하는 것으로서 여겨진다). 그렇기 때문에 다양한 감성적 관념(직관)이 하나의 의식에 속하는 방식은, 인식의 지적 형식으로서 대상의 모든 인식에 앞서며, 그 자신은 대상이 고려되는 한 모든 대상의 선험적인 형식적 인식 일반을 형성한다. 순수구상력에 의한 감성적 개념의 종합, 근원적 감각에 대한 관계에서의 모든 관념의 통일은, 모든 경험적 인식에 앞선다. 그렇기 때문에 순수지성 개념은 우리의 인식이 현상하고만 관계한다고 하는, 단지 그 이유로 해서 선험적으로 가능하며, 더 나아가서는 경험과의 관계에서 필연적이다. 현상의 가능성은 우리 내부에 있고, 현상과의 결부와 (대상의 관념에서의) 통일은 단지 우리 안에서 발견되어, 결국은 모든 경험에 앞서야 하고, 경험의 형식에 관해서 비로소 가능하게 만들어야만 하는 것이다. 이렇게 해서 모든 근거 안에서 유일 가능한 이 근거에서, 이제까지 말한 범주의 연역도 수행된 것이다.

[제2판]

제2절 순수지성 개념의 초월적 연역

§15

결합 일반의 가능성에 대해서

다양한 관념은 직관으로 주어진다. 그 직관은 다만 감성적이며 결국은 수용적인 것에 지나지 않는다. 그리고 이 직관의 형식은 선험적으로 우리의 관념 능력 속에 있을 수 있지만, 이 직관의 형식은 주체가 촉발되는 방식 이외의 어떤 것도 아니다. 그러나 다양한 것의 일반 결합(conjunctio)은 결코 감각에 의해서 오는 것이 아니다. 따라서 다양한 것의 결합도 감성적 직관의 순수한 형식에 동시에 포함되어 있다고 하는 일은 있을 수가 없다. 왜냐하면 결합은 관념 능력의 자발성의 작용이기 때문이다. 그리고 이 자발성을 감성과 구별해서 지성이라고 불러야 한다. 그러므로 결합은 모두 지성의 작용이다. 우리가 결합을 의식하든 않든 간에, 또 다양한 직관의 결합이든 비감성적 직관의 결합이든 간에 결합은 모두 지성의 작용이다. 우리는 이 지성의 작용에 종합이라고 하는 일반적 명칭을 할당하기로 하자. 이것은, 그렇게 함으로써 동시에 다음과 같은 일을 알아차리게 하기 위해서이다. 즉 우리는 무엇인가를 미리 스스로 결합해 두지 않으면, 무슨 일이든 객체에서 결합된 것으로 떠올릴 수가 없다는 것이다. 또 모든 관념 안에서 결합은 객체에 의해서 주어질 수 없고, 주체 자신에 의해서만 수행되는 유일한 관념이라는 것이다. 왜냐하면 결합은 지성의 자기 활동의 작용이기 때문이다. 여기에서 우리가 쉽사리 알아차릴 수 있는 일이 있다. 그것은 바로 이 작용이 근원적으로 유일하며 모든 결합에 한결같이 해당되어야 한다는 것이고, 또 분해, 즉 종합의 반대처럼 보이는 분석은 사실 언제나 종합을 전제로 하고 있다는 점이다. 왜냐하면 지성이 미리 무엇인가를 결합해 두지 않으면 지성은 아무것도 분석하지 못하므로, 무슨 일이나 오직 지성에 의해서만 결합된 것으로 관념 능력에 주어질 수가 있었기 때문이다.

그러나 결합이라고 하는 개념은, 다양함이라고 하는 개념과 다양한 것의 종합이라고 하는 관념 말고도 다양한 것의 통일이라고 하는 개념을 갖추고 있다.

결합이란 다양한 것의 종합적 통일의 관념인 것이다.[6] 그렇기 때문에 이 통일이라고 하는 관념은 결합으로부터 생길 수 있는 것이 아니라, 오히려 통일이라고 하는 관념이 다양한 것의 결합에 덧붙여짐으로써 결합이라는 것을 비로소 가능케 한다. 모든 결합의 개념에 선험적으로 앞서는 이 통일은, 앞에서 말했던 단일성의 범주가 아니다(§10). 왜냐하면 모든 범주는 판단에서의 논리적 기능에 기초를 두고 있지만 이 논리적 기능에서 이미 주어진 개념의 결합, 곧 통일이 고려되어 있기 때문이다. 따라서 범주는 이미 결합을 전제로 하고 있다. 그러므로 우리는 이 통일(질적 통일성으로서, §12)을 보다 높은 곳에서 구하지 않으면 안 된다. 즉 판단에서 여러 가지 개념의 통일의 근거까지도, 따라서 지성을 가능하게 하는 근거까지도—게다가 지성의 논리적 사용에 있어서—포함하고 있는 것 안에서 구해야만 하는 것이다.

<h2 style="text-align:center">§16</h2>

통각의 근원적 종합적 통일에 대해서

'나는 생각한다'는 나의 모든 관념에 수반되어야 한다. 그렇지 않을 경우, 전혀 생각하지도 않은 일이 내 안에서 떠올려질 것이기 때문이다. 그것은 관념이 불가능하다거나, 또는 적어도 나에게 무(無)와 같다는 것을 의미한다. 모든 사고에 앞서서 주어지는 관념을 직관이라고 한다. 그렇기 때문에 다양한 직관의 모든 것은, 이 다양한 것이 발견되는 것과 동일한 주체에서, '나는 생각한다'에 필연적으로 관계한다. 그러나 이 '나는 생각한다'는 관념은 자발성의 작용이다. 즉 이 관념은 감성에 속하는 것으로는 볼 수가 없다. 나는 이 관념을 경험적 통각과 구별하기 위하여 순수통각이라고 부른다. 또는 근원적 통각이라고 부른다. 왜냐하면 그것은 '나는 생각한다'라고 하는 관념을 낳으면서도 다른 모든 관념에 수반될 수 있어야만 하는 자기의식이며, 모든 의식에서 동일하고 결코 다른 관념이 수반되는 일이 있을 수 없는 자기의식이기 때문이다. 나는 또 통각의 통

---

6) 열 가지 관념 자체가 동일한 것인가, 따라서 어떤 관념이 다른 관념에 의해서 분석적으로 생각할 수 있는가 하는 것은 여기서 고찰 밖의 일이다. 하나의 관념의 의식은 다양한 것이 문제가 되는 한, 다른 관념의 의식으로부터 구별될 수 있다. 여기에서는 이 (가능한) 의식의 종합만이 문제인 것이다.

일을 자기의식의 초월적 통일이라고도 부른다. 그것은 선험적 인식의 가능성을 이 통각의 통일로 특징짓기 위해서이다. 왜냐하면 어떤 직관 속에 주어지는 다양한 관념이 모든 하나의 의식에 속하지 않는다고 하면, 그것들은 모두 나의 관념이 아닐 것이기 때문이다. 즉 다양한 관념은 나의 관념으로서(내가 관념을, 그와 같은 것으로서 의식하고 있지 않아도), 그것들이 하나의 일반적 의식에서 결집할 수 있는 조건에 필연적으로 따라야만 한다. 만일 그렇지 않다면 이들의 관념이 일관해서 나에게 속하는 일은 없을 것이기 때문이다. 이 근원적 결합에서 많은 것이 귀결된다. 즉 직관에 주어진 다양함에 대해 근원적 통각이 가지는 이 철저한 동일성은 표상의 종합을 포함하고 있으며, 이 종합 의식에 의해서만이 가능한 것이다. 왜냐하면 여러 가지 관념이 수반하는 경험적 의식은 그 자체로는 분산되어서, 주체의 동일성에 대한 관계를 결여하고 있기 때문이다. 즉 이와 같은 관계는 각 개념에 의식을 수반하게 하는 것으로는 아직 생겨나지 않고, 내가 하나의 관념에 다른 관념을 덧붙여 이들 관념의 종합을 의식함으로써 생기는 것이다. 그러므로 나는 주어진 다양한 관념을 하나의 의식에서 결합함으로써만이, 이들 관념에 있어서의 의식의 동일성 그 자체를 떠올릴 수가 있는 것이다. 다시 말해 통각의 분석적 통일은 어떤 종합적 통일을 전제해서만 가능하다.[7] 그렇기 때문에 직관에 의해서 주어진 이들 개념은 모두 나에게 속한다고 하는 생각은, 내가 이들 관념을 하나의 의식에서 통합하는, 또는 적어도 통합할 수 있다는 뜻이다. 이 생각 그 자체는 아직 관념의 종합 의식은 아니라고 해도, 그것은 종합이 가능하다는 것을 전제로 하고 있다. 즉 내가 다양한 관념을 하나의 의식 안에 포함할 수 있다는 것에 의해서만, 나는 이들 관념 모두를 나

---

7) 의식의 분석적 통일은 모든 공통 개념 자체에 결부되어 있다. 예컨대 내가 붉은색 일반을 생각할 경우 나는 그것에 의해서 (표징으로서) 어딘가에서 본 어떤 상태, 다른 관념과 결부되어 있을 어떤 상태를 떠올린다. 그렇기 때문에 미리 생각된 가능한 종합적 통일에 의해서만, 나는 분석적 통일을 떠올릴 수가 있는 것이다. 여러 가지 다른 관념과 공통된 것으로 생각해야 할 하나의 관념은, 그 관념 말고도 그 자체가 어떤 다른 것을 가지고 있는 관념에 속하는 것으로 여겨진다. 따라서 이런 공통 관념은 다른 관념(비록 가능한 관념이더라도)과의 종합적 통일에서 미리 생각되고, 그 뒤에 비로소 의식의 분석적 통일이 이 관념에 대해 생각되고, 이를 일반적 개념으로 형성할 수 있어야 한다. 이렇게 해서 통각의 종합적 통일은 모든 지성 사용뿐만 아니라 모든 논리학까지도, 그리고 논리학에 따라서 초월적 철학이 결부되어야 할 최고 지점이다. 아니, 바로 이 능력이 지성 그것인 것이다.

의 관념이라고 부르는 것이다. 만약에 그렇지 않다면 나는 내가 의식하고 있는 여러 개념을 갖는 것과 같은 정도로, 다종다양한 자기를 가지게 될 것이기 때문이다. 그러므로 다양한 직관의 종합적 통일은 선험적으로 주어지는 것으로서, 나의 일정한 모든 사고에 선험적으로 선행하는 통각 그 자체의 동일성의 근거이다. 그러나 결합은 대상 속에 있지 않다. 그리고 결합은 대상에 관해서 지각으로부터 빌려오는 것도 아니고, 또 지각에 의해서 처음으로 지성 안에 받아들여지는 것도 아니다. 그렇지 않고 결합이야말로 지성이 할 수 있는 능력이다. 이 지성 자신은 선험적으로 결합하여, 주어진 다양한 개념을 통각의 통일로 가져오는 능력 바로 그것이다. 이 통각의 통일이라고 하는 원칙이 인간의 모든 인식의 최고 원칙인 것이다.

그런데 이 통각의 필연적 통일이라는 원칙은 확실히 그 자체는 동일적이며, 따라서 분석적 명제이다. 그러나 이 원칙은 직관에서 주어진 다양한 것의 종합이 필연적이라고 말한다. 이 종합이 없으면, 앞에서도 말한 자기의식의 일관적 동일성을 생각할 수가 없는 것이다. 왜냐하면 단순한 관념인 '나'에 의해서는, 다양한 것은 주어져 있지 않기 때문이다. 다양한 것이 주어질 수 있는 것은 '나'와는 별개인 직관에 있어서뿐이며, 그것을 생각할 수 있는 것은 하나의 의식에서의 결합에 의해서이다. 자기의식에 의해서 동시에 모든 것이 주어지는 지성이라면, 직관도 할 것이다. 우리의 지성은 생각할 수가 있을 뿐이며, 직관을 감각 안에서 구해야만 한다. 그렇기 때문에 나는 하나의 직관에서 자기에게 주어지는 다양한 관념에 대해서 동일한 자기를 의식하는 것이다. 왜냐하면 나는 그와 같은 모든 관념을, 하나의 관념을 형성하는 나의 여러 관념이라고 부르기 때문이다. 그것은 내가 관념의 필연적 종합을 선험적으로 의식한다는 뜻이다. 이 필연적 종합을 통각의 근원적·종합적 통일이라고 한다. 나에게 주어지는 모든 관념은 이 통합 아래에 있는 것이지만, 또 하나의 통합에 의해서 이 통일로 가져와지지 않으면 안 되는 것이다.

§17
통각의 종합적 통일 원칙은 모든 지성 최고 사용 원리이다

초월적 감성론에 의하면, 감성과 관련된 모든 직관을 가능하게 하는 최고 원리는 다음과 같은 것이었다. 즉 다양한 직관은 모두 시간·공간이라고 하는 형식적 조건에 따른다. 이와 마찬가지로 모든 직관이 가능하기 위한 지성에 관한 최고 원칙은, 다양한 직관은 모든 통각의 근원적·종합적 통일이라고 하는 조건에 따른다는 것이다.[8] 모든 직관의 개념은 그것이 우리에게 주어지는 한, 지금 말한 첫 번째 원칙에 따른다. 또 그것이 하나의 의식에 결합되어야 하는 한에 있어서는, 지금 말한 두 번째 원칙에 따른다. 이것이 없으면 지성에 의해서 아무 것도 생각할 수 없으며, 그 무엇도 인식될 수가 없으니 말이다. 왜냐하면 주어진 여러 관념이 '나는 생각한다'고 하는 작용을 공유하는 일은 없을 테고, 그 작용에 의해 하나의 의식으로 정리된 상태에 있다고 하는 일은 없을 것이기 때문이다.

일반적으로 말해서 지성은 인식의 능력이다. 인식은 객체에 주어진 관념의 일정한 관계로 성립된다. 그러나 객체란, 그 개념에서 주어진 다양한 직관이 통합되어 있는 것을 말한다. 한편 관념의 모든 통합은 관념의 종합에 있어서의 의식의 통일을 필요로 한다. 따라서 의식의 통일은 대상에 대한 관념의 관계를, 즉 관념의 객관적 타당성—곧 관념이 인식이 되는 일—을 형성하는 유일한 것이다. 그래서 지성이 가능하다는 것까지도 의식의 통일에 입각하고 있는 것이다.

그러므로 지성의 다른 사용이 모두 의존하는 동시에 감성적 직관의 모든 조건으로부터 독립한 최초의 순수지성 인식은, 통각의 근원적·융합적 통일의 원칙이다. 그렇다고 한다면 외적·감성적 직관의 단순한 형식인 공간은, 아직 그 어떤 인식도 아니다. 공간은 가능한 인식을 위해 선험적인 다양한 직관을 줄 수 있을 뿐이다. 그러나 공간 안에 무엇인가를 인식하기 위해서는 예컨대 하나의 직선을 인식하기 위해서는, 나는 직선을 그어봐야 하고, 따라서 주어진 다양한 것의 일정한 결합을 성립시켜야 한다. 그러므로 이 행위의 통일은 동시에 의

---

8) 시간·공간과 이들 모든 부분은 직관이며, 직관에 포함되는 다양한 것을 수반한 개별적 관념이다(초월적 감성론 참조). 따라서 단순한 개념이 아니라, 많은 관념이다. 개념에 의해서, 전적으로 동일한 의식이 많은 관념에 포함되는 것으로 발견된다. 그러나 많은 관념은 하나의 관념과 그 의식에 포함된 것으로서, 즉 합성된 것으로서 발견된다. 그러므로 많은 관념 안에는, 의식의 통일이 종합적이고 근원적인 것으로 발견된다. 관념의 이 개별성은 관념이 적용될 때에 중요한 것이 된다(§25 참조).

식의 통일(하나의 직선이라는 개념에 있어서)이며, 이 통일에 의해서 비로소 하나의 객체(일정한 공간)가 인식되는 것이다. 그렇기 때문에 의식의 종합적 통일은 모두 인식의 객관적 조건이다. 그것은 단지 나 자신이 객체를 인식하기 위해서만 필요로 하는 것이 아니라, 나에 대해 객체가 되기 위해서는 모든 직관이 따라야 하는 조건이다. 왜냐하면 다른 방식으로는, 즉 이 종합 없이는 다양한 것은 하나의 의식으로 통합되는 일은 없을 것이기 때문이다. 이 마지막 명제는 종합적 통일을 모든 사고의 조건으로 삼는 것이지만, 앞에서도 말한 바와 같이 그 자체로서는 분석적이다. 왜냐하면 이 명제가 의미하는 것은 다음과 같은 것이기 때문이다. 즉 주어진 그 어떤 직관에서의 '나의' 관념은 모두, 내가 나의 관념으로서 동일한 자기에 귀착시키기 위한 조건 아래 있지 않으면 안 된다. 따라서 그 조건 아래에서 나는 이들 관념을 하나의 통각으로 종합적으로 결합한 것으로서 '나는 생각한다'고 하는 일반적 표현에 의해서 정리할 수가 있다는 것이다.

하지만 이 원칙은 가능한 모든 지성을 위한 원리가 아니라, '나는 존재한다'고 하는 관념에 있어서의 순수통각에 의해서는 다양한 것이 아직 전혀 주어져 있지 않은 지성만을 위한 원리이다. 자기의식에 의해서 동시에 다양한 직관이 주어질 수 있는 지성, 즉 자체의 관념에 의해서 동시에 그 관념의 객체가 실제로 존재하는 지성이라면, 의식의 통일을 위해 다양한 것의 종합이라고 하는 특별한 작용을 필요로 하지 않을 것이다. 단지 생각만 하고 직관하는 일이 없는 인간의 지성은, 지금 말한 작용을 필요로 한다. 그러면 그 작용은 인간의 지성에 대해서, 피할 수 없는 첫 번째 원칙인 것이다. 그러므로 인간의 지성은 다른 가능한 지성에 대해서는, 스스로 직관할 수 있는 것이든 감성적 직관이든, 시간과 공간에 있어서의 직관과는 다른 종류의 직관을 근본적으로 갖추고 있는 개념을 조금도 이해할 수가 없다.

§18

자기의식의 객관적 통일이란 무엇인가

통각의 초월적 통일은, 직관에서 주어지는 모든 다양성이 객체의 개념에서 통합되는 통일이다. 그러므로 이 통일은 객관적이라고 불리며, 인식의 주관적 통일과는 구별되지 않으면 안 된다. 의식의 주관적 통일은 내적 감각의 한 한정이다. 이 내적 감각에 의해서 다양한 직관은, 그와 같은 통합을 위해 경험적으로 주어진다. 내가 다양한 것을 경험적으로 의식할 때, 동시에 의식하는가 잇따라 의식하는가 하는 것은 상황 또는 경험적 조건에 따른다. 그러므로 의식의 경험적 통일은 관념 연합(영상)에 의한 것이며, 그 자체는 현상에 관계하므로 전적으로 우연적인 것이다. 이에 반해 시간에서의 직관의 순수형식은 주어진 다양한 것을 포함하는 직관 일반이기 때문에 의식의 근원적 통일에 따른다. 그것은 오직 다양한 직관이 '나는 생각한다'라고 하는 하나의 의식에 필연적으로 관계함으로써, 그러니까 경험적 종합의 밑바탕에 선험적으로 있는 지성의 순수종합을 통해서만 그렇게 된다. 의식의 근원적 통일만이 객관적으로 통용되는 것이다. 통각의 경험적 통일은 우리가 여기에서 고찰하고자 하는 것이 아니며, 그것은 또한 구체적으로 주어진 조건 아래에서 근원적 통일로부터 도출된 것으로서 주관적 타당성밖에 가지지 못한다. 어떤 사람은 어떤 말의 관념을 어떤 사물과 결부시키고, 다른 사람은 같은 말을 다른 사물과 결부시킨다. 이와 같이 경험적인 것에서의 의식의 통일은, 주어진 것에 관해서는 필연적으로나 보편적으로도 통용되지 않는 것이다.

§19
모든 판단의 논리적 형식의 본질은 판단 속 개념에 통각의 객관적 통일을 주는 데 있다

나는 논리학자들이 판단 일반에 대해 하는 설명에 지금까지 한 번도 만족한 적이 없다. 그들은 판단이란 두 개념 간의 관계라고 말한다. 그러나 이 설명은 기껏해야 정언판단에만 적합하고, 가언판단이나 선언판단에는 걸맞다(이들 두 판단은 개념의 관계가 아니라, 그 자체가 판단의 관계를 포함하고 있는 것이다). 여기에서는 이와 같은 설명의 결함을 둘러싸고 논리학자들과 다툴 생각은 없다(논리학의 이런 오류에서 많은 번거로운 결과가 생겨났음에도 불구하고).[9] 나는 다만 이 관

---

9) 삼단논법의 네 가지 격(格)에 대한 여러 가지 가르침은, 정언적 이성 추리에만 관한 것이다. 그 가르침이란 직접 추리(consequentiae immediatiae)를 순수한 이성 추리의 대전제 아래 은폐함으로써 제1격의 가상보다도 많은 추론 양식의 가상을 횡령하는 기술과 다름없다. 하지만 이 가르침은 그러한 방식만으로는 정언판단—다른 모든 판단은 이 판단과 관계를 가지는 것이어야

계가 어디에서 성립되는 것인지는, 그들의 설명으로는 분명하지 않다는 점만을 주의해 두는 바이다.

그러나 모든 판단에서 주어지는 인식의 관계를 보다 엄밀하게 조사하여 그 관계를 지성에 속하는 것으로서, 재현적 구상력의 법칙에 의한 관계(이것은 주관적 타당성밖에 가지지 않는다)로부터 구별하면, 판단이란 주어진 인식을 통각의 객관적 통일로 가져오는 방식에 지나지 않는다는 것을 알 수 있다. 주어진 관념의 객관적 통일을 주관적 통일에서 구별하기 위해서, 인식에서 관계를 나타내는 '~이다'라고 하는 말이 노리고 있는 것은 바로 그것이다. 왜냐하면 이 '~이다'라고 하는 말은 비록 판단 자체가 경험적이고, 예를 들어 '물체는 무게가 있다'에서와 같이 우연적인 경우라 할지라도 근원적 통각과 그 필연적 통일에의 관계를 나타내고 있기 때문이다. 나는 이것으로, 이들 관념이 경험적 직관에서 필연적으로 연관되어 있다고 말하려는 것은 아니다. 그렇지 않고 이들이 직관의 종합에서의 필연적 통일에 의해서, 즉 모든 관념의 객관적 규정의 원리—그 원리에서 인식이 생기는 한—에 따라서 연관을 가지고 있다는 것을 말하고 싶은 것이다. 이들 원리는, 모름지기 통각의 초월적 통일의 원리에서 도출되는 것이다. 그것에 의해서만이 이와 같은 관계에서 하나의 판단이, 곧 객관적으로 통용되는 관계가 생기며, 전적으로 동일한 관계에서도 이를테면 연상에 의하는 것 같은, 관념의 단순한 주관적 타당성밖에 가지지 않는 관계와는 충분히 구별되는 것이다. 연상의 법칙에 의하면 나는 '어떤 물체를 가지면 무게의 압박을 느낀다'라고밖에 말할 수 없고, '물체는 무겁다'고는 말할 수가 없는 것이다. 다시 말해 이들 두 관념은 객체서 주체의 상태와는 상관없이 결부되어 있으며, 단지 지각에서만(그것이 여러 차례 되풀이될지라도) 공존하는 것이 아니라는 의미이다.

§20

모든 감성적 직관은 범주에 따른다. 다양한 직관은 범주라는 조건 아래에서만 하나의 의식에 총괄될 수 있다

직관에서 다양하게 주어진 것은, 필연적으로 통각의 근원적·종합적 통일 아

만 한다—에 독점적 권위를 갖게 하는 일에 성공하지 못한 것이라고 한다면, 그토록 잘한 일은 없을 것이다. 그러나 이것은 §9에 의하면 틀린 것이다.

래에 속한다. 이 통일에 의해서만 직관의 통일이 가능하기 때문이다(§17 참조). 그러나 주어진 관념(직관이건 개념이건)을 통각 일반으로 가져오는 지성의 작용은 판단의 기능이다(§19 참조). 그렇기 때문에 모든 다양한 것이 하나의 경험적 직관에서 주어지는 한, 그것은 판단하는 논리적 기능의 하나에 관해서 규정되어 있다. 즉 다양한 것은 이 논리적 기능에 의해서 하나의 의식 일반으로 가져와지는 것이다. 그런데 범주는 주어진 다양한 직관이 논리적 기능에 관해서 규정되는 한, 바로 이 판단하는 기능에 지나지 않는다(§13 참조). 그렇기 때문에 주어진 직관에서의 다양한 것도 필연적으로 범주에 따르는 것이다.

§21

주해

다양한 것은, 내가 자기 것이라고 말하는 하나의 직관에 포함되어 있다. 그 다양한 것은 지성의 종합에 의하여, 자기의식이 필연적 통일에 속하는 것으로서 떠올릴 수가 있는데, 이것은 범주에 의해서 생긴다.[10] 그렇기 때문에 이 주석은 다음과 같은 일을 알리는 것이다. 하나의 직관에 주어진 다양함에 관한 경험적 의식은 선험적이고 순수한 자기의식에 따르지만, 그것은 경험적 직관이 마찬가지로 선험적이고 순수한 감성적 직관에 따르는 것과 완전히 같다. 그러므로 지금 위에서 든 명제에서, 순수지성 개념의 연역은 그 첫걸음이 이루어지고 있다. 범주는 감성과는 독립적으로 지성에서 생기기 때문에, 나는 그 연역에서 다양한 것이 경험적 직관에 대해서 주어지는 방식을 도외시하지 하지 않으면 안 된다. 그것은 지성에 의해서 범주를 매개로 하여 직관에 덧붙여지는 통일에만 착안을 하기 위해서이다. 이후에서는(§26 참조), 감성에서 경험적 직관이 주어지는 방식으로부터 다음과 같은 것이 제시될 것이다. 즉 경험적 직관의 통일은 범주가—앞의 §20에 따라서—주어진 직관 일반의 다양한 것에 지정하는 통일이라는 것, 따라서 우리의 모든 감각의 대상에 관해서 범주의 선험적 타당성이 설명됨으로써 연역의 목적이 비로소 충분히 달성된다는 것이다.

---

10) 그 증명 근거는 떠올린 통일에 입각한다. 대상은 이 직관에 의해 주어지는 것인데, 직관의 통일은 언제나 다양한, 직관에 주어진 것의 종합을 포함하고 있으며, 이미 통각의 통일에 대해서 주어진 것의 관계를 포함하고 있다.

그러나 앞의 증명에서 내가 무시할 수 없었던 것이 하나 있다. 다양한 것은 지성의 종합에 앞서, 또 그것과는 독립적으로 직관에 대해 주어져 있지 않으면 안 된다는 것이다. 하지만 그것이 어떻게 해서 주어지는가는, 이 단계에서는 아직 확정되지 않았다. 왜냐하면 만일 내가 스스로 직관할 수 있는 지성(주어진 대상을 떠올릴 수 없이, 자체의 관념에 의해서 동시에 대상 그 자체가 주어지거나 또는 생기게 되는, 말하자면 신적 지성과 같은)을 상상하려 해도 그와 같은 일을 인식하기 위해서는, 범주는 전혀 뜻을 가지지 못할 것이기 때문이다. 범주는 다만 지성에 대한 규칙에 지나지 않으며, 지성에 대해 직관으로서 외부로부터 주어지는 다양한 것의 종합을 통각의 통일이 되도록 하는 것이 그 권한의 전부이다. 따라서 지성은 그 자체로는 전혀 아무것도 인식할 수 없으며, 객체에 의해서 그 자체에 주어져야만 하는 직관이라는, 인식을 위한 소재를 결합하고 정리할 수 있을 뿐이다. 그러나 반드시 범주의 매개들에 의해서만, 그리고 그 매개 요소의 종류와 수만큼의 범주를 통해서만 통각의 선험적 통일을 성립시키는 지성의 성질에 대해서는 이 이상의 근거를 제시할 수 없다. 그것은 우리가 왜 다름 아닌 이런 판단을 하는 기능을 가지고 다른 판단을 하는 기능은 가지고 있지 않은가, 또는 시간과 공간은 왜 우리의 가능한 직관의 유일한 두 형식인가 하는 것에 대해 근거를 제시할 수 없는 것과 같다.

§22

범주는 경험의 대상에 적용될 수 있을 뿐이며 그 밖의 사물 인식에는 사용되지 않는다

대상을 생각하는 것과 대상을 인식하는 것은 같은 일이 아니다. 즉 인식에는 두 가지 것이 필요하다. 그 첫째는 개념이며 그 다음은 직관이다. 그리고 개념에 의해 대상은 생각되어지고(범주), 직관에 의해 대상은 주어진다. 개념에 대응하는 직관이 전혀 주어지지 않는다면, 개념은 형식상으로는 사고(思考)이기는 하나 내용을 전혀 가지지 않으므로, 그와 같은 사고로는 그 어떤 사물도 인식할 수 없는 것이다. 왜냐하면 [그 경우] 내가 알고 있는 한에서는, 나의 사고가 적용될 수 있는 것은 존재하지 않고, 존재할 리도 없기 때문이다. 그런데 우리에게 가능한 모든 직관은 감정적이다(감성론 참조). 따라서 순수지성 개념에 의한 대상 일반의 사고는 우리의 경우, 이런 개념이 감각의 대상에 관계하는 한에서만 인식될 수가 있는 것이다. 감성적 직관은 순수직관(시간과 공간)이든가, 또는 시간과 공간 안에서 직접 감각 내용에 의해 현실적인 것으로서 제시되는 것의 경험적 직관이든가, 그 어느 한쪽이다. 첫 번째의 순수직관을 규정함으로써, 우리는 대상에 대한 선험적 인식(수학에서)을—그러나 순수직관의 형식에 따라서, 현상으로만—얻을 수가 있다. 그때, 이 형식으로 직관되어야 할 사물이 존재하는가의 여부는, 여전히 미해결 상태이다. 그러므로 순수한 감성적 직관의 형식에 따라서만, 우리에게 제시될 수 있는 사물이 존재한다고 하는 것이 전제되지 않는 한, 수학적 개념은 모두 그것만으로는 인식할 수가 없다. 그러나 시간과 공간에 있어서의 사물은 지각(감각 내용을 가진 관념)인 한에서만, 즉 경험적 관념을 통해서만 주어진다. 따라서 순수지성 개념은 선험적 직관(수학에서처럼)에 적용되는 경우라 할지라도, 이런 선험적 직관과 이 직관을 매개로 한 지성 개념이 경험적 직관에 적용되는 한에서만 인식을 준다. 그러므로 직관을 매개로 한 범주도 그것이 단지 경험적 직관에 대해 적용되는 경우 말고는 우리에게 사물의 인식을 주지 않는다. 다시 말해 범주는 다만 경험적 인식을 가능하게 하기 위한 것이다. 그런데 이 경험적 인식을 경험이라고 일컫는다. 따라서 범주란, 사물이 가능한 경험의 대상이라고 여겨지는 경우에만 사물의 인식을 위해 사용되는 것이다.

§23

앞에서 든 명제는 매우 중요하다. 왜냐하면 그것은 대상에 관해서 순수지성 개념을 사용하는 한계를 정하는 것이기 때문이다. 그것은 초월적 감성론이 우리의 감성적 직관의 순수형식을 사용하는 한계를 정하는 것과 전적으로 같은 것이다. 시간과 공간은 대상이 우리에게 줄 수 있는 가능성의 조건으로, 감각의 대상, 즉 경험의 대상에 대해서만 적용된다. 이 한계를 넘으면, 시간과 공간은 아무것도 제시해 주지 않는다. 왜냐하면 그것들은 오로지 감각에서만 현실적이며, 감각을 떠나서는 어떤 현실성도 가지지 않기 때문이다. 순수지성 개념은 이런 제한을 받지 않으며, 직관 일반—그것이 우리의 직관과 비슷하든 비슷하지 않든, 감성적이고 지적이기만 하면—의 대상에까지 미치고 있다. 그러나 그와 같이, 우리의 감성적 직관을 넘어서 개념을 더욱 확장해도, 그것은 우리에게 아무런 쓸모도 없다. 왜냐하면 그와 같은 개념은, 대상에 대해 그것이 도대체 가능한가 어떤가를 전혀 판단할 수 없는 공허한 개념이며, 객관적 실재성을 가지지 않은 단순한 사고형식이기 때문이다. 그 까닭은, 우리는 통각의 종합적 통일―이것을 포함하고 있는 것은 순수지성 개념뿐이다―을 적용하는 직관을 아무것도 가지고 있지 않고, 그렇게 되면 순수지성 개념은 대상을 규정할 수 없기 때문이다. 우리의 감성적이고 경험적인 직관만이, 순수지성 개념에 의의와 의미를 줄 수 있다.

그렇기 때문에 비감성적 직관의 객체가 주어져 있다고 가정하면, 우리는 그와 같은 객체를, 물론 다음과 같은 술어에 의해서도 나타낼 수가 있다. 이들 술어란 본디 그와 같은 객체에는 감성적 직관에 속하는 것이 합치하지 않는다는 전제 아래에 있는 것이다. 즉 그와 같은 객체는 외연을 가지지 않고, 공간 안에도 없으며, 또 그와 같은 객체의 지속은 시간이 아니다. 또 그와 같은 객체에서는 변화(시간에서의 여러 규정의 연속)라는 것을 볼 수가 없다 등과 같은 전제이다. 그러나 객체의 직관이 어떠하지 않다는 것을 지적할 뿐, 직관에는 도대체 무엇이 포함되어 있는가를 말할 수 없다면, 그것은 본디의 인식이 아니다. 왜냐하면 그때 나는 나의 순수지성 개념을 위해, 전혀 객체의 가능성을 제시하지 않았기 때문이다. 나는 순수지성 개념에 대응하는 직관을 줄 수가 없고, 우리의 직관은 순수지성 개념에는 해당되지 않는다고밖에 말할 수가 없었기 때문이다. 하지만 여기에서 가장 중요한 것은, 이와 같은 그 어떤 무엇인가에는 애초부터 범주도 적용할 수가 없다는 것이다. 예를 들면 실체의 개념, 즉 주어로서는 존재하고, 결코 술어로서는 존재할 수 없다고 하는 어떤 개념이다. 이 개념에 대해서는, 경험적 직관이 나에게 그것을 적용하는 사례를 주지 않으면, 나는 이 사고의 규정에 대응하는 그 어떤 사물이 존재하는지의 여부를 전혀 알 수가 없는 것이다. 이에 대해서는 다음에서 자세히 살펴보고자 한다.

§24

감각 일반 대상에 대한 범주의 적용

순수지성 개념은 단순한 지성에 의해서 직관 일반의 대상에 관계한다. 그때

이 직관이 감성적인 것일 경우, 그것이 우리 자신의 직관이든 다른 어떤 받아들인 직관이든 그건 문제가 안 된다. 그러나 바로 그렇기 때문에 순수지성 개념은 단순한 사고 형식에 불과하며, 그것만으로는 아직 일정한 대상은 인식되지 않는다. 순수지성 개념에 의한 다양한 것의 종합 또는 결합은, 단순히 통각의 통일에 관계된 것이다. 이에 의해서 종합은 지성에 기초를 둔 한에서, 또 초월적일 뿐만 아니라 순수하게 지적인 것인 한에서 선험적 인식의 근거였다. 그러나 우리 안에는, 관념 능력의 수용성(감성)에 의거한 선험적 직관의 어떤 형식이 밑바탕에 있다. 그렇기 때문에 자발성으로서의 지성은 주어진 다양한 관념을 통해서, 통각의 종합적 통일에 따라 내적 감각을 규정할 수 있다. 그렇게 해서 지성은 선험적인 감성적 직관의 다양한 것에 관한 통각의 종합적 통일을 다음과 같은 조건으로서 생각할 수가 있다. 즉 그 조건에 우리(인간)의 모든 직관의 대상이 필연적으로 따라야 한다는 것이다. 이것에 의해서 단순한 사고 형식으로서의 범주는 객관적 실재성, 다시 말하면 직관에서 우리에게 주어질 수 있는 대상—단지 현상으로서이지만—에 대한 적용성을 얻는다. 왜냐하면 우리는 현상에 대해서만 선험적 직관을 사용할 수 있기 때문이다.

이 감성적 직관의 다양한 것에 대한 이런 '종합'은 선험적으로 가능하며 또한 필연적인 것으로, 형상적 종합(synthesis speciosa)이라고 부를 수 있다. 그것은 직관 일반의 다양한 것을 포괄하는 단순한 범주에 의해 생각되며, 지성적 결합(synthesis intellectualis)이라고 부르는 종합과 구별된 이 둘은 선험적으로 종합을 형성할 뿐만 아니라, 다른 선험적 인식에도 기초를 부여하기 때문에 모두 초월적이다.

그러나 형상적 종합이 단순히 통각의 근원적 종합적 통일, 즉 범주에서 사고되는 이 초월적 통일을 향하게 될 때, 그것은 단순한 지성적 결합과 구별해서 구상력의 초월적 종합이라고 불린다. 구상력이란, 대상이 직관에서 현존하지 않아도 대상을 떠올릴 수 있는 능력이다. 그런데 우리의 모든 직관은 감성적이기 때문에, 구상력은 대응하는 직관을 지성 개념에 줄 수 있는 유일한 주관적 조건으로서, 감성에 속한다. 하지만 구상력이 자발성의 행사인 한에 있어서, 또 자발성은 감각처럼 단순히 규정되는 것이 아니라 규정하는 것이며, 즉 감각—그 형식에 의해서—통각의 통일에 따라 선험적으로 규정할 수 있는 한, 구상력은 감성을 선험적으로 규정하는 능력이다. 범주에 따라서 직관을 종합하는 것은 구상력의 초월적 종합이어야 한다. 이것은 감성에 대한 지성의 작용이며, 우리에게 가능한 직관의 대상에 대한 지성의 최초 적용(동시에 다른 모든 적용의 기반)이다. 이 종합은 형상적인 것으로, 구상력이 결여된 지성에만 의존하는 지성적 종합과는 다르다. 한편 구상력이 자발성인 한, 나는 그것을 생산적 구상력이라고 불러, 재현적 구상력과 구별한다. 재현적 구상력의 종합은 단지 경험적 법칙에, 즉 연상의 법칙에 따를 뿐이다. 그렇기 때문에 재현적 구상력은 선험적 인식의 가능성을 설명하는 데에 아무런 기여도 하지 않는다. 그러므로 그것은 초월적 철학이 아니라, 심리학에 속한다.

그런데 내적 감각기관의 형식을 설명할 때(§6 참조)에 누구나 알아차렸을 모순을 이제 해명해야겠다. 즉 내적 감각은 우리 자신을 있는 그대로가 아니라, 우리에게 현상하는 것으로밖에 의식에 표시하지 않는다는 것이다. 이것은 우리가 우리 자신을 단지 내적으로 촉발되는 대로 직관하는 것에 지나지 않기 때문에, 그것만으로는 우리가 우리 자신에 대해서 수동적으로 행동할 수밖에 없다는 점에서 모순된 것으로 보인다. 그러므로 사람들은 심리학 체계에서, 흔히 내적 감각을 통각의 능력(이것을 우리는 꼼꼼하게 구별한다)이라 하여 동일시하고 있는 것이다.

내적 감각기관을 규정하는 것이 지성과 그 근원적 능력이다. 이 근원적 능력은 다양한 직관을 결합해서, 통각(지성의 가능성까지도 여기에 입각한다) 아래에 둔다. 그런데 우리 인간 자신에 있어서 지성은 직관의 능력이 아니어서, 직관을 —감성에서 그것이 주어져 있는데도—스스로 동원해서, 말하자면 독자적 지성의 다양한 직관을 결합할 수가 없다. 따라서 지성 자체만을 보자면, 지성의 종합은 감성이 결여되어도 작용의 통일로서 의식을 하게 된다. 그러나 지성은 이 작용의 통일을 통해서, 감성의 직관 형식에 의해서 주어지는 다양한 것에 관해서, 감성을 스스로 규정할 수가 있다. 그러므로 지성은 구상력의 초월적 종합이라는 명목으로, '수동적' 주체—그 능력이 내적 감각이다—에 대해 작용을 한다. 이에 대해서 우리는 내적 감각은 그 작용에 의해 촉발된다고 말할 수 있다. 통각과 그 종합적 통일은, 내적 감각과는 도저히 같은 것이 아니다. 오히려 통각과 그 종합적 통일은 모든 결합의 원천으로서, 다양한 직관 일반으로 향하는 것으로, 범주라고 하는 이름 아래 모든 감성적 직관에 앞서서 객체 일반으로 향한다. 이에 반해 내적 감각은 직관의 단순한 형식이지만, 직관에서의 다양성의 결합이 없고, 따라서 또 일정한 직관을 포함하고 있지 않다. 이 일정한 직관은, 내가 형상적 종합이라고 말한 구상력의 초월적 작용(내적 감각기관에 대한 지성의 종합적 영향)에 의한 다양한 것을 규정하는 의식에 의해서만 가능하다.

이것을 우리는 언제나 우리의 내부에서 지각하고 있다. 우리는 하나의 선을 머릿속에 그어보지 않고서는 그것을 생각할 수 없다. 원을 그려보지 않고서는 원을 생각할 수 없다. 또한 동일한 점에서 세 직선을 서로 수직으로 세워보지 않으면 공간의 삼차원(세로, 가로, 높이)을 전혀 나타낼 수가 없다. 시간조차도 우리가 하나의 직선(이것이 시간의 외적 형상적 관념이어야 한다)을 긋는 동안에, 다양한 것을 종합하고—그것에 의해서 우리는 내적 감각을 계속적으로 규정한다—또 그렇게 함으로써 내적 감각에서의 이 규정의 계속에 완전히 주목하지 않고서는 우리는 시간을 생각할 수가 없다. 게다가 주체의 작용으로서의 운동(객체의 규정으로서가 아니라),[11] 공간에서의 다양성의 종합까지도, 우리가 다양한 것을 버리고 오직 내적 감각을 그 형상에 따라서 규정하는 작용에 주의를 기울임으로써 비로소 계기(繼起)라는 개념을 가져오는 것이다. 그렇기 때문에 지성은 공간 안에서 처음부터 이와 같은 다양한 결합을 찾아내는 것이 아니라, 내적 감각을 촉발해서 결합을 낳는 것이다.

그러나 생각하는 '나'는 직관되는 나와 어떻게 다른가(나는 또 다른 직관의 방식을 적어도 가능하다고 생각하므로), 또한 이와 같은 주체로서의 두 모습이 어떻게 동일한 것일 수 있는가? 즉 스스로의 직관에 어떤 대상으로 주어지는 한, 지성 및 사유의 주체인 내가 생각되어지는 객체로서, 다른 현상들처럼 지성에서 있는 그대로가 아니라 나에게 현상되는 대로 인식된다고 어떻게 말할 수 있는가? 이 어려운 문제는, 어째서 내가 나 자신에게 객체이며 더욱이 직관과 내적

---

11) 공간에서의 객체의 운동은 학문에 속하지 않고, 따라서 기하학에도 속하지 않는다. 왜냐하면 운동하는 것은 선험적으로가 아니라 경험에 의해서만 인식될 수 있기 때문이다. 공간을 기술(記述)하는 운동은, 외적 직관 일반에 있어서의 다양한 것을 생산적 구상력에 의해서 연속적으로 종합하는 순수한 작용이며, 기하학에 속할 뿐만 아니라 초월적 철학에까지도 속한다.

지각의 객체일 수 있는가 하는 문제로 귀착된다. 하지만 실제로 그러해야 한다고 하는 것은, 공간을 외적 감각의 단순한 순수형식으로서 인정하면 다음과 같은 일로 분명히 증명할 수가 있다. 즉 우리는 전혀 외적 직관의 대상도 아닌 시간을, 우리가 그은 한 개의 선의 이미지로밖에 생각에 떠올릴 수 없다는 점이다. 이와 같은 표현법 없이는, 우리는 시간을 측정하는 단위를 결코 인식할 수 없을 것이다. 마찬가지로 모든 내적 지각에 있어서 시간의 길이나 시점(時點)을 규정하는 경우, 우리는 언제나 외적 사물이 변화된 모습에서 그 표시를 알아챌 수밖에 없다. 따라서 우리가 외적 감각의 규정을 공간에서 배열하는 것과 같은 방식으로, 우리는 내적 감각의 규정을 현상으로서 시간에서 배열하지 않으면 안된다. 그렇기 때문에 외적 감각의 규정에 대해 우리가 이 외적 감각에 의해서 외적으로 촉발되는 한에서만 객체를 인식한다는 것을 인정한다면, 우리는 내적 감각에 대해서도 다음과 같이 고백[12]해야 한다. 우리는 내적 감각에 의해서, 우리가 우리 자신에 의해 내적으로 촉발되는 같은 방식에 의해서만 우리 자신을 직관하는 것이다. 즉 내적 감각에 관해서 말하자면 우리는 우리 자신의 주체를 현상으로서만 인식하는 것이지, 주체 그 자체에 입각해서 인식하는 것은 아닌 것이다.

§25

이에 반해 나는 다양한 관념 일반의 초월적 종합에서, 즉 통각의 종합적 근원적 통일에서 나 자신을 의식한다. 내가 나에게 현상하는 방식으로서도 아니고, 내가 나 자신인 것처럼도 아니며, 다만 내가 존재하고 있다는 것을 의식할 뿐이다. 이 관념은 사고이지 직관은 아니다. 그런데 나 자신을 인식하기 위해서는, 모든 가능한 직관의 다양함을 통각에 의해 통일하는 사고의 작용 외에, 이 다양한 것이 주어지기 위한 직관의 일정한 방식이 필요하다. 따라서 나 자신의

---

12) 내적 감각이 우리 자신에 의해서 촉발된다는 점에서, 사람들이 어째서 그렇게 곤란을 느끼는지를 나는 알 수가 없다. 모든 주의 작용은 그 실례를 보여주고 있다. 지성은 주의 작용에서 지성이 생각하는 결합에 따라서, 언제나 내적 감각을, 지성의 종합에 있어서의 다양한 것에 대응하는 내적 직관으로 규정하고 있다. 이렇게 해서 마음이 어느 정도 일반적으로 촉발되는가는, 누구나가 자신 내부에서 알아차릴 수가 있을 것이다.

현실 존재는 확실히 현상은 아니다(하물며 단순한 가상도 아니다). 그러나 나의 현실 존재의 규정[13]은 내적 감각의 형식에 따라서만, 내가 결합하는 다양한 것이 내적 직관에서 주어지는 특수한 방식에 의해서 이루어지는 것이다. 따라서 나는 내가 있는 그대로가 아니라, 단지 내가 나 자신에게 형상하는 것처럼 나를 인식하는 것이다. 그렇기 때문에 나 자신의 현실 존재 의식은 그 인식에는 멀리 미치지 못한다. 통각에 있어서의 다양한 것의 결합에 의해서 객체 일반의 사고를 이루는 범주를 아무리 구사해도 사정은 변하지 않는다. 나와는 다른 객체를 인식하기 위해서는 객체 일반을 사고할 범주 말고도 직관을 필요로 하며, 그것에 의해 보편적 개념을 규정한다. 마찬가지로 나는 나 자신을 인식하기 위해서도 의식 이외에, 다시 말해 내가 나 자신을 생각하고 있다는 의식 이외에 내 속에 있는 다양함의 직관을 필요로 하며, 그것에 의해서 이런 사고를 하는 것이다. 나는 지성으로서 존재하며, 이 지성은 완전히 자기의 결합 능력을 자각하고 있지만, 그것이 결합해야 하는 다양한 것에 대해서는 내적 감각기관이라고 부르는 제한적 조건이 따른다. 다시 말해 전적으로 본디 지성 개념의 외부에 있는 시간 관계에 따라서만 그런 결합을 직관할 수 있도록 하는 것이다. 지성 그 자체는 역시 직관(이 직관은 지적일 수가 없고 또한 지성 자체에 의해서는 주어지지 않는다)에 의해 자기 자신에게 현상되는 그대로를 인식할 수 있을 뿐이며, 자기 직관이 지적인 경우에 인식했을 방식으로는 자기 자신을 인식할 수 없다.

---

13) '나는 생각한다'는 것은 나의 현실 존재를 규정하는 작용을 나타낸다. 이 '나는 생각한다'에 의해서 나의 현실 존재는 이미 주어져 있다. 그러나 내가 나의 현실 존재를 규정해야 할 방식, 즉 나의 현실 존재에 속하는 다양한 것을 내 안에 설정하는 방식은, '나는 생각한다'에 의해서는 아직 주어지지 않고 있다. 그 방식에는 선험적으로 주어지는 형식, 곧 시간을 바탕으로 하는 자기 직관이 속한다. 이 형식은 감성적이며, 규정되어지는 것의 수용성에 속한다. 그런데 내가 내 안에서 의식할 뿐인 규정하는 것을 규정하는 작용에 앞서서—시간이 규정되어져야 할 것을 주는 것과 마찬가지로—주는 자기 직관을 이미 가지고 있지 않는다고 하면, 나는 나의 현실 존재를 자기 활동적 존재자의 현실 존재로서 규정할 수는 없다. 다만 나는 내 사고의 자발성, 즉 규정한다고 하는 자발성을 생각에 떠올릴 뿐이다. 그리고 나의 현실 존재는 단지 감성적인 것, 곧 현상의 현실 존재로서 규정되는 것에만 머문다. 하지만 이 자발성은 내가 스스로를 지성적이라고 부르는 이유이다.

§26

순수지성 개념 일반에 가능한 경험 사용의 초월적 연역

형이상학적 연역에서 범주의 선험적 근원은, 본디 사고의 보편적 논리적 기능이 범주와 완전히 들어맞음으로써 증명되었다. 한편 초월적 연역에서는 범주의 가능성은, 직관 일반(§20, §21 참조)의 대상에 관한 선험적 인식으로서 제시되었다. 이번에는 범주를 가지고, 우리의 감각에 대해서 나타나는 대상을 선험적으로, 더욱이 대상의 직관 형식에 따라서가 아니라 직관을 결합하는 법칙에 따라서 인식하여, 자연에 법칙을 지정하여 자연을 자연답게 하는 가능성이 설명되어야만 한다. 왜냐하면 만일 범주가 그와 같은 실효성을 가지지 않는다면, 우리의 감각에 현상하는 데에 지나지 않는 것이, 모두 어떻게 해서 지성으로부터만 선험적으로 생기는 법칙에 따르지 않으면 안 되는가가 해명되지 않을 것이기 때문이다.

무엇보다도 먼저 주석을 달아두어야 할 일이 있다. 내가 말하는 감각 파악의 종합이란, 경험적 직관에서의 다양한 것의 합성을 의미하며, 그것에 의해서 지각, 곧 직관의 경험적 의식(현상으로)이 가능하게 된다는 것이다.

우리는 선험적인 내적·외적 직관의 형식을, 시간과 공간의 관념으로서 가지고 있다. 다양한 현상을 둘러싼 감각 파악의 종합은 언제나 이들 형식에 따라야 한다. 왜냐하면 감각 파악의 종합 그 자체가 이 형식에 의해서만 생길 수 있기 때문이다. 그러나 시간과 공간은 단순히 감성적 직관의 형식으로서 제시되어 있을 뿐만 아니라, 직관 그 자체(다양한 것을 포함한)로서, 따라서 직관에 있어서의 다양한 것의 통일 규정으로서 선험적으로 제시되어 있다(초월적 감성론 참조).[14] 그러므로 이미 다양한 것―우리 안과 밖의―의 종합의 통일까지도, 따

---

14) 대상으로서 생각에 떠오른 공간(실제로 기하학에서 사용되는 것과 같은)은 직관의 단순한 형식 이상의 것을 포함하고 있다. 다시 말해 감성의 형식에 따라서 주어진 다양한 것을 직관적 관념 안으로 통합하는 것을 포함하고 있다. 그런 까닭으로 직관의 형식은 단지 다양한 것을 주는 데 비하여, 형식적 직관은 관념의 통일을 주는 것이다. 나는 이 통일을 감성론에서는 단순히 감성에 넣어두었지만, 그것은 다만 다음과 같은 일을 주의하기 위한 것이다. 즉 관념의 통일은 감각에는 속하지 않는 종합을 전제로 하고, 이 종합에 의해 비로소 시간 또는 공간에 관한 모든 개념이 가능해진다고는 하지만, 관념의 통일은 모두 개념에 앞선다고 하는 것이다. 왜냐하면 이 통일에 의해서 (지성이 감성을 규정하여) 마침내 시간 또는 공간이 직관으로서 주어지기 때문에, 이 선험적 직관의 통일은 시간과 공간에 속하는 것이지 지성의 개념에는

라서 시간이나 공간에서 규정된 것으로 생각에 떠올릴 수 있는 모든 것이 따르지 않으면 안 될 결합도 모든 감각지의 종합의 조건으로서, 이미 이들 직관과 함께(이들 직관에서가 아니라) 동시에 선험적으로 주어져 있다. 그러나 이 종합적 통일은, 근원적 의식에서 주어진 직관 일반의 다양한 것의 결합이라고 하는— 범주에 따라서 우리의 감성적 직관에 응용된—통일 바로 그것이다. 그러므로 지각까지도 가능하게 하는 모든 종합은 범주에 따른다. 그리고 경험은 지각이 결부되는 것에 의한 인식이므로, 범주는 경험을 가능하게 하는 조건이며, 따라서 모든 경험 대상에도 선험적으로 해당된다.

그러므로 내가, 예를 들어 한 채의 집에 대한 경험적 직관을, 그 다양한 직관을 감각 파악에 의해 지각으로 완성할 때, 공간과 외적·감성적 직관 일반의 필연적 통일이 나의 바탕에 있다. 그리하여 나는, 다양한 공간의 종합적 통일에 따라서, 말하자면 집의 모습을 그리는 것이다. 그러나 공간의 형식을 빼면 바로 동일한 종합적 통일은 지성에게 자리를 양보하여, 그것이 직관 일반에서의 동질적인 것을 종합하는 범주, 즉 분량의 범주가 된다. 그렇기 때문에 감각적 파악의 종합, 곧 지각은 아무래도 분량의 범주에 따르지 않으면 안 된다.[15] 내가 (다른 예로 말하자면) 물이 어는 것을 지각할 때, 나는 시간 관계에서 상반되는 두 가지 상태(액체와 고체)를 그와 같은 것으로 감각적으로 파악한다. 그러나 내가 내적 직관으로서 현상의 밑바탕에 두는 시간에서, 나는 필연적으로 다양한 것의 종합적 통일을 머릿속에 떠올린다. 이 종합적 통일이 없으면, 지금 말한 관계는 직관에서 결정된 것으로서 (시간의 연속에 관해서) 주어지지 않을 것이다. 그런데 이 종합적 통일은, 내가 직관 일반의 다양한 것을 결합하기 위한 조건으로서—나의 내적 직관에서 일정한 형식인 시간을 제외하고 말하자면—원인의 범주이다. 나는 그것을 나의 감성에 적용할 때, 이 범주에 의해서 생기는 모든 것을, 시간 일반에서 그 관계에 따라 결정하는 것이다. 그렇기 때문에 이와

속하기 않기 때문이다(§24 참조).

15) 이와 같이 해서 경험적 지각 파악의 종합은 지적인 것으로서 전적으로 선험적으로 범주에 포함되어 있는 통각의 종합에 필연적으로 따라야 한다는 것이 증명된다. 감각 파악의 종합에서는 구상력이라는 이름 아래 통각의 종합에서는 지성이라고 하는 이름 아래, 다양한 직관 안에 결합을 가지고 들어간다는 것은 동일한 자발성이다.

같은 사건에서의 감각 파악은, 따라서 감각 자신은 가능적 지각에 의해서 결과와 원인의 관계에 따르는 것이다. 그 밖의 모든 예에서도 마찬가지이다.

범주는 현상에, 따라서 현상의 총괄로서의 자연(질료적으로 바라본 자연)에 선험적 법칙을 지정하는 개념이다. 그런데 범주는 자연으로부터 도출된 것이 아닐 뿐만 아니라, 자연을 본보기로 해서 따르는 것도 아니다(그렇지 않으면 범주는 단순히 경험적인 것이 될 것이다). 그렇기 때문에 다음과 같은 물음이 생긴다. 자연이 범주에 따르지 않으면 안 된다는 것을 어떻게 이해해야 할 것인가? 다시 말해 어떻게 해서 범주는 자연의 다양한 것의 결합을—그것을 자연으로부터 받지 않고—선험적으로 규정할 수가 있는가? 여기에서 그 수수께끼를 풀어보기로 한다.

자연에 있어서의 현상의 법칙이, 어떻게 해서 지성과 지성의 선험적 형식과, 즉 다양한 것 일반을 결합하는 능력과 일치하지 않으면 안 되는가 하는 것은 결코 기묘한 일이 아니다. 그것은, 어째서 현상 그 자체가 감성적 직관의 선험적인 형식과 일치하지 않으면 안 되는가 하는 문제가 조금도 이상하지 않은 것과 마찬가지이다. 왜냐하면 법칙은 현상 안에 존재하는 것이 아니라 주체가 지성을 갖는 한 그 지성 속에 내재하는 주체와 관계하여 존재한다는 것은, 현상이 그 자체로서 존재하는 것이 아니라 주체가 감각기관을 가지고 있는 한 그에 의해 존재하는 것과 같기 때문이다. 사물들 그 자체에는 그것을 인식하는 지성이 없어도, 그런 법칙성은 필연적(명증적)으로 주어질 것이다. 그러나 현상은 다만 사물의 관념에 지나지 않으며, 사물은 그 자체가 어떤 일에 대해서는 인식되지 않고 존재한다. 하지만 현상은 단순한 관념이므로 결합하는 능력이 규정하는 법칙 말고는 어떤 결합 법칙에도 전혀 따르지 않는다. 한편 다양한 감성적 직관을 결합하는 것은 구상력이다. 이 구상력은 그 지적 통일에 대해서는 지성에, 또 다양한 감각 파악에 대해서는 감성에 의존한다. 그런데 가능한 모든 지성은 감각 파악의 종합에 의존하고, 종합 그 자체 때문에 모든 가능한 지성은 무엇이든 경험적으로 의식할 수 있는 것이며, 바꿔 말하면 자연의 모든 현상은 그 결합에서는 범주에 따르지 않을 수 없다. 그래서 자연(단지 자연 일반으로서 고찰된)은 그 필연적 법칙성(형식적으로 본 자연)의 근원적 기초로서 이 범주에 의존한다. 다만 하나의 자연 일반—시간과 공간에서의 현상의 법칙성으로서—이 의존해 있는 법칙 이외의 갖가지 법칙을 고려한다면, 순수지성 능력이라 해도 단순한 범주에 의해서 현상에 선험적으로 법칙을 지정하기에는 충분치가 않다. 개개의 특수한 법칙은 경험적으로 규정된 현상에 관계되므로, 비록 그들이 모두 범주에 따른다고는 하지만 범주로부터 완전히 도출될 수는 없다. 개개의 특수한 법칙 일반을 알기 위해서는 경험이 덧붙여져야만 한다. 그러나 애당초 경험에 대해서, 또 경험의 대상으로서 인식될 수 있는 것에 대해서 가르쳐 주는 것은 선험적 법칙뿐이다.

<h2>§27</h2>
지성 개념의 초월적 연역의 결론

우리는 범주에 의하지 않고는 대상을 생각할 수 없다. 우리는 범주라고 하는 개념에 대응하는 직관에 의하지 않고는, 생각되어진 대상을 인식할 수가 없다. 그런데 우리의 직관은 모두 감성적이다. 그리고 지금 말한 인식은 직관의 대상이 주어져 있는 한, 경험적이다. 그리고 경험적 인식이 경험인 것이다. 따라서 오로지 가능한 경험의 대상에 대한 것 말고는 선험적 인식은 가능하지 않다.[16]

그러나 경험의 대상에만 제한된 이와 같은 인식은 모두가 경험에서 빌려온 것은 아니며, 순수직관이나 순수지성 개념 등 인식의 요소는 우리 내부에 선험적으로 존재한다. 그런데 경험과 그 대상에 관한 개념과의 필연적 일치를 생각할 수 있는 노선은 두 가지밖에 없다. 하나는 경험이 이들 개념을 가능하게 한다는 것이고, 또 하나는 이들 개념이 경험을 가능케 하는 일이다. 전자는 범주와 관련해서는 (또 순수 감성적 직관에 관해서도) 일어날 수가 없다. 왜냐하면 이들은 선험적 개념이며, 따라서 경험으로부터 독립되어 있기 때문이다(경험적 기원을 주장하는 것은 자연발생설 정도일 것이다). 따라서 남는 것은 두 번째 노선뿐

---

16) 독자들이 이런 명제로부터 뜻밖의 결론을 조급히 내리지 않도록 나는 다만 다음의 것을 상기시키고자 한다. 범주는 사고에서 우리의 감성적 직관의 조건에 의해서 제한되어 있지 않으며, 경계가 지워지지 않는 영역을 가지고 있다. 우리가 생각하는 것을 인식할 경우, 즉 객체를 규정한 때에만 직관이 필요하게 되는 것이다. 그 경우 직관이 결여되어도 객체에 대한 사고는, 주체인 이성이 사용에 대해서 여전히 늘 참되고 유용한 귀결을 가져올 수가 있다. 이런 이성 사용은 반드시 객체를 규정하는 일에, 그리하여 인식으로 향하는 것이 아니라, 주체와 그 의욕의 규정에도 관계하므로 여기에서는 더 말할 수가 없다.

이다(말하자면 순수이성의 후성설의 체계). 즉 범주는 지성 쪽에서 모든 경험 일반을 가능하게 하는 근거를 포함하고 있는 것이다. 그러나 범주가 어떻게 해서 경험을 가능하게 하는가, 또 범주가 현상에 적용될 때 경험을 가능케 하는 어떤 원칙이 우리에게 제공되는가, 이에 대해서는 판단력의 초월적 사용에 관한 다음 장에서 자세히 말하기로 한다.

앞에서 언급한 두 가지 노선 사이에 중간 노선을 제창하려고 하는 사람이 있다고 하자. 범주는 우리의 인식이 스스로 생각해 낸 제1의 선험적 원리도 아니며, 또한 경험에서 얻어진 것도 아니고, 우리의 현실 존재와 동시에 우리에게 심어진 사고를 위한 소질이라는 것이다. 그리고 그 소질은 그것을 사용하는 일이 자연의 법칙—경험은 이에 따라 경과한다—과 정확하게 일치되도록, 우리의 창조자에 의해서 조정된 것이다라고 한다면(순수이성의 예조설(豫造說)의 하나), 이것은(이와 같은 가정 아래에서는 미래의 판단에 대하여 미리 결정된 소질이라고 하는 전제를 어디까지 추진할 수 있는가, 그 결말을 알 수 없는 것 이외에) 해당 중간 노선에 결정적으로 위반될 것이다. 즉 이와 같은 사례에서는 범주는 필연적으로 결여되는데, 그 필연성은 범주라고 하는 개념에 본질적으로 속하고 있는 것이다. 왜냐하면 원인의 개념이 단지 우리에게 심어진 임의의 주관적 필요성에 입각해서, 어떤 경험적 관념을 관계의 이와 같은 규칙에 의해 결합하는 데에 지나지 않는다고 한다면, 전제된 어떤 조건 아래에 있는 결과의 필연성을 말하는 이 개념은 틀린 것이 되어버리기 때문이다. 나는 '결과는 객체에서(즉 필연적으로) 원인과 결합되어 있다'고 말할 수는 없으며, 다만 결과의 관념은 그와 같이 결부된다고밖에 생각할 수 없도록 되어 있다고 말할 수 있을 뿐이다. 그러나 이것이야말로 회의론자들이 착안하는 점이다. 왜냐하면 그 경우 우리 판단의 객관적 타당성은 잘못 생각된 것이며, 우리의 내적 통찰은 모두 확실한 가설에 지나지 않기 때문이다. 그리고 이와 같은 주관적 필연성(그것은 느껴지지 않으면 안 된다)을 떳떳하게 여기지 않은 사람들에게는 불만스러울 것이다. 적어도 자기 주체가 어떻게 조직되어 있는가 하는, 그 양식에만 입각하는 사물에 대해서는 그 누구와도 논쟁할 수 없을 것이다.

이 연역의 요약

이 연역은 순수지성 개념을 (이와 아울러 모든 선험적인 이론적 인식을) 경험을 가능케 하는 원리로서 서술한 것이다. 그것도, 순수지성 개념을 시간과 공간에서의 현상 일반의 규정으로 말한 것이다. 그리고 마지막으로 이 연역은 지성의 형식으로서의 순수지성 개념을 감성의 근원적 형식인 시간과 공간의 관계에서, 통각의 근원적·종합적 통일의 원리에서 말한 것이다.

내가 장절(章節)로 나눌 필요가 있다고 본 것은, 여기까지이다. 우리가 지금까지는 기본 개념에 관여해 왔기 때문이다. 지금부터는 이들 기본 개념들의 사용을 밝히려고 하는데, 앞으로의 서술은 장절을 설정하지 않고 연속적 맥락으로 진행해도 좋을 것이다.

제2편 원칙의 분석론

일반 논리학은, 상급 인식 능력의 구분과 완벽하게 들어맞는 틀 위에 구축되어 있다. 그 상급 인식 능력이란 지성, 판단력, 이성이다. 그러므로 일반 논리학은 그 분석론에서 개념, 판단, 추리를 다룬다. 이것은 마치 상급 인식능력의 기능과 서열에 따른 것으로, 그 상급 인식능력은 넓은 명칭으로 지성 일반이라고 이해되고 있다.

지금 문제가 되어 있는 형식적 논리학은 인식(순수하든 경험적이든)의 내용을 모두 도외시하고, 사고(사변적 인식의) 형식 일반만을 상대로 한다. 이를 위해 형식 논리학은 그 분석적 부분에서 이성을 위한 모범적 표준도 논할 수 있다. 이성의 형식은 자기의 확실한 지정을 가지며, 이 지정은 이때 사용되는 인식의 특수한 본성을 고려하지 않아도, 이성의 작용을 그 계기로 분해하는 것만으로 선험적으로 구별할 수가 있다.

초월적 논리학은 어느 일정한 내용에, 즉 선험적인 순수인식의 내용에만 제한되어 있기 때문에, 이 구분에서 형식 논리학을 흉내낼 수는 없다. 왜냐하면 다음과 같은 일이 분명하기 때문이다. 이성의 초월적 사용은 객관적으로 전혀 통용되지 않고, 따라서 진리의 논리학인 분석론에는 속하지 않으며, 가상의 논리학으로서 초월적 변증론이라고 하는 이름의 스콜라적 학문 체계의 특수한 부문을 필요로 한다는 점이다.

그러므로 지성과 판단력은 초월적 논리학에서, 객관적으로 통용되는 규준, 따라서 올바르게 사용되기 위한 규준을 가지며 그렇기 때문에 분석적 부문에 속한다. 이성은 선험적 대상에 대해서 무엇인가를 처리하여, 가능한 경험의 한계를 넘어 인식을 확장하려고 하지만, 그러한 시도에서는 전적으로 변증적이다. 그리고 이성의 가상적 주장들은 철두철미 규준에는 어울리지 않는다. 규준을 포함해야 하는 것은 분석론인 것이다.

따라서 원칙의 분석론은 오직 판단력을 위한 규준이 된다. 그것은 선험적 규칙을 위한 조건을 포함하는 지성 개념을, 현상에 적용하는 것을 가르친다. 이런 이유로 나는 지성의 본디 원칙을 주제로 하여, 판단력의 교리(敎理)라는 명칭을 사용하기로 한다. 이 명칭에 의해, 그 일은 보다 엄밀하게 특징지워지는 것이다.

서언

초월적 판단력 일반에 대해서

지성 일반이 규칙의 능력으로서 정의될 수 있다면, 판단력은 대상들을 규칙 아래에 '포섭하는' 능력, 주어진 규칙(주어진 규칙의 사례)에 무엇인가가 따르는가 그렇지 않은가를 판별하는 능력이다. 일반 논리학은 판단력을 위한 지시를 아무것도 포함하고 있지 않고, 또 포함할 수도 없다. 왜냐하면 일반 논리학은 인식의 모든 내용을 도외시하므로, 그 일로 남겨져 있는 것은 인식의 단순한 형식을 개념, 판단, 그리고 추리로 분석적으로 나누어, 그것에 의해 모든 지성 사용의 형식적 규칙을 가져올 뿐이기 때문이다. 그런데 일반 논리학이, 사람은 어떻게 이 규칙 아래에 포섭하면 좋은가, 즉 무엇인가가 이 규칙에 따르는가의 여부를 어떻게 구별하면 좋은가를 일반적으로 제시하려고 하자마자, 그것 또한 규칙에 근거하지 않으면 안 될 것이다. 그러나 규칙은 바로 규칙이기 때문에, 새삼 판단력의 지시를 필요로 한다. 그렇다면 분명한 일은, 지성은 규칙에 의해서 배우고 또 보강될 수 있지만, 판단력은 특수한 재능으로서 배울 수 있는 것이 전혀 아니며 다만 훈련되어야 한다는 것이다. 그러므로 판단력은 이른바 가지고 태어난 지혜의 특수한 것으로서, 판단력의 결여를 학교 교육으로 보충할 수는 없다.

비록 학교 교육이 모자란 지성에 대해서 규칙을—다른 사람의 통찰에서 빌려다가—있는 힘을 다해서 가르치고 머릿속에 주입할 수는 있다고 해도, 그것을 바르게 사용할 수 있는 능력은 학생 자신에게 있는 것이고, 주입의 목적으로 학생에게 그 어떤 규칙을 지정해도 이와 같은 자연의 선물이 없는 경우에는 그 규칙은 오용을 면치 못할 것이다.[17] 그렇기 때문에 의사, 재판관, 또는 정치학자는 많은 뛰어난 병리학적, 법적, 또는 정치적 규칙을 머릿속에 갖출 수가 있고, 그런 점에서 완벽한 교사가 될 수 있지만, 그럼에도 그 규칙을 적용한 단계에서 쉽사리 과오를 범하는 것이다. 그것은 그가 태어나면서 판단력(지성에서가 아니라 하더라도)이 결여되어 있어서, 일반적인 것을 추상적으로 이해할 수는 있지만, 구체적인 어떤 사례가 그 일반적인 것에 속하는지 아닌지를 판별할 수 없기 때문이다. 그렇지 않으면 실례나 실무에서 충분히 이런 판단력을 훈련받지 못했기 때문이다. 판단력을 예민하게 한다는 것은 실례의 유일하고 큰 효용이다. 즉 실례는 판단력을 연마해 주는 것이다. 한편 올바른 지성의 견식과 정확성에 관해서 말하자면, 실례는 오히려 지성의 견식을 해치는 것이다. 왜냐하면 실례는 규칙의 조건을 정확하게 충족시키는 일이 드물며, 여기에 더하여 규칙을 일반적으로, 또한 경험을 특수한 상황과는 독립적으로 밝히려고 하는 지성의 노력을 자주 약화시키고, 그에 따라 결국 규칙을 원리로서보다는 오히려 정해진 문구처럼 사용하는 데 익숙해지기 때문이다. 그래서 실례는 판단력의 보행기이며, 이것은 판단력이라는 타고난 재능이 결여된 사람에게는 없어서는 안되는 것이다.

그러나 한편 일반 논리학이 아무런 지시도 주지 않는 데 비해서, 초월적 논리학으로 말하자면 사정은 전혀 다르다. 오히려 초월적 논리학은 순수지성의 사

---

17) 판단력의 결여는 본디 바보라고 부르며, 이런 결함은 전혀 해소할 길이 없다. 우둔한 머리 또는 좁은 머리는, 적절한 지성 및 지성 고유의 개념이 결여된 것으로, 습득에 의해서 충분히 보강할 수 있으며 박식으로까지 이끌 수 있다. 그러나 그런 경우에도 보통은 판단력이라고 하는 재능(베드로 후서)이 결여되어 있는 것이 보통이다. 그 때문에 학식이 뛰어난 사람들이라도 그들의 학문을 실제로 사용한 단계에서, 그 개선할 길 없는 결함을 자주 노출시키는 일이 있는데, 그것은 전혀 이상한 일이 아니다.

용에서, 판단력을 일정한 규정에 의해 바르게 하고, 안전하게 하는 것을 그 본디의 일로 삼는 것으로까지 여겨진다. 한편 선험적 순수이성의 영역에서 지성을 확장해 주기 위한 것, 즉 교리로서의 철학은 전혀 필요치 않거나 오히려 적절하지 못한 것으로 보이기까지 한다. 왜냐하면 사람은 이제까지 철학에 의해서 모든 시도를 다한 끝에, 거의 또는 전혀 영토를 얻지 못했기 때문이다. 그러나 철학은 비판으로서, 우리가 가지고 있는 얼마 안 되는 순수지성 개념을 사용할 때의 판단력의 잘못을 방지하기 위해서는, 오히려 필요한 것으로 여겨진다. 이를 위해 (효용은 그때 소극적인 것에 지나지 않는다고는 하지만) 철학은 그 예민함과 면밀함을 발휘할 것을 요구받는다.

하지만 초월적 철학에는 다음과 같은 독자성이 있다. 초월적 철학은 지성의 순수 개념에서 주어지는 규칙(또는 오히려 규칙을 위한 일반적 조건) 외에 규칙이 적용되어야 할 사례를 선험적으로 제시할 수 있다는 점이다. 초월적 철학이 이 점에서 다른 모든 계발적인 학문을 능가하는 까닭은 바로 다음과 같은 점에 있다. 초월적 철학은 대상에 대하여 선험적으로 관계해야 할 개념을 다룬다고 하는 것, 따라서 그 개념의 객관적 타당성은 후험적으로는 설명되지 않는다는 점이다. 왜냐하면 이것은 초월적 철학의 존엄을 전혀 손상시키지 않고 그대로 두기 때문이다. 오히려 초월적 철학은 동시에, 대상이 순수이성 개념과 일치해서 주어지는 조건을, 일반적이고 충분한 표지로서 설명하지 않으면 안 된다. 그렇지 않으면 순수지성 개념은 모든 내용이 결여되고, 따라서 단순한 논리적 형식이기는 해도, 순수지성 개념은 아닐 것이다.

그런데 판단력의 이런 초월적 교리는 두 가지 장을 포함하고 있다. 하나는 순수지성 개념이 사용되는 유일한 감성적 조건을 다루는 부분, 즉 순수지성의 도식론을 다루는 부분이다. 또 하나는 그 조건 아래에서 순수지성 개념이 선험적으로 발생하여 나머지 모든 인식의 바탕에 선험적으로 있는 그 종합적 판단을, 즉 순수지성의 원칙을 다루는 부분이다.

제1장 순수지성 개념의 도식론에 대해서
어떤 대상이 하나의 개념에 포섭될 때, 어느 경우나 그 대상의 관념은 개념과 동질이어야 한다. 다시 말해 개념은 개념 아래에 포섭되어야 할 대상에서 생각에 떠올릴 수 있는 것을 포함하고 있지 않으면 안 된다. 왜냐하면 대상이 개념 아래에 포함되어 있다고 하는 것은, 그것을 의미하는 표현이기 때문이다. 따라서 접시라고 하는 경험적 개념은 원이라고 하는 기하학적 개념과 동질성을 갖는 것이다. 그것은 접시라고 하는 경험적 개념에서 생각할 수 있는 둥글다는 것이, 원이라고 하는 순수한 기하학적 개념에서 직관되기 때문이다.

다른 한편으로 순수지성 개념은 경험적(그렇다, 일반적으로 감성적) 직관과 비교하면 전혀 이질적이며, 결코 그 어떤 직관에서도 찾아볼 수 없다. 그렇다면 경험적 직관을 순수지성 개념 아래에 포섭하는 일, 즉 현상에 범주를 적용하는 일은 어떻게 가능한 일인가? 그 누구도 다음과 같이 말하지 않을 것이기 때문이다. 순수지성 개념, 예컨대 인과성도 감각을 통해서 직관될 수 있고, 현상 속에 포함되어 있다고. 그런데 이처럼 자연히 일어나는 문제가 본디, 순수지성 개념이 어떻게 해서 현상 일반에 적용되는가 하는 가능성을 나타내기 위해서, 판단력의 초월적 교리를 필요로 하는 이유인 것이다. 다른 모든 학문에서는 대상이 일반적으로 생각되어지기 위한 개념은, 대상이 어떻게 주어지는가를 구체적으로 나타내는 개념과 그다지 다르지 않고, 그다지 이질적이지도 않으며, 지금 말한 첫 번째 개념을 두 번째 개념에 적용하기 위해 특별한 해설을 할 필요가 없다.

따라서 한편에서는 범주와, 다른 한편에서는 현상과 동질이어야 하는 제3의 것, 그리고 범주를 현상에 적용하는 것을 가능하게 하는 제3의 것이 있어야 함은 분명하다. 이와 같은 매개적 관념은 순수(경험적인 것을 일체 포함하지 않은)하며, 더욱이 한편으로는 지성적, 다른 한편으로는 감성적이어야 한다. 이와 같은 관념이 초월적 도식이다.

지성 개념은 다양한 것 일반의 순수한 종합적 통일을 포함하고 있다. 시간은 내적 감각의 다양한 것의 형식적 조건으로서, 따라서 모든 관념을 결합하는 조건으로서 순수직관에 선험적 다양성을 포함하고 있다. 그런데 초월적 시간 규정은 그것이 일반적이고, 선험적 규칙에 입각하는 한, 범주 (이것은 초월적 시간 규정의 통일을 구성한다)와 동질이다. 그러나 초월적 시간 규정은 다른 한편으로는, 시간이 다양한 모든 경험적 관념에 포함되어 있는 한, 현상과 동질이다. 그러므로 범주를 현상에 적용한다는 것은, 초월적 시간 규정을 매개로 해서만 가능하다. 이 초월적 시간 규정은 지성 개념의 도식으로서 현상을 범주 아래에 포섭하는 매개 역할을 다하는 것이다.

범주의 연역에서 제시된 내용에 의해서, 다음과 같은 물음에 어떻게 대답할 것인가로 어리둥절할 사람은 없을 것이다. 그 물음이란, 이 순수지성 개념은 단지 경험적으로 사용되는 것인가, 그렇지 않으면 초월적으로 사용되는 것인가 하는 것이다. 즉 순수지성 개념은 가능한 경험의 조건으로서 단순히 현상에 선험적으로 관계할 뿐인 것인가, 그렇지 않으면 사물 일반의 가능성의 조건으로서 대상 그 자체로 (우리의 감성과는 아무런 제한을 받지 않고) 확대할 수 있는가 하는 것이다. 왜냐하면 우리는 범주의 연역에서 다음과 같은 일을 보아왔기 때문이다. 개념 그 자체에 대상이 주어지지 않거나, 또는 적어도 개념을 성립시키는 요소에 대상이 주어지지 않는 경우에는, 개념은 전혀 불가능하고 아무런 뜻도 가지지 않는다는 것이다. 다시 말해 개념은 사물 자체(그것이 우리에게 주어질 수 있는가, 또 어떻게 주어질 것인가는 별도로 하고)에는 전혀 이르지 못한다는 것이다. 또 우리에게 대상이 주어지는 유일한 방식은, 우리 감성의 변용(變容)이라고 하는 것이다. 결국 선험적 순수개념은 범주에 있어서의 기능 말고도, 감성의 형식적 조건(특히 내적 감각의 조건)을 포함하고 있지 않으면 안 된다. 그 조건은, 범주가 그 어떤 대상에 적용되기 위한 유일한 조건을 포함하고 있다. 우리는 감성—지성은 사용될 때 이 감성 때문에 제한되어 있다—의 이와 같은 형식적이고 순수한 조건을 이 지성 개념의 도식이라 부르고, 지성이 이와 같은 도식을 다루는 절차를 순수지성의 도식론이라 부르고자 한다.

도식은 그 자체가 언제나 단순한 구상력의 산물이다. 그러나 구상력의 종합은 개별적 직관이 아니라 감성의 규정에서의 통일만을 지향하고 있기 때문에, 도식은 형상과는 구별되어야 한다. 그래서 내가 다섯 개의 점을 차례로 '·····'로 놓을 경우, 그것은 다섯이라고 하는 수의 형상이다. 이에 대해서 내가 수 일반—그것이 5이든 100이든—을 그냥 생각할 때, 그 생각은 형상 그 자체라고 하느니보다는, 어떤 개념에 따라서 형상 안에 양(이를테면 1000)을 생각에 떠올리는 방법의 관념이다. 형상이라면 나는 1000의 경우 도저히 개관할 수 없을 테고, 개념과 비교할 수도 없을 것이다. 그런데 개념에 형상을 주는 구상력의 일반적 절차의 관념을 나는 이 개념의 도식이라고 부른다.

사실 우리의 순수한 감성적 개념의 밑바탕에는 형상이 아니라, 도식이 존재한다. 삼각형 일반의 개념에는, 삼각형의 어떠한 형상도 적합하지 않을 것이다. 왜냐하면 형상은 개념의 보편성에는 이르지 못하기 때문이다. 그 보편성은 이 개념을 직각삼각형이든 부등변삼각형이든, 모든 삼각형에 적용되도록 하는 것이다. 형상은 오히려 언제나 개념 영역의 일부에만 제한되어 있다. 삼각형의 도식은 머릿속에서만 존재하며, 그것은 공간에서의 순수한 형태에 관해서 구상력이 가지는 종합의 규칙을 의미한다. 하물며 경험의 대상 또는 그 형상은 결코 경험 개념에는 이르지 못한다. 그렇지 않고 경험 개념은 언제나 어떤 일반 개념에 따라서, 우리의 직관을 규정하는 규칙으로서 구상력의 도식에 직접 관여한다. 개(犬)라고 하는 개념은 하나의 규칙을 의미하며, 그 규칙에 의해서 나의 구상력은 어떤 네발 동물의 형태를 일반적으로 그릴 수가 있다. 그 규칙은 경험이 나에게 주는 어느 하나의 특수한 형태에도, 또는 내가 구체적으로 그릴 수 있는 어떠한 가능한 형태에도 제한을 받지 않는다. 우리 지성의 이러한 도식 기능은 형상과 그 형식에 관해서, 인간의 영혼 깊숙이 숨은 묘기이며, 그 참다운 수완을 명확하게 하기는 쉬운 일이 아니고 그 전 모습을 볼 수도 없을 것이다. 우리가 말할 수 있는 것은 다음과 같은 사실뿐이다. 형상은 재현적 구상력이 경험적 능력에 의해 만들어 내는 것이고, 감성적 개념(공간에서의 도형으로서의)의 도식은 선험적 순수구상력이 만들어 내는 것으로서, 말하자면 그 약도이다. 이 약도에 의해서, 또는 그것에 따라서 형상은 비로소 가능하게 된다. 그러나 형상은 언제나 구상력을 그리는 도식을 매개로 해서 개념과 결부되지 않으면 안 되고, 그 자체는 개념과 완전히 일치하지는 않는다. 반면 순수지성 개념의 도식은 전적으로 형상화될 수 있는 것이 아니고, 범주가 나타내는 개념 일반에 의한 통일의 규칙에 따르는 단순한 순수종합이다. 그것은 구상력의 초월적 산물이며, 내적 감각을 그 형식(시간)의 조건에 의해서 일반적으로 규정하고, 모든 관념이 통각의 통일에 따라 선험적으로 하나의 개념에 서로 연관되게 한다.

이제 우리는 순수지성 개념의 초월적 도식 일반에 필요한 일을, 무미건조하고 지루하게 분석하는 일은 이 정도로 해두기로 하고, 그 도식을 범주의 순서에 따라서, 또 범주와 연관지어서 서술하고자 한다. 외적 감각에 대하여 모든 분량 (quantorum)의 순수한 형상은 공간이다. 그러나 감관 일반의 모든 대상의 순수한 형상은 시간이다. 하지만 지성의 개념으로서의 수량(quantitatis)의 순수한 도식은 수이다. 수는 1에다 1(동질적인)을 계속해서 더해가는 것을 포괄하는 관념이다. 따라서 수는 동질적인 직관 일반의 다양한 것의 종합적 통일이다. 그것은, 내가 직관의 감각 파악에서 시간 그 자체를 산출하는 것에 의한다.

실재성은 순수지성 개념에서 감각 내용 일반에 대응하는 것이다. 그래서 그 개념 자체가 존재(시간에 있어서의)를 표시하는 것이다. 부정성(否定性)은, 그 개념이 비존재(시간에 있어서의)를 표시하는 것이다. 따라서 이들 양자의 대립은 채워진 시간인가, 공허한 시간인가 하는 동일 시간에서의 차이라는 형태로 생긴다. 시간은 다만 직관의 형식, 따라서 현상으로서의 대상의 형식이므로 대상에서 감각 내용에 대응하는 것은 사물 그 자체(사실성, 실재성)로서의 모든 대상의 초월적 소재이다. 그런데 모든 감각 내용은 정도(程度)를 갖는다. 또는 감각 내용이 동일한 시간을, 즉 대상의 동일 관념에 관해서 내용 감각을 무(=제로, 부정성)에 이를 때까지 보다 더 많게, 또는 보다 더 적게 채울 수 있는 양을 갖는다. 그렇기 때문에 실재성이 단위량으로서 나타나고, 무엇인가가 시간을 채우는 한, 그 무엇인가의 분량으로서의 실재성의 도식은 바로 그 실재성이 시간에서 연속적이고 동형적으로 산출되는 것을 말한다. 그것은 우리가 어떤 정도의 감각에서부터 그 소멸까지 하강하거나, 부정된 상태(0)에서부터 감각의 크기를 가진 상태까지 서서히 상승함으로써 생기는 것이다.

실재성의 도식은 시간에 있어서의 실재적인 것의 불변성, 즉 경험적 시간 규정 일반의 기체(基體)로서의 실재적인 것의 관념이다. 따라서 다른 모든 것이 변화해도 그 기체만은 변화하지 않는 것이다(시간은 사라지는 것이 아니라, 변화하는 현실 존재가 시간에서 사라지는 것이다. 그렇기 때문에 그 자체가 불변하여 지속되는 시간이 대응하는 것은, 현상에서는 현실 존재의 불변적인 것, 즉 실체이다. 그리고 이런 실체에서만 현상의 연속이나 동시적 존재가 시간에 따라 규정될 수가 있다).

사물 일반의 원인과 인과성의 도식은, 실재적인 것이 임의로 설정될 때면 언제나 다른 어떤 것이 그것에 이어서 일어나는 것 같은, 그런 실재적인 것이다. 따라서 이 도식은 하나의 규정의 지배 아래 있는 한, 다양한 것의 계기로서 성립된다.

상호성(상호작용)의 도식, 또는 우유성(偶有性)에 관한 실체의 상호작용적 인과성은, 하나의 실체 규정들과 다른 하나의 실체 규정들이 보편적 규칙에 따라서 공존하는 것이다.

가능성의 도식은, 여러 관념의 종합과 시간 일반의 조건과의 일치(예컨대 대립하는 것은 하나의 사물 속에서 동시가 아니라, 서로 전후해서 있을 수 있을 뿐이라고 하는 것)이며, 따라서 어느 시간에 있어서의 어떤 사물의 관념의 규정이다.

현실성의 도식은, 어느 일정한 시간에 있어서의 현실 존재이다.

필연성의 도식은, 모든 시간에 있어서의 대상의 현실 존재이다.

우리는 이 사실들로부터 각각의 범주의 도식에 대해 다음과 같은 사실을 알수 있다. 즉 어느 범주의 도식에도 할 수 있는 말이지만, 분량의 도식은 대상의 연속적 감각 파악에서의 시간 그 자체의 산출(종합)을 나타내고, 또 성질의 도식은 감각 내용(지각)과 시간 관념과의 종합, 또는 시간을 채우는 것을 나타낸다. 그리고 관계의 도식은 모든 시간에 있어서의 지각의 상호 관계(즉 시간 규정의 규칙에 따른)를 나타낸다. 마지막으로 양상과 그 범주의 도식은, 대상이 시간에 속하는지 어떤지, 또 속한다면 어떻게 속하는 것인지를 규정하는 상관자인 시간 그 자체를 포함하고, 그것을 나타내고 있다. 따라서 도식은 다름 아닌 규칙에 따른 선험적 시간 규정이다. 그리고 이 시간 규정은 모든 가능한 대상에 관해서, 범주의 순서에 따라서 시간의 계열, 시간의 내용, 시간의 순서, 그리고 마지막으로 시간의 총괄에 관계한다.

이 사실에서 다음과 같은 일이 명확해진다. 즉 구상력의 초월적 종합에 의한 지성의 도식 기능은, 다름 아닌 내적 감각에 있어서의 모든 다양한 직관의 통일에 귀착하여, 그 결과 간접적으로는 내적 감각(수용서)에 대응하는 기능인 통각의 통일에 귀착된다. 그렇기 때문에 순수지성 개념의 도식은 이들 개념에 객체와의 관계를, 따라서 의미를 얻게 하는 참되고 유일한 조건이다. 그러므로 범주는, 결국 가능한 경험적 사용 외에는 사용되지 않는다. 왜냐하면 범주는 선험적으로 필연적인 통일이라고 하는 근거에 의해서 (모든 의식이 근원적 통각에서 필연적으로 합일하기 위해서) 현상을 종합의 일반적 규칙에 따르게 하고, 그렇게 함으로써 현상을 그럴듯하게 수미일관적으로 결합시키는 데에만 쓸모가 있기 때문이다. 그러나 우리의 인식은 모든 가능한 경험의 전체 안에 있다. 그리고 모든 경험적 진리에 앞서서, 그것을 가능케 하는 초월적 진리는, 가능한 경험과의 일반적 관계에서 성립된다.

하지만 다음과 같은 일도 우리의 눈을 끈다. 그것은 감성의 도식이 범주를 비로소 실재화한다고는 하지만, 그럼에도 그 도식은 해당 범주를 제한한다는 것, 즉 지성 밖에(즉 감성에) 존재하는 조건으로 제한한다는 것이다. 그러므로 도식은 본디 현상과 또는 범주와 일치한 대상의 간성적 개념에 지나지 않는 것이다(수는 현상의 분량이고, 감각은 현상의 실재성이며, 지속되고 영원한 것은 사물의 현상적 실체이다—영원, 필연성, 현상). 그런데 우리가 제한하는 조건을 버리면, 우리는— 그렇게 여겨지지만—미리 제한해 둔 개념을 확대하는 것이 된다. 그렇게 되면 범주의 도식이 사물을 단순히 현상하는 그대로 제시하는 것과는 달라서, 순수한 의미에서의 범주는 감성의 모든 조건 없이, 있는 그대로의 사물 일반에 타당한 것이 될 것이다. 따라서 범주는 모든 도식으로부터 독립된, 매우 넓은 의미를 가지게 될 것이다. 사실 어쨌든 순수지성 개념에는, 모든 감성적 조건에서 떠나도 관념의 통일이라고 하는 단순한 논리적 의미만은 남겨져 있다. 그러나 그와 같은 관념에는 대상도 주어지지 않고, 따라서 객체의 개념 역할을 할 수 있는 의미도 주어지지 않는다. 그러므로 예컨대 사람들이 실체에서 고정불변한 감성적 규정을 없앤다면, 그것은 주어로서(다른 무엇인가의 술어가 될 수 없는) 생각될 수 있는 어떤 무엇을 의미할 따름이다. 그런데 이와 같은 관념을 가지고는 나는 아무것도 이룰 수가 없다. 왜냐하면 이런 관념은 나에게 제1의 주어로서 타당한 사물이 어떠한 규정을 갖는가를 제시해 주지 않기 때문이다. 따라서 범주는 감성적 규정에 의한 도식 없이는 개념을 위해 요구되는 지성의 기능에 지나지 않으며, 더욱이 아무런 대상도 제시하지 않는다. 범주에 이런 의미가 부여되는 것은, 지성을 제한하면서 실재화하는 감성에 의한 것이다.

제2장 순수지성의 모든 원칙 체계

우리는 앞 장에서, 순수지성 개념이 필요로 하는 유일한 조건에 따라 초월 판단력을 고찰했다. 이제 우리가 할 일은 지성이 이와 같은 비판적 신중을 기하면서, 실제로 선험적으로 성립시키는 판단을 체계적으로 결합해 보여 주는 것이다. 이것을 위해서는 두말할 것도 없이 우리의 범주표가 당연하고도 확실한 길잡이가 될 것임에 틀림없다. 왜냐하면 가능한 경험에 대한 범주의 관계야말로 모든 선험적인 지성 인식을 형성하지 않으면 안 되기 때문이다. 또 이를 위해 직관 일반에 대한 범주의 관계야말로, 모든 지성 사용의 초월적 원칙을 완전히, 그리고 하나의 체계로서 명확히 나타내기 때문이다.

선험적 원칙이 선험인 원칙이라고 하는 이름을 갖는 것은, 그것이 단순히 다른 판단의 근거를 포함하고 있기 때문이 아니라, 그 자체가 보다 높이 보다 일반적인 인식에는 입각하지 않기 때문이다. 하지만 이와 같은 성질은 결코 증명을 면제해 주는 것은 아니다. 왜냐하면 증명은 이미 객관적으로는 수행되지 않고, 오히려 원칙이 그 객체의 모든 인식의 밑바탕에 있다고는 하지만, 대상 일반의 인식이 가능함을 주관적 원천으로부터 증명하는 것을 방해할 수는 없기 때문이다. 만일 그렇지 않다면, 모처럼의 명제도 단순히 횡령된 주장이 아닌가 하는 깊은 의혹을 받을 테니까 말이다.

둘째로 우리는 범주에 관련되는 원칙에 만족할 것이다. 초월적 감성론의 원리들에 의하면 공간과 시간은 현상으로서의 모든 사물이 가능하기 위한 조건이지만, 이런 원리들 및 이런 원칙들이 사물 자체에 관여할 수는 없다는 제한은 우리의 당면한 연구 영역에는 속하지 않는다. 마찬가지로 수학적 원칙도 이와 같은 체계의 일부를 이루는 것이 아니다. 왜냐하면 수학적 원칙은 직관으로만 도출되며, 순수지성 개념으로부터는 도출되는 것이 아니기 때문이다. 여기서 구하고자 하는 체계의 어떤 부분도 구성하지 않는다. 그럼에도 수학적 원칙은 선험적인 종합판단이므로, 그 가능성은 여기에서 필연적으로 문제가 된다. 그것은 수학적 원칙의 정당성이나 반증 불가능한 확실성을 증명하기 위한 것이 아니라고는 하지만—수학적 원칙에서는 이런 증명은 전혀 필요하지 않다—다만 이와 같은 명확한 인식이 가능함을 해명하고 연역하기 위한 것이다.

그러나 우리는 분석판단의 원칙에 대해서도 논하지 않으면 안 될 것이다. 더욱이 우리가 본디 관련하는 종합판단과 대비시켜서 말이다. 그와 같이 대조하면, 종합판단의 이론이 모든 오해를 면하고 그 고유한 특질을 분명히 나타낼 수 있기 때문이다.

제1절 모든 분석판단의 최고 원칙에 대해서
우리 인식이 어떤 내용을 가지든, 또한 어떻게 대상에 관여하든 우리의 모든 판단에는 일반적—소극적이기는 하지만—조건이 있다. 그것은 우리의 판단이 자기모순을 하지 않는다는 것이다. 만약에 그렇지 않다면 이들 판단은 그 자체가 (대상이 무엇이든 상관없이) 무의미하다. 그러나 비록 우리의 판단에 모순이 없음에도 판단이 대상에 일치하지 않는 방식으로 개념을 결합하는 일이 있을 수 있다. 또는 그와 같은 판단을 정당화하는 아무런 근거도 선험적으로나 후천적으로도 우리에게 주어져 있지 않을 경우에도, 같은 말을 할 수가 있다. 그 경우 판단이 아무리 모든 내적인 모순을 면하고 있다고 해도, 판단은 잘못되어 있거나 근거가 없거나, 그 어느 한쪽이다.

그런데 '어떤 사물에도 그것과 모순되는 술어는 덧붙여질 수 없다'는 명제는, 모순율이라고 일컬어진다. 그리고 이것은 비록 소극적이기는 하지만 모든 진리의 일반적 기준이며, 따라서 또한 단지 논리학에 속하고 있다. 왜냐하면 모순율은 내용과는 상관없이 인식 일반으로서의 인식에 합당하고, 모순은 인식을 없는 것으로 만들고 그것을 폐기한다는 것을 말해 주고 있기 때문이다. 그러나 우리는 이런 모순율을 적극적으로 사용하는 일도 있다. 단순히 허위나 오류(그것이 모순율에 입각하는 한)를 멀리하기 위한 것이 아니라, 진리를 인식하기 위해서도 사용하는 것이다. 왜냐하면 부정적이든 긍정적이든 간에 판단이 분석적이면 그 진리성은 언제나 모순율에 의해서 충분히 인식될 수 있기 때문이다. 그도 그럴 것이, 개념의 반대는 객체에 모순될 것이기 때문이다.

그러므로 우리는 모순율을, 모든 분석판단의 일반적이고 충분한 원리로서 인정해야만 한다. 그러나 진리의 충분한 기준이라고 하는 그 명성이나 유용성도 거기까지이다. 왜냐하면 그 어떤 인식도 자신을 무효화하지 않고서는 모순율에 위배될 수 없다는 것은 모순율을 우리의 인식이 진리이기 위한 불가결한 조건(conditio sine qua non)으로 삼지만, 우리 인식의 진리성을 결정하는 근거가 되지는 않기 때문이다. 그런데 우리는 본디 우리 인식의 종합적 부분하고만 관련되므로 이 불가침 원칙에 반하지 않도록 주의해야 할 테지만, 이런 종류의 인식의 진리성에 대해서는, 모순율로부터 아무런 설명도 기대할 수 없다.

모든 내용이 결여된 단순히 형식적인 이 유명한 원칙에도 공식이 있는데, 그것은 부주의하고 전적으로 불필요하게 섞여 들어간 종합을 포함하고 있다. 그 공식이란, '무엇인가가 동시에 존재하고 존재하지 않는다는 것은 불가능하다'는 것이다. 여기에서 반증 불가능한 확실성('불가능'이라는 말에 의한)—이것은 이 명제로부터 저절로 이해되어야 한다—이 쓸데없이 덧붙여지고 있다는 것은 문제 삼지 않아도, 이 명제는 시간의 조건에 의한 영향을 받고 있으며, 즉 '무엇인가 B인 것 같은 어떤 사물 A는, 동시에 B가 아닐 수 없다'고 말하고 있다. 그러나 이 사물은 서로 잇따라 있게 되면, 엄연히 둘 다(B인 동시에 B가 아님)일 수가 있다. 예를 들면 젊은 사람은 동시에 노인일 수는 없다. 하지만 동일한 사람이 어떤 때는 청년이며, 다른 시점에 가서는 청년이 아닌, 즉 노인일 수 있는 일이 가능한 것이다. 그런데 모순율은 다만 논리적인 원칙으로서, 그런 명제는 시간 관계에 제한될 수 없으며, 지금 보아온 공식은 모순율의 의도에 전적으로 반대된다. 이런 오해는 어떤 사물의 술어를 우선 그 사물의 개념으로부터 분리시킨 다음에, 그 개념의 반대를 이 술어에 결부시키는 데에서 야기된다. 그 술어는 결코 주어와는 모순되지 않으며, 사물의 개념과 종합적으로 결부된 첫 번째 술어와 모순될 뿐이다. 더욱이 첫 번째 술어가 두 번째 술어와 동시에 정립되는 경우에만 그와 같은 모순이 생기는 것이다. 내가 '무교양한 사람은 교양이 없다'고 말하면 거기에는 '동시에'라는 조건이 주어져 있어야만 한다. 왜냐하면 어떤 때에는 무교양한 사람도 다른 어떤 때에는 어엿이 교양이 있을 수 있기 때문이다. 그러나 내가 '무교양하지 않은 사람은 교양이 있다'고 말하면, 이 명제는 분석적이다. 왜냐하면 이런 특징(무교양이라고 하는)은 이번에는 주어 개념의 일부로서 그것을 구성하고 있기 때문이다. 이 경우 부정적 명제는 '동시에'라는 조건을 덧붙일 필요 없이 모순율에서 직접적으로 분명하게 된다. 이것이 또한 내가 앞에서 모순율의 공식을, 분석적 명제의 본성을 뚜렷이 나타내는 방식으로 변경한 이유이기도 하다.

제2절 모든 종합판단의 최고 원칙에 대해서

종합판단이 '가능함'을 해명하는 것은 일반 논리학으로서는 할 수 없는 임무이다. 일반 논리학은 종합판단이라고 하는 명칭조차도 알 필요가 없는 것이다. 그러나 그 임무는 초월적 논리학에서 무엇보다도 중요한 일이며, 선험적 종합판단의 가능성, 또한 그와 같은 판단의 조건과 범위가 문제되는 경우에는 실로 그 유일한 업무가 된다. 왜냐하면 이 일을 완성함으로써 비로소 순수지성의 범위와 한계를 정한다는, 초월적 논리학의 목적을 완전히 다할 수 있기 때문이다.

분석판단에서, 나는 이 판단에 대해서 무엇인가를 처리하기 위하여 주어진 개념에 머문다. 그 판단이 긍정적인 경우에는, 나는 이 개념 안에서 이미 생각되고 있었던 것을 그 개념에 덧붙일 뿐이다. 그것이 부정적인 경우에는, 다만 주어진 개념에 반대되는 것을 배제할 뿐이다. 그러나 종합판단에서는, 나는 주어진 개념에서 생각되어진 것과는 전혀 다른 그 무엇인가를 주어진 개념과의 관계에서 고찰하기 위하여, 주어진 개념을 넘어서지 않으면 안 된다. 그렇기 때문에 이런 관계는 결코 동일성의 관계도 아니고 모순되는 관계도 아니다. 이 경우는, 그와 같은 관계에 있어서의 판단 그 자체에는 진리도 오류도 문제가 될 수 없다.

주어진 개념을 다른 개념과 비교하기 위해서 주어진 개념 밖으로 넘어서야만 한다는 사실을 인정한다면, 두 개념의 종합이 그 안에서 이루어질 수 있는 제3의 것이 필요하다. 그렇다면 모든 종합판단의 매개자인 이 제3의 것이란 무엇인가? 그것은 우리의 모든 관념을 포함하고 있는 하나의 총괄자로, 내적 감각기관과 그 선험적 형식인 시간이다.

관념의 종합은 구상력에 기초를 두고 있지만, 관념의 종합적 통일(판단에 필요한)은 통각의 통일에 입각한다. 따라서 종합판단의 가능성은 이들 내부 감각기관의 총괄, 구상력의 종합 및 통각의 통일에서 구해야 할 것이며, 이들 셋 모두 선험적 표상을 위한 원천을 포함하고 있으므로 순수종합판단의 가능성 또한 여기에서 찾아야 할 것이다. 뿐만 아니라 관념의 종합에 입각한 대상 인식이 성립되어야 한다면 순수종합판단의 가능성은 이들에 의거해서만 필연성을 가질 수 있다.

인식이 객관적 실재성을 가져야만 한다면, 즉 대상에 관계하며 대상에서 의의와 의미를 가져야만 한다면 어떤 방식으로든 대상이 주어져야만 한다. 그렇지 않으면 개념은 공허하며, 우리는 개념에 의해서 생각은 하지만 실제로는 이런 사고에 의해서는 아무것도 인식할 수 없으며, 다만 유희에 지나지 않는다. 대상을 준다는 것은—다만 대상을 간접적으로 준다는 것이 아니고 직접적으로 직관에서 주어지는 것으로 생각해야 한다면—대상의 관념을 경험(그것이 현실적 경험이든, 가능한 경험이든)에 관계를 가지게 하는 것을 말한다. 공간과 시간까지도—이들 개념이 모든 경험적인 것으로부터 어느 정도 순수하게, 어느 정도 확실하게 완전히 선험적으로 신적 능력 안에서 생각에 떠올릴 수 있다고 해도—이들이 필연적으로 사용된다는 것이, 경험의 대상에서 제시되지 않으면, 객관적 타당성도, 의미와 의의도 가지지 않을 것이다. 바로 시간과 공간의 관념은 언제나 경험의 대상들을 불러오는 재현적 구상력에 관계하는 단순한 도식이며, 이것에서 경험의 대상들이 제외되면 시간과 공간은 아무런 뜻도 가질 수 없을 것이다. 다른 모든 개념에 대해서도 사정은 마찬가지이다.

그렇기 때문에 경험의 가능성은 우리의 모든 선험적 인식에 객관적 실재성을 준다. 그런데 경험은 현상의 종합적 통일에 입각한다. 다시 말하면 현상 일반이 대상이라는 개념에 의한 종합에 입각한다. 이 개념에 의한 종합이 없으면, 경험은 도저히 인식이 아니라 지각을 모아놓은 것이 될 것이다. 지각을 모아놓은 것은 일관적으로 결부된 (가능한) 의식의 규칙에 의한 맥락의 가치가 없고, 따라서 통각의 초월적이고 필연적인 통일에도 해당하지 않을 것이다. 그렇기 때문에 경험은 그 선험적 형식의 원리를, 즉 현상의 종합에 있어서의 통일의 일반적 규칙을 바탕에 가지고 있는 것이다. 그 규칙의 객관적 실재성은 필연적 조건으로서, 늘 경험에서, 뿐만 아니라 경험의 가능성에서 제시될 수 있다. 그러나 이 관계를 제외하고는, 선험적 종합명제는 전혀 불가능하다. 왜냐하면 이들 명제는 제3의 것을 가지지 못하고, 따라서 이들 개념의 종합적 통일이 객관적 실재성을 증명할 수 있는 대상을 가지고 있지 않기 때문이다.

그러므로 우리는 확실히 공간 일반에 대해서, 또는 생산적 구상력이 공간 안에 그리는 형체에 대해서 매우 많은 것을 종합판단에서 선험적으로 인식하고, 그 때문에 실제로 경험을 필요로 하지 않는다. 그러나 만약에 공간이 외적 경험의 소재를 이루는 현상의 조건이라고 간주되지 않는다면, 그와 같은 인식은 전혀 아무것도 아니며, 망상에 관계되는 것에 지나지 않을 것이다. 그러므로 저 순수한 종합판단은 간접적으로나마 가능한 경험에 관계하며, 경우에 따라서는 오히려 이 경험을 가능하게 하는 그 자체와 관계를 갖는다. 또는 경험의 가능성 자체에 다만 간접적으로라도 관계하며, 오로지 이에 의거해서만 판단에서의 종합의 객관적 타당성의 근거가 주어진다. 따라서 경험적 종합으로서의 경험은 그것이 가능한 한, 다른 모든 종합에 실재성을 주는 유일한 인식의 방식이므로,

선험적 인식으로서의 경험은 또한 다음과 같은 일에 의해서만 진리성(객체와의 일체)을 갖는다.

그러므로 모든 종합판단의 최고 원칙은, '어떤 대상이라도 가능한 경험에서 직관의 다양함이 종합적으로 통일되는 필연적 조건에 따른다'는 것이다.

이와 같이 해서 우리가 선험적 직관의 형식적 조건인 구상력의 종합과 초월적 통각에서의 이런 종합의 필연적 통일을 가능한 경험적 인식 일반에 관계시킬 때, 선험적 종합판단이 가능하게 된다. 그러면 우리는 다음과 같이 말하게 된다. '경험 일반을 가능케 하는 조건은, 동시에 경험을 가능하게 하는 조건이며, 그렇기 때문에 선험적 종합판단에서 객관적인 타당성을 가지게 되는 것이다'라고.

제3절 순수지성의 모든 종합적 원칙의 체계적 표현

일반적으로 어디선가에서 원칙이 성립된다고 하면, 그것은 오직 순수지성에 귀착된다. 순수지성은 생겨나는 것에 관해서 단순히 규칙의 능력일 뿐만 아니라, 그 자체가 원칙의 원천인 것이다. 모든 것(이를테면 우리에게 대상으로서 나타나는)은 그 원칙에 의해서 필연적으로 규칙에 따른다. 왜냐하면 이러한 규칙이 없으면, 현상에 대응하는 대상의 인식이 현상에 속하는 일은 결코 없을 것이기 때문이다. 자연 법칙까지도 그것이 경험적 지성 사용의 원칙으로 간주된다면, 동시에 필연성이라고 하는 표현도 수반하고 있는 것이다. 즉 적어도 선험적으로 모든 경험에 앞서서 해당하는 근거로부터 규정된다고 하는 가망성을 수반하고 있는 것이다. 그러나 자연의 모든 법칙은 예외 없이, 지성의 보다 높은 원칙에 따른다. 자연 법칙은 이 지성의 원칙을, 현상의 개별적 사례에 적용하는 데에 지나지 않기 때문이다. 따라서 지성의 원칙만이 규칙의 조건과, 말하자면 그 지수를 포함하는 개념을 주는 것이다. 이에 반해 경험이 주는 것은 규칙에 따르는 사례이다.

단순한 경험적 원칙을 순수지성의 원칙으로 간주하거나 그 반대로 여기는 것은, 본디 아무런 위험한 일도 아니다. 왜냐하면 개념에 의한 필연성이 순수지성 원칙을 돋보이게 하고 있으며, 또 그 어떤 경험적 명제에도—그것이 아무리 보편적으로 합당하다 하더라도—개념에 의한 필연성이 결여되어 있다고 하는 것은 쉽게 알아차릴 수 있으므로 그런 혼동도 쉽사리 방지할 수 있기 때문이다. 그러나 선험적 원칙임에도 불구하고, 나로서는 순수지성으로 돌리고 싶지 않은 것이 있다. 그 까닭은, 그와 같은 원칙이 순수개념으로부터가 아니라 순수직관에 (지성을 매개로 한다고는 하지만) 도출되어 있기 때문이다. 지성은 어디까지나 개념의 능력이다. 수학은 지금 말한 원칙을 가지고 있다. 그러나 그와 같은 원칙을 경험에 적용한다는 것, 따라서 그 객관적 타당성, 즉 그와 같은 선험적인 종합적 인식의 가능성(그 연역)은 어디까지나 순수지성에 입각하는 것이다.

그러므로 나는 수학 원칙을 나의 원칙 속에 포함하지 않는다. 그러나 수학의 가능성과 선험적인 객관적 타당성의 근거가 되는 원칙, 따라서 수학적 원칙의 원리로 여겨지는 원칙, '직관으로부터 개념으로'가 아니라 '개념에서 직관으로' 향하는 원칙은 나의 원칙에 포함된다.

순수지성 개념을 가능한 경험에 적용하는 경우, 순수지성의 종합을 사용한다는 것은 수학적이거나 역학적이거나 둘 중 하나이다. 왜냐하면 순수지성 개념의 일부는 오직 직관에만 향하고, 다른 일부는 현상 일반의 현실 존재로 향하기 때문이다. 그러나 직관의 선험적 조건은 가능한 경험에 관해 어디까지나 필연적이며, 가능한 경험적 직관의 객체가 현존하는 조건은 그 자체로서는 다만 우연적인 것에 지나지 않는다. 그러므로 수학적으로 사용되는 원칙은 무조건 필연적, 즉 반증의 여지가 없는 것이다. 역학적으로 사용되는 원칙은 사실상 선험적 필연성이라고 하는 성격도 갖추고 있을 테지만, 경험에서의 경험적 사고의 제약 아래에서만, 그러니까 다만 간접적이고도 비직접적으로만 그런 성격을 띤다. 따라서 수학적으로 사용되는 원칙에 특유한 직접적 확실성을 포함하고 있지 않다(역학적 원칙이 경험에 보편적으로 관계하는 확실성은 손상되지 않지만). 그러나 이것은 원칙에 관한 이 체계의 끝에서 보다 더 잘 판정될 것이다.

범주표는 우리에게 그대로 원칙의 표에 대한 시사가 된다. 왜냐하면 원칙의 표는 다름 아닌 범주표를 객관적으로 사용하는 경우의 규칙이기 때문이다. 그래서 순수지성의 모든 원칙은 다음과 같이 된다.

1
직관의 공리

4
경험적 사고 일반의 요청

이런 명칭을 선택함에 있어서 나는 신중을 기했다. 그것은 이들 원칙의 명증성과 그 적용에 차이가 있다는 것을 모른 채 방치해 두지 않기 위해서이다. 그러나 분량과 성질의 범주(단순히 현상의 형식에만 주의를 돌린다면)에 따른 현상의 명증성 및 선험적 규정을 보면 이들 두 범주의 원칙들이 다른 두 범주(관계와 양상)에 따르는 원칙들과 현저하게 다른 것은 곧 분명해질 것이다. 왜냐하면 둘 다 충분한 확실성을 가지지만 앞의 두 범주의 원칙은 직관적 확실성을 가지는 반면, 뒤의 두 범주 원칙은 다만 논증적 확실성을 가질 뿐이기 때문이다. 그러므로 나는 앞의 두 범주를 수학적 원칙, 그리고 뒤의 두 범주를 역학적 원칙이라고 부르고자 한다.[18] 그러나 독자들은 다음과 같은 일을 알아차릴 것이다. 나는 여기에서 둘 중 한쪽 사례에서 수학적 원칙을 염두에 두고 있는 것도 아니고, 다른 한쪽 사례에서 일반적(물리적) 역학의 원칙을 염두에 두고 있는 것도 아니다. 그렇지 않고 다만 내적 감각(거기에 어떠한 관념이 주어지는가를 불문하고)과의 관계에서의 순수지성 원칙을 염두에 두고 있는 것이다. 순수지성의 원칙은 모두 이 내적 감각에 의해서 그 가능성을 발휘하는 것이다. 내가 이들 원칙

---

18) 결합은 모두 합류(compositio) 아니면 연결(nexus) 가운데 하나이다. 결합은 서로 필연적 관계를 가지지 않은 다양한 것의 종합이다. 예컨대 정사각형이 대각선에 의해서 분할될 때에 생기는 두 개의 삼각형이 그것이며, 이들 삼각형은 서로 필연적으로 각기 필연적 관계를 가지지 않는다. 이들은 수학적으로 고찰할 수 있는 모든 동질적인 것의 종합이다(이 종합은 다시 집합과 연립이라고 하는 종합으로 나뉘어 그중 집합은 외연량으로 향하고 연립은 내포량으로 향한다). 제2의 결합(nexus)은 서로 필연적으로 관계하는 경우의 다양한 것의 종합이다. 예컨대 우유성(偶有性)이 그 어떤 실체에 속하거나, 또는 결과가 원인에 속하는 경우가 그러하다. 따라서 이종(異種)의 것이기는 하지만, 선험적으로 결합된 것으로서 생각에 떠올릴 수 있는 종합이다. 이와 같은 결합은 자의적인 것이 아니기 때문에, 나는 그것을 역학적이라고 부른다. 왜냐하면 그것은 다종(多種)한 것의 현실 존재에 관련되기 때문이다(이 결합은 다시 현상들 상호 간의 물리적 결합과 선험적 인식 능력에서의 현상들의 형이상학적 결합으로 나눌 수 있다).

을 지금 말한 것처럼 이름 짓는 것은, 이들 내용보다는 이들의 적용을 고려해서이다. 그래서 우리가 앞에 제시한 표[범주표]와 동일한 순서에 따라서 이들 원칙을 생각해 보기로 한다.

1. 직관의 공리

그 원리 : 모든 직관은 외연량(연장적 부분들의 모음)이다.

증명

모든 현상은 형식적으로 보면, 시간과 공간에서의 직관을 포함하고 있다. 이 직관은 모든 현상의 밑바탕에 선험적으로 있다. 그렇기 때문에 현상은 다양한 것의 종합에 의하는 것 말고는 감각적으로 파악할 수가 없다. 다시 말해 경험적 의식 속에 받아들여질 수가 없다. 어느 일정한 시간 또는 공간의 관념은 이 종합에 의해, 즉 동질적인 것의 합성과 다양한 것(동질적인 것)의 종합적 통일의 의식에 의해서 낳게 된다. 그런데 직관 일반에서의 이 다양하고 동질적인 것의 의식은, 그것에 의해서 객체의 관념이 비로소 가능해지는 한에 있어서 분량(단위량 Quanta)의 개념이다. 따라서 현상으로서의 객체의 지각도, 주어진 여러 종류의 감성적 직관, 동일한 종합적 통일에 의해서만 가능하다. 이 종합적 통일에 의해서 다양하고 동일한 것의 합성 통일이, 분량의 개념으로 생각되어진다. 즉 현상은 모두 분량이며, 더욱이 외연량이다. 외연량은 시간 또는 공간에서의 직관으로서, 시간과 공간이 일반적으로 규정되는 것과 동일한 종합에 의해서 상기되어야 하기 때문이다.

나는 외연량을, 부분의 관념이 전체의 관념을 가능케 하는 (따라서 부분의 관념이 전체의 관념에 선행하는 것과 같은) 분량이라고 부른다. 아무리 짧은 직선이라 할지라도 나는 그것을 머릿속에 그어보지 않고는, 즉 하나의 점으로부터 '선'의 모든 부분을 순차적으로 형성해 비로소 이런 선의 직관을 그려보지 않고서는 어떤 선도 생각에 떠올릴 수 없다. 이것은 시간에 대해서도 마찬가지이다. 시간에서 나는 한 순간에서 다른 순간으로의 계속적인 진행을 생각하게 되는데, 거기에서 모든 시간 부분과 그것의 덧붙임에 의해서 결국 일정한 시간량이 생겨난다. 모든 현상에서의 단순한 직관은 공간이거나 시간이기 때문에, 직관으로서의 각각의 현상은 외연량이다. 왜냐하면 개개의 현상은 감각 파악에 있어서 계속적 종합(부분에서 부분으로의)에 의해서만 인식될 수 있기 때문이다. 따라서 모든 현상은 본디 집합체(미리 주어진 부분의 일정한 양)로서 직관된다. 이것은 어떤 분량에 대해서나 모두 그런 것은 아니며, 다만 우리에 의해서 외연적인 것으로 생각에 떠올려지고 감각적으로 파악되는 분량에서만 그러하다.

생산적 구상력이 형태를 낳을 때의 이 계속적 종합에 외연의 수학(기하학) 및 그 공리가 근거한다. 이 공리는 감성적 직관의 선험적 조건들을 나타내는 것으로서, 그것에 의해서만 외적 현상에 대한 순수개념의 도식이 성립된다. 예를 들어 '두 점 사이에는 오직 하나의 직선만이 있을 수 있다', '두 직선만으로는 공간을 둘러쌀 수는 없다' 등과 같은 것이 그것이다. 이들은 본디 이와 같은 외연량으로서의 분량(Quanta)에만 관련되는 공리이다.

그러나 수량(Quantitas)에 대해서, 즉 '어떤 것이 어느 정도 큰가' 하는 물음의 대답에 관해 말하자면, 이들 여러 가지 명제가 종합적이고도 직접적으로 확실(증명 불가능)하기는 하다. 그럼에도 수량에 관해서는, 본디 의미로는 공리는 존재하지 않는다. '똑같은 것에 똑같은 것을 더하거나, 이것에서 똑같은 것을 빼도 똑같다'는 것 등은 분석적 명제이다. 왜냐하면 여기서 나는 한쪽 산출량과 다른 한쪽 산출량이 동일하다는 것을, 직접 의식하기 때문이다. 그러나 공리는 선험적 종합명제여야 한다. 반면에 수적 관계의 명증적 명제는 확실히 종합적이지만, 기하학의 명제처럼 '보편적 명제'는 아니고, 바로 그 때문에 공리가 아니라 수식이라고 불릴 수 있는 것이다. '7+5=12'라는 명제는 분석적 명제가 아니다. 왜냐하면 나는 '7'이라는 관념 안에도, '5'라는 관념 안에도 더 나아가 이들 두 수의 합이라는 관념 안에도, '12'라는 수를 생각하고 있지 않기 때문이다(내가 이 두 수의 합에서 '12'라는 수를 당연히 생각할 것이라는 점은 여기서 문제되지 않는다. 왜냐하면 분석적 명제의 경우에만, 내가 주어의 관념 안에 실제로 술어를 생각하느냐의 여부가 문제되기 때문이다). 이 명제가 종합적이라고는 하지만 그것은 단칭명제에 불과하다. 여기에서는 단지 동질적인 것(단위)의 종합만이 주목되고 있기 때문에, 이들 수의 사용은 그 뒤 일반화된다 하더라도, 여기에서 이 종합은 유일한 방식으로밖에 생기지 않는다. 내가 다음과 같이 말했다고 하자. '세 개의 직선—그중 두 직선의 길이를 더하면 제3의 직선보다 길다—에 의해서, 하나의 삼각형을 그릴 수가 있다'고. 그 경우 나는 생산적 구상력의 기능을 가질 뿐이며, 구상력은 긴 직선과 짧은 직선을 그어, 그것들을 어느 것이나 임의의 각도로 접촉시킬 수가 있다. 이에 반해 '7'이라는 수는 오직 한 방식으로만 가능할 뿐이며, '7'과 '5'의 종합에 의해서 산출되는 '12'라는 수도 마찬가지이다. 따라서 이런 명제는 공리라고 불러서는 안 되고(만일 그렇지 않으면 무한히 많은 공리가 있게 될 것이므로), 수식이라고 불러야 한다.

현상들에 관한 수학의 이와 같은 초월적 원칙은, 우리의 선험적 인식을 확대시켜 준다. 왜냐하면 이와 같은 원칙만이, 순수 수학을 나무랄 데 없이 엄밀하게 경험의 대상에 적용할 수 있게 해주기 때문이다. 만일 이 원칙이 없었다면 이런 적용은 이처럼 분명할 수는 없었을 테고, 많은 모순까지도 유발했을 것이다. 현상은 결코 사물 그 자체는 아니다. 경험적 직관은 순수직관(공간 및 시간이라고 하는)에 의해서만 가능하다. 기하학이 순수직관에 대해 말하는 것은 이론의 여지가 없이 경험적 직관에도 적용된다. 그러므로 감각의 대상은 공간에서의 구성 규칙(예컨대 직선이나 각도가 무한히 분할 가능하다고 하는)에 따를 필요는 없다는 등의 핑계는 사라져야 한다. 왜냐하면 이런 핑계에 의해 공간에 객관적 타당성이 부정됨과 동시에 모든 수학의 객관적 타당성도 함께 부정되며, 또한 수학이 왜 그리고 어느 정도까지 현상에 적용될 것인가에 대해 더욱 알 수 없게 되기 때문이다. 모든 직관의 본질적 형식인 공간 및 시간의 종합은 동시에 현상의 감각 파악을, 따라서 모든 외적 경험을, 그것으로 인해서 또한 외적 경험의 대상의 모든 인식도 가능케 한다. 그리고 수학이 순수하게 사용되는 경우에 공간 및 시간의 종합에 관해 증명하는 것은 필연적으로 외적 경험의 모든 대상의 인식에도 타당하다. 이에 대한 어떠한 이론(異論)도, 잘못된 교육을 받은 이성의 궤변에 지나지 않는다. 그와 같은 이성은 감각의 대상을 우리 감성의 형식적 조건으로부터 해방시키려고 잘못 생각하며, 그것이 다만 현상일 뿐인데도 지성에 주어진 대상 자체라고 잘못 설정한다. 이런 경우에는 물론 대상에 대해 아무것도 선험적으로, 종합적으로 인식할 수가 없을 것이다. 따라서 순수개념에 의해 공간에 대해서도 선험적으로, 종합적으로 인식할 수가 없을 것이다. 또 그 경우, 공간의 순수개념을 규정하는 학문, 즉 기하학 자체가 불가능하게 될 것이다.

2 지각의 예측

그 원리 : 모든 현상에서 감각의 대상인 실재적인 것은 내포량, 즉 '어떤 정도'를 가진다.

증명

지각은 경험적 의식이다. 다시 말해 그 속에 동시에 감각이 포함되어 있는 의식이다. 지각의 대상인 현상은, 시간과 공간처럼 순수(단지 형식적인) 직관이 아니다(왜냐하면 이들 시간과 공간은 그 자체로서는 전혀 인식되지 않기 때문이다). 따라서 현상은 직관을 넘어서서, 그 어떤 객체 일반을 위한 질료(質料)를 포함하고 있다(이 질료에 의해서 시간 또는 공간에서 실제로 존재하는 무엇인가 어떤 것이 제시된다). 즉 감각 내용의 실재적인 것을, 따라서 단순히 주관적 관념을 포함하고 있는 것이다. 우리는 이 관념에 의해서 주체가 촉발되고 있다는 것을 의식할 수가 있고, 이 관념을 자기 안에서 객체 일반에 관계지우는 것이다. 그런데 경험적 의식에서 순수의식으로는 단계적 변화가 가능하다. 왜냐하면 경험적 의식의 실재적인 것이 완전히 소멸하면, 뒤에 남는 것은 시간과 공간에서의 다양한 것의 단순한 형식적 의식(선험적)이기 때문이다. 그러므로 감각 내용의 양을 낳는 종합도, 순수직관=0에서 시작하여, 감각 내용의 임의의 양에 이를 때까지 가능하다. 한편 감각 내용 그 자체는 전혀 어떤 객관적 개념도 아니며, 감각 속에는 공간의 직관도 시간의 직관도 찾아볼 수가 없다. 그렇기 때문에 감각 내용에는 어떤 외연량도 주어지지 않지만, 그럼에도 불구하고 어떤 분량이 주어진다(더욱이 양을 경험적으로 파악하는 일―그 안에서 경험적 의식이, 어느 시간 속에 무=0에서부터 주어진 크기로까지 증대할 수 있는―에 의해서). 즉 내포량이 주어진다. 이 내포량에 대응해서 지각의 모든 객체에―그것이 감각 내용을 포함하는 한―내포량이, 곧 감각에 대한 영향의 정도가 주어져야만 한다.

내가 경험적 인식에 속하는 것을 선험적으로 인식하고 규정할 수 있는 모든 인식을 우리는 예측(선취적 인식)이라고 부를 수 있다. 이것은 에피쿠로스가 '프롤레프시스(prolepsis)'라는 용어로 표현한 의미이다. 그러나 현상에는 결코 선험적으로 인식될 수 없는 것이 있고, 그것은 또한 경험적인 것과 선험적 인식의 본디 차이를, 즉 감각 내용(지각의 질료로서의)을 이룬다. 그렇기 때문에 감각 내용은 결코 선취적으로 인식할 수 없다는 결론이 나온다. 이에 반해 우리는 공간 및 시간에서의 순수한 규정을—형태에 대해서나 양에 대해서나—현상의 예측이라고 부를 수 있을 것이다. 왜냐하면 그런 순수규정은 경험에서 언제나 후험적으로 주어지는 것을 선험적으로 나타내기 때문이다. 그러나 모든 감각 내용—감각 내용 일반으로서의(개별적 감각 내용이 주어져 있지 않아도)—에서 선험적으로 인식될 수 있는 것이 있다고 한다면, 그것은 예외적 의미에서 예측이라고 불릴 만하다. 경험으로밖에 얻을 수 없는, 바로 그 경험의 질료에 관련되는 것에서 경험을 선취한다는 것은 기이하게 생각되기 때문이다. 그리고 여기에서는 실제로 그와 같은 경우가 있다.

감각 파악은 단순히 감각 내용을 매개로 해서, 한순간을 충족시킬 뿐이다 (즉 내가 많은 감각 내용의 계속을 고려하지 않는다면). 그렇기 때문에 감각 내용은 현상에서 그 무엇인가로서 외연량을 가지지 않는다. 현상의 감각 파악은 부분에서 전체로 나아가는 계기적 종합은 아닌 것이다. 동일한 순간에 감각 내용이 결여되어 있다고 하는 것은 그 순간을 공허한 것으로, 즉 제로(0)로서 나타낼 것이다. 그런데 경험적 직관에서 감각 내용과 대응하는 것은 실재성(현상적 실재)이다. 감각 내용의 결여와 일치하는 것은 부정성(不定性)=0이다. 다른 한편으로 모든 감각 내용은 감소할 수가 있고, 그 결과 점점 적어져서 서서히 소멸되는 것이 가능하다. 그렇기 때문에 현상에서의 실재성과 부정성 사이에는, 많은 가능한 중간적 감각 내용의 연속적 관련이 있다. 중간에 있는 감각 내용끼리의 차이는 주어진 감각 내용과 제로, 즉 완전한 부정성과의 차이보다도 더 적다. 다시 말해 현상에서 실재적인 것은 언제나 분량을 가지고 있지만, 그 분량은 감각 파악에서는 찾아볼 수가 없다. 왜냐하면 이 감각 파악은 한순간의 단순한 감각 내용을 매개로 해서 일어나는 것으로, 많은 감각 내용의 계속적 종합에 의해서 일어나는 것이 아니며, 따라서 부분에서 전체로 나아가는 것이 아니기 때문이다. 그래서 현상에서의 실재적인 것은 분량을 가지기는 하지만 외연량은 아니다.

한편 나는 다만 단일성으로서만 감각적으로 지각되고, 또 다수성이 부정성 =0으로 접근함으로써 나타낼 수 있는 양을 내포량이라고 부른다. 따라서 현상에서의 모든 실재성은 내포량, 즉 정도를 갖는다. 만일 우리가 이 실재성을 원인이라고 간주한다면(그것이 감각의 원인이든, 현상에서의 다른 실재성, 예컨대 변화의 원인이든 간에) 우리는 실재성의 정도를 원인, 계기, 이를테면 무게의 계기라고 부른다. 더욱이 그것은, 정도가 계속적이 아니고 순간적인 분량을 나타낼 뿐이기 때문이다. 그러나 여기에서는 이 일을 지나가는 말로 언급하기로 한다. 왜냐하면 나는 현재의 단계에서는 아직 인과성에는 관련하고 있지 않기 때문이다.

그러한 까닭으로 모든 감각 내용, 즉 현상에서의 모든 실재성은 그것이 아무리 작은 것이라 하더라도, 정도, 곧 계속 감소될 수 있는 내포량을 갖는다. 그리고 실재성과 부정성 사이에는 가능한 실재성의, 그리고 보다 작은 가능한 지각의 연속적인 관계가 있다. 어떠한 색도, 예를 들어 빨간색은 아무리 흐려도 정도를 가지고 있고, 그 정도는 결코 최소한의 것이 아니다. 이런 것은 따뜻함에 대해서도, 무게에 관해서도, 그 밖에 모든 일에 대해서도 마찬가지이다.

어느 부분을 취해 보더라도 가능한 최소 부분일 수 없는(어느 부분도 단순하지 않는) 양적인 성질, 그것을 분량의 연속성이라고 한다. 시간과 공간은 연속량인 것이다. 왜냐하면 공간과 시간의 어떤 부분도 한계(점과 순간) 사이의 부분을 포함하지 않고서는 주어지지 않으며, 동시에 이런 부분 자체가 바로 시간이자 공간이기 때문이다. 그래서 시간은 시간으로만 성립되고, 공간은 오로지 공간으로만 성립된다. 순간도 점도 한계이며, 결국은 시간과 공간을 제한하는 단순한 위치에 지나지 않는다. 그러나 위치는 언제나 그것을 제한하거나 한정하는 직관을 전제로 한다. 그리고 시간 또는 공간에 앞서 주어지는 요소로서의 위치로부터는, 시간도 공간도 구성될 수 없다. 이런 분량을 우리는 '흐르는 양'이라고 부를 수 있다. 왜냐하면 그와 같은 분량을 낳는 (생산적 구상력의) 종합은 시간에 있어서의 경과이며, 시간의 연속성은 언제나 특히 '흐른다(흘러서 사라진다)'라는 말로 표현하기 때문이다.

따라서 현상 일반은 모두 연속량이며, 그 직관에서 보면 외연량이고, 단순한 지각(감각 내용, 따라서 실재성)에서 보면 내포량이다. 만일 다양한 현상의 종합이 중단된다면, 그것은 많은 현상의 집합체이지, 본디 분량으로서의 현상이 아니다. 집합체는 어떤 종류의 생산적 구상력의 단순한 계속에 의해서가 아니고, 그때마다 중단되는 종합을 되풀이함으로써 산출된다. 만일 내가 13탈러를 돈의 양이라고 말한다면, 그것을 내가 1마르크의 순은 가치로 이해하는 한 올바르게 말하고 있는 것이다. 그러나 1마르크는 물론 연속량이며, 연속량에서는 어느 부분도 최소 부분이 아니고, 어느 부분도 한 장의 경화(硬貨)를 형성할 수가 있다. 경화는 언제나 보다 더 작은 부분을 위한 원료를 포함하는 것이다. 하지만 만일 내가 13탈러를 13개의 둥근 탈러 경화(그 은의 가치는 어찌되었건)로 이해한다면, 내가 그것을 탈러의 양이라고 부르는 것은 적절하지 않고, 그것은 집합체를, 즉 경화의 수를 의미하는 것이 되어야 한다. 그런데 모든 수의 바탕에는 단위가 있어야 하므로, 단위로서의 현상은 분량이며, 그와 같은 것은 언제나 연속량이다.

그런데 모든 현상은 외연적으로 보든 내포적으로 보든 간에 연속량이라고 한다면, '모든 변화(어떤 상태에서 다른 상태로의 사물의 이행) 또한 연속적이다' 하는 명제는 수학적으로 확실하게 증명할 수가 있다. 변화 일반의 인과성이 전적으로 초월적 철학의 한계 밖에 있지 않고, 경험적 원리들을 전제로 한다면 그러하다. 왜냐하면 사물의 어떤 상태를 변화시키는 어떤 원인이 가능하다는 것, 즉 사물을 어느 주어진 상태의 반대로 규정하는 원인이 가능하다는 점에 대해서 지성은 우리에게 선험적으로는 아무런 단서도 주지 않기 때문이다. 그것은 단지 지성은 그 가능성을 구명하지 않기 때문만이 아니라(왜냐하면 우리는 이와 같은 통찰을 갖가지 선험적 인식에서도 가지고 있지 않기 때문에), 변화한다고 하는 것은 경험만이 가르쳐 주는 현상의 어떤 규정에 관여하는 한편, 변화의 원인은 변화하지 않는 것 안에서 발견되기 때문이다. 그러나 우리는 모든 가능한 경험의 순수한 근본 개념 말고는 아무것도 가지고 있지 않고, 그와 같은 근본 개념은 아무런 경험적인 것도 포함해서는 안 된다. 그러므로 우리는 체계의 통일을 손상시키지 않고서는, 일반 자연과학—이것은 어느 종류의 근본 경험 위에 구축되어 있다—을 예측할 수는 없는 것이다.

그럼에도 지각을 예측하고 또한 지각의 결함을 보충해 그 결함으로부터 도출될지도 모를 오류가 발생하지 않도록 하기 위해 커다란 영향을 미칠 수 있는 증명이 우리에게는 있다.

만일 지각에서의 모든 실재성이 어떤 정도를 가지고 있어서, 그 정도와 부정(否定) 사이에 점차 감소되어 가는 정도의 무한한 단계가 있으며, 마찬가지로 어느 감각이나 감각 내용의 수용성에 있어 일정한 정도를 가진다면 직접적이든 간접적이든(추리에 의해 아무리 먼 길을 돌더라도) 현상 속에 실재적인 것이 완전히 결여되어 있음을 증명할 수 있는 어떤 지각도 없으며, 따라서 어떤 경험도 있을 수 없다. 다시 말해 경험으로부터는 결코 공허한 공간이나 공허한 시간의 증명을 이끌어 낼 수가 없다. 왜냐하면 첫째로 감성적 직관 속에 실재적인 것이 전부 결여되어 있다는 것은 그 자체가 지각되지 않으며, 둘째로 그런 결여는 어떤 현상으로부터도, 또한 그 실재성 정도의 차이로부터도 귀결되지 않으므로, 현상을 설명하기 위해 상정되어서는 안 되기 때문이다. 더욱이 어느 일정한 공간 또는 시간의 모든 직관이 어디까지나 실재적이고, 그 어느 부분도 공허하지는 않다 하더라도, 모든 실재는 정도를 가지며, 그 정도는 현상의 외연량이 바뀌지 않아도, 무(공허)에 이를 때까지 무한한 단계를 거쳐 감소할 수 있는 것이다. 그렇기 때문에 공간 또는 시간을 채우는 무한히 다른 정도가 존재해야 되고, 직관의 외연량이 같아도, 내포량은 여러 가지 현상에서 보다 작을 수도 클 수도 있다.

그 한 예를 들어보기로 하자. 대부분의 자연과학자들은 동일한 부피 아래에서, 여러 종류의 물질 분량에 큰 차이(하나는 중력 또는 무게의 계기로, 또 하나는 다른 운동을 하는 물체에 대한 저항의 계기로)가 있다는 것을 지각한다. 그러므로 그들은 다음과 같이 추론한다. 이 부피(현상의 외연량)는 모든 물질에서, 여러 가지 척도에서이기는 하지만 공허하지 않으면 안 된다고. 이것은 본디 주로 수학적·기계론적 자연과학자가 생각해 낸 것이다. 그들 가운데 이 추리가, 자기들이 그토록 회피하고자 주장하는 형이상학적 전제에 지나지 않는다는 것을 깨달은 사람이 있었을까? 왜냐하면 그들은 공간에서 실재적인 것(나는 여기에서 그것을 불가입성 또는 중력이라고 부르지는 않겠다. 이들은 경험적 개념이기 때문이다)은 어디에서나 같으며, 단지 외연량 즉 수량(Menge)에 의해 구별될 뿐이라 생각하고 있기 때문이다. 그들은 이 전제를 위한, 경험에 의한 근거를 가지지 못했다. 따라서 그것은 단순히 형이상학적 전제에 지나지 않는다. 이와 같은 전제에 대해서, 나는 초월적 증명을 시도하고자 한다. 이런 증명은 물론 공간을 채우는 경우의 차이를 해명하지는 못한다. 하지만 이 양적 차이를 설명하기 위해서는 공허한 공간들을 승인할 수밖에 없다는, 그들의 전제가 제시하는 필연성을 완전히 제거할 것이다. 또한 적어도 지성을 해방시켜서, 이것을 자연적으로 설명하기 위해 어떤 가설이 필요하다면, 이런 양적 차이를 다른 방법으로 생각하도록 하는 공적을 가지게 될 것이다. 왜냐하면 우리가 아는 바로는, 같은 크기를 가진 두 공간이 그 어느 쪽에서도 물질이 현존하고 있지 않는 점이 없도록 서로 다른 물질에 의해 완전히 채워져 있다고 하더라도, 모든 실재적인 것은 그 성질을 유지하며 그 외연량 또는 수량을 감소시키는 일 없이 공허에 이르러 소멸할 때까지 무한히 작아질 수 있는 정도를 가지고 있기 때문이다. 그러므로 공간을 채우는 팽창, 예컨대 열(熱)이나 다른 모든 실재성(현상에서)은 이 공간의 부분을 조금도 공허하게 비워두지 않고서도 그 정도를 무한히 감소할 수 있으며, 또한 이런 보다 작은 정도를 가지고도 다른 현상이 보다 큰 정도를 가지고 하는 것과 마찬가지로 공간을 채울 수 있다. 나는 여기에서 결코 이런 사정이 사실상 그 무게를 달리하고 있는 물질에 대해서도 동일하다고 주장하려는 의도는 없다. 다만 순수지성의 원칙에 의해 우리 지각의 본성이 이와 같은 설명 방식을 가능케 한다는 점, 또한 우리가 '현상에서의 실재적인 것'을 정도의 면에서는 같은 것으로 인정하면서 단지 수량과 외연량에서는 다른 것으로 인정하는 것은 잘못이라는 점, 그리고 이것을 지성의 선험적 원칙에 의해서 주장하는 것이 헛되다는 점을 제시하려는 것뿐이다.

그럼에도 이 지각의 예측은, 초월적 고찰에 익숙해져 신중해진 연구자에게는 중요한 일을 포함하고 있으며 기이한 느낌을 불러일으킨다. 그것은 바로, 지성은 현상에서의 모든 실재적인 것에 대한 이와 같은 종합적 명제를, 즉 감각 내용 그 자체—그 경험적 성질을 제외한다면—의 내적 차이의 가능성에 대한 종합적 명제를 예측한다고 하는 것이다. 그렇기 때문에 다음과 같은 물음은 해결할 가치가 있다. '지성은 이 점에 있어서 현상에 관해 어떻게 종합적 선험적으로 발언할 수가 있는가?' '지성은 현상을 본디 단순히 경험적인 것 속에서, 즉 감각 내용에 관한 것 속에서 어떻게 예측할 수 있는가?'

감각 내용의 성질은 언제나 경험적인 것에 지나지 않고, 선험적으로는 도저히 제시될 수 없다(예를 들면 색깔, 맛 등). 그러나 감각 내용 일반에 대응하는 실재적인 것은 부정성=0과는 반대로, 개념 그 자체가 존재를 포함한 무엇인가 있는 것만을 나타내고, 경험적 의식 일반에서의 종합을 의미하는 것에 지나지 않는다. 즉 내적 감각에서 경험적 의식은 0에서부터 시작하여, 그 이상의 어떤 정도까지도 추가되어 높여질 수 있다. 따라서 직관에서의 동일한 외연량(예컨대 빛에 비추어진 표면)은, 다른 많은 (보다 약하게 비추어진) 표면을 모은 것보다도 큰 감각 내용을 불러일으킨다. 그렇기 때문에 우리는 현상의 외연량을 완전히 추상해도, 여전히 어떤 순간의 감각 내용에서, 제로에서 시작해 주어진 경험적 의식으로 균등하게 상승하는 종합을 떠올릴 수가 있다. 따라서 모든 감각 내용은 본디 그 자체로서는 후험적으로만 주어지지만, 그것이 정도를 갖는다는 그 성질은 선험적으로 인식될 수 있다. 주목할 만한 일로는, 우리는 분량 일반에서 유일한 성질만을, 따라서 연속성만을 선험적으로 인식할 수 있는 것이다. 그러나 모든 성질(형상의 실재적인 것)에서는 현상의 내용 말고는, 즉 현상이 정도를 갖는다는 것 이외의 일은 선험적으로 인식할 수 없으며, 그 밖의 일은 모두 경험에 맡겨져 있는 것이다.

3. 경험의 유추
그 원리 : 경험은 지각의 필연적 결합의 관념에 의해서만 가능하다.[19]

증명
경험이란 경험적 인식이다. 즉 지각에 의해 객체를 규정하는 인식이다. 따라서 경험은 지각의 종합이다. 지각의 종합 자체는 지각에 포함되어 있지 않고, 오히려 의식에 있어서의 다양한 지각의 종합적 통일을 포함하고 있다. 종합적 통일은 감각의 객체 인식을, 곧 경험(단순히 직관 또는 감각기관의 감각 내용이 아니라)의 본질을 구성한다. 하기야 경험에서 지각은 다만 우연적인 방식으로 모이기 때문에, 필연적 지각의 결부는 지각 자신으로서는 분명해지지 않고, 분명해질 수가 없다. 왜냐하면 감각 파악은 다양한 경험적 직관의 집적에 지나지 않기 때문에, '감각 파악'에 의해서 시간과 공간 안에 나열되는 현상은 필연적 방식으로 결합된 현실 존재인 것이다'라고 여겨지는 것은 감각 파악에서는 볼 수가 없기 때문이다. 그러나 경험은 지각에 의한 객체의 인식이며, 그러므로 다양한

---

19) 제1판에서는 앞의 '그 원리……'의 정식은 다음과 같이 되어 있다. '경험 유추의 일반적 원칙은 이러하다 : 모든 현상은 그 현실 존재에 대해서 하나의 시간에서 현상끼리의 관계를 규정하는 원칙에 따른다.'

것의 현실 존재에 대한 관계는 시간 안에서—시간 안에서 나열되는 식이 아니라, 시간 안에서 객관적으로 존재하는 것처럼—제시되어야 한다. 하지만 시간 그 자체는 지각되지 않는다. 그렇기 때문에 시간에서 객체의 현실 존재는 시간 일반에서의 결합에 의해서만, 즉 선험적으로 결합된 개념에 의해서만 규정된다. 그런데 이 개념은 언제나 동시에 필연성을 갖추고 있으므로, 경험은 지각의 필연적 결합의 관념에 의해서만 가능하다.[20]

시간의 세 가지 양상은 영구성과 계기성(잇따름)과 동시 존재이다. 그렇기 때문에 모든 현상의 시간 관계에 대한 세 가지 규칙은 모든 경험에 앞서서, 비로소 경험을 가능하게 할 것이다. 현상의 어느 현실 존재도 이 규칙에 따라서, 모든 시간의 통일에 관해서 규정할 수가 있는 것이다.

이들 세 유추 모두에 걸치는 일반적 원칙, 모든 시간에서의 일체의 가능한 경험적 의식(지각의)에 대해서, 통각의 필연적 통일에 입각하고 있다. 따라서 이 통일의 밑바탕에는 통각의 필연적 통일이 있기 때문에, 이 일반적 원칙은 시간에 있어서의 현상의 관계에 의해서 모든 현상의 종합적 통일에 바탕을 두고 있다. 왜냐하면 근원적 통각은 내적 감각기관(모든 관념의 총체)에 관련되기 때문이다. 더욱이 선험적으로 내적 감각의 형식에, 즉 시간에 있어서의 다양한 경험적 의식의 관계에 관련되기 때문이다. 그런데 이 다양한 것은 모두, 근원적 통각에서 그 시간적 관계에 따라서 통합되어야 한다. 왜냐하면 그것이 근원적 통각의 선험적인 초월적 통일을 의미하고 있기 때문이다. 나의 (즉 이 나의 유일한) 인식에 속해야 할 모든 것은 이 통일에 따르며, 그렇기 때문에 그것은 나에게 대상이 될 수가 있는 것이다. 그럼으로 선험적으로 규정되어 있는 모든 지각의 시간 관계에 있어서의 이 종합적 통일은 다음과 같은 법칙이다. 즉 모든 경험적 시간 규정은 일반적 시간 규정의 규칙에 따르지 않으면 안 된다는 것이다. 그리고 우리가 지금부터 말하려는 경험의 유추는 그와 같은 규칙이다.

이들 원칙에는 특수한 점이 있다. 이들은 현상이나 그 경험적 직관의 종합을 고려하는 것이 아니라, 단순히 현실 존재와 현상의 현실 존재에 관해서, 현상 상호의 관계를 고려한다는 것이다. 그런데 무엇인가가 현상에서 감각적으로 파

---

20) 제1판에서는 '증명'이라고 하는 표현을 포함하여 이상의 문장은 볼 수가 없다.

악되는 방식은, 다음과 같이 선험적으로 결정할 수가 있다. 즉 현상 종합의 규칙은 동시에 제시되어 있는 모든 경험적 사례에서 이 선험적 직관을 주어, 이 사례로부터 선험적인 직관을 성립시킬 수가 있다. 그러나 현상의 현실 존재는 선험적으로는 인식되지 않는다. 우리가 이 방법에 의해서 무엇인가의 현실 존재를 추리할 수 있게 된다고 해도, 우리는 이 현실 존재를 특정해서 인식할 수는 없다. 다시 말해 그 경험적 직관이 다른 경험적 직관으로부터 구별지우는 것을 예측할 수는 없는 것이다.

앞서 말한 두 가지 원칙이 수학을 현상에 적용할 수 있게 한다는 점을 고려해서, 나는 이것들을 수학적 원칙이라고 불렀다. 이들은 단순히 현상을 가능케 한다는 면에서만 현상에 관여하여, 그 직관에 관해서나 그 지각의 실재적인 것에 관해서도 현상이 어떻게 수학적 종합의 규칙에 따라 산출되는가를 제시했다. 그렇기 때문에 직관의 경우나 지각의 실재적인 것의 경우도 수의 크기와 함께, 양으로서의 현상의 규정을 사용할 수가 있다. 그와 같이 해서 나는 예를 들어 태양광의 감각 내용 정도를, 달의 조사(照射)의 약 20만 배로부터 합성하여 선험적으로 특정해서 규정할 수 있는 것이다. 그러므로 우리는 앞의 두 원칙을 구성적 원칙이라고 부를 수 있다.

현상의 현실적 존재를 선험적으로 규칙에 따르도록 하는 원칙에 대해서는 사정은 전적으로 달라져야 한다. 왜냐하면 현실 존재는 구성될 수가 없으므로 원칙은 다만 현실 존재의 관계에만 관여할 뿐이며, 단지 규제적 원리들을 제공할 수 있을 뿐이기 때문이다. 그러므로 여기에서는 공리(公理)나 예측도 염두에 두어서는 안 된다. 그렇지 않고 어떤 지각이 다른 지각(특정되지 않았다고 해도)과의 시간 관계에서 우리에게 주어진 경우, 선험적으로 말할 수 있는 것은 다음과 같은 것이다. 즉 다른 어떤 지각이 어느 정도 시간 크기의 지각인지가 아니라, 그 지각이 현실 존재에 의해서 어떻게 시간의 이런 양상에서, 주어진 해당 지각과 필연적으로 결합하고 있는가 하는 것이다. 철학에서 유추라는 말은 수학에서 나타내는 것과는 크게 다르다. 수학에서 유추란 두 개의 양적 관계의 동등함을 나타내는 정식이며, 그것은 언제나 구성적이다. 따라서 비례식의 세 가지 항이 주어지면, 그것에 의해서 제4항도 주어져 구성할 수가 있다. 그러나 철학에서는 유추란 두 개의 양적 관계가 아니라, 질적 관계의 동일성을 의미한다. 이 경우에 나는 주어진 3개의 항에서 다만 제4항에 대한 관계를 인식할 수 있을 뿐, 이 제4항 자체를 인식하거나 선험적으로 제시할 수는 없다. 단 나는, 그 관계를 경험 안에서 구하는 규칙과, 그것을 마찬가지로 경험 안에서 발견하기 위한 표지를 가지고 있다. 따라서 경험의 유추는, 지각으로부터 경험의 통일 (경험적 직관 일반으로서의 지각 그 자체와 같이가 아니라)을 발생시키는 규칙에 지나지 않게 될 것이다. 그리고 대상(경험의)에 관한 원칙으로서 구성적으로서가 아니라 단지 통제적으로만 성립하게 될 것이다. 한편 이와 동일한 것을 경험적 사유 일반의 요청(공준)에 대해서도 말할 수 있을 것이다. 이런 요청은 어느 것이나 단순한 직관(현상의 형식)의 종합에, 또 지각(현상의 소재)의 종합에, 그리고 경험(이런 지각의 관계)의 종합에 관련된다. 즉 이들 요청은 다만 통제적 원리에 지나지 않고, 구성적인 수학적 원칙과는 확실성이라고 하는 점—확실성은 양쪽의 원칙에서 선험적으로 확정되어 있다—에서는 아니라 할지라도, 명확성의 존재양식(따라서 또 직관적 증명)이라는 점에서 다르다.

어느 원칙에 대해서나 경고해 왔지만, 여기에서도 특히 주의해 두어야 할 일이 있다. 즉 이들 유추는, 초월적인 지성 사용의 원칙으로서가 아니라, 단지 경험적 지성 사용의 원칙으로서 그 유일한 의미와 타당성을 가진다는 것이다. 따라서 또 이들 유추는 다음과 같은 원칙으로서만 증명되어야 한다는 것이다. 현상은 그렇기 때문에 모두 범주 아래가 아니라, 그 도식 아래에 포섭되지 않으면 안 된다고. 왜냐하면 만일 이런 원칙이 관계해야 할 대상들이 사물 자체라고 한다면, 그와 같은 대상에 대해서 무엇인가를 선험적이고 종합적으로 인식한다는 것은 전혀 불가능하기 때문이다. 그런데 모든 선험적 원칙은, 결국 언제나 현상의 완전한 인식에 도달하지 않으면 안 된다. 그와 같은 인식은 다만 가능한 경험이며, 그것이 바로 현상인 것이다. 따라서 모든 선험적 원칙은 단순히 현상을 종합하는 경우에 경험적 인식을 통일하는 조건임을 지향하는 데 지나지 않는다. 그러나 종합은 오로지 순수지성 개념의 도식에서만 생각될 수 있으며, 범주는 종합 일반으로서의 이런 도식의 통일 속에서 어떤 감성적 조건에 의해 제한되지 않는 기능을 갖는다. 그러므로 우리는 이런 원칙에 의해 단순히 개념의 논리적 및 일반적 통일의 유추에 따라서만 현상을 합성하는 권리를 갖게 될 것이다. 그러므로 우리는 원칙 자체에는 범주를 사용하기는 하지만, 실제로 수행함에 있어서는(현상에의 적용) 범주를 사용하는 열쇠로서 범주의 도식을 사용할 것이다. 그리고 도식을 범주의 사용 대신에, 또는 오히려 범주 대신에 제한하는 조건으로서, 범주 사용의 정식이라고 하는 이름 아래 원용(援用)하게 될 것이다.

A. 제1의 유추. 실체의 고정불변성 원칙

아무리 현상이 변화하더라도 실체는 언제나 불변하며, 실체 분량은 자연계에서 증대되지도 감소되지도 않는다.[21]

증명

모든 현상은 시간 안에 있다. 기체(基體)로서(내적 직관의 고정불변 형식으로서)의 시간에서는, 동시 존재 및 계기(繼起)만을 머릿속에 떠올릴 수가 있다. 그러므로 모든 현상의 추이는 시간 안에서만 생각할 수 있지만, 시간은 그대로 있고 변화하는 일은 없다. 왜냐하면 잇따라 존재하는 것, 또는 동시에 존재하는 일이 현상의 규정으로서 상기시킬 수 있는 것은 시간 안에서이기 때문이다. 그런데 시간은 그 자체로서는 지각되지 않는다. 따라서 기체는 지각의 대상에서, 즉 현상에서 찾아야 한다. 그 기체는 시간 일반을 나타내며, 그 기체에서 모든 변화 또는 동시 존재는, 기체에 대한 현상의 관계를 통해서 감각지로 지각될 수 있다. 그러나 모든 실제적인 것의 기체, 즉 사물의 존재에 속하는 것의 기체가 실체이며, 현실적인 존재에 속하는 것은 모두 실체의 규정으로서만 생각할 수가 있다. 따라서 현상의 시간 관계는 고정불변한 것과의 관계에서만 결정되는데, 그 고정불변한 것은 현상의 실체이며, 현상의 실재적인 것이다. 이 실재적인 것은 모든 변화의 기체로서, 현상 그대로 있다. 실체는 현실 존재에서 변화할 수 없으므로 자연계에서 그 양은 증가하지도, 감소되지도 않는다.[22]

---

21) 제1판에서 이 제1의 유추 표제에는 '실체(의)'라고 하는 말은 볼 수 없고, 그 정식은 다음과 같이 되어 있다. '모든 현상은 대상 그 자체로서 언제나 불변한 것(실체)과 그 단순한 규정으로서의 변화하는 것, 즉 대상이 실제로 존재하는 방식을 포함하고 있다.'

22) 제1판에서 '증명'은 '이 제1 유추의 증명'이라 되어 있고, 이상의 서술 대신에 다음과 같은 문장이 있다. '모든 현상은 시간 안에 있다. 시간은 현상의 현실 존재의 관계를 두 가지 방식으로 규정할 수가 있다. 즉 현상이 서로 잇따라 존재하는 한, 또는 동시에 존재하는 한에 있어서의 그 어느 한쪽 방식에 의해서이다. 시간은 제1의 방식에 대해서는 시간 계열로 간주되고

다양한 현상에 대한 우리의 감각 파악은 언제나 순차적이며 끊임없이 변화한다. 그러므로 감각 파악의 바탕에는 늘 존재하는 그 무엇인가가, 다시 말해 항존적이고 고정불변한 것이 경험의 밑바탕을 이루고 있지 않다면, 다음과 같은 상태가 된다. 즉 우리는 감각 파악에 의하는 것만으로는, 이 다양한 것이 경험의 대상으로서 동시에 존재하는가 또는 연이어 존재하는가를 전혀 결정할 수가 없다는 것이다. 모든 고정불변한 것의 변화와 동시 존재는, 이 고정불변한 것이 실제로 존재하는 개별적 존재 양식(시간의 여러 양상) 바로 그것이다. 따라서 시간 관계는 고정불변한 것 속에서만 가능하다(왜냐하면 동시성도 계기성도 시간에 있어서의 유일한 관계이기 때문이다). 다시 말해 고정불변한 것은 시간 그 자체의 경험적으로 관념의 기체이며, 이 기체에 의해서만 모든 시간 규정은 가능하다. 고정불변성은 원래 현상의 모든 현실 존재, 모든 변화, 모든 수반 현상의 지속적 상관자로서 시간을 나타내고 있다. 왜냐하면 변화는 시간 그 자체에는 관계하지 않으며 시간에 따른 현상에 관계할 뿐이기 때문이다(마찬가지로 동시 존재는 시간 그 자체의 양상이 아니다. 시간에서는 어떤 부분도 동시에는 존재하지 않으며, 모든 부분은 서로 앞뒤로 잇따라 존재하고 있다). 우리가 시간 그 자체에 하나의 계기적 연속을 돌리려고 한다면, 우리는 이런 연속을 가능하게 하는 또 하나의 시간을 생각하지 않으면 안 될 것이다. 현실 존재는, 고정불변한 것에 의해서만 서로 전후하는 시간 계열의 여러 부분에서의 크기를 가지며, 그 크기를 우리는 '지속'이라고 부른다. 왜냐하면 단순한 계기만으로는 현실적 존재는 부단히 소멸되고 또 생길 뿐, 아무런 크기도 가지지 않기 때문이다. 따라서 이 고정불변한 것이 없다면 시간 관계는 없는 것이다. 그런데 시간 그 자체는 지각될 수 없다. 즉 현상에서의 이런 고정불변한 것은 모든 시간 규정의 기체이며, 그렇기 때문에 또한 지각의 모든 종합적 통일의 조건, 곧 경험을 가능하게 하는 조건이기도 하다. 그리고 이 고정불변한 것에 의거해서 시간에서의 모든 현실적 존재나 모든 변화는, 변하지 않고 남아 있는 것이 실제로 존재하는 한 양상으로만 간주될 수 있다. 그러므로 불변한 것은 모든 현상에서 대상 그 자체, 다시 말해 실체(현상체)이다. 이에 반해 변화하는 것 또는 변화할 수 있는 것은 모두,

---

제2의 방식에서는 시간 영역으로 간주되고 있다.'

다만 이런 실체 또는 이들 실체가 실존하는 방식에 속할 뿐이며, 따라서 실체의 규정에 속할 뿐이다.

내가 아는 한, 어느 시대에나 철학자뿐만 아니라 일반 상식까지도, 이 고정불변성을 현상의 모든 변화의 기체로서 전제해 왔었다. 그것은 앞으로도 의심하지 않고 받아들일 것이다. 다만 철학자는 '세계의 모든 변화에도 불구하고 실체는 애초의 상태 그대로이고, 우유성(비본질적 성질)만이 변한다'라고 말함으로써, 이에 대해서 좀 더 명확하게 표현하고 있는 것이다. 그러나 나는 이와 같이 종합적인 명제에 대해서 증명하려는 시도를 어디에서도 찾아볼 수 없다. 그뿐만 아니라 이 명제가, 거기에 어울릴 순수하고 선험적으로 성립하는 자연의 법칙의 정점에 서는 일조차도 드물다. 사실상 '실체는 고정불변이다'라는 명제는 동어반복인 것이다. 왜냐하면 이 고정불변성이야말로, 우리가 실체라고 하는 범주를 현상에 적용하는 유일한 근거이기 때문이다. 또 사람들은 모든 현상에 무엇인가 고정불변적인 것이 있고, 그 고정불변성에서 변화하는 것은 바로 그 현실 존재라는 것을 증명하지 않으면 안 되었을 것이다. 그러나 그와 같은 증명은 결코 독단적으로는, 곧 개념에 입각해서는 이루어질 수가 없다. 왜냐하면 그와 같은 명제는 선험적 종합판단에 관한 것이며, 사람들은 다음과 같은 사실을 전혀 생각하지 못했기 때문이다. 즉 이와 같은 명제는 가능한 경험과의 관련에서만 해당하며, 따라서 가능한 경험의 가능성의 연역을 통해서만 증명될 수 있을 뿐이라는 것이다. 그러므로 그 종합적 명제는 모든 경험의 바탕에 놓이기는 하지만 (사람들은 경험적 인식에서 그와 같은 욕구를 느끼므로) 결코 증명되어 있지 않다고는 해도 이상한 일이 아니다.

어떤 철학자가 '연기의 무게는 어느 정도인가?'라는 질문을 받았다. 그는 '나무의 무게에서 불탄 뒤 남은 재의 무게를 빼면 연기의 무게를 알아낼 수 있다'고 대답했다. 즉 그는 다음과 같은 일을 의심할 수 없는 일로 전제한 것이다. 물질(실체)은 불 속에서까지도 소멸되지 않고, 단지 물질의 형태만이 변화하는 것이라고. 이와 마찬가지로 '무(無)에서는 아무것도 일어나지 않는다'는 명제는 고정불변성의 원칙에서, 다시 말해 본디적 주체가 현상에 있어서 항존적인 현실적 존재를 이루고 있다는 원칙에서 귀결된 동일한 결론이었던 것이다. 왜냐하면 현상에서 우리가 실체라고 주장하는 것이, 모든 시간 규정의 본디의 기체여야 한다면, 지나간 시간의 모든 현실 존재도, 미래 시간에 있어서의 모든 현실 존재도 오직 현상에서밖에 규정되지 않기 때문이다. 그러므로 우리가 현상에 대해 실체라는 이름을 줄 수 있는 것은, 단지 우리가 모든 시간에 걸치는 현상의 현실 존재를 전제로 하기 때문이다. 이 현상의 현실 존재는 고정불변성이라는 말로는 결코 충분히 표현할 수 있는 것이 아니다. 이 말은 미래의 시간에 관련되기 때문이다. 하지만 고정불변성이라고 하는 내적 필연성은, 언제나 고정불변이었다고 하는 필연성과 불가분하게 결부되어 있으므로 고정불변성이라고 하는 표현은 그대로 사용해도 좋을 것이다. 고대 사람들은 '무에서는 아무것도 생기지 않는다', '그 무엇도 무로 되돌릴 수는 없다'라고 하는 두 명제를 나누지 않고 결부시키고 있었는데, 오늘날 사람들은 잘못하여 가끔 그것을 나누고 있다. 사람들은 이들 명제가 사물 그 자체에 관련되며, 제1의 명제가 최고 원인에 대한 세계의 의존성(더 나아가서는 세계의 실체라고 하는 점에서도)과 모순된다고 생각하는 것이다. 그러나 이런 염려는 군걱정이다. 왜냐하면 경험 영역에서의 현상만이 문제가 되어 있으므로, 우리가 새로운 사물을 발생하게 해야 한다면 경험의 통일은 도저히 가능하지 않을 것이기 때문이다. 그런 경우에 시간의 통일만이 나타낼 수 있는 것, 즉 기체의 동일성은 상실될 테니 말이다. 모든 변화는 이 기체의 동일성에 있어서만 일관된 통일성을 갖는다. 하지만 이 고정불변성은 사물의 현실적 존재(현상에서의)를 우리가 생각에 떠올리는 방법 그 자체이지 그 이상의 것은 아니다.

실체의 규정, 그것은 실체가 실제로 존재하는 개별적 방식에 지나지 않는 것으로 우유성이라고 부른다. 우유성은 언제나 실재적이다. 왜냐하면 그것은 실체의 현실 존재에 관련되기 때문이다(부정성은 실체에서 그 어떤 비존재성을 나타내는 규정에 지나지 않는다). 그런데 실체의 이 실재적인 것에 개별적 현실 존재를 부여하면(예컨대 물질이 우유성으로서의 운동에), 우리는 이 현실 존재를 속성이라고 부르고, 그것을 자존성이라고 불리는 실체의 현실 존재와 구별한다. 여기에서 많은 오해가 생기게 되는데, 우유성을 다만 실체의 현실 존재가 적극적으로 규정되어 있는 방식이라고 표현한다면, 그것은 보다 더 엄밀하고 올바르게 표현한 것이 된다. 하지만 실체의 현실 존재에서 변화할 수 있는 것을—실체가 그대로임에도 불구하고—말하자면 분리시켜서, 그것을 본디 고정불변한 것과 그 바탕에 있는 것과의 관계에서 고찰하는 것은, 우리 지성의 논리적 사용의 조건을 가지고서는 피할 수 없는 일이다. 그러므로 이 범주는 그 자체가 관계를 포함한다고 하느니보다는, 관계의 조건을 이루는 것으로 범주표의 관계항 아래에 놓여 있는 것이다.

한편 이런 고정불변성에 의거해서 변화의 개념도 수정된다. 생성도 소멸도 생성 소멸하는 것의 변화가 아니다. 변화란, 동일한 대상이 달리 존재하는 방식에 이어서 일어나는 존재의 방식이다. 그러므로 변화하는 것은 모두 항존적이며, 바뀌는 것은 그 상태뿐이다. 따라서 이런 바뀜은 중지할 수도, 시작할 수도 있는 규정의 문제에만 관계되는 것이므로, 좀 역설적인 것처럼 보이는 표현으로 우리는 다음과 같이 말할 수 있다. 고정불변한 것(실체)은 변화하고, 무상(無常)한 것은 변화를 당하지 않고 교대되는 것이라고. 왜냐하면 몇 가지 규제가 그치고 다른 규정이 일어나기 때문이다.

그러므로 변화는 실체에서만 지각된다. 그리고 생성도 소멸도 바로 그것이 고정불변한 규정에만 관련되지 않는다면, 전적으로 아무런 지각도 될 수 없다. 왜냐하면 이 고정불변한 것이야말로 어떤 상태에서 다른 상태로, 비존재에서 존재로 이행하는 관념을 가능하게 하기 때문이다. 따라서 존재·비존재는 항존하는 것이 바뀌는 규정으로서만 경험적으로 인식될 수 있는 것이다. 여러분은 무엇인가가 바로 존재하기 시작하는 경우를 생각해 보는 것이 좋다. 그렇게 되면 여러분에게는 그것이 존재하지 않았던 시점이 있지 않으면 안 된다. 그러나 여러분은 이 시점을, 이미 현존하고 있는 것 이외의 무엇에 연관시킬 것인가? 왜냐하면 앞선 공허한 시간은 지각의 대상이 아니기 때문이다. 그러나 여러분이 이런 생성을 앞서 존재하고 있었고 생성될 때까지 지속되는 사물에 결부시킨다면, 생성하는 것은 단순히 고정불변한 것으로서 지속되는 것에 대한 규정이었던 것이다. 소멸의 경우도 이와 마찬가지이다. 왜냐하면 소멸은 현상이 이미 존재하지 않게 된 시간의 경험적 관념을 전제로 하고 있기 때문이다.

실체(현상에서의)는 모두 시간 규정의 기체이다. 어떤 실체가 생성하고 또한 다른 실체가 소멸한다고 하면, 시간이 경험을 통일하는 유일한 조건까지도 폐기되고 말 것이다. 그렇게 되면 현상은 현실 존재가 흘러 사라지기 위해 병행하는 두 종류의 시간에 관계하는 것이 될 테지만, 그것은 불합리하다. 왜냐하면 단 하나의 시간이 있을 뿐, 서로 다른 시간이 동시가 아니라 서로 전후해서 설정되는 것도 하나의 시간에서이기 때문이다.

그러므로 고정불변성은, 사물 또는 대상으로서의 현상이 가능한 경험에서 규정되기 위한 유일한 조건이다. 그러나 이 필연적인 고정불변성의 경험적 기준이 무엇이며, 그와 함께 현상의 실체성의 경험적 기준이 무엇인가에 대해서는 다음에서 필요한 점을 해설할 기회가 있을 것이다.

B. 제2의 유추. 인과성의 법칙에 따른 시간적 계기의 원칙

모든 변화는 원인과 결과를 결합시키는 법칙에 의해 생긴다.[23]

증명

(시간적으로 계속해서 일어나는 모든 현상은 변화에 지나지 않고, 따라서 현상에서의 고정불변한 실체의 규정이 계속적으로 존재·비존재가 되는 것을 말한다. 그러므로 실체가 비존재로 이어지는 실체 그 자체의 존재, 또는 현실 존재로 이어지는 실체의 비존재는 일어나지 않는다. 바꾸어 말하자면 실체 그 자체의 생성과 소멸은 일어나지 않는 것이다. 이것은 지금 보아온 원칙에 의해 제시되었다. 이런 원칙은 또한 다음과 같이 표현할 수도 있을 것이다. 즉 '현상의 모든 교대(계기)는 단지 변화에 불과한 것이다.' 왜냐하면 실체의 생성이든 소멸이든 그것은 실체의 변화가 아니기 때문이다. 변화라는 개념은 전적으로 동일한 주체가 두 개의 서로 반대되는 규정을 동반하면서 실제로 존재하여, 고정불변이라는 것을 전제로 하고 있으니 말이다. 이 상의 전제를 하고 나서 증명으로 옮겨가기로 한다)

나는 현상이 서로 계속해서 일어나는 것을 지각한다. 즉 어느 시간에 있어서의 사물의 어떤 상태는, 앞선 시간에서는 그 상태의 반대였다는 것을 지각한다. 그렇기 때문에 나는 본디 시간에서의 두 개의 지각을 결합한다. 그런데 결합은 단순한 감각이나 직관이 하는 일이 아니라, 지금의 경우 내적 감각을 시간 관계에 대해서 규정하는 구상력의 종합적 능력의 산물이다. 그러나 구상력은, 생

---

23) 제1판에서 이 제2의 유추는 '산출의 원칙'이라 하여, 그 정식은 다음과 같이 되어 있다. '생성되는 모든 것(존재를 개시하는 것)은 그것이 규칙에 따라 계속되기 위한 그 무엇인가를 전제로 한다.'

각할 수 있는 두 가지 상태를 두 가지 방식으로 결합할 수가 있다. 하나의 상태나 또 하나의 상태가 시간 안에서 선행하는 식으로 말이다. 왜냐하면 시간 그 자체는 지각할 수 없는 것이어서, 무엇이 선행하고 무엇이 후속하는가는 시간과의 관계에서, 객체에서 말하자면 경험적으로 결정할 수가 없기 때문이다. 따라서 나는, 다만 나의 구상력이 어떤 것을 앞에 설정하고 다른 것을 뒤에 설정하는 것을 의식하는 것이지, 어떤 상태가 객체에서 다른 상태로 선행하는 것을 의식하는 것은 아니다. 다시 말하면 단순한 지각에 의해서는, 연이어 일어나는 현상의 객관적 관계는 확정되지 않은 채로 있는 것이다. 그 관계가 확정된 방식으로 인식되기 위해서는, 양쪽 상태의 관계를 다음과 같이 생각하지 않으면 안 된다. 즉 이들 상태의 어느 것이 먼저이고 어느 것이 뒤에 설정되어야 하며, 그 반대로 설정되어서는 안 된다고 하는 것이 시간 관계에 의해서 필연적으로 확정되어야만 한다. 그러나 종합적 통일의 필연성을 갖춘 개념은 다만 순수지성 개념이 있을 뿐이며, 이것은 지각 안에 딩굴고 있는 것이 아니다. 그것은 여기서는 인과관계의 개념인 것이다. 이 가운데 원인은 결과를 시간상 뒤에 생성한 것으로 결정하며, 단지 상상에서 선행할 수 있는 (본디 그와 같이 지각되고 있는 것 같은) 것으로서 결정하는 것이 아니다. 그렇기 때문에 우리가 현상의 전후 관계를, 곧 모든 변화를 인과성의 법칙에 따르게 함으로써만이 경험까지도, 즉 경험에 대한 경험적 인식이 가능하게 된다. 따라서 경험의 대상으로서의 현상 그 자체는 바로 이 법칙에 의해 가능한 것이다.[24]

현상의 다양한 것을 감각하는 것은 언제나 순차적이다. 여러 부분의 관념은 연이어 일어난다. 그 관념이 대상에서도 연속하는가의 여부는 숙고해야 할 다른 문제로, 감각지에 포함되지 않는다. 그런데 우리는 물론 의식하고 있는 모든 것을, 심지어 모든 관념까지도 객체라고 부를 수 있다. 그러나 이 객체라고 하는 말이 현상의 경우 무엇을 의미해야 하는가는, 현상(관념으로서)이 여러 객체가 아니라 단 하나의 객체를 나타내는 경우에는 더 깊은 연구가 필요하다. 현상이 단지 관념으로서, 동시에 의식의 대상인 한, 그것은 감각지와는 구별되지 않는다. 즉 구상력을 종합적 통일로 도입하는 것과는 구별되지 않는다. 따라서

---

24) '증명'이 이어지는 이상의 문장은 제1판에는 없고, 제2판에서 비로소 첨가된 것이다.

우리는 '다양한 현상은 마음속에서 언제나 순차적으로 산출된다'고 말해야 한다. 이를테면 현상이 사물 자체라면, 어느 누구도 다양한 현상이 객체에서 어떻게 결합되어 있는가를 계속해서 일어나는 관념으로 추측할 수는 없을 것이다. 왜냐하면 우리는 우리의 관념과 관련될 뿐이기 때문이다. 사물 자체(그것이 우리에게 촉발시키는 관념을 별도로 한다면)가 어떻게 되어 있는가는, 전적으로 우리의 인식 영역 밖에 있다. 그런데 현상은 사물 자체가 아니라고 해도, 인식을 위해 우리에게 주어진 유일한 것이다. 그렇기 때문에 다양한 감각지의 관념은 언제나 계기적이라고 해도, 나는 시간에서의 어떠한 결합이 현상 그 자체의 다양한 것과 어울리는가를 제시하지 않으면 안 된다. 예를 들면 내 앞에 서 있는 집 한 채라는 현상에서 다양한 감각지는 계기적이다. 그런데 '이 집 자체의 다양한 것이 그 자체로서 연이어 일어난 것인가' 하는 물음에 대해서는 그 누구도 동의하지 않을 것이다. 그러나 내가 대상에 대한 나의 개념을 초월적 의미까지 끌어올리자마자, 집은 전혀 사물 자체가 아니라 단순한 하나의 현상, 즉 관념이 되어 그 초월적 대상은 알려지지 않은 관념에 지나지 않는다. 그러면 나는 '다양한 것은 현상 그 자체(그것은 역시 그 자체에서는 무이다)에서 어떻게 결합되어 있는가' 하는 물음을 어떻게 이해해야 하는가? 여기에서는 계기적 감각지 안에 있는 것은 관념이라고 간주된다. 이에 비해 나에게 주어져 있는 현상은, 이들 관념의 총체임에도 불구하고 관념의 대상으로 간주된다. 그리고 내가 감각지의 관념에서 끌어내는 개념은 이 대상과 일치하지 않으면 안 된다. 다음과 같은 일은 쉽게 알 수가 있다. 인식이 객체와 일치하는 것이 진리이므로, 여기에서 묻는 것은 경험적 진리의 형식적 조건뿐이다. 그리고 감각지의 관념과 상호관계에 있는 현상은—만약에 현상이 그것을 모든 다른 감각지와 구별하여, 다양한 것의 결합 방식을 필연적으로 삼는 규칙에 따른다고 하면—그것에 의해서만, 감각지와 구별되는 관념의 객체로서 제시될 수 있다는 것이다. 현상에서 감각지의 이 필연적 규칙의 조건을 포함한 것, 그것이 객체이다.

그러면 여기에서 우리의 과제를 더 고찰해 보자. 무엇인가가 일어난다는 것, 즉 무엇인가가 생긴다는 것, 또는 이전에는 없었던 어떤 상태가 생긴다는 것은, 이 상태를 안에 포함하지 않은 현상이 선행되지 않으면 경험적으로는 지각되지 않는다. 왜냐하면 빈 시간에 이어지는 현실성, 따라서 사물의 어떤 상태에도 선행하지 않는 생성은 빈 시간 그 자체와 마찬가지로, 감각 파악에는 알려지지 않기 때문이다. 그러므로 일어난 일의 모든 감각 파악은 다른 지각 파악에 이어지는 지각이다. 그러나 이것은 감각 파악의 그 어떤 경우에도, 앞서 내가 한 채의 집이라는 현상에 대해 보여준 것과 같은 사정이므로, 일어난 일의 감각 파악은 그것에 의해서는 아직 다른 어떤 감각 파악과도 구별되지 않는다. 하지만 나는 다음과 같은 일을 알아차린다. 즉 생성을 포함하는 모든 현상에서 지각이 선행하는 상태를 A, 후속하는 상태를 B라고 한다면, 지각지에서는 B가 A에 후속할 뿐이며, 지각 A는 지각 B에 후속하는 일 없이 오히려 선행하는 것뿐이라는 것이다. 예컨대 나는 한 척의 배가 강을 따라 내려가고 있는 걸 본다. 그 강 하류에 있는 배의 위치에 관한 나의 지각은, 상류에서의 배의 위치에 대한 지각에 후속한다. 이 현상의 감각 파악에서 지각이 연속하는 순서는 결정되어 있고, 감각 파악은 이 순서에 구속되어 있다. 앞에서 든 집의 예에서는 감각 파악에 있어서의 나의 지각은, 집의 꼭대기 점에서부터 시작하여 지면에서 끝날 수도 있고, 아래에서 시작하여 위에서 끝날 수도 있으며, 마찬가지로 오른쪽이나 왼쪽에서도 다양한 경험적 직관을 감각 파악으로 알 수가 있다. 따라서 이 지각의 계열에서는 다양한 것을 경험적으로 결합하기 위해 어디에서 내가 감각 파악을 시작해야 하는가 라는, 정해진 순서는 없었던 것이다. 그러나 이 규칙은 생기는 것에 관한 지각의 경우 언제나 볼 수 있는 일이고, 연속하는 지각(이 현상의 감각지에 있어서의)의 순서를 필연적이도록 한다.

그렇기 때문에 나는 지금 문제가 되어 있는 사례에서, 감각 파악의 주관적 전후 관계를 현상의 객관적 전후 관계에서 끌어내지 않으면 안 될 것이다. 만일 그렇게 하지 않는다면 주관적인 전후 계기는 전혀 정해지지 않고, 어떤 현상을 다른 현상과 구별하는 일이 없기 때문이다. 그러나 주관적 전후 관계는 객체에서의 다양한 결합에 대해서 아무것도 증명하지는 않는다. 왜냐하면 주관적 전후 관계는 전적으로 임의의 것이기 때문이다. 따라서 다양한 것의 결합은 현상의 다양한 것의 순서에 의해 성립될 것이다. 그 순서에 의해 어떤 다양한 것(생성하는 것)의 감각 파악은, 다른 다양한 것(선행하는 것)의 감각 파악 뒤에 규칙에 따라 이어진다. 이 규칙에 의해서만 나는 단순히 나의 감각지에 대해서가 아니라, 현상 그 자체에 대해서 다음과 같이 말할 자격이 있는 것이다. '현상에서는 전후 관계가 발견되고, 이것은 내가 바로 이 전후 관계 이외에는 감각 파악의 기능을 다할 수가 없음을 의미하는 것이다.'

그러므로 이와 같은 규칙에 의해서, 본디 어떤 사건에 선행하는 것 안에, 이 사건이 언제나 필연적으로 후속하기 위한 규칙의 조건이 있어야 한다. 그러나 나는 그 사건을 거슬러 올라가서, 선행하는 것을 (감각 파악에 의해서) 결정할 수는 없다. 왜냐하면 어떠한 현상도 후속하는 시점에서 선행하는 시점으로 역행할 수는 없고, 할 수 있는 것은 다만 그 어떤 선행 시점에 관계할 뿐이기 때문이다. 이에 반해 주어진 시간에서 후속하는 일정한 시간에의 전진은 필연적이다. 따라서 후속하는 것은 그 무엇이기 때문에, 나는 그것을 선행하는 다른 무엇인가 일반—그것은 이 별개의 무엇인가에 규칙으로, 즉 필연적 방식으로 후속하는—에 필연적으로 관계되어야 한다. 이렇게 해서 조건지워진 사건은 그 어떤 조건을 확실히 지시하지만, 그 사건을 결정하는 것은 이 조건 쪽이다. 어떤 사건 앞에, 그 사건이 규칙에 따라서 후속되어야 할 것이 전혀 선행하지 않는다고 가정해 보자. 그러면 지각의 모든 전후 관계는 다만 감각지 안의 것에 지나지 않고, 또 단순히 주관적인 것에 지나지 않을 것이다. 그러나 그것에 의해서는, 어느 것이 본디 지각에 선행하는 것이고 어느 것이 후속하는 것이어야 하는가는, 객관적으로 특정되지 않는다. 이와 같은 방식으로는, 우리는 객체와는 아무런 관계가 없는 관념과 노닐 뿐일 것이다. 즉 관념과 노니는 것이라면 우리의 지각에 의해서는 하나의 현상이, 시간 관계에 따라서, 다른 어떠한 현상과도 구별되지 않을 것이다. 왜냐하면 감각 파악에서의 계속 발생은 어디를 향해도 [거슬러 올라가든 내려가든] 상관없이, 그것 때문에 감각지가 특정하는 것은 현상 안에 아무것도 없고, 감각 파악에 의해서 그 어떤 전후 관계가 객관적인 것으로 필연화되는 일도 없기 때문이다. 그러므로 나는 '현상에서 두 가지 상태가 연이어 이어진다'고 말할 수가 없게 된다. 그것은 단지 주관적인 일이며 객체를 전혀 규정하지 않으므로, 무엇인가 어떤 대상(현상에 있어서조차도)의 인식으로는 전혀 통용되지 않는다.

따라서 우리가 어떤 것의 생성을 경험하는 경우에는 언제나 하나의 규칙에 의해서 그것이 계기하게 되는 어떤 것이 선행한다는 것을 전제하고 있다. 왜냐하면 선행하는 그 무엇인가가 없으면, 나는 객체에 관해서 그것이 후속한다고 말할 수 없기 때문이다. 즉 나의 감각지에서의 단순한 전후 관계는, 선행하는 것과의 관계에서 규칙에 의해 결정되어 있지 않으면 객체에 있어서의 전후 관계를 가능하게 하지 않기 때문이다. 그래서 언제나 현상이 그 전후 관계에서, 이전의 상태에 의해 결정되어 생기기 위한 규칙을 고려함으로써만이, 나는 나의 주관적 종합(감각지의)을 객관화하는 것이다. 그리고 오직 이 전제에 입각해서 생기는 것에 대한 경험까지도 가능한 것이다.

확실히 이것은 사람들이 우리 지성 사용의 추이에 대해서 늘 말해 온 모든 방식과 모순되는 것처럼 보인다. 그 보는 방식에 의하면 이러하다. 우리는 선행하는 현상에 이어지는 많은 사건의 결과를 비교해서, 일치되는 결과를 지각한다. 그것에 의해서 비로소 우리는, '어떤 사건은 언제나 어떤 현상에 후속한다'고 하는 규칙을 발견하도록 만들어진다. 그로 말미암아 우리는 원인의 개념을 만들어 내도록 유발된다는 것이다. 이와 같은 일을 바탕으로 하며, 원인의 개념은 단지 경험적인 것이 되고, 그 개념이 가져오는 '생기는 것에는 모두 원인이 있다'고 하는 규칙은, 경험 그 자체와 마찬가지로 우연적인 것이 될 것이다. 그 경우에는 원인 개념의 보편성과 필연성은 날조된 것에 지나지 않고, 참다운 보편타당성을 가지지 않을 것이다. 왜냐하면 그와 같은 보편성과 필연성은 선험적으로가 아니라 단순히 귀납법에 기초하기 때문이다. 그러나 이 사정은 다른 선험적이고 순수한 관념(이를테면 시간과 공간)과 같다. 우리는 이들 개념을 경험 안에 두었고, 경험을 이들 관념에 의해서 비로소 성립시켰기 때문에, 이들 관념을 명확한 개념으로서 경험에서 끌어낼 수가 있는 것이다. 물론 이 관념의 명확함, 사건 계열을 규정하는 규칙의 명확함은 원인 개념의 명확성으로서, 우리가 그 관념을 경험에서 사용할 경우에만 가능하다. 하지만 그 관념은 시간에서 현상의 종합적 통일의 조건이며, 그 관념을 고려한다는 것은 실로 경험 그 자체의 근거였고 그렇기 때문에 경험에 선험적으로 선행해 있었던 것이다.

그러므로 다음과 같은 일을 실례로 제시하는 것이 중요하다. 즉 우리가 경험에 있어서까지도 전후 관계(이전에는 존재하지 않았던 무엇인가가 경험에 의해 생긴다고 하는 사건의)를 객체에 돌리고, 또 그 전후 관계를 우리 감각지의 주관적 전후 관계로부터 구별하는 것은 다음과 같은 경우 말고는 없다. 그것은 지각의 이 순서를 무엇인가 다른 순서로 간주하도록, 우리에게 강제하는 규칙이 바탕에 있을 경우이다. 본디 객체에서의 연속 발생의 관념을 비로소 가능하게 하는 것은 실로 이 강제인 것이다.

우리는 우리 내부에 관념을 가지고 있어서, 그것을 의식할 수도 있다. 그러나 이 의식이 아무리 넓은 범위에 미치고 또 아무리 정밀하고 정확하다 하더라도 남는 것은 여전히 관념, 결국은 우리 마음에 이러저러한 시간 관계에 의해 내적으로 규정된 것뿐이다. 그러면 우리는 어떻게 이들 관념에 객체를 정립하게 되는가? 다시 말해 변용하는 관념의 주관적 실재성을 넘어서서 이런 관념에 내가 아직 알지 못하는 객관적 실재성을 부여하는가? 객관적 의미는 다른 관념(이른바 사람들이 대상에 대해서 이름 지으려고 한 것)과의 관계에서는 성립될 수 없다. 만일 그렇지 않다고 하면 다음과 같은 물음이 새로 제기되기 때문이다. 이와 같은 관념은 다시 어떻게 해서 스스로 생겨나게 되는가? 또 어떻게 해서 마음의 규정인 관념 특유의 주관적 의미를 넘어서 객관적 의미를 얻게 되는가? 도대체 어떠한 새로운 성질이 우리 관념에, 대상에 대한 관계를 주는가? 또 그 관계에 의해서, 우리 관념이 유지하는 존엄이란 무엇인가를 살펴보면 다음과 같은 일을 알 수가 있다. 즉 그 관계는 어떤 존재 양식에서의 관념의 결합을 필연적인 것으로 하고, 관념을 규칙에 따르게 하는 일이라는 것이다. 뒤집어 말해 시간 관계에서의 어떤 순서가 필연적이라는 것에 의해서만, 이들 관념에 객관적 의미가 주어진다는 것이다.

현상의 종합에서는, 관념의 다양함이 언제나 연이어 이어진다. 그런데 그것에 의해서는 어떤 객체도 제시되지 않는다. 왜냐하면 모든 감각 파악에 공통된 이 전후 관계에 의해서는, 아무것도 서로 구별되지 않기 때문이다. 그러나 내가 이 전후 관계에서는 선행하는 상태에 대한 관계가 있고, 그 상태에서 관념이 규칙에 따라 이어진다는 것을 지각하거나 이미 생각하자마자, 나는 무엇인가를 사건으로서 또는 현재 일어나고 있는 것으로서 생각에 떠올릴 수가 있다. 다시 말해 선행 상태에 따르게 되면 달리 지정할 수 없는, 시간상의 어떤 일정한 위치에 정립시켜야 하는 대상을 인식하게 된다. 즉 나는 하나의 대상을 인식하고, 그 대상을 시간에서, 선행하는 상태로 보아, 달리 지정할 수 없는 일정한 위치에 설정하지 않으면 안 된다. 그렇기 때문에 무엇인가가 일어났다는 것을 내가 지각하게 되는데, 그때 그 관념에는 가장 먼저 무엇인가가 선행된다는 일이 포함되어 있다. 왜냐하면 현상은 바로 이런 선행해 있는 것과의 관계에서, 그의 시간 관계를 얻게 되는 것이며, 결국 그 현상이 존재하지 않았던 선행하는 시간 뒤에 현존하게 되기 때문이다. 그러나 현상이 이런 관계에서 일정한 시간상의 위치를 얻는 것은, 선행하는 상태에서 무엇인가가 전제되고, 그 뒤에 언제나, 즉 규칙에 따라서 그 현상이 이어진다고 하는 것에 의한 경우뿐이다. 이와 같은 사실에서 다음과 같은 일이 분명해진다. 첫째로 나는 그 계열을 역전시켜서 무엇인가에 이어서 일어나는 것을, 그 무엇인가의 앞에 설정할 수는 없다는 것이다. 둘째로 선행하는 상태가 설정될 때, 이 일정한 사건은 피할 수 없이 필연적이라고 하는 것이다. 그 결과 우리의 관념 사이에 순서가 생기고, 지금 실제로 있는 것(그것이 생성된 것인 한)은 선행하는 어떤 상태를 그 순서에 따라 지시하게 된다. 이 주어진 사건—비록 그 상태가 아직 명확하지는 않지만—의 상관자로서 말이다. 그러나 이 상관자는 그 결과인 어떤 사건에 그것을 결정하는 방식으로 관계하여, 사건을 시간 계열에서 필연적으로 자신과 결합시킨다.

선행하는 시간이 그것에 후속하는 시간을 결정한다(왜냐하면 내가 후속하는 시간에 도달하기 위해서는 선행하는 시간에 의하는 길밖에 없으므로)고 하는 것이 우리 감성의 필연적 법칙이며, 따라서 모든 지각의 형식적 조건이다. 그렇다고 한다면, 다음과 같은 일도 시간 계열의 불가결한 경험적 관념의 법칙이다. 즉 지나간 현상은 후속하는 현상의 모든 현실 존재를 결정한다. 그리고 사건으로서 후속하는 이 현상은, 지나간 현상이 후속하는 현상에 대하여, 그 현실 존재를 시간에서 결정하는 경우에만 일어난다. 다시 말해 일정한 규칙에 따라서 결정할 때에만 일어나게 된다. 왜냐하면 우리는 현상에서만, 시간 맥락에서의 이 연속성을 인식할 수 있기 때문이다.

모든 경험과 그 가능성에는 지성이 필요하다. 그러므로 지성이 그것을 위해 기여할 수 있는 첫째의 것은, 대상의 관념을 명확히 하는 것이 아니라, 대상 일반의 관념을 가능하게 하는 일이다. 그런데 이것은 지성이 시간의 질서를 현상과 그 현실 존재에 전용함으로써 생긴다. 그것은 지성이 전후 관계를 갖는 각 현상에—선행하는 현상에 대해서—시간에서 선험적으로 규정된 위치를 인지함으로써 이루어진다. 이 일정한 위치가 없으면 각 현상은, 그 모든 부분에 위치를 결정하는 시간 그 자체와 일치하지 않게 될 것이다. 그런데 이 위치의 결정은 절대시간에 대한 현상의 관계에서 찾을 수는 없다(왜냐하면 절대적 시간은 지각의 대상이 아니기 때문이다). 반대로 현상들이 서로 그 위치를 스스로 결정하여, 그것을 시간의 질서에서 필연적인 것으로 하지 않으면 안 된다. 다시 말해 거기에서 계속 일어나는 것 또는 생기는 일은, 어떤 보편적 규칙에 따라서 선행하는 상태에 포함되어 있던 것에 이어지는 것이다. 여기에서 현상의 계열이 생긴다. 그 계열은 지성을 매개로 하여, 가능한 지각의 계열에 있어서 전적으로 동일한 순서와 튼튼한 맥락을 가져와 이것들을 필연적인 것으로 만든다. 그 순서는, 내적 직관의 형식(시간) 속에서—모든 지각은 거기에서 그 위치를 차지하지 않으면 안 되지만—선험적으로 발견되는 순서와 동일한 것이다.

따라서 어떤 것이 생긴다고 하는 것은, 가능한 경험에 속하는 지각이다. 가능한 경험은 내가 현상을, 시간에서의 그 위치에 대해서 결정된 것으로 보고, 규칙에 의해 지각의 맥락 안에서 늘 발견할 수 있는 하나의 객체로 간주함으로써 현실적인 것이 된다. 그런데 무엇인가를 시간적 계기에 따라서 결정하는 이 규칙이란, 다음과 같은 것이다. '선행하는 것 중에는 사건이 언제나 (즉 필연적 방식으로) 연이어 일어나기 위한 조건이 발견된다.' 따라서 충분한 이유의 원리는 가능한 경험의 근거이며, 결국은 현상의 관계에 대해서 시간 순서에서의 현상의 객관적 인식의 근거인 것이다.

그러나 이 충분한 이유 원리의 증명은 다음과 같은 요건에 근거를 두고 있다. 모든 경험적 인식에는 구상력에 의한 다양한 것의 종합이 포함되어 있고, 이 종합은 언제나 계속해서 일어난다. 즉 관념은 구상력에 차례로 이어진다. 따라서 구상력에서는 전후 관계의 순서(무엇이 선행하고 무엇이 후속되어야 하며 어느 것이 계기해야만 하는가)는 전혀 규정되어 있지 않으며, 서로 앞뒤로 일어나는 관념의 계열은 전진적으로도 후진적으로도 생각될 수 있다. 하지만 이 종합이 감각 파악(주어진 현상의 다양한 것)의 종합이라고 하면, 객체에서의 순서는 결정되어 있다. 더욱 엄밀하게 말하자면 감각 파악에서는 객체를 결정하는 것은 계기적 종합의 순서이며, 이 순서에 따라 무엇인가가 필연적으로 선행하고 그 무엇이 설정되어 있을 경우 필연적으로 다른 그 무엇인가가 후속하지 않으면 안 된다. 그렇기 때문에 나의 지각이 어떤 사건의 인식을 포함해야 하고, 그 사건에서 무엇인가가 실제로 일어난다고 하자. 그렇게 되면 나의 지각은 경험적 판단이며, 우리는 그 판단에서 다음과 같이 생각하게 된다. '결과는 결정되어 있다. 즉 결과는 시간적으로 말해서 다른 현상을 전제로 하며, 그 현상 뒤에 결과가 필연적으로, 또는 어떤 규칙에 따라서 이어진다.' 그렇지 않고 만일 내가 선행한 것을 설정해도, 사건이 그것에 따라 필연적으로 계기하지 않는다고 한다면 나는 그런 사건을 다만 내 상상의 주관적 유희라고 생각할 수밖에 없으리라. 그리고 그 아래에 무엇인가 객관적인 것을 상기하려고 한다면 나는 그것을 단순한 꿈이라고 이름 지을 것이다. 그렇기 때문에 후속하는 것(생기는 것)은 현상(가능한 지각으로서)의 관계에 따라서, 선행하는 그 무엇인가에 의해서, 그 현실 존재로 보아 필연적으로, 그리고 규칙에 따라서 시간에서 결정되어 있다. 즉 결과에 대한 원인의 관계는 지각의 계열에 관해서 우리의 경험적 판단의 객관적 타당성의 조건이며, 결국은 지각의 조건, 곧 경험의 경험적 진리성의 조건인 것이다. 따라서 현상의 전후 관계에서 인과관계의 원칙은, 경험의 모든 대상(계기라는 조건 아래에서의)에 해당된다. 왜냐하면 이런 원칙 자체가 그런 경험이 가능하기 위한 근거이기 때문이다.

하지만 여기서 또 하나의 의혹이 나타난다. 현상들 사이의 인과적 결합의 명제는, 우리의 정식에서는 현상의 연속에 한정되어 있다. 그럼에도 거기에서 이 명제가 사용될 때에는, 이 명제는 현상을 동반하는 경우에 한하여 일치하며, 원인과 결과가 동시에 존재한다는 것이 판명된다. 예컨대 바깥공기가 들어오지 않을 때에 볼 수 있는 방의 따뜻함이다. 나는 왜 그런지 살펴보다가 거기에 불타고 있는 난로가 있다는 것을 알게 된다. 즉 원인인 난로는 그 결과인 실내의 따뜻함과 동시에 있다. 그렇기 때문에 이 경우 시간이라는 점에서 보아 원인과 결과의 연속은 없고, 이들은 동시에 있다. 그래도 이 법칙은 타당하다. 자연에서 작용하고 있는 원인의 대부분이 그 결과와 동시에 존재한다. 결과가 시간적으로 후속하는 것은, 원인이 그 전체의 결과를 한순간에 가져올 수 없기 때문에 생기는 것에 불과하다. 그러나 결과가 생기는 그 순간에는, 결과는 그 원인의 원인성과 언제나 동시에 있다. 만일 원인이 한순간이라도 앞에 존재하지 않았더라면 결과는 생기지 않았을 것이기 때문이다. 여기에서 주의해야 하는 일은, 문제가 되는 것은 시간의 질서이지, 시간의 경과가 아니라는 점이다. 시간이 경과하고 있지 않아도, 관계는 남아 있다. 원인의 원인성과 그 직접적인 결과 사이에 있는 소멸하는 (즉 동시적인) 일이 있을 수 있는 것이다. 하지만 한쪽의 다른 한쪽에 대한 관계만은 시간적으로 언제나 움직이지 않고 결정될 수가 있는 것이다. 예를 들어 한 개의 공이 속이 꽉 찬 쿠션 위에 놓이고, 그 공이 쿠션을 움푹 들어가게 했을 경우, 그 공을 원인으로 본다면 원인은 결과와 동시에 있다. 그러나 나는 이들을 역학적 결합의 시간 관계에 의해서 구별한다. 왜냐하면 내가 한 개의 공을 쿠션 위에 놓으면, 앞선 공의 매끈한 형체에 쿠션의 움푹 들어간 곳이 계속해서 생기기 때문이다. 쿠션에 움푹 들어간 곳이 있다고 해도, 그 움푹 들어간 곳에 납덩어리가 후속하는 일은 없는 것이다.

그렇기 때문에 시간적 계기는 선행하는 원인의 인과성과의 관계에서, 유일한 경험적 기준이다. 비록 컵과 물이 동시에 있다고 해도, 컵은 물을 그 수평면에서 컵 가장자리를 따라서 상승시키는 원인이다. 왜냐하면 내가 큰 항아리에서 컵으로 물을 떠내자마자 그 결과로서, 물이 그때까지 유지하고 있었던 수위에 변화가 생겨 물은 컵 안에서 요면(凹面)의 수위를 차지하게 되기 때문이다.

이 인과성은 작용의 개념에 이어지고, 작용은 다시 힘의 개념에 이르게 되며, 그와 함께 실체의 개념에 이어진다. 나의 비판적 시도는 전적으로 선험적 종합적 인식의 원천으로 향할 뿐이다. 나는 그것을, 단지 관념의 해명(확장이 아니라)에만 관련되는 분석과 혼동하고 싶지 않다. 그러므로 사람들이 이와 같은 분석을, 이제까지 잘 알려진 이런 종류의 교과서에서도 제대로 시작하고는 있지만, 나는 관념의 복잡한 구명을 앞으로의 순수이성 체계에 맡기고자 한다. 그러나 실체가 현상의 고정불변성에 의해서보다도 작용에 의한 쪽이 더 명확해질 수 있다고 여겨지는 이상, 나는 실체의 경험적 기준에 대해서 언급하지 않을 수 없다.

작용이 있는 곳, 즉 활동과 힘이 있는 곳에는 실체도 있다. 그리고 현상의 저 결실이 풍부한 원천의 소재는, 실체 안에서만 구해야 한다. 그것은 매우 지당한 말이다. 하지만 실체를 무엇이라고 이해할 것인가를 설명해야 하고, 그때 잘못된 순환론을 피하려고 하면 대답은 그리 간단치가 않다. 작용을 미친다고 하는 점에서 어떻게 바로, 작용하는 것의 고정불변성을 추리하려고 하는 것인가? 작용하는 것은 실체(현상체)의 본질적이고 고유한 지표이다. 그러나 우리가 앞에서 말한 작용하는 것에 의하면, 문제의 해결에는 이와 같은 장애는 없는 것이다. 그 문제는 보통의 방식(작용하는 것의 개념을 단지 분석적으로 다루는)에 의해서는 전혀 해결할 수 없을 것이다. 작용은 이미, 결과에 대한 인과성의 주체 관계를 의미하고 있다. 그런데 모든 결과는 거기에서 일어나는 것에, 즉 무상(無常)한 것—시간을 계기에 따라서 특징짓는—에서 성립된다. 따라서 무상한 것의 궁극적 주체는 변화하는 모든 것의 기체로서 고정불변한 것, 곧 실체이다. 인과성의 원칙에 의하면 작용은 언제나 현상의 모든 변화의 제1 근거이며, 따라서 그 자체가 변화하는 주체 속에는 존재할 수 없기 때문이다. 만일 그렇지 않다면 또다시 다른 작용과 그 변화를 규정하는 또 하나의 주체가 필요하게 될 테니 말이다. 그런데 작용은 충분한 경험적 기준으로서, 주체의 힘에 의해서 실체성을 증명한다. 나는 주체의 고정불변성을, 지각과 비교해서 찾을 필요가 없는 것이다. 그것은 또한, 이 방법이 개념의 크기와 보편타당성에 필요한 주도성(周到性)을 갖추고 있기 때문에 일어나려야 일어날 수가 없는 것이다. 왜냐하면 모든 생성과 소멸의 인과성의 제1 주체 자신은 (현상의 영역에서는) 생성도 소멸도 할 수 없다는 것은 확실한 귀결이기 때문이다. 이 귀결은 현실 존재에서의 경험적 필연성과 고정불변성에 다다르고, 따라서 현상으로서의 실체라고 하는 개념에 이르게 된다.

　무엇인가가 일어날 경우에 거기에서 무엇이 생성하는가는 별도로 하고, 생기는 것 자체가 이미 탐구의 주제가 된다. 어떤 상태의 비존재로부터 이런 상태로의 이행—그 상태가 현상에서 어떤 성질도 포함하고 있지 않다고 가정하더라도—은 이미 그것만으로도 탐구할 필요가 있다. 이 생성은 앞서 말한 A의 제1의 유추에서 밝혀진 것처럼 실체 자체가 아니라(왜냐하면 실체는 생성하지 않으므로) 실체의 상태에 관해서 말할 수 있는 일이다. 따라서 생성은 단지 변화일 뿐이며 무를 근거로 하는 것이 아니다. 이 근원이 무엇인가 알 수 없는 일의 원인에서 생겨난 결과라고 간주된다면 그것은 창조라고 불리지만, 현상 안의 사건으로서는 인정할 수 없다. 왜냐하면 창조는 이미 가능성만으로 보아도, 경험의 통일을 폐기해 버릴 것이기 때문이다. 비록 내가 만물을 현상으로서가 아니라 사물 자체라고, 즉 단순한 지성의 대상으로 대상이라고 본다면, 만물이 실체이면서 그 현실 존재에 대해서는 알 수 없는 원인에 의존하는 것처럼 여겨졌다고 해도 마찬가지이다. 그러나 그렇게 되면 여기에 사용되고 있는 말의 의미가 전혀 다르게 되어, 경험 가능한 대상으로서의 현상에는 맞지 않을 것이다.

그런데 도대체 어떻게 해서 그 무엇인가가 변화될 수 있단 말인가? 어떤 시점에서의 어떤 상태에 이어, 그것과는 반대의 상태가 다른 시점에서 이어진다고 하는 것은, 어떻게 해서 가능한가? 이에 관해 우리는 선험적으로는 조금도 파악할 수가 없다. 이를 위해서는 현실의 힘에 대한 지식이 필요하며, 그 지식은 경험적으로밖에 주어지지 않는다. 예를 들어 운동력에 관한 지식, 또는 같은 말이지만 이와 같은 힘을 나타내는 어떤 계기적 현상(운동으로서의)에 관한 지식이다. 그러나 어떤 변화의 형식, 변화―어떤 상태가 다른 상태에서 생기는 일―가 생기기 위한 불가결한 조건(그 내용, 즉 변화하는 상태와는 관계없이), 따라서 상태의 계기 그 자체(생성), 그것은 인과성의 법칙과 시간의 조건에 의해 선험적으로 고찰할 수 있다.[25]

한 개의 실체가 어떤 상태 a에서 다른 상태 b로 이행하는 경우, 제2의 상태의 시점은 제1의 상태의 시점과 구별되어 제1의 시점 뒤에 이어진다. 이와 마찬가지로 실재성(현상에서의)으로서의 제2의 상태도, 이 실재성이 포함되지 않았던 제1의 상태와 구별되는데, 그것은 b가 영(零)과 구별되는 것과 같다. 즉 상태 b가 단지 양과 관련해서 상태 a와 구별될 때에만, 변화는 b 빼기 a의 생성이다. 이 생성은 이전의 상태에는 없었던 것으로, 이것에 관한 한 그 상태 b는 제로이다.

그렇기 때문에 문제가 되는 것은, 사물이 어떻게 어떤 상태 a에서 다른 어떤 상태 b로 이행하는가 하는 것이다. 두 순간 사이에는 언제나 시간이 있고, 각 순간에서의 두 상태 사이에는 언제나 양의 차이가 있다(왜냐하면 현상의 모든 부분은 언제나 또다시 양이기 때문이다). 이들 순간 가운데 제1의 순간은 사물이 나타나는 애초의 상태를 규정하고, 제2의 순간은 사물이 도달하는 상태를 규정한다. 그러므로 이 둘은 모두 변화 시간의 극한, 즉 두 상태 사이의 중간 상태의 시간적 극한이며, 그와 같은 상태로 다 같이 변화 전체에 속한다. 그런데 어

---

25) 독자들은 내가 어떤 관계의 변화 일반이 아니라, 상태의 변화에 대해서 이야기하고 있다는 점에 주의해 주기 바란다. 그러므로 물체가 동일하게 운동하고 있는 경우, 물체는 그 상태(운동의)를 전혀 변화시키지 않고 있는 것이다. 그러나 물체의 운동이 증감하는 경우에는 상태의 변화가 생긴다.

떠한 변화에도 원인이 있고, 원인은 변화가 일어나는 전체 시간에서 그 변화의 인과성을 증명하고 있다. 따라서 이 원인은 그 변화를 갑자기(단번에 또는 한순간에)가 아니라, 하나의 시간 안에서 생성하는 것이다. 그것은 개시의 순간 a에서 b에의 완성에 이르기까지 시간이 진전하는 것처럼, 실재의 분량(b 빼기 a)도 최초의 순간에서 마지막 순간에 포함되는, 보다 적은 모든 정도를 거쳐 산출되는 식이다. 그러므로 모든 변화는 인과성의 연속적 작용에 의해서만 가능하다. 이 작용은 한결같은 상태를 유지하는 계기(Moment)라고 불린다. 변화는 이들 계기로부터 성립되는 것이 아니고, 이들 계기를 통해서 그 결과로서 생기는 것이다.

이것이 모든 변화의 연속성 법칙이다. 이 법칙의 기초는 다음과 같다. 시간도, 시간에서의 현상도 최소 부분으로 이루어진 것이 아니지만, 그럼에도 불구하고 사물의 상태는 그 변화에서 요소가 되는 모든 이런 부분을 통해 제2의 상태로 이행한다. 현상에서 실재적인 것의 차이도, 또한 시간의 분량에서의 차이도 최소의 차이는 아니다. 실재성의 새로운 상태는, 그 실재성이 포함되어 있지 않았던 최초의 상태로부터 시작하여 실재성의 무한한 정도를 거치며 커져 생긴다. 이런 정도들의 상호 차이는 어느 것이나 0과 a 사이의 차이보다도 작다.

이 명제가 자연 연구에서 어떤 쓸모가 있는가는 우리가 여기에서 알 바 아니다. 그러나 자연에 대한 우리의 인식을 상당히 넓혀주는 것으로 생각되는 그런 명제가, 어떻게 선험적으로 가능한 것인가 하는 점은 우리가 특히 검토해야 할 문제이다. 얼른 보기에는 이런 원리의 정당성이 증명되어 있더라도, 그래서 이런 원리가 지금까지 어떻게 가능했는가 하는 문제를 새삼 제기할 필요가 없다고 생각하는 사람이 있다 하더라도 말이다. 왜냐하면 순수이성에 의해서 우리의 인식을 확대하려고 하는 많은 근거 없는 주장들이 있어서 우리는 이에 대해 어디까지나 의심스러워하는 태도를 취하며, 근본적 연역을 줄 수 있는 문서가 없으면 가장 명료한 독단적 증명조차도 아무것도 믿지 않고 승인하지 않는다고 하는 것을 일반 원리로서 받아들일 수밖에 없기 때문이다.

경험적 인식의 증대는, 그리고 지각의 전진은 어느 것이나 모두 내적 감각의 규정을 확장하는 것이다. 즉 그것은 대상이 현상이든 순수직관이든, 시간에서의 진전 바로 그것이다. 이 진전은 모든 것을 규정하고, 그 자체는 그 무엇에 의해서도 규정되는 일은 없다. 진전의 여러 부분은 시간에서만, 시간의 종합에 의해서만 주어지는 것으로, 시간에 앞서 주어지는 것은 아니다. 그렇기 때문에 시간 안에서 이어서 일어나는 그 무엇에겐가로 지각이 이동한다는 것은, 어느 것이나 이 지각의 산출에 의한 시간의 규정이다. 그리고 시간은 언제나 그 어느 부분을 보아도 하나의 분량이므로, 그 이행은 모두 정도를 거치는 분량으로서의 지각의 산출이다. 그 어느 정도도 0에서부터 시작하여 지각의 일정한 양에 이르기까지, 최소의 정도는 아니다. 그런데 거기에서, 변화의 법칙을 그 형식에 관해서 선험적으로 인식할 수 있는 가능성이 명확해진다. 우리는 우리 자신의 지각만을 예측하는 것이다. 감각 파악의 형식적 조건은 주어진 모든 현상에 앞서서 우리 자신에게 깃드는 것이므로, 그것은 당연히 선험적으로 인식할 수 있는 것이 아니면 안 된다.

이렇게 해서 시간은 실제로 존재하는 것이 후속하는 것에 대해서 연속적으로 진전하는 가능성의, 선험적인 감성적 조건을 포함하고 있다. 바로 그것과 마찬가지로 지성은 통각의 통일을 매개로 하여, 이 시간에서의—원인과 결과의 계열을 통해서—현상을 위한 모든 취지의 연속적 규정을 가능하게 하는 선험적 조건이다. 원인은 결과를 불가피하게 현실 존재로 하고, 그것을 통해 시간 관계의 경험적 인식을 모든 시간에 걸쳐서 보편적으로, 즉 객관적으로 타당하게 한다.

C. 제3의 유추. 상호작용 또는 상호성 법칙에 따르는 동시 존재의 원칙

모든 실체는 공간에서 동시적인 것으로 지각되는 한, 일관적 상호관계에 있다.[26]

증명

경험적 직관에서 어떤 사물의 지각과 다른 사물의 지각이 서로 연속될 수 있는 경우, 사물은 동시에 있다(이것은 제2원칙에서 증명해 보여준 것처럼, 현상의 시간적 계기에서는 일어날 수가 없다). 그래서 나는 나의 지각을 먼저 달(月)에 향하게 하고, 그다음에 지구로 향하게 할 수도 있고, 또는 반대로 우선은 지상으로

---

26) 제1판에서 표제는 '상호성의 원칙'이라 되어 있고, 그 정식은 다음과 같다. '모든 실체는 동시에 존재하는 한, 일관적 상호성(즉 서로의 상호작용) 관계에 있다.'

돌리고 나서 달로 향하게 할 수도 있다. 그도 그럴 것이 이들 대상의 지각은 어느 순서로나 교대로 연속할 수가 있으며, 이들은 실제로 동시에 존재하기 때문이다. 그런데 동시 존재는 동일한 시간에서의 다양한 것의 현실 존재이다. 그러나 시간 그 자체를 지각할 수는 없다. 그렇기 때문에 동일한 시간에 복수의 사물이 설정되어 있다고 해서, 거기에서 이들 사물의 지각이 교대로 연속할 수 있다는 것을 도출할 수는 없다. 감각 파악에서의 구상력의 종합은 다만 이런 지각의 하나하나를, 다른 것이 없을 때 어떤 것이 주체 안에 있으며 또는 반대로 어떤 것이 없을 때에 다른 것이 있는 것으로 증명해 보여줄 수 있을 뿐이고, 그런 객체가 동시에 존재한다는 것, 곧 어떤 것이 있을 때 동시에 다른 것도 있으며, 이런 것이 필연적이기 때문에 지각이 교대로 연속할 수 있다는 것을 증명해 보여주지는 않는다. 따라서 지각이 서로 연속한다는 것이 객체 속에 그 기초를 갖는 것이라 주장하고, 동시 존재를 객관적인 것으로서 제시하기 위해서는, 별개의 것이면서 동시에 존재하는 이들 사물이 상호 계기한다는 사실에 대한 지성 개념이 필요하다. 그러나 한편 객체와의 관계에서, 한쪽의 실체가 여러 규정을 포함하고 이들의 근거가 다른 한쪽의 실체 속에 포함되어 있을 때, 그 관계는 영향 관계이다. 그리고 실체들이 규정의 근거를 서로 다른 객체 안에 포함하는 경우는, 상호성 또는 상호작용의 관계이다. 그러므로 실체가 공간 속에서 동시에 존재한다는 것은 실체끼리의 상호작용을 전제하지 않고서는 경험에서 인식될 수 없다. 따라서 이 상호작용의 전제는 사물 자체가 경험의 대상이기 위한 조건이기도 하다.[27]

사물은 동일한 시간에서 실제로 존재하는 한 동시에 존재한다. 그러나 사물이 동일 시간 안에 동시에 존재한다는 것을 사람들은 무엇에 의해 인식하는 것일까? 그것은 이 다양한 것의 종합적 감각 파악의 순서가 어떻게 되든 상관없을 때이다. 즉 A에서 시작하여 B, C, D를 거쳐서 E에서 끝날 수도 있고, 이와는 반대로 E에서 A로 이행할 수도 있는 경우이다. 종합이 시간에서 서로 전후하는 경우(A에서 시작되어 E에 끝나는 순서로)라면 지각에서의 감각 파악을 E에서 시작하여 역방향인 A로 나아간다는 것은 불가능하다. 왜냐하면 A는 지나간 시간에

---

27) 제1판에서는 '증명'에 이어지는 이상의 문단은 볼 수가 없다.

속하므로 이미 감각 파악의 대상이 될 수 없기 때문이다.

그런데 독자들은 다음과 같이 생각해 보기 바란다. 현상으로서의 다양한 실체에서 각 실체가 완전히 고립되어 있다고 하자. 다시 말해 어느 실체도 다른 실체에 영향을 미치지 않고, 또 다른 실체로부터 영향을 받지도 않는다고 하자. 그렇게 되면 나는 실체의 동시 존재는 가능한 지각의 대상은 아닐 것이고, 또 하나의 실체의 현실 존재는 어떤 경험적 종합을 가지고서도 다른 실체의 현실적 존재에 이어질 수가 없을 것이라고 말한다. 왜냐하면 독자가, 실체는 공허한 공간에 의해 분단되어 있다고 생각했다면, 시간에서 하나의 실체로부터 다른 실체를 향해서 가는 지각은 분명히 이어서 오는 지각을 매개로 하여 다른 실체의 현실 존재를 규정할 수 있을 테지만, 현상이 객관적으로 최초의 실체에 이어서 온 것인가, 그렇지 않으면 오히려 최초의 실체와 동시에 있는가의 여부를 구별할 수는 없을 것이기 때문이다.

그러므로 단순히 현실 존재 이외에도, A가 시간에서의 B의 위치를 결정하고, 또 반대로 이번에는 B가 A의 그것을 결정하기 위한 그 무엇인가가 있지 않으면 안 된다. 왜냐하면 그 조건 아래에서만 앞서 말한 실체가 동시에 현존하는 것으로서 경험적으로 제시될 수 있기 때문이다. 그런데 시간에서 다른 것의 위치를 결정하는 것은, 다른 것의 원인이 되는 것 또는 그것을 결정하는 원인이 되는 것뿐이다. 그렇기 때문에 어느 실체나 (그 결정에 대해서만 결과가 될 수 있기에) 다른 실체에 어떤 규정의 원인성을 포함하지 않으면 안 되고, 동시에 다른 실체의 인과성의 결과를 자체 안에 포함하고 있어야 한다. 다시 말해 그 어떤 가능한 경험에서 동시 존재가 인식되어야 한다면, 여러 실체는 역학적 상호성(직접 또는 간접적으로)의 관계에 있어야 한다. 그런데 어떤 것이 없으면 대상에 대한 인식 그 자체가 불가능할 때, 그 어떤 것은 모두 경험의 대상에 관해서 필연적이다. 그러므로 서로 상호작용이라고 하는 일관적 상호성을 가진다고 하는 것은, 현상에서의 모든 실체—그것이 동시에 존재하는 한—에 필연적인 일이다.

독일어 게마인샤프트(Gemeinschaft)는 두 가지 뜻을 가지고 있어서, 공존(communio)이라고 하는 뜻이 있는가 하면, 상호작용(commercium)을 뜻하는 경우도 있다. 우리는 이 말을, 여기에서는 지금 말한 제2의 역학적 작용의 의미로 사용한다. 이것이 없으면 장소적 공존(공간의 공존)까지도 결코 경험적으로 인식되지 않을 것이다. 우리의 경험으로는, 다음과 같은 점을 알 수가 있다. 공간의 모든 위치에서의 연속적인 영향만이, 우리의 감각을 어떤 대상에서 다른 대상으로 이끌 수가 있다는 것이다. 우리의 눈(眼)과 천체 사이에 오가는 빛은, 우리와 이들 천체와의 직접적 상호관계를 야기해, 그것으로 말미암아 천체의 동시 존재를 증명하고 있다. 물질이 모든 면에서 우리 위치의 지각을 가능하게 하지 않으면, 우리는 그 어떤 장소도 경험적으로 변화시킬 (이 변화를 지각하는) 수 없다. 이 지각은 그 상호의 영향을 매개로 해서만이, 그 동시 존재를 증명할 수가 있고, 또 그것으로 해서 멀리 떨어진 대상에 이르기까지 대상의 공존을 (다만 간접적이기는 하지만) 증명할 수가 있는 것이다. 공존 없이는, 모든 지각(공간에서의 현상에 대한)은 다른 지각으로부터 분단된다. 그리고 경험적 관념의 연쇄, 즉 경험은 새로운 객체마다 전적으로 처음부터 시작되게 되며, 이전의 지각은 그것과 아무런 맥락을 이루는 일은 없을 것이고, 시간 관계도 맺을 수가 없게 될 것이다. 이것으로 나는 공허한 공간을 반증하려고 하는 것은 아니다. 왜냐하면 지각은 도저히 이를 수 없으며, 따라서 동시 존재의 경험적 인식은 일어나지 않는 공허한 공간이 있을지도 모르기 때문이다. 하지만 그 경우 공허한 공간은 우리의 모든 가능한 경험에 대해서는 어떤 객체도 되지 않는다.

다음에 말하는 것이 해설로서 도움이 될 것이다. 우리 마음에서 모든 현상은 하나의 가능한 경험 속에 포함된 것으로서, 통각의 상호성이라는 관계에 있다. 그리고 여러 대상이 동시에 존재하면서 결부되어 있는 것으로서 표상되지 않으면 안 되는 한, 여러 대상은 하나의 시간에서 저마다 위치를 서로 결정하고, 그것에 의해서 하나의 전체를 형성해야만 한다. 이 주관적 상호성이 객관적 근거에 입각해야 하며, 또 실체로서의 현상에 관계해야 한다면 하나의 현상의 지각은 그것이 근거가 되어 다른 현상의 지각을 가능하게 하고, 그 반대의 경우도 되지 않으면 안 된다. 그것은 언제나 감각 파악으로서의 지각 안에 있는 계기가 객체에 귀속되기 위해서가 아니라, 객체가 동시에 존재하는 것으로서 제시되기 위해서이다. 그런데 이것이 상호의 영향, 즉 실체의 실재적 상호성(상호작용)이다. 따라서 이것 없이는 동시 존재라고 하는 경험적 관계는 경험에서 일어나지 않을 것이다. 현상이 서로 별개로 존재하면서 결합 관계를 가지는 것인 한, 현상은 이 상호작용에 의해서 하나의 합성체(실재적 합성체)를 이룬다. 이와 같은 합성체는 여러 방식에 의해 가능하다. 따라서 다른 모든 관계의 바탕이 되는 세 개의 역학적 관계는 내재적 속성, 결과, 그리고 합성의 관계이다.

이런 것들이 경험의 세 가지 유추이다. 이들은 시간에서의 현상의 현실 존재를, 시간의 양상에 따라서 규정하는 원칙이다. 그 세 가지란 분량(현실적 존재의 분량, 즉 지속)으로서의 시간 그 자체에 대한 관계, 계열로서의 시간에 대한 관계(계기), 그리고 끝으로 모든 현실적 존재의 총체로서의 시간에서의 관계(동시)이다. 이 시간 규정의 통일은 일관되게 역학적이다. 다시 말해 시간은 다음과 같은 것으로는 간주되지 않는다. 즉 시간에서 경험은 직접 모든 현실 존재의 위치를 결정한다고는 간주되지 않는다. 그와 같은 일은 불가능하다. 왜냐하면 현상은 지각의 대상과 견고하게 결부될 수 있지만, 절대 시간은 그와 같은 지각의 대상이 아니기 때문이다. 그렇지 않고 현상의 현실 존재는 지성의 규칙에 의해서만 시간 관계를 이용한 종합적 통일을 획득할 수 있는 것이고, 그 지성의 규칙이 모든 현상의 시간에서의 위치를 결정하는 것이다. 따라서 이 규칙은 선험적이며 모든 시간에 해당된다.

우리가 말하는 자연(경험적 의미에서의)이란 현실 존재에 대해서 필연적 규칙, 곧 법칙에 따르는 현상의 맥락을 말한다. 그러므로 자연을 가능케 하는 것은 어떤 법칙, 특히 선험적 법칙이다. 경험적 법칙은 경험을 매개로 해서만, 더욱이 경험까지도 비로소 가능하게 하는 그와 같은 근원적 법칙에 따라서 생길 수 있는 것이고, 또 발견될 수 있다. 따라서 우리의 유추는 본디 모든 어떤 지표 아래에서의, 모든 현상의 맥락에 있어서의 자연 통일을 나타내는 것이다. 그 지표는 규칙에 따른 종합에서만 생길 수 있는 통각의 통일에 대한 시간(그것이 모든 현실 존재를 자신 안에 포함하고 있는 한)의 관계를 나타낸다. 즉 모든 현상은 하나의 자연 안에 있고 또 그 안에 있지 않으면 안 된다. 왜냐하면 이 선험적 통일이 없으면 경험의 통일은 불가능할 것이고, 따라서 경험에서의 대상의 규정도 불가능할 것이기 때문이다.

그러나 우리가 이들 초월적인 자연 법칙에 적용한 변증법과 그 특이성에 대해서 주석을 달아둘 필요가 있다. 그것은 동시에, 선험적 지적으로 종합적인 명제를 증명하는 다른 모든 시도에 대한 참고로서 중요할 것이다. 이를테면 우리가 이들 유추를 독단적으로, 즉 개념에 입각해서 증명하려고 했다고 하자. 현실적으로 존재하는 것은 모두 고정불변한 것에서만 발견할 수 있고, 모든 사건은 앞선 상태의 무엇인가를 전제로 하며, 그 어떤 규칙에 따라 이어지는 것이라고. 마지막으로, 동시에 존재하는 다양한 것에서는, 서로 관계하는 상태는 규칙에 따라 동시에 존재한다(상호성 안에 있다)고. 그렇다고 한다면 모든 노력은 헛수고였을 것이다. 왜냐하면 어떤 대상과 그 현실 존재로부터 다른 대상의 현실 존재로, 또는 그 존재의 방식에 이르는 것은 이들 사물의 단순한 개념에 의해서는—이들을 아무리 분석해도—도저히 무리한 일이기 때문이다. 그렇다면 우리에게 남겨진 술수는 무엇인가? 그것은 인식으로서의 경험의 가능성이다. 대상의 관념이 우리에게 객관적 실재성을 가져야 한다면, 모든 대상은 결국 경험에서 우리에게 줄 수 있는 것이 되지 않으면 안 된다. 그런데 이 제3의 유추의 본질적 형식은 모든 현상의 통각의 종합적 통일로 성립되지만, 우리는 이 제3의 것에서 현상에서의 모든 현실적 존재에 일관적으로 필연적인 시간 규정의 선험적 조건을 찾아낸 것이다. 이 조건 없이는, 경험적인 시간 규정까지도 불가능했을 것이다. 또 우리는 그 제3의 것에서 선험적인 종합적 통일의 규칙을 찾아내고, 그 규칙을 매개로 해서 경험을 예측할 수 있었던 것이다. 이 방법을 몰랐기 때문에, 그리고 지성의 경험적 사용이 그 원리로서 채용하고 있는 종합적 명제를 독단적으로 증명하려고 하는 망상에 빠졌기 때문에 충분한 이유의 원리에 의해 여러 차례 증명이 시도되면서도 언제나 헛수고로 끝났던 것이다. 나머지 두 유추를 사람들은 암묵리에 사용하고는 있었지만 아무도 그런 생각을 가지지 않았다.[28] 왜냐하면 범주라고 하는 인도의 끈이 없었기 때문이다. 이 인도의 끈만이 지성의 모든 틈을 발견할 수 있고 그것을 눈에 띄게 할 수가 있는 것이다.

---

28) 모든 현상은 세계 전체에 결부되어 있어야 하지만, 세계 전체의 통일은 분명히 동사에 존재하는 모든 실체의 상호성이라고 하는, 은밀히 상정된 원칙의 단순한 귀결이다. 왜냐하면, 실체가 고립되어 있는 것이라면, 그것들이 부분이 되어 하나의 전체를 형성하는 일은 없을 것이기 때문이다. 또 실체의 결부(다양한 것의 상호작용)가 동시에 존재하는 것만으로는 필연적이 아니라고 한다면, 단지 관념적인 것에 지나지 않는 이 동시 존재로부터 실재적 관계인 실체의 결부를 추리할 수는 없을 것이다. 하지만 우리가 실재적 관계 대목에서 제시한 것은 상호성은 본디 경험적 인식을 가능하게 하는 근거이며 공존의 근거라는 것, 따라서 우리는 본디 이 경험적 인식으로부터만, 그 조건으로서의 상호성을 추리한다는 것이었다.

4. 경험적 사고 일반의 요청

1. 경험의 형식적 조건(직관과 개념)과 일치하는 것은 '가능적'이다.
2 경험의 실질적 조건(감각 내용)에 관계하는 것은 '현실적'이다.
3 현실적인 것과의 연결이 경험의 보편적 조건에 따라서 규정되어 있는 것은 '필연적'이다('필연적으로' 실재한다).

해설

양상의 범주에는 특수한 것이 있다. 즉 이 범주는 술어로서 개념에 덧붙여지는데, 객체의 규정으로서는 개념을 조금도 확대하지 않고 오히려 인식 능력을 나타내는 것뿐이라는 것이다. 어떤 사물의 개념이 이미 완전하다고 하더라도, 나는 이 대상에 대해서 아직도 다음과 같이 물을 수가 있다. '그 대상은 단지 가능하다는 것뿐인가? 그렇지 않으면 현실적이기도 한가? 만약에 현실적이라고 한다면, 그것은 더 나아가 필연적이기도 한가? 이것으로 해서 객체 그 자체에 더 이상의 규정을 생각할 수 있는 것은 아니며, 다만 그 객체는 (그의 모든 규정도 포함해) 어떻게 지성과 그 경험적 사용에 관계하고, 어떻게 경험적 판단력에 관계하는가, 그리고 어떻게 이성에 (그것을 경험에 적용하는 데 있어서) 관계하는가 하고 물을 수가 있을 뿐이다.

바로 이런 이유에서 양상의 원칙에 의해 가능성과 현실성과 필연성의 개념이 경험적으로 사용되는 경우가 설명되고, 동시에 모든 범주가 단순한 경험적 사용에 제한되면서, 초월적 사용이 허용되지 않는다. 왜냐하면 만일 범주가 단지 논리적 의미밖에 가지지 않고, 사고의 형식을 분석적으로 표현할 뿐만이 아니라, 사물과 그 가능성, 현실성 및 필연성에 관련된다고 한다면, 범주는 가능한 경험과 그 종합적 통일에 관여하지 않으면 안 되기 때문이다. 인식의 대상은 가능한 경험에서만 주어지는 것이다.

그렇기 때문에 사물의 가능성의 요청은, 사물의 개념이 경험 일반의 형식적 조건과 일치할 것을 요구한다. 그러나 경험, 결국은 경험 일반의 객관적 형식은 객체 인식에 필요한 모든 종합을 포함하고 있다. 종합을 포함하는 개념은 만일 이 종합이 경험에 속하지 않는다고 한다면, 공허한 것으로 여겨지며 대상에 관계하지 않는다. 여기에서 종합은 경험으로부터 빌려온 것이거나, 선험적 조건으로서 경험 일반(경험의 형식)이 그것에 입각하는 것이거나 둘 가운데 하나이다. 전자의 경우는 경험적 개념이다. 후자의 경우는 순수개념이며 그러면서도 경험에 속한다. 왜냐하면 그 개념의 객체는 경험 안에서만 찾을 수 있기 때문이다. 선험적인 종합적 개념에 의해서 생각되는 대상의 가능성이라는 성격을 자아내는 근원이, 객체의 경험적 인식의 형식을 이루는 종합이 아니라고 한다면, 우리는 그것을 어디에서 찾을 것인가? 이와 같은 개념에 모순이 포함되면 안 된다고 하는 것은 확실히 하나의 필연적인 논리적 조건이다. 그러나 그것은 개념의 객관적 실재성, 즉 개념에 의해 생각된 대상의 가능성을 위해서는 아직 부족하다. 그래서 두 직선에 의해 둘러싸인 도형이라는 개념에는 모순은 포함되어 있지 않다. 왜냐하면 두 직선이라는 개념과 이들의 조합은, 도형의 부정을 포함하고 있지 않기 때문이다. 오히려 도형이 불가능하다는 것은 개념 그 자체에서 기인하는 것이 아니라 공간에서의 도형의 구성에, 즉 공간과 그것을 규정하는 경우의 조건들에 기인하는 것이다. 그런데 이들 조건 쪽은 어떠냐 하면, 객관적 실재성을 가지고 있다. 다시 말해 이들 조건은 가능한 사물을 위한 것이다. 왜냐하면 이들 조건은 경험 일반의 선험적 형식을 안에 포함하고 있기 때문이다.

이제 우리는 가능성의 이 요청이 널리 미치는 효용과 영향을 염두에 두자. 내가 고정불변한 사물을 생각할 때, 거기에서 변화하는 모든 것은 다만 사물의 상태에 속하는 데에 지나지 않는다고 생각한다고 하자. 그때 나는, 그와 같은 사물이 가능하다는 것을, 결코 개념으로부터 인식할 수는 없다. 또는 무엇인가가 정립되면, 언제나 불가피하게 다른 어떤 것이 그것에 잇따르는 것을 생각한다고 하자. 이것은 물론 모순 없이 그렇게 생각할 수가 있을 것이다. 그러나 그와 같은 특성(인과성)을 그 어떤 가능한 사물에서 발견할 수 있는가는, 그것으로 판단할 수가 없다. 마지막으로 나는 어떤 사물의 상태가, 다른 사물에 대하여 결과를 일으켜, 서로가 그와 같은 관계에 있는 여러 사물(실체)을 떠올릴 수가 있다. 하지만 그와 같은 관계가 다른 사물에서 인정되는가의 여부는, 단순히 임의적 종합을 포함하는 이들 개념으로부터는 전혀 추정할 수가 없다. 그렇기 때문에 우리는 이들 개념이 경험에서 지각의 관계를 선험적으로 나타낸다는 것에 의해서만 이들 개념의 객관적 실재성을, 즉 이들의 초월적 진리를 인식하는 것이다. 더욱이 물론 경험과는 독립적으로 인식한다. 다만 경험 일반의 형식에 대한 모든 관계와는 독립적이 아니며, 또 종합적 통일에 대한 관계와도 독립적이 아니다. 대상은 이 종합적 통일에서만 경험적으로 인식할 수 있는 것이다. 성질(원인성과 같은)을 어떤 가능한 사물의 본디 성질로서 찾아볼 수 있는지 없는지 하는 것은 그것에 의해서는 판단되지 않는다. 끝으로 나는 어떤 사물의 상태가 다른 사물의 상태에서 하나의 결과를 야기하고, 또 그 역이 성립하는 그런 성질의 여러 가지 다른 사물(실체)을 표상할 수 있다. 그러나 이런 관계가 어떤 사물에 속할 것인지 아닌지 하는 것은, 다만 임의적 종합을 포함하는 이들 개념에 의해서는 전혀 이끌어 낼 수 없다. 이런 개념들이 개개의 경험에서의 지각 관계를 선험적으로 표현하는 것에 의거해서 우리는 이런 개념의 객관적 실재성, 곧 그것들의 선험적 진리를 인식한다. 그것은 물론 경험과 관계없이 인식되지만 경험 일반의 형식에 대한 관계와, 대상이 그 속에서만 경험적으로 인식될 수 있는 종합적 통일에 대한 모든 관계를 무시하고서는 인식될 수 없다.

그러나 다음과 같은 일은 명확할 것이다. 만약에 우리가, 지각이 우리에게 공급하는 소재로부터, 실체와 힘 또는 상호작용에 관해서 새로운 개념을 만들어 내려고 해도, 이들 개념이 결합된 실례를 경험 자체에서 빌려오지 않으면, 우리는 가능성의 징조가 결여된 망상에 빠진다는 것이다. 왜냐하면 우리가 그와 같은 망상을 품는 것은, 경험을 교사로 채용하지 않으면 이들 개념을 경험으로부터 빌려올 수도 없기 때문이다. 이런 날조된 개념은, 모든 경험이 의거하는 조건으로서의 범주가 개념의 가능한 성격을 선험적으로 획득하는 것과는 달라서, 그와 같은 성격을 경험 자체로부터 주어지는 조건으로서 선험적으로밖에 얻지 못한다. 그리고 그 가능성은 선험적이고 경험적으로 인식되거나, 전혀 인식되지 않거나 한다. 공간을 채우지 않고 공간 안에서 고정불변적으로 존재하는 실체(사람에 따라서는 도입하려고 하는, 물질로 생각하는 존재와의 중간물), 또는 미래를 미리 직관한다고 하는 (단지 추론하는 것이 아니라) 우리 마음의 특수한 근본 능력, 또는 마지막으로 타인과 사상적 교류를 이룰 수 있는 (아무리 먼 거리에 있는 사람이라 하더라도) 마음의 능력, 이런 것들은 그 가능성의 근거가 전혀 없는 개념들이다. 왜냐하면 이들 개념은 경험 및 알려진 경험적 법칙에 입각할 수가 없이 경험적 요소들이 결여된 생각의 결합이기 때문이다. 그것은 비록 아무런 모순을 지니고 있지 않다 하더라도, 객관적 실재성을 주장할 수는 없다. 즉 우리가 여기에서 생각하려고 하는, 대상의 가능성을 주장할 수는 없는 것이다. 실재성에 대해 말하자면, 경험의 도움 없이 그것을 구체적으로 생각한다는 것은 본디가 금물이다. 왜냐하면 실재성은 경험의 실질로서의 감각 내용에만 관여할 수가 있는 것이지, 관계의 형식에 관련되는 것이 아니기 때문이다. 이 형식으로 우리가 할 수 있는 일은, 기껏해야 그것을 날조하여 즐거워하는 것뿐이다.

하지만 나는 그 가능성을 경험에서의 현실성에서만 취할 수 있는 것은 모두 무시하고, 여기서는 다만 선험적 개념에 의한 사물의 가능성만을 생각해 보기로 한다. 이들 사물에 관해서 나는 어디까지나 다음과 같이 계속 주장한다. 이들 사물은 결코 그와 같은 개념 자체만으로 존립하는 것이 아니라, 언제나 경험 일반의 형식적이고 객관적인 조건으로만 존립하는 것이라고.

확실히 삼각형의 가능성은, 개념 그 자체로부터 인식될 수 있는 것으로 여겨진다(그와 같이 보이는 것은 아마도 경험에 의한 것이다). 왜냐하면 우리는 삼각형의 개념에 선험적으로 대상을 줄 수 있기 때문이며, 즉 그것을 구성할 수 있기 때문이다. 그러나 이것은 단지 대상의 형식에 지나지 않으므로, 대상은 여전히 상상일 뿐이며, 그 산물의 대상이 가능한가의 여부는 의심스러운 채로 남아 있을 것이기 때문에, 그 가능성을 위해서는 무엇인가 그 이상의 일이 필요하게 된다. 다시 말해 이와 같은 도형은 경험의 모든 경험 대상이 입각하는 어엿한 조건 아래에서 고려된다는 것이다. 그런데 공간은 외적 경험의 선험적인 형식적 조건이다. 또 우리가 구상력에서 삼각형을 구성하기 위한 형성적 종합은, 바로 우리가 경험 개념을 만들어 내기 위해서 현상의 감각 파악에서 행사하는 종합과 전적으로 동일하다. 이것만이, 이 개념과 그와 같은 가능성의 관념을 결부시키는 것이다. 그리고 이와 같이 해서 연속량의 가능성은 물론, 분량 일반의 가능성은—분량의 개념은 모두 종합적이므로—결코 개념 그 자체로부터가 아니라, 경험 일반에서 대상을 규정하는 형식적 조건으로서의 개념에 입각해서, 비로소 명확해지는 것이다. 우리에게 대상이 주어지는 것은 경험에서뿐인데, 그 경험을 두고 도대체 우리는 어디에서 개념에 대응하는 대상을 구하면 좋단 말인가? 비록 우리가 경험 그 자체를 생성시키지 않고 단순히 경험 일반에서 무엇인가가 대상으로 규정되기 위한 형식적 조건과의 관계에서, 즉 선험적으로—

하지만 경험과의 관계에서만, 그리고 경험의 한계 안에서만—사물의 가능성을 인식할 수 있고, 그것을 특징지을 수 있다고 해도, 사정에는 변함이 없다.

사물의 현실성을 인식하는 요청은 지각을, 곧 우리가 의식하는 감각 내용을 필요로 한다. 비록 우리는 대상 그 자체—그 현실 존재가 인식되어야 한다— 를 직접 의식하는 일이 없어도, 이들 대상과 그 어떤 현실적 지각이 연결될 것을, 경험의 유추에 따라서 의식한다. 이 유추는 경험 일반에서의 모든 실재적인 결부를 나타내는 것이다,

사물의 단순한 개념에서는, 사물의 현실적 존재라고 하는 특성은 찾아볼 수 없다. 왜냐하면 모든 내적 규정을 수반한 사물을 생각하기 위해 개념은 무엇 하나 모자람 없이 완벽하다고 해도, 사물의 현재 존재는 그 어떤 개념과도 관련이 없고, 관련이 있는 것은 '그와 같은 사물이 우리에게 주어져 있는가 어떤가' 하는 문제이기 때문이다. 사물의 지각은 어느 경우에나, 개념에 앞설 수가 있는 것이다. 왜냐하면 개념이 지각에 앞선다고 하는 것은, 사물의 단순한 가능성을 의미할 뿐이기 때문이다. 그러나 개념에 소재를 가져오는 지각은, 현실성의 유일한 성격이다. 하지만 사물의 현실 존재가 지각의 경험적 결부의 원칙(유추)에 따라 몇 개의 지각하고만 결부되어 있지 않을 경우에도, 우리는 사물의 지각에 앞서서, 따라서 비교적 선험적으로 사물의 현재 존재를 인식할 수가 있다. 왜냐하면 그런 경우 사물의 현실적 존재는 가능한 경험에서 우리의 지각과 결부되어 있으므로, 우리는 앞에서 말한 유추를 안내 삼아 우리의 현실 지각으로부터 가능한 지각의 계열에서의 사물에 이를 수가 있기 때문이다. 이렇게 해서 자기(磁氣) 물질을 직접 지각한다는 것은 우리 감각기관의 성질상 불가능함에도 불구하고, 우리는 쇳가루가 끌어당겨지는 것을 지각함으로써 모든 물질에 깃든 이 자기 물질의 현실 존재를 인식하는 것이다. 왜냐하면 만약에 우리의 감각이 보다 더 예민하다면, 감성의 법칙과 우리 지각의 맥락으로 보아 경험에서 이런 자기 물질의 성질을 직접 경험적으로 직관할 수 있을 것이기 때문이다. 그러나 우리의 둔한 감각은, 가능한 경험 일반의 형식과는 전혀 관계가 없다. 그렇기 때문에 사물의 현실 존재에 대한 우리의 인식도, 우리의 지각과 그 부속물이 경험적 법칙에 따라 미칠 수 있는 곳까지 이르게 되는 것이다. 만일 우리가 경험에서 시작하지 않는다면, 또는 현상의 경험적 맥락의 법칙에 따라

나아가지 않는다면 우리는 어떤 사물의 현실적 존재를 추리하거나, 그것을 살펴려고 하는 분야를 구축하려 해도 헛일일 뿐이다. 하지만 이상과 같은, 사물의 현실 존재를 간접적으로 증명하는 규칙에 대해서 관념론이 완강하게 이론(異論)을 주장하고 있다. 다음에서 관념론에 대한 논박을 시도하는 것은 적절한 일이리라.

관념론에 대한 논박

관념론(여기서는 '실질적' 관념론을 의미한다)이란 다음과 같은 이론을 말한다. 즉 공간에서 우리 밖에 있는 대상의 현실 존재를, 다만 의심스러운 것이어서 증명이 불가능하다고 하는 이론이거나, 그와 같은 현실 존재는 잘못이며 불가능하다고 말하는 이론이다. 전자는 데카르트의 개연적 관념론이다. 그것은 단 하나의 경험적 주장(assertio)만을 의심할 수 없는 것이라고 말한다. 그 단 하나의 주장이란, '나는 존재한다'고 하는 것이다. 후자는 버클리의 독단적(교조적) 관념론이다. 이쪽은 공간—그것은 불가분한 조건으로서 사물에서 떨어지지 않는 것이지만—을 모든 사물과 함께, 그 자체만으로는 불가능한 것으로 보고, 그렇기 때문에 또한 공간의 사물을 단순한 환상에 지나지 않다고 말한다. 공간을 사물 그 자체에 돌려야 할 성질로 간주한다면, 독단적 관념론은 피할 수가 없다. 왜냐하면 그 경우 공간은, 그것을 조건으로 하는 모든 사물과 함께 불합리한 것이 되기 때문이다. 그러나 이 관념론의 근거는, 초월적 감성론에서 우리에 의해서 제거되어 있다. 개연적 관념론은 그것에 관해서 아무것도 주장하지 않고, 단지 우리의 현실 존재 밖에 있는 현실 존재는 직접적 경험에 의해서 증명하는 이론이 불가능하다고 주장하는 것으로, 합리적이며 근본적인 철학적 사고법에 합당하다. 즉 충분한 증명이 발견되지 않는 동안에는 결정적 판단을 허용하지 않는다는 것이다. 따라서 여기서 필요한 증명은 우리가 외적 사물에 대해 경험하고 있는 것으로서, 다만 상상만을 하는 데 그치지 않는 것을 보여주는 것이어야만 한다. 이것은 데카르트에게 있어서도 의심할 수 없는 경험이었던 우리의 내적 경험까지도, 외적 경험을 전제로 해서만 가능하다는 것을 증명할 수 있을 때에만 달성될 수 있을 것이다.

정리

나 자신의 단순한 의식, 그것도 경험적으로 규정되는 의식은 나의 외적 공간 속의 대상들이 현실적으로 존재하고 있다는 것을 증명한다.

증명

나는 나의 현실존재를 시간 속에 규정된 것으로 의식하고 있다. 모든 시간 규정은 지각에서의 어떤 고정불변한 그 무엇인가를 전제로 한다. 그러나 이 고정불변한 것은 내 안에 있는 그 무엇일 수는 없다. 왜냐하면 바로 나의 현실 존재는 시간에서 이 고정불변하는 것으로 비로소 규정될 수 있기 때문이다. 그러므로 이 고정불변한 것의 지각은, 나의 밖에 있는 사물에 의해서만이 가능한 것으로, 내 밖에 있는 사물의 단순한 관념에 의해서 가능한 것이 아니다. 따라서 시간에서의 나의 현실 존재는, 내가 나의 외부에 지각하는 실제 사물의 현실 존재에 의해서만 가능하다. 그런데 시간에서의 의식은, 이 시간 규정의 가능성의 의식과 필연적으로 결부되어 있다. 즉 나 자신이 현실적으로 존재하고 있다는 의식은, 동시에 내 밖에 있는 다른 사물이 현실적으로 존재하고 있음을 직접적으로 의식하는 일이다.

주해 1. 독자는 지금 말한 증명에서, 관념론이 마음 내키는 대로 하는 장난은, 반대로 열세에 처해 있다는 것을 알게 될 것이다. 관념론은, 유일한 직접적 경험은 내적 경험이며, 거기에서 외적인 사물이 추리될 뿐이고, 더욱이 주어진 결과로부터 한정된 원인을 추론할 경우, 늘 그러하듯이 그것도 신빙성이 결여될 뿐이라고 생각한다. 왜냐하면 우리 자신 안에도 관념의 원인이 있을 수 있고, 그것을 우리는 자칫 잘못해서 외적인 사물에 귀속시키고 있을지도 모르기 때문이다. 그러나 여기에서 증명되는 것은 외적 경험은 직접적이며,[29] 이 외적

---

29) 위에 든 정리에서는, 외적 사물의 현실 존재의 직접적 의식이 전제되는 것이 아니다. 그렇지 않고 우리가 이 의식의 가능성을 통찰할 수 있는가의 여부가 증명되는 것이다. 이 가능성을 둘러싼 문제는, 다음과 같을 것이다. 우리는 다만 내적 감각을 가질 뿐이며, 외적 감각이 아니라 외적 환상을 가질 뿐인가? 그러나 무엇인가를 외적인 것으로서 상상하는 것만으로도, 즉 그것을 직관에서 감각에 대해 나타내기 위해서는, 우리는 이미 외적 감각을 가지고 있지 않으면 안 되고, 그것에 의해서 외적 직관의 수용성을 모든 상상의 특징인 자발성으로부터

경험을 매개로 해서만, 우리 자신의 현실 존재는 아니라고 해도—시간에서 우리 자신의 현실 존재의 규정이, 즉 내적 경험이 가능하다는 점이다. 물론 모든 사고에 수반할 수 있는 의식이 나타내는 '나는 존재한다'라고 하는 관념은, 직접 주체의 현실 존재를 포함하고 있다. 하지만 그것은, 아직은 그 주체의 경험적 인식, 곧 경험이 아니다. 왜냐하면 경험에는 실제로 존재하는 것에 대한 사고 말고도, 직관—여기에서는 내적 직관이—이 속해 있고, 주체는 그것에 관해서, 즉 시간에 관해서 규정되지 않으면 안 되기 때문이다. 그러기 위해서는 아무래도 외적 대상이 필요하며, 따라서 내적 경험 그 자체는 간접적으로만, 곧 외적 경험에 의해서만 가능한 것이다.

주해 2. 한편 이것과, 시간 규정에서의 우리 인식 능력의 경험적 사용 전체는 일치한다. 우리는 모든 시간 규정을, 공간 속에서 고정불변한 것(예컨대 지구라고 하는 대상에 관한 태양의 운동)과의 관계에서, 외적 관계의 변화(운동)에 의해서만 지각할 수가 있다. 뿐만 아니라 우리는 단순히 물질 말고는, 직관으로서의 실체 개념의 바탕에 둘 수 있는 고정불변하는 것을 전혀 가지고 있지 않고, 이 고정불변성까지도 외적 경험에서 얻어지는 것이 아니다. 그렇지 않고 우리는 고정불변한 것을, 모든 시간 규정의 필연적 조건으로서 선험적으로, 즉 외적 사물의 현실 존재에 의한 우리 자신의 현실 존재에 대해 내적 감각의 규정으로서 전제하는 것이다. '나'라고 하는 관념에서의 나 자신의 의식은 전혀 직관이 아니며, 생각하는 주체의 자기 활동의 단순한 지적 개념이다. 그렇기 때문에 이 '나'는 직관의 술어도 아니다. 그러한 술어라고 한다면 고정불변한 것으로서, 경험적 직관인 물질의 불가투입성처럼 내적 감각에서 시간 규정의 상관자 역할을 다할 수 있을 것이다.

주해 3. 우리 자신의 일정한 의식이 가능하기 위해서는, 외적 대상의 현실 존재가 필요하다. 그렇다고 해서 외적 사물의 어떠한 직관적 관념도, 동시에 외적

구별해야만 한다는 것은 명확하다. 왜냐하면 외적 감각기관을 단순히 상상하는 것만으로 그치게 한다는 것은, 구상력에 의해 규정되어야 할 직관 능력 자체를 부정하게 될 것이기 때문이다.

사물의 현실 존재를 포함하고 있음을 의미하지는 않는다. 왜냐하면 그 직관적 관념은 구상력의 단순한 결과(꿈이나 광기의)일지도 모르기 때문이다. 그러나 이 결과는 단순히 이전의 외적 지각의 재현에 의한 것이며, 이 지각은 이미 말했듯이 외적 대상의 현실성에 의해서만 가능하다. 여기서 증명되어야만 했던 것은, 내적 경험은 외적 경험 일반에 의해서만 가능하다는 것뿐이다. 경험이라 짐작되고 있는 이러저러한 것이 단순한 상상인지 아닌지는 그런 경험을 개별적으로 규정함으로써, 또 모든 현실적 경험으로서 꽉 붙잡아 둠으로써 해명해야 한다.

마지막으로 셋째 요청에 관해 말하자면, 그것은 현실 존재에서의 실질적 필연성에 관한 것이지, 관념의 결합에서의 형식적이고 논리적인 필연성에 관한 것은 아니다. 그런데 감각 대상의 현실 존재는 완전히 선험적으로 인식될 수는 없으나, 이미 주어져 있는 다른 현실 존재와의 관계에서 비교적 선험적으로는 인식될 수가 있다. 하지만 그런 경우에도 우리는 경험의 맥락—주어진 지각은 그 일부이다—어딘가에 포함되어 있지 않으면 안 되는 현실 존재에 도달할 뿐이다. 그렇기 때문에 현실 존재의 필요성은, 결코 개념으로부터가 아니라 언제나 지각되는 것과의 결부로만, 경험의 보편적 법칙에 따라서 인식될 수 있다. 그런데 거기에서는 주어진 다른 현상의 조건 아래에서 인식될 수 있는 현실 존재는, 인과성의 법칙에 따라서 주어진 원인에서 결과의 현실 존재로서 있는 것이 아니다. 따라서 우리가 유일한 필연성을 인식할 수 있는 것은, 사물(실체)의 현실 존재에 대해서가 아니라 사물의 상태에 관해서이다. 더욱이 인과성의 경험적 법칙에 따라서, 지각에서 주어진 다른 상태로부터이다. 이런 사실에서 다음과 같은 결론이 나온다. 필연성의 기준은, 오직 가능한 체험의 법칙에 있다는 것이다. 그 법칙이란, 생기는 것은 모두 현상의 그 원인에 의해서 선험적으로 결정되어 있다는 것이다. 그렇기 때문에 우리는 결과의 원인이 우리에게 주어져 있고, 그와 같은 결과의 필연성만을 자연에서 인식하는 것이다. 그리고 현실 존재의 필연성의 표징은, 가능한 경험의 가능한 경험의 영역을 넘는 것이 아니다. 또 경험 영역에 있어서까지도, 표징은 실체로서의 사물의 현실 존재에 대해서는 타당하지 않다. 왜냐하면 실체는 결코 경험적 결과로서나, 무엇인가를 생성하거나 발생하는 것으로 간주되지 않기 때문이다. 그러므로 필연성은 인과성의 역학적 법칙에 따르는 현상의 관계에만, 또 이 법칙에 입각하는 가능성, 즉 그 어떤 주어진 현실 존재(원인)에서 다른 현실 존재(결과)를 선험적으로 추리하는 가능성에만 관련되는 것이다. 생기는 것은 모두 가언적(조건적)으로 필연적이다. 이것은 세계의 변화를 하나의 법칙에, 곧 필연적인 현실적 존재의 규칙 아래에서 파악하는 원칙이다. 이 규칙 없이는, 자연은 전혀 생성되지 못할 것이다. 그러므로 '어떤 것도 맹목적 우연에 의해서는 생성되지 않는다(이 세상에 우연이란 없다)'는 명제는, 선험적 자연법칙이다. 또 '자연계의 필연성은 결코 맹목적이 아니며, 조건이 붙은 필연성, 즉 설명할 수 있는 필연성이다(운명적인 것은 없다)'는 명제도 동일하다. 이 두 명제는 모두 되풀이되는 변화는 사물의 자연(현상으로서의)에 따르는, 또는 같은 말이지만 지성의 통일에 따르는 원칙이다. 이들 두 원칙은, 역학적 원칙에 속한다. 전자는 본디 인과성에 관한 원칙(경험으로부터의 유추에서)으로부터의 귀결이다. 후자는 양상의 원칙에 속한다. 더 나아가 양상은 인과 결정에, 필연성—그러나 이것은 지성의 규칙에 종속한다—의 개념을 덧붙인다. 연속성의 원리는 현상 계열(변화)에서 모든 비약을 금하고(이 세상에 비약은 없다), 공간의 모든 경험적 직관의 총체에서도 두 현상 사이의 모든 공백이나 틈을 허용하지 않았다(간격은 없다). 왜냐하면 우리는 이 명제를 다음과 같이 표현할 수가 있기 때문이다. '진공(眞空)을 증명하거나, 그것을 경험적 종합의 일부분으로라도 허용하는 것은 모두 경험 속에 들어갈 여지는 없다.' 가능한 경험(세계)의 영역 밖에서 생각될 수 있을지 모르는 공허는 단순한 지성의 재판 대상이 되지는 않는다. 지성은 다만 주어진 현상을 사용해 경험적 인식을 성립시키는 문제에 대해서만 판정하는 것이기 때문이다. 공허는 또한 가능한 경험의 영역을 넘어서서 그런 경험 자체를 포괄하고 한계지우는 것에 대해 판단하는 이념적 이성을 과제로 삼게 되며, 따라서 초월적 변증론에서 고찰하지 않으면 안된다. 우리는 이런 네 명제(이 세상에는 시간적 공간적 간격도 없고, 비약도 없으며, 우연도 없고, 운명도 없다)를 초월적 기원을 가지고 있는 모든 원칙과 마찬가지로, 그들의 질서에 의해서 범주의 순서에 따라 제시하고, 그 각자에게 그의 위치를 지시할 수도 있을 것이다. 이미 숙련된 독자 여러분은 이런 일을 스스로 할 수 있거나, 또는 이것에 대한 실마리를 손쉽게 찾아낼 수 있을 것이다. 그러나 이들은 결국 경험적 종합에서 지성과 모든 현상의 일관적 맥락을, 다시 말해 지성 개념의 통일을 손상시키거나 침해할 우려가 있는 것은 무엇 하나 인정하지 않는 점에 다다르게 된다. 왜냐하면 경험의 통일이 가능해지는 것은 일관적 맥락에 있어서뿐이며, 지각은 그와 같은 경험 안에서 위치를 가져야만 하기 때문이다.

가능성의 범위는 모든 현실의 것을 포함하는 영역보다도 큰가? 또 현실적인 것을 포함하는 영역은 필연적인 것의 집합보다도 큰가? 이는 미묘한 물음이고, 또한 종합적 해결을 갖는 물음이다. 더욱이 그 해결은 이성의 재판권에만 속하는 것이다. 즉 현상으로서의 모든 사물은 모름지기 주어진 모든 지각을 부분으로 하는—그렇기 때문에 이 부분은 다른 현상과는 결합할 수 없다—유일한 경험 총체의 맥락에 속하는 것일까? 그렇지 않으면 나의 지각은 가능한 경험(그 보편적 맥락에 있어서) 이상의 것에 속하는 것일까? 지성은 감성과 통각의 주관적이고 형식적인 조건에 따라서, 경험 일반에 규칙만을 선험적으로 준다. 이들 조건만이 경험 일반을 가능하게 하는 것이다. 직관의 다른 형식(시간과 공간 이외의), 그리고 지성의 다른 형식(논증적 이외의 사고방식, 또는 인식의 다른 형식)이 가능하다 하더라도 우리는 이것들을, 이렇게 저렇게 날조할 수도 설명할 수도 없다. 그렇게 할 수 있다 해도, 그것들은 유일한 인식인 경험—거기에서 우리에게 대상이 주어진다—에는 속하지 않을 것이다. 도대체 우리의 가능한 전체 경험에 속하는 것 이외의 다른 지각이 있을 수 있는가, 따라서 물질의 전혀 다른 영역이 있을 수 있는가 하는 것은, 지성이 결정할 수 있는 일이 아니다. 지성은 주어진 것의 종합에만 관여하는 것이다. 더구나 모든 현실적인 것(경험의 모든 대상)을 그 일부분으로 하는 가능성의 왕국을 만드는 우리의 일상적 추리의 빈곤은 실로 보기에도 놀라운 것이다. '모든 현실적인 것은 가능하다'라는 사실에서 당연히 논리학의 환위법(換位法 : 판단 A의 주어를 새 판단 B의 술어로, 또는 판단 A의 술어를 새 판단 B의 주어로 바꿔 하는 추리)의 규칙에 따라서 '약간의 가능한 것은 현실이다'라고 하는 단순한 특칭명제가 귀결된다. 이런 것은 사실 '현실적인 것이 아닌 많은 것이 가능하다'는 것을 의미하는 것처럼 보인다. 확실히, 현실적인 것이 형성되기 위해서는 가능한 것에 또다시 어떤 판정 기준이 덧붙여지지 않으면 안 되기 때문에, 가능한 것의 수(數)는 현실적인 것의 수보다도 많은 것처럼 보일 수 있다. 그러나 나는 이 '가능한 것에 덧붙여진다'라는 말을 이해할 수가 없다. 가능한 것을 넘어서 무엇인가가 다시 덧붙여져야만 한다는 것은, 있을 수 없을 테니까 말이다. 경험의 형식적 조건과의 일치를 넘어서, 곧 어떤 지각과의 결합을 넘어서 무엇인가가 덧붙여질 것이 있다고 하면, 그것은 나의 지성에 있어서뿐이다. 하지만 경험적 법칙에 따라 지각과 결합되어 있는 것은, 설령 그것이 직접적으로 지각되지 않는다 하더라도 현실적이다. 그러나 지각과 나의 주관이 일관된 연관을 가지면서, 또 하나의 다른 현상 계열이 있을 수 있다는 것, 따라서 모든 것을 포괄하는 보편적 경험 그 이상이 있을 수 있다는 것은 주어져 있는 것으로부터는 추론되지 않는다. 하물며 어떤 재료가 주어져 있지 않은 경우에는 아무것도 생각될 수 없으므로 더욱이 그것은 추론과는 상관없다. 조건 자체가 가능할 뿐인 경우, 그런 조건 아래에서만 가능한 것은 모든 관점에서 가능한 것은 아니다. 하지만 사물의 가능성이 경험이 확장될 수 있는 것보다 훨씬 멀리까지 미칠 수 있는지 어떤지를 알려고 하는 경우에, 문제는 모든 관점으로부터 제기된다.

내가 이 문제에 관해 언급한 것은, 통상적인 생각에 의하면 지성 개념에 속하는 문제에 누락된 것이 없도록 하기 위해서이다. 그러나 실제로는 절대적 가능성(모든 관점에서 타당한)은 결코 단순한 지성 개념이 아니며, 또 어떤 양식으로든 경험적으로 사용할 수 있는 것도 아니고, 오히려 그것은 모든 가능하고 경험적인 지성 사용을 넘어선 이성에만 속한다. 그러므로 우리는 여기서 다만 비판적 주석만으로 만족할 수밖에 없었고, 그 밖의 문제는 앞으로의 절차를 위해 미결로 남겨두어야만 했던 것이다.

나는 바로 이 네 번째 원칙과 동시에, 순수지성의 모든 원칙 체계를 맺으려고 하는데, 또 하나 내가 왜 양상의 원리를, 다른 것이 아닌 요청이라고 불렀는지 그 이유를 밝혀두어야만 하겠다. 나는 이 표현을 여기에서는, 최근의 철학 저술가들이 수학자들―나도 그 가운데 한 사람이지만―이 말하는 뜻에 반해서 부여한 의미로 해석하고 있지는 않다. 그들이 말하는 의미란 다음과 같다. 즉 '요청한다'는 말은, 어떤 명제를 변명도 증명도 하지 않고서 직접 떠들어대고 있다는 것이다. 내가 이 용어를 이와 같은 의미로 해석하고 있지 않은 이유는, 종합적 명제가 아무리 명확하다 하더라도, 그 자신의 주장에 대한 권위를 내세워 종합적 명제에 연역도 하지 않고 무제한적 찬동을 받게 해도 좋다고 인정해 버린다면, 지성의 비판은 모두 못쓰게 되기 때문이다. 또 뻔뻔스런 월권이 없는 것도 아니고, 더욱이 일반적으로 믿는 사람(이것은 신임장은 아니다)은 그것을 거부하지도 않기 때문이다. 그렇게 되면 우리의 지성은 모든 망상에 빠질 위험에 처하게 될 것이다. 그리고 이들 변명은 비합법적인 변명임에도 불구하고 실제의 공리와 마찬가지인 확신에 찬 어조로 통용되는 것을 요구하는데, 지성은 이들 변명에 대한 찬동을 거부할 수가 없게 되는 것이다. 그렇기 때문에 어떤 사물의 개념에 선험적 규정이 덧붙여지는 경우에는, 그와 같은 명제에 비록 증명은 아니라 하더라도, 적어도 그 주장이 합법적이라는 연역이 반드시 덧붙여져야만 한다.

그러나 양상의 원칙은 객관적으로 종합적인 것이 아니다. 왜냐하면 가능성, 현실성, 필연성이라고 하는 술어가, 대상의 관념에 무엇인가를 덧붙여서 스스로가 언급하는 개념을 증대시키는 일은 조금도 없기 때문이다. 하지만 이들 원칙은, 그럼에도 불구하고 언제나 종합적이므로 그것들은 주관적으로만 종합적이다. 즉 이들은 사물(실제적인 것)의 개념에 대해서 별로 아무것도 언명하지 않지만, 이 개념에 인식 능력—개념은 인식 능력에서 생기고, 그것을 근거로 한다—을 덧붙이는 것이다. 이렇게 해서 개념이 다만 지성에서 경험의 형식적 조건과 결합될 때, 그 대상은 가능적이라고 불린다. 개념이 지각(감각기관의 소재로서의 감각 내용)과 관련해서, 지각을 통해 경험의 형식적 조건에 의해서 규정될 때, 객체는 현실적이다. 대상이 지각의 맥락을 통해서 개념에 의해서 규정될 때, 대상은 필연적이라고 불린다. 따라서 양상의 원칙은 개념에 관해서 그것을 낳는 인식 능력의 작용에 대해 말할 뿐이다. 그런데 수학에서의 요청은 실천적 명제이며, 우리가 그것에 의해서 비로소 우리 자신에게 대상을 주고, 그 개념을 형성하는 종합 이외에는 아무것도 포함되지 않는다. 예를 들면 '주어진 점에서 주어진 선으로 평면 위에 하나의 원을 그리는 일'이다. 그리고 이런 명제는 다음과 같은 이유로 증명될 수가 없다. 즉 명제가 요구하는 절차가 바로, 그것으로 우리가 이와 같은 도형의 개념을 비로소 낳게 되기 때문이다. 그러므로 우리는 양상의 원칙을, 이것과 전적으로 같은 권리로 요청할 수가 있다. 왜냐하면 이들 원칙은 사물에 대한 개념을 증대시키는 것이 아니라,[30] 다만 그 개념이 일반적으로 인식 능력과 결합하는 방식을 지시할 뿐이기 때문이다.

원칙의 체계에 대한 일반적 주석

우리는 단순히 범주에 의해서만은 어떠한 사물의 가능성도 통찰할 수 없으며, 직관에서 순수지성 개념의 객관적 실재성을 설명하기 위해서는 언제나 직관을 가지고 있지 않으면 안 된다. 이것은 신중히 주의해야 할 일이다. 예를 들어 관계의 범주를 생각해 보면 좋을 것이다. (1) 무엇인가가 다른 사물의 단순한 규정으로서가 아니라, 주어로서만 실제로 존재할 수 있는 것은, 따라서 실체일 수가 있는 것은 어째서일까? 또는 (2) 무엇인가가 존재하기 때문에, 다른 그 무엇인가가 존재하지 않으면 안 되는 것은 왜 그럴까? 즉, 도대체 그 무엇인가가 어떻게 해서 원인일 수가 있는가? 또 (3) 복수의 사물이 현실적으로 존재할 때 이들 가운데 하나가 현존한다는 사실에서, 무엇인가가 다른 것에 잇따라 일어나며, 그와 같은 방식으로 실체의 상호관계가 일어나는 것은 어째서 그러한가? 이러한 일들은 단순히 개념으로부터는 도저히 통찰될 수 있는 것이 아니다. 같은 말은 다른 범주에 대해서도 말할 수 있다. 예를 들면 하나의 사물은 어떻게 해서 많은 사물과 동일할 수가 있는가, 즉 같은 크기일 수가 있는가 등등. 직관이 결여되는 한, 범주에 의해서 객체를 생각할 수가 있는가 어떤가, 범주에는 어떠한 경우에도 그 어떤 객체가 수반될 수 있는가 어떤가는, 모르는 것이다. 확실한 것은, 범주는 단독으로는 아무런 인식도 아니고, 주어진 직관으로부터 인식을 만들어 내기 위한 단순한 사고 형식이라고 하는 점이다. 바로 그렇기 때문에, 단순한 범주로부터는 종합적 명제를 만들어 낼 수가 없다는 결론이 나온다. 예를 들면 '모든 현실적 존재에는 실체가 있다.' 즉 주어로서만 실제로 존재할

---

30) 사물의 현실성에 의해, 나는 물론 가능성 이상의 것을 설정하지만, 그것은 사물에서가 아니다. 왜냐하면 그와 같은 설정은 현실성 안에, 사물의 완전한 가능성 안에 포함되어 있는 것보다도 더 많은 것을 포함할 수는 없기 때문이다. 그렇지 않고 가능성은 지성(그 경험적 사용)과의 관계에 있어서 사물의 설정에 지나지 않았으므로, 현실성은 동시에 지각과 사물과의 결합이다.

수 있고, 단순한 술어로서는 실제로 존재할 수 없는 것이 있다. 또는 '모든 사물은 분량이다' 등. 거기에서는 주어진 개념을 넘어서서, 그것을 다른 개념과 결부시키는 데 도움을 줄 수 있는 것은 아무것도 없다. 그러므로 단순한 순수지성 개념만을 가지고서는 종합적 명제를, 예를 들어 '모든 우연적 존재에는 원인이 있다'고 하는 명제 등을 증명하는 데 성공하지 못했던 것이다.

우리는 이런 관계 없이는 우연적인 것의 존재를 전혀 이해할 수 없다는 것, 즉 선험적으로 지성에 의해서 이런 사물의 존재를 인식할 수 없다는 것을 증명하는 일 이상으로는 나설 수가 없었다. 그러나 이런 사실로부터는 현실 존재가, 사물 자체가 가능하기 위한 조건이라는 결론이 나오지 않는다. 따라서 인과성 원칙에 대한 우리의 증명을 되돌아보면 알 수 있듯이, 우리는 이런 원칙을 다만 가능한 경험의 대상에 관해서만 증명할 수 있었다. 한편 그 결과 우리는 '일어나는 모든 것(하나하나의 사건들)은 원인을 전제로 한다'는 원칙을 또한 경험이 가능하기 위한 원리로서, 그러므로 경험적 직관에서 주어진 대상을 인식하기 위한 원리로서만 증명할 수 있었으나, 단순한 개념으로부터 그러할 수 있었던 것은 아니다. 그럼에도 불구하고 '우연적인 모든 것은 원인을 가져야만 한다'는 명제는 누구나 단순한 개념으로부터 명확하게 알 수 있게 되리라는 것을 부정할 수 없는데, 이런 경우에도 우연적이라는 개념은 이미 양상(어떤 것의 비존재가 생각되어질 수 있는 어떤 것으로서의)의 범주를 가지는 것이 아니라 관계(다른 것으로부터의 귀결로서만 존재할 수 있는 어떤 것으로서의)의 범주를 포함하는 것으로서 이해되고 있다. 그렇다고 한다면 '귀결로서만 존재할 수 있는 것은 그 원인을 가진다'는 것은 같은 명제인 셈이다. 사실 우리가 우연적 현실 존재의 예를 들어야만 할 경우에 인용하는 것은 언제나 변화이지, 단지 '반대를 생각할 수 있는 가능성'은 아니다.[31] 그러나 변화는 원인에 의해서만 가능한 사건이며, 그렇기

---

31) 우리는, 물질의 비존재를 손쉽게 생각해 볼 수 있다. 그러나 옛사람들은 그런 점에서 물질의 우연성을 결론으로 내리는 일은 없었다. 하지만 어떤 사물의 주어진 상태가 존재와 비존재를 교체한다는 일—변화는 모두 거기에서 성립된다—까지도 이 상태의 우연성을, 말하자면 그 반대의 가능성으로부터 증명하는 것은 결코 아니다. 예를 들어 운동 뒤에 귀결되는 물체의 정지는, 정지가 운동의 반대라고 해서 물체 운동의 우연성을 증명하는 것은 아니다. 왜냐하면 여기서 이 반대는, 다른 것과 단순히 논리적으로 대립하고 있을 뿐인 것으로, 실재적으로 대립하고 있는 것이 아니기 때문이다. 우리가 물체 운동의 우연성을 증명하기 위해서는,

때문에 사건의 비존재는 그 자체로서 가능하다. 그래서 우리는 어떤 것이 어떤 원인으로서만 실제로 존재할 수 있다는 점에서, 우연성을 인식하는 것이다. 그러므로 어떤 사물이 우연적이라고 받아들여질 수 있다면, '사물이 원인을 갖는다'고 말하는 것은 분석명제이다.

하지만 더 주의해야 할 점은 다음과 같다. 우리가 사물의 가능성을 범주에 따라서 이해하기 위해서는, 따라서 범주의 객관적 실재성을 설명하기 위해서는 우리는 다만 직관만이 아니라 외적 직관을 필요로 한다는 것이다. 예컨대 관계의 순수개념을 보면 우리는 다음과 같은 것을 알게 된다. (1) 실체의 개념에 대응하는 어떤 고정불변한 것을 직관에 주기 위해서는(그리고 그와 같이 해서 이 개념의 객관적 실재성을 설명하기 위해서는), 우리는 공간에서의 어떤 직관(물질이라고 하는)을 필요로 한다. 왜냐하면 공간만이 고정불변적으로 규정되어 있는 데 반해 시간, 즉 내적 감각기관 속에 있는 것은 모두 끊임없이 흘러가고 있기 때문이다. (2) 인과성의 개념에 대응하는 직관으로서 변화를 설명하기 위해서는, 공간에서의 변화인 운동을 예로 들지 않으면 안 된다. 그뿐만 아니라 이와 같이 함으로써 우리는 변화를—그것이 가능하다는 것을 순수이성은 결코 이해할 수 없다—직관화할 수 있는 것이다. 변화는 동일한 사물의 현실 존재에 있어서의, 서로 모순적으로 대립하는 규정의 결합이다. 주어진 어떤 상태에서, 그것과 대립하는 상태가 같은 사물에서 생기는 일이 도대체 어떻게 가능한가 하는 것은 구체적인 예 없이 이성만으로는 파악할 수 없으며, 직관 없이는 결코 이해할 수 없다. 그리고 이 직관은 공간에서의 점의 운동이며, 여러 장소에서의 점의 현실 존재(서로 대립하는 여러 규정의 연속으로서의)만이 비로소 우리에게 변화를 직관화할 수 있는 것이다. 왜냐하면 우리가 나중에 내적 변화까지도 사유할 수 있는 것으로 하기 위해서는, 내적 감각의 형식인 시간을 하나의 선(線)에 의해 형상화하여 이 선을 그음으로써(운동), 내적 변화를 우리 자신이 여러 가지 다른 상태로, 그리고 계기적으로 실제 존재한다는 것을 외적 직관에 의지해 파악하지 않으면 안 되기 때문이다. 그 본디 이유는, 모든 변화는 변화로서 지

앞 시점에서의 운동 대신에 물체가 그때 정지해 있을 수도 있었다는 것을 증명해야 하며, 물체가 그 뒤에 정지한다는 것은 아닐 것이다. 왜냐하면 거기에는 상반되는 두 상태가 엄연히 양립할 수 있기 때문이다.

각되기 위해서 직관에서 어떤 고정불변적인 무엇인가를 전제로 하는 것이지만, 내적 감각기관에서는 그 어떤 고정불변적인 것도 찾아볼 수 없는 데 있다. 마지막으로 상호성 범주는 그 가능성으로 보아, 결코 단순한 이성에 의해서 파악할 수 있는 것이 아니다. 따라서 이 개념의 객관적 실재성을 직관 없이, 더욱이 공간에서의 외적 직관 없이 통찰한다는 것은 불가능하다. 우리는 다음과 같은 일의 가능성을 어떻게 생각하려는 것일까? 복수의 실체가 실제로 존재할 때, 하나의 실체의 현실 존재로부터 다른 실체의 현실 존재로, 무엇인가가 (결과로서) 서로 이어서 일어날 수 있다는 것을 말이다. 왜냐하면 이것이 서로 필요로 하게 되는 것이지만, 그것은 모든 사물을 그것이 실체라는 이유로, 자신으로부터 완전히 고립되어 있는 사물 아래에서는 전혀 설명할 수가 없기 때문이다. 그래서 라이프니츠는 세계의 여러 실체에—단지 지성이 단독으로 그것들을 생각하는 것처럼—상호성을 부여함에 있어, 신의 중개를 필요로 한 것이다. 왜냐하면 실체의 현실 존재만으로는 그런 상호성은 당연히 이해할 수 없다고 여겨졌기 때문이다. 그러나 우리가 상호성을 공간 속에, 따라서 외적 직관 속에 그려본다면, 우리는 상호성(현상으로서의 실체의)의 가능성을 잘 파악할 수가 있는 것이다. 왜냐하면 공간은 이미 선험적으로, 실재적 관계(작용과 반작용, 결국은 상호성에서의)의 가능성을 위한 조건인 형식적, 외적 관계를 그 안에 포함하고 있기 때문이다. 마찬가지로 다음과 같은 일을 손쉽게 설명할 수가 있다. 분량으로서의 사물의 가능성, 따라서 분량의 범주의 객관적 실재성도 외적 직관에서만 설명되고, 외적 직관을 매개로 해서만 내적 직관에도 서로 적용될 수가 있다. 그러나 너무 길어지는 것을 피하기 위해, 나는 그 실례에 대해서는 독자들의 숙고에 맡기고자 한다.

이 주해 전체는 매우 중요하다. 그것은 앞에서 말한 관념론에 대한 반대 증명을 확증하기 위해서 뿐만이 아니다. 오히려 그 이상으로, 단순한 내부 의식과 외적, 경험적 직관이 결여된 우리 본성의 규정에 입각한 자기인식이 문제가 될 경우, 그와 같은 인식 가능성의 제한을 보이기 위해서이다.

따라서 이 장 전체의 최종적 결론은 다음과 같다. 순수지성의 모든 원칙은 경험을 가능하게 하는 선험적 원리 바로 그것이며, 모든 선험적인 종합적 명제도 경험에만 관계된다는 것, 모든 선험적인 종합적 명제의 가능성은 그 자체가 전적으로 이런 경험과의 관계에 입각하고 있다는 것이다.

제3장 모든 대상 일반을 현상체와 가상체로 구별하는 이유에 대해서

우리는 이제 순수지성의 나라를 두루 여행하면서, 그 모든 지역을 엄밀히 검증해 왔다. 그뿐만이 아니다. 그 나라의 모든 사물을 답파(踏破)하기도 했고, 그 나라의 모든 사물들의 위치도 측정했다. 그러나 이 나라는 하나의 섬이며, 움직이지 않는 천연의 경계에 둘러싸여 있다. 그곳은 진리의 나라(얼마나 매력적인 이름인가)이다. 하지만 그 나라는 화난 파도와 소용돌이치는 광대한 대양에 둘러싸여 있고, 그 대양은 가상의 본디 주거지이다. 거기에서는 짙은 안개와 재빨리 얼마 뒤 녹아내릴 얼음이 마치 새로운 대륙이나 되는 것처럼 사람을 속인다. 그것은 새로운 발견을 목적도 없이 몽상하는 뱃사람들을 싫증나지 않는 헛된 꿈으로 현혹시키면서, 그를 모험으로 유혹한다. 그는 그 모험을 단념할 수가 없지만 그것을 성취할 수도 없다. 그러나 우리가 이 대양을 샅샅이 탐색하고 거기에 어떤 희망을 걸 만한 것이 있는지 어떤지를 확인하기 위해서는 이 대양으로 배를 저어나가기 전에 다음과 같은 일이 유익할 것이다. 그것은 바로 우리가 지금 떠나려고 하는 나라의 지도를 다시 한 번 훑어보는 일이다. 그리고 자문해 보는 일이다. 첫째로 우리가 자리 잡고 살 수 있는 토지가 이 밖에 달리 없는 경우, 우리는 이 나라가 가지고 있는 것으로 만족할 수 없는가, 그렇지 않으면 하는 수 없이 만족해야만 하는가? 둘째로 우리는 도대체 어떤 권능에 의해서 이 나라를 영유하고 또한 모든 적대적 요구에 대항해 우리의 안전을 지킬 것인가? 우리는 이와 같은 물음에 대해서 '분석론'을 전개하는 가운데 이미 충분히 대답을 해두었다. 하지만 이들 물음에 대한 우리의 해결을 여기에서 총괄적으로 개관해 두면, 그것은 해결의 여러 요점을 한곳으로 집약할 수 있다는 뜻에서 우리의 확신을 더한층 강화해 줄 것이다.

우리는 다음과 같은 것을 보아왔다. 지성이 지성 자체 안에서 끌어낸 것은 모두 경험에서 꾸어온 것이 아니다. 그럼에도 불구하고 지성은 그것을 다만 경험에 사용하기 위해서만 가지고 있다. 순수지성의 원칙은 그것이 선험적으로 구성적인 것이든(수학적 원칙처럼), 단순히 통제적인 것이든(역학적 원칙처럼) 간에 가능한 경험의, 말하자면 단순히 순수한 도식밖에 포함하고 있지 않다. 왜냐하면 경험은 그 통일을, 지성이 통각과 관계하는 구상력의 종합에서 근원적으로, 그리고 스스로 수여하는 종합적 통일에서만 얻기 때문이다. 현상은 가능한 인식을 위한 자료로서, 이미 선험적으로 이 통일과의 관계와 일치하지 않으면 안 된다. 그러나 다른 한편으로 이런 이성 규칙은 단지 선험적으로 참일 뿐만 아니라, 더 나아가 모든 진리의 원천이며, 객체와 우리의 인식이 일치하는 원천이다. 그것은 지성 규칙이 모든 인식의 총체인 경험—거기에서 객체가 우리에게 주어질 것이다—을 가능하게 하는 근거를 내부에 포함하고 있다는 사실에 따른다. 그것은 확실하다. 그럼에도 불구하고 단순히 참일 뿐만 아니라, 사람들이 알려고 절실히 원하는 것이 제시될 수 있지 않으면 충분하지 않은 것으로 여겨진다. 그렇기 때문에 우리가 이 비판적 연구에서 배울 수 있는 것을 말한다면, 구태여 이렇게 어려운 연구를 하지 않아도, 우리가 지성을 단순히 경험적으로 사용함으로써 스스로 제대로 해온 것들뿐이라고 하자. 그렇다고 하면 비판적 연구에서 끌어낼 수 있는 이익이라 할지라도, 그것은 비축하기는커녕 소비할 가치도 없는 것으로 여겨진다. 따라서 이것에 대해서 우리는 우선 다음과 같이 대답할 수도 있다. 우리의 인식을 확장하기 위해 연구를 시작하기 전에, 또 효용이 눈앞에 있음에도 불구하고 그것을 조금쯤 이해하기도 전에 미리 그 효용을 알려고 하는 것처럼 졸렬하고 손해 가는 일은 없다고. 그러나 여기에 더하여 이익도 있다. 그 이익은, 이와 같은 초월적 연구에 대해 가장 우둔하고 흥미 없는 학생들도 깨닫게 할 수 있고 관심을 가질 만한 것이다. 그것은 다음과 같은 사실이다. 오로지 경험적 사용에만 종사할 뿐, 자기 자신의 인식의 원천에 대해 깊이 사고하지 않는 지성은, 확실히 편안하기는 하지만 오직 한 가지 성취할 수 없는 것이 있다. 그것은 바로 지성 사용의 한계를 자기 자신에 대해서 지정하고, 지성의 전체 영역 내부 또는 외부에 무엇이 대기하고 있는가를 안다는 일이다. 이렇게 말하는 것은 그것을 위해 우리가 이제까지 해왔던, 바로 저 깊은 탐구가 필요하기 때문이다. 다시 강조하는 바이지만, 어떤 종류의 물음이 지성의 지평 아래에 있는지의 여부를 지성이 판별할 수 없다고 한다면, 지성의 자부도 그 재산도 결코 편안할 수가 없는 것이다. 그런지도 모르고 지성이 자기 영역의 한계(그것은 피할 수 없는 일이지만)를 뛰어넘는 것을 그만두지 않고, 망상과 환상 속으로 빠져든다고 한다면, 지성은 갖가지 수치스러운 책망을 받을 뿐이라는 것을 각오하지 않으면 안 된다.

그러므로 지성은 자기의 모든 선험적 원칙은 물론, 모든 개념에 대해서 경험적으로 사용할 수 있는 일 말고는 할 수 없고, 결코 선험적으로 사용할 수는 없다는 명제는, 만일 그것이 확신을 가지고 인식될 수 있는 것이라면 중대한 귀결을 예상케 한다. 어떤 원칙에서의 개념의 초월적 사용이란, 그 개념이 사물 일반과 사물 자체에 관계하는 사용을 말한다. 이에 반해 경험적 사용이라고 하는 것은 개념이 단지 현상에, 즉 가능한 경험의 대상에 관계하는 경우의 사용을 말한다. 그러나 가능한 것은 경험적 사용뿐이라고 하는 것은 다음과 같은 사실에서 알 수 있다. 어떤 개념에서도 첫째, 개념(사고) 일반의 논리적 형식이 필요하다. 그리고 둘째, 개념이 관계하는 대상을 개념에 주는 가능성도 필요하다. 이런 대상 없는 개념은 아무런 의미도 가지지 못하며, 비록 주어진 자료에서 개념을 구축하는 논리적 기능을 포함하고 있다고 해도, 그것은 내용 없는 공허한 것이다. 그런데 대상이 개념에 줄 수 있는 것은 직관 말고는 없다. 그리고 순수직관이 대상보다도 먼저 선험적으로 가능하다고 하더라도, 순수이성 자신도 그 대상을, 따라서 객관적 타당성을 경험적 직관—순수직관은 그 단순한 형식이다—에서만 얻을 수가 있는 것이다. 그렇기 때문에 모든 직관과 모든 원칙이 아무리 선험적으로 가능하다고 해도, 그것들은 경험적 직관에, 즉 가능한 경험의 자료에 관계하는 것이다. 이것이 없으면 개념이나 원칙도 전혀 객관적 타당성을 가질 수 없으며, 구상력의 장난이든 지성의 장난이든, 어쨌든 단순한 장난, 또는 이들 관념과의 장난임에는 변함이 없다. 예를 들어 수학의 개념을 들추어 보아도 좋다. 그것도 먼저 순수직관에서의 개념을 들어보면 좋을 것이다. '공간은 3차원을 가진다.' '두 점 사이에는 하나의 직선이 있을 뿐이다.' 등. 이들 원칙과 수학이 관계되는 대상의 관념은, 완전히 선험적으로 마음 안에서 생긴다. 하지만 이들이 의미하는 것은, 우리가 그 의미를 반드시 현상(경험적 대상)에 밀착하지 않고 설명할 수 있는 것은 아니다. 그렇기 때문에 추상화된 개념을 감성화하는 일, 곧 직관에서 그 개념에 대응하는 객체를 명시할 필요가 있는 것이다. 그렇게 하지 않으면 개념은 (흔히 말하는 바와 같이) 의의를, 즉 의미를 가지지 않고 끝날 것이기 때문이다. 수학은 이 요구를, 형태(도형)를 구성함으로써 충족시킨다. 형태(도형)는 감각에 대해서 나타나 있는 (선험적으로 성립된 것이기는 하지만) 현상이다. 분량의 개념은 그 취지 부여와 의미를 바로 수에서 구한다. 수는 다시 그것을 도형이나 주판알, 또는 그것을 상징하는 선이나 점과 같이 눈앞에 주어진 것에서 구한다. 종합적 명제, 또는 그와 같은 개념에서 도출될 수 있는 공식을 포함해서, 개념은 언제나 선험적으로 형성된다. 그러나 이들의 사용과, 대상이라고 하는 것과의 관계는 결국은 경험 이외의 어디에서도 찾아볼 수 없으며, 지금 말한 원칙이나 공식은 경험의 가능성(형식에 대해서는)을 선험적으로 포함하고 있는 것이다.

그런데 이런 일이, 모든 범주와 거기에서 얻어진 원칙의 경우에도 마찬가지라는 것은 다음과 같은 사실에서도 명확하게 밝혀진다. 즉 우리가 먼저 감성의 조건에, 곧 현상의 형식에 순응하지 않으면, 그중 어느 하나도 실재적으로 정의할 수 없다고 하는 것이다. 따라서 범주도 원칙도, 그 유일한 대상인 현상에 제한되어 있다. 왜냐하면 만약 이 현상이라고 하는 조건을 없애면 모든 의미, 즉 객체와의 관계가 사라지고, 우리는 그와 같은 개념으로 도대체 무엇을 말하고 있는가를, 우리 자신에게 예를 들어 알기 쉽게 설명할 수가 없기 때문이다.

[이하는 A판(제1판)에만 있는 글이다]
앞에서 범주의 표를 표시했는데, 그때 우리는 그 범주들 하나하나에 대한 정의를 스스로 면제했다. 우리의 의도가 오직 범주의 종합적 사용으로 향해 있었고, 정의를 필요로 하지 않았으며, 쓸데없는 계획으로 인해 면제될 책임을 지우는 일이 있어서는 안 되었기 때문이다. 그것은 변명이 아니라 오히려 무시할 수 없는 깊은 배려에서 나온 것이다. 개념 전체를 형성하는 모든 특징을 완전히 열거하는 것을 필요로 하지 않아도, 개념의 한두 가지 특징으로 무방할 때에는, 바로 정의로 들어가서 개념 규정의 완전성이나 엄밀성을 시도하거나 주장을 하지 않았다는 것이다. 그러나 지금은, 이 신중을 기한 이유가 더 깊은 곳에 있다는 것이 분명해진다. 즉 우리는 비록 범주를 정의하려고 해도[32] 정의할 수 없는 것이다. 오히려 만약에 우리가 범주를 가능한 경험적 사용의 관념으로서 돌

---

32) 여기에서 나는 실재의 정의에 대해서 말하고 있다.

보이게 하는 감성의 조건을 배제하고, 그것을 사물 일반의 (따라서 초월적 사용의) 개념으로서 다룬다고 하자. 그렇게 되면 범주의 경우, 판단에서의 논리적 기능을 사물 그 자체의 가능성의 조건으로 간주하는 것 말고는 방법이 없게 된다. 하지만 그렇다고 해서 범주는 도대체 어디에서 사용되고, 어디에 객체를 가질 수 있는가, 즉 범주는 감성 없이 순수지성 안에서 어떻게 그 어떤 의미와 객관적 타당성을 갖는가는 조금도 제시할 수가 없는 것이다. 이것은 어떤 사물의 이름에, 다른 것보다 알기 쉬운 말을 적용하는 것이 아니라, 대상(정의되는 것)을 언제나 분명히 인식할 수가 있고, 정의되는 개념을 사용할 수 있는 명확한 표지를 안에 포함하는 것이다. 따라서 실재의 정의는 단순히 개념을 명확하게 하는 것이 아니라, 동시에 개념의 객관적 실재성을 명확히 하는 증명이 될 것이다. 대상을 개념에 따라서 직관으로 나타내는 수학적 정의는 그와 같은 실재의 정의에 해당한다.

분량의 개념을 설명하기 위해서는 어느 누구도 일반적으로 다음과 같이 말할 수밖에 없다. 즉 분량이란, 어떤 사물에서 '1'이 몇 번 설정되어 있는가를 통해서 생각할 수 있는 것에 대한 규정이다. 그런데 이 '몇 번'은 계속해서 일어나는 반복, 곧 시간과 시간에서의 종합(질이 동일한 것의)에 바탕을 둔다. 실재성은 부정성(否定性)과는 반대되는 것으로, 우리가 시간(모든 존재의 총체로서의)―그것은 실재성에 의해서 채워져 있거나, 공허하거나 둘 중 하나이다―을 고려할 때에만 설명될 수 있다. 만약에 내가 고정불변성(이것은 모든 시간에서의 현실 존재이다)을 제거했다고 하면, 실체로서 뒤에 남는 것은 주어라고 하는 논리적 관념 말고는 없다. 나는 단지 주어로서(어떤 술어도 될 수 없는) 존립할 수 있는 무엇인가를 생각함으로써 그 관념을 실재화할 수 있다고 여기는 것이다. 그러나 나는 이 논리적 우위가, 도대체 어떤 사물에 고유한 것이 될 수 있는지 그 조건을 전혀 알지 못하는 것만은 아니다. 그뿐만 아니라 거기에서는 그 이상 아무것도 만들어 낼 수 없고, 결론도 이끌어 낼 수 없다. 왜냐하면 논리적 우위로부터는, 이 개념을 사용하기 위한 객체가 전혀 확정되어 있지 않기 때문이며, 따라서 우리는 이 개념이 무엇을 의미하고 있는가도 모르기 때문이다. 원인의 개념과 관련해서는, 나는 (무엇인가가 다른 무엇인가의 뒤에, 규칙에 따라 계속하기 위한 시간을 생략하면) 순수한 범주에서는 다음과 같은 일밖에 발견하지 못한다. 즉 무엇인가가 있어서, 그 무엇인가로부터 다른 어떤 것의 현실 존재가 추리될 수 있다는 것이다. 그렇게 되면 그것으로 말미암아 원인과 결과는 서로 구별할 수 없게 될 뿐만이 아니라, 이런 추리가 가능하기 위해서는 조건이 필요한데도 나는 그것에 대해 아무것도 아는 게 없으므로, 개념은 그 어떤 객체에 알맞은 규정을 전혀 가지지 못하게 될 것이다. '모든 우연적인 것에는 원인이 있다'고 하는 그럴싸한 원칙은, 확실히 독자적인 위엄을 갖추고 있는 것처럼 그럴듯하게 통용되고 있다. 그러나 나는 묻는다. '여러분이 말하는 우연적이란 무엇인가' 하고. 그러면 여러분은 '존재하지 않는 것(비존재)이 가능한 것'이라고 답할 것이다. 여기서 나는 알고 싶은 것이다. '여러분이 계속 발생을 현상의 계열 안에 상기하지 않으면, 또한 비존재 뒤에 이어지는 현실 존재(또는 그 반대로)를, 즉 변이(變移)를 그 안에서 생각하지 않으면 여러분은 이 비존재의 가능성을 무엇에서 인식하려고 하는가' 하고. 왜냐하면 사물의 비존재는 자기모순이 되지 않는다고 해서, 논리적 조건을 꺼낸다는 것은 앞뒤가 맞지 않기 때문이다. 이 논리적 조건은 확실히 개념에는 불가결한 것이지만, 실재적 가능성은 도저히 충분하지가 않기 때문이다. 아무리 내가 자기모순을 범하지 않고, 실제로 존재하는 모든 실체를 머릿속에서 폐기하려고 해도, 그것으로부터 현실 존재에서 실체의 객관적 우연성을, 곧 실체의 비존재 그 자체의 가능성을 추리한다는 것은 도저히 할 수 없는 일이다. 상호성의 개념에 대해서는, 다음과 같이 손쉽게 결정할 수가 있다. 실체와 인과성의 순수 범주는 객체를 특정하는 설명을 인정하지 않으므로, 실체끼리의 관계에서의 상호적 인과성도 마찬가지로 그것을 받아들일 수 있는 처지가 아니라고. 가능성, 현실 존재, 필연성의 정의를 오직 순수지성으로부터 끌어내려고 하는 경우, 아직도 누구에게나 명확한 동어반복에 의해서밖에 설명할 수 없었다. 왜냐하면 개념의 논리적 가능성(이것은 자기모순에 빠져 있지 않으므로)을 사물의 초월적 가능성(개념에 대상이 대응하므로)과 맞바꾸려고 하는 것은, 아무런 경험이 없는 자만을 거짓으로 만족시킬 수 있을 뿐이기 때문이다.[33]

---

33) 한마디로 말하면, 모든 직관(우리가 가지고 있는 유일한)이 제거되는 경우에는 이런 모든 개념은 무엇을 가지고서도 설명될 수 없으며, 이들 개념의 실재적 가능성은 드러나지 않는다. 그때 남는 것은, 다만 논리적 가능성뿐이다. 즉 개념(사고)은 가능하지만 그것이 문제가 아니라,

[제1판에서는, 위의 '만족시킬 수 있을 뿐이기 때문이다'에 이어 다음 문장을 볼 수가 있다.]

개념이 있어도 그 개념에 어울리는 의미가 없고, 그 개념이 설명될 수 없다고 하는 것은, 약간 묘할 뿐만 아니라 어리석은 일이다. 그러나 여기에는 범주에 대해서 다음과 같은 특수한 사정이 있다. 즉 범주는 일반적인 감성적 조건을 매개로 해서 일정한 의미와 그 어떤 대상과의 관계를 가질 수가 있는데, 이 조건은 순수범주에서 제거할 수가 있다는 것이다. 왜냐하면 범주는 그 경우, 다양한 것을 개념 아래로 가져오는 논리적 기능밖에 포함할 수가 없기 때문이다. 하지만 구별을 할 수가 없다. 왜냐하면 본디 대상이 범주 아래에 속하기 위한 감성적 조건이 도외시되어 있기 때문이다. 그러므로 범주는 순수지성 개념이며, 감성 일반에의 적용 규정(도식)을 필요로 하는 것이다. 이 규정 없이는, 범주는 대상을 인식해서 그것을 다른 대상과 구별할 수 있는 개념이 아니라, 단순히 가능한 경험을 위한 대상을 생각해서, 지성의 그 어떤 기능에 의해 대상에 의미를(더 필요한 조건 아래에서) 주는 방식, 즉 기껏해야 대상을 정의하는 방식에 지나지 않는다. 따라서 범주는 정의되어질 수 없는 것이다. 왜냐하면 정의 자신도 하나의 판단이며, 이미 이 판단의 기능을 포함하고 있지 않으면 안 되기 때문이다. 그러나 범주는, 사물의 다양한 직관이 이 논리적 기능 어느 것인가에 의해서 고려되어야 하는 한, 사물 일반의 관념이 바로 그것이다. 크기는 양을 갖는 판단에 의해서만 고려되는 규정이며, 실재성은 긍정판단에 의해서만 고려될 수 있는 규정이다. 실체는, 직관과의 관계에서 다른 모든 규정의 최종적 주어여야 한다. 그런데 다름 아닌 이 기능을 사용해야 하는 것이 어떠한 사물인가는, 이때 전혀 규정되지 않은 채로 있다. 다시 말해 범주는 감성적 직관을 위해 종합을 포함하고 있는데, 그 감성적 직관의 조건 없이는 어떤 일정한 객체에 대한 관계를 가지지 않으며, 그렇기 때문에 어느 객체도 정의할 수 없고, 따라서 그 자체가 객관적 개념으로서의 타당성을 가지지 않는다.

문제는 개념이 객체에 관계하는지 어떤지, 따라서 어떤 의미를 가지고 있는지의 여부이다.

그런데 여기에 결과로서 다음과 같은 것이 연결된다는 데에는 이론의 여지가 없다. 그것은, 순수지성 개념은 결코 초월적이 아니라 항상 경험적으로만 사용할 수 있는 점이다. 또 순수지성의 원칙은 가능한 경험의 일반적 조건, 즉 감각의 대상에만 관계할 수 있는 것이지, 결코 사물 일반(우리가 사물을 어떻게 직관할 수 있는가 하는 직관의 방식을 고려하지 않고)에는 직접 관계시킬 수 없다는 사실이다.

따라서 초월적 분석론은 다음과 같은 중요한 결론을 가져온다. 지성은 가능한 경험 일반이 형식을 예측하는 일 말고는, 선험적으로 아무것도 할 수 없다는 점이다. 또 현상이 아닌 것은 경험의 대상이 될 수가 없으므로, 지성은 감성의 한계—그 내용에서만 우리에게 대상이 주어진다—를 결코 뛰어넘을 수가 없다는 점이다. 지성의 원칙은 다만 현상을 해명하기 위한 원리에 지나지 않는다. 존재론은 사물 일반에 대해서 선험적인 종합적 인식을 체계적 교리의 형태로 제시한다(예컨대 인과성의 원칙을) 큰소리치지만, 존재론이라고 하는 거만한 명칭은 순수지성의 단순한 분석론이라는 겸손한 명칭으로 바꾸지 않으면 안된다.

사고는, 주어진 직관을 대상에 관계시키는 작용이다. 이 직관의 방식이 어떻게도 주어지지 않았다고 한다면, 대상은 단지 초월론에 지나지 않는다. 그리고 지성 개념은 초월적인 사용밖에 가지지 못하고, 결국은 다양한 것 일반의 사고의 통일밖에 가지지 않는다. 따라서 순수지성에서는 우리에게 가능한 유일의 직관인 감성적 직관의 조건은 모두 도외시되는데, 그 순수이성에 의해서는 객체는 특정되지 않고, 오히려 객체 일반의 사고가 여러 가지 양상으로 나타내어질 뿐이다. 그런데 개념의 사용에는 대상이 개념 아래 포섭되기 위한 판단력의 기능이 포함된다. 결국은 무엇인가가 직관에 주어지기 위한, 적어도 형식적 조건이 포함된다. 판단력의 이 조건(도식)이 없으면 포섭은 모두 상실되고 만다. 왜냐하면 개념 아래 포섭될 것이 아무것도 주어지지 않기 때문이다. 따라서 범주의 단순한 초월적 사용은 실제로는 아무런 사용도 되지 못하고, 특정한 대상, 또는 형식적으로 특정 가능한 대상조차도 가지지 않는다. 여기에서 순수범주는 어떤 선험적인 종합적 원칙에도 충분하지 않으므로, 순수지성의 원칙은 단순히 경험적으로 사용될 뿐 결코 초월적으로는 사용되지 않으며, 가능한 경험의 영역을 넘어서는 그 어디에서도 선험적인 종합적 원칙은 있을 수 없다는 결론이 나온다.

그러므로 다음과 같이 표현하는 것이 타당할지도 모른다. 순수지성은 감성의 형식적 조건을 빼면 단순히 초월적 의미를 가질 뿐으로, 초월적으로는 사용되지 않는다. 왜냐하면 순수범주로부터는 그 어떤 대상을 자칭하는 것이 개념 아래에 포섭되기 위한 형식적 조건이 결여되어 있으므로, 이 초월적 사용은 그 자체가 불가능하기 때문이다. 그래서 순수 범주는 (단순히 순수범주로서는) 경험적으로 사용될 수 없으며 또 초월적으로 사용될 수도 없으므로, 감성을 모두 떠나버리면 그것은 아무것도 사용되지 않는 것이 된다. 즉 범주는 대상을 자칭하는 것에 전혀 적용되지 않는다. 오히려 범주는 대상 일반과 사고에 대한 지성 사용의 순수형식에 지나지 않고, 그것만으로는 무엇인가 객체가 고려되거나 규정되는 것이 아니다.

[제1판에서는, 이에 이어 다음과 같은 문장을 볼 수가 있다.]

현상이 범주의 통일에 의한 대상으로 고려되는 한, 그것은 현상체라고 불린다. 그러나 내가 단순히 지성의 대상이면서, 그와 같은 것으로서 어떤 직관에—감성적 직관은 아니라고는 하지만(따라서 지적 직관에)—줄 수 있는 사물을 생각한다고 하자. 그러면 그와 같은 사물은 예지체(叡知體 : Intelligibilia)라고 불릴 것이다. 그런데 사람들은 다음과 같이 생각해야 할 것이다. 초월적 감성론에 의해서 제한된 현상이라고 하는 개념은 이미 저절로 가상체에 객관적 실재성을 주고, 또 대상을 현상체와 가상체로 구분하는 것을, 따라서 세계를 감성계와 예지계로 구분하는 것을 정당화해 준다고. 더욱이 여기에서의 이 구별은 단지 동일 사물의 명확한 인식인가, 명확하지 못한 인식인가 하는 논리적 형식을 지적하고 있는 것이 아니라는 점도 생각해야 한다. 그렇지 않고 대상이 우리의 인식에 근원적으로 줄 수 있는 방식의 차이와, 그 종류로 보아 대상이 그 자체로서 구별되는, 그 차이를 지적한다는 것이다. 왜냐하면 감각이 무엇인가를 그것이 현상하는 방식으로 우리에게 나타낸다고 해도, 그것은 그 자체로서도 하나의 사물이며 비감성적 직관의 대상, 즉 지성의 대상이어야 하기 때문이다. 다시 말해 감성을 포함하고 있지 않은 인식이 가능하지 않으면 안 된다. 그리고 그와 같은 인식은 오직 절대적으로 객관적 실재성을 가지는 것이며, 이 객관적 실재성에 의해서 대상이 어떻게 존재하는가가 우리에게 제시되는 것이다. 이에 반해 우리 지성의 경험적 사용에서는, 사물은 어떻게 현상하는가가 인식될 뿐이다. 따라서 범주의 경험적 사용(감성적 조건에 제한된) 말고도, 순수하고 객관적으로 통용되는 사용이 있을 것이다. 그리고 우리는 이제까지 말해 온 것과는 달리, 다음과 같이 주장할 수는 없으리라. 우리의 순수지성인 인식은, 그것이 무엇이 되었든 현상을 해명하는 원리 이상의 것은 아니고, 이 원리도 선험적으로는 경험의 형식적 가능성으로 돌릴 수 있을 뿐이었다고. 왜냐하면 여기에서는 전혀 별개의 영역이 우리 앞에 열릴 것이기 때문이다. 그것은 말하자면 정신 세계라고 여겨지는 (아마 직관되기도 하는) 우리의 순수지성을 적지 않게, 아니 훨씬 값비싸게 작용시킬 수 있는 세계이다. 사실 우리의 관념은 모두, 지성을 통해서 그 어떤 객체와 관계를 가지게 된다. 그리고 현상은 바로 관념에 지나지 않으므로, 지성은 관념을 감성적 직관의 대상인 그 무엇인가에 관계를 가지게 한다. 그러나 이 어떤 것이란, 그러는 한에 있어서 초월적 객체에 지나지 않는다. 이 초월적 객체는 다음과 같은 그 어떤 것=x를 의미한다. 즉 우리는 그것에 대해 전혀 아무것도 모르고, (우리 지성의 현재 구조로 보아) 알 수 없으며, 오히려 그것은 통각의 통일 상관자로서만 감성적 직관에서의 다양한 것의 통일에 유용하다는 것뿐이다. 지성은 이 통일을 매개로 하여, 어떤 것을 한 대상의 개념으로 통합하는 것이다. 이 초월적 객체는 감성적 자료로부터는 절대로 불리할 수가 없다. 그렇게 되면 초월적 객체를 생각할 수 있는 방법이 전혀 남지 않기 때문이다. 따라서 초월적 객체는 그 자체가 인식의 대상이 아니라, 대상 일반의 개념 아래서 현상의 관념에 지나지 않는다. 이 대상 일반의 개념은 현상의 다양한 것을 통과시킴으로써 한정이 가능하다. 그렇기 때문에 범주도 지성에게만 주어진 특수한 객체를 나타내는 것이 아니라, 초월적 객체(그 어떤 것의 일반 개념)를 감성에서 주어진 것을 통해서 규정하는 데에 유용할 뿐이다. 그렇게 함으로써 현상을 대상의 개념 아래에서 경험적으로 인식하기 위해서이다.

그러나 사람들은 왜 가성의 기체(基體)로는 만족하지 않고 순수지성만이 생각할 수 있는 가상체를 현상체에 덧붙이는 것일까? 그 이유에 대해서 말하자면 그것은 오직, 지금 말해 온 일에 기초하는 것이다. 감성과 그 영역, 즉 현상의 영역은 그 자신 지성에 의해서 다음과 같이 제한된다. 즉 감성은 사물 자체로는 향하지 않고, 우리의 주관적 상태에 의해서 사물이 우리에게 현상하는 방식으로만 향한다는 것이다. 이것은 초월적 감성론 전체의 대답이었다. 그리고 현상이라고 하는 개념으로부터는 당연히 다음과 같은 결론도 나온다. 현상에는 그 자체가 현상이 아닌 무엇인가가 대응하지 않으면 안 된다고. 왜냐하면 현상 그 자체는 우리의 관념 양식 없이는 있을 수 없고, 만성적인 순환론을 생기게 하지 말아야 한다고 하면, 현상이라고 하는 말은 이미 무엇인가를 지시하고 있기 때문이다. 그 무엇인가는—그 직접 관념은 감성적이 아니라고는 하지만—그 자체로서, 우리의 감성 상태(우리의 직관 형식은 이에 입각하고 있다)가 없어도 그 무엇인가여야 하고, 따라서 감성과는 독립된 대상이어야 한다.

그런데 여기에서 가상체의 개념이 생긴다. 그러나 이 개념은 적극적인 것은 전혀 아니고, 그 어떤 사물의 일정한 인식을 의미하는 것도 아니며, 그 어떤 것의 일반 사고를 의미하는 데에 지나지 않는다. 나는 그 사고에서, 감성적 직관의 형식을 일체 도외시하는 것이다. 하지만 가상체가 모든 현상체와 구별되는 참다운 대상을 의미하기 위해서는, 내가 나의 생각을 감성적 직관의 모든 조건으로부터 해방시키는 것만으로는 불충분하다. 나는 여기에 더하여, 이 감성적 직관과는 다른, 그와 같은 대상이 주어지기 위한 직관을 상정(想定)하는 근거를 가지지 않으면 안 된다. 왜냐하면 그렇게 하지 않으면, 나의 생각이 비록 모순되지 않는다고는 해도 공허하기 때문이다. 분명히 우리는, 감성적 직관이 유일 가능한 직관이라는 것을 증명할 수는 없었다. 할 수 있었던 것은, 감성적 직관만이 우리에게 가능한 직관이라는 것이다. 그러나 우리는, 다른 종류의 직관도 가능하다는 것을 증명할 수가 없었던 것이다. 그리고 우리의 사고는 감성을 도외시한다고는 하지만, 다음과 같은 물음은 남는다. '그때 사고는 개념의 단순한 형식에 지나지 않는 것이 아닌가?' '이와 같이 분리해서 객체는 남게 될 것인가?'

내가 현상 일반에 관계시키는 객체는 초월적 대상이며, 결국은 무엇인가 그 어떤 것 일반에 관한 규정을 전혀 하지 않는 사고이다. 이 초월적 대상은 가상체라고는 할 수 없다. 왜냐하면 나는 그 대상이 그 자체로서 무엇인가를 모르기 때문이며, 단순한 감성적 직관 일반의 대상—따라서 그것은 모든 직관에는 동일하다—의 개념 말고는 그와 같은 대상의 개념을 가지고 있지 않기 때문이다. 나는 그러한 대상을 범주에 의해서 생각할 수는 없다. 왜냐하면 범주는 경험적 직관을 대상 일반의 개념 아래 두기 위해, 경험적 직관에 적응시키는 것이기 때문이다. 범주의 순수사용은 확실히 가능하며, 모순되지는 않는다. 그러나 그것은 객관적 타당성을 갖는 것은 아니다. 그 경우에 범주는 범주에 의해서 객체의 통일을 얻게 될 직관으로 돌리지 않는다. 왜냐하면 범주는 사고의 단순한 기능에 지나지 않기 때문이며, 그것에 의해 나에게 대상이 주어지는 것이 아니라 단지 직관에서 주어지는 것만을 생각할 수 있기 때문이다.

그럼에도 불구하고 그 밑바탕에는 피할 수 없는 착각이 숨어 있다. 범주는 그 기원으로 보아, 본디 감성에 입각한 것이 아니다. 그것은 시간, 공간이라고 하는 직관 형식이 감성에 입각하는 것과는 다르다. 즉 범주는 감각의 모든 대상을 넘어서 확장된 적용을 허용하는 것처럼 보이는 것이다. 그러나 범주는 그것만으로는 어디까지나 사고 형식에 지나지 않으며, 직관에서 다양하게 주어진 것을, 선험적 의식에서 통합하는 논리적 능력을 포함하고 있을 뿐이다. 그래서 우리에게 가능한 유일한 직관을 범주에서 분리시키면, 범주는 순수한 감성적 직관이 갖는 의미조차도 가지지 않는다. 순수한 감성적 직관을 통하면, 적어도 객체는 주어진다. 그것은 직관—거기에서만 다양한 것이 주어진다—이 첨가되지 않으면 우리의 지성에 고유한, 다양한 것을 결합하는 방식이 전혀 아무런 뜻을 가지지 않는 것과 대조적이다. 그럼에도 우리가 어떤 대상을 직관하는 방식과 대상의 성질 자체를 구별해서, 현상으로서의 그 어떤 대상을 감성적 존재자(Sinnenwesen : 현상체 Phänomena)라고 한다면, 우리의 개념에는 이미 다음과 같은 함축이 있다. (비록 우리가 이런 대상을 그 성질 자체대로는 직관할 수 없다 하더라도) 그 성질 자체로서의 그것들, 또는 전혀 우리 감각기관의 대상이 되지는 않지만 지성에 의해서만 생각되는 다른 가능한 사물들을 현상체에 대립시켜, 이것을 지성적 존재자(Verstandeswesen : 가상체 Noumena)라고 부른다는 사실이다. 여기서 우리의 순수지성 개념이 이 지성적 존재자에 대해 과연 의미를 가지는지 그렇지 않은지, 또 그 인식 방법일 수 있는지가 문제가 된다.

그러나 여기에는 처음부터 큰 오해를 초래할지도 모르는 애매함이 나타나 있다. 지성이 어떤 대상을 단순히 어떤 관계에 의한 현상체라고 부르는 경우, 지성은 동시에 이 관계 말고도 대상 그 자체라고 하는 관념을 품는다. 그렇기 때문에 지성은 그와 같은 대상에 대해서도 개념을 구성할 수 있다고 생각한다. 그리고 지성은 범주 이외의 것을 공급하지 않으므로, 대상 자체라는 뜻을 가진 대상은 적어도 이 순수지성 개념으로 생각하지 않으면 안 된다. 하지만 그것에 의해서 지성은, 다음과 같은 유혹을 받는다. 즉 지성이 지성적 존재자—이것은 우리의 감성 밖에 있는 그 어떤 것의 일반이다—에 관한 전혀 규정이 없는 개념을, 지성에 의해서 그 어떤 방식으로 인식할 수 있는 존재자에 관한, 하나의 확정적 개념으로 간주하게 된다는 것이다.

우리가 가상체를, 우리 감성적 직관의 객체가 아니라고 하는 사물—그와 같은 사물에 관한 우리의 직관을 도외시하고—이라고 이해한다면, 그것은 소극적 뜻에서의 가상체이다. 그러나 이것을 비감성적 직관의 객체라고 이해한다면, 우리는 특수한 직관, 즉 지적 직관을 생각하게 된다. 그렇게 되면 이런 지적 직관은 우리에게 속하는 것이 아니며, 그것에 대해서 우리는 그 가능성조차 알 수 없다. 이것은 적극적 뜻으로의 가상체일 것이다.

그런데 감성을 둘러싼 이론은, 동시에 소극적 의미에서의 가상체를 둘러싼 이론이다. 즉 그것은 지성이 우리의 감성에 대한 이 관계를 빼고, 따라서 우리가 단순히 현상으로서가 아니라, 사물 그 자체로서 생각해야 할 사물에 관한 이론이다. 그러나 지성은 이와 같이 사물을 분리해서, 사물 그 자체에 대해서 다음과 같이 이해하는 것이다. 지성은 범주를 사물 자체를 고찰하는 이러한 방식으로 사용할 수는 없다고. 왜냐하면 범주는 시간과 공간에서 직관의 통일에 관계해서만이 의미를 가지며, 범주는 바로 직관의 통일까지도 시간과 공간의 단순한 관념성으로 말미암아 일반적인 결합 관념에 의해서 선험적으로 생각할 수가 있기 때문이다. 이 시간 통일을 찾아볼 수 없는 경우, 곧 가상체인 경우에는 범주의 전반적인 사용은 물론 범주의 모든 의미까지도 완전히 종말을 고하게 된다. 왜냐하면 범주에 대응할 사물의 가능성까지도 전혀 알 수가 없기 때문이다. 이런 점에 대해서는, 앞 장의 일반 주해 첫머리에서 든 것을 참조해 주기 바란다. 그러나 어떤 사물이 가능하다고 하는 것은, 결코 단순히 그 개념이 모순되지 않는다는 것으로 증명되는 것이 아니라, 그 개념에 대응하는 직관을 개념에 충당하는 것으로밖에 증명할 수가 없다. 따라서 우리가 현상으로서는 간주할 수 없는 대상에 범주를 적용하려고 한다면, 우리는 감성적 직관과는 별도의 직관을 바탕에 앉히지 않으면 안 될 것이다. 그 경우 대상은 적극적 의미의 가상체가 될 것이다. 그런데 이와 같은 직관, 즉 지적 직관은 완전히 우리 인식 능력 밖에 있으므로, 범주의 사용도 결코 경험하는 대상의 한계를 넘을 수는 없다. 그리고 감성적 존재자에게는, 물론 지성적 존재가가 대치되고, 우리의 직관 능력이 전혀 관계하지 않는 지성적 존재자도 존재할지도 모른다. 그러나 우리의 지성 개념은 우리의 감성적 직관에 대한 단순한 사고 형식이기 때문에 이들 지성적 존재자에는 조금도 미치지 않는다. 따라서 우리가 가상체라고 부른 것은, 이와 같은 단순히 소극적인 의미의 가상체라고 해석해야만 할 것이다.[34]

내가 경험적 인식으로부터 모든 생각(범주에 의한)을 제거한다면, 그 뒤에는 아무런 대상의 인식도 남지 않는다. 왜냐하면 단순한 직관으로는 아무것도 생각할 수 없기 때문이며, 내 안에 이 감성의 촉발이 있다고 해서, 그와 같은 관념이 그 어떤 객체와 관계를 가지는 결과로는 이어지지 않기 때문이다. 그러나 그것에 대해서 내가 모든 직관을 제거해도, 사고의 형식은 남는다. 즉 가능한 직관이 다양한 대상을 규정하는 방식은 남는다. 그렇기 때문에 만약에 그렇다고 한다면, 범주는 감성적 직관보다도 훨씬 멀리에까지 미치고 있다. 왜냐하면 범주는 객체가 주어지기 위한 특별한 방법(감성)을 차치해 두고라도, 객체 일반을 생각하기 때문이다. 그러나 범주는 그것으로 보다 관대한 대상의 영역을 규정하는 것은 아니다. 그와 같은 대상이 주어진다고 하는 것은, 감성적 직관의 방식 이외의 방식이 가능하다는 점을 전제로 하지 않으면 생각할 수가 없기 때문이다. 그런데 우리에게는 그와 같은 권한은 없는 것이다.

모순을 포함하지 않는 한 개의 개념이 있고, 그것이 주어진 여러 개념과 경계를 이루면서도 다른 인식과 관련을 가지되, 그 객관적 실재성이 아무래도 인식되지 않을 경우, 나는 그와 같은 개념을 개연적 개념이라고 한다. 가상체의 개념, 곧 전적으로 감각의 대상으로서가 아니라 사물 그 자체로서 (순수지성만에 의해서) 생각해야 할 사물의 개념은 전혀 모순되는 점이 없다. 왜냐하면 감성

---

34) 제1판에서는, '그럼에도 불구하고……'에서 '이와 같은 단순히 소극적 가상체로 해석해야만 할 것이다'에 이르는 네 단락 대신에 다음 서술로 이어진다.

이 직관의 유일한 방식이라고 단언할 수 없기 때문이다. 또 이 개념은 감성적 직관을 사물 그 자체까지 신장시키지 않기 위해, 따라서 감성적 인식의 객관적 타당성을 제한하기 위해 필연적이다(왜냐하면 감성적 직관이 미치지 않는 나머지 것이 가상체라고 불리는 것은, 감성적 인식이 자기 영역은 지성이 생각하는 모든 것까지 미치는 것이 아니라는 사실을 나타내기 때문이다). 하지만 이와 같은 가상체의 가능성은, 결국은 구명할 수 있는 것은 전혀 아니다. 그리고 현상 영역 밖의 외연(外延)은 (우리에게는) 공허하다. 즉 우리는 개연적으로는, 감성적 직관보다는 훨씬 멀리까지 미치는 지성을 가지고 있다. 그러나 우리는 어느 가능한 직관에 의해서 감성의 영역 밖에서 대상이 주어지고, 지성이 감성을 넘어서 필연적으로 사용될 수 있는, 그와 같은 직관은커녕 그것에 관한 개념까지도 가지고 있지 않은 것이다. 그렇기 때문에 가상체라고 하는 개념은, 감성의 월권을 제한하기 위한 단순한 한계 개념에 지나지 않고, 따라서 단순히 소극적으로 사용될 뿐이다. 그럼에도 불구하고 이 개념은 자의적으로 날조된 것이 아니라, 감성의 제한과 관련되어 있다. 그러나 그렇다고 해서 감성의 범위 밖에 무엇인가 적극적인 것이 설정될 수 있다는 것은 아니다.

그러므로 개념은 물론 감성적 개념과 예지적 개념으로 구분할 수도 있지만, 대상을 현상체와 가상체로 구별하고, 또 세계를 감각계와 지성계로 구분한다는 것은 적극적 의미에서는 허용될 수가 없다. 왜냐하면 우리는 예지적 개념에 대응하는 대상을 확인할 수가 없고, 따라서 예지적 개념이 객관적으로 통용된다고 주장할 수도 없기 때문이다. 만약에 우리가 감각을 일탈한다면 우리는 다음과 같은 일을 어떻게 설명하려고 할까? 즉 우리의 범주(이것은 가상체에 남겨진 유일한 개념일 것이다)가 불완전하면서도 무엇인가 의미를 갖는 것은 그 어떤 대상에 대한 범주의 관계에, 단순히 사고의 통일 이상의 것이, 곧 범주가 적용될 수 있는 가능한 직관이 주어져 있지 않으면 안 되기 때문이다. 단순히 개연적으로 이해된 가상체의 개념은, 그럼에도 불구하고 단지 용인되는 데에 그치지 않고, 감성을 제한하는 개념으로서도 불가피하다. 다시 말해 그와 같은 지성은 범주에 의해서 논증적으로가 아니라, 비감성적 직관에서 직관적으로 대상을 인식하는 것이 의문인 것이다. 그 경우 가상체는 우리의 지성에 대한 특수한 예지적 대상이라서가 아니라, 오히려 가상체가 속하는 것으로 되어 있는 지성 자신이 의문인 것이다. 즉 그와 같은 지성은 범주에 의해서 논증적으로가 아니라, 비감성적 직관에 의해 직관적으로 대상을 인식한다는 것이 의문인 것이다. 우리는, 그와 같은 지식의 가능성이 어떠한 것인지에 대해서는 조금도 생각에 떠올릴 수 없다. 그런데 그와 같이 해서 우리의 지성은 소극적인 확장을 본다. 곧 우리의 지성은 감성에 의해서 제한되지 않고, 오히려 지성 그 자체(현상이라고 여겨지지 않는)를 가상체라고 부름으로써 감성을 제한하는 것이다. 그러나 지성은 가상체가 범주에 의해서는 인식되지 않고, 따라서 그것은 알지 못하는 그 무엇이라고 하는 명칭으로밖에 생각할 수 없는 것이라고 해서, 자신에게 즉각 한계를 설정하는 것이다.

하지만 최근 사람들의 책 속에서 감성계와 예지계라고 하는 표현[35]이 이전의 뜻으로부터는 전혀 동떨어져 아주 다르게 쓰이는 것을 볼 수가 있다. 거기에는 물론 난해할 것은 없다고 하지만, 공허한 말장난에 지나지 않는 것들이다. 그 사용법에 의하면, 현상의 총체를 직관되는 한에서는 감각계라 부르고, 이에 반해 현상의 맥락이 보편적 지성 법칙에 의해 생각할 수 있는 한에서는 같은 현상의 총체를 지성계라고 부른다는 것이 일부 사람들에게 받아들여지고 있다. 별하늘의 단순한 관측을 논한 이론적 천문학은, 지금 말한 제1의 세계를 제시할 것이다. 이에 대해서 관상적(觀想的) 천문학(코페르니쿠스의 우주 체계, 또는 뉴턴의 인력법칙에 의해 서명하는)은 제2의 세계를, 곧 예지계를 나타낼 것이다. 그러나 이와 같은 언어의 왜곡은 세계의 뜻을 애매하게 함으로써, 귀찮은 문제를 비켜가기 위한 단순한 소피스트 핑계에 불과하다. 현상에 대해서는 물론 지성과 이성이 필요하다. 하지만 대상이 현상이 아닌(가상체) 경우에도, 지성과 이성이 나름대로 사용되는가 하는 의문이 생긴다. 대상이 그 자체로서 단순히 예지적인 것으로, 즉 지성에게만 주어지고 감각에는 전혀 주어지지 않은 것이라고 여겨질 경우에는 우리는 대상의 이 뜻을 생각하는 것이다. 그렇기 때문에 문제는 다음과 같이 된다. 지성의 경험적 사용(우주 구조의 뉴턴적 관념에 있어서까지

---

35) 이 표현 대신에, 독일어의 저술에서 흔히 이루어지는 것처럼 지적 세계라는 표현을 사용해서는 안 된다. 왜냐하면 지성적이냐 감각적이냐 하는 것은, 인식에 관해서만 말할 수 있는 것이기 때문이다. 이에 비해 그 어떤 직관 양식의 대상일 수밖에 없는 것─따라서 객체─은 (듣기는 딱딱하지만) 예지적 또는 감성적이라고 불러야만 할 것이다.

도) 이외에, 대상으로서의 가상체로 돌려지는 초월적 사용이 가능한가 하는 것이다. 이 물음에 우리는 부정적으로 대답한 것이다.

따라서 우리가 감각은 대상을 나타난 그대로 우리에게 보이는 데 비하여 지성은 그것을 있는 그대로 보인다고 할 때, 후자는 초월적 의미에서가 아니라, 단순히 경험적 의미로 받아들일 수가 있다. 즉 대상이 경험의 대상으로서 현상의 일관된 맥락 안에서 제시되어야 하며, 가능한 경험과의 관계를 떠나서 감각 일반에 관계 없이 동시에 순수지성으로서 우리에게 나타나는 것이라고 해석해서는 안 되는 것이다. 왜냐하면 그와 같은 일은 우리로서는 모르는 채로 있을 것이기 때문이다. 뿐만 아니라 이와 같은 초월적(비감성적) 인식이 본디 가능한지 어떤지, 적어도 우리가 범주에 따르는 인식으로서도 가능한지 어떤지도 모르는 상태로 있을 것이기 때문이다. 우리로서는 지성과 감성은 서로 결부되어서만 대상을 규정할 수가 있는 것이다. 이들을 분리하면, 우리가 손에 쥐는 것은 개념을 가지지 않는 직관이나, 직관을 가지지 않는 개념, 그 어느 쪽이다. 그러나 그 어느 경우에도 우리가 손에 넣는 것은, 특정한 대상에 관계지울 수 없는 관념이다.

이상의 해설을 모두 끝마친 뒤에도, 아직도 범주의 단순한 초월적 사용을 단념하는 데에 미련을 갖는 사람이 있다면, 범주의 종합적 주장을 일단 시험해 보는 것이 좋을 것이다. 왜냐하면 분석적 주장은 지성을 이 이상 주지하는 일을 하지 않기 때문이다. 또 지성은 개념에서 이미 생각하고 있는 것에만 전념하므로, 지성은 개념 그 자체가 대상에 관계하는지 어떤지, 또는 그것이 사고의 통일(이것은 대상이 주어지는 방식을 전적으로 도외시한다)만을 의미할 뿐인가 하는 것을 미결인 채 남겨두기 때문이다. 지성은 자기 개념 안에 있는 것을 알지만 하면 되며, 개념 자체가 무엇에 관계하는가는 상관없는 일이다. 그러므로 그는 이것을 다음과 같은 종합적이고 나름대로 생각한 초월적 원칙으로 시험해 보면 좋을 것이다. '현실적으로 존재하는 것은 모두 실체로서, 또는 실제에 의존하는 규정으로서 존재한다.' '우연적인 것은 모두 다른 사물의, 즉 원인의 결과로서 실제로 존재한다.' 등등. 그런데 나는 여기서 다음과 같이 묻겠다. 개념이 가능한 경험에 관계하지 않고, 사물 자체(가상체)에 적용되어야 하는 것이라고 한다면, 지성은 이들 원칙을 어디에서 가져오려고 하는 것일까? 종합적 명제에서 논리적(분석적) 유사성을 가지지 않는 개념들을 결부시키기 위해, 종합적 명제에 언제나 필요하게 되는 제3자(매개자)는 어디에 있는 것일까? 경험적 지성 사용을 무시하고서는, 그와 함께 감각에서 해방된 순수한 판단을 완전히 단념하지 않고서는, 지성은 자기 개념을 도저히 증명할 수가 없을 것이다. 그 이상으로, 지성은 이와 같은 순수한 주장의 가능성을 둘러싸고, 자신을 변명할 수도 없을 것이다. 그래서 순수하고 예지적인 것에 지나지 않은 대상의 개념은, 적용할 수 있는 일체의 원칙을 전혀 가지고 있지 않다. 왜냐하면 우리는 그와 같은 대상이 주어지는 방식을 생각해 낼 수가 없기 때문이다. 또 그와 같은 대상의 여지를 남기는 개연적인 생각은, 공허한 공간처럼 경험적 원칙을 제한하는 데에 유용할 뿐이기 때문이다. 그러나 그와 같은 생각이라 할지라도, 인식의 다른 그 어떤 객체—경험적 원칙의 영역 밖에—를 안에 포함하고 있는 것도 아니고, 그것을 제시하지도 않는다.

부록

경험적 지성 사용을 초월적 지성 사용과 혼동함으로써 생기는 반성 개념의 모호성에 대해서

'반성'이란, 직접 대상의 개념을 얻기 위해서 대상 그 자체와 관계하는 것이 아니라, 우리가 개념에 다다를 수 있는 주관적 조건을 찾아내기 위해 가장 먼저 준비하는 마음의 상태를 말한다. 그것은 우리의 여러 가지 인식 원천에 대한, 주어진 관념의 관계를 의식하는 일이다. 주어진 관념끼리의 관계는, 이 의식에 의해서만 올바르게 규정될 수 있다. 우리의 관념에 대해 자세히 논하기 전에 제기해야 할 첫째 문제는, 이들 관념이 어느 인식능력에서 짝을 이루고 있는가이다. 이들 관념이 결부되기도 하고, 비교되기도 하는 것은 지성에 의해서일까? 그렇지 않으면, 감각에 의해서일까? 판단에는 습관으로 받거나 기호에 의해 결부된 것이 있다. 그러나 여기에 반성이 선행되지 않거나, 적어도 반성으로부터 비판적으로 가져와진 것이 아니기 때문에, 그와 같은 판단은 지성에 기원을 의존하는 것으로 통용되고 있다. 모든 판단이 검토를, 즉 진리의 근거에 대한 조사를 필요로 하지는 않는다. 왜냐하면 '두 점 사이에 직선은 하나밖에 없다'와

같이 판단이 직접 확실할 경우에는, 그 판단에 대해서 판단 자신이 말하는 것보다도 자상한 진리의 표지를 제공할 수가 없기 때문이다. 그러나 모든 판단은 물론 모든 비교에는 반성이 필요하다. 다시 말해 주어진 개념이 어느 인식능력에 속하는가를 구분할 필요가 있다. 관념 일반의 비교를 인식능력—거기에서 비교가 이루어진다—에 결부시키는 작용, 따라서 관념이 순수지성에 속하는 것으로서 비교되는가, 그렇지 않으면 감성적 직관에 속하는 것으로서 비교되는가를 구분하는 작용, 그것을 나는 초월적 반성이라고 부른다. 관념이 마음의 상태에서 서로 짝을 이룰 수 있는 관계라고 하면, 동일성과 차이성, 일치와 대립, 내적인 것과 외적인 것, 그리고 마지막으로 규정되는 것과 규정 작용(자료와 형식)의 관계이다. 이 관계를 올바르게 규정한다는 것은, 이들이 어떤 인식능력에서 주관적으로 짝을 이루고 있는가에 입각한다. 즉 감성에서인가, 그렇지 않으면 지성에서인가 하는 것이다. 왜냐하면 인식능력의 차이에 따라 이 관계의 규정을 생각해야 할 것인가의 방식은 크게 달라지기 때문이다.

우리는 객관적 판단을 내리기에 앞서서 개념을 비교한다. 전칭판단을 얻기 위해 동일성(하나의 개념 아래에 포괄된 많은 관념의)에, 또는 특칭판단을 낳기 위해 차이성에, 긍정판단을 위해 일치성에, 그리고 부정판단을 위해 대립성에 이르게 된다. 이와 같은 이유로 해서, 우리는 지금 든 개념을 비교 개념이라고 부를 수 있다. 그러나 논리적 형식이 아니라 개념의 내용이 문제될 경우, 곧 사물 그 자체가 같은가 다른가, 일치하는가 대립하는가 등등이 문제가 될 경우 사물은 인식능력에 대해, 감성에 대한 것과 지성에 대한 두 가지 관계를 지닌다. 하지만 개념이 대립하는 방식은, 개념이 속하는 장소에 달려 있다. 그래서 초월적 반성, 즉 지금 든 어느 쪽인가의 인식 방식에 대한 주어진 관념의 관계만이, 관념 상호의 관계를 규정할 수가 있을 것이다. 그리고 사물이 같은가 다른가, 일치하는가 대립하는가 등등은 관념 자체로부터는 비교에 의해서 바로 해결할 수 있는 것이 아니다. 그렇지 않고 그것은 개념이 속하는 인식의 방식을 구별함으로써, 초월적 반성을 매개로 해서 비로소 해결할 수 있는 것이다. 그러므로 분명히 논리적 반성은 단순한 비교라고 말할 수는 있다. 왜냐하면 여기에서는 주어진 관념이 속하는 인식능력은 완전히 제외되고, 따라서 주어진 관념이 마음에서 생기는 것인 한 모든 것은 동일하게 취급되어야 할 것이기 때문이다. 그러나 초월적 반성(이것은 대상 자체에 관계한다)은 관념끼리를 객관적으로 비교하는 가능성의 근거를 포함하고 있다. 그러므로 그것은 논리적 반성과는 크게 다르다. 왜냐하면 관념이 속하는 인식능력은 동일하다고는 말할 수 없기 때문이다. 이런 초월적 반성은 사물에 대해서 무엇인가를 선험적으로 판단하려고 할 때, 어느 누구도 포기할 수 없는 의무이다. 지금 우리는 초월적 반성에 착수하려 하고 있다. 우리는 거기에서 지성 본디의 일을 규정하기 위해 적지 않은 빛을 끌어낼 수가 있을 것이다.

(1) 동일성과 상이성. 어떤 대상이 여러 차례, 더욱이 그때마다 동일한 내적 규정(성질과 분량)을 가지고 우리에게 제시된다고 하자. 그 경우 그 대상은—그것이 순수지성의 대상으로 인정된다고 한다면—언제나 동일한 대상이며, 많은 대상이 아니라 단 하나의 사물(수적 동일성)이다. 그러나 대상이 현상이라고 한다면, 개념의 비교는 전혀 문제되지 않는다. 그렇지 않고 비록 모두가 개념에 대해서 동일하다고 해도, 이 현상이 동시에 차지하는 장소의 차이는, 대상(감각의) 그 자체의 수적 차이성의 충분한 근거가 된다. 그렇다고 한다면 우리는 두 물방울에서 (성질과 분량의) 내적 차이성을 모두 무시할 수 있다. 그리고 이들이 수적으로 다르다고 보기 위해서는, 이들이 서로 다른 장소에서 동시에 직관된다는 사실로 충분하다. 라이프니츠는 현상을 사물 자체로 보았고, 따라서 그것을 순수지성의 대상인 예지체라고 생각했다(하기야 그는 대상의 관념이 혼란해 있기 때문에 대상을 현상체라고 이름 붙이기는 했지만). 거기에서는 그가 말하는 식별 불가능한 것에 대한 명제(식별 불가능한 것은 동일하다는 원리)인 동일성의 원리는 물론 다툼의 여지가 없었다. 그러나 현상은 감성의 대상이며, 지성은 그 대상에 대해서 순수하게가 아니라 단지 경험적으로 사용될 뿐이다. 따라서 이들 대상의 다수성과 수적 차이성은, 이미 외적 현상의 조건이 공간에 제시된다. 왜냐하면 공간의 일부분은 아무리 다른 부분과 완전히 닮아서 같은 것처럼 보여도, 다른 부분의 밖에 있고, 바로 그것으로 인해 다른 것과 다른 부분이기 때문이다. 이 일부분이 다른 부분에 덧붙여져, 보다 큰 공간을 이룬다. 그렇기 때문에 이런 상황은 공간의 여러 곳에 동시에 존재하는 모든 것에—그것이 아무리 다른 것과 닮아서 같은 것처럼 보여도—타당하지 않으면 안 된다.

(2) 일치와 대립. 실재성이 단순히 순수지성에 의해서만 제시될 경우에는(가

상적 실재성) 실재성 간의 대립은 생각할 수가 없다. 즉 '3—3=0'의 식에서처럼, 하나의 주체 속에 결합되어서 서로 그 결과를 상쇄하는 관계는 생각될 수가 없는 것이다. 이에 반해 현상에서 실재적인 것(현상적 실재)은 실제로 서로 대립하여, 동일한 주어에서 합일하여, 한쪽이 다른 한쪽의 결과를 모두, 또는 부분적으로 부정할 수 있다. 예를 들면 동일한 직선 위에서 두 개의 운동력이 하나의 점을 서로 반대 방향으로 끌어당기거나 밀어붙이는 것처럼, 또는 즐거움이 고통과 균형을 유지하는 것처럼.

(3) 내적인 것과 외적인 것. 순수지성의 대상에서는, 자기와 다른 어떤 것과도 관계(현실적 존재에 대해서)를 가지지 않는 것만이 내적이다. 이에 반해 공간에서의 현상적 실체의 내적 규정은 관계 바로 그것이다. 그리고 현상적 실체 전체는, 모든 관계의 총체이다. 우리가 공간에서 실체를 아는 것은, 공간에서 작용하는 힘을 통해서뿐이다. 즉 실체에 다른 실체를 끌어당기는 힘(인력)을 통해서이든가, 그렇지 않으면 실체에 다른 실체가 침입하는 것을 방해하는 힘(반발력과 불가입성)을 통해서이다. 우리는 공간 속에 현상하는 것으로서 우리가 물질이라고 부르는 실체의 개념을 형성하는 그 밖의 성질은 알 수가 없다. 이에 반해 순수지성의 객체로서 실체는 어느 것이나 그 내적 규정과 내적 실재성에 관계하는 힘을 가지지 않으면 안 된다. 그러나 나는 내적 우유성(偶有性)으로서, 나의 내적 감각기관이 나에게 주는 우유성 말고 어떠한 우유성을 생각할 수가 있단 말인가? 즉 그 자체가 사고로서 있는 것인가, 또는 사고와 유사한 것 이외에 어떠한 우유성을 생각할 수가 있는가? 그렇기 때문에 라이프니츠는 모든 실체를, 또 물질의 구성 요소까지도 관념 능력이 주어진 단순한 주체로, 한마디로 말하자면 단자(單子)로 만들어 낸 것이다. 왜냐하면 그는 실체를 가상체로 이해했기 때문이며, 또 그가 머릿속에서 물질의 구성 요소부터 외적 관계를 의미하게 될 모든 것을, 곧 합성을 제거했기 때문이다.

(4) 질료와 형식. 이들은 다른 반성의 바탕에 둘 수 있는 두 개의 개념이다. 그 정도로, 이들은 지성의 모든 사용과 불가분하게 결부되어 있다. 질료는 규정되는 것 일반을 의미하며, 형식은 그 규정 작용을 의미한다(둘 다 초월적 의미에서 그렇다. 왜냐하면 주어진 모든 것의 차이와, 그것이 규정되는 방식은 무시되기 때문이다). 이전에 논리학자는 일반적인 것을 자료라 부르고, 특수한 차이를 형식이

라고 불렀다. 어느 판단에서도 주어진 개념을 논리적 질료(판단을 위한)라 부르고, 개념의 관계(연결사를 매개로 하여)를 판단의 형식이라고 부를 수 있다. 어떠한 존재물에 있어서나, 그 구성 요소는 질료이다. 그 구성 요소가 하나의 사물에서 결부되어 있는 방식은, 본질적 형식이다. 사물 일반에 대해서도 무제한적 실재성은 모든 가능성의 질료로 간주되는 데 반해, 실재성의 제한(부정성)은 사물이 초월적 개념에 따라 다른 사물과 구별되는 형식으로 간주되었다. 다시 말해 지성은 우선 무엇인가를 어떤 방식으로 규정하기 위해, 그 무엇인가가 주어져야 한다(적어도 개념에서). 그러므로 순수지성의 개념에서는 질료가 형식에 앞서 존재하고 있다. 그래서 라이프니츠는 가장 먼저 사물(단자)을 생각하고, 내적으로 관념 능력을 생각한 것이다. 그것은 사물의 외적 관계와 사물의 상태(즉 관념)의 상호작용에 기초를 부여하기 위해서이다. 이렇게 하여 공간은 실체 사이의 관계에 의해서, 시간은 어떤 실체가 다른 실체를 규정한다고 하는 원인과 결과의 결합에 의해서 공간과 시간이 가능해졌다. 만일 순수지성이 대상에 직접 관계할 수가 있다면, 또 시간과 공간이 사물 자체의 규정이었다고 한다면 실제로 그러했을 것이다. 그러나 우리가 모든 대상을 현상으로서 규정하는 것은 오직 감성적 직관에서만이라고 한다면, 직관의 형식(감성의 주관적 성질로서)은 모든 질료(감각 내용)에 앞선다. 따라서 시간과 공간은 모든 현상과 경험의 모든 자료들에 앞서서, 이들을 비로소 가능하게 하는 것이 된다. 형식이 사물 그 자체에 앞서서 이들 사물의 가능성을 규정해야 한다는 것은 주지주의의 철학자 라이프니츠로서 참을 수 없는 일이었다. 그가, 우리는 사물을 있는 그대로(혼란된 관념에 의해서이기는 하지만) 직관한다고 생각한 것은, 전적으로 현명한 판정이었다. 그러나 감성적 직관은 모든 지각의 바탕에 선험적으로 있는 전혀 특수한 주관적 조건이며, 그 형식은 근원적이다. 그러므로 형식은 그 자체로서 주어져 있다. 질료(또는 현상하는 사물 자체)가 그 형식의 바탕에 있어야 한다(우리가 단순한 개념에 따라 판단하지 않으면 안 되는 경우와 같이)고 하는 것은 큰 잘못으로, 오히려 질료가 가능하기 위해서는 형식적 직관(시간과 공간)이 주어진 것으로서 전제된다.

반성 개념의 모호성에 대한 주석

우리는 어떤 개념에 감성이나 순수지성 안에서 장소를 할당하는데, 그 장소를 초월적 장소라고 부르고자 한다. 이와 같이 순수지성의 서로 다른 사용에 의한 각 개념에 어울리는 이 위치를 판정하는 일과, 모든 개념에 이 장소를 지정하기 위한 규칙을 지시하는 일은, 초월적 장소론이 될 것이다. 그것은 개념이 본디 어느 인식능력에 속하는가를 구별하면서, 순수지성의 횡령과, 거기에서 생기는 현혹을 철저하게 방지하는 이론이다. 모든 개념, 많은 인식이 속하는 모든 항목을 논리적 장소라고 부를 수 있다. 아리스토텔레스의 논리적 입증론은 이것에 기초를 두고 있다. 학교 교사나 연설가는 그것을 사고의 모든 항목 가운데에서, 또 그 주제에 대해서까지도 이론이 정연하게 궤변을 논하거나 언어를 다하여 지껄이기 위해서 사용할 수가 있었다.

이에 반해 초월적 장소론은 앞서 든 네 가지 말고는, 모든 비교와 구별의 항목을 포함하고 있지 않다. 이들 네 항목은, 대상의 개념을 이루는 것(분량, 실재성)에 따라서 대상이 아니라 단지 사물의 개념 비교만이 모든 다양성을 표현한다는 점에서 범주와 구별된다. 그러나 이 비교는 먼저 반성을 필요로 한다. 즉 비교되는 사물의 개념이 속하는 장소를, 다시 말해 그 관념은 지성이 생각하는 것인가, 그렇지 않으면 감성이 현상에서 주는 것인가, 그것을 확정할 필요가 있는 것이다.

개념은 논리적으로 비교될 수 있다. 그때 개념의 객체가 어디에 속하는가, 가상체로서 지성에 대한 객체인가, 그렇지 않으면 현상체로서 감성에 대한 객체인가는 고려할 필요는 없다. 하지만 우리가 이런 개념을 가지고 대상에 관여하려고 할 때에는, 먼저 객체는 어느 인식능력에 대한 대상이어야 하는가, 지성에 대해서인가, 그렇지 않으면 감성에 대해서인가, 이에 대하여 초월적 반성이 필요하다. 이런 반성 없이는, 나는 이들 개념을 사용하는 일에 매우 자신이 없게 되어 지레짐작한 종합적 원칙이 생기게 된다. 그와 같은 원칙은 비판적 이성이 승인할 수 있는 것이 아니고, 다만 전적으로 선험적 다의성, 즉 순수한 지성의 대상과 현상과의 혼동에 기인한 잘못된 종합적 원칙이 생겨날 것이다.

유명한 라이프니츠는 이와 같은 초월적 장소론이 결여되었기 때문에, 따라서 반성 개념의 애매함에 속아 세계의 지적 체계를 구축했다. 그는 모든 대상을, 지성과 그 사고의 추상적인 형식적 개념과 비교함으로써, 사물의 내적 상태를 인식할 수 있다고 생각한 것이다. 반성 개념에 대한 우리의 표(表)는 뜻하지 않은 이익을 가져다준다. 그것은 라이프니츠 학설의 모든 부분에서 그 특이점과, 동시에 오해에 근거한 그 독특한 사유법의 원인을 보여주는 일이다. 그는 모든 사물을 다만 개념에 의해서 서로 비교함으로써, 당연한 일이지만 지성이 그의 순수개념들을 서로 구별하는 것 이외의 상이성을 찾아낼 수는 없었다. 그는 감성적 직관의 조건—그것은 감성적 직관의 독자적 차이를 지니고 있다—을 근원적인 것으로 보지 않았다. 왜냐하면 감성은 그에게 있어 단지 혼란된 관념 양식에 지나지 않으며, 관념의 특별한 원천은 아니었기 때문이다. 그에게는, 현상은 사물 그 자체였던 것이다. 논리적 형식이라는 면에서 지성에 의한 인식과 구별되기는 하지만, 그 일에는 변함이 없었다. 왜냐하면 결국 감성은 평소에는 분석이 결여되어 있기 때문에, 부차적 관념의 어떤 혼란을 사물의 개념 안에 초래하기 때문이다. 지성은 이 부차적 관념을 개념에서 분리하는 일을 알고 있다. 한마디로 말하면 라이프니츠는 현상을 지성화한 것이다. 그것은 마치 로크가 개념적 발생론(이와 같은 표현이 허용된다고 하면)의 체계에 의해서 지성 개념을 모조리 감각화하여, 경험적 반성 개념 또는 추상된 반성 개념만을 주장한 것과 같았다. 지성과 감성은 서로 결합됨으로써 비로소, 사물에 대해서 객관적으로 통용하는 판단을 내릴 수가 있는 것이다. 그러나 이 위대한 인물 그 누구도 지성과 감성에, 관념이 전혀 다른 두 가지 원천을 구하지 않고 한 가지만 고집했다. 그들은 그것을 각각 임의로, 사물 자체에 직접적으로 관계하는 것이라고 생각했으며, 한 원천은 다른 원천으로부터의 관념을 혼란시키거나, 또는 질서를 줄 뿐이라고 생각했다.

이렇게 해서 라이프니츠는 감각의 대상을, 사물 일반으로 보고 지성 안에서만 서로를 비교했다.

그것은 첫째로, 대상이 지성에 의해서 동일한 것 또는 상이한 것으로 판단되어야만 하는 한에서 비교되었다. 따라서 그는 오로지 대상의 개념만을 염두에 두고, 대상이 주어질 수 있는 것은 직관에서뿐인데 그 직관에서의 개념의 장소에는 주목하지 않았다. 그리고 이들 개념의 초월적 장소(대상이 현상에 속해야 할 것인지, 그렇지 않으면 사물 자체에 속해야 할 것인지 하는)에는 전혀 주의를 기울이지 않았다. 그러했기 때문에, 그 결과를 보면, 다음과 같이 되지 않을 수가 없었다. 즉 그는 사물 일반의 개념에밖에 해당되지 않는 식별 불가능한 것에 대한 원칙을 감각(현상계)의 대상에까지 확대하여, 이에 의해서 자연 인식을 적지 않게 확장했다고 생각한 것이다. 물론 내가 한 방울의 물을 그 모든 내적 규정에 대해서 사물 그 자체로서 알 경우, 그 물방울의 전체 개념이 다른 물방울과 같다면, 그것은 단지 지성 안(개념 아래에)이 아닌, 감성적·외적 직관 안에(공간 안에) 장소를 차지한다. 거기에서는, 물리적 장소는 사물의 내적 규정이라고 하는 점에서는 전혀 문제가 되지 않는다. 하나의 장소 a는 장소 b에 있는 다른 사물과 완전히 닮아서 똑같은 사물도, 내적으로 매우 다른 사물도 받아들일 수가 있다. 장소의 차이는 그 이상의 조건이 없어도, 이미 현상으로서의 대상의 다수성으로서 구별이 가능하게 할 뿐만 아니라 또한 필연적이게 한다. 그렇기 때문에 식별 불가능한 것에 대한 표면상의 법칙은, 자연의 법칙이 아니다. 그것은 단지 분석적 규칙, 또는 단순한 개념에 의한 사물의 비교에 지나지 않는다.

둘째로, '실재성(단순한 긍정으로서의)은 결코 논리적으로 서로 대립하지 않는다'는 원칙이다. 이 원칙은, 개념과의 관계에서 보자면 지당한 명제이다. 그러나 그것은 자연에 대해서도, 사물 그 자체(그것에 대해서는 우리는 그 어떤 개념도 가지지 않는다)에 대해서도 아무런 뜻도 가지지 않는다. 왜냐하면 A—B=0이라고 하는 실재적 대립, 즉 어떤 실재성이 다른 실재성과 하나의 주어에서 결합하여, 한쪽이 다른 쪽 결과를 상쇄하는 사례가 되는 곳에서 일어나고 있기 때문이다. 자연에서의 모든 장해와 반작용은 언제나 그것을 이야기하고 있다. 그럼에도 불구하고 이것들은 힘에 입각해 있기 때문에, 현상적 실재라고 불러야 할 것이다. 게다가 일반 역학은 이 대립의 경험적 조건을 방향의 대립에 착안해서, 하나의 선험적 규칙으로서 들 수가 있다. 그와 같은 조건은 실재성의 초월적 개념에 의해서는 전혀 설명될 수 없는 것이다. 라이프니츠는 이 명제를 새로운 원칙으로서 과시하려고는 하지 않았지만, 새로운 주장을 위해 사용하고 있었다. 그리고 그의 계승자들은 그것을 라이프니츠—볼프 철학의 체계 속에 분명히 기록했다. 이 원칙에 의하면 모든 악은 창조의 제한적 귀결, 즉 부정성의 단결이다. 왜냐하면 부정성은 실재성의 유일한 대립자이기 때문이다(사물 일반의 단순한 개념에서는 사실 그와 같지만, 현상으로서의 사물에서는 그렇지 않다). 마찬가지로 이 원칙의 신봉자들은, 모든 실재성을 하나의 존재자에서 합일하게 하는 것은 가능한 일일 뿐만 아니라 또한 당연한 일이라고 생각했다. 왜냐하면 그들은 모순 대립(이것에 의해 사물의 개념 그 자체가 폐기된다) 이외의 대립을 모르고, 어떤 실재 근거가 다른 실재 근거의 결과를 상쇄하는, 상호의 손상이라고 하는 대립을 모르기 때문이다. 이와 같은 대립을 생각하기 위한 조건은 감성에서만 찾아볼 수 있다.

셋째로, 라이프니츠의 단자론(單子論)의 근거는 이 철학자가 내적인 것과 외적인 것의 차이를 단지 지성과의 관계에서만 생각한 데에 있다. 실체 일반은 어떤 내적인 것을 가지지 않으면 안 된다. 그렇기 때문에 그 내적인 것은 일체의 모든 외적 관계, 즉 합성과는 아무 관계가 없다. 따라서 단순한 것은 사물 자체의 내적인 것의 기반이다. 그러나 실체 상태의 내적인 것은 장소나 형태, 접촉 또는 운동(이런 규정들은 모두 외적 관계이다)에 있어서도 성립될 수 없다. 그러므로 우리는 내적 상태에 의해서 우리의 감각 자체를 내적으로 규정하지만, 우리는 그와 같은 내적 상태 이외의 것을 실체에 덧붙일 수는 없다. 즉 그것은 관념의 상태이다. 본디 이렇게 해서, 전체 우주의 원소를 이룬다고 하는 단자(單子)는 완성된 것이다. 하지만 그 활동력은 단지 관념에서 성립되는 것이고, 단자는 그 관념에 의해서 본디는 단순히 자기 자신 안에서만 활동하는 것이다.

그러나 바로 그렇기 때문에 여러 실체의 공존 가능한 원리도 예정 조화이어야 하고, 물리적 영향일 수는 없었던 것이다. 왜냐하면 모든 것이 다만 내적으로, 다시 말해 자기 관념에만 관여하므로, 어떤 실체의 관념 상태는 다른 실체의 그것과는 전혀 실효적으로 결합할 수가 없었기 때문이다. 그리고 모든 실체에 영향을 주는 그 어떤 제3의 원인이, 실체의 상태를 서로 대응시키지 않으면 안 되었기 때문이다. 그때마다 하나하나의 사례에서 특별 원조를 동원한 것은 아니라 해도, 모든 실체에 해당되는 원인이라는 이념의 통일에 의해서이다. 이 통일에서, 실체는 모두 그 현실 존재와 고정불변성을, 따라서 보편적 법칙에 의해 서로 상호적 대응을 얻지 않으면 안 된다.

넷째로, 라이프니츠는 시간과 공간에 대한 유명한 학설에서 이들 감성 형식을 지성화했지만, 그 학설은 다만 초월적 반성에 대한 것과 똑같은 오류에서 발생한 것이다. 만일 내가 단순한 지성에 의해서 사물의 외적 관계를 생각에 떠올리려고 한다면, 그것은 사물의 상호작용 개념을 매개로 해서만 생길 수가 있다. 따라서 라이프니츠는 공간을 실체와의 공존에서의 어떤 종류의 질서라 생각하고, 시간을 실체 상태의 역학적 귀결이라고 생각한 것이다. 그는 공간과 시간이 모두 그 자체적으로 가지고 있는 것으로 생각되는 특성, 즉 사물에 의존하지 않는 독립성을 현상 개념의 혼란성 때문이라고 보았다. 따라서 이런 혼란성 때문에 역학적 관계의 고유한 형식(곧 공간 및 시간)이 독자적으로 존재하는 동시에, 사물 자체에 선행하는 직관이라고 생각되기에 이르렀다고 했다. 그러므로 시간과 공간은 사물(실체와 그 상태) 자체를 결합시키는 본질적 형식이었다. 그런데 사물은 본질적 실체(가상적 실체)였다. 그럼에도 불구하고 그는 이런 개념을 현상에도 적용하려고 시도했다. 왜냐하면 그는 감성에 직관의 고유 방식을 인정하지 않고 대상의 모든 관념, 대상의 경험적 관념까지도 지성 안에서 구하고, 감각에는 지성의 관념을 혼란시켜 불구로 만든다는 불명예스러운 일밖에 남기지 않았기 때문이다.

그러나 만일 우리가 사물 자체에 대해서도 순수지성에 의해서 무엇인가를 종합적으로 언명할 수 있다고 한다면, 그와 같은 일은 사물 자체를 나타내는 일이 없는 현상에는 관계될 수 없을 것이다. 따라서 나는 이 경우, 초월적 반성에서 나의 개념을 언제나 감성의 조건 아래에서만 비교하게 될 것이다. 그렇다고 한다면 시간과 공간은 사물 자체의 규정이 아니라, 현상의 규정이 될 것이다. 사물 자체가 무엇인가 하는 것은 내가 알 수 없으며, 또한 알 필요도 없다. 왜냐하면 나에게 사물은 형성으로밖에 나타날 수 없기 때문이다.

나는 나머지 반성 개념도 그와 같이 다룬다. 질료는 현상적 실체이다. 나는 질료에 내적으로 인정되는 것을, 그것이 차지하는 모든 공간 부분과 그것이 미치는 모든 결과 안에서 구한다. 이들은 언제나 외적 감각의 현상일 수밖에 없다. 그러므로 내가 가지는 것은 물론 절대적으로 내적인 어떤 것이 아니라, 다만 외적 관계로 이루어진 상대적으로 내적인 것이다. 그러나 물질의 절대적인 내적인 것 그 자체는, 순수지성으로 보아 단순한 환상이기도 하다. 왜냐하면 환상이 어떠하든 순수지성의 대상이 아니기 때문이다. 하지만 우리가 질료라고 부르는 현상의 근거일지도 모르는 초월적 객체는, 누가 그것에 대해 우리에게 말할 수 있다 해도, 그것이 무엇인가 하는 것을 결코 이해할 수 없는 어떤 것이다. 왜냐하면 우리는 우리의 말(언어)—직관에서—에 대응하는 것만을 이해할 수 있기 때문이다. 만일 '우리가 사물의 내면을 통찰할 수 없다'는 불만이, 우리에게 현상되는 사물이 그 자체적으로 무엇인가 하는 것을 '순수지성에 의해서는 우리가 알 수 없다'라는 것을 의미한다면, 이것은 전혀 부당하며 불합리하다. 왜냐하면 그것은 인간이 감각 없이도 사물을 인식하는 동시에 직관할 수 있어서, 인간적 인식능력과 정도에서뿐만 아니라 직관과 그 방식에서도 전혀 다른 인식능력을 가지고, 우리 자신이 인간이 아니라 그 성질이나 본질, 존재 가능성조차도 설명할 수 있는 존재자일 것을 바라는 것이 되기 때문이다. 현상의 관찰과 분석을 통해 자연의 속 깊숙이 향해 나아간다. 우리는 그것이 언제 끝날지도 모른다는 것을 알지 못하고 있다. 비록 전체 자연이 밝혀졌다고 해도, 자연을 뛰어넘는 초월적 물음에는 대답할 수 없을 것이다. 왜냐하면 우리의 마음을 우리의 내적 감각 이외의 직관에 의해서 관찰하는 기술은 우리에게 전혀 주어져 있지 않기 때문이다. 마음에는 우리 감성의 근원에 대한 비밀이 있으니까 말이다. 감성이 갖는 객체와의 관계와, 이 통일의 초월적 근거는 무엇인가 하는 것이 너무나 깊숙이 숨어 있다는 데에는 의심할 여지가 없다. 그렇기 때문에 우리는 우리 자신까지도 내적 감각으로만, 따라서 현상으로서밖에 알지 못한다. 그러므로 우리는 이와 같은 졸렬한 연구 도구를 언제까지나 현상 이외의 것을 찾아내는 데 사용할 수 없다. 그럼에도 불구하고 우리는 현상의 비감성적 원인을 탐색하고 싶어 한다.

이 비판은 단순한 반성의 작용으로 이루어지는 추리로 돌려지는 것이지만, 이 비판을 더없이 유용하게 만드는 것은 다음과 같은 사실이다. 즉 이 비판은 우리가 단지 지성에서만 비교하는 대상에 대한 추리가 무효라는 것을 명확하게 나타내고, 그와 동시에 우리가 주로 역설해 왔던 것, 곧 비록 현상이 사물 그 자체로서 순수지성의 객체에 포함되어 있지 않아도, 현상은 우리 인식이 객관적 실재성을 얻기 위한, 다시 말해 개념에 직관이 대응하기 위한 유일할 객체라고 하는 점을 확증해 준다.

우리가 단순히 논리적으로 반성한다고 할 때, 우리는 우리의 개념을 단지 지성 안에서 상호적으로 비교할 뿐이다. 두 개의 개념이 동일한 것을 포함하고 있는지 어떤지, 그들이 모순되고 있는지 어떤지, 무엇이 개념에 내적으로 포함되어 있는지 또한 개념에 덧붙여져 있는지, 그리고 둘 중 어느 것이 주어진 것이며 어느 것이 다만 주어진 것을 사유하는 방식으로서만 간주되는지를 고찰한다. 그러나 만일 내가 이들 개념들을, 대상이 감성적 직관의 대상인가, 그렇지 않으면 지적 직관의 대상인가를 더 규정하지 않고서 대상 일반(초월적 의미에서의)에 적용한다면, 곧 이들 개념의 모든 경험적 사용을 역전시키는 제한(이 개념으로부터 뛰어넘는 것이 아니라)이 드러난다. 그리고 그 제한은, 바로 다음과 같은 일을 증명한다. 사물 일반으로서의 대상의 개념은 단지 불충분할 뿐만 아니라, 이 관념의 감성적 규정 없이도 경험적 조건과는 별도로 자기모순적이라는 점이다. 그렇기 때문에 우리는 모든 대상을 무시하든가(논리학에서), 그렇지 않으면 어떤 대상을 생각할 경우 그것을 감성적 직관 아래에서 생각하든가, 그 어느 쪽이라는 것이다. 따라서 예지적인 것은 우리에게는 없는 특수한 직관을 필요로 하지만, 그와 같은 직관을 가지지 않는 우리에게는 그것은 무(無)와 같다는 것이다. 이에 반해 현상은 대상 그 자체일 수는 없다는 것이다. 왜냐하면 내가 단순히 사물 일반을 생각한다고 하면, 외적 관계의 차이는 물론 그 사물 자체의 차이가 되지 않고, 오히려 이것을 전제로 하기 때문이다. 또, 어떤 하나의 사물이 내적으로 다른 사물의 개념과 전혀 구별을 할 수 없다고 한다면, 나는 동일한 사물을 서로 다른 관계에서 정립할 뿐이기 때문이다. 더 나아가 하나의 단순한 긍정(실재성)이 다른 긍정에 덧붙여짐으로써 적극적인 것이 증대되어, 그것으로부터 감소되거나 제거되거나 하지 않는다. 그러므로 사물 일반에서의 실재적인 것은 서로 대립되는 일은 있을 수 없다.

우리가 증명해 보여준 것처럼, 반성의 개념은 어떤 오해에 의해서 지성 사용에 영향을 미치게 된다. 철학자 중에서도 가장 뛰어난 한 사람인 라이프니츠로 하여금 감각기관이 주어지지 않은 상태에서 그 대상을 규정하려고 하는 지적 인식의 잘못된 체계를 세우게 했을 정도였다. 바로 이 때문에 이와 같이 사람들을 현혹케 해서 잘못된 원칙을 이끌어 내도록 하는, 개념의 모호성의 원인을 밝혀내는 것이 지성의 한계를 확실히 규정하고 보증하는 데 매우 커다란 효과를 나타내는 것이다.

우리는 분명히 다음과 같이 말할 수는 있다. 어떤 개념에 전칭적으로 귀속하거나 모순되는 것은, 모든 개념에 포함되어 있는 모든 특수한 것에도 귀속하거나 또는 모순된다고. 그러나 이 논리적 원칙을 다음과 같이 변경한다는 것은 불합리할 것이다. 즉 어느 전칭적 개념에 포함되어 있지 않은 것은, 이 개념 아래에 있는 어떤 특칭적 개념에도 포함되어 있지 않다고. 왜냐하면 특칭적 개념은 전칭적 개념에서 생각할 수 있는 것 이상의 것을 내포하고 있으므로 특칭적 개념이기 때문이다. 그런데 라이프니츠의 지적 체계 전체는, 지금 말한 후자의 원칙 위에 세워졌다. 따라서 그 체계는 원칙과 더불어, 거기에서 생기는 지성 사용에서의 애매성과 더불어 붕괴된다.

식별 불가능한 것에 대한 원칙은, 본디 다음과 같은 전제에 입각하고 있다. 곧 어떤 사물 일반의 개념 안에 특히 차이를 볼 수 없다면, 사물 그 자체 안에서도 차이는 볼 수가 없다. 모든 사물은 완전히 같고(수적으로 동일하다), 이미 이들 개념에서 (성질 또는 분량으로 보아) 서로 구별을 할 수가 없다고. 그러나 그 어떤 사물의 단순한 개념의 경우, 직관의 몇 가지 필연적 조건은 무시되고 있다. 그 때문에 무시되는 것은, 이해할 수 없을 정도로 빨리 그 어디에서도 발견할 수 없는 것으로 받아들여지고, 또 개념에 포함되어 있는 것 말고는 사물에는 허용되지 않는다고 여겨지는 것이다.

내가 1세제곱피트의 공간 개념을 어디에서, 몇 번을 생각한다 하더라도 그 개념은 그 자체로서 전적으로 동일하다. 그러나 공간에서의 두 1세제곱피트는, 장소만으로 구별된다(수적인 차이). 이들 장소는 이 개념의 객체가 주어지기 위한 직관의 조건이며, 이 조건은 개념에 속하지 않는다고는 하지만 오히려 감성 전체에 속한다. 마찬가지로 부정이 긍정과 결합되어 있지 않고, 비록 결합되어 있어도 단순히 긍정적 개념의 아무런 폐기를 가져오지 않는다면 사물의 개념 안에는 전혀 대립은 없다. 그러나 감성적 직관—거기에서 실재성(이를테면 운동)이 주어진다—에서는, 운동 일반의 개념에서 무시되어 있던 조건(반대의 방향)을 찾아볼 수 있다. 그 조건은 물론 단순히 논리적이 아닌 대립을, 즉 진짜 실재적인 것으로부터 0을 가능케 한다. 운동이라고 하는 개념 아래에서는 대립을 볼 수 없다고 해서, 모든 실재성이 서로 일치한다고는 말할 수 없다.[36] 단순한

---

36) 여기서 우리가 적어도 가상적 실재성은 서로 반대해 작용할 수 없다는 흔히 있는 핑계를 내세우려 한다면, 우리는 순수하고 비감성적인 실재에 대해 그런 예증을 들어서 그것에 의해서 그런 실재가 일반적으로 무엇을 표상하는 것인지, 또는 표상하지 못하는지를 명확히 해

개념상으로 보면, 내적인 것은 모든 관계 또는 내적 규정의 기체(基體)이다. 따라서 만일 내가 직관의 모든 제약을 무시하고 오직 사물 일반의 개념에만 의존한다면, 나는 모든 외적 관계를 무시할 수 있다. 그럼에도 불구하고 관계를 전혀 의미하지 않으며, 단순히 내적 규정을 의미하는 것의 개념이 뒤에 남지 않으면 안 된다. 그러면 여기에서 다음과 같은 일이 도출될 수 있다. 즉 어떠한 사물(실체)에는 절대적으로 내적이고 모든 외적인 규정에 앞서는 것이 있다고 하는 것이다. 그와 같은 내적인 것은, 외적 규정을 비로소 가능하게 하기 때문이다. 다시 말해 이 기체는 이미 외적인 관계를 안에 포함하지 않으며, 따라서 단순한 것이다(왜냐하면 물체적 사물은 언제나 관계에 지나지 않고, 여러 부분 상호의 관계에 지나지 않기 때문이다). 우리는 우리의 내적 감각에 의한 규정 말고는 어떤 절대적인 내적 규정도 알고 있지 않기 때문에, 이 기체는 단지 단순할 뿐만 아니라, 관념에 의해서 (우리의 내적 감각과의 비교에 의해서) 규정되어 있다. 즉 모든 사물은 본디 단자이며, 바꿔 말해 관념이 부여된 단순한 존재자일 것이다. 이 단순한 존재자는 모두 나름대로 옳을 것이다. 다만 사물 일반의 개념 이상의 것이, 외적 직관의 대상이 우리에게 주어질 수 있는 유일한 조건에 속하지 않았다면, 또 순수개념이 무시하는 조건에 속하지 않았다면 말이다. 왜냐하면 공간 안의 고정불변한 현상(불가투입적 연장)은 어엿한 관계를 포함할 수가 있으며, 절대적으로 내적인 것을 포함하는 것이 아니고, 그러면서도 모든 외적 지각의 기체일 수가 있기 때문이다. 단순한 개념에 의하는 것만으로는, 나는 내적인 것 없이는 어떤 외적인 것도 사유할 수 없다. 왜냐하면 관계의 개념은 절대적으로 주어진 사물을 전제하며, 이것 없이는 가능하지 않기 때문이다. 그러나 직관 안에는 사물 일반의 단순한 개념에는 없는 그 무엇인가가 포함되어 있다. 그리고 이 무엇인가가, 단순한 개념에 의해서는 인식할 수 없는 기체를, 곧 어엿한 형식적이고 또한 실재적인 관계로 이루어진 공간을 제공한다. 그러므로 나는 다음과 같이 말할 수는 없다. 즉 절대적으로 내적인 것 없이, 단순한 개념에 의해서

야만 할 것이다. 그러나 실례는 경험 이외의 어떤 것으로부터 취할 수 없으며, 또한 이런 경험은 결코 현상 이외의 것을 증명해 보여주지 않는다. 그렇다고 한다면 지금 든 명제는 순전한 긍정만을 포함하는 개념은 어떤 부정도 포함하지 않는다는 것을 의미하는 것일 뿐이며, 이것은 우리가 아직 한 번도 의심한 적이 없는 명제이다.

사물이 제시되는 일은 없으므로, 이 개념에 포함되어 있는 사물 그 자체와 그 직관 안에도, 절대적으로 내적인 것을 바탕에 가지지 않는 외적인 것은 아무것도 없다고. 왜냐하면 직관의 조건을 모두 무시해 버리면, 단순한 개념에서 우리에게 남는 것은 당연히 내적인 것 일반과, 외적인 것을 유일 가능하게 하는 그 관계 이외에는 없기 때문이다. 그러나 추상에만 입각하는 이 필연성은 사물에서는 생기지 않는다. 사물이 내적인 그 무엇인가를 바탕에 가지지 않아도, 단순한 관계를 나타내는 규정을 수반한 직관에서 주어지는 한 그러하다. 사물은 사물 그 자체가 아니라 단지 현상에 지나지 않기 때문이다. 우리가 질료에서 알 수 있는 것은, 단순한 관계이다(우리가 질료의 규정이라고 부르는 것은, 단순히 상대적으로 내적일 뿐이다). 하지만 우리에게 일정한 대상이 주어지는 것은, 관계 중에서도 자존적이고 고정불변한 관계를 통해서이다. 내가 이들 관계를 무시하면 그 이상 아무것도 생각할 것이 없다고 해서, 현상으로서의 사물 개념이 폐기되는 것도 아니고, 추상적 대상의 개념이 폐기되는 것도 아니다. 그러나 단순한 개념으로밖에 규정되지 않는 대상, 즉 사고 대상의 모든 가능성은 폐기된다. 물론 사물은 전적으로 관계들로 성립될 뿐이라는 말을 들으면 사람들은 어리둥절해질 것이다. 그러나 그와 같은 사물은 단순한 현상이기도 하여, 순수한 범주에 의해서는 전혀 생각할 수가 없다. 사물은 그 자체가 감각에 대한 무엇인가 어떤 사물 일반의 단순한 관계로 성립되는 것이다. 마찬가지로 단순한 개념을 출발점으로 삼는다면, 우리는 추상적 사물의 관계를, 하나의 사물이 다른 사물에서의 규정의 원인이라고밖에는 생각할 수가 없다. 왜냐하면 그것이 관계 그 자체에 대한 우리의 지성 개념이기 때문이다. 하지만 그런 경우 모든 직관은 제외되기 때문에 다양한 것이 서로 각자의 장소를 규정할 수 있는 방식은, 즉 감성의 형식(공간)은 모두 탈락된다. 그러나 장소는 모든 경험적 인과성에 선행하는 것이다.

만일 우리가 단순한 예지적 대상을 순수 범주에 의해서―감성의 도식을 일체 사용하지 않고―생각할 수 있는 사물이라고 이해한다면 그와 같은 사물은 불가능하다. 왜냐하면 우리의 모든 지성 개념을 객관적으로 사용하는 조건은, 우리에게 대상을 주는 우리의 감성적 직관의 방식 바로 그것이기 때문이다. 그리고 이 방식을 무시하면, 우리의 지성 개념은 그 어떤 객체와의 관계를 전혀 가지지 않기 때문이다. 게다가 우리가 이와 같은 감성적 이외의 직관 방식을 생각하려고 해도, 우리의 생각하는 기능은 그와 같은 직관에 대해서 전혀 아무런 뜻도 가지지 않을 것이다. 만일 우리가 예지적 대상을, 우리의 범주가 전혀 적용되지 않은 대상이라고 이해한다 하자. 다시 말하면 가상적 대상을, 우리가 결코 인식을 (직관도 개념도) 가질 수 없는 비감성적 직관의 대상으로만 이해한다고 하자. 그러면 단지 소극적 의미의 가상체는, 물론 받아들여질 것이다. 왜냐하면 가상체는 다음과 같은 일을 말할 뿐이기 때문이다. 즉 우리의 직관 방식은 모두 사물로 향하는 것이 아니라 단순히 우리 감각의 대상을 향하여, 따라서 그 객관적 타당성은 한정되어 있다고 하는 것이다. 그러므로 또한 다른 그 어떤 직관 방식에 여지가 남겨지고, 그와 같은 직관의 객체로서의 사물에도 여지가 남겨져 있기 때문이다. 그러나 그렇게 되면 가상체의 개념은 개연적이며, 가능하다고도 불가능하다고도 말할 수 없는 사물의 개념이다. 왜냐하면 우리의 감성적 직관 말고는 어떤 직관 양식도 우리는 알고 있지 않으며, 또한 범주 이외의 개념 방식도 전혀 모르는데, 이들의 그 어느 것도 감성적 이외의 대상에는 적합하지 않기 때문이다. 그러므로 범주는 자기를 신고하는 적극적 뜻을 가지지 않으므로, 우리는 우리 감성의 조건을 넘어서, 우리 사고의 대상 영역을 적극적으로 확장할 수 있는 것도 아니다. 왜냐하면 우리는 범주에 대해서 다음과 같이 고백하지 않으면 안 되기 때문이다. 즉 범주는 단독으로는 사물 그 자체의 인식에는 이르지 못하고, 감성의 자료 없이는 단지 지성 통일의 주관적 형식—대상을 가지지 않는 것—에 지나지 않는다는 것이다. 확실히 사고는 그 자체로서는 어떤 감각의 산물도 아니며, 바로 단독으로 순수한 작용이 허용되는 것도 아니다. 왜냐하면 그렇게 되면 사고는 객체가 결여되어 있기 때문이다. 한편 우리는 가상체를 이와 같은 객체라고 부를 수는 없다. 이와 같은 객체는 전혀 다른 직관과, 우리 이외의 전혀 다른 지성의 대상에 대한, 바로 개연적 관념을 의미하기 때문이다. 따라서 그와 같은 지성 자체가 의문인 것이다. 따라서 본질체라는 개념은 어떤 대상의 개념이라 할 수 없고, 우리 감성의 제한과 불가피하게 관련된 것으로 '감성적 직관의 제한으로부터 완전히 해방된 대상이 존재하지는 않을 것인가' 하는 과제이다. 이런 물음은 애매하게만 답할 수 있을 뿐이다. 즉 감성적 직관은 모든 사물에 무차별적으로 관계하는 것이 아니기 때문에, 감성적 직관이 관계하지 않는 많은 다른 대상을 위한 여지가 남고, 이런 대상은 반드시 무턱대고 부정할 수가 없는 것이다. 그러나 확실한 개념이 없기 때문에(범주는 그와 같은 대상에는 적합하지 않으므로), 우리 지성의 대상이라고 주장할 수도 없다.

따라서 지성은 감성을 제한한다. 하지만 그렇다고 해서 자기 자신의 영역을 확장하는 것은 아니다. 또한 감성이 자만에 빠져 사물 그 자체로 향하는 것이 아니라 단순히 현상을 향하도록, 감성에 경고를 주면서 그 자신은 사물 자체를 다만 초월적 객체로서 생각할 뿐이다. 초월적 객체는 현상의 원인(따라서 그 자신은 현상이 아니다)이며, 분량으로서도 실재성으로서도, 또는 실체 그 밖의 것으로도 생각할 수가 없다(왜냐하면 지금 든 개념[분량, 실재성 및 실체]은 언제나 감성적 형식을 필요로 하고, 이 형식에서 대상을 규정하기 때문이다). 그러므로 초월적 객체에 대해서는, 그것이 우리의 내부에 있는 것인지 외부에 있는 것인지, 또는 감성과 함께 동시에 폐기되는 것인지, 그렇지 않으면 우리가 감성을 제거한다 하더라도 여전히 남게 되는 것인지 하는 것은 전혀 알 수 없다. 이 객체의 관념이 감성적이 아니기 때문에 우리는 그것을 가상체라고 부르려 하는데, 그것은 우리의 자유이다. 그러나 우리는 우리의 지성 개념들 가운데 어느 것도 이 객체에 적용할 수 없다. 그러므로 가상체라고 하는 관념은 우리에게는 공허하며, 우리의 감성적 인식의 한계를 긋고, 우리가 가능한 경험에 의해서도, 순수지성에 의해서도 충족시킬 수 없는 여지를 남겨둘 뿐, 아무런 도움도 되지 않는다.

그렇기 때문에 이 순수지성의 비판은, 지성에 대해 현상으로 나타나는 대상 이외에 새로운 대상 영역을 허용하지 않으며, 또한 예지적 세계로 잘못 빠져 들어가는 것을 결코 허용하지 않는다. 천박하기 짝이 없는 방식으로 거기에 빠지는 유혹의 잘못, 변명은 가능하나 정당화될 수는 없는 이 그럴듯한 과오는 다음과 같은 점에 있다. 즉 지성이 그 본분을 위배하여 초월적으로 사용되고, 대상 즉 가능한 직관은 개념에 따르지 않으면 안 되지만, 개념은 가능한 직관(개념의 객관적 타당성은 이것에만 의거한다)에 따르지 않아도 좋다고 생각하는 점이다. 하지만 그렇게 되는 원인은 더 나아가 다음과 같은 점에 있다. 통각과 이에 수반되는 사고는, 관념의 모든 가능하고 한정된 배열에 선행된다는 것이다. 그렇기 때문에 우리는 그 어떤 일반을 생각하고, 그것을 한편으로는 감성적으로 규정하지만, 일반적 추상적으로 떠오른 대상을 그것을 직관하는 방식과 구별한다. 그래서 우리에게는 단지 사고에 의해 규정하는 방식만이 남게 된다. 그 방식은 확실히 내용이 없는 단순한 논리적 형식이지만, 그럼에도 불구하고 우리의 감각으로 제한을 받고 있는 직관을 고려하지 않아도, 객체가 그 자체로서 실제로 존재하는(가상체) 방식인 것처럼 보인다.

초월적 분석론을 끝맺음에 앞서 한 가지 덧붙여 말해야 할 것이 있다. 그것은 그 자체로 보아서는 특별히 중요하지는 않지만, 역시 체계의 완전성을 위해서는 필요하다고 여겨진다. 초월적 철학은 최고 개념부터 시작하는 것이 상례인데, 그 최고 개념은 일반적으로 가능한 것과 불가능한 것의 구분이다. 그러나 모든 구분은 구분되는 개념을 전제로 하기 때문에, 보다 더 고차적 개념이 제시되지 않으면 안 된다. 그것은 대상 일반이라는 개념(미정적인 것이라고 해석되어, 이것이 무엇인가 있는 것인지, 그렇지 않으면 무(無)에 지나지 않는 것인가는 확정되지 않은)이다. 범주는 대상 일반에 관계하는 유일한 개념이므로, 대상이 무엇인가 있는 것인가, 그렇지 않으면 없는 것인가는 범주의 질서와 지시에 따라 진행되게 된다.

(1) '모두', '다수', '하나'라고 하는 개념에는, 이들을 모두 폐기하는 개념, 즉 '아무것도 없다'가 대치된다. 그렇다고 하면 대응하는 직관이 전혀 대응하지 않는 개념의 대상은 '무(無)', 곧 대상이 없는 개념이다. 가상체를 가능성으로는 헤아릴 수는 없지만, 그렇다고 해서 불가능하다고 단언할 수 있는 것도 아니다. 또는 어떤 새로운 힘이 여기에 해당된다. 이것을 생각하는 것은 모순을 수반하지 않지만, 경험에 의한 실례도 생각할 수가 없다. 그렇기 때문에 그것을 가능성에 포함해서는 안 된다.

(2) 실재성이란 '무엇인가 있는 것'이며, 부정성은 '무'이다. 예컨대 그림자나 추위 같은 대상이 결여된 개념이다(결여적 무).

(3) 실체를 가지지 않는 직관의 단순한 형식은 그 자체로는 어떤 대상도 아니며, 순수공간이나 순수시간처럼 대상(현상으로서)의 단순한 형식적 조건이다. 이들은 직관의 형식으로서는 무엇인가 있는 것이지만, 그 자신이 직관되는 대상은 아니다(상상적 실재).

(4) 자기 자신에 모순되는 개념의 대상은 무이다. 왜냐하면 무의 개념은, 이를

테면 두 변으로 이루어진 직선 도형처럼 불가능한 것이기 때문이다 (부정적 무).
따라서 '무'의 개념에 대한 이들 분류표(이것과 병행하는 무엇인가의 구분은 같은
표에서 생기기 때문에)는 다음과 같이 되어야만 할 것이다.

무(無)

1
대상 없는 공허한 개념으로서의 무
이성에만 입각하는 사물(ens rationis)

2
개념의 공허한 대상으로서의 무
상상적 실재(nihil privativum)

3
대상 없는 공허한 직관으로서의 무
결여적 무(ens imaginarium)

4
개념 없는 공허한 대상으로서의 무
부정적 무(nihil negativum)

우리는 사고 대상(무 1)은 다음과 같이 불합리한 것(무 4)과 구별된다고 보고
있다. 즉 사고된 사물은 허구(모순되지는 않지만)에 지나지 않으므로 가능성으로
간주해서는 안 되지만, 불합리한 것은 그 개념이 자기 자신까지도 부정하는 것
이므로 가능성과 대치된다는 것이다. 그러나 둘 다 공허한 개념이다. 이에 반해
결여적 무(무 2)와 상상적 실재(무 3)는 개념에 대한 공허한 자료이다. 만약에 빛
이 감각에 주어지지 않으면 우리는 어둠을 생각할 수가 없다. 또 만약에 확장
이 있는 존재자가 지각되어 있지 않으면 우리는 공간을 생각할 수가 없다. 부정
성도, 직관의 단순한 형식도 실재적인 것이 결여되어 있어서 그 어떤 객체도 될
수 없다.

제2부문 초월적 변증론

머리글

1. 초월적 가상에 대해서

우리는 앞에서 변증론 일반을 가상의 논리학이라고 불렀다. 그것은 변증론이 확실성의 이론이라는 의미가 아니다. 왜냐하면 확실성도 진리이며, 다만 불충분한 근거에 의해서 인식되었을 뿐이기 때문이다. 따라서 그 인식은 결함을 면할 수는 없지만. 그렇다고 해서 사람을 기만하는 것이 아니므로 논리학의 분석적 부문으로부터 제외해서는 안 된다. 또 주의해야 할 점은 현상과 가상을 동일시해서는 안 된다는 것이다. 왜냐하면 진리라든가 가상이라든가 하는 것은 직관되는 경우의 대상에 있는 것이 아니라, 생각하는 대상의 판단에 있기 때문이다. 따라서 '감각은 틀림없다'고 말할 수는 있다. 그러나 그것은 감각이 언제나 바르게 판단하기 때문이 아니라 감각이 판단하는 일은 전혀 없기 때문이다. 그러므로 진리뿐 아니라 오류도, 오류로 이끄는 가상도 판단 속에만, 즉 대상과 우리 지성과의 관계에서만 성립된다. 우리의 지성 법칙과 완전히 일치하는 인식에는 오류는 없다. 감각의 관념(그것은 전혀 판단을 포함하고 있지 않기 때문에) 안에도 오류는 없다. 그러나 자연의 힘이 스스로 자기 자신의 법칙으로부터 일탈하는 일은 있을 수가 없다. 그러므로 지성도 오로지 그 자신만으로는 (다른 원인의 영향을 받지 않고) 오류를 범하는 일도 있을 수 없고, 감각 또한 그 자신만으로는 오류를 범하는 일도 없을 것이다. 지성이 오류를 범하지 않는다는 것은, 그것이 다만 자기 법칙에 따라서 활동하고 있는 한, 그 결과(판단)는 그 법칙에 필연적으로 일치하지 않으면 안 되기 때문이다. 그러나 지성의 법칙과 일치한다는 사실에서 모든 진리의 형식적 측면이 성립된다. 감각 중에는 참된 판단, 거짓 판단을 불문하고 판단은 전혀 없다. 그런데 우리는 지성과 감각이라는 두 인식 원천 이외에 다른 원천을 가지고 있지 않기 때문에, 오류는 지성에 대한 감성의 남모른 영향에 의해서만 제기된다고 하는 것이다. 이것으로 말미암아 판단의 주관적 근거가 객관적 근거와 뒤섞여, 객관적 근거를 그 본분으로부터 벗어나게 하는 상태가 생기게 된다.[1] 그것은 마치 운동하는 물체가 그 자체로는 언제나 같은 방향으로 직선적 운동을 계속하지만, 동시에 다른 힘이 다른 방향으로 그 물체에 영향을 미치게 되면 곡선 운동으로 바뀌는 것과 같다. 그러므로 지성의 본디 작용을 그것에 섞이는 힘과 구별하기 위해서는 그릇된 판단을, 말하자면 하나의 각을 이루는 두 개의 다른 방향을 규정하는 두 힘의 대각선으로 보고, 이와 같이 합성된 결과를 감성의 단일한 결과로 다시 분해할 필요가 있다. 이것은 선험적 순수판단에서는 초월적 반성에 의해 이루어져야 한다. 그것에 의해서(이미 제시된 바와 같이) 모든 관념에, 그것에 걸맞은 인식능력에서의 위치가 지정되며, 동시에 또한 지성에 대한 감성의 영향도 식별된다.

　우리가 여기서 논하는 것은 경험적 가상(예컨대 시각상의 가상)이 아니다. 경험적 가상은, 평소에는 정당한 지성 규칙이 경험적으로 사용할 때에 생기는 것으로서, 그것에 의해 판단력은 상상의 영향을 받는다. 그것과는 달리, 우리가 여기에서 논하고자 하는 것은 초월적 가상만이다. 초월적 가상은, 경험에 밀착해서 전혀 사용되는 일이 없는 원칙에 영향을 준다. 경험에 밀착해 있으면, 우리는 적어도 그 정당성을 증명하는 기준을 가질 것이다. 그렇지 않고 초월적 가상은 비판의 모든 경고를 무시하고 범주의 경험적 사용 한계 밖으로 우리를 끌어내어, 우리에게 순수지성의 확장이라는 환상을 가지게 한다. 우리는 가능한 경험의 범위 이내로 그 사용이 전적으로 한정되는 원칙을 내재적 원칙이라고 부르기로 하자. 이에 반해 가능한 경험의 한계를 뛰어넘어야 하고, 뛰어넘은 원칙을 초월적(선험적) 원칙이라고 부르기로 하자. 그러나 내가 말하는 초월적 원칙이란, 범주의 초월적 사용 또는 그 잘못된 사용을 말하는 것이 아니다. 범주의 초월적 사용은 비판에 의해서 적절하게 제어되지 않는 판단력의 단순한 잘못이다. 그와 같은 판단력은, 순수지성이 활약하는 것이 허용되어 있는 유일한 기

---

1) 지성에 따르는 감성은 지성의 기능이 적용되는 객체이며, 실재적 인식의 원천이다. 그러나 감성이야말로 지성 작용 그 자체에 영향을 주어 지성을 판단하는 것으로 결정하게 하는 한, 오류의 원인이 된다.

반의 한계에 충분한 주의를 기울이지 않는다. 그러하지 않고 초월적 원칙이란, 모든 경계표를 짓밟고, 그 경계에는 개의치 않으며, 전혀 새로운 기반을 부당하게도 요구하도록 하는 현실적 원칙이다. 그러므로 '초험적'이라는 것과 '초월적(선험적)'이라는 것은 동일하지 않다. 우리가 앞서 말한 순수지성의 원칙은 오로지 경험적으로 사용되어야 하는 것으로, 초월적으로, 즉 경험의 한계를 넘어서 사용해서는 안 되는 것이다. 그러나 이 제한을 철거하여, 그것을 뛰어넘도록 명령까지 하는 원칙을 초월적이라고 한다. 우리의 비판이 이와 같은 겉치레 가상을 폭로할 수만 있다면, 경험적으로 사용되는 위의 원칙은, 초월적 원칙과 대비해서 순수지성의 내재적 원칙이라고 부를 수 있을 것이다.

논리적 가상은 이성 형식의 단순한 모방에 의해 성립되지만(잘못된 추리의 가상), 그것은 단지 논리적 규칙에 대한 부주의에서 생길 뿐이다. 그러므로 해당하는 사례에 날카로운 주의를 기울이자마자 논리적 가상은 완전히 소멸한다. 그것에 대해서 초월적 가상은, 비록 우리가 그것을 찾아내어 초월적 비판에 의해 그것이 무의미하다는 것을 간파한다 하더라도, 없어지는 일이 없는 것이다(예컨대 '세계는 시간상 처음이 있어야 한다'는 명제에서의 가상이 그러하다). 그 원인은 이러하다. 우리의 이성(인간의 한 인식능력으로서 주관적으로 고찰된) 안에는 객관적 원칙과 똑같은 겉모양을 가진 근본 규칙과 그것을 사용하는 지침이 있어서, 그것에 의해서 다음과 같은 일이 일어나는 것이다. 즉 우리의 개념에 일정한 결합을 가능케 하는 주관적 필연성—지성을 위한—이, 사물 자체의 규정의 객관적 필연성으로 간주된다는 것이다. 도저히 피할 수 없는 착각이라는 것이 있다. 바다는 먼바다가 해변보다도 높게 보인다. 그것은 먼바다를 해안보다 높은 광선을 통해서 보기 때문이다. 또 천문학자라 할지라도 떠오르고 있는 달이 더 크게 보이는 것을 피할 수가 없다. 비록 천문학자가 이런 가상에 의해서 현혹되는 일이 없다고 해도 사정은 변하지 않는다.

따라서 초월적 변증론은 초월적 판단이 가상을 폭로하고, 동시에 이런 가상에 의해서 기만당하지 않도록 방지하는 것으로 만족하게 될 것이다. 더욱이 초월적 변증론은 그와 같은 가상이 (논리적 가상처럼) 소멸되어, 가상이기를 그만두게 하는 일은 결코 수행할 수 없는 것이다. 왜냐하면 우리는 주관적 원칙에 입각하여 그것을 객관적 원칙과 바꿔치기를 하는, 피할 수 없는 자연스러운 착각 환상과 관련되기 때문이다. 그것은 논리적 변증론이 오류 추리를 해결하는 데 있어 원칙에 따른 오류와, 또는 원칙을 모방한 인위적 가상과 관련을 갖는 것과는 다르다. 그렇기 때문에 순수이성의 피할 수 없는 자연스러운 변증론이 존재하는 것이다. 그것은 서툰 자가 지식 부족으로 스스로 말려들어가는 변증론이나, 궤변가 누군가가 현명한 패거리들을 혼란스럽게 하기 위해 인위적으로 생각해 낸 변증론은 아니다. 이 변증론은 인간 이성이 저지할 수 없게 고착되어 있어서, 우리가 그 환영을 폭로한 뒤까지도 여전히 이성을 교묘하게 선동하여, 끊임없이 이성을 일시적 착오로 몰아넣는 일을 그만두지 않는 변증론이다. 그와 같은 변증론은 지금 당장이라도 제거할 필요가 있다.

2. 초월적 가상의 거처로서의 순수이성에 대해서

A. 이성 일반에 대해서

우리의 인식은 모두 감각으로부터 시작해, 거기에서 지성으로 나아가고 이성에 이르러 종결된다. 직관의 소재를 처리하여, 그것을 사고의 최고 통일로 가져오는 데에 이성보다도 높은 위치에 있는 것은 우리 내부에는 아무것도 없다. 지금 나는 이 최고의 인식능력에 대하여 설명해야 할 이 마당에 약간의 당혹감을 느끼고 있다. 지성과 마찬가지로 이성은 단순한 형식적 사용, 즉 논리적 사용이 있다. 그것은 이성이 인식의 모든 내용을 무시하는 경우이다. 그러나 이성은 자기 안에 감각으로부터도, 지성으로부터도 빌려오지 않은 어떤 개념과 원칙을 포함하고 있으므로 그 실재적 사용 또한 갖는다. 제1의 능력인 지성 쪽은 물론 논리학자들에 의해서 직접 추리하는 능력이라고 설명되고 있다. 이에 반해 스스로 개념을 낳는 제2의 능력인 이성 쪽은, 그 설명으로는 아직 통찰되지 않고 있다. 그런데 여기에서는 이성을 논리적 능력과 초월적 능력으로 구분하고 있으므로 이 인식 원천의, 이들 두 개념을 거느리는, 보다 높은 개념이 추구되지 않으면 안 된다. 하지만 우리는 순수지성 개념과의 비교에 의해서, 다음과 같은 일을 기대할 수가 있다. 논리적 개념은 동시에 초월적 개념으로 열쇠를 제공하고, 순수지성 개념의 기능에 대한 표(表)는 동시에 이성 개념의 계보를 제공해 줄 것이라고.

우리는 초월적 논리학의 제1부에서 지성을 규칙의 능력이라고 정의했다. 여기에서 우리는 이성을 지성과 구별해 원리의 능력이라고 부르기로 하자.

원리라는 용어는 애매하다. 그것은 보통 그 자체로서는, 또한 그 자체의 근원상으로 보아서는 어떤 원리도 아님에도 불구하고, 원리로서 사용될 수 있는 인식을 의미하고 있는 데에 지나지 않는다. 모든 전칭명제(동일성에 의한 판단)는 설령 그것이 경험으로부터(귀납에 의해서) 얻어진 것이라 하더라도, 삼단논법의 대전제로 사용할 수가 있다. 그러나 그것이 가능하다고 해서 그 자체가 원리인 것은 아니다. 게다가 수학적 공리(예를 들어 두 점 사이에는 직선은 하나밖에 없다)는 선험적인 보편적 인식이며, 따라서 당연히 그런 인식 아래에 포섭되는 여러 사례와의 관계에서 원리라고 일컬어지고 있다. 하지만 나는 그렇다고 해서, 직선의 이 성질을 그 자체로서 원리로부터 인식된다고는 말할 수 없다. 오히려 그것을 나는 순수직관에서만 인식하는 것이다.

그러므로 나는 원리로부터의 인식을, 내가 특수한 것을 보편적인 것 속에 개념으로 인식하는 것 같은 인식이라고 부를 수 있을 것이다. 그렇다고 한다면 모든 이성 추리는 원리로부터 인식을 도출하는 형식이 된다. 왜냐하면 대전제는 언제나 다음과 같은 개념을 주기 때문이다. 즉 대전제의 조건 아래 포섭되는 모든 것이, 그 개념에서 원리에 의해서 인식되도록 하는 것이다. 그런데 모든 보편적 인식은 이성 추리의 대전제로 유용하고, 지성은 그와 같은 선험적이고 보편적인 명제를 제공해 주는 것이므로, 그와 같은 명제는 그 가능한 사용에 대해서 원리라고 불린다.

그러나 순수지성의 이들 원칙과 그 자체를 그 기원에 비추어서 고찰하면, 그 원칙은 어엿한 개념으로부터 나온 인식이다. 왜냐하면 우리가 순수직관(수학에서) 또는 가능한 경험 일반의 조건에 도움을 구하지 않으면, 이들 원칙은 도저히 선험적으로는 가능하지 않을 것이기 때문이다. 생기는 것은 모두 원인을 가진다고 말하는 것은, 원칙적으로 생긴다는 개념으로부터는 결론이 나오지 않는다. 오히려 이 원칙은, 생성하는 것으로부터 비로소 일정한 경험적 개념을 얻을 수 있다는 것을 나타내고 있다.

그렇기 때문에 지성은 개념으로부터 종합적 인식을 전혀 가져올 수는 없다. 그리고 내가 단언적으로 원리라고 부르는 것은, 본디 종합적 인식인 것이다. 하지만 모든 전칭명제 일반은 비교적, 상대적 원리라고 부를 수가 있다.

언제 실현될지는 모르지만, 언젠가는 실현될 것이라는 예로부터의 소원이 있다. 그것은 민법의 무한히 복잡한 형태 대신에, 언제든 그 원리를 발견했으면 하는 소망이 그것이다. 왜냐하면 이런 원리 속에서만 입법을 단순화하는 비밀이 성립될 수 있기 때문이다. 그러나 법률은 여기에서 단순히 우리의 자유를, 그것과 일치시키기 위한 조건 아래에 우리 자유를 제한하는 것에 되기도 한다. 즉 법은 완전히 우리 자신의 행위를 향하여, 우리 자신이 그 원인일 수 있는 어떤 것으로 귀착된다. 하지만 사물의 본성과 마찬가지로 대상 그 자체가 원리에 따르고, 단순한 개념에 의해서 규정될 일이 아니라는 것은, 불가능한 일은 아니라 할지라도 적어도 불합리한 요구이다. 그러나 그 사정이 어떠하든 간에(이것에 대한 연구는 앞으로 진행될 것이지만), 최소한 이 사실에서 분명해지는 일이 있다. 원리(그 자체)에 입각하는 인식은, 단순한 지성 인식과는 전혀 별개라는 것이다. 단순한 지성 인식은 확실히 원리라고 하는 형식에서 다른 인식보다 낫지만, 그것 자체로는 (그것이 종합적인 것인 한) 단지 사고에 의거하는 것도 아니며, 또 개념으로부터 얻어진 보편적인 것을 그 자체 속에 포함하는 것도 아니라는 것이다.

지성이 규칙을 매개로 해서 현상을 통일하는 능력이라고 한다면, 이성은 지성 규칙을 통일하는 능력이다. 그러므로 이성은 결코 처음부터 경험 또는 어떤 대상에 관계하는 것이 아니라, 지성에 관계한다. 그것은 지성의 여러 가지 인식에, 개념에 의한 선험적 통일을 주기 위해서이다. 이 통일은 이성적 통일이라고 일컬어질 수 있으며, 그것은 또한 지성에 의해서 이루어지는 통일과는 전혀 별개의 것이다.

이상이 실례를 전혀 사용하지 않고 명확히 할 수 있는 이성 능력의 일반적 의미 내용이다(실례는 다음 항에서 제시하게 된다).

B. 이성의 논리적 사용에 대해서

우리는 직접적으로 인식되는 것과 다만 추리되는 것을 구별한다. '세 직선에 의해서 둘러싸인 하나의 도형은 세 개의 각을 가진다'고 하는 것은 직접 인식된다. 그러나 '이 세 각의 합이 2직각과 같다'는 것은 다만 추리될 뿐이다. 우리는 언제나 추리할 필요가 있고, 이윽고 그것이 익숙해지기 때문에, 마침내는 이 구별을 알아차리지 못하게 된다. 그리고 흔히 이른바 감각의 착각의 경우처럼, 실제로는 다만 추리된 것만을 직접 지각된 것으로 간주하고 있다. 어떤 추론에서도 바탕에 존재하는 명제와, 또 하나의 명제, 곧 바탕에 존재하는 명제에서 도출되는 추론과, 마지막에 귀결(결론)이 있다. 이 귀결에 의해서 제2의 명제의 진리는 제1의 명제의 진리와 필연적으로 결부되어 있다. 추론된 판단이 이미 제1의 명제 속에 포함되어 있어서 그 판단이 제3의 관념이 없어도 거기에서 도출되는 경우, 추리는 직접추리라고 일컬어진다. 그러나 나는 이런 추리를 오히려 지성 추리라고 부르고 싶다. 하지만 귀결을 끌어내기 위해 근거가 되는 인식 말고 또 하나의 판단이 필요한 경우, 추리는 이성 추리이다. '모든 사람은 죽는다'라는 명제에는 이미 '약간의 사람은 죽는다', '죽는 약간의 것은 사람이다,' '죽지 않는 것은 모두 사람이 아니다'라는 명제들이 포함되어 있다. 그러므로 이들 세 명제는 '모든 사람은 죽는다'라는 첫 번째 명제로부터 직접적으로 나온 결론이다. 이에 반해 '모든 학자는 죽는다'라는 명제는 앞에 든 기본적 판단 속에 포함되어 있지 않다(왜냐하면 학자라는 개념은 그 판단 속에는 전혀 나타나 있지 않기 때문이다). 따라서 이 명제는 중간 판단, '모든 학자는 사람이다'라고 하는 판단을 매개로 해서만 귀결될 수 있다.

어떠한 이성 추리에든, 나는 먼저 지성에 의해서 규칙(대전제)를 생각한다. 그 다음 판단력을 매개로 해서 어떤 인식을 규칙의 조건(소전제) 아래에 포섭한다. 마지막으로 나의 인식을 규칙의 술어에 의해서, 즉 이성에 의해서 선험적으로 규정한다. 그렇기 때문에 규칙으로서의 대전제가 어떤 인식과 그 조건 사이에서 나타내는 관계는 여러 종류의 이성 추리를 형성한다. 그 종류는 모든 판단 일반이 지성에서 인식의 관계를 나타내는 방식으로 구별되는 것과 같이 세 가지가 된다. 즉 정언적(定言的) 이성 추리냐, 가언적(假言的) 이성 추리냐, 선언적(選言的) 이성 추리냐의 세 가지 방법이다.

어떤 판단이 이미 주어져 있는 판단—이들 판단에 의해 전혀 별개의 대상을 생각할 수 있다—으로부터 나오지나 않을까를 보기 위하여, 흔히 그러한 것처럼 결론이 판단으로서 부과되어 있다고 하자. 그때 나는, 지성 안에서 이 결론의 주장을 찾아낸다. 그 주장이, 결론으로 일반적 규칙에 따르는 어떤 조건에 따라 생긴 것인지 아닌지 하고. 그런데 내가 그와 같은 조건을 찾아내어 결론의 객체가 주어진 조건 아래에 포섭될 수가 있다고 하자. 그러면 이 결론은, 인식의 다른 대상에도 적용될 수 있는 규칙이 나온다. 이러한 점에서 이성은 추리의 작용에 의해서, 아주 다양한 지성의 인식을 가장 소수의 원리로 환원하여 인식의 최고 통일을 주려고 하는 것임을 알 수 있다.

C. 이성의 순수한 사용에 대해서

우리는 이성을 격리시킬 수 있을까? 격리시킬 수 있다고 했을 때, 그래도 여전히 이성은 이성에서만 생기는 개념과 판단의 고유한 원천이 될 수 있을까? 그 경우 이성은 이들 개념과 판단에 의해서 대상과 관계를 가지게 된다. 그렇지 않으면 이성은 다만 주어진 인식에 논리적이라고 일컬어지는 어떤 형식을 부여하는 단순히 낮은 능력일까? 이 경우 그와 같은 형식에 의해서 지성 인식은 서로 종속되며, 또 규칙의 비교에 의해서 처리되는 한 하위의 규칙은 보다 상위의 규칙(그 조건은 하위의 규칙 조건을 자신의 영역 안에 포함하다)에 종속한다. 이들은 이제 우리가 지금 잠정적으로만 관련되는 물음이다. 사실 규칙의 다양성과 원리의 통일은, 지성을 지성 자신과 완전히 연관시키기 위한 이성의 요구인 것이다. 그것은 마치 지성이 직관의 다양함을 개념 아래에 포섭해, 그것에 의해서 직관을 결합하는 것과 같은 일이다. 그러나 이와 같은 원칙은 객체에 법칙을 지정하지 않고 객체를 객체 일반으로 인식하되, 규정하는 가능성의 근거를 포함하고 있지 않다. 그렇지 않고 그 원칙은 우리의 지성이 소장하고 있는 것을 가지고 운용하는 단순히 주관적 경제 법칙에 지나지 않는다. 다시 말해 지성의 개념을 비교함으로써, 그 개념의 일반적 사용은 최소한의 개념으로 환원된다. 그렇다고 해서 대상 그 자체에 대해 우리 지성의 편의와 확대를 돕는 것을, 이와 같이 만장일치로 요구하는 일이 정당화되는 것은 아니다. 한마디로 말하면, 문제는 다음과 같다. '이성 자신, 즉 선험적 순수이성은 종합적 원칙과 규칙을 포함하고 있는가, 없는가? 또한 이들 원리의 본질은 무엇인가?'

이 일에 대해서 이성 추리에서의 이성의 형식적이고 논리적인 절차는, 이미 다음과 같은 충분한 안내를 우리에게 제공해 준다. 즉 이성 추리에 의한 종합적 인식에, 이성의 초월적 원리는 어떠한 근거에 입각하는가 하는 것이다.

첫째로, 이성 추리는 직관을 아래에 포섭하기 위해 (지성이 범주에서 그렇게 하는 것처럼) 직관에 관여하는 것이 아니라, 개념이나 판단에 관여한다. 그러므로 순수이성이 대상에 관여하는 경우에도, 대상과 그 직관과 직접 관계하는 것은 아니라, 오직 지성이나 지성과 그 판단에 관여할 뿐이다. 이들 판단은 어떤가 하면, 그 대상을 규정하기 위하여 먼저 감각에 관여한다. 그렇기 때문에 이성의 통일은 본질적으로 구별된다. '생기는 것은 모두 원인을 가진다'고 하는 것은, 결코 이성에 의해서 인식되고 지정된 원칙이 아니다. 이 원칙은 경험의 통일을 가능케 하는 것이지, 이성으로부터는 아무것도 빌려오는 것이 없다. 이성은 가능한 경험에 대하여 이와 같은 식으로 관계하지 않고서는 단순한 개념들에게 결코 이러한 종합적 통일을 명령할 수 없었을 것이다.

둘째로, 이성은 논리적 사용에서 자기 판단(결론)의 일반적 의미를 찾는다. 그리고 이성 추리는 그 자체가, 그 조건을 일반적 규칙(대전제) 아래에 포섭하는 것을 매개로 한 판단이다. 그런데 이 규칙은 또한 이성의 동일한 시도(이 규칙을 다시금 더 보편적인 규칙 아래 포섭시키려는 시도)를 겪어야 하며, 그것에 의해서 조건의 조건이(모든 삼단논법을 매개로 하여) 관계가 있는 한 찾아내지 않으면 안 된다. 그래서 지성의 조건이 부여된 인식을 위해 무조건적인 것을 찾아내는 일이 이성 일반(논리적 사용에 있어서의) 본디의 원칙이라는 것을 알 수가 있다. 이 무조건적인 것을 가지고 조건이 붙은 지성의 인식은 완결하는 것이다.

그러나 이 논리적 지침은 다음과 같이 생각하는 것에 의해서만 순수이성의 원리가 될 수 있다. 즉 만약에 조건 붙은 것이 주어져 있다고 한다면, 종속 관계에 있는 여러 조건의 모든 계열—그 자신은 무조건적인 모든 계열—도 주어져 있지 않으면 안 된다(곧 대상 및 그것의 연관에 포함되어서)는 것이다.

하지만 순수이성의 이와 같은 원칙은 분명히 종합적이다. 왜냐하면 조건이 부여된 것은, 확실히 분석적으로 어떤 조건에 관계되지만 무조건적인 것에는 관계하지 않기 때문이다. 순수이성의 원칙으로부터는 또한 순수지성의 여러 가지 종합적 명제들이 생기지 않으면 안 된다. 왜냐하면 순수지성은 가능한 경험의 대상하고만 관계하고, 가능한 경험의 인식과 결합은 언제나 조건이 부여되어 있기 때문이다. 그러나 무조건적인 것이 실제로 있다고 하면, 그것은 조건이 부여된 모든 인식과는 다른 규정에 따라서 특별히 고찰될 수 있다. 그리고 그러한 일로 해서, 무조건적인 것은 많은 선험적인 종합적 명제에 소재를 주지 않으면 안 된다.

그러나 순수이성의 이 최고 원리로부터 생기는 원칙은 모든 현상에 대해서 초험적일 것이다. 즉 그와 같은 원칙에 어울리는 경험적 사용은 이루어지지 않을 것이다. 따라서 그와 같은 원칙은, 지성의 모든 원칙(그것들은 경험의 가능성만을 주제로 하기 때문에 그 사용은 전적으로 내재적이다)과는 전혀 다르다. 그런데 조건의 계열(현상의 종합, 또는 사물 일반의 사고의 종합에서의)은 무조건적인 것까지 미친다고 하는 그 원칙에는 객관적 정당성이 있는 것일까, 없는 것일까? 이런 종합적 성질의 원칙으로부터 어떤 귀결이 경험적인 지성 사용에 있어 생기는 것일까? 그렇지 않으면 오히려 그처럼 객관적으로 통용되는 이성 명제는 그 어디에도 존재하지 않는 것이 아닐까? 그렇지 않고 보다 높은 조건으로 한없이 상승해서 조건의 완전성에 접근하여, 그것에 의해 우리의 인식에, 우리에게 가능한 최고의 이성 통일을 가져온다고 하는 단지 논리적인 지정밖에 존재하지 않는 것일까? 굳이 말하자면 이성의 이런 요구는 오해에 의해 순수이성의 초월적 원칙으로 간주되어, 그 원칙은 이와 같은 무제한한 완전성을 서두른 나머지, 대상 자체에서의 조건의 계열에 대해서 요청하고 있는 것이 아닐까? 이런 문제들이 초월적 변증론에서 우리가 고찰해야 할 과제가 될 것이다. 우리는 이제부터, 초월적 변증론을 인간 이성의 깊은 곳에 숨어 있는 그 원천으로부터 전개하고자 한다. 이 초월적 변증론을 우리는 두 편으로 나눌 것이다. 그 제1편은 순수이성의 초월적 개념에 대한 장이고, 제2장은 순수이성의 초월적이고 변증적인 이성 추리를 다루게 될 것이다.

제1편 순수이성의 개념에 대해서

순수이성으로부터 도출되는 개념의 가능성이 어떠한 사정이든, 이들 개념은 단순히 반성된 개념이 아니라 추론된 개념이다. 지성 개념도 선험적으로 경험에 앞서서 경험을 위해 사고된다. 그러나 지성 개념은 가능한 경험적 의식에 속해야 하며, 그런 경우 현상에 대한 반성의 통일 이외의 것은 포함하고 있지 않다. 지성 개념에 의해서만 대상의 인식과 규정이 가능해지는 것이다. 그렇기 때문에 지성 개념은 먼저 추리의 소재를 제공한다. 지성 개념에 앞서서는 대상에 대한 선험적 개념, 대상을 추리할 수 있는 선험적 개념 같은 것은 없다. 이에 반해 지성 개념의 객관적 실재성은 다만 다음과 같은 것에 입각한다. 즉 지성 개념이라는 것이 모든 경험의 지적 형식이기 때문에, 그것을 적용한다는 것은 언제나 경험 안에서 제시할 수가 있어야 한다는 점이다.

그러나 이성 개념이라고 하는 호칭은 이미 다음과 같은 것을 의미한다. 즉 이성 개념이 관련되는 인식은, 그 어떤 경험적 인식도 그 일부분에 지나지 않는 인식(아마도 가능한 경험의 전체, 또는 가능한 경험에 의한 종합의 전체)이기 때문에, 이성 개념은 경험의 내부에 제한되려고는 하지 않는다는 것이다. 확실히 실제의 경험은 그와 같은 인식에는 완전히 충분했던 일은 없지만, 언제나 그와 같은 인식에 속하는 것이다. 지성 개념이 (지각을) 이해하는 일에 유용한 것처럼, 이성 개념은 개념적으로 파악하는 일에 쓸모가 있는 것이다. 이성 개념이 무조건적인 것을 포함하는 경우에 그것은 모든 개념이 속하는 무엇인가 그 어떤 것에 관련을 갖는 것이지만, 그 어떤 것은 전혀 경험의 대상이 아닌 것이다. 이성은 경험으로부터 추리를 할 때, 그 어떤 것에 도달하거나 그 어떤 것에 따라서 자신의 경험적 사용 정도를 평가하고 측정한다. 그러나 그 어떤 것은 결코 경험적 종합의 일부를 이루는 것이 아니다. 그럼에도 불구하고 그와 같은 개념이 객관적 타당성을 갖는다고 한다면, 그것은 올바르게 추리된 개념이라고 일컬을 수 있다. 만일 그렇지 않다면 그것은 적어도 속임수의 추론에 의해 빼앗은 것으로, '궤변적 개념'이라고 일컬어져야 할 것이다. 그러나 이런 것은 무엇보다도 순수이성의 변증적 추론의 장에서 비로소 결정될 것이므로 여기서는 아직 신경을 쓸 필요는 없다. 오히려 우리는 순수지성 개념을 범주라고 불렀던 것처럼 우선 순수이성 개념에 새로운 이름을 부여해, 이것을 초월적 이념이라 부르고, 지금부터 이런 명명을 설명하고 그 정당함을 밝히기로 한다.

제1절 이념 일반에 대해서

우리의 언어는 어휘가 매우 풍부함에도 불구하고 생각이 깊은 사람들까지도 자기 개념에 딱 맞는 표현을 찾아서, 또는 그러한 표현이 없기 때문에 타인은 물론 자기 자신도 만족하게 이해시키지 못해서 고심을 하는 경우가 흔히 있다. 새로운 언어를 만들어 내는 것은 언어 입법에 대한 월권이며, 성공하는 일이 매우 드물다. 이와 같이 가망이 없는 수단(새로운 언어를 만드는 것)을 감행하기 전에, 사어(死語)가 된 학술어 안에 이런 개념에 적합한 표현이 없는가 하고 먼저 살펴보는 것이 좋으리라. 그리고 이전의 사용법이 창시자의 부주의에 의해서 조금 애매해져 있다고 하더라도, 그런 표현에 고유한 뜻을 정착시키는 편이(비록 그 무렵에도 엄밀하게 그와 동일한 뜻으로 간주되었는지 어떤지 하는 것은 의심스럽다 하더라도), 이해받지 못해서 우리의 과제가 헛일이 되는 것보다는 훨씬 나을 것이다.

그러므로 어떤 하나의 개념에 대하여, 이미 담긴 그 뜻 가운데에서 이 개념에 딱 맞는 단 하나의 말밖에 찾지 못하고, 그 개념과 다른 유사한 개념과의 차이가 매우 중요하다고 하자. 그 경우 그 말을 아낌없이 사용하거나, 또는 그 말을 다른 말의 대용이 되는 동의어로서 사용하거나 하지 않고, 그 말의 본디 뜻을 확보하는 것이 좋다. 만일 그렇지 않으면 그 표현은 특히 사람들의 주의를 끌지 못하고, 매우 의미가 다른 표현들 속에 파묻혀서, 이 표현이 확보할 수 있었던 사상까지도 잃어버리게 될 것이기 때문이다.

플라톤은 이데아(=이념)라고 하는 표현을 사용했다. 그리고 주지하는 바와 같이 그는 그 이념 아래에서, 감각으로부터는 결코 얻어질 수 없을 뿐만 아니라 아리스토텔레스가 논했던 지성 개념까지도 훨씬 넘어, 경험에서 그것과 일치하는 것을 전혀 볼 수 없는 것을 의도했다. 플라톤의 경우 이념은 사물의 원형 그 자체이며, 단순히 범주와 같은 가능한 경험의 단서는 아니다. 그의 생각에 의하면 이념은 최고의 이성에서 나온 것이며, 거기에서 인간의 이성에게 나누어서 주어진 것이다. 그러나 인간의 이성은 이제 이미 애초에 있었던 그 상태가 아니고, 지금은 빛이 아주 바랜 그 옛날의 이념을 상기하는 일—철학이라고 하는 것—에 의해서, 매우 고심하여 불러일으키지 않으면 안 된다. 나는 여기서 저 걸출한 철학자가 그 표현에 결부시켰던 의미를 명확히 하기 위해 문헌적 연구를 하려고는 생각하지 않는다. 다만 나는 다음과 같은 일을 참고로 적어둔다. 평소의 대화에서 있을 수 있는 바와 같이 저작 등에서도 저자가 그 주제에 대해서 말한 여러 생각을, 독자가 저자 자신보다 더 잘 이해한다고 하는 것은 드문 일이 아니라는 점이다. 왜냐하면 저자가 자신의 개념을 제대로 규정해 두지 않았으므로, 자기 자신의 참뜻과는 달리 이에 대해서 말하거나 생각하는 일도 있기 때문이다.

플라톤이 쓴 것에 의하면 우리의 인식능력은 현상을 경험으로 읽을 수 있기 위해서, 그것을 종합적 통일에 따라서 엮는 것에 만족하지 않고 훨씬 높은 요구를 느낀다. 그리고 그가 말한 바에 의하면 우리의 이성은 저절로 경험이 주는 것으로 해서, 결국은 인식과 일치할 수 있는 대상보다도 훨씬 멀리까지 미치는 인식으로 비약한다. 그럼에도 불구하고 그와 같은 인식은 실재성을 가지며, 결코 단순한 망상이 아니다.

플라톤은 그가 말하는 이념을 주로 모든 실천적인 것 속에서,[2] 다시 말하면 자유에 입각한 모든 것 속에서 발견했다. 자유는 자유대로, 이성 본디의 산물인 인식에 따른다. 덕의 개념을 경험에서 끌어내려 한다고 하자. 또 단순한 실례로서 불완전한 설명에밖에 쓸모가 없는 것을, 인식 원천을 위해 본보기로 삼으려는 자(사실 많은 사람들이 그랬던 것처럼)가 있다고 하자. 그러면 덕의 개념으로부터는 때와 경우에 따라 수시로 변하는, 규칙으로서 쓸모가 없는 애매하고 불합리한 것이 생길 것이다. 이에 반해 누구나 다음과 같은 일을 인정할 것이다. 즉 그에게 덕의 본보기로서 누군가가 소개되었다고 해도, 진정한 원형은 그 자신 안에 있고, 그는 이것과 자칭 본보기를 비교해서 본보기를 원형에 따라 평가할 뿐이다. 이 원형이 덕의 이념이다. 이 이념에 대해서 경험의 모든 가능한 대상은 확실히 실례(이성의 개념이 빈번하게 구하는 것에 대한, 어느 정도의 실효성 증명)의 역할을 다하지만, 원형의 역할은 다하지 않는다. 어떠한 인간도 결코 덕의 순수한 개념이 포함하고 있는 것에 알맞게 행동하지 않을 것이라는 점은, 결코 원형을 논하는 사상이 황당무계한 것을 지니고 있다는 것을 증명하는 일은 아니다. 왜냐하면 그럼에도 불구하고 도덕적 가치 또는 무가치에 대한 모든 판단

---

2) 사변적 인식이 순수하고 완전하게 선험적으로 주어지는 경우, 플라톤은 그의 개념을 물론 사변적 인식으로까지 확대했다. 그뿐만 아니라 그는 수학이 가능한 경험 안에서만 대상을 가지는 것임에도, 그런 수학에까지도 확대했다. 그 점에서 나는 플라톤에 따를 수는 없다. 이들 이념의 신비적 연역에서도 그렇고, 그가 과장을 사용해 이 이념을 실체화한 점에서도 그러하다. 비록 그가 이 영역에서 사용한 고귀한 언어가, 보다 온건하여 사물의 본성에 어울리는 해석을 매우 잘했다고 해도 사정은 다르지 않다.

은, 이 이념에 의해서만 가능하기 때문이다. 따라서 이념은 인간의 본성에서 알 수 없는 장애가 우리를 어떻게든 이념으로부터 멀어지게 하고자 하더라도, 우리가 도덕적 완전성에 근접하려고 하는 밑바탕에 언제나 필연적으로 존재한다.

플라톤의 '공화국'은 한가한 사색가가 아니면 생각하고 그려낼 수 없는 완전성을 몽상하는 실례로 여겨져 화제가 되기도 했다. 플라톤이 이념을 나누어 가지지 않으면 군주는 결코 잘 통치할 수 없을 것이라고 말한 것을 브루커(Johann Jakob Brucker)는 터무니없는 것으로 보고 있다. 그러나 이 사상을 잘 살펴서(이 훌륭한 사상가는 암시를 해주고 있지 않지만) 새로운 노력에 의해서 이를 밝히는 편이, 그것을 소용없는 것이라고 무시하는 것보다 낫다. 아무것도 하지 않는 편이 좋다고 하는 것은 그것을 멸시한 해로운 핑계이다. 법은 각자의 자유를 타인의 자유와 더불어 공존할 수 있도록 하기는 하지만, 그 법에 의한 최대의 인간적 자유의 조직은 (최대 행복이 아니다. 왜냐하면 행복은 저절로 생길 것이기 때문에) 적어도 필연적 이념이다. 우리는 이 이념을 국가조직의 최초 구상에서뿐만 아니라 모든 법의 경우도 그 바탕에 두어야 하고, 그때 우리는 비로소 현재의 장애를 무시하지 않으면 안 된다. 그와 같은 장애는, 아마도 인간의 본성상 불가피하게 발생하는 것이라기보다는, 오히려 입법 때에 이념을 무시하는 데에서 생긴다. 왜냐하면 이른바 모순적 경험을, 이념을 경시하는 근거로 삼는 저속함만큼 유해하고도 비철학적인 것은 없기 때문이다. 만일 앞서 말한 것과 같은 헌법제도가 적절한 시기에 이들 이념에 따라서 실현되고, 또한 이념 대신에 조잡한 개념이(그것이 경험으로부터 형성된 것이라는 이유로) 모든 선량한 의도를 방해하지만 않았다면, 이처럼 겉보기에 모순되는 경험과 같은 것은 전혀 존재하지 않았을 것이다. 입법과 행정이 이 이념과 일치해서 조직되면 될수록, 물론 형벌은 적어질 것이다. 그렇게 되면 (플라톤이 말하고 있는 것처럼) 입법과 행정이 완전히 정비되어, 형벌과 같은 것은 전혀 필요가 없게 되리라는 것은 이치에 닿는 말이다. 비록 그와 같은 일이 결코 실현되지 않는다 해도, 이념이 그와 같은 철칙을 원형으로서 들고, 그 철칙에 의해서 인간의 법적 제도를 최대한 완전한 상태로 접근시키기 위해서는, 이념은 매우 올바르다. 왜냐하면 인류가 머물러야 할 최고의 단계가 어떠한 지점인지, 또한 이념과 그 실현 사이에 아무래도 남게 될 간격이 어느 정도로 큰지 하는 것은 어느 누구도 확정할 수 없을 뿐만 아니라 확정할 수 있는 일도 아니기 때문이다. 이러한 이유로, 주어진 모든 한계를 넘을 수가 있는 것이야말로 자유이다.

그러나 플라톤은, 인간 이성이 진정한 인과성을 발휘하여 이념이 작용 원인(행위와 그 대상의)이 될 뿐만 아니라, 즉 도덕의 영역에서뿐만 아니라 자연 그 자체에 대해서도 이념을 근원으로 한다는 명확한 증명을 보았는데, 그것은 정당한 일이다. 식물, 동물, 우주 구조의 규칙 바른 배열(아마 자연의 모든 질서도)은 그들이 이념에 의해서만 가능하다는 것을 분명하게 보여준다. 물론 개개의 피조물은 그것이 생존하는 개개의 조건 아래에서는 그 존재 양식의 가장 완전한 상태와는 일치하지 않음(인간이 그 행위의 원형으로서 인간의 이념을 영혼 안에 가지고 있으면서, 그 이념과 일치하지 않은 것처럼)에도 불구하고, 그 이념은 최고의 지성에서는 하나하나가 부동인 채로 일괄적으로 규정되어서 사물의 근원적 원인이 되고 있으며, 사물의 모든 결합은 우주에서만 오로지 이념에 완전히 일치되는 것이라고 할 수 있다. 과장된 표현을 제외한다면, 세계 질서가 물리적인 것에 반영되어 있다고 하는 고찰에서 시작하여, 목적에 따른, 곧 이념에 따른 세계 질서의 건축술적 결합에까지 올라가는 플라톤의 정신적 비상(非常)은 존경하고 모방할 만한 가치가 있는 노력이다. 도덕이나 입법, 종교에 관련된 경우에 이념은 경험 자체를 가능하게 하는 것으로서는 결코 완전히 표현될 수 없다 하더라도 뛰어난 공적을 가지고 있다. 사람들이 이 공적을 인식할 수 없는 것은, 다만 그것이 경험적 규칙에 의해서 평가될 뿐이기 때문이다. 원리로서의 경험적 규칙의 타당성은, 바로 이념에 의해서 폐기되어야 했던 것이다. 왜냐하면 경험은 자연에 대해서는 우리에게 규칙을 주고, 그 규칙은 진리의 원천이기는 하지만 도덕 법칙에 대해서는 경험은 (유감스럽지만!) 가상의 어머니일 뿐이기 때문이다. 또 해야 할 일에 대한 법칙을 행해져야 하는 일로부터 따오거나, 행해져야 하는 일에 의해 제한하려고 하는 것은 가장 버려야 할 일이기 때문이다.

이들 모든 고찰을 적절히 상론한다는 것은 실로 철학의 독자적인 품위를 이루는 것이지만, 우리는 여기서는 이에 관여하지 않고 그 대신 그다지 훌륭하지는 않지만 역시 기여하는 바가 없지 않은 과업에 착수하기로 한다. 그것은 바로 저 당당한 도덕적 건조물의 기반을 평탄하게 하고, 건축에 견딜 수 있는 것으로 만드는 일이다. 그 지반 아래에는, 헛되게도 자신만만하게 보물을 찾게 되리라 기대하고 파나가는 이성의, 갖가지 지하도가 대기하고 있고, 그 지하도는 건조물을 불안정하게 만들고 있는 것이다. 그렇기 때문에 순수이성의 초월적 사용, 그리고 순수이성의 원리와 이념을 잘 안다고 하는 것은, 순수이성의 영향과 그 가치를 적절하게 측정하여 가늠해 보는 일을 가능하게 하는 우리의 의무이다. 하지만 이와 같은 준비적 서문을 끝맺음에 앞서, 철학에 관심을 가지고 있는 사람들(이것은 흔히 듣는 것 이상의 표현이다)이 만약 이 서문 및 이하의 서술에서 확신을 얻으려고 한다면, 이념이라고 하는 표현을 본디의 뜻에 따라서 옹호해 주기를 바라고 싶다. 그것은 앞으로 이 표현이 관념의 종류를 무엇이나 아무렇지도 않게 무질서한 대로 표현하는 다른 표현들 패거리에 끼지 않기 위한 것이며, 바로 그때 이 표현이 학문을 손상시키는 일이 없도록 하기 위한 것이다. 모든 관념의 종류에 어울리는 명칭이면 우리는 그것으로 충분하며, 전혀 남의 재원에 손 내밀 필요는 없다. 실제로 여기에 여러 관념의 위계(位階)가 있다. 유(類)는 관념 일반이다. 이것에 종속하는 것이 의식을 수반한 관념(지각)이다. 의식 상태의 변용으로서의 주체에밖에 관계하지 않는 지각은 감각이며, 객관적 지각은 인식이다. 인식은 직관 아니면 개념의 어느 한쪽이다. 직관은 직접적으로 대상과 관계하여 개별적이다. 개념은 복수의 것에 공통적인 특징을 매개로 하며 간접적이다. 개념은 경험적 개념이나 순수한 개념, 어느 하나이다. 순수개념은 다만 지성에 근원을 가지는 한(감성의 순수도식에가 아니라), 지성 관념이라고 일컬어진다. 지성 개념으로 이루어지고 경험의 가능성을 넘는 개념이, 이념 또는 이성 개념이다. 일단 이런 구별에 익숙해 있는 사람이라면, 빨간색의 관념을 이념이라고 말하는 것을 들으면, 차마 듣기가 거북할 것임에 틀림없다. 이들은 결코 지적 개념(지성 개념)이라고 할 수 없는 것이다.

제2절 초월적 이념에 대해서

초월적 분석론은 우리 인식의 단순한 논리적 형식이 어떻게 선험적인 순수개념의 근원을 함유하는가, 그 상태를 실례로서 제시해 주었다. 이들 선험적인 순수개념은 모든 경험에 앞서서 대상을 나타낸다. 또는 오히려, 대상의 경험적 인식을 유일 가능하게 하는 종합적 통일을 나타낸다. 판단의 형식은(직관의 종합에 대한 개념으로 변환되어) 경험에서의 모든 지성 사용을 다스리는 범주를 낳았다. 마찬가지로, 다음과 같은 일을 기대할 수가 있다. 즉, 이성 추리의 형식, 범주를 기준으로 해서 직관의 종합적 통일에 적용하면, 그 형식은 특수한 선험적 개념의 근원을 포함하고 있을 것이라는 점이다. 우리는 이들 선험적 개념을 순수이성 개념, 또는 초월적 이념이라고 일컬을 수 있다. 그리고 이들 선험적 개념은 모든 경험의 지성 사용 전체를 원리에 의해서 규정할 것이다.

이성이 추리할 때의 기능은, 개념에 의한 인식의 보편성을 바탕으로 한다. 그리고 이성 추리 전체가, 그 조건의 외연 전체에서 선험적으로 규정되는 하나의 판단이다. '가이우스는 죽는다'는 명제를 나는 경험으로부터 단순히 지성에 의해서도 알 수 있을 것이다. 그러나 나는 이 판단의 술어(단언 일반)가 주어지기 위한 조건을 포함하고 있는 개념을 찾는 것이다. 그리고 그 개념을 외연 전체로 간주된 이 조건(모든 인간은 죽을 운명이다)에 끌어들인 뒤에, 그것에 의해 나의 대상에 대한 인식을 확정하는 것이다. '가이우스는 죽어야 할 운명이다.'

이와 같은 사실에 따라 우리는 이성 추리의 결론에서 하나의 술어를 어떤 대상으로 제한하지만, 그것은 우리가 그 술어를 미리 대전제에서 그 외연 전체에 걸친 조건 아래에서 생각한 다음의 일이다. 이러한 조건에 대한 외연의 완전한 분량을 보편성이라고 한다. 직관의 종합에서 이 보편성에 대응하는 것은 총체성, 곧 조건의 전체성이다. 따라서 초월적 이성 개념은 조건이 붙어서 주어진 것에 대한 전체성 개념 바로 그것이다. 그런데 무조건적인 것만이 조건의 전체성을 가능하게 하며, 조건의 전체성은 언제나 그 자신이 무조건이다. 그렇기 때문에 무조건한 것의 개념이 조건의 근거를 포함하고 있는 한, 순수이성 개념은 무조건한 것의 개념으로 정의되고 설명될 수 있다.

한편 지성이 범주에 의해서 나타내는 수만큼 관계의 종류가 있는 것처럼, 순수이성 개념도 그것과 같은 수만큼 있을 것이다. 그렇기 때문에 첫째로, 주어에서의 무조건적인 정언적 종합이 추구될 것이다. 둘째로, 한 계열을 이룬 항의 무조건적인 가언적 종합이 추구될 것이다. 셋째로, 하나의 체계에서 부분의 무조건적인 선언적 종합이 추구될 것이다.

요컨대 이와 같은 수의 이성 추리 종류가 존재하며, 그 어느 것이나 삼단논법에 의해 무조건적인 것을 향하여 나아간다. 하나는 그 자신이 이제는 술어를 가지지 않는 주어로 향하는 이성 추리이다. 다음으로는 더 나아가 아무것도 전제로 하지 않는 이성 추리이다. 셋째로는 개념의 구분을 완성하기 위하여, 구분의 추가적인 항을 필요로 하지 않는 항의 집합으로 향하는 이성 추리이다. 그러므로 조건의 종합에서 전체성의 순수이성 개념은 지성의 통일을 가능하면 무조건적인 것에 이르기까지 추진하기 위한 과제로서 필연적이며, 인간 이성의 본성에 뿌리를 박고 있다. 비록 이들 초월적 개념이 구체적으로 사용되는 일이 없다고 해도, 그러한 것이다. 따라서 이들 개념은 지성의 사용이 최대한으로 확장됨과 동시에 지성이 자기 자신과 완전히 일치하는 방향으로 이끌어 가는 것 말고는 쓸모가 없다.

그러나 우리는 여기에서 모든 이성 개념에 공통된 명칭으로서, 조건의 전체성이나 무조건적인 것에 대해 이야기함으로써, 또다시 어떤 용어를 만나게 된다. 결여되어서는 안 될 용어임에도 불구하고, 오랫동안의 오용에 의해 그 뜻이 애매하게 되었기 때문에, 우리가 안심하고 사용할 수가 없는 용어이다. '절대'라는 말은, 그 본디 뜻으로 보아 어떤 개념에 적합하며 그만큼 딱 맞는 용어는 없었다. 그리고 이 말을 잃거나, 또는 같은 말이지만 이 용어가 오용에 의해 애매하게 사용된다면, 개념 그 자체를 잃을 수밖에 없을 것이다. 더욱이 그 개념을 상실하면 이성을 크게 번거롭게 하기 때문에, 모든 초월적 판정에 커다란 손실을 가져올 수밖에 없다. '절대적'이란 말은 오늘날 어떤 사물에 대해서 무엇인가가 그 자체로서 고찰되고 그것이 내적으로 타당함을 나타내기 위해서 흔히 사용된다. 이런 뜻에서의 '절대적으로 가능'하다는 말은, 그 자체로서 (내적으로) 가능하다는 것을 의미하게 될 것이다. 그것은 사실, 대상에 대해서 말할 수 있는 최소한의 것이다. 이와는 반대로, 이 용어는 때때로 무엇인가가 모든 관계에서 (무제한으로) 타당하다는 것(예를 들면 절대군주)을 나타내기 위해서도 사용된다. 따라서 절대적으로 가능하다는 것은, 모든 관계에 있어서의 모든 의도에서 가능하다는 것을 의미하게 될 것이다. 이것은 또한 내가 사물의 가능성에 대해서 말할 수 있는 최대한의 것이다. 그런가 하면 확실히 이와 같은 뜻들이 가끔 뒤섞여 있는 경우가 있다. 예컨대 내면적으로 불가능한 것은 모든 관계에서도, 그러니까 절대적으로도 불가능하다. 그러나 대개의 경우 이들은 서로 하늘과 땅만큼 차이가 나는 것이어서, 나는 무엇인가가 그 자체로서 가능하다고 해서 그것이 모든 관계에서도, 그러니까 절대적으로도 가능하다고는 결코 결론지을 수는 없는 것이다. 그뿐만 아니라 절대적 필연성에 대해서, 나는 이어 다음과 같이 제시하고자 한다. 절대적 필연성은 반드시 어떤 경우에서나 결코 내적 필연성에 의존하는 것이 아니고, 따라서 내적 필연성과 같은 뜻이라고 간주되어서는 안 된다고. 어떤 것에 있어서 그 반대가 내적으로 불가능하면, 그 반대는 모든 의도가 어떠하든 불가능하다. 그래서 그 어떤 것 자체는 절대적으로 필연적이다. 그러나 이와 반대로 추리하여, 절대적으로 필연적인 것의 반대는 내적으로 불가능하며, 그러므로 사물의 절대적 필연성은 내적 필연성이라고 말할 수는 없다. 왜냐하면 이 내적 필연성은 어떤 경우에는 완전히 공허한 말로서, 우리는 이런 말에 그 어떤 개념조차도 결부시킬 수가 없기 때문이다. 이에 반해 사물의 필연성이라는 개념은 모든 관계(가능한 모든 것에 대한)에서, 아주 특수한 규정을 띠고 있다. 그런데 사변적 철학에서 대대적으로 적용되고 있는 개념을 잃는다는 것은 철학자에게 있어서 결코 무관심할 수 없는 일이다. 그러므로 개념이 의지하고 있는 용어를 규정하고, 이를 꼼꼼하게 보존하는 것도 철학자가 무관심하게 보아 넘기지 않기를 바라는 것이다.

그래서 나는 '절대적'이라는 말을 이 확장된 의미에서 사용하여, 이것을 단순히 상대적으로 해당하는 것, 또는 무엇인가 특수한 관계에서만 해당한 것에 대치하게 될 것이다. 왜냐하면 후자는 조건에 의해 제한되고 있지만, 전자는 확장된 뜻에 있어서의 '절대적'에는 제한이 없기 때문이다.

그런데 초월적 이성 개념은 언제나 조건들을 종합하는 절대적 전체성만을 지향하게 되고, 절대적으로, 즉 모든 관계에서 무조건인 것 이외에서는 멈추지 않는다. 왜냐하면 순수이성 개념은 직관의 대상 또는 구상력에 있어서의 직관의 종합에 관계하는 지성에 모든 것을 맡기기 때문이다. 이성 개념은 지성 개념의 사용에서의 절대적 전체성만을 자신을 위해 유지한다. 그리하여 범주에서 생각할 수 있는 종합적 통일을 절대로 무조건적인 것으로까지 격상시키려고 한다. 그러므로 우리는 이런 통일을 '이성 통일'이라 부르고, 마찬가지로 범주가 나타내는 통일을 '지성 통일'이라고 일컬을 수가 있다. 따라서 이성은 오로지 지성의 사용에만 관여한다. 더욱이 그것은, 지성 사용이 가능한 경험의 근거를 포함할 때에만 그런 것이 아니다(왜냐하면 경험은 무조건적인 것이 아니므로, 조건의 절대적 전체성은 경험에서 사용될 수 있는 개념이 아니기 때문이다). 그렇지 않고 지성 사용에 대해서 어떤 종류의 통일 방향을 지정하기 위해서이다. 지성은 그와 같은 통일에 대한 개념을 가지지 않지만, 그 통일은 모든 지성 작용을 어느 대상에 대해서 절대적 전체로 총괄하는 것을 지향한다. 그러므로 순수지성 개념의 객관적 사용은 언제나 초월적이다. 이에 반해 순수지성 개념의 객관적 사용은 단순히 가능한 경험에 제한되어 있기 때문에, 그 본성상 언제나 내재적이어야 한다.

내가 말하는 이념이라는 것은, 그것과 일치하는 대상이 감각에서 주어질 수 없는 필연적 이성 개념을 의미한다. 따라서 우리가 지금 고찰하고 있는 순수이성 개념은 초월적 이념이다. 이들은 순수이성의 개념이다. 왜냐하면 초월적 이념은 모든 경험적 인식을, 조건의 절대적 전체성에 의해서 규정된 것으로 간주하기 때문이다. 이들은 임의로 날조된 것이 아니라, 이성 자체의 본성에 의해서 주어진 것이다. 그렇기 때문에 이들은 필연적으로 지성 사용 전체에 관여한 것이다. 이들은 결국 초월적이고, 모든 경험이 한계를 뛰어넘는다. 그러므로 경험에 있어서는 초월적 이념에 대응하는 대상은 결코 찾아볼 수가 없는 것이다. 우리가 이념이라고 말할 때, 객체 쪽에서 보자면(즉 순수이성의 대상에 대해서는) 지나친 말이지만, 주체 쪽에서 보자면(즉 경험적 조건 아래에서 주체의 현실성에 대해서는) 아직은 모자라다. 그도 그럴 것이 이념은 최대한의 개념으로서, 구체적으로는 결코 완전히 일치되는 모양으로 주어지지 않기 때문이다. 그런데 완전히 일치한다는 것이 본디, 이성의 사변적 사용의 전반적인 생각임에도 불구하고, 그것을 실행하는 가운데 결코 도달할 수 없는 개념에 접근하려고 한다는 것은 그 개념의 표적이 어긋났다고 하는 것과 같다. 그래서 그와 같은 개념에 대해서는, '그것은 단순한 이념에 불과하다'는 말을 듣게 되는 것이다. 그렇다고 한다면 '모든 현상의 절대적 전체는 단순한 이념에 지나지 않는다'고 말할 수가 있을 것이다. 왜냐하면 우리는 그와 같은 것을 형상으로서 그리려야 그릴 수가 없으므로, 절대적 전체는 해결할 길이 없는 문제로 남기 때문이다. 이에 반해 지성의 실천적 사용에서는 오로지 규칙에 따르는 실행만이 문제가 되므로, 실천이성의 이념은 다만 부분적이기는 하지만 사실상 구체적으로 주어질 수 있다. 뿐만 아니라 그 이념은 이성의 모든 실천적 사용의 불가결한 조건이다. 그 이념의 행사는 언제나 한정되어 있으며 불완전하다. 그러나 이념은 확정할 수 없는 한계 아래에 있고, 따라서 언제나 절대적 완전성 개념의 영향을 받고 있다. 그렇기 때문에 실천적 이념은 언제나 가장 수확이 많아, 실제의 행위에 대해서는 피할 수 없이 필연적이다. 게다가 순수이성은 이 이념에서, 이성의 개념이 포함하고 있는 것을 실제로 생기게 하는 인과성을 가지고 있다. 그렇기 때문에 우리는 지혜를 멸시하여, '그것은 단순히 이념에 지나지 않는다'고 말할 수는 없다. 오히려 지혜야말로 모든 목적의 가능하고 필연적인 통일의 이념이므로, 그것은 적어도 제한하는 근원적 조건으로서, 모든 실천적인 것을 위한 규칙으로서 쓸모가 있는 것이어야만 한다.

그런데 초월적 이성 개념에 대해서 우리가 '그것은 다만 이념에 지나지 않는다'고 말하지 않으면 안 된다 하더라도, 그렇다고 해서 그것을 결코 불필요한 것, 무의미한 것이라고 본 것은 아니다. 왜냐하면 이념에 의해서 객체는 규정되지 않는다고는 하지만, 이념은 근본에서 또한 무의식적인 가운데 지성에 대해서 광범위하고 통일된 사용의 기준으로서 쓸모가 있기 때문이다. 이념에 의해서 지성은 확실히, 개념에 의해서 인식하는 것 이상으로 대상을 인식하는 것은 아니다. 그러나 이념에 의해서 그것을 인식하는 데 있어 보다 더 좋게, 보다 더 앞으로 인도되는 것이다. 이 선험적 이성 개념이 실로 자연 개념으로부터 실천적 개념으로의 이행을 가능케 하며, 또 그러한 방식으로 도덕적 이념 그 자체에, 지주와 이성의 사변적 인식과의 결부를 가져올 수가 있다. 이러한 모든 것에 대해서는 앞으로 서서히 해명되기를 기대하지 않으면 안 된다.

그러나 여기에서는 우리의 의도에 따라 실천적 이념은 제쳐두기로 하자. 따라서 우리는 이성을 사변적 사용에서만, 그중에서도 좀 더 범위를 좁혀서, 즉 초월적 사용에서만 고찰하고자 한다. 그렇다면 우리는 여기에서, 이전에 범주의 초월적 연역을 했을 때 택한 것과 같은 길을 택하지 않으면 안 된다. 즉 이성 인식의 논리적 형식을 고려하고, 이성이 어쩌면 객체 그 자체를 이성의 이러저러한 기능에 대해서, 종합적으로 선험적으로 규정된 것으로 간주함으로써 개념의 원천이 되는지 안 되는지를 알아보아야 한다.

인식의 어떤 논리적 형식의 능력이라 여겨진 이성은 추리하는 능력이다. 다시 말해 간접적으로 (어떤 가능한 판단의 조건을, 주어진 판단의 조건 아래에 포섭함으로써) 판단하는 능력이다. 주어진 판단은 일반 규칙(대전제 : Major)이다. 다른 가능한 판단의 조건을 규칙의 조건 아래에 포섭하는 것은 소전제(Minor)이다. 포섭된 경우에 규칙의 주장을 말하는 실제의 판단은 결론(Conclusio)이다. 즉 규칙은 어떤 조건 아래에서 무슨 일인가를 보편적으로(allgemein) 말하는(sagen) 것이다. 그런데 주어진 어떤 사례에서는 규칙의 조건을 볼 수가 있다. 따라서 해당 조건 아래에서 일반적으로(allgemein) 전체적으로 적용된 것은, 주어진 사례(이 조건을 구비하는)에도 적용된다고 간주된다. 손쉽게 알 수 있는 바와 같이, 이성은 일련의 조건 계열을 이루는 지성 작용에 의해서 하나의 인식에 이른다. 내가 '모든 물체는 변화한다'는 명제에 도달하기 위해, 보다 먼 인식 '모든 합성물은 변화한다'(그 안에는 물체라는 개념은 아직 볼 수 없지만, 그 조건을 포함하고 있다)에서 시작하여, 이 명제에서 그 조건 아래에 있는 보다 더 가까운 명제 '물체는 합성물이다'에 이르러, 이 명제로부터 비로소 제3의 명제, 즉 이제 먼 제3의 인식(변화한다)과 당면한 인식을 결합하는 인식 '그러므로 물체는 합성되어 있다'로 향한다고 하자. 그리고 이 명제에서 비로소 떨어진 인식(변화한다)을, 눈앞에 있는 인식 '그러므로 물체는 변화한다'와 결부시키는 제3의 명제로 나아간다고 하자. 그러면 나는 일련의 고전(전제)에서 하나의 인식(결론)에 이른 것이다. 그런데 지수(정언판단 또는 가언판단의)가 주어져 있는 모든 계열은 앞으로 앞으로 계속 나아갈 수가 있다. 즉 동일한 이성 작용은 추리의 계열인 다삼단논법(ratiocinatio polysgllogistica)에 귀착된다. 그 계열은, 조건 쪽으로 (전삼단논법에 의해서) 또는 조건 지워지는 것 쪽으로 (후삼단논법에 의해서) 어디까지나 무제한으로 계속될 수 있다.

그러나 우리는 곧 다음과 같은 일을 깨닫는다. 전삼단논법, 곧 근거 또는 주어진 인식의 조건 쪽에서 추리되는 인식의 연쇄 또는 계열, 바꾸어 말하면 이성추리가 상승하는 계열은 하강하는 계열, 즉 후삼단논법에 의해 조건이 주어진 쪽에서의 전진(Fortgang)이라는 이성 능력에 대해서 다른 관계가 되지 않으면 안 된다. 왜냐하면 전삼단논법의 경우는 인식(conclusio)은 조건만이 주어져 있기 때문에, 우리가 그 인식에 도달할 수 있는 것은 이성을 매개로 해서, 적어도 조건 쪽에서는 계열의 모든 항이 주어져 있다고 하는 (전제 계열에서의 전체성) 전제 아래에서뿐이기 때문이다. 문제의 선험적 판단은 그 조건 아래에서만 가능하니까 말이다. 그에 반해 조건이 주어진 것, 또는 귀결된 것 쪽에서는, 완전하게는 제한되지 않는 계열, 또는 완전하게는 주어져 있지 않은, 생성 중인 계열만이, 따라서 잠재적인 진행이 고려되고 있다. 그러므로 어떤 인식이 조건 지워졌다고 간주될 때, 이성은 조건의 계열이 상승하는 선에서 완결되어, 그 전체성에 주어진 것이라고 보지 않을 수가 없다. 그러나 바로 동일한 그 인식이 동시에 다른 인식의 조건이라고 여겨져, 이들 인식이 하강하는 선 위에서 귀결의 계열을 이루는 경우에는, 이성은 이 진행이 어디까지 부분적으로 선험에 미치고 있는가, 또 이 계열의 전체성이 가능한가 하는 점에 대해서는, 전적으로 무관심하다. 왜냐하면 결론이 부분적으로 선험적 근거에 의해서 이미 충분히 확정되고 보증되고 있으므로, 이성은 눈앞에 있는 결론에 이르는 그와 같은 계열을 필요로 하지 않기 때문이다. 그런데 조건 쪽에서는 전제 계열은 최고 조건으로서의 제1의 항(項)을 가질지도 모르고, 오히려 부분적으로 선험적 한계를 가지지 않을지도 모른다. 그렇다고 한다면, 비록 우리는 결코 조건의 전체성을 파악하지는 못한다 하더라도, 이성은 조건의 전체성을 포함하고 있지 않으면 안 된다. 그리고 조건이 지워진 것이 조건의 모든 계열에서 생기는 귀결로 간주되어, 그것이 참(眞)으로 들어맞으면, 조건의 모든 계열은 무조건 참이지 않으면 안 된다. 이것은 이성의 요구이다. 이성은 자기 인식을 필연적인 것으로서 알린다. 그 자체로서, 그렇지 않으면 도출된 것으로의 어느 한쪽으로서 말이다. 그 자체로서라고 할 경우에는 근거를 필요로 하지 않는다. 도출된 경우라고 할 때에는 그 자체가 무조건적으로 참인 근거 계열의 한 항으로서일 때이다.

제3절 초월적 이념의 체계에 대해서

여기에서 우리는 논리적 변증론에 관여하지 않는다. 논리적 변증론은 인식의 내용을 모두 버리고, 오직 이성 추리에서의 잘못된 가상을 폭로한다. 그러나 그것이 아니라 우리는 선험적 변증론에 관여하는 것이다. 선험적 변증론은 순수 이성에서 오는 어떤 종류의 인식과, 추리된 개념의 근원을, 완전히 선험적으로 포함하게 된다. 그와 같은 개념의 대상은 경험적으로는 전혀 주어지지 않고, 따라서 그와 같은 개념은 모조리 순수지성의 능력 밖에 있다. 우리는 추리와 판단에서 우리 인식의 초월적 사용이 논리적 사용에 대해 가져야만 하는 자연스러운 관계에서, 다음과 같이 추측했다. 즉 세 가지 추리 양식에 관계하는 세 종류의 이성 추리만이 존재하고, 그에 의해서 이성은 원리에서 인식으로 이를 수가 있다고. 또 이성의 작용은 이들 모두의 추리에서 조건 지워진 경우—지성은 언제나 이것에 속박된 상태에 있다—로부터, 지성이 결코 도달할 수 없는 무조건적인 종합으로 상승하는 일이라고.

그런데 우리 관념이 가질 수 있는 모든 관계를 일반적으로 정리하면 다음과 같이 된다. ① 주체와의 관계, ② 객체와의 관계의 두 가지이다. 여기서 객관은 현상으로서의 객관이든가, 사고 일반의 대상으로서의 객관이다. 이 주관적인 면의 구분을 객관적인 면의 구분과 결부시키면, 우리가 표상들에 대해서 개념을 구성하거나 이념을 구성할 수 있는 모든 관계는 다음 세 종류가 된다. ① 주체에 대한 관계, ② 현상에서의 객체의 다양한 것에 대한 관계, ③ 모든 사물 일반에 대한 관계.

한편 모든 순수개념 일반은 관념의 종합적 통일을 과제로 삼고 있지만, 순수이성 개념(초월적 이념)은 모든 조건 일반의 무조건적 통일과 관계한다. 따라서 모든 초월적 이념은 세 부류로 나누어진다. 첫째, 사고하는 주체의 절대적(무조건적) 통일을 포함한다. 둘째, 현상의 조건들 계열의 절대적 통일을 포함한다. 셋째, 사고 일반의 모든 대상 조건의 절대적 통일을 포함한다.

생각하는 주체는 심리학의 대상이다. 모든 현상의 총체(세계)는 우주론의 대상이다. 생각할 수 있는 모든 것의, 가능성의 최고 조건을 포함하는 사물(모든 존재자의 존재자)은 신학의 대상이다. 그렇기 때문에 순수이성은 초월적 심리학(합리적 심리학), 초월적 세계론(합리적 우주론), 초월적 신인론(神認論)(합리적 신학)의 이념을 공급한다. 게다가 이들 학문의 어느 하나를 단지 구상하는 것까지도 지성에서 유래할 수 없다. 비록 지성이 그의 대상(현상)으로부터 경험적 종합의 가장 멀리 떨어진 항으로 나아가기 때문에 이성의 최고의 논리적 사용과 결부되어 있다고는 하지만 즉 생각할 수 있는 한도의 모든 추리와 결부되어 있다고는 하지만 지금 말한 구상은 지성에서 유래되지 않는다. 오히려 그와 같은 구상은 오직 이성 개념의 순수한 진짜 산물, 또는 문제인 것이다.

모든 초월적 이념에 대해 구분된 이런 세 항목 아래, 저마다 순수이성 개념의 어떤 양식이 속하는지는 다음 장에서 충분히 논의될 것이다. 이들 초월적 이념은 범주를 단서로 진행된다. 왜냐하면 순수이성은 결코 직접 대상에 관계하지 않고, 대상의 지적 개념에 관계하기 때문이다. 이와 마찬가지로 다음과 같은 일도 철저히 자상하게 말함으로써 비로소 명확히 될 수 있을 것이다. 즉 이성은 어떻게 해서 자기가 정언적 이성 추리에 사용하는 것과 전적으로 같은 기능을 종합적으로 사용함으로써만, 생각하는 주체의 절대적 통일의 개념에 필연적으로 생각이 미치지 않으면 안 되는가 하는 점이다. 또 어떻게 해서 가언적 이성 추리에서의 논리적 절차가, 주어진 조건의 계열에 있어서 절대로 필연적인 것인가 하는 이념도 가져와야만 되는가 하는 점이다. 그리고 마지막으로 어떻게 해서 선언적 이성 추리의 단순한 형식이 모든 존재자의 존재라고 하는 최고의 이성 개념을 필연적으로 가져오는가 하는 점이다. 이 생각들은 언뜻 보기에 매우 역설적으로 여겨진다.

이와 같은 초월적 이념에 대해서는, 우리가 범주에서 했던 것과 같은 객관적 연역은 애초부터 불가능하다. 왜냐하면 사실상 이 초월적 이념은 그것과 합치해서 주어질 수 있는 객체와의 관계를 가지지 않기 때문이다. 그도 그럴 것이 초월적 이념은, 바로 단순한 이념에 지나지 않기 때문이다. 우리는 우리 이성의 본성으로부터, 초월적 이념의 주관적 추론을 시도할 수가 있었다. 그것은 이 장에서도 이루어지고 있다.

순수이성이 의도하는 것은 조건(그것이 속성에서건, 의존성에서건, 또는 상호성에서건) 쪽의 종합의 절대적 전체성 이외에는 없다고 하는 점, 또 순수이성은 조건이 붙은 쪽으로부터는 절대적 완전성과는 아무런 관련도 없다는 점은 쉽사리 알 수 있다. 왜냐하면 조건의 모든 계열을 전제로 하여, 그것에 의해서 그 조건을 지성에 선험적으로 주기 위해서는, 이성은 지금 말한 의도만을 필요로 하기 때문이다. 그러나 일단 완전하게(그리고 무조건적으로) 주어진 조건이 실제로 존재한다고 하면, 계열을 계속함에 있어서 이성 개념은 더 이상 필요없다. 왜냐하면 지성은 스스로 조건에서 조건이 주어진 것으로, 한 걸음 한 걸음 하강적으로 진행해 가기 때문이다. 이와 같이 해서 초월적 이념은 조건의 계열에서 무조건적인 것에 이르기까지, 곧 원리에 이르기까지 상승하기 위한 것에만 쓸모가 있다. 그러나 조건이 부여된 것으로의 하강에 대해서는, 물론 우리의 이성이 지성 법칙에 의해서 매우 광범위하게 논리적으로 사용하고 있지만, 초월적으로는 전혀 사용하지 않는다. 그리고 우리가 이와 같은 종합(전진하는)의 절대적 전체성에 대해서, 예를 들어 미래의 모든 세계 변화의 전계열에 대해서 하나의 이념을 만든다고 하자. 그러면 그것은 사고물(이성물 : ens rationis)이며, 그와 같은 사물은 단지 자의적으로 생각되어지는 것이지, 이성에 의해 필연적으로 전제되는 것은 아니다. 왜냐하면 조건이 부여되는 것이 가능하기 위해서는, 확실히 그 조건의 전체성이 전제되지만 귀결의 전체성은 전제되지 않기 때문이다. 따라서 그와 같은 개념은 초월적 이념이 아니다. 그러나 우리는 여기에서는 다만 그 초월적 이념과 관련을 가지는 것이다.

마지막으로 우리는 다음과 같은 일도 알아차린다. 그것은 초월적 이념 아래에서 어떤 종류의 맥락과 통일까지도 분명해진다는 것, 그리고 순수이성은 그 통일을 매개로 해서 이성의 모든 인식을 하나의 체계로 완성시킨다고 하는 것이다. 자기 자신(의 영혼)의 인식에서, 그것을 매개로 근원적 존재자를 향해서 나아간다고 하는 것은 매우 자연스러운 진행이다. 그것은 전제에서 결론에 이르는 이성의 논리적 전진과 비슷해 보일 정도이다.[3] 그런데 여기에 정말로, 논리적 절차와 초월적 절차 사이에서 볼 수 있는 것과 같은 유사성이 숨어 있는가의 여부는, 그 대답을 이 탐구의 진행에 기대할 수밖에 없는 문제의 하나이기도 하다. 우리는 이미 이것으로서 우리의 목적을 이룬 셈이다. 왜냐하면 이성의 초월적 개념은 흔히 철학자들의 이론에서는 다른 개념과 뒤섞여 있고, 그들은 이성의 초월적 개념을 지성 개념으로부터 적절하게 구별하지 않고 있으나, 우리는 이성의 초월적 개념을 애매한 상태에서 끌어내어 그 근원을 밝히고, 그것을 통

---

3) 형이상학이 그 연구의 본디 목적으로 하는 것은 다음 세 가지 이념뿐이다. 즉 신, 자유, 불사(不死)이다. 그리고 제2의 개념은 제1의 개념과 결부되어, 필연적 결론인 제3의 개념으로 통하도록 되어 있다. 이 학문이 그 밖에 관련되는 것은 모두, 이들 이념과 그 실재성에 이르기 위한 수단으로서 이 학문에 소용될 뿐이다. 형이상학이 이들 이념을 필요로 하는 것은 자연과학 때문이 아니고, 자연을 뛰어넘기 위해서이다. 이들 이념에 대한 통찰은 신학, 도덕, 또 이들 두 가지의 결부를 통해서 종교를, 곧 우리가 현재 존재하고 있다는 최고의 목적을 사변적 이성 능력에만 의존시키고 그 밖의 것에는 의존시키지 않을 것이다. 이들 이념을 체계적으로 표시함에 있어서는 지금 말한 종합적 절차가 가장 적합할 것이다. 그러나 이 종합적 절차에 필연적으로 앞서야 하는 작업에서는, 성취시키는 목적을 위해서는, 그 절차와는 반대인 분석적 절차 쪽이 우리의 큰 구상을 성취하는 데 더 어울릴 것이다. 다시 말해 우리는 경험이 우리에게 직접 제공해 주는 것으로부터, 곧 영혼론에서 우주론으로, 그리고 거기에서부터 신의 인식으로 나아가는 것이다.

해서 동시에 그 이상은 없는 일정한 수를 제시하여 이성의 초월적 개념을 하나의 체계적 연관에서 제시할 수가 있으며, 그것에 의해서 순수이성의 특수한 영역의 한계가 표시되고 제한되기 때문이다.

제2편 순수이성의 변증적 추리에 대해서

우리는 다음과 같이 말할 수가 있다. 초월적 이념은 오로지 필연적으로 이성에서 근원적 법칙에 따라 산출되어 있는 것임에도 불구하고, 우리는 단순한 초월적 이념의 대상을 이해하지 못하고 있다고. 그리고 단순한 초월적 이념의 대상은 그와 같은 것이라고 말이다. 왜냐하면 실제로 이성의 요구에 들어맞아야 할 대상에 대해서, 지성 개념은 가능하지 않기 때문이다. 다시 말해 가능한 경험에서 제시되고 직관화될 수 있는 개념은 가능하지 않기 때문이다. 다음과 같이 말하면 표현이 보다 적절하여 오해의 위험성도 적을 것이다. 즉 우리는 이념에 대응하는 객체에 대해서 개연적인 개념을 가질 수는 있지만, 인식을 가질 수는 없다.

그런데 적어도 순수이성 개념의 초월적(주관적) 실재성은, 우리가 필연적인 이성 추리에 의해서 이와 같은 이념으로 이르게 된다는 것에 입각한다. 그렇기 때문에 우리가 인식하는 어떤 것으로부터 다른 어떤 것을 추리하는 것을 이해하기 위한, 경험적인 전제를 포함하지 않은 이성 추리가 있다. 그런데 우리는 다른 그 어떤 것을 이해하고 있지 않음에도 불구하고, 피할 수 없는 가상에 의해서 거기에 객관적 실재성을 부여하는 것이다. 따라서 이와 같은 이성 추리는, 그 결론에 대해서는 이성 추리라고 하기보다는 오히려 궤변적 추리라고 불러야 할 것이다. 이들은 날조되거나 우연히 생긴 것이 아니라 이성의 본성에서 밖으로 드러난 것이기 때문이다. 그것들은 궤변이지만, 인간의 궤변이 아니라 순수이성의 궤변이다. 이들 궤변으로부터는, 모든 인간 가운데 가장 현명한 사람이라 할지라도 벗어날 수가 없고, 노력을 한다면 잘못을 방지할 수 있을지 모르지만 그를 괴롭히고 속이는 가상을 완전히 없앨 수는 없다.

그렇기 때문에 이들 궤변적 추리에는 세 종류만이 존재하며, 그것은 이들 이성 추리가 이르게 되는 이념과 같은 수이다. 제1부류의 이성 추리에서는, 나는 다양한 것을 전혀 포함하지 않는 주체의 초월적 개념으로부터 이 주체의 초월적 통일을 추리한다. 그와 같이 해도 나는 그 주체에 대해서 전혀 아무것도 이해하지 못한다. 나는 이 변증적 추리를 초월적 추리라고 부르기로 한다. 제2부류의 궤변적 추리는—주어진 현상에 대한 일반 조건의—계열의 절대적 전체성의 초월적 개념을 노리는 것이다. 그리고 나는, 내가 한쪽 계열의 무조건적인 종합적 통일에 대해서, 언제나 자기 모순적으로 이해한다는 점에 있어서 그것과는 대립하는 통일이 정당하다는 것을 추리한다. 그럼에도 불구하고 나는 이 통일에 대해 아무것도 이해할 수가 없는 것이다. 이와 같은 변증적 추리에서의 이성의 상태를, 나는 순수이성의 '이율배반'이라 부르고자 한다. 마지막으로 제3부류의 궤변적 추리에 의해서, 나는 나에게 주어지는 한에서의 대상 일반을 사유하는 조건의 전체성에서, 사물 일반의 가능성에 대한 모든 조건의 절대적 종합적 통일을 추론한다. 다시 말해 내가 단순한 초월적 개념으로는 알지 못하는 사물로부터, 모든 존재자 안의 존재자를 추리한다. 그러나 나는 그 존재자를 초월적 개념에 의해서는 더더욱 알 수 없고, 그 무조건적 필연성에 대해서 어떤 이해도 할 수가 없는 것이다. 이 변증적 이성 추리를 나는 순수이성의 이상이라 부르고자 한다.

[제1판]

제1장 순수이성의 오류 추리에 대해서

논리적 오류 추리가 오류 추리인 까닭은, 그 내용이야 어떻든 형식으로 보아 이성 추리의 잘못에 있다. 그러나 초월적 오류 추리에는 초월적인 근거가 있다. 그것은, 형식부터가 잘못해서 추리한다는 것이다. 이렇게 해서 이와 같은 잘못된 추리의 근거는 인간 이성의 본성에 있을 것이다. 또한 그와 같은 잘못된 추리는, 멈추는 경우가 없는 것은 아니지만 피할 수 없는 착각을 수반하고 있다.

앞에서 말한 초월적 개념들의 일반적인 표에는 명시되지 않았지만, 이제 우리는 역시 그것에 덧붙일 수밖에 없는, 그렇다고 해서 그 표가 조금도 변경되거나 불완전해지지는 않는 하나의 개념에 직면하게 된다. 그것은 '나는 생각한다'는 개념, 또는 판단이라고 할 수 있는 것이다. 그러나 흔히 알려져 있듯이 '나는 생각한다'는 개념은 모든 개념 일반의 탈것이며, 따라서 초월적 개념의 탈것이기도 하고, 그렇기 때문에 이들 아래에 언제나 함께 이해되며, 그래서 마찬가지로 초월적이지만 특별한 제목을 가질 수 없는 것이다. 왜냐하면 이 개념은 모든 사고를, 의식에 속하는 것으로서 제시하는 일에 소용이 있을 뿐이기 때문이다. 이렇듯 이 개념이 아무리 경험적인 것(감각의 인상)으로부터의 순수한 것이기는 해도, 그것은 우리의 관념 능력 본성에 유래하는 두 종류의 대상을 구별하는 데에 소용이 된다. 사유하는 것으로서의 자아는 내적 감각기관의 대상이며, 영혼이라고 일컬어진다. 외적 감각기관의 대상을 이루는 것은, 물체라고 일컬어진다. 따라서 생각하는 존재자로서의 '나'라는 표현은 이미 심리학의 대상을 의미한다. 만약에 내가 영혼에 대해 모든 경험(나를 한층 더 정밀하게, 그리고 구체적으로 규정하는)으로부터 독립적으로 모든 사유에 관여하는 한에서 자아라는 개념으로부터 추론될 수 있는 것만을 알려고 한다면, 그런 심리학은 합리적 심리학이라고 부를 수 있다.

그런데 실제로 합리적 심리학은 사실 이와 같은 대담한 시도이다. 왜냐하면 만일 나의 사고 작용에 근소한 경험적인 것이라도 포함되어 있다면, 또는 나의 내적 상태의 어떤 특수한 지각이 이 학문의 인식 근거 속에 들어 있다면 이 학문은 이미 합리적 심리학이 아니라 경험적 심리학일 것이기 때문이다. 따라서 우리 눈앞에는 '나는 생각한다'라고 하는 유일한 명제 위에 세워진 자칭 학문이라는 것이 주어져 있는데, 이제 여기서 우리는 실로 적절하고도 또한 초월적 철학의 본성에 일치한 방법으로 그 근거 유무를 탐구할 수 있다. 이 명제가 나 자신에 대한 지각을 표현함으로써 어떤 내적 경험을 인정하는 것이며, 따라서 그 위에 세워지는 합리적 심리학이 결코 순수한 것이 아니라 부분적으로 경험적 원리에 의거한다는 사실에 이의를 제기해서는 안 될 것이다. 왜냐하면 이런 내적 지각은, '나는 생각한다'라고 하는 단순한 통각 이상의 것이 아니기 때문이다. 게다가 이 통각이야말로 모든 초월적 개념을 가능케 하며, '나는 실체와 원인 등등을 생각한다', '나는 원인을 생각한다'라고 하는 것도 이런 초월적 개념에 의해서 이루어지기 때문이다. 왜냐하면 내적 경험 일반과 그 가능성, 다시 말해 지각 일반과 그것의 다른 지각에 대한 관계는—지각의 어떤 특수한 구별이나 한정이 경험적으로 주어져 있지 않는 한—경험적 인식이라고는 간주되지 않으며, 오히려 경험적인 것 일반의 인식으로 보아야만 하기 때문이다. 또한 그것은 각 경험의 가능성 연구에 속하는 것으로서, 이 연구는 말할 것도 없이 초월적이다. 만일 자기의식의 일반적 표상에 조금이라도 지각의 대상(예컨대 단순한 쾌, 불쾌)이 더해진다면, 합리적 심리학은 곧 경험적 심리학으로 바뀌게 될 것이다.

그러므로 '나는 생각한다'는 합리적 심리학의 유일한 텍스트이며, 이 심리학은 거기서부터 그 모든 지식을 풀어내지 않으면 안 된다. 이 사고가 하나의 대상(나 자신)에 적용되어야만 한다면, 그것은 그 대상의 초월적 술어에만 관여하게 되리라는 것은 쉽사리 알 수 있다. 왜냐하면 사소한 경험적 술어도 합리적 순수성과, 모든 경험에 대한 학문의 독립성을 손상할 것이기 때문이다.

그러나 여기서 우리는 범주의 안내를 따를 수밖에 없을 것이다. 다만 여기에서는 먼저 생각하는 존재자인 '나'라고 하는 사물이 주어져 있으므로, 물론 범주의 표에 명시되어 있는 범주들 상호 간의 순서를 바꾸려는 것은 아니지만, 사물 자체가 나타내는 실체의 범주에서 시작해 범주의 계열을 반대로 따라가게 될 것이다. 따라서 합리적 심리학의 장에서 이 심리학에 포함되어 있는 다른 모든 것이 이끌어 내져야 하는데, 그것은 다음과 같다.

① 영혼은 실체이다(관계)
② 영혼은 그 성질상 단순하다(성질)
③ 영혼이 현존하는 여러 시간에 대해서 수적으로 동일하다, 즉 하나이다(다수성이 아니다)(분량)
④ 영혼은 공간에서의 가능한 대상의 관계에 있다.(양상)[4]

---

4) 독자는 이들 초월적으로 추상화된 표현으로는, 이들 심리학적 의미와, 왜 영혼의 마지막 속성이 현실 존재의 범주에 속하는가를 바로는 추측할 수는 없을 것이다. 독자는 아래에서 이 표현이 충분히 설명되고 있다는 것을 알게 될 것이다. 그런데 이 장에서도, 이 책 전체에 대해서도 바람직한 문체의 취미에 반해서 동의어의 독일어 대신에 라틴어에 의한 표현이 가끔 사용되고 있는 점에 대해 변명해 두어야겠다. 나는 조금이라도 학술어가 난해해지는 것보다는 차라리 용어의 아름다움을 조금 손상하더라도 알기 쉽도록 하는 것이 좋으리라 판단했다.

이들 요소로부터, 순수심리학의 모든 개념이 조금도 다른 원리를 인정할 필요 없이 형성된다. 이 실체는 다만 내적 감각기관의 대상으로서 비물질성의 개념을 준다. 단순한 실체로서는 불후성의 개념을 주며, 지적 실체로서 그 동일성은 인격성을 준다. 이상의 세 가지는 서로 합해 정신성을 준다. 공간에서의 대상들과의 관계는 물체와의 상호작용을 준다. 따라서 실체는 사유하는 실체를 물질에서의 생명 원리로서, 다시 말해 영혼으로서, 그리고 동물성의 근거로서 나타낸다. 동물성은 정신성에 의해서 제한되어 불멸성을 나타낸다.

그런데 초월적 심리학은 이 일에 관계한다. 그것은 사고하는 존재자로서의 우리 본성에 대한 순수이성 학문이라고 잘못 생각되는 초월적 영혼론의 네 가지 오류 추리가 관련되어 있다. 이 학문의 밑바탕에 '나'라고 하는 단순하고 그 자체가 전혀 뜻이 없는 관념 이외의 것을 놓을 수는 없는 것이다. 나는 이 관념을 개념이라고는 할 수 없다. 오히려 그것은 모든 개념에 수반되는 단순한 의식이다. 따라서 이 생각하는 '나' 또는 '그' 또는 '그것'(사물)에 의해서는, 사고의 초월적 주체=X(미지수)' 이외의 어떤 것도 생각에 떠올릴 수가 없다. 이것은 술어를 이루고 있는 사상들에 의해서만 인식되며, 그 사상들만을 분리해서는 이것에 대해 도저히 최소한의 개념도 가질 수 없어서, 그 주위를 끊임없이 빙글빙글 맴돌 뿐이다. 왜냐하면 우리가 초월적 주체에 대해 무엇인가를 판단하기 위해서는, 언제나 이미 초월적 주체를 사용하지 않으면 안 되기 때문이다. 이런 불편은 이와 같은 초월적 주체에 따라다니는 귀찮은 것들이다. 왜냐하면 의식 그 자체는 특별한 객체를 식별하는 관념이 아니라, 관념 일반의 형식―그것이 인식이라고 불리는 한―이기 때문이다. 왜냐하면 그 형식에 의해서만, 나는 그것에 의해서 무엇인가를 생각한다고 말할 수 있기 때문이다.

그러나 다음과 같은 일은 처음부터 묘하게 여겨질지도 모른다. 그것은 내가 생각할 때 사용되는 조건, 그러니까 단지 내 주체의 상태인 조건이 동시에 생각하는 모든 사물에 타당해야 한다는 것이다. 그리고 우리는 필연적이고 보편적인 판단을 경험적이라고 여겨지는 명제에 기초지우는 일을 할 수가 있다는 것이다. 즉 생각하는 모든 것은, 자기의식의 주장이 나에 대해서 말하는 것과 마찬가지로 있다고 하는 것이다. 이와 같이 보이는 원인은, 사물이 지각되는 경우에 따를 수밖에 없는 조건을 구성하는 성질 모두를 우리가 사물에 선험적, 필연적으로 부여할 수밖에 없다는 데에 있다. 한편 사유하는 존재자(인간 등)에 대해 내가 조금이라도 관념을 가질 수 있는 것은, 결코 외적 경험 때문이 아니라 다만 자기의식(자아)에 의해서만이다. 그러므로 그와 같은 대상은 나의 의식을 다른 사물(또는 사유 존재자)에 전이한 것에 지나지 않는다. 그와 같이 해서만 다른 사물은 생각하는 존재자로서 표상된다. 그러나 그 경우, '나는 생각한다'고 하는 명제는 단순히 개연적으로 이해된다. 그것은 이 명제가 현실 존재의 지각을 포함(데카르트의 '나는 생각한다, 그러므로 나는 존재한다'와 같이) 할지도 모르기 때문이 아니라, 이처럼 단순한 명제로부터 그 주체를 위한 어떠한 특성이(지금 그것이 실제로 존재하는지 않는지를 불문하고) 생길 수 있는가를 알 수 있을 것이기 때문이다.

만일 생각하는 존재자 일반에 대한 우리의 순수이성 인식 밑바탕에 '나는 생각한다'라는 것 이상의 것이 있다고 하자. 그 경우 우리가 우리 사고의 움직임에 대한 고찰이나, 이런 고찰로부터 구성되는 생각하는 자아에 대한 자연법칙에 도움을 구한다면, 거기에 경험적 심리학이 발생하게 될 것이다. 그것은 하나의 내적 감각기관의 '자연학(생리학)'으로, 내적 감각기관의 현상을 설명하는 데는 도움이 될 것이다. 그러나 그것은 가능한 경험에는 전혀 속하지 않는 성질(예컨대 단일성이라는 성질)을 명확하게 하거나, 생각하는 것 일반의 본성에 대한 것을 필연적인 것으로서 가르치기 위해서는 아무런 도움도 되지 않으므로, 합리적 심리학이라고는 할 수 없을 것이다.

[제1판]

그런데 '나는 생각한다'라는 명제는 (개연적으로 이해되어) 모든 지성판단 일반의 형식을 포함하는 것이며, 모든 범주에 탈것으로서 수반된다. 따라서 다음과 같은 일이 명확해진다. 즉 이 명제로부터 나온 추리는 지성의 단순한 초월적 사용을 포함할 뿐이고, 또한 경험이 섞이는 것을 허용하지 않아, 우리는 그 추이를 앞에서 제시한 바와 같이 사전에 잘 이해할 수가 없다는 점이다. 그렇기 때문에 우리는 이 명제를 순수심리학의 술어를 통해서 비판적인 눈으로 추구해 보기로 한다.

실체성을 둘러싼 제1의 오류 추리

어떤 것의 관념이 우리 판단의 절대적 술어이며, 그렇기 때문에 다른 사물의 규정으로서 사용할 수 없을 경우, 그 어떤 것은 실체이다. 생각하는 존재자인 나는 나의 모든 가능한 판단의 절대적 주어이다. 그리고 '나'라는 관념 그 자체는 다른 그 어떤 사물의 술어로서는 사용할 수가 없다.

그렇기 때문에 생각하는 존재자(영혼)로서의 '나'는 실체이다.

순수심리학에서 제1의 오류 추리의 비판

우리는 초월적 논리학의 분석적 부분에서 다음과 같이 말했다. 즉 순수 범주는 (그리고 그중에서 실체도) 종합적 통일 기능으로 적용할 수 있는 직관을 바탕으로 하지 않으면, 그 자체로서는 전혀 객관적인 뜻을 가지지 않는다. 만약에 그렇지 않으면 범주는 내용을 가지지 않는 판단의 단순한 기능일 뿐이다. 내가 모든 사물 일반을 사물의 단순한 술어 및 규정에서 구별하는 한, 나는 그것이 실체라고 말할 수가 있다. 그런데 우리의 모든 사고에서 '나'는 주어이며, 사고는 이에 대해 규정으로서만 내속(內屬)한다. 그리고 이 '나'는 다른 사물의 규정으로서는 사용할 수가 없다. 그렇기 때문에 누구나가 '자기' 자신을 필연적 실체로 여기고, 사고를 자기 현실 존재의 우유성(偶有性) 및 자기 상태의 규정으로만 간주해야 한다. 그러나 나는 이 실체라고 하는 개념을 어떻게 사용해야 할까? 나는 생각하는 존재자로서, 나 자신의 관점에서 이를 지속하고, 당연히 생기는 일도 없고 멸망하는 일도 없다는 것을 나는 실체의 개념으로부터 결코 추리할 수 없다. 그리고 그렇게 추리함으로써만 생각하는 내 주체의 실체성이라고 하는 개념은 나에게 유용한 것이다. 이런 일이 없으면, 나는 실체성의 개념 같은 것이 전혀 없어도 지낼 수가 있었을 것이다.

이들 성질을 실체라고 하는 단순한 순수범주로부터 추리할 수 있다는 것은 잘못이다. 오히려 우리가 경험적으로 사용할 수 있는 실체의 개념을 주어진 대상에 적용하려고 한다면, 우리는 경험으로부터 주어진 대상의 고정불변성을 바탕에 두어야만 한다. 그런데 우리는 우리의 명제에서 경험을 바탕에 두고 있지 않고, 경험을 단지 모든 사고가 갖는 공통된 주체—사고는 이 주체에 내속한다—로서의 '나'에 대한 관계의 개념에서 추리했을 뿐이다. 우리는 비록 계획한다고 하더라도, 확실한 관찰에 의해서 이와 같은 불변성을 증명할 수는 없을 것이다. 왜냐하면 확실히 '나'는 모든 사고 안에 있지만, '나'를 직관의 다른 대상과 구별하는 그 어떤 직관도 이 관념과는 결부되어 있지 않기 때문이다. 그러므로 우리는 분명히 이 관념이 모든 사고에 되풀이해서 나타난다는 것을 알 수는 있으나, '나'가 걸음을 멈추는 직관이며 거기에서 사고가 (변천하는 것으로서) 바뀌는 것을 볼 수는 없다.

여기에서 다음과 같은 결론이 나온다. 초월적 심리학의 제1의 추리가 우리에게 주는 새로운 통찰은, 단순한 짐작이라는 것이다. 왜냐하면 이 추리는 사고의 지속적, 논리적 주체가 내속성의 실체적 주체의 인식이라고 주장하기 때문이다. 이 실체적 주체에 대해서는 우리는 아무것도 모르고, 알 수도 없다. 우리의 모든 지각은 초월적 주체로서의 의식에서 찾지 않으면 안 되기 때문이다. 또한 우리는 '나'의 이 논리적 의미 말고는, '나'—그리고 모든 사고—의 바탕에 기체(基體)로서 존재하는 주체 그 자체에 대해서는 아무것도 모르기 때문이다. 하지만 다음과 같이 분수를 알고 있으면, 우리는 '영혼은 실체이다'라는 명제를 어엿하게 통용시킬 수가 있다. 즉 우리의 이 개념은 그 이상으로는 조금도 미치지 못하는 것이라고 하는 점이다. 또는 합리적 심리학에서 일반적으로 볼 수 있는 귀결의 어느 것인가를, 예를 들면 그 어떤 변화에도 불구하고 인간이 죽은 뒤까지도 영혼이 영원히 지속한다는 것을 말할 수는 없다고 하는 점이다. 따라서 또한 우리의 개념은 이념에서 실체를 나타낼 뿐이지 실재성에 있어서 실체를 나타내는 것이 아니라고 하는 점이다.

단순성을 둘러싼 제2의 오류 추리

사물의 작용이, 작용하는 여러 물질들이 서로 겨루는 것으로서 결코 여겨질 수 없는 경우에 그러한 사물은 '단순'하다고 말할 수 있다.

한편 영혼, 또는 생각하는 나는 위의 조건에 맞는 사물이다. 따라서 다음과 같다.

초월적 심리학에서 제2의 오류 추리의 비판

이것은 순수심리학의 모든 변증법적 추리의 치명적 약점이다. 그것은 자기가 할 말을 천박한 가상(假象)으로 포장하기 위해, 독단론자가 생각해 내는 단순한 소피스트적 실없는 말이 아니다. 오히려 예민한 음미나 중대하기 짝이 없는 의혹에도 견딜 수 있을 것 같은 추리이다. 그것이 이 변증적 추리이다.

합성된 모든 실체는 많은 실체의 집합체이다. 그리고 합성된 것의 작용, 또는 그와 같은 것으로 합성된 것 안에 종속하는 것은 실체의 양에 배분되어 있는 많은 작용이나 우유성(偶有性)의 집합체이다. 그런데 확실히 작용하는 많은 실체들이 겨룸으로써 어떤 결과가 나오게 되는 것은, 이 결과가 외적인 것일 때에만 가능하다(예를 들어 어떤 물체의 운동이, 그 물체의 모든 부분이 한 덩어리가 된 운동처럼). 그런데 생각하는 존재자에게 내면적으로 속하는 우유성으로서의 사고의 경우는 사정이 달라진다. 왜냐하면 예컨대 합성된 것이 생각을 한다고 하면 그 어느 부분도 사고의 부분을 포함하지만, 모든 부분이 하나로 정리되어 비로소 사고 전체를 포함하게 될 것이기 때문이다. 그런데 그것은 모순되어 있다. 그 이유는 이러하다. 여러 가지 존재자에게 배분되어 있는 관념(예를 들면 운문의 단어 하나하나)은 결코 사고 전체(운문)를 이루지 않으므로, 사고는 그와 같은 것으로서 합성된 것 안에 존재할 수가 없기 때문이다. 그러므로 사고(思考)는 많은 실체의 집합체가 아니라, 절대로 단순한 하나의 실체에서만 가능하다.[5]

이 논증에서 볼 수 있는 이른바 증명되어야 할 일의 핵심은, '많은 관점이 하나의 사고를 이루기 위해서는 생각하는 주체의 절대적 주체에 포함되어 있어야만 한다'는 명제에 있다. 그러나 누구나 이 명제를 개념에서 증명할 수는 도저히 없다. 도대체 어떻게 이런 일을 시작하려는 것일까? '사고는 생각하는 존재자의 절대적 통일의 결과만을 포함한다'고 하는 명제는, 분석적인 것으로 다룰 수가 없다. 왜냐하면 많은 관념으로 이루어진 사고의 통일은 집합적이며, 주체의 절대적 통일에 관계함과 동시에, 단순한 개념에 의해서 사고에서 함께 작용하는 실체의 집합적 통일에 관계하기 때문이다(한 물체의 운동이 물체의 모든 부분이 합성된 운동인 것처럼). 그렇기 때문에 단순한 실체라고 하는 전제(前提)의

---

5) 이 증명에 규범화된 바른 표현을 사용하는 것은 쉽다. 그러나 나의 목적은 단순한 증명 근거를 어떻게든 통속적인 방법으로 제시하는 것이므로, 이미 이것으로 충분하다.

필연성은, 합성된 사고의 경우 동일성의 규칙에 의해서는 통찰할 수가 없는 것이다. 그러나 지금 문제가 되어 있는 명제가 종합적이고, 완전히 선험적으로 개념으로부터만 인식된다는 점에는, 선험적인 종합적 명제의 근거를—우리가 이전에 그것을 분명히 말한 것처럼—연구하는 사람이라면 그 누구도 감히 보증할 수는 없을 것이다.

하지만 모든 사고 가능성의 조건인 이 주체의 필연적 통일을 경험으로부터 이끌어 내는 것도 불가능하다. 왜냐하면 경험은 필연성을 인식할 수가 없기 때문이다. 더욱이 절대적 통일의 개념은 경험 영역을 훨씬 넘고 있기 때문이다. 심리학적 이성 추리 전체가 의지하는 이 명제를, 우리는 도대체 어디에서 가져온단 말인가?

다음과 같은 일은 의심의 여지가 없다. 즉 우리가 생각하는 존재자를 떠올리려고 할 때, 우리는 자신을 그 위치에 놓고, 고찰하려고 하는 객체에, 자기 자신의 주체를 대리하게 한다는 점이다(이것은 다른 종류의 연구에서는 있을 수가 없다). 또한 우리가 하나의 사고를 위해 주체의 절대적 통일을 필요로 하는 것은, 오직 그렇게 하지 않으면 '나는 생각한다'(하나의 관념에서의 다양한 것)라고 말할 수가 없기 때문이다. 왜냐하면 비록 사고의 전체는 분할되어 많은 주체에 배분할 수 있다고 해도, 주체인 '나'는 분할도 배분도 할 수가 없기 때문이다. 우리는 이것을 모든 사고를 할 때 전제로 하고 있다.

그렇기 때문에 먼저 제1의 오류 추리에서 그랬던 것처럼, 여기에서도 '나는 생각한다'고 하는 통각의 형식적 명제는, 합리적 심리학이 그 인식의 확장을 꾀하는 한결같은 기반이 되어준다. 물론 이 명제는 확실히 경험이 아니라, 모든 경험을 따라다니고 모든 경험에 앞서는 통각의 형식이다. 그러나 그럼에도 불구하고 그것은 언제나 가능한 인식 일반에 대해서, 단순한 주관적 조건으로 간주하지 않으면 안 된다. 우리는 이 주관적 조건을 부당하게도 대상 인식의 가능성 조건으로 만들어, 결국은 생각하는 존재자 일반의 개념으로 만들어 내는 것이다. 왜냐하면 우리는 우리 인식의 정식(定式)을 사용해서, 자신이 다른 모든 지적인 존재자로 변신하지 않으면, 사고하는 존재자를 떠올릴 수가 없기 때문이다.

그러나 (영혼으로서의) 나 자신의 단순성은, 실제로도 '나는 생각한다'고 하는 명제에서 추리되는 것은 아니다. 그렇지 않고 문제의 단순성은 이미 모든 사고 자신 안에 있는 것이다. '나는 단순하다'고 하는 명제는, 통각의 직접적인 표현으로 보지 않으면 안 되는 것이다. 그것은 '나는 생각한다, 고로 나는 존재한다'고 하는 데카르트가 믿는 추리가, 실제로는 동어반복인 것과 마찬가지이다. 왜냐하면 '나는 생각한다'(나는 생각하고 있는 중이다)는 현실을 직접 표현한 것이기 때문이다. 하지만 '나는 단순하다'는, 이 '나'라는 관념은 다양한 것을 조금도 포함하고 있지 않다는 것, 또 이 관념은 절대적인 (단지 논리적이기는 하지만) 통일이라는 것을 의미한다.

따라서 저 유명한 심리학적 증명은, 단순히 한 인간에 대해서만 동사를 지배하는 관념의 분할할 수 없는 통일에 바탕을 둔 것이다. 그러나 내속하는 주체는 사고에 덧붙여진 '나'에 의해서 초월적으로만 표현된다는 점은 의심할 수 없다. 하지만 그 주체는 주체의 특징을 조금도 말하는 것이 아니고, 또는 주체에 대해서 무엇인가를 인식하는 것도 아니며 아는 것도 아니다. 그것은 무엇인가 어떤 것의 일반(초월적 주체)을 의미하며, 그 무엇인가 어떤 것의 관념은 물론 단순하지 않으면 안 된다. 그도 그럴 것이, 무엇인가 어떤 일에 대해서는 전혀 아무것도 규정되어 있지 않기 때문이다. 왜냐하면 확실히 단순한 그 어떤 것이라는 개념에 의해서 표현되는 것보다도 단순히 표현되는 것은 없기 때문이다. 그러나 주체 관념의 단순성은, 그렇다고 해서 주체 자신의 단순성에 대한 인식은 아니다. 왜냐하면 주체가 단순히 '나'(나는 이 표현을 어느 생각하는 주체에도 적용할 수가 있다)라고 하는, 내용이 전혀 없는 공허한 말에 의해서 표현된다면, 주체의 특징은 완전히 버리는 것이 되기 때문이다.

다음과 같은 일만은 확실하다. 나는 '나'에 의해서 언제나 주체의 절대적이기는 하지만 논리적인 단일성(단순성)을 생각하고 있다는 것이다. 하지만 나는 그것에 의해서 내 주체의 실제 단순성을 인식하는 것은 아니다. '나는 실체이다'라고 하는 명제는, 다름 아닌 구체적으로(경험적으로)는 사용할 수 없는 순수범주를 의미하고 있었다. 그것과 마찬가지로, 나는 단순한 실체이다, 즉 그 관념은 아무런 다양한 것의 종합을 포함하고 있지 않다고 말하는 것도 나에게는 허용되어 있지 않다. 그러나 이 개념—또는 명제이기도 하지만—은, 경험의 대상으로서의 나 자신에 대해서 아무것도 가르쳐 주지 않는다. 왜냐하면 실체의 개념 자체는 직관을 수반하지 않는, 다시 말하면 객체가 결여된 종합적인 기능으로서만 사용되기 때문이다. 그리고 그 개념은 우리의 인식 조건에만 합당하지만, 특정해서 거론할 그 어떤 대상에는 해당되지 않기 때문이다. 우리는 이 명제가 갖는 유용성에 대해서 실험을 해보고자 한다.

누구나 고백하지 않으면 안 될 일이 있다. 영혼의 본성은 단순하다는 주장에는, 다음과 같은 경우에만 유일한 가치가 있다는 것이다. 즉 내가 그 주장에 의해서 이 주체를 모든 물질로부터 구별하고, 따라서 영혼이 언제나 처해 있는 덧없음으로부터 영혼을 제외하는 한에 있어서이다. 위의 명제는 처음부터 이와 같은 사용을 의도하고 있으며, 그렇기 때문에 흔히 '영혼은 물체가 아니다'라고 표현된다. 그런데 내가 다음과 같은 일을 제시할 수 있다고 하자. 우리가 합리적 심리학—단순한 이성판단의 순수한 의미의(순수지성 개념에 입각한)—이 이 명제에 모든 객관적 타당성을 인정했다고 해도(모든 생각하는 존재자는 실체이다), 여전히 이 명제는 영혼과 물질의 이종성(異種性)이나 유연성(類緣性)에 대해서는 조금도 사용할 수 있는 것이 아니라고 말이다. 그렇다고 한다면 이것은 마치 내가 이 심리학적 통찰을 단순한 이념의 영역으로 추방한 것과 같을 것이다. 이념에는 객관적 사용의 실존성이 결여되어 있는 것이다.

우리는 초월적 감성론에서, 물체는 우리의 외적 감각의 단순한 현상이며 사물 그 자체가 아니라고 반론할 수 없을 정도까지 증명했다. 따라서 우리는 당연히 우리가 생각하는 주체는 물체가 아니라고 말할 수가 있다. 즉 이 주체는 우리의 내적 감각의 대상으로서 표현되므로, 그것은 생각할 수 있는 한 외적 감각의 대상일 수가 없고, 그러므로 공간에서의 현상일 수가 없다고. 그런데 이것은 생각하는 존재자는 그와 같은 것으로서, 외적 현상 아래에는 나타나지 않는다는 것, 또는 우리는 생각하는 존재자의 사고도, 의식도, 요구 등등도 외적으로는 직관할 수 없다는 것을 말하고자 하는 것과 같다. 왜냐하면 이들은 모두 내적 감각에 속하기 때문이다. 사실 이 논증은 매우 자연스럽고 통속적인 논증인 것처럼 여겨진다. 상식까지도 그것을 훨씬 이전부터 좋아하고 있었던 것처럼 보이는데, 이 논증에 의해서 이미 옛날에 영혼을 물체와는 전혀 다른 존재자로서 고찰하기 시작했던 것이다.

그런데 외연(外延)이나 불가입성, 관계나 운동은, 압축해서 말하자면 모두 외적 감각만이 우리에게 제공할 수가 있는 것이다. 그것은 사고나 감정, 경향성 또는 결심은 아니고, 그와 같은 외적 직관의 대상도 아닌 것을 포함하지 않을 것이다. 하지만 외적 현상의 바탕에 있는 무엇인가는 우리를 촉발시켜서, 외적 감각이 공간이나 물질이나 모양 및 기타 관념을 받을 수 있도록 하기 위해 그 무엇이 될 수 있을 것이다. 이 그 무엇인가는 가상체(可想體)(또는 보다 적절하게는 초월적 대상)로 간주되며, 동시에 또 사고의 주체일 수도 있을 것이다. 비록 우리가—우리의 외적 감각이 지금 말한 그 무엇인가에 의해서 촉발되는 방법을 통해서—관념이나 의지 등의 직관을 얻지 않고, 공간과 그 여러 규정의 직관밖에 얻지 못한다 해도 그렇다. 그러나 이 무언인가는, 외연을 가지는 것도 아니고, 불가입한 것도 아니며, 합성된 것도 아니다. 왜냐하면 지금 든 술어는 모두 우리가 그와 같은(우리에게는 달리 알려져 있지 않은) 객체에 의해서 촉발되는 한, 감성과 그 직관에 관여되는 것이기 때문이다. 그렇지만 이들 표현은 문제가 되어 있는 무엇인가가 어떠한 대상인가를 전혀 인식시켜 주지 않고, 다음과 같은 것을 알려줄 뿐이다. 즉 이와 같은 대상은 외적 감각과 관계없이 그 자체로서 고찰되기 때문에, 그것에는 외적 현상의 술어는 적용할 수 없다는 것이다. 하지만 관념이나 사고와 같은 내적 감각의 술어는, 그와 같은 대상과 모순되지는 않는다. 따라서 본성이 단순하다는 것이 인정된다고 해도, 인간의 영혼은 단순히 현상으로 본다면(그렇게 해야 할 일이지만) 그 기체(基體)에 대해서는 물질과 충분히 구별될 필요는 전혀 없는 것이다.

예를 들어 물질이 그 자체라고 하자. 그러면 합성된 존재자인 물질은, 단순한 존재자로서의 영혼과는 전혀 구별이 되지 않을 것이다. 그러나 물질은 외적 현상에 지나지 않는다. 그 기체는, 이렇다 할 술어에 의해서는 전혀 인식되지 않는다. 따라서 나는 이 기체에 대해서, 다음과 같이 생각할 수가 있다. 이 기체는 우리의 감각을 촉발하는 방식으로, 우리 안에 외연성이 있는 것의 직관을, 따라서 합성된 것의 직관을 가져온다고는 하지만, 그것 자체로서는 단순하다고. 또 그렇기 때문에 실체에는 우리의 외적 감각에 대해서 외연성이 인정되어, 실체 그 자체 안에는 그것에 고유한 내적 감각을 통해서 의식에 의해 생각을 떠올릴 수 있는 사고가 있다고 말이다. 이와 같이 하면 어떤 관계에서는 물체라고 불리는 전적으로 동일한 것이, 다른 관계에서는 동시에 생각하는 존재자가 될 것이다. 우리는 이 존재자의 사고를 직관은 할 수 없어도, 현상에서의 그 흔적이라면 직관할 수가 있다. 이에 의해서 '생각하는 것은 영혼(실체의 특수한 종류로서의)뿐이다'라고 하는 표현은 백지화될 것이다. 이것은 오히려 예에 따라 다음과 같은 뜻이 될 것이다. 즉 인간은 생각한다는 것, 결국은 외적 현상으로서 외연성이 있는 것과 전적으로 같은 것이 내적으로는 (그 자체로서는) 합성된 것이 아니라, 단순하고 생각하는 주체라는 것이다.

그러나 이와 같은 가설을 인정하지 않고 일반적으로 내가 영혼을 생각하는 존재자 그 자체라고 이해하지 않는다고 한다면, '영혼은 물질(이것은 사물 자체가 아니라 우리 안에 있는 하나의 관념에 지나지 않는다)과 같은 종류의 것인가, 그렇지 않은 것인가와 같은 물음은 이미 그 자체가 부적절하다. 왜냐하면 이미 저절로 명확한 일, 물체 자체는 단순히 그 상태를 이루는 여러 규정과는 다른 본성을 가지기 때문이다.

하지만 생각하는 '나'를 물질과 비교하는 것이 아니라, 물질이라고 불리는 외적 현상의 바탕에 있는 가상적인 것과 비교한다고 하자. 그 경우에도 우리는, 영혼은 그와 같은 가상적인 것과 그 어떤 점에서 내적으로 다르다고는 말할 수 없다. 왜냐하면 우리는 가상적인 것에 대해서 전혀 아무것도 모르기 때문이다.

따라서 단순한 의식은 우리 주체의 단순한 본성의 인식이 아니다. 이 주체가 단순한 의식에 의해서는 합성된 존재자인 물질과 구별되지 않는 한, 그러하다.

이 개념이 유용하게 쓰이는 경우는, 나 자신을 외적 경험의 대상과 비교할 때이다. 그러나 이 개념이 그 경우에서 그 본성의 특질과 특수성을 규정하는 일에 적당치 않다고 하면, 사람은 여전히 아는 체할 것이다. 생각하는 나, 영혼(내적 감각의 초월적 대상을 가리키는 이름)은 단순하다고. 그렇기 때문에 이 표현은, 현실의 대상에까지 파급되어 쓰이는 일은 전혀 없으며, 따라서 우리의 인식을 조금도 확장할 수 없다.

이렇게 해서 합리적 심리학 전체는 그 중심 기둥과 함께 무너진다. 우리는 이제까지와 마찬가지로 여기에서도 가능한 경험과의 관계를 끊고, 단순한 개념에 의해서(아니 우리의 모든 개념의 단순한 주관적 형식인 의식에 의해서) 통찰을 확장시키는 것 등은 어쨌든 바랄 수는 없다. 왜냐하면 단순한 본성이라고 하는 기본 개념으로 보아, 경험 안에서는 그 어디에서도 만날 수가 없기 때문이다. 따라서 이 기본 개념을 객관적으로 타당한 개념으로 삼는 방책은 완전히 닫혀 있는 것이다.

인격성을 둘러싼 제3의 오류 추리

자기 자신의 수적(數的) 동일성을 다른 시간에 의식하는 것은, 그것만 보는한, 하나의 인격이다.

그런데 영혼은 이러쿵저러쿵 말한다……

따라서 영혼은 인격이다.

초월적 심리학의 제3의 오류 추리를 비판한다

만약 내가 외적 대상의 수적 동일성을 경험을 통해 인식하고자 한다면, 나는 규정으로서의 다른 모든 것이 주체로서 관계하는 현상의 고정불변인 것에 주의를 기울일 것이다. 그리고 시간에 있어서 고정불변인 것—다른 모든 것은 그 속에서 교체된다—의 동일성을 알아차릴 것이다. 그러나 나는 내적 감각의 형식에 지나지 않는다. 따라서 나는 모든 연속적 규정의 어느 하나도, 수적으로 동일한 자신에게 연관시킨다. 모든 시간에 있어서, 즉 나 자신의 내적 직관의 형식에 있어서이다. 이것을 바탕으로 하여, 영혼의 인격성은 추리되는 것으로서가 아니라, 시간에 있어서 자기의식의 완전히 동일한 명제로 간주되어야 할 것이다. 그리고 그것이, 이 동일한 명제가 선험적으로 통용되는 원인이기도 하다. 왜냐하면 그 명제가 의미하는 것은 사실 나는 나를 인식하는 모든 시간에 있어서, 나 자신의 통일에 속하는 이 시간을 의식한다는 것이기 때문이다. 그리고 내가 이 시간 전체는 개별적인 통일로서의 내 안에 있다고 하든, 아니면 내가 수적 동일성과 함께 이 모든 시간 속에 있다고 하든 같은 것이기 때문이다.

그러므로 인격의 동일성은 나 자신의 의식 속에서 반드시 볼 수 있는 것이다. 그러나 내가 자신을 타인(나의 외부에 있는 직관의 대상)의 관점에서 보면, 이 외부의 관찰자는 나를 무엇보다도 시간 속에서 고찰한다. 왜냐하면 통각에 있어서는, 시간은 본디 내 안에서밖에 생각할 수 없기 때문이다. 따라서 외부의 관찰자는 내 의식의 모든 시간에 걸쳐, 더욱이 완전한 동일성을 가지고 모든 관념에 수반되는 나를 받아들이기는 한다. 하지만 그러한 나로부터는, 아직 나 자신의 객관적인 고정불변성을 추리하지 않을 것이다. 왜냐하면 그때 외부의 관찰자가 나를 위치시키는 시간은, 나 자신의 감성 속이 아니라 그의 감성 속에서 찾아낼 수 있으므로, 나의 의식과 필연적으로 이어져 있는 동일성은, 그렇다고 해서 그의 의식과는 결부되어 있지는 않기 때문이다. 다시 말해 내 주체의 외적 직관과는 결부되어 있지 않기 때문이다.

따라서 다른 시간에서 있어서의 나 자신이 지닌 의식의 동일성은, 내 사고와 그 맥락과의 형식적 조건에 지나지 않는다. 그러나 그 동일성은, 내 주체의 수적 동일성을 증명하는 것은 아니다. 내 주체에 있어서는, '나'라고 하는 논리적 동일성에도 불구하고 이러한 교체가 발생하는 일이 있는데, 그것은 주체에 같은 성질을 가진 나를 할당하는 것을 여전히 허용하지만, 나의 동일성을 유지하는 것은 허용하지 않는다. 같은 성질을 가진 이 '나'는, 다른 모든 상태에 있어서, 주체의 변천에 있어서조차 선행하는 주체의 사고를 언제나 유지할 수 있고, 또 후속하는 주체에 넘겨줄 수도 있다.[6]

옛 학파의 명제에 '모든 것은 흘러가는 것으로, 세계에는 고정불변하고 영속하는 것은 없다'는 것이 있었다. 실체에 대해 생각하면, 이 명제는 성립될 수 없다. 그렇지만 이 명제는 자기의식의 통일에 따라서는 논박되지 않는다. 왜냐하면 우리가 영혼으로서 고정불변한가, 그렇지 않은가에 대해서는, 우리 자신이 우리의 의식으로는 판단할 수 없기 때문이다. 그것은 우리가 우리의 동일한 자기로 간주하는 것은, 우리가 의식하는 것뿐이기 때문이며, 따라서 물론 우리는 우리가 의식하는 모든 시간에 있어서 완전히 동일하다는 것을 필연적으로 판

---

6) 한 개의 탄력 있는 구슬이 같은 크기의 구슬에 직선 방향으로 충돌하면, 그 구슬에 자신의 운동 전체를 전달한다. 곧 (공간에서의 위치만을 눈여겨보면) 자신의 상태 전체를 전달한다. 그런데 이러한 물체와의 비교를 통해 복수(複數)의 실체를 가정하고, 그 하나의 관념이 다른 관념으로 의식과 함께 흘러든다고 하자. 그러면 다음과 같은 일련의 실체 계열을 생각할 수 있다. 즉 그 가운데 첫 번째 실체는 그 상태를 의식과 함께 몽땅 두 번째 실체에 전달하고, 두 번째 실체는 그 자신의 상태를, 앞의 실체의 의식을 포함하여 세 번째 실체에 전달한다. 마찬가지로 세 번째 실체는 앞의 모든 실체의 상태를, 자기 자신의 의식과 이전의 모든 실체의 의식과 함께 전달한다. 그렇다면 마지막 실체는 자기 이전에 변화한 실체의 상태를, 자기 자신의 상태로서 의식할 것이다. 왜냐하면 그러한 상태는 의식과 함께 이 마지막 실체에 전이되었기 때문이다. 그러나 그런데도 불구하고, 마지막 실체는 그 모든 상태에서의 동일한 인격은 아닐 것이다.

단해야 하기 때문이다. 그러나 타자의 위치에 서면, 우리는 이것이 옳다고 아직 단언할 수 없다. 왜냐하면 우리는 영혼에 있어서 그것과 함께 그것을 결합하는, 단순히 나라는 관념 말고는 고정불변하는 현상과 맞닥뜨리지 않으므로, 다음과 같은 점에 결론을 내릴 수 없기 때문이다. 즉 이 나(단순한 사고)는, 그것에 의해 이어져 있는 나머지 사고와 마찬가지로 흘러가는 것이 아닌가 하는 점이다.

하지만 인격성과 그 전제인 고정불변성, 따라서 영혼의 실체성이 지금 처음으로 증명되어야 한다는 것은 기묘한 이야기이다. 왜냐하면 예컨대 우리가 영혼의 실체성을 전제할 수 있다고 한다면, 거기서는 아직 의식의 지속은 귀결되지 않는다 해도, 머물러 있는 주체에 있어서 지속하는 의식의 가능성은 귀결될 것이기 때문이다. 머물러 있는 주체는 인격성을 위해서는 이미 충분하고, 인격성은 그 작용이 잠깐 중단되어도 그 자신은 당장 끝나는 것이 아니다. 그러나 이 고정불변성은, 우리가 동일한 통각에서 추론하는 우리 자신의 수적 동일성 이전에는, 무엇 하나 우리에게 주어지지 않는다. 고정불변성은 수적 동일성으로부터 비로소 추론되는 것이다(그리고 동일한 통각 뒤에, 잘되면 비로소 실체의 개념이 이어지지만, 이 개념은 경험적으로만 사용될 수 있다). 그런데 인격의 이 동일성은, 모든 시간의 의식—나는 그 속에서 나를 인식한다—에서 '나'의 동일성으로부터 귀결하는 것은 결코 아니다. 그러므로 앞에서도 영혼의 실체성은 '나'의 동일성 위에 확고한 기초가 부여될 수 없었던 것이다.

그래도 실체와 단순한 것의 개념과 마찬가지로, 인격성의 개념도 남겨질 수 있다(그것이 단순히 초월적인 한, 즉 그 밖의 다른 점에서는 우리가 모르는 주체의 통일이기는 하지만, 이 주체의 규정에 있어서 통각에 의한 일관적인 관계가 있는 한). 그리고 그런 한에 있어서 이 개념은 실천적 사용을 위해서도 필요하고 충분한 것이다. 실천적 사용은 순수이성에 의한 우리의 자기인식 확장이며, 그것은 우리에게 동일한 자기라는 단순 개념으로부터, 주체가 마치 끊임없이 존속하는 것처럼 연기해 보여준다. 그러나 우리는 절대로 실천적 사용 위에 맘껏 사치를 누릴 수는 없다. 왜냐하면 이 개념은 언제나 자신의 주위를 공전하고 있고, 종합적 인식을 겨냥한 물음 어느 하나에 대해서도 우리를 나아가도록 하지 않기 때문이다. 물질이란 어떠한 사물 자체(초월적 객체)인지 우리는 전혀 알 수 없다. 그럼에도 불구하고 물질의 고정불변성은 외적인 무엇인가라고 생각에 떠올릴 수 있는 한, 현상(現象)으로서 관찰할 수 있다. 그러나 모든 관념이 교체되는 가운데 단순한 '나'를 관찰하고자 한다면, 비교의 상관자로서는, 또다시 내 의식의 일반적 조건을 가진 '나' 말고는 없다. 그래서 나는 모든 물음에 대해 동어반복적인 대답밖에 할 수 없는 것이다. 왜냐하면 나는 곧 나의 개념과 그 통일을, 객체로서의 나 자신에게 속한 성질과 살짝 바꿔서, 타인이 알고 싶어 했던 것을 전제하기 때문이다.

동일성(외적 관계의)을 둘러싼 제4의 오류 추리

어떤 것의 현실 존재가, 주어진 지각의 원인으로서밖에 추리될 수 없는 경우, 그 어떤 것의 현실 존재는 의심스러운 것일 수밖에 없다.

그런데 모든 외적 현상은 다음과 같은 것이다. 즉 그 현실 존재는 직접 지각되는 것이 아니라, 주어진 지각의 원인으로서 추리될 수 있을 뿐이다.

그러므로 외적 감각의 모든 대상의 현실 존재는 의심스럽다. 나는 이 불확실성을 외적 현상의 관념성이라고 부른다. 이 관념성의 학설은 관념론이라 불리며, 관념론과의 대비에서 외적 감각의 대상이 확실하다고 하는 주장은 이원론이라고 불린다.

초월적 심리학의 제4의 오류 추리를 비판한다

가장 먼저 전제부터 음미해 보자. 우리는 당연히 우리 자신 속에 있는 것만을 직접적으로 지각할 수 있다는 것, 또한 나 자신의 현실 존재만이 단순한 지각의 대상일 수 있다는 것을 주장할 수 있다. 그래서 나의 밖에서 실제하는 대상의 현실 존재는(이 말을 영지적(英知的) 의미로 받아들인다면), 결코 지각에 직접적으로 주어져 있는 것은 아니다. 그렇지 않고 그것은 내적 감각의 변용인 지각에, 그 외적 원인으로서 머릿속에서 보완되어, 요컨대 추리될 수 있을 뿐이다. 그러므로 데카르트도 당연히, 가장 좁은 의미에서의 지각을 모두 '나는 (생각하면서 존재하는 것으로서) 존재한다'는 명제로 한정했다. 다시 말해 분명한 것은 다음과 같다. 외적인 것은 내 안에 없기 때문에 나는 그것을 나의 통각 속에서 찾을 수가 없고, 따라서 또 본디 통각의 규정에 지나지 않는 지각 속에서도 찾을 수가 없다.

그러므로 나는 본디 외적인 것을 지각할 수는 없으며, 그 현실 존재를 나의 내적인 지각으로 추리할 수 있을 뿐이다. 왜냐하면 나는 내적 지각을, 외적인 것을 가장 가까운 원인으로 하는 그 결과로 간주하기 때문이다. 그러나 주어진 결과에서 일정한 원인을 추리하는 것은 늘 불확실하다. 결과는 하나의 원인에서만 나오는 것이 아니기 때문이다. 그렇기에 지각과 그 원인의 관계에는 언제나 불확실한 것이 남는다. 즉 이 지각은 내적인가, 아니면 외적인가? 따라서 우리의 이른바 외적 지각은 내적 지각의 단순한 놀이가 아닌가? 또는 그러한 지각은, 그 원인인 실제의 외적 대상에 관계하는 것인가? 적어도 그러한 외적 대상의 현실 존재는 추리된 것으로, 모든 추리의 위험성을 안고 있다. 그와는 대조적으로 내적 감각의 대상(나의 모든 관념을 거느린 나 자신)은 직접 지각되며, 그 현실 존재는 아무런 의심도 받지 않는다.

그러므로 관념론자를, 감각의 외적 대상의 현실 존재를 거부하는 사람들이라고 해석해서는 안 된다. 그게 아니라 관념론자란 다만, 다음과 같은 것을 인정하지 않는 사람들을 가리킨다. 곧 외적 대상의 현실 존재는 직접적인 지각에 의해 인식된다는 것이다. 그러나 그 점 때문에 관념론자는 다음과 같이 결론을 내린다. 우리는 가능한 모든 경험을 아무리 다해도, 대상의 현실성을 완전하게 확신할 수는 없다고 말이다.

그런데 우리의 오류 추리를 기만적 가상(假象)에 의해 묘사하기 전에 먼저 언급해 둘 것이 있다. 사람은 필연적으로 두 가지 관념론을 구별해야 한다는 점이다. 초월적 관념론과 경험적 관념론이 그것이다. 그러나 모든 현상의 초월적 관념론에서 내가 의미하는 것은 다음과 같은 학설이다. 즉 그것에 따르면 우리는 현상을 모두 단순한 관념으로 간주하고, 사물 그 자체로 보지 않는다는 것이다. 따라서 시간과 공간은 우리가 지닌 직관의 감성적 형식에 지나지 않으며, 그 자체로서 주어지는 규정도 아니고, 또 사물 그 자체로서의 객체 조건도 아니라는 것이다. 이 관념론에는 초월적 실재론이 대치된다. 이 초월적 실재론은 시간과 공간을 그 자체로서 (우리 감성과는 독립된) 주어진 것으로 간주한다. 그러므로 초월적 실재론자는 외적 대상(그 현실성을 인정하는 경우)을, 우리와 우리의 감성과는 독립적으로 실재하며, 따라서 또 순수지성 개념에 의해서 우리 바깥에 있는 사물 그 자체로서 떠올린다. 나중에 경험적 관념론자를 연기하는 것은 본디 이 초월적 실재론자이다. 감각의 대상이 외적 대상이라면, 초월적 실재론자는 감각 없이도 그 자체로서 실재성을 가져야 한다고 잘못 전제한다. 그런 뒤에 그는 그러한 관점에서, 감각에 의한 우리의 관념은 모두 감각 대상의 현실성을 확실한 것으로 하기에는 불충분하다고 본다.

이에 대해서 초월적 관념론자는 경험적 실재론자일 수 있다. 따라서 이른바 이원론자일 수도 있다. 다시 말해 그는 물질의 현실 존재를 인정하지만, 단순한 자기인식에서 벗어나는 일도 없고, 내 안에 있는 관념의 확실성, 즉 '나는 생각한다, 그러므로 나는 존재한다' 이외에는 아무것도 상정하지 않는다. 왜냐하면 그는 이 물질은커녕 그 내적 가능성도, 단순히 우리의 감성을 떠나서는 있을 수 없는 현상이라고 보므로, 그의 경우 물질은 하나의 관념(직관)이기 때문이다. 그 관념은 외적이라고 불리지만, 그것은 관념이 마치 그 자체로서의 외적인 대상에 관계하는 것이 아니라, 관념이 지각을 공간에 관계시키기 때문이다. 공간에 있어서는 모든 것이 따로따로 있지만, 공간 자신은 우리 안에 있는 공간이다.

그런데 우리는 이 초월적 관념론을 최초로 명확하게 내세우고 있었다. 그러므로 우리 가설에 대한 의혹은 모두 해소되었다. 그 의혹이란, 생각하는 존재자로서의 나 자신의 현실 존재와 마찬가지로 물질의 현실 존재도 우리의 단순한 자기의식을 증명서로 가정하고, 그것에 의해 증명된 것이라고 설명하는 것이다. 왜냐하면 나는 나의 관념을 제대로 의식하고 있기 때문이다. 따라서 관념도, 그러한 관념을 가지고 있는 나 자신도 현실에 존재한다. 그러나 외적 대상(물체)은 현상에 지나지 않는다. 결국은 내 관념의 한 종류에 지나지 않는 것이다. 이 관념들의 대상은, 이 관념들에 의해서만 '그 무엇'일 수 있으며, 관념을 떠나서는 무(無)와 같다. 따라서 나 자신이 현실에 존재하는 것과 똑같이, 외적인 사물도 현실에 존재한다. 더욱이 나의 자기의식이라는 직접적인 증명서에 의해서이다. 다른 것은 다만, 생각하는 주체로서의 나 자신의 관념은 단순히 내적 감각에 관계하는 것에 비해, 외연이 있는 존재자를 나타내는 관념은 외적 감각에도 관계한다는 것이다. 나는 나의 내적 감각(나의 사고) 대상의 현실성에 관한 것과 마찬가지로, 외적 대상의 현실성을 특별히 추리할 필요는 없다. 왜냐하면 양쪽 다 관념에 지나지 않고, 관념의 직접적인 지각(의식)은 동시에 그러한 것의 현실성을 더할 나위 없이 증명하는 것이기 때문이다.

그러므로 초월적 관념론자는 경험적 실재론자이다. 그리고 그는 현상으로서의 물질에, 추리될 필요가 없는 직접 지각되는 현실성을 인정한다. 이에 대해서 초월적 실재론은 어쩔 수 없이 꼼짝하지 못한 채, 경험적 관념론에 자리를 양보할 수밖에 없다. 초월적 실재론은 외적 감각의 대상을 감각 자체와는 구별되는 것으로 보고, 단순한 현상을 우리 외부에 있는 독립된 존재자로 보기 때문이다. 왜냐하면 이러한 사물에 대한 우리의 관념 의식이 가장 좋은 경우에도 관념이 현실에 존재하고 있으면, 그것에 대응하는 대상 또한 현실에 존재한다는 것은 물론 도저히 확실하지 않기 때문이다. 이에 대해서 우리 체계에서는 이러한 외적인 사물, 즉 물질은 그 모든 형태와 변화에 있어서 단순한 현상일 뿐이며, 요컨대 우리 안에 있는 관념에 지나지 않는다. 우리는 그러한 현실성을 직접 의식하는 것이다.

그런데 내가 아는 한, 경험적 관념론을 신봉하는 심리학자는 초월적 실재론자이다. 그러므로 그들은 많은 문제 가운데 하나인 경험적 관념론에 커다란 중요성을 인정한다는 점에서, 물론 참으로 논리적인 방식을 취했다. 이는 인간의 이성이 혼자만의 힘으로 처리하는 것은 어렵다는 점을 분별하고 있는 문제이다. 그 이유는 다음과 같다. 실제로 사람이 외적 현상을 관념으로 간주하고, 그 관념은 그 대상—우리 바깥에 있는 그 자체로서의—에 의해 작용한다고 본다. 그렇다면 관념의 현실 존재가, 결과에서 원인을 추리하는 것 이외에 어떻게 인식될 수 있는지는 가늠할 수 없다. 이 경우 원인이 우리 속에 있는지, 아니면 우리 밖에 있는지는, 언제나 확실하지 않은 채로 있을 수밖에 없다. 그런데 우리는 분명히 우리 외부에 있는 직관의 원인은, 초월적 의미에서 우리 외부에 있을지도 모르는 무언가라는 것을 인정할 수 있다. 그러나 이 무언가는, 우리가 물질과 물체적인 사물의 관념 이미지로 해석할 대상이 아니다. 왜냐하면 이 무언가는 단순한 현상이고, 결국은 늘 우리 안에만 있는 단순한 관념 양식이며, 그 현실성은 나 자신의 의식과 마찬가지로 직접적 의식을 바탕으로 하고 있기 때문이다. 초월적 대상은 내적 직관에 대해서나 외적 직관에 대해서나 마찬가지로 알 수 없는 것이다. 하지만 초월적 대상이 문제가 아니라 경험적 대상이 문제다. 경험적 대상이 공간 속에 있는 경우에는 외적 대상이라 불리고, 시간 관계에서만 나타날 수 있는 경우에는 내적 대상이라고 불린다. 그러나 시간도 공간도 우리 안에서만 찾을 수 있다.

하지만 '우리 밖'이라는 표현에는 아무래도 애매한 점이 따른다. 이 표현은 어떤 때는 우리와는 다른 사물 그 자체로서 실재하는 것을 의미하는가 하면, 또 어떤 때는 단순히 외적 현상에 속하는 것을 의미하기 때문이다. 그래서 우리는 경험적으로 외적인 대상을, 공간 안에서 볼 수 있는 사물이라고 부름으로써, 그것을 초월적 의미에서 외적이라 불리는 대상과 구별하고자 한다. 외적 현상이라는 의미로서의 이 개념—우리의 외적 직관의 실재성을 둘러싼 심리학적 문제는, 본디 이런 의미에서 받아들여지고 있다—을 의심스러운 것인 채 남겨두지 않기 위해서이다.

시간과 공간은 분명히 선험적인 관념이다. 그것들은 현실의 대상을 그 감성적 관계 아래에서 나타내기 때문에, 현실의 대상이 우리 감각을 감각 내용에 따라 규정하기 이전에, 우리의 감성적 직관이라는 형식으로서 우리 안에 깃들어 있다. 그러나 이 물질적인 것이나 실재적인 것, 즉 이 공간 안에서 직관되어야 할 것은 필연적으로 지각을 전제로 한다. 그리고 그것은 공간에 있어서 무엇인가 있는 것의 현실성을 나타내는 지각과는 달리, 구상력에 의해 창작되어 탄생될 수는 없다. 그렇기 때문에 감각 내용은 감성적 직관의 이러저러한 방식에 관계하여, 시간과 공간에서의 현실성을 보여주는 것이다. 일단 감각 내용(이것이 특정 대상 일반에 적용되면 지각이라고 불린다)이 주어졌다고 가정하자. 그러면 지각의 다양성에 의해, 많은 대상이 상상에 의해 만들어지는 경우가 있다. 그와 같은 대상은 상상 이외에는 시간과 공간에 경험적인 위치를 차지하지 않는다. 감각, 쾌락, 고통, 또는 색깔, 열 등과 같은 외적 감각의 어느 것을 보아도 의심할 여지없이 확실한 것은, 감성적 직관의 대상을 생각하기 위한 소재가 무엇보다 먼저 지각을 통해 주어지지 않으면 안 된다는 것이다. 그렇기 때문에 이 지각은 (이번에는 외적 직관에 한해서 말하면) 공간에서의 무엇인가 현실적인 것을 나타낸다. 왜냐하면 첫째로 공간이 동시 존재의 단순한 가능성의 관념인 것처럼 지각은 현실성의 관념이기 때문이고, 둘째로 이 현실성은 외적 감각에 대해서, 즉 공간에서 제시되며, 셋째로 공간 자체가 곧 단순한 관념이기 때문이다. 따라서 공간에서는 그 안에서 제시되는 것만이 현실적인 것으로 간주될 수 있다.[7] 반대로 말하면 공간에서 주어지고, 지각에 의해서 제시되는 것은 공간에서 현실적이기도 하다. 왜냐하면 예컨대 지금 말한 것이 공간에서 현실적이 아니라고 한다면, 즉 경험적 직관에 의해 직접 주어지지 않는다면 그것은 억지로 만들어 낼 수도 없을 테니까 말이다. 왜냐하면 우리는 직관의 실재적인 것을 선험적으로 꾸며낼 수는 도저히 없기 때문이다.

따라서 모든 외적 지각은 공간에서의 현실적인 것을 직접 증명한다. 또는 그것은 오히려 현실적인 것 그 자체이다. 그렇기 때문에 그러한 한에 있어서, 경험적 실재론은 의심할 수 없다. 다시 말해 우리의 외적 직관에는, 공간에서의 현실적인 어떤 것이 대응하고 있는 것이다. 물론 공간 자체는, 그 모든 현상과 함께 관념으로서 내 안에 있다. 그러나 그럼에도 불구하고 이 공간에서 실재적인 것, 또는 외적 직관의 모든 대상의 소재는 실제로 모든 허구(虛構)와 상관없이 주어져 있다. 그리고 이 공간에서 그 무언가가 우리 바깥에 (초월적 의미에서) 주어져야 한다는 것도 있을 수가 없다. 공간 자체가 우리의 감성을 떠난다면 무(無)나 다름없기 때문이다. 그렇기에 가장 엄격한 관념론자라 할지라도, 다음과 같은 것을 증명하라고 요구할 수는 없다. 즉 우리의 지각에는 우리 외부(가장 엄밀한 의미에서)의 대상이 대응한다고. 그런 것이 존재한다면 그것은 우리 밖에 있는 것으로 생각에 떠올릴 수 없을 것이고, 직관되지도 않을 테니까 말이다. 왜냐하면 그것은 공간을 전제로 하며, 단순한 관념으로서의 공간에서 현실성은 곧 지각 자체이기 때문이다. 그러므로 실재적인 외적 현상은 지각 안에서만 이 현실적이며, 다른 방법으로는 현실적일 수가 없는 것이다.

한편 대상의 인식은 지각에서 비롯하는데, 그것은 단순한 상상의 장난을 통해서거나, 경험을 통해서거나 둘 중 하나이다. 물론 거기에서는, 대응시킬 대상이 없는 거짓 관념도 생겨난다. 이 경우에 착오는 때로는 상상의 겉치레(꿈에서의) 때문에 빚어지고, 때로는 잘못된 판단(이른바 의미를 착취할 경우의) 때문에

---

7) 이 명제는 역설적이긴 하지만 옳은 명제이며, 다음과 같이 설명을 해두어야 할 것이다. 즉 공간에는 거기서 보이는 것 말고는 없다는 것이다. 왜냐하면 공간은 그 자체가 관념이며, 따라서 공간 안에 있는 것은 관념 안에 포함되어야 하기 때문이다. 공간 안에는, 거기서 보이는 것 말고는 없는 것이다. '사물은 그 관념 안에서만 현실에 존재한다'는 명제는, 물론 이상하게 들릴 것이다. 그러나 여기에서 이 명제의 이상한 점은 없어진다. 우리와 관련된 사물은 사물 자체가 아니라 현상, 곧 관념에 지나지 않기 때문이다.

빚어진다. 그런데 여기에서 잘못된 가상을 피하기 위해서, 우리는 '경험적 법칙에 의한 지각과 맥락을 이루는 것은 현실적이다'라는 규칙에 따라 대처한다. 그러나 이런 현혹도 그에 대한 항의 대처도, 관념론과 이원론 양쪽에 관련된다. 여기서 문제가 되는 것은 경험의 형식뿐이기 때문이다. 경험적 관념론은 우리 외적 지각의 객관적 실재성을 둘러싼 잘못된 의혹이지만, 이는 이미 충분히 논박되어 왔다. 다시 말해 외적 지각은 공간에서 현실성을 증명하고 있으며, 공간은 그 자체로서는 관념의 단순한 형식에 지나지 않음에도 모든 외적 현상(이 또한 단순한 관념에 불과하다)과 관련해서 객관적 실재성을 갖는다는 것이다. 마찬가지로 지각이 없으면 허구나 꿈까지도 가능하지 않다는 것, 따라서 우리의 외적 감각은 경험이 생길 수 있는 바탕이 되는 데이터에 의해서, 그것에 대응하는 현실의 대상을 공간 안에 갖고 있다는 것이다.

'독단적 관념론'은 물질의 현실 존재를 부정하는 관념론이며, 회의적 관념론은 그것을 증명 불가능하다고 간주하기 때문에 그것을 의심하는 관념론일 것이다. 독단적 관념론이 그러한 것일 수 있는 것은, 이 관념론이 물질 일반의 가능성에 모순이 있다고 생각하는 데 지나지 않기 때문이다. 지금으로서는 아직 우리는 이 관념론과는 관련이 없다. 다음에 이어지는 변증적 추리에 대한 장은, 경험의 맥락 가능성에 속하는 개념에 대해서, 내적 투쟁이 한창인 이성을 소개한다. 그 장은 또한 이 까다로운 문제를 정리하게 될 것이다. 그러나 회의적 관념론자는 단순히 우리 주장의 근거를 비난하면서, 우리가 물질의 현실 존재는 직접적 지각에 바탕을 두고 있다고 설득해도, 그것은 불충분하다고 주장한다. 이 관념론은 사소한 경험에 한 발짝 들여놓을 때에도 눈을 크게 뜨고, 우리가 자칫 가로챈 데 지나지 않은 것을, 정당하게 얻은 것이라 우기며, 이내 점유하지 않도록 강요한다. 이런 의미에서 이 관념론은 인간 이성의 지원자이다. 이 관념론이 여기에 끼치는 효과는 이제 눈에도 또렷하게 보인다. 이 효용의 위력은 우리를 다음과 같이 몰아세운다. 내적이든, 외적이든 모든 지각을 단순히 우리 감성에 얽힌 의식으로 보고, 지각의 외적 대상을 사물 자체로서가 아니라 단순한 관념으로—우리가 다른 모든 관념을 직접 의식할 수 있도록—간주하도록 말이다. 이러한 관념은 외적이라고 불리지만, 그것이 외적 감각이라 불리는 감각—그 직관은 공간이다—과 걸려 있기 때문이다. 그러나 외적 감각은 그 자체가 하나의 내적 관념 양식에 지나지 않으며, 바로 거기에서 지각과 지각이 결부되는 것이다.

만약에 우리가 외적 대상을 사물 자체로서 간주한다면, 한 가지 전혀 이해되지 않는 것이 있다. 어떻게 해서 우리 밖에 있는 대상의 현실성 인식에 다다르면 좋은가 하는 점이다. 우리는 우리 안에 있는 관념을 의존할 수밖에 없기 때문이며, 자신의 바깥은 감지하지 못하고 자기 내부만 감지할 수 있기 때문이다. 또 그렇기 때문에 자기의식 전체가 제공하는 것은, 우리 자신의 규정 바로 그것이기 때문이다. 그러므로 회의적 관념론은, 우리에게 남은 유일한 도피처이다. 다시 말해서 모든 현상의 관념성을 인정하라고 우리에게 강요한다. 우리는 이 관념성을, 이들의 귀결과는 별개로 초월적 감성론에서 증명해 두었는데, 이들 귀결과 따로 떼어내 그 단계에서는 예상할 수 없었던 것이다. 그런데 이에 따르면, 심리학에서 논하는 것은 이원론뿐인가 하는 물음이 생긴다. 대답은 '물론이다'이지만, 이는 단지 경험적 의미에서이다. 즉 경험 맥락에서 현상의 실체로서의 물질은, 외적 감각에 대해 실제로 주어져 있다. 그것은 생각하는 내가 마찬가지로 현상에서의 실체로서, 내적 감각에 대해서 주어져 있는 것과 마찬가지이다. 이 실체의 범주는 우리의 외적 및 내적 지각의 맥락이 하나의 경험이 되기 위한 규칙을, 그 맥락 안에 가져온다. 두 가지 현상 모두, 이 규칙에 따라 하나로 결합되어야 한다. 그러나 흔히 있는 일처럼, 예컨대 우리가 이원론의 개념을 확대해서 초월적 의미로 이해하려 했다고 치자. 그래도 한편으로는 그도, 그에 적대하는 정신론도, 다른 한편으로는 유물론도 아무런 근거도 가지지 못할 것이다. 이때 그 사람은 자기 개념을 잘못 규정하여, 대상—이들이 그 자체라는 것을 우리는 모르고 있다—에 대한 관념의 종류 차이를 이들 사물 자체의 차이로 간주하기 때문이다. 시간 안에서 내적 감각에 의해 제시되는 나와, 내 바깥 공간에 있는 대상은 분명히 전혀 다른 특수한 현상이다. 그러나 그렇다고 해서 그것들이 다른 것이라고는 생각할 수 없다. 외적 직관의 바탕에 있는 초월적 객체도, 마찬가지로 내적 직관의 바탕에 있는 것은 모두 물질도 아니거니와 생각하는 존재 그 자체도 아니며, 우리에게 알려질 일이 없는 현상의 근거이다. 그 현상이 제1의 종류와 제2의 종류의 경험적 개념을 공급하는 것이다.

그렇기 때문에 바로 이 비판이 명확히 강요하듯이, 먼저 확정된 규칙을 우리가 충실히 지키고, 가능한 경험이 우리에게 그 객체를 제공할 때 말고는 우리의 물음을 추구하지 않기로 한다. 그러면 우리는 우리 감각의 대상에 대해서, 그것들이 그 자체로서 감각과의 관계를 완전히 끊고 그것이 무엇인가 하는 것을 알려고 할 생각도 하지 못할 것이다. 그러나 심리학자가 현상을 사물 그 자체로 본다면, 그는 유물론자로서는 유일 물질만을 받아들이게 될 것이다. 또는 정신주의자로서는, 단순히 생각하는 사물을 (즉 우리의 내적 감각 형식에 의해) 받아들일 것이다. 아니면 이원론자로서는, 양자를 그 자체로 현실에 존재하는 것으로서 자신의 체계에 받아들일 것이다. 그러면 그는 사물 자체가 아니라 사물 일반의 현상에 불과한 것이, 그 자체로서 어떻게 실제로 존재하는가를 둘러싸고, 여전히 오해에 사로잡힌 채 이렇지도 않고 저렇지도 않다는 핑계를 만들 것이다.

이상의 오류 추리에 따라서 순수심리학을 종합적으로 고찰한다

내적 감각 대상의 생리학인 '심리학'을, 외적 감각 대상의 심리학인 '물리학'과 비교하면, 양쪽에서 많은 것이 경험적으로 인식된다. 그러나 그것과는 별개로, 다음과 같은 주목할 만한 차이가 발견된다. 물리학에서는 외연이 있는 불가입의 존재자라는 단순한 개념에서 많은 것이 선험적으로 인식되지만, 심리학에서는 생각하는 존재자라는 개념으로부터는 전혀 아무것도 선험적으로, 종합적으로 인식되는 것이 없다는 점이다. 그 까닭은 이렇다. 양자 모두 현상이긴 하지만, 외적 감각에 대한 현상은 부동의 것, 또는 머무는 것을 가지고 있다. 이들은 변화하는 규정의 바탕에 있는 기체(基體)이며, 종합적 개념, 즉 공간과 공간에서의 현상 개념을 준다. 이와 대조적으로 우리의 내적 직관의 유일한 형식인 시간은, 머무는 것을 가지고 있지 않다. 다시 말해 시간은 여러 규정의 교대를 인식시킬 뿐, 이것과 규정할 수 있는 어떤 대상을 인식시켜 주지는 않는다. 우리가 영혼이라고 부르는 것에서는 모든 것이 끊임없는 흐름 속에 있으며, 머무는 것은 아무것도 없기 때문이다. 굳이 예를 들자면(꼭 예를 들어야 한다면) 단순한 나 말고는 아무것도 없다. 이것이 단순하다는 것은 이 관념이 내용을 갖고 있지 않으며, 따라서 다양한 것을 갖고 있지 않기 때문이다. 그렇기 때문에 또 이 관념은 단순한 객체를 나타내는 것처럼 보이고, 더 적절하게 말한다면 그것을 제시하는 것처럼 보인다. 이 '나'는 사고 일반에서 (모든 경험에 앞서서) 전제되기 때문에, 선험적 직관으로서 종합적 명제를 제공하는 직관이 아니면 안 될 것이다. 만일 생각하는 존재자 일반에 대한 순수한 이성 인식을 실현시킬 수 있다면, '나'는 지금 말한 직관이어야 할 것이다. 그러나 이 '나'는 직관도 아니거니와 어떤 대상의 개념도 아니다. 그렇지 않고 그것은 직관·개념이라고 하는 이 두 관념에 수반하여, 그로써 이들 관념을 인식으로 끌어올릴 수 있는 의식의 단순한 형식이다. 인식을 위해 직관에서 대상의 관념에 소재를 부여해 주는 무엇인가 다른 것이 주어지는 한, 그렇다. 그러므로 합리적 심리학 전체는, 인간 이성의 모든 능력을 뛰어넘는 학문으로서는 붕괴하는 것이다. 우리에게 남은 것은 우리 영혼을 경험이라는 길잡이에 의지하여 연구하는 일, 그리고 가능한 내적 경험이 그 내용을 분명히 보여주는 문제의 한계 안에서 바로 분수를 아는 일이다.

한편 합리적 심리학은 인식의 확장이라는 점에서는 아무짝에도 쓸모가 없으며, 지극히 잘못된 추리에 의해 이루어져 있다. 하지만 이 심리학이 우리의 변증적 추리—그것도 평범한 자연적 이성의—의 비판적 처리로서밖에 적용되지 않는다는 것을 안다면, 우리는 한 가지 중요한 소극적 효용을 인정하지 않을 수 없다.

무엇 때문에 단지 순수한 이성 원리에 기초한 심리학이 필요한 것일까? 그건 바로 우리가 생각하는 자아를 유물론의 위험으로부터 보호하려는 목적에서이다. 그러나 이는 우리의 생각하는 자아라고 하는, 우리가 부여한 이성 개념을 다한다는 것이다. 이 이성 개념에 따르면, 다음과 같은 두려움은 도저히 남을 리가 없기 때문이다. 즉 물질을 제거하면 그로써 모든 사고도, 생각하는 존재자의 현실 존재마저도 폐기되리라는 점이다. 그렇게 되면 오히려, 내가 생각하는 자아를 제거하면 물체계가 모두 없어질 수밖에 없다는 것이 제시된다. 물체계로서는 우리의 주체적 감성에서의 현상과, 어떤 주체 관념 말고는 달리 없는 것이다.

물론 나는 이것으로써 이 생각하는 자아의 특성을 좀 더 잘 인식하는 것도 아니고, 그 고정불변성을 인식할 수 있는 것도 아니다. 이는 확실하다. 하물며 그 현실 존재가 외적 현상의 초월적 기체 같은 것으로부터 독립해 있는 것을 통찰할 수 있는 것도 아니다. 이 기체는 자기와 마찬가지로, 나로서는 알 수 없는 것이기 때문이다. 하지만 나는 단순한 사변적 근거가 아닌 어디선가, 자존적이고 나의 상태가 아무리 변해도 늘 변하지 않고 그대로인, 내가 생각하는 본성의 현실 존재를 기원하는 원인을 가지고 올 수도 있다. 그렇기 때문에 나 자신의 무지를 솔직하게 고백하면서도, 사변적인 상대의 독단적 공격을 물리칠 수 있고, 그에게 다음과 같이 제시하는 것만으로도 많은 것을 얻을 수 있다. 그가 나에게서 기대의 가능성을 빼앗기 위해 내 주체의 본성에 대해 알아낼 수 있는 것은, 내가 그 기대에 의지하기 위해 알아낼 수 있는 것을 결코 웃도는 것이 아니라고 말이다.

우리의 심리학적 개념의 이와 같은 초월적 가상에 근거를 두고 있는 것은 다음과 같은 세 가지 변증적 물음이다. 이들은 합리적 심리학의 본디 목적을 형성하며, 오직 이제까지의 연구로써만 결정될 수 있다. 1. 영혼과 유기적 물체와의 상호작용 가능성에 대해, 다시 말해서 동물성과 인간 삶에서의 영혼 상태에 대해서. 2. 이 상호작용의 시작에 대해, 즉 인간이 태어날 때의 영혼 또는 탄생 이전의 영혼에 대해서. 3. 이 상호작용의 마지막에 대해서, 곧 인간이 죽을 때의 영혼, 또는 죽은 뒤의 영혼에 대해서(불사성을 둘러싼 문제).

그런데 나는 주장한다. 인간은 이런 문제들에 대해서 어려움에 직면해 있다고 생각하고 있으며, 독단적 이론(異論)인 이들 어려움 때문에 보통의 지성이 미치지 못할 정도로 사물의 본성에 깊은 통찰을 가지고 있다는 것을 과시하려고 하지만, 이들 어려움은 모두 단순한 환영에 바탕을 두고 있다. 인간은 이 환영(幻影)에 의해서, 사고 안에만 실재하는 것을 구상화하고, 생각하는 주체의 밖에 있는 현실의 대상과 같은 성질, 즉 외연으로서 그것을 가정하는 것이다. 외연은 곧 현상이고, 우리의 감성이 없어도 스스로의 힘으로 존재한다. 외연은 외적 사물의 특성으로 간주되며, 운동은 그 결과로 간주된다. 결과는 우리의 감각 밖에, 그 자체로서 실제로 생기는 것이다. 왜냐하면 물질—이것과 영혼과의 상호작용은 커다란 의혹을 불러일으킨다—은 알려지지 않은 대상의 단순한 형식, 또는 하나의 관념 양식—외적 감각이라 불리는 직관에 의한—이기 때문이다. 그러므로 우리가 물질이라고 부르는 이 현상에 대응하는 무언가가, 우리 밖에 있을지도 모른다. 그러나 그것은 현상과 같은 성질에서는 우리 밖에 있는 것이 아니라, 단지 사고로서 우리 안에 있다. 비록 사고가, 지금 말한 감각에 의해, 그것을 우리 밖에 있는 것으로서 나타낼지라도 그렇다. 그렇기에 물질은 내적 감각의 대상(영혼)과 전혀 다른, 이종(異種)의 실체를 의미하는 것이 아니라, 대상(우리로서는 그 자체로서 알 수 없는)의 현상 이종성(異種性)을 의미하는 데 지나지 않는다. 그 대상의 관념은 나머지 모든 사고와 마찬가지로 단지 생각하는 주체에 속한다고는 하지만, 우리는 이러한 관념을 내적 감각의 범주에 들어가는 관념과 비교해서 외적 관념이라고 부르는 것이다. 다만 이들 관념에는 그 자체에 알쏭달쏭한 점이 있다. 그것들이 공간에서 대상을 나타내기 때문에 이른바 영혼과 떨어져서, 정신 밖에 둥둥 떠 있는 것처럼 보인다는 점이다. 공간 자체—이러한 대상은 그 안에서 직관된다—가 곧 관념이며, 관념과 동일한 성질에서 상대물은 영혼 밖에서는 전혀 찾아볼 수 없기 때문이다. 이제 문제는 '정신과 내 밖에 있는 다른 실체, 이미 알고 있는 이종의 실체와의 상호관계에 대해서'가 아니다. 그렇지 않고 단지 '내적 감각의 관념과 우리의 외적 감성 변용과의 관계에 대해', 그리고 '그것들이 어떻게 확고한 법칙에 의해서 결부되어 하나의 경험으로 이어질 수 있느냐' 하는 것이다.

우리가 내적 현상과 외적 현상을 경험에 의한 단순한 관념으로서 서로를 묶어두는 한, 합리적이지 못한 점이나 이들 두 감각의 상호관계를 기이하게 여기게 하는 점은 보이지 않는다. 하지만 우리가 외적 현상을 구상화하여, 그것을 더 이상 관념으로서가 아니라 그것이 우리 안에 있는 것과 동일한 성질로, 우리 밖에 그 자체로 존재하는 사물이라 해도, 우리가 생각하는 주체에 관계시켜 현상으로서의 사물이 상호관계에서 나타내는 작용을 우리가 생각하는 주체에 관계지운다고 하자. 그렇게 하자마자 우리는 우리 안의 결과와 앞뒤 관계가 맞을 리가 없는, 작용하는 원인의 성격을 우리 밖에 가지게 된다. 앞뒤가 맞지 않다는 것은, 원인의 성격이 외적 감각에 관계할 뿐임에 반해, 결과 쪽은 내적 감각에 관계하기 때문이다. 이들 감각은 하나의 주체에 있어서 통합되어 있다고는 하지만, 그럼에도 불구하고 그들은 극단적으로 이질적이다. 우리는 거기에서는 장소 변화 말고는 외적 결과를 가지고 있지 않으며, 결과로서 공간에 의한 관계로 돌아가는 단순한 노력 말고는 힘을 가지고 있지 않다. 하지만 우리 안에서는 결과는 사고이며, 거기서는 장소나 운동, 형태 또는 공간 규정 일반의 관계는 생기지 않는다. 우리는 우리의 내적 감각에서(davon) 나타나야 할 결과에서, 원인의 단서를 완전히 잃어버리는 것이다. 그러나 우리는 다음과 같은 일을 잘 생각해야 한다. 물체는 우리에게 현재 눈앞에 있는 대상 자체가 아니라, 무엇인지 알 수 없는 대상의 단순한 현상이라는 것이다. 그리고 운동은 이 알 수 없는 원인의 결과가 아니라, 그 원인이 우리 감각에 주는 영향의 현상에 지나지 않는다는 것이다. 따라서 둘 다 우리 밖에 있는 것이 아니라, 우리 안에 있는 관념에 지나지 않는다는 것이다. 다시 말해 물질의 운동은 우리 속에 관념을 발생시키는 게 아니라, 운동 자신이 (따라서 그것에 의해 알 수 있게 되는 물질도) 단순한 관념이라는 것이다. 그리고 마지막으로, 스스로 만든 어려운 문제는 다음과 같은 일로 귀착된다는 것이다. 어떻게 해서, 또 어떤 원인에 의해서 우리의 감성 관념이 서로 결부되고, 우리가 외적 직관이라 부르는 관념이 경험적 법칙에 의해서 우리 밖에 있는 대상으로서 나타날 수 있는가. 이 물음은 깊이 마음먹은 난제를 전혀 포함하지 않고 있다. 그 답하기 어려운 질문이란, 알려지지 않은 원인의 현상을 우리 밖의 원인으로 취함으로써, 우리 밖에 있는 전적으로 이질적인 작용 원인의 근원을 설명하는 것을 말한다. 그렇게 생각하면 혼란을 일으킬 수밖에 없다. 오랜 습관을 통해 뿌리박혀 버린 의미의 잘못된 이해가 판단에 나타날 경우, 알기 쉽게 고치는 건 불가능하다. 그것은 이렇게 피할 수 없는 착각이 개념을 혼란시키지 않는, 다른 사례에서는 알기 쉬운 것으로 추진할 수 있는 것과 사정이 다르다. 그렇기 때문에 우리가 이와 같이 이성을 소피스트적 이론에서 아무리 해방시키려 해도 곧바로 명료해지지는 않지만, 명료성은 이성을 완전히 만족시키기 위해서 필요한 것이다.

나는 이 해방을 다음같이 촉진시킬 수 있다고 생각한다.

모든 반론은 독단적, 비판적, 회의적으로 나눌 수 있다. 독단적 반론은 어떤 명제에 대해서 이루어지는 것이다. 비판적 반론은 명제의 증명에 대해서 이루어지는 것이다. 독단적 반론은 명제가 대상에 관해서 말하고 있는 것의 반대를 주장할 수 있기 위해서 대상의 본성 상태에 대한 통찰을 필요로 한다. 그렇기 때문에 그 자체로서 독단적이며, 문제가 되어 있는 상태를 상대보다 잘 알고 있다고 주장한다. 비판적 반론은 명제의 가치나 무가치에 대해서 말하지 않는다. 그러므로 그것은 대상을 더욱 잘 알 필요가 없다. 또는 대상의 보다 더 좋은 지식을 외칠 필요가 없다. 비판적 반론은 변명이 근거가 없음을 나타낼 뿐이지, 그것이 틀렸다는 걸 나타내는 것은 아니다. 회의적 반론은 명제와 반대 명제를 같은 중요도를 가진 반론으로 보고, 그 어느 하나도 다른 쪽에 대해서 서로 독단으로서, 또 그것에 대한 반론으로서 대치시키는 것이다. 그렇기 때문에 이 반론은 서로 대립하는 양쪽에서 겉보기에는 정설적(定說的)이며, 그래서 대상에 대한 모든 판단을 완전히 무효로 만든다. 따라서 독단적 반론도 회의적 반론도, 대상에 대해서 무언가를 긍정적 또는 부정적으로 주장할 만한 대상에의 통찰을 주장하지 않으면 안 된다. 하지만 비판적 반론은 다음과 같은 종류의 것이다. 즉 우리는 자신의 말을 관철시키기 위해서, 효과가 없고 단순히 그렇게 생각하고 있을 뿐인 것을 가정하고 있다. 단순히 나타내어 이론을 넘어뜨리는 것이다. 그것은 그 이론에서 부당한 기반을 걷어내고자 하지만, 대상의 상태에 대해 특별히 무언가를 결정하려고 하는 것은 아니다.

그런데 우리 이성의 일반적인 생각에 의하면, 생각하는 우리의 주체와 우리 밖에 있는 것들의 상호성에 대해서 우리는 독단적이며, 우리 밖에 있는 사물을 우리와는 독립되어 존재하는 진정한 대상으로 보고 있다. 그것은 어떤 종류의 초월적 이원론에 의한다. 그 이원론은 문제의 외적 현상을 관념으로서 주체로 헤아리지 않고, 감성적 직관이 그것을 우리에게 제공하는 것처럼 객체로서 우리 밖으로 옮겨, 생각하는 주체에서 완전히 분리시킨다. 그런데 그 바꿔치기는 영혼과 물체 간의 상호작용에 대한 여러 이론의 기반이다. 그리고 '현상의 이 객관적 실제성은 완전히 옳은가'는 전혀 묻지 않고, 오히려 그 객관적 실제성은 인정된 것으로 전제되어, 단순히 그것이 어떻게 설명되고 이해되지 않으면 안 되는가에 대해서 이치가 짜여질 뿐이다. 이것에 대해서 고안된 일반적이고, 실제로 그것밖에 있을 수 없는 체계가 세 가지 있다. 바로 물리적 영향의 체계, 이미 결정되어 있는 조화의 체계, 그리고 초자연적인 원조의 체계이다.

영혼과 물질의 상호작용에 대해 지금 말한 제2, 제3의 설명 방법은, 매우 일반적인 지성의 사고방식인 제1의 설명 방법에 대한 반론에 바탕을 두고 있다. 그 반론이란, 물질로서 현상하는 것은 그 직접적인 영향으로 말미암아 전혀 다른 결과인 관념의 원인이 될 수 없다는 것이다. 하지만 그렇게 되면 이 설명 방법들은, 그것들이 외적 감각의 대상이라 이해하고 있는 것을 물질의 개념과 결부시킬 리는 없다. 물질은 바로 현상이고, 그 자체가 이미 어떤 외적인 대상에 의한 작용을 받은 단순한 관념인 것이다. 그렇지 않다면 이들 설명법은, 외적 대상의 관념(현상)은 우리의 심적 능력에 의한 관념의 외적 원인일 수가 없다고 말해야만 하기 때문이다. 이것은 전혀 의미가 없는 반론이다. 사람이 한번 단순한 관념이라 인정한 것을 외적 원인으로 본다는 것은, 누구도 생각할 수 없으니까 말이다. 그렇기 때문에 이런 설명법은 우리의 원칙에 따라서, 그 이론을 다음과 같은 일에 돌리지 않으면 안 된다. 즉 우리의 외적 대상의 진정한(초월적인) 대상은, 우리가 물질이라는 이름으로 이해하는 관념(현상)의 원인이 될 수 없다는 것이다. 그런데 외적 감각에 있어서 우리 관념의 초월적 원인에 대해 무언가를 알고 있다고는 그 누구도 말할 수가 없기 때문에, 이런 설명법의 주장은 전혀 근거가 없다. 하지만 예를 들어 물리적 영향의 이론 개혁자라고 자처하는 사람이 초월적 이원론의 일반적인 사고방식에 따라, 물질을 그런 것으로서 사물 자체로 (알 수 없는 물체의 단순한 현상으로서가 아니라) 보고, 그들의 반론을 다음 같이 나타내기로 했다고 하자. 즉 이와 같은 외적 대상은 운동의 인과성이 아닌 다른 인과성을 나타내는 것이 아니라, 아무런 관념의 작용 원인이 될 수 없다고. 비록 영혼과 물질의 상호작용은 아니라 하더라도, 적어도 이들의 대응과 조화를 이룩하기 위해 제3의 존재자가 그것들을 매개해야만 한다고. 그러면 그들은 자신들의 논박을 그 이원론에서, 물리적 영향의 제1의 허위를 가정하는 것에서부터 시작하여, 그 반론에 의해서 자연적 영향뿐만 아니라 스스로 이원론적 전제를 논박하는 것이 될 것이다. 왜냐하면 생각하는 본성과 물질의 결합에 얽히는 곤란은 모두 예외 없이 착취적, 변증적 인식에서 생겨나기 때문이다. 다시 말해 물질은 그와 같은 것으로서 현상이 아니고, 즉 알 수 없는 대상에 대응하는 심적 능력의 단순한 관념이 아니라 대상 그 자체이며, 이 대상은 우리 바깥에 여러 감성에서 독립적으로 실제한다.

그래서 매우 일반적으로 상정되는 물리적 영향에 대해서 독단적 반론을 할 수는 없다. 왜냐하면 상대가 물질과 그 운동은 단순한 현상이며, 그 자체는 관념에 지나지 않는다 생각한다고 하면, 그는 다음과 같은 점에만 곤란을 설정할 수가 있기 때문이다. 우리 감성의 알려지지 않은 대상은 우리 안의 관념의 원인이 될 수 없다고 말이다. 하지만 이런 주장은 그를 조금도 정당화시켜 주지 않는다. 알 수 없는 대상이 소용이 있는가, 없는가는 누구도 정할 수가 없기 때문이다. 그러나 그는 앞서의 우리 증명에 따라, 이 초월적 관념론을 필연적으로 받아들이지 않으면 안 된다. 그가 관념을 명확하게 구상화하려 하지 않고, 또 관념을 진정한 사물로서 그의 바깥에 옮겨놓으려 하지 않는 한, 그렇게 하지 않으면 안 된다.

그럼에도 불구하고 물리적 영향이라고 하는 매우 일반적인 학설에 대해서는, 근거가 있는 비판적 반론을 할 수가 있다. 이 학설이 주장하는, 생각하는 실체와 넓이가 있는 실체라고 하는 두 종류의 실체 간 상호작용은 거친 이원론을 바탕으로 하고 있다. 그리고 생각하는 주체의 단순한 관념에 지나지 않는 제2의 실체를, 그 자체로서 존립하는 사물로 만든다. 그렇기 때문에 오해받은 물리적 영향은, 증명 근거를 취할 가치가 없는 횡령된 것이라고 폭로당해, 그것으로 인해 완전히 사라진다.

따라서 생각하는 것과 넓이가 있는 것과의 상호작용을 둘러싼 악명 높은 문제는 선입견을 모두 없애면, 생각하는 주체 일반에 있어서 외적 직관, 즉 공간의 직관(공간의 모양과 운동을 채우는 것)은 어떻게 가능한가 하는 일에 다다를 뿐이다. 하지만 이 물음에 대한 답은 아무도 찾아낼 수 없다. 우리는 우리 앞의 이 모자람을 절대로 메울 수는 없으며, 단지 외적 현상을 초월적 대상으로 귀속시킴으로써 그 모자람을 특징지울 수 있을 뿐이다. 초월적 대상은 이런 종류의 관념에 대한 원인이지만, 우리는 이 대상을 모르고, 아마도 그것에 대해 어떤 개념도 손에 넣을 수 없을 것이다. 경험 영역에 있어 생길 모든 과제에서 우리는 외적 현상을 대상 그 자체로 다루며, 그 대상 가능성(현상으로서)의 제1의 근거에 신경 쓰지 않는다. 하지만 우리가 현상의 한계를 넘는다면 초월적 대상의 개념은 필연적이 된다.

이런 것이 생각하는 존재자와 넓이를 갖는 존재자와의 상호작용에 대한 여러 가지 주의(主義)이다. 거기서 오는 직접적 귀결은 이 상호작용(삶) 이전에 생각하는 자연의 상태, 또는 그런 상호작용이 끝난(죽음) 상태에 대한 여러 논쟁과 반론에 결말을 짓는 것이다. 생각하는 주체는 물체와의 상호작용 이전에도 생각할 수 있었다는 견해는, 다음같이 말할 수가 있을 것이다. 즉 현재 상태에서는 물체로서 현상하고 있는 동일한 초월적 대상은 감성—이것에 의해 공간의 무언가가 우리에게 현상하는—의 이 존재 양식이 시작되기 전에는 전혀 다른 방식으로 직관할 수 있다고. 하지만 영혼은 물체계와의 상호작용을 끝내도 계속해서 생각할 수가 있다고 하는 견해는 이렇게 표현할 수가 있을 것이다. 즉 초월적이고, 지금은 우리에게 전혀 알려지지 않은 대상이 물질계로서 현상하기 위한 감성의 존재 양식이 끝난다고 해도, 감성의 모든 직관이 끝을 알리는 것은 아니다라고. 또 완전히 알려지지 않은 동일한 대상이, 물론 이미 더 이상 물체라는 성질을 지니지 않는다 해도, 생각하는 주체에 의해 계속 인식되어지는 일은 충분히 있을 수 있다고.

그런데 사변적 원리에 의한 이런 주장에는, 확실히 그 누구도 아무런 근거를 들 수가 없다. 하물며 그 가능성을 증명할 수도 없고 오직 그것을 전제할 수 있을 뿐이다. 하지만 마찬가지로 그 누구도 그것에 대한 무언가 유효한 독단적 반론을 할 수도 없다. 왜냐하면 그 누구도, 나나 다른 사람도 외적·물체적 현상의 적대적이고 내적인 원인에 대해 알 수 없기 때문이다. 그러므로 그도 지금 상태에 있어서(삶에 있어서) 외적 현상의 현실성이 무엇에 기초하고 있는지를 알고 있다고, 근거를 들어 주장할 수가 없는 것이다. 다시 말해 모든 외적 직관의 조건, 또는 생각하는 주체 자신이 지금 상태(삶에 있어서) 뒤에 끝을 알린다고 주장할 수도 없는 것이다.

그런 까닭으로 우리가 생각하는 존재자의 본성, 그리고 물체계와 그 결부를 둘러싼 논쟁은 다음과 같은 일에 대한 하나의 귀결이다. 즉 우리는 자신이 아무것도 모른다는 것에 대해서, 이성의 오류 추리에 의해 공백을 채운다는 것이다. 왜냐하면 우리는 자신의 생각을 사물로 만들어 그것을 구상화하기 때문이다. 거기에서 긍정적으로 주장하거나 부정적으로 주장한다고 해도, 나름대로 생각하는 학문이 생긴다. 왜냐하면 어느 쪽이나 대상에 대해 인간이 이해하지 못하는 것을 알고 있다고 착각하거나, 자신의 관념을 대상으로 만든 뒤에 애매와 모순 주위를 빙빙 돌거나, 둘 중 하나이기 때문이다. 엄격하긴 하지만 공정한 비판 말고는, 많은 것을 공상의 행복에 의해 이론과 체계로 끌어당기는 이독단적 환영으로부터 우리를 해방시킬 수 있는 것은 없다. 또 우리의 모든 사변적 요구를 가능한 경험으로 제한하는 것은 비판 말고는 없다. 그것은 말하자면 이렇게 빈번히 실패를 반복한 실험을 스쳐 지나가는 식으로 비웃거나 우리 이성의 한계에 마음속으로 탄식하는 것이 아니라, 분명한 원칙에 의해 수행된 이성의 한계 설정에 의한다. 이 한계 설정은, 우리 이성의 항해가 경험이라는 끊임없이 이어지는 해안선을 계속되는 한에서만 속행하도록, '이 앞에는 아무것도 없다(nihil ulterius)'를 자연 스스로가 세운 헤라클레스의 기둥에 안전하기 이를 데 없이 고정한다. 우리는 이 해안선에서 떨어질 수 없다. 의지할 곳도 없는 큰 바다에 무모하게 나아가지 않는다면 말이다. 이 바다는 언제나 망상적인 전망 아래에서, 결국은 괴롭고 지루한 모든 노력을 희망이 없는 것으로 여기고 단념하도록 우리에게 강요하는 것이다.

＊　＊　＊

우리는 아직 순수이성의 오류에서 초월적이며 자연적인 가상(假象)을 명료하고 일반적으로 연구해 오지 않았다. 마찬가지로 범주표에 나란히 진행되는 오류 추리의 체계적 배치에 대한 내용도 해명하지 않았다. 우리는 애매라는 위험에 빠지지 않고서는, 또는 졸속이라는 잘못을 저지르지 않고서는 그것을 이 절의 모두에서 보장할 수 없었던 것이다. 이제 그 책임을 다하기로 하자.

우리는 모든 가상을 사고의 주관적 조건이 객관의 인식으로 여겨진다는 것으로 표현할 수 있다. 또 우리는 초월적 변증법의 머리말에서 다음과 같이 제시했다. 순수이성은 오직, 조건부로 주어진 것에 대한 조건의 종합 전체에 관련된다고. 그런데 순수이성의 변증적 가상은, 일정한 경험적 인식에서 볼 수 있는 경험적 가상일 수는 없다. 따라서 그것은 사고 조건의 일반적 사항의 문제와 관계될 것이다. 그리고 순수이성의 변증적인 사용에는 다음 세 경우밖에 없을 것이다.

1. 사고 일반 조건의 종합
2. 경험적 사고 조건의 종합
3. 순수한 사고 조건의 종합

순수이성은 이들 세 경우에서, 이 종합의 절대적 전체와 관련된다. 다시 말해 그 자신은 무조건적인 조건에 관련된다. 세 종류의 초월적 가상도 이 구분에 바탕을 두고 있다. 그것이 변증론의 세 가지 절(節)의 동기가 되고, 또한 같은 수만큼의 순수이성에 의한 학문, 곧 초월적 심리학, 우주론, 신학에 이념을 공급한다.

우리는 사고 일반에서는 그 어떤 객체(감각의 대상이든, 순수지성의 대상이든)에 대한 사고의 관계를 무시한다. 그렇기 때문에 사고 일반(앞서 말한 1) 조건의 총합은 전혀 객관적이지 않으며, 단순히 사고와 주체의 총합에 지나지 않는다. 그런데 이 총합이, 잘못하여 객체의 총합적 관념으로 간주되고 있는 것이다.

그러나 다음과 같은 일도 귀결된다. 즉 모든 사고의, 그 자체의 무조건적인 조건에 대한 변증적 추리는 내용이라는 점에서는 잘못을 저지르지 않는다는 것이다(왜냐하면 그 추리는 모든 내용, 또는 객체를 무시하기 때문이다). 하지만 그 추리는 형식적으로 틀렸으며, 오류 추리라 부르지 않으면 안 된다는 것이다.

더 나아가 사고에 따른 유일한 조건은 '나'이며, 일반적 명제로 말하자면 '나는 생각한다'이다. 그렇기 때문에 이성은 그 자체가 무조건적인 이 조건과 관련된다. 그러나 이 조건은 형식적인 조건, 곧 내가 모든 대상을 무시하는 온갖 사고의 논리적 통일에 지나지 않는다. 그럼에도 불구하고 이 조건은 내가 생각하는 대상으로서, 다시 말해 나 자신과 나의 무조건적인 통일로서 제시된다.

만일 누군가가 나에게 '생각하는 사물은 어떤 성질을 가지고 있는가' 질문을 던진다고 하자. 나는 그에 대해 무엇 하나 선험적으로 대답할 수 없다. 답은 종합적이어야만 하기 때문이다(왜냐하면 분석적인 대답은 어쩌면 사고를 설명할 수 있을지 모르지만, 이 사고가 그 가능성이란 점에 의거하는 것에 대한 확장된 인식을 주지 않을 수도 있기 때문이다). 그러나 모든 종합적 해결에는 직관이 필요하며, 이토록 일반적인 과제에서는 그 직관이 전적으로 결여되어 있다. 마찬가지로 '운동하는 것은 어떤 존재여야 하는가'라는 질문에는, 어느 누구도 일반적으로 대답할 수가 없다. 왜냐하면 그때 불가입성을 가진 확장(물질)은 주어지지 않았기 때문이다. 나는 앞선 물음에 일반적으로 대답하는 것은 불가능하다고는 했지만, 개별적인 경우에서는 '나는 생각한다'라는 자기의식을 표현하는 명제로 그 질문에 대답할 수 있을지도 모른다. 왜냐하면 이 '나'는 제1의 주체, 곧 실체이며, 단순한 것 등등이기 때문이다. 하지만 그때 이들 명제는 전적으로 경험명제여야 할 것이다. 그럼에도 불구하고 이들 명제는 사고 가능성의 조건을 일반적·선험적으로 나타내는 규칙이 없으면, 그와 같은 술어(경험적이 아닌 술어)를 포함할 수는 없을 것이다. 이와 같이 해서 생각하는 존재자의 본성에 대해서, 그것도 단순한 개념으로부터 판단한다고 하는, 처음에는 그럴싸하게 보인 나의 통찰은, 비록 내가 그 통찰의 잘못을 아직 찾아내지 못했다고 해도 아리송해진다.

하지만 내가 생각하는 존재자 전반으로서의 '나'에게 덧붙인 이 속성의 근원을 계속 연구해 나가면, 이 잘못은 폭로할 수가 있다. 나는 일정한 대상을 생각하는 것은 결코 아니며, 관념의 대상을 규정하기 위해 단지 관념의 통일을 생각하는 것은 범주에 의할 수밖에 없다. 그러나 바탕에 있는 직관이 없다면, 범주는 나에게 대상의 개념을 마련해 주지 못한다. 왜냐하면 대상은 직관에 의해서만 주어지고, 그런 뒤에 범주를 따라서 생각할 수가 있기 때문이다. 만일 내가 어떤 사물을 현상에서의 실체라 말하려 한다면, 처음부터 직관의 술어가 나에게 주어져 있지 않으면 안 된다. 나는 그 술어를 가지고, 언제나 변함없는 것을 변해 가는 것들로부터 구별하여, 사물 그 자체를 그것에 부수되는 것으로부터 구별하는 것이다. 만일 내가 어떤 사물을 현상에서의 단순한 것이라 부른다고 하면, 나는 그것으로 해서 그 사물의 직관은 현상의 일부이기는 하지만 그 자신은 분할할 수 없다 등등으로 이해한다. 그러나 무언가가 개념에서만 단순하다고 인식되어 있으며, 현상에서는 그렇지 않다고 생각해 보자. 그러면 나는 실제로는 전혀 대상을 인식하지 못하고, 나의 개념을 인식할 뿐이다. 나는 이 개념을, 본디의 직관을 가질 수 없는 어떤 것 일반으로부터 만들어 내는 것이다. 나는 그저 내가 어떤 물질을 아주 단일한 것으로 생각한다고 말하는 데에 지나지 않는다. 왜냐하면 나는 실제로 '그것은 무엇인가이다'라고밖에 말할 수가 없기 때문이다.

그러나 단순한 통각(統覺 : 나)은 개념에서의 실체이며, 개념에서의 단순한 것 등등이다. 이렇게 해서 이들 심리학적 정리는 모두 논의할 필요가 없이 옳다는 것이 인정된다. 그럼에도 불구하고 이것에 의해서 사람이 영혼에 대해 본디 알고자 하는 것은, 전혀 인식되지 않는 것이다. 왜냐하면 이들 모든 술어는 직관으로는 도무지 들어맞지 않고, 그러므로 경험의 대상에 적용할 수 있는 귀결에도 이어질 수가 없으며, 따라서 그것들은 전적으로 공허하기 때문이다. 또한 영혼이 외적 직관의 한 요소, 그 자신은 이제 분할할 수 없고, 그래서 자연의 변화에 따라 생성·소멸할 수 없는 요소라는 점을 가르쳐 주지 않기 때문이다. 이러한 특성이야말로 영혼을 경험의 맥락 안에서 분별하여 알아보게 할 수가 있으며, 그 기원과 미래의 상태에 대해서 단서가 될 수 있을 것이다. 하지만 내가 그저 범주에 의해서 '영혼은 단일한 실체이다' 말한다고 하자. 그렇다면 다음과 같은 일은 의심의 여지가 없다. 즉 겉으로 드러나게 된 실체의 순수지성 개념은, 사물은 이제 다른 주어의 술어가 아닌 주어로서 표현되리라는 것밖에 포함하고 있지 않다. 그렇기 때문에 거기에서는 고정불변한 것에 대해서 아무런 귀결에도 이를 수 없고, 단순한 것의 속성은 아무래도 이 고정불변성을 덧붙일 수가 없다는 것이다. 다시 말해 사람은 거기에서, 영혼이 세계의 변화 안에서 우연히 만나게 되는 일에 대해서 무엇 하나 알 수가 없다고 하는 것이다. 예컨대 사람이 우리에게 '영혼은 물질의 단순한 요소이다'라고 말할 수 있다고 하자. 그러면 경험이 영혼에 대해서 우리에게 가르쳐 주는 것으로 인해 우리는 영혼의 고정불변성을, 그리고 단순한 본성과 함께 영혼의 불사성을 이끌어 낼 수가 있을 것이다. 그러나 심리학적 원칙(나는 생각한다)에서의 '나'라고 하는 개념은 그것에 대해서 우리에게 한마디도 하고 있지 않다.

하지만 우리 안에서 생각하는 존재자가 순수범주에 의해서, 더욱이 범주의 주제 안에서도 절대적 통일을 나타내는 범주에 의해서 자기 자신을 인식한다고 생각하는 것은 직관의 다양한 것이 통각에서 통일을 가지는 한에 있어서, 그와 같은 다양한 것의 종합 그 자체이다. 그렇기 때문에 자기의식 일반은 모든 통일의 조건이 되는 관념, 게다가 그 자체는 무조건적인 관념이다. 따라서 다음과 같다. 생각하는 나(영혼)는 그 자신이 실체로서 단순하며, 모든 시간 속에서 수적으로 동일하고, 모든 현실 존재의 상관자이며, 거기에서 다른 모든 현실 존재가 추리되지 않으면 안 된다. 이와 같이 생각하는 나에 대해서는, 사람들은 '생각하는 나는 범주에 의해서 스스로를 인식하는 것이 아니라 범주를, 또 범주에 의해서 모든 대상을 통각의 절대적 통일에서, 따라서 자기 자신에 의해서 인식하는 것이다'라고 말해야만 한다. 그런데 다음과 같은 일은 매우 명확하다. 즉 본디 객체를 인식하기 위해 내가 전제하지 않으면 안 될 것을, 나는 그 자체를 객체로서는 인식할 수 없다는 것이다. 또 규정하는 자기(사고)는 규정되는 자기(생각하는 주체)와는 다르다고 하는 것, 그것은 인식이 대상과 다르다는 것과 같다는 것이다. 그럼에도 불구하고 사고가 종합에 있어서의 통일을, 그 사고의 주체에서 지각한 통일로 간주하는 가상만큼 우리를 현혹시키는 것은 없다. 이와 같은 가상을 구상화된 의식(apperceptiones substantiatae)의 바꿔치기라고 부를 수가 있을 것이다.

합리적 심리학의 변증적 추리에서의 오류 추리는, 오류 추리이면서도 올바른 전제를 가지는 한, 그것에 올바른 논리학적 명칭을 주려고 한다면, 매개념 이차적인 뜻의 궤변(sophisma figurae dictionis)이라고 간주할 수가 있다. 이 궤변에서는 대전제는 범주를 그 조건에 대해서 단지 초월적으로 사용하고 있지만, 소전제와 결론은 이 조건에 포섭되는 영혼에 대해서 동일한 범주를 경험적으로 사용하고 있는 것이다. 이와 같이 예를 들어 실체성의 오류 추리에서의 실체 개념은 순수하게 지적인 개념이며, 감성적 직관의 조건은 받지 않고 단순히 초월적으로 사용되고 있어, 결국은 전혀 사용되고 있지 않다. 이에 반해 소전제에서는 전적으로 동일한 개념이 모든 내적 경험의 대상으로 적용되고 있다. 그러나 그 구체적인 적용 조건, 곧 대상의 영원불변성은 미리 전제되어 있지도, 바탕에 놓여 있지도 않다. 그렇기 때문에 여기에서는 실체 개념의 부당한 사용이면서도, 경험적 사용이 되고 있는 것이다.

마지막으로 궤변적 심리학에서의 이 모든 변증적 주장의 체계적인 연관을, 순수이성의 한 연관성에서 그 완전성을 나타내기 위해 다음과 같은 일에 주의해 주길 바란다. 즉 통각은 모든 조(組)의 범주에 의해서 수행되지만, 각 조에서 가능한 지각의 나머지 조의 바탕에 있는 지성 개념을 향해 수행된다. 따라서 실체, 실재성, 단일성(다수성이 아닌), 현실 존재를 향하여 수행된다. 다만 이성은 이들 모두를, 무조건적인 생각하는 존재자의 가능성 조건으로서 나타내는 것이다. 그렇기 때문에 영혼 그 자신은 다음과 같이 인식한다.

1. **관계의 무조건적인 통일,**

즉

자기 자신에게 내속하는 것으로서가 아니라

스스로 존재하는 것으로서

2. 성질의 무조건적인 통일,	3. 시간 속 **다수성**에서 무조건적인 단일성,
즉	즉 여러 시간 속에서

실재적 전체가 아닌	수적으로 다른 것이 아니라
단순한 것으로서	**하나로서, 또 동일한 주체로서**[8]

4. 공간에서 현실 존재의 무조건적인 통일,

즉

영혼 밖에 존재하는 많은 사물의 의식으로서가 아니라

오직 영혼 자신의 현실 존재에 대한 의식으로서,

동시에 단순히 영혼 관념으로서의 다른 사물에 대한 의식으로서

　이성은 원리의 능력이다. 순수심리학의 주장은 영혼에 대한 경험적 술어를 포함하고 있지 않다. 포함하고 있는 것은, 만약에 그러한 술어가 있다면, 대상 그 자체를 경험으로부터 독립적으로, 곧 단순한 이성으로 규정해야 할 술어이다. 그렇기 때문에 이들 술어는 적절하게, 원리로 생각하는 자연 일반의 개념에 바탕을 두고 있지 않으면 안 될 것이다. 그 대신 다음 사실을 알 수 있다. 즉 '나는 존재한다'라는 단독 개념이 이들 술어 모두를 다스리고 있다는 것이다. 이 관념은 바로 내 모든 경험의 순수한 정식(定式)을 표현하고 있기 때문에, 모든 생각하는 존재자에게 해당하는 전칭명제처럼 스스로를 선언하고 있는 것이다. 그럼에도 이 명제는 모든 면에서 단칭적이기 때문에, 사고 일반 조건의 절대적 통일이라고 하는 겉모양을 띠고 있으며, 이렇게 해서 가능한 경험이 이를 수 있는 것보다 멀리 자기를 확대한다.

　[제2판]

　그런데 '나는 생각한다'라고 하는 명제는 (개연성으로 이해되어) 모든 지성판단 일반 형식을 포함하고 있으며, 모든 범주가 그 탈것으로 수반된다. 따라서 다음과 같은 점이 명확하다. 즉 이 명제로부터의 추리는 지성의 단순한 초월적 사용

---

8) 단순한 것이 여기에서 어떻게 다시 실재성 범주와 대응하는가에 대해서는, 나는 아직까지 제시할 수가 없다. 그것은 다음 절 안에서, 동일한 개념의 다른 이성 사용과 관련해서 지적될 것이다.

을 포함할 수 있을 뿐이고, 그 초월적 사용은 모든 경험이 뒤섞이는 것을 차단하며, 우리는 그 경과를 앞에서 제시한 바와 같이 사전에 잘 이해할 수가 없다는 것이다. 그렇기 때문에 우리는 이 명제를 순수심리학의 술어를 통해서 비판적인 눈으로 뒤쫓으면서도, 간결하게 이 심리학의 음미를 중단되지 않는 연관을 유지하면서 진행해 나가기로 한다.

첫째로, 다음과 같은 일반적 주해를 달아두면 이런 종류의 추리에 대한 우리의 주의를 한층 더 기울일 수가 있다. 말하자면 내가 다만 생각하는 것만으로는 그 어떤 객체를 인식하는 것이라 할 수 없으며, 주어진 직관을 의식의 통일—거기에서 모든 사고는 성립된다—을 의도해서 규정함으로써만 나는 어떤 대상을 인식할 수가 있다는 점이다. 그렇기 때문에 나는 나를 생각하는 자로서 의식함으로써 나 자신을 인식할 뿐만 아니라, 내가 나 자신의 직관을 사고의 기능에 대해서 규정된 것으로서 의식할 때에, 나는 나를 인식하는 것이다. 이런 의식의 통일에서야말로 모든 사유가 성립된다. 동시에 우리는 우리를 생각하는 존재로서 의식하는 것만으로는 우리 자신을 인식하는 것이 아니며, 자신의 직관이 사유 기능과 관련하여 규정된 것을 의식하는 경우에 비로소 자신을 인식하는 것이다. 그러므로 사유에서 '자기의식'의 모든 양상은 그 자체로서는 아직 어떤 대상에 대해 지성 개념(범주)이 아니라 단순한 논리적 기능에 불과하며, 그것은 사유에 대해 어떤 인식의 대상이 되지 못한다. 따라서 나 자신도 아직 인식되는 대상으로서 주어지는 것이 아니다. 규정하는 자의 의식이 아닌 규정되는 자기의식만이, 그러니까 나의 내적 직관(그 다양함이, 사유에서의 통각의 통일에 대한 보편적 조건에 일치해 결합될 수 있는 한)의 의식만이 객체이다.

(1) 모든 판단에서, 나는 언제나 판단을 형성하는 관계를 한정하는 주관이다. 그러나 '나는 생각한다'라고 할 때 '나'는 생각한다는 활동에서 언제나 주체로서 타당하며, 단지 술어처럼 사고에 부속하는 것으로는 여길 수 없다고 하는 것은 정당한 일이 되어야만 한다. 이것은 필연적이며 동일한 명제이기도 하다. 그러나 이 명제는, 내가 객체로서 자존(自存)하는 존재자, 또는 실체라는 것을 의미하는 것이 아니다. 이것이 실체를 의미하게 되면 그것은 매우 광범한 의미를 가지게 되며, 따라서 사유 활동 속에는 전혀 찾아볼 수 없는 자료까지도

요구하게 되어, 아마도 (내가 생각하기만 하는 존재자를 그와 같은 것으로 간주하는 한) 내가 일반적으로 (생각하는 것 안에서) 찾아볼 수 있는 것 이상의 것을 요구하는 것이 된다.

(2) 그러므로 통각된 자아는 어떤 사고 작용에서도 몇 개의 주어로 분해될 수 없는 하나의 단수이며, 논리적으로 단순한 하나의 주체를 나타낸다. 이것은 이미 사고 작용의 개념에 속하며, 따라서 분석적 판단이다. 그러나 그것은, 생각하는 내가 단순한 실체라는 것을 의미하지 않는다. 만약 의미한다면, 이 명제는 종합적 명제가 될 것이다. 실체의 개념은 언제나 직관과 관계한다. 직관은 나에게는 감성적인 것 이외의 것일 수는 없으며, 따라서 전적으로 지성과 사고의 영역 밖에 있다. 그런데 여기서 '사고 작용에서 자아는 단순하다'고 말한다면, 그것은 본디 오직 이 지성 영역에 대해서 말하는 것이다. 여기에서 이것이 문제가 되는 것은, '나'는 사고에서 단순하다는 말을 들을 때만이다. 직관이 명시하는 것 가운데 무엇이 실체인가를 식별하기 위해서는, 보통 많은 절차가 필요하다. 뿐만 아니라 이 실체가 단순한지, 그렇지 않은지(물체의 구성 요소의 경우처럼)하는 점을 분별하기 위해서는, 다른 경우일 것 같으면 매우 많은 준비가 필요한데, 이 경우에 매우 단적으로 빈곤하기 이를 데 없는 관념으로, 즉 계시(啓示)에 의한 것처럼 주어진다면 실로 불가사의한 일일 것이다.

(3) 내가 다양함을 의식하고 있는 경우에 언제나 거기에는 나 자신의 동일성이 존재하고 있다는 동일률(同一律)이라고 하는 명제는, 내가 의식하는 다양한 것에도 불구하고 마찬가지로 개념 자신에서 성립되는 명제, 곧 분석적 명제이다. 그러나 주체의 이 동일성을 나는 그 모든 관념에서 의식할 수가 있는데, 그 동일성은 주체의 직관—이 직관에 의해서 주체는 객체로서 주어지고 있다—에는 관련되지 않는다. 그러므로 주체의 동일성은 인격의 동일성을 의미하는 것은 아니다. 인격의 동일성이란 주관의 상태가 변화한 경우에도 사고하는 존재자로서의 주체의 독자적인 실체가 언제나 동일성의 인식을 갖는 것을 의미하게 되기 때문이다. 이 동일성을 증명하기 위해서는 '나는 생각한다'라는 명제를 분석하는 것만으로는 완벽하지 않으며, 주어진 직관에 의거하는 여러 가지 종합판단이 필요할 것이다.

(4) 내가 하나의 사유하는 존재자로서 나 자신의 실제적인 존재를 나 이외

의 다른 사물(그것에는 내 육체도 포함된다)과 구별한다는 것도 마찬가지로 하나의 분석적 판단이다. 왜냐하면 다른 사물이라고 하는 것은 나로부터 구별된 것으로서, 내가 생각하는 것이기 때문이다. 그러나 이런 나 자신의 의식이 나에게 표상을 부여하는 것인지, 그리고 나 이외의 사물이 없어도 내 의식이 충분히 가능한 것인지 어떤지, 따라서 내가 다만 사유하는 존재자로서(인간이라는 것이 아니고) 실제로 존재할 수 있는지 어떤지 하는 것은, 이 명제로서는 내가 알 수 없다.

그러므로 사고 일반에서의 나 자신의 의식을 아무리 분석해도, 개체로서의 나 자신에 대한 인식에 대해서는 아무것도 얻는 것이 없다. 사고 작용 일반의 논리적 구명은, 대상의 형이상학적 규정이라고 잘못 생각되는 것이다.

만일 다음과 같은 일을 증명하는 가능성이 있다고 한다면, 그것은 우리의 모든 비판에 대한 커다란 걸림돌이 되기는커녕 유일한 걸림돌이 될 것이다. 즉 모든 생각하는 존재자 자체가 단순한 실체라는 것, 따라서 그와 같은 것으로서(위와 동일한 증명 이유에서 얻어진 귀결이지만) 인격성을 갖추고 있고, 모든 물질을 완전히 떠난 자기의 실체적인 존재를 의식한다는 것이다. 왜냐하면 이렇게 해서 우리가 감성계 밖으로 나서서 가상체의 영역으로 뛰어들게 되면, 그 영역에서 우리 자신을 확대하고 증대시키고, 행운의 별의 축복대로 그 땅을 점유하는 권능을 우리로부터 뺏을 수는 없을 것이기 때문이다. '모든 생각하는 존재자는 그와 같은 것으로서의 단순한 실체이다'라고 하는 명제는, 선험적인 종합적 명제이다. 왜냐하면 이 명제는 첫째로, 그 근거에 있는 개념을 넘어서 사고 일반에 현실적 존재의 방식을 덧붙이기 때문이다.

둘째로, 이 명제는 그 개념에 경험에서는 전혀 주어질 수 없는 술어(단순성이라고 하는)를 덧붙이기 때문이다. 따라서 선험적인 종합적 명제는 우리가 이미 주장한 것처럼 가능한 경험의 대상과의 관계에서, 이 경험 그 자체의 가능성의 원리로서 마땅히 허용될 뿐만 아니라, 사물 일반 및 사물 자체(감정이 개입되지 않은)에 대해서도 관여할 수 있게 된다. 이와 같이 결론을 내리면 이 비판 전체를 끝맺고 옛사람이 했던 그대로를 답습하도록 요구하는 것이 될 것이다. 그러나 사태를 좀 더 자세히 보면, 이 경우 위험은 그다지 크지는 않다.

합리적 심리학의 방식을 지배하고 있는 것은, 다음과 같은 이성 추리에 의해서 나타낼 수 있는 오류 추리이다.

'주체로서밖에 생각될 수 없는 것은 또한, 주어로서밖에 실제로 존재하지 않으며, 따라서 그것은 실체이다.

그런데 생각하는 존재자는 단순히 그와 같은 존재자로서 간주된다면, 주어로서밖에 생각될 수 없다.

그러므로 그것은 또한 그와 같은 것으로만, 즉 실체로서 실제로 존재한다.'

대전제에서는 모든 의도에 의해서 생각될 수 있는 존재자, 따라서 직관에서 주어지는 대로 사유되는 존재자가 논의된다. 그러나 소전제에서는 다음과 같은 존재자만이 문제가 되어 있다. 즉 주체로서의 자기 자신은 사고와 의식의 통일에 대한 관계에서만 고찰되지만, 동시에 직관—이에 의해서 존재자는 객체로서 사고에 주어진다—에 대한 관계에서는 고찰하지 않는 그러한 한에서의 존재자이다. 따라서 매개 개념의 다의성 궤변에 의해서, 곧 논과(論過)에 의해서 결론이 이끌어 내지는 것이다.

오류 추리에서의 유명한 논증의 이 해결이 전적으로 옳다고 하는 것은, 원칙의 체계적 표시에 대한 일반적인 주석과 가상체의 장을 확인해 보면 명확해진다.[9] 여기에서는 다음과 같은 일이 증명되고 있다. 즉 그 자체로 주어로서는 실제로 존재하지만, 단순한 술어로서가 아닌 사물의 개념은 전적으로 객관적 실제성을 수반하고 있지 않다는 점이다. 말하자면 그와 같은 실제적 존재 방식의

---

9) 사고라는 말은 두 전제에서 저마다 전혀 다른 의미로 해석되고 있다. 대전제에서 사고는 객체 일반(따라서 직관에 주어질 수 있는 대상)에 관계하는 사유로 해석되고 있음에 반해, 소전제에서는 다만 자기의식과의 관계에 의해서 성립되는 것일 뿐이다. 따라서 이 경우에는 전혀 대상에 대해서는 고찰되지 않고, 다만 주어(사유의 형식으로서의)로서의 자기에 대한 관계만이 표상된다. 전자의 경우에는 주어로서밖에 생각될 수 없는 사물에 대해서 말하고 있지만, 후자의 경우에는 사물에 대해서가 아니라 자아가 언제나 의식의 주관으로서의 구실을 하는 사유에 대해서 말하고 있다(왜냐하면 모든 대상이 무시되기 때문에). 그러므로 단안(斷案)에서 결론을 내릴 수 있는 것은 '나는 주어로서밖에 실제로 존재할 수 없다'가 아니라, '나는 내가 실제로 존재하고 있다고 생각하는 경우 나를 다만 판단의 주어로서만 사용할 수 있다'뿐이다. 이 명제는 하나의 동일 명제로서 나의 현실적 존재의 방식에 대해서는 전혀 해명하는 것이 없다.

가능성이 우리가 통찰할 수 있는 것이 아닌 이상, 이 개념에 귀속시킬 수 있는 대상이 도대체 있는지 없는지를 알 수 없다는 것이다. 따라서 그 개념은 전혀 인식을 제고해 주지 않는다. 그러므로 이 개념이 실체라는 이름 아래에 주어질 수 있는 개체를 지시해야 한다고 하면, 그것은 인식되어야 한다. 그렇다고 한다면 개념의 객관적 타당성의 불가결한 조건으로서 고정불변적인 직관이, 즉 대상이 주어지기 위한 둘도 없는 것이 그 밑바탕에 있지 않으면 안 된다. 그러나 우리는 내적 직관 안에 고정불변적인 것을 가지지 않는다. 왜냐하면 '나'는 내 사고의 의식에 지나지 않기 때문이다. 따라서 우리가 다만 사고 작용에 머물러 있는 한, 실체의 개념을, 곧 그 자체로서 존립하는 주체(주어)의 개념을, 생각하는 존재자로서의 자기 자신에 적용하기 위한 필수적인 요건이 우리에게는 결여되는 것이다. 그리고 그 필요조건과 결부된 실체의 단순성은 이 개념의 객관적 실재성과 함께 완전히 탈락하여, 사유 일반에서의 자기의식의 단순한 논리적인 질적 단일성으로—주관이 합성되어 있든 그렇지 않든—바뀌는 것이다.

영혼의 고정불변성에 대한 멘델스존의 증명을 논박한다

통상적인 논증은, 영혼(그것이 단순한 존재체라는 것을 인정할 수 있다면)이 분할에 의해서 존재하지 않게 되는 일은 있을 수 없다는 것을 증명하기로 되어 있다. 명석한 철학자 멘델스존(Moses Mendelssohn)은 그 증명이 필연적인 존속을 보증하려고 하는 목적을 위해서는 불충분하다는 것을 이내 알아차렸다. 왜냐하면 소멸에 의해서 영혼의 현실 존재가 멈추어 버린다는 것을 생각할 수 있을 것이기 때문이다. 그런데 멘델스존은 그의 저작 《페돈(Phädon)》에서, 단순한 존재가 존재하지 않게 된다는 것은 전혀 있을 수 없다고 감히 증명하는 것에 의해서 진짜 절멸인 이 무상성으로부터 영혼을 분리시키려고 했다. 왜냐하면 단순한 것은 감소되지 않고, 그로 인해 그 현실 존재로부터 무엇인가를 상실하여, 이윽고 무로 변화하는 일은 있을 수 없으므로 (안에 부분을 가지지 않고, 따라서 다수성도 가지지 않으므로), 그것이 존재하는 순간과 존재하지 않게 되는 다른 순간 사이의 시간은 전혀 볼 수 없고, 그와 같은 일은 있을 수 없기 때문이다.

그러나 그는 다음과 같은 사실을 고려하지 않았다. 즉 우리는 영혼이 외적으로 다양한 것을, 따라서 외연량을 포함하고 있지 않으므로 영혼에 단순한 본성을 인정한다. 하지만 무엇인가 현실적으로 존재하는 것에 대해서와 마찬가지로, 영혼에 대해서 내포량을 부인할 수는 없다. 이 정도는 모든 무한히 많은 또는 적은 정도에 의해서 점차 더 감소될 수 있는 양이며, 그러므로 이 실체(그 고정불변성이 단순성이라는 것 말고는 확립되어 있지 않은 사물)는 분해에 의해서가 아니라고 하더라도, 역시 서서히 감퇴됨에 따라서(쇠약에 의해서) 무로 될 수 있는 것이다. 왜냐하면 의식조차도 언제나 끊임없이 감소되는 일이 있을 수 있기 때문이다.[10] 따라서 자기를 의식하는 능력도 마찬가지이며, 또한 그 밖의 모든 능력도 마찬가지이다.

그렇기 때문에 단순히 내적 감각의 대상으로서의 영혼의 고정불변성은 여전히 증명되지 않고 있다. 또한 그것은, 생각하는 존재자(인간으로서)도 증명 불가능하다. 그러나 그것은, 삶을 초월해도 영혼이 절대적으로 고정불변이라는 것을 단순한 개념으로부터 증명하려고 하는 합리적 심리학자로서는 만족할 만한 일이 아니다.[11]

---

10) 명료성이란 논리학자가 말하는 것과 같은 개념의 의식이 아니다. 왜냐하면 의식에는 정도가 있고, 그 정도는 기억하기에는 불충분하다는 것이, 갖가지 불명확한 개념의 정도에서까지 볼 수 있어야만 하기 때문이다. 전혀 의식이 없으면 우리는 불명료한 관념들의 결부에서 그 어떤 구별도 하지 못할 테니까 말이다. 그런데 우리는 여러 가지 개념의 표지(예컨대 정의와 공평의 개념처럼, 또는 음악가가 상상 속에서 악보를 만드는 동시에 연주할 때의 개념처럼)가 있으면, 그런 일을 할 수가 있다. 오히려 어떤 개념이 분명한 것은, 그 개념에서 의식이 그 관념과 다른 관념과의 차이의 의식으로서 충분한 경우이다. 의식이 구별 때문에 충분해도 차이의 의식으로서 충분치 않을 경우에는 관념은 불명확하다고 말할 수밖에 없을 것이다. 따라서 의식이 사라지기까지는 무한히 많은 의식의 정도가 존재한다.

11) 새로운 가능성을 궤도에 올리기 위해서 충분히 손을 썼다고 믿는 사람들은(인간이 죽은 뒤의 사고 가능성—사고 가능성의 실례는 인간 삶에서의 경험적 직관에서만 볼 수 있지만—도 통찰한다고 믿는 사람도 포함해서) 아무도 자기들의 전제에 모순을 지적할 수가 없다고 저항할 때, 조금도 대담하다고는 할 수 없는 다른 가능성에 의해서 크게 당황한다. 그와 같은 가능성이란 단순한 실체가 몇 가지 실체로 분할된다는 가능성이며, 또 반대로 몇 가지 실체가 단순한 실체로 합체(결합)하는 것을 말한다. 왜냐하면 분할할 수 있다고 하는 것은 합성되어 있는 것을 전제로 하고는 있지만, 그것은 반드시 합성된 실체를 필요로 하지 않고 단순히 동일한 실체 정도(여러 가지 능력)가 합성된 것을 필요로 할 것이기 때문이다. 마치 영혼의 힘이나 능력, 의식의 능력까지도 반감(半減)된다고 생각할 수 있듯이, 실체가 여전히 뒤에 남는다는 것은 생각할 수 있는 일이다. 그렇게 되면 우리는 이 소실된 반도 보존된 것으로, 모순 없이 생각에 떠올릴 수가 있다. 단, 실체 속에서가 아니라 실체 밖에서이다. 그리고 여기에서는 실체에 있어서만 언제나 실체적인 것, 따라서 정도를 가지고 있는 모든 것, 다시 말해 실체의

우리가 앞서 언급했던 명제들을 모든 생각하는 존재자에 타당한 것으로 보고 체계로서의 합리적 심리학에서도 받아들여야 하는 것과 마찬가지로, 종합적 연관에서 그 명제들을 받아들인다고 하자. 그리고 이들 명제를 '모든 생각하는 존재자는 그 자체로서 실체이다'라고 하는 명제를 가지고 관계의 범주로부터 시작하여, 그 둥근 고리가 닫칠 때까지 계열을 변형해서 관철한다고 하자. 그러면 우리는 마지막으로 사유하는 존재자의 실존에 다다르게 된다. 모든 생각하는 존재자는 그 실체의 현재 존재를 이 체계에서 외적인 사물과는 독립적으로 의식할 뿐만 아니라, (실체의 성격에 필연적으로 속하는 고정불변성의 관점에서) 자기 자신으로부터 규정할 수가 있다. 그러나 거기에서 다음과 같은 결과가 나온다. 관념론은 바로 이런 합리주의적 체계에서는 피하기 어려운 것이라는 점이다. 적어도 개연적 관념론은 피할 수가 없다는 점이다. 또 외적인 사물이 실제로 존재하는 것이 시간에서 생각하는 존재자 자신의 규정에 전혀 필요하지 않다고 하면, 그와 같은 것의 현실 존재도 전적으로 쓸데없이 상정되는 데

실재적 존재 전체는 조금도 모자람 없이 그대로 반감되어, 그때에 실체 밖에서는 특수한 실체가 생긴다고 생각할 수가 있다. 왜냐하면 분할된 다수는 이미 실체의 다수성으로서가 아니라, 모든 현실 존재의 양인 실체성의 다수성으로서 실체 안에 있었기 때문이다. 그리고 실체의 단일성은 현실적으로 존재하는 방식에 지나지 않으며, 이 방식은 이 분할에 의해서만 실체의 다수성으로 변하기 때문이다. 그렇게 되면 많은 단순한 실체가 또다시 하나의 실체로 합일될 수도 있을 테고, 그 경우에 실체의 다수성 말고는 아무것도 상실되지 않을 것이다. 왜냐하면 하나의 실체가 그것에 앞서는 모든 실체성 실재성의 정도를 모두 자기 속에 포함하게 되기 때문이다. 그리고 어쩌면 물질의 현상을 우리에게 주는 단순한 실체는(물론 기계적 화학적인 상호 영향에 의해서는 아니지만, 우리가 알 수 없는 영향에 의해서, 다만 이들 중 제1의 영향만이 형상이다), 내포량으로서의 부모 영혼의 이와 같은 역학적 분리에 의해서, 아이의 영혼이 생길지도 모른다. 그럼에도 불구하고 부모의 영혼은 그 사멸을 동족의 새로운 소재와 연립함으로써 복구되는 것이다. 나는 이와 같은 망상에 가치나 타당성을 인정할 생각은 조금도 없다. 앞서 말한 분석론의 원리도 범주(예컨대 실체의 범주)를 경험 사용 이외에 사용하지 않도록 못을 박아놓았다. 그러나 합리주의자는 대상이 주어지기 위한 어떤 고정불변성의 직관을 사용하지 않고, 단순한 사고 능력으로부터 스스로 존립하는 존재자를 만들어 낸다고 호언장담한다. 그것도, 사고에서의 통각의 통일은 합성된 것으로부터의 설명을 그에게 허용하지 않기 때문이라는 것뿐이다. 생각하는 자연의 가능성을 설명하는 일을 알고 있지 못하다고 솔직하게 고백하면 좋을 것을, 그때 유물론자도 마찬가지로 사고의 가능성을 위해 경험을 끌어올 수는 없다고 하더라도, 왜 그는 생각하는 자연의 형식적 통일을 유지하면서 자기 원칙을 반대로 사용하는 것을 마찬가지로 대담한 일로 자부하지는 않을까?

에 지나지 않고, 그에 대해서 증명을 제시한다는 것은 아마도 할 수 없는 일이 된다는 점이다. 이에 반해, 만일 분석적 방법에 따른다고 하자. 왜냐하면 '나는 생각한다'가 이미 현실 존재를 안에 포함하는 명제로서 주어진 것으로서, 따라서 양상으로서 바탕에 존재하고 있기 때문이다. 그리고 '나는 생각한다'는 명제의 내용을 인식하기 위해, 즉 시간 또는 공간에서의 이 '나'가 그 명제만에 의해서 그 현실 존재를 규정하는가 어떤가, 또 어떻게 규정하는가를 인식하기 위해서 해당 명제를 분석한다고 하자. 그러면 합리적 심리학의 명제는 생각하는 존재자의 개념에서가 아니라, 현실성으로부터 시작되게 될 것이다. 그리고 경험적인 모든 것이 제거된 뒤에 이 현실성이 사고되는 방식으로부터 생각하는 존재자 일반에 어울리는 것이, 다음과 같은 표가 제시하는 것처럼 귀결되게 되리라.

1
나는 생각한다(양상)

2
주어로서(관계)

3
단순한 주어로서(성질)

4
내 사고의 어떤 상태에서의 동일한 주체로서(분량)

그런데 제2의 명제에서는 나는 단지 주체로서만 현실에 존재할 수가 있는지, 그렇게 생각할 수 있는지, 그리고 다른 것과의 술어로서 그러한지 아닌지는 확정되지 않는다. 그렇기 때문에 주체의 개념은 여기서는 다만 논리적으로 받아들여지고 있는 데에 지나지 않는다. 그리고 그 주체 안에 실체가 이해되어져야 하는가의 여부는 확정되지 않은 채로 있다. 그러나 제3의 명제에서는 단순한 자아의 통각적 통일이, 사고를 이루는 모든 결합이나 분리가 관계되는 관념에서 그 자체로서도 중요하게 된다. 비록 내가 주체의 상태 또는 실체에 대해서 아직 아무것도 결정하지 않고 있어도 그러하다. 통각은 어떤 실재적인 것이며, 통각의 단순성은 본디 가능성 속에 포함되어 있다. 그런데 공간 안에는 단순한 실재적인 것은 아무것도 없다. 왜냐하면 점(그것은 공간에서 단순한 것을 구성하고 있는 유일한 것이지만)은 다만 극한에 지나지 않으며, 그 자체가 부분으로서 공간을 구성하는 데 이바지하는 것은 아니기 때문이다. 따라서 그것으로부터 유물론을 근거로 해서, 나의 상태를 단순히 생각하는 주체라고 하는 설명이 불가능하다는 결론이 나온다. 하지만 내가 현실적으로 존재하는 것은 첫 번째 명제에서 주어진 것으로 간주되고 있다. 왜냐하면 거기서 언급되어 있는 것은 사유하는 모든 존재자는 현실적으로 존재한다는 것이 아니며(이와 같이 말하는 것은 사유하는 모든 존재자에게 절대적 필연성을 덧붙이는 것으로서, 지나친 표현이 될 것이다) 오히려 다만 나는 생각하면서 또한 현실적으로 존재한다는 것이기 때문이다. 그러므로 이 명제는 경험적인 것이며, 시간 속에서의 나의 관념에 대해서 내 현실 존재의 규정 가능성을 포함하고 있는 데에 지나지 않는다. 그러나 나는 다시 그 때문에 고정불변한 것을 필요로 하는데, 그와 같은 것은 내가 나를 생각하는 한, 내적 직관에서 나에게 전혀 주어져 있지 않다. 따라서 내가 실체로서 현실적으로 존재하거나 우연적인 것으로서 현실적으로 존재하거나 하는 존재 방식은 이런 단순한 자기의식에 의해서는 전혀 규정될 수 없다. 그렇기 때문에 유물론이 내가 현실적으로 존재하고 있음을 설명하는 방법으로서 무력하다면, 마찬가지로 유심론도 불충분하다. 결론적으로 말하면 영혼이 일반적으로 외적 사물을 떠나서 현실적으로 존재할 수 있는 한, 우리는 우리 영혼의 성질에 대해서는 어떤 방법에 의해서도 아무것도 인식할 수 없다는 것이다.

한편 경험을 가능케 하기 위해서는 우리는 반드시 의식의 통일에 의하지 않으면 안 되는데, 이와 같은 의식의 통일성에 의해서 경험(삶에 있어서의 우리의 현실 존재)을 초월하여 우리의 인식을, 경험적이기는 하지만 직관의 모든 방식에 대해서는 무한한 '나는 생각한다'고 하는 명제를 통해서 어떻게 모든 것을 생각하는 존재자 일반의 본성까지 확장할 수 있다는 말인가?

그러므로 우리의 자기의식을 보완해 준다고 하는 합리적 심리학은, 교리로서는 존재하지 않는다. 그렇지 않고 다만 이 영역에서 넘어서서는 안 되는 한계를 설정하는 훈계로 존재하는 것이다. 그것은 한편에서는 영혼이 없는 유물론에 몸을 맡기지 않고, 다른 한편에서는 이 세상에 살고 있는 우리에게는 전혀 근거가 없는 유심론에 빠져 자아를 상실하지 않기 위한 것이다. 오히려 훈육으로서의 합리적 심리학은, 우리에게 다음과 같이 주의를 주려하는 것이다. 즉 우리의 이성이 이 세상의 삶을 초월한 호기심 어린 물음에 만족스런 대답을 주기를 거부하는 것은, 우리 자기의식이 불필요하게 지나친 사변을 버리고 실효 있는 실천적 사용을 지향하게 하기 위한 신호임을 알게 한다. 이것은 실천적 사용이 비록 언제나 경험의 대상으로 향해져 있다고는 하지만, 그럼에도 불구하고 그 원리를 보다 높은 세계에서 구하며, 마치 우리의 사명이 무한히 멀리 경험을 넘고, 이런 삶을 넘어서 미칠 수 있는 것처럼 우리의 태도를 결정하게 한다.

이 모든 일로부터 단순한 오해가 합리적 심리학의 기원이 되어 있다는 것을 알 수가 있다. 범주의 밑바탕에 있는 의식의 통일은, 여기에서는 객체로서의 주체의 직관으로 여겨져, 거기에 실체의 범주가 응용된다. 그러나 의식의 통일성은 사고의 통일에 지나지 않으며, 그것만으로는 어떤 객체도 주어지지 않는다. 그렇기 때문에 거기에는 실체의 범주—이것은 언제나 주어진 직관을 전제한다—는 적용되지 않고, 따라서 이 주체는 결코 인식될 수가 없다. 그래서 범주의 주체는 범주를 생각함으로써, 범주의 객체인 자기 자신에 대해서는 아무것도 이해하지 못하는 것이다. 왜냐하면 범주를 생각하기 위해서는, 주체는 바로 설명되어야 하는 그 순수한 자기의식을 바탕에 두어야 하기 때문이다. 마찬가지로 본디 시간 관념의 바탕이 되는 주체는, 시간에서의 자기 자신의 현실 존재를 범주에 의해서 규정할 수는 없다. 또 그렇게 할 수가 없다면, 그것은 또한 자기 자신(생각하는 존재자 일반으로서의)의 규정으로서도 범주에 의해서 규정할 수 없는 것이다.[12]

---

12) 이미 말한 바와 같이 '나는 생각한다'는 경험적 명제이며, '나는 존재한다'를 그 속에 포함하고 있다. 그러나 나는 '생각하는 것은 모두 실제로 존재한다'라고는 말할 수 없다. 왜냐하면 그렇게 말한다고 하면 사고라고 하는 특성은, 이 성질을 가지고 있는 모든 존재자를 필연적인 존재자로 만들 것이기 때문이다. 그러므로 나의 현실 존재도 '나는 생각한다'라고 하는 명제에서 추론된 것—데카르트는 그렇게 생각했지만—으로는 여겨지지 않는다(그렇지 않으면 '생각하는 것은 모두 실제로 존재한다'라는 대전제가 선행되어야만 하기 때문이다). 오히려 나의 현실 존재는 '나는 생각한다'라는 명제와 동일한 것이다. 이 명제는 어느 무한정한 경험적 직관, 즉 지각을 나타낸다(그러므로 그 명제는 감성에 속하는 감각 내용이 이미 현실 존재의 명제 바탕에 있다는 것을 증명하고 있다). 그러나 이 명제는 경험에 앞선다. 경험은 지각의 객체를 범주에 의해서 시간에 대해 규정하지 않으면 안 된다. 현실 존재는 여기에서는 아직 범주가 아니다. 범주는 무한정하게 주어진 객체에 관계하는 것이 아니라, 우리가 그 객체에 대해

* * *

그러나 예기한 대로 이렇게 해서 가능한 경험의 한계를 넘어 시도된 인식, 또한 인류가 최고의 관심을 가지는 인식은 그것이 사변적 철학의 과제인 한, 우리의 기대를 저버리고 소멸한다. 그럼에도 불구하고 그런 경우 비판의 엄격함은 동시에 경험의 대상에 대해 경험의 한계를 넘어서 어떤 일을 독단적으로 처리할 수 없다는 것을 증명하고, 그것에 의해 이성의 이러한 관심과는 별도로 이성에 얕잡아 볼 수 없는 공헌을 한다. 즉 그 공헌이란, 모든 반대 주장에 맞서서 이성을 보전하는 것을 말한다. 그것은 다음과 같은 방법으로밖에 할 수 없다. 반대의 명제를 반증 불가능하게 증명하든가, 그것이 잘되어가지 않을 경우에는 이 무능력의 원천을 찾아내는 일이다. 이 원천이 우리 이성의 필연적 제한에 속해 있는 경우는, 독단적 주장에 대한 모든 요구를 단념하는 것과 똑같은 법칙에 모든 반대자도 복종시키지 않으면 안 된다.

그럼에도 불구하고 내세를 생각하는 권한은커녕, 그 필연성은 사변적 이성 사용과 결합된 실천적 이성 사용의 원칙에 따라서 이때 아무것도 잃어버리지 않는다. 왜냐하면 순전히 사변적인 증명은, 일반적인 인간 이성에 대해 본디 아무런 영향도 미칠 수 없기 때문이다. 그러한 증명은 위험한 상태에 있으며, 학파까지도 이것을 팽이처럼 끊임없이 그 자체를 회전시켜야만 유지할 수가 있다. 따라서 사변적 증명은 그들의 눈으로 보더라도 그 위에 무엇인가를 더 세울 수 있는 확고한 기반을 주는 것은 아니다. 세상에 유용한 증명은 이때 훼손되지 않는 가치를 계속 가질 수 있는 것으로, 오히려 그 독단적인 주장을 제거함

서 개념을 가지며, 그 객체가 이 개념 밖에도 있는지 어떤지를 알려고 하는 객체에서만 관계한다. 무한정한 지각이란, 여기에서는 주어진 실재적인 그 무엇인가밖에 의미하지 않는다. 더욱이 사고 일반에 대한 것으로, 따라서 현상으로서가 아니고 또한 사물 자체(가상체)로서도 아니며, 실제로 존재하는 그 무엇인가로, 그리고 '나는 생각한다'라고 하는 명제에서 그와 같이 특징지어질 수 있는 것으로서이다. 왜냐하면 내가 '나는 생각한다'라는 명제를 경험적 명제라고 불러도, 그렇게 부름으로써 이 명제에서의 내가 경험적 표상이라고 말하려고 하는 것은 아니라는 사실을 알 수가 있기 때문이다. 오히려 이 관념은 사고 일반에 속하기 때문에, 순수하게 지적인 것이다. 그러나 사유에 소재를 주는 어떤 경험적인 관념이 없으면 '나는 생각한다'라고 하는 작용도 생기지는 않을 것이다. 그러므로 경험적인 것은 다만 순수한 지적 능력을 적용하거나 사용하기 위한 조건에 지나지 않는다.

으로써 한층 그러한 가치를 얻게 된다. 왜냐하면 그와 같은 증명은 이성을 그 본디의 영역에, 즉 동시에 자연의 질서이기도 한 목적의 질서로 옮겨놓기 때문이다. 그러나 그런 경우 이성은 실천적 능력(지성의 총괄) 그 자체로서 자연 질서의 조건에 제한되지 않고, 목적의 질서와 함께 우리 자신의 현실 존재를, 경험과 삶의 한계(소멸)를 넘어서 확대하는 권능을 부여받는 것이다. 이성은 이 세상에 사는 존재자에 대해서 다음과 같이 생각하지 않으면 안 된다. 어떠한 기관, 어떠한 능력, 어떠한 본능도 포함해서 아무 필요가 없는 것, 또는 사용에 견딜 수 없는 것, 그래서 목적에 맞지 않는 것은 없고, 모두가 살아가는 일에 알맞다고 판단된다고. 이 세상에 살아 있는 존재자의 본성과 비교해서 판단해 보면 인간만이 이들 모든 것의 궁극 목적을 그 자신 속에 포함할 수 있는 유일한 것으로서, 그 밖의 다른 생물과 구별되는 유일한 피조물이다. 왜냐하면 인간의 자연 소질은 단지 그가 가진 재능이나 본능만이 아니라, 특히 내면적인 도덕률은 인간이 이 삶에서 이끌어 낼 수 있는 모든 효용이나 이익을 훨씬 넘어선 것이기 때문이다. 그로 인해 이런 도덕률은 모든 이익, 심지어 죽은 뒤의 명성이라는 환영조차 없더라도 영혼의 올바름이라는 순수의식을 무엇보다도 존중하도록 가르치며, 따라서 인간에게 세속적 이익을 고려치 않고 이 세상에서의 자기 태도를 통해 그가 이념으로서 가지는 한층 더 훌륭한 세계의 시민이 되어야 한다는 사명을 마음속 깊이 느끼도록 하는 것이다. 이런 논거는 강력하여 도저히 논리적으로 깨뜨릴 수 없으며, 이것은 우리가 눈앞에서 볼 수 있는 모든 것에 합목적성이 주어져 있다는 끊임없이 증대하는 인식에 수반되고 있으며, 또한 헤아릴 수 없는 무한한 창조의 무한성에 대한 전망에, 따라서 우리의 지식이 무제한으로 확대될 수 있다는 의식에 부수되어서 이에 적합한 충동과 더불어 언제까지나 사라지지 않는다. 그리고 그 증명 근거는, 우리가 우리 현실 존재의 필연적인 영속을 통찰하는 일을 우리 자신의 단순한 이론적 인식으로부터 단념하지 않으면 안 된다고 해서 언제나 뒤에 남겨져 있는 것이다.

심리학적 오류 추리의 해결에 대한 결론

합리적 심리학에 있어서의 변증적 가상은, 이성의 이념(순수한 예지)을 생각하는 존재자 일반이라고 하는 모든 방면에서 무규정적인 개념과 혼동한 데서 기인한 것이다. 나는 현실의 모든 경험을 버리고, 가능한 경험을 위하여 나 자신을 생각한다. 그리고 거기에서, 나는 경험과 그 경험적 조건을 떠나도 나의 현실 존재를 의식할 수가 있다고 추리한다. 따라서 나는 경험적으로 한정된 나의 현실적 존재를 버릴 수 있다는 것을, 생각하는 자아가 유리된 채로 현실적으로 존재할 수 있다고 여기는 의식과 혼동해서, 내 안의 실체적인 것을 초론적 주체로서 인식한다고 생각하는 것이다. 왜냐하면 그런 경우 내가 생각하고 있는 것은, 다만 인식의 단순한 형식인 모든 규정의 바닥에 존재하는 의식의 통일에 지나지 않기 때문이다.

영혼과 육체의 상호성을 설명하는 과제는 본디 여기서 다루는 심리학에 속하지 않는다. 왜냐하면 이 합리적 심리학은 영혼의 인격성을 이와 같은 상호성이 없는 경우(죽은 뒤)에서도 증명하려고 의도하는 것이며, 따라서 본디의 의미에서 초월적이기 때문이다. 이 심리학은 경험의 대상을 다루고 있지만, 그것은 객관이 더 이상 경험의 대상이기를 그만두었을 때의 경우이다. 그럼에도 불구하고 이 점에 대해서도, 우리의 학설에 따르면 충분한 해답이 주어질 수 있다. 이 과제가 일으킨 어려움은, 주지하는 바와 같이 내적 감각(영혼)의 대상이 외적 감각의 대상과 다르다는 것이 전제되어 있는 데에 있다. 왜냐하면 내적 감각의 대상에는 시간만이 얽혀 있으나, 외적 감각의 대상에는 그 직관의 형식적 조건을 위한 공간도 얽혀 있기 때문이다. 그러나 다음과 같은 사실을 알아차린다면 어떻게 될까? 대상의 이 두 가지 존재 방식은, 여기에서는 내적으로 다른 것이 아니라 다만 서로 외적으로 현상하는 한에서만 다르므로, 사물 자체로서의 물질의 형상 바탕에 있는 것은 아마 그렇게 다른 종류가 아닐 것이라는 점이다. 이렇게 되면 이 어려움은 사라지고, 남는 것은 실체의 상호성은 도대체 어떻게 가능하냐는 것뿐이다. 이것을 해결하는 것은 전적으로 심리학의 영역 밖의 일이다. 또한 근본력(根本力)과 능력에 대해 분석론에서 말한 것으로 독자가 쉽게 판단할 일이지만, 이런 문제는 의심할 나위 없이 인간적인 모든 인식의 영역 밖에 놓여 있는 일이다.

합리적 심리학으로부터 우주론으로의 이행에 대한 일반적 주해
'나는 생각한다' 또는 '나는 실제로 존재한다'고 하는 명제는 경험적 명제이다. 그러나 이 명제의 밑바탕에는 경험적 직관이, 따라서 또한 현상으로 생각되는 객체가 존재한다. 그렇게 되면 우리의 이론에 의해서 마치 영혼이 사고에서 전적으로 현상으로 생각되며, 이렇게 해서 우리의 의식 그 자체가 단순한 가상으로서 사실상 무(無)로 돌아가야 하는 것처럼 보인다. 사고는 그 자체로 보면 단순한 논리적 기능에 지나지 않고, 따라서 단순히 가능한 직관의 다양한 것을 결합하는 자발성일 뿐이다. 그리고 그것은 의식의 주체를 결코 현상으로 표시하지 않는다. 왜냐하면 사고는 직관의 양식에 대하여 그 직관이 감성적인지 혹은 지성적인지 고려하지 않기 때문이다. 그런 일로 말미암아 나는 나 자신을 떠올리지만, 그것은 내가 있는 그대로 하는 것도 아니고, 내가 현상되는 대로 하는 것도 아니다. 그렇지 않고 나는 나를 어느 객체 일반—그것을 직관하는 방식을 무시하고—을 생각하는 것과 마찬가지로밖에 생각하지 않는다. 여기에서 내가 나를 사고의 주체나 근거로서 생각에 떠올릴 경우, 이 관념의 종류는 실체의 범주, 또는 원인의 범주를 의미하지 않는다. 왜냐하면 범주는 이미 우리의 감성적 직관에 적용된 사고(판단)의 기능이기 때문이다. 이 감성적 직관은, 내가 나를 인식하려고 한다면 물론 필요할 것이다. 그러나 나는 나를 생각하는 것으로만 의식하려고 한다. 나는 나 자신의 자아가 직관에서 어떻게 주어지는가 하는 점을 문제 삼지 않는데, 그렇게 하면 그와 같은 '나'는 생각하는 나—생각할 수 있는 한에서의 나가 아니라—에게 단순한 현상일 수가 있을 것이다. 단순히 생각할 때의 나의 자기의식에서 나는 존재자 그 자체이지만, 그 의식에 의해서는 존재자에 대해서 생각하기 위한 어떤 것도 주어지지 않는다. 그러나 '나는 생각한다'라는 명제가 '나는 생각하면서 존재한다'라고 하는 것과 같은 뜻인 한에서는, 그것은 단순한 논리적 기능이 아니라 주체(이것은 이 경우 동시에 객체이다)를 현재 존재로 규정하는 것으로, 내적 감각기관 없이는 성립되지 않는다. 내적 감각의 직관은 언제나 객체를 사물 자체로서가 아니라 단지 현상으로서 제시한다. 그러므로 이 명제에서는 이미 단순한 사고의 자발성뿐만 아니라 직관의 수용성도, 다시 말해 나 자신의 사고가 동일한 주체의 경험적 직관에 적용되어 있는 것이다. 그런데 생각하는 자아는 자기를 대상 자체로서의 자아에 의해서 나타낼 뿐만 아니라, 또한 자기의 현실적 존재 방식을 규정하기 위해서, 즉 자기를 본질체로 인식하기 위해서 그 논리적 기능을 실체와 원인 등의 범주로서 사용하기 위한 조건을 이 직관 속에서 구하지 않으면 안 될 것이다. 하지만 이것은 불가능하다. 왜냐하면 내적인 경험적 직관은 감성으로서 현상에 의해서 주어진 것 말고는 어떤 것도 주지 않으며, 이 현상은 순수의식의 대상을 분리된 현실적 존재로서 알기 위해서는 조금도 기여할 수 없고, 다만 경험에 의해 소용될 뿐이기 때문이다.

그러나 만일 결과적으로 경험 속에서가 아니라 어떤 종류의 선험적으로 확립된(단순한 논리적 규칙 안에서가 아니라) 우리 실존에 대한 순수한 이성 사용의 법칙 속에서 우리 자신의 현실적 존재를 온전히 선험적으로 입법적인 것이 되도록 하고, 또한 이 현실적 존재를 스스로 규정하는 것으로 전제하는 동기를 찾아볼 수 있다면, 경험적 직관의 조건을 덧붙일 필요 없이 우리의 현실성이 규정될 수 있는 자발성이 발견될 것이다. 또한 그 경우에 우리는 전적으로 감성적으로만 일관되게 규정되는 우리의 현실적 존재를, 본질적(물론 오로지 사유된) 세계에 관련된 어떤 내적 능력과 관련해서 한정하기 위해 사용할 수 있는 어떤 것이, 우리의 현실 존재의 의식 속에 선험적으로 포함되어 있음을 알게 될 것이다.

그러나 그럼에도 불구하고 이것은 합리적 심리학에서의 모든 시도를 조금도 전진시키지는 않을 것이다. 나는 도덕률의 의식이 나에게 계시하는, 저 경탄할 능력을 통해서 분명히 나의 현실적 존재를 한정하는 순수하게 지적인 원리를 가지고 있을 것이다. 하지만 그것은 어떤 술어에 의해 그렇게 될 것인가? 감성적 직관에서 나에게 주어지는 술어 이외의 어떤 것에 의해서도 그렇게 되지 않는다. 그렇게 되면 나는 또다시 내가 앞에서 합리적 심리학에 대해 논술했던 경우로 되돌아가게 될 것이다. 다시 말해 나에 대한 인식을 주는 나의 지성 개념, 실체, 원인 등에 의미를 주기 위해서는 감성적 직관을 필요로 하지 않으면 안 된다는 점으로 되돌아올 것이다. 그러나 감성적 직관은 경험의 한계를 넘어서까지 도움되지는 않는다. 그럼에도 불구하고 내가 이들 개념을 언제나 경험의 대상으로 돌려져 있는 실천적 사용과 이론적 사용의 비교적 의미에 따라, 자유와 그 주체에 적용하는 것은 정당하다. 왜냐하면 내가 이들 개념으로 의미하는 것은 단지 주체와 술어의 논리적 기능과 논리적 기능이기 때문이며, 행위 또는 결과는 그 기능에 입각해서 도덕적 법칙에 따라 규정되기 때문이다. 그러므로 이들은 동시에 자연법칙을 가지고, 실체와 원인의 범주에 의해서—비록 행위나 결과가 전혀 다른 원리에서 생긴다 해도—설명을 할 수 있는 것이다. 이상은 다만 자기 직관을 현상으로서 보는 우리의 이론이 쉽게 받을 수 있는 오해들을 막기 위해 논술할 필요가 있었던 것뿐이다. 앞으로 독자는 이상에서 논술한 것을 사용할 기회가 있을 것이다.

제2장 순수이성의 이율배반

이 책의 이 부분의 머리글에서 다음과 같은 일을 제시했다. 즉 순수이성의 가상은 모두 변증적 추론에 의거한 것이며, 논리학은 이 도식을 이성 추리 일반의 세 종류의 양식으로 제시하는데, 그것은 마치 범주가 그 논리적 도식을 모든 판단의 네 가지 기능 속에서 찾아볼 수 있는 것과 같은 것이다. 이 변증적 추론의 첫째 방식은 모든 관념 일반(주체 또는 영혼)의 '주관적' 조건의 절대적 통일을 목적으로 하는 것으로서, 정언적 이성 추리에 상응한다. 정언적 이성 추리의 대전제는, 원리로서 주어에 대한 술어의 관계를 나타낸다. 그렇기 때문에 둘째 방식인 변증적 논술은 가언적 이성 추리와의 비교에 따라서, 현상의 내용을 위한 객관적 조건의 절대적 통일을 그 내용으로 삼을 것이다. 마찬가지로 다음 장의 주된 부분에서 볼 수 있는 셋째 방식은 대상 일반을 가능하게 하는 객관적 조건의 무조건적 통일을 주제로 한다.

그러나 초월적 오류 추리가 우리 사고의 주관적 이념에 대해서 오로지 한쪽으로부터의 가상만을 생기게 하고, 그 반대의 주장에 대해서는 이성 개념에서 오는 아무런 가상도 찾아내려고 하지 않는 것은 주목할 만한 가치가 있다. 제 아무리 유리한 가상에도 불구하고 심리학이 비판의 시련에 부딪히게 되면, 완전히 흩어져 무(無)가 되어버리는 근원적 오류를 부인할 수 없다.

우리가 이성을 현상의 객관적 종합에 적용하는 경우에는 전혀 다른 결과가 나타난다. 이 경우에 이성은 절대적 통일이라는 갖가지 가상에 의해서 적용하려고는 하지만, 이내 모순에 휘말리고 만다. 그 모순이란 이성이 우주론적 의도에서 이성의 요구를 강요당하고 만다는 것이다.

여기에서 인간 이성의 새로운 큰 사건이 그 모습을 나타내게 된다. 곧 아주 자연스러운 배반론이다. 그렇게 되도록 그 누구도 이것을 파헤치거나, 인공적으로 덫을 놓을 필요도 없이, 오히려 이성은 거기에서 불가피하게 빠져들어간다. 이로써 분명히 이성은 일방적인 가상이 가져다주는 상상적 확신이라고 하는 졸음으로부터 몸을 지키기는 하지만, 동시에 다음과 같은 유혹에 빠지게 된다. 즉 회의론적 절망 상태에 몸을 맡기거나 독단적인 반항을 하여, 반대의 근거를 공평하게 다루지 않고 외고집으로 어떤 주장에 집착한다는 것이다. 둘 다 건전한 철학의 사멸이다. 하기야 전자의 경우는 때에 따라 어쨌든 순수이성의 안락사라고 부를 수 있을지도 모르지만.

순수이성 법칙의 이와 같은 모순(이율배반)이 일으키는 분열과 혼란의 광경을 보기 전에, 우리는 어떤 해명을 하고자 한다. 그것은 우리가 대상을 다룰 때 사용하는 방법을 설명하고, 정당화할 수 있는 것이다. 나는 모든 초월적 이념이 현상의 종합에서의 절대적 전체성에 관련되는 한, 이들을 세계 개념이라고 부른다. 그 이유의 하나로는, 세계 전체라는 개념도 바로 그런 무조건적 전체성에 의해 생겨나며, 이런 개념 자체가 하나의 이념에 지나지 않기 때문이다.

또 다른 하나로는, 오직 현상의 종합에서의 절대적 정체성은 순수이성의 이상을 야기할 테지만, 이 이상은 현상의 종합에 관계하기는 해도 세계 개념과는 전혀 다른 것이기 때문이다. 그러므로 순수이성의 오류 추리가 변증적 심리학의 기초를 이룬 것처럼, 순수이성의 이율배반은 나름대로 짐작한 (합리적) 우주론의 초월적 원칙을 제시할 것이다. 그것은 이런 원칙을 유효한 것으로 만들기 위한 것도 아니고, 이들을 횡령하기 위한 것도 아니다. 그렇지 않고 이성의 항쟁이라고 하는 명칭이 이미 알려주듯이, 이들 원칙을 현상과는 서로 받아들일 수 없는 이념으로서, 사람의 눈을 현혹시키는 그릇된 가상이라고 하는 모양으로 묘사하기 위한 것이다.

제1절 우주론적 이념의 체계

그런데 이들 이념을 하나의 원리에 의해서 체계적인 엄밀성으로 헤아릴 수 있으려면, 우리는 먼저 다음과 같은 일에 주의해야 한다. 즉 순수하고 초월적인 개념이 생길 수 있는 것은 이성으로부터뿐이라고 하는 점이다. 또 이성은 본디 아무런 개념을 만들지 않고, 어쨌든 지성 개념을 가능한 경험의 불가피한 제한으로부터 벗어나게 만들 뿐이라는 것이다. 따라서 이성은 지성 개념을 경험적인 것의 한계를 넘어서, 경험적인 것과 결부되어 확장하려고 한다는 것이다. 이런 일은 이성이 조건부로 주어진 것 때문에 조건 쪽에(지성은 모든 종합적 통일의 현상을 그 조건에 따르게 한다) 절대적 전체성을 요구하여, 범주를 초월적 이념으로 만들어 내는 데에서 생긴다. 그것은 경험적인 종합에, 그 종합을 무조건적인 것(이것은 결코 경험 속에서는 찾아볼 수 없으며 이념 안에서만 찾아볼 수 있다)에 이르기까지 밀고 나감으로써, 절대적인 완전성을 주기 위해서이다. 이성이 이것을 다음과 같은 원칙에 의해 요구한다. 다시 말해 조건이 붙은 것이 주어져 있다고 하면 조건의 전체성도, 따라서 절대적으로 무조건적인 것—그것에 의해서 조건지워진 것이 가능했던 만큼—도 주어져 있다고. 그러므로 첫째로, 초월적인 이념은 본디 무조건적인 것까지 확대된 범주에 지나지 않을 테고, 초월적 이념은 범주의 제목에 따라 배열된 표에 의해서 제시될 것이다. 하지만 둘째로, 모든 범주가 그 일에 유용한 것은 아니다. 어떤 범주 안에서 종합이 계열을 형성하는 한, 그러한 범주만이 사용될 수 있다. 여기에서 하나의 계열이라고 하는 것은 피제약자에 대한 상호 간의 (병렬적이 아닌) 종속적 조건의 계열을 말한다. 절대적 총체성이 이성에 의해서 요구되는 것은 다만 그것이 주어진 피제약자에 대한 조건의 상승적 계열에 대한 한에서이다. 따라서 결과의 하강하는 선이나, 이러한 결과에 대한 병렬적 조건의 집합이 문제될 때는 안 된다. 왜냐하면 조건은 이미 주어진 피제약자에 대하여 주어진 것으로 전제되고, 또 이와 함께 주어진 것으로 여겨지기 때문이다. 이에 반해 결과는 그것의 조건을 가능케 하는 것이 아니라 오히려 그 조건을 전제로 하기 때문에, 우리는 결과로의 진행에서는(바꾸어 말하자면 주어진 조건으로부터 피제약자에게로 하강해 가는 경우에는) 그 계열이 중단되거나 그렇지 않거나 한 것에는 무관심하며, 또한 대체로 하강적 계열의 전체성을 둘러싼 문제는 이성이 전제가 아닌 것과는 정반대이다.

이렇게 해서 우리는 필연적으로 주어진 순간에 이르기까지 완전히 경과한 시간을, 주어진 것이라고도 생각한다(비록 그 시간이 확정된 것은 아니지만). 그러나 미래의 시간에 대해서는 그것은 현재에 다다르기 위한 조건이 아니므로, 그것을 이해하기 위해서 우리가 미래의 시간을 어떻게 할 것인가, 즉 그것을 어디에서 끝나게 하든, 또는 무한히 경과시키든, 아무렇게나 해도 좋은 일이다. 예컨대 m, n, o라는 계열이 있어서, 그중에서 n이 m에 의해서 조건이 주어지고, 동시에 o의 조건으로서 주어져 있다고 하자. 그 계열은 조건지워진 n에서 m(l, k, i 등등)으로 하강한다고 하자. 그러면 나는 n을 주어진 것으로 보기 위해서는 제1의 계열을 전제한다. 그리고 n은 이성(조건의 총체)에 의해서 그 계열을 매개로 해서만 가능하다. 그러나 n의 가능성은 o, p, q, r이라고 하는 후속되는 계열에 입각한 것은 아니다. 그렇기 때문에 또 이 후속하는 계열은, 주어진 것으로서가 아니라 다만 주어질 수 있는 것으로서만 간주될 수 있는 것이다.

나는 조건 쪽의 계열의 종합, 즉 주어진 현상에 가장 가까운 조건으로부터 시작해 가장 먼 조건에 이르는 종합을 소급적 종합이라고 부르며, 조건지워진 쪽의 가장 가까운 결과로부터 가장 먼 결과로 나아가는 종합을 전진적 종합이라 부르고자 한다. 제1의 종합은 전제로 향하고, 제2의 종합은 귀결로 향한다. 그렇기 때문에 우주론적 이념은 소급적 종합의 전체성과 관련되어 전제로 향하고, 귀결로는 향하지 않는다. 만일 귀결로 향하는 일이 일어난다고 하면 그것은 순수이성의 자의적인 문제이지, 순수이성의 필연적(명증적)인 문제는 아니다. 왜냐하면 우리는 현상 속에 주어져 있는 것을 완전히 이해할 수 있게 하기 위하여 근거를 필요로 한 것이지 귀결을 필요로 하는 것이 아니기 때문이다.

그런데 범주의 표에 따라 이념의 표를 작성하기 위해서는, 우리는 먼저 우리의 모든 직관의 두 개의 분량을 다룬다. 그것은 시간과 공간이다. 시간은 그 자체가 하나의 계열이다(또한 모든 계열의 형식적 조건이다). 그렇기 때문에 시간에서는, 주어진 현재에 대해 조건으로서의 전제(지나가 버린 것)는 귀결(앞으로 다가올 것)과 선험적으로 구별될 수 있다. 따라서 주어진 피제약자에 대한 조건 계열의 절대적 전체성이라는 초월적 이념은, 모든 지나가 버린 시간에만 관계한다. 이성의 이념에 의하면 주어진 순간의 조건인 흘러가 버린 모든 시간은, 주어진 것으로 여겨진다. 그러나 공간에 대해서 말하자면, 공간 그 자체에는 전진과 소급의 구별이 없다. 왜냐하면 공간은 공간의 각 부분이 모두 동시에 있으므로 집합을 구성하지만, 계열을 구성하는 것은 아니기 때문이다. 나는 현재의 시점을 지나간 시간에 대하여 제약되어진 것으로 간주할 수가 있되, 결코 그 지나간 시간을 제약하는 것으로서 볼 수 없을 것이다. 왜냐하면 이런 순간은 지나가 버린 시간에 의해서만 (또는 오히려 앞선 시간이 흘러감으로써) 비로소 생기기 때문이다. 하지만 공간의 여러 부분들은 서로 종속 관계에 있는 것이 아니라 병존 관계에 있으므로, 한 부분이 다른 부분의 조건일 수는 없고, 한 부분은 시간처럼 그 자체로서 계열을 구성하지 않는다. 그러나 공간의 다양한 부분의 종합—이 종합에 의해 우리는 공간을 감각적으로 파악한다—은 계기적(繼起的)이며, 따라서 시간 안에서 이루어지고, 계열을 포함하고 있다. 그리고 주어진 부분으로부터 시작해서, 모아진 여러 공간의 이 계열(예컨대 1루테 속에 포함된 여러 피트)에 있어서는, 생각 안에 다시 덧붙인 공간은 언제나 앞선 공간의 한계 조건이다. 그렇기 때문에 공간을 계획한다는 것은 조건부로 주어진 것을 위한 조건 계열의 종합으로 볼 수가 있다. 다만 조건 쪽은 제약된 것이 따르는 쪽과는 그 자체로서 구별되지 않고, 따라서 소급과 전진은 공간에서는 같은 것으로 보일 뿐이다. 그럼에도 불구하고 공간의 일부분은 다른 부분에 의해서는 주어지는 것이 아니라 한계가 지워질 뿐이므로, 우리는 그러한 경우 모든 한계지워진 공간을 제약된 것으로 보지 않으면 안 된다. 제약된 공간은 그 한계의 조건으로서, 다른 공간을 전제로 하는 것이다 등등. 그렇기 때문에 제약에 대해서 말하자면 공간 안에서의 진행은 역시 소급이기도 하며, 조건 계열에서의 종합의 절대적 정체성의 초월적 이념은 공간에 대한 것이다. 그러나 그것에 대한 대답이 도대체 가능한가의 여부는 나중에 결정될 일이다.

둘째로, 공간에서의 실재성, 곧 물질은 피제약자로서 그것의 내적 조건은 공간의 부분이며, 부분의 부분은 더욱더 떨어진 조건(제약)이다. 그 때문에 여기에서는 하나의 후진적 종합이 형성되어, 이성은 그 절대적 전체성을 요구한다. 그 절대적 전체성은 완전한 분할에 의하지 않으면 생기지 않고, 그것으로 물질의 실재성을 무(無)로 돌아가게 하거나, 그렇지 않으면 물질이 아닌 단순한 것으로 소멸케 한다.

셋째로, 현상들 간의 실재적 관계의 범주에 대해 말하자면, 실체와 그 우연성(인과관계가 분명치 못한 사건)을 수반한 실체의 범주는 초월적 이념에 어울리지 않는다. 다시 말해 이성은 이 범주에 대해서 조건을 거슬러 올라가는 이유를 가지지 않는 것이다. 왜냐하면 우연성끼리는 (그것이 고유의 실체에 속하는 것인 한) 병존하는 것이며, 계열을 구성하는 것이 아니기 때문이다. 그러나 실체에 대해서 말하자면 우연성은 본디 실체에 종속하는 것이 아니라, 실체 자신이 현실적으로 존재하는 방식이다. 이때 여전히 초월적 이성의 이념인 것처럼 보인 것이 있다면 그것은 실체적인 것이라는 개념일 것이다. 하지만 실체적인 것에서 우리가 단지 어떠한 술어도 가지지 않는 초월적 주체를 생각하는 한, 현상의 계열에서 무조건적인 것만이 문제가 되는 한 실체적인 것은 자존(自存)하는 대상 일반의 개념 이외의 아무것도 아니다. 그러므로 실체적인 것이 그 계열에서 한 가지 항(項)도 구성할 수 없다는 것은 확실하다. 이와 똑같은 일은, 단순한 집합 으로서 계열의 지수를 가지지 않는 상호 관계에서의 실체에도 해당된다. 왜냐 하면 그와 같은 실체는 계열의 가능성 조건으로서 서로 종속 관계에 있는 것 이 아니기 때문이다. 이것은 여러 공간에 대해서도 말할 수가 있다. 여러 공간 의 한계는 결코 그 자체로서 규정되는 것이 아니며, 언제나 다른 공간에 의해 서 규정되었기 때문이다. 그러므로 남는 것은 인과성의 범주뿐이다. 이 범주는 주어진 결과에 대한 원인의 계열을 나타낸다. 여기서 우리는 제약된 결과로부 터 조건인 원인으로 소급해 올라가, 이성이 묻는 것에 답할 수 있다.

넷째로, 가능성, 현실성, 필연성의 개념은 계열이라고 하는 것에는 이어지지 않는다. 다만 현실 존재에서의 우연적인 것은, 언제나 제약된 것으로서 간주되 지 않으면 안 되고, 따라서 지성의 규칙으로 보아 어떤 조건을 가리키고 있다. 그런 경우 그 조건은 무조건 이성이 이 계열의 전체성에서 무조건적인 필연성 조건에 다다를 때까지, 보다 높은 조건으로 향하도록 만들어지는 것이다. 그런 까닭에 우리가 다양한 것의 종합에서의 계열을 필연적으로 수반하는 이념을 뽑는다면, 그와 같은 이념은 범주의 제목에 따라서 다음 네 가지 이상은 없다.

1

모든 현상이 주어진 전체 **합성**의 절대적 완전성

2   **3**

현상 안에 주어진 전체 **분할**의 절대적 완전성   현상 일반 **성립**의 절대적 완전성

4

현상에서 변화하는 것의 **현실 존재 의존성**의 절대적 완전성

여기서 먼저 주의해 둔다. 절대적 정체성은 현상의 해명에 관련되며, 따라서 사물 일반의 전체에 대한 순수지성 개념에 관계하는 것이 아니라는 점이다. 따라서 여기서는 현상은 주어진 것으로서 고찰되며, 이성은 현상이 가능하기 위한 조건들이 하나의 계열을 구성하는 한, 절대적으로(즉 모든 의도에서) 완전한 종합을 이루는 한에서 그 완전성을 요구한다. 그와 같은 종합에 의해서 현상은 지성 법칙에 따라서 해명될 수가 있는 것이다.

둘째로, 이성이 계열을 이루고 소급적으로 진행된 조건의 이 종합에서 구하는 것은 오직 무조건적인 것뿐이며, 말하자면 전제 계열에서의 완전성뿐이다. 그런데 이 무조건적인 것은 상상 속에서 생각에 떠올린다면, 언제나 계열의 절대적 전체성에 포함되어 있다. 그러나 이 절대적으로 완결된 종합은 다시금 하나의 이념에 지나지 않는다. 왜냐하면 이와 같은 종합이 현상들 사이에서도 가능한지 어떤지를 미리 알 수 없기 때문이다. 만일 우리가 모든 것을 순수지성 개념에 의해 감상적 직관의 조건을 떠나 생각에 떠올린다고 하면, 우리는 솔직하게 다음과 같이 말할 수가 있다. 조건부로 주어진 것에는 서로 종속 관계에 있는 조건의 모든 계열도 주어져 있다고. 왜냐하면 조건이 부여된 것은 조건에 의해서만 주어지는 것이기 때문이다. 그러나 현상 사이에서는 현상이 주어지는 방식의 특수한 제한이, 즉 소급에서 완전해야 할 다양한 직관의 계기적 종합에 의한 제약이 있다. 그런데 이 완전성이 감성적으로 가능한가의 여부는 여전히 문제이다. 하지만 이 완전성이라는 이념은 경험적 개념을 이성과 결부시키는 일이 가능하든 불가능하든, 이성 속에 있다. 따라서 이렇게 된다. 현상에서의 다양한 것의 소급적 종합의 절대적 전체에서는 (조건부로 주어진 것의 조건의 계열로서 나타내는 범주의 지도에 의해서) 필연적으로 무조건적인 것이 포함되어 있다. 그렇기 때문에 이 전체성이 실현될 수 있는지 어떤지, 또 어떻게 실현될 수 있는가도 미결로 남을 것이다. 이성은 본디 무조건적인 것—전체 계열의 것이든, 계열 부분의 것이든—을 궁극 목적으로 하고 있지만, 여기에서는 이성은 그와 같은 전체성의 이념으로부터 출발하는 길을 가게 된다. 그런데 우리는 이 무조건적인 것을 두 가지 방식으로 생각할 수 있다. 하나는, 단지 계열 전체를 이루고 성립되는 것으로서이다. 그렇기 때문에 이 경우에는 모든 항들이 예외 없이 조건지워져 있고, 단지 계열의 전체만이 절대적으로 무조건적인 것이 될 것이다. 그 경우에 소급은 무한하다. 또 하나는 절대적 무조건적인 것은 계열의 일부분에 지나지 않는다고 보는 생각이다. 이 생각에 의하면 계열의 다른 항은 이 일부에 종속하여, 그 자신은 다른 어떤 조건에도 종속하지 않는다는 것이다.[13] 전자의 경우는 계열은 한계가 없이(시작이 없이) 부분적으로 선험적이며, 잠재적으로만 무한하다고 일컬을 수 있다. 후자의 경우에는 계열의 실마리가 제공된다. 그것은 경과된 시간에 대해서는 세계의 처음이라 불리고, 공간에 대해서는 세계의 한계라고 불리며, 극한에서 주어진 전체의 부분에 대해서는 단순한 것, 원인에 대해서는 자기 활동성(자유), 변화하는 사물의 현실적 존재에 대해서는 절대적인 '자연 필연'이라고 일컬어진다.

우리는 세계와 자연이라는 두 개의 표상을 가지고 있지만, 이 둘은 흔히 혼동된다. 세계는 모든 현상의 수학적 전체와 현상의 종합적 전체성을 의미한다. 이 전체성은 거시적 및 미시적이어서, 종합이 합성에 의해서 진행되는가 또는 분할에 의해서 진행되는가는 상관없이 현상 종합의 총체를 뜻한다. 그러나 이와 동일한 세계를 역학적 전체로서 보는 경우에는, 또한 사람이 세계를 양으로서 완성시키기 위해서 시간 또는 공간에서 긁어모아 놓은 것을 중요시하는 것이 아니라 현상의 현실 존재의 통일을 중요시하는 한, 동일한 세계는 자연[14]이라고 불린다. 이에 대해서 조건지워진 인과성은, 좁은 의미로 자연 원인이라고 불린다. 현실 존재 일반에서 조건지워진 것은 우연적이라고 일컬어지며, 무조건적인 것은 필연적이라 불린다. 현상의 무조건적인 필연성은 자연 필연성이라고 불린다.

---

13) 어떤 주어진 피제약자에 대한 조건 계열의 절대적 전체는 언제나 무조건적이다. 왜냐하면 그 절대적 전체 말고는, 절대적 전체를 조건지울 수 있는 조건은 없기 때문이다. 그러나 이와 같은 계열의 절대적 전체는 단순한 이념, 또는 오히려 개연적 개념이다. 이 개념의 가능성은 특별히 연구되어야만 한다. 더욱이 문제가 되어 있는 본디의 초월적 이념으로서의 무조건적인 것이 그 계열에 포함되어 있을지도 모르는 그 방식과의 관계에서 연구되어야 한다.

14) 형용사적으로(형식적으로) 해석된 자연은 인과성의 내적 원리에 의한 사물의 여러 규정의 연관을 의미한다. 이에 대해서 명사적으로(실질적으로) 해석된 자연은 현상이 인과성의 내적 원리에 의해서 일관되게 연결되어 있는 한, 현상 총체를 말한다. 첫 번째 의미로는 사람들은 유동적 물질의 본성(자연), 불의 본성(자연) 등등과 같은 표현을 하여 이 말을 형용사적으로 사용한다. 이에 반해 사람들이 자연의 사물에 대해 말할 때, 그들은 현존하는 전체를 염두에 두고 있는 것이다.

우리가 지금 다루고 있는 문제를 나는 앞서 우주론적 이념이라고 불렀다. 그것은 첫째로 세계는 모든 현상의 총체로 이해되고 또한 우리의 이념은 현상 아래에서의 무조건적인 것으로 향해 있기 때문이며, 둘째로 초월적 의미로서의 세계라는 말은 실제로 존재하고 있는 총체의 절대적 총체를 의미하고, 우리는 종합의 완전성에만 (우리 조건을 향한 소급에 있어서뿐이지만) 주의를 돌리기 때문이다. 이에 더하여 이들 이념은 모두 초월적이며, 비록 그것들이 객체, 즉 현상을 그 존재 양식으로 해서 뛰어넘지 못하고 오직 감성계와 (가상체하고가 아니라) 관련된다고 해도, 그럼에도 불구하고 종합을 모든 가능한 경험을 뛰어넘는 정도까지 밀고 나가는 것이다. 이런 점으로 보아 우리는 이들 이념을 모조리 세계 개념이라 부르고, 나는 그 말이 어울린다고 생각한다. 그러나 소급이 지향하는 수학적 무조건자와 역학적 무조건자의 구별에 대해서 나는 처음 두 가지를 좁은 뜻으로 세계 개념(거시적 및 미시적 세계의)이라 부르고, 나머지 둘을 초월적 자연 개념이라 부르고자 한다. 이러한 구별은 지금은 별로 중요해 보이지 않지만, 앞으로는 더 중요해질 것이다.

제2절 순수이성의 모순론

정립론(Thetik)이 독단적 교리의 모든 총체를 말한다면, 내가 모순론(Antithetik)이라는 말로 이해하고 있는 것은 그 반대인 독단적 주장을 의미하는 것이 아니라, 외관상의 독단적 인식의 대립을 말한다(정립과 반정립). 따라서 한쪽 주장을 또 다른 한쪽 주장에 앞서서 찬성해 달라고 요구하는 것은 아니다. 그렇기 때문에 모순론은 한쪽만의 주장에 관여하려는 것이 아니고, 이성의 일반적 인식을 다만 주장끼리의 대립과 대립의 원인에 의해서 고찰하려는 것이다. 초월적 모순론은 순수이성의 이율배반에 대한 연구이며, 그 원인과 결과에 대한 연구이다. 우리가 지성의 원칙을 사용하기 위해 우리 이성을 단순히 경험의 대상에 적용하는 것이 아니라, 그것을 경험의 한계를 넘어서 확대하면 궤변적인 정리가 생겨난다. 이들 정리는 경험에서는 확증도 반증도 기대할 수 없지만, 그렇다고 해서 반박을 두려워할 필요는 없다. 그리고 이들 정리 어느 쪽도 그 자체로서는 모순이 없을 뿐만 아니라, 이성의 본성에서 각각의 필연성을 위한 조건과 합치하고 있다. 다만 불행하게도 그 반대쪽도 마찬가지로, 타당하고 필연적인 근거를 가지고 자기 나름대로 주장을 할 수 있는 것이 탈이다.

그렇기 때문에 순수이성의 이와 같은 변증론에서 당연히 다음과 같은 문제가 생긴다.

① 도대체 어떤 명제의 경우에 순수이성은 불가피하게 굴복하지 않을 수 없는가?

② 이 이율배반은 어떤 원인에 기인되는 것인가?

③ 그렇기는 하지만 이러한 모순 가운데서 이성이 확실성에 이를 수 있는 길이 열려져 있는가? 열려 있다고 하면 어떤 식으로 열려 있는가?

그러므로 순수이성의 변증적 정리는, 모든 궤변적 명제로부터 구별될 수 있는 특징을 스스로 지니고 있다. 즉 그와 같은 정리는 사람이 마음 내키는 대로 제기한 자의적인 문제가 아니라 모든 인간 이성이 그 진행에서 필연적으로 부딪치는 문제이다. 둘째로 그와 같은 정리는 그것의 반대 정리와 더불어 우리가 통찰만 하면 곧 사라져 버리는 인위적 가상이 아니라, 자연적이고 피할 수 없는 가상을 수반하고 있다는 점이다. 이 가상은 우리가 이미 그것에 의해서 기만당하지 않는다 하더라도, 우리를 속이는 것까지는 가지 않아도 여전히 현혹을 계속하여 착각에 빠지게 하는, 곧 무해하게는 할 수 있지만 결코 근절시킬 수는 없는 것이다.

이와 같은 변증적 이론은 경험 개념에서의 지성 통일에 대한 것이 아니라, 순수한 이념에서의 이성 통일에 대한 것이다. 이성 통일은 먼저 규칙에 따른 종합으로서, 지성에 합치되어야 한다. 그러나 동시에 절대적 통일로서, 이성에 합치해야 한다. 그렇기 때문에 종합이 이성 통일에 일치하는 경우에는 지성에 대해서는 너무 큰 것이 되고, 그것이 지성에 적합한 경우에는 이성에 대해 너무 작을 것이다. 애당초 여기에서 원하든 원치 않든 간에 피할 수 없는 대립이 생기는 것이다.

이렇게 해서 이 궤변적 주장은 변증적인 경기장의 막을 연다. 거기에서는 어느 쪽이나 우위에 서고, 공격을 가하는 것이 인정되며, 다만 수비를 취할 수밖에 없는 측이 반드시 패배한다. 그러므로 굳센 기사도 전황의 유리, 불리를 불문하고 최종 공격을 가하는 우위에 서서 적의 새로운 습격을 막는 일에 배려하기만 하면, 승리의 영광을 틀림없이 얻게 될 것이다. 다음과 같은 일은 상상하기가 어렵지 않다. 이 무대는 오랫동안 상연되어 온 것으로, 쌍방이 많은 승리를 거두었지만 상황을 판정한 쪽에게는 언제나 우려되었던 일이 있었다는 점이다. 즉 전황에 유리한 전사가 승리의 자리에 앉은 것은, 더 우수한 무기를 가지고 있었다는 사실이 적에게는 감추어져 있었기 때문이라는 것이다. 공평한 경기 심판관으로서 우리는 싸우고 있는 자끼리의 옳고 그름이나, 그들 전황의 좋고 나쁨을 둘러싸고, 사태에 최종적으로 어떻게 결말을 짓는가를 완전히 무시하지 않으면 안 된다. 아마도 그들은 서로 손해를 주느니보다는, 지친 나머지 싸움이 허망하다는 것을 알고 좋은 친구로서 서로 헤어지게 될 것이다.

주장자끼리의 다툼을 관찰하고, 또는 오히려 이 싸움 자체를 유발하는 이 방법은, 마지막에 어느 쪽에 유리한 판결을 내리기 위해 있는 것이 아니라, 다툼의 대상이 어쩌면 단순한 환상이 아닌가 하는 것을 탐구하기 위한 것이다. 사람들은 그 환상을 헛되이 추구하지만, 저항을 받지 않는 대신에 얻는 것이 아무것도 없다. 나는 이런 방법을, 굳이 말한다면 회의적 방법이라고 일컬을 수가 있으리라. 그것은 회의론과는 전적으로 다르다. 회의론은 모든 인식의 바탕을 좀먹고, 경우에 따라서는 모든 인식의 신뢰성과 확실성의 여지를 남기지 않는 작위적인 학문적 무지의 원칙이다. 회의적 방법이 회의론과 다른 것은, 회의적인 방법이 확실성으로 향해지기 때문이다. 그것은 다음과 같이 해서 이루어진다. 회의적 방법은 양편에서 성실하게 고찰된, 그리고 지성으로 이끌어 가는 싸움 속에서 오해한 점을 찾아내려고 한다. 그것은 현명한 입법자들이 그렇게 하는 것처럼, 소송사건에서 재판관이 곤경에 빠져 있는 것을 보고 그들이 다루는 법의 결함과 엄밀하게 규정되어 있지 않은 점에 대해서 자기 자신을 위해 충고를 끌어내기 위해서이다. 법률의 적용 때에 분명해지는 이율배반은, 우리의 제한된 지혜에 있어서는 법 제정을 음미하는 최선의 실험이다. 그것은 추상적 사변에서는 쉽사리 자기 과오를 느끼지 못하는 이성으로 하여금, 이런 검토법에 의해서 깨달아 자기의 원칙을 규정하도록 하기 위한 것이다.

그러나 이 회의적 방법은 초월적 철학에서만 본질적으로 고유한 것이지, 다른 연구 분야에서는 경우에 따라서 없어도 되는 것이다. 하지만 초월적 철학의 영역에서만은 그렇게 되지 않는다. 수학에서 이 방법을 사용하는 것은 어리석은 일이다. 왜냐하면 수학에서는 그릇된 주장은 도망가거나 숨을 수가 없기 때문이다.

수학의 증명은 언제나 순수직관의 실마리에 따라 명확한 종합에 의해서 진행되어야 하기 때문이다. 실험 철학에서는 정확한 판단을 보류하는 회의가 유용할 수도 있을 것이다. 그러나 거기에서는 적어도 손쉽게 제거될 수 없는 오해는 불가능하며, 다툼에 판정을 내리는 최후 수단—그것은 머잖아 발견된다—은 결국 경험 안에 있지 않으면 안 된다. 도덕은 그것의 원칙을 실천적 귀결과 함께 적어도 가능한 경험에서 구체적으로 제시할 수가 있고, 그것으로 추상적이라고 하는 오해를 피할 수가 있다. 이에 반해 초월적 주장은 가능한 경험의 영역을 넘어서까지 확대된 인식을 일컫는 것으로서, 그 추상적 종합을 어떠한 선험적 직관 안에서 나타낼 수 있는 것이 아니며, 그 오해도 그 어떠한 경험을 매개로 하여 발견할 수 있는 것도 아니다. 그렇기 때문에 초월적 이성으로서는 이들 주장끼리를 결부시켜, 먼저 이들 주장들을 자유롭고 방해받지 않고서 논쟁시키는 것 말고는 다른 실험을 제공하지 않는다. 우리는 지금부터 그 실험을 해보기로 한다.[15]

초월적 이념의 제1의 논쟁

정립

세계는 시간적으로 처음이 있으며, 또한 공간적으로도 한계에 둘러싸여 있다.

증명

세계가 시간적으로 처음이 없다고 가정하면 어떻게 될까? 그렇게 되면 주어진 어떤 순간에 이르기까지에도 영원이 지나가고, 따라서 세계에서 사물의 연이어 계기하는 상태의 무한한 계열이 경과했다는 의미가 된다. 그러나 계열의

---

15) 이율배반은 앞에서 말한 선험적 이념의 순서에 따른다.

무한성은, 바로 그 계열이 계기적인 종합에 의해서는 결코 완결되지 않는다는 데에서 성립한다. 그러므로 무한히 흘러서 사라진 세계 계열이라는 것은 있을 수가 없다. 즉 세계에 처음은 세계가 존재하기 위한 필연적 조건이다. 이것이 첫째로 증명되지 않으면 안 되는 일이었다. 두 번째 문제인 공간에 대해서 우리는 다시 반대를 상정한다. 그러면 세계는 동시에 존재하는 사물들로 이루어진 무한한 전체이다. 그런데 우리는 모든 직관의 일정한 한계 내에서 주어지지 않는 양의 크기를[16] 부분의 종합에 의해서밖에 생각할 수가 없다. 또 이와 같은 양의 전체성을 완결한 종합에 의해서밖에, 또는 단위를 차례로 덧붙이는 것에 의해서밖에 생각할 수가 없다.[17] 그러므로 모든 공간을 채우는 세계를 하나의 전체로서 생각하기 위해서는, 무한한 세계의 여러 부분의 계기적 종합은 완결된 것으로 보아야 할 것이다. 다시 말해 무한한 시간은, 동시에 존재하는 모든 사물을 낱낱이 헤아리는 데에서 지나간 것으로 간주하지 않으면 안 될 것이다. 그러나 그것은 있을 수가 없다. 따라서 현실적인 사물의 무한한 집합은 주어진 전체로 볼 수가 없으며, 또한 동시에 주어진 것으로 볼 수도 없다. 그래서 세계는 공간상 연장성에 대해 무한한 것이 아니라, 자기 한계 안에 있다. 이것이 두 번째 문제였다.

반정립

세계는 처음이 없고, 공간적으로도 한계를 가지지 않으며, 오히려 시간적으로도 또 공간적으로도 무한하다.

---

16) 무한정한 양이 한계에 둘러싸여 있다고 하면, 우리는 그것을 전체로서 직관할 수가 있다. 그러기 위해서는 양의 전체를 측정함으로써, 즉 그 여러 부분을 계기적으로 종합함으로써 구성할 필요는 없다. 왜냐하면 한계는 그 밖의 것을 모두 잘라내 버림으로써 이미 완벽성을 결정짓고 있기 때문이다.

17) 전체성의 개념은 이 경우 부분이 완결된 종합의 관념에 지나지 않는다. 왜냐하면 우리는 전체의 직관(그와 같은 일은 이 경우에 있을 수가 없다)에 대한 개념을 이끌어 낼 수 없으므로 그 개념을 무한의 개념에 이를 때까지 부분의 종합에 의해서밖에, 적어도 이념으로밖에 파악할 수가 없기 때문이다.

증명

왜 그런가. 세계가 처음이 있다고 가정해 보자. 처음이라는 것은, 그 앞에 사물이 존재하지 않는 시간이 선행하는 현실 존재이다. 그렇다면 세계가 존재하고 있지 않았던 시간, 즉 텅 빈 시간이 미리 지나가 있지 않으면 안 된다. 그러나 빈 시간에서 무엇인가 사물이 생기는 일은 없다. 왜냐하면 그와 같은 시간의 어느 부분도 다른 부분에 앞서서, 사물이 실제로 존재하기 위한 조건과 존재하지 않기 위한 조건을 구별케 하는 특이점을 가지고 있지 않기 때문이다(세계가 그 자체로부터, 또는 다른 원인에 의해서 생긴다는 것을 가정할 수 있을지도 모른다). 그러므로 세계에서는 갖가지 사물의 계열이 시작할 수 있다고는 하지만 세계 자신은 시작을 가지지 않으며, 그런 까닭에 지나간 시간에 대해서도 무한하다.

두 번째 문제인 공간에 대해서는, 우선 반대를 가정해서 세계가 공간적으로 유한하며 한계가 있다고 하자. 그렇게 되면 유한한 세계는 한계가 없는 빈 공간 속에 있는 것이 된다. 따라서 공간에서의 사물들의 관계뿐만 아니라 공간에 대한 사물의 관계도 거기에서 찾아볼 수 있을 것이다. 그런데 세계는 절대적 전체로서 그 밖에는 직관의 대상은 없고, 그래서 세계가 관계를 갖는 상관자는 없으므로, 공허한 공간에 대한 세계의 관계는 그 어떤 대상에 대한 관계도 아닐 것이다. 그러나 그와 같은 관계, 따라서 공허한 공간에 의해서 세계를 한정시키는 일도 있을 수가 없다. 그러므로 세계는 공간적으로 전혀 한정되어 있지 않으며, 다시 말해 세계는 그 범위로 보아 무한하다.[18]

---

18) 공간은 한낱 외적 직관의 형식(형식적 직관)에 지나지 않고, 외적으로 지각할 수 있는 실제적 대상이 아니다. 공간은 그것을 규정하는 (채우는 또는 한계를 주는) 또는 오히려 그 형식에 따르는 경험적 직관을 주는 모든 사물에 선행하여, 절대적 공간이라는 이름 아래 외적 현상의 단순한 가능성에 지나지 않는다. 현상이 그 자체로서 실재할 수 있거나, 또는 다른 현상에 다시 덧붙일 수가 있는 한에서 그러하다. 그렇기 때문에 경험적 직관은 현상과 공간(지각과 공허한 직관)으로 합성된 것은 아니다. 한쪽이 다른 한쪽 종합의 상관자가 아니라 실질과 형식으로서, 다만 동일한 경험적 직관 속에 결합되어 있는 것이다. 이 둘 중 하나를 다른 한쪽 밖에 놓으면(공간을 모든 현상 외부에) 거기에서 외적 현상의 갖가지 공허한 규정이 생기는데, 그와 같은 규정은 가능한 지각은 아니다. 예컨대 무한히 빈 공간에서 세계의 운동 또는 정지, 양자 상호 관계의 규정이다. 이 규정은 결코 지각할 수 없으며, 따라서 또한 단순한 사고물의 술어에 지나지 않는다.

제1의 이율배반에 대한 주석

1. 정립에 대한 주석

이들 서로 대립하는 것에 대한 논증에서, 나는 (흔히 말하는) 변호사식의 증명을 하기 위해 궤변을 시도한 것이 아니다. 변호사 증명은 상대편의 부주의를 틈타 자기 이익을 위해 사용되어, 상대방을 논박하려고 하는 자기 자신의 비합법적 요구를 구축하기 위해 오해된 법을 예로 들고 싶어 한다. 우리가 한 이들 증명은 어느 것이나 사항의 본성에서 이끌려 나온 것으로서, 양쪽에 대한 독단론자의 오류 추리가 주는 이익은 무시되고 있다.

나는 정립을, 주어진 크기의 무한성에 대해 독단론자의 관례에 따라 미리 잘못된 개념을 사용함으로써 외관상 증명할 수도 있었을 것이다. 무한이란, 그 이상의 크기(즉 거기에 포함된 주어진 수량을 넘어서)가 있을 수 없는 크기를 말한다. 그런데 어떠한 수량도 최대는 아니다. 왜냐하면 여기에 하나 또는 몇 가지 단위를 덧붙일 수가 있기 때문이다. 그러므로 주어진 무한의 크기는, 따라서 또 (흘러간 계열에 대해서도, 연장의 면에서도) 무한한 세계는 있을 수가 없다. 그래서 세계는 시간적으로도 공간적으로도 한계가 있다. 이와 같이 나는 나의 증명을 할 수 있었을 것이다. 그러나 이 개념은 우리가 무한한 전체라는 말에 의해서 해석하고 있는 것과는 일치하지 않는다. 무한한 전체는 그것이 어느 정도 큰가는 생각할 수 없고, 따라서 최대치의 개념도 아니다. 그렇지 않고 무한한 전체로 인해 다만 임의로 생각되는 단위에 대한 그 관계가 생각되어질 뿐이다. 그 단위에 대해서는, 동일할 것이 모든 수보다도 크다. 그런데 단위가 보다 더 크게, 또는 보다 더 작게 가정된 뒤에는 무한은 보다 더 크거나 보다 더 작거나 할 것이다. 무한은 이렇게 주어진 단위에 대한 관계에서만 성립하므로, 물론 전체의 절대량은 무한에 의해 전혀 인식되지 않는다고는 하지만, 무한은 언제나 동일한 채로 있을 것이다. 그러나 그것도 여기에서는 중요하지가 않다.

무한한 참의 (초월적) 개념은 다음과 같다. 즉 주어진 어떤 양을 측정하는 데 있어서, 단위의 계시적 종합이 결코 완결될 수 없다는 것이다.[19] 이런 점에서 다

---

19) 그 때문에 이런 분량은 모든 수보다도 더 큰 양(주어진 단위의)을 포함하고 있다. 이것은 수학적인 무한의 개념이다.

음과 같이 결론이 나온다는 것은 널리 알려진 일이다. 주어진 (현재의) 시점에 이르기까지 계속해서 일어나는 현실적 상태가 영원히 지나갈 수 없으므로 세계는 시초를 가져야 한다.

정립의 둘째 부분에 대해서는, 무한하면서 이미 경과해 버린 계열이라는 난점은 없어진다. 왜냐하면 공간의 연장성으로 보아 무한한 세계의 다양한 것은 동시적으로 주어져 있기 때문이다. 그러나 이와 같은 양의 전체성을 생각하기 위해서는, 우리는 이 전체성을 스스로 직관에서 구성하는 한계를 본보기로 끌어낼 수가 없다. 그렇기 때문에 우리는 우리의 개념에 대해서 변명을 하지 않으면 안 된다. 그 개념은 이와 같은 경우에서는 전체에서 부분의 일정량으로 향할 수는 없고, 전체의 가능성을 부분의 계기적 종합에 의해 제시해야 하는 것이다. 그런데 이 종합은 결코 완결되지 않는 계열을 이루지 않으면 안 된다. 그런 까닭에 우리는 이 계열에 대해서, 따라서 또 이 계열에 의해서 하나의 전체성을 생각할 수가 없는 것이다. 왜냐하면 이 경우 전체성의 개념 그 자체가 부분의, 완결된 종합 개념이기 때문이다. 그리고 이와 같은 완결, 따라서 또한 완결이라고 하는 개념도 불가능하다.

2. 반정립에 대한 주석

세계 계열과 세계 개념의 무한성에 대한 증명은 다음과 같은 일로 성립되어 있다. 테제와 대립하는 경우에서, 공허한 시간과 함께 공허한 공간이 세계 전체를 이루어야 한다는 것이다. 그런데 이 결론에 대해 탈출구가 있음을 내가 모르는 것은 아니다. 그것은 세계의 한계는 시간적으로나 공간적으로도 훌륭하게 가능하며, 그 때문에 세계의 시초에 앞선 절대적 시간이나, 현실적인 세계 밖으로 연장된 절대적 공간을 가정할 필요가 없다는 것이다. 그러나 그것은 있을 수 없는 일이다. 이는 라이프니츠 학파 철학자들의 견해인데, 나는 그 후반 부분에 대해서는 전혀 이견이 없다. 공간은 다만 직관 형식이며, 외적으로 직관할 수 있는 대상도 아니고, 현상의 상관자도 아니며, 현상 그 자체의 형식이다. 따라서 공간은 절대적으로 (그 자체만으로) 사물의 현실 존재에서 규정하는 그 어떤 것으로 있는 것이 아니다. 왜냐하면 공간은 전적으로 대상이 아니며, 오직 가능한 대상의 형식에 지나지 않기 때문이다. 따라서 현상으로서의 사물이 공간을 규정하여, 즉 공간의 모든 가능한 술어(크기와 관계) 속에서 이러저러한 술어를 현실성에 속하도록 한다. 하지만 반대로 공간은 자체적으로 존립하는 어떤 것으로서, 사물의 현실성을 크기나 모양에 대해서 규정할 수는 없다. 왜냐하면 공간은 그 자체로서는 현실적인 것이 아니기 때문이다. 그러므로 공간은(채워진 것이든 공허한 것이든)[20] 현상에 의해 한계가 지워진다. 그러나 현상이 그 밖에 있는 공허한 공간에 의해서 한계가 지워지는 일은 없다. 이것은 그대로 시간에 대해서도 해당된다. 그런데 이 모든 것이 합당하다고 인정된다면, 그럼에도 불구하고 다음과 같은 일에는 의심할 여지가 없다. 즉 시간적이든 공간적이든 세계의 한계를 가정한 경우에는, 우리는 세계 밖의 공허한 공간과 세계 이전의 공허한 시간을 가정하지 않을 수가 없는 것이다.

왜냐하면 이 결론을 회피하려는 핑계에 대해서는, 그 결론에 따라서 우리는 다음과 같이 말하기 때문이다. 만일 세계가 한계(시간적 및 공간적으로)를 갖고, 무한한 공간이 현실의 사물을 그 크기에 대해서 규정해야 한다면, 그 결론은 남몰래 다음과 같은 일로 성립되어 있다. 즉 사람은 감성계 대신에, 어떠한 것인지는 모르지만 가상적 세계를 생각한다. 최초의 시작(그 앞에 비존재의 시간이 선행하는 현실 존재) 대신에, 도대체가 세계에서의 다른 조건을 전제로 하지 않는 현실 존재를 생각한다. 그리고 연장성의 한계 대신에 세계 전체의 제한을 생각하여, 그것으로 시간과 공간을 회피하고 있는 것이다. 그러나 여기에서 문제가 되어 있는 것은 현상계이며, 그 크기이다. 그 경우 우리는 감성계의 본질을 파기하지 않으면, 감성이 생각한 조건을 버릴 수가 없는 것이다. 감성계가 제약되어 있다고 하면, 그것은 필연적으로 무한한 공허 안에 있다. 이 공허를, 따라서 현상의 가능성의 선험적인 조건으로서의 공간 일반을 제거하려고 하면, 감성계 전체도 사라진다. 우리의 과제에서는 이 감성계만이 주어져 있는 것이다. 가상계는 세계 일반이라는 일반적 개념에 지나지 않는다. 이러한 개념에서는 우리가 현상계에 대한 직관의 모든 조건을 버리고, 따라서 이러한 개념에 대해서는

---

20) 쉽사리 알 수 있을 테지만, 내가 이것으로써 다음과 같이 말하고자 하는 것이다. 즉 현상에 의해서 한계가 주어지는 한에서의 빈 공간, 따라서 세계 내부에서의 빈 공간은 적어도 초월적 원리에는 모순되지 않는다는 것, 그러므로 그것은 초월적 원리에 관한 한 받아들여질 수 있다는 점이다. 물론 그렇다고 해서 그것이 가능하다는 것을 바로 주장할 생각은 없다.

종합적 명제가 긍정적으로나 부정적으로나 전혀 불가능하다.

초월적 이념의 제2의 논쟁

정립

세계의 모든 합성된 실체는 단순한 부분으로 이루어져 있다. 원래 실제로 존재하는 것은 단순한 것이거나, 그렇지 않으면 단순한 것으로 합성된 것에 지나지 않는다.

증명

왜 그런가. 합성된 실체가 단순한 부분으로 이루어져 있지 않다고 가정해 보자. 그 경우 모든 합성이 생각 안에서 파기되면, 합성된 부분도 또한 (단순한 부분은 존재하지 않기 때문에) 단순한 부분도 남지 않고, 그에 따라 무엇 하나 뒤에 남지 않을 것이다. 그러므로 실체는 주어져 있지 않을 것이다. 따라서 모든 합성을 생각 안에서 파기할 수가 없거나, 그렇지 않으면 합성이 파기된 뒤에도 합성되지 않고 존립하는 무엇인가, 즉 단순한 어떤 것이 남거나 둘 중 하나이어야 한다. 그러나 첫 번째 경우에 있어서는, 합성된 것이 다시 실체가 되는 일은 없을 것이다(왜냐하면 실체에서 복합은 우연적 관계에 지나지 않고, 실체는 합성되는 일 없이 그 자체적으로 고정불변한 존재자로서 존립해야만 하기 때문이다). 그런데 이 경우는 전제에 모순되기 때문에 두 번째 경우, 곧 세계의 실체적인 복합체는 단순한 부분으로 성립된다는 것이 타당한 것으로 남는다.

이러한 사실로부터 직접적으로 다음과 같은 결론이 나온다. 세계의 사물은 모두 단순한 존재자라고 하는 것, 합성은 단순한 존재자의 외적 상태에 지나지 않는다는 것, 그리고 우리는 이 기초적 실체(복합체)를 이 결합 상태로부터 완전히 해체해 분리할 수는 없지만, 이성은 이것들을 모든 합성의 제1의 주체로서, 따라서 합성에 앞선 단순한 존재자로서 생각해야 한다는 점이다.

반정립

세계의 어떤 복합물도 단순한 부분들로 이루어져 있지 않고, 세계의 그 어디에도 단순한 부분은 존재하지 않는다.

증명

합성된 사물(실체로서)이 단순한 부분으로서 구성되어 있다고 가정해 보자. 모든 외적 관계, 따라서 실체의 모든 합성도 공간에서만 가능하기 때문에, 합성된 것은 그것이 차지하는 공간이 성립되는 것과 같은 만큼의 부분으로 구성되지 않으면 안 된다. 그런데 공간은 단순한 부분으로 구성되는 것이 아니라, 복수의 공간으로 이루어진다. 그러나 모든 복합체의 최초의 단적인 부분은 단순하다. 그러므로 단순한 것은 하나의 공간을 차지한다. 그런데 공간을 차지하는 실재적인 것은 모두 서로 외부에 있는 다양한 것을 안에 포함하고 있으며, 그렇기 때문에 복합적이다. 더욱이 실재적 복합체로서, 우연성으로써가 아니라(왜냐하면 우연성은 실체 없이는 서로 외부에 있을 수 없으므로), 실체로부터 합성되어 있기 때문에, 단순한 것은 실체적으로 합성된 것이라 할 수 있다. 하지만 이것은 모순되어 있다. 반정립의 제2의 명제는 세계에는 단순한 것은 전혀 없다고 보는 것인데, 여기에서는 다음과 같은 것을 의미하는 데에 지나지 않는다. 절대적으로 단순한 것의 현실 존재는 경험 또는 지각으로부터는 외적으로나 내적으로 드러나지 않으며, 그렇기 때문에 절대적으로 단순한 것은 단순한 이념에 지나지 않는다. 그 객관적 실재성은 그 어떤 가능한 경험으로는 나타낼 수 없고, 따라서 현상의 해명에서 적용될 수도 없으며, 대상도 가지지 않는다. 왜냐하면 만일 우리가 이 초월적 이념에 경험의 대상을 발견할 수가 있다고 가정해 보자. 그러면 그 어떤 대상의 경험적 직관이, 결합되어 통일을 이루는 다양한 것—그것들은 서로 외부에 있다—을 전혀 포함하고 있지 않은 초월적 이념으로서 인식되어야 할 것이다. 그런데 이와 같은 다양한 것이 의식되지 않는다고 해서, 그 다양한 것이 어떤 객체에 대한 어떤 직관에서 전혀 불가능하다고 추론할 수는 없지만, 절대적 단순성에는 아무래도 이러한 결론이 필요하다. 그렇기 때문에 이 단순성은 지각—어떠한 지각이든—으로부터 추론될 수는 없는 것이다.

그러므로 절대적으로 단순한 객체로서의 그 무엇인가는 결코 그 어떤 가능한 경험에서 주어지지 않지만, 감각계는 모든 가능한 경험의 총체로 간주되어 있어야만 한다. 따라서 감각계 그 어디에도 단순한 것은 주어져 있지 않다. 반 정립의 이 둘째 명제는, 첫째 명제보다 훨씬 멀리까지 미치고 있다. 첫째 명제는 단순한 것을 단지 합성된 것의 직관으로부터 배제할 뿐이다. 이에 반해 둘째 명제는 단순한 것을 모든 자연으로부터도 배제한다. 그래서 그 명제는 또 (합성된 것의) 외적 직관의 주어진 대상 개념으로부터 증명되었을 뿐만 아니라, 가능한 경험 일반에 대한 이 개념의 관계로부터도 증명된 것이다.

제2의 이율배반에 대한 주석

1. 정립에 대한 주석

필연적으로 단순한 부분으로 이루어진 전체라고 말할 때, 나는 본디의 합성물인 실체적인 전체를, 즉 다양한 것의 우연적 통일체를 의미하는 것으로 이해하고 있다. 다양한 것은 (적어도 생각 안에서는) 따로따로 주어져, 서로 결합되어 그것으로 해서 하나의 사물을 형성한다. 우리는 본디 공간을 함성물이라고 일컬을 것이 아니라, 전체라고 일컬어야 할 것이다. 왜냐하면 공간의 여러 부분은 전체에서만 가능하며, 전체가 여러 부분에 의해서 가능한 것이 아니기 때문이다. 공간은 실체로부터 합성된 것이 아니다. 그런 까닭에 내가 공간에서의 모든 합성을 포기하면 뒤에는 아무것도 남지 않는데, 하나의 점조차도 남지 않는다. 왜냐하면 점은 공간의 (따라서 합성된 것의) 한계로서만 가능하기 때문이다. 그러므로 시간과 공간은 단순한 부분으로는 이루어지지 않는다. 실체의 상태에만 속하는 것도, 설사 그것이 크기를 가진다고 하더라도(예를 들어 변화) 단순한 것으로부터 형성되는 것이 아니다. 다시 말해 변화의 어떤 정도는, 많은 단순한 변화가 증가함으로써 생기는 것이 아니다. 합성된 것으로부터 단순한 것에 이르는 우리의 추리는 다만 자체로 존재 가능한 사물에 대해서만 통용된다. 그러므로 우리는 단순한 것—실체적으로 합성된 모든 구성 요소로서의—이 필연적이라고 하는 증명을 지나치게 확대하여, 그것을 모든 합성된 것에 무차별적으로 적용하려고 하면, 그 증명과 함께 본디 증명하려고 하는 일 자체를 파멸시키는 가능성이 있다. 그것은 실제로, 이미 여러 차례 있었던 일이다.

그런데 여기에서 나는, 합성된 것 안에 필연적으로 주어진 한에 있어서의 단순한 것에 대해서만 말하고 있는 것이다. 왜냐하면, 합성된 것은 그 구성 요소로 분해할 수 있기 때문이다. '단자(單子 : monad)'라는 말의 본디 뜻(라이프니츠의 용법에 의한)은 단순한 실체로서 직접 주어진 단순한 것에만 적용되어야 하는 것으로 (예컨대 자기의식에서), 합성물의 요소로서 주어지는 단순한 것에 대한 것이 아니다. 이러한 것은 '원자(Atom)'라고 일컫는 편이 더 좋을 것이다. 나는 합성된 것에 대해서만 그 요소로서의 단순한 실체를 증명하려 하고 있으므로, 두 번째 이율배반의 반대 명제를 초월적 원자론이라고도 부를 수 있을 것이다. 그러나 이 원자론이라고 하는 말은 이미 오랫동안 물체적 현상(분자)의 특수한 설명 방식으로 사용되어 왔고, 따라서 경험적 개념을 전제하기 때문에 나는 이것을 단자론의 변증적 원칙이라고 일컫는 것이 좋을지도 모른다.

2. 반정립에 대한 주석

물질이 무한히 분할된다는 명제의 증명 근거는 전적으로 수학적이지만, 이 명제에 대해서는 단자론자들로부터 여러 반론이 제기되고 있다. 그런 반론들은, 단자론자들이 가장 명료한 수학적 증명이 사실 모든 물질을 가능케 하기 위한 형식적 조건으로서 공간의 성질을 통찰한 것임을 인정하지 않고, 다만 현실적 사물에 관계시킬 수 없는 자의적이고 추상적인 개념으로부터 추론된 것으로 보려 한다는 사실에서, 이미 신용할 수 없는 점이 있다. 그것은 마치 공간의 근원적 직관에서 주어진 직관 양식과는 별개의 양식을 날조하는 일도 가능할 것처럼 보이며, 또한 공간의 선험적 규정들이, 공간을 채움으로써만 존재하게 되는 모든 사물들에 적용될 수 없다는 것과 같다. 만약에 우리가 그들의 이런 주장에 귀를 기울인다면, 단순하기는 하지만 공간의 부분이 아니라 다만 공간의 한계에 지나지 않는 수학적 '점' 이외에도, 물리적인 '점'을 생각하지 않으면 안 될 것이다. 이 물리적인 점도 단순하기는 하지만 공간의 부분으로서, 그것을 모으기만 하면 공간을 채울 수 있다는 장점을 가지고 있다. 이와 같은 앞뒤가 맞지 않는 일은 여러 가지가 있고, 여기에서는 그와 같은 점에 대해서 일반적으로 행해지고 있는 명확한 논박을 되풀이하지 않기로 한다. 왜냐하면 수학적 명증성을 떠나 단순히 논증적인 개념으로 궤변을 논하려고 하는 것은 전적으로 쓸데없는 일이기 때문이다. 그 대신 나는 다음과 같은 점만 주의해 두고자 한다. 즉 철학이 수학과의 논쟁에서 궤변론적 기교를 부리려고 하는 것은, 이 문제에서 현상과 그 조건만이 중요시된다는 것을 철학이 잊고 있기 때문이다. 그러나 여기에서는 합성된 것의 순수지성 개념을 위해서 단순한 것의 개념을 찾아내는 것만으로는 충분하지 않으며, 합성된 것(물질)의 직관을 위해서는 단순한 직관을 찾아내는 것이 중요하다. 그리고 그것은 감성의 법칙에 의하면, 즉 감각의 대상을 가지고 해도 전혀 불가능하다. 그러므로 실체로 이루어진 전체는 단순히 순수지성에 의해서 생각되는 것이지만, 그와 같은 전체에 대해서 언제나 해당되는 일은, 우리가 그 합성에 앞서 단순한 것을 가지고 있어야 한다는 것이다. 그렇게 되면 그것은 실체적 현상의 전체에 들어맞지 않는다. 실체적 현상의 전체는 공간에서의 경험적 직관으로서, 그 어떤 부분도 단순하지는 않다고 하는 필연적인 성질을 갖추고 있는 것이다. 그럼에도 불구하고 단자론자들은 이 곤란을 다음과 같이 피하기 위해 교묘한 짓을 했다. 그들은 공간을 외적 직관의 대상(물체)을 가능케 하는 조건으로서 전제하는 것이 아니라, 오히려 외적 직관의 대상과 실체의 역학적 관계 일반을 공간의 가능성 조건으로서 전제하는 것이다. 그런데 우리는 물체를 현상으로서만 알고 있다. 그러나 그와 같은 물체는, 공간을 모든 외적 현상을 가능케 하는 조건으로서 필연적으로 전제한다. 따라서 앞서 초월적 감성론에서도 충분히 제거되었듯이 단자론은 헛된 것이다. 만일 현상이 사물 자체라고 한다면 단자론자들의 증명은 물론 유효했을 것이다.

두 번째의 변증적 주장에는 그것 특유의 사정이 있다. 그 주장에는 그 자체에 위배되는 독단론적 주장이 있고, 그것은 모든 궤변적 주장 가운데에서도 다음과 같은 일을 꾸미는 유일한 것이라는 점이다. 즉 경험의 한 대상에 관련하여 우리가 앞에서 단순히 초월적 이념으로 여겼던 현실성을, 곧 실체의 절대적 단순성을 명확하게 증명한다는 것이다. 다시 말해 내적 감각의 대상인 생각하는 '나'는 절대적으로 단순한 실체임을 증명하려고 하는 것이다. 이제 나는 이 문제에 관여할 것을 중단하고(이것은 앞에서 상세하게 다루었기 때문에), 직관의 그 어떤 종합적 규정을 덧붙이지 않고 무엇인가가 단순히 대상으로서 고려될 때(이것은 '나'라고 하는 전혀 내용 없는 순전한 관념에 의해서 생기는 것이지만), 이와 같은 관념에서는 물론 다양한 것도 합성도 전혀 인정할 수 없다는 사실만을 주의해 두고자 한다. 그뿐만 아니라 내가 이 대상(나)을 사유하는 데 사용하는 술어는 단지 내적 감각기관의 직관이기 때문에, 그 직관에서도 서로 외부에 있는 다양한 것을, 따라서 실재적인 합성을 증명하는 어떤 것도 찾아볼 수가 없다. 그러므로 자기의식에만 따라다니는 사정은 이러하다. 즉 생각하는 주체는 그것이 동시에 자기의 객체이기 때문에, 자기 자신을 (주체에 속하는 규정들은 별도로 하고) 분할할 수가 없다는 것이다. 왜냐하면 자기 자신에 대해서는 어느 대상이나 절대적인 단일성이기 때문이다. 그럼에도 불구하고 이 주체가 외적으로 직관의 대상으로 간주되는 경우는, 그것은 현상 자체에서 어엿한 합성을 나타내는 것이다. 그러나 주관에서 단순한 것이 서로 밖에 있는지 어떤지를 알려고 한다면, 주체는 언제나 외적 직관의 대상으로서 고찰되어야만 할 것이다.

초월적 이념의 제3의 논쟁

정립

자연의 법칙에 따른 인과성만이 유일한 인과성이 아니고, 거기에서 세계의 모든 현상이 생기는 것이 아니다. 현상을 설명하기 위해서는, 자유에 의한 또 하나의 인과성을 생각할 필요가 있다.

증명

자연법칙에 의한 인과성 말고는 다른 인과성이 없다고 가정해 보자. 그렇게 되면 생겨나는 모든 것은 어떤 선행하는 상태를 전제로 하여, 그 상태에 이어서 규칙에 따라 불가피하게 생긴다. 그런데 선행하는 상태 자체가 생긴 것이다 (그 이전에는 없었으므로, 시간 안에서 생긴 것이다). 왜냐하면 이런 선행 상태가 언제나 있었던 것이라면, 그것의 결과도 처음으로 성립된 것이 아니라, 언제나 있었을 것이기 때문이다. 따라서 어떤 것이 생기기 위한 원인의 인과성은 스스로 생성한 어떤 것이다. 이 생긴 것은 자연의 법칙에 따라, 더 나아가서 선행하는 상태와 이 인과성을 전제로 하며, 그 상태는 마찬가지로 그 이전의 상태를 전제로 한다, 등등. 그러므로 만일 모든 것이 자연의 단순한 법칙에 따라 생성하는 것이라면 언제나 이차적인 시작만이 있을 뿐, 결코 최초의 시작은 없다. 따라서 어떤 원인도 앞의 원인으로부터 유래할 것이 되며, 순차적으로 유래되는 원인에 따른 계열의 완전성은 존재하지 않는다. 그러나 자연법칙은, 바로 선험적으로 규정된 원인이 없으면 아무것도 생성하지 않는다고 하는 점에서 성립된다. 그러므로 모든 인과성은 자연법칙에 따라서만 가능한 것으로 보는 명제는, 그것을 무제한으로 일반화하려고 한다면 자기모순에 빠지게 된다. 따라서 이 인과성을 유일한 인과성으로 가정할 수는 없다.

이러한 점에서 보면 생기는 것의 원인이 그보다 앞서 선행하는 다른 원인에 의해서 필연적 법칙에 따라 결정되어 있지 않아도, 무엇인가를 생기게 하는 인과성이 인정되어야만 한다. 다시 말해 그것은 자연법칙에 따라 진행하는 현상의 계열을 스스로 시작하는 원인의 절대적 자발성이며, 초월적 자유이다. 이 초월적 자유가 없으면 자연의 진행에 있어서까지도, 현상의 연속이 원인 쪽에서 완결되는 일은 결코 없는 것이다.

반정립

자유는 존재하지 않고, 세계에서 모든 것은 오직 자연법칙에 따라 생긴다.

증명

세계의 사건들을 일으키는 특수한 원인성으로서 초월적 의미에서의 '자유'가 가능하다고 생각해 보자. 어떤 상태를, 그러니까 상태가 연속하는 계열을 절대적으로 시작하게 하는 능력을 갖는다고 가정해 보자. 그러면 이 자발성에 의한 계열뿐만 아니라, 계열을 불러오는 이 자발성의 규정 그 자체도, 즉 인과성도 절대적으로 시작하는 것이 된다. 그렇기 때문에 생겨나는 이 행위를 견고한 법칙에 의해서 규정하는 그 어떤 것도 선행하지 않는다. 그러나 행위하는 시작은, 아직 작용하고 있지 않는 원인의 상태를 전제로 한다. 행위의 역학적인 최초의 시작은, 선행하는 동일한 원인과는 전혀 인과관계를 가지지 않는 상태, 다시 말해 이런 시작이 그 선행 상태로부터는 결코 일어나지 않는 어떤 상태를 전제하고 있다. 따라서 초월적 자유는 인과법칙에 어긋난다. 작용 원인에서 계기적 상태의 이와 같은 결합은, 경험의 통일은 가능하게 하는 것이 아니므로 경험 속에 찾아볼 수가 없다. 결국은 공허한 사고의 산물이다.

그러므로 우리가 세계의 사건에서 연관과 질서를 찾아야 한다면, 우리는 이것을 자연 속에서 찾을 수밖에 없다. 자연법칙으로부터의 자유(독립)는 사실 '강제'로부터의 '해방'이기는 하지만, 또한 모든 규칙의 실마리로부터의 해방이기도 하다. 왜냐하면 우리는 자연법칙 대신 자유법칙이 세계 운행의 인과성 속으로 파고들어 온다고 말할 수는 없기 때문이다. 만일 인과성이 법칙에 의해서 규정된다고 한다면, 그것은 자유가 아니라 그 자체가 자연일 뿐이니까 말이다. 따라서 자연과 초월적 자유와의 차이는 합법성과 무법성과의 차이와 같은 것이다. 확실히 자연은 원인 계열에서 사건의 기원을 한없이 높고도 높은 곳까지 탐구하는 일로 지성을 번거롭게 한다. 왜냐하면 사건에서의 인과성은 언제나 제약이 되어 있기 때문이다. 그러나 자연은 그 수고에 대한 보상으로 경험의 일관적이고 합법적인 통일을 약속한다. 이에 반해서 자유라고 하는 환상은 스스로 활동을 시작하는 무조건적 인과성으로 지성을 안내함으로써 지성에 인과 계열에서의 정지를 약속하지만, 이 무조건인 원인성은 그 자체가 맹목적이기 때문에 일관적으로 관련된 경험에 의해서만 가능하게 되는 규정의 실마리를 잘라버린다.

제3의 이율배반에 대한 주석

1. 정립에 대한 주석

자유라는 초월적 이념은 확실히 자유라고 하는 경험적 명칭의 심리학적 개념의 모든 내용을 형성하기에는 도저히 미치지 못한다. 이 이념은 행위의 책임성을 위한 본디의 근거로서, 행위의 절대적 자발성이라는 내용만을 형성할 뿐이다. 그러나 그럼에도 불구하고 이 이념은 철학에 고유한 걸림돌이며, 철학은 이런 종류의 무조건적 인과성을 허용하는 일에서 극복하기 어려운 곤란을 당하게 된다. 그러므로 의지의 자유 문제에서 예로부터 사변적 이성을 매우 괴롭

했던 것은, 본디 초월적인 것에 지나지 않는다. 그것은 오직 계기적인 사물이나 상태의 계열을 스스로 시작하는 능력이 인정되어야만 하는지 어떤지 하는 문제에 귀착하게 된다. 이와 같은 능력이 어떻게 가능한가 하는 것은, 반드시 대답 가능하다고는 말할 수 없다. 왜냐하면 우리는 자연법칙의 인과성의 경우에도 이와 마찬가지로 어떤 현실 존재에 의해서 다른 어떤 것의 현실 존재가 설정되는 그 가능성을 도저히 개념적으로 이해할 수 없으며, 또한 그 경우 우리는 전적으로 경험에 의존하게 됨에도 불구하고 이와 같은 인과성이 전제되는 것에 대한 선험적 인식에 만족해야 하기 때문이다. 그런데 우리는 이와 같은 자유로부터의 현상 계열의 처음 시작의 필연성을, 다만 세계의 근원을 이해하기 위해 필요한 한도 내에서 제시했을 뿐이다. 하지만 우리는 모든 후속하는 상태를, 단순한 자연법칙에 의한 연속으로 간주하지 않으면 안 된다. 그러나 그것에 의해서, 시간 안에서 스스로 계열을 시작할 수 있는 능력이 일단 증명되었으니(비록 통찰된 것이 아니라 하더라도) 이제 우리에게는 다음과 같은 일도 허락되어 있다. 즉 세계 운행의 한가운데에서 현상의 여러 가지 계열을 원인성에 따라 스스로 시작하게 하고, 또한 세계의 실체에 대해 자유에 의거해 행동하는 능력을 부여할 수도 있다. 하지만 우리는 이 경우 다음과 같은 오해를 두려워할 필요는 없다. 세계에서는 언제나 사물의 어떤 상태가 선행해 있는 이상, 세계에서의 계기적 계열은 상대적인 제1의 시작을 가지는 데에 지나지 않으므로, 세계가 경과하는 가운데에서는, 말하자면 계열의 절대적인 제1의 시작은 있을 수 없다는 것이다. 이와 같은 오해를 두려워할 필요는 없다. 우리가 여기에서 문제 삼고 있는 것은, 시간에 대한 절대적인 시작이 아니라 인과성에 대한 절대적인 시작이기 때문이다. 만일 내가 지금 (예를 들면) 완전히 자유롭게, 필연적으로 규정하는 자연 원인의 영향을 받지 않고 의자에서 일어난다고 하자. 시간상으로 보면 이런 사건은 단지 선행하는 계열(전제 계열)의 계속에 지나지 않는다고 하더라도, 무한에 이르는 그 자연적인 결론을 포함해서 새로운 계열이 절대적으로 시작되는 것이다. 왜냐하면 이 결심과 행위는 결코 단순한 자연 결과의 연속 안에는 없고, 그 단순한 속행이 아니기 때문이다. 그렇지 않고 결정하는 자연 원인은 이 사건의 경우 자연 결과의 연속 상부에서 전적으로 정지하는 것이다. 이 사건은 확실히 자연 원인에 뒤따른다. 그러나 자연 원인으로부터 결과로서 생기는 것이 아니다. 그러므로 물론 시간상에서는 아니지만, 인과성에 대해서는 현상 계열의 절대적인 실마리라고 불려야 할 것이다.

자연 원인의 계열에서 자유로부터 실마리를 인용하려고 하는 이성의 요구는 다음과 같은 일에서 매우 분명히 볼 수가 있다. 고대 철학자들(에피쿠로스학파는 제외하고)이 세계의 운동을 설명하기 위해, 제1의 운동자를 생각하지 않으면 안 된다고 느끼고 있었다는 점이다. 즉 여러 상태의 이 계열을 맨 먼저, 그리고 스스로 시작한 자유로이 작용하는 원인을 말이다. 왜냐하면 단순한 자연으로부터 제1의 시작을 밝힌다고 하는 무모한 짓을 저지르지 않았기 때문이다.

2. 반정립에 대한 주석

자연의 전체성(초월적 자연 일원론)을 옹호하는 사람은, 자유론에 대항해서 자신의 생각을 자유론의 궤변적 추리에 대해서 다음과 같은 방식으로 주장할 것이다. 여러분이 세계에서 시간에 대해 수학적으로 제1의 것을 가정하지 않는다면, 여러분은 인과성에 대해서 역학적으로 제1의 것을 구할 필요도 없다. 세계의 절대적인 제1의 상태를, 곧 서서히 경과하는 현상 계열의 절대적 시초를 생각하라고 누가 명령을 한 것일까? 또 여러분의 공상에 마침표를 찍기 위하여, 무제한으로 확대된 자연에 한계를 설정하도록 누가 명령한 것일까? 세계에서의 실체는 언제나 존재했고, 적어도 현상의 통일은 이와 같은 전제를 필연적이도록 하고 있으므로, 다음과 같이 가정하는 일도 전혀 어렵지 않다. 실체의 상태 변화, 즉 실체의 변화 계열은 언제나 존재했고, 따라서 제1의 시작은 수학적으로나 역학적으로 구할 필요가 없다고. 이와 같은 무한한 계통의 가능성은 제1의 항—나머지 모든 항은 오직 이 제1항에 후속한다—이 결여된 것이며, 그 가능성으로 인해 이해를 할 수 없는 것이다. 그러나 그렇다고 해서 여러분이 이 자연의 수수께끼를 가볍게 다루면, 여러분은 많은 종합적인 근본 성질(근원력)을 포기할 수밖에 없을 것이다. 이들 근본 성질도 마찬가지로, 여러분이 이해할 수 없는 것이다. 또 변화 일반의 가능성까지도 여러분에게는 눈 위의 혹이 될 것이다. 왜냐하면 만일 여러분이 경험을 통해 실제로 변화가 있다는 것을 알지 못한다면, 여러분은 존재와 비존재의 끊임없는 연속이 어떻게 해서 가능한가를 결코 선험적으로 상정할 수는 없을 것이기 때문이다.

그럼에도 불구하고 어쩌다가 세계의 변화를 시작하기 위한 자유의 초월적 능력이 추가된다고 하더라도, 이 능력은 적어도 세계의 밖(외적 직관)에만 있어야 할 것이다(모든 가능한 직관의 총체 외부에, 가능한 지각에서는 주어지지 않는 하나의 대상을 상정한다는 것은 어디까지나 무모한 월권이기는 하지만). 그러나 세계 그 자체 안에서 실체에 이와 같은 능력을 귀속시키는 일은 결코 허용될 수 없다. 그렇게 되면 보편적 법칙에 따라 서로 필연적으로 규정하는 현상의 맥락—그것을 자연이라고 한다—과 함께 경험을 꿈으로부터 구별하는 경험적 진리의 표징이 대부분 사라져 버릴 것이기 때문이다. 이와 같은 무법칙적 자유의 능력과 나란히는 자연을 생각할 수는 거의 없을 테니까 말이다. 자연법칙은 자유의 영향에 의해서 끊임없이 변경되어, 자연에 입각해서 규칙적이고 일정해야 할 현상 활동이 그것에 의해서 혼란에 빠져 지리멸렬하게 되기 때문이다.

초월적 이념의 제4의 논쟁

정립

세계에는 그 부분으로서나 그 원인으로서, 단적으로 필연적인 존재자가 속해 있다.

증명

감각계는 모든 현상의 전체로서, 동시에 변화의 계열을 포함하고 있다. 왜냐하면 변화의 계열이 없다면 감성계가 가능하기 위한 조건인 시간 계열의 관념까지도 우리에게 주어지지 않았을 것이기 때문이다.[21] 그러나 그 어떤 변화도 시간적으로 앞선 조건에 따라, 그 조건 아래에서 변화는 필연적이다. 그런데 주어진 피제약자가 모두 현실적으로 존재하기 위해서는, 절대적으로 필연적인 단적인 무제약자에게까지 이르게 되는 제약의 완벽한 계열을 전제로 한다. 따라

---

21) 확실히 시간은 변화가 가능하기 위한 형식적 조건으로서, 객관적으로는 감각계에 선행한다. 그러나 주관적으로는, 또 의식의 현실성에서는 이 관념은 다른 모든 관념과 마찬가지로 지각을 계기로 해서 주어진다.

서 만일 절대적으로 필연적인 것의 결론인 어떤 변화가 존재한다면, 절대적으로 필연적인 것은 존재하지 않으면 안 된다. 하지만 이 필연적인 것도 그 자체가 감각계에 속한다. 그것이 감각계 밖에 있다고 한다면, 이 필연적인 원인 자체는 감각계에 속하지 않은데도 세계의 변화 계열은 거기에서 스스로 발단을 끌어내는 것이 될 것이기 때문이다. 그러나 이것은 불합리하다. 왜냐하면 시간 계열의 시초는 시간적으로 선행하는 것에 의해서만 규정될 수 있으므로, 시간의 변화 계열의 최고 조건이 존재하지 않으면 안 되기 때문이다. 그 계열은 아직 존재하지 않았으니까 말이다(왜냐하면 시초란 그 전에는 시작할 사물이 아직 없었던 시간이 선행하는 현실 존재이기 때문이다). 그러므로 변화의 필연적 원인의 인과성은, 따라서 또한 원인 그 자체는 시간에, 곧 현상에 속한다(시간은 현상에서만 그 형식으로서 가능하다). 그래서 인과성은 모든 현상의 총체인 감각계와 분리시켜서는 생각할 수가 없다. 그렇기 때문에 절대적으로 필연적인 것은, 세계 자신 안에 포함되어 있다(이 절대적으로 필연적인 것이 세계 전체 계열이든 그 일부분이든 간에).

반정립

세계의 안에서든 밖에서든, 세계의 원인으로서의 절대적으로 필연적인 존재자는 어디에도 존재하지는 않는다.

증명

세계 자체가 필연적 존재자이거나, 또는 세계 속에 필연적인 존재자가 존재한다고 하자. 그렇게 되면 세계 변화의 계열에서 절대적으로 필연적인, 따라서 원인이 없는 시작이 존재하든가, 그렇지 않으면 계열 그 자체가 도대체 시작을 가지지 않을 것이다. 제1의 경우는, 시간에서의 모든 현상을 규정하는 역학적 법칙에 위배된다. 제2의 경우는, 계열이 그 어느 부분에서나 우연적이고 조건이 부여되고 있으면서, 전체로서는 절대적으로 필연적이며 무조건적인 것이 될 것이다. 왜냐하면 어느 집합의 다만 일부분이라도 그 자체로 필연적인 현실 존재를 가지지 않는다고 한다면, 그 집합의 현실 존재는 필연적인 것이 될 수가 없기 때문이다.

이에 반해서 세계 밖에 절대적으로 필연적인 세계 원인이 존재한다고 하자. 그러면 그 세계 원인은 세계 변화 원인 계열에서 최상의 항으로서, 세계 변화의 현실 존재와 그 계열을 처음으로 시작할 것이다.[22] 그런데 세계 원인은 그때, 작용하는 일도 시작하지 않으면 안 될 것이다. 그리고 세계 원인의 인과성은 시간에 속하며, 그렇기 때문에 현상의 총체에, 즉 세계에 속하게 될 것이다. 따라서 세계 원인이라고 하는 원인은 세계 외부에는 없을 것이다. 이것은 전제와 모순된다. 그러므로 세계 밖(그러나 세계와 인과성에 결합해서)에도 절대적으로 필요한 존재자는 존재하지 않는다.

제4의 이율배반에 대한 주석

1. 정립에 대한 주석

필연적 존재자의 현실 존재를 증명하기 위해서, 여기서 나는 우주론적 논증 이외의 논증을 사용해서는 안 된다. 우주론적 논증이란, 현상의 피제약자로부터 개념상 무제약자로 상승하여, 이 무제약자를 계열의 절대적 전체성의 필연적 조건으로 본다. 모든 존재자 일반 가운데에서 최고 존재자라는 단순한 이념으로 증명을 시도한다는 것은, 이성의 다른 원리에 속한다. 그러므로 이와 같은 증명은 특별히 이루어져야 한다.

그런데 순수한 우주론적 증명은 필연적 존재자의 현실 존재를 다음과 같은 방식으로밖에 제시할 수가 없다. 필연적인 존재자가 세계 그 자체인지, 그렇지 않으면 세계와 구별되는 것인지 하는 것을, 동시에 미해결인 채로 남겨둔다는 것이다. 왜냐하면 이것을 알아내기 위해서는 다음과 같은 원칙이 필요하기 때문이다. 그 원칙은 이미 우주론적인 것이 아니고, 또 현상의 계열 속에서 진행되는 것도 아니며, 우연적 존재자 일반의 개념(단순히 지성의 대상으로 여겨지는 한)이며, 우연적 존재자를 단순한 개념에 의해서 필연적 존재자와 결부시키는

---

22) '시작한다'는 말은 두 가지 뜻으로 해석된다. 그 첫째 의미는 능동적인 것으로서, 원인이 그 결과로서 상태의 계열을 시작하는 경우이다. 둘째 의미는 수동적인 것으로서, 원인 자체에서 인과성이 일어나는 경우이다. 나는 여기에서 첫째 의미로부터 둘째 의미를 추리한다.

원리이다. 이들은 모두 초월적 철학에 속하는 것으로서, 지금은 아직 이런 철학을 논할 때가 아니다.

그러나 현상의 계열과 인과성의 경험적 법칙에 의한 그 계열의 소급을 바탕에 두고 일단 우주론적 증명을 시작하면, 우리는 그 뒤에는 이 계열에서 벗어난 하나의 항으로 이행할 수가 없다. 왜냐하면 계열에서 조건자로 간주되는 어떤 것은, 끊임없이 후진을 계속해 드디어 최고 제약에까지 다다르는 계열에서 피제약자와 제약자와의 관계가 고찰되는 것과 전적으로 같은 방법으로 해석되어야 할 것이기 때문이다. 그런데 만일 이 관계가 감정적인 것으로 가능한 경험적 지성 사용에 속하는 것이라고 한다면, 최고 제약 또는 원인은 감정의 법칙에 따라서 다만 시간 계열에 속함으로써만 소급을 완결할 수 있고, 필연적 존재자는 세계 계열의 최상의 항이라고 간주되지 않으면 안 된다.

그럼에도 불구하고 사람들은 이런 비약(다른 종류의 전이)을 행하는 자유를 선택했다. 즉 사람들은 세계에서의 여러 가지 변화로부터 경험적 우연성을, 다시 말해 경험적으로 규정된 여러 가지 원인에 대한 변화의 의존성을 추리하여 경험적인 조건이 상승하는 계열을 손에 넣은 것이다. 이것은 전적으로 정당한 일이었다. 그러나 사람들은 거기에서 최초의 시작이나 최고의 항을 발견할 수 없었기 때문에 갑자기 우연성이라는 경험적 개념에서 이탈하여 순수범주를 택했다. 그때 순수범주는 가상적인 것에 지나지 않는 계열을 전개했다. 그 계열의 완전성은 절대적으로 필연적인 원인의 현실 존재에 달려 있었다. 이제는 그와 같은 원인은 감성적 조건에 구속되어 있지 않기 때문에, 그 인과성을 스스로 시작하는 시간 조건으로부터도 해방되었다. 그러나 다음에서 추리할 수 있는 바와 같이 이 방식은 전적으로 위법이다.

범주의 순수한 의미에서, 우연이란 모순적인 반대가 가능한 것을 말한다. 그런데 경험적 우연성으로부터 가상적 우연성을 추리하기란 전혀 불가능하다. 무엇인가가 변화하면 그 반대(그 어떤 상태의)는 다른 시간에서는 현실적이며, 따라서 또 가능하다. 그러므로 이와 같은 반대는 앞선 상태의 모순적인 반대가 아니다. 모순적인 반대에 필요한 것은 앞선 상태가 있었던 것과 같은 시간에, 그 상태 대신에, 그 반대가 있을 수 있었다는 것이다. 이와 같은 모순적 반대를 변화로부터는 전혀 결론 내리지 못한다. 운동을 하고 있던(=A) 어떤 물체가 정지한다(=non A). 그런데 A라는 상태와 대립하는 상태가 A라는 상태에 이어서 발생한다고 해서, 거기에서 A의 모순적 반대가 가능하고, 따라서 A는 우연적이라고 하는 것은 결코 추리되지 않는다. 왜냐하면 그러기 위해서 운동이 있었던 같은 시간에, 그 운동 대신에 정지가 있을 수 있었다는 사실이 필요할 것이기 때문이다. 그러나 어떤 시간에서의 운동과 다른 시간에서의 정지는, 서로 모순적으로 대립하고 있지 않는다. 그러므로 상반하는 규정이 연속해서 일어나는 것, 즉 변화는 결코 순수지성 개념에 의한 우연성이 아니다. 그것은 또한 순수지성 개념에 의해 필연적 존재자의 현실 존재에 이를 수 있는 것도 아니다. 변화는 다만 경험적 우연성을 증명할 뿐이다. 다시 말해 새로운 상태는 그 자체로서, 앞선 시간에 속하는 원인이 없으면 인과성에 의해서 일어나는 일은 전혀 있을 수 없다는 것을 증명할 뿐이다. 이 원인은 비록 절대적으로 필연적인 존재자로 생각된다고 하더라도, 이와 같이 시간 안에서 발견할 수 있어야 하고, 또한 현상의 계열에 속해야만 한다.

2. 반정립에 대한 주석

절대적으로 필연적인 최고 원인이 존재한다는 것을 거슬러 현상의 계열을 상승할 때 우리가 곤란에 맞닥뜨린다고 생각한다면, 그 곤란도 사물 일반의 필연적 존재의 단순한 개념에 입각하는 것이 아니므로, 그것은 존재론적인 것이 되어서는 안 된다. 그렇지 않고 그것은 현상의 계열에 어떤 조건—그 자체는 무조건적인—을 가정하기 때문에, 현상 계열과의 결합에서, 따라서 우주론적으로 그리고 경험적 법칙에 의해서 생긴 것이어야 한다. 즉 다음과 같은 일이 명확해져야 한다. (감각계에서의) 원인의 계열을 상승한다는 것은, 결코 경험적으로 무조건적인 조건으로 끝날 수가 없다는 것이다. 또 세계의 상태 변화에 따라 그 상태의 우연성에서 이루어지는 우주론적 논증은, 계열을 절대적으로 처음으로 일으키는 제1의 원인이라고 하는 상정에 반하는 결과로 끝난다는 것이다.

그러나 이 이율배반에서는 어떤 기묘한 대조가 뚜렷해진다. 곧 정립에서 근원적 존재자의 현실 존재가 결론된 것과 전적으로 동일한 증명 근거로 해서, 반정립에서의 그의 비존재가 또한 동일한 엄밀성을 가지고 추론된다는 것이다.

먼저 주장되는 것은 이러하다. 필연적 존재자는 존재한다. 왜냐하면 경과한 모든 시간은 조건의 계열을, 따라서 그것과 함께 무조건적인 것 (필연적인 것)을 포함하고 있기 때문이다. 그런데 이번에는 다음과 같이 말하는 것이다. 필연적인 존재는 없다. 그것은 바로, 흘러간 모든 시간은 모든 조건(따라서 그 모두가 다시 조건이 지워져 있는)의 계열을 포함하고 있기 때문이다. 이렇게 된 원인은 다음과 같다. 제1의 조건 계열의 절대적 전체성에만 눈을 돌리고 있다. 이들 조건의 하나는 다른 것을 시간에서 규정하고, 그에 의해서 무조건적인 것과 필연적인 것을 얻는 것이다. 이에 반해 제2의 논증은, 시간 계열에서 규정되어 있는 모든 것의 우연성을 고려하고 있다(왜냐하면 시간에서는 조건 자신은 다시 조건이 부여된 것으로 규정되어 있지 않으면 안 되기 때문이다). 이렇게 해서 모든 무조건적인 것과 모든 필연성은 모조리 없어져 버린다. 그럼에도 불구하고 이 두 가지 증명법은 상식에 딱 들어맞는다. 상식은 두 가지 서로 다른 관점에서 그 대상을 고찰하므로, 두 가지로 갈리는 경우가 허다하다. 폰 마이란 씨는 관점 선택에 대한 비슷한 곤란 때문에 생긴 두 유명한 천문학자 사이의 논쟁을 주목할 만한 형상으로 여기고, 특별한 논문을 작성하기에 충분한 것이라고 생각했다. 한 천문학자는 달이 언제나 지구를 향해 동일한 면만을 보이고 있으므로, 달은 달의 축을 중심으로 자전한다고 추론했다. 다른 천문학자는 달이 언제나 동일한 면을 지구에 향하고 있으므로, 달은 자기의 축을 중심으로 자전하지 않는다고 했다. 두 추론은 달의 운행을 관찰하는 관점에 따라 각각 옳은 것이었다.

제3절 순수이성의 이율배반에 있어 이성의 관심에 대해서

이상이 우리가 갖는 우주론적 이념의 변증법적인 유희 전체라고 말할 수 있다. 우주론적 이념은, 그것과 완전히 일치하는 대상이 그 어떤 가능한 경험 속에서 주어지는 것을 전혀 허용치 않는다. 다시 말해 우주론적 이념은, 이성이 우주론적 이념을 일반적 경험 법칙과 일치하도록 생각하는 것을 결코 허용하지 않는다. 그럼에도 불구하고 우주론적 이념은 임의로 날조된 것과 같은 것이 아니며, 오히려 이성은 경험적 종합을 연속적으로 진행하고 있는 동안에 필연적으로 우주론적 이념으로 유도되는 것이다. 이성이 경험의 규칙에 의해서 언제나 조건부로만 규정할 수 있는 것을 모든 조건으로부터 풀어주고, 그것을 무조건적인 전체성에서 파악하려고 하는 것이다. 이 궤변적 주장은, 이성의 자연스럽고 피할 수 없는 네 가지 문제를 해결하기 위한 시도이다. 그러므로 문제는 딱 네 가지뿐이며, 그 이상도 그 이하도 아니다. 왜냐하면 경험적 종합을 선험적으로 한계지우는 종합적 전제의 계열은 그 이상은 없기 때문이다.

경험의 한계를 모두 넘어서 영역을 확대하려고 하는 것은 이성의 명확한 월권이다. 그 월권을 우리는 다만 무미건조한 공식으로 표현해 왔다. 이들 공식은 이성의 합법적인 요구의 근거만은 포함하고 있다. 또한 화려한 이성의 주장은 모두 경험적인 것과 결합해야만 빛날 수 있다고는 하지만, 우리는 이들 공식으로부터 초월적 철학에 어울리도록 모든 경험적인 것을 박탈했다. 그러나 이성을 이와 같이 적용하여 이성 사용의 확장을 추진한다고 하는 것은, 경험의 영역으로부터 시작하여 서서히 이들 숭고한 이념으로 성장하는 것이므로, 그런 점에서 철학은 존엄을 나타낸다. 또 만일 철학이 그 월권적 요구를 주장까지도 할 수 있다면, 그 존엄은 인간의 모든 다른 학문의 가치를 훨씬 능가할 것이다. 왜냐하면 철학은 궁극적 목적에 대한 우리의 가장 큰 기대와 전망을 약속하기 때문이며, 이성의 모든 노력은 그 궁극 목적에서 하나가 되기 때문이다. 세계에는 시작이 있고, 공간에는 한계가 있는가? 그 어디건 간에 나의 사유하는 자아에 분할되지 않고 소멸할 수 없는 어떤 단일자가 있는가? 그렇지 않으면 분할되는 무상한 것밖에 없는가? 나는 나의 행위에서 자유로운가? 그렇지 않으면 다른 존재자와 마찬가지로 자연과 운명의 실에 이끌리고 있는가? 궁극적으로 최고의 세계 원인이라고 하는 것이 존재하는가? 그렇지 않으면 자연물과 그 질서가 다다른 곳에서 우리가 어떤 것을 고찰하든 거기에서 멈추어야 하는가? 이런 문제는 그 해결을 위해서 수학자들이 그들의 학문 전체를 기꺼이 포기할 수 있다. 왜냐하면 수학은 인류 최고의 가장 중요한 목적에 대해서는 어떤 만족도 줄 수 없기 때문이다. 수학(인간 이성의 자랑거리인)의 본디적인 존엄성도 다음과 같은 점에 기초를 두고 있다. 수학은 자연을 거시적으로나 미시적으로나 질서와 법칙성에서, 마찬가지로 그것을 움직이는 힘의 통일에서 보통의 경험에 의지하는 철학의 모든 기대를 훨씬 넘어서 통찰하도록 이성을 지도한다는 것이다. 그렇기 때문에 수학은 모든 경험을 넘어서 확장된 이성의 사용까지도 유발하고 그것을 고무하여, 거기에 관여하는 철학에 더할 나위 없는 훌륭한 소재를 공급한다. 그 소재는 그 성질이 허용하는 한, 철학 연구를 적절한 직관에 의해서 지원하는 것이다.

사변에 대해서는 불행스럽게도(그러나 아마도 인간의 실천적 사명에게는 다행하게도) 이성은 그 최대의 기대 속에서, 논증과 반증 사이에 끼게 된다. 이성의 명예를 위해서도, 더 나아가 그 안녕을 위해서도 스스로 몸을 빼 단순한 모의전으로서 방관하지도 못하며, 더구나 과감하게 화평을 요구할 처지도 못 된다. 왜냐하면 다툼의 대상이 매우 흥미를 자아내는 것이기 때문이다. 그래서 이성에게 남은 것은, 이성의 자기모순의 근원에 대해서 진지하게 생각해 볼 수 있는 일뿐이다. 이렇게 된 것은 말하자면 단순한 오해 때문이 아닌가 하고 말이다. 하기야 오해를 밝혀냄으로써, 쌍방의 긍지 높은 요구가 사라질지도 모른다. 그리고 그 대신에 지성과 감각 위에 서는 이성의 견고하고 평온한 통치가 시작할지도 모르는 것이다.

우리는 우선, 이 철저한 고찰은 미루어 놓고 다음과 같은 일을 생각해 보기로 하자. 만약 우리가 어느 편인가를 할 수 없이 들어야 한다면 어느 편을 가장 들고 싶어 할까? 이 경우 진리의 논리적 기준이 아니라 우리의 관심을 묻고 있을 뿐이다. 그렇기 때문에 이와 같은 탐구는 당사자 쌍방의 다투는 권리에 대해서는 아무것도 해결하지는 못하지만, 그래도 이 다툼의 관여자가 왜 다른 쪽이 아니라 어느 한쪽에 붙었는가—그 원인이 선택에 대한 훌륭한 통찰에 있었던 것은 아니지만—를 명확히 밝히는 데에 유용할 것이다. 다시 말해 왜 그들이 한쪽 당사자에게 축복의 갈채를 보내고, 다른 쪽에게는 처음부터 해소할 수 없는 편견을 가지는지 그 이유를 설명하려는 것이다.

그러나 이런 예비적인 판정에서는, 그 판정이 나름대로의 철저성은 가지고 내려지는 유일한 관점을 규정하는 것이 중요하다. 그것은 두 당사자가 출발점으로 하는 원리를 비교하는 일이다. 우리가 반정립의 각 주장에서 알 수 있는 것은 사고법의 완전한 동일성과 그 준칙의 완전한 통일성 즉 세계의 여러 가지 현상의 설명에서뿐만 아니라, 세계 자체에 대한 초월적 이념의 해결에 있어서의 순수한 경험론의 원리이다. 이에 반해 정립의 각 주장은 현상 계열 내부에서의 경험적 설명 방법 외에 지적인 실마리를 기초로 하고 있으며, 그러는 한에서는 준칙은 한결같지가 않다. 나는 이 준칙을, 그것의 본질적인 구별을 특징짓기 위해 순수이성의 독단론이라고 부르고자 한다.

그러므로 우주론적 이성 이념을 규정하는 독단론, 곧 정립 쪽에는 다음과 같은 점을 볼 수가 있다.

첫째, 어떤 종류의 실천적 관심이다. 마음씨가 좋은 사람이면 누구나 자기의 장점을 알고 있으면, 진정으로 이런 관심을 가진다. 세계에는 시초가 있다는 것. 이 자기는 동시에 자발적인 행위에서 자유이며, 자연의 강제를 초월하고 있다는 것. 마지막으로, 세계를 형성하는 것의 모든 질서는 어떤 근원적 존재자로부터 유래하며, 만물은 그 통일과 목적에 합당한 연관을 이 존재자에게 신세지고 있다는 것. 이것들은 어느 것이나 도덕과 종교의 주춧돌이다. 반정립은 우리로부터 이런 모든 지지를 빼앗거나, 적어도 빼앗는 것처럼 보인다.

둘째, 이 우주론적 이성 이념 쪽에서는 이성의 사변적 관심도 나타나 있다. 왜냐하면 우리가 초월적 이념을 이와 같은 방식으로 생각하고 사용할 때, 우리는 무조건적인 것으로부터 시작해서 조건의 사슬 전체를 완전히 선험적으로 파악하여 조건지워진 것의 도출을 이해할 수가 있기 때문이다. 반정립은 그 일을 다하지 않는다. 그 때문에 반정립은 종합의 조건에 얽히는 문제에 한없이 물음을 계속하는 여지를 남기지 않는 대답을 주기 위해서는 매우 부적당하다. 반정립에 의하면 이러하다. 우리는 어느 주어진 시작으로부터 보다 높은 시작으로 상승하지 않으면 안 된다. 어느 부분이나 더 작은 부분으로 이어진다. 모든 사건은 언제나 다른 사건을 그 자신을 초월한 원인으로서 갖는다. 또한 현실 존재 일반의 조건은 언제까지나 다른 조건을 의지하고, 근원적 존재자인 자립적 사물 안에서 무조건적인 발판과 지지를 얻지 못한다.

셋째, 우주론적 이성 이념의 정립 쪽에는 대중성이라는 장점도 있다. 이러한 장점이 있어서 정립은 매우 찬동을 얻고 있다. 상식적으로 모든 종합의 무제약적 시초라는 이념에서 조금도 곤란을 느끼지 않는다. 왜냐하면 상식이란 본디 이유를 추구하여 상승하기보다는 오히려 결론으로 내려가는 데 더 익숙하기 때문이다. 그리고 상식은 절대적 첫째항이라는 개념(상식은 그 가능성을 탐색하지 않는다) 안에서 안일을 얻고 동시에 첫 발걸음을 내딛을 확고한 점을 가지고 있기 때문이다. 상식은 이와 반대로 피제약자로부터 조건으로 끊임없이 상승하면서 언제나 한 발을 공중에 걸고 있으면 결코 만족감을 느끼지 못한다.

우주론적 이성 이념을 규정하는 경험론, 즉 반정립 측면에는 다음과 같은 점을 볼 수 있다.

첫째, 도덕이나 종교가 구비하는 이성의 순수원리에서 유래하는 이와 같은 실천적 관심은 찾아볼 수 없다. 오히려 순수한 경험론은 도덕과 종교로부터 모든 노력과 영향력을 빼앗는 것처럼 보인다. 만일 세계와 구별되는 근원적 존재자가 없다고 한다면, 또한 세계에 시초가 없으며, 따라서 창조자를 가지지 않고, 우리의 의지는 자유롭지 않으며, 영혼이 물질과 같이 분할되어 소멸하는 것이라면 도덕적 이념도 모두 효력을 잃고 그 이론적 지주가 되었던 초월적 이념과 더불어 붕괴해 버릴 것이다.

둘째, 이와는 반대로 경험론은 이성의 사변적 관심에 이익을 가져온다. 그 이익은 도발적이며, 이성 이념의 독단론자가 약속하는 것을 훨씬 능가하는 이점을 제공해 준다. 경험론에 따르면 지성은 그 본디의 기반인 어떤 가능한 경험 영역에 서서 그 한계를 상정하고, 그 한계를 통해서 확실하고 알기 쉬운 인식을 어디까지나 확대할 수가 있다. 여기에서 지성은 자기 자신에 있어서뿐만 아니라, 그 대상과 다른 대상과의 관계에 있어서도, 또는 개념에 있어서까지도 나타낼 수 있으며, 또 나타내야만 한다. 개념의 상(像)은 개념과 유사한 직관에서 분명히 제시될 수 있는 것이다. 지성은 이 자연 질서의 사슬을 떠나서 이념에 매달릴 필요는 없다. 이념의 대상은 사고물이지 결코 주어질 수 없는 것이므로, 지성은 알 수가 없는 것이다. 뿐만 아니라 지성은 자기 일을 버리고 자기 작업은 이제 끝났다고 하는 핑계 아래에, 관념화된 이성의 영역과 초월적 개념으로 옮겨가는 것은 결코 허용되지 않는다. 거기는, 지성은 더 이상 관찰하거나 자연법칙에 따라서 연구하거나 할 필요는 없이, 다만 생각하고 공상하는 것으로 충분한 영역이다. 물론 지성은 자연의 사실에 의해서 반증도 할 수 없다. 왜냐하면 지성은 사실의 증언에 얽매이지 않고 오히려 사실을 무시하고, 뿐만 아니라 사실 그 자체를 순수이성이라고 하는 보다 높은 명성에 종속시키기 때문이다.

그러므로 경험론자는 자연의 어떤 시기를 절대적으로 최초의 시기로 가정하거나, 또는 자연의 드넓은 영역에 대한 자신의 전망이 어떤 한계에 맞닿아 있다고 믿으려 하지 않을 것이다. 또 그가 관찰과 수학으로 분석하여 직관에서 종합적으로 한정할 수 있는 자연의 대상으로부터, 감성도 상상력도 구체적으로 나타낼 수 없는 대상(단순한 것)으로 이행하는 것을 결코 허용하지 않을 것이다. 또 자연 안에서까지도 자연법칙과는 독립적으로 작용하는 능력(자유)을 그 바탕에 두고서 지성의 일을 좁히고, 필연적 규칙을 실마리로 하여 현상의 성립을 추구하는 것을 인정하지 않을 것이다. 또한 그 무엇을 위하든 간에, 자연 외부의 원인(근원적 존재자)을 찾는 것도 허락하지 않을 것이다. 왜냐하면 우리는 자연 말고는 아무것도 모르기 때문이다. 우리에게 대상을 제공하고, 그 법칙에 대해서 가르쳐 주는 것은 오직 자연뿐이니까 말이다.

하기야 이렇기는 하다. 반정립을 내거는 경험론 철학자의 의도가 다음과 같은 것일 수밖에 없다고 하자. 즉 그것은 참다운 사명을 잘못 본 이성—이성은 본디 통찰과 앎이 멈추는 곳에서 자만에 빠진다—의 주제넘음을 깨뜨린다는 것이다. 그와 같은 이성은 우리가 실천적 관심에 대해서 통용시키는 것을 사변적 관심의 촉진이라고 주장하려 한다. 그것은—이성의 평안을 위한 것이라고 한다면—물리적 연구의 실마리를 끊고, 인식의 확장이라고 하는 특성을 부여함으로써 경험론 철학자를 초월적 이념과 결부시키기 위한 것이다. 그러나 초월적 이념에 의해서 본디 우리는 '아무것도 모른다'는 사실을 인식할 뿐이다. 하지만 나는 말하고 싶다. 경험론자가 지금 말한 지적으로 만족한다면 그의 원칙은 절도 있는 요구(제한)를 나타내는 준칙일 것이며, 동시에 본디 우리를 이끄는 교사라고 할 수 있는 경험을 통해 우리의 지성을 최대한으로 확장하려고 하는 준칙이라고. 이 경우라면 우리의 실천적인 관심사에 필요한 지적인 전제와 신앙이 우리로부터 멀어지는 일이 없기 때문이다. 단, 우리는 이 지적 전제를 학문 또는 이성 통찰이라고 하는 이름 아래, 그것을 자랑삼아 등장시켜서는 안 될 것이다. 왜냐하면 본디의 사변적 '앎'은 어떤 경우에도 경험의 대상 말고는 관여할 수 없기 때문이다. 또 우리가 경험의 한계를 넘어선다면, 경험으로부터 독립된 새로운 인식을 얻으려고 하는 종합은 직관이라고 하는 토대—종합은 그 토대를 바탕으로 성취된다—를 가지지 않기 때문이다.

그렇지만 경험론이 이념에 대하여(흔히 있는 일이지만) 스스로 독단적이 되어 직관하는 인식의 영역을 넘어선 것을 대담하게도 부정한다면, 경험론 자신이 부당한 오류에 빠지게 되며, 여기서는 그럴수록 더욱 비난받게 마련이다. 왜냐하면 이로 말미암아 이성의 실천적 관심에 보충할 수 없는 손해를 입히기 때문이다.

이것이 플라톤주의에 대한 '에피쿠로스주의'[23]의 대립이다.

에피쿠로스주의나 플라톤주의나 양자 모두 그들이 알고 있는 것 이상의 것을 말하고 있다. 에피쿠로스주의는 실천적인 면에서 불리해진다고 해도, 지식을 북돋우며 촉진하려고 한다. 플라톤주의는 확실히 실천적인 면에 대해서 뛰어난 원리를 제공하기는 하지만, 바로 그것으로 말미암아 우리에게 사변적 지식이 허용되어 있는 모든 영역에 관해 자연 현상의 관념적 설명에 탐닉해 그것의 물질적 탐구는 소홀히 하는 것을 묵인하고 있다.

마지막으로 셋째 계기에 대해서이다. 그것은 다투는 두 당사자 사이에서 우리가 당장 어느 쪽을 선택하느냐에 있어, 고려해도 좋은 계기이다. 그것에 관해서 말하자면, 다음과 같은 매우 묘한 일이 있다. 상식은 경험 인식과 그 합리적인 맥락에 의해서만 자신을 만족시킬 것을 약속하는 구상을 빈번하게 채용하고 싶어 한다고 여겨져야 할 텐데, 경험론은 모든 대중성과는 전적으로 반대되는 관점이라는 것이다. 지금 말한 것은, 초월적 독단론이 사고에 능한 두뇌의 통찰과 이성 능력을 훨씬 뛰어넘은 개념으로 상승하도록 상식을 강요하는 것과 대조적이다. 그러나 이것이야말로 상식의 원동력이다. 왜냐하면 그때 상식은 최고로 박식한 사람이라 할지라도 신경을 써야 하는 처지에 있기 때문이다. 상식이 그와 같은 처지를 거의 또는 전혀 알지 못한다고 하면, 그 이상 알고 있다고

---

23) 하지만 에피쿠로스가 이와 같은 원칙을 이전에 객관적 주장으로서 말했는지의 사실 여부는, 아직 의심스런 문제이다. 만일 이들이, 이성의 사변적 사용의 준칙에서 벗어나지 않았다면, 그런 점에서 에피쿠로스는 고대 철학자들의 원칙보다도 순수한 철학적 정신을 보인 것이다. 즉 우리는 현상을 설명할 때 마치 연구 영역이 세계의 한계 또는 시작에 의해서 가로막혀 있지 않은 것처럼 일을 시작해야 한다는 것, 우리가 세계의 소재에 대해서 경험으로부터 배우려고 한다면 그럴 수 있도록 그 소재를 가정한다는 것, 고정불변의 자연법칙에 의해서 규정되는 사건 이외에 사건의 창작을 가지고 들어와서는 안 된다는 것, 또 마지막으로 세계와 구별되는 원인을 가지고 들어와서는 안 된다는 것이다. 이들 원칙은 좀처럼 볼 수 없는, 오늘날에도 매우 정당한 원칙이다. 이들은 사변철학을 확장하는 데 있어서나, 알지 못하는 자원에 의존하지 않고 도덕의 원리를 찾아내는 원칙이다. 그렇다고 해서 우리가 단순히 사변에만 관여하는 한 저 독단적 명제를 무시하도록 요구하는 사람들을, 그들이 독단적 명제를 부인한다는 이유로 비난해서는 안 된다.

자만할 수 있는 사람은 아무도 없는 것이다. 비록 상식이 그것에 대해서 다른 것과 마찬가지로, 교과서적으로 말을 할 수 없다고 해도, 상식은 교과서적 이상으로 무한히 궤변을 논할 수는 있다. 왜냐하면 상식은 이념 사이를 방황할 뿐이며, 이념이란 그에 대해 아무것도 알려져 있지 않은 것이면서도 누구나 그 이념에 대해 극히 웅변적으로만 논하게 되는 것이기 때문이다. 이에 반해, 자연의 탐구에 관해서 상식은 전혀 입을 다물고 그 무지를 고백할 수밖에 없다. 따라서 안이함과 허영이 본디 자연 탐구의 원칙에 대해서 큰소리를 친다. 그뿐만 아니라 철학자에게는 그 이유를 스스로 정당화할 수 없는 어떤 것을 원칙으로서 상정하거나, 그렇지 않으면 그 객관적 실재성의 통찰되지 않는 개념을 도입하는 것이 매우 어려운 일이지만, 통상적인 지성에서는 이것처럼 당연한 것은 없다. 상식은 확신을 가지고 시작할 수 있는 기점을 가지려고 한다. 이와 같은 전제 자체를 이해하는 것은 곤란하지만, 그 곤란은 상식을 불안하게 하지는 않는다. 왜냐하면 그와 같은 곤란은 상식(상식은 개념이 무엇인지를 모른다)이 미처 생각할 수 없는 일이기 때문이다. 상식은 몇 번이고 사용해서 친근해진 일을 잘 알고 있다고 간주하니까 말이다. 그러나 결국 실천적인 일을 앞에 두고, 모든 사변적 관심은 상식에서 사라져 없어진다. 그리고 상식은 관심이나 가망에 몰려 가정하거나 믿거나 하는 일을, 통찰해서 알고 있다고 여긴다. 이와 같이 경험론으로부터는, 초월적으로 관념화하는 이성의 모든 대중성을 잃고 있다. 그리고 비록 경험론이 실천적 최고 원리에 반하는 유해한 것을 포함하고 있더라도, 언젠가는 학파의 영역을 뛰어넘어 사회에서 대중들 사이에 조금이라도 두드러진 신망과 인기를 얻을 수 있을 것이라고 우려할 필요는 전혀 없다.

　인간의 이성은 그 본성으로 보아 건축술적(체계 구성적)이다. 즉 인간의 이성은 모든 인식을 하나의 가능한 체계에 속하는 것으로 간주한다. 그렇기 때문에 또 계획하고 있는 인식을 적어도 무능한 것으로 하지 않는 원리만을, 어떤 체계에서 다른 원리와 공존하도록 허용한다. 그러나 반정립의 명제들은 인식에 대해 하나의 건축물을 완성하는 것을 전적으로 불가능하게 만드는 그런 종류의 것이다. 이들 명제에 의하면 세계의 어떤 상태 너머에는 언제나 그 이전의 상태가 있으며, 각 부분은 언제나 또 다른 어떤 분할될 수 있는 부분을 함유하고 있고, 각 사건 앞에는 역시 다른 것에 의해 산출된 또 다른 사건이 있다. 또한 현존재 일반에서는 모든 것은 언제나 제약된 것에 지나지 않고, 무제약적이고도 최초의 현실 존재는 인정되지 않는다. 따라서 반정립은 결코 최초의 것을 인정하지 않으며, 일단 건축의 기초가 될 수 있는 출발을 인정하지 않기 때문에, 이와 같은 전제 아래에서는 인식의 완전한 건축물은 전적으로 불가능하다. 그러므로 이성의 건축술적 관심(이것은 경험적이 아닌 선험적이고 순수한 이성 통일을 요구한다)은 저절로 정립의 주장을 추천하는 것을 그 특징으로 한다.

하지만 만일 사람이 이성의 주장을 모든 이해를 버리고, 모든 결론에는 상관없이, 그 주장 근거의 내실에 의해서만 고려할 수가 있다고 하자. 그러면 그와 같은 사람—다투고 있는 학설의 어느 한쪽 편을 드는 것 말고는 혼잡에서 빠져나올 타개책이 없다고 한다면—은 끊임없이 불안정한 상태에 놓일 것이다. 그는, 오늘은 인간의 의지가 자유라 확신하고, 내일이 되면 확고한 자연의 사슬을 고려하여 자유는 자기기만에 지나지 않으며 모든 것은 자연뿐이라고 생각할 것이다. 그러나 행위나 행동이 문제가 되면, 단순한 사변적 이성의 이런 유희는 꿈속 그림자처럼 사라져 버릴 것이다. 그리고 그는 실천적 관심만으로 자기 원리를 선택하게 될 것이다. 그럼에도 사려가 깊고 탐구심이 있는 사람은 일정한 기간을 오로지 자기 자신의 이성을 음미하는 데에 바치고, 그 경우에도 모든 당파성을 전적으로 떠나 자기의 소감을 다른 사람에게 판정을 바라고 공명정대하게 전하는 것이 지당한 일이기 때문에, 정립과 반정립을—이들 명제가 협박에 의해서 위협받지 않고, 그 자신과 같은 처지(즉 약한 인간의 처지)에 있는 배심원 앞에서 스스로를 변호할 수 있는 방식으로—등장시켜도 그 누구로부터 책망을 당하거나, 하물며 금지당하거나 하는 일은 있을 수 없다.

제4절 반드시 해결되어야 하는 순수이성의 초월적 과제에 대해서

모든 과제를 해결하고 모든 문제에 답하려 하는 것은 뻔뻔한 호언장담일 것이다. 그것은 또한 신뢰를 이내 잃게 될 정도로 잘못 생각한 자만일 것이다. 그럼에도 불구하고 자기 안에 일어나는 어떤 문제도, 알고 있는 것에 기초해서 어떤 일이 있어도 대답을 하지 않으면 안 되는 본성을 가진 학문이 있다. 왜냐하면 대답은 문제가 생기는 것과 마찬가지 원천에서 생겨나야 하며, 거기에서는 피할 수 없는 무지(無知)를 핑계로 삼는 일은 결코 허용되지 않으며, 해결이 요구되기 때문이다. 어떤 경우에서도 무엇이 옳으며 무엇이 잘못인가를, 사람들이 규칙에 따라 알 수 있어야만 한다. 그것이 우리 의무에 관련되는 것이며, 우리가 무엇을 알 수 없는가에 대해서는 우리에게 의무가 없기 때문이다. 하지만 자연 현상의 설명에서 많은 것이 우리에게 불확실하며, 많은 문제가 미해결인 채로 있을 수밖에 없다. 왜냐하면 자연에 대해 우리가 알고 있는 것은, 설명하기 위해서는 언제나 거의 모든 경우에 불충분하기 때문이다. 그런데 다음과 같은 물음이 생긴다. 초월적 철학에서 이성이 직면하는 대상에 관한 그 어떤 문제는, 바로 이 이성에 의해서 답변을 할 수 없는 것이 아닌가? 또 우리는 문제에 대한 결정적 대답을, 다음과 같이 당연히 면할 수가 있는 것이 아닌가? 즉 객체를 절대적으로 불확실한(우리가 알 수 있는 모든 것을 가지고서도) 것으로 보며, 우리가 그 객체에 대해서 문제를 던지기 위해서 많은 개념을 가지고는 있지만 그 문제에 대답할 능력을 아마도 가지고 있지 않다고 보는 것이다.

나는 초월적 철학이 모든 사변적 인식 중에서도, 다음과 같은 특징을 가지고 있다는 것을 주장한다. 순수이성에 주어진 대상에 관한 어떤 문제도 그 이성으로 해결할 수 없는 것이 없으며, 또한 피할 수 없는 무지나 문제의 헤아릴 수 없는 깊이라는 등의 핑계로 이 과제에 철저하고 완전하게 대답해야 할 의무를 면할 수 없다는 것이다. 왜냐하면 우리를 물음으로 내몬 바로 동일한 개념은, 우리가 이 문제에 대답할 수 있도록 해야 하는 것이기 때문이다. 대상은 개념 밖에서는 전혀 찾아볼 수 없으니까 말이다(정의, 부정의의 경우처럼).

그러나 초월적 철학에서 대상의 성질에 대해 충분히 만족할 수 있는 해답을 당연히 요구할 수 있는 문제는, 우주론적 문제뿐이다. 철학자에게는 불투명한 수수께끼를 핑계로 그 문제를 회피하는 것은 허용되지 않는다. 그와 같은 문제는 오직 우주론적 이념에만 관여한다. 왜냐하면 대상은 경험적으로 주어져 있어야만 하고, 문제는 대상이 이념과 상응하는지의 여부에만 관련되기 때문이다. 예를 들어 어떤 것의 현상(우리 자신 안의)이 사고(영혼)인 것 같은 그 어떤 것은 그 자체가 단순한 존재자인가, 만물의 절대적으로 필연적인 원인은 존재하는가 등등과 같이, 대상이 초월적이고, 따라서 그 자신은 알려져 있지 않다고 하자. 그렇다면 우리는 우리의 이념을 위해 대상을 찾아야 하고, 그 대상에 대해서 다음과 같이 고백할 수가 있다. 그 대상은 우리가 알 수 없는 것이지만, 그렇다고 해서 불가능한 것은 아니라고.[24]

그런데 우주론적 이념에는 독특한 점이 있다. 즉 이들 이념은 그 대상과 그 대상의 개념에 필요한 종합을, 주어진 것으로서 전제할 수가 있는 점이다. 그리고 이념에서 생기는 문제는 대상이 절대적 전체성을 포함해야 한다는 의미에서, 이 종합의 진전에만 관련된다. 절대적 정체성은 이미 경험적인 것이 아니다. 왜냐하면 그것은 어떠한 경험에서도 주어질 수 없기 때문이다. 그런데 여기에서는 사물 그 자체로서가 아니라, 가능한 경험의 대상으로서의 사물이 문제가 되므로, 초월적 우주론적 문제에 대한 해답은 이념 이외의 그 어디에서도 찾을 수 없다. 왜냐하면 이 문제는 대상 자체에는 관련되지 않기 때문이다. 그리고 가능한 경험에 대해서는 구체적으로 그 어떤 경험에서 주어지는 것을 묻는 것이 아니라, 경험적 종합이 접근해야 할 이념을 묻는 것이다. 따라서 문제는 이념만으로부터 해결될 수 있는 것이어야 한다. 왜냐하면 이념은 대답을 스스로 물리칠 수도 없고, 그것을 알려지지 않은 대상으로 떠넘길 수도 없는 이성의 산물이기 때문이다.

어떤 학문이 그 총체에 속하는 모든 문제(내재적 문제)에 대해서 분명히 어떤 해결을 요구하고, 또 기대할 수 있다는 것은, 처음 생각했던 것처럼 기이한 일은 아니다. 초월적 철학 이외에도, 두 가지 순수한 이성적 학문이 있다. 하나는 단순히 사변적인 학문이고, 또 다른 하나는 실천적 내용을 가진 학문이다. 그것은 바로 순수수학과 순수도덕이다. 원주율의 조건을 도저히 알 수 없기 때문에 그것이 유리수 또는 무리수로서 그 엄밀성이 확실치 않다는 주장을 지금까지

---

24) 우리는 분명히 초월적 대상이란 어떤 성질의 것인가, 즉 초월적 대상이란 무엇인가 하는 물음에 대답할 수는 없다. 그러나 물음 자체가 공허하다고 대답할 수는 있다. 그것은 이 물음의 대상이 주어져 있지 않기 때문이다. 그러므로 초월적 심리학의 모든 물음도 응답 가능하며, 사실 대답을 하고 있다. 왜냐하면 물음은 모두 내적 현상의 초월적 주체에 관련되기 때문이다. 초월적 주체 자신은, 현상이 아니므로 대상으로서는 주어져 있지 않다. 어느 범주(문제는 본디 범주에 대해서 세워져 있다)도 초월적 주체에 적용하기 위한 조건을 찾지 못한다. 그렇기 때문에 이것은 '대답이 없는 것도 대답'이라고 하는, 흔히 말하는 표현이 해당되는 경우이다. 다시 말해 그 어떤 일정한 술어로 생각할 수 없는 것 같은 그 어떤 것의 성질에 관한 물음은, 무효이고 공허하다. 그와 같은 것은 우리에게 주어질 수 있는 대상의 영역 밖에 놓이기 때문이다.

들은 적이 있었던가? 말하자면 우리의 필연적인 무지 때문에, 직경이 원주에 대해서 유리수 또는 무리수로 정확이 어떤 비례의 관계에 있는가는 확실치 않다는 말을 들은 일이 있을까? 유리수에 의한 정확한 비율은 전혀 주어지지 않고, 그렇다고 해서 무리수에 의한 비례도 아직 발견되지 않고 있기 때문에, 우리는 적어도 이와 같은 해결이 불가능하다는 것이 확실하게 인식될 수 있다고 판단했다. 그래서 람베르트(Johann Heinrich Lambert)가 그것을 증명했다. 도덕의 보편적 원리 안에는 불확실한 것은 아무것도 있을 수 없다. 왜냐하면 명제는 전혀 공허하고 무의미하거나, 오로지 우리의 이성 개념에서 나오든가, 둘 중 하나이기 때문이다. 이에 반해 자연과학에서는 끝없이 이어지는 추측이 있으며, 그 확실성을 결코 기대할 수 없다. 왜냐하면 자연 현상은 우리의 개념과는 독립적으로 우리에게 주어지는 대상이기 때문이다. 따라서 또 그와 같은 대상의 열쇠는 우리 속에, 즉 우리의 순수한 사유 속에 있는 것이 아니라 우리의 밖에 있으며, 그래서 대부분의 경우 발견되지 않아 어떤 확실한 해명을 기대할 수 없기 때문이다. 나는 우리의 순수인식 연역에 관련되는 초월적 분석론의 문제들을 여기에 포함시키지는 않는다. 왜냐하면 우리가 지금 논하고 있는 것은 대상에 관한 판단의 확실성 문제이지, 우리의 개념 그 자체의 기원에 대한 것이 아니기 때문이다.

따라서 우리는 제출된 이성 문제의 적어도 비판적 해결의 의무를, 다음과 같이 해서 회피할 수는 없을 것이다. 즉 우리의 이성이 좁게 제한되어 있는 점에 어려움을 호소하고, 또 겸손한 자기인식을 가장해서 아래 문제들에 결말을 내는 것은 우리의 이성을 넘고 있다고 고백함으로써 말이다. 세계는 영원히 존재하는가, 그렇지 않으면 시초를 가지는가. 세계 공간은 무한에 걸쳐 존재자에 의해서 충만되어 있는가, 그렇지 않으면 모든 것은 무한히 분할되지 않으면 안 되는가, 자유에 의한 산출이나 생산은 있는가, 그렇지 않으면 모두가 자연 질서의 사슬에 연결되어 있는가. 마지막으로 전적으로 무제약적이고 그 자체적으로 필연적인 어떤 존재자가 존재하는가, 그렇지 않으면 모든 것은 그런 현실 존재에서 제약되며, 따라서 외면적으로 의존적이고, 그 자신은 우연적인가. 지금 말한 의무를 회피할 수 없다는 이유는, 이들 문제는 모두 오로지 우리의 사고에만 주어지는 대상에 관련되기 때문이다. 다시 말해 현상 종합의 절대적으로 무조건적인 전체성에 관련되기 때문이다. 우리가 그와 같은 것에 대해서 우리 자신의 개념으로부터 확실한 그 무엇도 말할 수 없고, 아무것도 결말지을 수 없는 경우, 우리는 그 책임을 우리에게는 감추어져 있는 사물 탓으로 돌려서는 안 된다. 왜냐하면 그와 같은 사물은(그것은 우리의 이념 바깥에서는 볼 수가 없으므로) 우리에게는 전혀 주어져 있지 않고, 오히려 우리는 원인을 우리의 이념 그 자체 안에서 찾아야만 하기 때문이다. 이념은 그 어떠한 해결도 허용하지 않지만 우리는 어디까지나 이념에는 현실의 대상이 대응한다고 생각하는 것이다. 또한 우리 개념 그 자체 안에 있는 변증법을 분명히 말하면, 이와 같은 문제를 우리가 어떻게 판단해야 하는가에 대해서 완전한 확증을 얻게 될 것이다.

만일 여러분이 문제에 관한 불확실성을 핑계 삼아 회피하려 하더라도, 여러분은 적어도 다음과 같은 것에 대해서는 명확하게 대답해야 한다. 즉 여러분이 여기에서 해결에 애먹고 있는 이념은 어디에서 나온 걸까? 여러분이 설명을 필요로 하고 있는 것은 말하자면 현상일까? 또한 여러분이 이들 이념에 따라서 원리만을, 또는 이념을 해명하는 규칙을 찾아야 하는 것은 현상에 대해서일까? 여러분에게 자연이 완전히 노출되어 있고, 여러분의 직관에 제출되어 있는 모든 것이 여러분의 감각과 의식에 감추어져 있지 않다고 가정해 보자. 그래도 여러분은, 그 어떤 경험을 가지고서도 여러분의 이념 대상을 구체적으로 인식할 수는 없을 것이다(왜냐하면 이 완전한 직관 말고도 완성된 종합과 그 절대적 전체성의 인식이 필요하며, 그 의식은 경험적 인식에 의해서는 전혀 가능하지 않기 때문이다). 따라서 여러분의 물음은 생기는 어떠한 현상의 설명에도 전혀 필연적이 될 수 없고, 그래서 말하자면 대상 그 자체에 의해서 부과된 것일 수 없다. 왜냐하면 대상은 결코 여러분에게 나타날 수 없기 때문이다. 그도 그럴 것이, 대상은 가능한 경험에 의해서는 주어질 수 없으니 말이다. 여러분에게 가능한 모든 지각은 언제나 공간에서든 시간에서든 제약 아래 구속되므로, 무제약적인 것에는 이르지 않는다. 그 결과 이 무제약자가 종합의 절대적 시초에 있는지, 그렇지 않으면 일체 시초를 가지지 않는 계열의 절대적 총체성 안에 놓여야 할 것인지 하는 것에는 결말이 나지 않는 것이다. 그러나 전체란, 경험적 의미에서 언제나 상대적이다. 분량의 절대적 전체(우주=세계 전체), 분할의 절대적 전체, 기원의 절대적 전체, 현실 존재의 일반적 조건의 절대적 전체는, 그것이 유한한 종합에 의해서 성취될 수 있는가, 그렇지 않으면 무한히 진행되어 가는 종합에 의해서 성취되어야 할 것인가 하는 모든 문제와 더불어, 가능한 경험에는 조금도 관계하지 않는다. 예를 들자면 여러분은 물체의 현상에 대해 물체가 단순한 부분으로 이루어진다고 가정하는지, 언제나 합성된 부분들로 이루어져 있다고 가정하는지를 조금이라도 낮게 설명할 수 없을 테고, 달리 설명할 길도 없을 것이다. 왜냐하면 단순한 현상도, 또한 무한한 합성도 여러분에게는 도저히 나타날 수 없기 때문이다. 현상은 지각에서의 설명 조건이 주어져 있는 한에서만, 설명되기를 요구한다. 그러나 현상에서 주어질 수 있으리라 여겨지는 모든 것은 절대적 전체에서 총괄되어, 그 자체가 하나의 지각이다. 이 전체가 본디 초월적 이성의 과제에서 설명이 요구되는 것이다.

따라서 이들 과제의 해결은 그 자체로 보아 경험에서는 결코 일어날 수 없으므로, 여러분은 이에 대해서 대상으로 돌릴 수 있는 것은 불확실하다고 말할 수는 없다. 왜냐하면 여러분의 대상은 다만 여러분의 머릿속에만 있을 뿐, 머릿속 외에는 전혀 주어질 수가 없기 때문이다. 그러므로 여러분은 여러분 자신과 일치하고 있는 것과, 다음과 같은 모호함을 방지하도록 유의하지 않으면 안 된다. 그 모호함은 여러분의 이념을 잘못하여 경험적으로 주어진 것이라고 하는 관념으로 바꾸어, 따라서 또 그것을 경험 법칙에 따라 인식해야 하는 객체의 관념으로 바꾸는 일이다. 그러므로 독단적인 해결은 불확실한 것이라기보다 불가능한 것이다. 그러나 완전히 확실할 수가 있는 비판적 해결은 문제를 전적으로 객관적으로 고찰하지 않고, 문제의 기초를 이루고 있는 인식의 밑바탕에 대하여 고찰한다.

제5절 네 가지 초월적 이념에 의한 우주론적 문제의 회의적 표명

만약에 어떤 질문에 대한 대답이, 그것이 어떠한 것이든 우리의 무지를 더욱 증대시키고, 우리를 하나의 알 수 없는 것에서 또 다른 알 수 없는 것으로, 하나의 애매한 것에서 더한층 애매한 것으로, 또한 심지어 모순에 빠뜨릴 것이 틀림없다는 걸 이미 아는 경우에는, 우리는 그 질문에 대한 독단적 대답을 요구하지 않을 것이다. 만약에 우리의 물음이 단순히 긍정이거나 부정이거나를 결정하도록 요구되고 있는 경우라면, 이 문제를 처리하는 현명한 방식은, 해답의 근거라고 할 수 있는 것을 제쳐두고, 그 해답이 긍정으로 귀착되면 어떤 것을 얻을 수 있으며, 부정으로 귀착되면 어떤 것을 얻을 수 있는가를 먼저 생각해 보는 것이다. 그런데 만일 두 가지 경우가 다 같이 무의미한(당찮은) 결과가 된다고 하면, 우리의 물음 그 자체를 비판적으로 조사하고, 다음과 같은 일을 알아보도록 요구하는 것이 옳다. 즉 물음 자체가 근거 없는 전제에 입각하고 있는지의 여부, 또는 물음이 이념과 장난을 치고 있는 것은 아닌지 하는 점이다. 그 이념은 분리되어 있을 때보다는 적용되는 속에서 그 결론을 따를 때, 물음이 잘못되어 있다는 것을 더 잘 드러낼 수 있다. 그것은 순수이성이 순수이성에게 낸 물음을 다루는 회의적 방식이 갖는 커다란 효용이다. 또 그 방식에 의해서 우리는 쓸데없는 소모를 하지 않고 독단적 대혼란을 면할 수가 있으며, 그 대신에 냉정한 비판을 들이댈 수가 있다. 진정한 청정제로서 비판은 망상을, 그 결과인 아는 체 하는 일을 정화해 줄 것이다.

그러므로 내가 우주론적 이념이 현상의 소급적 종합의 비제약적인 것의 어느 쪽에 속하는가를 미리 알 수 있다면, 우주론적 이념은 모든 지성 개념에 대해서 너무 크든가, 그렇지 않으면 너무 작든가, 둘 중 하나일 것이다. 그렇게 되면 소급적 종합은 가능한 지성 개념에 적절해야 할 경험의 대상만이 관련되는 것이므로, 그 이념은 전혀 공허하고 무의미한 것이 될 수밖에 없다는 사실을 알게 될 것이다. 왜냐하면 내가 우주론적 이념에 아무리 대상을 적응시키려고 해도, 대상은 그와 같은 우주론적 이념에 적합하지 않기 때문이다. 그리고 이와 같은 일은 실제로 모든 세계 개념에 해당된다. 바로 이런 이유로 세계 개념은 이성이 세계 개념에 애착을 품는 한, 이성을 피할 수 없는 이율배반으로 몰아넣는다. 왜 그럴까?

첫째, 만일 세계에는 시작이 없다고 가정해 본다면 세계는 여러분의 개념으로서는 너무 크다. 왜냐하면 계기적 소급으로 성립된 여러분의 개념은, 흘러간 영원 전체에는 결코 다다를 수 없을 것이기 때문이다. 또 세계는 시작이 있다고 가정해 보자. 그렇게 되면 세계는 필연적으로 경험적 소급에 있어서의 여러분의 지성 개념에게는 너무 작다. 왜냐하면 시작은 아무래도 그에 선행하는 시간을 전제하므로 아직 무조건적인 것이 아니며, 또 지성의 경험적 사용 법칙은 더 나아가 보다 고차적인 시간 조건을 묻도록 여러분에게 부과하기 때문이다. 따라서 세계는 이 법칙에게는 명백히 너무 작은 것이다.

공간적인 세계의 크기 문제에 대한 이중의 대답도 사정은 마찬가지다. 왜냐하면 세계가 무한하고 한정되어 있지 않다고 하면, 여러분은 당연히 무엇이 그 한계를 결정하는가를 묻게 되기 때문이다. 공허한 공간은, 사물에 대한 그 자체로서 존립하는 상관자가 아니다. 또한 그것은 여러분이 멈추게 되는 조건일 수도 없다. 하물며, 가능한 경험의 일부분을 구성하는 경험적 조건은 더더욱 아니다(그도 그럴 것이, 절대적인 공허를 경험할 수 있는 사람이 있을까?). 그러나 경험적 종합의 절대적 전체성에는, 언제나 무제약자가 경험적 개념일 필요가 있는 것이다. 따라서 한정된 세계는 여러분의 개념에 있어서는 너무 작은 것이다.

둘째, 공간의 어떠한 현상(물질)도 무한히 많은 부분으로 구성된 것이라고 하면, 분할의 소급은 여러분의 개념에서는 항상 너무 크다. 또 공간의 분할이 그 어딘가의 항(단순한 것)에서 끝나게 된다면, 소급은 무한한 것의 이념에 대해 너무 작다. 왜냐하면, 이 항은 무한한 것에 포함되어 있는 그 이상의 항으로 소급할 여지를 여전히 남기기 때문이다.

셋째, 세계에서 발생하는 모든 것 안에는 자연법칙에 따른 결과 말고는 아무것도 없다고 가정해 본다. 그러면 원인의 원인성은 그때마다 또다시 생겨나는 그 무엇이며, 그 인과성을 여러분이 더욱더 높은 원인으로 소급하는 일을, 즉 조건의 계열을 그치지 않고 멀리 선험적으로 연장하지 않을 수 없게 한다. 그렇기 때문에 한결같이 작용하는 자연은, 세계 사건의 종합에서는 여러분의 모든 개념에게 너무 큰 것이다.

여러분이 가끔 스스로 발생한 사건을, 따라서 자유에 의거해 발생된 사건을 선택한다고 하자. 그렇게 되면 피할 수 없는 자연법칙에 대한 '왜'가 여러분에게 달라붙어, 경험의 인과법칙에 의한 이 점을 넘어서 나가도록 여러분을 강요한다. 그러면 여러분은, 종합의 이와 같은 전체성은 여러분의 필연적 경험적 개념에 대해서는 너무 작다는 것을 알 수가 있다.

넷째, 여러분이 절대적으로 필연적인 존재자(그것이 세계 그 자체이든, 세계 안의 어떤 것이든, 또는 세계의 원인이든 간에)를 가정한다고 하자. 그러면 여러분은 그것을 주어진 시점으로부터도 무한히 떨어진 시간 안에 설정한다. 그렇지 않으면 그와 같은 존재자는 보다 이전의 다른 현실 존재에 의존하는 것이 될 것이기 때문이다. 그러나 그렇게 되면 이 현실 존재는 여러분의 경험적 개념에 대해서는 너무 커서, 여러분이 아무리 소급을 계속해도 거기에는 도저히 다다를 수가 없다.

그러나 여러분의 생각에 따라서, 세계(그것이 조건지워진 것으로든, 조건으로든)에 속하는 모든 것이 우연적이라고 하자. 그렇게 되면 여러분에게 주어진 그 어떤 현실 존재도 여러분의 개념에 비해서는 너무 작다. 왜냐하면 그와 같은 현실 존재는 그것이 의존하는 무엇인가 다른 현실 존재를 더 찾도록 여러분에게 강요하기 때문이다.

우리가 이 모든 경우에서 말해 온 것은, 세계 이념은 경험적 소급에 대해서는, 즉 어떤 가능한 지성 개념에 대해서도 너무 크거나 또는 너무 작다고는 것이었다. 왜 우리는 이것을 반대로 표현해서 제1의 경우에는 경험적 개념이 이념에 대해서 언제나 너무 작고, 제2의 경우에는 너무 커서 그 책임은 경험적 소급에 있었다고 말하지 않았던가? 우주론적 이념이 과대하거나 과소한 경우에서도 그 목적, 곧 가능한 경험을 벗어났다는 이유로 우리가 우주론적 이념을 비난하는 대신에, 왜 그와 같이 말하지 않았던가? 이유는 이러하다. 가능한 경험은 우리의 개념에 실재성을 줄 수 있는 유일한 것이고, 그것 없는 모든 개념은 이념에 지나지 않으며, 진리성이나 대상에의 관계도 결여되고 만다. 따라서 가능한 경험적 개념은, 이념이 단순한 이념으로서 사고의 산물에 지나지 않는가, 그렇지 않으면 세계 안에 자기 대상을 발견하는가를 판정해야 할 기준이다. 만약 어느 것을 다른 것과 비교해 너무 크다거나 너무 작다고 말한다면, 그 어느 것이 전적으로 다른 것을 위해서 존재하고 그것에 알맞게 조정되어야 하는 경우에 한한다. 고대의 변증적 학파의 논설에 다음과 같은 물음도 있었다. "한 개의 공이 구멍을 통과하지 못할 때 공이 너무 크다고 말해야 할 것인가, 구멍이 너무 작다고 말해야 할 것인가?" 이 경우, 여러분이 어떻게 말하든 어느 편이든 상관없는 일이다. 왜냐하면 둘 중 어느 것이 어느 것을 위해서 존재하는지를 여러분은 알 수 없기 때문이다. 이에 대해 여러분은 "저 사람은 옷에 비해 너무 키가 크다" 말하지 않고, "옷이 그 사람에게 너무 짧다"고 말할 것이다.

그렇기 때문에 우리는 적어도 제대로 된 이유의 어떤 의문을 만나게 된다. 즉 우주론적 바탕에, 그것과 함께 서로 다투어 궤변을 논하는 모든 주장의 바다에는 어쩌면 이들 이념의 대상이 우리에게 주어진 방식에 대한 공허하고 망상적인 개념이 숨어 있는 것이 아닌가 하는 것이다. 이 의혹은 이미 우리를 오랫동안 혼란케 해왔던 환영을 꿰뚫어 볼 수 있는 올바른 길로 우리를 이끈다.

제6절 우주론적 변증론을 해결할 열쇠로서의 초월적 관념론

우리는 초월적 감성론에서, 시간 또는 공간에서 직관되는 모든 것, 즉 우리에게 가능한 경험의 모든 대상은 바로 현상이며, 결국은 단순한 관념에 지나지 않는다는 것을 충분히 증명했다. 관념은, 그것이 연장을 가진 존재자로서 또는 변화의 계열로서 떠올릴 수 있는 바와 같이, 우리의 생각 밖에서 그 자체로서 성립되는 현실 존재를 가지는 것은 아니다. 이 학설을 나는 초월적 관념론이라 부른다.[25] 초월적 의미에서의 실재론자는, 우리 감성의 이와 같은 변용을 그 자체로서 존립하는 사물로 여기기 때문에 단순한 관념을 사물 자체로 생각한다.

이미 오래전부터 악명 높은 경험적 관념론을 우리가 주장한다고 비난하는 것은 온당치 못한 이야기이다. 경험적 관념론은 공간 자체의 현실성을 가정하여, 공간 안에 퍼지는 사물의 현실 존재를 부인하거나 적어도 의심스러운 것이라 보고, 이런 점에서 꿈과 진실 사이의 충분히 분명한 구별을 인정하지 않는 것이다. 시간에서의 내적 감각의 현상에 대해서는, 이 관념론은 현실적 사물인 현상에 아무런 곤란도 발견하지 못한다. 오히려 이 관념론은 이런 내적 경험만이 그 객체(그 자체)의 참다운 현실 존재를 (이 모든 시간의 규정을 가지고) 충분히 증명한다고 주장하는 것이다.

이에 반해 우리의 초월적 관념론은 외적 직관의 대상이 그 공간에서 직관되는 그대로 현실에도 있고, 시간에서 모든 변화는 내적 감각이 나타내는 것처럼 현실에도 있다는 것을 인정한다. 왜냐하면 공간은 이미 우리가 외적 직관이라

---

25) 나는 이것을 가끔 '형식적' 관념론이라고도 불러왔는데, 그것은 이 관념론을 실질적 관념론 즉 외적 사물의 현실 존재 그 자체를 의심하거나 부인하는 일반 관념과 구별하기 위한 것이다. 대부분의 경우 오해를 피하기 위해서는, 위에서 말한 표현보다도 이 형식적 관념론이라는 표현을 사용하는 편이 더 좋으리라 생각한다.

고 일컫는 직관의 형식이며, 그곳에서의 대상이 없다면 경험적 표상은 존재하지 않으므로, 우리는 거기에서 외연을 갖는 사물을 현실적인 것으로 받아들일 수가 있고, 또 받아들이지 않으면 안 되기 때문이다. 시간에 대해서도 사정은 마찬가지이다. 그러나 이 공간 자체는, 물론 시간도 포함해서, 또한 이들 양쪽과 동시에 모든 현상은 그 자체로서는 사물이 아니라 관념일 뿐이며, 결코 우리의 마음 밖에 존재할 수 있는 것이 아니고, 그 자체가 우리 마음(의식의 대상으로서의)의 내적이고 감성적인 직관이다. 마음의 규정은 시간상에서 여러 다른 상태의 계기에 의해 나타내지지만, 그 자체로 존재하는 본디의 자기 또는 초월적 주체가 아니라, 우리가 알 수 없는 존재자의 감성에 주어진 현상에 지나지 않는다. 이 내적 현상의 현실 존재는, 그 자체적으로 존재하는 사물로서 인정될 수는 없다. 왜냐하면 현상의 조건은 시간이며, 시간은 어떤 사물 그 자체의 규정일 수가 없기 때문이다. 하지만 공간과 시간에서의 경험적 법칙에 따라 올바르게 일관적으로 관계한다면, 현상의 경험적 진리성은 꿈이나 공상의 환상으로부터 충분히 구별된다.

따라서 경험의 대상은 결코 자체적으로 주어져 있는 것이 아니라 경험에서만 주어지고, 경험 밖에서는 존재하지 않는다. 달에 사람이 살고 있을지도 모른다고 하는 것은, 이제까지 그 누구도 거기에 살고 있는 사람을 지각한 적이 없다고 하더라도 어쨌든 받아들여져야 한다. 그러나 그것은 다만 우리의 경험이 앞으로 나아가는 동안에 달에 사는 사람을 만날 수 있을지도 모른다는 정도의 뜻이다. 왜냐하면 경험적인 진행 법칙에 따르는 지각과 일치되는 것은, 모두 현실적인 것이기 때문이다. 따라서 만약 달에 사는 사람이 나의 현실적 의식과 경험적으로 연관되어 있다면, 그것은 현실적이다. 다시 말해 이 경험의 전진을 떠나서 현실적으로 존재하는 것은 아니지만 말이다.

우리에게는 지각과, 어떤 지각에서 다른 가능한 지각으로의 경험적 전진 말고는 실제로 주어진 것은 아무것도 없다. 왜냐하면 그 자체로서는 단순한 관념인 현상은 지각에서만 현실적으로 있고, 지각은 실제로는 경험적 관념의 현실성, 즉 현상에 지나지 않기 때문이다. 지각에 앞서서 현상을 실제의 사물이라고 일컫는다는 것은, 우리가 경험의 경과에서 그와 같은 지각을 만나는 것을 의미하든가, 전혀 의미를 이루지 않든가 둘 중 하나이다. 왜냐하면 현상이 우리의 감각과 가능한 경험에 관계하지 않고 그 자체로서 존재한다고 말할 수 있다면, 그것은 사물 그 자체가 문제될 때이기 때문이다. 그러나 시간과 공간에서는 현상만이 문제가 된다. 시간도 공간도 사물 그 자체의 규정이 아니라, 우리 감성의 규정에 지나지 않는다. 그렇기 때문에 시간과 공간에 있는 것(현상)은 그 자체로서 그 무엇이 아니라 단순한 관념이며, 관념은 우리에게 우리(지각) 속에 주어지지 않는다면 다른 어디에서도 찾을 수 없는 순수한 표상이다.

감성적 직관 능력은 본디, 관념에 의한 어떤 방식으로 일어나는 수용성에 지나지 않는다. 관념의 상호 관계는 시간과 공간의 순수직관(우리 감성의 단순한 형식)이다. 그리고 이들 관념이 이 관계(공간과 시간)에서 경험의 통일 법칙에 의해 결합되고 규정되는 한, 그것은 대상이라고 일컬어진다. 이 관념의 비감성적 원인은 우리에게는 전혀 알려지지 않고 있다. 그러므로 우리는 그와 같은 원인을 객체로서 직관할 수가 없다. 왜냐하면, 그와 같은 대상은 공간에서도 시간에서도(이들은 감성적 개념의 단순한 조건이다) 제시될 리가 없기 때문이다. 이들 조건이 없으면 우리는 그 어떤 직관도 생각할 수가 없다. 그럼에도 불구하고 우리는 시간과 공간을 현상 일반의 가상적인 것에 지나지 않는 초월적 객체라고 일컫는다. 그것은 다만 우리가 수용성으로서의 감성에 대응하는 그 어떤 것을 가지기 위해서이다. 우리는 이 초월적 객체에 우리의 가능한 지각의 모든 범위와 관련을 귀속시킬 수가 있다. 그리고 초월적 객체는 모든 경험에 앞서서 그 자체로 주어져 있다고 말한다. 그러나 현상은 초월적 객체에 상응해서, 그 자체로서가 아니라 이 경험에 의해서만 주어져 있다. 왜냐하면 현상은 단순한 개념이기 때문이다. 관념은 지각으로서만, 곧 이 지각이 다른 지각과 경험의 통일 법칙에 의해서 서로 연관을 가질 때 현실의 대상을 의미한다. 그래서 지나간 시간의 현실적인 사물은 경험의 초월적 대상에 주어져 있다고 말할 수가 있다. 그러나 지나간 시간의 대상이 나에게 대상이 되고, 지나간 시간에서 현실인 것은 다음과 같은 경우에서만이다. 즉 가능한 지각의 소급적 계열이(그것이 역사를 실마리로 하든, 원인과 결과를 실제로 더듬어서이든) 경험적 법칙에 의해서, 한마디로 말하자면 세계의 경과에 의해서 현재 시간의 조건인 흘러간 시간 계열과 통하는 일을 내가 생각에 떠올리는 한에서이다. 하지만 그때 이 소급적 계열은 가능한 경험의 맥락에서만 제시되고, 그 자체가 현실적인 것으로서는 제시되지 않는다. 그 때문에 나의 존재에 앞서서 태고 이래 흘러가 버린 모든 사건은, 현재의 지각으로부터 출발하여 이 지각을 시간상으로 규정하는 조건에 이르기까지, 경험의 연쇄를 연장하는 일이 가능하다는 사실을 의미하는 것일 뿐이다.

따라서 내가 모든 시간, 모든 공간에 실재하는 감각의 대상 모두를 일괄해 생각에 떠올린다고 하자. 그때 나는 이들 대상을 경험에 앞서 시간 및 공간 속에 두는 것이 아니다. 오히려 생각에 떠올려진 이 관념은 하나의, 절대적 완벽성을 지닌 가능한 경험을 생각한 것에 지나지 않는다. 실제로 존재하는 대상(이것은 순수한 관념 이외의 아무것도 아니다)은 가능한 경험 속에만 주어진다. 그러나 대상이 나의 모든 경험에 앞서 실제로 존재한다고 말하는 것은, 대상이 시작하여 우선적으로 전진해 나갈 경험 일부분에서 발견된다는 것을 의미할 뿐이다. 이 전진의 경험적 조건의 원인, 즉 내가 소급에서 어떤 항을 만날 수 있고, 어디까지 가면 그 항을 만날 수 있는가 하는 것은 초월적이며, 따라서 필연적으로 내가 알 바가 아니다. 하지만 지금 말한 원인이 문제가 되지는 않고, 나에게 대상이, 즉 현상이 주어지는 경험이 진행해 가기 위한 규칙이 문제이다. 공간에서의 경험적 전진에서 나에게 보이는 가장 먼 별보다도 백배나 멀리 떨어진 별에 다다를 수가 있다고 말하든, 아직 누구 한 사람 지각한 적 없으며 지각할 수도 없는 별을 우주에서 마주칠 수 있다고 말하든 결과적으로는 똑같은 것이다. 왜냐하면 그와 같은 별이 사물 그 자체로서, 가능한 경험에 관계없이 주어져 있다고 해도 그것들은 나에게는 무(無)이고, 따라서 경험적 소급의 계열에 포함되는 한에 있어서의 대상이 아니기 때문이다. 다른 관계에서만, 지금 말한 감각 기관 대상의 현실성을 어떻게 구별할 것인가 하는 문제가 중요해진다. 바로 이들 현상이 절대적 전체자라는 우주론적 이념으로 조성될 경우, 따라서 가능한 경험의 한계를 넘어선 문제가 관여되는 경우이다. 이 구별은, 우리 자신의 경험 개념에 대한 오해에서 불가피하게 생기는 기만적 망상을 방지하기 위해 중대한 것이다.

제7절 자신의 순수이성과 우주론적 논쟁의 비판적 해결

순수이성의 모든 이율배반은 다음과 같은 변증적 논증에 입각하고 있다. 즉 피제약자가 주어져 있으면, 이 피제약자에 대한 모든 조건의 전체 계열도 주어져 있다. 그런데 감각의 대상은 제약된 것으로서 우리에게 주어진다. 그렇기 때문에…… 등등. 이 이성 추리의 대전제는 매우 자연스럽고 당연한 것처럼 보이지만, 이 이성 추리에 의해서 하나의 계열을 형성하는 한에서의 조건의 다양성(현상을 종합하는)에 따라, 그와 동일한 수의 우주론적 이념이 도입된다. 그 우주론적 이념은 이들 계열의 절대적 전체성을 요청하며, 바로 그것으로 인해 이성을 불가피하게 자기 자신과의 항쟁으로 끌어들인다. 그러나 궤변적 논의의 기만을 폭로하기 전에, 거기에서 볼 수 있는 개념을 바로잡고 규정함으로써 미리 정돈하지 않으면 안 될 것이다.

먼저 다음의 명제는 명화하고 의심할 것 없이 확실하다. 즉 조건지워진 것이 주어져 있다면, 바로 그것들로 인해 조건지워진 것의 모든 조건 계열에서의 소급이 우리에게 부과되어 있다. 왜냐하면 이것은 이미 조건지워진 것이라고 하는 개념에 수반되어 있기 때문이다. 어떤 것이 하나의 조건에 관계되고, 이 조건이 다시 더 앞서 있는 조건에 제약되어 관계되며, 그렇게 하여 계열의 모든 항에 걸쳐 관계가 지워진다. 그렇기 때문에 이 명제는 분석적이며, 초월적 비판을 전혀 두려워하지 않는다. 이 명제는 이성의 논리적 요청이다. 다시 말해 지성에 의해 어떤 개념을 그 조건과 결부시키는 일을 추구하고 가능한 지속시키는 것은 이미 그 개념 자체에 속한 것이며, 이성의 논리적 요청이다.

다음으로 피제약자나 그 조건이 사물 그 자체라면, 피제약자가 주어졌을 경우에 조건으로의 소급은 단순히 부과될 뿐 아니라, 피제약자에 의해 이미 현실적으로 주어지게 된다. 그리고 이것은 계열의 모든 항에 적용된다고 할 수 있으므로, 그 계열에 의해서만 가능했던 피제약자가 주어져 있음으로써 조건들의 완전한 계열, 따라서 무조건적인 것이 동시에 주어져 있으며, 또는 오히려 전제되어 있다. 여기에서는 피제약자와 그 제약의 종합은 단순한 지성의 종합이다. 지성은 사물을 있는 그대로 나타내지만, 우리가 그와 같은 것의 인식을 얻을 수 있는지 없는지, 또 얻을 수 있다면 어떻게 그것이 가능한지를 생각하지 않는다. 반면에 현상을 문제로 하는 경우, 내가 현상의 인식(현상 그 자체를, 왜냐하면 현상은 경험적 인식이므로)을 얻지 못하면 현상은 단순한 관념으로서 주어지는 것이 아니므로, 나는 피제약자가 주어지는 경우 그에 대한 모든 조건(현상으로서)도 주어져 있다고 말할 수 없다. 따라서 결코 조건 계열의 절대적 전체성을 추리할 수도 없다. 왜냐하면 현상은 지각에서 하나의 '경험적 지식의 종합'(공간과 시간에서의)에 지나지 않으며, 그러므로 경험적 종합에서만 주어질 수 있을 뿐이기 때문이다. 그런데 조건지워진 것(현상에서)이 주어져 있으면 그것에 의해서 조건지워진 것의 경험적 조건을 이루는 종합도 함께 주어져 전제된다고는 도저히 말할 수가 없다. 이 종합 또한 소급에서 처음으로 생기는 것으로, 소급 없이는 결코 생기지 않는다. 그러나 이와 같은 경우에서는 대략 다음과 같이 말할 수 있을 것이다. 조건에의 소급, 즉 경험적 종합은 조건 쪽에서 계속되거나, 그쪽에서 필요로 하며, 또는 부과되어 있는 것으로, 이 소급에 의해서 주어지는 조건은 없어서는 안 된다는 것이다.

여기에서 명확해지는 것처럼 우주론적 추리의 대전제는 피제약자를 순수한 지성 개념의 초월적 의미로 다루고 있으나, 소전제는 그것을 단순히 현상에 적용된 지성 개념의 경험적 의미로 다루고 있기 때문에, 거기에 변증적 착취가 일어나고 있다. 그것은 매개념 애매의 궤변이라 일컬어지고 있다. 그러나 이 착취는 위조된 것이 아니라, 일반 이성의 아주 자연스러운 착각이다. 왜냐하면 우리는 보통의 이성에 의해서(대전제에서) 어떠한 것이 조건지워진 것으로서 주어져 있으면, 조건과 그 계열(전체 계열)을 말하자면 음미하지 않고 전제로 하기 때문이다. 그 까닭은, 이는 주어진 결론을 위해 완벽한 전제를 상정하려고 하는 논리적 요구이기 때문이다. 또 이 경우에는 피제약자와 그 제약과의 결합에 어떤 시간 질서도 찾아볼 수 없다. 그것은 그 자체로 '동시에 주어진 것'으로 전제되는 것이다. 대전제에서 직관의 모든 제약 아래에서만 대상들이 주어질 수 있을 뿐이라는 사실을 무시할 때와 마찬가지로, 소전제에서 현상을 사물 자체로, 또 단순한 지성에 주어진 대상으로 간주하는 것도 마찬가지로 자연스러운 일이다. 왜냐하면 나는 대상이 주어지기 위한 유일한 조건인 직관의 조건을 모두 무시하기 때문이다. 그러나 그때 나는 개념 상호 간의 주목할 만한 차이를 간과했다. 조건지워진 것과 그 조건과의 종합, 그리고 조건의 모든 계열(대전제에서의)은 시간에 의한 제한도 전혀 받지 않고 어떤 계기라는 개념도 수반하지 않는다. 이에 반해 경험적 종합과 현상(소전제에서 포섭되는)에 있어서의 조건 계열은 필연적으로 연이은 것이며, 시간에서만 서로 잇따라 주어지는 것이다. 따라서 나는 종합과 종합에 의해 표상되는 계열의 절대적 전체성을, 대전제에서와 같이 소전제에서도 전제할 수가 없었던 것이다. 왜냐하면 대전제에서는 계열의 모든 항은 그 자체적으로 (시간 조건을 받지 않고) 주어져 있지만, 소전제에서는 오로지 계기적인 소급에 의해서만 가능하기 때문이다. 이 소급은 실제로 수행함으로써만 주어진다.

여러 가지 우주론적 주장의 바탕에 공통으로 존재하는 논의가 이와 같은 잘못을 포함하고 있다는 게 분명해진 이상, 서로 다투고 있는 두 당사자 모두 어떤 확실한 권리에 입각해서 그 요구를 하고 있는 것이 아니므로 당연히 이들 모두를 기각시킬 수가 있다. 그러나 이들 양자 또는 그들 중 어느 한쪽이 주장하는 결론이 부당하다는 점이 증명되는 것으로 논쟁이 끝나는 것은 아니다. 한쪽이 "세계는 처음이 있다" 주장하고, 다른 한쪽이 "세계는 처음이 없다. 미래에 영원히 존재한다"고 주장할 때, 둘 중 한쪽이 옳을 것만큼 명확한 일은 없는 것으로 여겨진다. 하지만 만약에 그렇다고 한다면, 명확하다는 점에서는 양쪽이 모두 같으므로, 어느 쪽이 정당한가를 가려내기란 불가능하다. 그리고 두 파는 이성의 법정에서 휴정이 선언되어도 다툼을 계속한다. 따라서 양쪽이 모두 만족할 수 있도록 근본적으로 다툼을 해결하는 유일한 방법은, 그들이 상대방을 빈틈없이 반박하고 싸웠지만 결국 그것은 무의미한 일이며, 어떤 초월적 가상이 전혀 현실성 없는 실재를 날조해 보여주었다는 것을 증명하는 수밖에 없다. 최종 판결이 내려지지 않은 다툼을 수습하는 길을 우리는 지금부터 살펴가기로 한다.

* * *

교묘하고 치밀한 변증가였던 엘레아의 제논은 장난을 좋아하는 소피스트라고 해서, 다음과 같은 일에 대해서 이미 플라톤에게 몹시 비난을 받았다. 제논은 자기 재주를 나타내 보이기 위해 그럴듯한 논거를 가지고 한 명제를 증명하고 나서, 곧 그와 같은 정도로 강력한 다른 논거를 가지고 동일한 명제를 뒤엎으려고 했다. 제논이 주장한 것은 이러했다. 신은 (아마도 그가 말하는 신이란 세계 바로 그것이었다) 유한하지도 않고 무한하지도 않다. 신은 운동하고 있지도 않고 정지하고 있는 것도 아니다. 또 신은 다른 사물과 비슷하지 않으며 또한 비슷하지 않은 것도 아니다. 이 점에 대해서 그를 비판했던 사람들에게는, 그는 서로 모순되는 두 명제를 함께 부정하려고 하는 불합리한 방식을 시도하는 것처럼 보였다. 그러나 나는 이런 비난이 정당하다고 생각지 않았다. 이들 명제 가운데 첫째 것을 나는 곧 상세히 해명할 것이다. 그 밖의 명제에 대해서는 만일 그가 '신'이라는 말로 우주를 의미했다면, 그는 당연히 우주는 자기가 있는 장소에서 변함없이 존재하고(정지하고) 있는 것도 아니고, 그 장소를 바꾸는(운동하는) 것도 아니라고 말할 수밖에 없었을 것이다. 왜냐하면 모든 장소는 우주 속에만 존재하며, 따라서 우주 그 자체는 어떤 장소에도 존재하지 않기 때문이다. 만일 우주가 실재하는 것을 모두 포함한다고 하면, 그러는 한에서 우주는 다른 사물과 비슷하지도 않으며 또 비슷하지 않은 것도 아니다. 왜냐하면 우주 이외에, 우주와 비교될 수 있는 다른 어떤 것도 존재하지 않기 때문이다. 두 개의 서로 대립되는 판단이 하나의 부당한 조건을 전제하고 있을 경우, 그것들이 아무리 항쟁을 해도(그럼에도 불구하고 그 항쟁은 본디적인 모순은 아니지만) 양자는 어느 것이나 폐기된다. 왜냐하면 이들 명제의 어느 것에도 타당할 유일한 조건이 폐기되기 때문이다. 만일 누군가가 "모든 물체는 좋은 냄새가 나거나 또는 좋지 않은 냄새가 나는 그 어느 한쪽이다"라고 말했다고 하자. 그 경우 제3의 입장이 있다. 다시 말해 모든 물체는 전혀 냄새를 가지지(향기를 발산하지) 않는다고 하는 것이다. 그렇게 되면 두 개의 대립적 명제는 모두 다 거짓이 될 것이다. 내가 "모든 물체는 좋은 냄새가 나든가, 좋은 냄새가 나지 않든가, 어느 한쪽이다" 말했다고 하자. 그렇게 되면 이들 두 명제는 모순적으로 대립하고 있으며, 제1의 명제만이 거짓이고, 그 모순적 반대, 즉 "약간의 물체는 좋은 냄새가 나지 않는다"고 하는 것처럼 전혀 냄새가 나지 않는 물체도 포함하게 된다. 처음에 든 대립에서는 물체 개념의 우연적 조건(냄새)이 상반하는 판단 안에 아직도 남아 있고, 따라서 대립하는 판단에 의해서 폐기되지는 않았다. 그렇기 때문에 제2의 판단은 제1의 판단에 대한 모순적 반대는 아니었던 것이다.

이러한 점에서 내가 다음과 같이 말한다고 하자. "세계는 공간적으로 무한하거나 무한하지 않다"고. 그러면 제1의 명제가 거짓일 경우에 그 모순적 반대인 "세계는 무한하지 않다"가 참이 되지 않으면 안 된다. 이것으로 무한한 세계가 폐기될 뿐이겠지만 다른 세계, 즉 유한한 세계가 설정되는 것은 아니다. 그러나 "세계는 무한하거나 그렇지 않으면 유한(비무한)하거나, 둘 중 하나이다"라고 말한다면 양쪽은 거짓일 수 있을 것이다. 왜냐하면 이 경우 나는 세계 그 자체를, 그 크기에 대해서 규정된 것으로 간주하고 있기 때문이다. 그때 나는 분량면에서 한정된 것으로 보고, 이 대립된 측의 세계는 유한하다는 명제에서 무한성을 배제하여 그와 더불어 세계로부터 분리 독립된 모든 실제적 존재를 배제할 뿐만 아니라, 오히려 그 자체로 현실적인 사물로서의 세계에 하나의 규정을 덧붙이는 것이기 때문이다. 이것은 마찬가지로 거짓일 수 있다. 다시 말해 세계가 전적으로 사물 자체가 아니라 그 크기로 보아, 무한한 것으로도 유한한 것으로도 주어질 리가 없다고 하면 거짓일 수 있다. 나는 이런 대립을 변증적 대립이라 부르고, 이에 대한 모순적 대립을 분석적 대립이라고 부르는 것을 인정해 주었으면 한다. 그래서 변증적으로 서로 대립하는 두 개의 판단은 양자가 모두 거짓일 수 있다. 왜냐하면 한쪽은 다른 한쪽에 대해서 단순히 모순되어 있을 뿐만 아니라, 모순에 필요한 것 이상의 것을 말하고 있기 때문이다.

"세계는 그 크기에 대해서 무한하다", "세계는 그 크기에 대해서 유한하다" 이 두 명제를 서로 모순적으로 대립하는 것으로 본다면, 그것은 세계(현상의 모든 계열이)를 사물 그 자체로 생각하는 것이 된다. 왜냐하면 내가 현상의 계열에서의 무한한 소급을 폐기하든, 유한한 소급을 폐기하든 세계는 남아 있기 때문이다. 그러나 만일 내가 이 전제 또는 이 초월적 가상을 버림으로써 세계가 사물 그 자체라는 것을 부인하면, 이 두 주장의 모순은 단순한 변증적 대당으로 변하게 될 것이다. 그리고 세계는 결코 그 자체로서(나의 관념의 소급적 계열과는 독립적으로) 존재하지 않으므로, 세계는 그 자신이 무한한 전체로서도, 그 자체가 유한한 전체로서도 존재하지 않는다. 세계는 다만 현상의 계열을 경험적으로 소급해 가는 과정에서만 존재할 뿐, 그 자신이 독립적으로는 결코 존재하지 않는다. 그러므로 그 계열이 언제나 제약된 것이라면, 그것은 결코 통째로 주어진 것이 아니다. 그렇기 때문에 세계는 무제약적인 전체가 아니며, 따라서 또한 무한한 크기를 가지는 전체로서도, 유한한 크기를 가지는 전체로서도 존재하지 않는다.

여기에서 첫 번째 우주론적 이념, 즉 현상에서의 분량의 절대적 전체성에 대해서 언급했던 일은 다른 모든 이념에 대해서도 적용된다. 조건의 계열은 소급적 종합에서만 있는 것이지, 그 자체로서 현상에서, 모든 소급에 전적으로 앞서서 독자적으로 주어진 사물로서 존재하는 것은 아니다. 그러므로 나는 또한 "주어진 현상에서의 부분의 양은, 그 자체로서는 유한하지도 무한하지도 않다"라고 말할 수밖에 없다. 왜냐하면 현상은 어쨌든 그 자체로서는 실제로 존재하지 않으며, 부분은 분해하는 종합의 소급에 의해서 비로소 주어지기 때문이다. 그 소급은 결코 유한한 것으로나 무한한 것으로나 절대적인 전체로는 주어져 있지 않은 것이다. 그것은 바로 서로 겹치는 원인의 계열에, 또는 무조건 필요한 존재에 이르는 제약된 원인의 계열에 해당된다. 이 계열은 그 자체를 전체성에 대해 유한한 것으로도, 무한한 것으로도 볼 수가 없다. 왜냐하면 그 계열은 종속적 관념들의 계열로서 동적인 소급에서만 성립되고, 그 소급에 앞서 사물 자체의 독자적 계열로서는 전혀 존재할 수 없는 것이기 때문이다.

이렇게 해서, 우주론적 이념에서 볼 수 있는 순수이성의 이율배반은 제거된다. 이율배반은 단지 변증적이고, 가상의 항쟁에 지나지 않는다는 것을 보임으로써 이루어진다. 가상의 항쟁은 사물 그 자체의 조건으로밖에 해당되지 않는 절대적 전체성의 이념을, 현상에 적용하는 것에서 시작된다. 현상은 관념에서만, 또 그것이 하나의 계열을 이룰 경우 계기적 소급에서 실제로 존재하고 그 밖에는 존재하지 않는다. 그러나 우리는 또한 거꾸로 이러한 이율배반으로부터 정말 독단적인 것은 아니지만 비판적이고 순리적인 이익을 끌어낼 수 있다. 즉 혹시 누가 초월적 감성론에서 다룬 직접적인 증명에 대하여 만족하지 못하는 사람이 있다고 하면, 여기에는 현상의 선험적 관념성을 간접적으로 증명할 수 있는 유익이 있는 것이다. 그 증명의 본질은 이 모순에 있을 것이다. 만약에 세계가 그 자체로서 존재하는 전체라고 한다면, 세계는 유한하거나 무한하거나 둘 중 하나이다. 그런데 유한도 무한도 잘못이다(먼저 이루어진 이율배반과 또 한편의 정립에 대한 증명에 의해서). 그렇기 때문에 세계(모든 현상의 총괄)가 그 자체적으로 실재하는 전체라는 것도 거짓이 된다. 그렇다고 한다면 거기에서 나오는 결론은, 현상 일반은 우리의 관념 이외에 아무것도 아니라는 것이다. 이것을 우리는 현상의 초월적 관념론에서 말하고자 했던 것이다.

이 주해는 중요하다. 여기에서 우리가 알 수 있는 것은, 앞서 네 쌍의 이율배반의 증명은 신기루가 아니라 어느 이율배반에나 포함되어 있는 전제, 즉 현상 또는 감각계가 사물 그 자체라고 하는 전제 아래에서는 완벽하다는 것이다. 그러나 그 전제로부터 이끌어 낸 명제들 사이의 모순은 그 전제에 잘못이 있다는 것을 발견하여, 그것을 통해서 감각의 대상으로서 사물의 참다운 상태를 발견하게 한다. 그러기 때문에 초월적 변증론은 결단코 회의주의를 지지하는 것은 아니지만, 회의적 방법에는 상당한 도움을 준다. 회의적 방법은, 만일 우리가 이성의 논의를 최대한 자유롭게 대립하도록 놓아둔다면, 초월적 변증론에 대해 커다란 효용의 예증을 보여줄 수 있을 것이다. 그 논증은 우리가 찾고 있던 것을 결국은 제공해 주지는 않지만, 그래도 언제나 우리 판단을 바로잡는 데 도움이 되는 것을 제공해 주는 것이다.

제8절 우주론적 이념에 대한 순수이성의 통제적 원리

전체성이라는 우주론적 원칙으로는, 사물 그 자체로 간주되는 감각계에서의 조건 계열의 최대치는 주어지지 않으며, 다만 그 계열의 소급에서만 부과될 수 있을 뿐이다. 그렇기 때문에 순수이성에 대해서 지금 언급한 원칙은, 그와 같이 정정된 의미에서 객체의 전체성을 현실적인 것으로 생각하는 공리로서는 아니라고 하지만, 지성 곧 주체에 대한 문제로서 여전히 타당성을 가지고 있다. 그것은 이성의 완전성에 따라 조건 계열의 소급을 제약해서, 주어진 것에 대해 시작하고 계속할 것을 요구하기 위해서이다. 왜냐하면 감성에서, 즉 시간과 공간에서는 주어진 현상을 해명하는 데에서 우리가 다다를 수 있는 조건은 어느 것이나 다시 제약되어져 있기 때문이다. 이 현상은 대상 그 자체가 아니라—대상 그 자체에서는 절대적으로 무조건적인 것을 볼 수 있겠지만—단순히 경험적 관념에 지나지 않으니까 말이다. 그러므로 이성의 원칙은 본디, 주어진 현상의 조건 계열에서 소급을 명령하는 하나의 규칙에 지나지 않는다. 그리고 그 소급에는, 절대적으로 무조건인 것으로 머무는 것이 허락되지 않는다. 그렇기 때문에 이 원칙은 경험을 가능케 하는 원리도 아니고, 또 감각 대상의 경험적 인식을 가능하게 하는 원리도 아니므로, 따라서 지성의 원칙도 아니다. 왜냐하면 어떤 경험도 그 한계(주어진 직관에 따른)에 갇혀 있어서, 감각계의 개념을 모든 가능한 경험을 넘어서 확장하는 이성의 구성적 원리가 아니고, 경험을 최대한으로 속행하여 확장하는 원칙이기 때문이다. 이 원칙에 따르면, 경험적 한계는 절대적 한계라고 여겨져서는 안 된다. 따라서 이 원칙은 우리에 의해서 소급에서 일어나야 할 규칙을 요청하는 이성의 원리이지, 모든 소급에 앞서서 객체 그 자체로서 주어진 것을 예측하는 이성의 원리는 아니다. 그래서 나는 이 원리를 이성의 통제적 원리라고 부른다. 이에 반해 객체(현상)에서 그 자체에 주어져 있는 것으로서의 제약 계열의 절대적 전체성의 원칙은, 구성적인 우주론적 원리라고 해야 할 것이다. 그와 같은 원리가 무효라는 것을, 나는 바로 지금 든 구별에 의해서 알리려고 한 것이다. 또 그것으로, 단순히 규칙으로서 소용될 뿐인 이념에 객관적 실재성을 돌리는 것—이것은, 그렇게 하지 않으면 불가피하게 생기는(초월적 절위에 의해서) 오류—을 저지하려고 한 것이다.

순수이성의 이 규칙에 대한 의의를 제대로 규정하기 위해서는 먼저 규칙의 객체가 무엇인가를 논술하는 것이 아니라, 객체의 완전한 개념에 이르기 위해서는 어떻게 경험적 소급이 이루어져야 하는지를 서술해야 한다. 왜냐하면 만일 이 규칙이 객체가 무엇인가를 서술하는 것이라면 구성적 원리일 테지만, 구성적 원리는 순수이성에서는 결코 끌어낼 수 없는 일이기 때문이다. 따라서 우리는 제약되어 주어진 것에 대한 조건의 계열이 그 자체로 유한하다거나, 무한하다고 말하고자 하는 의도조차 가질 수 없다. 왜냐하면 만약에 그렇다고 한다면 현상 계열에 경험적 종합으로부터 독립된 객관적 실재성이 부여됨으로써, 전적으로 그 자체에서만 구성되어 있는 절대적 전체성이라는 단순한 이념이 어떤 경험 속에서도 주어지지 않는 대상을 의미하는 것이 되어버리기 때문이다. 그러므로 이성 이념은 조건 계열에서의 소급해서 나가는 종합에 한 개의 규칙을 지정할 것이다. 그 규칙에 의해서 경험적 종합은 서로 종속하는 모든 조건을 매개로 하여, 조건지워진 것으로부터 무한한 것으로—바로 이 무한한 것이 달성되지 않는다 해도—나아가는 것이다. 왜냐하면 절대로 무조건적인 것은 경험에서는 결코 볼 수 없는 것이기 때문이다.

그런데 이 목적을 위해서는 먼저, 계열의 종합이 결코 완결되지 않는 경우에 한해서 계열 종합을 엄밀하게 규정해 두어야 한다. 이런 의도에서 언제나 두 가지 표현이 사용되고 있다. 이 두 가지 표현에는 어떤 구별이 있어야 할 테지만,

우리는 그 구별의 이유를 제대로 알고 있지 않다. 수학자가 말하는 것은, 무한에의 전진뿐이다. 이에 반해서 철학자는 무한정에의 전진이라고 하는 표현만을 인정하려고 한다. 나는 어떤 의도에서 철학자가 이 구별을 설정했는가에 대한 검토나, 이 구별을 어떻게 사용하면 효과가 있는가 하는 문제에 머무르지 않고, 이 개념을 나의 의도에 대해서 엄밀히 규정하고자 한다.

하나의 직선에 대해서 우리는 당연히 그것이 무한히 연장될 수 있다고 말할 수 있다. 따라서 이 경우에는 무한이라고 하는 것과, 무한정하게 전진한다는 것(무한정에의 전진)을 구별하는 일은 공연하며 사소한 일이다. "하나의 선을 계속 그어라" 말하는 경우, 우리가 이에 '무한히'라는 술어를 덧붙이기보다는, '무한정으로'라고 말하는 편이 옳게 들릴 테니까 말이다. 왜냐하면 무한정으로라는 것은 여러분이 하고 싶은 만큼 직선을 연장하라는 뜻이지만, 무한히라는 것은 여러분은 결코 직선을 연장하는 일을 멈춰서는 안 된다는 의미(여기에서는 반드시 그런 의도는 아니지만)가 되기 때문이다. 그러나 다만 **연장할 수가 있다**라는 것만이 문제가 된다면 '무한한 전진'이라는 표현은 전적으로 정당하다. 왜냐하면 우리는 직선을 무한히 확장시킬 수가 있기 때문이다. 그리고 우리가 전진만을, 즉 조건에서 조건지워진 것으로의 전진만을 운운하는 모든 경우도 사정은 마찬가지이다. 이 가능한 진행은 현상의 계열에서 무한히 진행된다. 한 쌍의 부모로부터 여러분은 생식의 혈통을 어디까지나 내려갈 수가 있고, 또 그 혈통은 실제로 세상에서 그와 같이 진행되고 있다는 것을 뚜렷하게 생각에 떠올릴 수가 있는 것이다. 왜냐하면 여기에서는 이성은 아무런 계열의 절대적 전체성을 필요로 하지 않기 때문이다. 그리고 그와 같은 절대적 전체성은 또한 주어져 있는 것처럼 전제되지 않고, 단지 제약되어 있다고 여겨진 것으로서 어디까지나 덧붙여 가기만 하기 때문이다.

사정이 전혀 다른 것은 다음과 같은 과제일 경우이다. 하나의 계열에서 주어진 피제약자로부터 제약자에게로 상승해 가는 소급이 어디까지 미치는가? 또 그것은 무한에의 후퇴라고 말할 수 있는가? 아니면 다만 무한적으로 멀리까지 미치는 후퇴라고 말할 수밖에 없는가? 또 따라서, 지금 살고 있는 사람들로부터 그 조상의 계열을 무한히 소급할 수 있는가? 또한 그렇게 할 수 있는 한에서, 그 계열을 어디까지 한계지을 수 있는 것이라고 생각되는 경험적 근거는 찾아볼 수 없으며, 따라서 나는 어느 선조의 경우에도, 그 위의 조상을(반드시 그 것을 전제하지 않아도) 찾는 것은 정당하며 그렇게 할 의무가 있다고 말할 수 있을 것인가?

그렇기 때문에 내가 "전체는 경험적 직관 속에 주어져 있다"고 말하면, 전체의 내적 조건의 계열에서의 경험적 소급은 무한히 계속될 수 있다. 그러나 계열의 한 항만이 주어져 있고, 거기에서 비로소 절대적 총체로의 소급이 나아가야 한다면, 무한정한 저편에의 소급만이 이루어질 뿐이다. 그렇다고 한다면, 한 계 사이에서 주어진 물질(물체)의 분할에 대해서는 그것은 무한히 이어진다고 말하지 않으면 안 된다. 왜냐하면 이 물질은 통째로, 즉 그 모든 가능한 부분과 함께 경험적 직관에서 주어져 있기 때문이다. 그런데 이 전체의 조건은 그 부분이며, 이 부분의 조건은 여러 부분 가운데 부분 등등이며, 분할에서의 이 소급에서는 이 조건 계열의 무조건적인(이제는 분할할 수 없는) 항은 결코 찾아볼 수가 없다. 그렇기 때문에 분할을 중지해야 할 아무런 경험적 근거도 찾아볼 수 없을 뿐만 아니라, 속행될 더 먼 항 자신이, 이 계속되는 분할에 앞서 주어져 있지 않으면 안 된다. 다시 말해 이 분할은 무한히 행해지는 것이다. 이에 반해 어떤 사람에 대한 조상들의 계열은 가능한 경험에서, 절대적 전체성이라는 방식으로는 주어져 있지 않다. 하지만 소급은 이 생식의 어느 항으로부터도, 보다 더 높은 앞의 항으로 나아간다. 그 결과, 절대적으로 무조건적인 것으로 하나의 항을 이루는 경험적 한계는 발견되지 않는다. 그러나 소급의 조건을 주는 항도 전체의 경험적 직관에서 소급에 앞서 존재하지는 않으므로, 소급은 무한히 (주어진 분할에 있어서) 계속되는 것이 아니라, 주어진 항에 대한 몇 가지 항을 찾아서 무한정한 범위로 나아가는 것이다. 그렇게 해서 찾아낸 몇 가지 항 또한 언제나 제약된 것으로밖에 주어지지 않는다.

무한에의 소급 및 부정적 소급, 두 경우 어느 쪽에서도 제약의 계열은 대상에서 무한한 것으로서 주어져 있는 것으로 볼 수 없다. 상호적 제약에서 소급이든, 무한정에의 소급이든 어느 경우나 조건의 계열은 객체에서 무한히 주어진 것으로는 볼 수가 없다. 그 자체로 사물이 주어지는 것이 아니라, 단순히 현상이 상호의 조건으로서 소급 그 자체에서만 주어지는 것이다. 그러므로 이제 문제는 조건의 이 계열 자체가 어느 정도 큰가, 그것이 유한인가, 무한인가 하는 것이 아니다. 왜냐하면 이 계열은 그 자체로는 무(無)이기 때문이다. 문제는 오히려 우리가 어떻게 경험적 소급을 할 것인가, 또 어디까지 이 소급을 계속할 것인가이다. 거기에는 역시 이 진행의 규칙에 대해 상당한 차이가 있다. 만일 전체가 경험적으로 주어져 있다고 하면, 그 내적 제약의 계열에서 무한히 거슬러 올라가는 일이 가능하다. 그러나 만일 전체가 주어져 있지 않고, 경험적 소급에 의해서 비로소 주어져야 한다면, 내가 말할 수 있는 것은 단지 "계열의 보다 높은 조건으로 무한히 나아가는 것이 가능하다"는 것뿐이다. 전자의 경우에는 나는 다음과 같이 말할 수 있었다. "내가 (분할의) 소급에 의해서 다다르는 것보다도 언제나 많은 항이 실제로 존재하고, 경험적으로 주어져 있다." 그러나 두 번째 경우에는 다음과 같다. "나는 소급으로 앞으로 앞으로 나아갈 수가 있다." 왜냐하면, 어떤 항도 절대적으로 무조건적인 것으로는 경험적으로 주어져 있지 않기 때문이며, 따라서 어디까지나 고차적인 항이 가능하게 되고, 동시에 이와 같은 보다 고차적인 항에 대한 탐구가 필연적으로 행해지기 때문이다. 전자의 경우에는 계열에 대한 더 많은 항을 만나는 것이 필연적이었지만, 후자의 경우에는 어떤 경험도 절대적으로 한계지어진다는 일이 없기 때문에 보다 많은 항에 대한 탐구가 필연적이다. 왜냐하면 여러분은 여러분의 경험적 소급을 절대적으로 한계지우는 지각을 가지고 있지 않거나, 그렇지 않으면 여러분의 계열을 한계지우는 지각을 가지거나, 그 어느 한쪽이기 때문이다. 전자의 경우 여러분은 여러분의 소급을 완결된 것으로 간주해서는 안 된다. 후자의 경우 이 지각은 여러분이 소급하는 계열의 일부분이라고 할 수 없다(왜냐하면 한계지우는 것은 그에 의해서 한계지워지는 것과 달라야 하기 때문이다). 그리고 이에 따라 여러분의 소급을 또한 이러한 조건으로까지 더욱 계속해 나가야만 한다.

다음 절에서 이상의 주의를 적용시켜서 내 본디의 의도를 밝히고자 한다.

제9절 우주론적 이념에 대한 이성의 통제적 원리의 경험적 사용에 대해서

이미 여러 차례 지적해 온 것처럼, 지성의 개념에 대해서도 초월적 사용은 존재하지 않는다. 왜냐하면 감각계에서의 조건 계열의 절대적 전체성은, 이성의 초월적 사용에만 기초를 두고 있기 때문이다. 이성은 자기가 사물 그 자체로서 전제하는 것에 대해서, 이 무조건적인 완전성을 요구하는 것이다. 그러나 감각계는 이런 완전성을 포함하고 있지 않다. 그러므로 이제는 감각계에서의 계열이 한계지워져 있는가, 그렇지 않으면 그 자체로서 한계지워져 있지 않은가 하는 그 계열의 절대적 크기는 문제가 안 된다. 문제는 다만 이성의 규칙에 따라, 이성의 물음에 대해, 오직 대상에 어울리는 대답에 머물기 위해 경험적 소급에서, 경험의 조건들로 거슬러 올라갈 때 어디까지 계속해야 하느냐 하는 것이다.

그러므로 이성의 원리가 현상 그 자체의 구성적 원칙으로서 타당하지 않다는 것이 충분히 증명된 이상, 우리에게 남겨진 것은 가능한 경험의 계속과 크기에 대한 규칙으로서 이성 원리가 타당한가 아닌가 하는 문제뿐이다. 우리가 그 타당성을 의심할 수 없는 것으로 제시할 수 있다면, 이성의 자기 자신과의 다툼은 종말을 고할 것이다. 왜냐하면 비판적 해결에 의해서 이성을 자기 분열에 빠뜨린 가상이 폐기될 뿐 아니라, 그것 대신에 이성이 자신과 합치되는 의미, 즉 그것을 오해하면 이성의 자기모순이 생기는 그러한 의미가 뚜렷이 드러나기 때문이다. 그리고 그때까지 변증적 원칙이었던 것은 교의적인 원칙으로 변하게 된다. 사실 이 교의적 원칙은 그 주관적 의미에 의하면 경험 안에서 최고도로 가능한 지성의 사용을 경험의 대상에 알맞게 규정하는 것인데, 이 원칙의 진실성을 확증할 수가 있다면 그것은 마치 이 원칙이 공리(이것은 순수이성으로는 불가능하다)처럼 대상 자체를 선험적으로 규정하는 것과 같다. 왜냐하면 공리라고 해도 경험의 객체에 대해서는 우리 지성의 가장 넓은 경험적 사용에서 유효함을 증명할 뿐이고, 우리 인식을 확대하고 고치는 데 더 큰 영향을 줄 수는 없기 때문이다.

I. 현상을 세계 전체로 합성하는 전체성에 대한 우주론적 이념의 해결

여기에서도, 또 그 밖의 우주론적 문제에 있어서도 이성의 통제적 원리의 바탕이 되는 것은 다음과 같은 명제이다. 즉 경험적 소급에서는 절대적 한계라고 하는 경험, 따라서 경험적으로 절대로 무조건적인 조건(제약)의 경험은 찾아볼 수가 없다. 그러나 이 명제의 근거는, 그와 같은 경험은 우리가 지각을 매개로 해서 계속되는 소급 도중에 부닥치게 될 무(無) 또는 공허에 의한 현상의 한계를 자신 안에 포함하고 있어야만 한다는 데 있는데, 그것은 있을 수 없는 일이다.

그런데 이 명제가 의미하는 것은, 나는 경험적 소급에서 언제나 그 자신이 다시 경험적으로 조건지워져 있다고 여겨지지 않으면 안 된다는 것과 마찬가지이다. 결국 이 명제는 다음과 같은 규칙을 포함하고 있다. 경험적 소급에 의해서 상승하는 계열에서 어디까지 올라갔든 간에, 나는 언제나 계열의 보다 더 높은 항을 물어야만 한다. 내가 그 항을 경험에 의해서 알든 모르든 말이다.

제1의 우주론적 과제를 해결하기 위해 필요한 것은, 세계 전체의 무조건적인 크기(시간적, 공간적으로)로 소급함에 있어서 결코 한계가 지워지지 않는 이 상승을 '무한으로서의 역행'이라고 일컬을 수 있는 것인지, 아니면 다만 '무한정으로 속행되는 소급'이라고 일컬을 수 있는 것인지를 결정하는 일뿐이다.

지나간 모든 세계 상태의, 또 세계 공간에 동시에 존재하고 있는 사물의 계열에 대한 단순한 일반적 관념은 그 자체가 가능한 경험적 소급에 지나지 않는다. 나는 아직 무한적이기는 하지만 이 소급을 생각하는 것이다. 그리고 그 소급에 의해서만, 조건에서 주어진 지각에 대한 이와 같은 계열의 개념이 생길 수 있는 것이다.[26]

그런데 나는 세계 전체를 언제나 개념에서만 가질 뿐이며, 결코 (전체로서) 직관에서 가지지 않는다. 그러므로 나는 세계의 크기에서 소급의 크기를 추리해서, 소급의 크기를 세계 크기에 따라 규정할 수는 없다. 오히려 나는 경험적 소급에서의 크기에 의해서 비로소 세계의 크기 개념을 만들지 않으면 안 된다. 그러나 이 경험적 역진에 대해서 내가 알 수 있는 것은 조건 계열이 주어진 모든 항으로부터, 여전히 보다 높은 (보다 먼) 항으로 경험적으로 전진하지 않으면 안 된다고 하는 것뿐이다. 그러므로 그것에 의해서는 현상 전체의 크기는 절대적으로 규정될 수 없으며, 따라서 우리는 이 소급이 무한히 계속된다고 말할 수

---

26) 그러므로 이 세계 계열은 그 개념의 유일한 근거가 되는 가능한 경험적 소급보다 더 크거나 작지도 않다. 그리고 이 소급은 일정한 무한한 것도, 일정한 유한한 것(단적으로 한정된 것)도 줄 수가 없다. 이러한 일로부터, 우리는 세계의 크기를 유한하다고도 무한하다고도 생각할 수 없다는 것은 분명하다. 왜냐하면 소급(이에 의해 세계의 크기는 표현된다)은 지금 말한 그 어느 편도 허용하지 않기 때문이다.

도 없다. 왜냐하면 소급이 무한히 계속된다고 하는 것은 그것이 아직 이르지 못한 항을 예측하고, 세계의 크기를 경험적 종합이 이를 수 없는 크기로 나타내게 될 것이고, 따라서 세계의 크기를 소급보다 먼저 (부정적인 것에 지나지 않다고 해도) 규정하는 것이 될 텐데, 이런 일은 있을 수가 없기 때문이다. 세계는 직관에 의해서는 (그 전체성에 대하여) 나에게 주어져 있지 않고, 그러므로 세계의 크기도 소급에 앞서 나에게 전혀 주어질 수 없다. 이에 수반해서 우리는 세계의 크기 그 자체에 대해서는 아무것도 말할 수 없으며, 또 절대로 거기에서 소급이 무한으로 이루어진다고 말할 수도 없다. 우리는 다만 세계에서의 경험적 소급을 규정하는 규칙에 따라, 세계의 크기라고 하는 개념을 찾지 않으면 안 되는 것이다.

그러나 이 규칙이 말해 주는 것은 다음과 같은 것에 지나지 않는다. 즉 우리가 경험적 조건의 계열에서 아무리 나아가더라도, 우리는 절대적 한계를 그 어디에도 상정해서는 안 된다는 것이다. 오히려 어떤 현상도 조건지워진 것으로서, 그 조건인 다른 현상에 종속시키지 않으면 안 되고, 그렇기 때문에 그 조건으로 더욱 전진하지 않으면 안 된다. 그리고 그것이 무한정에의 소급이라고 하는 것이다. 무한정에의 소급은 객체의 크기를 규정하지 않으므로, 무한에의 소급과는 구별되어야 한다.

그러므로 나는, 세계는 지나간 시간에 있어서도 또는 공간적으로도 무한하다고 말할 수가 없다. 왜냐하면 주어진 무한이라고 하는 크기의 개념은 경험적으로, 따라서 감각의 대상으로서의 세계에 대해서는 절대로 불가능하기 때문이다. 또 나는 다음과 같이도 말하지 않을 것이다. 주어진 지각에서 시작하는 소급은, 그 지각을 공간에서나 지나간 시간에서나 계열에서 한계지워지는 모든 것을 향하여 무한히 앞으로 나간다고. 왜냐하면 그것은 무한한 세계의 크기를 전제로 하기 때문이다. 그러나 또 나는 세계는 유한하다고 말할 수도 없다. 왜냐하면 절대적인 한계는, 마찬가지로 경험적으로는 불가능하기 때문이다. 그러므로 나는 경험(감각계)의 모든 대상에 대해서는 아무것도 말할 수 없을 것이다. 말할 수 있는 것은 오직, 경험이 그 대상에 어울리게 행해지고 속행되어야 할 규칙에 대해서뿐이다.

따라서 세계의 크기를 둘러싼 우주론적 문제에 대해서는, 먼저 부정적인 대답이 된다. "세계는 최초의 시간적인 시작도 가지지 않고, 또 공간적으로도 궁극적인 한계를 가지지 않는다."

왜냐하면 반대의 경우라면 세계는 한편으로는 공허한 시간에 의해 한계가 지워지고, 다른 한편으로는 공허한 공간에 의해서 한정될 것이기 때문이다. 그런데 세계는 현상이며, 그 자체로서는 어느 쪽일 수도 없다. 현상은 사물 그 자체가 아니기 때문이다. 그렇다고 한다면 제약을 지각한다는 것은 절대적으로 공허한 시간에 의해서, 또는 공허한 공간에 의해서 가능하지 않으면 안 될 것이다. 그와 같은 지각에 의해서, 이 세계의 궁극은 가능한 경험에 의해서 주어질 것이다. 그러나 그와 같은 경험은 완전히 내용이 공허한 것이기 때문에 불가능하다. 그러므로 절대적인 세계의 한계는 경험적으로는 불가능하고, 따라서 절대적으로도 불가능하다.[27]

여기에서 동시에 긍정적인 대답이 나온다. 세계 현상 계열에서의 소급은 세계의 크기를 규정하는 것으로서, 무한정으로 나아간다는 것이다. 이것은 감각계는 절대량을 가지지 않는다는 것과 같은 뜻이다. 그렇지 않고 경험적 소급(이것에 의해서만 감각계는 그 조건 쪽에서 주어질 수 있다)은 다음과 같은 규칙을 갖는다. 조건지워진 계열의 모든 항으로부터 언제나 보다 더 먼 항으로(그것이 자기 자신의 경험에 의해서건, 역사를 단서로 해서건, 또는 결과와 그 원인과의 연쇄에 의해서건 간에) 전진을 계속하여, 지성의 가능한 경험적 사용을 확장하는 노고를 결코 아끼지 않는다는 것이다. 그리고 이것이야말로 이성이 그 원리를 적용할 수 있는 본디적이며 유일한 일이다.

그렇다고 해서 어떤 종류의 현상에서 끊임없이 계속 진행되는 것과 같은 일정한 경험적 역진이 지정되는 것은 아니다. 이를테면 어떤 살아 있는 사람으로부터 시작해서 차츰 그 조상의 계열을 더듬어 올라갈 때, 최초의 한 쌍의 부부

---

27) 여기서의 증명은, 앞서 제1의 이율배반의 반대 명제에서 이루어진 독단론적 증명과는 아주 다른 방식으로 행해지고 있다고 말할지도 모른다. 거기에서 우리는 감각계를 보통의 독단론적 관념 양식에 따라서, 모든 소급에 앞서, 그 자체로서 전체적으로 주어진 사물로 인정하고 있었다. 그리고 감각계가 반드시 모든 시간과 모든 공간을 차지하지 않는다고 하면, 감각계에 대해서 애초부터 시간과 공간에서의 일정한 위치를 인정하지 않았던 것이다. 그렇기 때문에 일반적으로 시간과 공간에서 일정한 위치를 부여하는 것을 거부했다. 그래서 그 논의의 취지도 여기와는 달랐고, 감각계의 실제의 무한성이 결론지워져 있었던 것이다.

를 예상하지 않고 앞으로 앞으로 더듬어 가야 한다거나, 최초의 태양을 인정하지 않고 천체의 계열을 앞으로 앞으로 더듬어 가야 한다고 지정되지는 않는다. 그렇지 않고 현상에서 현상으로 불가피한 진행뿐이다. 비록 현상이 실제의 지각을(그것이 우리의 의식에 대해 그 정도가 너무 약해서 경험이 돌 수 없는 경우에는) 제공해 주지 않아도, 지각은 역시 가능한 경험에 속하기 때문이다.

모든 시초는 시간 안에 있고, 범위를 가지는 것의 한계는 모두 공간 안에 있다. 그러나 공간과 시간은 오직 감성계 안에만 있다. 따라서 현상만이 세계에서 피제약적으로 한계지워져 있으며, 세계 자체는 피제약적으로나, 무제약적으로도 한계지워져 있지 않다.

바로 이와 같은 이유로 세계는 결코 전체로 주어질 수 없으며, 제약되어 주어진 것의 조건의 계열조차도 세계 계열로서는 전체로 주어질 수 없으므로, 세계의 크기에 대한 개념은 오직 소급에 의해서만 주어지며, 그에 앞서 포괄적인 직관에서 주어지는 것이 아니다. 그러나 후진은 세계의 양을 한정함으로써 성립되는 것이어서 아무런 일정한 개념 또는 어떤 척도에 대해 무한한 양의 개념도 주지 못한다. 그러므로 소급은 무한(말하자면 주어진 것)으로 향하는 것이 아니라, 이 소급에 의해서 비로소 현실적인 것이 되는 크기(경험의)를 주기 위해 무한정의 저편으로 향하는 것이다.

II. 직관에서 주어진 전체 분할의 전체성에 대한 우주론적 이념의 해결

내가 직관에 주어진 전체를 분할할 때, 나는 어떤 제약된 것으로부터 그것을 가능케 한 조건으로 향한다. 부분의 분할(subdivisio oder decompositio)은 이들 조건 계열에서의 후진이다. 이 계열의 절대적 전체는, 후진이 단순한 부분에 다다를 수 있을 때에야 비로소 주어질 것이다. 그러나 만일 계속적으로 진행되는 분할에서의 모든 부분은 언제나 다시 분할될 수 있다고 한다면 분할, 곧 후진은 피제약자로부터 그것을 제약하는 것으로 무한히 계속될 것이다. 왜냐하면 제약(부분)은 그 자체가 피제약자 속에 포함되는 것으로서, 이 피제약자가 그 한계 사이에 포괄되어 있는 직관 속에 전체로 주어짐으로써 제약들도 모두 함께 주어지기 때문이다. 따라서 이 후진은 앞에서 말한 우주론적 이념과는 달리, 무한정에의 소급이라고 해서는 안 된다. 앞서의 우주론적 이념이 그렇게 불린 것은, 나는 제약된 것으로부터 그 조건으로 나아가야 했는데 조건은 제약 밖에, 즉 제약된 것에 의해서 동시에는 주어져 있지 않고, 경험적 후진으로 비로소 덧붙여졌기 때문이다. 그러나 그럼에도 불구하고 역시 무한히 분할될 수 있는 이 전체에 대해 "그것은 무한히 많은 부분으로 되어 있다"고 말할 수는 결코 없다. 왜냐하면 모든 부분은 전체의 직관 속에 포함되어 있다고는 하지만, 거기에는 분할 전체는 포함되어 있지 않으며, 이 분할은 분해의 계속 또는 후진 그 자체에 의해 이루어지는 것으로, 이 후진이 비로소 그 계열을 현실적인 것으로 만들기 때문이다. 그런데 이 후진은 무한하기 때문에 분명히 후진이 다다르는 모든 항(부분)은 주어진 전체 안에 집합체로서 포함되어 있기는 하지만, 분할의 전 계열은 포함되어 있지 않다. 분할의 전 계열은 계속적 무한이지 결코 전체는 아니다. 따라서 그것은 무한한 양을 나타낼 수는 없으므로, 양의 집적을 하나의 전체로서 제시할 수 없다.

이 일반적 주의는, 우선 아주 쉽게 공간에 적용될 수 있다. 한계 안에서 직관되는 어느 공간도 이와 같은 전체이며, 그 부분은 어디까지 분할해도 역시 공간이다. 그렇기 때문에 그와 같은 공간은 무한히 분할될 수 있다.

그 결과 또 아주 자연스럽게 제2의 적용, 즉 공간의 한계에 둘러싸인 외적 현상(물체)에 대한 적용이 생긴다. 물체가 분할 가능하다는 것은, 공간의 분할 가능성에 근거하고 있다. 공간은 범위를 갖는 전체인 물체의 가능성을 이루는 것이다. 그러므로 물체는 무한히 분할될 수 있다. 그렇다고 해서 물체가 무한히 많은 부분으로 이루어져 있는 것은 아니다.

물론 물체는 공간 안에 있는 실체로 표상될 수밖에 없으므로, 공간의 분할 가능성 법칙에 관련해서 말하자면, 그 점에서 공간과는 다른 것처럼 보이기는 한다. 왜냐하면 우리는 아무리 공간을 분할하더라도 결코 모든 합성물을 배제할 수 없다는 것을 어느 땐가는 인정할 수 있기 때문이다. 또한 모든 합성이 없어진다면 그 밖에 아무런 독립적인 것도 가지고 있지 않은 모든 공간까지 없어지기 때문이다(그러나 이것은 불가능하다). 그 까닭은, 그때 그렇게 하지 않으면 자존성을 가지지 않는 모든 공간은 존재를 그만둘 것이기 때문이다(그것은 있을 수 없는 일이다). 하지만 모든 물질의 합성이 우리의 사고 안에서 폐기되면, 뒤에 아무것도 남지 않으리라는 것은 실체 개념과 서로 일치하지 않는 것처럼 보인다. 실체란 본디 모든 합성의 주체여야 하며, 비록 공간에서의 요소의 결합—이에 의해 요소는 하나의 물체를 형성하다—이 폐기되어도 합성의 요소 안에 남아 있지 않으면 안 될 것이다. 그런데 현상에서 실체라고 불리는 것은, 우리가 순수지성 개념에 의해 사유된 사물 그 자체에 대해서 생각하는 것처럼은 되지 않는다. 현상에서 실체라고 불리는 것은 절대적 주체가 아니라 감성의 뿌리 깊은 형상이며, 직관 그 자체이고, 이 직관의 어디에도 무조건적인 것을 찾아볼 수가 없는 것이다.

공간을 채우는 현상의 분할이 무한히 계속된다고 하는 이 규칙은 틀림없이 성립된다고는 하지만, 우리가 그것을 주어진 전체에서 어떤 방식으로 이미 분리된 부분의 양까지 미치려 해도 그것은 통용될 수 없다. 이 방식에 의해서 부분은 비연속양을 형성한다. 모든 분절(分節)된(조직된) 전체에서 각 부분은 또다시 분절되어 있다고 생각하는 것, 또는 이와 같이 해서 부분을 무한히 해체하면 언제나 새로운, 교묘하게 구성된 부분을 만난다고 생각하는 것, 한마디로 말해서 전체가 무한히 분절된다고 생각하는 일은, 생각할 수도 없다. 물론 물질을 무한히 해체해도, 물질의 여러 부분은 분절할 수 있다고 생각할 수 있겠지만 말이다. 왜냐하면 공간에서 주어진 현상이 무한하다는 것은, 다음과 같은 일에만 근거를 두고 있기 때문이다. 즉 부분들의 막연한 수량이 주어져 있을 뿐인 것이고, 그 부분들은 세분에 의해서만 주어지고 규정된다는 것, 요컨대 전체는 현재로서는 그 자체가 이미 분할되어 있는 것이 아니라고 하는 사실에 기초를 두고 있는 것이다. 그러므로 분할(후진)은 전체에서 어떤 수량을 한정(가능성으로서)할 수 있는데, 이 양은 우리가 분할의 현상을 어디까지 후진시킬 것인지에 달려 있다. 그에 반해 무한히 조직된 유기체에서는 전체가 바로 이 유기체라고 하는 개념에 의해 이미 분할되어 있는 것으로 생각된다. 그리고 거기에서는 분할의 후진을 시작하기 전에, 부분 그 자체로서 규정된 양, 더욱이 무한한 양이 발견된다. 그것에 의해서 우리는 자기모순에 빠지고 만다. 왜냐하면 이 무한한 반전은 결코 완결될 수 없는 계열(무한한)로 간주되면서, 그럼에도 불구하고 합성에서는 완결된 것으로 보이기 때문이다. 무한한 분할은 단지 현상을 연속량으로서 특징지을 수 있을 뿐이며, 공간을 채운다는 것과 분리할 수 없다. 왜냐하면 공간을 채우는 데에 바로 무한한 분할 가능성의 근거가 있기 때문이다. 그러나 어떤 것이 비연속양으로 여겨지자마자, 단위의 양은 거기에서 규정되고 있다. 그렇기 때문에 그 수량은 언제나 어떤 수와 같다. 따라서 분절화된 물체에서 조직화가 어디까지 갈 수 있느냐 하는 것은 오직 경험만이 결정할 수 있다. 비록 경험이 비유기적 부분에 이르지 못하는 것은 확실하다고 해도, 그와 같은 부분은 적어도 가능한 경험 안에 있어야 한다. 하지만 현상 일반의 초월적 분할이 어디까지 미치는가는, 전적으로 경험 관할 밖의 일이며, 이성의 원리이다. 이성의 원리는 연장성을 가지는 물체를 분해할 때 경험적 후진을, 이 현상의 본성에 맞춰, 결코 절대적으로 완결된 것으로 여기지 않는다.

* * *

수학적·선험적 이념 해결에 대한 결론 및 역학적·초월적 이념 해결에 대한 전제

우리는 모든 초월적 이념에 의한 순수이성의 이율배반을 하나의 표에서 제시했을 때, 이 다툼의 이유와 그 이유를 없앨 유일한 방법을 알렸다. 그 방법은, 대립하는 두 주장이 똑같이 잘못된 것이라는 점을 설명하는 데에 있었다. 그때 우리는 곳곳에서 조건을, 공간과 시간의 관계에서 조건지워진 것에 속하는 것으로서 제시했다. 그것은 일반적인 인간 지성의 극히 일반적인 전제이지만, 해당하는 다툼도 오직 거기에 입각하고 있었던 것이다. 이와 같이 돌이켜 보면 조건지워져서 주어진 것에 대한 조건 계열에 있어서 전체성의 변증적 관념은, 모두가 철두철미 완전히 같은 종류의 것이었다. 그것은 언제나 하나의 계열이며, 거기서는 제약과 제약되는 것이 계열의 각 항으로서 결합되어 있고, 그에 의해 이 둘은 동종적이었다. 조건이 계열의 항인 조건지워진 것과 결합하여, 그 때문에 동종이었던 것은 언제나 하나의 계열에서였다. 왜냐하면 후진은 결코 완결된 것으로 여겨져서는 안 되었기 때문이다. 또는 만일 그렇게 생각되어야 한다면, 그 자체로서 조건지워진 항이 잘못해서 제1의 항으로, 즉 무조건적인 것으로서 상정되지 않으면 안 되었기 때문이다. 따라서 확실히 객체, 곧 피제약자는 모든 점에 걸쳐 고찰된 것은 아니지만, 피제약자에 대한 제약의 계열은 그 크기라는 점에서 고찰되었다. 그리고 여기서 어려운 문제가 생겼는데, 그것은 타협에 의해서가 아니라 난문(難問)을 완전히 잘라냄으로써만 제거될 수 있었다. 그 곤란은, 이성이 그 계열을 지성에 대해 너무 길게 또는 너무 짧은 것으로 한 점에 있었는데, 그 결과 지성은 이성의 이념과 어깨를 나란히 할 수가 없게 된 것이다.

그러나 우리는 그때 객체, 즉 이성이 이념으로 끌어올리기 위해 노력하는 지성 개념 사이를 지배하는 본질적인 구별을 간과했다. 왜냐하면 앞에서 든 범주표에 의하면, 그 가운데 두 가지는 현상의 수학적 종합을 뜻하는 데 반하여, 나머지 둘은 현상의 역학적 종합을 의미하기 때문이다. 여기까지는 이런 구별을 간과해도 상관이 없었다. 왜냐하면 우리는 모든 초월적 이념을 극히 일반적으로 생각에 떠올릴 때 언제나 현상의 조건 아래에 머물러 있었던 것과 마찬가지로 두 가지 수학적·초월적 이념에서도 현상의 대상밖에 가지고 있지 않았기 때문이다. 그런데 이제 우리는, 이것들이 이성 개념에 적합한 한에서, 지성의 역학적 개념으로 나아가는 것이므로, 지금 문제가 되어 있는 구별은 중요하다. 그리고 이 구별은, 이성이 말려들어 간 논쟁과 관련해서 전혀 새로운 전망을 열어준다. 그리고 이 논쟁은 전에는 양쪽이 다 거짓된 전제에 서 있는 것이라고 해서 미리 기각되었지만, 이번의 역학적 이율배반에서는 이성의 요구와 공존할 수 있는 전제가 생길지도 모르고, 또한 재판관이 양편이 다 오해했던 권리 근거의 결함을 보충해 주므로, 양쪽 당사자가 모두 만족할 때까지 조정이 이루어질 수 있을 것이다. 이것은 수학적 이율배반의 논쟁에서는 이루어지지 않았던 일이다.

조건의 계열은 우리가 오직 계열이 미치는 범위에서 다음과 같이 주의하는 한 모두 동종이다. 이들 계열이 이념에 합당한가, 또는 그것이 이념에 대해서 너무 큰가, 작은가 하고. 그런데 이 이념의 밑바탕에 있는 지성 개념은 단순히 동종적인 것의 종합(동종적인 것은 합성에서도 분할에서도, 모든 크기의 경우에 전제된다)을 포함할 뿐이든가, 그렇지 않으면 이종(異種)적인 것의 종합도 포함하든가, 둘 가운데 하나이다. 이종적인 것은 역학적 종합—인과 결합에서도, 필연적인 것과 우연적인 것의 결합에서도—에서는 적어도 허용될 수 있다.

그러므로 현상 계열의 수학적 결합에서는 감성적 조건 이외에는, 즉 그 자체가 계열의 부분인 조건 이외에는 어떤 조건도 들어올 수 없게 된다. 이에 반해 감성적 조건의 역학적 계열은 이종의 조건도 받아들인다. 그 조건은 계열의 일부가 아니라, 단순히 가상적인 것으로서 계열 밖에 있다. 그렇게 함으로써 이성은 만족하고 무조건적인 것은 현상의 상위에 선다. 그러면서도 언제나 조건이 부여된 것인 현상의 계열은 흐트러짐도 없고, 지성의 원칙에 반해서 단절되는 일도 없다.

그런데 역학적 이념이 현상의 계열 밖에 있는 현상의 조건을, 즉 그 자신이 현상은 아닌 조건을 받아들임으로써 수학적 이율배반의 결과와는 완전히 다른 일이 생긴다. 다시 말해 수학적 이율배반은, 두 개의 변증적인 반대 의견이 다같이 잘못이라고 하지 않을 수 없는 결과를 불러왔다. 반면에 역학적 계열이 철두철미 조건지워져 있다고 하는 것은, 현상으로서의 역학적 계열로부터 분리되지 않는다는 것으로, 경험적으로는 무조건적인, 그러나 또 비감성적인 조건과 결부되어 한쪽에서는 지성을, 다른 한쪽에서는 이성을 만족시킨다.[28]

그리고 이렇게 해서 단순한 현상 안에서 이것저것 무조건적인 전체성을 찾고 있던 변증적 논증은 폐기됨으로써, 이성의 명제는 바로잡힌 의미에서 양쪽이 모두 참일 수가 있다. 이것은 다만 수학적으로 무조건적인 통일에 대한 우주론적 이념에서는 결코 나타날 수 없다. 왜냐하면 이들 이념에서는 그 자체가 현상이며, 현상으로서 다 같이 계열의 항을 이루는 조건 말고는 어떤 현상 계열의 조건도 발견되지 않기 때문이다.

III. 그 원인에서의 세계 사건 추론의 전체성에 대한 우주론적 이념의 해결

우리는 무엇인가 생기는 일에 대해서, 두 가지 원인성을 생각할 수 있을 뿐이다. 즉 자연에 의한 원인성이나 자유에 의한 원인성이다. 자연에 의한 원인성은

---

28) 왜냐하면 지성은 현상 아래에서는 그 자체가 경험적으로 무제약적인 조건을 허락할 수 없기 때문이다. 그러나 가상적인 조건, 즉 현상의 계열에 한 항으로서 속하지 않는 조건이 (현상 안에 있는) 피제약자에 대한 것으로 생각되고, 경험적 조건의 계열을 조금도 중단시키지 않는다면, 그러한 조건은 경험적으로 무제약적인 것으로 인정될 수 있다. 이로 말미암아 경험적 계속적인 후진은 아무 데에서도 중단되지 않을 것이다.

감성계에서의 어떤 상태와, 그것에 앞선 상태와의 결합이고, 이 앞선 상태 뒤에 있는 상태가 규칙에 의해 이어지는 것이다. 그런데 현상의 원인성은 시간 조건에 근거해 있으므로 만약 선행 상태가 언제나 있었다고 해도, 시간 안에서는 처음으로 생긴 결과를 가져올 수 없을 것이다. 그러므로 일어나는 일 또는 생기는 일의 원인의 인과성도 생긴 것이고, 지성의 원칙에 따라 그 자신이 다시 원인을 필요로 한다.

이와 반대로 우주론적 의미에 있어서의 자유는, 어떤 상태를 스스로 시작하는 능력을 말한다. 따라서 이 능력의 인과성은, 자연법칙에 의해서, 다시 그 자체를 시간적으로 규정하는 다른 원인에 따르는 것이 아니다. 자유는 이런 의미에서 하나의 순수한 초월적 이념이다. 그것은 첫째로 경험에서 빌려온 것을 포함하고 있지 않으며, 둘째로 그 대상은 경험에서 규정되어 주어질 수 있는 것도 아니다. 왜냐하면 모든 경험을 가능하게까지 하는 일반적 법칙은 이러하기 때문이다. 즉 생기는 것은 모두 원인을, 다시 말해 그 자신이 생기거나 또는 생긴 원인의 원인성도 다시 원인을 가져야만 하기 때문이다. 그리고 이로 말미암아 경험의 영역은 아무리 넓게 확장된다 하더라도, 단순한 자연의 총체로 변하는 것이다. 그러나 이런 방식으로는 인과관계에서의 조건의 절대적 전체성을 찾을 수가 없기 때문에, 이성은 자발성이라고 하는 이념을 만들어 낸다. 자발성은 인과율에 따라 작용하도록 규정하는 다른 원인이 없어도 스스로 활동을 시작할 수 있다.

자유의 실천적 개념이 자유의 이 초월적 이념에 입각한다는 것, 또 자유의 초월적 이념이 자유의 실천적 개념에서 예부터 자유의 가능성을 둘러싼 여러 가지 문제점의 원인을 이룬다는 것은 참으로 기묘한 일이다. 실천적 의미의 자유란, 선택의지가 감성의 자극 동인(動因)에 의한 강제로부터 독립되어 있는 것이다. 왜냐하면 선택의지는 병리학적으로 (감성의 동인에 의해) 촉발되는 한, 감성적이기 때문이다. 선택의지가 병리학적으로 강제될 수 있는 경우, 그것은 동물적이라고 불린다. 인간의 의지는 확실히 감각적 의지이지만, 동물적인 의지가 아니라 자유로운 의지이다. 왜냐하면 감성이 그 행위를 필연적으로 규정하는 것이 아니라, 인간에게는 감성적인 자극을 떠나서 스스로 자기를 규정할 수 있는 능력이 내재해 있기 때문이다.

만일 감성계에서의 모든 인과성이 단순히 자연에 지나지 않는 것이라면, 어떠한 사건에 있어서의 다른 필연적인 법칙에 의해서 결정될 것이다. 이것은 쉽사리 이해할 수가 있다. 즉 현상이 선택의지를 결정하는 한, 현상은 그 자연스러운 결과로서 모든 행동을 필연적인 것으로 하지 않으면 안 되었을 것이므로, 초월적 자유를 폐기한다는 것은 동시에 실천적 자유를 말살하는 결과가 되었을 것이다. 왜냐하면 실천적 자유는 비록 무엇인가가 일어나지 않았다고 해도, 그 무엇인가는 일어나야 했을 것이고, 따라서 그 현상의 그 원인은 우리 선택의지에서 인과성이 없어질 정도로 결정적이지는 않았다는 것을 전제하기 때문이다. 그 인과성은 자연 원인과는 독립적으로, 또 그 강제력과 영향을 거스르면서까지도 시간 질서 안에서 경험적 법칙에 의해서 규정된 그 무엇인가를 일으켜, 따라서 사건의 계열을 완전히 스스로 시작하는 것이다.

그러므로 여기에서는 가능한 경험의 한계를 씩씩하게 뛰어넘는 이성의 항쟁에서 볼 수 있는 일이 일어나고 있으며, 과제는 본디 자연학적인 것이 아니라 초월적인 것이다. 따라서 자유의 가능성에 대한 문제는 확실히 심리학과 관련되지만, 그 문제는 단순히 순수이성의 변증적 논증에 기인하기 때문에, 그 해결도 포함해서 오직 초월적 철학의 신세를 지지 않으면 안 된다. 그런데 이 문제에 대한 만족할 만한 대답을 거부할 수 없는 초월적 철학에 그 능력을 주기 위해, 나는 그 과제를 풀기 위한 절차를 상세히 규정하도록 노력하지 않으면 안 된다.

예컨대 현상이 사물 자체라고 하자. 다시 말해 시간과 공간은 사물 그 자체가 실제로 존재하기 위한 형식이라고 하자. 그러면 조건은 언제나, 조건지워진 것과 동일한 계열에 항으로서 속할 것이다. 그 일로 해서, 지금 이 경우에서도 초월적 이념에 공통되는 이율배반이 생길 것이다. 그 공통점은, 이 계열이 불가피하게 지성에게는 너무 크거나 너무 작거나 하는 결과가 된다는 것이다. 그러나 이 장과 다음 장에서 다루는 역학적인 이성 개념에는 다음과 같은 특수한 성질이 있다. 즉 역학적 이성 개념은 크기로 본 대상이 아니라 그 현실 존재에만 관련되므로, 우리는 조건 계열의 크기를 무시할 수도 있다는 점이다. 또 역학적 이념의 경우는, 조건지워진 것에 대한 조건의 역학적 관계만이 문제가 된다는 점이다. 그 결과 우리는 자연과 자유에 대한 문제에서, 이미 다음과 같은 곤란에 부딪친다. 그것은 자유란 도대체 가능한가, 만일 가능하다면 자유는 인과성의 자연법칙의 보편성과 공존할 수 있느냐 하는 것이다. 즉 세계에서의 그 어떤 결과도 자연으로부터 생기지 않으면 안 되는가, 그렇지 않으면 자유에서 발생하는 것이 아니면 안 된다는 것은 올바른 선언명제(選言命題)인가, 아니면 오히려 양자 모두 동일한 사건이 각각 다른 관계에서 동시에 일어날 수 없는가 하는 것이다. 감성계의 모든 사건이 한결같이 연결되어 있다는 것에 대한 자연법칙이 옳다고 하는 것은, 이미 초월적 감성론의 원칙으로 확립되어 있어서 그 어떤 손상도 받을 여지는 없다. 따라서 남는 것은 다음과 같은 문제뿐이다. 전적으로 동일한 결과가 자연에 의해 규정되었음에도 불구하고, 자유에도 존립할 수 있는가, 또는 자유는 자연의 불가침 규칙에 의해서 완전히 배제되는가 하는 것이다. 그리고 여기서 현상의 절대적 실재성이라고 하는, 극히 일반적이긴 하지만 기만적인 전제가 즉시 이성을 혼란케 하는 나쁜 영향을 발휘하는 것이다. 왜냐하면 현상이 사물 자체라고 한다면 자유는 구제받을 길이 없기 때문이다. 그렇다면 자연은 모든 사건의 완벽하고도 그 자체로 충분한 결정 원인이다. 그리고 사건의 제약은 현상 결과와 더불어 자연법칙 아래에서 필연적인 현상의 계열에만 포함되어 있다. 이에 대해서 현상이 실제로 있는 그대로의 것으로만 타당한, 곧 사물 자체로서가 아니라 경험적 법칙에 의해서 서로 연관을 가지는 관념으로서만 타당한 것으로 하자. 그러면 현상 그 자체는 현상이 아니라는 근거를 갖지 않으면 안 된다. 그러나 그와 같은 가상적 원인은, 비록 그 결과는 현상하고, 다른 현상에 의해서 규정된다고는 하지만, 그 인과성은 현상에 의해 규정되는 것이 아니다. 그러므로 가상적 원인은 그 원인성과 함께, 계열 밖에 있다. 이에 반해 가상적 원인의 결과는 경험론적 조건의 계열 안에서 발견된다. 따라서 결과는 그 가상적 원인에 대해서는 자유로 간주될 수 있으나, 동시에 현상에 대해서는 자연의 필연성에 의한 현상으로부터 오는 결과로 여겨진다. 이 구별은 그것을 일반적으로, 또 추상적으로 말하면 매우 미묘하고 애매하게 여겨질지 모르나, 그것을 적용하는 단계에서 분명해진다. 여기서 나는 오직 다음과 같은 것을 주의하고자 했을 뿐이다. 즉 모든 현상이 자연의 맥락 안에서 골고루 서로 연결되어 있다는 것은 무시할 수 없는 법칙이므로, 만일 우리가 현상의 실재성을 고집하려고 하면 이 법칙은 필연적으로 자유를 모두 전복시키지 않을 수 없다는 것이다. 그러므로 이 점에서 일반적인 의견을 따르는 사람들도 이제까지 자연과 자유를 서로 협조시키는 데 성공하지 못했던 것이다.

자연 필연성의 일반적 법칙과 조화되는 자유에 의한 인과성의 가능성

나는 감각의 대상에 밀착하면서 그 자신이 현상이 아닌 것을 가상적이라고 일컫는다. 따라서 감각계에서 현상이라고 보아야 할 것이, 그 자체로서 감성적 대상이 아닌 어떤 능력을 가지고 있으며, 그 능력이 현상의 원인이 될 수 있다고 하자. 그렇게 되면 우리는 이와 같은 존재자의 인과성을 두 가지로 생각할 수가 있다. 사물 자체인 인과성의 행위 측면에서 가상적인 것으로 보거나, 감각계 현상인 행위의 결과 측면에서 감각적인 것으로 보는 것이다. 따라서 우리는 이와 같은 주관의 능력에 대해 그 원인성의 경험적 개념과 지적 개념을 만들 수 있을 것이다. 그렇기 때문에 우리는 이와 같은 주체 능력의 인과성을, 경험적이며 동시에 지적인 것으로 해석할 것이다. 이들 인과성은 동일한 결과에 대해 동시에 일어나는 것이다. 감각 대상의 능력을 생각하는 이와 같은 이중적 측면은, 우리가 현상과 가능한 경험에 돌리지 않으면 안 될 어떤 개념과도 모순되는 것이 아니다. 왜냐하면 현상은 그 자신이 사물은 아니므로 그 밑바탕에는 현상을 한낱 관념으로서 규정하는 초월적 대상이 있어야 하기 때문이며, 우리가 이와 같은 초월적 대상에 그것이 현상하는 특성 이외에 현상이 아닌 인과성을 덧붙인다고 해도 그것을 방해하는 것은 아무것도 없기 때문이다. 하지만 이 인과성의 결과는, 그럼에도 불구하고 현상 안에서 찾아볼 수 있는 것이다. 그러나 어떠한 작용 원인도 성격을 갖는다. 즉 그 원인의 인과성 법칙을 갖는다. 이 법칙이 없으면, 작용 원인은 전혀 원인 구실을 할 수가 없을 것이다. 거기에서는 현상으로서, 흔들림 없는 법칙에 의해서 첫째로 경험적 성격을 가질 것이다. 그것에 의해 주체의 행위는 현상으로서, 흔들림 없는 법칙에 의해서 다른 현상과 철두철미 서로 연결될 수가 있을 것이다. 따라서 다른 현상과 결부해서 자연 질서의 유일한 계열의 항을 이루게 될 것이다. 둘째로, 우리는 이 주체에 가상적 성격도 인정하지 않으면 안 된다. 가상적 성격에 의해서, 이 주체는 현상으로서 그 행위의 원인이기는 하지만, 그 성격 자체는 감성의 제약 아래에는 없고, 그 자체는 현상이 아니다. 또 우리는 첫째 성격을 현상에서의 사물 성격이라 부르고, 둘째 성격을 사물 자체의 성격이라고 부를 수도 있을 것이다.

그런데 이 행위적 주체는 그 가상적 성격 면에서는 시간 조건 아래에는 종속되지 않을 것이다. 왜냐하면 시간은 다만 현상의 제약일 뿐이지, 사물 자체의 조건은 아니기 때문이다. 행위하는 주체에서는 그 어떤 행동도 생기거나 사라지지는 않을 것이다. 따라서 이 주체는 모든 시간 규정의 법칙, 모든 변화하는 것의 법칙에는 따르지 않을 것이다. 그 법칙이란, 생기는 것은 모두 현상(앞선 상태의) 안에 그 원인을 갖는다는 것이다. 한마디로 말해 주체의 인과성은 그것이 본질적인 한, 감각계 안에 있는 사건을 필연적인 것으로 만드는 경험적 제약의 계열 안에는 결코 있지 않을 것이다. 이 가상적 성격은 확실히 직접적으로는 결코 알려지는 일은 없을 것이다. 왜냐하면 우리는 무슨 일이든 그것이 현상으로 나타나는 한에서만 지각할 수 있기 때문이다. 그래도 가상적 성격은 경험적 성격에 따라 생각하지 않으면 안 될 것이다. 그것은 우리가 초월적인 대상 그 자체가 무엇인가를 전혀 몰라도, 그것을 생각 속에서 현상의 바탕에 놓아야만 하는 것과 같다.

따라서 이 주체는 현상으로서는 그 경험적 성격에 의해서, 규정의 모든 법칙에 의해서 인과 결합의 지배 아래 있을 것이다. 만일 그렇게 된다면 이 주체는 감각계의 일부분에 지나지 않으며, 그 결과는 다른 모든 현상과 마찬가지로 자연으로부터 필연적으로 파생된 것이리라. 마치 주체의 경험적 성격, 즉 그 인과성의 법칙이 경험에 의해 인식되는 것과 마찬가지로, 외적 현상이 이 주관에 영향을 주도록 주체의 모든 행위는 자연법칙에 의해서 설명되어야 할 것이다. 그리고 현상을 완전하고 필연적으로 규정하기 위한 모든 필요 사항은, 가능한 경험 안에서 찾아야 할 것이다.

그러나 주체의 가상적 성격(그것에 대해서 비록 우리가 대체적인 개념밖에는 가질 수 없다고 해도)에 따라서, 동일한 이 주체는 감성의 모든 영향과 현상에 의한 규정으로부터 해방되지 않으면 안 된다. 그리고 그 주체가 가상체인 한, 거기에서는 아무것도 생성하지 않으며, 역학적인 규정을 필요로 하는 어떤 변화도, 또한 원인으로서의 현상과의 어떤 결합도 발견되지 않는다. 그러므로 활동하는 이 존재자는 그 행위에서, 단지 감각계에서밖에 찾아볼 수 없는 모든 자연 필연성으로부터 독립되어 자유로울 것이다. 우리가 이 존재자에 대해서 다음과 같이 말한다는 것은 옳은 일이다. 이 존재자는 그 결과를 감각계에서 스스로 시작하지만, 행위는 존재자 자신에서 시작하는 것이 아니라고. 그렇다고 해서 감각계에서의 결과가 스스로 시작된다는 것은 아니다. 왜냐하면 감성계에서의 결과는 언제나 선행 시간 안에 있는 경험적 조건에 의해―하지만 경험적 성격(이 것은 가상적 성격의 현상에 지나지 않는다)을 매개로 해서만이―미리 규정되어 있기 때문이며, 자연 원인의 계열이 속행함으로써 가능하기 때문이다. 이렇게 되면 자유와 자연은 동일한 행위에서 각각 우리가 그 행위를 본질적 원인에 견주느냐 또는 감성적 원인에 견주느냐에 따라, 동시에 그리고 아무 모순 없이 양자의 완벽한 의미에서 병립할 수 있을 것이다.

보편적 자연 필연성과 결부된 자유의 우주론적 이념의 해명

나는 먼저 우리의 초월적 문제를 해결하는 윤곽을 그려보는 것이 좋다고 생각했는데, 그렇게 하는 편이 문제를 해결하는 이성의 경과를 개관하기 쉬울 것이기 때문이다. 여기에서 우리는 해결을 결정짓는―본디 그것이 문제이기는 하지만―원인을 풀어헤쳐서 개개의 원인을 하나하나 고찰해 보고자 한다.

생기는 것은 모두 원인을 갖는다. 이 원인의 인과성, 곧 행위는 시간적으로 선행하는 것이며, 거기에서 일어난 결과에 대해서는 그 자신이 언제나 있어왔던 것일 수는 없고 생긴 것이라야 하기 때문에, 그 인과성도 현상 안에 그 원인을 갖는다. 이 인과성에 의해서 모든 사건은 경험적으로 규정된다. 이 법칙에 의해 비로소 현상은 하나의 자연을 이루어 우리에게 경험의 대상이 되는데, 이 법칙이 지성 법칙이다. 그리고 현상은 그 어떤 핑계로도 이 지성 법칙을 벗어나거나 이 법칙에서 제외되는 일이 허용되지 않는다. 그렇지 않으면 우리는 현상을 모든 가능한 경험의 대상과 구별해서, 그것을 단순한 상상물이나 망상으로 꾸미는 결과가 될 것이기 때문이다.

그러나 비록 여기에서는 원인의 연쇄는 그 조건에의 후진에서 절대적 전체성을 전혀 허용하지 않는 것처럼 여겨진다 하더라도, 우리는 조금도 염려할 필요가 없다. 왜냐하면 이와 같은 염려는 이성이 현상의 계열에서 무조건적인 것을 지향할 때, 이미 이율배반의 일반적 판정에서 제거되어 있기 때문이다. 만일 우리가 초월적 실재론의 기만에 양보하려고 한다면, 자연도 자유도 남지 않을 것이다. 여기서 문제는 다음과 같은 것일 뿐이다. 우리가 모든 사건의 전 계열에서 오직 자연의 필연성만을 승인하는 경우, 같은 사건이 한편에서는 단순한 자연 결과에 지나지 않는데, 그것을 다른 한편에서는 자유로부터의 결과로 볼 수가 있는가, 그렇지 않으면 이들 두 종류의 인과성 사이에는 명확한 모순을 볼 수 있는가 하는 점이다.

현상의 원인 가운데에는, 계열을 절대적으로 스스로 시작할 수 있는 것은 물론 하나도 없다. 어느 행동도 현상으로서의 사건을 일으키는 한, 그 자신이 사건 또는 결과이며 그것은 원인을 갖는 다른 상태를 전제로 한다. 그렇기 때문에 시간적 순서에서의 자연 원인의 작용은 그 자체가 모두 역시 결과이다. 그 결과는 원인을 마찬가지로 시간 계열 안에 전제하는 것이다. 지금까지 없었던 무엇인가를 일으키는 근원적 현상의 인과적 결합으로부터 기대할 수 없는 것이다.

그러나 도대체 결과가 현상이라면, 그 자신도 현상(즉 원인)인 그 원인의 인과성도 모두가 경험적일 수밖에 없는 것일까? 오히려 다음과 같은 일이 가능하지 않을까? 현상의 어떠한 결과에도 그 원인과의 결합이 경험적 인과성의 법칙에 따라 필요하다 하더라도 이 경험적 원인성 자체는 자연 원인과의 연관성을 조금도 손상시키지 않고, 비경험적이고 가상적인 인과성의 결과일 수 있다는 것이 가능하지 않을까 하는 것이다. 다시 말하면 이 원인성은 현상이 아니라, 그 능력으로 보아 본질적인 하나의 원인의 결과가 아닐까 하는 것이다. 하지만 결과는 전적으로 자연 연쇄의 한 항으로서, 감각계에 속하는 것으로 간주하지 않으면 안 되는 것이다.

자연의 사건에 대해 자연의 조건을, 즉 현상의 원인을 찾아서 그것을 제시할 수 있기 위해서는, 우리는 현상 상호 간의 인과성 명제가 필요하다. 이것이 인정되고, 그 어떤 예외에 의해서도 약화되지 않는다고 하자. 그러면 지성은 모든 사건에서 그것이 경험적으로 사용되었을 때, 자연 말고는 안중에 없고, 또 그렇게 할 권한을 가지며, 자기가 요구할 수 있는 모든 것을 손안에 넣는다. 그리고 물리적 설명은 아무런 지장도 없이 계속 자기 길을 갈 수 있는 것이다. 그런데 원인 가운데는 단순히 가상적 능력을 가진 원인이 있다고 상정한다 해도, 예컨대 그것이 생각되어 나온 것이라고 해도 지성을 조금도 손상시키지 않는다. 왜냐하면 그와 같은 능력을 행위에 작용하도록 규정하는 것은 결코 경험적 조건에 근거하는 것이 아니라, 지성의 근거에 입각하는 데에 지나지 않기 때문이다. 따라서 이것을 원인으로 하는 현상의 행위는, 경험적 인과성의 모든 법칙에 합당하기 때문이다. 그렇게 해서 행위하는 주체는 현상적 원인으로서, 모든 행위가 밀접하게 의존하는 자연과 연동하고 있을 테니까 말이다. 이 주체의 현상만이 (현상의 모든 인과성과 함께) 어떤 조건을 포함할 것이다. 그 조건은 우리가 경험적 대상에서 초월적 대상으로 상승하려고 한다면, 단순히 이 가상적인 것으로 간주하지 않으면 안 될 것이다. 왜냐하면 만약에 우리가 현상 아래에서 원인으로 여겨지는 것에서만 자연을 따르려고 한다면, 우리는 경험적으로는 알려지지 않은 초월적 주체에서 이들 현상과 그 맥락에 어떠한 원인을 생각할 수 있는가 하는 점으로 번거로움을 겪지 않아도 되기 때문이다. 이 가상적 근거는 경험적인 문제에는 전혀 관여하지 않으며, 말하자면 순전히 순수지성에서의 사고에만 관계할 뿐이다. 그리고 이 사고와 순수지성의 행위 결과가 현상에서 발견된다 하더라도, 그 결과는 자연법칙에 의한 현상의 원인으로부터는 완전히 설명할 수가 없는 것이다. 왜냐하면 최고의 설명 근거로서, 원인이 단순히 경험적 특성에 따르기 때문이다. 그리고 그 성격의 초월적 원인이 되는 가상적 특성이, 그 경험적 징표로서 적어도 경험적 특성으로부터도 제시되지 않는 한, 우리는 그것을 전혀 알 수 없는 것으로 간과해 버리기 때문이다. 이것을 경험에 적용해 보기로 하자. 인간은 감성계 현상의 하나이며, 그러한 한에서 자연 원인의 하나이기도 하다. 자연 원인은 경험적 법칙에 따르지 않으면 안 된다. 이를 위해 인간은 그와 같은 것으로서, 다른 모든 자연물과 마찬가지로 경험적 특성을 가지고 있지 않으면 안 된다. 우리는 이 경험적 성격을 인간이 그 활동에 의해 밖으로 나타내는 힘이나 능력을 통해서 안다. 생명이 없는 자연, 또는 단순히 동물적인 생명만 가지고 있는 자연을 앞에 두고, 우리는 단지 감성적으로 조건지워져 있는 능력 이외의 것을 생각할 이유는 없다. 인간은 다른 자연을 모두 감각을 통해서 알 수밖에 없는데, 자기 자신을 단순한 통각에 의해서 인식하고, 더욱이 감각의 인상이라고는 볼 수 없는 행위나 내적 규정에서 자기 자신을 인식한다. 인간은 자신 자신에게 물론 한편으로는 현상이면서도, 다른 한편으로 어떤 능력에 있어서는 단순히 가상적 대상인 것이다. 왜냐하면 인간의 행위는 단순히 감성의 수용성에 의한다고 할 수 없기 때문이다. 우리는 이들 능력을 지성과 이성이라고 부른다. 특히 이성은 본디 탁월한 방식으로, 경험적으로 제약된 모든 능력과는 완전히 독자적으로, 그리고 현저하게 구별된다. 왜냐하면 이성은 그 대상을 오직 이념에 따라 고찰하고, 또 지성이 그 개념을 (마찬가지로 순수하기는 하지만) 경험적으로 사용할 때 지성을 이념에 의해 규제하기 때문이다.

그런데 이 이성이 인과성을 갖는다는 것, 적어도 우리는 그와 같은 인과성을 이성에서 생각에 떠올린다는 것은 우리가 모든 실천적인 것의 영역에서 실행하는 힘에 규칙으로서 부과하는 명령에 비추어 볼 때 명확하다. '~해야 한다'는 모든 자연 안에서 달리 볼 수 없는 일종의 필연성 및 근거와의 결합을 나타내고 있다. 지성은 자연을, '이렇다' 또는 '이러했다' 또는 '이럴 것이다' 인식할 수 있을 뿐이다. 그 경우 무엇인가가 이들 시간 관계에서, 실제로 있는 것 이외이어야 하는가는 불가능하다. 본디 자연의 경과만을 염두에 둔다면, '~해야 한다'는 전혀 뜻을 이루지 않는 것이다. 우리는 "자연에서 무엇이 일어나야 하는가?"라고는 전혀 물을 수 없다. 마찬가지로 "원(圓)은 어떤 성질을 가져야 하는가?"라고 물을 수 없다. 우리가 할 수 있는 질문은, "자연에서 무엇이 일어나는가?" 또는 "원은 어떤 성질을 가지고 있는가?"이다.

본디 이 '~해야 한다'는 가능한 행위를 나타내는 것으로 그 근거는 단순한 개념에 지나지 않는다. 그런데 '~해야 한다'가 현상을 향하고 있다면, 행위는 어느 경우나 자연 조건 아래에서 가능하다. 그러나 이들 자연 조건은 선택의지의 결정이 아니라, 현상에서의 그와 같은 결정의 결과와 성과에만 관련된다. 비록 나를 '~하자'로 몰아세우는 갖가지 자연적 근거가 있고, 갖가지 감성적 자극이 있다고 해도, 이들 자연적 근거는 '~해야 한다'를 낳지는 못한다. 이들은 필연적이라고 하기에는 먼, 언제나 제약된 '~하자'를 낳게 할 뿐이다. 이에 반해 이성이 명령하는 '~해야 한다'는 기준이자 목표이며, 또 금지이자 경위로서, 지금 말할 것의 대극(對極)에 있다. 단순한 감성의 대상(쾌적한 것)도 있는가 하면, 순수이성의 대상(선한 것)도 있을 것이다. 그러나 이성은 경험적으로 주어진 근거에 따르지 않고, 사물이 현상에서 나타내는 바와 같은 질서에는 따르지 않고 완전히 자발적으로, 이념에 의한 독자적인 질서를 스스로 낳는다. 이성은 이 질서에 경험적 조건을 일치시켜, 더욱이 생기지도 않았고, 아마도 생기지도 않을 행위를 경험적 조건에 따라 필연적이라고 선언한다. 그럼에도 불구하고 이성은 그와 같은 행위에 대해서 인과성을 가질 수 있다는 것을 전제하고 있다. 그렇지 않으면 이성이 그 이념으로부터 결과를 기대하는 일은 없을 것이기 때문이다.

이제 우리는 여기서 일단 멈추고, 적어도 이성은 실제로 현상에 대해서 인과성을 가질 수 있다고 가정해 보자. 그렇다면 아무리 이성이라 해도, 이성 자신이 경험적 특성을 보이지 않으면 안 된다. 왜냐하면 어떠한 원인도 일정한 현상을 결과로서 후속시키는 규칙을 전제로 하고, 어떠한 규칙도 원인(능력으로서의)의 개념을 확실한 것으로 하는 결과의 동등함을 필요로 하기 때문이다. 원인의 개념이 단순한 현상에서 밝혀져야만 하는 한, 우리는 그것을 그 개념의 고정불변한 경험적 특성이라고 일컬을 수가 있다. 하지만 결과는 그것에 수반되는, 부분적으로 제약하는 조건의 차이에 의해서 일정하지 않는 모양으로 현상한다.

그래서 본디 어떠한 인간이나 자기의 의지 선택의 경험적 특성을 갖는다. 이 특성은 인간 이성의 어떤 특성이 현상에서 결과에 규칙을 나타내는 한, 바로 그 인과성이다. 우리는 그 규칙에 의해서 이성 근거와 그 행위를, 그 존재 방식과 정도에 따라 추정하여 자기 선택의지의 주관적 원리를 판정할 수가 있다. 왜냐하면 이 경험적 특성 자체는 결과로서의 현상으로부터, 또는 경험에 의해 주어지는 현상의 규칙으로부터 이끌어 내지 않으면 안 되기 때문이다. 그렇다면 현상에 있어서의 인간의 모든 행위는 그 경험적 특성과 자연의 질서에 따라 함께 작용하는 다른 원인에 의해서 규정되어 있다. 그리고 만일 우리가 인간의 선택의지의 모든 현상을 그 근거까지 밝힐 수 있다고 하면, 우리가 확실히 예언할 수 없는 인간의 행위, 또 선행하는 조건에서 필연적이라고 인식할 수 없는 인간의 행위는 하나도 존재하지 않을 것이다. 그러므로 이 경험적 특성에 대해서는 어떤 자유도 존재하지 않는 것이다. 하지만 우리가 오로지 관찰만 하려고 한다면, 또 인간학에서 하는 것처럼 인간 행위의 운동 원인을 자연학(생리학)적으로 밝히려고 할 때에만, 우리는 이 경험적 특성에 의해서 인간을 고찰할 수 있다.

그러나 우리가 전적으로 동일한 행위를 이성과의 관계에서 고찰한다면 어떨까? 더욱이 그 행위의 근원을 설명하기 위해 사변적 이성과의 관계에서 고찰하는 것이 아니라, 오직 이성이 행위 자체를 낳는 원인이 되는 이성으로서 고찰하면 어떨까? 한마디로 말하면, 이들 행위를 실천적 의도를 가진 이성과 대비하는 것이다. 그러면 우리는 자연의 질서와는 전혀 다른 규칙과 질서를 발견하게 된다. 왜냐하면 자연의 흐름에 따라 일어나고, 그 경험적 근거에 의해서 불가피하게 일어나지 않으면 안 되었던 것은, 모두 거기에서 일어나지 않았어야 할지도 모르기 때문이다. 그러나 때로 우리는 다음의 일을 인정하고, 또한 적어도 인정한다고 믿는다. 이성의 이념이 실제로 현상으로서의 인간 행위에 대해 인과성을 증명했으며, 그리고 그 행위가 경험적 원인에 의한 것은 더더욱 아니고, 이성의 근거에 의해 규정되었기 때문에 생긴 것이라고. 그런데 이성은 현상에 대해서 인과성을 갖는다고 말할 수 있다고 가정해 보자. 그때, 이성의 행위는 자유라고 말할 수 있을까? 왜냐하면 행위는 그 경험적 특성(감각이라고 하는 방식의)에 의해서 엄격하게, 또 필연적으로 규정되어 있기 때문이다. 경험적 특성은 다시 가상적 특성(사고라고 하는 방식의)에서 규정되어 있다. 그러나 우리는 이 사고라고 하는 성격을 모르며, 본디 감각이라고 하는 방식(경험적 특성)만이 직접적으로 인식하게 해주는 현상을 통해 그것을 특징짓는 것이다.[29]

그럼에도 불구하고 행위는, 그 원인인 사고라고 하는 양식에 귀속되는 한, 이 원인에서 경험적 특성에 의해 생기는 것은 전혀 아니다. 다시 말해 조건은 순수 이성에 선행하는 것이 아니라, 단순히 내적 감각의 현상들에서의 결과에 선행할 뿐이다. 순전히 가상적 능력인 순수이성은 시간 형식에는 지배되지 않고, 따라서 또 시간 순서의 조건에도 지배되지 않는다. 가상적 성격으로서의 이성의 원인성은 생기는 일이 없고, 또 어떤 결과를 낳기 위해 어떤 때에 시작하는 일도 없다. 그렇지 않다고 하면 이성의 인과성 자신은 인과 계열을 시간으로 규정하는 한, 현상의 자연법칙의 지배 아래 놓이게 될 것이기 때문이다. 또 그렇게 되면 그 인과성은 자연이지 자유가 되지 않기 때문이다. 따라서 우리는 다음과 같이 말할 수 있을 것이다. 이성이 현상에 대해 인과성을 가질 수 있다면, 이성

---

29) 그러므로 행위의 진정한 도덕성(공적과 허물)과, 우리 자신의 행동의 도덕성까지도, 우리에게는 완전히 숨겨진 채로 있다. 우리의 책임은 경험적 성격에만 관계시킬 수 있는 것이다. 그러나 그 가운데 어느 정도의 순수한 결과가 자유에 귀속되고, 어느 정도가 단순한 자연과 기질의 과실 없는 허물에 귀속될 것인지, 그렇지 않으면 그 행운의 성질(행운의 공적)에 귀속될 것인지는 아무도 밝혀낼 수 없고, 따라서 또한 완전히 공정한 판정을 내릴 수도 없다.

은 결과의 경험적 계열의 감성적 조건을 처음으로 일으키는 능력이라고. 왜냐하면 이성 안에 있는 조건은 감성적이 아니므로, 그 자체만으로는 스스로를 시작할 수 없기 때문이다. 이에 따라 거기에서는 모든 경험적 계열에서는 볼 수 없었던 일을 볼 수가 있다. 그것은 사건의 계기적 계열의 조건 자체는 경험적으로 무제약적인 것이었다는 점이다. 왜냐하면 여기에서는 조건은 현상의 계열 밖(가상적인 것 안)에 있으며, 감성적 조건에도, 또한 선행하는 원인에 의한 시간 규정에도 종속하지 않기 때문이다.

그러나 바로 동일한 원인이 다른 관계에서는 현상의 계열에도 속한다. 인간은 그 자신이 현상이다. 인간의 의지는 모든 행위(경험적)의 원인인 어떤 경험적 성격을 갖는다. 그 선택의지는 경험적 특성을 가지며, 이것은 그의 모든 행위의 (경험적인) 원인이다. 인간을 이 경험적 특성으로 규정하고 있으면서, 자연 결과의 계열에 포함되어 있지 않는 조건, 또 결과의 법칙에 따르지 않는 조건은 하나도 없다. 그 법칙에 의하면 시간 안에서 일어나는 일에 대한 경험적으로 무조건적인 인과성은 전혀 발견되지 않는다. 그러므로 주어진 행위라 하더라도 (현상으로서 지각될 수 있으므로) 절대적으로 스스로 시작하는 일은 할 수 없는 것이다. 그러나 이성에 대해서는 이성이 선택의지를 규정하는 상태에, 이 상태 자체를 규정하는 다른 상태가 선행한다고 말할 수 없다. 왜냐하면 이성 자신은 현상이 아니고(존재자의 자기의식 자체가 현상이므로), 감성의 어떤 제약에도 종속하지 않으므로 이성에서는, 또 이성의 인과성 개념에 있어서조차도, 시간 순서는 볼 수가 없기 때문이다. 따라서 규칙에 의해서 시간의 순서를 규정하는 자연의 역학적 법칙은, 이성에는 적용될 수 없기 때문이다.

그러므로 이성은 선택의지에 의한 모든 행위의 고정불변적인 조건이며, 이 행위 아래에서 인간은 현상하는 것이다. 이들 행위는 어느 것이나, 현상으로서 생기기 전에, 인간의 경험적 특성에 의해 미리 규정되어 있다. 가상적 특성―경험적 특성은 그 도식에 지나지 않는다―에 대해서는, '앞서서' 또는 '뒤에서'와 같은 일은 성립되지 않는다. 모든 행위는 다른 현상과 공존하는 시간 관계에 상관없이, 순수이성의 가상적 특성의 직접적인 결과이다. 따라서 이성은 자연 원인의 연쇄 안에서 내적 또는 외적 근거에 의해서, 그러나 시간적으로 선행하는 근거에 의해서 역학적으로 규정되지 않고, 자유롭게 작용한다. 이성의 이 자유를, 우리는 단지 소극적으로 경험적 조건에 의존하지 않는 일이라고 간주해서는 안 된다(그렇게 되면 이성의 능력은 현상의 원인이 될 수 없기 때문이다). 그렇지 않고 우리는 이성을 적극적으로, 사건의 계열을 스스로 시작하는 능력으로서 특징지울 수가 있다. 따라서 이성 그 자체에서는 아무것도 시작되지 않으며, 이성은 선택의지에 의한 모든 행위의 무조건적 조건으로서, 시간적으로 앞서는 그 어떤 조건도 자신 위에 허용하는 일은 없다. 하지만 이성의 행위는 현상 계열에서 시작한다. 그러나 그 행위도 현상 계열 안에서는, 절대적으로 제1의 시작을 이룰 수는 없다.

이성의 통제적 원리를 경험적 사용의 한 예로 해설하기 위해서는―단, 그것을 보증하기 위한 것이 아니라(왜냐하면 그와 같은 증명은 초월적 주장에는 알맞지 않기 때문이다)―선택의지에 의한 행위로서, 악의가 있는 거짓으로 어떤 사람이 사회에 혼란을 초래한 경우를 들어보면 좋다. 우리는 그 거짓을 먼저 그 동기에 대해서 조사하고, 그 결과를 포함해서 어떻게 책임질 수 있는가를 판정한다. 제1의 의도에서 우리는 그의 경험적 특성을 그 원천에 이르기까지 면밀하게 조사하고, 그 근원을 나쁜 교육이나 사회에, 또 일부는 수치에 대해 무감각한 천성의 악의에서 구하고, 또 일부는 경솔함과 신중하지 못한 탓으로 돌린다. 이때 우리는 그 행위를 일으켰을 때의 원인을 무시하지 않는다. 이 모든 절차를 취할 때, 우리는 어떤 주어진 자연의 결과를 규정하는 원인의 계열을 조사할 때와 같은 처치를 한다. 비록 우리가 그와 같이 해서 행위를 밝혔다고 생각해도, 그래도 우리는 당사자를 비난하는 것이다. 더욱이 그렇게 하는 것은 그의 불행한 천성 때문도, 또 그에게 영향을 미치는 환경 때문도 아니고, 하물며 그가 이전에 한 처신 때문도 아니다. 왜냐하면 우리는 품행이 어떠했던가를 완전히 무시할 수 있으며, 지나간 조건의 계열을 제쳐놓을 수 있지만, 이번 행동은 마치 당사자가 그것에 의해서 계기의 계열을 완전히 자기 자신으로부터 시작한 것처럼, 이전의 상태에 대하여 전혀 제약되지 않은 것으로 볼 수도 있다고 전제하기 때문이다. 이와 같은 비난은 이성의 법칙에 근거하는 것이다. 그 경우 우리는 이성을 원인으로 보고, 그 원인은 지금 든 모든 경험적 조건에 상관없이 인간의 행동을 다르게 규정할 수 있었으며, 또 규정했어야 했던 것이다. 더욱이 감성적 동기가 찬성을 하든, 전적으로 반대를 하든 우리는 이성의 원인성을 말하자면 단순히 경합 상대와 같이가 아니라, 그 자체를 완전한 것으로 본다. 행위는 그의 가상적 성격으로 돌려지고, 그가 거짓말을 한 순간 그 책임은 전적으로 그에게 있는 것이다. 따라서 이성은 행위의 모든 경험적 조건에도 불구하고 완전히 자유이며, 이 행위는 전적으로 이성을 게을리한 일로 귀착시킬 수가 있다.

책임을 지게 하는 이 판단에서, 우리는 사람들이 다음과 같은 생각을 가지고 있다는 사실을 쉽사리 알 수 있다. 즉 이성은 앞에서 말한 감성에 의해 촉발되지 않는다는 것, 이성은 변화하지 않는다는 것(비록 그 현상이, 곧 이성이 결과에서 나타나는 방식이 변화하더라도), 이성 안에서는 후속하는 상태를 규정하는 어떠한 상태도 선행하지 않는다는 것, 말하자면 이성은 자연법칙에 의해서 현상을 필연적으로 만드는 것과 같은 감성적 조건의 계열에는 전혀 속하지 않는다는 것이다. 그 이성은 인간의 모든 행위에, 모든 시간적 상태에서 나타나 있고 또한 한결같은 것이지, 이성 자신은 시간 안에 있지 않으며, 이전에는 놓이지 않았던, 말하자면 새로운 상태로 들어가는 일은 없는 것이다. 이성은 그와 같은 새로운 상태를 규정하지만, 그것에 의해 규정되는 것은 아니다. 그러므로 우리는 왜 이성은 지금과 다르게 규정하지 않았는가 물을 수는 없고, 다만 이성은 왜 그 인과성에 의해서, 현상을 지금과 다르게 규정하지 않았는가 물을 수 있을 뿐이다. 그러나 그것에 대해 대답하는 것은 불가능하다. 왜냐하면 다른 가상적 특성이 다른 경험적 특성을 주었을 것이기 때문이다. 또 우리가, 행위자가 그때까지 해온 모든 품행을 가지고서도 거짓말을 하지 않을 수도 있었다고 말한다면, 그것은 거짓말이 직접적으로 이성의 지배 아래 있으며, 이성이 그 인과성에서 현상과 시간 경과의 그 어떤 조건에도 따르지 않는다는 것을 의미한다. 시간에 관한 차이는 확실히 현상 상호 간의 주요한 구별을 하는 것이기는 하지만, 현상은 사물이 아니고, 따라서 또한 원인 그 자체가 아니므로, 이성과의 관계에서의 행위 차이를 이루지 않는 것이다.

그렇기 때문에 우리는 자유로운 행위의 인과성에 대해서, 그 판정을 가지고 가상적 원인까지 갈 수는 있어도, 그 앞으로 뛰어넘을 수는 없다. 우리는 행위가 자유라는 것, 즉 감성은 독립적으로 규정될 수 있다는 것, 그리고 그와 같은 방식으로 현상의 감성적 무조건적인 조건일 수 있다는 것을 인식할 수 있다. 그러나 가상적 특성이 왜 지금 문제가 되어 있는 상항 아래에서, 바로 이 현상과

이 경험적 특성을 부여하는가 하는 물음에 대답한다는 것은 우리 이성의 모든 능력을 초월한 것이며, 묻는다고 하는 이성의 모든 권능조차도 초월하고 있다. 그것은 마치, 어째서 초월적 대상은 우리의 외적인 감성적 직관에 바로 공간에서의 직관만을 주고, 다른 직관을 주지 않는가 하고 묻는 것과 같다. 그렇지만 우리가 해결하지 않으면 안 되었던 과제는 이것과는 전혀 결합되지 않는다. 왜냐하면 우리의 과제는, 자유와 자연 필연성은 동일한 행위에서 서로 받아들여질 수 없는 것인가를 밝히는 것이었기 때문이다. 그리고 우리는 그것에 대해서 충분히 대답을 한 것이다. 왜냐하면 우리는 자유에 대해서는, 자연 필연성의 경우와는 전혀 다른 조건과의 관계가 가능하다는 것을 제시했으며, 자연 필연성의 법칙은 자유를 손상시키지 않고, 따라서 양쪽 모두 독립적으로, 또 서로 방해를 받지 않고 공존할 수 있기 때문이다.

＊　＊　＊

여기서 충분히 주의하지 않으면 안 되는 것은, 우리가 지금까지 말해 온 것에 의해 감성계 현상의 원인이 포함된 능력의 하나인 자유의 현실성을 밝히려고 의도한 것이 아니라는 점이다. 왜냐하면 이것이 순전히 개념만을 다루는 초월적 고찰이 아니었다고 한다면, 성공도 할 수 없었을 것이기 때문이다. 우리가 전적으로 경험 법칙에 의하지 않고 생각하지 않으면 안 될 것을, 경험에서 추리할 수는 없으니까 말이다. 더 나아가 우리는 또한, 자유의 가능성을 증명하려고도 하지 않은 것이다. 왜냐하면 그것 또한 성공하지 못했을 테고, 우리는 본디 실재 근거나 인과성의 가능성을 단순한 선험적 개념으로부터는 인식할 수 없기 때문이다.

여기에서 자유는 초월적 이념으로서만 다루어지는 것이다. 이념은 이 초월적 이념에 의해서 현상의 조건 계열을 감성적으로 무제약적인 것을 통해 절대적으로 시작할 것을 생각한다. 그러나 이성은 이때, 지성의 경험적 사용을 규정하는 자기 자신의 법칙들과의 이율배반에 빠지게 된다. 그런데 이 이율배반은 가상에 입각한다는 것, 또한 자연은 자유에 근거한 인과성과 적어도 충돌은 하지 않는다는 것, 그것이 우리가 밝혀낼 수 있었던 것이며, 우리에게 유일하고 중요한 일이었던 것이다.

Ⅳ. 현상적 현실 존재의 의존성 전체성에 대한 우주론적 이념의 해결

앞에서 우리는 역학적 계열의 감각계 변화를 고찰했다. 왜냐하면 그 어떤 변화도 그 원인인 다른 변화에 종속되기 때문이다. 이제 우리는 이 역학적 계열을 변화하는 모든 것의 최고 조건이 될 수 있는 어떤 현실 존재, 즉 필연적 존재자에 이르는 성과를 위해서만 사용한다. 여기서는 무조건적 인과성이 아니고, 실체의 무조건적인 현실 존재 그 자체가 문제가 된다. 따라서 우리가 직면하고 있는 계열은 단순히 개념의 계열이지, 하나의 직관이 다른 직관의 조건이 되는 한에서의 직관 계열이 아니다.

그러나 우리는 현상의 총체에서의 모든 것은 변화하며, 따라서 현실 존재에서 제약되어 있으므로, 의존적 현실 존재의 계열 중에는 그 실제적 존재가 절대적으로 필연적인 무제약적 항이 아무 데도 존재할 수 없다는 것을 쉽게 알 수 있다. 따라서 또 현상이 조건지워진 것과 함께 언제나 동일한 계열에 속한다고 하면, 필연적 존재자는 감각계의 현실 존재의 조건으로서, 결코 있을 수 없을 것이라는 점이다.

하지만 역학적 후진에는 다음과 같은 특수한 점과, 수학적 후진과는 구별되는 점이 있다. 수학적 후진은 본디 다만 부분을 하나의 전체로 총괄하는 일, 또는 부분에 대한 전체의 분해하고만 관계하기 때문에, 이 계열의 조건은 언제나 계열의 부분으로서, 즉 같은 종류의 것으로서, 따라서 현상으로 간주되지 않으면 안 된다는 것이다. 그러나 이와 달리 역학적 후진에서는, 주어진 부분으로 이루어진 무제약적 전체, 또는 주어진 전체의 무제약적 부분의 가능성이 문제가 되는 것이 아니라, 어떤 상태를 그 원인으로부터 이끌어 내는 일, 또는 필연적 현실 존재가 실체의 우연적 현실 존재 그 자체를 이끌어 내는 일이 문제가 되기 때문에, 조건은 반드시 조건지워지는 것과 함께, 하나의 경험적 계열을 이룰 필요가 없다고 하는 것이다.

따라서 우리가 당면하고 있는 표면상의 이율배반에는 아직 타개책이 남아 있다. 그것은 바로 서로 충돌하고 있는 두 명제는, 서로 다른 관계에서 동시에 참일 수 있다는 것이다. 그렇기 때문에 감각계의 모든 사물은 일관되게 우연적, 즉 어디까지나 경험적으로 제약된 현실 존재일 수밖에 없다. 그럼에도 불구하고 전체 계열에는 비경험적 조건도, 곧 무제약적으로 필연적인 존재자도 존재하는 것이다. 왜냐하면 이 무제약적으로 필연적인 존재자는 가상적인 제약이지, 계열의 한 항으로서(그 어떤 최고 항으로서가 아니라) 계열에 속하는 일 같은 것은 없기 때문이다. 또 이 존재자는 계열의 어느 항도 경험적으로 무제약적인 것으로 만들지 않으며, 감각계 전체를, 모든 항에 걸쳐 경험적으로 제약된 현실 존재 그대로 둘 것이기 때문이다. 따라서 무제약적 현실 존재를 현상의 밑바탕에 두는 이 방식은, 경험적으로 무제약적인 인과성(자유의지)—앞 소절 III에서 본—과는 구별될 것이다. 다시 말해 자유의 경우에는 사물 그 자체는—원인으로서—그럼에도 불구하고 제약의 계열에 속하여, 다만 그 사물의 원인성만이 가상적인 것이라고 생각되었다. 그러나 여기에서는 필연적인 존재는 완전히 감각계 계열 밖에(세계 밖의 존재자로서) 있는 것으로, 그리고 순전히 가상적으로 생각되어야 한다. 이와 같이 해서만이 필연적 존재자가 우연성과 모든 현상의 의존성 법칙에 따르지 않도록 막을 수가 있다.

그러므로 우리의 이 과제에 대한 이성의 통제적 원리는 다음과 같은 것이다. 감각계의 모든 것은 경험적으로 제약된 현실 존재를 가지며, 감각계에는 그 어떤 성질에 대해서도 무조건적인 필연성은 없다. 즉 조건 계열의 모든 항도, 그것을 찾을 필요가 없는 것은 하나도 없다. 그리고 우리에게는 그 어떤 현실 존재를 경험적 계열 밖의 제약 조건으로부터 이끌어 내거나, 또 그것을 계열 자체 안에 있는 것으로서, 절대적으로 독립적이고 자립적인 것이라고 간주할 권한은 없다. 단, 그렇다고 해서 다음과 같은 일을 부정할 권한도 전혀 없다. 이 계열 전체는 그 어떤 가상적 존재자(모든 경험적 조건으로부터 자유이며, 오히려 이 모든 것의 가능한 근거를 포함하고 있는)에 입각해 있을지도 모른다는 것이다.

그러나 여기서는 결코 어떤 존재자의 무조건적으로 필연적인 현실 존재를 증명한다거나, 또는 감성계 현상의 현실 존재가 단순한 가상적 조건의 가능성을, 그와 같은 존재자 위에 기초를 부여한다고 말할 생각은 없다. 그렇지 않고, 다만 이러하다. 우리는 이성이 경험적 조건이라고 하는 신뢰하는 줄을 놓지 않고, 구체적으로 말할 수 없는 초월적 설명 근거에 말려 들어가지 않도록 이성을 제한한다. 그렇기 때문에 그것과 마찬가지로, 다른 한편으로는 단순히 경험적인 지성 사용의 법칙을 제한해서, 그 법칙이 사물 일반의 가능성에 대해서 결정을 내릴 수 없도록, 또 가상적인 것이 현상을 설명하는 데 사용할 수 없는 것이라 하더라도 지성이 그것을 불가능하다고 언명하지 못하도록 할 뿐이다. 그러므로 이로써 제시되는 것은 모든 자연물과 그 모든 (경험적) 조건의 일관적 우연성은, 필연적인 조건의 선택의지적인—단순히 가상적이기는 하지만—전제와 잘 공존할 수 있다는 것이다. 따라서 이 두 주장 사이에는 아무런 모순도 찾아볼 수 없고, 그렇기 때문에 이 두 주장은 참일 수 있다는 것이다. 이와 같은 절대적으로 필연적인 지적 존재자 그 자체는 아무리 불가능하다고 해도, 그것이 불가능하다는 것은 감각계에 속하는 모든 것이 가지는 보편적인 우연성과 의존성으로부터는 결코 추리가 되지 않는다. 마찬가지로 감성계의 어느 한 가지 항—그것이 우연적인 것인 한—에서 정지해서는 안 된다고 해서, 세계 밖에 있는 원인을 참고로 끌어내는 원리로부터도, 결코 추리가 되지 않는다. 이성은 경험적 사용에서의 길과, 초월적 사용에서의 특수한 길을 가는 것이다.

감성계는 현상 이외의 것을 포함하고 있지 않다. 그러나 현상은 단순한 관념이며, 그것은 어디까지 가도 감성적으로 조건이 부여되고 있다. 그리고 여기서 우리가 상대하는 것은 결코 사물 그 자체가 아니므로, 그것이 어떤 것이든 경험적 계열의 한 항으로부터 마치 그것이 사물 그 자체인 것처럼, 감성의 맥락 밖으로 비약할 권한이 없다는 것은 결코 이상한 일이 아니다. 사물 그 자체라면, 그 초월적 근거는 달리 존재할 것이다. 경험적 계열 밖에서 현실 존재의 원인을 찾기 위해서는, 우리는 사물 그 자체를 버릴 수가 있을 것이다. 그것은 물론 우연적인 사물의 경우에는 마지막으로 생기지 않으면 안 될 일일 테지만, 사물의 단순한 관념의 경우에는 그렇지가 않다. 사물 관념의 우연성 자체는 단순한 현상이며, 현상체를 규정하는 후진, 결국은 경험적인 후진 이외의 후진에는 다다르지 않는 것이다. 그러나 현상, 곧 감각계의 가상적 근거를, 더욱이 감각계의 우연성과 별개로 생각한다는 것은 현상 계열의 무제한한 경험적 후진과도, 또 현상의 일관적인 우연성과도 모순되지 않는다. 그것은 우리가 외관상의 이율배반을 제거하기 위해 제시하지 않으면 안 되었던, 이와 같이 해서만 이루어질 수 있었던 유일한 일이다. 왜냐하면 모든 피제약자(현실 존재에 대하여)에 대한 각각의 제약이 감성적이고, 바로 그렇기 때문에 계열에 속한다고 하면, 제약 자신 또한 제약된 것이기 때문이다(제4의 이율배반의 반정립이 증명하고 있는 것처럼). 그래서 무제약자를 요구하는 이성과의 다툼이 그대로 남아야 했던가, 그렇지 않으면 무제약자가 계열 밖의 가상적인 것 안에 설정되어야만 했던 것이다. 가상적인 것이 필연적이라는 것은 경험적 조건이 필요한 일도 아니고, 또 그것을 허용하지도 않으며, 따라서 현상에 대해서 무제약적으로 필연적인 것이다.

이성의 경험적 사용(감각계에서의 현실 존재의 조건에 대한)은 순전히 가상적인 존재자를 인정하기는 하나 그것에 의해서 영향을 받지는 않으며, 오히려 일관적 우연성의 원리에 의해서 경험적 조건으로부터, 언제나 마찬가지로 경험적인, 보다 높은 조건으로 나아간다. 그러나 마찬가지로 이 통제적 원칙은 이성의 순수한 사용(목적에 대해서)이 문제가 되는 경우, 계열 안에는 없는 가상적 원인을 상정하는 것을 배제하는 일도 없다. 왜냐하면 그 경우 가상적 원인은 감성적 계열 일반을 가능하게 해주기 위한, 우리에게는 단지 초월적인, 알려지지 않은 근거를 의미할 뿐이기 때문이다. 그 근거의, 계열과는 독립된, 계열에 대해서 무조건적이고 필연적인 현실 존재는 감성적 계열의 무제한한 우연성에 모순되지 않고, 그렇기 때문에 또 경험적 조건의 계열의 끝없는 후진에도 결코 모순되는 일은 없다.

순수이성의 이율배반 전체에 대한 결론

우리가 이성 개념과 함께, 다만 감각계의 여러 조건의 전체성과 그 전체성에 대해서 이성을 위한 것이 되는 것을 다루는 한, 우리의 이념은 초월적이지만 역시 우주론적이기도 하다. 그러나 우리가 무조건적인 것(이것이 본디 우리의 문제이다)을 전적으로 감각계 밖에 있는 것 안에, 따라서 모든 가능한 경험 밖에 있는 것 안에 설정하자마자, 이념은 이내 초월적이 된다. 이념은 경험적인 이성 사용의 완성(이것은 결코 완수되지 않지만, 그래도 따르지 않으면 안 되는 이념으로 남는다)을 위해 쓸모가 있을 뿐만 아니라, 경험적 사용과도 완전히 헤어져서, 또 자신을 대상으로 삼는다. 이 대상의 소재는 경험에서는 얻지 못하며, 그 객관적 실재성 또한 경험적 계열의 완결에 기인하는 게 아니라 선험적인 순수개념에 기인한다. 그와 같은 초월적 이념은 가상적인 대상을 갖는다. 그와 같은 대상을,

우리가 알 리가 없는 초월적 개체로서 인정한다는 것은 물론 허용되고 있다. 하지만 초월적 객체를 자기의 명확한 내적 술어로 규정될 수 있는 사물로 생각하기에는, 우리는 이 객체의 가능성 근거(모든 경험적 개념으로부터 독립한)도 가지고 있지 않고, 이와 같은 대상을 생각할 최소한의 변명도 가지고 있지 않다. 그러므로 초월적 객관은 단순한 사고물인 것이다. 그러나 그럼에도 불구하고 모든 우주론적 이념 가운데 제4의 이율배반을 일으킨 이념은 우리로 하여금 감히 이 길을 가도록 강요한다. 왜냐하면 현상의 현실 존재는 전적으로 자기 자신 안에 전혀 근거를 가지고 있지 않고, 언제나 제약받고 있으며, 모든 현상과 구별되는 그 무엇인가를, 즉 이 우연성에 마침표를 찍은 가상적 대상을 찾도록 우리에게 독촉하기 때문이다. 그렇지만 감성의 전 영역 밖에 스스로 존립하는 현실성을 생각하여, 현상을 단순히 지성적 존재의 우연적 관념 양식이라고 보는 것이 일단 허용된 마당에, 우리에게 남는 건 다만 유추뿐이다. 우리는 그 자체로서 조금도 알 수 없는 가상적인 사물에 대해서, 그래도 어떻게 해서든 이해하기 위해서는 유추에 의해서 경험 개념을 이용하는 것이다. 우리는 우연적인 것을 오직 경험을 통해서만 알게 되는데 여기서는 전혀 경험의 대상이 될 수 없는 것이 문제되기 때문에, 그와 같은 사물에 대한 지식을 그 자체의 필연적인 것으로부터, 곧 사물 일반의 순수개념으로부터 끌어내지 않으면 안 될 것이다. 따라서 우리의 새로운 인식을 절대적으로 필연적인 존재자의 탐구로부터 시작하여, 그와 같은 존재자의 개념에서 가상적인 모든 것의 개념을 끌어내는 것이다. 우리는 이러한 시도를 다음 장에서 해보려고 한다.

제3장 순수이성의 이상

제1절 이상 일반에 대해서

지금까지 우리는 감정의 모든 조건이 없으면, 순수지성 개념에 의해서는 어떤 대상도 표상될 수 없다는 것을 보아왔다. 왜냐하면 순수지성 개념의 객관적 실재성의 조건이 결여되어 있어, 이들 개념 안에는 사고의 단순한 형식 말고는 아무것도 발견되지 않기 때문이다. 그러나 순수지성 개념을 현상에 적용하면, 이들은 구체적으로 서술될 수가 있다. 왜냐하면 순수지성 개념은 본디 현상 안에 경험 개념의 소재를 가지고 있기 때문이다. 경험 개념이란 다름 아닌 구체적 지성 개념이다. 하지만 이념은 범주보다 더 멀리 객관적 실재성으로부터 떨어져 있다. 왜냐하면 이념을 구체적으로 나타낼 수 있는 현상은 발견되지 않기 때문이다. 이념은 어떤 종류의 완전성을 포함하고 있지만, 그 어떤 가능한 경험적 인식도 거기에 다다르지 못한다. 그때 이성은 오직 체계적 통일만을 의도하고, 경험적으로 가능한 통일을 체계적 통일로 가까이 가게 하려고 하지만 아직까지 완전히 달성된 적은 결코 없다.

그러나 내가 이상이라고 부르는 것은, 이념보다도 더욱 객관적 실재성으로부터 동떨어져 있는 것처럼 여겨진다. 먼 것같이 생각된다. 그리고 내가 말한 이 이상이란 단지 구체적인 이념은 아니며, 개별적인, 즉 이념에 의해서만 규정 가능한, 또는 규정되는 단일 사물로서의 이념을 말한다.

인간은 그 완전성 전체 안에, 이 본성에 속하는 모든 특성—이것은 인간에 대한 우리의 개념을 형성한다—을, 그 목적과 완전히 일치할 때까지 확장하는 일을 포함하고 있을 뿐만 아니라, 이 개념 외에 이념의 전면적 규정에 속하는 모든 것도 포함하고 있다. 왜냐하면 모든 대립된 술어 가운데서 한 가지만은 가장 완전한 인간의 개념에 적합할 수 있기 때문이다. 우리가 말하는 이상은 플라톤에게 있어서는 신적 지성의 이념이며, 그 지성의 순수직관에서의 유일한 대상이고, 모든 종류의 가능한 존재자 중에서도 가장 완전한 것이며, 현상 안에 있는 모든 모상(模像)의 근거였다.

그러나 그렇게 높이 올라가지 않더라도, 우리에게는 솔직하게 인정해야 할 일이 있다. 그것은 인간의 이성은 이념뿐 아니라 이상도 포함하고 있다는 것, 이상은 플라톤이 말하는 이상과 같은 창조적인 힘을 가지고 있지 않지만 실천적인 힘(통제적 원리로서의)을 가지고 있으며, 어떤 행위를 완전하게 해주는 가능성의 바탕에 있다는 것이다. 도덕적 개념은 완전히 순수이성 개념이 아니다. 왜냐하면 그 바닥에는 경험적인 것(쾌 또는 불쾌)이 있기 때문이다. 그렇다 하더라도 이성이 무법칙적인 자유에 제한을 가하는 원리와 관련해 생각해 본다면(따라서 그 형식에만 주목한다면), 도덕적 개념은 충분히 순수이성 개념의 실례로 사용할 수 있다. 덕과 함께 인간의 지혜, 그 완전한 순수성에서는 이념이다. 그러나 현자(스토아학파의)는 이상이다. 즉 머릿속에서만 존재하고, 그러면서도 지혜의 이념과 완전히 일치하는 인간이다. 이념이 규칙이 되듯이, 이상은 이 경우에 그 모상을 완전히 규정하는 원형으로서 이바지한다. 그리고 우리는 이 신적(神的) 행동 이외에는, 우리 행위의 기준을 자신 안에 가지고 있지 않다. 우리는 비록 달성할 수 없다 해도 이 신적 인간과 비교하고, 판단하며, 그렇게 함으로써 자기를 개선하는 것이다. 우리가 이념에 객관적 실재성(현실 존재)을 인정하지 않는다 해서 그것을 망상이라고 볼 수는 없다. 그보다는 오히려 이념은 나름대로 전적으로 완전한 것이라는 개념을 필요로 하는 이성에, 불완전한 것의 정도를 추정하고 측정하기 위한, 불가결한 기준이 되는 것이다. 그러나 이상을 소설에서 볼 수 있는 현자와 같은 실례에서, 즉 현상에서 실현시키려고 하는 것은 그만두는 것이 좋다. 게다가 그렇게 한다는 것은 어리석은 일이며, 그 자체로 보아 조금도 건설적인 일이 못 된다. 왜냐하면 이념에서의 완벽성을 계속 깨뜨리는 자연의 제약이 이와 같은 시도 속에 들어 있는 모든 환상을 불가능하게 만들고, 그것에 의해서 이념 속에 있는 좋은 면까지도 아리송한 것으로 만들며, 결국은 하나의 순전한 허구와 같은 것으로 만들기 때문이다.

이성의 이상에 대해서 말하자면 이러한 사정이다. 이상은 언제나 일정한 개념에 입각해 있어야 하고, 규칙과 원형—따르는 경우든, 판정하는 경우든—으로서 이바지하지 않으면 안 된다. 구상력의 산물에 대해서는 사정은 전혀 다르다. 이것에 대해서는 아무도, 자기 자신에게까지도 설명할 수 없고, 명확한 개념도 주지 못한다. 이것은 말하자면 모노그램(짝 맞춘 글자)과 같은 것이다. 그것은 표면상의 규칙에 의해 규정되지 않지만 개별적인 윤곽이다. 그 윤곽은 일정한 상(像)이라고 하느니보다는, 여러 가지 다른 경험 안에 떠도는 스케치를 이룬다. 그와 같은 것을 화가나 관상가가 머릿속에 가지고 있다고 하지만, 그것은 그들이 만들어 낸, 또는 판정을 전달할 수 없는 그림자 그림 같은 것이다. 모노그램은 감성의 이상—본디의 이름은 아니지만—이라고 일컬을 수 있다. 왜냐하면 이것은 가능한 경험적 직관이 다다를 수 없는 모형이어야 하며, 설명하고 음미할 수 있는 아무런 규칙을 제공해 주지 않기 때문이다.

이와 반대로 이성이 이상을 가지고 의도하는 것은, 선험적 규칙에 의한 전면적 규정이다. 그러므로 이성은 원리에 의해서 전면적으로 규정될 대상을 생각한다. 하지만 이를 위한 충분한 조건은 경험 안에는 없고, 그렇기 때문에 개념 자체는 초월적인 것이다.

제2절 초월적 이상(원형)에 대해서

모든 개념은 자기 자신 안에 포함되어 있지 않은 것에 대해서는 무규정이며, 규정이 가능하다는 원칙에 따른다. 이 원칙은 서로 모순적으로 대립하는 모든 두 개의 술어 가운데 하나만이 그 개념에 속할 수 있다는 것이다. 이 원칙은 모순율에 기초를 둔 것이며, 따라서 순전한 논리적 원리이다. 이 원리는 인식의 모든 내용을 무시하고, 인식의 논리적 형식 말고는 안중에 두지 않는다.

그러나 모든 사물은 그 가능성으로 본다면 전면적 규정이라는 원칙에 따른다. 이 원칙에 의하면 사물의 모든 가능한 술어는 반대되는 술어들과 비교되는 한, 이들 술어 가운데 하나가 그 사물에 속하지 않으면 안 된다. 이것은 오직 모순율에만 근거한 것은 아니다. 왜냐하면 그것은 서로 대립하는 두 개의 술어 관계 이외에, 모든 사물과 사물 일반의 모든 술어의 총체로서의 전체적 가능성에 대한 관계도 고찰하기 때문이다. 그리고 이 원리는 모든 술어를 선험적 조건으로서 전제한다. 그러므로 이 원칙은 모든 사물을, 그것이 모든 가능성에서 차지하는 정도에서 자신의 가능성을 이끌어 내는 것으로서 나타낸다.[30]

그렇기 때문에 전면적 규정의 원리는 내용에 관계되는 것이지, 단순히 논리적 형식에 관계되는 것이 아니다. 그것은 사물의 완전한 개념을 이루는 모든 술어의 종합적 원칙이며, 서로 대립하는 두 술어 가운데 하나에 의한 분석적 개념의 원칙은 아니다. 그리고 그것은 초월적 전제를 포함하고 있다. 즉 모든 가능성을 위한 실질의 전제를 포함하고 있고, 그 전제는 모든 사물을 개별적으로 가능하게 하는 자료를 선험적으로 내포하고 있어야 한다.

'실제로 존재하는 모든 것은 전면적으로 규정되어 있다.' 이 명제는 서로 대

---

30) 따라서 이 원칙에 의해 모든 사물은 공통된 상관자, 다시 말해 총괄된 가능성에 관계한다. 그리고 이 총괄된 가능성(즉 모든 가능한 술어를 위한 소재)이 유일한 사물의 이념 속에서 발견된다면, 그것은 유일한 사물의 전면적 규정의 원칙의 동일성에 의해서 모든 가능한 것의 친화성을 증명할 것이다. 모든 개념의 규정 가능성은 서로 대립되는 두 술어 간의 중간적인 것을 배제하는 원칙의 보편성에 따른다. 이에 반해 하나의 사물의 규정은 총체성, 또는 일체의 가능한 술어의 총체에 따른다.

립된 한 쌍의 주어진 술어 가운데 하나가 그 현실에 실존하는 것에 귀속된다는 것이 아니라, 모든 가능한 술어 가운데 언제나 하나가 거기에 속한다는 것을 뜻한다. 이 명제에 의해서 단지 술어가 서로 논리적으로 비교되는 것이 아니라, 사물 그 자체가 모든 가능한 술어들의 총체와 초월적으로 비교되는 것이다. 이 명제가 말하고자 하는 것은, 하나의 사물을 완전히 인식하기 위해서는 가능한 모든 것을 인식해야 하며, 긍정적이든 부정적이든 사물을 한정하지 않으면 안 된다는 것이다. 따라서 전면적 규정은, 우리가 그 전체성에 대해서는 결코 구체적으로는 제시할 수 없는 개념인 것이다. 그래서 전면적 규정은 오직 이성 안에 자리를 차지하는 하나의 이념에 바탕을 두고 있으며, 이성은 지성에게 완전한 지성 사용의 규칙을 지정한다.

그런데 확실히 모든 가능성의 총체라고 하는 이념은, 이 총체가 모든 사물의 전면적 규정의 조건으로서 그 밑바탕에 있는 한, 이 총체를 형성하는 술어에 대해서 그 자신이 아직 미규정적이다. 우리는 그 이념에 의해서, 모든 가능한 술어 일반의 총체로서만 생각할 수 있을 뿐이다. 하지만 잘 살펴보면 근원적 개념으로서의 이 이념이 다른 술어에서 파생된 것으로서 이미 주어져 있는 많은 술어나, 서로 양립할 수 없는 술어를 배제한다는 것, 또 이 이념이 스스로를 순화해 철저히 선험적으로 규정된 개념이 되고, 그렇게 해서 하나의 단일한 대상의 개념이 되는 것을 알게 된다. 다시 말해 그와 같은 개념은, 순수이성의 이상이라고 불리지 않으면 안 된다는 것이다.

우리가 모든 가능한 술어를 단순히 논리적으로 고찰하는 것이 아니라, 초월적으로, 즉 술어에서 선험적으로 생각될 수 있는 내용에 대해서 고찰한다고 하자. 그러면 다음과 같은 일을 알 수가 있다. 몇 가지 가능한 술어에 의해서는 존재가 표상되고, 다른 가능한 술어에 의해서는 비존재가 표상된다는 것이다. 단순히 '없다'고 하는 말로 표시되는 논리적 부정은 본디 결코 개념에 덧붙여지는 것이 아니라, 판단에서의 개념과 다른 개념과의 '관계'에만 덧붙여지는 것이다. 따라서 논리적 부정은 개념을 그 내용에 대해서 표시하기에는 도저히 충분하지가 않다. '죽지 않는다'라고 하는 표현은, 단순한 비존재가 대상에서 표시되는 것을 전혀 인식시켜 주지 못하고, 모든 내용에 손을 대지 않고 방치한다. 이와 반대로 초월적 부정은 초월적 긍정의 반대이며, 비존재 그 자체를 뜻한다. 초월적 긍정은 하나의 무엇인가이고, 이 개념 자체가 이미 존재를 나타내고 있으며, 그렇기 때문에 그것은 실재성(사물이라는 것)이라고 불린다. 왜냐하면 실재성에 의해서만, 그리고 이 실재성이 미치는 한에서만 대상은 어떤 것, 곧 '사물'이기 때문이다. 한편 그 반대의 부정성은 단순한 결여를 의미하며, 부정만이 고려되는 경우에는 폐기가 표상된다.

그런데 대립되는 긍정을 그 바탕에 가지고 있지 않으면, 그 누구도 부정을 분명하게 생각할 수가 없다. 태어났을 때부터 눈이 먼 사람은 어둠에 대한 관념을 그릴 수가 없다. 왜냐하면 그는 빛의 관념을 가지고 있지 않기 때문이다. 미개인에게는 빈곤이라고 하는 관념이 없다. 왜냐하면 그는 유복을 모르기 때문이다.[31] 무지한 사람은 자기가 무지하다는 것을 모른다. 왜냐하면 그는 학식이라고 하는 관념을 가지고 있지 않기 때문이다, 등등. 따라서 부정성의 모든 개념은 파생적이다. 그리고 실재성은 모든 사물의 가능성과 일관적 규정을 위한 자료와, 말하자면 질료 또는 초월적 내용을 포함하고 있다.

그러므로 만일 우리 이성에서의 전면적 규정 밑바탕에 초월적 기체가 있다고 하자. 이 기체는 말하자면 소재의 전체적 비축을 포함하여, 거기에서 모든 가능한 술어를 가져올 수가 있다. 그렇다면 이 기체는 실재성의 전체라는 이념이 된다. 그렇게 되면 모든 참된 부정은 제한에 지나지 않는다. 만일 밑바탕에 무제한적인 것이 없었다면, 부정이 제한이라고 불리는 일은 없을 것이다.

그러나 또 실재성의 모든 것을 소유함으로써, 사물 그 자체의 개념도 전면적으로 규정된 것으로 표시된다. 그리고 가장 실재적인 존재자라는 개념은, 하나의 단독 존재자의 개념이다. 왜냐하면 서로 대립하는 모든 술어 가운데 하나가, 즉 절대적으로 존재에 속하는 것이 그 존재자의 규정 안에서 발견되기 때문이다. 그러므로 전면적 규정은 실재하는 모든 것에서 필연적으로 볼 수 있지만, 그 전면적 규정의 바탕에 있는 것은 초월적 이상이다. 그리고 초월적 이상은 실

---

31) 천문학자의 관찰과 예측은 우리에게 많은 경탄할 만한 것을 가르쳐 준다. 그러나 가장 중요한 것은, 아마도 다음과 같은 일일 것이다. 그것들은 우리의 무지의 심연을 드러내 보여주었다는 것이다. 이와 같은 지식이 없으면 인간의 이성은 무지의 심연이 얼마나 큰 것인가를 상상할 수 없었을 것이다. 또 무지에 대한 반성은, 우리의 이성 사용의 궁극 목적을 규정하는 데 큰 변화를 가져올 것이다.

재하는 모든 것을 가능케 하는 최고이자 완전한 실질적 조건을 이룬다. 대상 일반에 대한 모든 사고는, 대상의 내용에 대해서는 이 조건에 의해 속한다. 그러나 그것은 인간의 이성이 미치는 유일한 본디의 이상이기도 하다. 왜냐하면 이와 같은 경우에서만 사물 그 자체이자 보편적인 개념은 자기 자신에 의해 전면적으로 규정되고, 또한 한 개체의 관념으로서 인식되기 때문이다.

어떤 개념을 이성에 의해서 논리적으로 규정한다는 것은 선언적(選言的) 이성 추리에 근거하고 있다. 선언적 이성 추리에서 대전제는 논리적 구분(어떤 일반 개념 영역의 논리적 분할)을 포함하고, 소전제는 이 범위를 일부분으로 제한하여, 결론은 개념을 그 부분에 의해서 규정한다. 실재성 일반의 일반적 개념은 선험적으로는 구분될 수 없다. 왜냐하면 경험 없이는 지금 말한 일반 개념에 포함된 실재성의 일정한 존재 양식은 없기 때문이다. 따라서 모든 사물을 전면적으로 규정하는 초월적 대전제는, 모든 실재성의 총체라고 하는 관념이다. 그것은 단지 모든 술어를 그 초월적 내용에 따라 자기 아래 두는 것이 아니라, 그것들을 자기 안에서 포괄하는 것이다. 그리고 모든 사물을 전면적으로 규정하는 일은, 실재성의 이 전체를 제한하는 것에 입각한다. 그것은 실재성의 몇몇 요소가 사물에 속하고, 나머지는 배제되기 때문이다. 이것은 선언적 대전제인 '이것인가, 저것인가'와 일치하고, 또한 소전제에서의 그 분할된 항들 가운데 하나에 의한 대상 규정과 일치한다. 그러므로 이성이 모든 가능한 사물을 규정하는 그 바탕에 초월적 이상을 두는 것은, 선언적 이성 추리에서 이성이 행하는 절차와 비슷하다. 이것이 앞서 내가 모든 초월적 이념의 체계 구분 밑바탕에 두었던 명제이다. 초월적 이념은 이에 따라 세 종류의 이성 추리와 평행적으로, 또한 그것들과 대응해서 생기는 것이다.

이성은 다만 사물의 필연적이고 전면적인 규정을 생각한다고 하는 목적을 위해, 이상에 일치하는 이와 같은 존재자의 현실 존재를 전제로 하는 것이 아니라 단지 그와 같은 존재자의 이념을 전제로 하며, 그것은 전면적 규정의 무조건적인 전체성으로부터 제약된 전체성, 즉 제한된 것의 전체성을 이끌어 내기 위한 것임은 틀림없는 일이다. 따라서 이상은 이성에게는 모든 사물의 원형이다. 모든 사물은 어느 것이나 불완전한 모조로서, 그 가능성의 소재를 원형에서 가져오는 것이다. 그리고 사물은 크든 작든 원형에 접근하는데, 그래도 원형에 다다르기 위해서는 언제나 한없이 멀다.

이와 같이 사물(내용적으로 다양한 것의 종합)의 모든 가능성은 파생적인 것으로 여겨지고, 오직 모든 실재성을 자기 안에 포함한 것의 가능성만이 근원적인 것으로 간주된다. 왜냐하면 모든 부정(그것은 다른 모든 것이, 가장 실재적인 존재자와 구별되기 위한 유일한 술어이다)은 보다 큰 실재성의, 그리고 마침내는 최고 실재성의 제한이기 때문이다. 다시 말해 부정은 이와 같은 실재성을 전제하고, 내용적으로는 단지 거기에서 도출되는 것이다. 사물의 모든 다양성은 그 공통된 기반인 최고 실재성 개념을 제한하는 존재 양식, 결국은 그야말로 다양한 존재 양식에 지나지 않는다. 그것은 모든 모양이 무한한 공간을 제한하는 여러 가지 방식에 의해서 가능한 것과 같다. 따라서 이성 안에밖에 없는 이성의 이상은 근원적 존재자라고도 불린다. 그것은 그것을 웃도는 존재자가 없는 한, 모든 존재자의 존재자라고 불린다. 그러나 이 모든 것은 하나의 현실적인 대상과 그 밖의 사물과의 객관적인 관계를 의미하는 것이 아니라, 개념에 대한 이념의 관계를 의미한다. 그리고 이것은 이토록 예외적으로 우위에 선 존재자의 현실 존재를 둘러싸고는 우리를 완전히 알지 못하는 상태로 방치해 둔다.

근원적인 존재자는 많은 파생적 존재자로 구성된다고도 말할 수가 없다. 왜냐하면 각각의 파생적 존재자는 근원적 존재자를 전제하므로, 말하자면 이것을 형성하지 않기 때문이다. 그러므로 근원적 존재자라고 하는 이상은, 단순한 것으로 여겨지지 않으면 안 된다.

따라서 이 근원적 존재자로부터 모든 다른 가능성을 이끌어 낸다는 것은, 엄밀히 말해서 이 존재자의 최고 실재성을 제한하는 것으로는 여겨지지 않고, 또한 말하자면 그 최고의 실재성을 분할하는 것으로도 간주되지 않는다. 그렇게 본다면 근원적 존재자는 파생적 존재자의 단순한 집합이라고 여겨지기 때문이다. 확실히 우리가 처음 거친 스케치 안에서는 근원적 존재자를 그렇게 묘사했다고는 하지만, 앞서 말한 것으로 보아 이와 같은 집합체는 있을 수 없는 것이다. 오히려 모든 사물의 가능성 바탕에는 최고의 실재자가 있을 테지만, 그것은 근거로서 있는 것이지 총체로서는 아니다. 또한 사물의 다양성은 근원적 존재자 자신의 제한에 입각하는 것이 아니라, 그와 같은 존재자의 완전한 결과에 입각한다. 그렇다면 우리의 다양한 감성 전체도 현상에서의 모든 실재성과 더불어 이 근원적 존재자의 완전한 결과에 속하게 될 것이지만, 그 결과가 최고 존재자의 이념에 구성 요소로서 속할 수는 없다.

그런데 우리가 이 이념을 가능한 한 구상화해서 더 추구한다고 하자. 그러면 우리는 근원적 존재자를 유일하고 단순하며, 모든 것을 채운 영원한 존재자라는 식으로, 최고의 실재자라고 하는 단순한 개념에 의해서 규정할 수 있을 것이다. 한마디로 말하면 근원적 존재자를, 모든 술어에 의해서 제약되지 않은 완전한 모습으로 규정할 수 있을 것이다. 그와 같은 존재자의 개념은 초월적 의미로 해석된 신이라고 하는 개념이다. 그래서 순수이성의 이상은, 앞에서 말한 바와 같이 초월적 신학의 대상이다.

그러나 초월적 이념을 이렇게 사용하는 것은 이미 그 분수와 허용 범위를 넘어선 것이 될 것이다. 왜냐하면 이성은 이 이념을 모든 실재성의 개념으로서 사물 일반의 완전한 규정 밑바탕에 놓아둘 뿐이기 때문이다. 그렇다고 해서 이성은 이 실재성이 모두 객관적으로 주어져 있어서, 그 자체가 하나의 사물이 되는 것을 바라는 것은 아니다. 그와 같은 일은 단순한 날조에 지나지 않는다. 우리는 날조에 의해서, 우리 이념의 다양한 것을 특수한 존재자로서의 이상 안에서 통합하고 실재화하는 것이다. 그와 같은 권한은 우리에게는 없고, 그와 같은 가설의 가능성을 생각할 권한조차도 없다. 마찬가지로 이와 같은 이성에서 나오는 모든 결론은 사물 일반의 전면적 규정—그것만을 위해 이념은 필요했다—에는 상관이 없으며, 거기에는 아무런 영향을 주지 않는다.

우리가 이성이 하는 방식과 그 변증법을 서술하는 것만으로는 충분치 않다. 이런 가상 그 자체를 지성의 사상(事象)처럼 설명할 수 있기 위해서는 우리는 변증법의 원천을 발견하려고 노력해야 할 것이다. 왜냐하면 우리가 문제로 삼고 있는 이상은 극히 자연적인 이념에 근거한 것이지, 단지 자의적인 이념에 근거한 것은 아니기 때문이다. 따라서 나는 이렇게 묻는다. "어떻게 이성은 사물의 모든 가능성을 밑바탕에 놓여 있는 유일한 이념에서, 즉 최고 실재성이라고 하는 이념으로부터 파생된 것으로 보고, 또한 이 최고 실재성을 특수한 근원적 존재자 안에 포함된 것으로서 전제하게 되는 것일까?"

답은 초월적 분석론 심리(審理)에서 저절로 얻어진다. 감각의 대상이 가능하게 되는 것은, 대상과 우리 사고와의 관계에 있다. 이 사고에서, 무엇인가 어떤 것(즉 경험적 형식)이 선험적으로 생각될 수 있다. 그러나 질료를 구성하는 것, 곧 현상에서의 실재성(감각 내용에 대응하는 것)은 주어져 있어야 한다. 그것이 없으면 그 어떤 것이라는 것은 전혀 생각할 수 없고, 따라서 그 가능성도 생각에 떠올릴 수가 없다. 그런데 감각의 대상은 현상의 모든 술어들과 비교되어, 그 술어들에 의해 긍정적으로 또는 부정적으로 표상될 때에만 전면적으로 규정할 수가 있다. 하지만 거기에서 사물 그 자체(현상에서의)를 구성하는 것, 즉 실재적인 것은 주어져 있지 않으면 안 된다. 그런데 모든 현상의 실재적인 것이 주어져 있는 것은, 모든 것을 포괄하는 유일한 경험에 있어서이다. 그러므로 질료는 감각의 모든 대상이 하나의 총체에서 주어진 것으로서 가능하기 위해서 전제되지 않으면 안 된다. 경험적 대상의 모든 가능성도, 그와 같은 대상의 다른 것과의 차이도, 이들의 전면적 규정도 오직 이 총체를 제한하는 데에만 근거할 수 있다. 그런데 우리에게는 실제로 감각의 대상 이외에 어떤 대상도 주어져 있지 않다. 그것도 가능한 경험의 맥락 외에서는 어디서도 주어지지 않는다. 따라서 그 어떤 것이 모든 경험적 실재성의 총체를 그 가능성의 조건으로서 전제하지 않는다면, 그것은 우리에게는 대상이 아니다. 그런데 우리는 자연스러운 환상에 의해서, 지금 말한 것을 모든 사물 일반에 적용하지 않으면 안 될 원칙으로 본다. 이 원칙은 본디 우리 감각기관의 대상으로서 주어지는 것에만 해당한다. 그러므로 우리는 현상으로서의 사물이 가능성이라고 하는 우리 개념의 경험적 원리를, 이와 같은 제한을 자칫 간과해서 사물 일반을 가능하게 하는 초월적 원리로 생각하게 되는 것이다.

그러나 우리가 그다음에 모든 실재성의 총체라고 하는 이 이념을 구체화하는 것은, 지성의 경험적 사용에 대한 배분적 통일을 경험 전체의 집합적 통일로 바꾸는 데서 온다. 다시 말해 우리는 현상의 이 전체를 모든 경험적 실재성을 포함한 단독 사물로 생각하는 것이다. 그렇게 되면 이 개별적 사물은, 이미 고찰한 초월적 허위 진술에 의해 모든 사물의 가능성 정점에 선다는 개념으로 혼동된다. 이것이 모든 사물의 전면적 규정에 실재적 조건의 이름을 빌려주고 마는 것이다.[32]

---

32) 그렇기 때문에 가장 실재적인 존재자라는 이상은 하나의 관념이라고는 하지만, 먼저 실재화되어, 결국은 객체화되고, 이어서 구체화된다. 게다가 그것은 이윽고 우리가 참고로 인용하

제3절 사변적 이성이 최고 존재자의 현실 존재를 추리하는 근거에 대해서

지성의 개념을 완전히 규정하기 위해서 지성의 밑바탕에 있을 수 있는 무엇인가를 전제하는 것은, 이성의 절실한 요구이다. 그럼에도 불구하고 이성은 그와 같은 전제가 관념적이라는 것, 그리고 순전한 허구라는 것을 너무나 쉽게 깨닫는다. 이성은 자기 사고에 의한 단순한 창작물을 실제의 존재자로서 생각하도록, 이 전제에 의해서만 설득되었다는 것을 이내 알아차린다. 이를테면 이성이 주어져 있는 조건적인 것으로부터 무조건적인 것으로 후진하는 동안에 어딘가에서 정지점을 찾도록 다른 무엇인가에 의해 강박당하지만 않는다면, 그러했을 것이다. 이 무조건적인 것은 그 자체가 그 순전한 개념상만으로는 현실에 주어져 있지 않더라도, 그 근거에까지 연결되는 조건 계열을 완성할 수 있는 것이다. 그런데 이것은 어떠한 인간 이성도 그 과정을 다하는 것은 아니지만, 모든 인간의 이성이 다다르게 되는 과정이며, 또한 가장 평범한 이성조차도 가게 되는 자연스러운 과정이다. 이성은 개념에서 시작하는 것이 아니라, 보통의 경험에서 시작한다. 그렇기 때문에 실제로 존재하는 무엇인가를 근거로 한다. 그러나 이 토지는 절대적으로 필연적인 움직이지 않는 바위 위에 올라 있지 않으면 가라앉고 만다. 하지만 이 토지의 밖이나 아래에 아직도 텅 빈 공간이 있고, 토지가 스스로 모든 것을 채우고 있지 않다면, 또 그에 따라 이제는 '왜?'라고 하는 의문의 여지를 남기지 않고 실재성으로 보아 무한하다면 그 기초는 버팀목 없이 떠 있는 것이다.

만일 어떤 것(그것이 무엇이든 간에)이 실재로 존재한다면, 그 어떤 것이 필연적으로 실재한다는 것도 인정되어야만 한다. 왜냐하면 우연적인 것은 그 원인인 무엇인가 다른 것을 조건으로 해서만 실재하며, 이 조건으로부터도 똑같은 것이 추론되고, 이 추론은 다시 우연적이 아닌, 바로 그것으로 말미암아 조건을

는 것처럼, 통일의 완성을 향해 이성이 자연적으로 앞으로 나아감으로써 마침내는 인격화된다. 왜냐하면 경험의 통제적 통일은 현상 그 자체(감성에만)에 입각하는 것이 아니라, 지성(통각에서의)에 의한 다양한 현상의 결합에 입각하는 것이기 때문이다. 따라서 또 실재성의 최고 통일과 모든 사물의 전면적 규정 가능성은 최고 지성 안에, 결국은 하나의 예지(최고의 이성적 존재) 안에 있는 것으로 보이기 때문이다.

받지 않고 필연적으로 존재하는 원인에까지 이르기 때문이다. 이것이 근원적 존재자로 향하는 이성 그 자체가 진행의 근거로 삼는 논증이다.

그런데 이성은 무조건적 필연성이라고 하는, 현실 존재의 이런 특성에 어울리는 근원적 존재자의 개념을 찾아다닌다. 그러나 그것은 그와 같은 존재자의 개념으로부터 선험적으로 그것의 현존재를 추리하기 위한 것이 아니라(왜냐하면 만일 이성이 이런 시도를 감행한다 해도 이성은 다만 일반적으로 순전한 개념들 가운데서 찾으면 되었을 테고, 이성은 주어진 현실 존재를 바탕에 둘 필요가 없을 것이기 때문이다), 단지 가능한 사물의 모든 개념들 가운데서 절대적 필연성과 모순되는 것을 포함하지 않은 개념을 발견하기 위한 것이다. 왜냐하면 무엇인가가 절대로 필연적으로 실재하지 않으면 안 된다는 것, 그것을 이성은 앞서의 추리에 의해 이미 결정된 것으로 간주하고 있기 때문이다. 그런데 만일 이성이 이 필연성과 일치하지 않는 모든 것을 배제할 수 있다고 하자. 단 하나를 제외하고서 말이다. 그렇게 되면 이 하나야말로 절대로 필연적인 존재자이다. 이때 사람들이 그 존재자의 필연성을 이해할 수 있든, 즉 개념만으로부터 이끌어 낼 수 있든, 그렇지 못하든 간에 상관없다.

그런데 어떤 것의 개념이 모든 '왜'에 대한 '왜냐하면'을 포함하고 있고, 그 어떤 것은 어느 점에 있어서나 어떤 목적에도 결함이 없으며, 어떤 면에서도 조건으로서 충분하다고 하자. 그러면 그와 같은 어떤 존재자는 모든 가능한 것을 위한 모든 조건을 스스로 가지고 있어서, 그 자신은 더 이상 아무런 조건도 필요로 하지 않으며, 또 그 자신의 조건이 되는 일도 전혀 할 수 없기 때문이다. 따라서 무조건적 필연성의 개념이라고 하는, 적어도 한 점에서는 완벽하기 때문이다. 이 점에서는, 어떤 다른 개념도 이 개념에 대치될 수가 없다. 다른 개념은 어느 것이나 불완전하고, 보완을 필요로 하기 때문에, 모든 조건으로부터 독립되어 있다는 특징을 그 자체가 보여주지 못한다. 확실히 여기에서부터는 아직, 다음과 같은 일은 추리할 수가 없다. 최고이자, 모든 관점에서 보아 완전한 조건을 자기 안에 포함하고 있지 않은 것은, 따라서 그 자신, 그 현실 존재에 대해서는 제약된 것이지 않으면 안 된다고. 그러나 그와 같은 것은, 무조건적 현실 존재라고 하는 표징을 지니고 있지 않다. 그 유일한 표징이란 선험적 개념에 의해서, 어떤 존재자를 무조건적인 것으로 인식하기 위해서 이성이 지배하는 표징이다.

그러므로 최고의 실재성을 가진 존재자라고 하는 개념은, 가능한 사물의 모든 개념 가운데 무조건적인 필연적 존재자라고 하는 개념에 가장 어울릴 것이다. 그리고 그 개념이 무조건적인 필연적 존재자라고 하는 개념을 완전히 충족시키지 못하더라도, 우리에게는 역시 선택의 여지가 없다. 우리는 오히려 그 개념에 의지할 수밖에 없음을 알아차리게 된다. 왜냐하면 우리는 필연적 존재자의 실존 문제를 방치해 둘 수 없기 때문이다. 그러나 만일 우리가 그와 같은 실존재를 인정한다고 해도, 가능성의 전 영역을 통해 그런 특질을 가진 현존재에 대해 보다 근거 있는 요구를 할 수 있는 것은 아무것도 없다.

따라서 인간 이성의 자연적인 발걸음은 이런 식이다. 이성은 먼저 무엇인가 필연적 존재자의 현실 존재를 확신한다. 이성은 이 필연적 존재자 안에 무조건적인 현실 존재를 인식한다. 그런데 이성은 모든 조건으로부터 독립된 것의 개념을 찾아서, 그것을 그 자신이 다른 모든 것에 대해 충분한 조건이 되는 것, 다시 말하자면 모든 실재성을 포함하는 것 안에서 발견한다. 그러나 제약 없는 전체는 절대적 통일이며, 유일한 존재자, 곧 최고의 존재자라고 하는 개념을 갖추고 있다. 이렇게 해서 이성은, 최고 존재자는 만물의 근거로서 절대적 필연적으로 존재한다고 추론한다.

이 개념이 어떤 종류의 철저성을 가지고 있다는 것에 대해서는, 다음과 같은 경우 이론의 여지는 없다. 결심이 문제가 되는 경우, 즉 일단 무엇인가 필연적인 존재자가 인정되는 경우, 또 필연적 존재자를 어디에 설정하는가에 대해서 우리가 그 편을 든다는 점에 동의하는 경우이다. 왜냐하면 그 경우 우리는 더 어울리는 선택을 할 수 없으며, 아니 선택의 여지가 아예 없고, 오히려 우리는 가능성의 근원으로서 완전한 실재자의 절대적 통일에 한 표를 던지도록 강요당하기 때문이다. 그러나 만일 우리로 하여금 결심하도록 강요하는 것이 아무것도 없고, 오히려 충분히 위력 있는 논거에 의해 동의할 때까지 이 모든 문제를 그대로 내버려 둔다면, 다시 말해 단지 우리가 이 과제에 대해 얼마나 알고 있는지, 그리고 우리가 단지 알고 있다고 자부하는 것이 무엇인지를 평가하는 것만이 문제라고 한다면, 앞의 결론은 아직도 그렇게 유력한 것이라고 볼 수 없으며 자기 권리 주장의 불완전함을 보완하기 위한 지원이 필요하다.

왜냐하면 그것은 이러하기 때문이다. 만일 우리가 모든 것을, 여기에서 우리가 보는 그대로 동의한다고 하자. 즉 첫째로 어떤 주어진 현실 존재로부터(어쩌면 나 자신으로부터도) 무조건적인 필연적 존재자의 현실 존재를 바르게 추리할 수 있다는 것을 인정하고, 둘째로 내가 모든 실재성을, 그러니까 모든 조건을 포함한 존재자를 절대적으로 무조건적인 것으로 보지 않으면 안 되고, 따라서 절대적 필연성에 적합한 사물의 개념이 발견된다는 것을 인정하더라도, 역시 최고의 실재성을 가지지 않는 제한된 존재자라는 개념이 절대적 필연성에 모순된다고 추론할 수는 없다. 왜냐하면 내가 그 제한된 존재자의 개념 안에서 조건들 전체를 이미 가지고 있는 무조건자를 발견하지 못한다 해도, 그로 말미암아 그 현존재가 조건에 의해 제약되어야 한다고 추론될 수는 전혀 없기 때문이다. 그것은 가언적 이성 추리에서, 만약 어떤 조건(여기서는 개념에 의한 완전성)이 없다면 제약된 것도 없다고 말할 수 없는 것과 마찬가지이다. 오히려 나머지 모든 존재자를, 마찬가지로 무조건 필연적으로 간주한다는 것은 우리의 자유재량에 맡겨져 있는 것이다. 비록 우리가 이들의 필연성을, 그들에 대해서 우리가 갖고 있는 일반 개념으로부터 추리할 수 없다고 해도 그렇다. 그러나 이런 방식으로는, 이 증명은 필연적 존재자의 특성에 대한 개념을 전혀 가져다주지 못할 테고, 아마 아무것도 이룰 수 없을 것이다.

그럼에도 불구하고 이 논증에는 객관적으로 불충분하다고 해서 함부로 박탈할 수 없는 어떤 중요성과 권위가 남겨져 있다. 왜일까? 이성의 이념에서는 아주 정당하지만 실천적 법칙에 결과와 추진력을 주는 최고의 존재자가 전제되지 않으면 우리 자신에게 적용되어도 아무런 실재성을 가지지 못하고, 따라서 원동력도 가지지 못하는 의무가 있다고 하자. 그렇다고 하면 우리에게는 다음과 같은 개념에 따를 의무도 있을 것이다. 즉 객관적으로는 불충분할지도 모르지만, 우리 이성의 척도로는 뛰어난 개념에 따른다는 것이다. 그와 같은 개념은 다른 것에 비해 더 적절하고, 더 설득력을 가진 개념이다. 이런 의무를 선택한다는 것은, 여기서는—실천적인 것이 덧붙여짐으로써—사변의 불확실성의 균형을 뒤집게 될 것이다. 그러기는커녕 관대하기 짝이 없는 재판관으로서의 이성이 스스로 불충분한 통찰에 지나지 않은 절실한 동인(動因)에 몰려, 스스로 판단한 이들 근거에 따르지 않는다고 하면, 이성으로서는 변명할 여지가 없을 것이다. 우리는 적어도 그 이상의 근거를 모르는 것이다.

이 논증은 우연적인 내적 불완전성에 기인하는 것으로, 실제로는 초월적이다. 가장 보통의 인간 감각이 단 한 번이라도 이 논증에 감화되면, 이 감각에 적절한 것이 된다. 우리는 사물이 변화하고, 생기고, 지나가는 것을 본다. 그렇기 때문에 사물에는, 또는 적어도 그 상태에는 원인이 있지 않으면 안 된다. 그러나 경험에서 주어지는 모든 원인에 대해서는, 더 나아가 바로 같은 일이 문제가 된다. 그런데 우리는 최상의 인과성을, 최고의 원인성이 있는 곳 말고 어디에 두어야 할 것인가? 즉 모든 가능한 결과를 위한 충족성을 자신 안에 근원적으로 포함하고 있는 존재자 이외의 어디에 두어야 할 것인가? 이 존재자의 개념은, 모든 것을 포함하는 완전성이라고는 단 하나의 특징에 의해서, 쉽사리 성립된다. 여기서 우리는 이 최고의 원인을 절대적으로 필연적인 것이라고 생각한다. 왜냐하면 우리는 최고의 원인에까지 올라가는 것을 절대로 필연적이라 보고, 그것을 넘어서 더 올라가야 하는 이유를 발견하지 못하기 때문이다. 그러므로 모든 민족 사이에서 가장 어리석은 다신교로부터도 일신교의 섬광이 번뜩이는 것을 볼 수 있는 것이다. 거기로 발을 들여놓게 된 것은 반성이나 깊은 사변이 아니라, 서서히 밝혀진 일반적 지성의 자연스러운 행보이다.

사변적 이성에 기초해 신의 존재를 증명하는 세 가지 방법

신의 존재를 증명하려고 할 때 우리가 취할 수 있는 길은 다음의 세 가지이다. 하나는, 일정한 경험과 그것에 의해 인식된 우리 감각계의 특유한 성질에서 시작한다. 그리고 그 길은 인과성의 법칙을 따라, 경험에서 세계 밖에 있는 최고 원인에까지 올라간다. 또 하나는 단지 불특정한 경험을, 즉 그 어떤 현실 존재를 경험적으로 밑바탕에 두든가, 그렇지 않으면 마지막으로 모든 경험을 무시하여 단순한 개념으로부터 선험적으로 최고 원인의 현실 존재로 추론해 내는 것이다. 이들 길은 세 개가 되어 첫째 증명은 자연신학적 증명이고, 둘째 증명은 우주론적 증명이며, 셋째 증명은 존재론적 증명이다. 이 밖의 길은 없고 또 있을 수도 없다.

나는 다음과 같은 일을 제시할 것이다. 이성은 어느 한 길(경험적)을 취하나 다른 길(초월적)을 취하나 아무것도 이룰 수 없다는 것이다. 또 이성은 사변의 힘으로 감각계를 넘어가려고 날개를 펴지만 소용이 없다는 것이다. 그러나 이들 증명법이 음미되어야 할 순서에 대해서 말하자면, 그것은 이성이 서서히 자기를 확대하며 취하는 순서, 즉 우리가 처음에 세운 순서와는 반대가 될 것이다. 왜냐하면 경험이 이들 증명의 최초 계기가 된다고는 하지만, 그럼에도 불구하고 초월적 개념만이 이성을 그것이 노력하는 가운데 방향을 잡고, 이와 같은 모든 시도에서 이성이 스스로 자신에게 설정한 목표를 세운다는 것이다. 그러므로 나는 초월적 증명의 음미로부터 시작하여 경험적인 것을 덧붙이는 것이 증명력을 강화하는 데 무슨 도움이 될 수 있는가 살펴보고자 한다.

제4절 신의 존재에 대한 존재론적 증명의 불가능성에 대해서

지금까지 말해 온 것에서 쉽게 알 수 있는 것은 절대적으로 필연적인 존재자라는 개념은 순수이성 개념, 즉 단순한 이념이라는 것이다. 이념의 객관적 실재성은, 이성이 그것을 필요로 한다는 사실만으로는 도저히 증명되지 않는다. 이념은 어떤 종류의—도달 불가능하기는 하지만—완전성만을 지시할 뿐, 본디 지성을 새로운 대상으로 확대하는 것이라고 하느니보다는, 오히려 지성을 제한시키는 데에 이바지하는 것이다. 그런데 여기에 이상하게도 모순되는 일이 있다. 주어진 현실 존재 일반으로부터 그 어떤 절대적으로 필연적인 존재자를 추리한다는 것은 절실하고도 올바른 것처럼 보이지만, 그럼에도 불구하고 이와 같은 필연성의 개념을 형성하는 지성의 모든 조건은 우리의 의도에 위배된다는 것이다.

어느 시대에나 사람들은 절대적으로 필연적인 존재자에 대해서 이야기해 왔다. 그리고 사람들은 이런 종류의 사물을 생각할 수 있는지 없는지, 만약 할 수 있다면 어떻게 생각할 수 있는지에 대해서 이해하는 것보다도, 오히려 그와 같은 사물의 현실 존재를 증명하는 데에 애써왔다. 그런데 이와 같은 개념의 정의는 매우 간단하다. 그것은 이 비존재자가 불가능한 것이라는 것이다. 그러나 이것에 의해서 우리가 어떤 종류의 비존재를 절대적으로 생각할 수 없다고 보는 것을 가능하게 만드는 조건에 대해서, 조금도 현명해지는 것은 아니다. 그리고 그 조건이란 본디 우리가 알고자 하는 것, 즉 우리는 이 개념에 의해서 일반적으로 무엇을 생각하고 있는지 또는 없는지 하는 것이다. 왜냐하면 내가 무엇인가를 필연적인 것이라고 보기 위해 지성이 언제나 필요로 하는 모든 조건을, '무조건적'이라는 말에 의해 물리쳐 버린다 해도, 그때 나는 무조건 필연적이라고 하는 개념에 의해서 무엇인가를 생각하고 있는지, 그렇지 않으면 아무것도 사유하지 않는지 도저히 알 수 없기 때문이다.

또 이러하기 때문이다. 이 개념은 대담하게도 닥치는 대로 구축되어, 마침내는 익숙한 것이 되었는데, 우리는 이 개념을 여러 가지 실례에 의해서 더 설명할 수 있다고 생각했다. 그 결과 이 개념의 명료성을 둘러싸고 그것을 더욱 따진다고 하는 것은, 모두 전혀 불필요하게 보였다. 기하학의 어느 명제도, 이를테면 '삼각형은 세 개의 각을 가지고 있다'와 같이 절대적으로 필연적이다. 이와 마찬가지로 우리는 전적으로 우리의 지성 영역 밖에 있는 대상에 대해서, 자기가 그 개념으로 무엇을 말하려고 하는가를 제대로 이해하고 있는 듯이 말하는 것이다.

지금까지 그럴듯하게 인용된 예는 모두 예외 없이 다만 판단으로부터 이끌어 낸 것이지, 사물과 그 현실 존재로부터 이끌어 낸 것은 아니다. 그러나 판단의 무조건적 필연성은 사물의 절대적 필연성은 아니다. 왜냐하면 판단의 절대적 필연성은 사물이 조건지워진 필연성, 또는 판단에 속한 술어들의 제약된 필연성에 지나지 않기 때문이다. 앞의 명제가 말하는 것은 세 개의 각이 절대적으로 필연적이라는 것이 아니라, 삼각형이 존재한다(주어져 있다)는 전제 아래서는 세 개의 각(삼각형에서의)도 필연적으로 존재한다는 것이다. 그럼에도 불구하고 이 논리적 필연성은 너무나도 강력한 환상의 위력을 나타냈기 때문에, 사람들이 하나의 사물에 대해 선험적 개념을 만들어 내어, 자기 의견대로 현실 존재도 이 개념의 외연에 포함시킴으로써, 이 개념의 객체에 현실 존재가 필연적으로 속하는 것이라고 믿었다. 즉 일단 이와 같은 사물을 주어진(실제로 존재하는) 것으로 정립하기만 하면, 이 개념의 현실 존재 또한 필연적으로(동일성의 규칙에 따라) 정립되고, 따라서 이 존재자 자체가 절대적으로 필연적인 것이라고 확실히 추론될 수 있다고 생각했던 것이다. 다시 말해 이 존재자의 현실 존재는 임의로 상정된 하나의 개념 속에 그 개념의 대상을 정립하기만 하면, 개념과 함께 생각될 수 있다는 것이다.

만일 내가 어떤 동일한 판단에서의 술어를 없애버리고 주어를 남겨둔다고 하자. 그러면 모순이 생긴다. 그렇기 때문에 나는, 술어는 필연적으로 주어에 덧붙여진다고 말한다. 그러나 만일 내가 주어를 술어와 함께 없애버리면 모순은 생기지 않는다. 왜냐하면 모순을 생기게 하는 것은 아무것도 없기 때문이다. 하나의 삼각형을 설정해 두면서 그 세 각을 없애버린다면 그것은 모순이다. 하지만 삼각형과 함께 그 세 각을 없애면 모순은 생기지 않는다. 절대적으로 필연적인 존재자라고 하는 개념에 대해서도 그와 똑같이 말할 수 있는 것이다. 만일 여러분이 절대적으로 필연적인 존재자의 현실 존재를 폐기하면, 여러분은 사물 자체를 그 모든 술어와 함께 폐기하는 것이 된다. 그러면 그때 모순이 어디에서 오는가? 외적으로는 모순되는 일은 아무것도 없다. 왜냐하면 사물은 외적으로 필연적인 것이 아니기 때문이다. 또 내적으로도 모순되는 것이 없다. 왜냐하면 여러분이 사물 자체를 폐기하면, 동시에 내적인 것도 모두 폐기되기 때문이다. '신은 전능하다.' 이것은 필연적 판단이다. 만약 여러분이 신성, 즉 전능이라고 하는 개념과 같은 뜻의 무한한 존재자를 설정하면, 전능은 폐기되지 않는다. 그러나 만일 여러분이 신은 존재하지 않는다고 말한다면, 전능도 그 밖의 신의 술어도 주어지지 않는다. 왜냐하면 이들 술어는 모두 주어와 함께 폐기되어 있고, 그와 같이 생각하면 아무런 모순도 볼 수 없기 때문이다.

따라서 여러분은 내가 어떤 판단의 술어를 주어와 함께 폐기하면, 그 술어가 무엇이 되었든 그 어떤 내적 모순도 생기지 않는다는 것을 알 것이다. 그런데 이것은 사실상 불합리하므로 여러분에게 남겨진 유일한 변명은, 결코 폐기할 수 없는 주어, 따라서 계속 존재하지 않으면 안될 주어가 있다는 말밖에 없을 것이다. 그러나 그것은 절대적으로 필연적인 주어가 있다고 말하는 것과 똑같을 것이고, 내가 올바른가의 여부를 의심해 온 바로 그 전제이며, 여러분이 그 가능성을 나에게 제시하려고 했던 것이다. 왜냐하면 어떤 사물이 모든 술어와 함께 폐기되어, 모순을 뒤에 남기는 그와 같은 사물의 개념을, 나는 이렇게도 저렇게도 만들 수가 없기 때문이다. 그리고 나는 선험적 순수개념에 의하는 것만으로는, 모순 없이 불가능성의 징표를 가지지 못한다.

이런 모든 전반적 추리(이것은 아무도 거부할 수 없는 것이다)를 거슬러서, 여러분은 사실에 의한 증명으로 보이는 한 가지 경우를 들어서 나를 자극한다. 그것은 이러하다. 그 대상의 비존재 또는 폐기가 그 대상 자신에게 모순되는 오직 하나뿐인 개념이 존재한다고, 그리고 그것이 가장 실재적인 존재자의 개념이라고 주장하는 것이다. 여러분은 이 존재자가 모든 실재성을 가지고 있으며, 그와 같은 존재자가 가능하다고 생각하는 것은 정당하다고 말한다(나는 일단 이에 동의한다. 단, 자기모순을 내포하지 않은 개념이 그 대상의 가능성을 증명하는 것은 아니지만 말이다).[33] 그런데 모든 실재성에 현실 존재도 함께 포함되어 있다. 그러므로 현실 존재는 가능한 것의 개념 속에 있다. 이 사물이 폐기되면 사물의 내적 가능성도 폐기되지만, 그것은 모순이다.

이것에 대해 나는 다음과 같이 대답한다. "만일 여러분이 가능성에 의해서만 사물을 생각하려고, 그 사물의 개념에—어떤 명목을 주어서든—이미 그것이 실제로 존재한다는 개념을 끌어들였다면, 벌써 하나의 모순을 범하고 있는 것이다. 만일 여러분이 그렇게 하는 것을 남이 허락한다고 하면, 여러분은 겉치레의 승리를 거두었을 뿐 실제로는 아무것도 말하고 있지 않았던 것이다. 왜냐하면 여러분은 단순한 동어반복을 범했을 뿐이기 때문이다." 나는 여러분에게 묻는다. "이 사물이나 저 사물(그것이 무엇이 되었든, 나는 여러분의 말대로 그것이 가능하다는 것에 동의한다)이 실제로 존재한다는 명제, 이 명제—나는 말한다—는 분석적 명제인가 아니면 종합적 명제인가?" 이 명제가 분석적 명제라 한다면, 여러분은 사물의 현실 존재에 의해서 사물에 대한 여러분의 생각에 아무것도 덧붙이지 않은 것이 된다. 그러나 그렇게 되면 여러분이 생각하고 있는 사물은 사물 그 자체든가, 아니면 하나의 현실 존재를 가능성에 속하는 것으로 전제하고 나서, 내적 가능성으로부터 현실 존재를 추리했다고 주장하든가, 둘 중하나이다. 이것은 보기 흉한 동어반복에 지나지 않는다. 실재성이라고 하는 말은 사물의 개념에서는 술어 개념에서의 현실 존재와는 다르게 들리지만, 아무소용도 없다. 왜냐하면 비록 여러분이 설정하는 것을 모두(여러분이 무엇을 설정

---

33) 개념은 모순되지 않으면 언제나 가능하다. 그것은 가능성의 논리적 징표이며, 그것에 의해 개념의 대상은 부정적인 무(無)와 구별된다. 그러나 그럼에도 불구하고 개념이 공허한 일이 있을 수 있다. 그것은 종합—이것에 의해 개념이 생긴다—의 객관적 실재성이 확립되지 않을 때이다. 하지만 앞에서 지적한 것처럼 그것은 가능한 경험의 원리에 입각하는 것이지, 분석의 원칙(모순율)에 입각하는 것은 아니다. 이것은 개념의 가능성(논리적)으로부터 조급하게 사물의 가능성(실재적)을 추론해서는 안 된다는 경고이다.

하든지 간에) 실재성이라고 불러도, 여러분은 그 사물을 모든 술어와 함께 이미 주어의 개념 안에 설정해 두고, 그것을 현실적인 것으로서 가정한 뒤에, 술어에서 그것을 반복하고 있는 데 지나지 않기 때문이다. 이에 반해 진지한 사람이라면 당연히 고백하지 않으면 안 되는 것처럼, 여러분이 현실 존재에 관련되는 명제는 어느 것이나 종합적이라고 고백한다고 하자. 그렇다면 어떻게 해서 여러분은, 현실 존재의 술어는 모순 없이는 폐기되지 않는다는 사실을 주장하려는 것인가? 왜냐하면 그와 같은 특전은, 본디 분석적 명제에만 속하는 것이기 때문이다. 분석판단의 성격은 바로 그 특전에 입각하는 것이다.

분명히 나는 이와 같이 끈질기게 파헤치는 논증을 에둘러 말하는 것은 그만두고, 현실 존재라고 하는 개념을 엄밀하게 규정함으로써 분쇄할 것을 부탁하고 싶은 것이다. 그러나 그것은, 논리적 술어와 실재적 술어(즉 사물의 규정)를 혼동하는 데서 생기는 착각이, 거의 모든 가르침을 불가능하게 한다는 것을 내가 알아차리지 못했다면 말이다. 무엇이 되었든, 모든 것은 논리적 술어로서 쓸모가 있다. 주어까지도 주어 자신의 술어가 될 수 있다. 왜냐하면 논리학은 모든 내용을 무시하기 때문이다. 하지만 규정은 술어이며, 술어는 주어의 개념을 뛰어넘어 그것을 확대한다. 그러므로 규정은 주어의 개념에 처음부터 포함되어서는 안 되는 것이다.

'있다'는 분명히 실재적 술어는 아니다. 다시 말해 사물의 개념에 보탤 수 있는 그 어떤 것의 개념이 아니다. 그것은 사물의 설정, 또는 어떤 규정 자체의 설정에 지나지 않는다. 그것은 논리적 사용에서는, 단순히 판단의 연결어이다. '신은 전능하다'는 명제는, 각각 객체를 갖는 두 개념을 포함하고 있다. 신과 전능이다. '있다'라는 말은 명제에서의 술어가 아니라, 주어와의 관계에서 술어를 설정하는 것에 지나지 않는다. 그런데 주어(신)를 그의 모든 술어(전능도 그 가운데 하나이다)와 함께 총괄해서 "신은 존재한다", 또는 "신이라는 것이 있다"라고 말하려 한다고 하자. 그러면 나는 신의 개념에 아무런 새로운 술어를 덧붙이지 않고, 오직 주어 그 자체를 그것의 모든 술어와 함께 설정하는 데 지나지 않으며, 더욱이 나의 대상을 나의 개념과 관련시켜 정립한 것일 뿐이다. 주어도 술어도 전적으로 동일한 내용을 포함하고 있지 않으면 안 된다. 그러므로 내가 개념의 대상을 절대적으로 주어진 것('그것이 있다'는 표현에 의해서)으로 생각한다고 해서, 단지 가능성만을 표시하는 개념에다 덧붙일 수 있는 것은 아무것도 없다. 이와 같이 현실적인 것은, 단순히 가능한 것보다 많은 것을 포함하지 않는 것은 아니다. 현실의 100탈레르는 가능한 100탈레르보다 조금도 더 많은 것을 함유하고 있지 않다.

왜냐하면 가능한 100탈레르는 개념을 의미하고, 현실의 100탈레르는 대상과 그 설정 자체를 의미하므로, 후자가 전자보다도 많은 것을 포함하게 된다면 나의 개념은 대상 전체를 표현했다고 할 수 없을 것이기 때문이다. 따라서 또, 나의 개념은 대상에 어울리는 개념이지는 않을 것이기 때문이다. 하지만 나의 재산 상태로 보면 현실의 100탈레르 쪽이, 단순한 개념(즉 100탈레르의 가능성)보다는 낫다. 왜냐하면 현실성의 대상은 현실성에서는 단지 나의 개념 안에 분석적으로 포함되어 있을 뿐만 아니라, 나의 개념(내 상태의 규정)에 종합적으로 덧붙여지기 때문이다. 그러나 그렇다고 해서 나의 개념 밖의 '있다'에 의해서 내가 생각하고 있는 100탈레르 자체가 조금이라도 늘어나는 것은 아니다.

그러므로 내가 하나의 사물을 어떠한 술어, 아무리 많은 술어에 의해서 (일관적 규정에 있어서까지도) 생각한다고 해도, 내가 더 나아가 '이 사물은 존재한다(있다)'고 덧붙인다고 해도 그것에 의해 사물에 아무것도 덧붙여지는 것은 없는 것이다. 만일 그렇지 않으면 전적으로 똑같은 것이 아니라, 내가 개념에서 생각했던 것보다도 많은 것이 실제로 존재하는 것이 될 것이기 때문이다. 또, 바로 나의 개념의 대상이 존재한다고는 말할 수 없게 되기 때문이다. 비록 내가 어떤 사물에서 하나를 제외하고 모든 실재성을 생각한다고 해도, 내가 그와 같은 결함이 있는 사물이 실제로 존재한다고 말하는 것만으로 이 결여된 실재성이 덧붙여지는 것은 아니며, 내가 생각했던 것과 똑같은 결손을 안은 채 실제로 존재하는 것이다. 그렇지 않다면 내가 생각한 것과는 다른 그 무엇인가가 실제로 존재하는 것이 될 것이다. 이제 내가 어떤 존재자를 최고의 실재성(완전무결한)이라 생각한다고 하자. 그래도 여전히 그것이 실제로 존재하느냐 존재하지 않느냐 하는 문제가 남는다. 왜냐하면 사물 일반의 가능한 실재적 내용이라고 하는 나의 개념에 아무런 결함이 없다고 하지만, 생각하는 나의 상태 전체와의 관계에 무언가가 결여되어 있기 때문이다. 즉 객체의 인식은 후천적으로도 가능하다는 사실이 결여되어 있는 것이다. 여기에 이 문제의 열쇠를 쥐고 있는 곤란한 원인도 고개를 쳐든다. 만일 감각의 대상이 문제라고 한다면, 내가 사물의 현실 존재를 사물의 단순한 개념과 혼동하는 일은 있을 수 없을 것이다. 왜냐하면 대상은 개념에 따라서는 단지 가능한 경험적 인식의 일반적 조건과 일치하는 것으로 생각되지만, 현실 존재에 의해서는 경험 전체의 맥락 안에 포함된 것으로 여겨지기 때문이다. 본디 대상의 개념은 경험 전체의 내용과 결합되어도 조금도 늘어나지 않지만, 우리의 생각은 그 개념에 의해서 가능한 지각을 더 얻게 된다. 이와 반대로 우리가 현실 존재를 순수한 범주로만 생각한다고 하자. 그 경우 우리가 현실 존재를 단순한 가능성으로부터 구별하는 징표를 들 수 없다고 해도, 그것은 전혀 이상한 일이 아니다.

그러므로 대상에 관한 우리의 개념이 아무리 많은 것을 내용으로 포함하고 있다 해도, 그 개념에 현실 존재를 부여하기 위해서는 이 개념을 벗어나지 않으면 안 된다. 감각 대상의 경우에는, 경험적 법칙에 따라 나의 그 어떤 지각과의 관련으로 이루어진다. 그러나 순수사고의 객체에 대해서는, 우리가 그 객체의 현실 존재를 인식하기 위한 수단은 전혀 없다. 왜냐하면 그 현실 존재는 완전히 선험적으로 인식되어야만 하지만, 모든 현실 존재(그것이 직접적인 지각에 의해서든, 무엇인가를 지각과 결합시키는 추론에 의해서든)에 대한 우리의 의식은 어디까지나 경험의 통일에 속하기 때문이다. 게다가 경험의 범위 밖에 있는 현실 존재는, 물론 절대적으로 불가능하다고 단언할 수는 없지만 그 무엇을 가지고도 변호할 수 없는 전제이기 때문이다.

최고의 존재자라고 하는 개념은, 여러 가지 점에서 매우 유익한 이념이다. 그러나 그것이 단순한 이념이기 때문에, 단독으로는 실제로 존재하는 것에 대한 우리의 인식을 확장하는 자격을 가지고 있지 않다. 이념은 그 이상의 가능성에 대해서 아무것도 가르쳐 주지 않는다. 가능성의 분석적 표징은 단순한 설정(실재성)이 아무런 모순도 자아내지 않는다고 하는 데 있고, 물론 이 점에 대해서는 다툴 여지가 없다. 하지만 하나의 사물에 있어서의 실재적 특징의 결합은 종합이며, 우리는 그 가능성에 대해서 선험적으로는 판단할 수 없다. 왜냐하면 실재성은 특수한 방식으로 우리에게 주어져 있는 것이 아니기 때문이다. 또 설령 그렇게 주어졌다 하더라도 실재성에 대한 판단은 어디에서도 전혀 찾을 수 없으며, 종합적 인식의 가능성 표징은 언제나 경험 안에서만 찾아내야 하기 때문이다. 그러나 이념의 대상은 경험에 속할 수는 없는 것이다. 그래서 유명한 라이프니츠도 그가 자부한 일을, 즉 이렇게도 숭고하고 이상적인 존재자의 가능성을 통찰하려고 한 것을 끝내 이루지 못했던 것이다.

그러므로 최고 존재자의 현실 존재를 둘러싼, 개념에 입각한 유명한 존재론적(데카르트의) 증명에서도 모든 노력과 수고는 실패로 돌아갔다. 사람은 단순한 이념으로는 통찰을 풍부하게 할 수 없다. 그것은 상인이 현금계정에 0을 몇 개 덧붙여서 자기 재산 상태를 풍부하게 하려는 것과 같은 일이다.

제5절 신의 존재에 대한 우주론적 증명의 불가능성에 대해서

전적으로 임의로 설정한 이념으로부터 그것에 대응하는 대상 그 자체를 끄집어내려고 하는 일은 매우 부자연스러운 것이고, 단지 스콜라적 교활함을 새롭게 했을 뿐이었다. 우리는 이와 같은 길을 실제로는 결코 가려고 하지는 않았을 것이다. 단, 현실 존재 일반을 위하여 필연적인 그 무엇(우리는 거기에서, 상승하는 것을 멈출 수가 있다)을 생각한다는, 우리 이성의 요구가 앞지르지 않았다면 말이다. 그리고 이 필연성이 무조건적이고 선험적으로 확실해야 하기 때문에, 이성이 이와 같은 요구를 가능한 한 채우는 개념, 현실 존재를 완전히 선험적으로 인식시켜 주는 개념을 찾도록 강요되어 있지 않았다면 하는 이야기이다. 그런데 우리는 이 개념을 가장 실재적인 존재자라는 이념에서 찾을 수 있다고 믿었다. 이렇게 해서 이 이념은 우리가 이미 다른 방식으로 존재하지 않으면 안된다 확신하고, 또 그렇게 믿게 된 것을, 즉 필연적 존재를 보다 더 분명히 알기 위해 사용되었다. 그동안 우리는 이 자연적인 걸음을 지워버렸다. 그리고 이 개념에서 그치지 않고, 여기에서부터 출발해 현실 존재의 필연성을 이끌어 내기 위하여 이 개념에서 시작했다. 그러나 이 개념은 그 필연성을 보충하는 데 쓰였을 뿐이었다. 여기에서 실패로 끝나는 존재론적 증명이 생겼다. 이 증명에는 자연스럽고 건전한 지성에 대해서도, 순학문적인 음미에 대해서도 만족할 만한 것은 아무것도 없었다.

지금 우리가 심사하려고 하는 우주론적 증명은, 절대적 필연성과 최고 실재성과의 결합을 유지하고 있다. 하지만 이 증명은 존재론적 증명처럼 최고 실재성으로부터 현실 존재의 필연성을 추론하는 대신에, 오히려 그 어떤 한 존재자에게 미리 주어진 무조건적 필연성으로부터 그와 같은 존재자의 무제한의 존재성을 추론하는 것이다. 그리고 모든 것을 적어도—이성적인지, 궤변적인지는 몰라도—자연적 추론법의 궤도에 끌어들인다. 이 증명법은 보통의 지성에 대해서뿐만 아니라 사변적 지성에 대해서도 가장 설득적이다. 그것은 또한 자연신학의 모든 증명의 윤곽을 분명히 그리는 것이고, 우리는 언제나 이 윤곽을 따라왔으며, 앞으로도 따르게 될 것이다. 라이프니츠가 이 증명을 '세계의 우연성으로부터의 증명'이라고 일컬었다. 우리는 지금 그것을 제시하고 음미해 보고자 한다.

이 증명은 이러하다. 만일 무엇인가가 실재한다면, 절대적으로 필연적인 존재자도 실제로 존재하지 않으면 안 된다. 그런데 이를테면 나는 실제로 존재한다. 그러므로 절대적으로 필연적인 존재자는 실제로 존재한다. 소전제는 경험을 포함하고, 대전제는 경험 일반으로부터 필연적인 것이 실재한다는 추리 결과를 포함하고 있다.[34] 따라서 이 증명은 본디 경험에서 출발하고 있으며, 그것은 전적으로 선험적이거나 존재론적인 것은 아니다. 그리고 모든 가능한 경험의 대상을 세계라고 말하고 있으므로, 이 증명은 우주론적 증명이라고 일컬어진다. 또 이 증명은 경험 대상의 각 성격—그것에 의해 이 세계는 모든 가능한 세계로부터 구별된다—을 모두 무시하기 때문에, 이미 그 명칭에서도 자연신학적 증명과 구별된다. 자연신학적 증명은, 우리의 이 감각 세계의 상태를 관찰한 것을 증명 증거로서 필요로 한다.

우주론적 증명은 다시 다음과 같이 추론해 간다. 필연적인 존재자는 유일한 방식으로만, 즉 서로 대립하는 모든 가능한 술어에 대해서 이들의 하나에 의해서만 한정된다. 따라서 그와 같은 존재자는 그 개념에 의해서 전면적으로 규정되어 있지 않으면 안 된다. 그런데 사물을 선험적으로 철저하게 규정하는 그 유

---

34) 이 추론은 너무나도 잘 알려져 있기 때문에, 여기서 그것을 자세히 말할 필요는 없을 것이다. 이 추론은 인과성의 선험적 자연법칙에 의거하고 있다. 즉 모든 우연적인 것은 그 원인을 가지고 있으며, 그 원인이 다시금 우연적이라면 거기에도 마찬가지로 원인이 있어야 한다. 그래서 이 서로 종속하는 원인의 계열은, 하나의 절대적으로 필연적인 원인이 끝날 때까지 계속될 것이다. 이 원인이 없으면 계열은 완전한 것이 될 수 없기 때문이다.

일한 개념만이 가능하다. 말하자면 가장 실재적인 존재자의 개념이다. 그렇기 때문에 가장 실재적인 존재자의 개념은, 필연적 존재자를 생각하기 위한 유일한 개념이다. 즉 최고의 존재자는 필연적으로 존재한다.

이 우주론적 논증 가운데에는 많은 궤변적 원칙들이 갖추어져 있다. 그 때문에 여기에서 사변적 이성은, 갖가지 초월적 가상을 낳기 위해 모든 변증적 기교를 비축한 것처럼 보일 정도이다. 그러나 우리는 사변적 이성의 검토는 잠깐 멈추고, 그 책략 하나만을 분명히 하려고 한다. 사변적 이성은 그 책략을 가지고, 낡은 논증을 새로운 논증으로 변화시켜서 내놓고, 두 증인의 동의를 증거로 꺼낸다. 그것은 순수한 이성의 증인과 경험적 신임이라고 하는 증인이다. 하지만 거기에는 제1의 증인이 있을 뿐, 이 증인이 제2의 증인으로 여겨지도록 단지 옷차림과 목소리만을 바꾸고 있을 뿐이다. 그 증명은 자기 근거를 튼튼히 하기 위해 경험에 입각하고 있다. 그리고 그렇게 함으로써 선험적인 순수개념에 전폭적인 신뢰를 두는 존재론적 증명과는 마치 다른 것 같은 시늉을 한다. 하지만 우주론적 증명은 이 경험을 오직 한 발짝을 내딛기 위해서, 즉 필연적 존재자 일반의 실재를 위해서 이용하는 것이다. 이 존재자가 어떠한 특성을 가지고 있는가는, 경험적 증명 논거는 가르쳐 주지 않는다. 거기에서 이성은 경험적 증명 근거와 깨끗이 작별을 고하고, 탐색을 단순한 개념의 배후로 돌린다. 다시 말해 절대적으로 필연적인 존재자 일반은 어떠한 특성을 갖고 있어야만 하는지, 즉 모든 가능한 사물 가운데 어떤 사물이 절대적 필연성에 대한 필요조건을 자기 안에 포함해야만 하는지를 단순한 개념으로부터 알아내려 한다. 그런데 이성은 오직 가장 실재적인 존재자의 개념 안에서만이 필요조건을 찾을 수 있다 생각하고, 이것을 절대적으로 필연적인 존재자라고 추론한다. 그러나 분명한 것은, 이 경우에 우리는 다음과 같이 전제하고 있다는 것이다. 최고 실재성을 가진 존재자의 개념은 현실 존재에 있어서의 절대적 필연성의 개념으로서 충분하다고. 즉 전자로부터 후자가 추론될 수 있다고. 이것은 존재론적 논증이 주장하던 명제이다. 그렇기 때문에 우리는 이 우주론적 증명에서, 이 논쟁을 피하려고 했음에도 불구하고 증명의 근거로 받아들여지고 있는 것이다. 왜냐하면 절대적 필연성이란 단순한 개념상의 현존재이기 때문이다. 내가 지금 '가장 실재적인 존재자'라는 개념은 필연적인 현존재에 걸맞고, 그것을 완전히 채우는 개념이며, 더욱이 그와 같은 유일한 개념이라고 말한다면, 나는 또한 가장 실재적인 존재의 개념으로부터 필연적인 현실 존재가 추리될 수 있다는 것을 인정하지 않으면 안 된다. 그러므로 그것은 본디 단순한 개념으로부터의 존재론적 증명에 지나지 않는다. 존재론적 증명은 모든 증명력을, 이른바 우주론적 증명에 비축하고 있는 것이다. 그리고 겉치레의 경험은 전혀 무의미하고, 아마도 우리를 다만 절대적 필연성의 개념으로 이끌 뿐, 필연성을 무엇인가 일정한 사물로 제시해 주지 않는다. 왜냐하면 우리가 이와 같은 일을 의도하자마자, 우리는 바로 모든 경험을 단념하지 않으면 안 되기 때문이다. 그리고 순수개념 가운데 어느 것이 절대적으로 필연적인 존재자를 가능케 하는 조건을 포함하고 있는가를 찾지 않으면 안 되기 때문이다. 그러나 이 방식으로 그와 같은 존재자가 가능하다는 것이 통찰되었다면, 그것만으로도 그 현실 존재 역시 증명된 것이다. 왜냐하면 그것은 모든 가능한 것 가운데 절대적인 필연성을 가지고 있는 어떤 것이 있다는 것, 즉 이 존재자는 절대적 필연적으로 실재한다는 것과 같은 말이기 때문이다.

추론에서의 모든 겉치레는, 그것을 순학문적인 방식으로 따진다면 아주 쉽사리 폭로할 수가 있다. 여기서 제시하는 것은 그와 같은 진술이다.

만약에 '모든 절대적으로 필연적인 존재자는 어느 것이나 동시에 가장 실재적인 존재자다'라는 명제가 옳다고 하자(이것은 우주론적 증명의 핵심'이다). 그러면 이 명제는 모든 긍정판단이 그러한 것처럼 적어도 제한에 의해 제한 환위(換位)되지 않으면 안 된다. 그러므로 몇몇의 가장 실재적인 존재자는, 동시에 절대적으로 필연적인 존재자이다. 그러나 가장 실재적인 존재자는 다른 실재적인 존재자와 조금도 구별되어 있지 않다. 즉 이 개념에 포함되어 있는 몇몇의 것에 해당하는 일은, 모든 것에도 해당하는 것이다. 따라서 나는 그 명제를(지금의 경우) 절대적으로 환위할 수가 있을 것이다. 가장 실재적인 존재자는 모두 필연적인 존재자라고 말이다. 그런데 이 명제는 단순히 선험적 개념으로부터 규정되어 있을 뿐이다. 그 때문에 가장 실재적인 존재자라고 하는 단순한 개념은, 이 존재자의 절대적 필연성도 지니고 있어야 한다. 이것이야말로 바로 존재론적 증명이 주장한 것이며, 우주론적 증명이 승인하려 하지 않았던 것이다. 그럼에도 불구하고 우주론적 증명은 그것을 은밀하게 추리의 깔개로 삼고 있었던 것이다.

이렇게 해서 사변적 이성이 최고 존재자의 실재를 증명하기 위해 취하는 두 번째 방법은, 첫 번째 방식과 마찬가지로 기만적일 뿐만 아니라, 더 나아가서 무지에 의한 논박을 범하고 있다고 비난받을 만한 점을 지니고 있다. 그것은 우리에게 새로운 오솔길을 안내한다고 약속하면서, 약간 벗어난 뒤에, 우리가 그 오솔길 때문에 버린 낡은 길로 다시 우리를 데려가고 있는 것이다.

나는 조금 전에 이 우주론적 논증에는 변증법적 월권의 소굴이 전적으로 몸을 숨기고 있다고 말했다. 초월적 비판은 이 소굴을 손쉽게 발견하여 파괴할 수가 있다. 나는 여기에서는 그것들을 다만 인용하는 데 그치고, 그 기만적인 원칙을 계속 조사해서 폐기하는 일은 이미 숙달된 독자에게 맡기고자 한다.

예를 들면 다음과 같은 것을 볼 수가 있다. 1. 우연적인 것에서 원인을 추리하는 초월적 원칙이 있다. 이 원칙은 감각계 안에서만 의미를 갖지, 그 바깥에서는 아무런 뜻을 가지지 못한다. 왜냐하면 우연적인 것은 단순한 지적 개념으로서 감각계 밖에서는 인과성의 개념과 같은 종합명제를 낳지 못하기 때문이며, 인과성의 원칙은 감각계 이외에서는 아무런 의미도 또 사용될 아무런 가망성도 가지지 못하기 때문이다. 그러나 여기에서는 그 원칙이 감각계 밖으로 뛰어넘어가기 위해 쓸모가 있다. 2. 감각계에 주어진 원인으로부터, 또 그 원인으로 점점 거슬러 올라가는 여러 원인의 무한한 계열은 불가능하다는 사실로부터 제일의 원인을 추론하는 원칙이 있다. 그런데 경험에서의 이성 사용 원리 자체는 이런 무한 계열의 추론을 할 수 있는 권리를 우리에게 주지 않는다. 더욱이 이 원칙을, 경험을 넘어서까지(이 원인의 연쇄는 거기까지 연장될 수 있을 것 같지도 않다) 확장할 수 없다. 3. 이 계열을 완성시키는 일에 대한 이성의 잘못된 자기만족이 있다. 이것은 필연성의 개념을 생성하는 데 반드시 필요한 모든 조건을 마침내 모두 제거해 버림으로써 그 이상 아무것도 파악할 수 없게 되고, 따라서 이런 제거를 개념의 완성으로 간주하는 데서 온다. 4. 모든 실재성을 하나로 만드는 개념의 논리적 가능성(내적 모순이 없는)을 초월적 가능성과 혼동하는 것, 또 초월적 가능성은 이와 같은 종합의 실현 가능성 원리를 필요로 하는데, 이 원리는 또다시 가능한 경험 영역에서만 통용될 수 있다는 것 등등이다.

우주론적 증명이라고 하는 작품은, 단순한 개념에 의해서 선험적인 필연적 존재자의 실재를 증명하는 일을 회피하는 것을 목적으로 하고 있다. 이 증명은 존재론적으로 할 수밖에 없을 테지만, 우리에게는 그것이 전적으로 불가능하다는 느낌이 든다. 이런 의도를 가지고 우리는 바탕에 놓여 있는 현실적 존재(경험 일반)로부터, 최선을 다해서 그 존재의 절대적으로 필연적인 조건을 추리한다. 이때 우리는 이 조건의 가능성을 설명할 필요는 없다. 왜냐하면 그와 같은 가능성이 실제로 있다는 것이 증명된다면, 그 가능성을 문제로 삼는 것은 전혀 필요 없는 일이기 때문이다. 그런데 우리가 이 필연적 존재자를 그 성질에 대해서 더 자세히 규정하려고 할 때, 실재의 필연성을 이해하기에 충분한 어떤 개념을 찾지 않는다. 왜냐하면 만일 그것을 할 수 있다면, 우리는 경험적인 전제가 필요치 않을 것이기 때문이다. 따라서 우리는 소극적인 조건(불가결한 조건)만을, 즉 그것 없이는 존재자가 절대적으로 필연적이지 않는 조건을 구하는 것이다. 그런데 이 탐구는 본디 주어진 결과에서 그 근거를 추리하는 다른 모든 추리법에서는 아마 가능할지 모른다. 그러나 여기서는 불행하게도 절대적 필연성에 요구되는 조건은 유일한 존재자에게서만 찾을 수 있다는 사정이 있다. 그렇기 때문에 이 유일한 존재자는 자기 개념 속에, 절대적 필연성에 대한 선험적 추리를 가능하게 한다. 즉 나는 다음과 같이 역으로도 추리할 수가 있다. 이 개념(최고의 실재성이라고 하는)이 덧붙여지는 사물은 절대적으로 필연적이라고. 그리고 내가 그와 같이 추리할 수 없다고 한다면(존재론적 증명을 회피하려고 한다면 나는 그렇게 고백하지 않으면 안 되지만), 나는 나의 새로운 길을 따라가도 실패하여, 다시 내가 출발했던 곳으로 되돌아오는 것이다. 최고 존재자라고 하는 개념은 확실히 사물의 내적 규정을 둘러싸고 던질 수 있는 선험적 문제를 만족시켜, 더할 나위 없는 이상이다. 왜냐하면 보편적 개념은 그것을 동시에, 모든 가능한 사물 가운데 하나의 개체로서 특히 눈에 띄게 하기 때문이다. 그러나 그 개념은 자기 자신의 현실 존재를 둘러싼 물음에는 아무런 만족도 주지 못한다. 그런데 실은 이것이 본디 우리가 문제 삼았던 것이다. 그리고 필연적 존재자의 현실 존재를 가정하는 자가, 다만 모든 사물 가운데 어느 것이 필연적인 존재자로 간주되지 않으면 안 되는가를 알고자 해서 물어도, 우리는 '바로 이것이 필연적 존재자'다 대답할 수는 없었다.

이성이 설명 근거의 통일을 좀 더 쉽게 찾을 수 있도록, 최고로 충분한 존재자를 모두 가능한 결과의 원인으로서 생각한다는 것은 분명히 허용되어 있을 것이다. 그러나 대담하게도 이와 같은 존재자가 필연적으로 실재한다고까지 말한다는 것은, 이미 허용된 가정을 분에 맞게 표현하는 것이 아니라 반론을 허락하지 않는 확실성을 내거는 주제넘는 월권이다. 왜냐하면 사람들이 무엇인가를 절대적으로 필연적인 것으로 인식한다고 자칭한다면, 그 인식도 절대적 필연성을 지니고 있어야 하기 때문이다.

선험적 이성의 전 과제는 절대적 필연성을 위해 하나의 개념을 찾아내든지, 그렇지 않으면 어떤 사물의 개념을 위해 절대적 필연성을 찾아내든지 두 가지 가운데 하나에 이르게 된다. 만일 하나가 가능하다면 다른 하나도 가능하지 않으면 안 된다. 왜냐하면 이성이 절대적으로 필연적인 것이라고 인식하는 것은, 그 개념으로 보아 필연적인 것일 뿐이기 때문이다. 그러나 이 두 가지는 모두 이 점에서 우리의 지성을 만족시키려고 하는 최대한의 노력을 완전히 넘어서고 있으며, 뿐만 아니라 우리의 지성에게 자신의 무능력을 일러주고 안심시키려고 하는 모든 시도도 넘고 있는 것이다.

절대적인 필연성은 모든 사물의 최종적인 탐지자로서 우리가 필요로 하는 것이고, 그것은 인간의 이성에게 참다운 심연(深淵)이다. 설사 할러(Albert von Haller) 같은 시인이 영원을 아무리 전율할 만큼 숭고하게 묘사했다 하더라도, 이것만큼 눈이 휘둥그레질 정도의 인상을 주지는 못한다. 왜냐하면 영원은 사물의 지속을 측정할 뿐, 그것을 짊어지는 일은 하지 않기 때문이다.

우리는 우리가 모든 것 가운데 최고의 것이라고 생각에 떠올리는 존재자가, 말하자면 자기 자신에게 다음과 같이 말하고 있다는 생각을 억제할 수도, 인정할 수도 없다. '나는 영원에서 영원으로 존재하며 나 이외에는 아무것도 없다. 내 의지에 의해서 존재하는 것만을 별도로 하면. 그러나 나는 도대체 어디서부터 존재하는가.' 여기에서 모든 지지대가 가라앉아 버린다. 최대의 완전성도 최소의 완전성도, 단지 사변적인 이성 앞에서는 아무런 밑받침 없이 공중에 뜬다. 사변적인 이성으로서는 최대, 최소의 그 어느 쪽 완전성을 손쉽게 소멸시키는 일은 식은 죽 먹기이다.

자연의 많은 힘은 일정한 결과를 통해서 그 현실적인 존재를 나타내는데, 우리는 그 힘을 모두 탐구할 수가 없다. 왜냐하면 우리는 그것들을 관찰에 의해서 충분히 추구할 수가 없기 때문이다. 현상의 바닥에 있는 초월적 객체는 물론, 왜 우리의 감성이 다른 최고의 조건들이 아닌 이 최상의 조건을 가지느냐 하는 이유와 함께 영원히 언제까지나 탐구되지 않은 채로 있을 것이다. 사물 자체는 주어져 있다고 해도, 통찰할 수 없는 것이다. 하지만 순수이성의 이상은 탐구할 수 없다고는 말할 수 없다. 왜냐하면 이상에 의해서 모든 종합적 통일을 완성시킨다고 하는, 이성의 욕구 말고는 이상의 실재성에 대한 신임장은 없기 때문이다. 이상은 적어도 생각할 수 있는 대상으로서 결코 주어져 있지 않으므로, 또한 그와 같은 대상으로서는 탐구할 수도 없다. 오히려 이상은 단순한 이념으로서 이성의 본성 가운데 자신의 자리를 확보하고, 그 안에서 탐구될 수 있는 것이다. 왜냐하면 이성이 이성인 까닭은, 곧 이성의 본질은 우리가 우리의 모든 개념이나 의견이나 주장에 대해—객관적으로든, 또는 단순한 가상일 경우 주관적으로든—해명을 줄 수 있다는 점에 있기 때문이다.

필연적 존재의 현존에 대한 모든 초월적 논증에서의 변증적 가상의 발견과 설명

지금까지 진술한 두 가지 증명은 어느 것이나 초월적으로 이루어진 것이다. 즉 경험적인 원리와는 독립적으로 이루어진 것이다. 왜냐하면 우주론적 증명은 경험 일반을 밑바탕에 두고 있다고 하지만, 역시 그것은 경험의 개별적인 성질에서 이루어진 것이 아니라, 경험적 의식 일반에 의해 주어진 현실 존재와의 관계에서, 순수한 이성 원리에 의해서 이루어진 것이기 때문이다. 게다가, 우주론적 증명은, 단순한 순수이성 개념을 의지하려고 경험이 이끄는 손을 떠나기 때문이다. 그런데 이들 초월적 증명에서 필연성의 개념과 최고 실재성의 개념을 결합시켜, 오로지 이념밖에 될 수 없는 것을 실재화하고 실체화하는 변증적인, 하지만 자연스러운 가상의 원인은 무엇일까? 실제로 존재하는 사물들 가운데 무엇인가를 그 자체로서 필연적인 것이라고 상정하면서도, 심연(深淵)으로서의 이와 같은 존재자의 실재에 대해 뒤로 물러나는 것은 피할 수 없는 일이지만, 그 원인은 무엇일까? 또한 이 점에 대해 이성이 자기 자신을 이해하고, 그와 같은 실재를 자신 없이 동의하는—언제나 다시 취소하는—불안한 상태를 벗어나 냉정한 통찰에 이르기 위해서는 우리는 무엇부터 시작하면 좋을까?

한층 주의할 일이 있다. 무엇인가가 실재한다는 것을 전제로 하면, 다른 그 어떤 것도 필연적으로 실재한다는 결론을 피할 수 없다는 사실이다. 우주론적 논증은 매우 자연스러운(그렇기 때문에 아직 확실할 것은 아니지만) 이 추론에 입각해 있었던 것이다. 이와 반대로 내가 어떤 사물의 개념을 임의로 생각하면 다음과 같은 일을 알 수가 있다. 그 사물의 현실 존재는 절대적 필연적인 것으로는 생각에 떠올릴 수가 없다는 것, 또 실제로 존재하는 그 어떤 것에 대해서도 내가 그것의 비존재를 생각하는 일을 방해하는 것은 아무것도 없다는 것이다. 따라서 나는 현실 존재 일반을 위해 무엇인가 필연적인 것을 생각하지 않으면 안 되는데, 그럼에도 나는 단 하나의 사물도 그 자체로서 필연적인 것으로 생각할 수가 없다. 다시 말해 나는 필연적인 존재자를 상정하지 않고서는 실제로 존재하기 위한 조건으로 거슬러 올라가는 것을 결코 완결시킬 수 없다. 그러나 나는 필연적 존재자로부터 전혀 시작도 할 수 없는 것이다.

만약에 내가 실제로 존재하는 사물 일반을 위해 무엇인가 필연적인 것을 생각하지 않으면 안 되지만, 어느 사물도 그 자체로 필연적인 것이라고 생각할 권한이 없다고 하면, 필연성이나 우연성은 사물 자체에 관련되는 것도 적용되는 것도 아니라는 결론을 피할 수 없다. 만일 그렇지 않다면 모순이 생기기 때문이다. 따라서 이 두 가지 원칙은 어느 것도 객관적이 아니며, 기껏해야 이성의 주관적 원리밖에 되지 않는다. 즉 한편으로는 실제로 존재하는 것으로서 주어져 있는 모든 것을 위해 필연적인 무엇인가를 구하는, 다시 말해 선험적으로 완전히 설명되기까지는 결코 멈추지 않는다는 것이다. 그러나 다른 한편에서는 이 완성을 전혀 기대하지 않는 것, 즉 더 나아가 무조건적인 것의 도출을 면제받으려고 경험적인 것을 무조건적인 것으로 상정하지 않는다는 것이다. 이런 의미에서 두 가지 원칙은 오직 이성의 형식적인 관심만을 배려한다. 단순히 발견적이며 규제적인 것으로서는 엄연히 양립할 수 있다. 왜냐하면 제1의 원칙은 다음과 같이 말하기 때문이다. "여러분은 오직 여러분의 인식에 체계적 통일을 가져오기 위해서, 현실 존재에 속하는 모든 것이 마치 제1의 필연적인 근거가 있는 것처럼 자연에 대해서 철학하시오. 이와 같은 이념에 결국 상상된 최고의 근거와 상의하면서." 하지만 제2의 원칙은 여러분에게 다음과 같이 경고한다. "사물의 현실 존재에 관련된 결정은 어느 하나도 생각해서는 안 된다. 오히려 앞으로 계속될 추론의 여지를 확보하고, 그것으로 해서 도출을 언제나 제약된 것으로 다루시오." 그러나 사물에서 지각되는 모든 것이 조건부로 필연성인 것으로 간주된다면, 사물(그것은 경험적으로 주어져 있을 것이다)은 어느 것이나 절대적으로 필연적인 것으로 볼 수 없을 것이다.

하지만 여기에서 결론되는 것은, 여러분은 절대적 필연성을 세계의 밖에 상정해야 한다는 것이다. 왜냐하면 그것만이 현상의 최대 가능한 통일의 원리—현상의 최고 근거로서—로서 이바지할 것이며, 또 여러분은 세계에서는 결코 거기까지 이를 수 없고, 제2의 원칙이 통일의 모든 경험적 근거를 언제나 파생적인 것으로 보도록 여러분에게 명령하기 때문이다.

고대의 철학자들은 자연의 모든 형식을 우연적인 것으로 보았지만, 질료는 보통 이성의 판단에 따라 근원적이며 필연적인 것으로 보았다. 그러나 만일 그들이 질료를 현상에 대응하는 기체로서 고찰하지 않고, 그 자체로서 그 현실 존재 면에서 고찰하고 있었다면, 절대적 필연성이라는 이념은 즉시 사라져 버렸을 것이다. 왜냐하면 이성을 이 현실 존재에 절대적으로 맺어주는 것은 아무 것도 없으며, 반대로 이성은 언제나 저항할 길 없이, 이와 같은 것을 사고 안에서 폐기할 수가 있기 때문이다. 하지만 또한 절대적 필연성은 사고 안에만 있었던 것이다. 그렇기 때문에 이와 같은 확신의 바닥에는 어떤 통제적 원리가 있어야 했다. 사실 연장성이나 불가입성(양쪽 모두 물질 자료의 개념을 이룬다)도 현상을 통일하는 최고의 경험적 원리이며, 경험적 조건이 붙여지지 않는 한, 자신은 통제적 원리라고 하는 특성을 가지고 있다. 그럼에도 불구하고 물질의 어느 규정—그것이 물질의 실재적인 것을 형성하는 것이지만—도 따라서 불가입성도 결과(작용)이며, 그 원인을 가지고 있지 않으면 안 되고, 그래서 언제나 파생적이다. 그 때문에 물질은 모든 파생적 통일의 원리로서의 필연적인 존재자의 이념에는 어울리지 않는다. 왜냐하면 물질의 실재적인 성질은 모두 파생적인 것으로서 조건부로만 필연적일 따름이며, 따라서 그 자체로서 폐기할 수 있기 때문이다. 그렇게 되면 결국 물질의 현실 존재 전체는 폐기되고 말 것이다. 그러나 만일 그와 같이 되지 않는다면 우리는 통일의 최고 근거에 이르렀어야 할 테지만, 그것은 제2의 통제적 원리에 의해서 허용되지 않는다. 여기에서 다음과 같은 일이 귀결된다. 물질 및 일반적으로 세계에 속하는 것은 모두 최대의 경험적 통일로서의 필연적 존재자의 이념에 적합하지 않으며, 그와 같은 존재자는 세계 밖에 설정되어야 한다는 것이다. 그 까닭은, 그 경우 마치 필연적 존재자가 있지 않은 것처럼 우리는 언제나 안심하고 세계의 현상과 그 현실 존재를 다른 현상들부터 도출할 수가 있기 때문이다. 또한 그럼에도 불구하고 이 도출의 완전성을 향하여 끊임없이 노력할 수가 있기 때문이다.

이와 같이 생각하면, 최고의 존재자라는 이상은 이성의 통제적 원리 바로 그것이다. 이 통제적 원리는 세계에 있어서의 모든 결합을, 마치 모든 것에 걸쳐 충분하고 필연적인 원인에서 생기는 것처럼 간주한다. 그것은 그 결합을 설명함에 있어서 보편적 법칙에 의한 필연적이고 체계적인 통일을, 지금 말한 원인 위에 기초지우기 위한 것이다. 이 원리는 그 자체로서 필연적 실재를 주장하는 것은 아니다. 그러나 동시에 초월적 바꿔치기를 통해서 이 형식적 원리를 구성적인 것이라고 여겨, 이 통일을 구상적으로 생각하는 것은 피할 수 없는 일이다. 그 까닭은 이러하다. 공간은 본디 여러 가지 제한에 지나지 않은 모든 도형을 가능하게 한다. 바로 그 이유 때문에 공간은 감성의 원리에 지나지 않는 것임에도 불구하고 절대적으로 필연적이며, 그 자체로서 존립하는 그 무엇인가로서, 또 선험적으로 주어진 대상이라고 여겨진다. 그와 마찬가지로 매우 자연스럽게 다음과 같은 일도 일어나게 된다. 즉 자연의 체계적 통일은 우리가 가장 실재적 존재자의 이념을 최상의 원인으로서 바탕에 두지 않는 한, 우리 이성의 경험적 사용의 원리로서는 결코 세울 수가 없다. 그러므로 이 이념은 실제의 대상으로서 상상되고, 더 나아가 그 대상은 최고의 조건이기 때문에 필연적인 것으로 상상되는 것이다. 말하자면 통제적 원리는 구성적 원리로 변환되는 것이다. 이것이 바꿔치기라는 것은, 다음과 같은 사실에 의해서 분명해진다. 이 최고 존재자는 세계에 대해서 절대적으로(무조건적으로) 필연적이었다. 그러나 그것을 내가 사물 그 자체로서 간주하면 이 필연성은 개념화되지 않고, 따라서 현실 존재의 실질적이고 구상적인 조건으로서가 아니라 사고의 형식적 조건으로서만, 나의 이성 가운데에서 발견할 수밖에 없었던 것이다.

제6절 자연신학적 증명 불가능에 대해서

사물 일반의 개념도, 어떤 현실적 존재 일반의 경험도 우리의 요구를 채울 수 없다고 하면, 남는 것은 다음과 같은 수단이다. 일정한 경험, 즉 지금 눈으로 보는 세계의 사물이라고 하는 경험이, 곧 그 상태와 배열이 최고 존재가가 실재한다는 것을 확신시키는 증명 근거를 확신시켜 주는가의 여부, 그것을 음미해 보는 일이다. 우리는 이와 같은 증명을 자연신학적 증명이라고 부르기로 하자. 만일 이 증명도 불가능하다면, 우리의 초월적 이념에 대응하는 존재자가 실재하는 것을 단지 사변적인 이성만으로 만족스럽게 증명하는 일은 불가능하다.

앞선 모든 언급에 의해서, 우리는 곧 이 물음에 대한 아주 쉽고 간결한 답을 기대할 수 있다는 것을 알게 될 것이다. 그렇다면 도대체 어떻게 이념에 상당하는 경험이 주어질 수 있는가? 어떤 경험도 그것에 일치될 수 없다는 데에 이념의 특성이 있다. 모든 것을 채운 필연적인 존재자라고 하는 초월적 이념은 압도적으로 크고, 언제나 제약된 그 어떤 경험적인 것을 초월하여 솟아 있다. 그 때문에 우리는 이와 같은 개념을 채울 수 있는 어떠한 물질도 경험 가운데서는 결코 찾아낼 수 없을 정도이다. 다른 한편으로는 제약된 것 안을 끊임없이 배회하여 결국 무제약적인 것을 찾아내지 못하고 말 정도로 초월해 있는 것이다. 어떠한 경험적인 종합도 이러한 실례를 제시하고 있지 않으며, 따라서 조그마한 단서도 주지 못하는 것이다.

이를테면 최고 존재자가 여러 조건의 이 사슬 안에 있다고 하자. 그렇다면 그 존재가 자신이 이들 여러 조건 계열의 한 항이 되어, 그 항 앞에 놓인 하위의 항과 마찬가지로, 자신보다 높은 근거를 둘러싸고 보다 고차적인 조사를 필요로 할 것이다. 이와는 달리 만일 이 최고 존재자를 이 연쇄로부터 분리시켜, 단지 가상적 존재자로서 자연 원인의 계열 가운데 포함시키지 않는다고 한다면, 이성은 그 가상적 존재자에 이르는 어떤 다리를 놓을 수 있겠는가? 왜냐하면 결과로부터 원인으로 옮겨가는 모든 법칙은, 아니 우리의 인식 일반의 모든 종합과 확장은 가능한 경험 이외의 어떤 것에도 적용되지 않고, 따라서 단지 감각계의 대상에 적용될 뿐이며, 이들에 대해서만 의미를 가질 수 있기 때문이다.

현재의 세계는 우리에게 다양성과 질서, 합목적성, 그리고 아름다움과 같은 측량할 수 없는 무한한 광경을 보여주고 있다. 우리는 이것들을 무한한 공간에서 또는 공간의 무제한한 한 부분에서 추구할지도 모른다. 그러나 우리의 지성—열등하다고는 하지만—이 획득할 수 있는 지식에 의해서까지도, 이토록 많은, 끝없이 광대한 경이(驚異)나 무게를 말할 수 있는 그 어떤 언어도 힘을 잃고, 또한 이들 힘을 재는 그 어떤 수도, 또는 우리의 생각까지도 어쩔 수 없는 한계가 있다는 점에 곤혹을 느낀다. 그 때문에 세계 전체에 대한 우리의 판단은, 이를 표현할 말이 없는 만큼 웅변적인 경탄으로 끝날 수밖에 없다. 어디를 보아도 결과와 원인의 사슬, 목적과 수단의 사슬, 그리고 생성과 소멸에서의 규칙성을 본다. 그리고 아무것도 스스로 자기의 현 상태에 이르게 된 것은 없으므로, 그 상태는 다시 무엇인가 다른 사물이 그 원인이라는 것을 지시하고, 그 원인은 마찬가지로 더한층의 원인 추구를 필연적으로 만든다. 그 결과 만일 이 무한한 우연적인 것 밖에서, 그 자체가 근원적으로 독립되어 존립하면서 전체 우주를 유지하고, 전체 우주의 근원으로서 그 존속을 보증하는 그 무엇인가를 상정하지 않으면, 전체 우주는 무로 돌아가 파멸하지 않을 수가 없을 것이다. 이 최고의 원인(세계의 모든 사물에 대해)을 우리는 얼마나 큰 것으로 생각해야 할 것인가? 우리는 세계의 전체 내용을 아는 것도 아니고, 하물며 그 크기를 가능한 모든 것과 비교해서 추측할 수도 없다. 그러나 우리는 일단 인과성을 염두에 두고, 이 궁극의 최고 존재자를 필요로 한다. 사정이 그런 이상, 우리가 그와 같은 존재자를 동시에 완전성의 정도를 고려하여 모든 가능한 것 위에 설정한다 해도 무슨 지장이 있을 것인가? 만일 우리가 단일 실체인 그와 같은 존재자 안에서 일체의 가능한 완전성이 합일되어 있다고 생각한다면—물론 추상적 개념의 희미한 윤곽에 의해서일 뿐이지만—그런 일을 쉽사리 이룰 수가 있다. 이 개념은 원리를 절약한다는 점에서 우리 이성의 요구에게는 유익하며, 그 자체에 있어 모순되지 않는다. 또 이 개념은, 그와 같은 이념이 질서와 합목적성을 향해 주는 안내에 의해 경험 내부에서의 이성 사용 확장에까지도 유용하다. 그리고 이 개념은 어디에서나 결정적으로 경험에 배치되는 일은 없다.

이 증명은 언제나 존경을 받을 만하다. 이 증명은 가장 오래되고 가장 선명하며, 보통 인간의 이성에 가장 어울리는 증명이다. 이 증명은 자연 연구에 활기를 줌과 동시에, 또 그 자신의 자연 연구에 의해 스스로의 존재 의미를 가지며, 또 그것에 의해서 언제나 새로운 힘을 얻고 있다. 이 증명은 우리의 관찰이 스스로 목적이나 의도를 발견하지 못했을 곳까지 미치게 하고, 자연 밖에 그 원리를 가지고 있는 특수한 통일을 길잡이로 해서 우리의 자연에 대한 지식을 확장한다. 그러나 이와 같은 지식은 다시 그 원인, 즉 이 지식을 생기게 한 이념으로까지 소급해서, 흔들리지 않는 확신에 이르기까지 최고 창시자에 대한 신앙을 증대시킨다.

따라서 이 원인 증명의 명성을 손상시키려 해도 가망 없을 뿐만 아니라, 또한 전혀 무익한 일이다. 이성은 이토록 유력한, 또 경험적이라고는 하지만 스스로 손을 써서 더욱더 증대하는 증명 근거에 의해 높여져, 아무리 면밀하고 추상적인 회의(懷疑)로도 억제할 수가 없다. 이렇게 해서 이성은 자연의 경이나 우주 구조의 위엄을 한 번 봄으로써, 마치 꿈에서 깨어나듯이 심사숙고하는 모든 우유부단한 멍에에서도 해방된다. 그리고 이성은 높은 곳에서 더 높은 곳으로, 피제약자에서 제약으로 올라서, 최고의 무제약적인 창조자에게 이를 때까지 자신을 고양(高揚)해 가는 것이다.

우리는 이와 같은 절차의 합법성과 유용성에 어떤 이의를 제기하는 것이 아니라, 오히려 그것을 추천하고 격려한다. 그러나 그렇더라도 이 증명 방법이 반증 불가능한 확실성을 자부하고, 다른 의견의 호의나 지지도 필요로 하지 않고 찬동을 얻을 수 있다고 자부할지도 모르나, 우리는 그것을 인정할 수는 없다. 그것은 교만한 사변가의 독단적인 말을, 무조건적인 복종을 명령하는 일 없이, 우리의 마음을 진정시키기 위한 겸손한 어조로 가라앉히는 것에 지장을 주지는 않을 것이다. 그렇기 때문에 나는 다음과 같이 주장한다. 자연신학적 증명은 최고 존재자의 현존재를 결코 증명할 수 없으며, 이 증명의 결함을 보충하는 일을 존재론적 증명(자연신학적 증명은 이 증명을 전제로 해서만 사용하고 있다)에 맡기지 않으면 안 된다고. 즉 존재론적 증명은 여전히 인간 이성이 간과할 수 없는 오직 하나의 가능한 증명 근거(적어도 사변적 증명만이 존재하지 않는 한)를 포함하고 있는 것이다.

문제가 되어 있는 자연신학적 증명의 요점은 다음과 같다. 1. 세계 어느 곳에서나 일정한 목적에 따른 질서를 나타내는 명확한 징표가 보인다. 그것은 위대한 지혜에 의해 성취되어 내용 면에서도, 규모의 크기 면에서도 이루 말할 수 없는 다양성의 전체를 이루고 있다. 2. 이와 같은 합목적적 질서는 세계의 사물로서는 전혀 헤아릴 수 없는 것으로, 이들 사물에 우연적으로 덧붙여져 있을 뿐이다. 즉 여러 가지 사물의 본성이 만약 이념에 입각한 이성적 질서의 원리에 의해서, 본디적으로 일정한 궁극 목적을 헤아려 선택되어 그곳으로 향하도록 되어 있지 않았다면 어땠을까? 그렇다면 여러 가지 사물의 본성이 스스로 이렇게까지 다양한 결합 방법에 의해 그 궁극적 목적에 일치할 수는 없었을 것이다. 3. 따라서 하나의 숭고하고 현명한 원인(또는 여러 원인)이 실재한다. 원인은 단순히 맹목적으로 작용하는 자연으로서, 결과의 풍요로움에 의해서가 아니라 세계의 원인이 그 자체의 자유와 총명함에 의해 존재하지 않으면 안 된다. 4. 세계의 통일성은 하나의 교묘한 건축물인 세계 여러 부분의 상호 관계의 통일성으로부터, 우리의 관찰이 미치는 것을 단서로 확실하게, 그러나 모든 유추의 원칙에 따라 확률적으로 추리된다.

여기서 우리는 자연적 이성을 가지고 그 추리에 대해서 흠을 찾는 일을 그만두기로 하자. 이성이 자연에 대해서 힘을 행사하여, 자연이 자신의 목적에 따라 행동하게 하는 것이 아니라 우리의 목적에 따르도록 자연을 강요할 때에는(집이나 배나 시계와의 유사성에 적합하도록), 이성은 몇 가지 자연물과 인간의 기술이 가져오는 것과의 비교로 추리한다. 그렇기 때문에 바로, 지성과 의지라고 하는 인과성이 자연의 밑바탕에 있을 것이다. 이성이, 자유로이 작용하는 자연의 내적 가능성을(그것은 모든 기술을 가능하게 할 뿐만 아니라, 아마도 이성까지도 비로소 가능하게 해준다), 더 나아가 다른 기술—초인적인 것이든—로부터 이끌어낼 때에는 그러하다. 이와 같은 추론법에는, 어쩌면 보다 더 엄격한 초월적 비판이라고 해도 대항할 수 없을지 모른다. 그러나 우리는 다음과 같이 고백하지 않으면 안 된다. 우리가 하나의 원인을 들어야 한다면, 합목적적 산물—그것은 우리가 그 원인과 결과를 완전히 알고 있는 유일한 것이다—과의 유추에 의한 것 이상으로 확실한 방법은 없다는 것이다. 하지만 이성이 자기가 알고 있는 인과성으로부터, 자기가 모르는 애매하고 증명할 수 없는 설명 근거로 갈아타려고 한다면, 이성은 스스로 그 책임을 질 수 없을 것이다.

이 증명에 의하면 그토록 많은 자연적 구조가 가지는 합목적성과 조화는 단지 형식(구성적 원리로서의)의 우연성을 증명함에 틀림없을 테지만, 질료의, 즉 세계의 우연성을 증명하지는 않을 것이다. 왜냐하면 질료가 우연적이라는 것을 증명하기 위해서는, 또한 다음과 같은 일이 증명될 필요가 있기 때문이다. 세계의 사물은 바로 그 실체에 대해서 최고 지혜의 산물이 아니었다면, 그 자체로 서는 보편적인 법칙에 의한 그와 같은 질서와 일치하기에는 적합하지 않다는 것이다. 그러나 그 증명에는, 인간의 기술적 유추에 의한 증명과는 전혀 다른 증명이 필요할 것이다. 그렇기 때문에 증명은 기껏해야 세계 건축사(建築士)를 증명할 수 있어도, 자기 이념에 모든 것을 종속시키는 세계 창조자를 증명할 수는 없을 것이다. 세계 건축가는 자기가 손을 대는 소재의 적성에 의해서 언제나 매우 제한되어 있다. 이것은 사람이 생각 속에 그린 원대한 목적에, 즉 모든 것을 채운 존재자를 증명하는 일에 훨씬 미치지 못한다. 예컨대 우리가 질료 자체의 우연성을 증명하려고 한다면 초월적 증명으로 도망쳐야 할 테지만, 그곳이야말로 여기에서는 회피해야 할 곳이었던 것이다.

그래서 추리는 세계 구석구석에 걸쳐 관찰되는 질서와 합목적성—전혀 우연적인 구조로서의—에서, 그 구조에 알맞은 원인의 실재로 향한다. 그러나 이 원인의 개념은 우리에게 원인에 대해서 무엇인가 분명히 확정된 일을 인식시켜 주지 않으면 안 된다. 따라서 그 개념은 전능, 지혜 등등을 가지고, 한마디로 말해서 모든 것을 충족시키는 존재자로서, 모든 완전성을 가지고 있는 존재자의 개념일 수밖에 없다. 왜냐하면 매우 큰 놀라울 만한 힘, 헤아릴 수 없는 힘과 탁월성이라고 하는 술어는, 아무런 확정적 개념도 주는 것이 아니기 때문이다. 그리고 이들 술어는 사물 그 자체가 무엇인가를 말하는 것도 아니라,(세계의) 관찰자가 자기 자신 및 그 이해 능력과 비교하는 대상과의 크기 관계의 관념이다. 우리가 그 대상을 확대하든, 또는 그 대상 관계에서 관찰하는 주체를 축소하든 간에 이들 술어는 찬양한 결과가 된다. 사물 일반의 크기(완전성의)가 문제될 경우 가능한 완전성을 포괄하는 개념 말고는, 확정적인 개념은 없다. 그리고 실재성의 전체만이 개념 전반에 걸쳐 확정되고 있는 것이다.

그런데 나는, 자기가 관찰한 세계의 크기(그 범위 및 내용에 대해서)와 전능과의 관계, 세계의 질서와 최고 지혜와의 관계, 또는 세계의 통일성과 창조자의 절대적 통일과의 관계 등을 통찰했다고 단언하리라고는 기대하지 않는다. 그러므로 자연신학은 최고의 세계 원인에 대한 일정한 개념을 줄 수가 없고, 따라서 다시 종교의 기반을 이룰 신학의 원리로서는 충분할 수가 없는 것이다.

절대적 전체성에 이르는 것은 경험의 방법으로는 도저히 불가능하다. 그럼에도 불구하고 사람들은 자연신학적 증명에서 이 길을 밟고 있다. 그렇다면 이렇게 넓은 간격을 넘기 위해서 사람들은 어떤 수단을 이용하는 것일까?

사람들은 세계 창조자의 지혜와 힘 등의 위대함에 경탄하게 되고, 그 이상 더 나아갈 수 없게 된 뒤에 갑자기 이 경험적인 증명 근거에 의한 논증을 버린다. 그리고 세계의 우연성으로 되돌아간다. 이 우연성은, 처음에 세계의 질서와 합목적성으로부터 추론된 것이다. 그런데 사람들은 이 우연성으로부터만 오로지 초월적 개념에 의해, 절대적으로 필연적인 것의 현실 존재로 나아가, 제1의 원인의 절대적 필연성의 개념으로부터 그 현실 존재의 전면적으로 규정된 개념으로, 또는 규정하는 개념으로, 즉 모든 것을 포괄하는 실재성의 개념으로 나아간다. 그렇기 때문에 자연신학적 증명은 그의 기도에서 막혀 버리고, 이에 당황한 나머지 돌연 우주론적 증명으로 비약한 것이다. 그리고 이 우주론적 증명은 숨은 존재론적 증명에 지나지 않았다. 그 때문에 이 증명은 처음에는 순수이성과의 모든 유사성을 거절하고, 모든 것을 경험에 입각한 알기 쉬운 증명에 희망을 걸었으나, 실제로는 그 목적을 순수이성만으로 수행한 것이다.

그러므로 자연신학자가 초월적 증명법에 대해서 냉담하게 굴고, 혜안을 가지고 자연을 아는 체하여, 음울한 사변가가 만들기 시작한 거미집을 내려다보는 것처럼 증명법을 내려다보아도, 거기에는 아무런 이유도 없는 것이다. 왜냐하면 만일 그들이 스스로의 방법을 검토할 생각만 있다면, 다음과 같은 것을 알게 될 것이기 때문이다. 즉 그들은 자연과 경험의 대지를 상당히 앞으로 나아갔음에도 불구하고, 자기들의 이성이 향하고 있다고 생각하는 대상으로부터 여전히 멀리 떨어져 있다는 것을 알게 된다. 그 뒤 그들은 갑자기 이 지반을 떠나, 단순한 가능성의 영역으로 이동하는 것이다. 그들은 그 영역에서 그들의 모든 경험적 탐구로도 미치지 못했던 것에, 이념의 날개로 접근할 것을 바란다. 마지막으로 그들은 한층 힘찬 비약으로 확고한 지반을 얻었다 잘못 생각하고, 이제는 확정된 개념(그들은 그 이유도 모르고서 이 개념을 소유하게 되었다)을 창조의 전체 영역으로 확대한다. 그리고 순수이성의 산물에 지나지 않았던 이상을 해설한다. 그러나 그것은 너무나 비참하고, 이념의 대상—경험에 의한—의 존엄을 훨씬 밑돈다. 그런데 그들은 자기들이 경험 이외의 오솔길을 지나 이와 같은 지식과 전제에 이르렀다는 것을 고백하려고 하지 않는다.

따라서 자연신학적 증명의 밑바탕에는 우주론적 증명이 있고, 우주론적 증명의 밑바탕에는 최고 존재자로서의 유일하고 근원적인 존재자가 실재하고 있다는 것에 대한 존재론적 증명이 있다. 그리고 이들 세 가지 이외에는 이제는 사변적 이성에게 길은 열려 있지 않다. 그러므로 일체의 경험적인 지성 사용을 훨씬 초월하여 우뚝 솟은 명제에 대한 단 하나의 증명이 가능하다고 하면, 전적으로 순수이성 개념에 입각하는 존재론적 증명만이 유일하게 가능한 증명인 것이다.

제7절 이성의 사변적 원리에 입각한 모든 신학을 비판한다

신학을 근원적 존재자의 인식이라고 이해한다면, 신학은 단순히 이성에 입각한 신학(이성신학)이거나, 계시에 입각한 신학(계시신학) 둘 가운데 하나이다. 그런데 이성신학은 그 대상을 순전히 초월적 개념(근원적 존재자)을 매개로 하여 오직 순수이성에 의해 생각함으로써 초월적 신학이라고 불린다. 계시신학은 그 대상을 이성이 자연(우리 영혼의)에서 빌려오는 개념에 의해서 최고의 지성으로 생각하여, 자연신학이라고 해야 할 것이다. 초월적 신학만을 인정하는 사람은 이신론자(理神論者)라 불리고, 자연신학도 받아들이는 사람은 유신론자(有神論者)라고 불린다. 이신론자는 다음과 같은 일을 인정한다. 우리는 아마도 근원적 존재자의 실재를 단순한 이성에 의해 인식할 수 있지만, 그것에 대한 우리의 개념은 초월적인 것에 지나지 않는다고. 즉 그것은 모든 실재성을 갖는 존재자의 개념인데, 우리는 그 실재성을 자세히 규정할 수가 없다. 유신론자는 다음과 같이 주장한다. 이성은 대상을 자연과의 유추에 의해, 즉 지성과 자유에 의해 다른 모든 사물의 근본 기반을 안에 품고 있는 존재자로서 자상하게 규정할 수가 있다고. 그렇기 때문에 이신론자는 대상 아래에(그것이 대상 본성의 필연성에 의하는가, 그렇지 않으면 자유에 의하는가는 아직 결정되지 않고 있다) 단순히 세계 창조자를 생각하고 있는 것이다.

초월적 신학은 근원적 존재자의 현존재를 경험 일반(이 경험이 속하는 세계에 대해서는 그 무엇도 자상하게 규정하지 않고)에서 이끌어 내려 하는 신학으로, 우주신론이라고 불린다. 또 하나는 아무런 경험의 도움도 빌리지 않고 단순한 개념에서 그 현실 존재를 인식한다고 믿는 신학으로, 존재신론이라고 불린다.

자연적 신학은 세계 창조자의 특성과 현실 존재를, 이 세계에서 볼 수 있는 상태, 질서, 통일성에서 추리한다. 이 세계에는 두 종류의 인과성과 그 규칙이 인정되지 않으면 안 된다. 그것은 자연과 자유이다. 그렇기 때문에 자연신학은 이 세계에서 최고의 지성으로 올라간다. 이것은 모든 자연적 질서와 완전성의 원리로서의 최고 지성이거나, 그렇지 않으면 도덕적 질서와 완전성의 원리로서의 최고 지성, 그 어느 쪽이다. 첫째 경우 자연적 신학은 자연신학이라 하고, 둘째 경우는 도덕신학이라고 불린다.[35]

우리는 신이라는 개념 아래 맹목적으로 작용하는 영원한 자연—말하자면 사물의 근본으로서의—을 이해하지 않고, 지성과 자유에 의해서 사물의 창조자가 되어야 하는 최고의 존재를 이해하는 것이 보통이다. 또 이 개념만이 우리의 관심사이기도 하다. 이 때문에 엄밀하게 말하면, 이신론자는 신을 믿고 있다는 것을 부인할 수가 있을 것이다. 그리고 그에게는 신을 단순히 근원적 존재자, 또는 최고 원인이라는 주장만을 남겨줄 수가 있을 것이다. 하지만 누구에 대해서건 무엇인가를 감히 주장하지 않는다고 해서, 그가 그것을 부정하려 했다고 책망받아서는 안 된다. 그렇기 때문에 다음과 같이 말해 두는 것이 보다 온당하고 적절하다. 이신론자는 신을 믿고 있는 반면, 유신론자는 살아 있는 신(최고 지성)을 믿고 있다고. 이제 우리는 이성의 이 모든 시도를 가능하게 하는 원천을 찾아보기로 하자.

여기서 나는 이론적 인식과 실천적 인식을 다음과 같이 정의함으로써 만족하고자 한다. 이론적 인식이란, 그것에 의해서 내가 '무엇이 있는가'를 인식하는 것이다. 이에 반해 실천적 인식이란, 그것에 의해서 내가 '무엇이 있어야 하는가'를 인식하는 것이다. 이에 따르면 이성의 이론적 사용은, 그것에 의해서 내가 무엇이 있다는 것을 선험적으로(필연적인 것으로서) 인식하는 이성 사용이다. 이에 반해 이성의 실천적 사용은, 그것에 의해서 무엇이 일어나야 할 것인가를 선험적으로 인식하는 이성 사용이다. 그런데 무엇인가가 존재한다는 것, 또는 무

---

35) 이것은 신학적 도덕을 말하는 것이 아니다. 왜냐하면 신학적 도덕은 세계 최고 통치자의 현실 존재를 전제로 하는 도덕적 법칙을 포함하고 있기 때문이다. 이에 반해 도덕신학은 최고 존재자의 현실 존재자의 현존재에 대한 확신이며, 이 확신은 도덕 법칙에 입각해 있다.

엇인가가 일어나야 한다는 것이 의심할 여지없이 확실하다고 하지만, 그 때문에 어떤 일정한 조건이 절대적으로 필연적일 수 있든가, 그렇지 않으면 임의적이고 우연적인 것으로밖에 전제할 수 없든가, 그 어느 한쪽이다. 첫째 경우에는 조건은 요청되고(정립에 의해), 둘째 경우에는 그것은 가정된다(가설에 의해). 절대적으로 필연적인 실천적 법칙(도덕 법칙)은 존재한다. 그렇기 때문에 도덕 법칙이 그 구속력을 가능하게 해주는 조건으로서 그 어떤 현실 존재를 필연적으로 전제한다고 하면, 그 현실 존재는 요청된다. 왜냐하면 추리가 이 일정한 조건으로 향하는 것은 조건지워진 것으로부터이지만, 그 조건지워진 것은 그 자신이 절대적으로 필연적인 것으로서 선험적으로 인식되기 때문이다. 앞으로 우리는 도덕법칙은 최고의 존재자를 단순히 전제할 뿐만 아니라 다른 관점에서 절대적으로 필연적이기 때문에, 이와 같은 존재자를 당연히 — 물론 단지 실천적으로만 그런 것이지만 — 요청도 한다는 것이다. 하지만 지금은 이 추리법은 놓고 가기로 한다.

　단순히 존재하는 것(존재해야 될 것이 아닌)이 문제가 되는 경우, 경험에서 우리에게 주어지는 피제약적인 것은 언제나 우연적인 것으로도 여겨진다. 그 때문에 그것에 속하는 조건은 거기에서는 절대적으로 필연적인 것으로서는 인식될 수 없다. 그렇지 않고 그 조건은 단지 제약된 것의 이성 인식을 위해 상대적으로 필연적이거나 필요한 전제로서 인식된다. 따라서 이것은 이성을 통해 이 피제약적인 것을 알고자 할 때 그 자체로서, 또 선험적인 임의의 전제로 유용할 뿐이다. 그렇기 때문에 사물의 절대적 필연성이 이론적 인식에서 인식되어야 한다면, 그것은 오직 선험적 개념에서만 이루어질 수 있을 것이다. 결코 경험에 의해 주어진 현실 존재에 대한 원인으로서가 아니다.

　이론적 인식이 대상에, 경험에서는 다다를 수 없는 대상의 개념을 향할 때, 이론적 인식은 사변적이다. 이론적 인식은 자연 인식에 대치된다. 자연 인식은 가능한 경험에서 주어질 수 있는 대상, 또는 그 개념 이외로는 향할 수가 없다.

　결과로서 생성하는 것(경험적으로 우연한 것)으로부터 원인을 추리하는 원칙은 자연 인식의 원리이지, 사변적 인식의 원리는 아니다. 그 이유는 이러하다. 만일 우리가 이 원칙이 가능한 경험 일반의 조건을 포함한 원칙이라는 것을 무시하고, 경험적인 것을 모두 생략하고, 이 원칙을 우연적인 것 일반에 대해 주장하려 한다고 하자. 그러면 그와 같은 종합적 명제를 변호하는 여지는 그 어디에도 없다. 즉 그때 나는 이 원칙을 내가 현재 있는 그 무엇으로부터, 그것과는 전혀 다른 것(원인이라고 하는 이름의)으로 어떻게 해서 이행할 수 있는가를 통찰하기 위한 원칙으로는 전혀 삼을 수가 없는 것이다. 그러기는커녕 원인의 개념은 그와 같은 단순히 사변적인 사용에서는, 우연적인 것의 개념과 함께 모조리 의미—그 객관적 실재성은 어디까지나 구체적 사물에서(구체적으로) 이해된다—를 잃고 만다.

그런데 우리가 만약 세계에 있는 사물의 현실 존재로부터 그 원인을 추리한다고 하면, 그것은 자연적 이성 사용에 속하지 않고, 사변적인 이성 사용에 속한다. 왜냐하면 자연적 이성 사용은 사물 그 자체(실체)가 아니라 다만 생성하는 것만을, 따라서 경험적으로 우연한 것으로서의 사물 상태를 그 어떤 원인에 관계지우기 때문이다. 실체 그 자체(질료 물질)가 그 현실 존재에 대해서 우연적이라고 하는 것은, 단지 사변적 이성 인식이지 않으면 안 될 것이다. 그러나 세계의 형식, 세계의 형식이 결합되는 방식, 그리고 결합의 변화만이 문제가 되어 내가 여전히 그 결합에서 세계와는 전혀 다른 원인을 추론하려 했다고 하자. 그러면 이 추론도 역시 순전히 사변적 이성의 판단이 될 것이다. 왜냐하면 이 경우의 대상은 아무런 가능한 경험의 객체가 아니기 때문이다. 하지만 그렇게 되면 경험의 영역 안에서만 적용될 뿐 경험 밖에서는 사용될 수 없는 데다가, 의미조차도 가지지 않는 인과성의 원칙은 그 본디의 사명에서 완전히 벗어나고 말 것이다.

그런데 내가 하고자 하는 말은 이러하다. 신학에 대해 이성을 단지 사변적으로 사용하려는 시도는 전혀 무익하며, 무의미하고, 효과가 없다. 그렇다고 해서 도덕 법칙을 바탕에 두든가 안내자로 사용하지 않으면, 이성신학은 그 어디에도 존재할 수 없는 것이다. 왜냐하면 지성의 종합적 원칙은 모두 내재적으로 사용되기 때문이다. 그러나 최고 존재자의 인식에는, 지성의 종합적 원칙의 초월적 사용이 필요하다. 하지만 지성에는 이를 위한 장비가 전혀 없다. 인과성이라고 하는 경험적으로 통용되는 법칙이 근원적 존재자로 통하도록 되어 있다면, 그 존재자는 경험 대상의 고리 일부에 속하지 않으면 안 될 것이다. 그러나 그렇게 되면 근원적 존재자는 모든 현상과 마찬가지로, 그 자신이 다시 제약받은 것이 되고 말 것이다. 그렇더라도 예컨대 우리가 원인에 대한 결과가 가지는 관계의 역학적 법칙에 의해서, 경험의 한계를 뛰어넘어 가는 것을 마다하지 않는다고 하자. 이 방식이 어떠한 개념을 가져올 수가 있다는 것일까? 최고 존재자의 개념은 가져오기에는 아직도 멀다. 왜냐하면 경험은 우리에게 모든 가능한 결과 가운데 최대의 결과(이 원인은 그와 같은 결과를 증언해야 한다)를 결코 제공해 주지 않기 때문이다. 만약에 우리 이성 안에 공백을 남기지 않기 위해 완전한 규정의 결함을, 최고의 완전성과 근원적 필연성이라고 하는 순전한 이념으로 메우는 일이 허용되어 있다고 하자. 그렇게 되면 그것은 호의로서 허용될 수 있는 것이지, 반대할 여지가 없는 증명의 권리에 의해 요구될 수 있는 것은 아니다. 그러므로 자연신학적 증명은 사변을 직관과 연동시킴으로써, 아마도 다른 증명(그런 것이 있다고 하면)을 강화할 수 있을 것이다. 그러나 이 증명은 그 자체로서는 오히려 이론적 인식을 위한 지성의 예행연습으로, 지성이 혼자만으로는 성취할 수 없는 일을 향해 지성에 대해서, 똑바르고 자연적인 방향을 제시하는 역할을 한다.

따라서 이로부터 충분히 알 수 있는 것은, 초월적 문제는 초월적 답변밖에 허락하지 않는다는 것, 즉 조금도 경험적인 것이 섞여 있지 않은 순수한 선험적 개념에 의거한 대답밖에 허용하지 않는다는 것이다. 하지만 여기서의 문제는 명확히 종합적이며, 우리의 인식을 경험의 모든 한계를 넘어서 확장할 것을 요구한다. 다시 말해 경험과는 닮지 않은 우리의 단순한 이념에 대응할 만한 존재자의 실재에까지 확장할 것을 요구한다. 그런데 우리가 앞에서 행한 증명에 의하면, 모든 선험적 종합적 인식은 가능한 경험의 형식적 조건을 나타내는 것에 의해서만 가능하다. 또 그렇기 때문에 모든 원칙은 오직 내적 타당성만을 가질 뿐이다. 즉 이들 원칙은 오직 경험적 대상, 또는 현상과 관계할 뿐이다. 그러므로 단순한 사변적 이성을 지향한 초월적 절차에 의해서도 아무것도 이룰 수가 없는 것이다.

그러나 만일 이와 같이 오래 사용해 온 증명 근거의 무게에 대한 설득력을 빼앗길 정도라면, 차라리 앞의 분석론의 증명을 모두 의심하는 편이 낫다고 생각했다고 하자. 그렇다 하더라도 내가, 사람은 어떻게 또 어떤 착상을 가지고 감히 단순한 이념의 힘에 의해서 모든 가능한 경험의 저편으로 날아가는가에 대해서, 적어도 자기변호를 하도록 요구할 경우, 우리는 그 요구에 응하는 것을 거부할 수가 없다. 새로운 증명이나 낡은 증명의 개작은 사양하고 싶다. 왜냐하면 단순히 사변적인 증명은 결국에는 유일한 증명인 존재론적 증명에 다다르게 되므로, 거기에는 그다지 선택의 여지가 없기 때문이다. 따라서 또 나는 감각을 떠난 저 이성의 독단적 옹호자의 성과에 성가시게 될 것을 두려워할 필요는 없기 때문이다. 게다가 나는 이 점에서 선전(善戰)할 수 있다고 자만하는 것은 아니지만, 이런 종류의 모든 시도에서 볼 수 있는 오류의 추리를 폭로하고, 그것으로 오류 추리의 월권을 좌절시키기 위한 도전을 사퇴할 생각은 없다. 하지만 일단 독단적 신념에 젖어버린 사람들이 품고 있는, 지금 이상의 행운에 거는 기대는 결코 완전히 박살되는 것은 아니다. 따라서 나는 다음과 같은 단 하나의 적절한 요구를 근거로 삼는다. 즉 사람은 어떻게 자기 인식을 완전히 선험적으로 확장하여, 가능한 경험이 미치지 않는 지점까지 확대할 작정인가, 그 점에 대해서 일반적으로—또 다른 모든 인식 원천도 포함해서—인간 지성의 본성에 입각해서 밝히느냐 하는 것이다. 그 지점에는 우리 자신이 생각해 낸 어떤 개념의 객관적 실재성도 보증하는 기술은 없는 것이다.

지성이 어떻게 이 개념에 이르렀던 간에, 그 개념의 대상의 현실 존재는 그 개념에 분석적으로 포함되는 일은 없다. 왜냐하면 실체의 현실 존재 인식은, 객체가 사고와는 별도로 객체 그 자체로서 설정되어 있다는 데서 성립하기 때문이다. 그것과는 반대로 자기 쪽에서 개념 밖으로 나아가, 경험적인 결합에 따르지 않고(그러나 그것에 따르지 않으면 아무래도 현상은 주어지지 않는다) 새로운 대상과 초월적 존재자를 발견하게 된다는 것은 전혀 불가능한 일이다.

분명히 이성은 비록 그 순전히 사변적인 사용에서, 이와 같은 큰 목적에는 도저히 이를 수 없다. 말하자면 최고 존재자의 현실 존재에 이를 수가 없는 것이다. 하지만 이성은 다음과 같은 점에서 매우 쓸모가 있다. 예컨대 그와 같은 존재자에 대한 인식을 어떻게 해서든 손에 넣을 수 있었을 경우, 그와 같은 인식을 인식 자신과 모든 가능한 목적과 일치하도록 수정하는 일이다. 그리고 그와 같은 인식을 근원적 존재자의 개념에 반하는 모든 것으로부터, 또 경험적 제약의 모든 혼입물로부터 순화하는 일이다.

그렇기 때문에 초월적 신학이 아무리 불완전하다고는 해도 이 신학에는 소극적이기는 하지만 중요한 사용법이 있다. 그리고 이 신학은 그것이 단순히 순수한 이념과 관련될 때에는, 우리 이성의 검사관이다. 순수한 이념은 순수한 이념이면 이념일수록, 초월적 기준밖에 허용하지 않는다. 그 까닭은 이러하다. 예를 들어 일단 다른 관계에서, 아마도 실천적인 관계에서 모든 것을 충족한 최고의 존재자라고 하는 전제가, 최고의 지성으로서 반론을 받지 않고 타당성을 주장했다고 하자. 그러면 이 개념을 그 초월적 측면에서 가장 실재적이고 필연적인 존재자로서 엄밀하게 규정하는 일이 중요해질 것이다. 게다가 최고 실재성에 어긋나는 단순한 현상(즉 넓은 의미에서의 의인관(擬人觀)에 속하는 것)을 배제하고, 동시에 무신론적인 것이든 이신론적인 것이든 또 의인적인 것이든 간에 역행하는 모든 주장을 배제하는 일이 매우 중요해질 것이다. 이것은 이런 비판적 처리에서는 매우 쉬운 일이다. 인간 이성이 그와 같은 존재자의 실재를 주장하는 일에 대하여 무능하다는 것과 같은 근거는, 모든 반론이 무효라는 것을 증명하는 일에도 충분하니까 말이다. 왜냐하면 이성의 순수한 사변에 의해서는 '만물의 근원적 근거로서의 최고 존재자는 없다'거나, '우리가 결과로서 생각하는 존재자의 역학적 실재성과 비교해서 머릿속에 떠올리는 특성은 어느 것이나 최고 존재자에게는 적합하지 않다'거나 또 '만일 그런 특성이 속해 있다고 하더라도 이들 특성은 우리가 경험을 통해서 알고 있는 지성에 대해 감성이 반드시 가하는 모든 구속에서 따르지 않으면 안 된다'는 통찰을 우리는 아무 데서도 얻을 수 없기 때문이다.

　그렇기 때문에 최고 존재자는 이성의 순전한 사변적 사용에 대해서는 단순한 이상, 하지만 결함이 없는 이상에 머문다. 그것은 인간의 모든 인식을 종결시켜서, 그 마지막을 장식하는 개념이다. 이 개념의 객관적 실재성은, 이 사변적 방법에 의해서는 확실히 증명되지 않는다. 그러나 논박도 되지 않는다. 그리고 만일 이 결함을 보강할 수 있는 도덕신학이 존재해야 한다면, 그때 이전에는 개연적인 것에 지나지 않는 초월적 신학이, 도덕신학은 없어서는 안 된다는 것을 증명한다. 그것은 이 신학의 개념을 생각하는 것에 의한다. 또 감성에 빈번하게 속고, 자기 자신의 이념과는 반드시 일치하지 않는 이성을 검열하는 것에 의한다. 필연성, 무한성, 단일성, 세계 밖에 있는 현실 존재(세계 영혼으로서가 아니라), 시간적 제약을 받지 않는 영원성, 공간의 제약을 받지 않는 편재성(遍在

性) 등등은 전적으로 초월적 술어이다. 이들 술어의 순화된 개념은 모든 신학이 꼭 필요로 하는 것이며, 초월적 신학에서만 이끌어 낼 수 있는 것이다.

초월적 변증론에 대한 부록

순수이성 이념의 통제적 사용에 대해서

순수이성의 모든 변증적 시도의 결말은, 우리가 이미 선험적 분석론에서 증명했던 것을 뒷받침한다. 우리를 가능한 경험의 분야 너머로 이끌려고 하는 추리는, 모두 망상적이고 근거 없다는 것이다. 뿐만 아니라 이 결말은 동시에 다음과 같은 특수한 일을 우리에게 가르쳐 준다. 그것은 인간의 이성에는 그때 이 한계를 넘어서는 본성적인 버릇이 있다는 것이다. 범주가 지성에게 본성적인 것처럼, 초월적 이념은 이성에 본성적이라고 하는 점이다. 하지만, 범주가 진리에, 즉 우리의 개념과 객체의 일치로 이어지는 한편, 초월적 이념은 단순한 가상을, 하지만 억제할 수 없는 가상을 낳는다는 차이가 있다. 우리는 아무리 비판을 날카롭게 해도 가상의 오류를 막을 수가 없는 것이다.

우리 능력의 본성에 뿌리박고 있는 모든 것은 우리가 어떤 종류의 착각을 방지하고 능력 본디의 방향을 찾을 수 있는 한, 합목적적이어야 하며 그 능력의 올바른 사용과 일치하고 있지 않으면 안 된다. 그렇기 때문에 초월적 이념에는 아무리 예상해도 유익한 사용법, 따라서 내재적 사용법이 있을 것이다. 다만 초월적 의미가 잘못 해석되어 현실적인 사물의 개념으로 받아들여지면, 그것이 적용될 때 초월적이 될 수 있고, 그래서 바로 기만적이 될 수 있다. 왜냐하면 이념 그 자체가 아니라 그 사용법이 가능한 경험 전체에 대해서 비약적(초월적)으로도 될 수 있으며, 땅에 발이 닿은 것(내재적)도 될 수가 있기 때문이다. 우리는 이념을 그것과 일치한다고 여긴 대상에 직접 돌리는 일도 있고, 또는 자기가 관련하는 대상에 대해서 지성 사용 일반으로 돌릴 수도 있으니까 말이다. 그리고 바꿔치기의 오류는 모두 언제나 판단력 부족 때문이지 지성 또는 이성 탓이 결코 아니다.

이성은 결코 직접적으로 대상에 관계하지 않고, 다만 지성에만 관계한다. 그리고 지성을 매개로 해서, 이성 자신의 경험적 사용에 관계한다. 따라서 이성은 개념(객체의)을 만들어 내는 것이 아니라 개념을 정돈할 뿐이다. 그리고 이성은 개념이 최대 규모로 가질 수 있는 통일을, 곧 계열의 정체성과의 관계에서 가질 수 있는 통일을 개념에 준다. 이성은 이 전체성을 전혀 고려하지 않고, 개념에 의한 조건의 계열을 모두에 걸쳐 성립시키는 결합을 고려할 뿐이다. 그러므로 이성은 본디 지성과 그 합목적적 적용만을 대상으로 한다. 그리고 지성이 다양한 것을 개념에 의해 객체에서 통합하는 것과 마찬가지로, 이성은 이성 나름대로 어떤 종류의 집합적 통일을 지성의 작용 목표로 정하고, 개념의 다양성 이념에 의해 통합한다. 그렇지 않은 경우에는, 이 지성의 작용은 개별적으로 통일에 관련될 뿐이다.

그러므로 나는 다음과 같이 주장한다. 초월적 이념에는 어떤 대상의 개념이 주어지는 구성적 사용은 없다. 우리가 초월적 이념을 구성적으로 해석한다고 하면, 그것은 궤변적(변증적) 개념이다. 이에 반해 초월적 이념에는 탁월하고 불가결한 사용법, 필연적인 통제적 사용이 있다. 곧 지성을 어느 목표로 향하게 하는 것이다. 다시 말해 모든 지성 규칙의 방향성이 그 목표를 향해서, 한 점에 합류한다는 것이다. 이 한 점은 하나의 이념〔허초점(虛焦點)〕에 지나지 않는다. 즉 그 점은 전적으로 외부에 있기 때문에, 실제로는 거기서부터 지성 개념이 나오는 것이 아니다. 그럼에도 불구하고 이 점은 이념에 최대의 확장과 최대의 통일을 가져오는 데에 유용하다. 그런데 여기에서 분명히 착각이 생겨, 이들 방향선이 경험적으로 가능한 인식의 외부에 있는 대상 자체로부터 나온 것처럼 보인다(마치 대상이 거울 뒤에 보이는 것처럼). 그럼에도 불구하고 이 착각(우리는 여기에 속지 않도록 막을 수가 있다)은 다음과 같은 경우에는 불가결하고 필연적이다. 우리가 눈앞에 있는 대상 이외에, 거기에서 동떨어진 배후에 있는 대상도 보려고 할 경우이다. 우리의 경우로 말하자면 지성이 주어진 모든 경험(가능한 경험 전체의 부분)을 넘어, 즉 최대한 가능하고 보다 더 멀리 확장될 때까지 우리가 지성을 마무리하려고 하는 경우이다.

우리의 지성 인식을 그 모든 범위에 걸쳐 바라보면, 이성이 철저히 독자적으로 지성 인식에 지정하여 실현시키는 것은 인식의 체계성이라고 하는 것, 곧 하나의 원리에 입각한 인식의 일관성이라고 하는 것임을 알 수 있다. 이 이성 통일은 언제나 하나의 이념을 전제로 한다. 다시 말해 인식의 전체 형식의 이념을 전제로 한다. 이 전체는 부분의 특정한 인식에 선행하여, 각 부분에 그 장소와 나머지 부분에 대한 관계를 선험적으로 규정하는 조건을 포함하고 있다. 그렇기 때문에 이 이념은 지성 인식의 완전한 통일을 요청한다. 이에 의해서 이성 인식은 단순히 우연적인 집합체가 아니라, 필연적인 법칙에 의해서 정돈된 체계가 된다. 우리는 본디 이 이념은 대상의 개념이라고 말할 수는 없다. 말할 수 있는 것은, 이 이념이 지성에 대해 규칙으로서 소용 있을 때뿐으로, 이들 개념의 일관적 통일의 개념이라고 할 수 있다. 이와 같은 이성 개념은 자연으로부터 가져온 것은 아니다. 오히려 우리는 이들 이념을 자연에 물어, 우리의 인식이 이념을 채우고 있지 않는 한 우리는 그 인식을 불완전한 것으로 보는 것이다. 순수한 흙, 순수한 물, 순수한 공기 같은 것은 존재하지 않는다고 말하지 않을 수 없다. 그럼에도 불구하고 우리는 이들 각 자연 원인이 현상에서 차지하는 비율을 제대로 규정하기 위해서는 이들 개념을 필요로 하는 것이다(순수성이라는 점에서 말하면 이들 개념은 이성을 그 기원으로 삼는다). 이렇게 해서 우리는 모든 물질을, 흙(말하자면 단순한 중량)과 소금 그리고 가연체에, 끝으로 탈것(말하자면 앞에 든 물질이 작용하기 위한 기계)으로서의 물과 공기로 환원한다. 그것은 기계론의 이념에 따라서 물질 상호의 화학적 작용을 설명하기 위해서이다. 왜냐하면 실제로 이렇게 표현하지 않아도, 자연 연구가의 분류에 주는 이성의 영향은 쉽사리 찾아볼 수 있기 때문이다.

이성이 특수한 것을 보편적인 것에서 이끌어 내는 능력이라고 한다면, 두 가지 경우가 있다. 하나는 일반적인 것은 이미 그 자체로 확실하며, 주어져 있는 경우이다. 그 경우 포섭을 위해서 판단력이 필요하게 될 뿐이며, 특수한 것은 포섭에 의해 필연적으로 규정된다. 또 하나는 일반적인 것이 개연성으로밖에 규정되어 있지 않고, 단순한 이념에 지나지 않으며, 특수한 것은 확실하지만, 이 귀결을 위한 규칙의 보편성은 아직 문제인 경우이다. 이때는 어느 것이나 확실한 여러 경우가 일반적인 것으로부터 나오는가가, 규칙에 의해 검사된다. 그리고 문제된 모든 경우가 일반적인 것으로부터 귀결될 가망성이 있을 때에는, 규칙의 보편성이 추리된다. 그러나 나중에 이 보편성으로부터, 그 자체로서는 주어지지 않은 모든 경우가 추리된다. 이것을 나는 이성의 가설적 사용이라고 부르기로 한다.

바닥에 있는 이념—개연적 개념으로서의—에 입각한 이성의 가설적 사용은, 본디 구성적인 것이 아니다. 즉 거기에서—엄밀하게 판단하자면—가설로서 상정되어 있는 일반적 규칙의 진리성이 귀결하도록은 되어 있지 않다. 왜냐하면 우리는 상정된 원칙의 보편성을 증명하는 모든 가능한 귀결을 알 수는 없기 때문이다. 오히려 이성의 통제적 사용은 통제적인 것에 지나지 않고, 될 수 있는 대로 개개의 인식에 통일성을 가져오며, 그렇게 함으로써 규칙을 보편성에 접근시키려고 한다.

그렇기 때문에 가설적인 이성 사용은 지성 인식의 체계적 통일을 지향한다. 그러나 이 체계적 통일은 규칙의 진리성에 대한 시금석이다. 뒤집어 말하면 체계적 통일(단순한 이념으로서의)은 투영된 통일에 지나지 않고, 우리는 그것을 그 자체로 주어진 것으로 간주하는 것이 아니라, 단순히 문제 과제로 보지 않으면 안 된다. 하지만 이 투영된 통일은 개개의 다양한 지성 사용을 위한 원리를 찾아내는 데에 유용하며, 그것에 의해 주어진 경우를 넘어서까지도 지성 사용을 인도하여 그것을 수미일관화하는 데에 유용한 것이다.

그러나 이로부터 우리가 알 수 있는 것은, 다양한 지성 인식의 체계적 통일 또는 이성 통일은 논리적 원리라는 것이다. 그리고 그 원리는, 지성만으로는 규칙으로서 충분하지 않는 경우 이념을 통해 지성을 원조하고, 동시에 지성 규칙의 다양성에 한 원칙 아래에서의 일치(체계적인)와, 가능한 한 상호 관련성을 가져오기 위해서 있다는 것이다. 그렇지만 문제는 대상의 상태, 또는 대상을 대상으로 인식하는 지성의 본성이 그 자체로서 체계적 통일이 되도록 결정되어 있는가의 여부이다. 그리고 우리의 이 체계적 통일을, 이성의 이와 같은 관심을 무시하고 선험적으로 요청할 수 있는지, 따라서 다음과 같이 말할 수 있는가의 여부이다. 모든 가능한 지성 인식(경험적 인식은 여기에 포함된다)은 이성 통일을 가지며, 공통된 원리에 따라 이 원리에서 지성 인식—그 차이에도 불구하고—을 도출할 수 있다고. 그것은 이성의 초월적 원칙일 것이다. 즉 초월적 원칙은 체계적 통일을 방법으로서 다만 주관적 논리적으로 필연적인 것으로 할 뿐만 아니라, 객관적으로 필연적이게 만들 것이다.

우리는 이것을 이성 사용의 한 경우를 통해서 해설하고자 한다. 이성 개념에 의한 여러 종류의 통일에는, 힘이라고 불리는 실체의 인과성도 포함된다. 전적으로 동일한 실체의 여러 현상은 처음 얼핏 보아서는 각기 서로 다르기 때문에, 우리는 처음에는 생기는 결과와 거의 같은 수만큼 실체의 힘을 생각하지 않으면 안 된다. 마치 인간의 마음속에 감각, 의식, 상상, 기억, 기지, 식별 능력, 만족, 욕망 등을 볼 수 있는 것과 같다. 논리적 철칙이 처음에 명령하는 것은, 이들 외견상의 다양성을 다음과 같이 해서 될 수 있는 대로 적게 하는 일이다. 즉 비교에 의해 숨은 동일성을 발견하여, 상상이 의식과 결부되어 있는가 아닌가, 더 나아가서는 기억이나 기지, 식별 능력과, 또 어쩌면 지성이나 이성까지와도 결부되어 있는가 아닌가를 조사하는 일이다. 논리학은 상상력과 같은 것의 존재 여부를 밝히고 있지는 않지만, 근원력이라는 이념은 적어도 여러 힘의 다양성을 체계적으로 제시하는 데에 얽히는 관계 문제이다. 논리적인 이성 원리는, 가능한 한 이 통일을 실현하는 것을 요구한다. 그리고 이러저러한 힘의 현상이 보다 많게 서로 동일하다고 인정되면 될수록 이들 현상이 이들 근원력(비교적)이라고 불리는 동일한 힘이 여러 가지로 나타난 것이라는 확실성이 커진다. 다른 힘에 대해서도 마찬가지이다.

우리는 비교적인 근본력을 서로 비교하지 않으면 안 된다. 그것은 이들 근원력의 일치를 발견함으로써 이들을 바탕이 되는 유일한 근원력에, 즉 절대적 근원력에 가깝게 접근하게 하기 위해서이다. 그러나 이 이성 통일은 단지 가설적인 것에 지나지 않는다. 우리가 말하고 있는 것은 이와 같은 이성 통일이 실제로 발견되어야 한다는 것이 아니라, 우리는 이성을 위해, 즉 어떤 원리의 수립을 향해 경험이 공급해 주는 여러 가지 규칙을 위해 이성 통일을 찾아서 될 수 있는 대로 이와 같은 방식으로 인식에 체계적인 통일을 가져와야 한다는 것이다.

그러나 지성의 선험적 사용을 주의해 보면 다음과 같은 일이 분명해진다. 이 근본력 일반이라고 하는 이념은 단지 문제 과제로서, 가설적 사용에 지정되어 있는 것이 아니라 객관적 실재성을 주장하고 있다는 것이다. 이 객관적 실재성에 의해서, 한 실체의 여러 가지 힘의 체계적 통일이 요청되어, 반대 불가능한 인성 원리가 수립되는 것이다. 그 까닭은 이러하다. 우리가 한 번도 여러 가지 힘의 일치를 시도하지 않았다고 해도, 뿐만 아니라 여러 가지로 시도한 끝에 일치를 발견하는 데에 실패했다고 해도 그와 같은 일치는 발견될 것이라고 전제하는 것이다. 그것은 인용한 경우에서와 같이 단지 실체의 통일이 있다고 해서 가 아니라, 물질 일반에서 볼 수 있는 것처럼 어느 정도 같은 종류라고는 하지 만 많은 실체가 발견되는 경우에도 이성은 다양한 힘의 체계적 통일을 전제로 한다. 왜냐하면 특수한 자연법칙은 보다 일반적인 자연법칙에 따르며, 원리의 절약은 단순히 이성의 경제원칙이 아니라 자연의 내적 법칙이기 때문이다.

사실 이와 같은 체계적 통일이 객체 그 자체에 속하는 것으로서 선험적으로 필연적인 것이라고 여겨지는 초월적 원리가 전제되지 않으면, 규칙의 이성 통일 의 논리적 원리가 어떻게 일어나는가도 읽어낼 수가 없다. 논리적 사용에서의 이성은 어떠한 권한으로 다음과 같은 일을 요구할 수 있을까? 즉 우리에게 자 연을 인식시켜 주는 힘의 다양성을 숨어 있기만 하는 통일로서 다루어, 그 다 양성을 가능한 한 그 어떤 근원력으로부터 이끌어 낸다는 것이다. 모든 힘이 저 마다 종류를 달리하고 있고, 이들 힘을 도출하는 체계적 통일이 자연에 반하는 것일 수도 있다고 인정하는 것이 이성의 자유였다고 해도 말이다. 왜냐하면 이 성은 자연의 구조에 전적으로 모순되는 이념을 목표로 설정하는 것과 같은 것 이기 때문이다. 이성은 미리, 자연의 우연적인 상태로부터 이성의 원리에 의한 이 통일을 확보하고 있었다고 말할 수도 없다. 왜냐하면 그와 같은 통일을 구하 는 이성의 법칙은 필연적이기 때문이다. 이 법칙 없이는 우리는 이성을 가지지 못하고, 더 나아가 이성 없이는 가닥이 잡히는 지성 사용을 가지지 않으며, 그 와 같은 지성 사용이 없으면 경험적 진리의 충분한 기준도 가지지 않을 테니까 말이다. 이와 같은 점으로 보아 우리는 자연의 체계적 통일을, 아무래도 객관적 으로 타당한 필연적인 것으로 전제할 수밖에 없다.

우리는 또한 이와 같은 초월적 전제가, 철학자들의 원칙에도 놀랄 만큼 교묘 히 숨겨져 있음을 보게 된다. 비록 철학자들이 반드시 그 전제를 이들 원칙 속 에서 인식하고 있지 않았다고 해도, 또는 그 전제를 자기 자신에 대해 인정하고 있지 않았다고 해도 그러하다. 개개의 사물이 아무리 다양해도, 그것은 '종(種)' 의 동일성을 배제하지 않는다. 다종다양한 종은 보다 적은 얼마 안 되는 '유(類)' 의 몇 가지 한정으로서 다루어지지 않으면 안 된다. 유는 다시, 보다 높은 '속 (屬)'의 한정 등등으로서 다루어져야만 한다. 그렇기 때문에 모든 가능한 경험 적 개념의 어떤 종의 통일성은, 높은 것으로보다는 일반적인 개념에서 도출되는 한에서 찾지 않으면 안 된다. 이들은 학문상의 규정 또는 논리적 원리이며, 이것이 없으면 이성의 사용이 있을 리가 없다. 왜냐하면 우리는 사물의 보편적 성질―그 아래에 특수한 성질이 있다―이 바닥에 있는 한에서만, 보편적인 것으로부터 특수한 것을 추리할 수가 있기 때문이다. 특수한 성질은 보편적인 성질 아래에 있는 것이다.

그러나 자연 안에서도 이와 같은 일치를 볼 수 있다는 것을, 철학자들은 잘 알려진 교과서적 규칙에서 전제하고 있다. '무턱대고 근원(원리)을 늘려서는 안 된다.' 이것이 의미하는 바는, 사물 자체의 본성이 이성 통일의 제재를 제공해 준다는 것, 또 겉보기의 한없는 차이도 그 배후에 근본 성질의 통일성을 추측하는 것을 금지하지 않는다는 것이다. 이 통일성은 순수한 이념이기는 하지만, 사람들은 그것을 어느 시대에서나 열심히 추구한 결과 통일성에 대한 욕구를 고무하기보다는 그것을 진정시키는 원인을 발견했을 정도이다. 분석화학자들은 모든 염류를 산과 알칼리라고 하는 주된 두 유(類)로 환원할 수가 있었다. 게다가 그들은 이 차이도 동일 원소의 단순한 이종(異種), 또는 다른 현상으로 보려고 했다. 흙의 여러 종류(돌뿐 아니라 금속의 요소 소재)를 사람들은 서서히 세 가지로 환원하여, 마지막에는 두 가지로 환원시키려고 했다. 그러나 사람들은 이것만으로 만족하지 못하고 이들 이종의 배후에 유일한 유를, 뿐만 아니라 이런 흙과 소금에 공통적인 원리를 추정하려는 생각까지도 단념하지 못하고 있다. 사람들은 아마도 다음과 같이 생각할지도 모른다. 이것은 될 수 있는 대로 노력(勞力)을 절약하기 위한 이성의 단순한 경제적 수법이며, 가설적인 시도이다. 그것은 잘되면, 바로 이 통일에 의해 전제된 설명 근거를 확실성이 큰 것으로 한다고. 하지만 이 독단적 의도는 아주 쉽게 이념과 구별할 수 있다. 이념에 따라서 전개되는 것은 이 이성 통일은 자연 자신에게 어울리는 것이고, 이 통일의 경계를 확정할 수는 없다고 해도 이성은 여기에서는 구걸하는 것이 아니라 명령한다는 것이다.

예컨대 우리에게 주어진 현상 안에, 너무 큰 차이가 있어서 명석하기 그지없는 인간의 지성도, 어떤 현상과 다른 현상을 비교해서 아무런 유사성도 발견할 수 없을 정도였다고 하자. 참고로, 차이라는 말로 내가 말하려고 하는 것은 형식에 대해서가 아니라(왜냐하면 현상은 형식에서는 서로 비슷하기 때문에) 내용, 즉 현재 존재하고 있는 것의 다양성에 대해서이다. 그렇게 되면 유의 논리적 법칙은 전혀 생기지 않을 테고, 유라고 하는 개념조차도 어쩌면 그 어떤 일반 개념은커녕 지성까지도 작용하지 않게 될 것이다. 왜냐하면 이들 지금 말한 개념과 관련되는 것이 지성이기 때문이다. 그러므로 유의 논리적 법칙이 자연(여기에서는 우리에게 주어지는 대상만을 의미한다)에 적용되어야 한다면, 그 법칙은 초월적 법칙을 전제로 하는 것이다. 이 초월적 법칙에 의해서 여러 가지 가능한 경험 안에, 필연적으로 동종성이 전제된다(비록 동종성의 정도를 선험적으로 규정할 수는 없다고 하지만). 왜냐하면 이 동종성이 없으면 경험적 개념도, 따라서 경험도 불가능한 것이 되어버리기 때문이다.

동일성을 요청하는 유의 논리적 법칙에는 또 하나의 법칙이, 곧 원리가 대치된다. 이 법칙은 사물의 다양성과 차이성—그것들이 동일한 유 아래에서는 일치해도—을 요구한다. 그리고 일치에도, 차이성에도 같은 정도의 주의를 하도록 지성에게 지시한다. 이 원칙(식별력 또는 판별력의)은 제1의 법칙(기지의)의 경솔함을 크게 제한한다. 그리고 여기서 이성은 서로 대립하는 이중의 관심을 나타낸다. 다시 말해 한편에서는 유에 관한 외연(外延 : 보편성)'에 대한 관심이며, 다른 한편으로는 종의 다양성에 관한 내포(규정의)에 대한 관심이다. 왜냐하면 지성은 제1의 경우 그 개념 아래에서 확실히 많은 것을 생각하지만, 제2의 경우에는 개념 안에 그만큼 한층 더 많은 것을 생각하기 때문이다. 이것은 자연과학자들의 참으로 다양한 사고법에도 나타나 있다. 어떤 자연과학자들(사변적 성향이 강한)은 비동종성에는 말하자면 적대적이어서, 언제나 유의 통일을 지향한다. 또 어떤 자연과학자들(경험적 성향이 강한)은 자연계의 현상을 보편적 원리에 의해서 판정하는 희망을 거의 단념하지 않을 수 없을 정도로, 자연계를 분해하고 다양화하려고 한다.

지금 든 제2의 사고법 바탕에도 분명히 모든 인식의 체계적인 통일을 지향하는, 어떤 논리적 원리가 있다. 그것은 내가 유에서 시작하여, 유에 포함되어 있다고 생각되는 다양성으로 상승하여, 그리고 유로 올라가는 제1의 경우처럼 체계에 통일을 가지게 하여 단순성을 가져오려고 할 때이다. 왜냐하면 유를 나타내는 개념의 영역에서 유의 분할이 어디까지 나아갈 수 있는가를 알아낼 수 없는 것은, 마치 물질이 차지하는 공간으로부터는 물질의 분할이 어디까지 미치는가를 알 수 없는 것과 같기 때문이다. 그러므로 모든 유는 여러 가지 종을 필요로 하며, 여러 가지 종은 또한 여러 가지 아종(亞種)을 필요로 한다. 그리고 더 나아가 아종으로서의 영역(공통 개념으로서의 외연)을 가지지 않는 아종은 있을 수가 없다. 그렇기 때문에 이성은 자기를 확대해 가는 가운데, 그 어떤 종도 그 자체로 최하위 종으로 간주되지 않을 것을 요구한다. 왜냐하면 그 어떤 종도 언제나 여러 사물에 공통되는 것만을 포함한 하나의 개념이므로 개념은 전면적으로는 규정되어 있지 않고, 따라서 또 직접적으로는 개체에 관계될 수 없기 때문이다. 그래서 언제나 다른 개념, 즉 아종을 그 아래에 포함하고 있지 않으면 안 되기 때문이다. 이 특수화의 법칙은 다음과 같이 표현할 수 있을 것이다. '존재하는 것의 다양함을 손쉽게 줄이지 마라.'

그러나 손쉽게 알 수 있는 일은, 특수화의 초월적 법칙이 바닥에 없었다면, 이 논리적 법칙도 의미를 가지지 못하고, 적용도 되지 않을 것이라는 것이다. 이 초월적 법칙은 물론 확실히 우리의 대상이 될 수 있는 사물들에, 차이점이라고 하는 점에서 실제로 무한성을 구하지는 않는다. 왜냐하면 가능한 분류에 대해서 단순히 논리적 영역의 무한성만을 주장하는 논리적 원리는 그렇게 할 계기를 주지 않기 때문이다. 하지만 그럼에도 불구하고 이 논리적 원리는 지성에 대해서 우리에게 나타나는 모든 종 아래에 아종을 구하여, 모든 차별성에 더하여 보다 세밀한 차이점을 구할 것을 요구한다. 왜냐하면 보다 하위 개념이 없으면, 보다 상위 개념도 존재하지 않기 때문이다. 그런데 지성은 모든 것을 다만 개념에 의해서만 인식한다. 그러므로 지성은 분류에서 어디까지 이르든 간에 결코 단순한 직관에 의해서는 인식하지 않고, 보다 하위의 개념에 의해서 인식한다. 철저하게 규정되어 있는 현상을 인식한다는 것은(이것은 지성에 의해서만 가능하다) 지성 개념의 특수화를 끊임없이 속행할 것과, 아직도 남아 있는 차이성으로 나아갈 것을 요구한다. 이 차이성에서 종의 개념, 더 나아가서는 유의 개념이 추상되어 있는 것이다.

이 특수화 법칙도 경험으로부터 추측한 것일 수는 없다. 왜냐하면 경험은 법칙을 이토록 광범위하게 노출시킬 수는 없기 때문이다. 경험적 특수화는 이미 선행하고 있는 특수화의 초월적 법칙—이성의 원칙으로서의—에 인도되고 다양한 것의 구분을 구하여, 그것이 만일 다양함을 추구하며 감각기관에 나타나지 않더라도 어디까지나 그것을 예측한다. 그렇지 않으면 경험적 특수화는 다양한 것을 분할할 때에, 이내 오가지도 못하게 되는 것이다. 흡수성이 있는 흙에는 여러 종류(석회토, 염산토)가 있는데, 그것을 발견하기 위해서는 그에 앞선 이성의 법칙이 필요했다. 다시 말해 이성은 자연이 실제로 풍요롭다는 것을 전제로 하여, 거기에서 차이성을 구할 것을 지성의 과제로 한 것이다. 왜냐하면 우리는 자연 안에 차이성을 전제함으로써만 지성을 가지고 있으며, 그것과 마찬가지로 다른 한편에서 자연의 객체는 그 자체가 동종성을 가지고 있다는 것을 전제해야만 지성을 가질 수 있기 때문이다. 하나의 개념 아래에 포괄될 수 있는 것의 다양성이야말로, 이 개념이 사용되는 이유가 되며 지성의 일을 낳기 때문이다.

따라서 이성은 지성에게 그 영역을 준비한다. 그것은 ① 보다 더 높은 유 아래에서의 다종한 것의 동종성 원리에 입각하여, 또 ② 보다 더 낮은 종 아래에서의 다종한 것의 원칙에 입각한다. 그리고 체계적 통일을 완성시키기 위해 이성은 더욱 ③ 모든 개념의 친화성의 법칙을 덧붙인다. 이 법칙은 차이성의 단계적 증대를 통해서, 모든 종으로부터 다른 모든 종으로의 연속적 이행을 요구한다. 우리는 이런 원칙을 동종성의 원리, 특수화의 원리, 형식의 연속성 원리라고 부를 수 있다. 지금 말한 제3의 원리는 보다 더 높은 유(類)로 상승함과 동시에, 보다 낮은 종으로 하강하여, 이념의 체계적 일관성을 완성시킨 뒤에, 제1과 제2 원리를 하나로 만드는 것에 의해서 생긴다. 왜냐하면 모든 다양성은 서로 동류성을 가지고 있으므로, 이들은 모두 그때 확대된 규정의 모든 정도를 통해 단 하나의 최고 유로부터 파생하기 때문이다.

우리는 세 가지 논리적 원리 아래에서의 체계적 통일을 다음과 같이 감각화할 수가 있다. 우리는 모든 개념을 하나의 점으로 볼 수 있다. 이 점은 관찰자의 관찰 지점으로서, 지평선을 가지고 있다. 말하자면 이 지점에서 보고, 전망할 수 있는 사물의 집합을 가지고 있다. 이 지평선 내부에서, 점의 집합이 무한히 나타나지 않으면 안 된다. 그리고 그 어느 점에나 각 점보다 좁은 시야(視野)가 있다. 즉 모든 종은 특수화의 원리에 따라 하위의 종을 포함하며, 논리적 지평선은 보다 작은 지평선(아종)으로만 이루어지는 것이지 외연을 가지지 않는 점(개체)으로 성립되는 것은 아니다. 그러나 여러 가지 지평선, 곧 그것과 같은 수의 개념으로부터 규정되는 유에는, 하나의 공통된 지평선을 그을 수 있는 것으로 생각된다. 우리는 그 지평선에서 모든 지평선을, 중심에서 멀리 바라보듯이 그것들을 모두 바라보는 것이다. 이 지평선은 보다 높은 유이며, 마지막으로 최고의 유가 보편적인 참다운 지평선이다. 이것은 최고 개념의 관찰 지점에서 규정되는 유, 종, 아종으로서의 모든 다양성을 자기 아래에 포함하고 있다.

이 최고의 지점으로 나를 이끌어 주는 것은 동종성의 법칙이며, 모든 하위의 관찰 지점과 그 최대의 다양성으로 이끌어 주는 것은 특수화의 법칙이다. 그러나 이와 같이 모든 가능한 개념의 외연 전체 안에는 공허한 것은 없어져서, 그 외연 외부에서는 아무것도 찾아볼 수가 없다. 이 때문에 그 보편적 시야와, 그 시야의 전체적인 분류의 전제로부터 원칙이 생긴다. '형식의 공허는 존재하지 않는다'고. 다시 말해 근원적이고 제1의 여러 가지 유가 존재하여, 그것들이 고립되고 서로(공허한 공간을 사이에 두고) 분리되어 있는 것은 아니다. 그렇지 않고 모든 다양한 유는, 다만 최고의 보편적인 유의 분과에 지나지 않는 것이다. 그리고 이 원칙으로부터 그 직접적인 귀결이 생긴다. 바로 '형식의 연속이 존재한다'는 것이다. 즉 종의 모든 차이성은 서로 경계가 맞닿아 있으며, 비약을 통해 서로의 이행을 허용하지 않는다. 오히려 차이의 최소 정도를 통해서만 서로의 이행이 허용되며, 그 정도를 통해서 우리는 한 종에서 다른 종으로 이를 수가 있는 것이다. 한마디로 말하면 서로(이성의 개념에서) 최대한으로 인접하고 있는 종이나 아종도 존재하지 않는다. 그렇지 않고 언제나 중간의 종이 있고, 이 중과 제1,제2 종과의 차이는 이들 제1, 제2의 종끼리의 차이보다도 작은 것이다.

따라서 첫째 법칙은 여러 가지 근원적인 유가 다양성으로 탈선하는 것을 방지하고, 동종성을 권장한다. 이에 반해 둘째 법칙은 일치성으로서의 이 경향을 또다시 제한하여 사람들이 일반적 개념을 개체에 적용하기에 앞서 그 하위 종들을 구별할 것을 명한다. 셋째 법칙은 최고도로 다양성을 볼 수 있는 경우에도, 하나의 종에서 다른 종으로 단계적인 이행을 통해서 동종성을 지정함으로써 이루어진다. 이것은 여러 가지 분지(分枝)가 모두 한 줄기에서 싹튼 것인 이상, 이들의 유연성(類緣性)을 나타내는 것이다.

그러나 종의 연속(논리적 형식의)이라는 이 논리적 법칙은, 초월적 법칙(자연에서의 연속 법칙)이 없으면 지금 말한 지정에 의한 지성의 사용은 잘못을 저지를 뿐일 것이다. 따라서 이 법칙은 순수한 초월적 근거에 서야 하며, 경험적 근거에 입각해서는 안 된다. 왜냐하면 이 논리적 법칙이 경험적 기초 위에 서는 것이라면, 이 법칙은 체계보다도 뒤에 올 것이기 때문이다. 하지만 본디 이 법칙이 자연 인식의 체계성을 처음으로 가져온 것이다. 이 법칙의 배후에는 그것들을 단순히 실험적으로 시험해 보려고 하는 의도와 같은 것이 깃들어 있지 않다. 물론 이 수미일관성—그것이 해당되는 경우—이 비록 가설적으로 생각해 낸 통일성을 기초가 주어진 것으로 보는 강력한 근거를 주게 되어도, 따라서 이들 법칙이 이 점에서도 유용하다고 해도 그와 같은 의도는 숨어 있지 않다. 오히려 우리는 이 법칙에서 다음과 같은 일을 분명히 보는 것이다. 이들 법칙은 근본 원인의 절약을, 또 결과의 다양성을, 그리고 거기에서 유래하는 자연 구성 요소들의 유연성을 이치에 합당하며 자연에 어울리는 것이라고 판단한다는 것이다. 그러므로 이들 원칙은 액면 그대로 추천되는 것이지, 단순히 방법의 앞잡이로서 추천되는 것이 아니다.

쉽사리 알 수 있는 일이지만 이러한 형식의 연속성은 단순한 '이념'으로서, 경험에서는 그것과 일치하는 대상은 도저히 제시될 수 없다. 그 이유는 자연에서의 종(種)은 실제로 분할되어 있으므로, 그 자체는 불연속량을 형성하지 않으면 안 되며, 만일 종의 유연성에서의 단계적 진행이 연속적이라면 주어진 두 종 사이에 있는 무한한 중간항을 포함하고 있어야 하는데, 이것은 있을 수 없는 일이기 때문이다. 그뿐만 아니라 또한 형식의 연속성에 의해서는 어떻게 또 어디까지 종의 차이 정도를 탐구하면 좋을지 그 친화성의 징표가 나타나 있지 않으며, 오히려 우리가 친화성을 찾아야 한다는 일반적 지시밖에 주어져 있지 않으므로, 우리는 이 법칙에 대해서 어떤 일정한 사용을 행할 수가 없기 때문이다.

지금 언급한 원리를 경험 사용에 일치시키기 위해 그 순서를 바꾸어 놓는다면, 체계적 통일성의 원리는 다양성, 동류성, 통일성 등으로 열거할 수 있을 것이다. 그러나 이들은 저마다 완전한 최고도의 이념으로서 받아들여진다. 이성은 무엇보다도 경험에 적용되는 지성 인식을 전제로 하여, 경험보다도 훨씬 멀리까지 이를 수 있는 이념에 의한 지식 인식의 통일을 구한다. 다양한 것의 근친성은, 그 차이성을 손상시키지 않고, 통일 원리 아래에서 오직 단순히 사물에 관련할 뿐만 아니라, 더 나아가서 그 이상으로 사물의 단순한 성질과 힘에 관여한다. 그러므로 예컨대 만약 행성의 궤도는(아직 완전히 정정되어 있지 않은) 경험에 의해서 원을 그리는 것으로 주어져 있는데, 우리가 차이점을 발견한다고 하자. 그러면 우리는 원을 일정 불변의 법칙에 따라 무한한 중간도(中間度) 모두를 통해서, 이 편향한 회전운동으로 수정할 수 있는 것 안에 차이성이 있다고 추측한다. 즉 원이 아닌 행성의 운동은, 말하자면 그 특징에 크고 작게 가까워져서 타원으로 낙찰되는 것이다. 혜성의 궤도는 더 큰 차이성을 보인다. 왜냐하면 혜성은(관찰이 미칠 수 있는 한에서는) 결코 원을 그리고 돌아오지 않기 때문이다. 그러나 우리는 포물선 궤도를 추측한다. 포물선 궤도는 타원과 유사하며, 타원의 긴 축이 크게 뻗어 있는 경우에는 우리가 아무리 관찰한다 하더라도 포물선 궤도를 타원과 구별할 수 없다. 이와 같이 해서 우리는 그 원리들의 안내에 따라, 이 궤도의 형상을 유로서 통일하기에 이른다. 하지만 또 그것에 의해서 더 많은 혜성 운동의 모든 법칙에 대한 원인을 통일하기에 이른다. 그러고 나서 우리는 거기에서 우리의 세력 범위를 넓히고, 또 모든 다양성과 그 규칙으로부터 겉보기에 나타나는 모든 편차도 같은 원리로 설명하려 하며, 마지막으로 경험이 보장해 주는 것을 웃도는 것을 덧붙이려고 한다. 즉 우리는 동류성의 규칙에 의해서, 혜성의 쌍곡선 궤도까지도 생각을 하게 된다. 이들 천체는 이 쌍곡선 궤도 위를 운행해서 우리의 태양계를 멀리 떠나, 태양에서 태양으로 이동하면서 우리에게는 끝이 없는 우주계의 더욱 떨어져 있는 부분들을 통합한다. 이 우주계는 동일한 운동력에 의해 연결되어 있는 것이다.

이 원리에서 주목할 만하고 또한 우리의 관심을 끄는 것은, 이들 원리가 초월적으로 보인다는 점이다. 비록 이들 원리는 이성의 경험적 사용이 따라야 할 단순한 이념을 포함할 뿐이며, 따라서 경험적 사용은 이들 이념에 말하자면 점근선적(漸近線的)으로, 즉 단순히 근사치적으로밖에 따르지 못하고 이념까지는 아마도 이를 수는 없다고 하더라도 말이다. 그럼에도 불구하고 이들 원리는 선험적인 종합적 명제로서 객관적 타당성을, 단 불확정한 객관적 타당성을 가지며, 가능한 경험의 규칙으로서 도움이 된다. 이들은 실제로도 손을 가하면 발견적 원칙으로서 좋은 결과는 낳는 것이다. 하지만 이들 원리의 초월적 연역은 성취할 수 없다. 이것은 앞에서 증명된 것처럼, 이념에 대해서는 이렇든 저렇든 불가능한 일이다.

우리는 초월적 분석론에서 지성의 원칙 가운데에서도 역학적 원칙을 직관의 통제적 원리로서, 직관에 대해 구성적인 수학적 원칙에서 구별했다. 그건 그렇고 지금 말한 역학적 법칙은, 경험에 대해서는 물론 구성적이다. 왜냐하면 역학적 법칙은 경험이 성립하기 위해 불가결한 개념을 선험적으로 가능하게 만들기 때문이다. 이에 반해 순수이성의 원리는 경험적 개념에 대해서 대체적으로 구성적일 수가 없다. 이들 원리에는 그것에 대응하는 감성의 도식도 주어질 수 없으며, 따라서 이들 원리는 구체적인 대상을 가질 수가 없기 때문이다. 그런데 내가 이들 원칙―구성적 원칙으로서의―의 이와 같은 경험적 사용으로부터 일탈한다고 하자. 그러면 나는 이들의 통제적 사용과, 그 어떤 객관적 타당성을 어떻게 보증한다는 것인가? 또한 그와 같은 사용이 무슨 의미를 가질 수 있는가?

감성이 지성에게 대상이 되는 것처럼, 지성은 이성에 대해서 대상이 된다. 모든 가능한 경험적인 지성 작용의 통일을 체계화하는 일은 이성의 임무이다. 그것은 지성이 다양한 현상을 개념으로 결부시키고, 경험적 법칙 아래 두는 것과 같은 일이다. 그러나 지성 작용은 감정의 도식 없이는 무규정이다. 마찬가지로 이성 통일도, 지성이 그 개념을 결합시킬 수 있는 조건과 정도에 대해서 그 자체가 무규정이다. 하지만 모든 지성 개념의 일관적 체계적인 통일의 도식은 직관 속에서 찾아볼 수 없다고 하더라도, 그와 같은 도식의 유사물은 주어질 수 있고 주어져야 한다. 유사물은, 하나의 원리에 있어서의 지성 인식의 구분과 통합의 최대치 이념이다. 무릇 최대라든가 절대적으로 완전한 것은, 한정되어 생각할 수 있기 때문이다. 무한정한 다양성을 주는 제한적 조건은 모두 제거되니까 말이다. 따라서 이성의 이념은 감성 도식의 유사물이다. 그러나 다른 점도 있다. 지성 개념을 이성의 도식에 적용한다는 것은, 같은 적용이라도 대상 그 자체의 인식이 아니라(범주를 그 감성적 도식에 적용한 경우처럼으로는), 다만 모든 지성 인식을 체계적으로 통일하기 위한 규칙 또는 원리에 지나지 않는다는 것이다. 그런데 지성에 대해서 그 선험적인 사용의 일관적 통일을 확립하는 원칙은, 비록 간접적이기는 하지만 경험의 대상에 대해서도 해당된다. 그렇기 때문에 순수이성의 원칙도, 경험의 대상에 대해서 객관적 실재성을 가지게 될 것이다.

하지만 그것은 대상에서 무엇인가를 규정하기 위한 것이 아니라, 다만 지성의 경험적이고도 일정한 경험 사용이 그 자체와 일관적으로 일치된 것으로 될 수 있다는 절차를 지시하기 위한 것이다. 그것은 그와 같은 경험 사용이 일관적 통일의 원리와 가능한 한 조화되고, 또 이 원리에서 도출된 데에 입각한다.

나는 이성의 모든 주관적 원칙을 이성의 근본 지침이라고 부른다. 그와 같은 주관적 원칙이란 객체 상태에서 따온 것이 아니라, 이 객체 인식의 어떤 종류의 가능한 완전성에 대해서 이성의 관심에서 따온 것을 말한다. 그렇게 되면 사변적 이성의 모토라는 것이 있어서, 이것은 마치 객관적 원리처럼 보이지만 단지 이성의 사변적인 관심에 바탕을 둔 것이다.

만일 단순히 통제적인 원칙이 구성적으로 보인다면, 그것은 객관적 원리로서는 대립적일 수가 있다. 그러나 그것을 단순히 이성 나름대로의 근본 지침이라고 보면 참다운 대립은 없고, 사고법끼리의 분열을 낳는 인성의 다른 관심이 있을 뿐이다. 실제로 이성은 단 하나의 관심이 있을 뿐, 이성의 근본 지침의 대립은 이 관심을 만족시키는 방법의 차이이며, 쌍방에서 이루어진 제한에 지나지 않는다.

이와 같이 해서 어떤 궤변가에게는 다양성의 관심(특수화 원리에 따라) 쪽이 훨씬 강하게 영향을 주고, 또 다른 궤변가에게는 반대로 통일성의 관심(집성 원리에 의해서) 쪽이 더 강하게 영향을 준다. 이들 양자는 어느 쪽이나 자기 판단이 객체에 대한 통찰에서 얻어진 것이라고 믿지만, 그런 판단은 지금 말한 두 원칙 가운데 어느 쪽에 가담하느냐 하지 않느냐에 바탕을 두고 있는 것이다. 그렇기 때문에 그것들은 보다 적절하게는 원리라고 부르기보다는 오히려 준칙이라고 불러야 할 것이다. 만약에 내가, 통찰력이 풍부한 사람들이 인간이나 동물이나 식물, 뿐만 아니라 광물 함유량이 많은 물체의 성격을 둘러싸고 서로 논쟁하고 있는 것을 본다고 하자. 거기에서 어떤 사람들은, 예를 들어 혈통에 입각한 민족의 성격, 또는 가족이나 인종 등등의 결정적이고 유전적인 특징을 가정한다. 이에 반해 다른 사람들은, 자연은 이 점에 있어서 전적으로 동일한 소질을 만들었고, 차이는 모두 외적 우연성에 입각할 뿐이라는 점에 착안한다. 그러면 나는 대상은 그들 양쪽이 객체의 본성에 대한 통찰로부터 말할 수 있는 것보다도 훨씬 깊은 곳에 있다는 것을 파악하기 위해, 대상의 상태를 고찰하는 것만으로 족하다. 이 논쟁은 이성의 이중 관심에서 비롯된 것으로, 각자는 저마다 어느 쪽인가 한 가지 관심에 마음이 쏠리거나 집착한다. 즉 그것은 자연적 다양성의 준칙을 취할 것인가, 그렇지 않으면 자연적 통일성의 준칙을 취할 것인가 하는 차이로서, 이 둘은 제대로 통합될 수가 있다. 그러나 이들이 객관적인 통찰이라고 간주되는 한, 그것들은 대립뿐만 아니라 진리를 가로막는 장애의 원인이 된다. 대립적 관심을 통합하여, 이 점에 대해서 이성을 만족시키는 방법을 찾아낼 수 없는 동안에는 그러하다.

라이프니츠가 제창하고, 보네(Charles Bonnet)가 대단히 훌륭하게 옹호한, 피조물의 연속적 단계의 법칙은 곧잘 인용되고 있는데, 그 주장이나 명분도 사정은 똑같다. 이 법칙은 바로, 이성의 관심에 입각한 동류성의 원칙에 따른 것이다. 왜냐하면 자연의 관찰도, 구조의 통찰도 이 관심을 객관적인 주장으로 제시할 수가 없었기 때문이다. 이와 같은 계단의 각 단계는, 경험이 우리에게 보여주는 것과 같이 서로 너무 간격이 떨어져 있으며, 우리가 작다고 생각하고 있는 차이는 대체적으로 자연 그 자체에서는 매우 큰 간격이다. 따라서 이와 같은 관찰에는(주로 사물의 다양성이 많은 경우에는, 어떤 유사성과 접근성을 찾아내는 일이 언제나 쉽지 않으면 안 되기 때문에), 자연의 의도 말고는 그 무엇도 의지할 수가 없다. 이에 반해 이와 같은 원리에 의해 자연에서의 질서를 찾아내는 방법과, 그와 같은 질서를 자연 일반 안에서—어디에서 또는 어디까지인지는 확실하지 않지만—기초가 주어진 것으로 보는 주의는, 물론 이성의 합법적이고 뛰어난 통제적 원리이다. 이 원리는 그 자체가, 경험이나 관찰이 그것과 일치할 수 있는 것보다도 훨씬 멀리까지 미친다. 하지만 이 원리가 무엇인가를 규정하는 것은 아니고, 이성에게 단지 체계적 통일에의 길을 제시할 뿐이다.

인간 이성이 갖는 자연적 변증론의 궁극 목적에 대해서

순수이성의 이념은 그 자체로서는 결코 변증적일 수 없다. 단지 이들이 오용되면, 그것으로부터 우리에게 기만적인 가상(假像)이 생기는 것이다. 왜냐하면 이념은 우리 이성의 본성에 의해서 우리에게 주어진 것이므로, 우리 사변의 모든 권리와 요구를 둘러싼 이 최고 법정은 그 자신이 근원적인 기만과 환상을 포함하는 일은 있을 수 없기 때문이다. 따라서 아마도 이념은 우리 이성의 천성 안에, 유익하고 합목적적인 사명을 가지고 있을 것이다. 반면 궤변가라는 빈민들은 여전히 불합리와 모순을 소리 높여 외치며, 내밀한 구조까지 이해할 수 없어서 그런 통치를 하는 정부를 비난한다. 그러나 그들 스스로도 그 통치의 고마운 영향으로 생존할 수 있으며, 그 영향을 비난하고 단죄하는 능력도 지닐 수 있었던 것이다.

선험적 개념의 초월적 연역을 이루지 못하면, 우리는 그 개념을 확신을 가지고 사용할 수가 없다. 순수이성의 이념은 확실히 범주와 동일한 초월적 연역을 받아들이지 않는다. 그러나 순수이성 이념이 적어도 확정적이지 않다 하더라도 그 나름대로의 객관적 타당성을 가져야 하고, 단순히 공허한 사고물(궤변적 이성의 존재자)을 나타내서는 안 된다고 하자. 그렇다면 순수이성의 이념 연역은, 예컨대 그것이 범주에 대해서 할 수 있는 일이 다를 수 있다고 해도, 아무래도 가능하지 않으면 안 된다. 그것이 순수이성의 비판적 작업의 완성인 것이다. 그 일을 우리는 여기에서 맡기로 하자.

무엇인가가 우리의 이성에 대상 그 자체로서 주어지는 것과, 단순히 이념에 있어서의 대상으로서만 주어지는 것과는 큰 차이가 있다. 전자의 경우에 나의 개념은 대상을 규정하는 쪽으로 지향한다. 후자의 경우에 실제로는 대상이 직접 덧붙이는 일도 없고, 가설적으로 덧붙이지 않는 도식이 있을 뿐이다. 그와 같은 도식은 다른 대상을 이 이념과 관계시킴으로써, 이념의 체계적 통일에 의해서 간접적으로 나타내는 데에 유용할 뿐이다. 나는 다음과 같이 말한다. "최고 지성이라는 개념은 단순한 이념이다." 즉 그 객관적 실재성은, 이 개념이 어떤 대상에 직접 관계하는 것으로 성립되는 것은 아니다(왜냐하면 우리는 그 개념의 객관적 실재성을, 그와 같은 뜻을 변명할 수 없을 것이기 때문이다). 그렇지 않고 이 개념은 최대의 이성 통일이라는 조건에 따라서 정돈된, 사물 일반의 개념 도식에 지나지 않는다. 이 도식은, 우리 이성의 경험적 사용에서 최대의 체계적 통일을 유지하는 데에만 유용하다. 왜냐하면 우리는 경험의 대상을, 말하자면 이 대상의 근거 또는 원인으로서의 이 이념의 상상 속 대상에서 도출하기 때문이다. 이때 예컨대 세계의 사물은, 마치 하나의 최고 지성으로부터 그 현실 존재를 얻은 것처럼 보이지 않으면 안 된다. 이와 같이 해서 이념은 본디 발견적 개념에 지나지 않는 것으로, 직시적 개념은 아니다. 그리고 이념은 대상이 어떻게 있는가를 지시하는 것이 아니라, 우리가 이 발견적 개념에 이끌려 경험 일반의 대상 상태와의 결부를 어떻게 찾아야 하는가를 지시한다. 그런데 만일 세 종류의 초월적 이념(심리학적 이념, 우주론적 이념, 신학적 이념)이 이들에 대응하는 대상과 그 규정에는 직접 관련되지 않음에도 모든 이성의 경험적 사용의 규칙은 이념의 그와 같은 대상을 전제로 해서 체계적 통일로 통하고 있으며, 경험 인식을 언제나 확장하고, 경험 인식에 위배되지 않음을 우리가 보여줄 수 있다면, 그와 같은 이념에 따라 일을 진행시키는 것이야말로 이성의 필연적인 근본 지침이다. 그리고 이것이, 사변적 이성의 모든 이념의 초월적 연역이다. 단 경험이 줄 수 있는 것을 웃도는 대상으로 우리 인식을 확장하는 구성적 원리로서가 아니라, 경험적 인식 일반의 다양성에 체계적 통일을 가져오는 통제적 원리로서이다. 이것으로 말미암아 경험적 인식 일반은 자신의 한계 안에서 그와 같은 이념을 사용하지 않고, 지성 원칙의 단순한 사용에 의해서 이루어지는 것보다도 한층 촉진되어 시정되는 것이다.

이 점을 좀 더 분명하게 해보자. 우리는 원리라고 불린 이념에 따라서, 첫째로(심리학에서) 우리 마음의 모든 현상, 작용, 수용성을 내적 경험의 인도에 의해서 다음과 같이 결합시킨다. 마치 마음이 인격의 동일성에 의해서 지속적으로(적어도 인생에서) 실재하는 단순한 실체인 것처럼 말이다. 하지만 실체의 상태—육체의 상태는 외적 조건으로서만 이 상태에 속한다—는 끊임없이 변한다. 둘째로(우주론에서) 우리는 내적 및 외적 자연 현상의 조건을 이와 같은 완성할 수 없는 연구 안에서, 마치 이 연구가 그 자체로서 무한하며 최초의 또는 최고의 항을 가지지 않는 것처럼 추구하지 않으면 안 된다. 우리는 모든 현상의 밖에서는 단순히 가상적인 제1의 근거를 거부하지는 않지만, 그렇다고 해서 이들 근거를 자연 설명의 맥락으로 가지고 들어와서는 안 될 것이다. 왜냐하면 우리는 그와 같은 근거를 모르기 때문이다. 마지막, 즉 셋째로 우리는(신학에 대해서) 언제나 가능한 경험의 맥락에만 속할 것으로 여겨지는 모든 것을 다음과 같이 고찰하지 않으면 안 된다. 마치 이 가능한 경험이 절대적 통일을 이루는 것처럼, 그러나 일관해서 의존적으로 여전히 감각계 안에 제한된 통일을 이루는 것처럼 말이다. 하지만 동시에 마치 모든 현상의 총체(감성계 그 자체)가 현상의 범위 밖에, 모든 것을 채운 유일한 근거를 가지고 있는 것처럼 말이다. 말하자면 자주적이고 근원적이며 창조적인 이성을 가지고 있는 것처럼. 우리는 이와 같은 이성과의 관계에서 우리 이성의 모든 경험적 사용을 최대한으로 확장하여, 마치 대상 그 자체가 모든 이성의 원형에서 생기고 있는 것처럼 조정한다. 그것은 바로 영혼의 내적 현상을 생각하는 단순한 실체에서 도출하는 것이 아니라, 그것을 단순한 존재자의 이념에 따라서 도출한다는 것이다. 또는 최고 지성으로부터 세계의 질서와 그 체계적 통일을 도출하는 것이 아니라, 최고로 현명한 원인이라고 하는 이념에서 규칙을 따온다는 것, 다시 말해 세계의 원인과 결과를 결부시킬 때 이성이 그 자신의 요구를 만족시키기 위해 가장 필요로 하는 규칙을 이끌어 낸다는 것이다.

그런데 우주론적 이념만은 별도로 하고, 이들 이념을 또한 객관적이고도 구상적인 것으로 규정하는 것을 방해하는 사정은 아무것도 없다. 우주론적 이념의 경우에 이성이 이들을 성립시키려고 하면, 이성은 이율배반에 부딪히게 된다(심리학적 이념과 신학적 이념은 그와 같은 이율배반을 전혀 포함하고 있지 않다). 우주론적 이념을 별도로 하는 까닭은 그 밖의 이념 안에는 모순이 없기 때문이며, 그래서 어느 누구도 우리에게 이 이념의 객관적 실재성에 이론을 제기하지는 않을 것이다. 왜냐하면 그 누구도 그 가능성에 대해서, 부정도 긍정도 할 수가 없기 때문이다. 그럼에도 불구하고 무슨 일을 상정하기 위해서는, 그것에 대한 적극적인 장해가 없다는 것만으로는 아직 충분치가 않다. 또 우리의 이해를 초월한 사유물들을, 모순이 없다고는 하지만 일을 완성시키려고 서두는 사변적 이성을 신임하는 것만으로 현실의 일정한 대상으로서 도입한다는 것은 우리에게 허용되지 않는다. 그러므로 이들 이념은 그 자체로서 상정되어서는 안 된다. 다만 이들 실재성은 모든 자연 인식을 체계적으로 통일하는 통제적 원리를 위한 도식의 실재자로서 효력을 가져야 한다. 따라서 이들은 단지 현실적인 사물의 유사물(類似物)로서 밑바탕에 놓여야 하며, 현실적 사물 그 자체로서 밑바탕에 놓여서는 안 된다. 우리는 이념의 대상으로부터 우리 지성을 제한하는 조건들을 배제한다. 그러나 이 조건만이, 우리가 그 어떤 사물에 대해서 일정한 개념을 가질 수 있도록 하는 것이다. 이때 우리가 생각하는 그 어떤 것은 그 자체로 무엇인지를 우리는 전혀 알지 못하지만, 그럼에도 우리는 그것에 대해서 현상의 총체와 그 관계를 생각한다. 이 관계는 현상끼리 갖는 관계와 비슷한 것이다.

따라서 우리가 이와 같은 관념적인 존재자를 상정할 때, 우리는 본디 가능한 경험의 객체에 대한 우리의 인식을 확장하는 것은 아니다. 그렇지 않고 다만 객체의 경험적 통일을 체계적인 통일에 의해 확장하는 데에 지나지 않는다. 이 통일을 위해서, 이념은 우리에게 도식을 준다. 그러므로 이념은 구성적 원리로서가 아니라, 다만 통제적 원리로서 유효할 뿐이다. 왜냐하면 이념에 대응하는 사물, 즉 어떤 것, 또는 현실적인 존재자를 설정하는 것이 우리가 초월적 개념을 사용해서 사물에 대한 우리의 인식을 확장하는 것을 의미하는 것은 아니기 때문이다. 이 존재자는 다만 이념 안에서만 바탕에 놓일 뿐이지, 그 자체로서 바탕에 놓이는 것이 아니니까 말이다. 즉 단순히 이성의 경험적 사용의 기준으로서 소용이 될 체계적 통일을 나타내기 위한 것이기 때문이다. 그러나 이 통일의 근거가 무엇인가, 또는 통일의 기초를 이루는 이와 같은 존재자의 내적 특성이 무엇인가에 대해서는 어떤 결정도 내리지 않는다.

그런 까닭으로 단순한 사변적 이성이 신에 대해서 우리에게 주는 초월적이고 유일한 확정적 개념은, 가장 엄밀한 의미로 '이신론적(理神論的)'이다. 다시 말해 이성은 결코 그와 같은 개념에 대해서 아무런 객관적 타당성을 주지 않으며, 단지 무엇인가의 이념을 공급할 뿐이다. 이런 이념 위에 모든 경험적 실재성은 이 최고이자 필연적 통일성을 세운다. 그리고 우리는 그것을 이성 법칙에 의해서 모든 사물의 원인인 현실적 실체와 비교하지 않고는 생각할 수가 없다. 그것은 우리가 그 무엇인가를 처음부터 특수한 대상으로 생각하도록 의도하여, 이성의 통제적 원리의 단순한 이념에 안주함으로써 사고의 모든 조건의 완성을, 인간의 지성에 대해서는 지나친 일이라 해서 과감하게 버려두는 경우에 한해서이다. 그와 같은 일은 결국 우리의 인식에 완전한 체계적 통일—여기에는 적어도 이성은 제한을 두지 않는다—을 성취한다는 의도와는 양립할 수가 없다.

내가 신적 존재자를 상정할 때 물론 나는 그 최고 완전성의 내적 가능성도, 그 현실 존재의 필연성도 개념적으로 전혀 파악할 수가 없다. 그러나 그때 나는 우연적인 것에 대한 다른 물음을 만족시킬 수는 있다. 그리고 이성의 경험적 사용에서 탐색되어야 할 최대의 통일에 대해서는 이성을 완전히 만족시킬 수가 있지만, 이 전제 자체에 대해서는 그렇지가 않다. 이것으로, 이성의 사변적 관심—이성의 통찰이 아니라—은 이성에게 그 영역을 훨씬 넘은 지점에서 출발하는 권한을 준다는 것이 증명된다. 그것은 이성이 대상을 완전한 전체에서 고찰하기 위해서이다.

바로 여기에서, 동일한 전제에도 불구하고 사고방식의 차이가 분명해진다. 그 차이는 약간 미묘하다고는 하지만, 초월적 철학에서는 매우 중요하다. 나는 무엇인가를 상대적으로 가정하는 근거를 충분히 가질 수가 있다. 그러나 그렇다고 해서, 그것을 절대적으로 가정할 권리는 없다. 이 구별은 다만 통제적 원리가 문제일 경우에 적합하다. 우리는 이 원리에 대해서 확실히 필연성 자체를 인식하지만, 필연성의 원천은 인식할 수 없다. 그리고 우리는 이 필연성 때문에, 단지 원리의 보편성을 보다 확정적으로 생각하는 것을 목적으로 하여 최고의 근거를 상정한다. 예컨대 내가 단순한 존재자를, 더욱이 초월적 이념에 대응하는 존재자를 실재하는 것으로 생각하는 경우가 그러한 것처럼 말이다. 거기에서 나는 이 사물의 현실을 결코 그 자체로서는 상정할 수가 없다. 왜냐하면 내가 그 어떤 대상을 확정적으로 생각할 수 있기 위한 개념은, 어느 것이나 그와 같은 현실 존재에 이르는 일은 없기 때문이다. 또 내 개념의 객관적 타당성의 조건은, 이념 자신에 의해서 배제되어 있기 때문이다. 실재성의 개념, 실체의 개념, 인과성의 개념, 게다가 현실 존재에서의 필연성 개념까지, 대상의 경험적 인식을 가능하게 하는 경우에 사용될 때가 아니라면, 그 어떤 대상을 규정하는 뜻을 전혀 가지지 못한다. 그렇기 때문에 이들 개념은 확실히 감각계의 사물의 가능성을 설명하는 데 사용될 수는 있지만, 세계 전체의 가능성을 설명하기 위해서는 사용할 수가 없다. 왜냐하면 세계 전체의 설명 근거는 세계 밖에 있어야 할 테고, 따라서 가능한 경험의 대상이어서는 안 될 것이기 때문이다. 그럼에도 불구하고 나는 그와 같은 파악할 길이 없는 존재자를, 즉 단순한 이성의 대상을 그 자체로서는 아니라 해도, 감각계와의 상호 관계에서 상정할 수가 있다. 왜냐하면 이러하기 때문이다. 만약에 내 이성의 최대한 가능한 경험적 사용의 바탕에 이념(내가 곧 확정적으로 말하게 될 체계적으로 완전한 통일의)이 있다고 하자. 그 이념은 경험적 통일을 가능한 한 최고의 정도로 가깝게 하기 위하여 아무래도 필연적이라고 할 수 있어도, 그 자체로서 경험에 있어서는 결코 충분히는 제시될 수가 없다. 그렇다고 한다면 나에게는 이 이념을 실현하고, 결국 이 이념에 현실의 대상을 설정하는 권한이 있을 뿐만 아니라, 그와 같이 하도록 강요도 당하고 있을 것이다. 단 그와 같은 대상을, 무엇인가 일반적인 것으로 생각해서 말이다. 나는 그것에 대해 그 자체로서는 전혀 아는 것이 없으며, 다만 저 체계적 통일의 근거로서의 무엇인가에, 통일과의 관계에서 경험적으로 사용되는 지성 개념과 비교하는 특성을 주는 데에 지나지 않는다. 따라서 나는 세계에서의 실재성이나 실체, 원인성이나 필연성과의 유추에 의해, 이 모든 것을 최고로 완전하게 소유하고 있는 한 존재자에 생각이 미치게 될 것이다. 그리고 이 이념은 내 이성에 입각하는 것이기 때문에, 나는 이 존재자—그것은 최대의 조화와 통일이라고 하는 이념에 의해서 세계 전체의 원인이다—를 자립적 이성이라고 생각할 수가 있을 것이다. 이렇게 해서 나는 이념을 제한하는 모든 조건을 무시하는 것이다. 그것은 이와 같은 근원적 근거의 비호 아래 세계 전체 다양성의 체계적인 통일을 가능하게 하며, 또 이 통일을 매개로 해서 최대한으로 가능한 경험적 이성 사용도 가능하도록 하기 위한 것이다. 왜냐하면 나는 모든 결합을, 마치 최고 이성의 질서인 것처럼 간주하기 때문이다. 우리 이성은, 그와 같은 이성의 조촐한 사본인 셈이다. 그때 나는, 본디는 감각계에밖에 적용되지 않은 개념만으로, 이 최고 존재자에게 생각이 미친다. 그러나 나는 또한, 저 초월적 전제의 상대적 사용밖에 가지지 못하고 있다. 다시 말해 그 전제는, 최고로 가능한 경험의 통일 기반을 제공해 줄 것이다. 따라서 나는 감각계에만 속하는 특성에 의해서, 세계와 구별되는 존재자를 생각해도 전혀 상관이 없는 것이다. 왜냐하면 나는 내 이념의 이 대상을 그 자체로서 있는 그대로 인식하는 일을 전혀 요구하지 않고, 나에게는 그와 같이 할 권한도 없기 때문이다. 바로 그 때문에 나는 어떤 개념도 가지지 않는다. 그리고 실재성, 실체, 인과성의 개념까지, 뿐만 아니라 현실 존재에서의 필연성의 개념까지도 모든 의미를 상실하기 때문이다. 또한 내가 이들 개념을 들고 감각 영역의 밖으로 위험을 저지르면, 이들 개념은 전혀 내용이 없는 공허한 칭호가 되기 때문이다. 나는 다만 그 자체로서 내가 전혀 모르는 존재자와 최고의 체계적 통일과의 관계에 생각이 미칠 뿐이다. 이것은 오직 나의 이성이 최고로 가능한 경험을 사용하려는 경우에 그 관계를 통제적인 원리의 도식으로 삼기 위해서이다.

그런데 우리 이념의 초월적 대상에 눈을 돌린다면, 우리가 그와 같은 대상의 현실성을 실재성, 실체, 인과성 등의 개념에 따라 그 자체로서 전제할 수 없다는 점을 알게 된다. 왜냐하면 이들 개념은 감각계와 전혀 다른 것에는 결코 적용되지 않기 때문이다. 따라서 최상의 원인으로서의 최고 존재자라고 하는 이성의 가정은 단지 상대적으로 감각계의 체계적 통일을 위해 사유한 것에 불과하며, 우리가 그 자체의 본질에 대해서는 아무런 개념도 가지지 않는 이념 안의 순전한 이것에 의해 우리가 실재로 존재하는 것으로서 감각에 대해서 주어져 있는 것과의 관계에서 필연적인 근원적 존재자의 이념을 필요로 함에도 불구하고, 이 근원적 존재자와 그 필연성에 대해 아무것도 이해하지 못하는 이유가 분명해진다.

이제 우리는 선험적 변증론의 결론을 알 수가 있다. 그리하여 오해와 부주의에 의해서 변증적이 되는 데 지나지 않았던 순수이성 이념의 궁극적 의도를 엄밀히 규정할 수가 있다. 실제로 순수이성은 자기 자신 이외에 어떤 것도 문제삼지 않으며, 또 그것 말고 다른 일도 할 수가 없다. 왜냐하면 순수이성에게는 경험 개념의 통일을 위해 대상이 주어지는 것이 아니라, 이성 개념의 통일을 위하여, 즉 한 원리에 있어서의 맥락의 통일을 위하여 지성 인식이 주어지기 때문이다. 이성 통일은 체계의 통일이다. 이 체계적 통일은 대상을 넘어 이성을 확대하는 원칙으로서 이성에게 객관적으로 유용한 것이 아니라, 대상의 모든 가능한 경험적 인식을 넘어서 이성을 확대하기 위한 지침으로서 주관적으로 유용한 것이다. 그럼에도 불구하고 이성이 경험적인 지성의 사용에 대해서 줄 수 있는 체계적 맥락은, 해당 지성 사용을 추진할 뿐만 아니라 동시에 그 지성 사용이 정당성하다는 것을 나타낸다. 그리고 이와 같은 체계적 통일의 원리는 객관적이기도 하다. 단 그것은 비제한적인 방식(애매한 원리)에 의해서이지, 경험적 지성 사용의 직접적 대상에 대해서 무엇인가를 규정하기 위한 구성적 원리로서가 아니다. 그렇지 않고 단순히 통제적인 원리 및 근본 지침으로서 지성이 알지 못하는 새로운 길을 개척함으로써, 이성의 경험적 사용을 무한히(무규정으로) 촉진하고 강화하기 위해서이다. 그것은 경험적 사용의 법칙에 조금도 위배되지 않는다.

그러나 이성은 자신의 이념에 동시에 대상을 주는 것으로밖에, 이 체계적 통일을 생각할 수가 없다. 하지만 이 대상은 어떤 경험에 의해서도 주어질 수 없다. 왜냐하면 경험은 완전한 체계적 통일의 실례를 전혀 주지 않기 때문이다. 그런데 이 이성적 존재자(추론된 이성 존재자)는 단순한 이념이다. 따라서 절대적으로, 또 그 자체로서 현실적인 것으로서는 상정되지 않으며 개연적으로 바탕에 둔 것에 지나지 않는다(왜냐하면 우리는 지성 개념에 의해서 그 존재자에 이를 수가 없기 때문이다). 그것은 다만 감각계 사물이 마치 이 이성적 존재자에게 근거를 가지고 있는 것처럼, 이들 사물의 결부를 보기 때문이다. 그러나 그것이 의도하는 것은 전적으로 체계적 통일을 기초지우는 데 있다. 이 체계적 통일이야말로 이성에서는 불가결하며, 경험적 지성 인식에 대해서는 모든 면에서 추진력은 될지언정 결코 장해는 되지 않는다.

우리가 체계적 세계 구조의 근거는 이 전제에 귀결된다고 생각해서 이 이념을 실제 사물의 주장으로 간주하거나, 그와 같은 사물의 전제로 간주한다면, 그것만으로도 우리는 이념의 뜻을 이내 오해하는 것이다. 오히려 사람들은 우리의 개념이 미치지 않는 세계 구조의 근거가 그 자체로 어떻게 되어 있는가 하는 것을, 전혀 불문에 부치는 것이다. 그리고 사람들은 이성에 대해서는 매우 본질적이고, 이성에게는 매우 유용한 통일을 확대할 수 있는, 이를 위한 오직 하나의 관점에서 이념을 정립한다. 한마디로 말하면 이 초월적 사물은 통제적 원리의 도식에 지나지 않고, 이 도식에 의해서 이성은 이성이 미치는 한 체계적 통일을 모든 경험 위로 확대하는 것이다.

이와 같은 이념의 첫 번째 객체는 생각하는 자연(영혼)으로 간주된 '나' 자신이다. 나는 생각하는 존재자가 실제로 존재할 때 가지고 있는 특성을 찾으려고 한다면, 경험에 물어보지 않으면 안 된다. 그리고 나는 이 대상의 도식이 감성적 직관에서 주어져 있지 않는 한 이 대상에 적용할 수 없다. 그러나 그와 같이 해서는, 나는 아무래도 내적 감각기관의 모든 현상의 체계적 통일에 이를 수 없다. 그러므로 이성은 우리의 시야를 넓힐 수 없는 경험 개념(영혼이 실제로 있다고 하는) 대신에, 모든 사고의 경험적 통일이라고 하는 개념을 꺼낸다. 그리고 이성은 이 통일을 무제약적이고 근원적이라고 생각함으로써, 그 개념으로부터 단순한 실체라고 하는 이성 개념(이념)을 만들어 낸다. 이 실체는 그 자체로 변화하지 않고(인격적 통일성을 가지고), 외부에 있는 다른 현실적 사물과 동시에 존재하는 것으로 여겨진다. 한마디로 말하자면 단순하고 자립적인 지성이라는 이념을 만들어 내는 것이다. 그러나 그때 이성이 영혼의 현상을 설명함에 있어, 이성의 안중에 있는 것은 체계적 통일밖에 없다. 다시 말해 모든 규정을 단 하나의 주체에 있는 것으로 보고, 모든 힘을 가능한 한 유일한 근원력으로부터 도출된 것으로 보며, 모든 변화를 동일한 고정불변적 존재자의 상태에 속하는 것으로 보고, 공간에서의 모든 현상을 사고의 작용과는 전혀 다른 것으로 제시한다는 것이다. 실체의 그런 단순성 같은 것은 이 통제적 원리의 도식에 지나지 않는 것이며, 영혼의 특성의 실제 근거인 것처럼 전제되어서는 안 될 것이다. 왜냐하면 영혼의 속성들은 우리가 전혀 알 수 없는, 완전히 다른 근거에 입각하고 있을지도 모르기 때문이다. 하지만 가정한 이들 술어를 영혼 그 자체에 맞추려 해도, 우리는 본디 이들에 의해 영혼을 그 자체로서는 인식할 수가 없다. 왜냐하면 이들 술어는, 구체적으로는 전혀 나타낼 수 없는 단순한 이념을 형성하기 때문이다. 만일 이와 같은 심리학적 이념을 어떤 순수한 이념 이상의 것처럼 보지 않도록 주의하기만 한다면, 즉 다만 그것을 우리 영혼의 현상에 대한 이성의 체계적 사용에 관해서만 적용하도록 조심하기만 한다면, 이런 심리학적 이념으로부터 형성되는 것은 오로지 이로운 것뿐이다. 왜냐하면 거기에서는 전혀 종류가 다른 물체적 현상의 경험적 법칙이, 단순히 내적 감각에 속하는 사항의 설명에 섞여 들어가는 일은 없기 때문이다. 거기에서는 영혼의 발생, 파괴, 재생 등등에 대한 천박한 가설은 허용되지 않는다. 따라서 이와 같은 내적 감각의 대상에 대한 고찰은 아주 순수하게 이질적인 특성을 섞지 않고 이루어진다. 게다가 이성에 의한 연구의 목표는 이 주체의 설명 근거를 가능한 한 유일한 원리로 통하는 방향으로 돌리는 데 있다. 이것은 모두 마치 현실적 존재자인 것 같은 그러한 도식에 의해서 가장 잘, 아니 오직 유일하게 일어나게 되는 것이다. 심리학적 이념은 또한, 통제적 개념의 도식 이외의 것일 수 없다. 왜냐하면 설령 내가 영혼은 그 자체로 정신적 성질의 것인가 하고 묻는다 해도, 그 물음은 아무런 뜻도 가지지 못할 것이기 때문이다. 그와 같은 개념에 의해서 나는 단순히 물체적 본성을 배제할 뿐만 아니라, 애초부터 모든 본성을, 즉 그 어떤 가능한 경험에 대한 모든 술어를 배제하며, 따라서 그와 같은 개념에 대응하는 대상을 생각하기 위한 모든 조건을 배제하고 있는 것이다. 그런데 개념에 대응하는 대상을 생각하는 것, 단지 이것만이 개념에 뜻이 있다는 말의 바탕이 되는 것이다.

사변적 이성의 두 번째 통제적 이념은 세계 개념 일반이다. 왜냐하면 자연만이 본디 이성이 통제적 원리를 요구하는, 유일하게 주어진 객체이기 때문이다. 이 자연에는 두 가지가 있는데, 생각하는 자연인가, 그렇지 않으면 물체적 자연인가이다. 그러나 이 물체적 자연을 그 내적 가능성에 대해 고찰하기 위해서는, 다시 말해 물체적 자연에 범주를 적용하도록 결정하기 위해서는 우리는 이념을 필요로 하지 않는다. 즉 경험을 뛰어넘는 관념을 필요로 하지 않는다. 물체적 자연에 대해서는 이념은 가능하지 않은 것이다. 왜냐하면 거기에서는 우리는 단순히 감성적 직관에 의해 인도되는 것이지, 심리학적 근본 개념인 '나'의 경우와는 사정이 다르기 때문이다. 심리학적 근본 개념은 사고의 어떤 형식을, 곧 사고의 통일을 선험적으로 포함하고 있다. 그렇기 때문에 순수이성을 위해 우리에게 남은 것은, 자연 일반과 그 어떤 원리에 의한 자연의 완전성, 바로 그것이다. 이들 조건 계열의 절대적 전체—그 계열의 항을 도출하기 위한—는 하나의 이념이다. 이 이념은 이성의 경험적 사용에서는 결코 이루어질 수 없다. 하지만 그것은 항의 도출에 관해서, 우리는 어떻게 할 것인가 하는 원칙으로서 유용하다. 다시 말해 주어진 현상의 설명에서(소급하느냐, 상승하느냐에서) 마치 계열 자체는 무한인 것처럼, 즉 무한정인 것처럼 다루어야 한다는 것이다. 그러나 이성 자신이 원인으로서 여겨질 경우에는(자유에 있어서), 곧 실천적 원리의 경우에서는 마치 우리는 감각의 객체가 아니라 순수지성의 객체에 직면하고 있는 것처럼 대처해야 한다는 것이다. 조건이 이미 현상의 계열 속이 아니라 그 밖에 정립될 경우, 그리고 상태의 계열을 볼 수 있는 경우 그 계열이 마치 절대적으로(가상적 원인에 의해서) 비롯된 것처럼 일을 진행시켜야 한다는 것이다. 이것은 모두 우주론적 이념은 바로 통제적 원리라는 것을 증명하고, 말하자면 구성적으로 그와 같은 계열의 현실적 전체를 설정하는 것은 더더욱 아니라는 것을 증명하고 있다. 그 밖의 점은, 순수이성의 이율배반의 장(章)에서 볼 수가 있다.

순수이성의 세 번째 이념은 모든 우주론적 계열의 유일하고, 모든 것을 완벽히 충족할 수 있는 원인으로서의 존재자를 다만 상대적으로 가정하는 것으로, 바로 '신'이라는 이성 개념이다. 우리는 이 이념의 대상을 절대적으로 상정하는

(그 자체로서 가정하는) 근거를 전혀 가지고 있지 않다. 최고의 완전성을 가진 존재자를 그 본성상 절대적 필연적인 것으로서, 다만 그것의 개념 자체에 근거해 우리로 하여금 충분히 믿거나 주장하도록 권고할 수 있고, 또 우리에게 그렇게 할 수 있는 권리를 주는 것은 세계가 아닐까? 세계와의 관계에서만이, 그 가정은 필연적일 수가 있다. 여기에서 분명해지는 것은 최고 존재자의 이념은 모든 사변적 이념과 마찬가지로, 이성에게 세계의 모든 결합을 어떤 체계적 원리에 따라서 고찰하고, 마치 그런 결합이 모든 것을 채운 최고의 원인이면서 모든 것을 포괄하는 유일한 존재자로부터 생긴 것처럼 고찰하도록 명령하는 의미만을 갖는다는 것이다. 그런 경우 다음과 같은 점이 명확하다. 이성은 그때, 이성의 경험적 사용을 확장하는 중에 이성 자신의 형식적 규칙 이외에는 지향할 수 없다는 것이며, 결코 경험적 사용의 모든 권한을 넘은 확장을 지향하지 않는다는 것이다. 따라서 이 이념 아래서는 가능한 경험에 관련한 이성 사용의 구성적 원리는 포함되어 있지 않다는 것이다.

이성 개념에만 입각하는 이 최고의 형식적 통일은 사물의 '합목적적' 통일이다. 그리고 이성의 사변적 관심은 세계에서의 모든 배열을, 마치 그것이 최고 이성의 목적으로부터 발생된 것처럼 보도록 한다. 즉 이와 같은 원리는 경험의 영역에 적용된 우리 이성에 전적으로 새로운 전망을 가져다준다. 그 전망이란 세계의 어떤 사물을 목적론적 법칙에 따라 결합하고, 그렇게 함으로써 이들 사물을 최대의 체계적인 통일로 이르게 하려는 것이다. 그렇기 때문에 세계 전체의 유일한 원인으로서의 최고 지성이라고 하는 전제—물론 단순히 이념에서의 그것에 불과하지만—는, 언제나 이성에 대해서 유익하기는 하지만 결코 해를 주지는 않는다. 왜냐하면 지구의 형상(둥글지만 약간 평평한)[36]에 대해서, 우리

---

36) 공처럼 생긴 지구의 형태가 주는 이점에 대해서는 충분히 알려져 있다. 하지만 거의 알려지지 않은 점이 있다. 회전 타원형인 지구 모양의 편평에 의해서만이, 대지의 돌출 또는 아마도 지진으로 낮은 산의 돌출이 서서히 그다지 긴 시간을 들이지 않고 지축을 어긋나지 않도록 억제하고 있는 것이다. 적도 아래의 지구 팽창이 매우 큰 산맥을 이루고 있기 때문에, 다른 어떤 산맥의 진동도 도저히 지축을 변화시킬 만큼 자신의 상태를 현저하게 변화시킬 수 없는 것이며, 그렇지 않다면 실로 지축의 흔들림이 생길 것임에 틀림없다. 그럼에도 불구하고 이와 같은 현명한 조치도, 이제까지의 유동적인 지구 덩어리의 정상성(定常性)으로 주저 없이 설명되어 있다.

가 산악이나 해양, 창조자의 의도라고 미리 가정하면, 우리는 이 방법으로 많은 발견을 할 수가 있기 때문이다. 우리가 단지 통제적 원리로서 이와 같은 전제에 머물기만 한다면, 잘못조차도 우리에게 해는 되지 않는다. 어쨌든 거기에서 결론지을 수 있는 것은, 우리가 목적론적 연관(목적 결합)을 기대하는 장면에서 볼 수 있는 것은 단순히 기계적인 또는 물리적인 연관이라는 이야기밖에 안 된다. 이와 같은 경우 우리는 다만 기대했던 또 하나의 통일을 놓칠 뿐, 경험적 사용에 있어서의 이성 통일을 못쓰게 하지는 않는다. 그리고 이와 같은 차질이 있다 하더라도 일반적으로 보편적 및 목적론적 의도를 가지는 법칙 그 자체에 누를 끼치는 것은 아니다. 왜냐하면 해부학자가 동물 육체의 어떤 부분을 어떤 목적에 관련시켜도, 그 목적은 거기에서 생기지 않는다는 것이 확실히 제시된다고 하면, 그 해부학자는 잘못을 깨닫는 일이 있을 수 있기 때문이다. 하지만 그 목적의 구조가 무엇이든 그것이 전혀 목적을 가지지 않는다는 사정을 설명한다는 것은, 어느 경우에 있어서나 불가능하다. 그러므로(의사들의) 생리학도 유기체 구조의 목적에 대한 매우 제한된 경험적 지식을, 단지 순수이성이 촉구하는 원칙에 따라 확장한다. 그것은 우리가 자신을 가지고, 동시에 그 방면의 지식인 모두의 동의를 얻어서, 동물에 있어서의 모든 것이 유용하며 쓸모가 있는 목적을 갖는다는 것을 가정하는 경우에 한해서이다. 만일 이 전제가 구성적이라고 한다면, 그것은 지금까지의 고찰이 우리를 정당화할 수 있는 것보다도 훨씬 먼 곳에까지 미친다. 여기에서 그와 같은 전제는 바로 이성의 통제적 원리이며, 그것은 최상의 세계 원인의 합목적적 인과성이라는 이념을 매개로 해서, 또 이 세계 원인이 마치 최고의 지성으로서 가장 현명한 목적에 들어맞는 모든 것의 원인인 것처럼 체계적 통일에 이르기 위한 것임을 알 수 있다.

그러나 만일 우리가 이와 같이 단순히 통제적인 사용으로 제한하는 것으로부터 벗어난다면, 이성은 매사에 오용될 것이다. 그때 이성은 자기 걸음의 지표여야 할 경험이라고 하는 지반을 이탈하여, 이해가 미치지 않는 일에 발을 들여 놓게 되어 그 높이에 틀림없이 현기증을 일으킬 수밖에 없다. 왜냐하면 이성은 그 지점에서 보아, 자기가 경험과 일치되는 모든 사용으로부터 완전히 유리되어 있다는 것을 알기 때문이다.

첫 번째 잘못은 최고 존재자라고 하는 이념을 단지 통제적으로가 아니라(이념의 본성에 어긋나게) 구성적으로 사용하는 일을 말하며, 그것은 나태한 이성[37]이다. 우리가 자기 연구—그것이 무엇이 되었든 간에—를 절대적으로 완성시킨 것으로 여기게 하여, 따라서 이성이 마치 자기가 한 일을 완전히 성취한 것처럼 여기게 하여 잠이 들게 하는 모든 원칙을 그와 같이 부를 수 있다. 그렇기 때문에 심리학적 이념이 구성적 원리로서 우리 영혼의 현상을 설명하기 위해 사용되고, 더 나아가 이 주체에 대한 우리의 인식을 모든 경험의 저편으로(죽은 뒤의 영혼 상태로) 확장하기 위해 사용되는 경우 분명히 이성을 적당히 안정시킨다. 하지만 경험의 인도에 의한 이 이념의 자연스러운 사용을 훼손하기도 하고 파멸시킨다. 이렇게 해서 독단적 유심론자는 상태의 모든 변화를 통해서도 불변적으로 존속하는 인격의 통일을, 생각하는 실체의 통일(단일성)로 설명한다. 그는 이 단일성을, '나' 안에 직접 지각한다고 생각하는 것이다. 그리고 그는 우리가 죽은 뒤에 비로소 생겨날 사물에 대해서 우리가 가지는 관심을, 우리가 생각하는 주체의 비물질적 본성의 의식으로 설명한다. 또한 그는 물리적 설명 근거에 의한 이런 우리의 내적 현상의 원인을 둘러싼 모든 자연 연구를 포기한다. 그것은 말하자면 초월적 이성의 칙령(勅令)에 의해서, 자기 안일을 위해 더욱이 모든 통찰을 희생시켜, 경험의 내재적 인식 원천을 간과하면서 이루어진다. 이와 같은 불합리한 결과는 최고 지성에 대한 이념의 독단론의 경우와, 이 이념 위에 잘못된 기초를 설정한 자연의 신학적 체계(자연신학)의 경우에 가장 확실히 눈에 띈다. 왜냐하면 거기에서는 자연 속에 제시되는 목적, 가끔 우리 자신에 의해서 만들어 낸 데에 지나지 않은 목적은 모두 다음과 같은 일에 유용하기 때문이다. 즉 원인의 탐구에서 편해진다는 것, 말하자면 원인을 물질 체제의 보편적인 법칙에 구하는 대신, 노골적으로 최고 지혜의 밝힐 수 없는 결의를 참고로 꺼낸다는 점이다. 그래서 우리는 자신에게 이성의 사용을 면제시킬 때, 모든 이성의 노력을 완결된 것으로 간주한다는 것이다. 이성 사용은, 내적이고 보

---

37) 이것은 옛날 변증학자들이 오류 추리에 붙인 이름으로, 다음과 같은 궤변을 늘어놓고 있다. "자네가 이 병에서 회복되는 것이 자네 운명이라고 한다면, 자네는 의사에게 가든 안 가든 상관없는 일이 될 것이다." 키케로는 이와 같은 이름이, 우리가 그 추리에 따르면 인생에서 이성을 사용할 여지가 전혀 없다는 데서 오는 것이라고 설명한다. 내가 순수이성의 궤변적 논증에 이와 같은 이름을 준 것도 같은 이유에서다.

다 보편적인 법칙에 따라 정돈된 자연 질서와 변화 계열들의 안내에 전적으로 의존하고 있다. 이 잘못은 피할 수 있다. 단, 그것은 우리가 육지의 분포라든가, 육지의 구조라든가, 산악의 상태나 위치 관계든가, 또는 더 나아가 동식물계의 구성과 같은 몇 가지 자연의 단편을 목적의 견지에서 고찰할 뿐 아니라, 이 자연의 체계적 통일을 최고 지성이라는 이념과의 관계에서 전체적으로 보편화할 때이다. 왜냐하면 그런 경우 자연의 보편적 법칙에 의한 합목적성을 밑바탕에 두기 때문이다. 이 보편적 법칙으로부터는 특수한 구조가 제외되는 것이 아니라, 우리에게 크고 작게 눈에 띄는 것이라 해서 드러나게 된다. 게다가 우리는 목적론적 결합을 미리 결정해 두는 것이 아니라, 단순히 그것을 기대하면서, 보편적인 법칙에 따라서 물리적 기계적인 결합을 추구해도 좋은 것이다. 왜냐하면 그와 같이 해서만 합목적적 통일의 원리는 어떤 경우에나 이성 사용을 손상시키지 않고, 그것을 경험에 확장할 수가 있기 때문이다.

이런 체계적 통일의 원리를 오해함으로써 생기는 두 번째 오류는, 전도된 이성의 잘못이다. 체계적 통일 이념은 보편적 자연법칙에 따르는 사물의 결합 안에, 체계적 통일을 통제적 원리로서 구할 때에만 소용이 있어야 했다. 이 이념은 또, 그와 같은 체계적 통일이 경험적인 길을 따라서 조금이라도 발견되는 한―우리는 이념 사용의 완전성에는, 물론 다다를 수가 없다고는 하지만―이념에 접근했다고 우리가 믿기 위해서도 소용이 있어야 했다. 그런데 우리는 그와 같이는 하지 않고 사태를 역전시켜서, 다음과 같은 일부터 시작한다. 즉 우리는 합목적적 통일 원리의 현실성을 구체화해서 바탕에 두고, 이와 같은 최고의 지혜라고 하는 개념을 의인적으로 규정하고 나서, 목적을 물리적인 탐구의 방법으로 적절하게 찾는 대신에, 자연에 대해서 억지로 독단적으로 목적을 강요하는 것이다. 그 결과 일반 법칙에 의한 자연 통일을 보완하기 위해서만 소용이 있어야 할 신학이, 이제는 오히려 자연 통일을 파괴하는 역할을 한다. 뿐만 아니라 이성으로부터 그 목적까지도 빼앗는다. 다시 말해 그와 같은 지적인 최고 원인의 현실 존재를, 이 목적에 따라서 자연에 입각해서 증명하는 일을 빼앗는 것이다. 만약에 우리가 자연에 있어서의 최고의 합목적성을 선험적으로, 즉 자연의 본질에 속하는 것으로서 전제할 수 없다고 하자. 그러면 우리는 도대체 어떻게 해서 최고의 합목적성을 탐구하도록 제시되어 있다고 말할 수가 있는가? 또 우리는 어떻게 해서 합목적성의 계단을 올라가 절대적으로 필연적인, 따라서 선험적으로 인식할 수 있는 완전성, 창조자의 최고 완전성에 가까이 가도록 지시되어 있다고 할 수 있는가? 통제적 원리는 단순히 경험적으로 인식되는 것이 아니다. 그것은 선험적으로—아직은 무규정적이기는 하지만—전제되는 자연 통일로서의 체계적 통일을 절대적으로, 즉 사물의 본질로부터 오는 것으로서 전제할 것을 요구한다. 그러나 내가 처음부터 질서를 주는 최고 존재자를 기초에 둔다면 자연 통일성은 사실상 폐기된다. 왜냐하면 자연 통일은 사물의 자연과는 전혀 인연이 없고 우연적이며, 또한 자연의 보편적 법칙으로부터는 인식되지 않기 때문이다. 여기에서 증명의 잘못된 순환이 생기게 된다. 우리는 본디 증명되었어야 했다는 것을 전제로 하기 때문이다.

자연의 체계적 통일의 통제적 원리를 구성적 원리로서 해석하여, 이념 속에서만 이성의 합리적 사용의 근거로 두어야 할 것을 원인으로서 실체화해 전제하는 것은 다만 이성을 혼란시킬 뿐이다. 자연 연구는 전적으로 보편적 법칙에 의한 원인의 연쇄에 따라서 자연 원리의 일반적 법칙에 따라 추진될 뿐이며, 물론 그것은 창조자의 이념에 따른 것이라고는 하지만 자연의 연구가 곳곳에서 추구하는 합목적성을 창조자로부터 도출하기 위한 것이 아니라, 창조자의 현실 존재를 자연물의 본질 안에서 구할 수 있는 합목적성으로부터 인식하기 위해서이다. 이런 일이 성공하든 않든 간에, 이념이 여전히 옳다는 것은 변함이 없다. 그것을 사용하는 일이 단순한 통제적 원리의 조건으로서 제한되어 있으면, 그 사용도 마찬가지로 옳다는 것에는 변함이 없다.

완전한 합목적적 통일은 완전성(절대적으로 본)이다. 만일 우리가 경험의 대상 전체, 즉 객관적으로 통용되는 우리의 모든 인식 대상 전체를 이루는 사물의 본질 안에, 따라서 보편적이고 필연적인 법칙 안에서 이 완전성을 찾아볼 수가 없다고 하자. 그러면 우리는 어떻게 거기에서 모든 인과성의 근원인 근원적 존재자의 절대적으로 필연적인 최고의 완전성을 추론하자는 것인가? 최대의 체계적 통일, 따라서 또 합목적적인 통일은 인간 이성을 최대한으로 사용할 수 있게 하는 교칙본이고 기반이기도 하다. 그렇기 때문에 그와 같은 합목적적 이념은 우리에게는 입법적이며, 그런 까닭으로 이 이념에 대응하는 입법적인 이성(원형적 지성)을 생각한다는 것은 매우 자연스러운 일이다. 우리 이론의 대상인 자연의 체계적 통일은 모두 이 입법적 이성에서 도출되는 것이다.

우리가 순수이성의 이율배반을 다룰 때 이미 말했듯이, 순수이성이 던지는 모든 문제는 절대적으로 대답이 가능한 것이어야만 한다. 그리고 우리 인식의 한계는 많은 자연 문제에서 피할 수 없는 것과 동시에 당연한 일이기도 하지만, 그 한계를 핑계로 삼는다는 것은 여기에서는 허용될 수가 없다는 사실이다. 왜냐하면 여기에서는 이들 문제는 사물의 본성에 의해서가 아니라, 다만 이성의 본성에 의해서, 그리고 오직 이성의 내적 구조에 대해서 우리 앞에 제기되기 때문이다.

우리는 지금, 언뜻 보기에 대담한 듯한 이 주장을 순수이성이 가장 관심을 두는 두 가지 문제(나태한 이성 사용과 전도된 이성 사용)를 고려하면서 확인하여, 그것을 통해서 순수이성의 변증론에 대한 우리의 고찰에 결말을 내기로 하자. 먼저, 초월적 신학에 대해서[38] 다음과 같이 묻는다고 하자. "세계와는 구별되는, 보편적 법칙에 의해서 세계 질서와 그 연관의 근거를 포함하는 그 무엇이 존재하는가?" 그러면 그 답은 "의심할 바 없이 존재한다"이다. 왜냐하면 세계는 사물 현상의 총합이며, 따라서 그 어떤 초월적인, 즉 오로지 순수지성이 생각될 수 있는 근거가 없으면 안 되기 때문이다. 두 번째 물음은, "이 존재자는 실체이며, 최대의 실재성을 갖추고 있고 필연적인가?" 등등이다. 이에 대해서 나는 이렇게 답한다. "이 물음은 전적으로 아무런 의미가 없다." 왜냐하면 나는 범주에 의해서 그와 같은 대상의 개념을 만들려고 하지만 모든 범주는 경험적으로 사용되는 것만 허용되며, 만일 그 범주가 가능한 경험의 객체, 즉 감각계에 적용되지 않으면 전혀 의미를 가지지 않기 때문이다. 범주는 감각계 밖에서는 다만 개념에 대한 칭호에 지나지 않으며, 우리는 그것을 인정할 수 있어도 아무것도 이해하지 못한다. 마지막으로 세 번째 물음, "우리는 적어도 세계와는 구별되는 이 존재자를, 경험의 대상과 비교해서 생각하면 안 되는가?" 대답은 "물론 그렇다"이다. 그러나 그것은 다만 이념에서의 대상으로서만 가능하며, 실재성을 가

---

38) 나는 이미 앞에서 심리학적 이념과, 단순히 통제적인 이성 사용을 위한 원리로서의 본디적 사명에 대해서 말했다. 내적 감각기관의 모든 다양성의 체계적 통일을 구체적으로 나타내는 초월적 착각을 더 이상 하나하나 자상하게 해명하는 것을 삼가기로 한다. 이 경우에 절차는, 비판이 신학적 이상에 대해서 관찰하는 절차와 매우 닮아 있다.

진 대상으로서는 그렇지 않다. 다시 말해 그 대상이 체계적 통일의, 또 질서의, 그리고 세계 구조의 합목적성의 우리가 알지 못하는 기체(基體)인 한에서 그렇다. 이성은 위 합목적성을 자기 자연 연구의 통제적 원리로 삼지 않으면 안 되는 것이다. 여기에 더하여 우리는 이 이념 안에, 우리가 생각하는 통제적 원리에 형편이 좋은 어떤 종류의 의인관(擬人觀)을 거리낌 없이 그 누구로부터도 책망받지 않고 허용할 수가 있다. 왜냐하면 그것은 언제나 이념에 지나지 않기 때문이다. 그 이념은 세계와 구별되는 존재자에 직접적으로 관계되는 것이 아니라, 세계의 체계적 통일이 갖는 통제적 원리에 관계된다. 더욱이 다만 그와 같은 통일의 도식을 매개로, 다시 말해 현명한 목적에 의해 세계의 창조자라고 여겨지는 최고 지성을 매개로 관계를 맺게 되는 것이다. 세계 통일의 이 심연(深淵)이 그 자체로서 무엇인가는, 그것으로 생각할 수 있는 성질의 것이 아니었다. 오히려 생각했어야 할 일은, 우리는 그 심연을 또는 그 이념을 세계의 사물에 대해서 이성의 체계적 사용과의 관계에서 어떻게 사용할 것인가 하는 방법이다.

그러나 우리는 이와 같은 방식으로 계속 묻게 될 것이다. "현명하고 전능한 유일한 세계 창조자를 상정할 수 있을 것인가?" 의심할 여지없이 그렇게 할 수 있다. 그뿐만 아니라 우리는 그와 같은 세계 창조자를 전제하지 않으면 안 된다. 하지만 그 경우, 우리는 가능한 경험의 영역을 넘어서 우리의 인식을 확장할 수 있을 것인가? 어림도 없는 일이다. 왜냐하면 우리는 다만 그것이 자체로서 무엇인가에 대해서는 전혀 이해할 수 없는 어떤 것(단순한 초월적 대상)을 전제로 했기 때문이다. 우리는 자연을 연구할 때에 전제해야만 하는 세계 구조의 체계적이고도 합목적적인 질서와 관련하여, 저 알 수 없는 존재자를, 다만 지성(경험적 개념)과의 유추로 생각한 것이다. 다시 말해 그 존재자에 근거를 둔 목적이나 완전성과 관련하여, 우리 이성의 조건에 의해, 이와 같은 체계적 통일의 근거를 포함할 수 있는 특성을 그 존재자에게 준 것이다. 그렇기 때문에 이 이념은 전적으로 우리 이성 세계에 사용되는 관계에 의거하는 것이다. 그러나 우리가 이념에 절대적이고 필연적인 타당성을 부여하고자 한다면, 그것은 그런 존재자가 전적으로 이념에서 사유되는 존재자일 뿐임을 망각한 것이다. 그렇게 되면 우리는 이 세계의 고찰에 의해서는 전혀 규정되지 않는 기초에서 시작하는 것이 되기 때문에, 이 원리를 경험적인 이성 사용에 올바르게 적용하는 일을 불가능하게 만들어 버릴 것이다.

그러나(사람들은 또 이렇게 물을 것이다) 이렇게 해서 나는 최고 존재자라는 개념 또는 전제를, 이성적인 세계 고찰에서 사용할 수 있을 것인가? 물론 그렇게 할 수 있다. 본디 이성의 이념이 밑바탕에 놓인 것은 그 때문이었던 것이다. 하지만 나는 합목적적인 듯 보이는 질서 부여를 신의 의지—세계의 그 질서 부여를 향해서 장치된 특수한 소질을 매개로 해서지만—에서 도출함으로써, 그 질서 부여를 의도로 보아도 좋을 것인가? 물론 여러분은 그렇게 할 수 있다. 그러나 그것은 누군가가 "신의 지혜가 자기의 최고 목적을 위해서 모든 것에 그와 같은 질서를 주었다"고 하든지, 또는 "최고 지성이라는 이념은 자연을 추구하는 경우에 규제자이며, 일반 자연법칙에 따르는 자연의 체계적이고도 합목적적인 통일성의 원리이며, 우리가 이 통일성을 모르는 경우에서까지도 그렇다"고 말하든 어떻든 간에 똑같은 것을 의미한다는 조건 아래에서 가능한 것이다. 다시 말해 여러분이 이 통일성을 알아차리게 되는 경우 '신이 현명하게도 그와 같이 바랐다'고 하든지, '자연이 현명하게도 그와 같이 질서를 주었다'고 하든지, 여러분에게는 완전히 똑같은 것이 되어야만 한다. 왜냐하면 여러분의 이성이 규제적 원리로서 모든 자연 연구의 밑바탕에 둘 것을 요구하는 최대의 체계적이고 합목적적인 통일성이야말로 최고 지성이라는 이념을 규제적 원리의 도식으로서 밑바탕에 두는 권한을 여러분에게 준 것이기 때문이다. 그럼으로써 이제 여러분이 이 원리에 따라, 세계에서의 합목적성을 쉽게 찾을 수 있으면 있을수록, 그만큼 여러분 이념의 정당성이 확정되는 셈이다. 그러나 이 원리는 필연적이고도 최대로 가능한 자연 통일을 탐구하는 것 외에 어떤 것도 의도하지 않는다. 그러므로 우리가 이 통일을 추구하는 까닭은, 물론 우리가 이를 수 있는 한에서지만, 어찌됐든 최고 존재자의 이념을 가지려는 것이다. 하지만 자연의 합목적성이 그 기원에서부터 우연적이고 초자연적인 것으로 간주되고, 자연의 일반적 법칙이 간과된다면—이 이념이 밑바탕에 놓이게 된 의도를 생각해 볼 때—우리는 자기모순에 빠질 수밖에 없을 것이다. 왜냐하면 우리에게는 앞서 언급한 것과 같은 성질을 가진 자연을 초월한 하나의 존재자를 상정할 권리는 없으며, 다만 우리에게 허용되는 것은 인과적 규정의 유추에 따라 현상을 체계적인 것으로 상호 결합하기 위해 어떤 '존재자의 이념'을 밑바탕에 두는 것뿐이기 때문이다.

그래서 우리에게는 다음과 같은 권한이 있다. 그것은 이념에서의 세계 원인을 단순히 교묘한 의인관(이것 없이는 세계 원인에 대해서는 아무것도 생각할 수 없을 것이다)에 의해서가 아니라, 다시 말해 지성, 만족, 불만, 마찬가지로 의인관에 따른 욕망이나 의지, 기타를 가진 존재자로서 생각하는 것이 아니라 그 존재자에게 무한한 완전성을 돌린다는 것이다. 그렇기 때문에 이 완전성은 세계 질서의 경험적 인식에 의해 우리에게 허용될 수 있는 것을 훨씬 뛰어넘고 있다. 왜냐하면 체계적 통일의 통제적 법칙은, 우리가 자연을 갖가지 다양성이 있음에도 불구하고 마치 곳곳에 무한히 체계적이고 합목적적인 통일을 찾을 수 있는 것처럼 연구할 것을 요구하기 때문이다. 우리가 이 세계의 완전성에 대해서 탐구하거나 그것에 다다르는 것은 매우 힘들며, 또한 이 완전성을 자연의 모든 곳에서 구하고 예상하는 것은 우리 이성의 법칙 수립에 속하는 일이다. 게다가 원리에 따라 자연을 고찰한다는 것은 언제나 우리를 유익하게 하는 것임에 틀림없고, 결코 불이익은 될 수가 없다. 그러나 이와 같은 최고의 창조자를 전제로 한다면, 내가 밑바탕에 두는 것은 그와 같은 존재자의 현존재나 지식이 아니라 다만 그 이념에 지나지 않는다. 따라서 무엇인가 도출되는 것은 본디 이 존재자로부터가 아니라, 다만 그런 이념으로부터, 다시 말해 이성에 따른 세계 사물의 본성으로부터 나오는 것이다. 우리의 이 이성 개념을 진정으로 사용하는 어떤 종류―미처 확립되지 않은 것이기는 하지만―의 의식은, 모든 시대 철학자들의 온당하고 적절한 언어를 불러일으킨 것으로도 보인다. 그 까닭은, 철학자들은 지혜나 자연의 섭리나 신의 지혜에 대해서 같은 뜻의 표현처럼 말하고 있고, 단지 사변적 이성이 문제가 되는 한 제1의 표현을 우선시키기 때문이다. 왜냐하면 이 표현 방식이 우리에게 허용되어 있는 권한 이상의 주장을 하는 월권을 억제하고, 동시에 이성을 그 본디의 영역인 자연으로 돌아가도록 지시해 주기 때문이다.

이렇게 해서 처음에 순수이성은 우리에게 적어도 경험의 모든 한계를 넘어서 지식을 확장하는 것을 약속하는 것처럼 생각되었지만, 우리가 그것을 바르게 이해하게 되면, 그것은 규제적 원리 이외에 어떤 것도 포함하지 않는 것을 알게 된다. 규제적 원리는 확실히 경험적인 지성 사용이 다다를 수 있는 것 이상의 큰 통일을 요구한다. 그러나 이 원리는 바로 지성 사용이 접근하려고 하는 목표를 멀리 밀어붙임으로써, 체계적 통일을 통한 지성 사용의 자기 일치를 최고도로 이르게 하는 것일 뿐이다. 하지만 만일 이 규제적 원리가 잘못 이해되어서 초월적 의지의 구성적 원리라고 생각된다면, 화려하기는 하지만 기만적인 가상에 의해 설득과 상상된 지식을 불러일으키고, 또한 그와 함께 영원한 모순의 자가당착에 빠지게 된다.

*   *   *

본디 인간의 모든 인식은 직관으로 시작되고, 거기서 개념으로 나아가, 이념으로 끝난다. 인간의 인식은 모두 이런 세 가지 요소에 대해 저마다 선험적 인식 원천을 가지며, 그 선험적 인식 원천은 마치 모든 경험의 한계를 경시하는 것처럼 생각되지만, 충분히 비판하는 관점에서 보면 역시 다음과 같은 것을 확신할 수 있다. 모든 이성은 사변적으로 사용된 경우 결코 가능한 경험의 분야를 넘어설 수 없으며, 또한 이 최고 인식 능력의 본디 사명은 통일(그중에서도 목적의 통일이 가장 고귀한 것이다)이다. 이성은 이 통일의 모든 가능한 원리에 따라 모든 방법과 원칙을 사용하여 자연을 그 내면까지 파악하되, 결코 경험의 한계를 넘어서지 않도록 제한된다. 자연의 한계 밖에서는 우리에게 텅 빈 공간 말고는 아무것도 주어지지 않기 때문이다. 우리의 인식을 현실적인 경험을 넘어서 확장할 수 있는 모든 명제에 대한 비판적 연구는 초월적 분석론에서 행해졌는데, 그 결과는 우리에게 그 명제들이 결코 어떤 가능한 경험 이상의 것에 이르지 않는다는 것을 확신시켰다. 따라서 만일 우리가 스스로 이런 가장 명료하고도 추상적이고 보편적인 명제에 대해 의혹을 가지지 않았다면, 또한 매혹적이고도 그럴듯한 전망이 이 명제의 속박을 벗어 던지도록 우리를 유혹하지 않았다면 우리는 물론 초월적 이성이 자기 월권을 변호하려고 등장시킨 모든 변증적 증인을 심문하는 노고는 하지 않았을 것이다. 왜냐하면 우리는 이미 앞서 충분한 확실성을 가지고 이 증인이, 그것의 핑계가 어쩌면 진실한 것일지 모르지만, 어느 누구도 얻을 수 없는 지식으로서 절대로 무의미한 것일 수밖에 없는 것임을 알고 있기 때문이다. 그러나 가장 이성적인 사람까지도 기만될 수 있는 가상의 참된 원인의 배후에까지 내처 들어가지 않는다면, 논의는 해결되지 않는다. 또 우리의 모든 초월적 인식을 그 요소로 분해하는 것(우리의 내적 본성의 연구로서)은 그 자체로 적잖은 가치를 가지는 것일 뿐만 아니라 오히려 철학자의 의무이다. 그러므로 사변적 이성의 이 모든 작업은, 그것이 설사 공허한 작업이라 하더라도 그 최초의 원천에 이르기까지 상세하게 파악하는 것이 필요한 일이었다. 뿐만 아니라 변증적 가상은 이 경우 우리의 판단에 있어 기만적임과 동시에, 또한 우리가 판단에 대해 가지는 관심으로 인해 자연스러운 매력을 가지고 있으며, 또 앞으로도 언제나 그럴 것이기 때문에, 이 소송 서류를 상세하게 작성해 인간 이성의 기록보관소에 간직하여 장차 비슷한 오류를 방지하는 것이 중요한 일이다.

초월적 방법론

초월적 방법론

　순수하고도 사변적인 이성이 가지는 모든 인식의 총체를 하나의 건축물로 본다면, 초월적 원리론에서 우리는 건축 재료를 헤아려 보고, 그것이 어떻게 건축물에 적용되며, 어떤 높이, 어떤 견고성을 가질 것인가를 하나하나 결정한 것이라고 할 수 있다. 물론 거기서 알 수 있는 것은, 우리가 하늘에까지 닿을 수 있는 높은 탑을 구상했음에도 불구하고, 가지고 있던 자재는 다만 경험이라는 평지 위에서 행해지는 우리 작업에 알맞을 뿐이고, 이 평지를 전망하기에 적당히 높은 어떤 주택을 가지기에 충분한 정도에 지나지 않았다는 것이다. 또한 언어의 혼란이 노동자들로 하여금 계획에 대한 분열을 가져오게 해서, 세계 속에 흩어져 저마다의 설계에 따라 특수한 건축을 할 수밖에 없었고, 또 이 대담한 기도는 재료의 부족 때문에 실패에 그칠 수밖에 없었다. 이제 우리가 문제 삼아야 할 것은 재료가 아니라 계획이다. 아주 견고한 주택을 세우는 것은, 실로 우리의 모든 능력을 넘어서는 맹목적인 설계를 억지로 해서는 안 된다는 경고를 받았음에도 포기할 수 없는 일이므로, 우리에게 주어져 있는 동시에 우리의 요구에 알맞은 비축 자재에 상응한 건축물을 계획함이 중요한 것이다.

　그렇기 때문에 내가 의미하는 초월적 방법론이란, 순수이성의 완전한 체계의 형식적 조건을 규정하는 일이다. 우리는 이 의도를 가지고 순수이성의 훈육, 규준, 건축술, 끝으로 역사를 다루게 될 것이다. 그리고 학교에서 실천적 논리학이라는 이름으로 지성 사용 일반에 대해 연구했지만 별 성과를 거두지 못했던 것을 우리는 또한 초월적 의도에서 다룰 것이다. 이런 시도가 성과를 거두지 못한 이유는, 일반 논리학은 특수한 종류의 지성 인식(예컨대 순수인식)에 의해 조건지워져 있지 않고, 또한 일정한 대상에 의해 조건지워져 있지도 않으므로, 다른 학문으로부터 지식을 빌려 쓰지 않고서는 그 밖의 학문들이 그 체계화에 사용하는 가능한 방법에 대한 명칭과 기술적 술어를 제시하는 것 이상의 일은 할 수 없으며, 따라서 학생들은 먼저 이런 술어적 표현들의 이름을 외운 뒤에야 비로소 그 의미나 용법을 배우게 되는 것이다.

제1장 순수이성의 훈육

다만 논리적 형식의 면에서뿐만 아니라 그 내용으로 보아도, 부정판단은 인간의 지식욕이라는 점에서는 특히 존경받는 일은 없다. 오히려 사람들은 그런 판단들을, 지식의 확장을 향해서 끊임없이 노력하는 우리 인식 충동에 대한 질투심 많은 적으로 보고 있다. 그래서 이런 부정적인 판단에 대해서 다만 관용을 구하기 위해서는 대체로 변명이 필요하고, 호의와 존경을 얻기 위해서는 더욱 많은 변명이 필요하다.

우리는 물론 어떤 명제든 모두 논리적으로는 부정적으로 표현할 수 있다. 그러나 우리의 인식 일반의 내용이 어떤 판단에 의해서 확장되었든 제한되었든 간에, 부정명제는 오직 오류를 방지하는 것을 그 독자적인 일로 갖고 있다. 그러므로 잘못된 인식을 막기 위한 부정적 명제도 오류가 도저히 있을 수 없는 경우에는, 그것이 옳아도 무내용, 즉 그 판단의 목적에 전혀 일치되지 않고, 바로 그 때문에 우스꽝스럽게 되는 경우가 흔히 있는 것이다. 예컨대 스콜라 학자의, '알렉산더는 군대가 없었더라면 어떤 나라도 점령할 수 없었을 것이다'라는 명제처럼 말이다.

그러나 우리의 가능한 인식의 제한이 매우 좁고, 판단에 대한 유혹이 크며, 제시된 가상이 매우 기만적이고, 이치에 어긋난 인식으로부터 생기는 불이익이 매우 크다고 하자. 그 경우 우리를 오류로부터 보호하는 데 도움이 될 뿐인 소극(부정)적인 지시가, 우리의 인식을 증대시킬 수 있는 많은 적극적인 교시보다도 더 큰 중요성을 가진다. 어떤 규칙에서 벗어나려는 부단한 경향을 제한해, 드디어는 그것을 근절시키는 강제, 그것을 훈육이라고 부른다. 훈육은 훈련과는 다르다. 훈련은 오직 어떤 기능을 주는 것으로, 그 기능과의 교환으로 이미 지니고 있는 다른 재능을 폐기하는 것이 아니다. 그렇기 때문에 발휘될 원동력을 이미 스스로 가지고 있는 재능을 교화하기 위해, 훈육은 소극적으로 공헌하지만[1] 훈련과 교리는 적극적으로 공헌하는 것이다.

기질과 마찬가지로, 자유분방한 활동(구상력이나 기지로서)을 받아들이고 싶어하는 재능이 여러 가지 점에서 훈육을 필요로 하는 것임은 누구나 쉽게 인정할 것이다. 그러나 본디 모든 다른 노력에 훈육을 지시할 것을 의무로 하는 이성 그 자체도 그와 같은 훈육을 필요로 한다는 것은 매우 기묘하게 여겨진다. 지금까지는 사실 이성은 그런 굴욕을 모면해 왔다. 그것은 다름 아닌 이성이 지니는 위엄과 철저한 품위 때문에 어떤 사람도 이성이 상상으로써 개념을 대신하며, 언어로써 사물을 대신하는 경솔한 유희를 하리라고는 꿈에도 의심할 수 없었기 때문이다.

경험적으로 사용되는 이성은 비판을 필요로 하지 않는다. 왜냐하면 이성의 원칙은 경험이라는 시금석에 의해서 끊임없이 검토되기 때문이다. 마찬가지로 수학에서도 비판은 필요가 없다. 거기에서는 그 개념이 순수직관에 의해서 구체적으로 나타나야 하며, 그것으로 말미암아 근거 없는 것, 자의적인 것은 직관에 의해서 곧바로 탄로가 나게 된다. 그러나 이성이 경험적 직관이나 순수직관의 영향 아래에 명확한 궤도에 머물러 있지 않는 경우, 다시 말해 단순한 개념에 따라 초월적으로 사용될 경우에는 어떨까? 그 경우 이성에는 가능한 경험의 좁은 한계를 넘어서 자기를 확장하려고 하는 경향을 억제하고, 자기를 방자함과 오류에 빠지지 않게 하기 위한 훈육이 필요하다. 그 때문에 순수이성의 모든 철학도 전적으로 이런 소극적인 효용에 관계하게 된다. 개개의 과오는 검열에 의해서, 또 그 원인은 비판에 의해서 제거된다. 하지만 순수이성에서처럼 체계 전체에 착각과 속임수를 볼 수 있고, 이들이 서로 연관되어 있어서 하나의 원리 아래에 통합되어 있을 경우에는, 전적으로 독자적인 소극적 법칙 수립이 필요한 것으로 보인다. 그 입법은 훈육이라는 이름 아래 이성과 그 순수한 사용이 적용되는 대상의 본성에 입각해서, 말하자면 신중함과 자기 검토의 체계를

---

1) 훈육이라고 하는 말이 학술 용어로서는 곧잘 지도(指導)와 같은 뜻으로 사용되고 있다는 것을 나는 잘 알고 있다. 그러나 그와 반대로 훈육이라고 하는 표현이 '예의를 가르친다'는 뜻으로, 교시로서의 지도와 엄밀하게 구별되는 다른 많은 경우가 있다. 그리고 사물의 성질도 그 자체가 이와 같은 구별에 대해서, 무엇인가 하나 비슷한 표현을 확보할 필요가 있다. 나는 훈련이라는 말이 부정적인 뜻 외에 다른 의미로는 결코 쓰이지 않기를 바란다.

쌓아 올리는 것이다. 잘못된 궤변적 가상은 이 체계 앞에서는 성립될 수 없고, 아무리 이유를 덧붙여서 자기변호를 시도한다 하더라도 이내 본성이 드러날 수밖에 없는 것이다.

그러나 여기서 매우 주의해 두어야 할 것은, 초월적 비판의 이 둘째 부문에서 순수이성의 훈육은 순수이성에 의한 인식의 내용이 아니라 다만 그 방법을 지향하고 있다는 점이다. 내용에 대한 논의는, 이미 앞서 원리론에서 나왔다. 하지만 이성 사용은 어떤 대상에 적용된다 하더라도 많은 유사점을 가지고 있다. 그렇지만 이성 사용이 초월적으로 되지 않는 한, 그것은 동시에 다른 모든 이성 사용과 본질적으로 다르다. 그 때문에 특별히 이를 위해 설정된 훈육의 경고적인 부정이론이 없으면, 다른 경우는 몰라도 여기에서만큼은 이성에 알맞지 않는 방법에 부적절하게 따름으로써 필연적으로 생성되는 오류는 막을 수가 없다.

제1절 독단적 사용에서 순수이성의 훈육

수학은 경험의 도움을 받지 않고서 스스로 자기 확장에 성공하는 순수이성의 가장 빛나는 실례이다. 실례라고 하는 것에는 전염성을 가진 것이 있다. 특히 같은 능력이 한 경우에서 주어진 것과 완전히 같은 행운을, 다른 경우에서도 당연한 것처럼 의지하는 경우가 그러하다. 그러므로 순수이성은 주로 수학적 사용에서 눈에 띄게 효과가 있었던 것과 같은 방법을 초월적 사용에서 적용하면, 수학적 사용에서 성공한 것과 마찬가지로 초월적 사용에서 자신을 성공적으로 철저하게 확장할 수가 있기를 바란다. 따라서 다음과 같은 일을 아는 것은 우리에게 매우 중요하다. 수학에서 수학적이라고 일컬어지는 반증 불가능한 확실성에 다다르는 방법이, 우리가 마찬가지로 철학에서 확실성을 찾기 위한 방법과, 또 거기에서 독단적이라고 불릴 수밖에 없는 방법과 똑같을까 하는 것이다.

철학적 인식은 개념에 의한 이성 인식이고, 수학적 인식은 개념의 구성에 의한 이성 인식이다. 그러나 개념을 구성한다는 것은, 그 개념에 대응하는 초월적 직관을 나타내는 것을 말한다. 그렇기 때문에 개념을 구성하기 위해서는 경험적이지 않은 직관, 즉 직관으로서는 하나의 개별적 객체임에도 불구하고 개념(일반적 개념)의 구성으로서는 그 개념 아래에 속하는 모든 가능한 직관에 대한 보편타당성을 포괄하여 관념에서 나타내야만 하는 직관이 필요하다. 이렇게 해서 나는 하나의 삼각형을 구성하는데 그 방법은 다음과 같다. 나는 이 개념에 대응하는 대상을, 단지 구상력에 의해서 순수직관적으로 나타내든가, 그렇지 않으면 순수직관에 따라서 종이 위에 경험적 직관으로 나타낸다. 그러나 어느 경우에도 그 모형을 어떤 경험에서 빌려오지 않고, 완전히 선험적으로 제시한다. 개개의 묘사된 도형은 경험적이지만, 그럼에도 불구하고 그것은 개념의 보편성을 조금도 훼손하지 않고 개념을 표현하는 데 유용하다. 왜냐하면 이 경험적 직관에서는 언제나 변이나 각도의 크기를 전혀 묻지 않는 개념의 구성이라고 하는 행위만이 주안점이고, 따라서 삼각형이라는 개념을 바꾸지 않는 이들의 차이는 무시되기 때문이다.

그러므로 철학적 인식은 특수한 것을 보편적인 것에서만 고찰하고, 수학적 인식은 보편적인 것을 특수한 것에서, 더 나아가서는 개별적인 것에서 고찰한다. 그럼에도 불구하고 선험적으로, 또 이성의 매개로 해서 인식한다. 그렇기 때문에 이 개별적인 것이 구성의 어떤 조건에 의해 규정되는 것과 마찬가지로, 이 개별적인 것이 다만 도식으로서만 대응하는 개념의 대상은 보편적으로 규정되어 생각해야만 한다.

따라서 이성 인식의 이 두 종류에 있어 본질적인 차이점은 이와 같은 형식에 있으며, 그 각각의 질료 또는 대상의 차이에 달려 있는 것이 아니다. 철학은 단지 질(質)을 주제로 하는 데 반해 수학은 양(量)을 주제로 한다고 말함으로써, 철학을 수학과 구별한 것처럼 생각하는 사람들은 결과를 원인으로 착각한 것이다. 수학적 인식의 형식은, 그것이 단순히 양적인 것에만 상관할 수 있는 것이다. 왜냐하면 양의 개념만이 구성되어, 즉 선험적으로 직관에서 묘사되지만, 질은 경험적 직관 이외의 것에서는 나타나지 않기 때문이다. 그래서 질의 이성 인식은 개념에 의해서만 가능하다. 그런 까닭으로 누구나 실재성의 개념에 대응한 직관을 경험 이외의 어디서부터도 얻을 수 없으며, 자기 안에서 선험적으로, 경험적 의식보다도 먼저 그와 같은 직관에 관여할 수는 없는 것이다. 우리는 원뿔 모양을 경험의 도움 없이도 개념만으로 직관화할 수 있지만, 이 원뿔의 색은 어떤 경험에서 미리 주어져 있지 않으면 안 된다. 나는 원인 일반의 개념을, 경험이 주는 실례에 의하지 않고서는 결코 직관적으로 제시할 수가 없다. 그런데 철학은 수학과 마찬가지로 양을, 예컨대 전체성·무한성 등등을 문제 삼는다. 수학도 다른 질을 가진 공간인 선과 면의 상이성과 공간의 질로서의 연장의 연속성을 다룬다. 그러나 철학과 수학이 이와 같은 예에서 공통적인 대상을 가진다고는 해도, 그 대상을 이성으로 다루는 방식은 철학적 고찰에서는 수학적 고찰의 경우와는 전혀 다르다. 철학은 보편적 개념만으로 마련할 수 있지만, 수학은 단순한 개념만을 가지고서는 아무것도 할 수 없으므로 곧장 직관으로 나아가 거기에서 개념을 구체적으로 고찰한다. 그러나 경험적으로서가 아니라, 수학이 선험적으로 제시한 구성적 직관에서 고찰하는 것이다. 그 직관에서는, 구성의 보편적 조건에 의해 얻어지는 결론은, 구성된 개념의 객체에도 보편적으로 타당하지 않으면 안 된다.

철학자에게 삼각형이라는 개념을 주고, 그 각의 합이 직각과 어떤 관계를 가지는가를 그의 방식에 따라 고찰하도록 해보자. 이 경우 그가 가지고 있는 것은 세 개의 직선으로 둘러싸인 도형이라는 개념과, 그 도형에서 볼 수 있는 같은 수의 각이라는 개념뿐이다. 여기에서 그가 이 개념을 아무리 생각해도 새로운 것은 아무것도 꺼내오지 못할 것이다. 그는 직선 또는 각, 또는 3이라는 수의 개념을 분석해 밝힐 수는 있다. 그러나 이들 개념 안에는 전혀 없는 다른 성질에는 생각이 미치지 못할 것이다. 그런데 기하학자가 이 문제를 다룬다고 하자. 그는 곧 삼각형을 구성하기 시작한다. 그는 두 개의 직각을 합한 것이 한 직선상의 한 점에서 (수직 또는 다른 여러 각도로) 선을 그어 생길 수 있는 모든 접각(接角)들의 합과 같다는 것을 알고 있기 때문에, 삼각형의 한 변을 연장하여 서로 보각(補角)을 이루는 두 개의 접각을 얻게 된다. 그래서 그는 삼각형의 대변과 병행하는 일직선을 그어서 생기는 두 각의 외각을 다시 한 변의 연장선에 의해 나누고, 여기에 각 내각에 대응하는 두 개의 외접각을 얻게 된다. 그는 이와 같이 해서 언제나 직관에 인도되면서, 단계적 논법에 의해서 논제를 완전히 명료하면서도 동시에 보편적으로 증명하는 데 이를 수 있다.

그러나 수학은 기하학에서와 같이 양(quanta)을 구성할 뿐만 아니라, 대수학과 같이 순수한 분량(즉 수량)도 구성한다. 대수학에서는 그와 같은 양의 개념에 의해서 생각되어야 할 대상의 특성을 전적으로 무시한다. 그런 뒤에 분량 일반의 모든 구성을 위한 어떤 종류의 표기법(더하기, 빼기, 제곱근 구하기, 그 밖의 계산 등등)을 선택한다. 그리고 양의 일반적 개념을 여러 가지 관계에 의해서도 특징지은 뒤, 대수학은 양에 의해서 산출되고 변화되는 모든 처리를 일반적인 규칙에 따라 직관 속에 나타낸다. 어떤 분량이 다른 분량에 의해서 나눠져야 할 경우, 양쪽 기호를 나눗셈을 나타내는 형식으로 합성한다. 따라서 대수학은 그런 기호로 표시된 구성에 의해서, 기하학이 명시적 또는 기하학적인(대상 그 자체의) 구성에 이르는 것과 마찬가지로, 논증적 인식이 단순한 개념에 의해서는 도저히 도달할 수 없는 점에까지 다다를 수 있다.

한쪽은 개념에 따르는 자기 방법을 취하고, 다른 한쪽은 개념에 입각해서 선험적으로 나타내는 직관의 의한 방법을 취하는 철학자와 수학자, 곧 두 이성인이 이처럼 다른 상황에 놓이게 되는 원인은 무엇일까? 앞서 말한 초월적 원리론에 의해서도 이 원인은 명확하다. 여기서 문제가 되는 것은 개념들의 단순한 분석에 의해 형성되는 분석적 명제가 아니라(이 점이라면 틀림없이 철학자 쪽이 경쟁 상대보다 유리할 것이다), 종합적 명제이며, 더욱이 선험적으로 인식되어져야 할 종합적 명제이다. 왜냐하면 나는 삼각형이라고 하는 나의 개념 속에 실제로 생각되고 있는 것(이것은 단순한 정의 이상의 아무것도 아니다)을 중요시하는 것이 아니라, 오히려 이 개념을 넘어서, 이 개념 속에는 존재하지 않지만 이 개념에 속하는 성질로 나가지 않으면 안 되기 때문이다. 그런데 그것은 내가 대상을 경험적 직관의 조건으로서 규정하든가, 그렇지 않으면 순수직관을 조건으로 규정하든가에 의해서만 가능하다. 제1의 경우에는 다만 보편성도 필연성을 포함하지 않는 경험적 명제를(삼각형의 각을 측정하는 것에 의한) 줄 뿐이며, 더욱이 여기에서는 기하학적 구성은 전적으로 논외이다. 그러나 제2의 경우는 수학적 구성이며, 더욱이 여기서는 기하학적 구성이다. 이 구성에 의해서 나는 경험적 직관에서와 마찬가지로 순수직관에서 삼각형 일반의 도식에 속하는 여러 가지 것, 즉 그 개념에 속하는 여러 가지 것을 덧붙여, 그것으로 실제로 보편적인 종합적 명제가 구성되지 않으면 안 된다.

그렇기 때문에 나는 삼각형에 대해서 쓸데없이 철학적 고찰을 할 것이다. 말하자면 논증적으로 성찰할 것이다. 그러나 그것에 의해서 나는 단순한 정의보다 앞으로 조금도 더 나가지 않는다. 하지만 나는 당연히 그 정의에서 출발하지 않으면 안 되는 것이다. 분명히 철학자만이 성공하는, 단순한 개념만에 의한 초월적 종합이 있다. 그러나 그것은 사물 일반이 아닌 그 무엇과도 관계하지 않고, 어떠한 조건 아래에서 그 지각이 가능한 경험에 속할 수 있다는 것일까? 그렇지만 수학적 과제에서는 이런 사실에 대해서도, 또한 현실 존재에 대해서도 전혀 묻지 않으며, 대상의 성질이 대상 그 자체의 개념과 결부되어 있는 한에서만 문제가 된다.

우리는 지금 인용한 예에서, 개념에 의한 논증적인 이성 사용과, 개념의 구성을 통한 직관적인 이성 사용과의 사이에 얼마나 큰 차이가 있는가를 명확하게 하려고 시도했다. 거기서 당연히 문제가 되는 것은, 이와 같은 두 가지 이성 사용을 필연적으로 만드는 원인은 무엇인가, 그리고 논증적 이성 사용만이 이루어지는가, 그렇지 않으면 직관적 이성 사용도 이루어지는가를 우리는 어떠한 조건에 의해서 인식할 수 있는가 하는 점이다.

우리의 모든 인식은 역시 궁극적으로는 가능한 직관에 관계하고 있다. 왜냐하면 가능한 직관에 의해서만 대상이 주어지기 때문이다. 그런데 선험적 개념(경험적이 아닌 개념)은 이미 순수직관을 안에 포함하고 있거나, 그렇지 않으면 선험적으로는 주어져 있지 않은 가능한 직관의 종합만을 포함하고 있다. 제1의 경우 그 선험적 개념은 구성될 수 있다. 제2의 경우 우리는 확실히 그 선험적 개념을 통해서 종합적으로, 그리고 선험적으로 판단할 수 있지만, 그것은 다만 개념에 의해서 논증적으로 판단할 수 있을 뿐, 결코 개념의 구성에 의해서 직관적으로 판단하는 것은 아니다.

그런데 모든 직관 가운데 선험적으로 주어져 있는 것은 현상의 단순한 형식인 공간과 시간 말고는 없다. 그리고 양으로서의 이 두 가지 것의 개념은 동시에 이들의 질(이들의 형태)을 지니고 나타나든가, 즉 구성되든가, 그렇지 않으면 단순히 또 이들의 양(같은 종류의 다양한 것의 단순한 종합)인 수에 의해서 선험적으로 직관에서 나타나든가, 즉 구성되든가 둘 중 하나이다. 그러나 사물은 현상에 의해서 시간과 공간 안에서 우리에게 주어지는 것인데, 그 현상의 질료는 지각에서만, 곧 후험적으로밖에 표상되지 않는다. 현상의 이 경험적 내용을 선험적으로 표상하는 유일한 개념은, 사물 일반이라는 개념이다. 그리고 사물 일반에 대한 선험적인 종합적 인식은, 지각이 후천적으로 제공해 주는 것을 종합하는 단순한 규칙 이외에는 공급할 수 없으며, 실재적인 대상의 직관을 선험적으로는 공급할 수가 없다. 왜냐하면 실재적 대상의 직관은 필연적으로 경험적인 것이 아니면 안 되기 때문이다.

직관이 선험적으로는 전혀 주어지지 않는 사물 일반에 대한 종합적 명제는 초월적이다. 그러므로 초월적 명제는 결코 개념의 구성에 의해서가 아니라, 다만 선험적인 개념에 의해서만 주어질 수 있다. 초월적 명제는 규칙만을 포함할 뿐이며, 그 규칙에 따라서 선험적 직관으로 표상될 수 없는 것(지각)에 대해, 어떤 종류의 종합적 통일을 경험적으로 탐구해야 한다. 그러나 초월적 명제는 어떤 경우에도 자신이 가지는 개념 어느 하나도 선험적으로는 표시할 수가 없고, 어떤 종합적 원칙에 의해서 비로소 가능해지는 경험을 매개로 하여 후천적으로만 나타낼 뿐이다.

우리가 어떤 개념에 대해서 종합적으로 판단해야 한다면, 우리는 이 개념으로부터 나아가지 않으면 안 된다. 더욱이 직관—그 안에서 개념이 주어져 있다—으로 나가지 않으면 안 된다. 왜냐하면 우리가 개념 속에 포함되어 있는 것만으로 그친다면 판단은 다만 분석적이며, 거기에 실제로 포함되어 있는 것에 의한 사고의 설명이 되어버릴 것이기 때문이다. 그러나 개념을 직관에서 구체적으로 고려하기 위해서, 나는 개념에서 그것에 대응하는 순수한 직관이나, 그렇지 않으면 경험적인 직관으로 나아갈 수가 있다. 제1의 경우는 개념의 구성에 의한 이성적이고도 수학적인 인식이다. 제2의 경우는 단순한 경험적인(기계론적인) 인식이며, 이 인식은 결코 필연적이고 반증 불가능한 명제를 줄 수가 없다. 이쪽 경우로 말하자면, 나는 돈이라고 하는 나의 경험적 개념을 분석할 수는 있을 테지만, 그 이상의 무엇인가를 얻는 일은 없다. 그것에 의해 나는 분명히 인식에 논리적인 개선이 이루어지지만, 증가나 추가는 얻을 수가 없는 것이다. 하지만 내가 이 돈이라고 하는 이름에 해당되는 물질을 들추어 지각한다면, 그 지각은 나에게 여러 가지 종합적이지만 경험적인 명제를 제공할 것이다. 삼각형이라고 하는 수학적 개념이라면, 나는 그것을 구성할 것이다. 다시 말해 그것을 직관 안에 선험적으로 주어, 이 방법에 의해서 종합적이면서도 이성적인 인식을 얻을 것이다. 그러나 실재성, 실체, 힘 등과 같은 선험적 개념이 나에게 주어져 있는 경우, 그 개념은 경험적 직관도 순수직관도 나타내지 않고, 다만 경험적 직관(그렇기 때문에 이 직관은 선험적으로는 주어지지 않는다)의 '종합'을 나타낼 뿐이다. 따라서 종합은 개념에 대한 직관으로 선험적으로는 나아갈 수 없기 때문에, 개념으로부터는 규정적인 종합적 명제도 생기지 않고, 가능한 경험적 직관을 종합[2]하는 원칙이 생길 뿐이다. 그러므로 초월적인 명제는 단순한 개념에 의한 종합적 이성 인식이며, 따라서 논증적이다. 왜냐하면 초월적 명제에 의해 가능한 인식의 모든 종합적 통일이 비로소 가능하게 되는데, 그 명제에 의해서 직관은 선험적으로 주어지는 일이 없기 때문이다.

이와 같이 두 가지 이성 사용이 있다. 이들은 모두 인식의 보편성과 그 선험적인 산출이라는 점에서는 공통됨에도 불구하고, 그 진행에서는 매우 다르다. 더욱이 현상에 의해서 대상이 우리에게 주어지는 것인데, 그 현상에는 두 가지 것이 있기 때문이다. 전자는 완전히 선험적으로 인식되고, 규정될 수 있는 직관의 형식(시간과 공간)이며, 후자가 의미하는 것은 질료(물리적인 것) 또는 실질이다. 실질은 시간과 공간 안에서 발견되며, 따라서 현실 존재를 포함하여 감각 내용에 대응하는 무엇인가가 있는 법이다. 후자의 것은 일정한 방식으로 경험적으로밖에 주어지지 않는다. 이 후자의 것에 대해서는, 우리는 가능한 지각이 통각의 통일(가능한 경험에서의)에 관한 한, 그와 같은 가능적 지각의 종합이라고 하는 무한정한 개념 이외에 그 무엇도 선험적으로 손에 넣을 수가 없다. 전자의 것에 대해서는, 우리는 우리의 개념을 선험적으로 규정할 수가 있다. 왜냐하면 우리는 대상 그 자체를 단순히 양으로 간주함으로써, 시간과 공간 안에서 대상 그 자체를 같은 종류의 종합에 의해서 낳기 때문이다. 제1의 이성 사용은 개념에 의한 이성 사용이라고 불린다. 왜냐하면 우리는 현상을 실재적 내용에 따라 개념 아래 포섭하는 일 이상의 것을 할 수 없기 때문이다. 현상은 경험적으로밖에, 즉 후험적으로밖에(그러나 경험적 종합의 규칙인 이들 개념에 의해서) 규정되지 않는다. 제2의 이성 사용은 개념의 구성에 의한 이성 사용이다. 왜냐하

---

2) 나는 원인이라고 하는 개념을 매개로 해서, 실제로 어떤 사건(무엇인가가 일어난다고 하는)의 경험적 개념으로부터 나간다. 그러나 원인의 개념을 구체적으로 나타내는 직관으로 나가는 것이 아니라, 경험에서 원인이 개념에 일치해서 발견되는 시간 조건 일반으로 나가는 것이다. 그렇기 때문에 나는 다만 개념에 따라 절차를 행할 뿐, 개념이 구성에 의해 절차를 밟을 수가 없다. 왜냐하면 개념은 지각 종합의 규칙이지 순수직관이 아니며, 따라서 선험적으로 주어질 수가 없기 때문이다.

면 이들 개념은 선험적인 직관에 적용되므로, 바로 이성 사용을 위해서도 선험적으로, 그리고 모든 경험적 자료 없이 순수직관에서 확정적으로 주어지기 때문이다. 존재하는 모든 것(시간과 공간에서의 사물)에 대한 다음과 같은 고찰이 있다. 그것은 분량인가 아닌가, 또 어떠한 경우에 분량인가, 또 분량에 있어서의 현실 존재 또는 그 결여가 제시되어야만 하는가, 이 무엇인가 있는 것(공간과 시간을 채우는)은 어느 정도에서 제1의 기체인가, 그렇지 않으면 단순한 그 조건인가, 무엇인가 있는 것의 현실 존재는 원인 또는 결과로서 관계를 가지는가, 마지막으로 그것은 현실 존재로서 고립되어 있는가, 그렇지 않으면 다른 것과 상호 의존관계에 있는가, 요컨대 이 현실 존재의 가능성, 현실성, 필연성 또는 그 반대를 고찰하는 것 등등. 이들 고찰은 모두 관념에 의한 이성 인식에 속하여, 철학적 인식이라고 불린다. 그러나 공간에서 직관을 선험적으로 한정하고(형체), 시간을 분할하고(시간의 일정한 길이), 또는 단순히 시간과 공간에서 동일한 것의 종합으로부터 보편적인 것과 거기서 생기는 직관 일반의 분량(수)을 인식하는 것은, 개념의 구성에 의한 이성 작용으로서 수학적 인식이라고 불린다.

이성이 수학에 의해서 거둘 수 있는 커다란 성공은 매우 자연스럽게도, 다음과 같은 추측을 성립시킨다. 수학 그 자체가 아니라 수학의 방법은, 그 모든 개념을 그것이 선험적으로 줄 수 있는 직관에 맡김으로써, 분량의 영역 이외에서도 잘되어가서 그것으로 인해 말하자면 자연을 지배하는 달인이 된다고. 이에 반해 순수철학은 선험적인 논증적 개념을 가지고 자연을 서툴게 다루기는 하지만, 그와 같은 개념의 실재성을 선험적으로 직관화하지 못하고, 바로 그것 때문에 그 실재성을 공인된 것으로 할 수가 없다. 이 수학의 달인들조차도 자신감은 충분히 가진 것처럼 보인다. 또 그들이 일단 이 일을 다루게 되기라도 하면, 세상이 그들의 재능에 보내는 큰 기대를 벗어나지 않을 것으로 보인다. 왜냐하면 그들은 이제까지 수학에 대해서 철학적으로 생각한 적이 거의 없으므로(이것은 매우 어려운 일이다), 두 가지 이성 사용 방법 사이의 특수한 차이는 전혀 느끼지도 않았으며 생각해 보지도 않았기 때문이다. 이 경우 그들에게는, 자기들이 상식에서 빌려와서 경험적으로 사용되고 있는 보통의 규칙이 공리 대신에 통용되고 있는 것이다. 그들이 (유일한 근원적인 분량으로서) 다루는 공간과 시간의 개념이, 어디서 유래되는가는 그들에게 있어서 중요한 문제가 아니다. 마찬가지로 순수지성 개념의 근원과 함께, 그 타당성의 범위를 탐구한다는 것은, 그들에게는 쓸모없는 것으로 보이고, 순수이성개념을 사용하는 것만 유용하게 보이는 것이다. 이들 모든 일에 있어서, 그들이 하고 있는 행위는 매우 옳다. 다만 그들이 자기들에게 지정된 한계를, 즉 자연의 한계를 넘지 않을 경우의 이야기이다. 그러나 그들은 자신도 모르는 사이에 순수하고 초월적인 개념이라는 불안정한 대지에 빠져들고 만다. 거기에서는 지면에 서는 것도, 헤엄치는 것도 허락하지 않고(설 수 없는 대지, 헤엄칠 수 없는 물) 불안한 걸음을 걸을 뿐이다. 시간은 그 희미한 발자국도 남겨주지 않는다. 이에 반해 수학에서의 그들의 발걸음은 큰길이 되고, 그 큰길을 후대 사람도 확신을 가지고 걸을 수가 있는 것이다.

우리는 초월적 사용에 있어서의 순수이성의 한계를 엄밀하고 확실하게 확정하는 것을 우리가 할 일로 삼았다. 그러나 이런 종류의 노력은 아무리 강력하게, 아무리 명료한 경고를 준다 하더라도, 우리가 계획을 완전히 단념하기 전에 경험의 한계를 넘어서 지성적인 것이라고 하는 매혹적인 지역에 이르는 희망을 여전히 계속 가지고 있다는 특성을 갖는다. 그런 까닭에 상상력이 풍부한 희망의, 말하자면 최후의 근거지를 제거하여 다음과 같이 제시하는 일이 꼭 필요하다. 수학적 방법에 따른다는 것은, 이 방법 자체의 정체를 한층 명확히 하고, 기하학과 철학은 전혀 다르다는 것을 분명히 하지 않으면, 이런 종류의 인식에서는 아무런 이득도 되지 않는다는 것이다. 비록 이들 학문이 자연과학에서는 서로 손을 뻗는다 해도 그렇다. 즉 한쪽의 방식은 다른 한쪽의 방식에 의해서 결코 모방할 수 없다는 것이다.

수학이 근본적 철저성을 가지는 것은 그것이 정의, 공리, 증명에 의거하는 데 있다. 나는 이들 세 가지 점 어느 것이든 수학자가 해석하는 것과 같은 의미로서는 철학에서 실행할 수도, 모방될 수도 없다는 점을 제시하는 것만으로 만족하겠다. 기하학자가 그의 방법에 따라 철학에서 성취할 수 있는 것은 공중누각밖에 없다. 철학자가 그의 방법에 따라 수학에 끼어들면 다만 말썽을 일으킬 뿐이다. 철학의 본령은 그 한계를 아는 데 있다. 수학자라 할지라도 그의 재능이, 말하자면 이미 자연에 의해서 한계가 지워져 있지 않고 자신의 전문 분야에 제한되어 있지 않다고 하면, 철학의 경고를 거부할 수도 무시할 수도 없는 것이다.

1. 정의에 대해서. 정의한다는 것은, 그 말이 나타내고 있는 것처럼 본디 어떤 사물의 한계 내에서 그 사물의 자상한 개념을 원초적으로 나타내는 것을 말한다.[3] 이와 같은 요구에 따르면 경험적 개념은 도저히 정의될 수 없는 것이며, 다만 설명할 수 있을 뿐이다. 왜냐하면 우리는 그 개념에서, 감각의 어떤 종류의 대상에 관한 약간의 특징밖에 가지지 못하므로, 그 대상이 나타내는 언어로 어떤 때는 대상에 대한 더 많은 특징을, 또 다른 때에는 그보다 더 적은 특징을 나타내고 있는 것은 아닌지는 확실하지 않기 때문이다. 예컨대 '황금'이라는 개념에서 어떤 사람은 무게, 색깔, 연성 외에 녹슬지 않는 성질을 생각할 수 있는 데 반해, 다른 사람은 그것을 어쩌면 모를 수 있는 것이다. 우리는 어떤 특징이 충분히 식별될 때에만, 그것을 사용한다. 이에 대해서 새로운 관찰은 지금과는 달리 그때까지의 몇몇 특징은 폐기되고, 몇몇 특징은 덧붙여진다. 따라서 개념은 결코 확고한 경계와 경계 사이에 있는 것이 아니다. 게다가 그와 같은 개념을 정의한다는 것이 무슨 소용이 있단 말인가? 왜냐하면 예를 들어 물과 그 특성이 문제가 되는 경우, 우리는 물이라는 말로 생각되는 것으로는 그치지 않고 실험으로 나가기 때문이다. 또한 덧붙여진 얼마 안 되는 특징을 가지는 말은 기호를 이룰 뿐, 사태의 개념을 형성하는 것이 아니므로, 그 자칭 정의는 언어 규정 이외의 것이 아니기 때문이다.

둘째로, 엄밀하게 말하면 선험적으로 주어진 개념, 예컨대 실체, 원인, 정의, 공평 등도 정의할 수가 없다. 왜냐하면 (아직 혼란된 상태로) 주어진 개념의 명료한 개념이 자상하게 전개되어 있는지의 여부에 대해서는, 그 개념이 대상에 정확한 것인지를 나는 알지도 못하고 확신을 가질 수가 없기 때문이다. 그러나 주어진 그대로의 대상의 개념은 많은 애매한 개념을 포함하고 있을 가능성이 있

---

3) '자상하다'는 것은, 특징이 명료하게 나타나며 남김없이 제시되어 있다는 것을 의미한다. '한계'란, 자상한 개념에 속하는 것 이상으로는 자상할 것이 없다고 하는 엄밀성을 의미한다. 그러나 '원초적'이란 말은 본디 이 한계 측정이 어딘가에서 도출된 것이 아니라는 것, 따라서 그 이상의 설명을 필요로 하지 않는다는 것을 의미한다. 그것은 억측된 설명이 대상에 관한 모든 판단의 정점에 설 수 없도록 만들 것이다.

어서, 우리는 그와 같은 관념을 적용할 때 언제나 사용하고 있다고는 하지만, 그것을 분석할 때 간과하고 있는 것이다. 그러므로 내 개념 분석의 자상한 점은 언제나 의심스러우며, 다만 많은 적절한 예증에 의해서 '추측적으로'만 확실하게 할 수 있을 뿐 결코 '반증 불가능적'으로 확실하게 할 수는 없다. (따라서) 나는 정의라는 표현 대신에, 오히려 '해명'이라는 표현을 사용하고자 한다. 해명이라는 표현에는 여전히 신중한 면이 있으며, 이 말을 쓰는 경우에 비평가는 정의를 어느 정도 통용시킬 수가 있고, 자상함을 둘러싼 의심도 견딜 수가 있다. 그런데 경험적으로 주어진 개념도, 선험적으로 주어진 개념도 정의될 수 없기 때문에 우리가 정의라는 술책을 시도할 수 있는 것은 임의로 생각해 낸 개념뿐이다. 그와 같은 경우에 나는 나의 개념을 언제나 정의할 수 있다. 왜냐하면 나는 내가 무엇을 생각하려고 했는가를 당연히 알고 있으며, 또 나는 개념 자체를 미리 만들어 두었고, 더욱이 그것은 지성의 본성에 의해서 주어진 것도 경험에 의해서 주어진 것도 아니기 때문이다. 그러나 나는 그것에 의해서 참된 대상을 정의했다고 말할 수는 없다. 왜냐하면 만일 개념이, 예컨대 항해하는 배의 시계라고 하는 개념과 같이 경험적 조건에 의거해 있는 경우에는, 대상과 대상의 가능성이 이 임의적 개념에 의해서 주어지지 않기 때문이다. 나는 이런 임의적인 개념으로부터는 도저히 그런 개념이 어디에 대상을 가지는지 알 수 없으며, 나의 설명은 대상의 정의라고 부르기보다는 오히려 (내 구상의) 선언이라고 부를 수 있는 것이다. 그러므로 정의에 적합한 개념으로서는, 선험적으로 구성될 수 있는 임의적인 종합을 포함하는 개념밖에 남아 있지 않을 것이다. 결국은 수학만이 정의를 갖는다. 왜냐하면 수학은 그것이 생각하는 대상을 직관에서 선험적으로 나타낼 수가 있고, 그 대상은 틀림없이 개념 이상의 것을 포함할 수도, 그 이하의 것을 포함할 수도 없기 때문이다. 대상의 개념은 설명에 의해서 원초적으로, 다시 말해 그 설명이 다른 무엇인가로부터 도출되지 않고 주어진 것이기 때문이다. 독일어에는 '해명', '해설', '표기', '정의'에 해당되는 말은 '설명'이라는 한 단어밖에 없다. 그렇기 때문에 우리는 이미 철학적 설명에서 정의라는 명예로운 칭호를 거부했으므로 엄밀성을 약간 완화시킬 수밖에 없고, 따라서 우리는 다음과 같이만 말할 수 있을 것이다. 철학적 정의는 주어진 개념의 해명에만 성립되는 데 반해, 수학적 정의는 원초적으로 만들어진 개념의 구성으로서 설립한다고. 다시 말해 철학적 정의는 분할에 의해 다만 분석적으로(그 완전성은 필연적으로 확실하지 않다) 형성되며, 수학적 정의는 종합적으로 이루어진다. 그래서 수학적 정의는 개념 자체를 형성하는 반면, 철학적 정의는 개념을 설명할 뿐이다. 이런 점으로 해서, 다음과 같은 결론을 이끌어 낼 수 있다.

(a) 철학에서는, 단지 단순한 실험이나 가정의 경우 이외에는, 수학을 모방해 정의를 앞에 내걸어서는 안 된다. 철학적 정의를 내린다는 것은 주어진 개념을 분해하는 것이므로, 선행하는 것은 이들의 개념—비록 아직 혼란한 것에 지나지 않지만—이며, 불완전한 해명이 완전한 해명에 앞서기 때문이다. 그러니까 우리는 완전한 해명에 이르기 전에, 즉 정의에 이르기 전에 아직 불완전한 분석에서 이끌어 낸 몇 가지 특징으로부터 상당한 것을 미리 추리할 수가 있는 것이다. 한마디로 말하자면 철학에서는, 정확하고 명료한 정의는 작업의 시작보다는 오히려 작업의 끝에서 이루어져야 한다.[4]

이에 반해 우리는 수학에서 정의보다 앞서서는 전혀 개념을 가지지 않으며, 개념은 정의에 의해서 비로소 주어진다. 그렇기 때문에 언제나 정의에서 시작하지 않으면 안 되고, 또 시작할 수가 있다. 수학에서 정의는 존재를 위해 필요하며, 철학에서는 보다 나은 존재를 위해 필요하다.

(b) 수학의 정의는 결코 잘못될 수 없다. 왜냐하면 개념은 정의에 의해서 맨 먼저 주어지므로, 정의가 개념에 의해 생각하려고 한 바로 그것만을 포함하고 있기 때문이다. 그러나 내용상으로 보아 그 안에서 어떤 잘못이 발견된다고 해도, 아주 드물기는 하지만 이따금 형식(표현)에서 잘못이 있을 수 있다. 예컨대 원에 대한 일반적인 설명은 이러하다. '원이라는 것은, 모든 점이 유일한 점(중심)에서 같은 거리에 있는 곡선이다.' 이것은 '곡(曲)'이라는 규정이 쓸데없이 들어

---

4) 철학에는 잘못된 정의가 넘치고 있다. 특히 실제로는 필요한 요소를 포함하고는 있지만 아직 완전하지는 않은 정의가 그것이다. 지금 만약에 어떤 개념이 정의될 때까지는 결코 개념을 가지고 아무것도 시작할 수 없다고 하면, 모든 철학 작업은 전적으로 궁지에 몰리게 될 것이다. 그러나 (분해의) 요소가 미치는 한에서는, 언제나 이것을 적절하고도 확실하게 사용할 수 있기 때문에 불완전한 정의, 즉 본디는 아직 정의되어 있진 않은 것이라 해도 우선은 참이며, 따라서 정의에 가까운 명제도 매우 유효하게 사용될 수 있다. 정의에 이른다는 것은 훌륭한 일이지만, 때때로 매우 어려운 일이다. 지금도 법학자들은 법에 대한 그들의 개념을 위해 하나의 정의를 탐색하고 있다.

가 있어서 잘못이다. 왜냐하면 '모든 점이 유일한 점에서 같은 거리에 있는 선은, 어느 것이나 곡선(그 선의 어떤 부분도 직선이 아니다)이다'라는 정의에서 귀결되어, 쉽사리 증명되는 특별한 정의가 있어야 하기 때문이다. 이에 반해 분석적 정의는 여러 가지 방식으로 잘못을 저지르게 된다. 실제로는 개념 속에 없는 특징을 가져오거나, 정의의 본질을 이루는 면밀성을 결여하거나 하는 것이다. 이렇듯 우리는 우리 분해의 완전성에 대해 그렇게 완전하게는 확신할 수 없기 때문에, 철학에서 정의를 내리는 수학의 방법을 본떠서는 안 된다.

2. 공리에 대해서. 공리란 직접적으로 확실한 것인 한에서의 선험적 종합 원칙을 말한다. 그런데 한 개념은 다른 개념과 종합적인 동시에 직접적으로 결합하지는 않는다. 왜냐하면 우리가 하나의 개념을 넘어서 그 이상으로 벗어나기 위해서는, 제3의 매개적 인식이 필요하기 때문이다. 그런데 철학은 다만 개념에 의한 이성 인식이기 때문에, 철학에는 공리의 명칭에 맞는 원칙은 찾아볼 수가 없을 것이다. 이에 반해 수학은 공리를 가질 수 있다. 왜냐하면 수학은 대상을 직관해 거기서 개념을 구성함으로써, 대상의 술어를 선험적이고도 직접적으로 결부시킬 수가 있기 때문이다. 예컨대 '세 점은 언제나 한 평면에 존재한다'는 명제가 그러하다. 한편 단지 개념만에 의한 종합적 원칙은, 결코 직접적으로 확실할 수 없다. 이를테면 '발생하는 모든 것에는 원인이 있다'는 명제가 그 예이다. 왜냐하면 나는 무엇인가 제3의 것, 다시 말해 경험에서의 시간 규정 조건들을 구하여 주위를 둘러봐야 하고, 직접 개념으로부터 그와 같은 원칙을 인식하지 못했기 때문이다. 그러므로 논증적 원칙은 직관적 원칙, 즉 공리와는 전혀 별개의 것이다. 전자는 언제나 연역을 필요로 하며, 후자는 그와 같은 것을 전혀 필요로 하지 않는다. 논증적 원칙은 언제나 연역을 필요로 하지만, 직접적 원칙은 그것이 없어도 될 수가 있다. 그리고 직관적 원칙은 바로 같은 이유로 해서 명증적이고, 철학적 원칙은 아무리 그것이 확실성을 가진다 하더라도 결코 명증적이라고 말할 수가 없다. 그렇기 때문에 순수하고 초월적인 이성의 어떤 명제도 '2의 2배는 4다'라고 하는 명제처럼 명확(흔히 사람들이 고집 세게 말하고 있는 것처럼)하기에는 한없이 많은 것이 결여되어 있다. 확실히 나는 분석론에서 순수 지성의 원칙을 표시했을 때, 직관의 어떤 공리를 생각했다. 그러나 거기에서 든

원칙은 그 자체가 공리였던 것이 아니라, 공리 일반을 가능하게 하는 원리를 나타내는 데에만 쓰였던 것으로, 그 자체로는 다만 개념에 의한 원칙이었던 것이다. 왜냐하면 수학은 그 가능성까지도 초월적 철학에 의해서 제시되지 않으면 안 되기 때문이다. 따라서 철학은 어떤 공리도 가지지 않고, 또 결코 자기의 선험적 원칙을 공리처럼 절대적으로 요구해서는 안 된다. 오히려 선험적 원칙으로서의 권한을, 철저한 연역에 의해서 분석하는 데에 만족해야 한다.

  3. 증명에 대해서. 직관적인 한에 있어서의 반증 불가능한 논증만을 증명이라고 일컬을 수가 있다. 경험은 우리에게 무엇이 현실적으로 존재하는가를 가르쳐 주기는 하지만, 그것이 결코 다른 것일 수 없다는 이유를 알려주지는 않는다. 그러므로 경험적인 증명 근거는 반증 불가능한 논증을 가져올 수가 없다. 그러나 비록 판단이 다른 방식으로는 반증 불가능할 정도로 확실하다고 해도, 선험적 개념으로부터는 직관적 확실성은, 즉 명증성은 생기지 않는다. 따라서 수학에만 증명이 있는 것이다. 왜냐하면 수학은 개념으로부터가 아니라 개념의 구성으로부터, 다시 말해 개념에 대응해서 선험적으로 주어질 수 있는 직관으로부터 자기 인식을 이끌어 내기 때문이다. 대수학자들은 방정식에서 환산에 의해 증명과 함께 진리를 가져오지만, 방정식을 둘러싼 그들의 절차까지도 확실히 기하학적 구성은 아니다. 그럼에도 역시 그것은 기호에 의한 구성이며, 거기에서 발견되는 것은 거들떠보지도 않고 추리 하나하나를 살핌으로써 모든 추리가 틀리지 않도록 한다. 이에 반해서, 철학적 인식은 이 강점이 없을 수밖에 없다. 왜냐하면 철학적 인식은 보편적인 것을 (개념에 의해서) 추상적으로 고찰하지 않으면 안 되기 때문이다. 한편 수학은 보편적인 것을 (개개의 직관에서) 구체적으로, 그러면서도 순수하고 선험적인 관념에 의해서 음미할 수가 있다. 그 경우 그 어떤 잘못도 뚜렷이 밝혀진다. 그러므로 나는 철학적 증명을 구체적 논증이라고 부르기보다는 오히려 말로 하는(논술적) 증명이라고 부르고 싶다. 왜냐하면 그것은 전적으로 말(사고 안의 대상)에 의해서만 이루어지기 때문이다. 직관적 증명은, 이미 그 용어가 나타내고 있는 것과 같이 대상의 직관에서만 이루어지는 것이다.
  그런데 이들 모두에서 결론지을 수 있는 일은, 수학의 칭호나 휘장으로 장식한다는 것은 철학의 본성에게는, 특히 순수이성의 영역에서는 아주 어울리지 않는다는 것이다. 철학이 수학과 자매결연을 맺고자 원하는 동기가 아무리 충분하다고 해도, 철학은 역시 수학의 동료가 되지 못한다. 수학을 향한 그와 같은 시도는 이룰 길 없는 헛된 생각에 불과하다. 오히려 그것은 자기 한계를 잘못 본 이성의 환영을 발견하여, 우리의 개념을 충분히 해명함으로써 사변적 망상을, 겸손하면서도 근본적인 지각으로 돌려보내고자 하는 철학의 의도를 후퇴시키는 것이다. 따라서 이성은 자기가 걸어온 길이 마치 목표에 직결되어 있는 것처럼, 확신을 가지고 앞을 내다볼 수는 없을 것이다. 또한 자기 기초에 놓은 전제를 무턱대고 의지할 수는 없을 것이다. 그러므로 이성은 때로는 뒤를 돌아보는 일 같은 건 필요없다고 해서, 추리를 진행하는 동안에 원리 속에서 간과된 착오가 드러나지는 않는지, 또 그러한 착오로 인해 원리를 더욱더 제한하거나 또는 완전히 변경해야 하는 것은 아닌지 주의할 필요도 없다.

　나는 모든 반증 불가능한 명제(그것이 증명될 수 있는 것이든, 직접적으로 확실한 것이든)를 '정설'과 '정리'로 분류한다. 개념에 의한 직접적인 종합명제는 정설이며, 개념의 구성에 의한 직접적인 종합명제는 정리이다. 분석적 판단은 본디 우리가 대상에 대해서 가지고 있는 개념이 포함하고 있는 것 이외에는, 대상에 대해서 우리에게 가르쳐 주지 않는다. 왜냐하면 분석판단은 주어 개념을 넘어서서 인식을 확장하는 것이 아니라, 단지 주어 개념을 해명하는 것에 지나지 않기 때문이다. 그러므로 분석적 판단을 당연히 정설이라고 일컬을 수는 없다(정설이라는 말은 아마도 '교수상의 선언'이라고 번역할 수 있을 것이다). 그러나 일반의 용어법에 의하면 생각할 수 있는 두 종류의 선험적인 종합적 명제 가운데 이 이름을 갖는 것은 철학적 인식에 속하는 명제뿐이고, 대수 또는 기하학의 명제는 도저히 정설이라고는 불리지 않을 것이다. 따라서 이와 같은 용어법은 우리가 설명한 것처럼, 개념에 의한 판단만이 정설이라고 일컬을 수 있는 것이지, 개념의 구성에 의한 판단은 그럴 수 없다는 것을 확인한다.

　모든 순수이성은 단지 사변적으로 사용되는 경우에는, 개념에 의해 구성되는 직접적인 종합명제를 하나도 포함하지 않는다. 왜냐하면 우리가 예시한 것처럼, 이성은 이념에 의해서는 객관적 타당성을 가지는 종합적 판단에는 전적으로 관여하지 않기 때문이다. 그러나 이성은 지성 개념에 의해서 확실한 원칙을 세운다. 물론 그것은 직접적으로 개념으로부터가 아니라 언제나 간접적으로만 이들 개념과 그 어떤 우연적인 것과의 관계에서, 즉 가능한 경험과의 관계에서이다. 가능한 경험(가능한 경험의 대상으로서의 어떤 것)이 전제되는 경우에는 원칙은 반증 불가능할 정도로 확실하지만, 그 자체로서는 (직접적으로는) 선험적으로 전혀 인식될 수 없다. 그렇기 때문에 누구라도 '발생하는 것에는 모두 원인이 있다'는 명제의 본질을, 이들 주어진 개념만 가지고는 완벽하게 통찰할 수 없다. 따라서 이 명제는 설사 다른 관점, 다시 말해 그것의 사용이 가능한 유일한 영역인 경험에서 전적으로 충분하고 필연적으로 증명될 수 있는 것이라 해도 결코 정설이라 할 수 없다. 또한 이 명제는 증명되어야 한다고는 하지만 원칙일 뿐이지 정리는 아니다. 왜냐하면 이 명제는 자기 증명 근거인 경험을 스스로 비로소 가능하게 하지만, 경험에서 언제나 전제되지 않으면 안 되는 특수한 성질을 가지기 때문이다.

그런데 순수이성의 사변적 사용에서 내용으로 보아도 전혀 정설이 존재하지 않는다면, 독단적 방법은 그것이 수학자에게서 빌려온 것이든, 고유의 수법이든 모두 그 자체로서 어울리지 않는다. 왜냐하면 독단적 방법은 실수와 오류를 은폐하여, 이성의 진행을 가장 명료하게 하는 것을 그 본디의 의도로 삼는 철학을 기만하기 때문이다. 그럼에도 불구하고 우리의 이성은 (주관적으로는) 자체가 하나의 체계이므로 방법은 체계적일 수가 있다. 그러나 우리 이성은 그 순수한 사용에 있어서는 단순한 개념을 매개로 하는, 통일의 원칙에 의한 연구 체계에 지나지 않는다. 연구의 소재를 줄 수 있는 것은 경험뿐이다. 하지만 초월적 철학의 고유한 방법에 대해서는, 여기에서 아무것도 말할 수가 없다. 왜냐하면 우리는 도대체 건물을 세울 수가 있는가, 또 가지고 있는 건재(선험적인 순수개념)에 의해서 어느 정도 높은 건물을 세울 수가 있는가 하는, 우리 재산의 비판이 관여될 뿐이기 때문이다.

제2절 논쟁적 사용에서 순수이성의 훈육

이성은 어떤 기획에 있어서나 비판에 따르지 않으면 안 된다. 그리고 이성은 자기 자신에게 상처를 입히고, 자신에게 불리한 협의를 초래하지 않고서는, 그 어떤 규제에 의해서도 비판의 자유를 훼손할 수가 없다. 그럼에도 이익이라는 점에서 특히 중요시되는 것은 아무것도 없다. 음미하거나 점검하는 이 검사를 면해도 좋다는 성역도 없다. 그와 같은 검사는, 인물의 위신에도 신경 쓰지 않는다. 뿐만 아니라 이성의 존망은 이 자유에 입각하고 있는 것이다. 이성의 존재는 이와 같은 비판의 자유에 기초를 두고 있으며, 이성은 고압적인 권위를 갖지 않는다. 그의 선언은 언제나 각자가 그 의혹을, 심지어는 자기가 가지는 '거부권'까지도 주저함 없이 발언할 수 있어야만 하는 자유로운 시민의 동의와 같은 것이다.

이성이 비판을 거부할 수 없다고는 하지만, 늘 비판을 두려워할 이유는 없다. 그러나 순수이성은 독단적(수학적이 아닌)으로 사용되는 경우에는, 이성 최고 법칙의 엄밀한 준수를 충분히 자각하고 있지 않다. 그렇기 때문에 순수이성은 과감하게, 또 모든 독단적 명성을 벗어던지고 보다 고차적인 재판관적 이성의 비판적 시선 앞에 출두하지 않으면 안 되는 것이다.

순수이성이 재판관의 판결이 아니라 동료 시민 간의 요구에 대해 자기를 변호해야 하는 경우, 사정은 전혀 달라진다. 왜냐하면 이 동료 시민 간의 요구도 마찬가지로 서로 독단적이고자 하는데, 다만 다른 것은 이성의 독단적 사용의 경우가 긍정적인 데 반해 시민들 간 요구의 경우는 그와 달리 부정적이라는 것뿐이므로, '인간을 표준으로'한 정당화가 일어나 모든 침해에 대해 안전을 확보함으로써 다른 월권을 두려워할 필요가 없는 확인된 권한 소유를 보장하지만, 그 소유가 '진리를 표준으로' 보면 충분히 증명되지 못할 수도 있기 때문이다.

방금 우리가 순수이성의 논쟁적 사용이라고 말했는데, 내가 의미하는 논쟁은 이성명제들의 독단적 부정을 반대하고, 그 명제들을 변호하는 것이다. 그런데 이 경우에 문제는 순수이성의 주장이 잘못된 것이 아닌가 하는 것이 아니고, 다만 어느 누구도 필연적 확실성을 가지고(아니, 다만 보다 더 그럴듯하게라도) 그 이성명제의 독단적 부정을 반대할 수 없다는 것일 뿐이다. 왜냐하면 완전한 소유권이 아니라 하더라도 우리가 하나의 소유권을 현재 가지고 있어서 어느 누구도 그런 소유가 부당함을 증명할 수 없다는 것이 전적으로 확실하다면, 그때 우리는 역시 그것을 무리하게 소유하고 있는 것이 아니기 때문이다.

일반적으로 순수이성의 배반론이라는 것이 존재하며, 그것이 모든 논쟁의 최고 법정을 연출하면서, 자기 자신과의 다툼에 빠지게 된다는 것은 약간 난처하며 우울한 일이다. 앞서 우리는 순수이성의 이와 같은 겉치레상의 배반론에 직면했다. 그러나 배반론은 오해에서 비롯되었음이 밝혀졌다. 즉 그 오해란 우리가 통상적인 편견에 따라 현상을 사물 자체라고 생각하고 나서, 현상의 종합적 완전성을 정립이나 반정립의 어떤 양식에 따라(그러나 어느 것에 의해서도 그것은 불가능했다) 요구했다는 것이다. 하지만 이런 것은 현상으로부터는 도저히 기대할 수도 없는 일이다. 따라서 그런 경우 '그 자체로 주어진 현상의 계열에는 절대적 시초가 있다'라는 명제와, '이 계열에는 절대적으로 그 자체에서 아무런 시작이 없다'고 하는 명제 사이에는 이성의 실제적 자기모순은 없었다. 왜냐하면 현상은 그 현존재의 면에서 보면(현상으로서는) 그 자체로는 전적인 무(無), 즉 모순된 것이며, 따라서 그 전제는 당연히 모순된 결론을 가져올 수밖에 없으므로 양쪽 명제는 엄연히 양립하기 때문이다.

그러나 유신론적으로 '최고 존재자는 존재한다', 반대로 무신론적으로 '최고 존재자는 존재하지 않는다'고 주장되는 경우, 이와 같은 오해를 핑계로 이성의 다툼을 조정할 수가 없다. 심리학에서 '사고하는 모든 것은 절대적으로 고정불변한 통일체이며, 따라서 모든 소멸하는 물질적 통일성과는 구별된다'고 하는 주장에 맞서, '영혼은 비물질적 통일체가 아니라 소멸성에서 예외일 수 없다'고 하는 경우도 마찬가지이다. 왜냐하면 문제의 대상은 여기에서는 대상의 본성에 모순되는 모든 이질적인 것을 가지고 있지 않으며, 지성은 사물 그 자체와 관계될 뿐 현상과는 관계하지 않기 때문이다. 그러므로 순수이성이 어떤 주장의 근거와 동일한 일을 그 부정적인 편에서 말했다고 하면, 물론 여기에는 참다운 모순을 볼 수가 있을 것이다. 왜냐하면 독단적으로 긍정적인 것의 증명 근거의 비판에 대해서 말하자면, 우리는 그 증명 근거를 충분히 인정할 수가 있기 때문이다. 그렇다고 해서 우리가 독단적으로 긍정적인 것의 명제를 단념하는 것은 아니다. 이들 명제는 적어도 반대자가 전혀 참고로 꺼낼 수 없는 이성의 관심을, 자기를 위해 가지고 있는 것이다.

뛰어나고 사려 깊은 사람—예를 들어 슐처(Johann Georg Sulzer)—은 이제까지의 증명의 약점을 알고서, 곧잘 언젠가는 우리 순수이성의 두 가지 기본 명제에 대한 명증적인 증명을 고안해 내는 데에 희망을 가질 수가 있다고 말한다. 이들 명제란 '신이 존재한다'든가, '내세는 존재한다'고 하는 것이다. 확실히 나는 그렇게 생각하지는 않는다. 오히려 나는 그와 같이는 되지 않을 것이라 확신하고 있다. 도대체 이성은 경험의 대상에도 또한 경험 대상의 내적 가능성에도 관계하지 않는 이와 같은 종합적 주장에 대한 근거를 어디서 찾으려고 하는 것인가? 그러나 그 '존재'에 대한 반대를 독단적으로는커녕 최소한의 가능성만이라도 제시하며 주장할 수 있는 사람은 결코 나타나지 않으리라는 것도 필연적으로 확실하다. 왜냐하면 이 사람은 그런 주장을 순수이성에 의해서 밝혀낼 수 있어야 할 것이므로, 최고 존재자가 우리의 내적인 사유 주체가 순수본질자로서 불가능하다는 증명을 시도해야만 할 것이기 때문이다. 그러나 그는 모든 가능한 경험을 초월한 사물에 대해 그와 같이 종합적으로 판단하는 권한을 자기에게 주는 지식을 어디서 얻으려고 하는가? 따라서 우리는 누군가가, 언제나 그 반대 사실을 우리에게 증명할까 염려하지 않아도 좋다. 그렇기 때문에 바로 규범대로의 증명을 계속할 필요는 없다. 그래서 우리는 경험적 사용에서 우리의 이성이 사변적 관심과 완전히 일치하며, 그뿐만 아니라 이 사변적 관심을 '실천적 관심'과 일치시키는 유일한 수단을 이루는 명제를 언제나 먼저 상정할 수 있다. 적(여기서는 단지 비평자라고 간주되어서는 안 된다) 쪽에서는 늘 우리는 '증명되지 않는다'고 하는 평결을 준비하고 있으며, 그것은 그를 틀림없이 당황스럽게 만든다. 그럼에도 불구하고 우리는 그것에 대한 보복 조치가 우리에게 미치는 것을 거부하지 않는다. 왜냐하면 우리는 끊임없이 적 쪽에 필연적으로 결여된 이성의 주관적 준칙이라는 지지대를 가지고 그 지지 아래 상대의 공허한 공격을 태연자약하게 바라볼 수 있기 때문이다.

이와 같이 본디 순수이성의 배반론은 존재하지 않는 것이다. 왜냐하면 순수이성의 유일한 경기장은 순수신학과 심리학의 영역에서 찾아야 할 터인데, 여기에는 완전무장한 가공할 무기를 갖춘 전사는 없기 때문이다. 거기서 볼 수 있는 전사는 비웃음과 허세를 가지고 나타날 뿐으로, 이것은 장난으로써 웃어버릴 수 있는 것이다. 이것은 이성에게 용기를 되찾게 해주는 견해이다. 만일 그렇지 않고 모든 환상을 제거하는 사명을 부여받고 있는 이성이 스스로 혼란되어 평화도, 평정한 소유도 기대할 수 없다면 이성은 실로 어디에 의지하겠는가?

자연 자신이 마련하는 것은, 모두 그 어떤 목적에 좋다. 독이라 하더라도 우리는 자신의 혈액 속에 발생하는 다른 독을 제어하는 구실을 한다. 그러므로 약품을 완벽히 준비할 경우(약제실)에는 독약도 빼서는 안 된다. 우리의 단순한 사변적 이성의 과신과 자만에 대한 비난도, 그 자체가 우리 이성의 본성에 의해서 제출되고 있다. 그렇기 때문에 그것은 좋은 사명과 의도를 가지는 것임에 틀림없고, 우리는 그것을 무시해서는 안 된다. 많은 대상이 우리의 최고 관심과 결부되어 있다고 하는데, 무엇 때문에 섭리는 그것을 높고 먼 곳에 설정했을까? 그 고원(高遠) 때문에 우리에게 허용되어 있는 것은, 불분명하고 우리 자신도 의심하는 지각으로 그와 같은 대상과 만나는 것, 거의 그뿐이다. 그것으로 말미암아 탐구의 눈동자는 만족되느니보다는, 매료되고 있는 것이다. 이와 같은 전망에 대해서 주제넘는 결정을 감행하는 일이 유익한가의 여부는, 적어도 의심스럽고, 게다가 아마도 유해할 것이다. 그러나 탐구하고 검사하는 이성을 충분히 자유롭게 해주어, 어떤 것으로부터도 방해받지 않고 자기 관심사에 전념할 수 있도록 하는 것은, 언제나 또 조금도 의심할 여지없이 유용한 일이다. 그런 관심사는 이성이 자기 통찰에 제한을 둠으로써 추진되는 것과 마찬가지로 자기의 통찰을 확장함으로써 촉진된다. 하지만 이성은 그 자연스러운 걸음에 어긋나 강요된 목적에 의해서 제어하기 때문에, 외부의 손이 간섭할 때에는 지금 말한 관심은 언제나 곤경에 처하게 된다.

그러므로 여러분의 반대자로 하여금 다만 이성만을 말하게 해보라. 그리고 이성이라고 하는 무기만으로 그와 싸워 보라. 여러분은 이성의 뛰어난 면(실천적 관심이라고 하는)은 어떻게 되는가 하고 신경 쓸 필요는 없다. 왜냐하면 그 문제는 단지 사변적인 논쟁 속으로는 결코 말려들어가지 않기 때문이다. 거기에서 논쟁이 발견하는 것은 이성의 어떤 종류의 이율배반(모순) 말고는 없을 것이다. 이율배반은 이성의 본성에 기인하는 것이기 때문에, 당연히 받아들여서 검토할 수밖에 없다. 논쟁은 이성의 대상을 두 측면에서 고찰함으로써 이성을 갈고닦고, 이성의 판단을 제한함으로써 이를 바로잡는다. 이 경우 논쟁되는 것은 '사항'이 아니라 '논조'이다. 왜냐하면 여러분이 '지식'의 언어를 모두 단념할 수밖에 없다 하더라도, 가장 예리한 이성 앞에서 정당성을 인정받을 확고한 '신념'의 말을 이야기할 만큼의 충분한 가능성은 남겨두고 있기 때문이다.

냉정하고 천성적으로 엄정한 판단을 내리는 데이비드 흄에게, 만일 우리가 "당신은 어떤 동기로 괴로운 사색에 의한 의혹을 끌어내어, 인간의 이성적 통찰이 최고 존재자라는 주장 및 명확한 개념에 다다른다는, 인간에게 매우 위로가 되며 유용한 신념의 지반을 침식시키게 되었는가" 질문한다면, 그는 대체로 다음과 같이 답할 것이다. "이성을 자각하게 해서 진전시키고 싶었고, 또 이성의 힘을 자랑하면서도 이성이 자가 검증을 통해 자기의 약점을 솔직하게 고백하려는 것을 방해하는 사람들이 가하는 이성에 대한 강요에 불쾌감을 느꼈기 때문이다." 이에 반해 만일 여러분이 경험적 이성 사용의 원칙만을 신봉해 모든 초월적인 사변을 싫어했던 프리스틀리에게, 그가 어떤 동기에서 우리 영혼의 자유와 불사성(내세의 희망은 그에게는 다만 재생의 기적을 기대하는 일일 뿐이다)이라는 모든 종교의 두 기둥을 분쇄하려고 했는지를 묻는다면, 경건하고 열렬한 종교 교사였던 그는 다음과 같이 답할 것이다. "어떤 대상을 물질적 자연법칙으로부터, 즉 우리가 정확히 알고 규정할 수 있는 유일한 법칙으로부터 제외하려고 할 때에 손상될 수밖에 없는 이성을 위해 행동한 것뿐이다." 그러나 단지 그가 자연과학의 영역 밖에서 헤매게 되자마자 아무 논거도 찾을 수 없을 것이라는 이유로, 역설적 주장을 종교적 의도와 일치시킬 줄 아는 이 선량한 의도를 가진 사람을 비난하고 괴롭히는 것은 타당하지 않으리라. 이런 호의는 성품면에서 뒤지지 않고, 그 윤리적 성격에 대해 비난할 필요가 없는 흄에 대해서도 마찬가지로 적용해야만 할 것이다. 흄이 그의 추상적 사변을 버릴 수 없었던까닭은, 바로 그가 정당하게도 사변의 대상이 전적으로 자연과학의 한계 밖에, 다시 말해 순수이성의 영역에 있는 것이라고 생각했기 때문이다.

이제 여기서 특히 공동의 최선을 위협하는 것으로 생각되는 위험에 대해 해야 할 일은 무엇인가? 여러분이 그것을 위해 취해야 할 결단만큼 자연스러운 것도, 또 적절한 것도 없다. 여러분은 프리스틀리와 흄과 같은 사람들이 하는 대로 내버려 두면 된다. 만일 그들이 재능이 있다면, 또한 그들이 심원하고도 참신한 탐구를 시작한다면, 요컨대 그들이 이성의 힘을 가지고 있기만 한다면 언제나 이성이 승리한다. 만일 여러분이 강제되지 않은 자유로운 이성 방법 이외의 방법을 취한다면, 반역을 일으키고자 하면서 불을 끌 때처럼 그와 관련한 정교한 논의를 전혀 이해하지 못하는 일반인들을 불러 모은다면 여러분은 스스로를 웃음거리로 만들 것이다. 왜냐하면 이 경우 문제는 결코 공동의 최선에 무엇이 이익인지 손해인지 하는 것이 아니라, 오히려 다만 이성이 모든 이해를 떠나서 사변을 추구하는 경우 어디까지 나아갈 수 있는가, 또 일반적으로 이 사변에 대해 무엇을 기대할 수 있는가, 아니면 차라리 사변은 실천적인 것에 대한 대가로 전적으로 단념해야만 하는가에 관한 것이기 때문이다. 따라서 칼을 가지고 거기에 쳐들어가는 것이 아니라, 오히려 비판이라는 안전지대에서 이 투쟁을 조용히 방관하기만 하면 된다. 이 투쟁이라고 하는 것은 전사들에게는 고통스럽지만 여러분에게는 위안이 된다. 여기서 어떤 무혈의 종말이 오며, 그것은 여러분의 이론적 통찰에 유익한 결실로 이끌어질 것임에 틀림없다. 왜냐하면 이성에 의해서 계몽될 것을 기대하면서, 또한 이성이 필연적으로 어느 쪽으로 출격하지 않으면 안 되는가를 사전에 지시한다는 것은, 매우 어리석은 이야기이기 때문이다. 그뿐만 아니라 이성은 이미 스스로의 힘에 의해 충분히 억제되고, 한계 안에서 제한할 수가 있다. 그렇기 때문에 여러분은 그 우세가 위협적으로 보이는 부문을 압박하기 위해 병력을 소집할 필요는 조금도 없다. 이 이성의 변증론에서는, 여러분의 걱정의 씨앗이 될 만한 승리는 없는 것이다.

사실 이성은 이와 같은 투쟁을 매우 필요로 하고 있다. 이와 같은 투쟁이 일찍부터 또 무제한으로 공공연히 인정되고 행해져 왔더라면 좋았을 것이다. 왜냐하면 그렇게 되는 쪽이, 그만큼 빨리 성숙된 비판이 완성되었을 것이기 때문이다. 비판이 나타나면, 이들 논쟁은 모두 저절로 해소되지 않으면 안 된다. 논쟁 당사자들은, 자기들이 사이를 갈라놓은 교만과 선입견을 꿰뚫어 보는 것을 배우기 때문이다.

인간의 본성 속에는 어떤 불성실한 면이 있다. 그러나 그것은, 본성에서 오는 모든 것과 마찬가지로, 역시 좋은 목적에 대한 소질을 포함하고 있지 않으면 안 된다. 즉 그것은 자기의 참된 마음씨를 감추고, '좋다' '칭찬할 만하다' 여겨지고 있는 어떤 종류의 포장된 마음씨를 내보이는 그러한 경향성이다. 자기를 감춤과 동시에 자기에게 유리한 겉모양을 보이려고 하는 경향 때문에 인간이 자신을 사회적으로 '교화'했을 뿐만 아니라, 어느 정도까지 점차 자신을 '도덕화'했다는 것은 전적으로 확실하다. 왜냐하면 어떤 사람도 예절, 단정, 정숙 등의 이면까지 간파할 수는 없었으므로, 인간은 자기 주위에서 찾은 선의 순수한 예증으로 보이는 것을 자신을 개선하려는 본보기로 삼았기 때문이다. 그러나 인간이 현재의 존재 이상으로 좋게 보이려고, 자기가 가지고 있지 않은 마음을 나타내려고 하는 이 소질은, 인간이 그 조야함에서 벗어나, 그가 알고 있는 선행의 방법을 조금이라도 받아들이는 데 일시적으로 도움이 될 뿐이다. 왜냐하면 그 뒤에 진정한 원칙이 일단 전개되어 사고방식 속에 들어오면, 앞서 말한 허식은 점차 강력하게 공격당할 것임에 틀림없기 때문이다. 만일 그렇지 않다면 이와 같은 허식은 인간의 마음을 부패하게 하고, 좋은 마음씨도 겉모양만이 아름다운 잡초 속에 묻혀서 생장할 수 없게 될 것이다.

유감스럽게도 지금 말한 불성실, 허식, 위선 등이 하필이면 사변적 사고방식에서 볼 수 있다는 것은 유감이다. 거기에서는 인간이 자기 생각을 정당하고 공공연하게, 그리고 숨김없이 고백하는 데에 거의 장애물이 없을 뿐만 아니라, 그렇게 하지 않았다고 해도 달리 행동하는 데 아무런 이익도 없다. 순전한 생각조차 거짓으로 꾸며 서로 전하고 자기 사상까지도 속이고, 우리 자신의 주장에 반하는 것처럼 느껴지는 의혹을 은폐하고, 우리 자신에게도 충분하지 않은 논거를 명확한 증명처럼 가식적으로 꾸미는 것만큼 통찰에 해가 되는 것은 없을 것이다. 그런데 순전히 사적인 허영심이 이런 비밀스런 책략을 선동하는 한(이것은 어떤 특별한 관심을 가지지 않으며 쉽사리 필연적 확실성을 가질 수 없는 사변적 판단에서 잘 일어난다), 상대의 허영심도 공공연한 승인 아래 이에 대항한다. 그래서 사태는 가장 순수한 마음씨와 정직함이 있었더라면 훨씬 빨리 다다랐을 곳에 마지막에야 이르게 된다. 그러나 엄밀한 사변가가 관여하는 일은 공공복지의 주춧돌을 흔들리게 하는 것뿐이라고 일반인들이 생각하고 있다면, 다만 우리의 확신이 실천적인 확신에 지나지 않으며, 사변적이고도 필연적인 확실성이 없다는 것을 고백함으로써 상대에게 이익을 주느니, 차라리 가상의 근거라도 대서 대의를 지켜 나가는 것이 신중하고 가치 있는 일로 보일 수 있다. 하지만 실로 간계, 위선, 기만 이상으로 선한 일을 주장하려고 하는 의도와 일치하지 않는 것은, 이 세상에 존재하지 않는다는 사실을 생각해야만 한다. 단순한 사변에서의 이성 근거를 계획함에 있어서 모든 것이 공명정대하게 행해져야만 한다는 것은, 우리가 요구할 수 있는 최소한의 일이다. 그러나 만일 사람들이 이 최소한의 것이나마 확실하게 믿을 수 있다면 신성, 불사성(영혼의), 자유 등 중요한 문제들에 대한 사변적 이성의 모순은 먼 옛날에 종결되었을 것이며, 그렇지 않다면 머지않아 해결될 것이다. 그래서 의도의 순수성이 오히려 사태 자체의 진실성을 손상하는 관계에 설 때가 있고, 또 이 사태의 변호자보다도 어쩌면 공격자들에게서 더 많은 솔직함과 공정함이 발견되는 경우가 있는 것이다.

그러므로 나는 정당한 일이, 부당하게 대변되는 것을 보고 싶어 하지 않는 독자를 전제로 한다. 이와 같이 독자들은 비판에 대한 우리의 원칙에 따라 일어나는 것이 아니라 일어나야만 하는 것을 주시한다면, 순수이성의 논쟁 같은 것은 본디 전혀 존재할 수 없다는 것을 받아들일 것이다. 어떤 사물에 대해 논쟁하는 두 사람이 있는데, 그들 가운데 어느 쪽도 그 사물의 실재성을 현실적인 경험에서도, 또는 단지 가능한 경험에서도 나타낼 수 없다면 그들의 논쟁 근거는 무엇이 될 수 있겠는가? 그들은 다만 사물 자체의 이념으로부터 그 이념 이상의 어떤 것, 즉 대상의 현실성 자체를 이끌어 내려고 할 뿐일 것이다. 그들이 자기 문제를 곧장 이해하거나 확신할 수 없고 다만 상대의 문제를 공격하고 부정할 수 있을 뿐인데, 어떤 방법으로 그들은 논쟁을 종결할 수 있을까? 순수이성의 모든 주장은 모든 가능한 경험의 제약들을 초월하는데, 이런 제약들 밖 어디에서도 진리의 증명서는 찾아볼 수 없다. 그럼에도 불구하고 순수이성의 주장은 지성 개념을 사용해야만 하는데, 지성 개념은 단순히 경험적 사용에만 지정되어 있고, 그것 없이는 종합적 사고에서 한 발자국도 앞으로 나갈 수가 없다. 따라서 순수이성의 주장은 언제나 상대방에게 약점을 보이고 서로 상대방의 약점을 이용할 수가 있는 것이다.

우리는 순수이성비판이 순수이성의 모든 분쟁에 대한 비판의 참된 법정이라고 볼 수 있다. 왜냐하면 순수이성비판은 직접적으로 대상에 관여하는 분쟁에 말려들어 있는 것이 아니라, 이성 일반의 합법적인 점을 이성의 가장 기본적인 법체계의 원칙에 입각하여 판정하기 위해 설치되어 있기 때문이다. 비판이 결여된 경우에 이성은 말하자면 자연의 상태에 있는 것과 같이 되어, 그 주장이나 요구는 '싸움'을 통하는 것 말고는 타당하게 확립할 길이 없다. 이에 반해 비판은 모든 결정을 이성 자신이 정립한 근본 규칙으로부터 얻어, 그 권위를 어떤 사람도 의심할 수 없는 것으로 하여, 우리에게 평온한 법적 상태를 가져다준다. 또한 우리는 거기에서는 소송에 의한 것 말고는 분쟁을 일으켜서는 안 된다. 최초의 자연 상태에서 분쟁을 종결시키는 것은 승리로, 양편 모두 이것을 제 것이라 주장하지만, 그 결과로서 주어지는 것은 대부분의 경우 중재하는 관계 당국에 의해 설정된 다만 불완전한 평화에 지나지 않는다. 평화를 수립하는 것은 중재를 하는 당국이다. 그러나 합법 상태에서 분쟁을 끝내는 것은 판결이다. 판결은 분쟁의 근원을 뿌리 뽑는 것으로 영구한 평화를 보장하지 않으면 안 된다. 그뿐만 아니라 독단적 이성의 끝없는 분쟁도 마침내 이 이성 자체의 어떤 비판에 의해서, 그리고 그 비판에 의거한 입법에 의해서 해결될 수밖에 없다. 예컨대 홉스가 주장한 것처럼 자연의 상태는 불법과 폭력의 상태이며, 법적 강제에 따르기 위해서는 아무래도 우리는 그와 같은 상태를 벗어나지 않으면 안 된다. 합법적인 강제만이 우리의 자유를 제한하여, 우리의 자유가 다른 모든 사람의 자유와 공존하게 하고, 그렇게 함으로써 공공의 최고 이익과 공존할 수 있게 하는 것이다.

자기 사상이나 자기 자신이 해결할 수 없는 자신의 의문을 공공연하게 드러내어 비판하고, 그 때문에 불온하고 위험한 시민이라는 지탄을 받지 않을 자유도 이와 같은 자유에 속한다. 그렇다고 해서 귀찮은 시민이네, 위험한 시민이네 하는 소리를 듣는 일은 없다. 이런 자유는 이미 인간 이성의 근원적 권리 속에 있다. 이때 이성은 보편적 인간 이성의 재판관 이외에는 승인하지 않으며, 이 보편적 인간 이성 속에서는 모든 사람이 각자의 발언권을 갖는다. 또한 우리 상태에서 가능한 개선은 모두 이 보편적 인간 이성에서 생겨나야 하기 때문에, 이와 같은 권리는 신성불가침이다. 그뿐만 아니라 어떤 대담한 주장이나 이미 최대 최선의 사람들의 동의를 얻고 있는 주장을 공격하는 것은, 불손하다고 해서 이것을 위험하게 여기는 것도 매우 어리석은 일이다. 왜냐하면 그것은 그런 주장에 본디는 그것이 전혀 가지지 않는 중요성을 부여하는 것을 의미하기 때문이다. 나는 어떤 비범한 자가 인간 의지의 자유, 내세의 희망, 신의 현존재를 반증했다는 이야기를 들으면, 그의 책을 언제고 꼭 읽고 싶다. 나는 그런 사람의 재능에 기대어, 나의 지식을 더욱 진전시키고 싶기 때문이다. 그러나 나는 그 책을 펴기도 전에, 그가 이와 같은 반증에 대해서는 아무것도 이룰 수 없다는 것을 충분히 확신하고 있다. 그것은 내가 이미 이런 중요한 명제에 대한 난공불락의 증명을 가지고 있어서가 아니라, 우리 순수이성의 모든 저장물을 제시했던 선험적 비판을 통해 순수이성은 이 명제의 긍정적인 주장에 다다를 능력이 없으며, 부정(반증)적 주장에 대한 권한은 더욱더 없다는 것을 충분히 확신할 수 있었기 때문이다. 실로 자유사상가는, 예컨대 '최고 존재자는 존재하지 않는다'라는 그의 지식을 어디에서 얻으려고 하는가? 이 명제는 가능한 경험의 영역 밖에 있으며, 그러므로 모든 인간적인 통찰의 한계 밖에 있다. 하지만 이에 대해 대의를 독단적으로 변호하는 사람이 반박하는 글을 쓴다면, 나는 그의 저작도 읽지 않을 것이다. 왜냐하면 그가 적의 가상적 근거를 공격하는 것은, 다만 자기 자신의 역시나 가상적인 근거를 인정하려는 것에 지나지 않음을 이미 알고 있기 때문이다.

게다가 일상에서 흔히 볼 수 있는 가상은, 영리하게 생각해 낸 가상만큼 새로운 주목거리를 주는 것도 아니기 때문이다. 이에 반해 그 방법이 역시 독단적이기는 하지만, 종교에 대한 반대자는 내 비판의 원칙들이 손상될까 염려할 필요가 전혀 없으면서도, 그것들을 시정하기에 바람직한 여러 가지 일거리와 기회를 준다.

그러나 대학 교육을 신뢰하는 젊은이에게는, 적어도 그와 같은 책에 조심하도록 경고를 주어야 한다. 또 젊은이는 판단력이 무르익지 않는 동안에, 또는 우리가 이들 서적 안에서 기초를 부여하려고 하는 설(說)이 뿌리를 내리기 전에, 일찍부터 위험하기 짝이 없는 명제를 아는 일이 없도록 보호되어야 한다. 그것은 생각을 역전시키려고 하는 모든 강변(强辯)—그것이 어디에서 오는 것이든—에 단호히 저항하기 위해서이다.

만일 순수이성의 문제에서 독단적인 방법을 계속하지 않으면 안 되었다고 하자. 또 상대방의 절차가 본디 논쟁적인, 즉 사람을 전투에 말려들게 할 정도의 것으로 대립하는 주장에 대한 증명 근거로 무장했다고 하자. 그러면 물론 그 당장에는 젊은이의 이성을 잠시 뒤에서 바라보고, 적어도 그사이에 유혹으로부터 지키는 일만큼 알맞은 것도 없을 것이다. 그러나 동시에 장기적으로 보면 이처럼 무의미하고 무익한 일도 없을 것이다. 만일 나중에 호기심이나 시대의 풍조가 이런 저작을 젊은이들의 손에 넘겨주게 되면, 그런 경우에도 젊은이의 그 신념은 끄떡도 하지 않을까? 반대자의 공격에 대항하는 데 독단적인 무기밖에 가지지 않고, 자신과 상대의 품속에 동시에 감추어져 있는 변증론을 명확히 할 수 없는 사람은 이러하다. 다시 말해 그는 이미 신선함을 잃고, 오히려 젊은이의 믿기 쉬운 성질을 악용한 것이 아닌가 하는 의심을 불러일으키는 가상 근거에 대해서는 신기함을 장점으로 하는 가상적 근거가 등장하는 것을 목격한다. 그는 저 호의적인 경고를 무시하는 것 말고는 어린이의 훈육에서 벗어나 성장했다는 것을 보여줄 술책이 없다고 생각하여, 독단적으로 물들어 자기 원칙을 독단적으로 파면시키는 독을 유연하게 계속 마신다.

대학의 수업에서는 여기서 말한 것과는 정반대의 것이 행해져야만 한다. 그러나 그것은 물론 순수이성비판이라고 하는 가르침을 전제로 해서만 가능하다. 왜냐하면 순수이성비판의 원리를 될 수 있는 대로 빨리 실시하여 가장 큰 변증적 가상에서도 그런 원리가 충분히 도움이 될 수 있음을 보이기 위해서는, 아무래도 독단론자가 크게 두려워하는 공격을 비판에 의해서―아직 약하기는 하지만―계몽된 학생들의 이성에 그 전력을 향하도록 하고, 학생으로 하여금 상대의 근거 없는 주장도 하나하나 비판의 원칙에 비추어 검토하도록 하는 시도가 필요하기 때문이다. 상대의 근거 없는 주장을 전적으로 무산시키는 것은 그에게 있어서 결코 곤란한 일이 아니다. 이와 같이 해서 그는 유해한 환영에 대해 충분히 스스로를 지키는 자기 자신의 힘을 일찍부터 알게 됨으로써, 이런 환영은 드디어 그에 대해 모든 가상으로서의 영향을 잃을 수밖에 없게 될 것이다. 한편 적의 건물을 파괴하는 동일한 공격이 자기 자신의 사변의 건물까지―만일 그가 이와 같은 것을 세우려고 생각하고 있다면―도 마찬가지로 파괴해 버릴 것임에 틀림없지만, 이런 것에 대해서는 조금도 염려할 필요가 없다. 즉 그는 그런 건물에 살 필요가 전혀 없으며, 오히려 그는 실천적 영역의 전망을 앞에 바라보고 있는 것이다. 이런 실천적 영역에서는 자기의 이성적이고 건전한 체계를 세우기 위한 보다 확고한 터전을 당연히 기대할 수 있다.

이런 이유로 순수이성의 영역에서는 어떤 본디적인 논쟁이라는 것이 없다. 양편 모두 자기들의 그림자와 격투하고 있는 공허한 전사들이다. 왜냐하면 그들은 자연을 넘어 나아가지만, 거기에는 그들에 의해 독단적으로 파악될 수 있는 어떤 것도 존재하지 않기 때문이다. 그들은 선전 분투하지만, 그들이 분쇄하는 그림자는 영계의 용사와 같이 또다시 살아나서 새로이 무혈의 싸움을 즐기는 것이다.

그러나 모든 다툼에서 중립성의 원칙이라고 부를 수 있는, 순수이성의 회의적 사용도 허용되어 있지 않다. 이성을 부추겨 자기 자신에게 적대되도록 하고,

이 이성의 쌍방에 무기를 공급하고 나서, 양편의 격전을 냉정하고도 업신여기며 방관한다는 것은, 독단적 견지에서도 칭찬할 만한 것이라고는 생각되지 않는다. 그것은 오히려 남의 괴로움을 기쁨으로 하는 악의 있는 성품의 모습으로 보이는 것이다. 그럼에도 불구하고 어떤 비판으로서도 억제될 성싶지 않은 궤변가의 절제되지 않는 기만과 거만을 본다면 어떨까? 그 경우 동등한 권리에 근거한 양편의 호언장담을 대립시켜, 이성이 반대 측의 반항에 적어도 낭패를 당하게 하고, 자기 생각에 약간이라도 의혹을 가지고 비판에 귀를 기울이게 하는 것보다 더 좋은 방책은 없다. 그러나 이와 같은 의혹의 상태에 전적으로 맡겨둔 상태에 머물러서, 우리의 무지에 대한 의혹과 고백을 다만 독단적인 자만에 대한 치료법으로서뿐만 아니라 동시에 이성의 자가당착을 끝맺는 방법으로서 장려하는 것은 완전히 무익한 기도이다. 그런 일은 결코 이성에 평온한 상태를 주는 데 도움이 되지 않으며, 기껏해야 이성을 그의 달콤한 독단적 망상에서 눈 뜨게 해 자기 상태를 지금까지보다도 더한층 세심하게 음미하도록 하는 수단으로서 도움이 될 뿐이다. 하지만 이성의 싫증나는 분쟁에서 도피하려는 이 회의적 태도가 고정불변적인 철학적 평온에 이르게 하기 위한 지름길인 것처럼 보이고, 이런 종류의 모든 탐구를 비웃고 경멸하면서 철학적 권위를 얻을 수 있다고 생각하는 사람들이 즐겨 택하는 길인 것처럼 여겨진다. 그래서 나는 이런 사고방식을 그 독자적인 빛에 비추어 제시할 필요가 있다고 생각한다.

자기분열을 일으킨 순수이성을 회의적으로 만족시킬 수 없음에 대해서

자기 무지를 의식하는 것은(이 무지가 동시에 필연적인 것으로서 인식되는 것이 아닌 한) 나의 탐구를 멈추게 하기보다는 오히려 탐구를 제기하는 진정한 원인이 된다. 모든 무지는 사물에 대한 무지이거나, 그렇지 않으면 내 인식의 제한 조건과 한계에 대한 무지 가운데 어느 하나이다. 그런데 무지가 우연(인과관계가 분명치 않은)이라면 나는 무지에 자극되어서 제1의 경우에서는 사물(대상)을 독단적으로 연구하도록 추구하고, 제2의 경우에는 나의 가능한 인식의 한계를 비판적으로 연구하도록 독촉하지 않으면 안 된다. 그러나 나의 무지가 절대적으로 필연적인 것이고, 그 때문에 그 이상의 모든 연구에서 나를 해방시킨다는 것은, 관찰에 의해서 경험적이 아니라 우리 인식의 최초 원천을 연구함으로써 비판적으로만 결말을 낼 수 있다. 따라서 우리 이성의 한계를 규정하는 것은 선험적 근거에 의해서만 할 수 있다. 하지만 우리 이성은 결코 완전하게는 제거할 수 없는 무지에 대한 한낱 불확정적인 인식이며, 우리가 아무리 사물을 알고 있다고 해도 여전히 알아야 할 것이 남겨지는 것을 통해 후천적으로 인식될 수 있다. 그러므로 이성 그 자체의 비판에 의해서만 가능한, 무지에 대한 제1의 인식은 학문인 것이다. 제2의 인식은 바로 지각이며, 거기에서 이루어지는 추리가 어디까지 미치는가는 아무도 말할 수가 없다. 내가 지구의 표면을 (감각기관에 나타나는 것에 따라서) 한 장의 원반으로 상상한다면, 나는 그것이 어디까지 뻗어 있는가를 알 수가 없다. 그러나 경험은 내가 어디에 가든지 언제나 내 주위에서 공간을 볼 수 있고, 보이는 한 어디까지라도 공간 속에서 나아갈 수 있을 것이라고 가르쳐 준다. 즉 나는 매번 실제 지구에 대한 내 지식의 한계를 인식하지만, 모든 가능한 지리학의 한계를 인식하는 것은 아니다. 그런데 만일 내가 지구는 하나의 공이고, 그 표면은 구의 표면이라는 것을 알게 되었다고 하자. 그러면 나는 곡면(曲面)의 한 부분, 이를테면 위도의 크기로도 지구의 지름을 알며, 지름에 의해서 지구 전체의 완전한 한계, 즉 그 표면을 확실하게 선험적 원리에 따라 인식할 수 있다. 또 나는 이 표면이 포함하는 여러 대상에 대해서 아는 것이 없다 하더라도, 이 표면이 포함하는 범위에 대해서나 이 표면의 크기와 제한에 대해서는 알고 있다.

우리 인식에게 가능한 모든 대상의 총체는 외견상 지평선을 가진 한 평면인 것처럼 보인다. 다시 말해 평면의 모든 범위를 포괄하고, 우리가 절대적 전체의 이성 개념이라고 부르는 것처럼 보인다. 그와 같은 지평선에 경험적으로 다다른다는 것은 불가능하며, 어떤 종류의 원리에 따라 그 개념을 선험적으로 규정하려고 해도 모든 시도는 헛수고였다. 그럼에도 불구하고 우리 순수이성의 모든 문제는 이 지평선 밖에 있는 것을, 또는 어쩌면 바로 그 경계선 안에 있는 것도 지향하는 것이다.

유명한 흄은 인간 이성에 대한 이와 같은 지리학자 가운데 한 사람이었다. 그는 앞서 말한 문제들을 인간 이성의 지평선 밖으로 쫓아냄으로써, 이 문제를 하나하나 충분히 처리했다고 생각했다. 그러나 그럼에도 불구하고 그는 이 지평선을 규정할 수 없었다. 그는 특히 인과율을 상세히 논하고, 인과율의 진리성

(뿐만 아니라 작용하는 원인 개념 일반의 객관적 타당성까지도)이 결코 통찰력, 즉 선험적 인식에 의거하지 않으며, 따라서 인과율에 권위를 주는 것은 결코 이 인과율적 원칙이 가지는 필연성이 아니라 다만 경험 과정에서의 일반적 사용 가능성이며, 또 그것으로부터 생기는 습관이라는 주관적 필연성임을 지적했다. 이것은 전적으로 정당한 의견이다. 한편 그는 우리의 이성이 이런 인과율을 모든 경험을 넘어서서 사용하는 능력은 가지지 않는다는 것에서, 경험적인 것을 넘어서려고 하는 이성 일반의 모든 월권이 무의미하다는 것을 추론했다.

이성의 사실들을 검토하고, 상황에 따라서는 비난하는 이런 종류의 방법을 우리는 이성의 '검열'이라고 부를 수 있다. 이런 검열에서 모든 인과율의 초월적 사용에 대한 의혹이 제기될 수밖에 없는 것은 분명하다. 그러나 이것은 다만 둘째 단계일 뿐이고, 작업을 완결하는 것이 아니다. 순수이성 문제에서 첫째 단계는 순수이성 유년기의 특징을 이루는 것으로서, '독단적'이다. 여기서 둘째 단계는 '회의적인 것'으로, 경험에 의해 영리해진 판단력의 신중성을 증명한다. 또 세 번째 단계가 필요한데, 이것은 성숙된 어른의 판단력에 속하는 것으로서 그 밑바탕에 확고한 일반성의 보증된 준칙을 갖는다. 이 단계에서 우리는 이성의 사실들이 아니라 이성의 모든 능력, 선험적 순수인식에 대한 모든 적합성을 평가한다. 이것은 이성의 검열이 아니라 이성의 비판이다. 이를 통해 증명되는 것은 다만 이성의 제한이 아니라 이성의 명확한 한계이고, 다만 한두 부분에 대한 무지가 아니라 어떤 종류의 모든 가능한 문제에 대한 무지이며, 또 이런 것들은 억측되는 것이 아니라 원리에 의거해 밝혀진다. 따라서 회의론은 이성이 지금까지의 독단적 편력을 성찰하고, 지금 자기가 있는 지방의 약도를 작성해, 앞으로의 행보를 보다 확실하게 선택할 수 있도록 하기 위한 인간 이성의 쉼터이다. 그러나 그것은 영원히 머무를 거주지가 아니다. 왜냐하면 영원히 머무를 땅이란 그것이 대상 자체의 인식에 의한 것이든, 또 대상에 관한 우리의 모든 인식을 포함하고 있는 한계에 의한 것이든, 어쨌든 완전한 확실성 속에서만 찾을 수 있기 때문이다.

우리의 이성은 그 제한이 다만 일반적으로 인식되는 데 불과한 한정할 수 없을 만큼 확장된 평면이 아니라, 오히려 하나의 구면(球面)에 견주어져야 한다. 이때 이 구면의 반지름은 그 표면 위의 호(弧)의 곡선에서도(선험적 종합명제의 성질로부터) 발견되며, 이로부터 그 표면적과 한계 또한 확실하게 주어진다. 이 구면(경험의 영역)을 떠나서는 이성의 대상을 이루는 것이 아무것도 없다. 더욱이 그런 잘못 생각된 대상에 관한 문제까지도, 이 구면 안의 지성 개념 아래 생길 수 있는 관계를 철저히 규정한 단순 주관의 원리에 관계된 것일 뿐이다.

우리는 사실 선험적 종합인식을 가지고 있다. 이것은 경험을 앞서 인식하는 지성의 원칙이 보여주고 있는 그대로이다. 만일 누군가가 이와 같은 원칙들의 가능성을 전혀 이해할 수 없다면, 그는 분명히 처음에는 그와 같은 인식이 사실 우리에게 선험적으로 존재하는지 어떤지를 의심할지도 모른다. 하지만 그는 그렇다고 지성의 단순한 힘에 의해서는 그와 같은 인식이 불가능하다고는 아직 단언할 수가 없다. 또 이성이 그와 같은 힘의 안내를 받아 앞으로 나아가는 걸음을 모두 무효라고 주장할 수도 없다. 그는 다만 다음과 같이 말할 수밖에 없다. 만일 우리가 이 원칙들의 기원과 순수성을 통찰한다면 우리 이성의 규모와 한계를 결정할 수 있을 것이라고. 하지만 그것이 이루어지기 전까지는, 그의 모든 주장은 맹목적으로 감행된 것에 지나지 않는다는 사실뿐이다. 그래서 이성 그 자체의 비판이 결여된 채 진행되는 모든 독단적 철학에 대한 철저한 의혹은 충분한 근거가 있다고 할 수 있다. 그러나 이성의 진행이 보다 좋은 기초에 의해 준비되고 확보될 수 있다면, 이성의 이와 같은 진행을 완전히 부정할 수는 없을 것이다. 왜냐하면 첫째 순수이성이 우리에게 제시하는 모든 개념, 모든 문제도 말하자면 경험 속에 존재하지 않고, 이성 자체에 있기 때문이다. 따라서 이들 문제는 어떻게든 해결 가능한 것이 되어야만 하며, 그것이 타당한지 아닌지에 대해서 이해 가능한 것이 되어야만 한다. 우리는 또한 이 과제를, 마치 그 해결이 이성 속이 아닌 실제로 사물의 성질 속에 있는 것처럼, 인간 능력의 한계를 핑계 삼아 거절할 권리가 없고, 이 과제를 더욱 자세하게 탐구하는 것을 거부할 까닭도 없다. 왜냐하면 이성은 자기 내면에서 이들 이념을 산출했으므로, 이성에게는 이념이 유효한가, 그렇지 않으면 변증적 가상인가에 대해서 해명할 의무가 있기 때문이다.

회의적으로 논쟁한다는 것은 모두 본디 독단론자에 대해서만 행해진 것이다. 그것은 오직 그의 생각을 혼란스럽게 하여 자각시키기 위한 것이다. 독단론자는 자기 본디의 객관적 원리를 미심쩍게 생각하지 않고, 즉 비판을 하지 않고

젠체하고 계속 걷는다. 회의론적 논쟁은 그 자체로서는, 우리가 무엇을 알 수 있는가, 또 반대로 무엇을 알 수 없는가에 대해서 전혀 아무런 결정을 할 수 없다. 이성의 모든 실수의 독단적 시도는 사실이지만, 이것들은 언제나 회의적 검열 아래 두는 것이 좋다. 그러나 이것은 이성의 기대에 대해서 그 어떤 일도 결정할 수가 없다. 그 기대란, 자기의 노력이 장차 보다 좋은 성과를 거둘 것을 바란다는 것이다. 따라서 단순한 검열은 인간 이성의 합법성을 둘러싼 논쟁에 결코 마침표를 찍을 수가 없다.

흄은 실로 모든 회의론자 가운데 가장 현명한 회의론자이며, 회의적 태도가 근본적인 이성의 검토를 불러일으키는 데 미칠 수 있었던 영향력에 대해서는 의심할 여지없이 가장 뛰어났던 사람이다. 그러므로 흄의 추리 과정과, 이와 같이 투철하고 존경할 만한 사람이 진리 파악의 길 위에서 생성한 환상을 나의 의도에 관계되는 한 서술해 보는 것은 결코 무익한 일이 아니라고 생각한다.

우리가 어떤 판단에서는 대상에 관한 우리의 개념을 넘어서는 것을 결코 충분히 전개시키지는 않았지만, 흄도 파악하고는 있었을 것이다. 나는 이런 종류의 판단을 '종합적'이라고 불렀다. 내가 지금까지 가지고 있는 나의 개념을, 경험을 매개로 초월할 수 있다는 것에 대해서는 조금도 의심하지 않는다. 경험이란 그 자체가 지각의 종합이며, 이 종합은 내가 지각을 매개로 해서 얻은 개념을 덧붙여지는 지각에 의해 증대시킨다. 하지만 우리는 또한 선험적으로 우리의 개념을 넘어서, 우리의 인식을 확장할 수 있다고 믿고 있다. 우리는 이런 일을, 적어도 '경험의 대상'일 수 있는 것에 대해서는 순수지성에 의해서, 또 경험 속에는 결코 나타날 수 없는 사물의 성질 또는 그와 같은 대상의 현존재에 대해서는 순수이성에 의해서 시도한다. 우리의 회의론자 흄은 이런 두 종류의 판단을 구별하지 않았지만, 이것은 구별돼야만 했다. 또 그는 곧바로 개념들의 이와 같은 자기 자신으로부터의 확장을, 즉 우리의 지성(또는 이성) 경험에 의해서 수태되지 않는 자기 출산을 불가능하다 생각하고, 따라서 이와 같은 능력의 모든 억측된 선험적 원리를 상상된 것에 지나지 않는다고 보았다. 이 원리들은 경험 및 경험 법칙에서 생기는 습관에 지나지 않는, 다만 경험적인 우연한 규칙이며, 그것에다가 우리가 잘못된 필연성과 보편성을 귀착시켰다는 것이 그의 결론이었다. 그러나 그는 이 색다른 명제를 주장하기 위해 일반적으로 인정되는 인과 관계의 원칙을 인용했다. 어떤 지성 능력도 우리를 하나의 사물 개념에서부터 보편적이고도 필연적으로 주어져 있는 어떤 다른 것의 현존재로 이끌 수 없기 때문에, 그는 경험 없이는 우리의 개념을 증대시키고 또한 우리에게 선험적으로 자기 자신을 확대하는 판단 권리를 줄 수 있는 것은 아무것도 없는 것으로 추론할 수 있다고 생각했다. 햇빛은 양초를 녹이지만 점토를 단단하게 하기도 한다는 사실은, 어떤 지성도 우리가 지금까지 이 사물에 대해서 가지고 있었던 개념으로부터 추정할 수 없고, 더구나 합법칙적으로 추론할 수는 없다. 경험만이 우리에게 이성의 법칙을 가르쳐 줄 수 있다. 하지만 초월적 논리학에서 우리가 알아냈던 것은, 우리는 결코 우리에게 주어져 있는 개념의 내용을 '직접적으로'는 초월할 수 없다고 하더라도, 완전히 선험적인 동시에 제3의 것, 즉 '가능한 경험'에 관계하여 역시 선험적으로 다른 사물과의 결합의 법칙을 인식할 수 있다는 것이다. 그러므로 지금까지 단단했던 양초가 녹는 경우, 이것의 이전에 일정한 법칙에 따라 생성한 어떤 것이 선행해야만 한다는 것(예컨대 태양열)을 나는 선험적으로 인식할 수 있다. 다만 그런 경험이 없다면 결과로부터 원인을, 원인으로부터 결과를 선험적으로 명확하게 인식할 수 없다. 따라서 흄은 '법칙에 따라' 행하는 우리 규정의 우연성으로부터 법칙 자체의 우연성을 잘못 추론했으며, 또한 어떤 사물의 개념을 벗어나서 가능한 경험이 되는 것(이것은 선험적으로 생기는 것으로서 사물의 객관적 실재성을 형성하는 것이다)과, 실제 경험 대상의 종합을 혼동했다. 그리고 그 때문에 그는 지성 속에서 필연적인 결합을 주장하는 친화성의 원리에서, 다만 모방적 상상력 속에서 우연적이면서 전혀 객관적이 아닌 결합만을 나타낼 뿐인 연합의 규칙을 만들어 냈다.

그러나 다른 점에서는 매우 뛰어났던 이 사람의 회의적 환상의 원천은, 특히 그가 역시 모든 독단론자와 공유하고 있었던 결함, 즉 그가 지성의 모든 선험적 종합을 체계적으로 개관하지 않았다는 사실에 있다. 만일 그가 그것을 개관했더라면 다른 원칙은 잠시 접어두더라도, 예컨대 '고정불변의 원칙'을 마치 인과율과 마찬가지로 경험을 예측하는 원칙으로 보았을 것이다. 그렇게 했다면 그는, 선험적으로 자신을 확대하는 지성과 순수이성에 대해 명확한 한계를 표시할 수 있었을 것이다. 하지만 그는 우리의 지성을 제한할 뿐 한계지우지는 않았고, 일반적인 불신을 일으키면서도 우리에게 불가피한 무지에 대한 어떤 명확한 지식은 가져다주지 않았다. 그것은 그가 지성을 거의 모든 능력과 관련하여 비판의 저울대에 올려놓지 않고, 이 지성의 몇몇 원칙만을 검열했기 때문이다. 그는 지성에 대해, 지성이 실제로 실행할 수 없는 것을 거부하는 데 그치지 않고, 나아가 지성이 선험적으로 자기를 확대하는 모든 능력을 부인함으로써, 지성의 모든 능력을 평가해 보지도 않은 채 부정하려고 한다. 그 때문에 회의론이 언제나 논파되어 버렸다. 다시 말해 그가 제기하는 이의는 다만 우연적인 사실에 의거할 뿐, 독단적인 주장을 할 권리를 필연적으로 단념시킬 수 있는 원리에 근거한 것이 아니기 때문에, 그 자신이 의심을 받게 되는 지경에 빠진 것이다.

그는 또한 지성의 이유 있는 요구와 이성의 변증적 월권 사이의 차이도 알지 못했다. 그는 주로 이 이성의 변증적 월권을 공격했는데, 그 결과 이성의 아주 독자적인 비약은 조금도 저지되지 않고, 단지 약간 방해되었음을 느낄 뿐이다. 이성은 자신이 확장의 공간으로부터 차단됐다고 느끼지 않고, 비록 곳곳에서 방해를 받아도 결코 그 시도를 완전히 단념하지 않는다. 왜냐하면 공격을 받게 되면 사람은 방어를 취하게 되고, 점점 더 완강하게 자기 요구를 관철하려고 노력하기 때문이다. 그러나 이성의 모든 능력을 헤아려서, 거기에서 나오는 작은 것이라도 그 확실성을 확신하게 된다면, 더 높은 요구에의 허영심은 있다 하더라도 모든 분쟁은 그치고, 제한된 그러나 분쟁의 여지없는 소유에 평온히 만족하게 된다.

무비판적인 독단론자는 자기의 지성 영역을 헤아리지 않으며, 자기의 가능한 인식 한계를 원리에 따라 규정하는 일이 없으므로, 그는 자기 능력이 미칠 수 있는 범위를 미리 알지 못하고, 다만 인식의 시도에 의해서 알아내려고 생각한다. 이 같은 무비판적인 독단론자에 대한 회의적 공격은 다만 그를 위험에 빠뜨릴 뿐만 아니라 파멸시킨다. 왜냐하면 독단론자의 주장 가운데 만일 단 하나라도 그가 변호할 수 없거나, 원리로부터 전개시킬 수 없는 가상에 관계해 있다는 것이 발견된다면, 아무리 어느 정도 설득될 만하다고 하더라도 다른 모든 주장에까지 의혹이 생기기 때문이다.

따라서 회의론자는 독단적인 궤변론자를 지성 및 이성 자체에 대한 건전한 비판으로 이끄는 엄격한 교사이다. 독단론자가 비판에까지 이르렀다면, 그는 이미 어떤 논박도 두려워할 필요가 없다. 왜냐하면 그때 독단론자는 자기 소유와 자기 소유 밖의 것을 구별하여, 자기가 가지고 있지 않는 것에 대해서는 어떤 요구도 하지 않고, 또 그와 관련된 분쟁에 말려들어 가는 일도 없을 것이기 때문이다. 그러므로 회의적 태도는 물론 그 자체로는 이성의 문제에 대해서 '만족할 만한' 것이 아니라 하더라도, 역시 이성의 신중성을 환기시켜서 이성에게 합법적인 소유를 확보할 수 있는 근본적 방법을 증명해 보여주기 위한 예비적 의미를 갖는다.

제3절 가설에서 순수이성의 훈육

이성의 비판을 통해 결국 우리는 다음과 같은 것을 안다. 즉, 이성의 순수하고 사변적인 사용에서는 사실 전혀 아무것도 알 수 없다는 것이었다. 그렇게 되면 가설에 대해 그만큼 더 넓은 영역이 열린 것이 되지 않겠는가. 왜냐하면 가설의 영역에서는, 주장까지는 할 수 없다 해도 적어도 상상하고 억측할 수는 있기 때문이다.

구상력이 열광하는 일 없이 이성의 감시 아래에서 창작해야 한다고 하면, 언제나 미리 무엇인가가 완전히 확실해야 하며, 날조되거나 단순한 억측이어서는 안 된다. 그리고 그것이 바로 대상 그 자체의 가능성인 것이다. 그 경우 대상이 현실적으로 존재하는가 존재하지 않는가를 둘러싸고, 다음과 같은 억측에 의존하는 것은 허용되어 있다. 즉 근거가 없는 것이 되지 않도록, 실제로 주어져 있는 (근거로서의) 확실한 것과 결부되어야 할 억측이다. 그와 같은 억측은 가설이라고 불린다.

그런데 우리는 역학적 결합의 가능성에 대해서, 선험적으로는 아무런 개념도 만들 수가 없다. 그리고 순수지성의 범주도 이와 같은 가능성을 날조하기 위해서 있는 것이 아니라, 그와 같은 가능성이 경험 안에 있는 경우에만 그것을 이해하기 위해서 있다. 그렇기 때문에 우리는 단 하나의 대상도 경험적으로는 주어지지 않는 새로운 특성에 대해서 이들 범주에 따라 독자적으로 생각해 낼 수는 없으며, 허용된 가설의 바탕에 지금 말한 가능성을 앉힐 수는 없다. 왜냐하면 이와 같은 것은 사물의 개념이 아니라 공허한 망상에 이성을 근거하게 하는 것이기 때문이다. 그러므로 어떤 새로운 근원적 힘이라고 할 수 있는 것, 감성 없이 자기의 대상을 직관할 수 있는 지성이나, 조금도 접촉하지 않고서 사물을 끌어당기는 힘, 또는 예컨대 불가입성 없이 공간 속에 현존하는 어떤 새로운 종류의 실체 등을 생각할 수 없고, 따라서 경험이 주는 모든 실효성과는 다른 실체들의 상호성이라는 것은 없으며, 공간상 있지 않은 현재나, 시간상에 있지 않은 지속도 있을 수 없다. 한마디로 말하면 우리 이성은 가능한 경험의 조건만을 사물의 가능성에 대한 조건으로 사용할 뿐이어서, 이 가능한 경험의 조건과는 완전히 독립적으로, 그 자체로 사용 가능한 조건을 산출할 수는 결코 없다. 왜냐하면 이와 같은 개념은 모순을 가지고 있지 않다고 하더라도, 역시 대상 없는 존재가 될 뿐이기 때문이다.

앞서 말한 것처럼 이성 개념은 단순한 이념으로서 물론 어떤 경험 속에서의 대상을 가지는 것은 아니다. 그렇다고 해서 상상된, 그리고 그와 동시에 가능한 것으로 상정되는 대상을 나타내는 것은 아니다. 이성 개념이란 경험 영역에서의 체계적인 지성 사용의 통계적 원리를 근거지우기 위한 관계 개념(발견을 위한 가설적 존재)으로서 다만 미정적으로 생각된 것이다. 만일 이성 개념이 경험과의 이런 관계로부터 떠난다면 그 가능성은 증명될 수 없고, 실제적인 현상을 설명하는 경우 가설로 삼을 수 없는 단순한 공상의 산물에 지나지 않는다. 영혼을 단순하다고 생각하는 것은 충분히 가능한 일이다. 그것은 이 이념에 따라 모든 마음의 힘의 완벽하고도 필연적인 통일을 이루어, 비록 우리가 그것을 구체적으로 통찰할 수 없다고 하더라도, 마음의 내적 현상을 평가하기 위한 원리로 놓기 위한 것이다. 그러나 영혼을 단순한 실체로 상정하는 일(초월적 개념)은 증명될 수 없을 뿐만 아니라(많은 자연에 대한 가설이 증명되지 않는 것처럼), 또한 완전히 자의적으로 이루어진 명제라고 말할 수 있을 것이다. 단순한 것은 어떤 경험 속에도 전혀 나타날 수 없다. 실체라는 말이 감성적 직관의 고정불변적인 대상을 의미한다면, '단순한 현상'이 있을 수 있다고는 도저히 믿을 수 없기 때문이다. 단순한 본질적 존재자 또는 감성계의 사물에 대한 단순한 본질적 성질들은 근거 있는 이성의 어떤 권리에 의해서라 해도 의견으로 상정되지는 못한다. 비록 (이와 같은 존재자가 있을 수 있는지 없는지에 대해서는 우리는 어떤 개념도 가지고 있지 않으므로) 더 그럴듯한 인식력에 의해 독단적으로 거부되지 않는다

해도 말이다.

주어진 현상을 설명하기 위해서는, 이미 알려져 있는 현상 법칙에 따라 주어진 현상과 결합되어 있는 것 이외의 사물이나 설명 이유는 끌어들일 수 없다. 그러므로 이성의 단순한 이념이 자연물을 설명하기 위해 사용하는 '선험적 가설'은 전혀 설명이 아니다. 왜냐하면 거기에서는 알려져 있는 경험적 원리로부터 충분히 이해되지 않는 것이, 전혀 이해되지 않은 것에 의해 설명되기 때문이다. 이와 같은 가설의 원리는 본디 다만 지성의 만족을 위해 사용되는 것으로서, 대상에 관한 지성 사용을 촉진하는 데 도움이 되는 것은 아니다. 자연에서의 질서와 합목적성은 자연적 이유에서, 또 자연법칙에 따라서 설명되지 않으면 안 된다. 따라서 이 경우에는 가장 조잡한 가설까지도 자연적이기만 하다면 어떤 초자연적인 가설, 즉 신과 같은 창조자를 전제 근거로 하려고 하는 가설보다는 훨씬 낫다. 왜냐하면 초자연적인 가설은 적어도 그 객관적 실재성을 그 가능성에 대해서 경험을 통해 간파할 수 있음에도 불구하고 간과해 버리며, 이성에게 매우 편리한 단순한 이념에 안주하려고 하는 나태한 이성의 원리라고 불러야 할 것이기 때문이다. 그러나 원인 계열에서의 설명 이유를 그 절대적 총체성에 대해서 말하자면, 그것은 세계의 대상들에 대해 어떤 제한도 주지 않는다. 왜냐하면 세계의 대상들은 현상(시간적 공간적으로)에 지나지 않으므로, 그것들에게서 조건 계열의 종합에서 어떤 완벽한 것을 기대할 수 없기 때문이다.

이성을 사변적으로 사용하기 위해 초월적 가설을 세우는 것과, 자연적인 설명 근거의 결손을 메우기 위해 초자연적 자유를 이용한다는 것은 결코 용서할 수가 없다. 왜냐하면 이로 인해 이성은 더 이상 진행될 수 없게 되고, 오히려 이성 사용의 모든 진행이 차단되어 버리며, 다른 한편으로는 이것을 허용하게 되면 결국 이성은 본디의 지반, 즉 경험을 처리함으로써 얻는 모든 성과를 잃을 수밖에 없기 때문이다. 왜 이러한 말을 하는가 하면, 자연의 해명이 막히면 우리는 으레 초월적 근거라고 하는 것을 비장의 무기로 삼기 때문이다. 이 초월적 근거는 그러한 탐구를 면제하고, 우리의 연구를 통찰에 의해 종결시키는 것이 아니라, 원리를 전혀 이해할 수 없다는 것으로 끝맺게 된다. 그 원리는 절대적으로 필수적인 개념을 포함하고 있어야 한다고 해서, 미리 고안된 것이다.

어떤 가설을 생각하는 것을 가치 있는 일이라고 여기게 하는 둘째 요점은, 주어져 있는 결론을 선험적으로 규정하기 위해 가설이 충분히 유효하다는 것이다. 이런 목적을 위해 보조적인 가설을 꼭 제시해야 한다면, 보조 가설은 단순한 허구(虛構)가 아닌가 하는 의혹을 불러일으킨다. 왜냐하면 그 어떤 보조 가설도 그 자체가, 바탕에 놓인 생각이 필요했던 것과 동일한 해명을 필요로 하여 유력한 증인이 될 수 없기 때문이다. 만약에 무제한으로 완전한 원인을 전제로 하여, 세계에서 볼 수 있는 모든 합목적성, 질서 및 크기에 대한 설명 근거에 아무 결함도 없다고 하자. 그래도 그 전제는 적어도 우리의 개념으로 보아 오차나 불합리가 생겼을 경우, (반론으로서의) 이들로부터 벗어나기 위해서는 다시 새로운 가설을 필요로 한다. 만약에 인간 영혼 현상의 밑바탕에 어떤 단순한 자립성이, 영혼에도 물질의 변화(증대와 감소)와 비슷한 현상이 있다고 하는 불합리한 일로 부정되었다고 하자. 그렇게 되면 체재를 갖추고 있지 않은 점으로 보아서는, 아무런 확증도 전혀 없는 새로운 가설에 도움을 구할 수밖에 없다. 있는 것이라고는 단지, 주된 근거로서 상정된 억측이 이들 현상에 주는 가설이다. 그런데 이 억측에 설명을 주어야 하는 것은 새로운 가설이어야 할 것이다.

여기에 예증으로서 든 이성의 주장(영혼의 비물체적 단일성과 최고 존재자의 현실 존재)이 만일 가설로서가 아닌 선험적으로 증명된 정설로서 인정되어야 한다면, 이들 주장은 전혀 문제가 되지 않는다. 그러나 그와 같은 경우 우리는 그 증명이 구체적 증명으로서의 반증 불가능한 확실성을 갖도록 해야 한다. 왜냐하면 그와 같은 이념의 현실성을 다만 개연적인 것으로 하려고 한다는 것은 앞뒤가 맞지 않는 생각이기 때문이다. 그것은 기하학의 명제를 단순히 개연적인 것으로서 증명하려는 것과 같은 생각이다. 모든 경험으로부터 유리된 이성은 모든 것을 선험적이고도 필연적인 것으로서 인식하거나, 아니면 전혀 인식할 수 없다. 그러므로 이성의 판단은 결코 의견이 아니며, 모든 판단의 단념, 그렇지 않으면 반증 불가능한 확실성 가운데 어느 한쪽이다. 억측과, 사물에 속한 것에 대한 개연적 판단은 다만 현실적으로 주어져 있는 것의 설명 근거로서만, 혹은 현실적인 것으로 밑바탕에 있는 것의 경험적 법칙에 의한 결론으로서, 즉 경험의 대상 계열에서만 생길 수 있다. 이 영역 밖에서 억측한다는 것은, 판단의 불확실한 길도 어쩌면 진리의 발견으로 이어지는 것이 아닐까 하는 억측이라면 몰라도, 생각과 장난을 치고 있는 것과 같다.

그러나 순수이성의 단순한 사변적 문제인 경우는, 어떤 현상의 명제를 그 사변 위에 세우기 위한 가설은 성립되지 않는다고 해도 이들 명제를 방어하는—독단적 사용이 아니라 해도, 논쟁적 사용에서—목적의 가설은 허용된다. 하지만 내가 말하는 방어란, 자기주장의 증명 근거를 증가시키는 것이 아니라, 우리가 주장하는 명제를 손상시킬 염려가 있는 상대방의 가상 통찰을 다만 좌절시키는 것을 의미한다. 그러나 순수이성에 의한 모든 종합적 명제에는, 어떤 이념의 실재성을 주장하는 사람이 결코 자기 명제에 대해 확실성을 입증할 만큼 알지 못하는 것과 마찬가지로, 다른 한편에서 상대방도 그 반대를 주장할 만큼 알고 있지 못한다는 특성을 가진다. 인간 이성의 숙명인 이와 같은 대결의 관계는, 확실히 어느 쪽도 편드는 것이 아니다. 또 거기에는 조정 불가능한 다툼에 대한 경기장도 없다. 하지만 여기에서 다음과 같은 일이 명확해진다. 이성이 충분한 근거도 없이, 단순한 사변적 영역에서 아무런 권한도 없이 전제하는 일을, 실천적 사용에 대해서는 가정하는 권리가 이성에게 있다는 것이다. 왜냐하면 이와 같은 모든 전제는 사변의 완전성을 손상하지만, 실천적 관심은 사변의 완전성에는 전혀 신경을 쓰지 않기 때문이다. 그러므로 거기에서는 이성이 소유하고 있는 것이라고는, 이성이 그 합법성을 증명할 필요가 없는 것, 또 사실상 증명도 할 수 없는 것들이다. 그러나 이 상대방도 의심을 받고 있는 대상의 현실성을 주장하는 쪽과 마찬가지로, 그와 같은 대상이 없다는 것을 증명하기 위해서 그것에 대해 무엇인가를 알고 있는 것은 아니다. 따라서 무엇인가를 실천적이고 필연적인 전제로서 주장하는 사람 쪽이 우위에 선다는 것(소유자의 조건 쪽이 우세하다)이 명확해진다. 말하자면 정당방위로서 사물을 자기에게 유리하게 돌아가도록 하기 위하여, 상대방이 그것에 반대하여 사용하고 있는 것과 같은 수단, 즉 다음과 같은 가설을 사용하는 것은 그에게 허용되어 있다. 전제의 증명을 강화하기 위해 유용한 가설은 전혀 아니고, 다만 상대방이 우리보다도 사변적 통찰에서 우위에 있다고 자만하고 있는 것치고는, 논쟁의 대상을 전혀 이해하지 못하고 있는 것을 나타내는 가설이다.

그렇기 때문에 순수이성의 영역에서는, 가설은 그 위에 권리를 세우기 위한 무기로서가 아니라, 다만 권리를 방어하기 위한 무기로서만 허용된다. 그러나 우리는 여기에서는, 적을 우리 자신 안에서 구하지 않으면 안 된다. 왜냐하면 사변적 이성은 선험적 사용에서 '그 자체로' 변증적이 되기 때문이다. 우리가 두려워해야만 할 반론은 오히려 우리 자신 속에 있는 것이다. 우리는 이들 반론을, 오래되었지만 결코 시효가 소멸되지 않은 요구처럼 찾아내야만 한다. 그것은 이들 반론을 근절하고, 그 위에 영원한 평화를 세우기 위해서이다. 외면적 평온은 다만 눈가림에 지나지 않는다. 인간 이성의 본성 속에 있는 이론(異論)의 싹은 따내지 않으면 안 된다. 하지만 그 싹을 들추어서 뿌리째 뽑기 위해서는, 싹이 돋아나서 잎을 내지 않으면 안 되는데, 우리가 그 싹에 그렇게 되기 위한 자유도 양분도 주지 않는다고 하면, 우리는 그 싹을 어떻게 없앨 수 있단 말인가? 그러므로 상대방이 아직 생각하지 않은 반론을 여러분 자신이 생각해 보는 것이 좋을 것이다. 아니 상대방에게 무기를 빌려주어 보든가, 그렇지 않으면 그가 바랄 수 있는 가장 유리한 위치를 그에게 양보하는 것이 좋다. 그 경우 두려워할 일은 아무것도 없고, 오히려 여러분은 장래에도 결코 공격당하는 일이 없는 소유물을 손에 넣을 것이라는 점을 바랄 수 있다.

그런데 여러분의 완전한 장비에는 순수이성의 가설도 포함되어 있다. 이 가설은 납으로 만든 무기에 지나지 않지만(그것은 경험적 법칙에 의해서 단련되지 않았기 때문에), 그래도 여전히 적이 여러분을 향해 사용할지도 모르는 무기이다. 그래서 만일 여러분에게 (무엇인가 다른 사변적이 아닌 관점에서) 영혼의 비물질적 본성과 물체적 변화를 받지 않는 본성에 대해서 다음과 같은 불편한 일이 생겼다고 하자. 즉 경험은, 그럼에도 불구하고 우리의 정신적 능력의 고양도, 그 파괴도 우리 기관의 여러 변형에 지나지 않는다고 증명하려는 것처럼 보인다는 것이다. 그렇게 되면 여러분은 이와 같은 증명의 힘을 우리의 신체는 기초적인 현상에 지나지 않고, 감성의 모든 능력과 모든 사고가 조건으로서의 이 기초적 현상에, 지금 있는 상태(삶)에서 관계한다고 생각함으로써 약화시킬 수가 있다. 신체로부터 떨어진다고 하는 것은, 여러분의 인식능력에서 이와 같은 감성적 사용을 끝맺는 동시에 지적 사용을 시작하는 것이다. 따라서 신체는 사고의 원인이 아니라, 다만 사고에 제한을 가하는 조건일 것이다. 다시 말해 신체는 확실히 감성적이고 동물적인 삶을 촉진하는 것으로 간주할 수 있지만, 그러니만큼 순수하고 정신적인 삶의 장해라고도 볼 수가 있을 것이다. 그리고 지적인 것이 신체적 성질에 의존한다는 것은, 삶 전체가 우리 기관의 상태에 의존하고 있다는 것을 전혀 증명해 주지 않는다. 그러나 여러분은 좀 더 앞으로 나아갈 수가 있고, 이제까지 제기되지 않았던 의문이나, 일어날 것 같지도 않았던 새로운 의문을 발견할 수가 있는 것이다.

인간에게나 비이성적인 피조물에게나 출생은 우연적인 것으로서, 때로는 생태계의 사정이나 정부와 정부의 자의적인 사고방식, 또는 죄악에 의해서까지도 좌우된다. 그것은 피조물이 영원에 걸쳐서 존속한다는 생각을 크게 곤란하게 만든다. 피조물의 삶은 이렇게도 하찮은, 우리의 자유에 완전히 맡겨진 사정 아래에서 시작된 것이다. 종족 전체의 존속(여기서는 지상에서의)에 있어서는, 이런 장해는 그다지 크지 않다. 왜냐하면 개체에서의 우연은, 그럼에도 불구하고 전체로서 규칙에 따르기 때문이다. 하지만 각 고체에 대해서는, 이토록 사소한 원인으로부터 이토록 강대한 결과를 기대한다는 것은 확실히 매우 미심쩍어 보인다. 그러나 이에 대해서 여러분은 초월적 가설들을 동원할 수가 있다. 즉 모든 삶은 본디 단지 가상적이며, 시간의 변화에는 전혀 지배되지 않고, 탄생에 의해서 시작된 것도 아니며, 죽음과 함께 끝나는 것도 아니다. 이 삶은 단순한 현상, 다시 말해 순수한 정신적 삶의 감성적 표상에 지나지 않으며, 감각계 전체는 지금 우리의 인식 방식에 떠오를 뿐인 단순한 상(像)으로, 꿈처럼 그 자체로서는 객관적 실재성을 가지지 않는다. 만약에 우리가 사물과 우리 자신을 있는 그대로 직관한다면, 우리는 우리 자신을 정신적 본성의 세계 안에서 보게 될 것이다. 그 세계에서는 우리의 유일하고 참다운 심신 결합은 탄생과 함께 비롯되지도 않았으며, 육체의 죽음(단순한 현상으로서의)과 함께 끝나는 것도 아니다, 등등.

그런데 여기에서 우리가 공격에 대항하여 가설적으로 상정하는 것은 모두 우리가 전혀 알지 못하는 것이며 진심으로 주장하고자 하는 것도 아니다. 모든 것이 이성 개념이 아니라, 방어를 위해 고안된 개념에 지나지 않는다. 하지만 우리는 여기에서 이성에 따라서 일을 진행하고 있는 것이다. 왜냐하면 상대방은 우리가 믿고 있는 일이 전적으로 불가능하다는 것을 증명하기 위해, 우리의 가설에는 경험적 조건이 결여되어 있다는 것을 잘못 주장하면서 모든 가능성을 내놓았다고 생각하고 있으므로, 우리는 그에게 다음과 같이 제시할 뿐이기 때문이다. 그는 가능한 사물 그 자체의 모든 영역을 단순한 경험 법칙으로 포괄할 수 없지만, 그것은 우리가 경험 밖에서는 우리의 이성 때문에 근거 있는 방식으로 아무것도 획득할 수 없다는 것과 전적으로 같고. 주제넘게도 부정적인 상대방의 월권에 대해서 이와 같은 가설적 대항 수단을 들고 나오는 자는, 이 대항 수단을 자기 자신의 참된 생각으로 여기는 자라고 간주해서는 안 된다. 그는 상대의 독단적인 자만을 처리하자마자, 곧 그 대항 수단을 없애기만 하면 이 대항 수단에서 손을 뗀다. 왜냐하면 누군가가 다른 사람의 주장에 대해서 단순히 거부하고 부정적인 태도를 취하는 일이 비록 소극적이고 온건한 것으로 보여도, 그가 막상 이와 같은 자기 이론(異論)을 반대 증명으로서 주장하자마자, 언제나 그의 요구는 긍정적 일파 쪽 못지않게 거만하고 자만에 가득 찬 것이 되기 때문이다.

이로부터 우리는 이성의 사변적 사용에서 가설은 억측 그 자체로서의 타당성이 아니라, 대립하는 초월적 월권과의 관계에서만 타당성을 갖는다는 것을 알 수 있다. 왜냐하면 가능한 경험의 원리를 사물 일반의 가능성으로 확대하는 것은 초월적이며, 그것은 모든 가능한 경험의 한계 밖에서가 아니면 그 대상을 찾아볼 수 없는 개념의 객관적 실재성을 주장하는 것과 전적으로 같기 때문이다. 순수이성이 단정적으로 판단하는 것은(이성이 인식하는 모든 것과 마찬가지로) 필연적이어야 하든가, 그렇지 않으면 전혀 무의미하든가 그 어느 한 쪽이다. 그렇기 때문에 이성은 사실상 억측을 포함하고 있지 않다. 그런데 문제가 되어 있는 가설은 개연적 판단에 지나지 않고, 물론 그 무엇에 의해서도 증명될 수 없다 해도, 적어도 논박은 당하지 않는다. 그러므로 가설은 개인적 억측이 아니다. 그러나 일어나는 의문에 대해서, 없어서는 안 되는 것이다(내적 편안함을 위해서도). 하지만 우리는 가설을 이와 같은 성질을 가진 것으로서 유지하지 않으면 안 된다. 그리고 가설이 그 자체로 인증된 것으로서, 어떤 종류의 절대적 타당성을 띠고 등장하지 않도록 두고두고 주의해야 한다. 또한 우리는 이성이 공상이나 허구에 빠지지 않도록 조심해야 한다.

제4절 증명에서 순수이성의 훈육

모든 초월적 종합적 인식의 증명 가운데서도, 선험적인 종합적 명제의 증명에는 다음과 같은 특수한 일이 따라다닌다. 이성은 지금 말한 명제에서, 이들 개념을 매개로 해서 직접 대상을 향해서는 안 되고, 미리 개념의 객관적 타당성과 그와 같은 개념의 종합 가능성을 선험적으로 설명하지 않으면 안 된다는 것이다. 이것은 다만 신중성을 위해 필요한 규칙일 뿐만 아니라, 증명 그 자체의 본질과 가능성에 관련된 것이다. 만약에 내가 대상의 개념을 선험적으로 초월해야만 한다면, 이 개념의 밖에 있는 특수한 실마리 없이는 불가능하다. 수학에서 나의 종합을 이끄는 것은 선험적 직관이다. 거기에서 모든 추리는 순수직관에 의해서 직접 이루어질 수 있다. 초월적 인식에서는, 그것이 다만 지성 개념을 다루는 한 그와 같은 지침은 가능한 경험이다. 다시 말해 증명은 주어진 개념(예컨대 생기는 것의 개념)이 그대로 다른 개념(원인의 개념)으로 연결된다는 것을 나타내 주지 않는다. 왜냐하면 이와 같은 이행은, 책임을 가질 수 없는 비약일 것이기 때문이다. 그렇지 않고 증명이 보여주는 것은, 경험 그 자체가, 그러니까 경험의 객체는 이와 같은 결합 없이는 불가능하다는 것이다. 그렇기 때문에 증명은 동시에, 사물의 개념에 포함되어 있지 않은 어떤 선험적 종합적 인식에 다다를 수 있다는 가능성을 제시해 주어야만 한다. 이러한 신중한 주의가 없다면, 증명은 강가에서 넘쳐 나온 물처럼 구불구불 가로질러 흘러가다가 숨어 있던 연상(聯想) 또는 비약이라는 경향성이 우연한 방식으로 유도하는 곳까지 이르게 되는 것이다. 확신의 가상은 연상의 주관적 원인에 입각하여, 자연스러운 친화성의 통찰로 간주된다. 그 가상은, 그와 같은 용기의 부추김을 받아 당연히 나타나지 않으면 안 되는 의혹과는 전혀 균형이 맞지 않은 것이다. 그렇기 때문에 충분한 이유의 원리를 증명하려고 하는 모든 시도도, 철학자들의 일반적인 고백에 의하면 헛수고였던 것이다. 그리고 초월적 비판이 나타나기까지는, 우리는 이런 원칙을 포기할 수 없었기 때문에, 새로운 독단적 증명을 시도하려고 하기보다는 오히려 대담하게 상식을 참고로 내놓은 것이다(이것은 도피이며, 결국 이성 문제가 절망적이라는 증거이다).

그러나 증명되어야 할 명제가 순수이성의 주장이고, 또한 내가 단순한 이념에 의해서 나의 경험적 개념을 넘어서려 한다고 하자. 그러면 증명은 그 증명력의 필연적 조건보다도, 오히려 종합의 그와 같은 과정이라는 조치(만일 이와 같은 조치가 다른 방식으로 가능하다고 하면)의 정당화를 포함하고 있지 않으면 안 될 것이다. 그러므로 우리의 생각하는 실체가 단순한 본성을 갖는다고 하는 억측적 증명이 겉으로는 통각의 통일에서 이루어졌다고 해도, 그 증명에는 다음과 같은 의혹이 불가피하게 앞을 가로막는다. 즉 절대적 단순성은 지각에 직접 호소할 수 있는 개념이 아니라, 이념으로서 단순히 추리되어야만 하므로 모든 사유 속에 포함되어 있는, 또는 적어도 포함될 수 있는 단순한 의식은 그 당장은 단순한 관념이라고는 하지만, 그것이 어떻게 나를, 사고만이 포함할 수 있는 어떤 사물의 의식과 지식으로 이끌 수가 있는가 하는 것은 전혀 알 수가 없다. 왜냐하면 내가 운동 중인 나의 신체 힘을 표상한다면, 신체는 그러한 상태에서 나에게 절대적인 통일체이며, 또 신체에 대한 나의 개념은 단순하기 때문이다. 그러므로 나는 관념을 점의 운동으로 표현할 수도 있다. 왜냐하면 신체의 육체 부피는 이때 문제가 되지 않으며, 힘을 감소시키지 않고 얼마든지 작게, 따라서 하나의 점 안에 있는 것으로 생각할 수 있기 때문이다. 그러나 여기에서 나는 신체의 운동력 말고는 나에게 아무것도 주어지지 않는다고 하면, 신체의 관념은 공간 내용의 크기를 모두 버리기 때문에 육체는 단순한 실체일 뿐이라고 추론하지는 않을 것이다. 그런데 추상에서 단순한 것은, 객체의 단순한 것과는 큰 차이가 있다. 그리고 '나'는 추상에서 단순한 것의 의미로는 다양성을 전혀 포함하지 않지만, 객체의 단순한 것의 의미로는 영혼 그 자체를 의미하기 때문에 매우 복합적인 개념일 수가 있다. 다시 말해 매우 많은 것을 자기 아래 포함하고 또 나타낸다. 그와 같은 것으로 해서 나는 오류 추리를 폭로하는 것이다. 그러나 그 오류 추리를 예측하기 위해서는(왜냐하면 이와 같은 사전 추리 없이는, 증명에 대해 전혀 의심을 말하지 않을 테니까) 아무래도 경험이 줄 수 있는 이상의 것을 증명해야 할 이와 같은 종합적 명제의 가능성의 시금석을 가까이 갖추어 두어야 한다. 그 시금석은 이러하다. 증명은 구하고자 하는 술어에 직접 연결되는 것이 아니라 우리에게 주어진 선험적 개념을 이념으로까지 확장하여, 이념 실현을 가능케 하는 원리를 매개로 해서만 술어로 연결된다는 것이다. 이와 같은 신중함이 언제나 지켜지고, 또 증명이 이루어지지 전에, 우리가 이미 신중하게 다음과 같은 일을 잘 생각해 본다고 하자. 우리는 어떻게, 어떠한 희망을 근거로 해서 순수이성에 의한 이와 같은 확장을 기대할 수 있는가. 또 이 경우 우리는 이와 같은 통찰을 도대체 어디에서 얻으려고 하는가 하고. 이들 통찰은 개념으로부터는 전개되지 않고, 또 가능한 경험과의 관계로 성취적으로 인식할 수도 없는 것이다. 그러면 우리는 곤란함에도 불구하고, 결실 없는 많은 노력을 하지 않을 수가 있다. 왜냐하면 우리는 분명히 이성의 능력을 초월하는 그 무엇도, 이성에 기대하지 않기 때문이다. 또는 어쩌면, 사변적 확장욕을 일으켰을 때 좀처럼 자기를 제한할 수 없는 이성을 절도라는 훈육에 따르게 하기 때문이다.

그러므로 제1의 규칙은 다음과 같다. 우리는 어디에서 여러 원칙을 가지고 오려 하는가, 이들을 어느 원칙 위에 수립할 작정인가, 또 어떠한 권리로 이들 원칙 위에 추리의 좋은 결과를 기대할 수 있는가, 이것을 미리 숙고하고 정당화 해 두기 전에는, 그 어떤 초월적 증명도 시도하지 않는다는 것. 이들이 지성의 원칙(예컨대 인과율)이라면, 그것을 사용해서 순수이성의 이념에 다다르려고 해도 헛일이다. 왜냐하면 지성의 원칙은 가능한 경험의 대상에밖에 타당하지 않기 때문이다. 만일 원칙이 순수이성에서 오는 것이라야 한다면, 모든 노력은 또 다시 소용없다. 이성은 원칙을 가지고 있기는 하지만, 객관적 원칙으로서는 모두 변증적이며, 어쨌든 체계적으로 서로 연관되는 경험 사용의 통제적 원리로 서밖에 통용되지 않기 때문이다. 그러나 자칭 증명이 이미 주어져 있을 때, 거짓 확증에 대해서는 여러분의 성숙된 판단력에 의한 '증거 불충분의 선고'를 가지고 반박해 보라. 그리고 비록 여러분이 그와 같은 가짜 증명을 아직 간파할 수 없다고 하더라도, 여러분은 거기에 사용되고 있는 원칙의 연역을 요구할 권리를 충분히 가지고 있다. 그 연역은, 이들 원칙이 단순한 이성에서 생긴 것이라고 한다면 여러분을 결코 만족시키지 못한다. 그리고 여러분은 모든 근거 없는 가상을 개진하거나 반박하거나 일에 관계할 필요는 전혀 없다. 오히려 여러분은 변증론 하나로는 통용되지 않는 기교를, 법을 요구하는 비판적 이성의 법정에서 통째로 일거에 기각할 수가 있다.

초월적 증명의 제2의 특이성은, 어느 초월적 명제에도 유일한 증명만이 발견될 수 있다는 것이다. 만약에 내가 개념에서 추론하는 것이 아니라, 개념에 대응하는 직관에서 추리해야 한다고 하자. 이 경우의 직관은 수학에서와 같은 순수직관이든, 자연과학에서의 경험적 직관이든 간에 상관없다. 그렇게 하면 바탕에 놓인 직관이, 종합적 명제의 소재를 준다. 나는 그 소재를 여러 가지 방식으로 결부시켜, 또한 나는 여러 점에서 출발해도 좋으므로, 여러 가지 과정을 거쳐 동일한 명제에 이를 수가 있다.

그러나 모든 초월적 명제는 오로지 하나의 개념으로부터 나온다. 그리고 이 개념에 따라 대상을 가능하게 하는 종합적 조건을 말한다. 그러므로 증명 근거는 단 하나일 수가 있다. 왜냐하면 이 개념 말고는 대상을 규정할 수 있는 것은 없고, 그래서 증명―이것도 단 하나밖에 없다―은 대상 일반의 규정 이외의 것을 포함할 수가 없기 때문이다. 예를 들면 우리는 초월적 분석론에서 '생성하는 모든 것에는 원인이 있다'라고 하는 원칙을, 생기는 것의 일반에 대한 개념을 객관적으로 가능하게 하는 유일한 조건으로부터 이끌어 냈다. 그 조건이란 시간에서의 사건 규정, 즉 그 자체(사건)는 이와 같은 역학적 규칙에 따르지 않으면 경험에 속하는 것으로는 불가능하다는 것이다. 그런데 이것은 또한 유일하게 가능한 증명 근거이기도 하다. 왜냐하면 인과성의 법칙을 통해서 개념에 대상이 지정되는 것에 의해서만 제시된 사건은 객관적 타당성, 곧 진리성을 가지기 때문이다. 분명히 이 원칙에 대해서 사람들은, 예를 들어 우연성에 의한 증명과 같은 다른 증명을 시도해 왔다. 그런데 이 원칙을 잘 살펴보면 '생기는' 것 이외에는, 즉 대상의 비존재가 앞선다는 것 이외에는 우연성의 특징을 찾아볼 수가 없다. 그래서 우리는 언제나 또다시 동일한 증명 근거로 되돌아오는 것이다. '사고하는 것은 모두 단순하다'라고 하는 명제가 증명되어야 한다고 하자. 그러면 우리는 사고의 다양성에 머무르는 일 없이, 단순하고 또한 모든 사고가 관계하는 '나'라고 하는 개념에 계속 얽매이게 된다. 신의 존재의 초월적 증명에 대해서도 사정은 같다. 이 증명은 단순히 가장 실재적인 존재자라는 개념과 필연적인 존재자라는 개념의 호환성에 입각하는 것으로, 달리 구하려야 구할 수가 없다.

이와 같은 경고적인 주해에 의해, 이성의 주장에 대한 비판은 대폭적으로 축소된다. 이성이 자기 일을 단순한 개념에 의해 행하는 경우, 만일 어떤 증명이 가능하다면 단 하나의 증명만이 가능할 것이다. 그러므로 우리가 만일 독단론자가 열 개의 증명을 가지고 등장하는 것을 보았다고 하더라도, 그는 어떤 증명도 가지고 있지 않다고 생각해도 틀리지는 않는다. 만일 그가 반증 불가능한(순수이성의 문제에서는 그렇지 않으면 안 된다) 증명을 가지고 있다면, 무엇 때문에 다른 증명을 필요로 할 것인가? 그의 의도는 다만 저 의회 변호사의 의도와 같은 것이다. 즉 이 재판관들의 약점을 이용하기 위해서 어떤 논증은 이 재판관에게, 다른 논증은 저 재판관 하는 식으로 이루어지는 것이다. 재판관들은 깊이 관여하지 않고 다만 일에서 빨리 벗어나기 위해서 그들의 주의를 가장 끄는 것을 논증으로 채용하여, 그에 따라서 판결을 내리는 것이다.

순수이성이 선험적 증명에 대해 하나의 훈육에 따를 경우, 순수이성의 제3의 고유 법칙은 '그 증명은 결코 귀류법(歸謬法)이 아니라 언제나 명시적이어야 한다'는 것이다. 직접적, 즉 명시적 증명은 모든 종류의 인식에서 결부되고, 동시에 진리의 원천에 대한 통찰과 결부된 증명이다. 이에 반해 귀류 증명은 틀림없이 확실성을 가져올 수는 있지만, 진리를 가능하게 하는 근거와의 관계에 대해서 진리의 명료성을 가져올 수는 없다. 그렇기 때문에 귀류 증명은, 이성의 모든 목적을 채우는 절차라고 하느니보다는 오히려 응급조치이다. 하지만 귀류 증명에서의 모순은 언제나 최상의 결합 이상으로 관념의 명석함을 동반하고 있다는 점, 또 그것에 의해서 구체적 논증의 직접적 성격에 보다 가깝다고 하는 점에서 직접 증명보다 명증성에서 더 낫다.

여러 가지 학문에서 귀류 증명이 사용되고 있는데, 그 본래의 이유는 지금 말한 데에 있을 것이다. 어떤 종류의 인식이 도출되어야 할 근거가 너무나도 다양하고, 너무나 깊이 숨어 있는 경우, 우리는 이들 근거가 귀결에서 얻어지지나 않을까 하고 찾아본다. 그런데 인식 결론의 진리성에서 인식의 진리성을 추리하는 적극적 추리법은, 인식에서 오는 모든 가능한 결론이 참인 경우에만 허용되었을 것이다. 왜냐하면 이들 결론에는 유일한 근거가 가능하며, 그 근거도 참다운 근거이기 때문이다. 그러나 이 방식은 실행할 수 없다. 왜냐하면 가정된 어떤 명제의 모든 가능한 결론을 꿰뚫어 본다는 것은 우리의 능력을 넘어서 있기 때문이다. 하지만 무엇인가를 단순히 가설로서 증명하는 것이 문제가 될 때에는, 물론 어느 정도 조심해서이기는 하지만 우리는 이와 같은 추리 방식을 사용한다. 왜냐하면 유추에 의한 추리가 용인되어 있기 때문이다. 다시 말해 우리가 시험한 것만큼의 결론이 가정된 근거와 일치하면, 나머지 다른 가능한 결론들도 근거와 일치한다. 그러나 그렇다고 해서 이 방법에 의해 가설이 논증된 진리로 바뀌는 일은 결코 있을 수가 없다. 결론에서 근거를 추리하는 이성의 폐기적 추리법(귀납적 추리법)은 완전하고 엄밀하게 증명할 뿐만 아니라 매우 손쉽게 증명한다. 왜냐하면 어떤 명제로부터 단 하나라도 잘못된 결론이 나오는 일이 있으면, 이 명제는 잘못되어 있기 때문이다. 그런데 명시적 증명의 계열 전체는 하나의 인식의 진리성—그 가능성에의 완전한 통찰에 의해서—으로 통할 수 있지만, 그 계열 전체를 답파하지 않아도 우리는 이 인식의 반대에서 생기는 결론 안에 단 하나라도 잘못을 발견하기만 하면 된다. 어떤 것을 다만 가설로서 증명하는 것이 문제인 경우에는, 물론 이것은 특별한 변용이지만, 이런 추론 방식을 사용한다. 이 변용의 경우에는, 우리가 검토했던 귀결이 그 상정된 이유와 일치한다면 다른 모든 가능한 귀결도 그것과 일치하리라는 추론이 성립한다. 그러면 이 반대가 잘못이며, 따라서 증명되지 않으면 안 되었던 인식은 진리이다.

그러나 귀류적 증명법은 우리 관념의 주관적인 것을 객관적인 것과, 즉 대상의 사물 인식과 바꿀 수가 없는 학문에 있어서만 허용될 수 있다. 하지만 객관적인 것이 우세한 경우, 곧잘 다음과 같은 일이 일어나지 않을 수가 없다. 어떤 종류의 명제의 반대가, 다만 사유의 주관적 조건과는 모순되지만 대상과는 모순되지 않거나, 그렇지 않으면 양쪽 명제가 잘못되어 객관적이라고 간주된 주관적 조건 아래에서만 서로 모순된다는 점이다. 그리고 조건이 잘못되어 있으니까 양쪽 명제는 다 같이 잘못되어 있고, 한쪽이 잘못되어 있다고 해서 다른 한쪽이 진리라고 하는 것은 추리될 수 없다는 것이다.

수학에는 이와 같은 교환은 있을 수 없다. 그러므로 귀류 증명은 거기에서도 꼭 알맞은 자리를 얻고 있는 것이다. 자연과학에서는 모든 것이 경험적 직관에 근거를 두고 있으므로, 그 교환은 대부분은 많은 관찰과 비교함으로써 대충 방지를 할 수가 있다. 그러나 이 증명법은 여기서는 거의 중요하지 않다. 이에 반해 순수이성의 초월적 시도는, 모두 변증적 가상이라는 고유의 매개 범위 내에서 이루어진다. 다시 말해 이성의 전제에서 그 스스로는 주관적이면서 자기를 객관적이라고 주장하고, 뿐만 아니라 강제하려고까지 하는 주관적인 것을 매개로 해서 이루어진다. 그런데 여기에서는 종합적 명제에 대해서 말하자면, 반대 주장을 논박함으로써 자기주장을 정당화하는 것은 전혀 허용되지 않는다. 그 이유는 두 가지이다. 첫째로, 이 논박은 우리 이성에 의한 명료성의 주관적 조건과 서로 상반되는 의견의 다툼을 나타내고 있는 데에 지나지 않는다. 그것은 문제 자체를 부인하기에는 전혀 쓸모가 없다(예컨대 절대적 존재자의 현실 존재에서의 무조건적 필연성은 우리가 이해할 수 있는 일은 아니며, 그렇기 때문에 주관적으로는 당연히 최고의 필연적 존재자의 사변적 증명에는 위배되지만, 그와 같은 근원적 존재자의 가능성에는 그 자체로서는 부당하게도 위배되는 것과 마찬가지이다). 둘째로, 주장하는 쪽과 부정하는 쪽 모두 초월적 가상에 속아서 대상의 있을 수 없는 개념을 바탕에 놓는다. 거기에서는 '존재하지 않는 것에는 술어를 붙일 수도 없다'고 하는 규칙이 적용된다. 다시 말해 사람이 긍정적으로 주장한 것이나, 부정적으로 주장한 것이나 모두 잘못되어 있다. 귀류적으로 반대를 논박했다고 해도, 진리의 인식에는 이르지 못하는 것이다. 예를 들면 감각계는 그 자체로서, 그 전체에 대해서 주어져 있다고 전제한다. 그렇게 되면 감각계는 공간적으로 무한이어야 하거나, 유한해서 한계가 지워져 있어야 하지만, 어느 쪽이나 잘못이다. 왜냐하면 현상(단순한 관념으로서의)이 그 자체로서 (객체로서) 주어져 있다고 하는 것은, 있을 수 없는 일이기 때문이다. 그리고 이 상상된 전체의 무한성은 확실히 무조건이지만, (모든 것이 현상에서 조건지워져 있기 때문에) 개념 안에 전제된 무조건적인 양적 규정에 모순되기 때문이다.

귀류적 증명법은 우리의 독단적 궤변가의 철저성을 찬미하는 자에게 언제나 기대를 가지게 한 겉치레의 원흉이기도 하다. 이 증명법은 자기가 인정한 당파의 명예와 의심할 수 없는 권리를, 그것을 의심하려고 하는 사람이면 누구하고나 싸움을 떠맡는 챔피언과도 같은 것이다. 이와 같은 호언장담에 의해서는 사항에 대한 어떤 것도 결정되지 않으며, 다만 논쟁자 서로 간의 힘에 대해서만 뭔가 이루어질 수 있을 것이다. 그러나 이 또한 공격적으로 나오는 쪽에만 유리할 뿐이다. 구경꾼은 논쟁자 누구나가 순차적으로 어떤 때는 승자가 되고, 어떤 때에는 패배하는 모습을 보면서, 그것이 계기가 되어, 때때로 논쟁 그 자체에 회의적이 되는 것이다. 하지만 구경꾼이 그렇게 할 근거는 없다. 그들에게는 '시간은 그와 같은 방어를 필요로 하지 않는다' 선언하면 충분하다. 그의 반대자가 주관적 근거에 입각한다고 하면 그를 논박하는 일은 물론 간단하다. 그러나 그렇다고 해서 독단자에게 유리하게는 되지 않는다. 독단론자는 흔히 마찬가지로 판단의 주관적 근거에 의존하고, 따라서 마찬가지로 그의 반대자에 의해서 궁지에 몰릴 수가 있기 때문이다. 하지만 양쪽 당사자가 오직 연역적으로 절차를 취하면 결과는 둘 중 하나이다. 하나는, 자기들 주장의 권리증서를 발견하는 일이 어려울 뿐만 아니라 불가능하다는 것을 그들 자신이 알아차려서 결국 시효에 호소할 수밖에 없을 것이다. 또 하나로는, 비판이 독단적 가상을 손쉽게 발견하여 사변적 사용에 있어서의 이성의 지나친 월권을 단념하도록 하고, 이성 고유의 토양에, 즉 실천적 원칙의 한계 내로 물러나도록 이성을 강요하는 일이다.

제2장 순수이성의 규준

인간의 이성이 그 순수한 사용에서 아무런 성과를 거두지 못할 뿐만 아니라, 그 무절제를 억제하기 위해서, 또 무절제에서 오는 가짜를 방지하기 위해서 훈육을 필요로 한다는 것은 굴욕적인 일이다. 그러나 다른 면에서 보면 이성은 타자에 의해서 감독받는 것을 허용하지 않고서도 스스로 이 훈육을 실행할 수 있고, 또 실행해야 한다. 마찬가지로 이성이 사변적 사용에서 할 수 없이 설정하는 한계는, 동시에 모든 논적의 궤변적 월권을 제한한다. 따라서 이성은 이전에는 지나쳤던 자신의 요구 가운데 자신에게 남겨져 있을지도 모르는 모든 것을, 모든 공격에 대해서 확보할 수가 있다. 그러므로 순수이성의 모든 철학의 최대이면서 아마도 유일한 효용은, 소극적인 것에 지나지 않는다. 왜냐하면 철학은 기관으로서 확장에 도움되는 것이 아니라 훈육으로서 한계 책정에 유용한 것이며, 진리를 발견하는 대신 오류를 방지한다는 소극적인 공적을 다하는 것이기 때문이다.

그러나 순수이성의 영역에 속하는 적극적 인식의 원천이 있어야 한다. 그와 같은 인식은 아마도 오해에 의해 잘못을 유발하고 있을 뿐, 실제로는 이성 노력의 목표를 이루는 것이다. 그렇지 않다면 어디까지나 경험의 한계를 넘어서 어딘가에 확고한 발판을 찾으려고 하는, 발산되지 않은 욕구는 어떤 원인으로 돌릴 수 있다는 것인가? 이성은 그 자신이 큰 관심을 가지는 대상을 예상한다. 이성은 그와 같은 대상에 가까이 가려고 순전한 사변의 길을 걷게 된다. 하지만 그 대상은 이성으로서 멀리 떨어진다. 이성에 대한 행운은 아마도 이성에 여전히 남겨진 유일한 길에서, 즉 실천적 사용의 길에서 기대할 수 있을 것이다.

내가 말하는 규준(카논)이란, 어떤 종류의 인식능력 일반을 올바르게 사용하는 선험적 원칙의 총체를 의미한다. 그렇게 되면 일반 논리학은 그 분석적 부문에서 지성과 이성 일반에 대한 카논이지만, 그것은 형식에 대해서뿐이다. 왜냐하면 일반 논리학은 모든 내용을 무시하기 때문이다. 따라서 초월적 분석론은 순수지성의 규준이었던 것이다. 왜냐하면 순수지성만이 선험적인 종합적 인식을 가지기 때문이다. 그러나 인식능력의 올바른 사용이 불가능한 경우, 규준은 존재하지 않는다. 그런데 순수이성의 사변적 사용에 있어서의 모든 종합적 인식은, 지금까지의 증명에 의하면 전적으로 불가능하다. 그렇기 때문에 순수이성의 사변적 사용의 규준은 전혀 존재하지 않으며(왜냐하면 이와 같은 사용은 어디까지나 변증적이기 때문이다), 오히려 초월적 논리학은 모두 이와의 관련에서 말하자면 훈육 바로 그것이다. 따라서 만일 순수이성의 올바른 사용이 있고, 그 경우 순수이성의 규준이 있어야 한다면, 그와 같은 규준은 사변적인 이성 사용에 관한 것이 아니라, 실천적인 이성 사용에 관한 것일 것이다. 그것을 우리는 이제부터 연구해 보기로 하자.

제1절 우리 이성의 순수사용의 궁극 목적에 대해서

이성은 그 본성적 경향에 따라 경험적 사용을 넘어서서, 순수한 사용에 있어서 단순한 이념에 의해 모든 인식의 궁극적 한계를 넘어 자기 활동권역을 비로소 완성함으로써, 즉 체계적 전체 자체에서만 비로소 안주를 얻는다. 그런데 이 노력은 다만 이성의 사변적 관심에 바탕을 두고 있는 것일까? 그러지 않으면 어디까지나 이성의 실천적 관심에 바탕을 두고 있는 것일까?

나는 순수이성이 사변적 의도에서 손에 넣는 행운에 대해서는 잠시 접어두기로 한다. 그리고 해결하면 이성의 궁극적 목적이 되는 과제―이 궁극 목적을 이성이 달성할 수 있든, 달성할 수 없든―만을 문제로 삼는다. 이 궁극 목적에 비하면 다른 모든 목적은 수단으로서의 가치밖에 가지지 못한다. 이들 최고 목적은 이상의 본성으로 보아, 보다 높은 관심에는 종속시킬 수 없는 인류의 관심을 추진하기 위해서 다시 통일성을 가지지 않으면 안 된다.

초월적 사용에서의 이성의 사변이 마지막으로 다다르는 궁극 목적은 다음세 가지 주제, 즉 의지의 자유와 영혼의 불사, 신의 존재에 관련된다. 이들 세 가지 어느 것에 대해서도 이성의 사변적 관심은 매우 미미한 것에 지나지 않는다. 이 관심에 대해서는 초월적 연구의, 끊임없는 장해와 격투하는 어려운 일을 떠맡기란 곤란할 것이다. 왜냐하면 초월적 연구에 대해 이루어지는 어떠한 발견도 구체적으로는, 곧 자연 연구에서는 유용성이 증명되는 것과는 달라서 사용할 수가 없기 때문이다. 의지는 자유라고 하더라도, 그것은 우리 의욕의 가상적 원인에 대해서만 말할 수 있는 것이다. 왜냐하면 첫째로, 의지의 표현으로서의 현상에 대해서 우리는 그것을, 불가침의 근본 지침―이것 없이는, 우리는 이성을 경험적 사용에서 행사할 수가 없다―에 의해서 결코 다른 모든 자연 현상과 다른 방식으로는, 즉 부동의 법칙 말고 다른 것으로는 설명할 수가 없기 때문이다. 둘째로, 영혼의 정신적 본질(그것과 함께 영혼의 불사)도 통찰될 수 있지만, 그것에서 현세의 현상들에 대한 어떤 설명이나 내세의 특수한 상태에 대한 설명 근거를 기대할 수도 없다. 왜냐하면 비물체적 본성이라고 하는 우리의 개념은 부정적인 것에 지나지 않는 것으로, 우리 인식을 조금도 확장하는 것이 아니고―아마도 허구로서밖에 통용되지 않는 추리에 쓸모가 있는 것 말고는―추리에 유용한 소재를 제공해 주지도 않기 때문이다. 그러나 허구는 철학이 허용하는 것이 못 된다. 셋째로, 최고 지혜의 존재가 증명되었다고 하더라도, 우리는 거기에서 분명히 세계 구조에서 볼 수 있는 합목적인 것과 일반적인 질서를 명확히 할 것이다.

우리는 질서에서의 합목적성을 일반적으로는 이해할 수 있겠지만, 어떤 특수한 조직이나 질서를 이끌어 낼 수는 없다. 또한 그러한 것들을 우리가 지각할 수 없는 곳에서 대담하게 추론할 수 있는 권리는 결코 허용되지 않는다. 하지만 우리에게는 거기에서 무엇인가 특수한 구조나 질서를 끌어내거나, 질서를 확실히 볼 수가 없는데도, 그것을 대담하게 추리할 권리가 아마도 없다. 왜냐하면 자연 원인을 간과하지 말라는 것, 그리고 우리가 알고 있는 것을 우리의 모든 지식을 완전히 초월한 것으로부터 이끌어 내려고 하는 나머지, 경험을 통해서 알 수 있는 것을 포기해 버리지 않도록 하는 일이 이성의 사변적 사용의 필연적 규칙이기 때문이다. 한마디로 말하자면 이들 세 가지 주제는 사변적 이성에 대해서 언제나 초험적이며, 내재적으로는 전혀 사용되지 않는다. 즉 경험의 대상을 위해 허용되지 않으므로, 우리에게 어떤 방식으로든 유용하게 사용되는 일은 전혀 없다. 오히려 이들 주제는 그 자체로 보자면 우리 이성의 더할 나위 없이 힘든 노력이면서도, 동시에 전혀 쓸모없는 노력이다. 따라서 이 세 기본 명제가 우리의 '지식'을 위해서는 전혀 불필요함에도 불구하고 한편으로 우리 이성에 의해 절실하게 추천된다면, 그 중요성은 다만 '실천적'인 것에만 관여하는 것이어야 한다.

실천적인 것이란, 자유에 의해 가능하게 되는 모든 것을 말한다. 그러나 우리의 자유로운 선택의지를 행사하는 조건이 경험적인 경우 이성은 통제적으로밖에 사용할 수 없고, 다만 경험적 법칙의 통일을 불러일으키는 데에밖에 쓸모가 없다. 예를 들면 현명함에 대한 가르침에서는 우리의 경향성에 의해 우리에게 부과되는 모든 목적을 '행복'이라고 하는 유일한 목적에 합일시켜, 거기에 이르는 수단을 일치시키는 일이 이성의 모든 과업이다. 따라서 이성은 감각이 우리에게 권유하는 목적을 이루기 위해서는, 자유로운 행동의 실용적인 법칙만을 줄 수 있을 뿐, 완전히 선험적으로 규정된 순수한 법칙을 줄 수는 없다. 이에 반해 순수한 실천적 법칙의 목적은 이성에 의해 완전히 선험적으로 주어져 있고, 이 법칙은 경험적으로 제약을 받지 않고 절대적으로 명령하는 것이며, 순수이성의 산물일 것이다. 하지만 그와 같은 법칙은 도덕적인 법칙이며, 따라서 이것만이 순수이성의 실천적 사용에 속하여 규준을 가능하게 한다.

그렇기 때문에 이성의 모든 장비는 순수 이성이라고 불릴 수 있는 이론 전개 작업에서는, 사실 앞서 말한 세 가지 문제에만 향하고 있다. 그러나 이들 문제 자신이 또한 더 높은 목적을 가지고 있다. 이것은 최고 목적과의 관계에서의 우리 행동과 관련된다. 그러므로 우리에게 이성을 구비시킴에 있어서 사려 깊게 배려하는 자연의 궁극 목적은, 본디 다만 도덕적인 것으로만 향하고 있다.

그러나 우리는 초월적 철학과는 인연이 없는[5] 주제에 주의를 돌리므로, 신중함이 필요하다. 그것은 옆길로 빠져서 체계의 통일을 손상하는 일이 없도록 하기 위한 것이며, 다른 한편으로는 우리가 새로운 주제에 너무 지나치게 과묵하게 되어 체계가 명료성과 확증이 결여되지 않도록 하기 위한 것이다. 나는 나

---

5) 모든 실천적 개념은 '마음에 든다'거나 '마음에 들지 않는다'거나, 즉 '쾌'냐 '불쾌'냐의 대상으로 향한다. 따라서 적어도 간접적으로 우리 감정의 대상으로 향한다. 그러나 감정은 결코 사물을 나타내는 능력이 아니고, 오히려 모든 인식의 밖에 있다. 그렇기 때문에 우리 판단의 구성 요소가 쾌, 불쾌에 관계하는 한, 이들 요소는 실천적 철학에 속하며 초월적 철학의 총체에는 속하지 않는다. 초월적 철학은 오직 선험적 순수인식과 관련된다.

자신을 될 수 있는 대로 초월적인 것에 밀착시켜 심리학적인 것, 즉 경험적인 것을 전적으로 무시함으로써 지금 말한 두 가지 일을 성취하기를 바라고 있다.

그래서 먼저 주의해 두어야 할 일이 있다. 나는 자유라는 개념을 다만 실천적인 의미에서만 사용한다는 것이다. 그리고 초월적 의미에서의 자유 개념은 현상의 설명 근거로서 경험적으로는 전제될 수 없으며, 그것을 여기에서는 무시한다는 것이다. 다시 말해 감성적인 자극으로밖에, 즉 병리학적으로밖에 결정할 수 없는 선택 능력은 동물적(동물적 의지)인 것에 지나지 않는다. 이에 반해 감성적 자극과는 독립적으로, 곧 이성에 의해서만 생각에 떠올릴 수 있는 동인에 의해서 결정되는 선택 능력은 자유로운 선택의지(자유의지)라고 불린다. 그리고 근거로서이든, 결과로서이든 이 자유로운 선택의지와 관련되어 있는 것은, 모두 실천적이라고 불린다. 실천적 자유는 경험에 의해서 증명될 수 있다. 왜냐하면 우리를 자극하는 것, 즉 감성을 직접 촉발하는 것만이 인간의 선택의지를 결정하는 것이 아니라, 우리는 멀리 떨어져 있는 방식에 의해서까지도 무엇이 유익하고 무엇이 유해한가를 생각에 떠올림으로써, 우리의 감성적 욕구 능력으로부터 받는 인상을 극복하는 능력을 가지고 있기 때문이다. 그러나 무엇이 바람직한가, 곧 무엇이 좋고 유익한가에 대해서 이와 같이 숙고한다는 것은 이성에 의거해 행해지는 것이다. 그러므로 이성은 자유의 객관적 법칙으로서의 법칙도 준다. 그 법칙은 어쩌면 실제로는 결코 일어나지 않는다 해도, 무엇이 일어날 것인가를 알리는 것이며, 그 점에서 무엇이 일어나는가만 문제로 삼는 자연법칙과는 구별된다. 그렇기 때문에 그것은 도덕법칙이라고 불리는 것이다.

그런데 이성은 이와 같은 행위에서 법칙을 지정하는 것이지만, 이성 자신이 다시 다른 영향에 의해서 규정되고 있는 것이 아닌가? 또 감성적인 자극에 대해서 자유라고 불리는 것은 보다 높게, 보다 먼 작용 원인으로 보자면 또한 자연이 아닌가? 이 점은 실천적 영역에서 우리가 관여할 바가 아니다. 왜냐하면 우리는 먼저 이성에게 행동을 지시하는 것만을 문제로 삼기 때문이다. 아니 그보다는, 지금 말한 문제는 단순한 사변적인 문제이며, 그것은 우리의 목적이 '하느냐', '하지 않느냐'라고 하는 것을 향하고 있는 한 무시해도 좋은 것이다. 그렇기 때문에 우리는 실천적 자유를 경험에 의해 자연 원인의 하나로서, 즉 의지 결정에 있어서의 이성의 한 인과성으로서 인식한다. 그럼에도 불구하고 초월적 자유는 이 이성 자신이 감성계의 모든 결정 원인으로부터 독립해 (현상의 계열을 개시하는 이성의 인과성에 대해서) 있을 것을 요구한다. 그런 점에서 초월적 자유는 자연법칙에, 즉 모든 가능한 경험에 위배되어 있는 것처럼 보이고, 따라서 문제로서 남게 된다. 그러나 이것은 실천적 사용에서의 이성 문제에 속하는 일은 아니다. 그러므로 우리는 순수이성의 규준에서, 순수이성의 실천적 관심에 관련되는 다음 두 가지 문제만을 다룬다. 신은 있는가, 내세는 있는가. 이들 문제에 대해서, 이성 사용의 규준이 가능하지 않으면 안 된다. 초월적 자유를 둘러싼 문제는 단순히 사변적인 앎과 상관되지만, 실천적 일이 문제가 될 때 그것은 전적으로 무시해도 좋고, 또 그것에 대해서는 순수이성의 이율배반(모순)에서 충분히 해명되어 있다.

제2절 순수이성의 궁극 목적의 결정 근거로서 최고선의 이상에 대해서

이성은 그 사변적 사용에서, 경험의 영역을 통해 우리를 이끌어 주었다. 또 거기에서는 완전한 만족을 전혀 얻을 수가 없기 때문에, 이성은 우리를 사변적인 이념으로 이끌었다. 그러나 사변적 이념은 결국 우리를 다시 경험으로 이끌었다. 그렇기 때문에 사변적 이념은 그 의도를, 유익하기는 했지만 우리 기대에는 전혀 부응되지 않는 방식밖에 채우지 못했다. 그런데 우리에게는 또 하나의 시도가 남아 있다. 즉 순수이성에도 실천적 사용이 있는 것이 아닌가, 순수이성은 실천적 사용에서 우리가 지금 말한 순수이성의 최고 목적을 달성하는 이념으로 통하고 있는 것은 아닌가? 따라서 순수이성은 자기가 사변적 관심에 대해서 단호하게 거부한 것을, 그 실천적 관심이라는 관점에서 인정해 줄 수가 없는 것인가?

나의 이성에 대한 관심(사변적 관심과 실천적 관심)은 모두 다음의 세 가지 물음에 정리되어 있다.

① 나는 무엇을 알 수 있는가?

② 나는 무엇을 해야 하는가?

③ 나는 무엇을 희망해도 좋은가?

그 가운데 첫째 물음은 전적으로 사변적이다. 우리는 (내가 자부하고 있는 바이지만) 이 물음에 대한 모든 가능한 해답을 살피고, 마지막으로 다음과 같은 대답을 찾았다. 그 대답은 틀림없이 이성을 만족시킬 테고, 이성이 실천적인 것에 눈을 돌리지 않아도 만족할 만한 이유를 가지고 있다. 그러나 우리는 순수이성의 이 모든 노력이 본디 지향했던 두 가지 커다란 목적으로부터 멀리 떨어져 한가하게 자세를 취하는 나머지, 마치 이 작업을 처음부터 거부하고 있었던 것 같다. 그러므로 만일 앎이라고 하는 점에서 말하자면, 적어도 이 두 가지 과제에 대해서 우리는 결코 앎에 관여할 수 없으며, 이미 결정이 난 일이다.

둘째 물음은 전적으로 실천적이다. 그것은 분명히 순수이성에 속하고는 있지만, 그 경우에는 초월적이 아니라 도덕적이다. 따라서 그것은 우리 비판이 다룰 문제는 아니다.

셋째 물음, 즉 '내가 해야 할 일을 한 경우 나는 무엇을 바랄 수 있는가?' 하는 물음은 실천적임과 동시에 이론적이다. 실천적인 면은 다만 해답의 실마리로서만, 이론적인 물음과 (그것이 높아지면) 사변적인 물음에 대한 답까지 통하는 방식에 있어서이다. 왜냐하면 바란다고 하는 것은 모두 행복을 지향하고, 실천적인 것과 도덕법칙을 의도한다는 점에서는 앎과 자연법칙이 사물의 인식에 관여하는 것과 완전히 같기 때문이다. 실천적인 일은 결국 무엇인가(궁극적이고 가능한 목적을 결정하는)가 있는 것은 그 무엇인가는 일어나야 할 일이기 때문이라는 결론에, 이론적인 일은 무엇인가(최고 원인으로서 작용하는)가 있는 것은 그 무엇인가는 일어나기 때문이라는 결론에 이른다.

행복이란 우리의 모든 경향성을 만족시키는 일이다(경향성의 다양성에 대해서는 외연적인, 그 정도에 있어서는 내포적인, 또 지속에 대해서는 시간이 늘어난). 행복을 동인으로 하는 실천적 법칙을, 나는 실용적이라고 부른다(현명함의 규칙). 이에 대해서 행복으로서의 가치가 있다는 것 외의 어떤 것도 동인으로 하지 않는 실천적 법칙을 나는 도덕적이라고 부르고자 한다(도덕법칙). 제1의 실용적 법칙은 우리가 행복을 얻으려면 어떻게 해야 할 것인지를 조언해 준다. 제2의 도덕법칙은 다만 행복의 자격을 얻기 위해서는 우리가 어떻게 행동해야 할 것인지를 명령한다. 제1의 법칙은 경험적 원리에 입각한다. 왜냐하면 경험에 의하지 않고서는 나는 채우려고 하는 어떠한 경향성이 있는지도, 경향성의 충족을 생기게 하는 자연 원인이 어느 것인가도 알 수 없기 때문이다. 제2의 법칙은 경향성과, 그것을 만족시키는 자연의 수단을 무시한다. 그리고 이성적 존재자 일반의 자유와, 자유가 원리에 따라 분배된 행복과 조화를 이룰 수 있는 필연적 조건만을 고찰한다. 따라서 도덕률은 적어도 순수이성의 단순한 이념을 기초로 하는 동시에 선험적으로 인식될 수 있다.

나는 다음과 같이 가정한다. 완전히 선험적으로(경험적인 운동 원인, 즉 행복을 고려하지 않고) 결정하는 순수한 도덕법칙이, 즉 이성적 존재 일반의 자유 사용을 결정하는 순수한 도덕적 법칙이 존재한다고. 또 이 법칙은 절대적으로(단지 가언적으로가 아니라 다른 경험적 목적을 전제로 해서) 명령하고, 따라서 모든 점에서 필연적이라고. 가장 계몽된 도덕가들의 증명을 참고로 낼뿐 아니라, 모든 인간이 그와 같은 법칙을 명료하게 생각하려 하고 있다면, 나는 그와 같은 인간의 도덕적 판단을 참고로 꺼내어 지금 말한 것을 정당하게 전제할 수가 있다.

따라서 순수이성은 그 사변적 사용에서는 아니지만, 역시 실천적, 즉 도덕적 사용에서 경험을 가능하게 하는 원리, 다시 말해 도덕적 지침에 알맞게 인간의 역사에서 나타날 수 있는 행위를 가능하게 하는 원리를 내포하고 있다. 왜냐하면 이성은 이런 행위가 일어나야 한다고 명령하므로, 이와 같은 행위는 또한 일어날 수 있는 것이어야만 하기 때문이다. 그러므로 특수한 체계적 통일, 곧 도덕적 통일이 가능하지 않으면 안 된다. 하지만 이성의 사변적 원리에 의한 체계적 자연 통일은 증명되지 못했다. 왜냐하면 이성은 확실히 자유 일반에 대해서는 인과성을 갖지만 자연 전체에 대해서는 전혀 갖지 못하며, 또 도덕적인 이성 원리는 자유로운 행위를 낳게 할 수는 있지만 자연법칙을 낳게 할 수는 없기 때문이다. 이런 이유로 순수이성의 원리는 실천적 사용, 특히 도덕적 사용에서 객관적 실재성을 갖는다.

나는 모든 도덕법칙에 따르는 한에 있어서의 세계(세계는 이성적 존재자의 자유에 의하면 그럴 수가 있고, 또 도덕성의 필연적 법칙에 의하면 그래야 하지만)를 도덕적 세계라고 부른다. 이 세계는 이런 한에서 단지 가상적 세계로 여겨진다. 왜냐하면 거기에서는 도덕의 모든 조건(목적)뿐만 아니라, 모든 장애(인간 본성의 나약함이나 불순함)까지도 무시되기 때문이다. 따라서 그런 한에서 이 세계를 단순한 이념이라고는 하지만, 감각계를 가능한 한 이 이념에 일치시키기 위해 감각계에 영향을 줄 수 있는 실천적 이념이며, 또 주어야 할 실천적 이념이다. 그렇기 때문에 도덕적 세계라는 이념은 객관적 실재성을 가진다. 그러나 그것은 이 이념이 가상적 직관(그와 같은 것을 우리는 전혀 생각할 수가 없다)의 대상에 관계하는 것으로서가 아니다. 그렇지 않고 이 이념이 감각계에, 그것도 실천적으로 사용되는 경우 순수이성의 대상인 감각계에 관계하는 것으로서이다. 또한 도덕적 법칙에 따르는 이성적 존재자의 자유로운 선택의지가 자기 자신과, 다른 모든 이성적 존재자의 자유와, 완전한 체계적 통일을 스스로 가지는 한에 있어서, 이 이념이 감각계에서의 이성적 존재자의 신비적 집합체에 관계할 때이다.

'자기가 행복할 가치가 있도록 행동하라.' 이것은 실천적 관심에 관계되는 순수이성의 두 물음 가운데 첫째 물음에 대한 해답이었다. 한편 둘째 물음은 이러했다. '내가 행복할 만한 가치가 없도록 행동해도, 나는 행복하기를 바라도 좋을까?' 이 물음의 답변에서 문제가 된 것은, 선험적으로 법칙을 지정하는 원리는, 이와 같은 희망도 필연적으로 그 법칙에 결합시킬 수 있는 것인지 어떤지 하는 것이다.

따라서 나는 다음과 같이 주장한다. 이성에 따른 도덕적 원리가 실천적 사용에서 필연적이듯이, 이론적 사용에서도 누구나가 행복할 만한 가치가 있도록 행동한 정도에 따라서 행복을 희망할 이유가 있다고, 그러므로 또 도덕의 체계는 행복과 불가분하게(단, 순수이성의 이념에서만) 결부되어 있다고.

가상적 세계, 즉 도덕적 세계라는 개념에서는 도덕성에 대한 모든 장애(경향성)는 무시된다. 그런데 이 가상적 도덕적 세계에서는 도덕성과 알맞게 결합된, 그와 같은 행복의 체계도 필연적인 것으로 생각할 수가 있다. 왜냐하면 도덕법칙에 의해 한편에서는 동기가 주어지고, 다른 한편에서는 제어된 자유 그 자체가 일반적인 행복의 원인이 되며, 따라서 이성적 존재자 자신이 그와 같은 원리에 인도되어서 자기 자신과 동시에 다른 존재자의 영속적 복지의 창조자가 될 것이기 때문이다. 그러나 자기 자신에게 보답하는 도덕성의 이 체계는 하나의 이념에 지나지 않으며, 그것을 실현하기 위해서는 다음과 같은 조건에 입각한다. 누구나가 해야 할 일을 한다는 것, 즉 이성적 존재자의 모든 행위가 마치 개인의 선택의지를 자신 안에, 또는 자신 아래에 포함하는 최고 의지에서 유래하는 것처럼 생긴다는 것이다. 하지만 도덕법칙에 입각하는 의무는 비록 다른 사람이 이 법칙에 따르지 않고 행동을 했다고 해도, 여전히 저마다 자기 자신의 자유를 행사하는 것이다. 그렇기 때문에 행위의 결과가 어떻게 행복에 관계하는가는 세계 사물의 자연으로부터도, 행위 그 자체의 인과성이나 도덕성과 행위의 관계로부터도 결정되지 않는다. 게다가 행복해지려고 하는 희망과, 행복하게 될 가치를 얻으려고 하는 노력의 필연적 결합은 자연을 바탕에 두는 것만으로는 이성에 의해서 인식될 수 없으며, 도덕법칙에 의해 명령하는 최고 이성이 동시에 자연의 원인으로서 그 밑바탕에 놓일 때만 바랄 수 있는 것이다.

이와 같은 지성의 이념에서는, 도덕적으로 가장 완전한 의지가 최고 행복과 결합되어 이 세상 모든 행복의 원인을 이룬다. 이 지성의 이념이 도덕성(행복해질 가치가 있다는)과 조금도 다르지 않은 관계를 가지는 한, 나는 이 이념을 최고선의 이상이라고 부른다. 따라서 순수이성은 근원적 최고선의 이성에서만 도출된 최고선의 실천적으로 필연적인 두 가지 요소를, 다시 말해 가상적, 결국은 도덕적 세계의 근거를 찾을 수가 있다. 그런데 감각은 우리에게 현상의 세계만 보인다고는 하지만, 우리는 필연적으로 이성에 의해서 우리 자신을 도덕적 세계에 속하는 것으로서 생각에 떠올리지 않으면 안 된다. 그렇기 때문에 우리는 도덕적 세계를 감각계에서의 우리 행동의 한 결과로서 가정할 수밖에 없다. 그리고 감각계는 그와 같은 결합을 보여주지 않기 때문에, 도덕적 세계를 우리의 내세로서 가정하지 않으면 안 된다. 그러므로 신과 내세는, 순수이성이 우리에게 부과하는 의무—전적으로 동일한 이성의 원리에 의해서—와 불가분한 두 개의 전제이다.

도덕성 그 자체는 하나의 체계를 구성한다. 그러나 행복은 도덕성에 어울리게 엄밀히 배분되어 있는 경우가 아니고서는 체계를 이루지 않는다. 하지만 이것은 가상적 세계에서만, 현명한 창조자이자 통치자 아래에서 가능하다. 이성은 내세로 보지 않으면 안 되는 세계에서의 삶과 더불어 이와 같은 창조자를 상정해야 하느냐, 그렇지 않으면 도덕법칙을 공허한 환상으로 보느냐를 결정하도록 강요당하고 있음을 자각하고 있다. 왜냐하면 가상적 세계라는 전제가 없으면, 동일한 이성이 내세와 결부시키는 도덕법칙의 필연적 성과는 사라져 버릴 것이기 때문이다. 그러므로 누구나가 또 도덕법칙을 명령이라고 간주한다. 그러나 명령이 실현되어야 할 결과를 그 규정과 선험적으로 결부시키는 것이 아니라면, 따라서 약속이나 위협이라고 하는 성격을 띠고 있지 않으면 명령은 도덕적 법칙일 수는 없을 것이다. 하지만 약속이나 위협도, 이와 같은 합목적적 통일을 유일 가능하게 할 수 있는 최고선으로서의 필연적 존재자 속에 있는 것이 아니면, 도덕법칙일 수는 없다.

인간이 세계에서 이성적 존재자와, 최고선의 통치 아래 있는 도덕법칙에 의한 이성적 존재자끼리의 연결만을 존중하는 한, 그와 같은 세계를 라이프니츠는 은총의 나라라고 불렀다. 그리고 그것을 자연의 나라와 구별했다. 자연의 나라에서 이성적 존재자는 확실히 도덕법칙의 지배 아래 있지만, 우리 감각계의 자연 경과에 따르는 것 말고는 행동의 결과를 기대하지 않는다. 그렇기 때문에 은총의 나라—거기에서는 모든 행복이 우리를 기다리고 있다—에서 자신의 모습을 본다는 것은, 우리가 행복해질 수 있다는 것을, 행복하게 될 가치가 없다는 것으로 스스로 제한하지 않는 한, 이성의 실천적으로 필연적인 이념인 것이다.

실천적 법칙은 그것이 행위의 주관적 근거, 즉 주관적 원칙이 되는 한에서 근본 지침이라고 일컬어진다. 도덕성의 그 순수성과 결과에 대한 평가는 이념에 따라 이루어지며, 도덕법칙의 준수는 준칙에 따라 이루어진다.

우리의 행위 전체가 도덕적 준칙에 따르는 것은 필요 불가결한 일이다. 그러나 동시에 이것은 이성이 단순한 이념인 도덕법칙을 작용 원인과 결부시키지 않으면 생기지 않는다. 작용 원인은 도덕법칙에 의한 행위에, 우리의 최고 목적들에 완전히 상응하는 결과—이 삶에 있어서든, 또 하나의 삶에 있어서든—결정한다. 그렇기 때문에 신이 없고, 또한 지금은 우리에게 보이지 않으나 그래도 희망할 수 있는 세계가 없다면, 도덕성이라는 숭고한 이념은 확실히 찬동과 찬탄의 대상이기는 하지만 기도와 실행의 원동력은 되지 않는다. 왜냐하면 도덕성의 이념은 어느 이성적 존재자에게도 자연스럽고, 아주 동일한 이성에 의해서 선험적으로 결정된 필연적인 목적을 모두 충족하는 것은 아니기 때문이다.

행복은 그 자체만으로는 우리 이성에게 완전한 선이라고 할 수 없다. 행복이, 행복해질 만한 가치가 있는 것과 합치하고 있지 않는 한, 다시 말해 도덕적인 좋은 행동과 합치되어 있지 않는 한 이성은 행복을 인정하지 않는다(행복을 원하는 경향성이 아무리 강해도). 그러나 도덕성은 그 자체만으로는, 또 그와 함께 행복해질 가치를 갖춘 것만으로도 도저히 완전한 선이라고 할 수는 없다. 완전한 선을 완성시키기 위해서는, 행복할 가치가 있는 것처럼 행동해 오지 않은 사람이 행복지기를 바라게 되어야만 한다. 개인적인 의도를 일체 가지지 않는 이성까지도 자기 이익을 돌보지 않고, 모든 행복을 다른 사람에게 나누어 주지 않으면 안 되는 위치에 서면 달리 판단할 도리가 없는 것이다. 왜냐하면 실천적 이념에서는 양쪽 요건은 본질적으로 결합되어 있기 때문이다. 비록 조건으로서의 도덕적 심정이 행복에 참여하는 것을 비로소 가능하게 하는 것이지, 반대로 행복에의 전망이 도덕적 심정을 가능하게 하는 것은 아니라고 해도 지금 말한 두 가지는 서로 결부되어 있다. 왜냐하면 후자의 경우에 심정은 도덕적이 아니며, 따라서 전적인 행복을 누릴 자격이 없을 것이기 때문이다. 행복은 이성 앞에서는 우리 자신의 부덕으로부터 유래되는 제한 외의 어떤 제한도 알지 못한다.

그렇기 때문에 이성적 존재자는 도덕성에 의해서 행복할 가치가 있는 것이지만, 이성적 존재자의 도덕성과 완전히 조화된 행복만이 순수하지만 실천적인 이성의 지시에 따라서 우리 자신의 모든 것을 그곳으로 옮겨가지 않으면 안 되는 세계의 최고선을 이룬다. 그 세계는 물론 가상적 세계에 지나지 않는다. 왜냐하면 감각계는 사물의 본질상, 목적의 그와 같은 체계적 통일을 우리에게 약속해 주지 않기 때문이다. 이런 목적의 실재성도, 근원적 최고선이라고 하는 전제 위가 아니면 기초를 부여할 수가 없다. 왜냐하면 자립적 이성은 최고의 원인이라고 하는 완벽한 장비를 갖추고, 가장 완전한 합목적성에 따라서—감각계에서이기는 하지만—우리에게는 깊이 감추어진 보편적 질서에 기초를 부여하고 유지하며 수행하기 때문이다.

그런데 이 도덕신학은 불가피하게 가장 완전하고 이성적인 유일한 근원적 존재자라고 하는 개념으로 통하고 있다는 점에서 사변적 신학보다도 단연 뛰어나다. 사변적 신학은 그와 같은 개념을 우리에게 객관적 근거로부터 그 무엇도 제시할 수 없고, 하물며 그것을 우리에게 이해시킬 수가 없었다. 왜냐하면 우리는 초월적 신학에서도 자연적 신학에서도—제아무리 이성이 우리를 인도해 준다고 해도—유일한 존재자만을 가정하는 유력한 근거를 전혀 발견할 수가 없기 때문이다. 다시 말해 우리는 이 존재자를 모든 자연 원인의 상위에 놓고, 동시에 자연 원인을 모든 점에서 그 존재자에게 의존시키는 충분한 이유가 있는 근거를 찾을 수가 없는 것이다. 이에 반해 우리가 필연적 세계 법칙으로서의 도덕적 통일이라는 관점에서, 그와 같은 세계 법칙에 어울리는 효과를 줄 수 있는 유일한 원인을 고려하기로 하자. 따라서 우리에 대한 구속력을 줄 수 있는 원인을 생각하기로 하자. 그렇다면 이 모든 법칙을 포괄하는 것은, 유일한 최고 의지가 아니면 안 된다. 그렇지 않다면 우리는 개개의 의지 안에, 어떻게 해서 목적의 완전한 통일을 찾으려는 것인가? 모든 자연과 또 세계에서의 도덕성에 대한 관계가 이 유일한 의지에 종속하는 것이기 위해서는, 이 의지는 전능해야만 한다. 그 의지가 심정의 깊숙한 안쪽과 심정의 도덕적 가치를 인식하기 위해서는, 그 의지는 전지(全知)하지 않으면 안 된다. 그 의지가 세계의 최고선을 필요로 하는 모든 욕구에 직접적으로 맞닿아 있기 위해서는, 그것은 편재적(遍在的)이어야 한다. 자연과 자유의 이 일치가 언제나 있도록 하기 위해서는 그 의지는 영원하지 않으면 안 된다.

　본질자의 세계에서 이 목적의 체계적 통일은 단순한 자연으로서 감성계라 일컬어질 뿐이지만, 자유의 체계로서는 본질적 세계이자 도덕적 세계(은총의 나라)라고 일컬을 수 있다. 이 체계적 통일은 불가피하게 만물이 합목적적인 통일로도 연결되어 있다. 도덕적 세계가 보편적이고 필연적인 도덕법칙에 의하는 것처럼, 만물은 보편적인 자연법칙에 의해서 이 커다란 전체를 이룬다. 그리고 이 체계적 통일은 실천이성을 사변적 이성과 일체화한다. 만일 세계가 우리가 우리 자신을 이성적 가치가 있는 것으로 간주하는 데 불가결한 이성 사용과, 즉 철저하게 최고선의 이념에 입각한 도덕적 이성 사용과 조화되어야 한다면, 세계는 하나의 이념에서 유래하는 것으로 생각하지 않으면 안 된다. 그것에 의해서 자연 연구는 목적의 체계라고 하는 형식에 대한 방향성을 얻어, 그것이 가장 크게 신장한 경우에는 자연신학이 된다. 그러나 자연신학은 자유의 본질에 입각한 통일로서의 도덕적 질서에서 일어난 것이지, 외적인 명령에 의해서 우연히 수립된 통일로서 일어난 것은 아니다. 그렇기 때문에 자연신학은 자연의 합목적성을, 사물의 내적 가능성과 선험적으로 불가분하게 결부되어 있어야 할 근거로 끌어올려, 이렇게 해서 초월적 신학으로 이끈다. 초월적 신학은, 최고의 존재론적 완전성이라고 하는 이상을, 보편적이고 필연적인 자연법칙에 의해서 만물을 결부시키는 체계적 통일의 원리라고 해석한다. 왜냐하면 만물은 유일한 근원적 존재자의 절대적 필연성을 근원으로 하기 때문이다.

우리가 목적을 설정하지 않는다면, 경험에 대해서까지 우리의 지성을 어떻게 사용할 수 있을 것인가? 그러나 최고의 목적은 도덕성의 목적이다. 그리고 도덕성의 목적을 우리가 인식할 수 있게 하는 것은 순수이성뿐이다. 하지만 이와 같은 목적은 갖추어도, 또 그것을 따라서 간다 해도 자연 자신이 합목적적 통일을 세워두지 않았다면, 우리는 자연 그 자체의 지식을 인식과 관련시켜 합목적적으로 사용할 수가 없다. 왜냐하면 이와 같은 합목적적 통일성이 존재하지 않는다면, 우리는 그에 합당한 이성까지도 가지지 않았을 것이기 때문이다. 또한 우리는 이성을 훈육할 학교를 갖는 일도 없었을 테고, 목적이라고 하는 개념의 실례가 되는 대상에 의해서 이성을 개화시킬 수도 없었을 것이기 때문이다. 그러나 그 합목적적 통일은 필연적이며, 선택의지 자체의 본질에 뿌리를 박고 있다. 그러므로 합목적적 통일을 구체적으로 적용할 조건을 포함하는 선택의지도 마찬가지로 필연적이어야 한다. 그런 까닭으로 우리의 이성 인식을 초월적으로 높이는 일은, 원인이 아니라 순수이성이 우리에게 부과하는 실천적 합목적성의 결과에 지나지 않는 것이다.

그러므로 우리는 인간 이성의 발전 과정에서도 다음과 같은 일을 안다. 즉 도덕적 개념이 충분히 순화되고 규정되기 이전, 그리고 도덕적 개념에 대해서 목적의 체계적 통일이 필연적인 원리에서 통찰되기 이전에는 자연의 지식뿐만 아니라 다른 많은 학문에 있어서의 이성의 상당한 정도의 문화까지도 한편에서는 신에 대한 조잡하고 분방한 개념밖에 낳지 못했으며 다른 한편에서는 이 문제에 관한 놀랄 만한 무관심을 나타내고 있었다. 도덕적 이념을 보다 대대적으로 손질하는 일은, 우리 종교의 가장 순수한 도덕법칙에 의해서 필연적인 것이 되었다. 이 손질에 의해, 이성은 대상에 대해서 민감하게 반응하게 되었다. 이성이 대상에 나타내지 않을 수 없었던 관심에 의해서 말이다. 그리고 확장된 자연 인식도, 또 올바르고 믿을 수 있는 초월적 통찰(그와 같은 것은 어느 시대에도 없었지만)도 아무런 기여를 할 수가 없었지만, 도덕적 이념은 오늘날 옳다고 여겨지고 있는 신적 존재자의 개념을 성립시켰다. 그것은 사변적 이성이 우리에게 그 개념의 정당성을 확신시키기 때문이 아니라, 그 개념이 도덕적인 이성 원리와 완전히 일치해 있기 때문이다. 이렇게 해서 마지막으로 공적을 올리는 것은,

언제나 순수이성이다. 단, 오직 실천적 사용에 있어서이다. 그 공적이란 단순한 사변적 인식이 억측할 수 있을 뿐 유효하게 만들 수는 없는 인식을, 우리의 최고 관심과 결합시킨다는 것이다. 그리고 이 결합에 의해서 그 인식을 실증된 정설이 되도록 하는 것은 아니라 하더라도, 이성의 본질적 목적을 위해 절대로 필연적인 전제로 한다는 것이다.

그러나 실천이성이 이 높은 지점에, 곧 최고선으로서의 유일한 근원적 존재자의 개념에 이르렀다고 해도, 마치 실천적 이성이 그 개념을 적용하기 위한 모든 경험적 조건을 초월해 새로운 대상을 직접 알 수 있는 것처럼 생각해서, 이 개념으로부터 출발해 도덕법칙 자체를 도출하려고 강행하는 것은 전혀 허용되지 않는다. 왜냐하면 도덕법칙의 내적이고 실천적인 필연성이야말로 그 법칙에 결과를 주기 위해 자립하는 원인이라고 하는 전제로, 즉 현명한 세계 통치자라고 하는 전제로 우리를 이끌었던 것이기 때문이다. 그러므로 우리는 이것을 역전시켜서, 도덕법칙을 우연적인 것으로, 단순한 의지에서 이끌어 낸 것이라고 생각할 수는 없다. 특히 우리가 그와 같은 개념을 도덕법칙에 따라 구축해 둔 것이 아니라면, 전혀 이해할 수 없는 의지에서 도출된 것으로 볼 수는 없다. 실천이성이 우리를 인도하는 권리를 가지고 있는 한, 우리는 행위가 신의 명령이라는 이유로 행위를 의무로 보지는 않을 것이다. 그렇지 않고 우리는 마음속으로 행위를 해야 한다고 느끼기 때문에 행위를 신의 명령이라고 생각할 것이다. 우리는 자유를 이성의 원리에 의한 합목적적인 통일 아래에서 연구할 것이다. 그리고 이성이 행위 그 자체의 본성으로부터 우리에게 가르쳐 주는 도덕법칙을 신성하다고 생각하는 한에서만, 우리는 그것을 신적 의지와 일치하는 것으로 믿는다. 또한 우리 자신과 다른 사람에게서 세계 최고선의 복지를 촉진시킴으로써만 신적 의지에 봉사한다 믿고, 그러는 한에서만 우리는 신의 의지에 합당하다고 믿는 것이다. 그렇기 때문에 도덕신학에는 내재적인 (이 세상에 밀착된) 사용법이 있을 뿐이다. 다시 말해 이 세상에서의 우리 사명을 다한다는 것이다. 그것은 우리가 모든 목적의 체계에 적합하게 하는 것으로 이루어진다. 그리고 이 인도의 실을 최고 존재자의 이념에 직접 결부시키려고 열광하는 일도 없고, 자만에 빠져 좋은 행동에 있어서의 도덕적으로 입법적인 이성의 실을 놓치는 일도 없을 것이다. 이것을 놓친다는 것은 초월적 사용을 가져올 테지만, 그것은 순수한 사변의 사용과 마찬가지로 이성의 궁극적 목적을 뒤엎고 좌절시킬 것임에 틀림없다.

제3절 의견과 앎과 믿음에 대해서

무엇인가를 진리라고 생각한다는 것은 우리 지성 안에서 일어난 일이며, 그 일은 객관적인 근거에 입각하고 있을지 모르지만, 판단하는 사람의 마음속에 있는 주관적 원인도 필요로 한다. 진리라고 생각하는 일이 이성을 갖는 모든 인간에게 타당하다면, 그때 진리라고 생각하는 일은 확신이라고 불린다. 진리라고 생각하는 근거가 주체의 단지 특수한 상태에 있을 경우, 그것은 과신이라고 불린다.

과신은 단순한 가상이다. 왜냐하면 오로지 주체 안에밖에 없는 판단의 근거가 객관적이라고 생각되기 때문이다. 그러므로 이와 같은 판단은 개인적으로밖에 통용되지 않고, 진리라고 생각한 것을 다른 사람과 나누어 가질 수가 없다. 이에 반해 진리가 객체와의 일치에 입각하여, 따라서 객체에 대해서 각 지성의 판단은 이 대상에 대해 일치되어 있지 않으면 안 된다(제3의 것과 일치하면, 두 가지는 상호 간에 일치한다). 그렇기 때문에 진리라고 생각하는 것이 확신인가, 그렇지 않으면 단순한 과신인가의 시금석은, 외면적으로는 그것을 다른 사람과 나누어 가질 수 있다는 가능성에 있고, 진리라고 생각하는 일이 모든 사람의 이성에 합당하다고 판정할 수 있는 가능성에 있다. 왜냐하면 그때 주체 간의 상이성에도 불구하고, 적어도 모든 판단이 일치하는 근거가 공통된 근거에, 즉 객체에 입각한다고 추측되기 때문이다. 따라서 모든 판단은 이 대상과 일치해, 그로써 판단의 진리성이 증명된다.

그러므로 진리라고 생각하는 일을 단순히 자기 자신의 마음속 현상으로서 주체가 받아들인다면, 확실히 과신과 확신은 구별할 수가 없다. 그러나 우리에게는 합당한 그 근거를 다른 사람의 지성에 견주어, 그 근거가 우리 이성에 미치는 것과 전적으로 같은 영향을 다른 사람의 이성에 미치는지의 여부를 시험해 보는 것은 단순히 주관적인 것에 지나지 않으며, 확신을 불러일으키는 수단은 아니다. 하지만 그렇더라도, 이렇게 시험해 보는 것은 판단의 단순한 개인적인 타당성을, 즉 판단에 있어서의 단순한 과신에 지나지 않는 것을 발견하는 수단이 되기도 한다.

게다가 객관적 근거라고 받아들일 수 있는 판단의 주관적 원인을 명확히 할수가 있고, 따라서 망상적으로 진리라고 생각한 일—객체의 상태를 필요로 하지 않고—이 우리 마음속의 한 사건이라는 것을 설명할 수가 있다고 하자. 그러면 우리는 가상의 정체를 폭로하는 것이 되어, 더 이상 가상에 속지 않을 것이다. 가상의 주관적 원인이 우리의 본성에 붙어다닌다고 하면, 우리는 어느 정도 여전히 유혹되기는 하지만 말이다.

나는 확신할 수 있는 일 외에는 주장할 수 없다. 다시 말해 확신할 수 없는일을 누구에게나 필연적으로 적용되는 판단으로서 표명할 수는 없다. 내 마음이 만족한다면 나는 과신을 내 안에 계속 간직할 수는 있다. 그러나 그것을 내가 아닌 다른 사람에게 타당하게 할 수는 없으며 또한 그렇게 해서도 안 된다.

진리라고 생각하는 것, 또는 판단의 주관적 타당성에는 확신(이것은 동시에 객관적으로 타당한 것이다)과 관련해서 다음의 세 단계, 곧 의견과 믿음과 앎이 있다. 의견도, 진리라고 생각하는 일이지만, 주관적으로나 객관적으로 불충분하다는 의식을 동반한다. 만약에 진리라고 생각하는 일이 단순히 주관적으로 충분하고, 동시에 객관적으로 불충분하다고 여겨지면, 그것은 믿음이라고 한다. 끝으로, 주관적으로나 객관적으로나 충분히 진리라고 생각하는 것을 앎이라고 한다. 주관적 충족성이 확신(나 자신에게)이라고 불리고, 객관적 충족성이 확실성(어떤 사람에게나)이라고 일컬어진다. 이와 같은 명확한 개념의 설명은 이 이상 언급할 필요가 없을 것이다.

나는 적어도 무엇인가 조금이라도 아는 것 없이는 의견을 내세워서는 안 된다. 그 자신은 단순한 개연적인 판단도, 진리와 결부될 수가 있는 것이다. 진리와의 이 결합은 완전하지 않다고는 하지만, 그래도 자의적인 허구보다는 낫다. 게다가 이와 같은 결합의 법칙은 확실한 것이어야 한다. 왜냐하면 만일 내가 이 법칙에 대해 의견을 내세웠을 뿐이라면, 모든 것은 다만 공상의 유희에 지나지 않으며, 진리에 대해 아무런 관련도 없게 되기 때문이다. 순수이성에 의한 판단에서는 의견은 전혀 허용되지 않는다. 왜냐하면 이런 판단은 경험이라는 근거의 지지를 받는 것이 아니고, 순수이성에 의한 판단에서는 모든 것이 필연적이라면 모두가 선험적으로 인식되어야만 하므로, 지금 말한 결합의 원리는 보편성과 필연성을, 즉 완전한 확실성을 필요로 하기 때문이다. 그렇지 않은 경우에는 진리로 인도하는 것은 전혀 찾을 수가 없다. 그렇기 때문에 순수수학에서는, 의견은 경우에 맞지 않는다. 거기에서 우리는 무언가를 알지 않으면 안 되거나, 모든 판단을 삼가야 하거나 두 가지 가운데 하나이다. 도덕성의 원칙에 대해서도 사정은 전적으로 이와 마찬가지이다. 왜냐하면 우리는 어떤 일이 허용되어 있다는 단순한 의견으로 어떤 행위를 해도 좋다는 것이 아니라, 그것을 제대로 알지 않으면 안 되기 때문이다.

이에 반해 이성의 초월적 사용에서는 의견은 물론 너무 부족한 것이고, 지식 또한 너무 과한 것이다. 따라서 이 경우에 우리는 단순한 사변적인 의도만으로는 전혀 판단할 수가 없다. 왜냐하면 진리라고 생각하는 주관적 근거—믿음을 일으킬 수 있는 근거와 마찬가지로—는 사변적 문제에서는 찬동을 얻을 수 없기 때문이다. 이와 같은 주관적 근거는 경험적 도움을 전혀 얻을 수 없고, 유지될 수 없으며, 다른 사람에게 전달될 수도 없으니 말이다.

그러나 이론적으로 불충분한 채로 진리라고 생각하는 것은, 오로지 실천적인 관계에서만 믿음이라고 불릴 수 있다. 그런데 이 실천적 의도는 기술성의 의도이거나, 그렇지 않으면 도덕성의 의도이다. 전자의 의도는 임의적이고 우연적인 목적을 위한 것임에 반하여, 후자의 의도는 절대적으로 필연적인 목적을 위한 것이다.

일단 어떤 목적이 설정되면, 그것을 달성하는 조건은 가언적(전제적)으로 필연적이다. 목적이 달성되기 위한 다른 조건을 내가 전혀 모르는 경우에 이 필연성은 주관적이지만, 상대적으로만 충분하다. 내가 설정된 목적으로 연결되는 그 밖의 조건을 아무도 알지 못한다는 것을 확실히 안다면, 조건은 절대적으로 충분하며, 그 누구에게도 충분하다. 제1의 경우 나의 조건과 어떤 조건을 진리라고 생각한다는 것은 단순히 우연적인 믿음이지만, 제2의 경우는 필연적인 믿음이다. 한 의사가 위험에 처해 있는 환자에게 어떤 처치를 해야 하는데, 그 병을 알지 못하는 경우가 있다고 하자. 그는 겉으로 나타난 증상만 보고, 그 밖에 다른 적합한 것은 모르기 때문에 결핵이라고 진단한다. 그의 믿음은, 그 자신의 판단에서까지도 오로지 우연적인 것에 지나지 않는다. 다른 의사라면 아마도 더 적절한 처치를 했을지도 모른다. 이와 같은 우연적인 믿음은, 행위를 위한 수단을 실제로 행사할 경우 그 바탕에 있다. 나는 그와 같은 믿음을 실용적 믿음이라고 부른다.

누군가 어떤 사람의 주장이 단순한 과신인가, 또는 적어도 주관적 확신인가, 즉 굳센 신념인가를 검토하는 통상적인 시금석이 바로 내기이다. 사람들은 흔히 자기 신조를 자신에 찬, 억제할 수 없는 반항심으로 말한다. 자기에게는 틀린다는 염려 같은 건 전혀 없는 것처럼 말이다. 하나의 내기가 그를 어리둥절하게 만든다. 때로는 그가 소유하는 과신이 넉넉히 1두카텐(13~19세기에 유럽에서 통용되던 금화)의 가치로 평가될 수는 있지만, 10두카텐의 가치는 없다고 판명된다. 왜냐하면 그는 처음의 1두카텐은 그다지 어렵지 않게 걸 수도 있지만, 막상 10두카텐이 되면 지금까지 알아차리지 못했던 일, 즉 자기에게 잘못이 있을지도 모른다는 것을 깨닫기 때문이다. 우리가 전 생애의 행복을 거기에 걸어야 한다고 생각하면, 우리의 의기양양했던 판단도 이내 그 색이 바래고 만다. 우리의 마음은 약해지고 우리의 믿음은 거기까지 미치지 못한다는 것을 비로소 알아차린다. 이렇게 해서 실용적 믿음은 그 문제에 관련된 이해관계의 차이에 따라 크기도 하고 작기도 한 하나의 정도를 가질 수가 있다.

그러나 우리의 힘으로는 어찌할 수 없는 객체를 다룰 경우에도, 따라서 진리라고 생각하는 일이 단순히 이론적인 것에 지나지 않는 경우에도 우리는 대부분의 경우 어떤 태도를 취할 것을 마음속에 그려서 상상할 수가 있다. 그리고 예컨대 사태의 확실성을 입증하는 수단이 있기만 하면, 우리는 그와 같은 태도를 취하는 충분한 근거를 가지고 있을 것이라고 생각한다. 그렇기 때문에 단순한 이론적인 판단 안에는, 실천적 판단과 비슷한 것이 있다. 그와 같은 판단에 의해서 무엇인가를 진리라고 생각하는 일에 어울리는 말은 믿음이다. 그리고 우리는 그와 같은 믿음을 교리적 믿음이라고 부를 수가 있다. 그 어떤 경험에 의해서 확인하는 일이 가능하다고 하면, 나는 적어도 우리에게 보이는 행성 어딘가에 인간이 살고 있다는 것에 나의 모든 재산을 걸고 싶다. 그렇기 때문에 내가 할 수 있는 말은 단순한 개인적인 의견이 아니라 강한 믿음이라는 것이다 (이 올바른 믿음에 나는 인생의 많은 이익을 걸어도 좋다). 그런데 우리는 신의 존재에 대한 가르침은 교리적 믿음에 속한다는 것을 인정하지 않으면 안 된다. 왜냐하면 나는 분명히 세계 현상을 설명하기 위해서 이론적 세계 인식에 대해 조건으로서 필연적으로 전제하는 것을 참고로 꺼낼 수는 없으며, 오히려 나의 이성을 마치 모든 것이 자연에 지나지 않는 것처럼 사용해야 하기 때문이다. 그럼에도 불구하고 합목적적 통일은 이성을 자연에 적용하는 큰 조건이며, 특히 경험이 그 실례를 풍부하게 제시해 주기 때문에, 나는 이 합목적적인 통일을 도저히 무시할 수 없다. 그러나 최고의 지혜가 현명한 목적에 의해서 모든 것을 그와 같이 정돈했다고 전제하는 것 말고는, 나는 이 통일을 위한 조건을, 즉 이 통일을 나에게 자연 연구의 인도로 만들어 주는 조건을 모른다. 따라서 현명한 세계 창조자를 전제한다는 것은 우연적인 의도이기도 하지만, 얕잡아볼 수 없는 목적의, 다시 말해 자연 연구에 있어서의 인도를 손에 넣는다는 목적의 조건이다. 내 시도의 결과는 또한 이 전제가 유용하다는 것을 빈번하게 보증하고, 여기에 결정적으로 반대되는 것을 아무것도 들 수가 없다. 내가 진리라고 생각하는 것을 단순히 의견이라 부르려고 한다면, 이에 대해 나는 너무 말을 적게 한 것이 된다. 오히려 이 이론적인 관계에서 말할 수 있는 것은, 나는 신을 굳게 믿고 있다는 것이다. 그러나 그때 이 믿음은 엄밀한 의미에서는 실천적이 아니라, 교리적 믿음이라고 불러야만 한다. 이 믿음은, 자연의 신학(자연신학)이 언제나 환기시키지 않으면 안 되는 것이다. 인간 본성의 뛰어난 장비와, 그것과는 어울리지 않는 너무나 짧은 인생을 생각하면, 인간 영혼의 내세에 대한 교리적 믿음을 품게 하는 충분한 이유를 인정할 수가 있는 것이다.

믿음이라는 표현은 이와 같은 경우에 객관적으로 보자면 겸손한 표현이지만, 동시에 주체적인 관점으로는 굳은 신뢰의 표현이다. 만일 내가 이때, 나는 가설을 정당하게 생각할 수가 있다고 해서 단순히 이론적으로 진리라고 생각하는 것을 가설이라 부르려고 한다면, 나는 그것으로 이미 내가 실제로 제시할 수 있는 이상의 개념을 세계 원인의 성질이나 다른 세계의 성질에 대해 가질 책임을 떠맡는 것이 된다. 왜냐하면 내가 어떤 것을 가설로서 굳이 상정한다고 했다면, 나는 그 성질에 대해 최소한 내가 그 개념뿐만 아니라 그 현존재도 공상할 수 있는 정도만큼은 알아야 되기 때문이다. 한편 믿음이라는 말은 다만 이념이 나에게 주는 안내를 의미할 뿐이며, 또한 사변적 견지로 보아서는 그 근거를 나타낼 수 없음에도, 나로 하여금 이념에 집착하도록 촉구하는 이성 작용을 촉진하는 주관적 영향을 의미하는 것에 지나지 않는다.

그러나 단순한 교리적 믿음에는 어딘지 불안전한 곳이 있다. 사람들은 흔히 사변에서 부딪히게 되는 난점 때문에, 교리적 믿음으로부터 빠져나오려고 한다. 비록 언제나 불가피하게 거기로 다시 되돌아오는데도 말이다.

도덕적 믿음에 대해서는 사정은 전적으로 다르다. 왜냐하면 도덕적 믿음에서는 어떤 사정이 생기지 않으면 안 된다는 것, 즉 내가 모든 점에 있어서 도덕법칙에 따르지 않으면 안 된다는 것은 필연적이기 때문이다. 여기에서는 목적은 불가피한 것으로 확정되어 있다. 그리고 나의 모든 통찰에 의하면 이 목적을 모든 목적과 관련시켜서, 또 그것에 의해서 이 목적에 실천적 타당성을 갖게 하는 유일한 조건이 가능하다. 다시 말해 신과 내세가 있다는 조건이다. 나는 또 도덕법칙 아래에 이와 같은 목적의 통일로 인도하는 다른 조건을 어느 누구도 알고 있는 사람이 없다는 것을 확신한다. 그러나 또한 도덕적 지시는 동시에 나의 근본 지침이기 때문에(도덕적 법칙이 그래야 한다고 명령하는 것처럼), 나는 불가피하게 신의 존재와 내세를 믿을 것이다. 또 나는 이 믿음을 흔들 수 있는 것은 아무것도 없다는 것을 확신하고 있다. 왜냐하면 만일 이 믿음이 동요된다면 나의 도덕적 원칙 자체가 붕괴하게 될 텐데, 도덕적 원칙을 포기하는 일은 스스로 혐오스러워지는 것이며, 따라서 나로서는 할 수 없는 일이기 때문이다.

이와 같이 해서 모든 경험의 한계를 넘어서 헤매는 이성의 야심찬 의도는 모두 좌절되지만, 그 뒤에도 충분히 남아 있는 것은 우리에게는 실천적 관점에서 만족할 이유가 있다는 것이다. 확실히 '신이 있다' '내세가 있다'는 사실을 안다면서 자만할 수 있는 사람은 없을 것이다. 그가 그것을 알고 있다고 하면, 그는 바로 내가 오랫동안 찾고 있던 인물이기 때문이다. 모든 지식(그것이 이성의 대상에 관계되는 것이라면)은 전달할 수 있다. 그렇다고 한다면 나는 그의 전수(傳授)에 의해서 나의 지식이 감탄할 정도까지 확대되는 것을 기대할 수도 있으리라. 그런데 그렇게는 되지 않는다. 확신은 논리적 확실성이 아니라 도덕적 확실성인 것이다. 그리고 그것은 (도덕적 심정의) 주관적 근거에 입각하므로, 나는 신이 존재한다는 것은 '도덕적으로 확실하다'고는 결코 말해서는 안 되고, '도덕적으로 확신하고 있다'고 말해야만 한다. 즉 신과 내세에 대한 믿음은 나의 도덕적 심정에 들어 있는 것이며, 그것 때문에 내가 도덕적 지향을 상실할 위험에 빠지지 않는 것과 마찬가지로, 내가 그 믿음을 빼앗길 걱정도 없는 것이다.

이 경우에 유일하게 의심스러운 것은, 이 이성적 믿음이 도덕적 심정이라고 하는 전제에 입각한다는 점이다. 만일 우리가 도덕적 심정을 떠나서 도덕적 법칙에 전혀 관심이 없는 사람을 가정한다고 하면, 이성이 제시하는 물음은 다만 사변에 대한 과제에 지나지 않게 된다. 그리고 그때 그 물음은 확실히 비유에 의거한 확고한 근거의 지지를 받을 수 있지만, 끈질긴 회의론도 굴복시킬 만한 근거에 의해서 지탱되는 것은 아니다.[6] 그러나 이와 같은 문제에 전혀 무관심한 사람은 아무도 없다. 왜냐하면 선량한 지향이 부족해서 도덕적 관심으로부터는 무관한 사람이 있을 수도 있지만, 역시 이 같은 경우에는 그로 하여금 신의 현존재와 내세를 두려워하게 할 충분한 것이 남아 있기 때문이다. 그는 적어도, 그와 같은 존재자도 내세도 없다는 것을 확실성으로서 핑계 삼을 수 없다는 것 말고는 아무것도 필요로 하지 않으니까 말이다. 이를 위해서는―그것은 이성만에 의해서, 즉 반증 불가능하게 증명되지 않으면 안 되므로―그는 지금 든 두 가지 점이 불가능하다는 것을 증명하지 않으면 안 될 테지만, 그것은 물론 이성적 인간이 떠맡을 수 있는 일이 아니다. 지금 말해 온 것은 소극적인 믿음일 것이다. 이 믿음은 확실히 도덕성과 좋은 심정을 불러일으키지 못할 수도 있겠지만, 그래도 좋은 심정 비슷한 것을 불러일으킬 수 있을 테고, 따라서 나쁜 심정이 생기는 것을 강력하게 억제할 수가 있을 것이다.

그러나 사람들은 말할 것이다. 순수이성이 경험의 한계를 넘어 전망을 펴는 것으로 성취하는 일은 이것이 전부인가? 두 개의 믿음 조항, 곧 신의 현존과 내세 말고는 더 없는가? 그 정도의 것이라면 실로 철학자의 조언을 받을 필요도 없이 상식으로도 해결할 수 있을 것이라고.

철학은 인간 이성을 둘러싼 비판이라는 거추장스러운 노력에 의해 공적을 얻지만, 그 공적이 결과적으로 소극적인 것밖에 되지 않는다면, 나는 그것을 여

---

6) 인간의 마음은(내가 모든 이성적 존재자에게 필연적으로 일어날 것이라고 생각하는 것처럼) 도덕성에 대해 자연스러운 관심을 가진다. 비록 그 관심이 한결같지 않고, 실천적으로 우세하지 않아도 그러하다. 여러분은 이 관심을 단단한 것으로 만들어, 그것을 확대하는 것이 좋다. 그러면 여러분의 이성은 가르치기 쉽게 될 것이며, 한층 더 계발되어서 선험적 관심에 사변적 관심까지도 결합시키게 될 것이다. 그러나 만일 여러분이 미리 선량한 사람이 되려고 마음먹지 않는다면, 역시 결코 올바른 믿음을 가진 사람이 될 수는 없을 것이다.

기에서 칭찬할 생각은 없다. 왜냐하면 이 점에 대해서는 다음 장에서도 논술할 것이기 때문이다. 그러나 과연 여러분은 모든 인간에 관련되는 인식이 상식을 넘어, 그것이 철학에 의해서만 발견되어야 한다고 요구할까? 여러분이 비난하는 것이야말로 실로 지금까지의 주장이 옳다는 것을 가장 잘 확증한다. 즉 그것은 우리가 처음에는 예견할 수 없었던 것을 발견하게 하기 때문이다. 다시 말해 자연에게 예외 없이 관련되는 일에 대해서는, 자연이 그 선물을 불공평하게 분배했다고 해서 자연에 죄를 뒤집어씌울 수는 없기 때문이다. 게다가 최고의 철학이라 하더라도 인간 본성의 본질적 목적에 대해서는, 자연이 통상적인 지성(상식)에 부여한 안내 이상의 것을 가져올 수는 없기 때문이다.

제3장 순수이성의 건축술

내가 건축술이라고 부르는 것은 체계의 기술을 말한다. 체계적 통일이란 통상적인 인식을 비로소 학문으로 만드는 것, 즉 단순한 인식의 집적으로부터 체계를 형성하는 것이므로 건축술은 우리 인식 일반에서의 학문적인 것에 대한 이론을 말하며, 따라서 그것은 필연적으로 방법론에 속한다.

이성의 지배를 받는 한 우리의 인식 일반은 긁어모은 것이 되어서는 안 되고, 하나의 체계를 이루는 것이어야 한다. 이 체계 안에서만 우리의 인식은 이성의 본질적 목적을 뒷받침하고 그것을 촉진할 수가 있다. 그러나 내가 말하는 체계란, 하나의 이념 아래에서 여러 가지 인식이 통일되어 있는 것을 말한다. 이 통일체는 하나의 전체 형식에 대한 이성 개념이다. 그것은, 다양성의 범위도, 부분끼리의 위치도 이 이성 개념에 의해 선험적으로 규정된다. 그렇기 때문에 학문적 이성 개념은 목적 및 목적에 합치하는 전체를 포함하고 있다. 모든 부분은 목적의 통일성에 관계를 가지며, 부분끼리도 목적의 이념에서 서로 관계를 갖는다. 목적의 통일체는 그 어느 부분도 나머지 다른 부분을 알기 위해 없어서는 안 되는 것으로 만들고, 전체의 완전성이 한없는 규모—여기에는 선험적으로 확정되는 경계가 없다—되지 않도록 한다. 따라서 전체는 구성되어 있는 것이지, 집적물이 아니다. 전체는 내적(내적 원인)으로는 증대할 수 있지만, 외적(덧붙임)으로는 증대하지 않는다. 그것은 마치 동물의 몸과 같아서 그 성장은 각 마디가 덧붙는 것이 아니라, 균형을 바꾸지 않고 부분들을 저마다의 목적을 위해 보다 강화하고 보다 유능하게 만드는 것이다.

이념은 그 수행을 위해 도식을 필요로 한다. 다시 말해 목적의 원리에 의해 선험적으로 규정된, 여러 부분들의 본질적인 다양성과 질서를 필요로 한다. 이념에 의해서가 아니라, 즉 이성의 주요 목적에 의해서가 아니라 우연적으로 주어지는 목적(그 수는 미리 알 수 없다)에 의해서 경험적으로 묘사되는 도식은 기술적 통일을 이룬다. 이에 반해 이념의 결과로서만 생기는 도식(이성이 목적을 선험적으로 부과하고, 경험적으로 그것을 기대하지 않는 경우)은 건축술적 통일에 기초를 부여한다. 우리가 학문이라고 일컫는 것은 기술적으로 생겨나는 것이 아니다. 말하자면 다양함의 유사성에 의하거나 또는 여러 가지 임의적인 외적 목적에 대한 구체적 인식의 우연적 사용에 의해 성립되는 것이 아니다. 그것은 건축술적으로, 즉 (부분들의) 친화성에 의해 전체를 비로소 가능하게 만드는 단 하나의 내적인 최고 목적으로부터 형성되는 것이다. 그 도식은 전체의 도식과 부분적 구분을 이념에 따라 선험적으로 함유해야 하며, 이와 같은 전체를 다른 것과는 확실하게, 그리고 원리에 의해 구별하지 않으면 안 된다.

그 누구도 이념이 바탕에 없는데 학문을 수립하려고는 하지 않는다. 그러나 학문의 정교함 속에서 도식은 물론 처음으로 학문에 주어진 정의까지도 이념과 일치하는 경우는 매우 드물다. 왜냐하면 이념은 씨처럼 이성 속에 존재하기 때문이다. 씨 안에서는 모든 부분이 아직 발아되지 않고, 현미경적 관찰로도 거의 알아볼 수 없도록 숨어 있는 것이다. 이 때문에 어느 학문이나 모두 어떤 보편적 관심의 관점에서 고찰되는 것이므로, 우리는 학문의 창시자가 하는 기술에 의해서가 아니라 우리가 모은 여러 부분의 자연스러운 통일에 의해서 이성 자신 안에 뿌리를 박고 있다고 인정하는 이념으로 학문을 설명하고 규정해야만 한다. 왜냐하면 학문의 창시자도, 또 가끔 그 후계자까지도 그 이념 주위를 배회할 뿐 명확히 하지 못함으로써, 학문의 독자적인 내용도, 구조(체계적 통일성) 및 경계도 결정 못하는 것을 알 수 있기 때문이다.

우리는 오랫동안 우리 안에 숨어 있는 이념의 지시에 따라서 이념에 관계하는 많은 인식을 건축 재료로서 무턱대고 모으고, 게다가 더 오랜 시간을 들여 이들을 기술적으로 조립한다. 그러나 이것은 난처한 일이다. 체계는 자연적으로 우연히 발생한 구더기처럼 널리 모아진 개념이 다만 합류함으로써, 처음에는 모양이 갖추어져 있지 않다고는 하지만 시간이 지나는 동안에 완전한 모양으로 형성된 것처럼 보인다. 그러나 어떠한 체계도 시작의 씨앗으로서의 그 도식을, 오직 자기 전개를 해가는 이성 속에 지니고 있었던 것이다. 그러므로 각 부분은 그 자체로서 하나의 이념에 의해서 구분되고 있을 뿐만 아니라, 여기에 더하여 모든 부분끼리도 인간 인식의 체계에서 다시 전체의 부분으로서 합목적적으로 잘 통합되어 있다. 그리고 체계는 인간의 모든 앎의 건축술을 가능하게 만든다. 이 건축술은 오늘날 이미 많은 자료가 수집되어 있고, 또 붕괴된 낡은 건물의 폐허로부터 수집할 수 있다. 그렇기 때문에 건축술은 단지 가능할 뿐만 아니라, 결코 어려운 일이 되지는 않을 것이다. 여기에서 우리는 우리의 과업을 완성시킨다는 것, 즉 순수이성에 입각한 모든 인식의 건축술을 설계하는 것으로 만족하고자 한다. 우리는 그 작업을 우리 인식능력의 공통된 뿌리가 나뉘어 두 개의 줄기로 자라나는 곳에서 시작할 것이며, 그 한 줄기가 이성이다. 그러나 내가 여기에서 이성이라 부르는 것은 상위에 속하는 인식 전체이며, 따라서 나는 이성적인 것과 경험적인 것을 대립시키고자 한다.

객관적으로 고찰된 인식의 내용을 모두 무시한다면, 모든 인식은 주체적으로는 역사적 인식이거나 이성적 인식이다. 역사적 인식은 주어진 자료에 입각한 인식이다. 이에 반해 이성적 인식은 원리에 입각한 인식이다. 다른 어떤 인식이 근원적으로 어떤 방식으로 주어졌든, 즉 직접적인 경험에 의해서거나, 들은 이야기에 의해서거나, 또는 (보편적 인식의) 가르침에 의해서거나 등에 관계 없이 외부로부터 그 소유자에게 주어지는 정도만큼만 인식될 뿐인 경우에는, 그 인식은 그에게 있어서 역사적 인식이다. 그러므로 예컨대 볼프의 체계와 같은 철학 체계를 올바르게 배운 사람이, 비록 모든 원칙이나 정의나 증명, 그리고 모든 체계의 구분을 머리로 외고 모든 것을 손가락으로 셀 수 있다고 해도, 그는 볼프 철학의 완전한 역사적 의식을 가지고 있는 데에 지나지 않는다. 그가 알고 있고 판단하는 것은, 자기에게 주어졌던 일뿐이다. 어떤 정의에 대해서 그와 논쟁을 해보면 된다. 그러면 그는 또 하나의 정의를 어디에서 가져오면 좋을지 가늠하지 못한다. 그는 남의 이성에 따라서 수양을 쌓을 텐데, 모방하는 능력은 생산적 능력은 아니다. 다시 말해 그의 경우에 인식은 이성에서 유래되지 않았던 것이다. 그 인식은 객관적으로는 물론 이성 인식이었다고 하더라도, 주체적으로는 역사적 인식에 지나지 않는다. 그는 잘 이해했고 잘 기억했다. 즉 잘 배웠다. 그 결과, 그는 살아 있는 인간의 석고 모형이 된다. 객관적 의미의 이성 인식(그것은 처음에는 자신의 인간 이성에서만 생긴다)은 이성의 보편적 원천에서, 곧 원리에서 나온 경우에만 주체적으로도 엄연하게 이 이성 인식의 이름을 붙여도 된다. 배운 것에 대한 비판뿐만 아니라, 배운 것을 거부하는 일조차도 지금 말한 이성의 보편적 원천에서 생길 수가 있는 것이다.

그런데 모든 이성 인식은 개념에 의한 인식이거나, 그렇지 않으면 개념 구성에 의한 인식 가운데 어느 하나이다. 전자는 철학적이라고 일컬어지며, 후자는 수학적이라고 일컬어진다. 이들 양자의 내적 차이에 대해서 나는 이미 제1장에서 살펴보았다. 따라서 인식은 객관적으로 철학적 인식일 수가 있지만—대부분의 학생이나 학교 밖으로는 결코 눈을 돌리지 않고, 평생 학생인 채로 있는 모든 사람에게서 볼 수 있는 것처럼—주체적으로는 역사적 인식이다. 수학적 인식은 우리가 똑같이 배워서 외운 것이라고는 하지만, 그래도 역시 주체적으로도 이성 인식이라고 볼 수 있다. 다시 말해 지금 말한 구별은 수학적 인식의 경우, 철학적 인식의 경우와 달라서 생기지 않는다. 이것은 묘한 일이다. 그 까닭은 교사만이 도출할 수 있는 인식 원천은 이성의 본질적이고도 순수한 원리 이외에는 그 어디에도 없고, 따라서 학생은 다른 어디에서도 인식 원천을 구할 수 없는 동시에, 다툴 여지가 없는 것이기 때문이다. 더욱이 그것은 이성 사용이 여기에서는 구체적으로만, 그러나 선험적으로, 다시 말해 순수하고도 잘못이 없는 직관에 의지해서 이루어져 모든 착각과 잘못을 배제하기 때문이다. 그러므로 우리는 모든 이성적 학문(선험적인) 안에서 수학만을 배울 수가 있고, 철학은 (역사적으로 배우는 것 이외에는) 결코 배울 수가 없다. 오히려 이성에 대해서 우리는 기껏해야 다만 철학하는 것을 배울 수 있을 뿐이다.

한편 모든 철학적 인식의 체계가 철학이다. 이와 같은 철학을, 철학하는 모든 시도를 판정하기 위한 원형이라 생각한다면, 우리는 그것을 객관적인 의미로 알아들어야 한다. 이 철학은 모든 주체적 철학을 판정하는 데에 쓸모가 있어야 한다. 주체적 철학의 건물은 가끔 다양해서 일정하지가 않다. 이와 같이 철학은 구체적으로는 그 어디에도 주어져 있지 않은, 가능한 학문의 단순한 이념이다. 그러나 우리는 여러 가지 길을 따라서, 그 이념에 접근하려고 한다. 그것은 유일한 오솔길—감성에 의해서 비정상적으로 굵어져 있지만—이 발견될 때까지 이루어진다. 그리고 인류에게 허용되어 있는 한, 이제까지는 잘못이었던 파생형을 원형과 같게 한다는 일이 이루어질 때까지 이루어진다. 그렇게 될 때까지 우리는 철학을 배울 수 없다. 왜냐하면 철학이 어디에 있는지, 누가 철학을 가지고 있는지, 또는 무엇에 의해서 철학이 인식되는지 사람들은 모르기 때문이다.

사람들은 철학하는 것만을 배울 수가 있는 것이다. 다시 말해 현존하는 그 어떤 시도에 의지하여, 이성의 보편적 원리에 따르는 가운데 이성의 본성을 단련시킬 수가 있는 것이다. 다만 이들 원리 자체의 원천을 심사하여, 그것들을 보증 또는 기각하는 권리를 언제나 이성을 위해 확보한 뒤에 말이다.

그때까지는, 철학이라고 하는 개념은 단순한 하나의 학술적 개념이다. 즉 이 개념은 단순히 학문으로서 구하는 인식 체계의 개념이며, 이 앎은 체계적 통일, 곧 인식의 논리적 완전성 이외의 그 어떤 것도 목적으로 삼지 않는다. 그러나 세계 개념이라는 것도 있고, 그것은 늘 이 철학이라는 이름의 바탕에 있었다. 사람들이 이 개념을 이른바 인격화하여, 그것을 철학자의 이상 속에 원형으로서 생각한 경우는, 특히 그러하다. 이 점으로 보아, 철학은 인간 이성의 본질적 목적과 모든 인식의 연관에 대한 학문(인간 이성의 목적론)이다. 그리고 철학자는 이성의 기술자가 아니라, 인간 이성의 입법자이다. 이와 같은 의미에서 스스로 철학자라 부르고 자기는 원형에 필적한다고 과신하는 것은, 자만도 이만저만이 아니다. 원형은 이념 안에밖에 없는 것이다.

수학자, 자연과학자, 논리학자 가운데 수학자와 자연과학자는 일반적으로 이성 인식에서 뛰어나고, 또 자연과학자와 논리학자는 철학적 인식에 뛰어나 있는지도 모른다. 그러나 그들은 이성의 기술자에 지나지 않는다. 그 밖에도 모든 것을 통제하고 인간 이성의 본질적 목적을 촉진하는 도구로서 이용하는 또 한 사람의 교사가, 이성 안에 있다. 우리는 이 교사만을 철학자라고 불러야 할 것이다. 하지만 이 철학자 자신은 그 어디에도 없으나 그의 입법 이념은 각 인간 이성의 어디에서나 볼 수가 있다. 그렇기 때문에 우리는 오직 이 입법의 이념에 머물러, 철학이 세계 개념[7]에 따라 체계적 통일을 위해, 그 본질적 목적의 관점에서 무엇을 지정하는가를 자상하게 규정해 보기로 한다.

본질적 목적은 아직 최고 목적은 아니다. 최고 목적(이성의 완전한 체계적 통일에서의) 가운데서도 유일한 목적이 있을 수 있다. 그러므로 본질적 목적은 궁극 목적이거나, 그렇지 않으면 궁극 목적에 수단으로서 필연적으로 귀속되는 부차

---

7) 여기서 말하는 세계 개념이란, 누구나가 필연적으로 관심을 가지는 것에 관련되는 개념이다. 그러므로 어떤 학문이 단순히 어떤 임의 목적을 위한 기술에 대한 학문으로밖에 여겨지지 않을 경우, 나는 그 학문을 학술적 개념에 따라서 규정한다.

적 목적이다. 궁극 목적은 인간의 모든 사명, 그 자체이다. 그리고 인간의 모든 사면에 대한 철학을 도덕이라고 한다. 도덕철학은 다른 모든 이성의 적용보다 우위에 선다. 그렇기 때문에 철학자라고 하는 이름은 고대 사람들에서도, 맨 먼저 도덕가를 의미하고 있었다. 그리고 오늘날에도 누군가가 이성에 의한 극기 (克己)라고 하는 겉모습만 갖추고 있어도, 사람들은 그것을 보고 그를―비록 그의 지식이 한정된 것이라 해도―어떤 종류의 유비에 따라 철학자라고 부르는 것이다.

그런데 인간 이성의 입법(철학)에는 자연과 자유라고 하는 두 가지 대상이 있다. 따라서 그 입법은 자연법칙과 도덕법칙 양쪽을 포함한다. 처음에는 두 개의 철학적 체계에서, 그러나 마지막에는 유일한 철학적 체계에서 자연의 철학은 실제로 있는 것 모두에 관여하고, 도덕의 철학은 실제로 있어야 할 것에만 관여한다.

하지만 모든 철학은 순수이성에 의한 인식이거나, 또는 경험적 원리에 의한 인식 가운데 하나이다. 전자는 순수철학이라 불리고, 후자는 경험철학이라 불린다.

그런데 순수이성의 철학은, 첫째로 예비학(준비)이다. 이것은 모든 선험적 순수인식에 대해서 이성의 능력을 연구하는 것으로, 비판이라고 불린다. 순수이성의 철학은, 둘째로 순수이성의 체계(학문), 체계적 연관에 있어서의 순수이성에 의한 모든 철학적 인식이며, 형이상학이라고 불린다. 다만 이 이름은 비판의 총체를 포함하여, 순수철학 전체에도 줄 수가 있다. 그것은 선험적으로 인식할 수 있는 모든 것의 연구와 이런 종류의 순수한 철학적 인식의 체계를 이루는 서술 양쪽―모든 경험적 사용이나 수학적 이성 사용과도 구별해서―을 형이상학에 포함시키기 위한 것이다.

형이상학은, 순수이성의 사변적 사용에 의한 형이상학과, 실천적 사용에 의한 형이상학으로 분류한다. 따라서 그것은 자연의 형이상학이거나 그렇지 않으면 도덕의 형이상학 가운데 하나이다. 자연의 형이상학은 만물의 이론적 인식에 대한 순수개념에 의거한 모든 순수한 이성 원리(따라서 수학은 제외된다)를 포함한다. 한편 도덕의 형이상학이 포함하는 것은, '한다, 하지 않는다'를 선험적으로 결정하여 필연적으로 만드는 원리이다. 한편 도덕성은 원리로부터 완전히 선험적으로 이끌어 낼 수 있는, 행위의 유일한 합법성이다. 그러므로 도덕의 형이상학은 본디 순수도덕이며, 그 밑바닥에는 인간학(경험적 조건)을 그 밑바탕에 둘 수가 없다. 그런데 사변적 이성의 형이상학을 가리켜, 우리는 흔히 좁은 의미로 형이상학이라고 부른다. 그럼에도 불구하고 순수한 도덕론이 순수이성에 의한 인간 인식의, 더욱이 철학적 인식의 특수한 근간에 속하는 한, 우리는 이 것을 여전히 도덕의 형이상학이라고도 부르고자 한다. 그러나 다만 지금은 우리의 목적 밖의 일로서, 이것에 대해서는 여기서 다루지 않으려고 한다.

　인식을 그 종류와 근원으로 보아 다른 인식과 구별하며 격리하고, 그와 같은 인식이 사용될 때 보통 결부되어 있는 다른 인식과 혼돈되지 않도록 세심한 주의를 기울이는 것은 아주 중요한 일이다. 화학자가 물질을 분석할 때에 하고 있는 일, 수학자가 순수수학에서 하고 있는 일, 그것은 그들보다도 훨씬 강하게 철학자에게 의무가 지워지고 있다. 그 까닭은 철학자가 헤매는 지성의 사용에 어느 특수한 인식이 차지하는 비율을, 즉 그와 같은 인식 특유의 가치와 영향을 확실히 규정할 수 있도록 하기 위해서이다. 그러므로 인간의 이성은 사고를 시작한 이래, 결코 형이상학을 버릴 수는 없었다. 그럼에도 불구하고 인간의 이성은 형이상학을, 한 번도 모든 이질적 인식으로부터 충분히 순화한 형태로 제시할 수가 없었다. 그와 같은 학문의 이념은, 사변적 인간 이성과 마찬가지로 오래전부터 있었다. 학술적이든 대중적이든, 사변하지 않는 이성이란 것이 있을 수 있는가? 그럼에도 불구하고 솔직하게 인정해야 할 일이 있다. 우리 인식의 두 요소 가운데 하나는 완전히 선험적으로 우리의 지배 아래에 있고, 다른 하나는 경험으로부터 후험적으로 얻어올 수밖에 없는데, 이 구별은 사고를 생업을 삼는 사람에 있어서까지도 매우 애매한 채로 남아 있었다는 것이다. 또한 특수한 종류의 인식을 어디까지로 할 것인지의 한계 결정이, 다시 말해 이토록 오랫동안 이렇듯 깊게 인간 이성이 관여해 온 학문의 진정한 이념이 성취될 수 없었던 것은 바로 그 여전한 애매성 때문이다. 형이상학은 인간 인식의 제1 원리에 대한 학문이라고 일컬어진 경우도, 이 학문이 아주 특수한 것이라는 점이 아니라, 보편성에 대한 '높다, 낮다'의 관계에밖에 주의가 기울어지지 않았다. 그래서 이 학문은 경험적인 것으로부터 명확하게 구별되지 않았던 것이다. 그도 그럴 것이 경험적 원리라고 해도, 그중 몇몇 원리는 다른 원리보다도 보편적이고, 따라서 더 고차적이기 때문이다. 게다가 이와 같은 '높다, 낮다'의 계열에서(거기에서는 완전히 선험적으로 인식할 수 있는 것은, 후험적으로만 인식될 수 있는 것으로부터는 구별되는 일이 없다) 우리는 처음 부분을 마지막 부분과 구별하여, 최고의 항(項)을 하위의 항에서 구별하는 경계선을 어디에 두어야 할 것인가? 연대 계산이 세계의 기원을, 최초의 몇 세기와 그 이후의 세기를 구분하는 것으로만 제시할 수 있다고 한다면, 우리는 이에 대해서 무엇이라고 말해야 좋을 것인가? 사람들은 "5세기, 10세기 등등도 최초의 세기에 속하는가" 하고 물을 것이다. 마찬가지로 내가 "연장을 가진 개념은 형이상학에 속하는가?" 물으면 여러분은 그렇다고 답할 것이다. "그렇다면, 물체의 개념도 그런가?" 하고 물으면 여러분은 그렇다고 대답한다. "그러면 액체의 개념은 어떤가?" 하고 물으면 여러분은 망설일 것이다. 왜냐하면 그와 같이 진행해 가게 되면, 모든 것이 형이상학에 속하게 될 것이기 때문이다. 여기에서 사람들은 '높다, 낮다'의 관계(특수를 보편 아래 포섭시키는)의 단순한 정도는 학문의 한계를 책정할 수 없으며, 우리의 경우에 그것을 규정하는 것은 종류와 근원의 전적인 차이성임을 알 수 있다. 그러나 또 다른 한면에서 형이상학의 근본 이념을 애매하게 만드는 것은, 형이상학이 선험적 인식으로서 수학과 어떤 동종성을 나타내고 있다는 사실이다. 이 동종성이라는 점에서, 선험적 근원에 대해서는 확실히 이들 두 학문은 비슷하다. 하지만 철학의 경우 개념에 의한 인식 방식을, 다만 선험적 개념의 구성에 의해서 판단하는 수학에서의 인식 방식과 비교해 보면, 따라서 철학적 인식과 수학적 인식의 차이에 대해 생각해 보면 매우 결정적인 이종성이 존재한다는 것이 분명해진다. 이 이종성은 사람들이 언제나 느끼고 있었지만, 결코 명확한 표지를 가지고 나타낼 수는 없었다. 이렇게 철학자들 자신이 그들 학문의 이념 전개에서 혼동하고 있었기 때문에, 학문 작업에서 어떤 명확한 목적이나 확실한 척도를 가질 수도 없었다. 따라서 자의로 세운 계획에서, 그들은 취해야 할 길을 알지 못하고서, 각자가 자기 길을 취해 이루었다고 주장하는 발견에 대해 언제나 다투었고, 그 결과 그들의 학문은 처음에는 다른 사람들에 의해서, 그 뒤 결국에는 그들 자신들에 의해 경멸당하게 되었다.

따라서 모든 선험적 순수인식은, 자기 근거를 취할 수 있는 특수한 인식 능력에 의해서 특수한 통일체를 형성한다. 그리고 형이상학은 그와 같은 인식을 이 특수한 체계적 통일성에서 명시해야 할 철학이다. 이 형이상학의 이름을 독점해 온 형이상학의 사변적 부문, 다시 말해 우리가 자연의 형이상학이라 부르고, '있다'('있어야'가 아니라)에 한에서 모든 것을 선험적 개념에 의해 고찰하는 철학은 다음과 같이 분류될 수 있다.

좁은 의미에서의 이른바 형이상학은, 초월적 철학과 순수이성의 자연론으로 성립된다. 초월적 철학은 주어진 객체를 상정하지 않고, 대상 일반에 관련되는 모든 개념과 원칙의 체계에서 지성과 이성만을 고찰한다. 순수이성의 자연론은 자연을 고찰한다(존재론). 다시 말해 주어진 대상(그것이 비록 감성에 주어진 것이라 하더라도, 또는 다른 종류의 직관에 의해 주어진 것이라 하더라도) 전체를 고찰한다. 따라서 그것은 자연론(이성적 자연론에 지나지 않지만)이다. 그러나 이 이성적인 자연 고찰에서의 이성 사용은 자연적이거나 초자연적이거나, 또는 더 적절히 말하자면 내재적이거나 초월적이다. 자연적 또는 내재적인 이성 사용은, 이성의 인식이 경험에서 구체적으로 적용되는 한 자연에 관여한다. 초자연적 또는 초월적인 이성 사용은 경험 대상의 결합에서, 더욱이 일체의 경험을 넘어선 결부에 관계한다. 그래서 이 초월적 자연론은 내적 결합이나 외적 결합을 하지만, 이들 양자는 모두 가능한 경험을 초월하고 있다. 제1의 초월적 자연론은 모든 자연에 대한 자연론, 즉 초월적 세계 인식이다. 제2의 그것은 자연을 넘어선 존재자와 모든 자연과의 관계의 자연론, 곧 초월적 인식이다.

이에 반해 내재적 자연론은 감각의 모든 대상의 총괄로서 자연을 고찰한다. 다시 말해 자연을, 그것이 우리에게 주어지는 대로 관찰한다. 단, 감각의 대상은 두 종류밖에 없다.

① 외적 감각의 대상, 즉 외적 감각의 총체, 물체적 자연.

② 내적 감각의 대상, 즉 영혼, 영혼 일반의 기본 개념에 따르는 대상, 사고하는 자연, 물체 내 자연의 형이상학은 물리학이라고 불린다. 그러나 이 물리학은 선험적 인식의 원리만을 포함해야 하며, 이 때문에 이성적 물리학이라고 불린다. 사고하는 자연의 형이상학은 심리학이라 불리며, 지금 든 것과 같은 이유로 여기에서는 다만 그것의 사고하는 자연의 이성적 인식만을 의미한다.

따라서 형이상학의 모든 체계는 네 가지 주요 부문으로 성립된다. ① 존재론, ② 이성적 자연론, ③ 이성적 우주론, ④ 이성적 신학 등이 그것이다. 제2부문,

즉 순수이성의 자연학은 합리적 물리학[8]과 이성적 심리학이라는 두 부문을 포함하고 있다.

순수이성의 철학이라고 하는 본디의 이념은, 스스로 이런 구분을 규정한다. 그러므로 그 구분은 이성의 본질적 목적에 따라, 건축술적이다. 그것은 우연적으로 지각된 유사성에 따라, 말하자면 무턱대고 이루어진 단순히 기술적인 것이 아니다. 그러한 까닭으로 그것은 불변적이며, 입법권도 가지고 있다. 그러나여기에 걱정을 갖게 하고, 구분의 합법칙성에 대한 확신을 약화시킬지도 모를 몇 가지 점이 있다.

첫째, 대상이 우리의 감각기관에 주어져 있는 한, 즉 후천적으로 주어져 있는 한 나는 대상에 대한 선험적 인식을, 따라서 형이상학을 어떻게 기대할 수있는가? 그리고 선험적 원리에 따라 사물의 성질을 인식하고 합리적 자연학에이르는 일이 어떻게 가능한가? 대답은 이러하다. 우리가 경험에서 얻는 것은, 하나는 외적 감각의 객체이며 또 하나는 내적 감각의 객체라는 것이다. 외적 감각의 객체는 단순한 물질(불가입적이고 생명을 가지지 않는 연장체)이라고 하는 개념에 의해 생기고, 내적 감각의 객체는 생각하는 존재자('나는 생각한다'라고 하는 경험적이고 내적인 관념에서의)라고 하는 개념에 의해서 생긴다. 그 밖에 우리는 이들 대상의 모든 형이상학에서는, 이 대상에 대해 무엇인가를 판단하기 위해 개념을 초월한 어떤 경험을 덧붙이려고 하는 모든 경험적 원리를 일체 삼가지 않으면 안 될 것이다.

둘째, 경험적 심리학은 과거부터 형이상학 속에 그 지위를 지켜왔다. 오늘날에도 사람들은 형이상학의 진보를 위하여, 경험적 심리학에 매우 큰 기대를 걸었다. 그러나 경험적 심리학이 무엇인가에 쓸모 있는 일을 선험적으로 해줄 것

---

8) 내가 합리적 물리학이라는 말로 의미하고 있는 것을, 흔히 일반 물리학이라고 불리는 것과 같은 뜻으로 생각해서는 안 된다. 일반 물리학은 자연의 철학이라기보다는 오히려 수학이다. 왜냐하면 자연의 형이상학은 수학과는 전혀 다르며 수학만큼 확장된 통찰을 제공하는 데는 훨씬 미치지 못하지만, 역시 자연에 적용되어야 할 순수지성 인식 일반의 비판에 대해서는 아주 중요하기 때문이다. 이런 비판을 결여하고 있기 때문에 수학자까지도 통상적인, 그러나 실제로는 역시 형이상학적인 개념을 고집해, 모르는 사이에 자연학의 가설을 받아들여서 자연학을 괴롭혀 왔다. 이 가설은 형이상학적 원리를 비판함으로써 소멸되지만, 그 때문에 자연학영역에서의 수학 사용(그것은 전적으로 불가결하다)에는 조금도 해를 끼치지 않는다.

이라는 바람이 없어진 지금, 경험심리학이 있어야 할 곳은 어디인가? 나의 대답은 이러하다. 경험적 심리학은 본디의 (경험적) 자연과학이 차지해야 할 곳에, 즉 응용철학 쪽에 귀착한다. 순수철학은 응용철학의 선험적 원리를 포함하고 그 것과 결부되어 있지만, 그것과 혼동해서는 안 된다. 그러므로 경험적 심리학은 형이상학으로부터 완전히 제외된 것이어야 하고, 그 이념으로 보아 이미 오래전에 형이상학으로부터 배제되어 있다. 그럼에도 불구하고 우리는 학술상의 관례에 따라서, 경험적 심리학에 대해 아직도 (비록 삽화로서이기는 하지만) 형이상학 속에—더욱이 경제적인 동기에서도—여지를 인정해 주어야 할 것이다. 왜냐하면 경험적 심리학은 연구로서는 아직 혼자 설 정도로는 성과가 많지 않다고는 하지만, 그러면서도 그것을 전적으로 배척하거나, 형이상학에서만큼은 유연성(類緣性)을 가지지 않는 다른 곳에 부속시키기에는 너무도 중요하기 때문이다. 그러므로 경험적 심리학, 이윽고 포괄적 인간학(경험적 자연학의 보완물) 속에 자기 자신의 거처를 얻어서 물러날 때까지 우리는 잠시 그 체류를 인정할 수밖에 없다.

　이것이 형이상학의 일반적 이념이다. 이 이념은 형이상학에 대해 정당하게 요구할 수 있는 것보다 지나치게 많이 요구했기 때문에, 또 한때 사람들의 달콤한 기대가 너무 컸기 때문에 그 기대가 어긋났다는 것을 알았을 때에는 세상의 멸시를 받게 된 것이다. 우리 비판의 모든 과정에서 충분히 확신되겠지만, 형이상학은 종교의 기초는 될 수 없다 하더라도 역시 언제나 종교의 보루로서 존속해야만 할 것이다. 그리고 그 본성의 경향으로 보아 이미 변증적 인간의 이성은, 자기를 제어해 주는 학문 없이 결코 지낼 수가 없다는 것이다. 다시 말해 완전히 이해가 가는 학문적인 자기 인식에 의해서, 황폐를 막는 학문이 결코 없어서는 안 된다는 것이다. 따라서 우리는 학문을 그것의 본성에 따라 평가하지 않고 다만 그 학문의 우연적인 결과에 따라 평가하는 사람들의 형이상학을 보는 눈이 아무리 차갑거나 경멸적이라 하더라도, 우리가 한번 헤어졌던 애인에게로 되돌아오는 것처럼 언제나 형이상학으로 되돌아올 것을 확신할 수 있다. 왜냐하면 형이상학에서는 본질적 목적이 문제인 이상, 이성의 끊임없이 노력하는 목표는 근본적인 통찰이거나 또는 이미 존재하고 있는 훌륭한 통찰을 파괴하는 것이 아니면 안 되기 때문이다.

따라서 형이상학 및 도덕의 형이상학, 특히 예비적으로 그것에 선행하는 비판, 즉 자기 자신의 날개에 의지해서 모험을 하려고 하는 이성에 대한 비판만이 본디 우리가 참된 의미에서 철학이라고 부를 수 있는 모든 것을 형성한다. 이런 의미의 철학은 모든 것을 지혜에 관련시킨다. 그러나 그것은, 학문의 길이라고 하는 유일한 길을 통해서이다. 이 길이 한번 열리기만 하면 결코 다른 길과 유착되지 않고, 샛길로 빠지는 것을 허용하지 않는다. 수학과 자연과학 또 인간의 경험적 인식까지도 수단으로서의 높은 가치를 가지고 있다. 그 수단은 대부분이 우연적인 목적 때문에 있지만, 마지막으로는 인류의 필연적이고 본질적인 목적을 위해 있다. 그러나 그렇게 되는 것은, 단순한 개념에 의한 이성 인식이라고 하는 매개를 통해서이다. 이와 같은 이성 인식이 본디 우리가 부르는 형이상학 바로 그것일 것이다.

바로 이런 까닭으로 해서, 형이상학은 인간 이성의 모든 개화를 완성시킨다는 뜻이기도 하다. 이 개화는 어느 일정한 목적에 대한, 학문으로서의 그 영향을 별도로 하고라도 불가결한 것이다. 왜냐하면 형이상학은 이성을, 그 구성 요소와 최고의 근본 지침에 따라서 고찰하기 때문이다. 이들 근본 방침은 몇 가지 학문의 가능성 바탕에 있어야 하고, 또 모든 학문 사용의 바탕에 있지 않으면 안 된다. 형이상학은 단순한 사변이며, 인식을 확대시키는 데에 유용한 것보다는 잘못을 방지하는 데에 소용이 있을 뿐이다. 그러나 이것은 형이상학의 가치를 손상하는 것이 아니라, 오히려 형이상학에 검열국을 통해서 존경과 명성을 주는 것이다. 이 검열국은 공공의 질서와 화합은 물론 학문적 공동체의 번영을 보증하고, 그 공동체의 용감하고 수확 많은 작업이 공공의 행복이라고 하는 주된 목적으로부터 이탈하지 않도록 막는다.

제4장 순수이성의 역사

이 제목이 여기에 온 것은, 체계 안에 아직도 남아 있어서 앞으로 채워져야만 할 부분을 제시한 데에 지나지 않는다. 나는 다만 초월적인 관점에서, 즉 순수이성의 본성에서 지금까지의 순수이성 노력 전체를 훑어보는 것만으로 만족하고자 한다. 내 눈에는 물론 이 전체는 건물임에는 틀림없지만, 폐허의 양상을 보이고 있다.

당연히 그렇게 할 수밖에는 없었지만, 잘 주목해 둘 일이 있다. 철학의 유년기에 인류는 우리가 종결지으려고 했던 지점을 출발점으로 삼았다는 사실이다. 다시 말해 처음에 신을 인식하고, 내세를 원하거나, 그 상황까지도 연구하는 일로부터 시작했다는 점이다. 민족의 미개 상태 흔적을 간직하고 있던 낡은 관습이 거칠게 다듬은 종교 개념을 위해 무엇을 도입했든 간에, 그것은 이 주제를 자유롭게 연구하려고 서두르는, 보다 계몽된 일파의 족쇄는 되지 않았다. 그리고 사람들은 적어도 내세에 행복해지기 위해서는, 세계를 통치하는 보이지 않는 힘의 의지에 적응하기 위해 근본적이고 믿음 가는 방법이라는 것을 쉽게 알게 되었다. 그렇기 때문에 신학과 도덕은 모든 이성적 연구의 두 원동력이며, 보다 적절하게는 그 근거지이다. 사람들은 그 뒤로 이 연구에 언제나 힘을 쏟아왔다. 그러나 신학은 본디 단순한 사변적인 이성, 나중에 형이상학이라는 이름으로 이토록 유명해진 분야로 서서히 끌어들인 것이다.

나는 여기에서 형이상학의 이러저러한 변혁이 어느 시대에 일어났던가를 특정할 생각은 없다. 그렇지 않고 가장 중요한 여러 혁명을 불러일으킨 착상의 차이만을 개략적으로 말하고 싶다. 이 논쟁의 장면에서 가장 기억해야 할 변혁을 가져온 다음 세 가지 관점이 있다.

1. 우리의 모든 이성 인식의 대상에 대해서 말하자면, 어떤 사람은 단순한 감각적 철학자였고, 또 어떤 사람은 단순한 지적 철학자였다. 에피쿠로스는 가장

유명한 감성의 철학자라고, 플라톤은 가장 저명한 지성의 철학자라고 부를 수 있다. 그러나 학파의 이와 같은 구별은 희미했을지는 모르지만 이미 초기부터 비롯되었으며, 오랫동안 줄곧 유지되어 왔었다. 감각론자들은 감각의 대상에만 진실이 있고, 그 밖의 것은 상상이라고 주장했다. 이에 반해 지성론자들은 감각 안에는 가상밖에 없으며, 지성만이 진실을 인식한다고 주장했다. 하지만 그들에게는 실재성은 논리적인 것에 지나지 않으며, 다른 사람들에게는 신비적인 것이었다. 감각론자들은 지적 개념을 인정하기는 했으나, 단순한 감각적 대상을 가정했다. 지성론자들은 참의 대상이 단순히 가상적이라는 것을 요구하여 감각을 수반하지 않는 순수지성에 의한 직관을 주장했다. 그들이 말하기를, 감각은 순수지성을 혼란시키는 것에 지나지 않았던 것이다.

2. 순수한 이성 인식의 기원에 대해서 말하자면, 이런 인식은 경험에서 도출된 것인가, 그렇지 않으면 경험과는 독립적으로 이성 속에 그 원천을 가지고 있는가. 아리스토텔레스는 경험론자의 거두로 여겨진다. 이에 반해 플라톤은 이성주의자의 우두머리로 간주된다. 그럼에도 불구하고 우리 시대에서 아리스토텔레스를 따랐던 로크와 플라톤을 (플라톤의 신비주의적 체계와는 충분히 거리를 두고) 계승한 라이프니츠는, 이 논쟁에 아직 결론을 내릴 수가 없었다. 적어도 에피쿠로스는 그 나름대로 감각적 체계에 의해서(왜냐하면 그는 그 추리에서 경험의 한계를 결코 넘지 않았기 때문에) 아리스토텔레스와 로크(특히 로크)보다 훨씬 더 일관성이 있었다. 로크는 모든 개념과 원칙을 경험으로부터 끌어낸 다음, 그것을 사용하는 단계에서 신의 현존재나 영혼의 불멸(이들 양자는 모두 전적으로 가능한 경험의 한계 밖에 있다고는 하지만)을 마치 수학의 정리와 마찬가지로 확실하게 증명할 수 있다고 주장하기에 이르렀다.

3. 방법에 대해서. 만일 우리가 어떤 것을 방법이라고 부른다면, 그것은 원칙에 따른 절차가 아니면 안 된다. 그런데 우리는 지금 이 자연 연구의 영역에서 현재 우세한 방법을, 자연주의적 방법과 과학적 방법으로 나눌 수가 있다. 순수이성의 자연주의자는 다음과 같은 일을 원칙으로 취한다. 형이상학의 과제를 이루고 있는 가장 숭고한 문제에 대해서는, 사변에 의해서보다 학문이 결여된 통상적 이성(이것을 그는 상식이라 일컫고 있다)에 의해서 더 많은 것을 성취할 수가 있다고. 그렇기 때문에 그는 달의 크기나 지름은 수학의 우회적인 계산을 통

하기보다는, 눈대중에 따라 한층 더 확실히 규정할 수 있다고 주장한다. 이것은 단순한 이론 멸시가 원칙화된 것에 지나지 않는다. 그것은—가장 앞뒤가 맞지 않는 일에—모든 인위적 수단을 무시하는 일이 자기 인식을 확대하는 독자적인 방법이라고 격찬한다. 그러나 이것은 무리한 일은 아니므로, 자연주의자들에 대해서 말하자면, 그들의 여러 가지 통찰 부족 때문에 그들을 무어라고 나무랄 수가 없다. 그들은 상식에 따르지만, 방법으로서의 그들의 무지는 자랑거리가 되지 못한다. 그 방법은, 진리를 데모크리토스의 깊은 원천에서 이끌어 낸다는 비결을 내포하고 있는 것 같다.

"나는 내가 알고 있는 것으로 만족한다. 나는 아르케실라오스나 솔론과 같은 고역을 바라지 않는다"는 페르시우스의 말이 그들의 모토이다. 그들은 이 모토에 의해, 학문 때문에 괴로워하는 일도 없이, 또한 학문의 과제를 혼란케 하는 일도 없이 만족하고 부러워할 만한 생애를 보낼 수 있었다.

그런데 학문적 방법의 관찰자에 대해서 말하자면, 그들에게는 독단적으로 행하느냐, 그렇지 않으면 회의적으로 행하느냐의 선택지가 있다. 그러나 그 어느 경우든 체계적으로 해야 할 의무가 있다. 만약에 내가 여기서 독단적 방법에 대해서 유명한 볼프의 이름을 들고, 회의적 방법에 대해서는 데이비드 흄의 이름을 든다면, 지금의 나의 의도로 보아 다른 사람들의 이름은 들 필요가 없다. 비판적인 길만이 아직도 열려 있는 것이다. 만약에 독자들이 이 길을 나와 더불어 끝까지 갈 마음과 인내를 가지고 있다면, 즉 만약에 독자들이 자기가 가지고 있는 힘을 이 작은 길을 큰 길로 만들기 위해 기울여 준다면 여러 세기 동안 이루어지지 않았던 일이 현 세기가 끝나기 전에 달성될 수 있을지 독자들은 판단할 수 있을 것이다. 다시 말해 인간 이성의 지식욕이 늘 다루어 왔으나 헛수고로 끝난 일에서, 인간 이성을 완전히 만족시킬 수 있는지를 말이다.

칸트의 생애와 사상

18세기 후반 유럽 동부 쾨니히스베르크는 지도 북동쪽에 있다.

철학 연구에 바친 생애

정든 쾨니히스베르크

이 세상의 지식은 모두 여기에

'한 나라의 중심을 이루는 대도시, 그곳에는 나라를 통치하는 여러 관청이 있고, 여러 학문을 발전시키기 위한 대학이 있다. 그곳에서는 또한 해외무역의 근거지가 형성되어 교역이 활발하다. 다시 말해 나라 곳곳에서 흘러드는 강을 통해 외딴 곳과도 거래할 수 있고, 언어와 풍습이 다른 이웃 나라나 먼 나라와도 교역할 수가 있다. 프레겔강(지금의 프레골랴강)가의 쾨니히스베르크(지금의 러시아 칼리닌그라드)는 말하자면 이러한 도시인 것이다. 그곳은 인간과 세상에 대한 지식을 내 것으로 만들기에 매우 적합한 곳이라고 할 수 있다. 그곳에서는 이러한 지식을 여행해 보지 않고서도 얻을 수가 있다.'

이것은 칸트가 《실용적 관점에서 본 인간학(안트로폴로기)》이라는 책 서문의 주에서 한 말이다. 거기에는 칸트가 평생 살았던 쾨니히스베르크의 공기가 칸트 자신의 말에 의해 표현되어 있다. 앞에서도 말했다시피 칸트는 이곳에서 태어나 이곳에서 자라고, 이곳에서 대학을 다녔다. 그리고 8년 남짓한 가정교사 시절을 빼면 거의 이곳 쾨니히스베르크를 떠난 적이 없었다. 그에게 쾨니히스베르크는 말하자면 단 하나의 고향이자 정든 곳이라고 할 수 있다. 칸트는 이 도시에 강한 애정을 가졌다. 쾨니히스베르크 대학의 교수가 된 칸트는 더 좋은 다른 대학으로부터 훨씬 좋은 조건으로 초빙 제안을 받아도 굳게 거절했다.

실로 칸트라는 사람의 '사람과 사랑'은 이곳 쾨니히스베르크 속에서, 쾨니히스베르크에 의해 생성된 것이라고 할 수 있다. 그는 시골이나 이웃 나라의 일은 물론 나아가서는 먼 나라들의 온갖 일들(풍토, 지리, 인정, 언어, 풍습, 역사, 생활 등 인간과 세상에 대한 모든 것을 포함한 지식)을 모두 이곳 쾨니히스베르크에서 얻었다. 그는 세상의 온갖 일을, 그것도 몸소 보고 들은 것처럼 말할 수 있었다. 여행을 한 것도 아니건만 런던의 웨스트민스터 다리의 모양과 구조, 길이, 폭, 높이 등을 손에 잡힐 듯이 말했던 것이다. 또한 칸트는 자기 도덕철학은 이곳에서 일상적으로 행해지고 있는 도덕을 단순히 철학적으로 이론화했을 뿐이라고 공언하고 있다.

그러므로 우리는 칸트와 그의 사상을 알기 위해 먼저 쾨니히스베르크라는 도시의 모습(역사, 풍습, 생활감정, 생활양식, 생활의식, 도덕, 종교 등)을 살펴보아야 하겠다.

자라나는 자유

쾨니히스베르크는 13세기 첫무렵 동프로이센으로 침입해 온 독일인(독일기사단)을 위한 근거지로 1255년에 건설된 도시이다. 침입은 광막한 이 지방의 개척과 식민화, 그리스도교화를 목표로 한 것이었다. 따라서 기지로서의 이곳은 원주민(본디 살던 프로이센인, 폴란드인 등)에 대한 방어지이고, 기사들이 머무는 성이자 침략, 선동, 교화, 개척, 식민, 생산, 정치, 재판 등의 중심지이기도 했다.

맨 처음 침입한 독일인(기사단)은 상업에 대한 경험이 있었다. 그 때문에 발트해 연안의 쾨니히스베르크는 일찍부터 해외무역 기지를 형성했던 듯하다. 다만 초기에는 쾨니히스베르크의 배경이 될 만한 지역은 이루어져 있지 않았다. 그러나 중요한 사실은 영주와 기사 그리고 농민들이 상업 또는 무역에 강한 관심을 갖기 시작했다는 것이다.

몇 세기에 걸친 기나긴 역사와 그 경과에 대한 설명을 여기서는 이만 생략하기로 한다. 하지만 결국 16, 7세기 무렵 쾨니히스베르크에서는 '구츠헤르샤프트'라는 반동적인 봉건체제가 형성되어 갔다.

구츠헤르라는 영주들은 농민의 자유를 제한하고, 그들에게 혹독한 부역을 요구하고, 직접 넓은 농장을 경영했다. 그들은 방대한 잉여(주로 곡물) 농산물을 서유럽에 수출하여 이윤을 독점했다.

이렇듯 쾨니히스베르크는 해외무역의 중심적 기지가 되어 갔다. 그리고 그와 같은 무역항으로서의 중요성은 프레겔강을 따라 배후지가 펼쳐지고, 그 산물이 물길을 따라 이 도시로 모임에 따라 차츰 그 정도를 더해 간 것으로 보인다.

쾨니히스베르크에는 많은 중개인과 외국 상인이 찾아들고, 또 경영주이자 대상인이기도 한 영주들도 모여들었다. 그리고 이곳에서는 상거래와 수공업을 주로 하는 시민층이 형성되어 나갔다. 본디 개척지이자 식민지이기도 한 동프로이센의 도시에는 상당한 자유와 권리가 인정되어 있었다. 게다가 자주 거론되는 바와 같이 '도시의 공기는 사람을 자유롭게 했다'. 그곳에는 자주와 독립의 기풍도 있었다. 유명한 1525년의 농민반란 때에는 구두장이, 무두장이, 구

칸트(1724~1804)

리세공인 등 일반시민이 들고일어나 농민을 도왔다.

쾨니히스베르크는 한자동맹에 속하는 도시였다. 그러므로 북쪽의 바다를 둘러싸고 북유럽 무역을 독점했던 용감한 한자상인이 이곳에 모여들었을 것이다. 그리고 그에 따라 자연히 상인조합(Guild)이나 수공업자조합(Zunft)도 성립되어 갔을 것이다. 그곳에서는 지배층인 상인 성격의 도시귀족(차츰 정착, 거주 내지는 체재하기에 이른 상인 성격의 영주들)의 시정 독점에 저항하려는 공기마저 보였다.

이렇게 이미 쾨니히스베르크는 동프로이센 지방의 정치, 경제, 종교, 문화, 군사 등의 중심지였다. 이곳은 구츠헤르샤프트적 봉건체제 속에서의 반봉건적 자유가 감도는 곳이었을 것이다.

높아지지 않는 시민의식

이러한 자유는 시의 봉건적 지배층을 타파하고 그를 대신하여 민주적 시정을 성립할 정도로는 발전하지 못했다. 애당초 이들 시민의식에는 서유럽같이

강하고 굳은 단결력이 결여되어 있었다. 그 때문에 강력한 구츠헤르샤프트 체제가 지배를 확보해 나가자 그 아래서 시민인 것에 만족하는, 중심사상이 없는 단계에 머무르고 말았다.

그리고 18세기 무렵에는 다음과 같은 시민의식이 도시를 반신불수로 만들기에 이른다. 귀족이나 기사 및 영주를 숭상하고 그 사람들의 생활양식이나 매너를 모델로 삼는 풍조, 주인·기술자·도제 같은 질서를 고수하는 풍속, 은혜·자비·충성·공경·겸손·순종 같은 가부장적·기사적·그리스도교적 도덕, 성실·근면·정직·공정·봉공 같은 직인 기질, 새로운 질서를 싫어하고 옛 관습을 신줏단지처럼 모시려는 관습적 전통주의, '기사·시민·농민' 또는 '귀족·자유민·부자유민'이라는 신분제 자체에 뿌리박힌 신분 및 계층에 대한 사고방식 등이 그것이다.

이러한 것들은 아래로부터 상승하는 힘에 의해 시민혁명을 추진해 나간 서유럽 근대의 시민의식과는 크게 다른 것이었다. 서유럽의 시민의식은 봉건적 주종관계를 타파하려 했고, 마을과 길드의 관습에서 벗어나려 했다. 또 그것은 신의 정의라는 이름 아래 인간, 그중에서도 특히 제3신분(시민, 농민, 노동자 등)의 권리와 자유, 평등을 주장하여 투쟁했고, 따라서 일할 권리, 직업의 자유, 특권의 배제 등을 요구했다. 이 서유럽의 시민의식은 미국의 '독립선언'이라든가 프랑스대혁명의 '인권선언'에서 엿볼 수 있는 그러한 것이었다.

그러나 쾨니히스베르크 시민에게는 이러한 사상이 아직 없었다. 그들에게는 자연의 권리 또는 천부의 권리로서의 인권이나 자유에 대한 자각은 아직 충분히 성숙해 있지 않았다. 따라서 이곳에서는 인간으로서의 자유와 평등을 스스로 깨달음으로써 시민과 농민이 단결하여 일어서는 그런 분위기는 생겨나지 않았다.

신분으로 구별된 시민

'위로부터의 근대화'를 지향했던 계몽군주 프리드리히 대왕은 부유한 시민의 육성을 도모했는데, 그것은 세금을 잘 내는 시민층의 육성을 의미하는 것이었다. 그리고 그런 시민은 귀족이나 농민과는 법적으로 확연하게 구분된 신분으로서의 시민이었다.

18세기 끝무렵에 완성하여 공포된 '프로이센 법전'을 살펴보면 시민적 신분

쾨니히스베르크 프레겔강을 따라 보이는 도심의 뒤편 오른쪽 첨탑이 쾨니히스베르크 성이다.

과 권리, 의무가 규정되어 있다. 거기에는 시민적 신분은 귀족이나 농민과 구별
되는 세습적 신분으로, 특히 결혼, 정치, 재판, 종교, 상속, 수렵 등에 있어서 특
별 대우를 받는 것으로 나와 있다.

나아가 시민이나 도시에 대한 여러 규정 가운데에서 두드러진 것은 제후나
국가의 감독 권한 측면이었다. 도시에 대한 권한은 국왕에 의해서만 부여되었
고, 시장을 여는 것, 시 금고에 대한 것, 수공업을 하는 것, 상인조합이나 수공
업자조합 등에도 제후나 국가의 감독과 허가가 크게 개입되었다.

칸트는 무두장이의 아들이었다. 또 가족과 가까운 친척들도 구두장이, 직물
장이, 가발장이 등 수공업자였다. 칸트의 아버지는 수공업자조합 사이의 문제
때문에 괴로워했다. 칸트는 가정에서 그러한 모습을 보며 자라났고, 또 그런 환
경 속에서 살았다. 그러나 칸트가 앞서 말한 '프로이센 법전'에 호응하는 '법률철
학'(《윤리형이상학》의 제2부)을 쓴 것을 보면, 그가 이런 것에 대해서는 현실적 시
간과 장소 속에 순응했던 것을 알 수 있다. 적어도 그는 이 때와 장소의 관습과
법을 서유럽 성격처럼 아래로부터의 혁명에 의해 타파하려고 하지는 않았다.

'신분으로서의 시민'이 해방되는 것은 19세기가 되고 나서이다. 하지만 이 해방도 아래로부터의 봉기에 의해 획득된 것은 아니었다. 개혁 입안자로 유명한 슈타인 수상은 도시의 자치권과 민주적 운영을 다시 일으킴으로써 시민의 자주성과 단결력을 도모하여, 국민의 애국심을 기르고 북돋우고자 했던 것이다.

조용히 하느님을 섬겨라

독일인이 동프로이센을 침입한 목적 가운데 하나는 그리스도교의 확대였다. 따라서 쾨니히스베르크는 그리스도교 보급의 한 근거지이다.

쾨니히스베르크에서는 도시가 개척되고 독일인이 이주해 옴에 따라 그리스도교의 침투도 점차 확대되었다. 그 뒤 16세기가 되어 프로테스탄티즘(신교)이 일어남과 동시에 동프로이센 지방에는 루터파의 한 갈래인 피에티스무스(경건주의)가 퍼져 나갔다. 피에티스무스는 조용하게 마음으로부터 하느님을 믿고, 하느님의 말에 따르는 것을 그리스도인의 본분으로 삼았다.

본디 프로테스탄티즘은 외형적인 의식이라든가 교회를 중시하는 가톨릭(구교)과 달리, 특히 내면적 마음으로부터의 신앙을 강조했다. 가톨릭은 교회적인 행사에 의해 하느님을 섬기는 한편, 하느님을 섬기는 계급(신부)을 중시했다. 따라서 지상의 생활(직업 생활)은 교회 생활보다 낮은 생활로서, 교회 생활을 위한 수단에 지나지 않았다. 또한 평소 세속적인 생활(직업)에 종사하는 일반인은 하느님을 섬기는 사람(신부들)보다 낮은 인간이었다.

이에 반해 프로테스탄티즘의 시조인 루터는 단 하나의 내면적 신앙이야말로 그리스도인의 본분이고, 외형보다 내면이 중요하다고 했다. 따라서 인간에게 차별은 없으며 직업의 위아래도 없다고 했다. 그는 오히려 우리가 일상적으로 종사하는 직업 속에서 '성스러운 소명'(신의 뜻, 신이 부여한 사명)을 보았던 것이다. 따라서 직업이나 나날의 일에 종사하는 가운데서 그리스도인으로서의 의무와 본분을 찾았다.

하지만 루터는 신에 대한 마음으로부터의 신앙을 강조한 나머지, 현실 세계의 여러 상황을 신으로부터 부여받은 것으로 순순히 받아들일 것을 주장했다. 부여받은 직업, 부여된 신분, 주어진 사명······ 이것들은 그에 따르면 모두가 신의 섭리(신의 의지, 신의 은혜)였고, 따라서 기꺼이 그것을 받아들이고 무조건적

칸트의 생가

으로 복종하지 않으면 안 되는 것들이었다.

　조용하고 얌전하게 신을 섬길 것을 주안점으로 하는 피에티스무스파에게는 이러한 루터적 사고방식이 더한층 강조되었을 것이다. 그 무렵 동프로이센에서 현실적으로 주어져 있던 것은 인간에게 질서를 두는 신분제도였으며, 상인조합과 수공업자조합, 또는 마을의 공동 생활 등의 관습에 따르는 생활이었다. 사람들은 나날이 광대한 농장을 가진 영주에게 봉사해야만 했고, 또한 그들이 누릴 수 있는 영광은 위대한 계몽군주의 통치를 받는 것이었다. 우리는 거기서 성실하고 겸허하게 이러한 현실을 받아들이고, 그것에 따르는 피에티스트의 모습을 상상할 수가 있으리라. 인간의 죄를 의식하고, 나아가 얌전하게 순순히 주어진 자기 직업에 종사하는 쾨니히스베르크의 주민들(관리, 사용인, 주인, 직인, 도제 등)의 모습을 말이다.

　쾨니히스베르크를 비롯해 동프로이센에 침투한 피에티스무스는 현실의 직업 생활에 성실하게 종사하는 기풍을 낳았다. 그러나 사람들의 신앙이 깊어질 수록, 그들이 신의 섭리를 믿으면 믿을수록 그 생활 태도는 주어진 현실을 개혁하는 방향으로 향할 수 없었으며, 오히려 뒤처진 현 상황을 고수하게 되었다. 그리고 바로 이러한 점이 문제였다.

이것은 신교 가운데 서유럽에 퍼져 나간 칼뱅주의와는 대조적이라고 할 수 있다. 칼뱅주의 또한 직업에 대한 정열 속에서 신의 사명을 찾았다. 하지만 그들은 현실(특히 직업)을 냉엄하게 합리화했으므로, 성과(생산 실적)를 높이는 가운데서 신의 영광을 찾았고, 거기서 자기가 신의 선택을 받았다는 증거를 찾으려 했다. 그리고 서유럽의 근대적 시민사회 또는 자본주의는 이러한 칼뱅주의적 프로테스탄티스트에 의해 형성되었다.

새로운 것이 밀려오다

쾨니히스베르크는 서유럽과의 무역항인 동시에 서유럽 세계를 향한 문호였다. 이곳에서는 곡물, 아마, 목재 등이 서유럽으로 수출되고, 금속과 식료품 등이 서유럽으로부터 수입되었다. 그와 더불어 새로운 서유럽 문명과 생활양식, 그리고 학문이 들어오기 시작했다.

그에 따라 나라 안팎에서 갖가지 인간 군상이 모여들었으며, 과거의 오랜 시가지 부근에 새로운 마을들도 생겨났다. 1724년에는 그 마을들을 합병하여 인구 4만 가량의 도시가 되었다. 그리고 그 인구는 18세기 후반이 되자 무려 5만에 이르렀다.

어떤 이(슈타벤하겐)는 18세기 쾨니히스베르크의 분위기를 이렇게까지 묘사한다. '이곳은 기사나 상인 등 갖가지 인간이 모여드는 사교의 장이었다. 도시에는 자유로운 공기와, 개방적이고 사교적인 즐거움, 명랑함이 감돌았다. 신분제라든가 조합제도가 생겨나는 차별적이고 봉쇄적인 분위기가 허물어지고, 피에티스트적인 고단한 생활 태도도 무너졌다. 부인들은 수도원에 갇혀 있는 듯한 삶에서 해방되었다. 기사들과 산책을 하거나, 무도회에 장교와 함께 나타나는 부인들조차 눈에 띄게 되었다.' 생활 태도의 이러한 변혁은, 동시에 내면의 해방이기도 했다. 칸트도 《인간학》에서 사교의 중요성에 대해 다루고 있거니와, 그 자신도 많은 사람들과의 사교를 즐겼다.

이뿐만 아니라 서유럽의 정치적 사회적 동향에 대한 정보와 근대 과학도 들어오게 되었다. 쾨니히스베르크로 들어온 소식 가운데에는 미국의 독립이라든가 프랑스혁명 같은 자극적인 일 말고도, 독일의 여러 사상(라이프니츠·볼프 등의 철학), 프랑스 계몽사상(루소와 그 밖의 계몽적 혁명사상), 영국의 과학과 경험론(뉴턴의 물리학, 흄·스미스 등의 경험론) 등에 대한 것들도 있었다. 칸트는 그중에서도 라이프니츠와 뉴턴의 영향을 받고, 흄에 의해 독단의 꿈에서 깨어났으며, 루소에 의해 인간의 존엄성을 깨달았다. 그는 또한 프랑스혁명에서 깊은 감명을 받았다. 칸트는《인간학》에서 '이곳은 가만히 앉아서 여러 가지 지식을 얻을 수 있는 곳이다'라고 했는데, 이것은 이런 쾨니히스베르크의 성격을 잘 표현한 말이다.

그러나 이런 상황 속에서 영주나 귀족, 기사는 불안에 휩싸일 수밖에 없었다. 특히 프랑스혁명의 정보 등은 그들을 무척이나 두려움에 떨게 했다. 이러한 불안 속에서 그들에게는 현재의 지배나 질서, 전통을 어떻게 유지하고 존속시킬 것인가가 문제였다. 그리고 그들의 생각에 계몽된 전제군주(절대주의)에 의한 '위로부터의 혁명'이야말로 가장 적합한 방식의 해결책이었을 것이다.

앞으로 다루게 될 칸트의 사상 속에서도 곳곳에 모순된 부분을 볼 수 있다. 예를 들면 칸트는 미국의 독립을 칭송하고 프랑스혁명에 동정하면서도, '아래로부터의 혁명'이나 저항권은 인정하지 않았다. 또 루소에 의해 모든 인간의 존엄성을 깨우쳤으면서도 귀족이나 영주에게 각별한 경의를 표하며, 그들의 생활 태도를 흉내내려 했다. "스스로 생각하고, 스스로 탐구하며, 자기 발로 서라!" 말하며 자유와 자주를 그토록 주장하면서도, 군주에게 복종할 것을 의무로 정하여 왕의 의지가 법이라고 했다. 칸트에게서 보이는 이러한 이중적인 면 또는 모순은 옛것과 새것이 서로 교류와 충돌을 그치지 않던 쾨니히스베르크의 도시 자체를 나타낸다고도 할 수 있다.

이름 없는 한 시민의 아들

마구 기술자의 아들

우리의 철인(哲人) 임마누엘 칸트는 1724년 4월 22일에 동프로이센 쾨니히스베르크의 성 밖 마을에서 태어났다. 그의 출생지 거리 이름이 '마구장이 거리'였던 것으로도 알 수 있다시피 칸트의 아버지 요한 게오르크 칸트(1682~1746)는 마구가게의 주인으로, 가죽으로 말안장 등을 만들던 가난한 시민이었다. 어머니는 안나 레기나 도로테아(친정의 성은 로이터, 1698~1737)로 18세 무렵에 33세 남편과 결혼하여 많은 아이들을 낳았다. 칸트는 부모가 결혼한 지 9년째 되던 해에 넷째아이로 태어났다. 9명 남짓한 형제자매가 있었다고 하지만 사산아나 어릴 때 죽은 아이가 많아서, 비교적 오래 살았던 것은 칸트를 비롯해 누이 3명과 남동생 1명 정도였다. 칸트보다 오래 살아서 그의 마지막 병상을 지켰던 사람은 막냇누이 바바라뿐이었다.

앞에서도 말했듯이 18세기라고 하면 이미 서유럽에서는 산업에서의 자본주의가, 정치에서의 시민혁명이 전개되고 있던 때로, 실로 근대화의 희망으로 가득 찬 시대였다. 그러나 독일 동북쪽 한 귀퉁이의 동프로이센은 근대화에서 한참 뒤떨어진 지역이었다. 그곳은 아직도 단단히 뿌리내린 전근대적인 관습과 인간관계의 지배 아래에 있었고, 따라서 산업혁명을 거론할 상황이 아니었다. 하지만 그런 가운데 쾨니히스베르크는 이 지역의 경제적·정치적 중심지이고, 해외무역의 근거지이며, 대학과 교회를 지닌 문화적·종교적 중심지였다. 이렇게 이곳은 뒤처진 세상의 중심지임과 동시에 진보한 세계로 통하는 관문이었다. 말하자면 칸트는 낡고도 새로운 도시의 한 귀퉁이에서 태어난 것이다.

칸트는 만년의 편지에서 자신의 할아버지가 스코틀랜드에서 이곳 쾨니히스베르크로 이주한 듯이 적고 있다. 그러나 그것은 착각인 것 같다. 칸트의 선조는 프로이센의 메메르 지방에서 거주했던 것으로 추정된다. 증조할아버지는 그곳 마을에서 술도가를 경영하던 농부였다고 하며, 할아버지와 아버지는 마구장이로서 아버지 대에 쾨니히스베르크로 옮겨온 것 같다. 칸트의 외할아버지는 구두장이로 생활이 꽤 여유로웠다. 그의 여자형제들도 직물장이, 가발장이 등에게 시집을 갔다. 이와 같이 칸트의 일족은 이른바 수공업 기술자, 또는 직인 계층에 속하는 사람들이었다(칸트의 남동생은 목사가 되기는 했지만). 특히 임마누엘 칸트는 조용하고 가난한 마구장이의 아들로서 이 세상에 태어났다. 대체 누가 이 마구장이의 아들에게서 뒷날 세계적인 철학의 대가를 상상이나 했겠는가!

경건한 가정

동프로이센 지방에는 그리스도교 신교의 한 파인 피에티스무스가 깊이 침투해 있었다. 본디 신교란, 앞서 이미 언급한 바와 같이 구교(가톨릭)가 외형적 형식(교회의 의식이나 교회에 대한 기부 등)을 중시하는 데 반대해 마음으로부터의 신앙을 주장한 그리스도교였다. 신교도는 오로지 마음에서 우러나는 신앙이야말로 진정한 그리스도교라고 했다. 이러한 신교의 시작은 루터나 칼뱅 등에 의해 주창된 그리스도교 개혁운동(이른바 '종교개혁')이었는데, 이 가운데 북부 독일과 프로이센 등으로 퍼져 나간 것은 루터파였다. 그러나 이런 루터파 또한 나중에는 형식화되어 갔다. 그러한 것에 질려 내면의 경건한 신앙(차분하고 견실하게 하느님을 섬기는 것)을 강조한 것이 피에티스무스(경건주의)이다.

칸트의 가족들은 피에티스무스의 열렬한 신자였다. 이런 가정 분위기 속에서 어린 칸트는 신앙심 깊은 부모에게서, 특히 어머니에게서 강한 영향을 받았다.

칸트는 만년(1797)의 한 편지의 초고에 이렇게 썼다.

'나의 집안에 대해 자랑할 수 있는 것은(직인계급 출신이기는 하지만), 정직성과 도덕성의 측면에서 모범적이었던 부모님이, 비록 내게 재산을 남기지는 않았지만 하나의 교육을 물려주었다는 것입니다. 이 교육은 도덕적 측면에서 보아 더 이상의 것은 있을 수 없을 정도로 훌륭한 것이었습니다. 나는 이것을 떠올릴 때마다 늘 깊은 감사와 은혜의 정이 솟는 것을 금할 수가 없습니다.'

또한 칸트는 제자인 보로프스키에게 몇 번인가 이렇게 말했다고 한다.

"결코, 단 한 번도 나는 부모에게서 어떤 천박한 말을 들은 적이 없었고, 품위가 떨어질 만한 일을 본 적도 없었다."

어느 때의 일이다. 아버지의 동료인 무두장이와 마구장이 사이에 다툼이 생겼다. 그로 인해 아버지는 상당한 고초를 겪었다. 부모는 그 일에 대해 가정에서 대화를 했다. 그러나 대화 가운데 단 한마디라도 남을 욕하거나 경멸하는 적이 없었으며, 언제나 상대방에 대한 사랑과 관용을 유지했다. 이것은 아직 어린아이였던 칸트를 깊이 감동시켜서 평생토록 그에게서 잊히지 않는 추억이 되었다.

또 칸트가 어머니에 대해 얼마나 존경과 사모의 정을 품었는지를, 제자 야흐만은 이렇게 전하고 있다.

"칸트 선생님은 가끔 나에게 이렇게 말했습니다. '나의 어머니는 애정으로 가득 차고 감정이 풍부한, 경건하고 정직한 분이었다. 또한 아이들을 경건한 가르침과 도덕적인 본보기를 통해 하느님을 공경하도록 이끄신 상냥한 어머니였다. 어머니는 나를 때때로 교외로 데리고 나가서 내가 신의 작품에 주의를 기울이게 하고, 경건한 기쁨으로 신의 전능과 지혜와 인자함에 대해 이야기해 주며 만물의 창조주에 대한 깊은 외경을 내 마음에 새겨주었다. 나는 어머니를 결코 잊지 못하리라. 어머니는 내 안에 선의 첫 번째 싹을 심고 그것을 길러, 내가 내 마음을 열고 자연의 인상을 받아들일 수 있게 해 주었기 때문이다. 어머니는 나의 이해력을 눈뜨게 했고, 또 넓혀 주었다. 그리하여 어머니의 가르침은 내 일생에 끊임없이 유익한 영향을 주고 있는 것이다.' 이 위인이 어머니에 대해 말할 때마다 그의 가슴은 감격으로 벅차오르고, 눈은 빛났으며, 그 한마디 한마디는 자식으로서의 진심어린 존경과 사모의 정을 나타내고 있었습니다."

우리는 여기서 정직하고 근면하며, 경건한 한 시민의 가정을 그려볼 수가 있다. 정직, 근면, 경건한 신앙, 그것이야말로 피에티스무스 가르침의 근본이었다. 그 성실하고 경건하며, 학문에 전념하기를 그치지 않았던 칸트의 덕성은 이러한 집안 분위기에 의해 길러진 것이리라. 그리고 이 덕성이야말로 그의 일생의 생활 태도뿐만 아니라, 그의 철학을 낳은 근원적인 힘이 되었다.

나중에 하나씩 밝혀 나가겠지만 그의 철학, 그중에서도 우위를 차지하고 중심을 이루는 도덕철학은 이러한 덕성과 신앙의 철학적인 바탕 위에서 부동의 것이 되었던 것이다. 따라서 이것은 부모, 특히 어머니의 평소 가르침을 철학적으로 밝힌 것이었다고도 할 수 있다. 어머니는 이 위대한 철인의 육체적 근원이었다. 칸트는 얼굴 생김새와 안으로 휜 가슴 등 신체적 특징마저 어머니를 그대로 닮았으니 말이다. 그러나 무엇보다도 그의 어머니는 이렇게 위대한 그의 정신과 사상의 근원이었던 것이다.

학문의 실마리

'마누엘'(어린 시절의 애칭)의 어린 시절은 그다지 분명하게 알려져 있지 않다. 칸트도 자신의 어린 시절에 대해 별로 말하려 하지 않았다. 그가 읽기, 쓰기를 처음 배운 것도 성 밖의 양로원 부속초등학교에서였다.

콜레기움 프리데리키아눔(Collegium Fridericianum) 칸트는 '경건주의자들의 합숙소'라는 이 학교에 입학하여 라틴어를 비롯한 고전, 교양교육을 철저히 받았다.

그러나 어머니가 다니는 교회의 목사 슐츠는 마누엘의 범상치 않은 재능을 꿰뚫어 보았던 듯하다. 피에티스무스 목사인 슐츠는 볼프 학도로서 뛰어난 학자이기도 했다. 볼프는 당시 유행하던 독일 철학자로, 역시 독일의 대철학자였던 라이프니츠와 함께 라이프니츠·볼프 철학으로 칭송받았다.

마누엘은 슐츠의 도움으로, 나중에 슐츠가 교장이 되는 콜레기움 프리데리키아눔에 입학하게 된다. 그가 여덟 살 때의 일이다. 슐츠는 진작부터 칸트 부모의 깊은 신앙심에 호의를 갖고 있었다. 콜레기움 프리데리키아눔은 오늘날로 말하자면 프리드리히 김나지움이라 할 수 있다. 오늘날 독일의 김나지움은 초등학교 4년을 마치고 10세 무렵에 입학하여 9년 동안 교육을 받도록 되어 있는 곳으로, 우리나라에서는 '고등학교'로 번역되고 있다. 이곳에서는 학자와 연구자가 되기 위한 과정으로 어학교육(3개 외국어가 필수) 등을 매우 엄격히 행해서 학생들이 보통 도중에 하나둘씩 떨어져 나갔다. 그래서 결국 김나지움의 최종시험('아비투어'라고 한다)에 합격하는 것은 입학생의 20퍼센트쯤이다. 다만 아비투어에 합격한 사람만이 동시에 대학입학자격을 얻을 수 있었다.

그러므로 칸트가 이 콜레기움에 입학한 것은 그의 학문에 대한 일생의 헌신이 시작된 것이라고도 할 수 있다. 그즈음 학문적 풍조로 보더라도, 또 종교적 분위기나 콜레기움의 성격을 보더라도, 칸트는 이 학교에서 혹독한 라틴어 교육을 받았을 것이라고 추정된다. 칸트는 뛰어난 친구들(룽켄이라든가 쿤데 같은)과 고전작품 독서회를 통해 학자로서 꿈을 가꾸었다. '우리가 미래에 저술가가 된다면 우리의 학문적 저술 표제에 자기 이름을 뭐라고 쓸 것인가, ……우리는 언젠가 쿤데우스, 룽케니우스, 칸티우스라는 이름을 얻으리라' 하면서. '칸티우스'란 말할 것도 없이 '칸트'의 라틴어 이름이다. 물론 칸트는 이 라틴어 이름을 실제로 사용하지는 않았다. 뒷날 뛰어난 고전작가이자 네덜란드 라이덴 대학의 교수가 되었던 룽켄만은 약속을 지켜 평생 '룽케니우스'라는 필명으로 통했다.

어쨌든 칸트는 콜레기움에서는 라틴어와 고전문학에 열중했다(그 때문인지 칸트는 평생토록 로마의 고전문학과 시에 애착을 갖고 있었으며, 노후에도 호라티우스 등 라틴 시인의 글귀를 줄줄이 암송했다). 이러했던 칸트가 고전연구가 아니라 철학을 전공하게 되었다. 칸트가 뒷날 철학을 전공하게 되리라고는 콜레기움의 그 누구도 예상하지 않았고, 또 예상할 수도 없었다.

나의 길, 대학교수

몸은 가난하지만 마음은 부유하다

콜레기움 프리데리키아눔에서 8년 동안 공부를 한 칸트는 16세(1740) 때 쾨니히스베르크 대학에 입학한다. 칸트에게 있어 그렇게도 소중한 어머니는 슬프게도 3년 전에 이미 세상을 떠난다. 어머니의 나이가 아직 마흔도 채 되지 않았던 때였다.

물론 학비는 충분하지 않았으나, 구두장이를 하는 비교적 부유한 큰아버지 리히터가 얼마간의 도움을 주었다. 그러나 칸트 자신도 학자금을 마련하지 않으면 안 되었다. 그렇다고 오늘날처럼 괜찮은 아르바이트가 있을 리 없다. 칸트는 공부를 못하는 급우에게 복습을 시켜주고 용돈을 벌었으며, 당구나 트럼프 내기 등에서 이겨 수입을 얻었다고도 한다. 우리 상식으로 이러한 도박은 바람직하지 않은 것이지만 서유럽에서는 그렇게 까다롭게 다루는 문제가 아니었다. 그것은 2세기 전만 해도 심지어 수입원이 되는 경우도 있었다. 먼저 칸트의 명석한 머리가 학비를 벌었던 것이다. 하지만 칸트의 차림새는 초라해서, 친구들

성 연못에서 바라본 쾨니히스베르크 대학과 돔 성당

이 바지와 윗옷을 갖다주며 그를 도왔다고도 한다.

대학에서 가장 먼저 칸트를 이끌었던 것은 마르틴 크누첸이었다. 크누첸 역시 뛰어난 볼프 학도로서 몇 권의 저서를 통해 이름이 널리 알려진 인물이었다. 특히 그는 피에티스무스와 볼프 철학을 결합하고자 했다. 또한 뉴턴의 물리학에도 해박했다. 칸트는 크누첸 교수의 철학과 수학 강의에는 빠짐없이 출석했다. 뉴턴 학설을 처음 배운 것도 크누첸에게서였다. 또한 칸트는 테스케 교수의 물리학을 들었다. 나아가 은인이자 은사, 그리고 모교 콜레기움의 교장이었던 슐츠의 교의학 강의에도 빠지지 않았다. 그러나 칸트가 다른 어떤 교수보다 존경했던 사람은 크누첸이었다. 크누첸은 칸트를 비롯한 많은 학생들에게 장래 독창적인 사상가가 되기 위한 길을 보여 주었던 것이다. 하지만 운명은 크누첸에게 행운을 베풀지 않았다. 많은 사람에게서 존경과 사랑을 받던 그는 1751년에 38세로 숨을 거두었다.

칸트는 1746년(22세)에 약 5년 동안의 대학생활을 마치고 졸업한다. 그러나 유감스럽게도 같은 해 봄에 아버지가 64세로 세상을 떠난다.

칸트가 5년 동안 얼마나 공부를 잘했는지는 졸업논문이자 첫 작품이기도 한 《활력의 참된 측정술에 대한 사상》에 의해 증명되고 있다. 이것은 라이프니츠,

볼프 등 당시 유행하던 학자들의 힘의 측정법을 비판하여 칸트 자신의 길을 걷고자 시도했던 것이다. 그는 거만하다는 비난에도 굴하지 않았다. 평범한 학생도 어떤 부분에서는 대가를 넘어설 수 있다는 깨달음에 차서, 그는 이 저서의 서문에 '나는 나의 길을 갈 것이다' 선언했다. 사람들은 거기서 의욕에 넘치고 비판 정신에 불타는 한 청년 학도의 모습을 엿볼 수 있으리라.

존경받는 가정교사

졸업한 칸트를 기다린 것은 행복하고 평화로운 연구 생활이 아니었다. 그는 생활비를 벌기 위해, 떠나기 싫은 쾨니히스베르크를 뒤로하고 가정교사가 되어 시골로 향한다. 대학을 나온 가난하고 젊은 지식인이 많이 걷는 길을 칸트 또한 지나지 않으면 안 되었다.

그가 어디서 가정교사를 했는지는 확실히 알려져 있지 않다. 그러나 제자 야흐만이나 보로프스키의 말을 종합해 보면, 대체로 목사 또는 귀족의 가정 등 세 군데를 옮겨 다닌 듯하다. 맨 처음 쾨니히스베르크 교외(리투아니아의 유첸)의 목사 안데르쉬의 집에서 시작하여, 모룬겐 부근의 아른스도르프 기사영주인 폰 휠젠가('폰'이란 귀족임을 나타내는 칭호이다)로 갔다가, 마지막으로 티르지트 근처 라우텐부르크의 카이절링 백작가(카이절링 백작이라고는 하나 카이절링 백작의 분가였던 듯하다)로 옮겨갔다. 이 분가의 철없는 두 아이를 뒷날의 대철인이 가르쳤던 것이다. 이 '카이절링 백작가의 가정교사' 설에 대해서는 의문이 일고 있지만, 아무튼 칸트는 나중에 명문의 대영주에다 외교관이자 사교계의 중심이었던 카이절링 백작과 친해져 늘 초대받는 20여 명 가운데 한 사람이 되기도 한다. 특히 재색을 겸비한 백작부인과도 친해졌는데, 이 부인이 그린 젊은 날의 칸트 초상화는 유명하다. 이에 대해서는 나중에 다시 다루겠다.

목사라든가 귀족의 밑에서 가정교사를! 이런 말을 듣기만 해도 사람들은 렌츠와 브레히트의 연극 〈가정교사〉를 떠올릴 것이다. 자유를 존중하고 비판적 정신이 풍부하며 자기의 길을 가고자 한 칸트는 괜찮았던 것일까? 노예 같은 대우에 견딜 수 있었을까? 이성을 향한 청춘의 정열은 어땠을까? 연애에 실패한 적은 없었을까? 이런 것은 모두 쓸데없는 걱정인 것 같다. 칸트가 훌륭했는지, 아니면 칸트를 고용한 가정이 괜찮았는지, 어쨌든 칸트는 가정교사로서 어디서든 존경을 받았던 듯하다. 물론 칸트는 "세상에 나만큼 나쁜 가정교사는 없었을 것이다" 제자들에게 고백하기는 했지만……. 아이들을 상대하고 아이들에게 벌을 주는 것은 젊은 철인에게는 힘든 일이었으리라. 한편 사랑에 대해서는, 다행인지 불행인지 연애에 열중할 만한 아가씨가 목사 집안에도, 귀족 가문에도 없었던 것 같다.

칸트가 8년 남짓한 가정교사 생활을 끝내고 쾨니히스베르크로 돌아온 것은 1754년 또는 1755년 무렵(30 아니면 31세쯤)이었을 것으로 추정된다. 그때 그의 나이가 30세라고 하면, 마르크스가 엥겔스와 함께 《공산당 선언》을 만들어 낸 나이이다. 마르크스는 30세에 이미 자신의 학문적 체계의 기초를 이룩하고 있었다. 그러나 칸트는 이제부터 시작인 것이다. 프랑스 국경 근처의 트리어에서 1818년에 태어난 마르크스는 조숙했고, 러시아 근처의 동북쪽 한 귀퉁이에서 태어난 칸트는 그런 마르크스에 비해 늦게 트였는지도 모른다. 하지만 문제는 평생 얼마만 한 일을 했느냐 하는 것이므로 이르고 늦고를 따질 필요는 없다.

어찌 보면 길었다고도 할 수 있는 이 8년의 세월은 칸트가 쾨니히스베르크 밖에서 살았던 유일한 시기였다(물론 때때로 쾨니히스베르크 교외로 나가거나, 근처로 여행한 적은 있었지만). 그러나 이 8년은 칸트에게 의미가 있었다. 그는 조용한 전원 생활 속에서 마침내 꽃피울 봄을 위한 준비를 할 수 있었던 것이다. 또한 이때 상류사회의 생활과 접했던 그는 세상과 사람의 사정에 능통하고 발을 넓힐 수가 있었을 것이다. 칸트는 《인간학》에서 상류층의 교양 있는 사회와 교류하는 것을, 인간과 세상에 대한 지식을 넓히는 중요한 방법으로 논하고 있다.

허둥대는 대학강사

쾨니히스베르크로 돌아온 칸트는 먼저 자연철학자로 출발한다. 그리고 어느새 역작을 발표하여 사람들을 놀라게 한다. 그것은 라이프니츠, 볼프, 또는 뉴턴의 안내를 받은 방향의 연구이고, 그 무렵 철학계의 풍조를 따른 것이었다.

이미 졸업논문 〈활력의 참된 측정술에 대한 사상〉을 출판했던 칸트는 내친 김에 중요한 저서 《보편적 자연사와 천체 이론》을 발표한다(1755년, 31세). 이 책의 내용은 뉴턴의 원리에 기초하여 천체의 생성에 대해 성운설을 내세운 것이었다.

칸트는 그 뒤 〈불에 대하여〉라는 논문(1755)을 대학에 제출하여 마기스터 학위(석사)를 획득했다. 학위수여식에는 드물게 이 지역 명사와 학자들이 모여들었다. 칸트는 학위를 받은 뒤에 철학에 대한 라틴어 강연을 했다. 청중은 존경심을 갖고 유독 조용하게 이 강연에 귀 기울임으로써 새로운 마기스터를 환영했다고 한다.

이어 그는 〈형이상학적 인식의 첫 번째 원리에 대한 새로운 해석〉이라는 논문(같은 해 출판되었다)으로 모교인 쾨니히스베르크 대학에서 개인강사가 되었다. 개인강사란 오늘날의 시간강사 같은 것으로, 수입은 수강생의 수강료로 정해졌다. 그 때문에 수강생의 많고 적음이 수입과 관계되었다.

한편 칸트 교수의 강의는 어떠했을까? 제자인 보로프스키의 말을 들어보자. "나는 1755년에 칸트 교수님의 첫 번째 강의를 들었습니다. 교수님은 그 무렵 신시가지에 있는 퀴프케 교수의 집에서 하숙을 하면서 이곳의 넓은 강의실을 사용했습니다. 강의실은 믿어지지 않을 만큼 많은 수강생들로 메워져서, 학생들이 현관이나 계단까지 빼곡하게 차 있었습니다. 이것이 칸트 교수님을 무척이나 곤혹스럽게 했던 모양입니다. 이런 일에 익숙지 않은 교수님은 거의 낭패한 듯 평소보다 낮은 목소리로 말하고, 이따금씩 말을 고치기도 했습니다. 그러나 이런 태도는 교수님에 대한 우리의 경탄을 오히려 한층 부추길 따름이었습니다. 우리는 누가 뭐래도 교수님의 매우 넓은 학식을 확신했던 것입니다. 그래서 이 때도 교수님이 무척이나 겸손하게 보이기만 할 뿐, 겁을 내거나 당황한다는 따위의 생각은 들지 않았습니다."

또한 언제나 규범과 사리에 맞는 바른 생활을 하던 칸트 교수는 학생의 색다른 차림새 등이 한 번 눈에 들어오면 아무래도 원만하게 강의를 하지 못했다. 그는 학생들의 흐트러진 머리칼이라든가 풀어 헤친 목둘레, 깊게 파인 앞섶 등을 보면 안절부절못했다. 한 가지 예로, 언젠가 앞에 앉아 있던 1학년생의 윗옷 단추가 풀어져 있었던 것에 신경이 거슬렸던 칸트가 강의를 완전히 망쳐 버린 적도 있었다.

사람을 끄는 단상의 스승

보로프스키는 차츰 경지에 이르러 가는 칸트 교수의 강의를 '다음 강의가 되면 이미 모습은 완전히 달라져 있었다'고 설명하며 다음과 같이 말하고 있다.

헤르더(1744~1803)

"교수님의 강의는 나중에 점점 더 그 정도가 더해 가긴 했습니다만 언제나 심원할 뿐만 아니라 명쾌하고 유쾌한 것이었습니다. 강의 교재로 교과서를 사용하기는 했지만 결코 그것에 충실하게 따르는 적이 없었습니다. 다만 그 책의 제목에 따라 강의를 진행해 나갈 따름이었지요. 박식한 탓에 자주 옆길로 새곤 했지만, 그 탈선은 늘 흥미진진한 것이었습니다. 지나치게 옆길로 샌 것을 알아차리고는 재빨리 '그래서 그렇게 되었는데, 한편'이라든가 '이러저러해서, 그런데' 등의 말로 본론으로 되돌아가곤 했습니다."

18세기에서 19세기에 걸친 독일의 유명한 사상가이자 문학가인 괴테의 친구이기도 했던 헤르더는 동프로이센에서 태어나 쾨니히스베르크 대학을 나온 인물이다. 그는 그곳에서 1762~64년에 걸쳐 칸트의 강의를 들었다. 그때 칸트는 아직 개인강사였고, 40세 남짓한 나이였다. 뒷날 칸트 비판철학의 비판자가 되기도 하는 헤르더는 스승 칸트의 추억을 감사와 존경심을 갖고 이렇게 회상한다.

"나는 청춘 시절에 한 철학자를 알고 그의 수업을 들을 수가 있었던 것을 떠올리고, 감사로 가득 찬 기쁨에 젖곤 한다. 그 철학자야말로 나에게 있어 인도주의의 참된 스승이었다. 당시 전성기였던 그는 청춘 같은 쾌활함을 지니고 있었다. 이 쾌활함은 그가 완전한 백발노인이 되어도 여전히, 틀림없이 남아 있을 것이다. 그의 널따란, 사색에 가득 찬 이마가 명랑함을 드러냈다. 그의 붙임성 있는 입술 사이로는 사상으로 가득 넘치고도 더없이 유쾌한 이야기가 흘러 나왔다. 그는 마음먹은 대로 유머와 기지, 재치, 기발함이 깃든 화법을 구사했다.

더구나 그것이 시기와 딱 맞아떨어져 다들 웃으면, 그 순간 그는 진지한 표정을 지었다. 교실에서의 그의 강의는 즐거운 사교모임 같았다.

나는 라이프니츠, 뉴턴, 볼프, 크루지우스, 바움가르텐, 엘베시우스, 흄, 루소 등에 대한 그의 평가를 들었다. 이들 가운데 어떤 사람은 당시의 신진 저술가였다. 나는 그가 이 사람들을 이용하고 있음을 느낄 때도 있었다. 그러나 그가 지녔던 것은 단지 끊임없이 진리를 추구하는 지고한 열의이고, 중요한 발견을 하여 인류의 행복에 도움이 되고자 하는 지극히 아름다운 정열이었다. 그가 행한 것은 모든 위대한 사람을, 아무런 부러움 없이 스스로 배우려는 노력 이외에 어떤 것도 아니었다. 그는 간계 따위는 알지 못했다. 당파심이라든가 파벌 근성 같은 것은 그와는 전혀 거리가 먼 일이었다. 젊은이들의 인기를 얻는 것은 물론 문하의 제자에게 이름을 빌려주는 것조차도 그가 추구하는 영광이 아니었다.

그의 철학은 스스로 사색하는 것에 눈뜨게 하는 것이었다. 나는 그의 강의만큼 뛰어나고 활기 있는 것을 거의 생각할 수가 없다. 그의 사상은 지금 막 실제로 그에게서 싹이 트는 것처럼 보였고, 사람들은 그와 함께 사색을 진전해 나가지 않으면 안 되었다. 그는 말한 것을 뽐내어 학생들로 하여금 받아 적게 한다거나, 위로부터의 가르침 또는 교의를 다룬다거나 하는 일을 전혀 알지 못했다. 자연사와 자연학, 인간의 역사와 민족의 역사, 수학과 경험, 그런 것들이 그가 좋아하던 것들의 원천이며, 거기서 그는 인간에 대한 지식을 퍼 올렸다. 거기서 퍼낸 것들로 그는 모든 강의에 활기를 불어넣은 것이다. 이 사람의 이름은 임마누엘 칸트였다. 이러한 그의 모습은 지금도 내 앞에 서 있다.”

스스로 철학하는 법을 배워라

논리학, 형이상학, 물리학, 수학…… 이것이 칸트 강사가 개설했던 강의였다. 이렇게 넓은 범위의 강의를 해야 한다면 오늘날의 대학교수는 두 손을 들 것이다. 그러나 칸트는 이미 자연법학, 윤리학, 자연신학을 강의하고, 나중에는 자연지리학과 인간학 강의도 했다. 게다가 귀족을 위해 개인강의를 하기도 했다. 아무래도 수입이 수강료에 따라 정해지는 개인강사였으므로 그런 무리를 할 수밖에 없었으리라. 하지만 그의 이런 노력에도 불구하고, 강사 생활 초기에 그는 부득이 가지고 있던 책을 하나씩 내다 팔아 근근이 살아갈 수밖에 없었다. 자기 생활뿐만 아니라 동생들도 보살피지 않으면 안 되었던 것이다. 매우 고통스런 시절이었다. 대학 강의는 대부분 오전에 있었지만 아르바이트로 하는 개인 강의 등을 합치면 강의 시간은 매주 최소한 10여 시간에서 많을 때는 30여 시간에 이르렀다고 한다. 사정이 이렇다 보니, 그토록 성실한 칸트도 한 친구에게 보낸 편지(1759년 10월 28일, 린드네르 앞)에서 이렇게 탄식하고 있다.

'그런데 나로 말할 것 같으면 나는 날마다 교단에 올라가, 모루에 대고 똑같은 강의의 거듭된 망치질을 단조로운 리듬으로 연신 휘두르고 있다네. 이따금 어딘가에서 보다 고상한 일을 해보고 싶은 마음이 튀어나와 조금이나마 이 좁고 답답한 틀에서 벗어나라고 자극한다네. 그러나 그렇게 되면 곤궁이 엄청난 으르렁거림으로 당장이라도 내게 덮치려 들걸세. 더구나 그 위협에는 늘 진실이 도사리고 있기 때문에 나는 잠깐 머뭇거릴 새도 없이 다시 무거운 노동으로 되돌아간다네.'

하지만 이런 생활 속에서도 칸트 교수는 매우 성실하고 꼼꼼해서 휴강을 하는 일은 없었다. 제자인 야흐만에 따르면, 그가 청강했던 9년 동안 칸트 교수는 1시간도 쉰 적이 없었다고 한다. 보로프스키도 칸트 교수의 모습을 마찬가지로 전하고 있다. 칸트 교수는 저술이나 휴식, 휴양을 핑계로 단 한 번도 강의를 게을리한 적이 없었다고 말이다.

그리고 중요한 것은 칸트가 학생을 향해 끊임없이 되풀이했던 다음과 같은 말이다.

"여러분은 나에게서 철학을 배우는 것이 아니라 철학하는 법을 배울 것입니다. 사상을 단순히 입으로 흉내내는 법을 배우는 것이 아니라 생각하는 법을 배울 것입니다."

앞에 나왔던 헤르더의 회상에도 있다시피, 칸트는 권위를 내세워 자기주장을 한다든지 교의처럼 주입하는 것을 극도로 싫어했다. 따라서 제자나 학생들이 스승의 학설을 외우거나, 맹종하거나, 그것을 본뜨는 일이 없도록 경계했다. 칸트는 스스로 생각하는 법을 가르쳤고, 따라서 제자는 스스로 사색해야 한다는 사실과 그 방법을 스스로 깨달아야 했다. 이것은 철학하는 사람에게도 또 일반 사람에게도 가장 중요한 것이라고 하겠다.

의무는 다하고 지위는 알맞게

1751년(칸트의 나이 27세), 칸트가 존경하던 스승 크누첸이 애석하게도 유명을 달리했다. 칸트는 그의 후임(크누첸은 논리학 및 형이상학의 원외교수, 우리 식으로는 조교수였다)을 희망했다. 그러나 당국은 크누첸이 맡았던 자리를 폐지할 계획이었기 때문에 그 후임을 뽑지 않았다.

1758년(34세)에는 논리학, 형이상학의 정교수인 퀴프케가 사망했다. 칸트의 은인이자 스승이요, 또한 칸트의 재능을 누구보다도 잘 아는 슐츠는 퀴프케의 후임으로 어떻게든 칸트를 앉히려고 했다. 하지만 그것도 좌절되었다. 후임에는 역시 개인강사였던 부크가 임명되었다. 칸트는 승진을 위해 윗사람에게 굽실거리거나 경쟁자를 밀어내기 위해 운동하는 것을 좋아하지 않았다. 그는 그런 취직운동을 해서는 안 된다고 생각했다. 칸트는 개인강사의 지위에 만족하며 머물렀고, 오로지 대학강사로서의 의무인 강의와 연구에만 전념했다. 이러한 정신이야말로 오늘날에도 변하지 않는, 아니 오늘날에야말로 새삼 되새기지 않으면 안 될 대학교수의 사명 내지 본분이라고 할 수 있겠다.

1762년에 시학교수 보크가 죽어 시학교수직이 비었다. 당국은 1764년(40세), 이번에는 이 자리를 칸트에게 주고자 했다. 칸트 자신도 시는 학창시절부터 좋아하던 바였다. 그럼에도 칸트는 취임을 사양했다. 자신은 시학 교수에 적임자가 아니라는 이유에서이다. 칸트다운 일이었다. 왜냐하면 칸트에게는 자기가 받을 자격이 없는 듯한 행복, 지위, 명예를 누리는 것은 잘못된 일이었기 때문이다. 그의 도덕설은 '행복의 추구'를 도덕의 원리로 삼아서는 안 되고, '행복을 누리기에 적합할 것'을 첫 번째 의무로 삼는 것이었다. 그에 따르면 부, 지위, 명예 같은 이 세상의 행복은 추구해야만 하는 것이 아니라, 해야만 하는 의무를 다한 결과로서 눈에 보이지 않는 신의 뜻에 의해 적합하게 부여되는 것이었다. 그러므로 그는 적합하지 않은 행복이나 지위에 있는 것은 신의 뜻에 어긋나는 일로 생각했다.

1766년(44세)에 의무를 다한 칸트 강사에게 왕실도서관의 부사서 지위가 주어졌다. 칸트는 이를 받아들였다. 이 지위는 말하자면 오늘날의 상근(常勤)에 해당하는 것이어서, 칸트는 비로소 적으나마 정규 수입을 얻게 되었다.

1770년(46세)이 되자 수학교수 랑한젠이 죽었고, 지금까지 논리학, 형이상학을 담당하던 부크 교수가 그 후임이 되었다. 그리하여 마침내 칸트가 논리학, 형이상학 교수(정교수)에 임명되기에 이르렀다. 취직논문은 《감성계와 예지계의 형식과 원리》라는 것이었다. 대학교수로서 어떤 지위에 오를 경우에, 언제든지 그를 위한 논문이 요구되는 것도 유익하고 재미있는 제도라고 할 수 있겠다. 생각해 보면 칸트 정도의 학자에게 주어진 것치고, 15년이라는 개인강사 생활 기간은 긴 세월이었다. 하지만 어쨌든 그는 논리학, 형이상학의 정교수가 될 수 있었다. 그리고 그는 평생토록 이 강좌의 교수로 지냈다.

정교수가 되자 곧 도서관 부사서 직은 그만두었다. 이 일이 단조롭고 번거로웠기 때문이다. 그는 대학의 평의원이 되어 차례로 돌아오는 학부장의 직무도 맡지 않으면 안 되었다. 1786년(62세)의 여름학기와 1788년(64세)의 여름학기 2회에 걸쳐 학장에도 취임했다. (독일의 대학은 1년이 여름과 겨울의 2학기제이고, 더구나 각 학기가 독립되어 있다. 따라서 학장의 임기는 1개 학기 동안이었다. 전통을 중시하는 독일에서는 지금도 이와 같은 제도를 따르고 있다.)

1787년(63세)에는 일찍이 칸트의 학식을 인정해 오던 베를린 왕립과학학사원에 의해 회원으로 추천되었다.

물론 칸트는 만년에 명예교수직에 오른다. 명예교수에게는 정교수로서의 번거로운 의무에서 해방되어 자기 의지에 따라 강의할 권리가 주어지는 것이다. 칸트는, 1796년(72세)에 노쇠로 불가능해질 때까지 교단에 서서 강의를 했다.

이 고장의 자랑

칸트는 이곳 쾨니히스베르크 대학에, 대학교수로서의 평생을 바쳤다.

칸트만한 철학자라면 다른 대학으로부터의 손짓이 없었을 리 없다. 이미 개인강사 시절부터 정교수 시절에 걸쳐 에를랑겐, 예나, 할레 등의 대학에서 교수직 제안을 해왔다. 제대로 대접받지 못하는 개인강사 신분이었으니, 보통 사람이라면 좋아라 하고 유리한 초청에 응했을 것이다. 특히 할레 대학의 제안받았던 때에는 유명한 계몽군주 프리드리히 대왕과 대신으로부터 추밀고문관 자격까지 주겠다는 설득을 받기도 했다. 그런데도 칸트는 받아들이지 않았다. 그는 이 고장을 사랑했으며, 이 고장 사람들(특히 상류계급)과의 교류를 즐겼다. 칸트는 자신이 어디에 있든, 학자로서 나라와 민족을 위한 연구를 다할 수 있다고

라이프니츠(1646~1716)

생각했다. 특히 이곳 쾨니히스베르크는 '여행하지 않고 가만히 앉아서도 인간과 세상에 대한 지식을 넓히기에 적합한' 하나의 세계시민적 성격의 도시였다. 이곳은 또한 칸트가 사랑했던 러시아와도 가까웠다. 러시아는 이 지역을 점령했을 때에도 문화를 중시하는 비교적 훌륭한 정책을 폈었다. 이런 여러 가지 이유로 칸트는 열정을 가지고 이 고장을 사랑했고, 애착을 가졌던 것이다.

오늘날 독일의 대학에서 볼 수 있는 매우 바람직한 풍습이 있다. 그것은 교수가 다른 지역으로부터의 유리한 초빙을 거절했을 경우, 그곳의 학생과 시민들이 그 교수의 집까지 등불 행렬을 하여 감사와 축복의 뜻을 나타내는 것이다. 그때 교수는 찾아온 사람들에게 맥주나 와인을 내지 않으면 안 된다고 한다. 칸트에게도 이런 행렬이 왔었는지는 알 수 없다. 그런 풍습이 있었다고 해도, 어쩌면 칸트는 그러한 행사를 달가워하지 않았을지도 모른다. 아마도 칸트는 '3명 이상, 9명 이하의 그룹'에서 친근하고 즐겁게 이야기하기를 원했으리라.

그러나 어쨌든 칸트는 모든 동료, 모든 학생, 그리고 모든 시민으로부터 존경받고, 사랑받고, 또 아낌을 받았다. 분명 칸트는 쾨니히스베르크 사람이었고, 쾨니히스베르크는 칸트의 고장이었던 것이다.

사상 편력 스케치

처음에는 자연철학자

지금까지 대철학자의 외적인 경력을 주로 살펴보았다. 이번에는 내면의 발전사라고 할 만한 것을 그려보자. 대학을 졸업한 칸트는 자연탐구자 또는 자연철학자로 출발한다. 먼저 1750년대까지의 그의 논문을 살펴보자.

1746년(22세) 〈활력의 참된 측정술에 대한 사상〉(졸업논문, 첫 작품)

1754년(30세) 〈지축의 회전에 의해 지구가 겪는 변화〉, 〈지구는 노쇠하는가〉

1755년(31세) 〈천계의 일반 자연사와 이론〉, 〈불에 대하여〉(석사학위 논문), 〈형이상학적 인식의 첫 번째 원리에 대한 새로운 해석〉(개인강사 취직논문)

1756년(32세) 〈지진의 원인에 대하여〉, 〈물리적 단자론〉, 〈바람 이론의 해명에 대한 새로운 주해〉

1757년(33세) 〈자연지리학 강의 개요. 부록 : 서풍론〉

1758년(34세) 〈운동과 정지의 새로운 개념〉

이렇게 짚어보니 모두 천체나 자연에 대한 논문이다. 그리고 그것들은 스승인 크누첸 등을 통해 배웠던, 라이프니츠·볼프 또는 뉴턴 등의 합리론적 관점에 서 있는 것이었다. 물론 거기에는 그들이 선배로서 이루어 놓은 것들에 대한 비판적 정신이 넘쳐 있었다. 자신의 졸업논문 서문에서 칸트는 선언한다.

'뉴턴이나 라이프니츠조차도 진리에 방해가 될 듯한 경우에는 솔직히 무시해도 지장이 없다. 자기 지성 이외의 어떠한 설득에도 따라서는 안 된다. 나는 나의 길을 갈 것이다. 그리고 어떤 것도 그것을 방해하지는 못한다.'

칸트의 대표적 논문 가운데 하나라고 할 수 있는 〈보편적 자연사와 천체 이론〉을 살펴보자. 이 논문의 부제는 '뉴턴의 원칙에 따라 논해진 우주 전체의 구조 및 기계적 기원에 대한 시론'이다. 다시 말해 이것은 뉴턴의 자연관에 바탕하여 우주 구조를 통일적으로 파악하고, 성운설이라고 하는 우주발생론을 주장한 것이었다. 이러한 이론은 '칸트 라플라스 설'로 불린다. 라플라스(1749~1827)는 프랑스의 유명한 수학자이자 천문학자로서, 칸트와 마찬가지로 '성운설'에 의해 태양계의 생성을 고찰했다. 칸트 라플라스 설은 오늘날에도 천문학과 자연사에 커다란 의미를 지니는 것이다.

그러나 칸트는 자연과학적으로 우주를 파악하면서도, 아무래도 질서와 조화를 지닌 우주의 배후에 창조자의 의지 내지는 목적을 인정하지 않을 수가 없었다. 그래서 그는 지금까지의 라이프니츠·볼프의 형이상학(신과 신의 창조를 문제 삼는 학문)과 뉴턴의 기계적 자연관을 조화시켰다.

하지만 과연 두 이론은 조화될 수 있을 것인가? 기계적·물리적인 자연관과,

뉴턴(1642~1727)

신과 신의 창조를 생각하는 형이상학적 관점(이것은 신앙에 기초하고 있다)은 전혀 다른 것이다. 그러나 칸트에게는 어릴 적부터 몸에 밴 경건한 신앙이 있었고, 따라서 신과 신의 창조는 의심할 수 없는 일이었다. 그런데 신은 자연물처럼 실재하고 있을 리는 없었다. 그렇다고 한다면 신은 어디에, 또 어떤 식으로 존재하는 것일까? 지금까지의 철학(신이나 영혼불멸, 세계 창조 등 물리적 자연 세계를 초월한 문제를 다뤄 왔던 형이상학)은 이런 점을 충분히 비판하고 검토한 적이 없었다. 그저 마음으로 믿고, 그것을 머리로 생각하여 신이나 신의 창조를 거론해 왔을 뿐이었다. 그것은 말하자면 독단적이고 제멋대로인 이론이라고 해야 하지 않겠는가?

그래서 칸트 자신도 그런 문제에 대한 비판을 시도하면서도, 아직은 옛 철학의 독단 속에 빠져 있었다. 한편으로는 그것과 자연과학적으로 수많은 뛰어난 성과와 번득임을 보이면서, 다른 한편으로는 신과 신의 창조를 연결시키고 아무런 의심도 품지 않았다. 이런 태도는 합리적이면서도 독단적인 것이었다고 하겠다.

그리고 칸트에 따르면, 인간 또한 자연 속에 그 일부로 있는 존재였다.

칸트는 별이 빛나는 하늘을 올려다보면서 우주의 구조와 처음을 생각하고, 상상하며 추론했다. 그리고 이 기계적이고 물리적인 법칙에 의해 지배되는 우주 전체의 깊숙한 곳에서 창조자를 보았다. 인간 또한 창조자에 의해 창조된 자연 속의 실재일 뿐 다름이 아니었다. 하지만 인간이 과연 단지 그뿐인 것일까?

방법에 대한 의심과 인간에 대한 관심

영국의 경험론자 흄(1711~76)은 칸트를 독단적인 꿈에서 깨어나게 했다. 흄은 감각적인 인상과 경험을 중시하는 철학자로서 이런 말을 했다. "우리의 감각적인 인상에 의해 사물의 관념이 생겨난다. 이런저런 관념의 연상에 의해 고급 관념이나 지식이 생겨난다. 그러므로 과학(경험적 과학)의 기초에 놓여 있는 인과관계 같은 것도 결국은 습관에 지나지 않는다. A라는 인상에 뒤이어

흄(1711~76)

B라는 현상이 일어나는 것을 몇 차례 경험하면, 우리는 습관적으로 A의 관념과 B의 관념을 연결지어 그곳에 마치 불변의 인과관계가 있는 것처럼 굳게 믿어버리는 것이다."

하지만 이러한 관점에서 본다면, 그 무렵 눈부신 발전을 해 온 자연과학도 학문으로서의 성립 여부가 의심스러운 것이었다. 하물며 감각적으로 경험할 수 없는 신과, 신의 창조를 문제 삼는 형이상학 같은 것은 학문으로 성립될 수가 없었다. 이것은 칸트에게는 커다란 충격이었다. 칸트는 독선적인 낮잠에서 깨어나고자 했다. 그래도 여전히 그는 자연과학을 의심할 수 없었고, 신앙을 버릴 수는 더더욱 없었다. 그렇다면 지금까지의 철학 방법이 잘못되어 있는 것이 문제가 아닐까? 칸트는 지금까지의 학문과 철학 방법을 의심하고 그것을 반성할 수밖에 없었다. 의심과 반성은 자연스레 새로운 방법을 찾게 한다.

칸트는 프랑스 계몽주의자 루소(1712~78)에 의해 한 가지 더 커다란 깨우침을 얻는다. 특히 루소의 《에밀》이 세상에 나왔을 때는 그것에 깊이 빠져 규칙적으로 하던 산책을 2, 3일 거를 정도였다. 그는 이렇게 쓰고 있다. "나는 루소의 표현이 지닌 아름다움이 나를 혼란스럽게 하지 않을 때까지 루소를 읽지 않으

루소(1712~78)

면 안 된다. 그때 비로소 나는 이성을 가지고 루소를 바라볼 수가 있다." 도 대체 루소의 무엇이 이토록 칸트를 사로잡았던 것일까? 칸트의 고백을 들어보자.

"나는 본디부터 학자이다. 나는 지식에 대한 상당한 갈망을 느끼며, 그것을 더욱 깊게 하고자 하는 초조함을 느껴, 진보를 이룰 때마다 만족에 빠지곤 한다. 과거 나는 이것만이 인간된 자의 자랑이 될 수 있다고 믿었다. 그리고 무지한 민중을 경멸했었다. 그러나 루소가 나의 잘못을 바로잡아 주었다. 눈꺼풀을 내리뜨던 우월감은 자취를 감추고 나는 인간을 존경하는 것을 배웠다. 만일 내가 다음의 것을 믿지 않는다면, 나는 평범한 노동자보다 훨씬 부끄러워해야 할 인간일 것이다. 즉 인간을 존경한다는 이 사고야말로 모든 타인에게 하나의 가치를 부여할 수가 있으며, 그 가치에서만 인간다운 여러 권리가 생기는 것임을 말이다."

이리하여 칸트의 관심은 이제 인간의 문제로 향하게 된다. 자연 속에 있으면서도 자연물과는 달리 존경받을 가치를 지닌 인간에 대한 문제로.

문제는 확실해졌지만
일단 이와 같은 방법의 모색과 인간에 대한 관심의 표현을 들어보자.

1759년(35세) 〈낙관주의 시론〉

1762년(38세) 〈삼단논법의 네 가지 격의 잘못된 번거로움〉

1763년(39세) 〈신의 존재를 증명하기 위한 유일하게 가능한 논거〉, 〈부정량의 개념을 세계지에 도입하는 시도〉

1764년(40세) 〈뇌병 시론〉, 〈미와 숭고의 감정에 대한 고찰〉, 〈자연신학과 도덕 원리의 명확성에 대한 고찰〉(1762년(베를린 학사원에 보낸 이 현상논문이 2등에 당선

하여 그해에 출간된다)

1766년(42세) 〈형이상학의 꿈에 의해 해명된 시령(視領)자의 꿈〉

1768년(44세) 〈공간에서 방위 구별의 첫 번째 이유에 대하여〉

1770년(46세) 〈감성계와 예지계의 형식과 원리〉(정교수 취임논문)

언뜻 보아도 오싹해지도록 어려운 논문 이름들이다.

그러나 그렇게 생각되는 것은 한편으로는 우리가 여러 지식을 획득(인식)할 때의 방법적 문제 때문이다. 다시 말해 신과 도덕을 문제로 할 경우에 그 연구 방법은 어때야 하는지, 미와 숭고란 어떤 감정인지, 자연을 올바르게 과학적으로 파악(인식)하기 위한 형식과 원리는 무엇인지 등이 문제인 것이다. 따라서 이 것은 여러 가지의 것을 파악하고 인식하기 위한 인간의 여러 능력(감성, 깨달음성, 이성 등)에 대한 검토인 것이다. 특히 마지막 취임논문은 정면으로 인간의 여러 능력을 비판하고 있다. 칸트는 거기서 인간의 여러 능력은 어떠한 역할을 지니는가, 그리고 어떤 것을 해서는 안 되는가 등을 논하고 있다.

또한 칸트에게 중요한 것은 인간의 문제였다. 루소에 대한 고백으로도 알 수 있다시피, 그는 지식의 많고 적음이 인간의 가치를 결정하는 것은 아니라고 생각했다. 오히려 반대로 지식은 인간을 부끄럽게 만들기도 하는 것이었다. 그렇다면 인간이란 무엇인가? 인간의 목적, 인간의 본질은 무엇인가? 나아가서는 사물에 대한 지식(자연학)과 신에 대한 학문(형이상학)과, 인간에 대한 지혜는 어떠한 관계에 있을까?

인간 능력의 검토 문제, 새로운 형이상학에 대한 문제, 인간의 가치와 선의 문제 등…… 문제는 알지만…… 무엇을 해야 할 것인가? 지금 칸트는 여기에 서서 고민에 빠져 있는 것이다.

새로운 철학의 구상

이미 칸트는 헤르더에게 보내는 1768년 5월 9일의 편지에 이렇게 쓰고 있다.

'나의 초점은 주로 인간의 능력 및 소질 본디의 사명과 한계를 아는 것에 모아져 있습니다. 그 결과, 도덕에 대한 것에서는 상당한 성과를 올렸다고 믿습니다. 그래서 지금 《윤리형이상학》에 대해 쓰고 있습니다. 거기서 나는 조심스럽지만 명확하고, 더 나아가 효과적인 원칙의 제시가 가능함을 밝힐 계획입니다. 또한 그에 대한 방법도 제시할 수 있다고 자부합니다. 나의 좋지 못한 건강이 장해가 되지 않는다면 나는 이 저작을 올해 안에 완성하기를 바라고 있습니다.'

그 뒤 1770년 9월 2일에 람베르트 앞으로 보내는 편지에 이렇게 쓰고 있다.

'올겨울이야말로 어떠한 경험적 원리도 포함하지 않는 순수도덕철학과, 이른바 윤리의 형이상학에 대한 연구를 정리하고 완성할 생각입니다. 이 일을 끝마치면 요청하신 대로, 형이상학에 있어서의 나의 시도를 진행 상황에 따라 보여드리고자 계획하고 있습니다. 거기에서는 당신이 아직 충분하고 명확하지 않다고 판단내릴 만한 명제는 맹세코 단 한 가지도 사용하지 않겠습니다.'

또 헤르츠 앞으로 보내는 1771년 6월 7일자 편지를 보자.

'나는 지금 하나의 저작을 얼마간 상세하게 써내는 일에 쫓기고 있습니다. 이 글은 '감성과 이성의 한계'라는 표제 아래 감각계를 지배하는 근본 개념과 법칙의 관계를 논하려는 것이며, 아울러 취미론, 형이상학, 도덕론의 본질을 구상하고자 하는 것입니다.'

1772년 2월 21일, 마찬가지로 헤르츠 앞으로 보낸 편지에는 '감성과 이성의 한계'라는 제목으로 쓰고자 하는 저서의 계획이 다음과 같이 소개되어 있다.

제1편 이론적 부분 Ⅰ 현상학일반
　　　　　　　　　Ⅱ 형이상학—오직 그의 본질과 방법에 의함
제2편 실천적 부분 Ⅰ 감정, 취미, 감성적 욕망의 보편적 원리
　　　　　　　　　Ⅱ 도덕의 제1원리

그리고 칸트는 거기서 인간 지성(깨달음에 대한)의 능력을 간단히 비판 및 검토하고, 그것이야말로 지금까지의 형이상학에 가려져 있던 모든 비밀을 푸는 열쇠라고 주장한다. 그것은 뒷날의 대저서 《순수이성비판》의 내용을 떠올리게 한다.

칸트는 또한 헤르츠 앞으로 보낸 이 편지에서 《감성과 이성의 한계》가 3개월 안에 출판되리라고 예고하고 있다. 더구나 이 저서에서 그는 앞의 편지에서도 분명히 밝혔다시피, 자신에게 던져진 여러 문제(인식능력의 비판, 새로운 형이상학

의 건설, 인간의 도덕과 취미 원리의 탐구 등)를 종합, 통일하는 형태로 단숨에 해명하고자 하고 있다.

고난의 10년

그러나 석 달은커녕 1년이 지나고 2년이 지나도 문제의 책은 세상에 나오지 않았다.

1774년 2월 8일, 칸트 철학의 독자이자 칸트의 팬이기도 한 라바터(취리히의 목사)는 견디다 못해 편지를 썼다.

'하다못해 두세 줄이라도 좋으니 뭐라고 말씀 좀 해주십시오. 당신은 이미 이 세상에서 자취를 감춘 것입니까? 어째서 능력도 없는 그토록 많은 사람들이 책을 쓰는 것일까요? 그리고 훌륭한 필력을 지닌 당신은 왜 쓰지 않는 것입니까? 어째서 당신은 침묵하고 계신지요? 이 시대에, 이 새로운 시대에…… 아무런 소리도 내지 않은 채 잠자고 있습니까? 칸트 씨, 나는 당신에게 아첨하려는 것이 아닙니다. 하지만 부디 말씀해 주십시오. 왜 침묵하고 있는지를. 아니, 이렇게라도 말씀해 주십시오. 나는 말하려 하고 있다, 라고요.'

정교수가 된 칸트는 그에 만족하여 게으름을 부렸던 것일까? 그런 생각은 들지 않는다. 물론 그는 잡무에 시달리고, 또 건강이 시원치 않아서 곤란을 겪고 있음을 친구나 지인에게 보낸 편지에서 자주 말하고 있다. 그래서 기대하던 저작이 마무리되지 않았던 것일까?

다른 한편으로 바깥 세계에서는 역사의 커다란 변천이 속속 일어나고 있었다. 오스트리아와의 7년전쟁(1756~63)은 이미 끝났지만, 프리드리히 대왕은 강력한 군대를 이끌고 외국과 전쟁 중이었다. 미국에서는 영국에 대항하여 독립전쟁이 일어나 미국이 승리를 거두었다. 라인강 저편의 프랑스에서는 무시무시한 혁명의 기운이 감지되었고, 그 공기가 독일로 전해져 왔다. 바다 건너 영국에서는 증기기관 등의 발명에 의해 산업혁명이 힘차게 진행되고 있었다. 칸트는 그러한 역사의 커다란 변동 속에서 허둥대고 있었던 것일까?

1776년 11월 24일, 칸트는 헤르츠에게 편지를 쓴다.

'실제로 나는 지금 하고 있는 일의 영역에서 얼마쯤 공적을 세우고자 하는 희망을 버린 것은 아닙니다. 나는 모든 방면에서 아무 일도 하지 않는 것이 아닐까 하는 갖가지 비난을 받고 있습니다. 또한 곁에서 보기에는 오랫동안 아무 일도 않고 지내는 것처럼 보였겠지요. 하지만 솔직히 말해 당신과 헤어진 지난 몇년 동안만큼 체계적으로, 또 계속적으로 일을 한 적이 없었습니다. 그것을 마무리하기만 하면, 일단은 갈채받을 만한 재료는 산더미처럼 쌓여 있습니다. 그러나 이런 재료들은, 마치 거대한 댐처럼 가로막고 서 있는 어떤 중요한 문제 때문에 발목잡혀 있는 것입니다.'

칸트는 악전고투를 하고 있었던 것이다. 여기서도 건강 문제에 대해 말하고 있는데, 어쨌든 그는 새로운 혁명적 철학의 창조를 위해 진통을 거듭하고 있었다(여기서 말하는 '가로막고 서 있는 중요한 문제'란《순수이성비판》에 나오는 '순수이성의 변증적 추리에 대하여'라고 한다). 칸트는 새벽의 한줄기 빛을 찾아서 험난하고 어두운 길을 더듬어 가고 있던 셈이다.

1781년, 마침내《순수이성비판》이라는 대저서가 발간되었다. 생각해 보면 실로 10여 년의, 험난하기 짝이 없는 기나긴 사색의 길이었다. 칸트는 이미 57세에 이르러 있었다. 이 저서는 처음에 '감성과 이성의 한계'라는 이름이었고, 뒷날 잇달아 모습을 드러내는 대저서들에 의해 종합되어 통일된 하나의 전체로서 완성된다.

온갖 꽃이 활짝 피다

뒤이은 10년 세월은 칸트 철학의 가장 결실이 많은, 이른바 '온갖 꽃이 활짝 핀' 세월이었다.《순수이성비판》을 비롯한 명저서를 살펴보자.

1781년(57세)《순수이성비판》

1783년(59세)《장래의 모든 형이상학을 위한 프롤레고메나》

1784년(60세)〈세계시민적 관점에서의 일반사의 이념〉〈계몽이란 무엇인가라는 물음에 대한 대답〉

1785년(61세)《윤리형이상학 기초》

1786년(62세)〈인류사의 추측상의 기원〉,《자연과학의 형이상학적 원리》

1787년(63세)《순수이성비판》제2판

1788년(64세)《실천이성비판》

1790년(66세) 《판단력비판》

줄줄이 나오는 이 명저서의 표제는 실로 우리를 경탄케 한다.

칸트는 먼저 인간의 이론적인 사고 능력을 비판, 검토했다. 사고 능력은 홀로 하늘을 날아다니는 이런저런 생각만으로는 아무런 내용이 없는 공허이다. 생각하는 것만으로 자연을 만들어 낼 수가 있다고 믿는 것은 인간의 독선이자 자만이고, 또한 오만이다. 인간의 사고는 외부로부터 주어진 감각적인 것과 관계되어야만 한다. 우리가 감각적으로 주어진 것을 생각하고, 그것을 사고적 조작에 의해 정리하고 질서를 부여하는 데서, 우리가 말하는 경험이라든가 자연의 세계, 또는 그 의식(과학적인 파악)이 성립되어 가는 것이다.

거꾸로 우리에게 감각적으로 주어지는 것은, 만약 이와 같은 인간의 사고 능력이나 조작에 의해 정리되고 통일되지 않으면 단지 맹목적인 것이며, 혼돈에 빠져 형태가 없는 무질서한 것이다. 내용(감각적으로 주어진 바) 없는 형식(사고 능력)은 공허하며, 형식 없는 내용 역시 맹목이다. 내용과 형식의 통일에 의해 우리가 말하는 자연의 세계라든가 그에 대한 인식, 과학적 이론이 성립되는 것이다. 그러한 측면에서 인간을 바라보면, 인간 또한 광대무변한 우주 속에서 겨우 생명을 부여받은 하찮은 생물, 일개 물체에 지나지 않는다. 그곳에는 신도 없지만 자유도 없다.

그러나 도덕의 명령에 따라 살고자 하는 인간은 이제 자연 속의, 하찮은 생물이 아니다. 자기 안의 양심의 목소리, 자기 안의 도덕법칙의 명령을 듣고 그것에 따르고자 하는 태도는, 인간의 생물적 본능에 따르거나 또는 그러한 욕망을 만족시키고자 하는 태도와 근본적으로 다르다. 전자의 생활방식—도덕적으로 선하게 살고자 하는 태도—이야말로 인간으로서 갖춰야 할 바인 것이다. 감탄과 존경심을 갖고 자기 안에 있는 도덕의 명령을 맞이하고, 그것에 따르고자 하는 곳에 인간으로서(인격)의 가치와 참된 자유가 있다. 그러한 순수하고 경건한 도덕적 태도를 통해 사람은 또한 신과 영원을 확신할 수가 있는 것이다.

칸트 철학은 이러한 엄숙한 도덕론으로 승화, 고양되고 통일되었다. '더 자주, 또 더 오랫동안 성찰하면 할수록, 더욱 새롭고 더욱 큰 감탄과 경외감을 내 마음에 가득 채우는 것이 두 가지 있다. 그것은 내 머리 위의 별이 총총한 하늘과

체틀리츠(1731~93) **흉상**

내 마음속의 도덕법칙이다'라는《실천이성비판》의 마지막 장에 나오는 말이야말로 칸트 철학의 극치라고 할 수 있다. 우리는 여기서 경건한 내적 신앙을 존중하는 피에티스무스의 가정에서 자라난 칸트를 떠올릴 수가 있으리라.

권력과의 충돌

칸트의 고요하고 온화한 생애 가운데 오직 유일한 사건이라고 할 만한 일이 일어난다. 1786년, 칸트가 세상에 보기 드문 계몽군주로 모시던 프리드리히 대왕이 서거했는데, 때는 마침 오싹한 프랑스혁명의 전야에 해당할 즈음이다. 그 공기는 라인강을 넘어서 독일에도 바싹바싹 전해져 왔다. 대왕의 조카인 프리드리히 빌헬름 2세가 뒤를 이었다. 또한 교육과 종교를 관장하는 대신의 자리에는 칸트의 지지자였던 체틀리츠(Zedlitz)에 이어 베르너가 올랐다.

체틀리츠는 줄곧 칸트에게 호의와 존경을 보내고 있었다. 칸트에게 좋은 조건과 함께 할레대학 교수가 될 것을 권한 사람도 그였다(그 무렵 칸트의 연봉이 236탈레르였다. 체틀리츠는 연봉을 600~800탈레르로 올려서 칸트에게 할레행을 권했었다. 그러나 칸트는 그 제의를 거절하고 쾨니히스베르크에 남았다). 이에 칸트는《순수이성비판》에 두터운 신뢰에 대한 감사한 마음과 깊은 경의를 표하는 말을 체틀리츠 국무대신에게 바치고 있다.

그러나 프리드리히 대왕의 뒤를 이은 프리드리히 빌헬름 2세는 보수적이고 지극히 평범한 군주로서 프랑스혁명에 반감을 품고 계몽주의를 못마땅해했다. 이 왕의 신임을 받은 베르너 국무대신 역시 보수적이고 형식적인 성격의 사제였고, 게다가 음험한 면도 있어서 검열제도를 강화했다. 칸트는 마음에서 우러나는 자유로운 신앙을 첫째 원칙으로 삼고, 경건하고 순수한 도덕을 복음서의 근본 원리로 인정했다. 따라서 그의 생각에 따르면 신에게 아첨하거나, 마음에도 없는 강요된 신앙고백을 하는 것은 죄였다. 상황이 이러하니, 계몽주의에서 자유를 찾는, 한창 잘 나가는 대사상가 칸트와 베를린의 반동적인 프로이센 정부 사이에 무슨 일이 일어날 듯한 기운이 감돌았다.

프리드리히 대왕(1712~86, 재위 1740~86)

1791년에 이미 칸트의 이번 저서가 금지되리라는 소문이 퍼졌다. 다행히 그것은 소문에 그쳤다. 이런 상황 속에서 1792년에 칸트는 〈인간 본성에서의 근본악에 대하여〉라는 종교논문을 베를린의 한 잡지에 실었다. 검열관은 칸트의 논문을 읽는 것은 그 잡지의 독자에 한한다는 조건으로 허가했다. 그러나 칸트가 두 번째 논문 〈인간의 지배를 둘러싼 선 원리와 악 원리의 다툼에 대하여〉를 같은 잡지에 실으려 하자 검열관은 마침내 이것을 금지했다. 그래서 칸트는 이 두 논문에 2편을 추가하여 쾨니히스베르크 대학에 판정을 요청했다. 그 결과 이에 대한 허가가 내려졌고, 이 논문들은 《단순한 이성의 한계 안에서의 종교》라는 제목으로 1793년에 예나에서 출판되었다. 이것은 잘 팔려나가 판을 거듭했다.

하지만 그것으로 일이 진정될 리 없었다. 1793년의 칙령(거기에는 베르너의 부칙이 붙어 있었다)에 의해 칸트는 앞으로 종교에 대해 강의하거나 저술하는 것이 금지되었다. 칸트는 그즈음 한 각서 속에 이렇게 쓰고 있다.

'자기 내면의 확신을 부인하거나 지워버리는 것은 부끄러운 일이다. 그러나 오늘날과 같은 경우에 침묵을 지키는 것은 신하로서의 의무이다. 우리가 말하는 것은 모두 진리여야 하지만, 그렇다고 해서 모든 진리를 공표해 버리는 것은 의무라고 할 수 없다.'

칸트는 신하로서 이 칙령에 따랐다. 답답했겠지만 당시로서는 어쩔 수 없었으리라. 칸트 자신이야말로 올바른 그리스도교(도덕적·이성적인 그리스도교)를 말하고, 진정으로 그리스도교를 지키고자 하는 사람이었을 테지만 말이다.

멈추지 않는 사색

칸트는 이미 70세가 되었다. 그럼에도 그는 여전히 철학자로서의 일을 계속했다. 비판철학을 확립한 칸트의 관심은 종교, 정치, 역사, 도덕 등으로 나아갔다.

1793년(69세) 《단순한 이성의 한계 안에서의 종교》

1795년(71세) 《영원한 평화를 위하여》

1797년(73세) 《윤리형이상학》

1798년(74세) 《학부들의 논쟁》, 《실용적 관점에서 본 인간학》

《영원한 평화를 위하여》는 영원한 평화를 위한 원리와 방법을 논한 것으로, 제1차 세계대전 뒤의 '국제연맹'이나 오늘날 '국제연합'의 기초를 이룰 만한 이론이다. 《윤리형이상학》은 도덕론과 법률론의 2부로 되어 있다. 위의 여러 저서 외에 예셰에 의해 편찬된 《논리학》(1800), 링크가 엮은 《자연지리학》(1802)과 《교육학》(1803) 등이 있다.

그는 마지막으로 노쇠해지는 육체에 채찍을 가하여 '자연과학의 형이상학적 원리에서 물리학으로의 이행'이라는 것을 계획했지만, 그것은 이미 불가능했다.

그의 저서 가운데 특히 칸트 자신의 손으로 쓴 마지막 책 《인간학》에 대해 알아보자. '인간학'은 정규 강의로 '자연지리학'과 함께 20여 년 동안이나 계속된 강의였다. 칸트는 쾨니히스베르크라는 도시가 인간과 세상에 대한 지식을 넓히는 데 매우 적합한 장소라고 《인간학》 서문의 주에서 쓰고 있다. 실로 인간과 세상에 대한 지식, 즉 인정과 세상의 자취를 그리는 것이 인간학의 목표였다. 특히 칸트는 이런저런 실패를 겪는 인간의 모습을 학생들에게 재미있게 들려주었다. 바로 이와 같이 인간이 실패와 실수를 되풀이하기 때문에, 진실된 인간의 모습이 마땅히 올바른 모습으로 우리에게 다가오는 것이다. 칸트는 인간의 약점과 실패를 계속해서 관찰하고 묘사함으로써 진정으로 올바른 모습을 뚜렷하게 새기려 했던 것이다. 이러한 칸트의 철학은 비판철학임과 동시에 인간철학이었다고 할 수 있다.

세월과의 전쟁

탄탈로스적 고뇌

칸트도 인간이어서, 밀려드는 나이의 파도에 저항할 수는 없었다. 1789년, 《실천이성비판》이라든가 《판단력비판》 같은 역작을 내던 무렵에 이미 그는 라인홀트(예나의 철학교수)에게 이렇게 밝히고 있다.

'나이가 드는 것은 곤혹스런 일입니다. 심신의 힘을 유지하려 애쓰지만 아무래도 차츰 기계적으로 일을 하지 않을 수가 없게 됩니다. 지난 몇 년 사이 나는 책을 음미하며 읽는 것도, 또 글을 쓰는 것도 점점 힘들어지는 것을 느끼고 있고, 요즈음엔 밤 시간을 결코 정돈된 연구에 쓸 수가 없습니다. 그리고 독서든 사색이든 나 자신을 즐겁게 하는 일보다는 오직 밤의 휴식이 부족해지지 않도록 하는 것이 중요합니다. 이에 반해 아침에는 일찍 일어나서 오전에는 오로지 일을 하고 싶습니다만, 그중 일부는 강의에 쓰게 됩니다. 게다가 나이가 66세나 되고 보니 치밀한 연구는 차츰 하기 힘든 상황이 되고 있습니다. 그래서 다행히 누군가 다른 사람이 이어받아 준다면, 이런 연구에서 떠나 느긋하게 쉬고 싶은 생각이 듭니다.'

칸트는 편지에서 글이 잘 써지지 않는다고 자주 탄식했는데 그것도 나이가 들자 점점 심해졌던 것 같다. 결국 1796년 6월(72세), 그는 노쇠로 인해 강의를 그만두지 않으면 안 되었다.

1798년 9월 21일(74세), 칸트는 가르베(대중철학자) 앞으로 보낸 편지에서 자신의 마지막 학문적 정열을 토로하면서, 그것을 방해하는 노쇠를 뼈아프게 호소하고 있다.

'당신이 육체적인 고통 속에 있으면서도, 그것을 의식하지 않는 정신력으로 세상의 복지를 위해 끊임없이 힘차게 노력하고 계시다는 비장한 소식을 듣고 감격했습니다. 나도 그러한 노력을 하고는 있습니다만, 지금 내게 주어진 운명은, 만약 당신이 내 처지가 되신다면 훨씬 고통스럽게 느끼시지 않을까 싶습니

칸트의 산책(1798, 74세) **실루엣**
칸트의 규칙적인 산책은 유명하다.

다. 이렇게 말씀드리는 것은, 나의 몸 상태는 꽤 좋습니다만 정신적인 일을 하는 데는 불구나 마찬가지이기 때문입니다. 즉 철학의 전체(목적 및 수단에 대하여)와 관련된 문제의 총결산을 해야만 하는 때가 닥쳐왔습니다만, 아직도 완성을 보지 못한 상태인 것입니다. 이런 주제에, 나 스스로는 이 임무를 마칠 수 있다고 믿고 있으니 말하자면 절망적이지는 않은 탄탈로스의 고통과도 같은 셈입니다. 현재 내게 주어진 과제는 '자연과학의 형이상학적 원리에서 물리학으로의 이행'에 대한 것입니다. 이 문제는 반드시 해결하지 않으면 안 됩니다. 그렇지 않으면 비판철학의 체계에 하나의 금이 가게 되겠지요. 체계 완성을 바라는 이성의 요구는 그치질 않습니다. 또한 이를 위한 능력의 의식도 마찬가지로 멈추질 않습니다. 하지만 이 요구의 실현은, 비록 생명력이 완전히 마비되어 있지는 않더라도 그것이 끊임없이 잡아먹히는 장해에 의해 지연되어, 이제는 완전히 해내지 못할 것 같은 기분이 듭니다.'

아, 여전히 체계의 완성을 바라 마지않는 위대한 칸트여! 그는 노쇠로 인해 그러한 열망을 이루지 못해, 탄탈로스(벌을 받아 지옥에서 영원히 굶주림과 갈증으로 괴로워하는 그리스의 신)적인 고뇌에 허우적거리고 있다. 가련한 칸트!

이 마지막 저서를 위해 칸트가 기울인 노력은 그의 남아 있는 에너지를 한층 서둘러 소모시켰다. 아, 하늘은 조금의 기력을 칸트에게 빌려줄 수는 없었을까? 칸트를 위해, 또 인류의 사상을 위해.

짧은 2월을 기다리지 못하고

칸트의 뛰어난 기억력도 급격한 쇠퇴를 보여 책상 위에 비망록이 놓이지 않으면 안 될 지경이 되었다.

다음은 1802년 4월 28일, 쇤 목사 앞으로(이 편지는 어느새 서명만이 칸트의 것이 되어 있다) 보내는 편지의 한 대목이다.

'나의 체력은 나날이 약해져 내 근육은 쪼그라들어 갑니다. 지금까지 병다운 병을 앓은 적이 없었고, 지금도 병이 두렵지는 않지만 지난 2년 동안 밖으로 나간 적이 없습니다. 하지만 다가오는 어떠한 변화에도 용기를 갖고 맞설 작정입니다. 친척들에 대한 나의 호의는 죽음에 이를 때까지 변하지 않을 것이며, 죽은 뒤에도 마찬가지일 것입니다.'

지난 10년 동안 칸트의 곁에서 노쇠한 스승의 시중을 들고, 늙은 철학자를 위로한 것은 제자인 바지안스키 목사였다. 그는 78세인 칸트에게 운동을 권하여 어느 봄날 오랜만에 밖으로 함께 나섰다. 그러나 그것은 이미 다리가 약해진 칸트에겐 무리였다. 그는 정원의 모양도 완전히 알아보지 못할 정도여서 무턱대고 집 안의 자기 공간을 그리워했다. 모든 사람이 기다려 마지않는 봄을 기뻐하지도 않았다. 그에게 위로가 될 만한 것이라고는 창가에서 지저귀는 새소리였다고 할까?

1803년 4월 22일은 칸트의 79번째 생일이었다. 하지만 다들 축하하러 모이는 것도 이미 그에겐 성가시고 시끄러운 일이기만 했다. 이것이 그의 마지막 생일이었다. 칸트는 이때 바지안스키에게 평소에 하지 않던 감사의 말을 하기도 했다. 1803년 4월 24일자로 그는 수첩에 이렇게 썼다. '성서에 나오기를, 우리의 연수가 칠십이요, 강건하면 팔십이라도 그 연수의 자랑은 수고와 슬픔뿐이라고 했다.'

가을이 되자 그는 더욱더 쇠약해졌다. 자주 위험스레 넘어져서 목숨을 잃을 뻔한 적도 있었다. 그런데도 그는 용기를 내어 이 운명을 극복했다. 마침내 이제는 오직 하나 남은 막냇누이 카타리나 바바라—그녀도 이미 72세였다—가 오라버니 곁으로 와서 혈육의 정으로 시중을 들었다. 칸트를 숭배하고 존경하는 사람들이 속속 찾아왔다. 그러나 이미 칸트는 아무도 만나려 하지 않았고, 남들에게 쇠약해진 모습을 보이고 싶어 하지 않았다. 제자 중의 제자라고 할 만

쾨니히스베르크 돔 성당　칸트 철학을 상징하는 듯한 이 돔 지붕 아래 칸트가 영원히 잠들어 있다 (쾨니히스베르크 대학 구내 소재).

한 야흐만이 찾아왔을 때, 칸트는 그가 누구인지 기억해 내지 못했다. 야흐만은 가련해진 이 스승과 마지막 포옹을 하고 눈물을 흘리며 비통한 마음으로 작별을 했다. 이런 와중에도 칸트의 위대한 정신은 때로 용사처럼 번득이는 적도 있었지만 육체의 쇠약함이 끝내 그것을 꺾어버린 것이다.

　그러던 어느 날, 그는 과식 끝에 쓰러져 의식불명에 빠졌다. 하지만 다행히 얼마 안 있어 회복될 수 있었다. 병다운 병을 앓은 것은 이것이 평생 처음이었다. 하지만 그해 끝무렵이 되자 눈도 거의 보이지 않게 되었다. 그리하여 그는 위임장에 서명을 하고 뒷일을 모두 바지안스키에게 맡겼다.

　해가 바뀌어 1804년 2월이 되었다. 2월은 지난해 여름에 칸트가 '아름다운 2월은 날수도 적어서 괴로움도 적으리라'고 썼던 달이었다. 그러나 2월이 되자 칸트는 이제 거의 아무것도 먹지 못하게 되었다. 가까스로 식물적 생명이 유지되고 있을 따름이었다.

이제 됐다

2월 3일쯤의 일이다. 칸트의 주치의가 진찰을 하러 왔다. 그는 칸트의 동료로, 쾨니히스베르크 대학의 학장을 맡고 있던 의학부 교수 에르스너였다. 칸트는 거의 일어서지도 못할 정도의 상태였지만, 의자에서 일어나서 그에게 손을 내밀었다. 그러고는 알아듣지 못할 말로, 하지만 열의를 담아서, 매우 바쁜 데다 요직에 있는 의사의 왕진을 고마워했다. 에르스너가 앉으라고 말해도 칸트는 앉으려 하지 않다가, 그가 의자에 앉는 것을 보고서야 자신도 자리에 앉았다. 칸트는 남아 있는 힘을 모아서 인간에 대한 존경의 마음을 보

위대한 철인 칸트 기념당(묘지)

이려 했던 것이다. 이것을 보고 의사는 거의 눈물이 흐를 만큼 감동했다. 그 자리에 있던 사람들 모두에게서 이 기품 있고 훌륭한 인간 칸트를 향한 감탄의 소리가 새어나왔다.

5일, 6일, 날이 갈수록 칸트는 차츰 쇠약해졌다. 아무것도 먹지 않고 말도 하지 않았다. 9일이 되자, 그는 실신상태에 빠졌다. 죽음의 그림자가 드리워진 것이다. 11일의 일이다. 칸트는 핏기 없는 바싹 마른 입술을 시중드는 바지안스키에게 향하고는, 오랫동안의 호의에 대한 감사와 이별의 키스를 하려 했다. 칸트가 다른 친구에게 키스를 하는 경우는 전에 없는 일이었다.

그의 임종을 나타내는 여러 징후가 나타나기 시작했다.

새벽 1시쯤에 물을 섞은 포도주를 입에 댄 칸트는 희미하게, 그러나 알아들을 수 있도록 '이제 됐다!'라고 말할 수가 있었다. 그것이 그의 마지막 말이었다. 이제 칸트는, 다가온 대단원의 막을 용기 있게 맞이할 채비를 하고 있었다. 12일 11시쯤, 대철학자의 정신을 80년에 걸쳐 지탱했던 육체라는 기계는 마침내 그

최후의 작동을 멈추었다. 바지안스키, 누이동생, 조카, 하인, 벗들이 지켜보는 가운데.

생각해 보면 칸트가 '짧아서 좋은 달'이라고 했던 2월은 12일로 끝이 나고 말았다. 전에 칸트는 '나이를 먹는다는 것은 하나의 커다란 죄입니다. 바로 그렇기 때문에 가차 없이 죽음으로써 벌을 내리는 것입니다'라고 의사 푸페란트에게 보내는 편지에서 말했었다(1798년 2월 6일). 해야만 하는 일을 확신했던 칸트. 그런 그는 육체의 스러짐 때문에 탄탈로스적 고뇌에 허덕이는 것을 하나의 커다란 죄라고 생각했던 것이다. 그는 노인이 되어 학문이 불가능해진 것을 자기 책임이라고 생각했다. 이 얼마나 혹독한 자책이란 말인가! '이제 됐다!'는 말은 '이제 충분하다!'며 육체적 생명을 지탱하는 음식(포도주)에게 작별을 고한 마지막 말이었으리라. 여기서도 우리는 해야 할 일을 위해 능력 모두를 바치고, 뒷일을 신의 판정에 맡기려 했던 인간 칸트의 숭고한 모습을 엿볼 수 있다. '그러나 그 연수의 자랑은 수고와 슬픔뿐'이라고 했던 경건한 칸트에게 명복이 있으리라!

칸트의 죽음이 전해지자 사람들은 위대한 정신을 지녔던 그의 유해를 보기 위해 밀려들었다. 이제는 차마 바라보기 민망할 정도로 야윈 그 유해에 경의와 작별을 고하고, 그것을 추억과 화젯거리로, 그리고 긍지로 삼기 위하여.

간소한 매장을 바랐던 칸트다운 뜻에 반하여, 장례는 성대하게 치러졌다. 쾨니히스베르크 시에서 아무도 전에 본 적이 없을 정도로 경의와 장엄함으로 가득 찬 성대한 장례식이었다. 시 전체의 모든 종이 울려 퍼지는 가운데 시민들은 존경과 애석한 마음으로 칸트에게 작별을 고했다.

유해는 여러 선배들이 안식하고 있는 대학묘지에 묻혔다. 묘지는 자주 장소가 바뀌었지만 그의 기념비에는 늘 《실천이성비판》의 결론이자 앞에서 했던 유명

칸트 기념비 비문
"……내 마음에 가득 채우는 두 가지가 있다. 그것은 내 머리 위에 있는 별이 총총한 하늘과 내 마음속의 도덕법칙이다."

한 말, '더 자주, 또 더 오랫동안 성찰하면 할수록, 더욱 새롭고 더욱 큰 감탄과 경외감을 내 마음에 가득 채우는 것이 두 가지 있다. 그것은 내 머리 위에 있는 별이 총총한 하늘과 내 마음속의 도덕법칙이다'가 새겨져 있다고 한다. 생각해 보면 칸트의 비문(碑文)으로 이보다 더 어울리는 말은 없으리라. 이것만큼 칸트의 사람 됨됨이, 그의 신념과 사상을 잘 표현해 주는 말은 없다고 할 수 있다. 칸트는 별이 빛나는 하늘을 올려다보고, 광대무변한 우주 속에서의 인간 모습을 생각하고는 감개에 빠졌던 것이다. 그곳에서는 인간이 찰나의 생명을 부여받은 하찮은 동물적 피조물에 불과하리라. 하지만 칸트는 그런 중에서도 안에서 손짓하는 도덕의 목소리 속에서 인간의 존엄성을 보았다. 그는 거기서 동물

과 다른 인간의 모습, 즉 감각적 외부 세계의 법칙에 좌우되지 않고 자유롭게, 도덕법칙에 의해 자기 자신을 규정해 나가는 인간의 숭고한 모습을 보았던 것이다.

인간 칸트의 됨됨이

인간을 알라

칸트라고 하면 사람들은 보통 시계처럼 규칙적인 일상생활을 했던, 네모반듯하고 세상과는 동떨어진 사람을 떠올린다. 그리고 평생을 독신으로 심원한 비판철학을 계속했던, 가까이 하기 힘든 철학자를 연상할 것이다. 하지만 칸트의 다른 면모를 무시해서는 안 된다.

앞에서도 말한 것처럼 칸트는 비판철학과 함께, 정규강의로서 '인간학 수업'을 20여 년이나 계속했다. 인간학은 인간과 세상의 갖가지 현상, 특히 인간의 결점과 실패 등을 관찰하고, '인간이란 무엇인가'를 파악하는 것이었다. 인간의 올바른 인식, 인간이 해야만 하는 행위도 이러한 여러 가지 결함을 지닌 인간을 알아야 비로소 충분히 파악할 수 있다. 칸트의 어려운 철학은 '석가에게 하는 설법'(석가모니처럼 뛰어난 사람에게 하는 쓸데없는 설교)이 아니다. 물론 '고양이에게 내는 밥상'(고양이에게는 밥상이 필요 없듯이, 설명해도 소용없는 사람에게 행하는 가르침)도 아니다. 그것은 석가도 고양이도 아닌 인간으로 향한 가르침이다. 그렇기 때문에 인간을 알지 못하면 가르침을 펼 수 없는 것이었다. 칸트의 장서는 많지 않았다. 그는 죽은 활자보다 살아 있는 인간에게서 지식을 얻는 것을 소중하게 여겼다.

칸트는 인간과 세상에 대한 지식을 얻고 넓히는 방법으로서, 무엇보다 교제와 여행을 많이 하고, 나아가 여행기, 세계사, 전기, 연극, 소설 등을 읽을 것을 들고 있다. 칸트는 이와 같은 방법에 의해 끊임없이 이른바 인간을 알기 위한 실험을 하고 있었던 것이다. 칸트는 인간심리와 그것의 겉과 속을 매우 잘 알고 있었다. 학생들은 한편으로는 어려운 비판철학을 듣고서 얼굴을 긴장시키고, 다른 한편으로는 재미있는 인간학을 듣고 표정을 누그러뜨리며 때로는 크게 웃었을 것이다.

칸트는 자기 이론, 자기 가르침대로 살았다. 곧 자기 자신을 엄격하게 제어하는 한편(철학적, 도덕적 이론에 따라), 세상 사람으로서 세상 사람들과 함께 살고자 했다(인간학의 원리에 따라). 확실히 칸트는 자신의 몸가짐에 있어서 지극히 성실하고 근면하며, 경건하고 엄격했다. 그러나 동시에 매우 명랑하고 유머가 풍부한 데다 기지가 있었으며, 누구에게나 친절하고 너그러웠다. 이러한 칸트의 사람 됨됨이를 아는 것은 칸트의 사상을 이해하는 데 매우 중요한 일일 것이다. '인간을 알라!'는 칸트의 가르침을 알기 위해, 우리는 여기서 칸트라는 인간을 아는 것에 초점을 맞추고자 한다.

사교가 칸트

칸트는 사람들과 교제함으로써 인간을 알고자 했다. 이런 경우 방관자나 관찰자로서 냉정하게 바라보기만 해서는 인간을 이해하지 못한다. 사람들은 그와 같은 관찰자에게 자기 속내를 솔직하게 내보이려 하기보다는 점점 더 감추려고 할 것이다. 인간을 알고 세상을 알려면, 사람들과 함께하고, 사람들 속으로 들어가서 직접 인간 세상을 체험하지 않으면 안 된다. 그가 본디 사교성을 타고났는지, 가정 생활과 학교, 시민 생활, 나아가서는 가정교사 생활 등을 통하여 사교성을 길러 나갔는지, 아니면 인간학을 위한 실험을 했는지는 확실히 알 수 없다. 하지만 어쨌든 칸트만큼 사교 생활과 교제를 즐긴 철학자도 드물 것이며, 칸트만큼 사교와 식사 모임을 중시한 도덕학자도 없으리라 본다. 그는 '유행에 뒤떨어진 바보이기보다는 유행에 맞는 바보'가 되라고까지 했다.

특히 칸트는 상류사회 사람들과의 교제가 중요하다고 보았다. 사실상 그가 식사를 함께하는 사람들 가운데는 귀족이나 기사, 학자, 대상인 등 상류사회와 교양사회 사람들이 많았다. 그는 하류의 교양 없는 사회에 비해 상류사회는 인간성이 보다 풍부하게 개발되며, 따라서 인간에 대한 보다 깊고 넓은 관찰이 가능하다고 믿었던 것이다.

칸트는 젊었을 때 자주 식당에서 점심을 먹었다. 또한 여러 계통의 신사 집에 초대를 받았다(이런 모임은 대부분 점심 식사에 중점을 두었다). 모인 사람들은 세상과 인간사를 비롯해 갖가지 화제를 놓고 재미있게, 즐겁게, 또 유익하게 이야기했다. 특히 칸트의 이야기는 유머와 기지가 넘치며, 밝고 매력이 있었다. 그 때문에 사람들은 차츰 모르는 사이에 분위기 속으로 이끌려 갔다. 그런 모임에서는 저서나 강의에서는 찾아볼 수 없는 맛깔스러운 화법을 구사하는 칸트의 모습이 있었다. 식탁에서 칸트가 이야기하면 세상의 평범한 일들도 생생하게 춤추기 시작해 대화는 막히는 적이 없었다. 독신인 그가 말하는 부인이나 여성에 대한 이야기에도 내용이 있고, 재미가 있어 쾌적함을 느끼지 않을 수 없었다. 칸트는 인간과 세상에 대한 지식뿐만 아니라 지리에도 해박하여, 본 적도 없는 이탈리아의 경치와 런던 다리의 모습까지 훤히 알고 있어서 사람들을 깜짝 놀라게 했다. 물론 이런 모임에서는 철학 이야기는 피했다.

칸트는 국무대신, 지사, 귀족, 군인, 고문관, 은행가, 상인 등의 집에 초대되었다. 특히 사교 살롱의 중심이었던 카이절링 백작의 집에는 그의 조카들의 가정교사였기 때문인지 자주 초대를 받았다. 재색을 겸비한 백작부인은 장래가 촉망되는 대학강사 칸트에게 각별한 친근함과 존경을 보였다. 당시 31세이던 부인이 그려준 칸트의 초상(칸트의 30세 즈음)은 유행의 첨단을 걷는 무척 세련된 젊은 칸트를 잘 나타내고 있다.

칸트는 나이가 든 뒤에는, 자기 집 식탁으로 사람들을 초대했다. 자주 오는 사람은 군사고문관, 참사관, 동료 교수, 은행가, 목사, 의사, 상인, 때로는 학생 등이었다. 칸트의 전기를 썼던 야흐만 목사나 그의 형(의사), 영국 상인 머더비와 그린, 은행가 루프만, 동료 교수 클라우스 등은 특히 친한 식탁 구성원이었다. 그리고 만년에는 시종일관 바지안스키가 식탁에서 시중을 들었다.

특히 칸트와 그린과의 교제는 유명하다. 그 둘이 처음 알게 된 시절의 일에 대해 이런 이야기가 전해진다. 미국이 영국과 전쟁하던 미국 독립전쟁 때의 일이다. 어느 날 오후, 공원을 산책하던 칸트는 아는 사람을 발견하고 정자 앞에서 이야기를 시작했다. 이야기는 시사 문제에 이르렀다. 칸트는 그 자리에 있던 미국인의 어깨를 잡고 열심히 그 독립전쟁의 정당성을 변호하면서, 영국의 태도를 비난했다. 그 순간, 그 자리에 있던 한 사람이 분연히 일어나 자기는 영국인인데 지금 자기 국민과 자기가 모욕을 당했으므로 결투로 명예를 회복하겠다고 대결을 요구해 왔다. 칸트는 조금도 당황하지 않고 차근차근 설명했다. 자신의 정치적 견해를 설명하며, 사람은 애국심과 상관없이 세계의 일원으로서

이 세계적인 사건을 비판해야
만 한다고 말했다. 그린―결투
를 신청한 영국인의 이름―은
깊이 탄복하여 칸트에게 손을
내밀고 방금 전의 실례를 사죄
했다. 이어 그는 칸트를 집까지
배웅하면서 편한 마음으로 언
제든 자신을 찾아와 달라고 초
대했다. 그리고 이것이 칸트와
그린의 각별한 교류의 계기가
되었다.

귀족이나 상류사회 사람들
이 많았던 칸트의 식탁 모임은
편안하고 쾌활하면서도 품위
있고 우아한 것이었다. 부인들
이 자리를 떠나도 이야기가 야
비한 쪽으로 흐르는 경우는 결
코 없었다.

카이절링 백작부인이 그린 칸트 초상화(서른 살 때의 칸트)

한편 이러한 모임에서는 인원수가 우아함과 아름다움의 여신 카리테스(3명)
보다 적어도, 예술의 여신 무사이(9명)보다 많아도 안 된다는 철칙이 지켜졌다.
칸트는 《인간학》에서 이런 식사 모임을 사람의 도덕과 조화되며, 사람의 도덕
을 촉진시키는 것으로서 설명하며 그 중요성을 강조하고 있다. 따라서 그는 식
사 모임에서의 인원수, 사람들의 얼굴 하나하나, 화제, 화제의 운영과 분위기,
말투, 식후 행사, 나아가서는 헤어진 뒤의 태도 등에 세심한 주의를 기울여야
한다고 말한다.

그러나 칸트의 우정과 사교는 무엇보다도 이성적인 도덕원리에 기초한 사랑
과 인간미에서 오는 것이었으며, 우리는 이 점을 잊으면 안 된다.

규칙적인 일상생활

칸트가 얼마나 규칙적인 일상생활을 했는지는 너무나도 유명하다. 그것은 그의 건강 때문에도 중요한 일이었다. 하지만 또한 스스로를 다잡는 일에 엄격했던 그의 도덕적 태도 때문에도 그러했을 것이다.

나이가 들어감에 따라 생활의 질서는 얼마간 달라졌고, 또한 달라지지 않으면 안 되었다. 그러나 칸트는 대부분 이른 아침 5시 무렵에 일어났다. 칸트의 하인은 5시 15분 전에 침대 곁으로 가서 주인을 깨우지 않으면 안 되었다. 칸트는 하인에게 자신이 일어나지 않으려 해도 절대로 용서 없이 반드시 깨우도록 명령했다. 아침은 차 두 잔과 담배 한 대였고, 그 뒤로 오전에는 일을 했다. 그 시간에 강의 준비를 하고, 2시간 가량 강의(주로 자기 집 강의실에서)를 한다. 그리고 오후 1시에는 식탁 친구들을 맞아 점심식사를 했는데, 점심이 주식이 되어 있었으므로 요리가 듬뿍 나왔다. 칸트는 특히 치즈를 좋아했다(만년에 칸트가 처음 중병이 들어 의식불명이 된 것도 치즈를 너무 많이 먹은 것이 원인이었다). 주식은 버터, 치즈, 수프, 야채, 생선, 구운 고기, 과일, 그리고 포도주 등이었다. 칸트는 점심 식사만 하는 1식주의였다.

식후에 4시쯤까지 친구들과의 즐거운 대화가 이어졌다. 그 뒤에는 그 유명한 산책을 1시간 가량 했다. 일반적으로 독일 사람은 산책을 좋아하는 데다가, 또 산책은 추운 나라에서의 건강 관리법으로서도 필요한 것이었다. 하지만 이런 점을 생각해도, 칸트의 규칙적인 산책은 그 시간이 정확하기로 유명했다. 시민들이 산책하는 칸트의 모습을 보고 시계를 맞출 정도였다고 한다. 칸트는 오직 홀로 조용히 생각하면서, 때로는 떠오르는 생각을 수첩에 적으면서 산책했다. 그는 땀을 흘리지 않도록 조심했는데, 그것은 자기 체질상 좋지 않다고 믿었기 때문이다.

밤에는 10시까지 공부를 했다. 나이가 든 뒤에는 밤 시간에 가벼운 것을 마음 내키는 대로 두서없이 읽어 건강을 배려했다(앞의 편지에도 있었던 것처럼). 그리고 10시에는 반드시 잠자리에 들었다. 아침 5시까지 7시간의 수면이 엄격하게 지켜졌다.

칸트의 산책이 방해를 받았던 것은 그가 루소의 《에밀》에 푹 빠져 읽던 때였다. 책을 읽으며 루소의 아름답고 의미있는 표현에 마음을 빼앗겨 그는 중요한

칸트의 식탁 친구들 오후 1시에 어김없이 친구들과 점심을 함께하였다.

산책을 깜박 잊어버렸던 것이다.

어쨌든 신체적으로 약했던 칸트가 80세까지 살 수 있었던 것은 그가 규칙적인 일상생활을 했기 때문일 것이다. 인간으로서의 자기 사명을 느끼는 일에 엄격했던 칸트는 그를 위해 강한 극기심을 가지고 일상생활을 제어했다.

생계

칸트는 가난한 수공업자의 아들로 태어났다. 대학을 졸업하기 위해 큰아버지의 도움을 받거나, 직접 아르바이트를 하기도 했다. 가정교사를 한 것도 생활을 꾸려가야 했기 때문이었고, 개인강사 시절에도 생계 문제로 고생을 했다. 고생한 때문인지, 돈에 대해서는 물론 다른 어떤 일에 있어서도 '빚을 지지 말 것, 남에게 피해를 주지 말 것'을 모토로 삼았다. 부채를 져서 남에게 빚을 진 느낌을 갖는 것은 자기 인격을 손상하고, 독립을 방해하며, 스스로를 어둡게 한다고 생각했다. 그는 자신이 누가 와도 불안해하지 않고 마음 편히 맞아들일 수 있는 것은 외부에 진 빚이 없다고 생각하기 때문이라고 했다. 칸트가 언제나 명랑할 수 있었던 것은 한편으로는 빚을 지지 않았기 때문이기도 하리라.

처음에는 동료의 집에서 함께 살거나 세를 얻어 살기도 했는데, 만년의 자택은 방이 8개나 있는 집이었다. 집에는 2명의 일꾼(요리하는 여자와 하인)을 두었으며, 강의실, 식당, 도서실, 침실, 객실, 서재, 거기에 요리사의 방과 하인이 쓰는 작은 다락방이 있었다. 그러나 친구에게서 선물 받은 루소의 초상동판화가 서재에 걸려 있었던 것 말고는 집에 이렇다 할 장식이 없는 간소한 생활이었다. 칸트는 봄의 향기에는 무감한 편이었는지 독일 사람이 좋아하는 꽃은 실내에서는 거의 볼 수 없었다(정원에는 때맞춰 장미가 피어 있었지만).

그는 인색하지는 않아서 친척(칸트 누이동생의 유족과 미망인이 된 막냇누이)을 비롯해 해직된 하인 등 어려운 사람에게는 연금을 주어서 도왔다. 또한 조카들(동생의 딸)의 결혼에 즈음해서는 새 가정을 위해 많은 돈을 주어 장래의 삶이 편안하도록 해주었다.

칸트가 죽었을 때, 2만 탈레르가 유산으로 있었다. 어떻게 이만한 큰돈을 모을 수 있었는지 사람들은 모두 놀랐다. 검소한 생활, 그리고 다급한 때에라도 남의 신세를 지지 않으려는 칸트의 신조, 그것이 그만한 저축을 가능하게 했을 것이다. 그러나 어떠한 경우에도 칸트는 누군가에게 그 신분에 넘치는 돈을 주어서 그가 빈둥거리며 살게 하는 일은 하지 않았다. '자기 자신의 힘으로 서지 않으면 안 된다!'는 것이 칸트의 철학에 있어서의, 또 삶에 있어서의 태도였으며, 그는 그것을 자신뿐만 아니라 타인에게도 요구했던 것이다.

자신에게 어울리게

칸트의 도덕설은 스스로 해야 할 일에 충실하라는 것이었다. 그러므로 칸트에 따르면 성과라든가 행복을 첫째 목표로 삼거나, 또는 그를 위해 도덕을 이용하거나 하는 것은 악이고, 인간의 본질에 상처를 내는 일이었다. 다시 말해 오로지 도덕적 명령을 위해 사는 것이 중요하며, 그 결과가 어떻게 되건, 또 어떠한 대가를 받건 그것은 신에게 맡길 일이었다. 따라서 행복이나 성과를 목표로 하는 것이 아니라, 행복과 성과를 얻기에 적합하도록 사는 것이 중요했다.

칸트는 자신에게 어울리지 않는 화려한 직위는 물리쳤고, 다른 대학이 제시하는 좋은 조건의 초빙에도 응하지 않았다. 성대한 장례식도 자신이 바라서는 안 될 일이라며 검소한 매장을 희망했다. 다만 그는 상당한 멋쟁이여서 차림새와 예법에는 주의를 기울였다. 그러나 이것도 자기를 과시하려는 목적에서 그

칸트의 집(왼쪽)과 쾨니히스베르크 성

랬던 것이 아니라, 그것에서 아름다움과 사교(특히 상류층 교양 사회와의 사교)의 의무를 보았기 때문이다.

칸트는 식탁에서 굉장한 달변이었다. 하지만 이른바 내보이기 위한 웅변은 싫어했다. 그는 그러한 것은 청중을 설복시키는 재주에 불과하며, 남을 확신시킬 근거가 없는 경우에는 청중을 속이고 기만하기 위한 노력에 지나지 않는다고 생각했다. 칸트는 또한 대중매체나 선전을 싫어했고, 하찮은 저서도 질색했다. 그러한 것들은 자기를 지나치게 부풀리고, 남을 속여서 자기를 팔려 하는 것이며, 세상에 아첨하는 짓이다. 아니꼬운 자기도취이며, 위선적 가면이다. 칸트에게 그러한 일들은 진리를 사랑하는 정신을 모독하는 것으로서 도저히 허용할 수 없는 것이었다.

그러나 반대로 일부러 순박함을 가장하고 실제 재능을 감추려 하는 것 또한 잘못이라고 칸트는 말했다. 그에 따르면, 요컨대 자기에게 어울리는 자기 의무대로 사는 것이야말로 가장 중요한 지혜이며 참된 지혜인 것이다. 그것이 바로 참된 철학이자 참된 인간다움이다. 그에 반해 세상에 아첨하고 교태를 부리려는 것은 본말을 착각한 지혜(빈틈없음, 세상을 사는 요령, 처세술)일 뿐이다. 칸트는 이렇게 생각했고, 진정 지혜롭게 살고자 하는 마음에서 엄격하게 자신의 원칙을 지키는 그런 사람이었다.

물론 '자기에게 어울리는'의 의미는 때와 장소 가운데, 때의 상황에 더 잘 적용되는 것이었다. 칸트는 신하였기 때문에 그 신분에 어울리도록 칙령에 따라 침묵하거나, 세상의 신분적 차별을 인정했다. 여자가 '여자도 철학을 이해한답니다' 불평을 하면 '부인께 어울리게 말이지요!'라고 되받음으로써 여자가 학문하는 것을 빈정댔다. 또 칸트는 루소에게서 '모든 인간을 존경하라' 배웠으면서도, 귀족사회를 훌륭한 인간성의 모델로 삼았다. 칸트 내부의 그런 모순은 바로 때와 장소의 모순이라고도 할 수 있다.

독신의 삶

철학자 칸트의 인간적 됨됨이에 대한 가장 커다란 의문은 왜 그가 결혼을 하지 않고 평생을 독신으로 살았는가 하는 점이다. 칸트에게는 상대가 될 만한 여성이 없었던 것일까? 아니면 실연했던 것일까? 아니면 결혼의 필요성을 느끼지 않았던 것일까?

갖가지 억측이 가능하리라. 하지만 역시 가장 큰 원인은 칸트의 몸이 약했다는 것이었다. 하늘은 그에게 위대한 정신을 부여했다. 칸트는 그 훌륭한 정신을 살려 철학적인 사색에 일생을 바칠 것을 자신의 사명으로 삼았다. 그러나 결혼생활이라는 생활 형태를 취하면서 그 의무를 다하기에는 그의 몸은 너무 약했다. 칸트는 자신이 첫째로 꼽는 의무를 다해야 했고, 결혼을 생각할 여유(여유 있는 신체)는 없는 상태였다.

그의 키는 작고 가슴은 편평하며, 골격은 약하고 등뼈는 심하게 굽고, 근력은 더더욱 약했다. 살집도 없고 폐는 작으며, 코는 금방이라도 카타르를 일으키기 십상일 정도였다. 칸트는 위가 무척이나 튼튼해서 상당한 대식가였는데, 공교롭게도 장은 늘 변비를 일으켰다. 다만 위대한 정신의 직접적인 장이고, 사상 창조의 원천인 두뇌는 매우 컸다. 시각, 청각, 미각 등 외부 감각기관도 모두 예민했다. 특히 그의 눈은 깊은 마음의 빛이 발하고 있는 것 같았다. 청각도 좋아서 시 낭송을 즐겨 들었지만, 음악에 대해서는 잘 몰랐던 것 같다. 민감한 오관,

한때 철학자가 살았던 곳(19세기 중반에 칸트가 살던 집)

허약한 신체는 외부 변화에 예민하게 반응했고, 이것이 그를 기상관찰에 뛰어나게 만들었다고도 한다.

칸트는 그 신체에 걸맞지 않게 커다란 두뇌를 마음껏, 그것도 가능한 한 오래 사용하여 그곳에서 끝없이 사상을 퍼 올리지 않으면 안 되었다. 그러려면 자신의 허약한 신체를 되도록 세심하게 돌봐야만 했다. 따라서 자제로써 합리적이고 규칙적인 생활을 해야만 했다. 또한 심리적인 상태가 신체와 정신에 방해가 되지 않도록 늘 쾌활하고 명랑해야 했다. 그는 한 영리한 부인이 "당신만 괜찮으시다면 결혼 따위 하지 마세요!"라고 한 충고에 따랐던 것이다. 어쩌면 그도 이성에게 마음이 끌렸을 것이다. 또한 그에게 마음을 빼앗긴 여성도 있었을 것이다. 하지만 칸트는 결혼에 의해 심신을 번거롭게 하기보다는 독신으로 있는 편이 그 육체로 의무를 수행하기에 더 적합하다고 판단한 것 같다.

그렇다 해도 칸트는 결코 결혼 부정론자는 아니었다. 결혼(또는 남녀 관계)을 전면적으로 부정하는 이론 따위 성립될 수 없는 것이다. 그것은 인류의 멸망을 의미하기에 말이다. 칸트는 또한 결코 여자를 싫어하지도 않았다. 부모의 아름다운 부부애도 알고 있었다. 여성에게 존경을 표하고, 지능이 높고 지혜가 풍부한 많은 부인을 친구로 가졌었다. 상류사회에 드나들면서 귀족적 기사적인 매너를 몸에 익힌 그는 상류사회 부인의 우아함에 걸맞는, 존경받을 만한 기사이기도 했다. 카이절링 부인의 칸트에 대한 경애도 이를 잘 말해 주고 있다.

칸트는 자진하여 교양 있는 부인과 교제하고, 그 품위 있는 매너를 접하고, 그것에 의해 마음을 높일 것을 젊은이에게 권했다. 칸트답게 "상대를 고를 때는 이성적으로 하라!" 가르치거나, 결혼을 다른 사람에게 권하기도 했으며, 직접 중매에 나서기도 했다. 그리고 조카딸들의 결혼을 진심으로 축복했다. 그는 나이가 들어서도 여전히 인간으로서의 여성의 자연적 아름다움에 황홀해할 때도 있었다. 특히 미각에 뛰어났던 칸트는 훌륭한 요리 솜씨를 아내의 중요한 조건으로 생각했다. 《인간학》에 나오는 그의 결혼관, 부부관 등은 정곡을 꿰뚫고 있다. 특히 여성의 묘사에서는 결혼한 사람을 떠올리게 할 정도로 훌륭하다.

하지만 그는 결혼하지 않았다. 어느새 60세가 된 고독한 칸트를 위로하려고 어떤 목사가 결혼을 권하면서 결혼 생활의 쾌적함을 설명하기 시작했다. 그리고 결혼 생활의 멋짐을 칭송한 인쇄물을 칸트에게 건네고 결혼에 대한 마음을 부추기려 했다. 그러나 칸트는 비용을 지불하고 호의에 감사한 다음 결혼을 거절했다.

아, 그렇더라도 하늘이 보다 강건한 신체를 칸트에게 부여해 주었더라면 그는 저 탄탈로스적 고뇌를 맛보지 않아도 되었을 것을. 또한 결혼에 의해 그의 고독은 위로를 받았을 테고, 우리는 대철학자에게서 결혼과 부부에 대한 더욱 깊고 재미있는 사실들을 들을 수 있었을 텐데. 경우에 따라서는 그의 철학, 그중에서도 도덕철학은 훨씬 촉촉하고 윤기 있는 것이 되었을지도 모르건만…… 생각할수록 안타까운 일이다.

원칙에 기초하여

칸트란 어떤 됨됨이의 인물이냐는 질문을 받는다면 한마디로 말해서 '도덕적인 원칙으로 살았던 사람'이라고 말할 수 있지 않을까? 그는 인간의 존엄성을 도덕에 두었다. 그리고 도덕의 본질은 내면적인 양심의 목소리를 마치 신의 말씀처럼 지켜 나가는 것으로 보았다. 그리고 행복을 추구하는 것이 아니라 행복을 얻기에 적합하도록 올바른 행위를 해야 하는 것이라고 생각했으며, 의무가 명령하는 바를, 그것이 해야만 하는 의무이기 때문에 수행하는 태도라고 했다. 어릴 적부터 경건한 신앙심을 길러온 칸트는 이러한 도덕관의 화신 같은 사람이었다. 그는 이런 엄격한 의무관 내지 도덕관에서 스스로의 생활을 철저하게 제어했다. 이렇게 뿌리 깊은 신앙심과 극기에 가까운 자세는 그의 성실함과 경건함의 굳건한 바탕이었다.

말쑥한 차림의 칸트(40세 때의 모습)

이런 칸트의 생활 방식은 그의 도덕관과 인간관에 기초하여 스스로 정한 원리와 원칙을 끝까지 지키려는 태도가 된다. 그가 매우 규칙적인 생활을 시계처럼 지켰던 것이 그것을 잘 말해 준다. 담배는 하루에 한 대로 정했고, 그것을 엄격하게 따르려 했다. 이 태도는 자칫하면 딱딱하고 융통성 없는 것이 되기도 한다. 그러나 일단 정해진 것은 어지간해선 바꾸기 어렵다. 칸트 자신의 생활도 스스로 정한 원리와 원칙과 연결되어 견고한 성격을 스스로에게 심고 말았다. 그러한 태도는 때로는 주관적이고 독단적인 원칙에 의해 다채로운 현실은 틀에 가두려 하는 경향을 보이며, 결국 그에 따라 현실보다도 원칙을 고수하는 것이 더 중요한 일이 된다. 이것은 특히 독일인 대부분의 생활 방식이라고 할 수 있다.

독일인만큼 원칙과 법칙, 규칙을 좋아하는 국민은 없다. 그리고 한번 정한 원칙과 규칙을 밀어붙이고, 거기에 맞지 않는 현실을 잘못되었다며 정정하려 한다. 그것은 경험이나 체험을 중요시하고, 그에 따라 원리와 원칙을 생각해 내려하는 영국인의 사고방식과 좋은 대조를 이룬다. "규칙이 이러하므로…… 어쩔 수 없습니다!"라는 생활 태도가 바로 독일인들의 방식인 것이다.

그러나 칸트는 '자기가 만든 원칙이 언제나 누구에게든 통용되도록!' 하는 것이 근본의 이성적 도덕적 원칙이라고 했다. 자기 원리가 동시에 세상 무엇에 적용되어도 타당하기를 바랐다. 따라서 칸트는 자기가 세운 원칙이 자기 충동이나 본능에 따르지 않고 이성에 따를 것을 굳세게 주장했다. 그는 그 이성적 원칙에 따르는 가운데서 의무를 찾았으며 인간의 본질을 보았던 것이다. 그가 사교를 권하고, 교제를 존중하며, 유행을 거스르지 말라고 경계한 것도 사실은 이러한 것에 기초하고 있다. 다시 말해 '세상 속에 통용한다'는 대원칙에 바탕하고 있는 것이다.

그렇기 때문에 칸트는 또한 지극히 평범한 사람의 도덕적 판단을 존중하고, 일반인 모두를 존경할 것을 주장했다. 그래서 칸트는 도덕의 명령, 그것에 바탕한 원칙에 따라서 엄격하게 자기를 지키면서, 다른 한편으로는 명랑하고 즐겁게 타인과의 사교를 추구하고, 유행을 따르고, 타인을 존경하고, 타인에 대해 관대했다. 그는 공존의 세계에서 통용되는 이성이 누구에게나 있다는 것을 원칙으로 삼았고, 그 때문에 사람들에게 세상의 관습과 유행에 따를 것을 권했다. 물론 유행에 따르고, 교제를 넓히고, 인간 세상과 화합하는 것은 이성적 도덕적 삶을 위한 하나의 수단이고 대용품에 지나지 않을 것이다. 그러한 대용을 통하여 칸트가 진정으로 바랐던 것은 그것이 대용으로 끝나지 않고, 인도와 도덕법칙에 따르는 공동사회가 실현되는 시작이 되는 것이었다.

자기 원칙을 끝까지 지켜 나가기 위해 오히려 타인과 어울리고, 세상의 흐름에 화합하고자 하는 칸트! 그것이 칸트의 인간상이리라. 칸트가 지닌 두 가지 측면, 두 얼굴은 사실은 통일되어 있었던 것이다.

다만 칸트가 살았던 때와 장소는, 인간 세상이나 세상의 흐름이 반드시 새로운 방향으로 향하던 것은 아니었다. 그 때문에 엄격하게 자주, 독립, 자유, 자율, 이성적 원칙을 주장했던 칸트도 구체적인 생활 태도 또는 생활양식에 대해서는 그 무렵 귀족사회를 모델로 삼는 보수적인 면모를 보여 주기도 했다. 칸트가 지닌 이러한 양면성 내지 모순은 이곳 동프로이센 사회가 맞닥뜨려 있는 두 측면이자 모순이기도 했던 것이다.

인간이란 무엇인가

비판철학의 과제

신앙과 자연연구

젊은 학도 칸트는 앞에서 말한 바와 같이 자연연구자 또는 자연철학자로 출발했다. 따라서 그의 첫 작품이자 졸업논문인 《활력의 참된 측정술에 대한 사상》을 비롯해 초기의 논문은 대부분 수학, 물리학, 천문학, 자연지리학 등에 대한 것이다. 그리고 이것은 학계의 풍조에 따른 것이었다. 근대로 접어든 뒤 수학과 물리학을 학문의 본보기로 삼는 자연과학적 연구는 커다란 진보를 보이고 있었다. 라이프니츠의 수학, 뉴턴의 물리학 등은 칸트가 대학에서 평소 접하던 것이었다. 특히 뛰어난 스승인 크누첸은 학계의 이러한 동향을 역시 뛰어난 학생 칸트에게 전해 주었던 것이다.

그러나 자연연구 내지 자연과학은 본디 그리스도교적 신앙과는 합치될 수 없는 것이라고 할 수 있다. 자연과학은 자연현상을 어디까지나 기계적, 역학적, 과학적으로 다루려 한다. 당시 이러한 자연과학은 경험적인 실험이나 실증을 이용하고, 나아가 수학을 적용함으로써 두드러진 진보를 거두고 있었다. 그리고 이때 이루어진 증기 이용에 대한 발명은 마침내 산업혁명의 커다란 원동력이 되기도 했다. 이에 반해 그리스도교적 신앙은 자연 또는 자연현상을 신에 의해 증명하고자 한다. 자연의 밑바탕에 신의 창조와 의도, 그리고 목적을 두려 한다. 이와 같이 자연과학과 신앙은 그 사고방식과 방법에 있어서 일치될 수 없는 창과 방패라고도 할 수 있다.

자연과학의 발달은 신앙, 또는 신앙을 근거로 해왔던 철학에게는 커다란 위협이었다. 중세 때는 모든 것이 신에서 출발하고, 모든 권위가 신에게서 나왔다. 신에 대한 신앙에 위배되는 과학은 허용되지 않았다(지동설을 주장한 코페르니쿠스나 갈릴레이의 비극을 생각해 보라!). 거기서 철학은 공손히 신을 섬기는, 신의 시녀에 지나지 않았다(자주적으로 철학을 했던 조르다노 브루노는 화형에 처해졌다). 그러나 근대로 들어와서 자연과학은 신으로부터 해방되었고, 그로써 독자적 법칙에 의한 두드러진 발달을 거둔다. 이러한 변화 속에서, 철학도 학문인 이상 자연과학의 영향을 받지 않을 수 없었으며, 그에 따라 학문의 전형이라고 할 수 학의 방법이 철학에도 적용되었다. 유명한 철학자 스피노자(1632~77)의 《기하학 적 방법으로 증명된 윤리학》이나 뉴턴(1642~1727)의 《자연철학의 수학적 원리》 등이 그것을 증명해 준다. 하지만 앞서 말했듯이 여기에는 학문의 본보기로 인 정받은 수학의 방법이 적용되었기 때문에, 근대 자연과학의 방법으로 중요한 의미를 지닌 경험적인 실험, 실증의 정신은 생겨나지 않았다. 기하학이 공리와 정리로 논증에 의해 결론을 이끌어 내는 것처럼 철학 또한 그러한 방법으로 논 해진 것이다.

한편 위협을 받은 신앙은 어떻게 되었을까? 물론 오랜 기간의 침투에 의해 마치 본디부터 지녔던 본능처럼 되어버린 민중의 그리스도교적 신앙은 쉽사리 흔들리지 않았다. 그러나 자연과학의 진보는 그때까지의 신앙의 모습에 대한 동요를 일으킬 수밖에 없었다. 하물며 자연학, 철학, 신학 등 적어도 학문이라 불리는 것에 종사하는 사람이 그로 인해 심각한 영향을 받은 것은 당연한 일 이었다. 그래서 철학자들은 자연과학과 신앙과의 조화, 그리고 그 양자의 통일 을 생각했다. 다시 말해 그들은 신, 영혼, 세계 전체 등 형이상학적인 것(인간의 감성적 경험으로는 알 수 없는 것으로서, 경험적 현상 안에 있다고 생각되는 것)을, 예 를 들면 수학적인 방법 등을 동원하여 합리적으로 설명하려 했던 것이다. 그리 고 그것이 자연과학과 모순되지 않음을 보이려 했다. 즉 합리적인 형이상학을 지향한 것이다.

"나는 생각한다. 고로 존재한다"말했던 데카르트(1596~1650)는 생각하는 자 기 자신을 중심에 두고 신을 생각했다. 서로 관계가 없는 무수한 단자(모나드)로 세계를 설명했던 라이프니츠(1646~1716)는 단자 간에 있어서의 신의 예정조화 를 주장했다. 스피노자는 자연 그 자체를 신으로 간주했다. 뉴턴도 자연의 바 탕에서 신의 신비로움을 보았다(물론 스피노자는 자연의 질서 자체를 신으로 보고, 자연의 질서 밖에서 그것과 다른 신은 생각하지 않았다. 그 때문에 그는 무신론자라는 비난을 받아 자기가 속한 유대교회에서 파문을 당했고, 주요 저서인 《윤리학》은 그가 살아 있는 동안에는 간행되지 못했다.).

독단의 꿈에서 깨어나다

신앙심 깊은 자연주의자인 칸트 또한 이러한 역사의 흐름 속에 있었다.

칸트는 경건한 피에티스무스 가정에서 자랐으며, 학교에서도 피에티스무스 풍의 교육을 받고 목사이자 학자이기도 했던 스승 슐츠에게서 감화를 받았다. 따라서 마음속의 신앙을 존중하는 이 그리스도교적 정서는 칸트 속에 흔들림 없이 단단히 뿌리내려 있었다.

《보편적인 자연사와 이론》은 젊은 칸트의 걸작이라고 꼽히며, 오늘날에도 여전히 '칸트−라플라스 설'로 칭송받고 있다. 그것은 뉴턴의 자연관에 기초하여 우주의 성운설 발생을 논한 것이었다. 그럼에도 불구하고 칸트는 이와 같은 우주발생의 밑바탕에서 창조자의 의도를 보고, 보다 높은 세계를 생각했다. 이 논문의 결론에서 칸트는 말한다. '피조물인 인간은 한편으로는 허무하고 유한한 것이지만, 다른 한편으로는 불사의 정신에 의해 모든 유한한 것을 넘어서서 새롭고 고귀한 관계로 자신의 영생을 유지한다.

별이 빛나는 맑은 밤하늘을 올려다보고 사람은 일면 이 세상의 덧없음에 얽매이고, 그것에 이끌리는 불행한 존재임을 안다. 그러나 동시에 이 세상적인 것을 훨씬 넘어선 무한의 세계로 높아질 수 있다. 그리고 그곳에서 고귀한 영혼만이 느낄 수 있는 어떤 희열, 고귀한 행복으로 가득 차 정적 속에서 이름하기 어려운 목소리를 듣고, 풀기 힘든 의미를 깨달아 알 수 있는 것이다.' 사람들은 거기서 칸트의 묘비명이기도 한 《실천이성비판》의 마지막 그 글귀를 떠올릴 것이다.

칸트의 이러한 피에티스무스적인 경건한 생각은, 예를 들어 《부정량의 개념을 세계지에 도입하는 시도》에서도 나타나 있다. 그것은 이 우주론적, 자연철학적인 초기시대(라이프니츠 뉴턴 시대)를 꿰뚫고 있다. 자연연구와 형이상학은 적어도 칸트에게는 양립해 있었던 것이다.

하지만 영국의 경험론자 흄은 칸트에게 커다란 충격을 안겨 주었다. 흄은 모든 지식이 경험에 근거해야 한다 주장하고, 더구나 감각적 인상을 중시했다. 인상이야말로 가장 직접적인 경험이며, 보다 높은 여러 관념이나 지식 및 법칙은 이 인상이나 인상의 연상에 의해 생겨난다고 했다. 그러므로 흄에 따르면 경험적 자연과학의 기초인 인과율도 결국은 연상의 반복(습관)에 바탕하는 주관적인 신념에 지나지 않는 것이었다. 다시 말해 사실은 단순한 습관에 불과한 것이 인간에 의해 부동의 법칙이라고 믿어지는 것일 뿐이며, 어떠한 객관적이고 일반적인 법칙은 아니라는 것이다. 이렇게 흄은 지금까지 의심받은 적이 없었던 자연과학적 법칙의 정당성에 의문을 던졌다. 그렇게 함으로써 그는 엄밀한, 흔들림 없는 자연과학적 진리의 성립을 부정해 버렸다. 자연과학마저도 의심받아야 한다면, 어떠한 경험적인 것을 포함하지 않는 형이상학이 부정되어야만 한다는 것은 말할 필요도 없었다.

이것은 칸트에게 있어 중요한 문제였다. 자연 세계의 밑바탕으로서 의심할 수 없는 형이상의 세계, 그 세계의 학문(형이상학)이 지금 흄에 의해 부정되고 있었다. 칸트는 지금까지의 합리적인 형이상학을 믿어 의심치 않았던 이른바 '독단의 꿈'에서 깨어났다. "나는 분명하게 고백한다"고 칸트는 말한다. "흄의 경고야말로 나를 독단적인 잠에서 깨어나게 했다."

새로운 형이상학을 찾아서

이제껏 여러 학문의 여왕 지위를 과시하던 형이상학의 권위는 실추되었다. 아니 실추된 것이 아니라, 이제 흄에 의해 그 자체의 가능성마저 부정되었다.

그러나 그것은 형이상학적인 것에 대한 칸트의 확신을 동요시키지는 않았다. 어릴 적부터 길러온 마음의 신앙은 흔들림이 없었다. 칸트는 별이 빛나는 하늘을 올려다보고 자신의 유한하고 덧없음을 깨달으면서, 동시에 이 세상을 넘어선 무한 세계에서의 영생을 믿었다. 자기 내부에서 들려오는 도덕적 의무의 목소리는 칸트에게 이 세상의 모든 행복을 내팽개치게 할 만한, 그것을 초월한 존경과 절대적 권위를 지니고 있었다. 칸트에 따르면 애당초 인간은 비록 형이상학이 의심을 받고 부정되더라도, 형이상학적인 것(신, 영원의 세계 등)에 대한 관심을 버리지는 못한다. 그러한 관심은 인간 본성에서 생겨난다고도 할 수 있는 것이다.

그렇다면 의심받고 부정되어야 하는 것은 지금까지의 독단적인 형이상학이 아닌가? 인간의 이성이 독단적이고 전제적인 방향으로 흐르던, 여러 학문의 여왕이 아닌가? 잘못되어 있는 것은 종래의 형이상학 방법이지 형이상학적인 것에 대한 관심은 아닐 것이다. 칸트는 거기서 지금까지 독단적이었던 우리의 이성 자체를 겸허하게 반성하고 비판하며 검토해 볼 필요가 있다고 생각했다. 그의 《순수이성비판》은 사실은 그러한 것을 위한 법정이었던 것이다. 이러한 법정의 심판에 의해 이성능력의 권한이 확실해진다면, 그때 비로소 이성은 그 형이상적 관심을 올바르게 기초할 수가 있지 않겠는가? 거기서 비로소 학문으로서의 새로운 형이상학이 성립할 수 있는 것은 아닐까? 그래서 의심할 수 없는 신과 영생과 도덕이 더 이상 자연과학에 의해 위협받는 일이 없어지게 되지 않을까?

그러나 그러려면 우리는 먼저 자연과학 자체의 구조를 분석, 검토해 볼 필요가 있다. 자연과학 또는 자연과학에서의 진리는 어떻게 가능한 것일까? 칸트는 흄에 의해 독단의 꿈에서 깨어나 충격적인 경고를 받았다. 하지만 칸트는 자연과학적인 지식의 정당성을 흄처럼 의심할 수는 없었다. 그러면 어째서 자연과학적 지식은 옳은 것일까?

그리고 나아가서 자연과학적 지식이 올바르다면 그에 의해 위협받고 있는 형이상학이 설 자리는 어디일까? 역시 영원히 어울릴 수 없는 창과 방패인 것일까? 부정할 수 없는 형이상적 관심을 위한 형이상학은 역시 불가능한 것일까? 만약 불가능하지 않다면, 그것은 자연과학과 어떻게 양립하며 조화될 수가 있을까?

인간은 무엇을 알 수 있는가
《순수이성비판》

문제
문제를 다시 정리해 보자. 과거 여러 학문의 여왕이었던 형이상학은 그 독단적 행위 때문에 여왕의 권위를 빼앗겨 자신의 자리에서 추락했다. 뿐만 아니라 그 생존조차 허용되지 않을 상황에 처하고 말았다. 여왕인 형이상학의 지위를 위협하면서 그것을 대신하여 새롭게 나타난 것이 자연과학이었다. 자연과학은 자기 정당성을 주장하고, 그 정당성을 증명할 만한 일들을 이룩해 내면서, 그 걸음을 성큼성큼 앞으로 옮기고 있었다.

하지만 흄은 여기에 대해서도 결론을 내렸다. 과거 여왕이던 형이상학은 물론이고 이 신흥 자연과학도 사이비이며, 그 스스로 그렇게 굳게 믿고 있는 데서 주어질 따름이라는 것이다.

오래된 형이상학에 도취되어 있던 칸트는 흄에 의해 미망의 꿈에서 깨어났다. 낡은 여러 학문의 이 여왕에게는 이미 권위가 없음을 인정하지 않으면 안 되었다. 그러나 칸트는 여러 학문에 한하지 않고 이 세상에 있는 모든 것(형이하적인 것) 위에 군림하며, 인간을 포함한 이 세상 모든 것을 만들고, 그것을 통합하고 통일하여 지배할 만한 것(형이상적인 것, 신적인 것)이 존재함을 추호도 의심할 수가 없었다. 그것은 유한하고 이 세상의 행복(지위, 명예, 부 등)을 추구해 마지않는 우리 인간에게 단호하게 내부에서 명령하는 도덕을 생각해 보아도 알 수 있는 일이었다. 도덕의 명령은 때로는 이 세상의 삶과 행복마저도 버릴 것을 단호히 요구하지 않는가? 우리는 이러한 도덕의 원천이 어떻게 이 세상적인 것(형이하적인 것)과는 다른 곳(형이상적인 세계)에 있다고 생각하지 않을 수 있겠는가? 경건한 신앙심을 지닌 성실한 칸트는 마음 깊은 곳에서 소리치는 도덕, 그리고 그 도덕을 통한 영원한 형이상적 세계에 대해 티끌만큼의 의심도 품지 않았다. 형이상적인 것에 대한 관심을 추호도 느슨하게 하거나, 내치거나 할 수가 없었던 것이다. 칸트에게 있어 형이상적인 것에 대한 관심은 부동의 확신이었다.

그러나 다른 한편으로 칸트는 흄처럼 신흥 자연과학의 학문으로서의 정당성을 의심할 수는 없었다. 그는 수학이나 물리학 법칙 역시 움직일 수 없는 절대 진리라고 생각했다.

그러면 자연과학적 지식의 정당성과 진리성(진리인 까닭)은 어디에 있는 것일까? 먼저 그것을 반성, 비판, 검토해 보자. 그런 다음에 마찬가지로 의심할 수 없는 저 형이상적 관심의 성격을 생각해 보자. 자연과학적 지식이 정당하다면, 그것과 합치되지 않는 이질적인 형이상적 관심이 있어야 할 곳은 어디일까? 아니 그런 형이상학은 허용되지 않는, 말하자면 미망 같은 것일까? 그러나 만약 그것이 허용된다면 이 형이상적 관심을 학문으로 터를 잡게 할 수는 없을까?

물론 그와 같은 형이상학은 전처럼 독단론적인 것이 아님은 말할 필요도 없다. 새로운 형이상학은 법정의 심판을 받은 합법적인 것이 아니면 안 될 것이다.

《순수이성비판》(1781) 초판 속표지

과학적 진리

여기서 우리는 먼저 자연과학에서의 지식의 정당성과 진리성을 비판, 검토하기로 하자. 《순수이성비판》은 이렇게 자연과학적 진리에 대한 성격의 검토에서 출발한다.

우리가 올바른 지식 또는 진리라고 할 경우에 그것은 다음과 같은 성격을 지녀야만 한다.

첫째로 언제, 어디의 누구에게나 통용되는 것이다. '2에 3을 더하면 5가 된다'는 것이 옳다고 한다면 언제, 어디의, 누구에게나 '2 더하기 3은 5'이다. 때와 장소 또는 사람에 따라 6이 되기도, 4가 되기도 하는 경우는 없다. 만일 그런 일이 있다면 그것은 잘못이며 속임수이다. 언제나, 어디서나, 누구에게나 통용된다는 성격을 보편성 또는 일반성이라고 한다.

또한 진리는 두 번째로 언제나, 어디서나 누구에게나 통용될 뿐만 아니라 반드시 그렇지 않으면 안 된다. '2 더하기 3은 5'라는 진리는 2 더하기 3은 반드시 5이지 6이나 4여서는 안 된다는 것을 의미한다. 이러한 성격을 어려운 말로 필연성(명증성)이라고 한다.

요컨대 초라하더라도 진리인 바에는 언제나, 어디서나, 누구에게나 통용되고, 그리고 반드시 통용되지 않으면 안 되는 것이다.

이제 진리를 진리이게 하는 성격에 대해서는 알았다. 그러면 그러한 진리는 어떻게 가능한 것일까?

그런데 우리가 진리라고 할 경우에 그 진리는 '이러이러하다'든가 '그러저러해야만 한다'든가 하는 판단의 형태를 띤다. 그리고 우리는 그 명제에 대해 여러 가지 경험에 의해 이런저런 판단을 한다. 그러나 그러한 경험적인 판단에 대해서는 어떤 상황 아래서는 이러했다고 말할 수 있어도, 그것이 언제 어디서나 통용되기 마련이라고는 하지 못한다. 다시 말해 보편성과 필연성을 지닐 수가 없는 것이다. 그러한 경험을 몇 번 되풀이해도, 역시 우리가 관찰하고 경험하는 한에서는 이러하다고 말할 수 있을 뿐인 것이다. 그 때문에 경험적 판단은 진정한 과학적 지식이라고 말할 수 없는 것이다. 예를 들어 '백조는 희다'는 판단을 생각해 보자. 이것은 분명 잘못되지 않은 진리로서 과연 보편성과 필연성을 지닌다. 거기서는 경험의 도움을 빌릴 필요도 없다. 하지만 '희다'는 술어는 '백조'라는 주어를 분석함으로써 생겨나는 것이다. '희다'는 이미 '백조' 속에 포함되어 있다. 확실히 '희다'는 말은 '백조'가 포함하고 있는 어떤 성질을 끄집어 내 '백조'의 의미 내용을 분명하게 한다. 그러나 '백조'가 지닌 의미 내용에 뭔가 새로운 것을 추가하지는 않는다. 명확하게 하지만 확장하는 것은 아닌 것이다. 그러므로 이러한 판단은 새로운 진리를 만들어 내지 못한다. 중요한 것은 주어의 의미에 들어 있는 뭔가를 덧붙이고, 말의 의미를 풍부하게 하고 증대하는 것이다. 그래야만 유익한 과학적 진리라고 할 수가 있다.

그런데 '삼각형의 내각의 합은 2직각이다'라는 판단을 생각해 보자. 이 경우에 삼각형, 내각, 내각의 합 등 주어의 어느 곳을 분석해 보아도 2직각이라는 술어는 나오지 않는다. 이것은 전혀 새로운 의미 내용을 주어에 덧붙여 주어가 지닌 내용을 증가시킨 것이다. '2 더하기 3은 5'에 있어서도 마찬가지로 주어의 어느 곳을 분석해도 '5'라는 결론은 나오지 않는다. 2에서 3, 4, 5로 따라가 봐야 비로소 5라는 결론에 이른다. 이러한 판단을 칸트는 '선험적 종합판단'이라 하고, 이것이야말로 참된 진리의 판단이라고 했다. '선험적'이란 것은 '경험적'이 아니라 경험을 넘어선다는 의미이다. '종합'이란 '분석'이 아니라 성질의 특별한 점을 결합한다는 의미이다. 여기서 '보편성과 필연성을 지닌 진리는 어떻게 가능한가'라는 물음은 '선험적 종합판단은 어떻게 가능한가?'라는 물음이 된다. 지금, 여기서 자연과학적인 진리가 문제라고 한다면 '자연과학적인 선험적 종합판단은 어떻게 가능한가'라는 물음이 되는 것이다.

코페르니쿠스적 전환

자연과학적인 진리(또는 '인식')는 어떻게 가능할 것인가? 즉 자연과학의 선험적 종합판단은 어떻게 가능한가? 말할 필요도 없이 여기서 묻는 것은 자연과학(또는 수학)상의 특정 진리(진리의 내용)에 대한 것이 아니다. 그러한 진리가 어떻게 구성되는가 하는, 진리를 형성하는 형식 내지 방법이 문제인 것이다.

일반적으로 자연의 진리를 파악한다 함은, 우리 바깥에 우리에게서 독립하여 존재하는 어떤 대상을 있는 그대로 비춰내는 것을 말한다. 그리고 이러한 파악이 이루어지는 것은 자연 대상의 모습을 있는 그대로 표상할 수 있는 경우이다. 다시 말해 자연 대상의 모습이 있는 그대로 파악되는 것, 자연 대상의 모습과 우리 표상과의 일치, 그것이 진리라고 생각되는 것이다. 그렇다면 대체 그 일치를 어떻게 조사할 수 있을 것인가? 무엇을 기준으로 삼아 그것들이 일치한다고 간주할 수 있는가? 대상은 저쪽에, 표상은 이쪽에 있다고 한다면 누가 양자를 비교하여 그의 일치를 판정할 수 있을까? 따라서 판정하는 것은 자연 대상의 모습이 진정으로 어떠한지를 알고 있지 않으면 안 된다. 그렇지 않으면 판정은 불가능하다. 그렇다면 판정하는 사람의 표상이 자연 대상과 일치해 있음을 누가 결정할 것인가?

거기서 다시 제2의 판정자가 필요해진다. 제2의 판정자는 나아가 제3의 판정자를 필요로 할 것이다. 이런 식으로는 끝이 없을 것이다. 결국 진리인지 아닌지는 알 수 없게 되고 만다. 이것은 진리란 외부 대상의 '비춤'이라고 정의한 사고방식 자체가 잘못되어 있기 때문이다. 또한 자연 대상의 모습을 파악한다고 할 때에 그것은 경험에 의할 수밖에 없다. 그러나 앞에서도 살펴본 것처럼 경험은 우리가 문제 삼는 선험적 종합판단을 부여해 주지는 못한다. 즉 보편적이고 필연적인 진리를 산출하지는 못하는 것이다.

그래서 칸트는 이렇게 생각했다. 자연의 대상은 우리 바깥에, 우리로부터 독립하여 있는 것이 아니다. 우리가 그러한 대상을 만들어 내는 것이다. 곧 우리에게 있는 선험적 형식과 틀이 자연의 대상을, 경험을 만들어 내는 것이지 그 반대가 아닌 것이다. 선험적 틀이라는 것은 우리가 태어나면서부터 가지고 있는 틀이라는 의미가 아니다. 오히려 경험적인 소재를 받아들여 정리해 종합해 나가는 형식이고, 틀이며, 능력이다. 경험 자체를 만들어 내는 틀, 따라서 그 자체는 경험적인 것이 아니며, 더구나 경험이 있는 한 언제든지 미리부터 생각되어야만 하는 근본적인 형식이다. 이러한 선험적 형식에 의해 구성된 대상인 이상, 그것에 대한 판단이 보편적이고 필연적인 지식, 즉 진리를 지닐 수 있음은 틀림없으리라. 더구나 그것이 우리 스스로 만들어 낸 대상에 대한 판단인 이상 단순한 개념의 분석이 아닌, 종합적 판단일 수 있을 것이다.

그러므로 우리 바깥의 자연에, 우리에게서 독립하여 어떤 것이 있는 것이 아니라, 거꾸로 우리가 그것에 대응하는 경험적 대상을 구성하는 것이다. 보편적이고 필연적인 진리(과학적인 선험적 종합판단)는 우리가 외부 사물을 올바르게 모사함으로써 성립하는 것이 아니라, 반대로 우리가 스스로의 형식(선험적인)에 의해 자발적으로 만들어 낸 것에 대한 판단인 것이다. 그러한 구성이 자기 능력에 따르는 자발적인 것인 한, 그것은 주관적이라고 할 수 있다. 그러나 초라하더라도 경험이나 대상이 존재하는 한, 언제나 그 형식적인 종합이 작용하고 있어야만 한다면 그것은 동시에 객관적이기도 하다. 우리의 자발성에 의해 이러한 자연의 대상이나 경험이 가능해지고, 거기서 나오는 여러 법칙을 파악할 수 있으며, 선험적 종합판단이 이루어질 수 있는 것이다.

과거의 천동설을 뒤집고 코페르니쿠스는 지동설을 주장했다. 이제 칸트는 외계 대상이 독립하여 존재한다는 지금까지의 설을 역전하여 우리가 우리의 선험적 형식을 가동시키는 것(실험적 방법)에 의해 그러한 대상을 만들어 내는 것이라고 주장했다. 그것은 실로 칸트 자신도 과시한 바와 같이 사물을 올바르게 파악(인식)하는 데 있어서의 코페르니쿠스적 전환이었다.

유한한 인간의 지식

우리의 선험적인 능력과 형식에 의해 대상과 경험이 구성된다고 칸트는 말한다. 그러나 이 경우에 우리는 어디까지나 인간이라는 사실을 잊지 말아야 한다. 신은 생각하는 것에 의해 즉각 대상을, 천지 만물을 창조할 수 있을 것이다. 하지만 인간은 선험적인 형식과 틀을 만들고, 실로 선험적인 능력에 의한 조립과 구성을 할 수 있을 뿐이다. 그것은 인간에게는 소재 자체까지 만들어 내는 것은 허용되어 있지 않다는 뜻이다. 인간은 인간에게 주어진 재료를 모으고 정리(종합)하는 활동을 할 뿐이지 그 이상을 할 수는 없다. 우리는 경험적으로 주어지는 소재를 퍼 올리고 정리해 질서 있는 경험적 세계와 자연적 대상을 만들어 낸다. 경험적 세계 또는 자연에 대한 우리의 지식, 우리의 판단은 과연 진리이며, 선험적 종합판단일 수 있다. 이와 같은 진리나 판단은 분명히 경험적인 것은 아니지만 경험을 떠나지는 못하는 것이다. 경험에서 생겨나는 것은 아니지만 경험을 떠나, 경험이 없이는 성립되지 않는다. 따라서 자연과학적 진리는 경험의 범위를 초월할 수 없다.

만약 우리 인간이 다른 형식, 틀, 능력을 지녔더라면, 어쩌면 다른 대상을 구성했을지도 모른다. 그러므로 다른 진리를 얻어낼 수 있었을지도 모른다. 그러나 우리는 현재 지니고 있는 선험적 능력에 의해 경험적으로 주어진, 소재를 정돈해 내는 것이다. 지금 눈앞에 있는 책상은 우리에게 주어져서 보고, 느끼고, 만질 수 있는 수많은 것들 가운데 하나이며, 우리가 그것을 선험적으로 정돈하여 책상으로서 확인하고 있는 대상이다. 우리에 의해 파악된 책상이라는 모습이자 현상이다. 따라서 그것은 책상 그 자체의 모습은 아니다. 우리에게 주어지는 소재가 어디에서 오는가, 그 소재가 오는 원천은 어떠한 것인가, 말하자면 책상 그 자체는 어떠한 것인가, 책상의 본질이라고 할 만한 것은 무엇인가…… 우리 인간은 이러한 질문들에 대한 답을 알지 못한다. 그것은 우리 인간의 지적 능력(과학적인 지적 능력)이 미치지 못하는 곳인 것이다. 우리의 지적 능력이 미칠 수 있는 범위는 앞에서 말한 경험적 세계에 대한 것뿐이다. 따라서 그 세계를 넘어서서 생각할 수는 없다. 이 세계를 넘어서서 하늘을 나는 사고는 공상이나 망상일 수는 있어도 진리일 수는 없다. 과거의 형이상학은 이러한 독단을 범하고 있었던 것은 아닐까? 칸트는 이 점을 비판하는 것이다.

감각을 정리해 나가는 형식

경험이나 진리를 가능케 하는 우리의 선험적인 능력, 선험적인 형식이란 어떠한 것일까? 그리고 우리는 어떻게 그것에 의해 대상과 경험적 세계를 구성해 나가는 것일까?

우리 인간은 우리의 밖에서, 우리로부터 독립된 대상은 생각할 수 없었다. 적어도 그런 것을 인식하는 것(지적으로 파악하는 것)은 불가능했다. 그러나 우리에게는 우리가 구성해 가는 대상의 소재가 주어졌거니와, 주어지지 않으면 안 되었다. 인간이 그러한 소재를 창조할 수는 없는 것이다. 이 소재란 우리 감각기관을 통하여 우리를 촉발하는 갖가지 자극이다. 그러한 무수한, 말하자면 혼돈된 감각은 우리에 의해 통일되고 정돈되지 않으면 도통 알 수 없이 마구 뒤섞인 것일 뿐이다. 지각은 혼돈 속의 이 감각이 통일되고 정렬, 정돈됨으로써 가능해진다. 그런데 이렇게 지각된 감각은 반드시 지금 여기에, 또는 언제 어딘가에 있는 것이어야만 한다. 언제 어딘가에 있는 것이 아닌 듯한 감각이란 있을 수 없다. 이러한 언제 어딘가에 있는 것, 또는 있었던 것으로 지각되고 통일된다는 것은 우리가 시간적·공간적으로 정리해 내는 작용 내지 형식을 가지고 있기 때문이다. 다시 말해 시간과 공간이라는 형식, 시간과 공간이라는 정리 방식 능력이 갖춰져 있기 때문인 것이다.

감각을 정리해 나가는 것인 이상, 시간과 공간이라는 형식이 감각 자체는 아니다. 그것들은 감각을 정리해 나가는 것으로서 감각을 초월해 있으며, 선험적인 것이다. 시간과 공간은 이러한 감각적 직관의 형식이다. 이 시간과 공간이라는 우리의 형식에 의해 감각적 직관은 정돈되고 통일되며 지각된다. 그리고 우리가 감성(감각적 직관 능력)이라고 부르는 것은 이러한 선험적인 시공간적 형식에 의해 감각을 통일해 나가는 능력인 것이다.

인간이 대체로 감각을 정돈해 나갈 때는 아무래도 이 직관 형식에 의하지 않으면 안 된다. 시간과 공간이라는 형식은 그러한 것으로서 인간에게 공통적이다. 그렇다고 한다면 이러한 형식에 의해 구성된 대상, 곧 현상으로서의 대상은 모든 인간에게 객관적일 것이다.

생각의 틀을 짜다

시간과 공간의 형식에 의해 감각적 직관이 정돈되고 지각되었다고 해도, 그것이 아직 명확하게 확인된 것은 아니다. 예를 들면 '이것은 책상이다'라고 명확하게 확인되려면 사고의 작용이 있어야만 한다. 시간과 공간적으로 정돈된 것을 생각에 의해 통일해 나가지 않으면, 그것은 보편적이고 필연적인 대상, 진실의 대상이 될 수는 없다. 칸트는 이러한 사고 작용의 방식, 즉 생각의 형식을 범주라고 불렀다.

범주는 시공에 의해 정돈된 감각적 직관, 지각된 감각에 작용하여 그것을 재료로 하여 진실의 대상을 구성해 가는 형식이다. 이 범주는 감성에 의해 주어진 직관적 표상을 재료로 삼아 경험적 대상을 구성해 가는 것으로, 그것 자체는 경험적인 것이 아니라 현재의 경험을 초월한 것이다. 다시 말해 선험적 형식인 것이다.

그러면 생각의 틀 짜기, 곧 범주란 어떠한 것일까? 칸트는 이렇게 생각했다. 우리는 '이러이러하다'든가 '이러이러하지는 않을까?'라든가 '이러이러할 것이다' 등의 판단 형식으로 생각을 하고, 그 결과도 판단의 형식으로 공표한다. 그러니까 우리 판단의 틀에 어떠한 것이 있는지를 검토해 보면 우리 생각의 틀(틀 짜기, 형식), 즉 범주를 알 수 있지 않겠는가.

그래서 칸트는 크게 나누어 4개, 세분하여 12개의 범주를 이끌어 냈다.

1. 모든 A, 약간의 A, 이 A라고 하는 것처럼 '분량'적으로 생각해 나가는 형식.

2. A는 B이다, A는 B가 아니다, A는 비(非)B이다, 라고 하듯 '성격'적으로 생각하는 형식.

3. A는 B이다, 만약 A가 B라면 C는 D이다, A는 B이거나 C이거나이다, 라고 하는 것처럼 '관계'적으로 생각하는 형식.

4. A는 B일 것이다, A는 B이다, A는 반드시 B가 아니면 안 된다, 라고 하듯 '양상'적으로 생각해 나가는 형식.

이상이 우리 인간의 생각 틀이며, 사고능력으로서의 지성이 활동해 나가는 양식이다. 이 형식은 대부분 인간이 주어진 감각적 표상을 생각해 나가는 경우에 반드시 따르는 것이다. 그러므로 모든 인간에게 공통되며, 따라서 이 형식에 의해 사고된 내용 내지 경험적 대상은 모든 인간에 대해 객관적일 것이다.

근원적 자아에 의한 통일

그래서 우리의 명확한 대상과 확고한 지식, 그리고 올바른 인식은 감각적 직관과 사고의 공동 작용, 그리고 감성과 지성의 공동 작용에 의해 성립한다.

시간적 공간적 형식이 없다면, 우리를 감각적으로 촉발하는 것은 혼돈된 무질서에 지나지 않으리라. 거꾸로 감각적인 자극이 주어지지 않으면 시간적 공간적 형식은 공허할 것이다. 마찬가지로 범주에 의한 사고 없는 감각적 직관의 표상은 아직 불명확할 것이다. 그러나 반대로, 내용으로 주어지는 직관적 표상

없이는 범주적 사고는 공허하다고 할 수밖에 없다. 형식 없는 내용은 맹목이며, 내용 없는 형식은 공허하다. 인간의 지식, 인간의 인식, 인간의 자발적 창조는 언제든지 이러한 성격을 지니는 것이며, 신처럼 생각이 즉각 내용을 창조한다고 할 수는 없다.

그렇더라도 시간적 공간적 형식이 정돈되어 나가는 것에 대해 과연 이질적인 범주는 적용될 수 있을 것인가? 사고능력인 지성의 작용이 감각적으로 주어진 표상을 사고의 범주에 의해 정돈해 가려면 감각적 표상은 그 범주에 들어맞는 것이어야 한다. 범주가 감각을 통일해 가는 작용이라고 하더라도, 중요 소재로 서의 감각이 범주에게 제압당해서는 안 된다. 사고 형식이 그 감각적 소재와 전혀 관계없이 시공간의 형식에 의해 정돈된다면, 그 소재에 어떻게 적합할 수 있겠는가? 그것은 칸트를 가장 괴롭힌 문제였다.

이에 칸트는, 사실은 감성의 시간적 공간적 형식에 의해 감각이 정리되어 갈 때 이미 지성이 작용하고 있었던 것이라고 생각했다. 어쨌든 시공간적으로 우리에게 주어진 감각적 직관은 다양하다. 우리는 속속 주어지는 순간적 인상을 일일이 꼼꼼하게 파악하고 총괄해야만 한다. 그렇지 않으면 그 다양한 직감은 따로따로 흩어져 있는 것이 된다. 그러나 그러한 총괄을 위해서는 순간적으로 왔다가 사라져 가는 인상을 마음에 가두고, 그것을 재현하여 정돈해 가야 한다. 하지만 그런 과정에서 재현된 표상이 이전의 것과 동일하다는 점을 재확인하여 정돈해 나가지 않으면 안 된다.

그런데 이러한 재확인의 총괄이 성립된다는 것은 그러한 작용을 하는 의식이 동일해야만 한다는 뜻이다. 의식이 순간순간 다른 것이라면 이러한 재확인은 불가능하다. 이러한 동일 의식이 있어야 비로소 우리는 차례로 주어지는 인상을 재확인하고 재현하여 제대로 파악해 정돈할 수가 있다. 따라서 의식의 동일성이야말로 대상이 구성되기 위한 근본적인 조건이라고 할 수 있다. 칸트는 이와 같은 동일한 의식을 선험적 통각(경험적인 것의 밑바탕에 있으면서 경험을 정돈해 나가는 통일적 중심), 또는 근원적 통각이라고 불렀다. 그리고 그것은 의식하고 생각하는 자의식(자기의식)에 다름 아닌 것이다.

감각적 직관만으로는 정돈이 주어지지 않는다. 감각적 직관의 대상이 주어지려면, 사실 이미 그곳에 근원적 통각이 없으면 안 되는, 자아의 작용이 존재해야만 한다. 이 근원적인 통각이야말로 사고능력으로서의 지성이라 할 수 있을 것이다. 직관의 다양성이 종합되고 통일되어 감각적 대상이 성립할 때, 시간과 공간의 형식뿐만 아니라 이미 지성의 자발적인 작용이 활동하고 있었던 것이다. 지성의 자발적 작용은 당연히 범주에 기초하고 있기 때문에, 이 범주는 직관의 다양성이 총괄되는 초기부터 통용되어 그러한 통일을 위한 작용을 하고 있었다고 해야 할 것이다. 감각적인 다양성도 그것이 정돈되려면 지성의 바탕, 즉 지성의 기능인 범주의 바탕에 종속하지 않으

깊은 사색에 잠긴 철학자의 얼굴

면 안 된다. 이리하여 범주는 감각적 다양성이 정돈되어 갈 때, 이미 스스로의 작용을 미치고 있는 것이다.

물론 감각적 다양성이 정돈될 때 작용해 가는 범주는 엄밀한 의미에서 사고작용은 아니다. 여기서 범주의 작용은 정확히 말해 지적 총괄이 아니라 감각적 표상을 정돈하는 것으로, 예를 들면 눈으로 볼 수 있는 구체적인 '집'과 같은 형상을 만들어 내기 위한 작용이다. 칸트는 이와 같이 형상을 만들어 내기 위해 작용하는 지성능력을 엄밀한 의미의 사고능력인 지성과 구별하여 '산출적 구상력'이라 부르고 있다.

감각 속에서 작용하는 생각

그러면 순수한 사고능력인 지성은 어떠한 형태로 감성 속에 나타나고, 감성 속에서 작용하는 것일까? 바꿔 말하면 지성의 사고 양식으로서의 범주는 시간적 공간적으로 정리해 내는 감각적 표상 속에서 어떠한 형태로 작용하고 있는 것일까? (칸트는 순수한 범주의 이러한 감각화, 구체화를 '도식'이라고 불렀다.)

이미 살펴본 것처럼 감각적 직관적인 다양성은 시간적 공간적인 형식에 의해 정리되어 갔다. 그러나 예를 들어 심리학이라는 마음의 작용은 단순히 시간적

인 흐름 같은 것에 지나지 않는다. 그렇다면 모든 감각적 현상이 그 모습을 공간적 장소적으로 나타낼 수는 없지만, 모든 감각은 시간적인 흐름으로서 자기 모습을 드러낼 수 있는 것이다. 지성의 범주(그것은 선험적이어서 모든 인간에게 공통된 형식이었다)가 모든 감각 속에서 힘을 미치려면 그것은 시간의 형식 속에 모습을 드러내고, 시간의 흐름 속에서 구체화되지 않으면 안 된다.

생각하는 지성은 첫째로 '약간'이나 '모든'처럼 분량적으로 사물을 생각하는 양식(분량의 범주)을 지니고 있었다. 이 사고 양식은 시간의 흐름 자체를 '하나, 둘, 셋, 전체'처럼 수적으로 파악하려 한다. 다시 말해 양적으로 사물을 생각하는 순수한 범주는 시간의 흐름을 수로 파악해 가는 형식으로 감각 속에서 구체화되는 것이다.

이어서 '있다, 없다, 이러이러하지 않다'는 것처럼 성질적으로 사물을 생각하려는 사고 양식(성질의 범주)은 시간의 내용을 이루고 있는 감각을 '정도'로 파악한다. 즉 감각이 충실한지 공허한지, 아니면 채워져 있는 것에서 공허를 향해 정도를 점차 줄여가고 있는지에 따라 구분하는 식으로 시간의 내용을 이루고 있는 감각을 정리해 가는 것이다.

세 번째로 '이러이러하다, 만약 이러이러하다면 이러이러하다, 이것 또는 저것 가운데 어떤 것이다'처럼 관계적으로 사물을 생각하는 순수한 틀(관계의 범주)은 시간의 순서를 보는 눈으로 나타난다. 시간 속에서 지속하고 있거나, 어떤 것이 오면 그에 이어서 반드시 다른 것이 온다는 시간의 앞뒤가 분명하거나, 또는 하나의 사물이 있으면 같은 시간에 다른 사물이 있다는 '공존'이 지각되거나 하는 방식에 따라 감각적 다양성에 질서를 세워 나간다. 관계의 범주(실체적으로, 인과적으로, 또한 상호적으로 사물을 생각하는 틀)는 시간을 지속, 전후, 공존처럼 순서적으로 보는 눈에 의해 구체화, 도식화되는 것이다.

마지막 네 번째로 양상적으로 사물을 생각하는 사고 양식(양상의 범주)은 어떻게 구체화, 감성화, 도식화되는 것일까? 양상의 범주는 '이러이러할 것이다'라든가 '이러이러하다'든가 '반드시 이러이러하지 않으면 안 된다'는 식으로 가능적, 현실적, 또 필연적(명증적)으로 사물을 생각하는 틀이다. 이것은 '언젠가 때가 되면 어떤 감각이 느껴질 것'이라든가 '지금 현재 감각되고 있다'든가, '지금뿐만 아니라 언제든지 느낄 수 있는지 아닌지'와 같은 도식을 갖고 감각적인 다양성을 정돈해 나가는 것이다. 이 양상의 범주는 형식적인 시간의 경과와 내용적인 감각을 결부시키는 방법에 의해 도식화되므로, 칸트는 이것을 시간의 총괄이라 부르고 있다.

근본 원칙

우리의 사고능력인 지성의 사고양식, 즉 선험적으로 모든 인간에게 공통된 범주(크게는 4, 세분하면 12)는 시간의 흐름, 시간의 내용, 시간의 순서, 시간의 총괄이라는 형태로 감각 속으로 비집고 들어왔다. 그리고 감각을 이러한 틀로 정리하고, 이러한 도식에 의해 질서를 세우고자 했다. 다시 말해 범주는 질서 있는 감각적 표상 내지 경험을 만들어 내기 위해 작용하는 것이다. 따라서 우리의 지식(우리의 모든 종합판단)을 위한 대상도 이러한 틀, 이러한 범주를 중심으로 한 경험 구성 작용에 의해 만들어진다. 모든 종합판단의 대상 자체가 이미 앞에서 말했던 선험적인 구성 작용에 의해 성립해 있는 것이다. 그리고 우리는 이것에 따라서 대상에 대해 선험적 종합판단을, 또 그것에 기초한 경험적 종합판단을 내릴 수가 있는 것이다. 칸트는 이것이야말로 중대한, '모든 종합판단의 최고 원칙'이라고 설명하고 있다.

이리하여 감각은 도식을 매개로 한 범주에 의해 질서 있게 구성된다. 만약 그렇지 않다면 감각은 도저히 어쩔 도리가 없는, 혼돈된 존재에 불과한 것이다. 또한 우리의 지각이나 경험, 지적 파악(인식)은 물론이고, 수학도, 자연과학도 성립할 수 없게 된다.

그러나 감각이 도식을 매개로 범주에 의해 정리됨으로써, 다음의 근본 원칙이 성립하고, 수학이나 자연과학이 성립할 수 있는 것이다.

첫째로 '분량'이라는 점에서의 범주나, 그 도식(시간의 흐름, 시간의 계열)에 의해 정리된 모든 감각이나 경험적 직관은 셀 수 있는 '양'이다.

둘째로 성질이나 그 도식으로서의 시간적 내용(정도)이라는 점에서 정돈되고 구성된 모든 감각은 '강·약'이라는 질적인 정도를 지닌다.

셋째로 시간적 순서라는 도식을 매개로 관계적으로 질서를 세워 경험이 성립하려면 감각과 그것을 확인한 지각은 따로따로 떨어져 있어서는 안 된다. 그것들은 반드시 상호 결합하고 관계되어야만 한다. 그래야만 우리는 지속하고 있는 것을 지속하고 있지 않은 것과 연결지어서 실체와 그 속성을 생각할 수 있으며, 시간적으로 앞선 것을 그 뒤에 반드시 오는 것과 앞뒤로 결부지어서 원인과 결과를 생각할 수가 있다. 또 그래야만 한쪽에서 다른 한쪽으로, 다른 한쪽에서 처음의 한쪽으로 순서를 바꿔서 연결지어도 전혀 상관이 없는 경우(예를 들면 문을 보고 창을 볼 수도, 창을 본 다음에 문을 볼 수도 있는 것처럼 어떤 것을 먼저 해도 상관이 없는 경우)에도 둘을 결합시키고 관계지어 공존을 생각할 수가 있는 것이다.

넷째로 시간의 총괄이라는 도식을 통해 양상적으로 정돈되는 대상은 언젠가 때가 오면 감각적, 경험적 대상으로 나타날 수가 있는 것이거나, 아니면 지금 현재 감각적, 경험적 대상으로서 감각될 수 있는 것이어서 지금 현재 감각되고 있거나, 언제라도 감각될 것이 분명한 것이다.

칸트는 첫 번째와 두 번째 원칙을 수학을 가능하게 하는 수학적 원칙이라 부르고, 세 번째와 네 번째 원칙을 자연과학을 가능하게 하는 역학적 원칙이라고 불렀다. 이로써 우리는 수학과 자연과학을 위한 근본 원칙을 분명히 하고, 수학과 자연과학의 기초를 다질 수 있었던 것이다.

나는 무엇을 알 수 있는가

우리는 지금까지 우리의 자연과학적 지식이 어떻게 성립하는지 분석해 왔다. 곧 선험적으로, 따라서 보편적으로 모든 인간에게 통용되고, 또 반드시 그렇게 되어야만 하는 종합판단이 어떠한 조건 아래서 성립하는지를 분명히 했다. 그때 강조되던 것은 감각적 직관의 다양성을 우리의 자발적인 활동 양식에 의해 정리해 간다는 것이었다. 다시 말해 우리는 우리의 틀 아래 감각적인 소재를 종속시켜 나가며, 우리의 형식에 의해 내용 질서를 잡고, 그것으로 경험을, 또 경험적 대상을 구성하는 것이다. 그리고 이와 같은 통일, 총괄, 질서 세우기 또는 구성의 근본을 이루는 것은 자아였다. 근원으로서의 자아(자의식)는 사고능력으로서의 지성, 직관능력으로서의 감성을 작동시켜서(칸트는 이러한 활동을 '주어진 것 속에서의 실험'이라고 부르고 있다) 자연을, 경험적 세계를, 대상을 구성해 갔던 것이다. 그리고 지성의 기능 양식은 범주이며, 감성(직관적)의 기능 양식은 시간과 공간이었다.

근세철학의 시조라고 하는 데카르트는 '나는 생각한다. 고로 존재한다'고 하여 생각하는 나를 근본으로 삼아 철학적인 여러 문제를 밝혀 나갔다. 칸트도 이런 관점에서 외적인 대상이 존재하기 때문에 나의 지식이 그것을 따르는 것이 아니라, 생각하는 나 자신이 대상과 경험적 세계를 가능하게 한다는 코페르니쿠스적 전환을 이룩해 냈다.

하지만 인간은 신이 아니다. 칸트는 이 점을 명확히 내세웠다. 신의 지성은 생각과 동시에 모든 것을 창조한다. 그러나 인간의 지식은 어디까지나 주어진 소재를 정돈하고, 퍼 올리며, 만들어 나갈 따름이다. 소재 자체를 창조하는 것은 인간에게는 허용되어 있지 않다. 우리 인간의 작업은 우리에게 나타나는 현상에 대해서만 가능한 것이다. 소재를 과연 누가 부여할 것인가? 그 소재가 어디에서 오는 것인가? 그 소재의 원천 자체의 모습 또는 본질(예를 들면 우리에 의해 확인된 책상이 아니라 책상 그 자체)은 무엇인가? 그것은 우리 인간으로서는 알수 없다. 우리는 그것을 상상할 수는 있어도, 파악하고, 존재하는 대상으로 생각할 수는 없는 것이다. 거기에 인간의 유한성이 있고, 인간 지식의 한계가 있다. 코페르니쿠스적 전환은 다만 감각적으로 주어진 것에 대한 실험적 작업인 것이다.

칸트에 따르면 옛 형이상학은 이 한계를 끝까지 규명하지 않았다. 다시 말해 인간의 능력(감성, 지성)을 반성, 비판, 검토하지 않았다. 그리고 오만하게도 신처럼 지성을 갖고 하늘을 휘젓고 다녔다. 그렇게 생각하는 것이 동시에 존재하는 것이라는 듯 형이상적인 것을 생각하는 데에 독단적인 몽상이 있었던 것이다.

칸트는 《순수이성비판》에서 참된 철학의 문제로서 세 가지를 들고 있다. 첫 번째는 '나는 무엇을 알 수 있는가?'이고, 두 번째는 '나는 무엇을 해야 하는가?'이며, 세 번째는 '나는 무엇을 바라야 하는가?'이다. 말할 것도 없이 첫째 물음에 답하는 것이 《순수이성비판》의 과제였다. 지금 우리는 우리 인간이 과학적, 이론적으로 '무엇을 알 수 있는가?'에 대한 칸트의 해답을 보았다. 그에 따르면 인간은 신과 달리 우리 인간에게 현상되는 범위에 대해서만 알 수 있었고, 따라서 현상의 원천, 현상 속에 있는 사물 그 자체 등에 대해 과학적이고 이론적으로 논하는 것은 인간 능력 밖의 일이며, 인간의 월권 행위였다. 그러나 옛 형이상학은 이러한 월권 행위를 저지르고 있었던 것이다.

부정된 형이상학과 부정될 수 없는 관심

옛 형이상학을 부정한다는 것이 형이상적인 것(신, 영혼 등)에 대한 단호한 부정을 의미하는 것은 아니다. 그것은 단지 형이상적인 것을 이론적이고 과학적으로 파악하려는 그 방법이 잘못되었다고 하는 것이다. 형이상적인 것을 이론적 인식의 대상으로 삼으려 하는 곳에 인간의 유한성을 자각하지 않는 월권이 있고, 독단이 있으며, 오만이 있다. 형이상적인 것은 감성적 직관의 대상일 수 없기 때문에, 인간은 그것을 이론적으로 인식할 수는 없다. 또 감성적인 것에만 통용되는 인간의 범주를 감성을 넘어서는 것(초감성적인 것)에 적용해서는 안 된다.

그러나 칸트가 지적한 대로, 종래의 형이상학은 이러한 잘못을 저질렀는데, 그것이 전혀 까닭 없는 일은 아니었다.

인간은 한층 더 높은 통일과 체계를 바라마지 않는다. 우리 지성은 감성적 직관의 다양성을 통일하여 경험을 성립시키고, 그 대상에 대해 이론적인 판단을 한다. 하지만 인간은 단순히 이와 같은 지성의 작용과 규칙, 그리고 그 판단에 만족하지 않고, 더 나아가 그와 같은 지성적 인식을 체계화하고 통일하려 한다. 칸트는 이와 같은 능력을 이성이라고 했다. 이성은 직접 대상에 관여하는 것은 아니다. 경험이나 판단을 적극적으로 구성하는 데 관계하지는 않는 것이다. 그것은 지성이 구성하고 판단한 것을 체계화하고 통일한다. 다시 말해 새로운 것을 구성하는 것이 아니라 지성에 의해 구성된 것을 통제하는 것이다. 이러한 이성은 우리의 지식에 있어서 대단히 중요한 것이라고 할 수 있다.

통일을 바라는 이성은 더 적은 수의 통일 원리를 그치지 않고 찾는다. 그리고 이제 그 이상은 다른 원리를 찾을 수 없는 통제 원리(다른 모든 것을 통제하되, 스스로는 통제되지 않는 궁극의 원리, 무제약자)에 이르게 될 것이다. 칸트는 이러한 궁극의 원리, 궁극의 통제자로서 영혼과 세계, 그리고 신을 생각했고 그것들은 이윽고 신에 의해 통일될 것이라고 여겼다. 그러나 이러한 궁극의 통제적 원리는 통제자로서 현실에서 드러나는 것은 아니며, 이성에게 부과된 요구일 뿐이다. 이성은 그처럼 눈에 보이지 않는 동경(이념)에 이끌려서 끝없이 현상의 통일을 바라는 것이다. 이성은 지성적인 이념적 파악으로 채워질 수가 없어서 그 이론을 통합하고 통일할 것을 바라지 않을 도리가 없다. 그러한 이른바 완전한 이론, 즉 신의 지성을 동경하지 않을 수 없고, 이러한 형이상적인 것에 관심을 쏟지 않을 수가 없었던 것이다.

칸트 초상화(동판화)

이러한 것을 보면 과거의 형이상학자가 형이상적인 것에 관심을 가졌던 것은 당연했다고 할 수 있다. 그들은 그것을 현실에서 파악할 수 있는 것으로 보고 그것을 이론적으로 해명하려 했다. 곧 형이상적인 것에 지성적 범주를 적용하려 했고, 바로 그곳에 잘못이 있는 것이다. 그들이 그렇게 함으로써 진리가 아닌 것을 진리라고 해버렸기 때문에, 우리는 그러한 허위를 허위로서 폭로하지 않으면 안 된다. 칸트는 그것을 과감히 해낸 것이다.

신생에의 길

칸트는 형이상적인 것을 이론적, 과학적으로 파악하고자 하는 방법을 비판하고 그러한 형이상학을 부정했다. 그러나 그는 형이상적인 것에 대한 관심을 인간이 피할 수 없는, 아니 빠뜨려서는 안 되는 것으로 여겼다. 그는 신과 영혼의 불사를 믿어 의심치 않았다. 거기서 그에게 문제는 형이상적인 것을 무릇 어떤 방법으로든 파악할 수는 없을까 하는 것이었다. 이론적, 과학적으로 파악할 수 없다면 다른 방법으로 파악할 수 있지 않을까? 형이상적인 것에 대해 이론적인 선험적 종합판단을 내릴 수는 없더라도, 다른 어떤 관점을 취함으로써 그러한 판단을 할 수 있지는 않을까?

칸트는 과학적, 이론적인 지식의 존재를 반성, 비판, 검토했다. 그리고 그 존재를 규정했다. 그것은 동시에 자연과학적 이론의 한계 규명이고, 제한과 틀을 짜는 일과 같았다. 자연과학적인 이론이 이런 형태로 성립함을 입증하는 것은, 자연과학은 그것 이외의 것에 대해 이러쿵저러쿵해서는 안 되거니와 할 수도 없음을 보여 주는 것이 되었다. 하지만 뒤집어서 말하면 그것은 자연과학의 대상이 아닌 세계의 가능성을 말하는 것이기도 했다. 형이상적인 것은 자연과학의 대상일 수는 없다. 그렇다고 해서 그것이 존재할 수 없다고도 할 수는 없으리라. 단지 과학의 대상일 수는 없다, 따라서 과학의 대상으로 삼아서는 안 된다고 말하는 것일 뿐이다.

《순수이성비판》은 자연과학(수학이나 물리학 등)의 기초 세우기였다. 그러나 동시에, 아니 실은 그 이상으로 신앙에게 장소를 부여하기 위한 것이었다고도 할 수 있다. 칸트는 자연과학 공부를 한 뛰어난 자연학자이기도 했다. 하지만 차츰 자연과학이 발달하고 자연과학적인 사고가 침투하면 할수록, 칸트는 신앙과 도덕이 위협받는 것을 느꼈다. 그래서 그는 자신이 믿어 의심치 않는 신, 그에게 흔들림 없이 심어져 있던 경건한 도덕적 심정과 같은 것들을 자연과학적 위협으로부터 지키고 보호하며, 확실한 것으로 성립시켜야만 했다.

칸트는 형이상적인 것이 자연과학의 대상이 아니며, 따라서 자연과학 범위 밖에 있는 별종의 것임을 분명히 했다. 그러므로 다음 문제는 이 형이상적인 것이 학문으로 성립될 수 있는지의 여부였다. 학문으로서의 형이상학(새로운 형이상학)은 가능할 것인가? 가능하다면 어떻게 가능하겠는가? 바꿔 말해 형이상적인 것에 대한 선험적 종합판단은 어떻게 가능할 것인가? 칸트는 이념으로서 통제적이었던 형이상이 적극적, 구성적으로 활동할 장소를 도덕의 세계에서 찾았던 것이다. 새로운 형이상학은 도덕 속에서 탄생하지는 않겠는가?

이렇게 하여 칸트는 '보는 관점'(이론의 관점, 과학의 관점)으로부터 '활동하는 관점'(실천의 관점, 도덕의 관점)으로 옮겨놓은 새로운 형이상학을 성립시키게 되는 것이다.

인간은 무엇을 해야 하는가
《실천이성비판》

내 안에 있는 도덕의 목소리
우리의 과거는 이렇게 혹은 저렇게 온통 하고 싶었던 일들로 가득 차 있다. 프로이트의 말처럼 욕구에 휩싸여 그 불만을 채우려고 이리저리 뛰어다니고 있는 듯 말이다. 우리는 동물적인 본능과 충동에 바탕한 욕구 말고도 특히 인간적인 지위, 명예, 부, 장수 등 대체로 이 세상의 행복을 좇느라 여념이 없다.

그러나 '이렇게 하고 싶다', '저렇게 하고 싶다'고 발버둥칠 때, 다른 한쪽에서 들려오는 '이렇게 하면 안 된다', '저렇게 해서는 안 된다', '이렇게 해야만 한다', '저렇게 해야 한다'는 목소리에 누구나 부딪칠 것이다. 우리의 마음이 이해하는 경우에도 우리는 '이렇게 하면 안 된다, 저렇게 해야 한다'고 스스로에게 말한다. 또 비록 타인이 보고 있건 그렇지 않건, 알고 있건 모르건 간에 우리는 자기 마음에게 '이렇게 해서는 안 된다, 저렇게 해야 한다'고 수도 없이 말한다. 우리 안에서 일어나는 이 목소리는 대체 어디에서 오는 것일까?

그 목소리는 우리가 욕구에 탐닉하여 잘못된 일이라도 할라치면 점점 엄격하고 단호하게 우리에게 다가와 우리를 나무라고, 괴롭히며, 자책하기를 그치지 않는다. 이미 지나가 버린 일에 대해서도 이 목소리는 '그렇게 하는 것이 아니었다', '이렇게 해야 했다'라며 우리를 꾸짖고 몰아붙인다.

단호하고 혹독하게 우리에게 밀려오는 이 목소리는, 그에 따르면 바라는 쾌락을 주겠다는 따위의 약속은 하지 않는다. 이 목소리를 들어보면, 이 세상의 행복을 안겨주겠다는 따위의 암시는 단 한 번도 하지 않는 것이다. 그뿐만이 아니다. 이 단호한 목소리는 때때로 우리의 모든 욕구를, 이 세상에서의 모든 행복을, 생명마저 버리라고 요구하는 것이다. 이 목소리는 '입신출세하려거든 이렇게 하라!'든가 '행복해지고 싶다면 이렇게 하라!'는 등의 조건을 전혀 내놓지 않는다. 단지 우리에게 무조건적인 복종을 강요하는 것이다. 실로 무조건적이고, 절대적인 단호한 명령이다. 그리고 그것은 외부로부터의, 예를 들면 강한 권력을 지닌 왕후 군주라든가 상관 등으로부터의 명령이 아니라 우리 마음속에서 우러나는 목소리이다.

이 신기한 목소리의 원천은 대체 무엇일까? 칸트는 이와 같은 내부의 목소리를 '의무' 내지는 '도덕법칙'(또는 '도덕률')이라고 했다. 칸트는 어린 시절부터 이 마음속의 목소리에 대한 강한 감수성을, 유독 경건했던 어머니로부터 물려받은 것이었다. 칸트는 별이 빛나는 하늘을 올려다보고 인간의 허무한 유한성에 견주어 우주의 광대무변함에 경탄했다. 그리고 다른 한편으로 내부의 도덕률과 마주할 때마다 그의 가슴은 늘 새롭게 밀려오는 감탄과 숭배와 존경심으로 가득 차올랐다. "의무여! 너는 숭고하고 위대한 이름이로다!" 칸트는 이 의무의 목소리를 우러르고, 그 힘을 칭송하는 것이다.

"너는 사람의 마음에 들 만한 것을 아무것도 지니지 않고서 복종을 요구한다. 더구나 의지를 움직여서 복종하게 하기 위해 어떤 위협을 가하거나 겁을 주어 싫은 생각이 들게 하는 일을 하는 것도 전혀 아니다. 단지 법칙을 제시하는 것이다. 의무의 이 법칙은 저절로 마음속으로 들어와서 싫어도 존경하지 않을 수가 없다…… 이것저것 하고 싶어 하는 모든 마음(성향)은 이 법칙에 은근히 반항하면서도 그 앞에서는 침묵하고 마는 것이다. 이처럼 고귀한 너의 원천은 무엇인가? 어떤 것을 바라는 성향과의 모든 혈연관계를 여봐란듯이 거절하는 너의 고귀한 본성의 근원은 어디서 찾아낼 수 있을 것인가?"

평범한 사람은 옳지만

욕구(성향)와는 본성이 다른 의무의 목소리('양심의 목소리'라고 해도 좋다)는 말하자면 의심할 수 없는 도덕적 사실이다. 물론 그것은 자연 세계에 있을 법한 사실은 아니다. 하지만 그것들과는 본성이 다른, 의심할 수 없는 사실이다. 사람은 누구나 인간인 이상, 이러한 도덕적 사실과 의무의 목소리에 맞닥뜨릴 수밖에 없는 것이다.

의무의 목소리가 어떤 사람에게나 사실인 이상, 그것은 지극히 평범한 사람의 사실이기도 하다. 칸트에 따르면 평범한 사람은 도덕적인 판단에 있어서 매우 옳다. 그들의 판단은 철학자 이상으로 정확하기조차 하다. 왜냐하면 철학자는 많은 것을 알고 있기 때문에, 오히려 이리저리 논의하다가 결국은 옳고 그름을 분간하기 어려워 결정하지 못할 수도 있기 때문이다. 이에 반해 평범한 사람은 무엇이 옳고, 무엇이 옳지 않은지를 너무나 정확하게 판별한다. 그러나 자연 과학상의 이론에 대해서는 그렇지 않다. 평범한 사람은 태양이 날마다 동쪽에서 떠서 서쪽으로 진다고 생각한다. 올바른 지식을 가진 사람들만이 지구가 태양 주위를 돌고 있음을 알 수 있는 것이다. 하지만 이런 문제의 경우와 달리, 도덕에 대한 평범한 사람의 판단은 모든 이를 놀라게 할 정도로 지극히 올바르다.

그렇다면 굳이 도덕철학 따위를 만들 필요가 어디 있겠느냐고도 할 수 있다. 평범한 사람이 사물의 옳고 그름을 정확히 분별해 낼 수 있다면, 도덕철학 같은 것은 오히려 사람을 헷갈리게 하는 것은 아닐까? 도덕철학 같은 것으로 평범한 사람의 행복한 소박함을 어지럽히지 않는 편이 낫지 않겠는가? 하지만 평범한 사람은 순진하고 어수룩하다고 칸트는 말한다. 그들은 무엇을 해야 하는지, 또 무엇을 해서는 안 되는지를 분명하고 명확하게 자각하고 있지 않다. 따라서 유혹에 빠져들지 않도록 안전하게 보호되어 있지 않은 것이다. 그렇기 때문에 평범한 사람은 안타깝게도, 이렇게 하고 싶다, 저렇게 되고 싶다는 욕구와 이 세상의 행복을 동경하는 태도를 단호하게 거부하는 도덕적인 사고방식 사이에서 어찌할 바를 모르게 되어 길을 헤매는 것이다. 그러던 끝에 이리저리 핑계를 만들어 내고는 모르는 사이에 조금씩 유혹에 지고 만다. 그리고 의무의 법칙을 밑바탕에서부터 뒤집어 그 법칙의 존엄성을 깨뜨려 버리는 것이다.

그래서 칸트에 따르면 무엇보다도 먼저 도덕의 학문이 필요하다. 평범한 사람이 유혹당하거나 도에 어긋나는 행동을 하지 않도록 의무의 원리, 도덕의 법칙을 확고히 하고 그것을 자각케 하는 것이 중요하다. 그것은 인간이 인간답고 올바르게 살기 위해서 없어서는 안 되는 것이다. 도덕철학은 별난 취미나 철학자의 잠꼬대가 아니라, 모든 사람이 올바르게 살기 위해 빼놓아서는 안 되는 것이다. 칸트의 《윤리형이상학 기초》나 《실천이성비판》은 그렇게 인간에게 있어 불가결한 책으로 만들어졌던 것이다.

두 세계

건전한 도덕적 사실, 즉 의무의 명령은 욕구나 이 세상의 행복을 추구하는 태도와는 근본적으로 본질이 다른 것이었다. 욕구와 행복을 추구하면 할수록 의무의 목소리는 점점 더 단호하고 엄격하게 닥쳐오는 것이다. 그것은 인간이라면 누구나 따르지 않으면 안 될 목소리였다. 칸트는 그와 같은 목소리를 인간에게만 부여된 이성의 목소리라고 생각했다.

동물은 본능이나 충동대로 움직일 뿐이다. 인간도 한편으로는 동물인 이상 본능과 충동을 지니고 있거니와, 그에 기초한 욕구를 충족시키고자 한다. 하지만 인간은 기초적인 필요만을 채우는 데 그치지 않고, 지성이나 이성이라는 사고능력을 이용하여 이 세상에서 할 수 있는 모든 욕구를 충족시키려고 이런저런 궁리를 한다. 어떻게든 교묘하게 처세를 하여 지위와 명예, 부, 곧 이 세상의 행복을 추구하는 것이다. 이런 일에 특출한 재주를 가진 인간은 말하자면 영리하고 처세에 능한 사람이다. 하지만 세상살이에 빼어난 재주를 지닌 사람이 반드시 선한 사람은 아니라서, '빈틈없고 약삭빠른' 사람은 오히려 호감을 주지 않는다. 이런 사람은 때로는 낯 두껍고 영악하기까지 한 것이다.

그러나 인간은 단순히 욕구와 행복을 추구하는 영리하고 지혜로운 동물이기만 한 것은 아니다. 지능이 뛰어난 동물임에는 틀림없는 인간은 생각하는 힘(지성)에 의해 감각적, 경험적인 것을 정리해서 훌륭한 자연과학을 만들어 냈다. 그리고 그에 기초한 근사한 기술문명을 탄생시켰으며, 그것을 이용하여 이 세상의 행복을 좇고 따랐다. 하지만 인간은 다른 한편으로는 그것들과는 전혀 근본이 다른 이성의 목소리에 맞닥뜨리게 된다. 그것은 행복을 추구하는 우리에게 엄연한 명령으로 닥쳐오는 것이다. 이 무조건적인 절대성으로 전혀 사정을 봐주지 않는 명령이 바로 의무의 목소리이다. 다시 말해 인간은 한편으로는 욕구와 행복을 바라 마지않는 동물적 존재이면서, 동시에 다른 한편으로는 그것과는 다른, 그것을 넘어선, 때로는 그것의 부정까지도 명령하는 높은 세계와 접하고 있는 것이다. 인간을 그러한 초감성적, 초경험적인 세계와 만나게 하고, 그런 세계로 높아져 가는 곳에 인간의 본질이 있음을 알게 하는 능력, 그것을 칸트는 이성이라고 했다. 순수한 이성의 사명은 여기에 있는 것이지, 행복 추구를 위한 사고적 도구에 있는 것이 아니다. 한편으로는 행복을 추구해 마지않는 욕구와, 다른 한편으로는 인간의 진정한 본질을 인간에게 자각케 하는 이성, 말하자면 인간은 이러한 두 세계, 두 사고방식의 충돌 속에 서 있는 것이다. 그러나 이성은 행복을 추구하고 행복을 인생의 목적으로 삼으려고 하는 사고방식 사이로 단호하게 밀고 들어와, 우리에게 그러한 사고방식을 버리라며 압박을 가한다. 그래서 이성의 목소리, 이성의 요구는 인간에게 있어서는 무조건적 명령의 형태를 띠는 것이다. 사실 그것은 의무의 목소리이자 도덕적 명령이다. 우리 인간에게 있어 도덕적 사실, 의심치 못할 의무의 목소리라는 것은 이러한 사실인 것이다.

상식에서 형식적 원리로

어떤 사람이 칸트의 《실천이성비판》에 대해 "이 책에는 어떠한 새로운 도덕원리도 나와 있지 않다" 평하며 비난했다. 이에 대해 칸트는 "그 말이 맞다"고 대답했다.

"나는 도덕의 새로운 원리 등을 제시하려는 것이 아니다. 지금까지 의무가 무엇인가에 대해 세상이 무지했거나, 또는 오류를 범하고 있었을 경우라면, 비로소 나는 도덕의 최초 발견자로 나타날 수가 있었다. 하지만 세상은 도덕에 대해 올바른 판단을 하고 있었을 것이다. 따라서 나는 도덕의 새로운 원리 등을 제안하고자 하는 것이 전혀 아니다. 내가 다룬 것은 상식이 통하는 도덕의 명령이 확실하게, 새로운 방식의 자각으로 다가올 때까지의 문제인 것이다."

이것은 평범한 사람의 상식 속에서 도덕적 판단의 올바름을 보았던 칸트로서는 당연한 일이었다고 할 수 있다. 요컨대 칸트는 평범한 사람이 지닌 도덕적 사실이나 상식을 추리고 다듬어서 순수한 형태로 뽑아내려 했던 것이다. 그는 그러한 순수한 도덕원리 또는 방식을 평범한 사람들로 하여금 확고히 자각케 함으로써, 그들이 미혹에 빠지거나 유혹을 당하는 일이 없게 하려 했다.

그러면 도덕의 새로운 방식 내지 원리란 무엇인가? 단호하고 엄격하게 인간에게 닥쳐오는 이 원리 또는 명령은, 그것이 원리이자 무조건적인 명령인 이상, 자연과학의 법칙과 마찬가지로 보편성과 필연성을 지니지 않으면 안 된다. 다시 말해 누구에게나 반드시 통용되어야만 하는 것이다. 그러한 이성적 요구(이성의 실천적 요구, 또는 실천이성의 법칙)는 무엇인가? 의무는 무엇 때문에 모든 사람에게 단호하게 닥쳐오는 것일까?

칸트에 따르면 우리 인간의 행위는 뭔가를 목표로 하고 있다. 그 목표는 사람에 따라 다르다. 사람은 일반적으로 행복을 바란다. 그러나 행복의 내용 역시 구체적으로는 사람에 따라 다르다. 그리고 어떤 것을 욕구하는 이유는 그것이 당사자에게 쾌락을 가져오기 때문이다. 즉 뭔가를 욕구하는 인간의 행위는 그 사람의 쾌·불쾌 감정, 자애, 행복 욕구(그것들은 경험적인 것이다)를 근거로 하고 있는 것이다. 개인은 행복이나 쾌락을 위해 어떤 일을 추구하고, 그에 따라 어떤 행위가 이루어진다. 따라서 '(쾌락과 행복을 위해) 어떤 일을 하라!'고 하는 원리 내지 명령(칸트는 이것을 '실질적 실천적 원리'라고 부른다)은 당사자인 개인에게는 통용되고, 또 없어서는 안 되는 것이지만, 모든 사람에게 통용되는 필연적인 것일 수는 없다. 그것은 '쾌락과 행복을 추구한다면 이렇게 하라!'고 하는 조건부적 명령으로서, 행복하게, 재주 좋게 세상을 살기 위한 충고에 지나지 않는다. 따라서 그것은 단호하게(단언적), 조건 없이(무조건적), 모든 사람에게 맞닥뜨려 오는(모든 사람에게 통용되고, 또 통용되지 않으면 안 되는) 의무의 명령일 수는 없다. 우리에게 닥쳐오는 의무의 명령이 그런 것과는 전혀 본질을 달리한다는 것은, 이미 앞에서 말한 바와 같이 상식으로서 일찍이 몸에 배고 체험하던 바이다.

의무의 본질은 요구만 하는, 내용 없는 실질에 있는 것이 아니다. 그렇다면 본질은 형식에 다름 아닐 것이라고 칸트는 생각했다. 앞서의 《순수이성비판》에서 감각적 다양성을 아우르는 감성적 형식(시간, 공간)과 그것을 생각하는 능력으로서의 형식(틀, 범주)이 경험을 넘어선 것, 즉 경험을 만들어 내는 경험 이전의 것임을 살펴보았다. 그리고 그러한 형식들은 모든 사람 속에 있기 때문에, 그것에 의해 정리되고 생각된 것이 모두에게 통용되고(보편성), 반드시 통용되어야 하는(필연성) 것이었다. 지금 여기서 내용과 실질을 고려할 필요가 없어진 이성(순수한 이성으로서, 행복을 위해 이용되고 있지 않은 이성 자체)이 요구하는 것은 단지 보편적인 형식(누구에게나 통용되어야 한다는 형식, 누구에게나 부과되는 의무라는 형식)뿐이다. 따라서 칸트는 의무의 본질을 이 보편적인 형식에 두었던 것이다. 그는 의무가 의무로서 우리 인간에게 단호하고 무조건적으로 닥쳐오는 까닭은 그것이 누구에게나 통용되고, 또 반드시 그래야 하는 것이기 때문이라고 했다.

그래서 순수한 이성이 요구하는 최고의 도덕법칙은 이러하다. '너는 네가 하고자 하는 것을, 지금 누가 해도 적합한 것인지 아닌지, 즉 네가 하고자 하는 일이 보편적으로 타당한지 아닌지를 생각하고 그와 같은 기준에 알맞게 행동하라!' 이것이 사실 지극히 평범한 사람이 도덕적인 선악을 판단하거나, 무엇을 해야 하는지를 결정하는 경우에 언제나 사용하던 올바른 척도의 내용인 것이다. 칸트의 도덕철학은 그의 말대로 평범한 상식을 명확하게 방식화한 것이었다.

이론과 실천

여기서 우리는 최고의 도덕원리라는 것이 이론적인 원리와 한참 다르다는 것을 알게 된다. 우리가 이론적 또는 자연과학적인 지식을 만들어 내는 경우에,

외부로부터 주어지는 감각적인 것을 빼놓을 수가 없었다. 그러한 감각적 재료 없이 지성이 함부로, 홀로 활동(사고)한 곳에서 지성은 독단의 실수를 저질렀다. 다시 말해 지성과 이성이 순수하게(홀로) 뭔가를 하는 곳에 오류가 있었던 것이다. 그렇기 때문에 순수이성 또는 순수지성은 비판받고 정정되지 않으면 안 되었다. 결국 지성과 이성은 감성과의 공동 작업에 의해서만 자기 자신의 활동을 할 수 있다는, 스스로의 한계 내지 권한을 깊이 반성하고 깨달아야만 했다. 따라서 칸트의 《순수이성비판》

서재에서의 칸트

은 지성과 이성의 한계를 확실하게 하는 것이었다. 즉 지성과 이성은 감각적인 재료 없이는 아무것도 해내지 못하거니와 어떤 일도 해서는 안 된다는 것, 뒤집어 말하면 그러한 틀 안에서만 발언력이나 창조력이 있다는 것을 명확하게 했던 것이다.

그렇지만 도덕적 실천이 문제일 때 사정은 전혀 딴판이 된다. 여기서는 이성이 감성적 본능, 충동에 영향을 받거나 그것의 도구가 되어서는 안 된다. 그 이성이야말로 순수하게 홀로 인간의 의지에 작용하여, 인간의 의지를 움직여야 하는 것이다. 인간의 의지는 어떤 행위를 하려는 작용이다. 어떤 행위인 한, 그것은 목적을 지닌다고 할 수 있다. 칸트는 개개인의 의지가 바라는 목적을 준칙이라고 불렀다. 준칙이라는 것은 개개인의 의지의 주관적 원리(이렇게 하려고 생각하는 것)이다. 거기서 문제는, 칸트에 따르면 이 준칙이 언제나 이성적이어야 한다는 것이다. 다시 말해 개개인이 지향하는 행위가 동시에, 누구에게나 통용되는 것이 아니면 안 된다는 것이다. 따라서 그것은 인간으로서 행함에 있어 아무에게도 부끄럽지 않은, 당당한 행위여야만 한다. 이러한 행위는 인간이 자기 자신의 쾌·불쾌의 감정이라든가 자기의 행복 추구 등에 따라 움직이지 않고 오로지 이성이 말하는 바(보편적이게 하라! 누구에게나 통용되도록 행동하라!)에 따름으로써 이루어진다. 인간에게 그 본질을 보이는 기능을 하는 이성은 오직 홀로, 인간으로서 마땅히 갖추어야 할 모습을 제시하는 것이다. 이성은 인간의 자유의지 또는 행위가 어때야 하는지를 제시한다.

그러므로 도덕적 실천에 있어 비판되어야만 하는 것은 순수한 이성(순수실천이성)이 아니다. 비판해야 할 것은 끊임없이 쾌·불쾌의 감정이나 행복에의 동경 등에 마지못해 유혹당한다든지, 그것에 귀를 기울인다든지, 때로는 그것의 도구가 되기까지 하는 이성이다. 말하자면 본능, 충동의 강한 힘에 지고 마는 약한 실천이성이자 불순한 실천이성이고, 나아가서는 자기 사명을 잘못 이해하여 도구로 전락해 버리고 마는 실천이성인 것이다. 따라서 쾌락, 고통, 행복 등과 인연이 있는 실천이성을 비판하여 순수한 이성을 빛나게 하고, 그 영광을 기려야 한다. 이것이 바로 칸트의 제2비판 제목이 '순수실천이성비판'이 아닌 《실천이성비판》이 된 까닭인 것이다. 여기서 《순수이성비판》이라는 이름에 상응하여 '순수실천이성비판'이라는 이름을 연상하는 것은 이론과 실천의 차이를 충분히 자각하지 않았다는 증거이다.

자유에 대한 깨달음

실천이성의 사용에서 중요한 것은 이론(자연과학)에서는 허용되지 않았던 '자유'가 도덕법칙을 실마리로 하여 자각되기 시작한다는 점이다. 인간은 도덕적 사실, 즉 어떠한 행복에도 개의치 않는 도덕률 또는 의무와 맞닥뜨렸을 때, 그것을 통해 자기 본질에 생겨나는 자유를 깨닫게 된다. 자유란 자기 욕망에 빠지거나 세속적 행복을 추구하는 것이 아니다. 그러한 것은, 칸트에 따르면 우리의 욕망과는 다른 부자유이다. 우리가 도덕률 또는 의무의 의식과 마주했을 때, 우리는 그곳에서 욕망으로부터 해방되어, 인간의 본질인 이성에 의해 살고자 하는 자신을 보는 것이다. 다시 말해 그로써 욕망에 휩싸이지 않고 인간의 본질로 살고자 하는 자유로운 자기를 알게 되는 것이다. 칸트의 경우에 자유란 자기 자신의 본질을 나타내는 것이었다. 우리는 도덕률에 의해 그와 같은 자유로운 나를 깨닫는다. 그리고 그러한 참된 나(자유)가 있어야만, 욕망에 휩싸여 있는 부자유한 나를 단호하게 진정한 인간으로 일깨울 수 있는 것이다. 그 일깨움이란 도덕률과 다르지 않다.

그러나 이것은 어디까지나 도덕적, 실천적 관점에 있어서의 자각이다. 우리는 이것에 의해 자연과학적인 이론이 확대되었다고 생각해서는 안 된다. 어떠한 감각적, 경험적인 것을 지니지 않은 자유에 대해 그것을 자연과학적으로 이러쿵저러쿵하는 것은 허용되지 않거니와 허용할 수도 없다. 하지만 자연과학적인 관점과는 다른 의미에서 도덕이나 의무가 의심할 수 없는 사실이라고 한다면, 그것을 매개로 하여 자각되는 자유 또한 의심할 수 없는 것이다. 앞서 말한 것처럼 우리는 도덕률을 매개로 하여 자유를 스스로 깨닫는다. 그리고 사실은 우리가 자유의 관점에 서 있기 때문에, 바로 거기서 욕망에 휩싸인 부자유에 대한 도덕률이 내려오는 것이다.

선의지

도덕의 최고 원칙에서는 '무엇을 행하는가?'가 문제가 아니라 '어떻게 하는가?', '어떤 태도, 어떤 사고방식에 기초했는가?'가 문제였다. 즉 '우리가 지향하는 것을 동시에 누구나 하지 않으면 안 되는 행위의 기준에 적합하도록 한다'는 태도(형식)가 문제였다. 뭔가를 하고자 하는 인간의 의욕 또는 의지는 이 형식에 합당해야 비로소 도덕적으로 선한 의지라는 자격을 얻는 것이다. 말할 필요도 없이 이 형식(법칙)에 맞지 않는 의지는 악이다. 칸트에 따르면 선한 것, 악한 것이 먼저 존재한 다음에 도덕법칙, 다시 말해 선한 행동을 하게 하는 도덕률이 정해지는 것이 아니라, 그와는 반대로 먼저 도덕법칙이 있고, 그다음에 선과 악이 정해지는 것이다.

당연히 이 선의지는 무조건적이고 절대적인 도덕법칙으로 규정된 것으로서, 조건 없이 선이라 불리는 것이다. 칸트는 《윤리형이상학 기초》 제1장에서 말한다. '이 세상에서, 아니 이 세상 바깥에서도 무제한적으로 선으로 가득 찰 수 있는 것은 선의지밖에 없다. 그것 말고는 아무것도 생각할 수 없는 것이다.'

이해력, 재치, 판단력 등과 뛰어난 재능, 또는 용기, 결단력, 견인불발의 성질, 그런 것들은 분명 바람직하고 선한 것이다. 권력, 부, 명예, 건강, 안녕 등과 같은 이 세상의 행복도 분명 좋은 것이고 바람직한 것이다. 그러나 이러한 좋고 바람직한 것들도 만약 그것들을 사용하는 의지가 선하지 않으면 당치도 않은, 바람직하지 않은 것이 된다. 재능이 뛰어나고 용기와 결단력이 있는 도둑이 얼마나 무서운지는 세상이 익히 알고 있는 바이다. 또한 권력, 부, 명예, 건강 등을 두루 갖춘 정치가에게 선의지가 없을 경우에, 그가 어떤 일을 저지르는지도 우리는 이미 잘 알고 있다.

선의지는 인간이 지닌 모든 성질과 재능, 또한 우리에게 주어진 모든 행복 등을 초월하여 높이 있는 것이다. 따라서 선의지가 선한 까닭은 우리에게 유용하다거나 우리 행복을 위해 좋은 결과를 불러와서가 아니다. 선의지는 그것만으로도 절대의 가치를 지닌 것이다. 지향하는 목표, 바라던 성과, 수행하고 성취되는 결과, 그런 것들이 어떠한가와 상관없이 선의지는 그 자체만으로도 빛난다.

인간의 자각

앞에서도 나왔던 것처럼 인간은 두 세계에 양다리를 걸친 존재이다. 우리 인간은 한편으로 본능과 욕구에 지배되는 동물적인 면모를 가지고 있다. 따라서 만약 인간이 단순히 동물적인 존재이기만 하다면, 이 세상에는 도덕도 의무도 없었을 것이다. 그랬다면 인간은 단순히 본능과 충동에 따라 움직이는 존재에 불과했으리라. 이 경우에 인간이라는 동물이 특별히 지능이 뛰어나고 지성과 이성이 주어져 있다 하더라도 그것들은 본능과 충동을 보다 잘 만족시키기 위한 도구에 지나지 않았을 것이다. 지성과 이성이 인간의 욕구를 만족시키고 이 세상의 행복을 얻기 위해 힘을 다하는 경우는 있어도, 욕구 충족이나 행복을 바라는 태도 자체의 시비를 거론하는 경우는 없었을 테니 말이다.

그러나 다른 한편으로는, 인간은 동물적인 욕구라든가 세속적 행복을 초월하는 존재였다. 우리는 욕구나 행복 추구와는 본질이 다른 목소리(의무의 목소리, 도덕적인 손짓)와 마주하고, 그곳에서 인간의 진정한 모습을 볼 수 있는 존재인 것이다. 그리고 그 목소리는 때로는 이 세상의 행복을 포기하고 삶의 욕구마저 버릴 것을 단호히 요구하기도 한다.

그렇다 하더라도 이 세상에서의 삶을 허락받은 인간은 살아 있는 한, 동물적이고 생물적인 처지에서 해방될 수는 없다. 욕구를 지니지 않을 수는 없었다. 살아 있다는 것은 바꿔 말하면 욕구적인 삶을 보낸다는 것이기 때문이다. 따라서 두뇌가 뛰어난 인간은 말하자면 뛰어난 지능을 이용해 이 세상의 행복(이 세상의 쾌락)을 추구해 마지않도록, 그렇게 운명지어져 있다.

만약 인간이 단순히 하느님 같은 존재였다면, 인간에게는 아무런 고뇌할 것이 없었으리라. 우리는 아무런 고민 없이도 "마음이 원하는 바를 좇아 도를 넘지 말라"(중국 공자의 말)고 한 경지에 머무를 수 있었을 것이다. 하지만 어쨌든 이 세상에서 살고 있는 인간에게는 이와 같은 경지는 허락되지 않았다. 따라서 도덕법칙은 인간에게 있어서는 언제든지 '이러이러해야 한다'는 명령, 그것도 '단호하고 조건 없이 이러이러해야만 한다'는 명령(단언적 명령, 무조건적 명령)이다. 그렇게 그것은 가차 없는 의무의 형태를 띠고 인간에게 압박해 오는 것이다. '해야만 한다'는 명령은, 사실에 있어서 그것이 행해지고 있지 않기 때문에 부과되는 명령이다. 그러므로 순수한 도덕적 경지, 순수한 선의지는 인간에게 있어서 당위의 모습이자 영원한 과제라고 할 수 있다. 우리 인간에게는 '마음이 바라는 바를 좇아 도를 넘지 말라'는 경지를 향하여 영원한 정진을 하는 것만이 허용되어 있는 것이다. 그와 같은 경지가 현실 세상에 있을까, 또는 그와 같은 경지에 이를 수 있을까 하는 생각은 스스로를 알지 못하는 인간의 오만이라고 해야 하리라.

우리는 이와 같은 칸트의 인간관 속에서 저 그리스도교적인 원죄관을 엿볼 수가 있다.

최고 원리

칸트는 어떤 글에서 이렇게 말한다. '무질서와 혼돈스런 잡다함만이 보이던 곳에서 뉴턴이 처음으로 지극히 단순한 질서와 규칙성을 발견했다. 그 뒤로 혜성은 기하학적인 궤도를 달리게 되었다. 그리고 루소는 잡다하고 사기성 짙은 인간적 행태의 바닥에 깊이 인간의 본성과 감춰진 법칙을 처음으로 발견했던 것이다.' 뉴턴은 자연 세계의 질서와 규칙을 분명히 했다. 그에 반해 루소는 우리에게 현실 세상의 이 거짓된 모습의 바닥에 진실의 법칙이 있음을 가르쳐 주었다. 그는 인간의 진정한 모습이 부패투성이의 이 세상이 아니라, 모든 인간이 뚜렷한 존엄성을 가지고 서로가 서로를 인정하는 자유와 평등의 질서에 있는 것임을 보여준 것이다. 그것은 도덕법칙이 명하는 질서라고 할 수 있다.

칸트는 이 최고 도덕법칙을 현실의 평범한 인간이 쉽게 알아듣도록 하기 위해 여러 가지로 바꿔 말했다.

최고 도덕법칙은 명령한다. 우리가 하고자 하는 것이 모든 인간이 해야만 하는 행위가 아니면 안 된다고. 이 점(보편성이라는 점)에 주목하여 칸트는 이렇게 말했다. "네가 하고자 하는 일이 자연법칙처럼 모두에게 통용되는 원칙이 되어도 좋은지 스스로에게 묻고 나서 행동하라!" 예를 들어 사람들이 돈이 궁할 경우에는 자신이 갚을 능력이 없다는 것을 알면서도 일정 기한까지는 반드시 갚겠다는 거짓 약속을 하고 돈을 빌리려 한다고 하자. 만약 이런 방법이 일반적인 자연법칙인 듯이 된다면 아무도 돈을 빌려주지 않게 될 것이다. 따라서 누군가 하고자 하는 거짓된 약속도 더 이상 성립되지 않게 된다. 그러므로 이런 방식은 자연법칙처럼 보편적인 원칙이 될 수는 없으며 악이다.

다시 말하지만 인간은 2개의 세계에 양다리를 걸치고 있었다. 즉 이 현실 세계에 살며 쾌락과 행복을 추구하면서도, 그것을 초월한, 말하자면 신적 세계에 접하고 있다는 것이다. 따라서 우리는 자연법칙이 지배하는 세계와는 다른, 높은 위치(자유의 위치)에 설 수 있는 존재였다. 그리고 이 높은 위치는 인간의 진실성을 가리켜 보여준다. 여기서 이 세상의 쾌락과 행복을 추구해 마지않는 인간을 향해, 도덕의 법칙과 의무의 명령이 내려지는 것이다. 높은 위치는 말하자면 인간 속의 인간다움(인간성)이고, 인격으로 하여금 인격이게 하는 것(인격성)이다. 인간 속에 진정한 인간의 모습으로 비춰진 것이라고도 할 수 있겠다. 인간이 이 세상에서 공동생활을 하는 한, 인간은 서로가 서로에게 무엇을 부탁하거나, 타인을 사용하거나 한다. 그러나 인간은 인간으로 하여금 인간답게 하는 존엄한 위치, 높은 위치에 설 수가 있는 존재였고, 그런 한에서 인간은 단순한 존재가 아니다. 따라서 인간은 교환하거나 돈으로 사고파는 물건이 아니다. 인간은 서로 사용하고 사용되면서, 부탁하고 부탁받으면서 언제나 또 동시에 범치 못할 가치와 존엄성을 지니고 있는 것이다. 이러한 절대의 가치 내지 존엄성을 지닌 인간이야말로 앞에서 말한 도덕법칙의 담당자라고 할 수 있다. 따라서 인간은 인격이라 불림으로써 단순한 동물이나 물건과는 구별된다. 거기서 칸트는 말한다. "너 자신을, 또 타인을 단순히 도구나 노예처럼 다루어서는 안 된다. 서로 사용하고 사용되면서, 또 동시에 언제나 나와 타인의 인격을 존경하고, 인간답게 대우하고 접하지 않으면 안 된다." 이러한 도덕법칙의 양식은 칸트의 인격

주의를 나타내는 것이라 할 수 있다. 19세기, 신칸트학파의 코헨(1842~1918)은 이 양식 속에 독일 사회주의 이론이 표현되어 있다고 말하기도 했다.

나아가 칸트는 각각의 개인이 그 최고 도덕법칙에 따르고, 자타의 인격을 상호 인정하며, 서로 존경하는 사회가 바로 그가 '목적하는 나라'라고 했다. 각 개인은 저마다 특수한 목적을 지녔다. 그리고 특수한 목적을 지향하는 인격 그 자체는 서로가 사용하고 사용되면서도, 즉 수단으로 삼고 수단이 되면서도, 동시에 언제나 이미 어떤 수단이 아닌 목적 자체로서 존경받지 않으면 안 되었다. 목적 자체로서의 인격, 그리고 이 인격이 지향하는 특수한 목적, 그러한 모든 목적들이 앞에서 말한 도덕법칙에 의해 통일되는 것이 바로 칸트가 목적하는 나라인 것이다. 그것은 도덕법칙에 의해 스스로를 올바르게 하는 이성자 내지 자율자가 공동체를 이룬 모습이라고 할 수 있다. 그가 지향했던 나라는 말하자면 시민사회의 마땅한 모습이라고 할 수 있다. 따라서 여기서 도덕법칙은 '목적하는 나라를 만들어 내도록 행동하라!'는 양식으로 바꿔 말할 수가 있으리라. 이와 같은 '목적하는 나라'라는 말은 시민사회를 사는 사람에게 알기 쉬운 개념일 것이다.

존경심

이 세상을 사는 존재로서 인간은 욕구를 끊을 수가 없다. 앞서 언급했듯이 욕구에는 쾌·불쾌의 감정이 결부되어 있었고, 이 감정이야말로 욕구의 중심이었다. 욕구에 기초한, 또는 이 세상의 행복을 바라는 행위의 동기는 사실 이 쾌·불쾌의 감정이었다. 감정이란 것이 실천에 있어서 지니는 막강한 힘에 대해서는 새삼스럽게 말할 필요도 없다. 모든 행위는 감정이 그 행위와 결합하여 그것에 어떠한 작용을 미치는 일 없이는 불가능할 것이다.

그렇다면 단호히 복종을 강요하는 도덕법칙은 욕구와 결합해 있는 이 쾌·불쾌의 감정에 대해 어떠한 영향을 미치는 것일까?

욕구대로 살거나 행복을 추구하며 사는 인간은 자기 쾌락을 좇아 사는 자애적 인간이거나, 나아가서는 이 자애야말로 최고의 것이라고 자랑하는 불손한 인간이었다. 그런 인간의 모습은 이제 단호하게 참된 인간이기를 요구하는 도덕률에 의해 지배 또는 분쇄되지 않으면 안 된다. 그것은 자애나 자만의 감정에게는 자기 체면을 잃은 커다란 불쾌이며, 마지못해 따라야 하는 불만이다. 또 진실한 것에 맞닥뜨려 자신의 거짓이 폭로되는 고통이며, 벗어나는 것도 피하는 것도 허용되지 않는 꾸짖음이다.

이리하여 도덕률은 감정에게 불쾌를 일으켰다. 그러나 이것은 다른 측면에서 말하면 도덕률에 대한 존경의 마음이나 다름없다. 이기적인 감정적 욕구의 날뜀이 진압을 당하는 데서 오는 불쾌는 다른 측면에서 말하면 도덕률이 적극적인 작용을 끼쳤다는 것이다. 그리고 이로써 인간은 본디의 참된 자기를 존경의 눈으로 올려다보게 된다. 거짓된 자기가 폭로된 슬픔은 진실된 자기를 올려다보는 기쁨이다. 도덕률에 의해 진압된, 욕구를 낮춤으로써 높아지는, 불쾌를 통한 존경심이야말로 진정한 의미에 있어서 도덕적 감정이라고 칭해야 하는 것이다. 이러한 칸트의 이론은 도덕감정 같은 것이 전제되어 그 감정이 선한 것, 악한 것에 대해 반응을 나타낸다는, 이른바 도덕감정론과는 근본적으로 다른 것이다. 칸트는 존경심을 일으키는 원인은 어디까지나 도덕률에 있는 것으로 보았지, 본디의 감정과 유사한 도덕감정에 있는 것이라고 하지는 않았기 때문이다.

"의무여! 숭고하고 위대한 너의 이름이여!" 칸트는 이렇게 의무를 칭송했다. "의무의 법칙은 저절로 마음에 들어와서 싫어도 존경하지 않을 수가 없다. 이것저것 하고 싶은 모든 마음은 이 법칙에 은밀하게 반항하면서도 그 앞에서 침묵하고 마는 것이다." 그렇기 때문에 칸트에 의하면 의무의 법칙에 대한 존경에서 비롯된 행위는 의무에 따르는 것(적법성)이 아니라 의무에서 행위하는 것(도덕성, 참된 도덕)이었다.

우리가 의무의 의식이라든가 의무감, 또는 양심, 후회감이라고 부르는 것도 이 존경심과 동일한 구조를 지닌다. 그리고 '해야만 한다'는 단언적인 명령의 형태로 나타나는 의무라든가, 법칙에 대한 존경심은 유한한 인간의 상징일 것이다. 인간은 한편으로는 이 세상의 쾌라든가 행복의 추구를 최고 목적으로 삼고자하는, 이른바 속세의 타락한 원죄적 존재였다. 그와 같은 인간에게 인간의 진정한 모습을 계시하고, 그런 상태도 향상되고 높아지도록 부추기는 것이 의무이며 존경심이었다. 따라서 '마음이 원하는 바를 좇아 도를 넘지 말라'고 한 것처럼, 강요되지 않고 스스로 쾌락으로 도덕을 행한다고 자부한다면, 그것은 인간의 분수를 모르는 일이다. 그것은 피조물로서의 유한한 인간의 지위를 깨닫지 않는 오만인 것이다. 이런 착각을 하는 자에게는 의무감도 없고 존경심도 없다. 따라서 그런 자에게는 진정한 도덕은 다가올 수 없을 것이다. 초라하더라도 인간다운 인간이라면 의무에 대한 의식과 존경심이 없을 수가 없기 때문이다.

덕과 복의 일치를 찾아서

우리는 지금까지 도덕의 최고 법칙에 따라 행위하는 것, 의무와 법칙에 대한 존경에서 행위하는 것 속에서 선(덕)을 보아왔다. 거꾸로 말하면 이 세상의 행복을 최고 목적으로 삼는 듯한 삶의 양식을 악으로 생각해 온 것이다.

그러나 이것은 선 또는 덕이 이 세상 속에서 그에 어울리게 장식되는 것, 즉 덕과 복의 조화 또는 일치를 부정하는 것은 아니었다. 덕에 대해, 그에 들어맞는 행복이 주어지는 것은 어느 누구든 바라마지 않는 일일 것이다.

덕과 복이 이렇게 일치한다고 해서, 덕이 있다는 것이 곧 행복하다는 것은 아니다. 또한 행복에서 선과 덕을 찾아야 한다는 것도, 행복하면 덕이 저절로 생겨난다는 것도 아니다. 그러한 일치에 있어서 선결 요건은 먼저 덕이 선이어야 한다는 것이다. 칸트는 이것을 최상의 선이라고 했다. 그리고 최상의 선으로서의 덕에 들어맞는 행복이 부여되는 것, 그것이 제2의 조건이다. 이와 같은 순서, 이와 같은 형식으로 덕과 복이 결합될 때 칸트는 그것이야말로 완성된 선이자 최고의 선이라고 보았다. 최고선이야말로 우리에게 있어 가장 바람직한 것이라고 할 수 있다.

그러나 현실적으로는 어떠한가? 올바르게 사는 사람이 반드시 영화롭다고 할 수 없거니와 부정한 사람이 반드시 불행한 것도 아니다. 오히려 그와 반대로 악한 자가 영화를 누리고, 선한 사람이 불행에 빠지는 일이야말로 이 세상에서 늘 벌어지는 일 아닌가? 아무리 순수하고 도덕적인 마음으로 행해진 행위라도 생각지 않은 결과를 낳고, 예기치 못한 불행의 원인이 되는 경우도 우리는 늘 체험하는 바이다. 또한 반대로 순수한 선의지란 것은 손톱만큼도 지니지 않은 지독히 뻔뻔스러운 자가 아무 거리낌 없이 번영을 누리는 것을 보고 의분을 느끼는 경우도 자주 있다. 이 세상에서는 덕과 행복의 완전한 일치 같은 것은 어디에서도 찾을 수 없다. 오히려 행복에 가치를 두는데도 그것을 얻지 못하고, 행복에 가치를 두지 않는데도 그것을 얻는 일이 이 세상에서 늘 벌어진다. 그것은 대체 왜일까?

확실히 덕은 인간 자신의 일이다. 하지만 덕의 결과인 행복은 현실 세계에 있어서의 현상이고, 물리적 능력 정도에 따른 것이다. 자연을 지배하는 물리적 능력에 대해 유한한 인간은, 비록 가능한 노력을 다 바쳐도 자연을 완전하게 자기 덕과 조화시키지는 못한다. 그래서 덕과 복의 결합이 불가능하다고 한다면 둘의 결합으로 성립하는 최고선도 불가능할 것인가? 그러나 우리는 최고선을 바라지 않을 수는 없다. 최고선, 즉 덕이 완전하게 실현되는 일, 이 세상사가 덕에 어울리도록 움직이는 일은 촉진되지 않으면 안 된다. 그리고 그것은 촉진해야만 하기에, 촉진할 수 있어야만 하는 것이다.

영혼불멸과 신에 대한 요구

최고선을 위한 첫 번째의, 그리고 최고의 조건은 우리 심정이 도덕률과 완전하게 일치하는 것이었다. 그래야만 우리 인간은 완전히 순수한 덕에 이를 수 있었다. 그러나 이것은 유한한 데다가 원죄적 성향(근본악의 성향)에서 벗어나지 못하는 인간으로서는 불가능한 일이며, 어떠한 생존의 순간에도 소유할 수 없는 신성한 경지이다. 그럼에도 불구하고 그 경지는 순수실천이성의 원리가 어떻게 해서든 이르지 않으면 안 되는 것으로 요구하는 바이기도 했다. 그렇다면 이 요구는 무한한 노력이 있어야만 해낼 수 있으리라. 무한의 노력 또는 진행을 위해서는, 우리 이성자가 무한하게 산다는 전제가 있어야 한다. 다시 말해 '영혼불멸'이 불가결한 것으로서 요구되지 않으면 안 되는 것이다. 칸트는 도덕적 실천을 위해 없어서는 안 되는, 이와 같은 불가결한 요구를 요청이라고 불렀다. 순수한 덕은 이렇게 스스로 가능하기 위해 영혼의 불멸을 요청할 수밖에 없는 것이다.

유한한 인간은 스스로의 진실한 모습과 만나 자신의 유한성과 깊은 죄를 한탄한다. 그리고 자기 죄를 자각하고 고뇌하며, 끊기 힘든 이 세상의 행복에 대한 집착으로 버둥대는 것이다. 결국 인간은 진실의 손짓을 받아들여 굳건히 진실 추구를 위한 부단한 노력을 할 때, 그곳에서 오히려 자신의 무한(불사성)을 확신하기에 이른다.

그러나 최고선의 제2의 조건인 '덕과 덕에 어울리는 행복과의 일치', 다시 말해 덕을 이 세상에서 실현하는 것, 자연을 도덕적 원리와 완전하게 조화시키는 것은 인간에게는 불가능했다. 인간이 이 현실, 이 자연을 마음먹은 대로 지배할 수가 없기 때문이다. 하지만 이 일치는 이룩해 내지 않으면 안 된다. 최고선은 실현되어야 하며, 우리는 최고선의 촉진을 위해 노력하지 않으면 안 되는 것이다. 그렇다면 최고선은 가능해야만 한다. 그래서 우리는 이 덕과 행복의 일치로서의 최고선을 가능하게 할 만한 존재, 즉 덕에 어울리는 행복을 내릴 만한 존재를 요청하지 않을 도리가 없다. 이것이 바로 자연에 대해 전지전능한 신이다. 이렇게 자연 창조자로서의 신을 요청함으로써 덕과 조화된 행복이 얻어지고, 최고선이 가능해진다. 인간은 소임을 다하고, 나아가 소임을 다하지 않은 자신을 한탄할 때, 도리어 그곳에서 '진인사대천명(盡人事待天命)'의 경지에 이르러 하늘의 도움을 바라고 신을 찾는 것이 허락된다. 다시 말해 인간은 스스로 가능한 모든 노력을 쏟을 때, 자신의 물리적 능력 가운데 없는 것이 더 높은 존재인 신의 협력에 의해 보태어지기를 바랄 수 있다. 이것이야말로 순수이성의 신앙이라고 칭할 수 있으며, 바로 여기서 종교에의 길도 통하는 것이다.

칸트는 앞에서 살핀 바와 같이 철학의 첫 번째 관심을 '인간은 무엇을 알 수 있는가'로 보았다. 그리고 그 답은 《순수이성비판》에서 나왔다. 그의 두 번째 관심은 '인간은 무엇을 해야만 하는가'였으며, 그것은 지금까지 살펴온 《실천이성비판》의 논지에 잘 드러나 있다. 세 번째 관심은 '인간은 무엇을 바라야 할 것인가?'로서 종교의 문제인데, 우리는 지금 도덕을 문제 삼음으로써 그 답을 얻을 수 있다는 것을 알았다. 칸트는 도덕을 통하여 신을 이끌어 낸 것이다. 그는 우리가 도덕에 살고, 도덕에 철저할 때, 그곳에서 신을 만날 수 있다고 믿었다. 이러한 칸트의 종교는 실로 도덕 종교라고도 할 만한 것이었다.

최고선은 흐뭇한 도덕적 질서가 그에 어울리는 행복에 의해 장식되는 '신의 나라'라고도 생각할 수 있다. 또한 여기에 이르러 모든 의무가 '신의 명령'으로서 자각되기에 이르는 것이다. 신이 이 세상을 창조한 궁극적 목적은 인간의 직접적인 행복이 아니라 덕에 들어맞는 행복, 그만한 가치가 있는 행복, 곧 최고선이었던 것이다.

새로운 형이상학
자유, 영혼불멸, 신, 그런 것들은 인간이 관심을 갖지 않을 수 없는 형이상적 문제였다. 그러나 인간은 인간이 생각해야만 하는 이러한 문제를 자연과학적인 이론으로는 풀 도리가 없었다. 옛 형이상학은 독단적인 몽상에 빠져서 이러한 형이상의 문제를 이론적으로 논하여 마치 자연의 대상인 것처럼 실재한다고 생각했다. 그리고 독단적이고 잘못된 이론을 만들어 내 스스로의 신용을 떨어뜨리고 말았다.

하지만 이제 칸트에 의해 의심할 수 없는 사실로서의 도덕이 문제됨으로써, 자유와 영혼불멸과 신의 존재가 확신되기에 이르렀다. 사람들이 과학으로는 풀지 못했던 형이상적인 것이 지금 그 자리를 얻은 것이다. 이것은 도덕적 실천의 관점에 의해 형이상학이 가능해지기 시작했음을 의미한다. 칸트는 여기서 도덕의 관점에 선 새로운 형이상학을 만들어 낸 것이다. 이렇게 새로운 형이상학은 도덕의 관점에서 가능해졌다.

그러나 오해해서는 안 된다. 과연 새로운 형이상학에 있어서 자유와 영혼불멸과 신의 존재가 근거를 갖게 되기는 했다. 하지만 그것에 의해 자연과학적인 지식이 확대되기라도 한 것처럼 생각해서는 안 된다. 감각적, 경험적인 것을 전혀 갖추지 않은 자유나 영혼불멸이나 신은 자연과학의 대상이 될 수가 없다. 따라서 새로운 형이상학에 의해 자연과학적 지식이 늘어나는 일은 조금도 없는 것이다.

도덕과 자연의 조화
《판단력비판》

본질이 다른 두 개의 결합

자연과 도덕, 즉 이론이성이 문제 삼는 대상과 실천이성이 관여하는 대상은 전혀 본질을 달리하는 것이었다. 그러나 칸트에게 두 세계는 별개의 것이 아니었다. 아니, 반드시 서로 관계가 있어야만 했다. 그의 이론에 따르면 실천이성은 이론이성을 지배해야만 했던 것이다(실천이성의 우위). 도덕은 자연에 있어서 그 목적을 실현하지 않으면 안 되었다. 따라서 도덕 세계에 있어서의 자유 법칙은 자연계의 인과 속에서 스스로를 드러내야 했다.

그렇다면 기계적 인과율에 의해 규정되어 있는 자연계가 도덕법칙이 지향하는 목적을 받아들여 그 실현을 가능케 하지 않으면 안 된다. 애당초 자연계는 기계적인 인과에 기초하고 있으며, 따라서 도덕과는 전혀 본질이 다른 것이다. 그럼에도 도덕과 조화되고, 도덕에 적합하도록 되어 있어야 한다. 그렇지 않으면 서로 본질이 다른 두 세계는 관련될 수가 없고, 도덕적 자유는 실현될 길이 없는 것이다.

과연 우리는 자연의 대상 속에서 이와 같은 목적에 타당한 모습(합목적성)을 발견할 수 있을까?

《판단력비판》(1790) 초판 속표지
칸트는 이 책에 서명하여 제자 야흐만에게 보냈다.

칸트는 자연 속에서 합목적성을 찾아낼 수 있다면, 그것은 반성적 판단력에 의해서 가능한 것이라고 했다. 반성적 판단력이란 과학적 이론이나 도덕적 판단의 경우처럼 이미 존재하는 보편적 원리에 의해 특수한 것을 판정하는 능력이 아니라, 특수한 것의 상호 연관성을 뒤져 그것의 통일성을 찾아가는 작용을 하는 능력이다. 이와 같이 여기서, 자연 속에서, 목적에 들어맞는다(합목적성)고 생각되는 것을 찾아내려 하는 것은 반성적 판단력이다. 하지만 그것은 마치 자연이 합목적성을 지닌 것처럼 자연을 고찰하려 하는 것이며, 따라서 실제로 합목적성이 있는지 없는지를 논하는 것은 아니다. 자연 속에서 창조자의 어떤 의도를 실제로 찾아낼 수 있다거나, 자연 속에서 이론적으로 합목적성이 인식될 수 있다는 생각을 바탕으로 한 방법을 따르는 일 따위는 옛 형이상학이 저질렀던 실수를 되풀이하는 것이 된다.

그렇다면 경험적 자연의 대상 속에서 목적에 들어맞는다고 생각되는 모습을 과연 찾아낼 수 있을까? 칸트는 아름다움과 숭고라고 하는 것 가운데서, 또 유기체 속에서 이와 같은 합목적성을 보았던 것이다.

아름다운 것

아름다운 것은 우리에게 쾌의 감정을 일으킨다. 그러나 이 쾌의 감정은 욕망의 만족에 의한 쾌의 감정은 아니다. 욕망에 의한 쾌의 감정은 우리가 욕망의 대상을 자기 것으로 했을 때의 만족감이다. 하지만 아름다움의 경우에 우리가 느끼는 쾌는 그렇지 않다. 그것은 단순히 대상을 봄으로써 느끼는 쾌적감이다. 다시 말해 대상의 모습, 대상의 형식 자체가 쾌를 부여하는 것이다. 그것은 왜일까?

감각으로 주어진 것을 모아서 하나의 상(모습)을 만들어 내는 것과 같은 능력은 앞에서《순수이성비판》 살펴본 것처럼 구상력이었다. 지성은 그것을 개념적으로 생각해 나가는 능력이었다. 감각적으로 파악된 자연 대상의 모습 또는 형식이 생각하는 능력으로서의 선험적 지성의 작용(형식)에 일치하는(합목적) 경우, 그때 아름다움이 나타나며 미적 쾌감이 일어난다. 즉 자연의 대상이 정리하기 쉽게, 파악하기 쉽게 보일 때 그것은 누구에게나 아름답게 보이고, 쾌적한 느낌을 불러일으키는 것이다. 그것은 바꿔 말하면 구상력과 지성이 조화된 상태이다. 반성적 판단력은 자연의 모습(사실은 그 모습에 대응하는 것을 만들어 내는 구상력) 속에서 개념 또는 원칙의 능력인 지성에 적합한 상태를 본다. 그래서 그곳에서 미적 쾌감이 솟아나는 것이다.

아름다운 것은 이러한 합목적성을 나타내고 있다. 아름다운 것에 대한 이러한 쾌감은 어떤 욕망적인 관심에서 비롯된 것이 아니다. 아름다운 것에는 뭔가 객관적이고 일반적인 원리가 있을 리 없으며, 다만 인간은 정돈된 자연의 대상(즉 직관 작용과 지성 작용의 조화) 속에서 이른바 공통 감각기관에 의한 것과 마찬가지로 미적 쾌감을 두드러지게 느끼는 것이다. 그러므로 아름다운 것이야말로 욕망적 관심 없이 저절로 사람을 끌며, 선험적 형식에 적합한 것, 이른바 도덕의 상징으로서 도덕을 촉진하는 것이다.

숭고한 것

숭고라고 하는 것은 아름다움과는 거의 반대되는 대상에서 느끼는 것이다.

우러를 수조차 없을 정도로 높이 솟은 산들, 내리눌러 덮칠 것만 같은 커다란 암석, 사나운 파도처럼 소용돌이치는 바다 등은 우리의 직관력을 지성 작용으로부터 거의 단절시키다시피 하는 것이다. 그런 것들은 우리가 거기에서 뭔가 질서 있는 모습을 파악하려 해도 그것이 허용되지 않을 듯한 광경들이다. 인간은 여기서 숭고함을 느끼는 것이다. 이런 감정은 우리 기분을 쾌적하게 하여 생명을 촉진하기는커녕, 그것을 순간적으로 저지하기까지 한다. 우리는 거기서 감성적 존재자로서의 자신의 무능력함을 절실히 느끼지 않을 수가 없다. 그러나 오히려 자신의 이런 무력감을 통해, 우리 속에서 이와 같은 자연마저 초월하는 초감성적 이성을 감지하는 것이다. 거대한 자연과 마주했을 때, 도리어 그와 같은 자연의 일부로 파악되어야 하는 것이 아니라 자유롭게 자연을 지배해야 하는 우리의 인격과 만나는 것이다. 그리고 그곳에서 저지당한 생명이 더한층 강하게 용솟음치는 것을 느낀다. 대

겨자 양념을 만들고 있는 만년의 칸트
칸트는 겨자를 좋아해서 자신은 물론, 손님을 위해 정성껏 양념을 만들었다. 안타깝게도 《요리비판》은 짓지 않았다.

체로 우리의 구상력 작용에 적합하지 않을 듯한 광경이 초감성적인 이성능력 또는 인격을 감지하게 한다. 그리고 그곳에서 숭고의 감정이 탄생하는 것이다. 이렇게 직관력의 목적에 반하는 듯한 모습은 도리어 이성을 감지하게 함으로써 이성의 작용(도덕)에 적합하게 된다.

유기체의 합목적성

우리가 자연 속에 있는 유기체를 볼 때, 우리는 그것이 단순한 기계론적 자연법칙에 의해서만 규정된다고 생각하지는 않는다. 유기체는 전체와 부분, 또 부분과 부분끼리 서로 어떤 목적에 의해 결합되어 있는 것처럼 교묘하게 연관되어 있다. 유기체 속에는 어느 한 가지도 쓸모없는 것은 없으며, 거기에 있는 전체와 부분은 기묘한 통일을 이루고 있다. 그것을 보면 우리는 유기체가 어떤 목적을 지니고 만들어졌다고 생각하지 않을 도리가 없다. 그렇게 생각함으로써

유기체는 쉽게 이해될 수 있는 것이다.

그러나 물론 이 경우에도 우리는 실제로 유기체의 바탕에 목적이 있으며, 창조자가 존재한다는 식의 주장을 해서는 안 된다. 왜냐하면 그것은 우리의 인식 능력을 초월한 것이기 때문이다. 다만 우리가 마치 유기체의 바탕에 목적이 있는 것처럼, 또 그에 의해 유기체가 만들어진 것처럼 생각하지 않을 수는 없을 뿐인 것이다. 또한 반성적으로(의식이나 내적 경험으로) 유기체가 마치 목적에 어울리도록 만들어져 있다고 인정하는 것은 자연과학적 지식을 추호도 확대하지 못한다.

자연의 최종 목적

우리는 유기체 속에서 목적을 생각할 수밖에 없다는 것을 살펴보았다. 우리는 물론 자연 전체를 하나의 커다란 유기체로 생각할 수는 없을 것이다. 그러나 자연계의 일부로 존재하는 유기체를 보면서, 목적을 가지고 그 유기체가 창조되었음을 짐작해 볼 수는 있는 일이다. 그렇다면 우리는 자연 전체가 목적에 맞도록 만들어져 있다고 생각할 수가 있지 않을까? 자연 속의 어떤 것(유기체)이 목적에 들어맞는다고 한다면, 거기서 한 걸음 더 나아가서 모든 자연의 산물도 그러하다고 판정해도 괜찮지 않을까?

유기체는 어느 한 부분도 무의미하지 않았다. 그렇다면 세계의 어떠한 부분도 무의미하지는 않으며 뭔가에는 도움이 된다고 생각할 수 있다. 이렇게 자연 전체가 무언가를 위해 존재한다고 본다면, 그것은 하나의 최종 목적에 의해 통일되지 않으면 안 된다. 칸트는 이러한 자연의 최종 목적은 '문화'라고 했다.

문화란 인간성을 도야하는 것이다. 즉 인간을 갈고닦고 다듬어서 유능하게 하는 것이다. 바꿔 말하면 문화란 능숙하게 자연을 지배하고 이용할 수 있도록 인간을 단련해 내는 것이다. 이러한 도야 또는 단련이 문화이며, 그것이 자연의 최종 목적이다. 따라서 모든 자연(인간에게 혹독한 자연도, 또한 인간에게 혜택을 주는 자연도)은 인간의 도야를 위해, 문화를 위해 존재한다.

그러나 칸트에 따르면, 문화는 자연의 최종 목적이지만 그 궁극적 목적은 아니다. 궁극적 목적은 바로 도덕인 것이다. 따라서 자연 전체는 그 최종 목적을 이루는 것으로 임무가 끝나는 것이 아니다. 문화 자체, 인간성의 도야 자체는 사실은 도덕을 위해서일 때 비로소 의미를 지닐 수가 있기 때문이다. 다시 말해 도덕이야말로 자연 전체가 갖는 궁극의, 절대의 목적인 것이다. 그렇다고 한다면 문화는 사실 도덕의 준비이자 수단에 지나지 않는다. 즉 자연은 도덕을 위해 인간을 준비시키는 역할을 띠고 있는 것이다.

칸트는 이와 같이 자연 전체의 사명이라고도 할 만한 것을, 도덕을 위한 준비로서의 문화로 보았다. 그리고 역시 이러한 것도 반성적으로 그러한 도덕적 의미를 살펴본 것이지 과학적 지식을 확대하는 고찰은 아니다.

도덕의 우위

아름다움, 숭고, 유기체, 최종 목적 등, 칸트는 자연의 대상 속에서 목적을 띤 관련성을 찾아볼 수 있는 것을 반성적 판단력에 의해 분석해 왔다. 과연 칸트의 분석에 의해 전혀 본질이 다른 도덕과 자연이 결합되었는지 어떤지에 대해서는 문제의 여지가 있을 것이다. 따라서 도덕이 자연계에 있어서 실현될 수 있다는 보장이 과연《판단력 비판》의 논지에 의해 주어졌는지는 의심스럽다.

다만 우리 인간에게 도덕이나 과학과는 다른 '아름다움'의 세계가 있다는 것은 사실이라고 말할 수 있다. 유기체가 단순한 자연과학적인 기계론적 인과만으로는 설명되지 않는 측면을 지닌다는 것도 분명 일리가 있을 것이다. 또한 인간은 자기 목적을 위해 자연을 이용하고, 역사를 만들어 나간다. 칸트는 어쨌든 이러한 인간의 여러 측면을 문제 삼고, 그것의 해명에 몰두했다.

그런 과정에서 칸트는 도덕적 인간 속에서 인간의 본질을 보았으며, 따라서 모든 것을 도덕의 관점에서 해명하고, 분석하고, 자리매김하려 했다. 그리고 그는 이런 관점에서 실천이성의 우위를 관철하려 했다고 할 수 있다.

인간은 무엇을 바라야 하는가
《단순한 이성의 한계 안에서의 종교》

그리스도교의 순화

앞에서 살펴본 것처럼 칸트는 만년(69세)의 종교론(《단순한 이성의 한계 안에서의 종교》)을 계기로 종교에 대해 강의하거나 저술하는 것이 금지되었다. 이것은 칸트의 일생에 있어 오직 한 번의 불행한 사건이었다.

그러나 칸트 자신은 이 저서로 뭔가 새로운 종교를 제안하고자 한 것은 아니었다. 한 편지에서도 밝힌 바와 같이 칸트는 양심의 성실과 그리스도교에 대한 참된 존경에 이끌려서 그 책을 썼다. 우리가 이미 《실천이성비판》의 마지막 부분에서 살펴본 것처럼, 칸트는 덕에 들어맞는 행복의 은혜를 입어야 한다는(덕과 복의 일치) 점에서 신을 필요로 했던 것이다. 그는 '무엇을 해야 하는가?'라는 도덕을 문제 삼은 뒤에, 도덕을 통해 '무엇을 바라야 하는가?'의 종교로 나아간 것이었다. 따라서 칸트의 종교는 도덕적인 이성 종교였다고 할 수 있다.

이 《단순한 이성의 한계 안에서의 종교》는 도덕 또는 도덕적 이성 종교의 관점에서 계시 종교로서의 그리스도교를 비판하고, 순화하고, 개선하여, 그로써 진정한 도덕적 이성 종교로 다가가는 것이었다. 칸트가 한 편지에서 밝힌 것처럼 이 글은 결코 교회를 공격하기 위해 쓴 것이 아니다. 그와는 반대로 진정으로 그리스도교를 순수화하고, 진정으로 그리스도교를 올바른 것으로 만드는 데 기여하기 위해서였던 것이다.

악의 근본에 대하여

제1편 '선의 원리와 함께 악의 원리에 내재하는 것에 대해, 또는 인간 본성에서의 근본악에 대하여'에서는 그리스도교에서 말하는 악, 또는 죄에 빠지는 문제가 도덕적인 관점에서 분명히 밝혀진다.

인간이 이성자인 이상 인간은 도덕법칙의 목소리를 듣지 않을 수 없다. 그리고 만약 다른 어떠한 동기도 그것에 대하여 반대하지 않는다면 인간은 도덕법칙을 자기 의지의 최고 원리로 삼을 것이 분명하다. 그리고 그에 따라 인간은 도덕적으로 선을 행하게 되는 것이다.

그러나 인간은 또한 감성적인 자연적 소질(본능, 욕망)을 지니고 있다. 그것은 그 자체로서는 결코 악이 아니라 오히려 바람직하고 좋은 것이며, 도덕을 도울 수도 있는 것이다. 따라서 이 자연적 소질을 끊어 없애고자 하는 것은 단지 무익할 뿐만 아니라 또한 유해하고, 비난받아 마땅하다고도 할 수 있다.

다만 인간이 최고 도덕법칙의 손짓에도 불구하고 본능 내지 욕구가 바라는 것(자기애, 이 세상의 행복)을 최고의 원리로 삼고자 하는 데서 문제가 생기는 것이다. 그것은 최고의 원리여야만 하는 도덕법칙을 의식하지 않기 때문에, 또는 자기 자유의지의 허약함이나 불순함 때문에 의도적으로 질서를 뒤집는 일이다. 다시 말해 자기애와 행복 추구를 자신의 원리로 삼고 도덕을 등지는 행위인 일이다. 그렇게 함으로써 인간은 겉으로만 도덕을 흉내 내고, 도덕을 자기애 또는 행복을 위한 수단으로 삼아 버린다. 이와 같은 도덕법칙과 자기애, 즉 지배해야 할 것과 지배당해야 하는 것 사이의 질서의 뒤집힘, 그곳에 악이 있는 것이다. 그리고 인간은 감히 이 역전을 행하고자 하는 근본악의 버릇을 지니고 있다.

그래서 도덕적으로 선한 인간(신의 뜻에 따르는 인간)이 되려면 근본악에 의한 뒤집힘을 다시 뒤집는 것, 말하자면 사고의 혁명이 이루어지지 않으면 안 된다. 뒤집힌 것을 다시 뒤집는 것, 부정의 부정이라는 혁명이야말로 하나의 재생에 의한 새로운 인간의 창조이다. 도덕적 무위 속에서 외적인 일에 의해 은총을 바라고, 죄의 용서를 바라는 일은 그리스도교의 본질은 아니다. 진정한 종교, 참된 그리스도교는 마음의 혁명, 선한 품행이 중요하다. 사람들은 저마다 선한 인간이 되기 위해 자기의 있는 힘을 다하지 않으면 안 된다. 그래야 비로소 자기 능력 속에 없는 것이 더 높은 존재(신)에 의해 보충될 수 있으리라. 인간은 그것을 바랄 수 있고, 믿을 수가 있는 것이다. 문제는 신의 은총에 자신을 맡기려면 무엇을 해야 하는가가 아니라, 신의 도움을 받을 만한 가치가 있게 되려면 무엇을 해야 하는가이다. 행복과 은총을 바랄 것이 아니라 행복을 얻을 자격이 있는 덕을 지향해야 하는 것이다. 따라서 우리 인간은 오직 순수한 덕으로 살아갈 때, 그때 덕에 어울리는 복이 신에 의해 부여될 것을 바라도록 허용되는 것이다.

선과 악의 투쟁

도덕적으로 선한 인간이 되려면 인간에게 있는 선의 싹을 그냥 발전시키기만 해서는 부족하다. 선에 반대하는 악의 싹을 극복하지 않으면 안 되는 것이다. 그래서 제2편은 '인간의 지배를 둘러싼 선 원리와 악 원리의 투쟁'을 문제로 삼는다. 덕이란 본디 적에 대한 용기를 의미했다. 다시 말해 악의 원리에 대립하는 선의 원리의 용감성에 덕이 있다고 본 것이다. 우리는 순수하고 지저분한 것이 섞이지 않은 도덕적 심정을 위해 악의 원리와 싸워야만 하며, 바로 이러한 것이 신의 뜻이다. 인간에게 있어 '구원'은 진정한 도덕적 원리를 마음속에 지극히 성실하게 받아들이는 것 말고 다른 것일 수 없다. 그것을 저지하는 것은 앞에서 말했듯이 도덕법칙과 자애적 원리의 질서를 뒤집는 것이다. 그리고 우리의 투쟁은 이 뒤집힘을 다시 뒤집기 위한 투쟁이다.

교회의 본질

제3편 '악의 원리에 대한 선 원리의 승리와 지상에서의 신의 나라 건설'에서는 교회의 본질을 논한다.

개개의 인간이 선을 위해 노력할 뿐만 아니라, 악을 방지하고 선을 촉진하기 위한 사회가 만들어져야만 한다. 즉 덕의 법칙에 따르고 덕의 법칙을 목적으로 삼는 사회가 건설되지 않으면 안 되는 것이다. 이와 같은 인간 결합은 '윤리적 사회' 또는 '윤리적 공동체'라고 이름 붙일 수 있으며, '신의 백성의 나라'이고 '교회'라고 생각할 수 있을 것이다. 그리고 이것은 현실에서 '보이는 교회'의 원형이라고도 할 '보이지 않는 교회'이며, 현실의 교회가 마땅히 존재해야 할 모습이라고 할 수 있겠다. 따라서 현실의 보이는 교회는 신의 도덕적인 나라를 이곳 지상에 실현하도록 노력을 기울이지 않으면 안 된다. 현실의 교회가 존재하는 의미는 바로 거기에 있는 것이다.

참된 봉사와 거짓 봉사

제4편은 '선의 원리 아래에서의 봉사와 거짓 봉사에 대하여, 또는 종교와 사제 제도에 대하여'이다. 여기서는 어떤 것이 신에 대한 참된 봉사이며, 어떠한 것이 거짓 봉사인지가 문제로 등장한다.

칸트는 말한다. "종교란 (주관적으로 보면) 우리의 모든 의무를 신의 명령으로 인식하는 것이다." 그렇기 때문에 의무를 위해 의무를 다하려는 도덕적인 노력 또는 선한 행동, 그것이야말로 신에 대한 참된 봉사인 것이다. 반대로 그 수단인 계시적, 역사적인 것을 종교의 본질로 생각하고, 그것을 섬기는 곳에 거짓 봉사가 있다. 현실의 교회 신앙(현실의 계시적 종교)에 충실하는 것이 신의 축복을 받기 위한 조건이라고 하는 것은 거짓 봉사이다. 현실의 교회적인 여러 근행이나 행사를 중요시하는 대신, 선한 행동을 위한 노력을 뒤로 제치는 것 역시 거짓 봉사이다. 선한 원리의 실현을 위해 노력하는 것이야말로 참된 신앙이자 참된 봉사이다. 그리스도교는 이러한 이성적 도덕 종교의 자격이 있는 유일한 종교이다.

계시적, 역사적인 것, 교회적인 여러 근행과 행사(기원, 제사, 신앙고백, 교회의 전례, 법규의 준수 등), 그런 것들은 진정한 신앙을 위한 수단일 뿐이다. 따라서 그런 것들은 진정한 것의 수단으로 이용될 때 비로소 참된 봉사가 될 수 있다. 그렇지가 않고 이러한 수단이 곧장 축복에의 길이 된다고 생각한다면 그것은 거짓이다. 부역 봉사 등의 여러 행사가 축복을 받기 위해 행해지거나, 본디 봉사자여야 할 교회 직원이 신도를 지배하는 것은 모두 거짓 봉사이다. 교회의 교권적 사제 제도 같은 것은 도덕이 지배하는 진정한 종교의 체제는 아니다.

여러 근행은 모두 도덕적 선을 촉진하기 위해 이용해야 한다. 예를 들면 개인의 기도는, 도덕적 선의 기초를 자기 안에 단단히 다지고 선의 심정을 마음속에 일깨우기 위해 쓰여야 한다. 교회 참가와 집회는 도덕적 선을 많은 사람들에게 넓히기 위해 추천하고 장려해야 한다. 세례는 도덕적 선을 자손에게 전하기 위해 이용되어야 하며, 성찬식은 참된 신앙을 다 함께 유지하고 영속시키기 위해 이용되어야 한다.

이상이 칸트의 종교론 요지이다. 칸트는 철저한 이성적 도덕 종교의 관점에 있다. 따라서 그의 종교론 역시 그런 관점에서 계시적, 현실적인 그리스도교를 비판하고, 순화하며, 개선하려는 것이었다. 하지만 계몽적인 대군주였던 프리드리히 대왕은 이미 이 세상에 없었고, 프랑스혁명을 겁내는 프로이센 정부는 거꾸로 움직이고 있었다. 이런 상황에서 현실을 비판하고 개선하고자 하는 칸트는 그 뜻에 반하여 탄압받을 수밖에 없었던 것이다.

영원한 평화를 위하여

여전히 빛나는 평화론

종교론이 문제가 되어 정부에 의해 탄압받았을 때, 칸트는 이미 70세였다. 하지만 그때에도 철학자로서의 그의 일은 여전히 계속되고 있었다. 비판철학을 확립하여 마무리지은 뒤, 만년에 이르러 칸트의 관심은 종교와 정치, 역사와 구체적인 여러 의무의 규정 등으로 향했다. 우리는 그 가운데서 지금도 빛을 발하는 칸트의 평화론(《영원한 평화를 위하여》, 1795년, 71세)에 주목해야 한다. 그것은 제1차 세계대전 뒤 설립된 1920년의 '국제연맹'이나 제2차 세계대전 뒤의 '국제연합'(1945)의 이론을, 이미 18세기 끝무렵에 세계의 영원한 평화를 위해 제안한 것이었다. 물론 유한한 인간에게 영원한 평화는 하나의 이념이자 과제였다. 그러나 현실을 통해 인간은 한 걸음씩 영원한 평화를 향해 무한한 노력을 해야만 하는 것이다. 칸트는 그를 위한 구체적이고 현실적인 조건을 이 저서를 통해 제안하고자 했다.

제2차 세계대전은 인류에게 지난 어느 전쟁과도 비교할 수 없는 커다란 참화를 불러왔다. 그럼에도 인간은 혼이 덜 났는지 그 아픔을 잊어버린 듯 한국전쟁, 베트남전쟁, 이란—이라크 전쟁, 걸프전쟁 등 여전히 전쟁을 거듭하고 있다. 칸트는 무려 150년이나 전에 이미 전쟁을 전제로 한 상비군의 전폐를 포함하는 영구평화론을 제시했던 것이다. 우리는 그 숭고한 탁설을 새삼 우러러보게 된다. 특히 평화가 다른 어느 때보다도 절실히 요구되는 오늘날 세계정세 속에서 칸트의 이 평화론은 찬연히 빛나는 커다란 의의를 지닌 것이라고 하겠다.

선구자

인간은 자기들의 생존을 위해, 민족적으로 또는 종교적으로 다르다는 이유로, 또는 칸트가 말하는 인간의 지배욕, 권력욕, 또는 비사교성 때문에 다툼과 전쟁을 거듭해 왔다. 그러한 시기에는 물론 호전가도 존재했을 테지만 많은 사람들, 그중에서도 특히 일반 서민들은 늘 평온무사한 삶을 바랐을 것이다. 그러므로 평화론의 역사도 상당히 오래되었다고 할 수 있다.

여기서 칸트에 앞선 근세 유럽의 평화 사상을 잠깐 들여다보자.

1517년 로테르담의 에라스뮈스(1466~1536)는 인문주의자로서 《평화에 대한 호소》라는 반전주의적, 이상주의적 평화론을 발표했고, 그 뒤 국제법의 권위자 알베리코 젠틸리(1552~1608)는 1588년에 《전쟁의 법에 대하여》를 내놓았다. 휘호 그로티우스(1583~1645)는 30년 전쟁의 참화를 보고 인류 평화의 확립을 위해 《전쟁과 평화의 법》을 집필하여(1625) 전쟁 방지 방법을 고찰했다. 프랑스 국왕 앙리 4세(1553~1610)는 쉴리(1560~1641)를 기용하여 만년에 대외적 평화 정책을 취하고, 쉴리의 도움을 받아 '앙리 4세의 대계획'을 고안했다. 그것은 영구평화를 지키기 위해 하나의 국제연맹을 구상한 대계획이었다. 그리고 1713년, 뒷날의 평화론에 커다란 영향을 끼친 성직자 생 피에르(1658~1743)의 《영원한 평화의 계획》(1713)이 발표되었는데, 그것은 칸트의 평화와 관련된 다음과 같은 여러 항목을 포함하고 있다.

(1) 유럽 24개 그리스도교 국가가 영구적인 평화연맹의 틀을 만들고, 나아가 가능하다면 이슬람 국가의 군주도 참가한다. 그리고 마침 평화협의의 장소가 되었던 유트레히트에 이 연맹의 대표기관으로서 상설 국제평의회를 둔다.

(2) 연맹은 각국의 내정에 간섭하지 않는다.

(3) 각 연맹국은 6천 명 이상의 상비군을 두지 않는다.

(4) 모든 영토적 변화는, 그것이 침략에 의한 경우는 말할 것도 없으며, 상속, 증여, 양도에 의한 경우라도 절대 금지되어야 한다.

(5) 모든 국제적 쟁의는 국제평의회의 중재 재판에 의해 조정되어야 한다.

이후 루소(1712~78)는 1761년에 '생 피에르 영원한 평화의 계획'을 만들어 평화 사상을 선전, 보급하고자 했다. 칸트가 루소에게서 큰 영향을 받았다는 것은 이미 말했지만, 이 평화 계획의 기초에 있어서도 그러했던 것이다.

칸트 평화론의 윤리적 기초 다지기

앞의 '인간은 무엇을 해야 하는가?'에서 말한 바와 같이, 칸트의 도덕법칙은 자타의 인격에 있어서의 인간성(또는 인격성)을 단순히 수단으로 사용하지 말고 언제나 동시에 목적 자체로서 다루라는 것이었다. 그리고 국가는 이 목적 자체인 다수의 인격이 공동 입법에 기초하여 성립해 있는 자주적 도덕적 존재자였다. 칸트에 따르면 전쟁은 개인 간, 국가 간의 것을 불문하고 도덕적으로 악이었다. 그것은 전쟁이 목적 자체인 인격의 존엄성을 깨뜨리고, 자유를 손상하기 때문이다. 전쟁은 인격을 단순한 수단으로 사용할 따름인 것이다. 따라서 '전쟁은 있어서는 안 된다'는 것이 실천이성의 절대적 사명이다.

칸트는 키제베터에게 보내는 편지에서 《영원한 평화를 위하여》를 '나의 몽상곡'이라 부르고 있지만, 전쟁 없는 영구평화야말로 인간이 이르러야 할 의무인 것이다. 우리는 그 의무를 실행해야만 하기 때문에 그를 위해 노력하지 않으면 안 된다. 물론 의무로서 부과된 영구평화의 완전한 실현은 우리 유한한 인간의 영원한 과제였다. 그러나 해야만 하기 때문에 반드시 할 수가 있는 것이다. 우리는 한 걸음 한 걸음 영원한 평화를 향해 무한한 노력을 하지 않으면 안 된다. 영원한 평화로의 이 노력은 칸트에게 있어 박애주의 관점에 있기 때문에, 혹은 인류의 복지나 세계의 공리를 위해서 해야 하는 것이 아니라 실천이성에 기초한 인간이 수행해야 할 무조건적인 의무 그 자체였던 것이다.

이와 같은 의미에서 칸트는 생 피에르의 평화론에 쏟아진 비난, 즉 공상론 또는 환상론이라는 멸시에 대해 생 피에르를 변호함과 동시에, 과거 그의 종교론이 받았던 악의에 찬 금지나 해석과 같은 것들로부터 그의 평화론이 확실히 보호되기를 꿈꾼 것이다.

영구평화론 제안의 동기

17세기에 이어 18세기도 동란의 세기였다. 칸트의 조국 프로이센에서도 군국주의적 절대주의를 확립한 부왕 프리드리히 빌헬름 1세의 뒤를 이은 프리드리히 대왕(재위 1740~86)이 강력한 직속 상비군을 거느리고 치러낸 오스트리아 계승전쟁(1740~48), 또 7년 전쟁(1756~63)에 의해 영토 확장이 이루어지고 있었다. 이들 전쟁에 영국과 프랑스는 시대 정세에 따라 양측으로 나뉘어 참전했으며(계승전쟁에서는 영국과 오스트리아가 연합해 프랑스, 프로이센, 스위스 동맹에 대항했고, 7년 전쟁에서는 영국과 프로이센 동맹이 프랑스, 오스트리아, 스페인, 러시아 동맹과 대립한다), 해외에서는 식민지 쟁탈전으로 해가 뜨고 졌다. 이윽고 역사는 미국 독립전쟁과 미합중국의 독립(1783)을 보기에 이르렀고, 이어 1780년대 말에는 프랑스혁명이 발발하게 된다. 이미 아는 바와 같이 이 혁명의 과격성은 유럽 각국의 궁정을 떨게 했으며, 자국에의 파급을 막기 위해 각국은 일제히 프랑스에 대한 간섭에 나선다. 그리고 1791년 8월에 오스트리아와 프로이센은 유럽 여러 나라의 왕실에 프랑스 왕의 구출을 요청한다. 1793년 1월, 루이 16세가 처형당하자 오스트리아와 프로이센에 이어 영국, 네덜란드, 스페인이 합세한 대불동맹이 결성되어 프랑스에 무력간섭을 가하게 된다. 그러나 프로이센은 1795년 4월에 프랑스 공화국과 단독으로 바젤 평화조약을 체결해 버리고, 영국을 뺀 여러 나라도 이에 따름으로써 대불동맹은 해체를 맞게 된다. 그런데 바로 이 바젤 평화조약이 칸트의 영구평화론을 낳게 한 직접적 동기가 되었던 것이다.

그도 그럴 것이 바젤 평화조약은 기만을 포함하고 있었다. 이 화약이 어쨌든 평화 조약인 이상, 칸트는 처음엔 이 체결을 환영했다. 그러나 바젤 평화조약은 비밀조항을 두어, 라인 왼쪽 지역을 프랑스가 점유하는 대신 라인 오른쪽 지역을 프로이센의 지배 아래 두어야 한다고 규정하고 있었다. 칸트에게, 이와 같은 비밀조항을 지닌 기만적 조약은 애당초 평화조약이라 할 만한 것이 못되었다.

칸트 흉상(1793년 발드 작품)

바젤 평화조약에 들어 있는 이 기만을 접하고, 칸트는 철학적인 참된 평화의 초안을 제출하려 했는데, 그것이 《영원한 평화를 위하여》이다. 그러한 사정이 이 책으로 하여금 일반 평화조약을 본뜬 유보조관(留保條款), 예비조항, 확정조항, 비밀조항, 부록이라는 구성을 취하게 한 것이다.

물론 초안 작성에 대해서는 그 내용에 있어 생 피에르나 루소의 영향을 받았다는 것은 다시 말할 필요도 없으리라.

유보조관

과거 신성로마제국의 황제 카를 5세(1500~58, 재위 1519~56)는 형사재판법 서문의 끄트머리에 이 '유보조관'이라는 말을 써서 선제후, 제후 등 지위가 높은 사람들에게 그 법의 적용을 유보했던 적이 있다.

실무를 관장하는 정치가는 칸트가 주장하는 것과 같은 이상적인 이론들을 정치학자의 탁상공론이라고 멸시한다. 따라서 정치학자가 영구평화의 이념을 주장해도 국가에 어떠한 위험을 초래하는 경우는 없을 것이며, 철학자가 실현 불가능한 이상을 읊는다 한들 세상살이에 능통한 실무적 정치가가 그것에 신경 쓸 필요는 없다.

이러한 점을 두어 칸트는 자신의 평화 초안에 유보조관을 두었다. 그는 이 《영원한 평화를 위하여》의 철학적 초안이 과거 종교론이 받았던 악의에 찬 적용에서 유보되어 탄압에서 벗어나 확보되기를 바랐던 것이다.

예비조항

영구평화를 위한 예비조항이란 영구평화를 불가능하게 할 만한 일들의 금지를 목표로 한 것이다. 그것은 영구평화의 실현을 가로막는 조건을 없애기 위한 제안이고, 말하자면 영구평화의 소극적 제약이라고도 할 수 있다.

제1조항 : 나중에 다시 전쟁을 하기 위한 불씨를 은밀히 보류한 채로 이루어진 평화조약은 평화조약으로 인정해서는 안 된다. 그것은 평화가 아니라 실은 단순한 휴전이며, 적대 행위의 연기에 지나지 않는다. 평화조약은 그러한 얼버무림이나 거짓이어서는 안 된다(이 조항은 분명히 바젤 평화조약에 대한 비판을 포함하고 있다. 바젤 화약은 앞에서 말한 것처럼 비밀조항을 지닌 기만적인 것이었다. 그것은 단순한 휴전이자 적대 행위의 연기이고, 얼버무림과 거짓이지 영구평화를 보장하는 것은 아니다. 실제로 칸트가 세상을 떠난 지 2년 뒤인 1806년에 프로이센은 다시 러시아와 함께 프랑스를 상대로 전쟁을 벌였다가 나폴레옹에게 격파당해 이듬해인 1807년에, 영토를 크게 잃는 굴욕적 티르지트 화약을 맺게 된다).

제2조항 : 독립국은 크고 작음을 불문하고 승계, 교환, 매수, 또는 증여에 의해 다른 나라에 영유되어서는 안 된다. '국가는 국가 그 자체 이외의 어떠한 것에도 지배당하거나 처리당하거나 해서는 안 될 인간사회이다.' 그러한 대상에 대한 영유는 도덕적 인격으로서의 국가 존재를 부정하고, 도덕적 인격을 물건으로 치부해 버리는 것이다. 한 국가의 군대를 공동의 적이 아닌 제3국 공격을 목적으로 하는 타국에 용병으로 빌려주는 것도, 신민 내지 국민을 물건으로 사용하고 소비하게 하는 일로서 그들의 도덕적 인격을 부정하는 일이다(18세기적 개인주의 때문에 칸트는 엄밀한 의미에서의 목적 자체는 개별 인격이지만, 국가가 이 인격을 옹호하기 위해 공동 입법을 추진하는 존재인 이상, 국가 또한 자주적인 도덕적

존재자 내지 도덕적 인격으로 인정할 수 있다고 보았다).

제3조항 : 상비군은 하루빨리 전폐되지 않으면 안 된다. 상비군은 타국을 끊임없이 전쟁 위협에 시달리게 하고, '상비군이 자극이 되어 서로 무제한의 군비 확장을 다투게 된다.' 그렇게 되면 군사 유지비로 인해 '장기 평화가 단기 전쟁 때보다 한층 무거운 짐이 되고, 이 무거운 짐에서 벗어나기 위해 상비군 자체가 선제공격의 원인이 된다.' 그뿐만이 아니다. 군비는 사람을 죽이거나 스스로 죽음당하게 하기 마련이며, 그러한 군비를 얻기 위해 다시 국민을 사용하는 것은 인간을 단순한 도구나 기계로 삼고, 인간성의 권리와 존엄을 손상시키는 일이다. 앞서 말한 바와 같이 인격에 있어서의 인간성은 단순한 수단으로 다루어져서는 안 되며, 언제나 목적 자체로 다루어져야만 한다(물론 자기 자신이나 조국에 대한 자위적 방위는 별개 사안이다). 재화의 축적도 다른 나라에서 볼 때는 전쟁의 위협으로 간주되며, 따라서 전쟁 위험을 내포하는 것이다. 자금력은 가장 신용할 수 있는 전쟁 도구이므로, 타국의 선제공격을 부추기는 원인이 되기 쉽기 때문이다.

제4조항 : 국가의 대외적 분쟁에 대해서는 어떠한 국채도 발생시켜서는 안 된다.

도로의 개수라든가 새로운 식민지 경영, 또는 흉년에 대비한 창고의 설치 등을 위해 나라 안팎에 원조를 청하기 위한 것이라면, 국채를 일으키는 목적은 의혹의 대상이 되지 않는다. 그러나 여러 나라가 서로 경쟁하기 위한 도구로 쓰인다면 끝없이 증대하고, 더구나 그 변제를 청구받는 일도 없는 국채는 위험한 재력, 곧 전쟁을 하기 위한 부가 된다. 그렇게 증대된 국채가 때로는 타국의 재화 총량을 넘어서게 되기도 한다. 그렇게 되면 그것은 전쟁을 수행하는 데 유용한 수단이 될뿐더러, 인간의 본성인 것처럼 보이는 권력자의 호전적 경향과 맞어지면, 영구평화의 가장 큰 장애물이 된다. 이것이 이와 같은 국채 발행의 금지가 예비조항의 하나로서 반드시 있어야 하는 까닭이다. 나아가 국채로 인해 국가의 파산―이 경우 그것은 아무리 해도 피할 수 없다―이 발생할 경우에는, 다른 여러 나라까지도 휘말려 부당한 손해를 입게 되는 것은 당연지사이니, 한 국가의 국채가 여러 외국에 대한 공적인 침해를 초래할 수 있는 것이다. 따라서 다른 여러 나라는 이와 같은 불순한 의도로 국채를 발행하는 국가와 그 방자함에 대항하여 연합할 권리가 있다.

제5조항 : 어떠한 국가도 힘으로써 다른 나라의 체제와 통치에 간섭해서는 안 된다.

어떤 국가에게나 다른 나라에 간섭할 권리는 없다. 한 나라의 소요나 난국은 다른 민족에게 오히려 교훈으로서 도움이 될 수가 있는 것이다. 다만 한 나라가 국내 불화에 의해 분열하고, 그 각각이 독립국가임을 주장하여 전체를 지배하고자 하는 경우, 그 한쪽에게 원조를 제공하는 것이 체제 간섭으로 인정되지는 않을 것이다(이때 분열한 그 나라는 무정부 상태에 있기 때문이다). 그러나 한 나라가 내부 투쟁을 하여 아직 결말이 나지 않은 때에, 외국이 이에 간섭하는 것은 내부 질환으로 고통받고 있는 독립국민의 권리를 침해하는 것이며, 그 국가의 자율을 위해하는 것이다(다른 나라에 대한 내정간섭을 부정하는 이 조항은 루이 왕조의 존속을 겨냥하고 이루어진 대불동맹의 비판으로도 간주될 것이다).

제6조항 : 어떠한 나라도 다른 나라와의 전쟁 중에 암살, 독살, 또는 항복조약 위반이나, 적국에서의 폭동 선동과 같은, 장래에 평화가 회복될 경우에 상호간의 신뢰 성립이 불가능하게 할 만한 행위를 해서는 안 된다.

이러한 행위들은 부끄러움을 모르는 비열한 전술이다. 전쟁 중이더라도 적에 대한 일말의 신뢰가 남아 있어야만 하는 것이다. 그렇지 않으면 평화는 다시는 회복되지 않으며, 적대 행위는 결국 절멸 전쟁이 되고 말 것이다. 법적 효력을 지니고 판정을 내리는 법정이 없는 자연 상태에서의 전쟁은, 힘에 의해 자기 정의를 주장하는, 슬퍼하여 마땅한 비상수단에 불과하다. 그때 정의의 결정은 전쟁 결과에 따를 수밖에 없다. 절멸 전쟁은 쌍방을 동시에 멸망시키고, 그와 동시에 모든 정의도 사라지게 하는 것이므로, 영구평화는 단지 인류의 커다란 묘지 위에서나 이루어질 것이다. 그와 같은 전쟁, 또한 그와 같은 전쟁으로 이끄는 수단의 사용은 절대로 금지되지 않으면 안 된다. 그런데 앞서 말한 바와 같은 비열한 수단은 한번 사용되면 전쟁 중뿐만 아니라 마침내 평화 상태에까지 미치고, 그 결과로 평화의 의도를 완전히 헛된 것이게 하리라.

확정조항

영구평화를 위한 확정조항이란, 영구평화 실현을 위한 적극적이고 구체적인 여러 조건의 제시이다.

제1확정조항 : 각 국가의 시민적 체제는 공화적이지 않으면 안 된다.

공화적 체제란 것은 전제에 대립하는 것으로서, 그 체제 안에서는 자유와 평등의 권리가 보장된 국민이 공동 입법의 기초가 된다. 나아가 입법권이 집행권과는 엄격하게 분리되어, 대의자를 통해 모든 국민의 손에 입법권이 주어진다(여기서 말하는 공화체제는 주권이 있는 국민 전체에 의해 선출된 대표자 또는 대통령이 통치하는 '공화제'를 지칭하는 것이 아니고, 군주제를 의미한다).

영구평화에 대한 기대도 이와 같은 공화체제에서 가능해진다. 왜냐하면 이와 같은 체제에서는 전쟁을 해야 할지 말아야 할지를 결정하는 것이 국민의 손에 달려 있기 때문이다. 전쟁의 경우에 그 모든 고난과 비참한 희생을 부담하는 것은 국민 자신이다(국민은 예를 들어 직접 싸우든, 자기 재산에서 전비를 내든, 전쟁이 남긴 폐허를 간신히 복구하든 어떤 식으로든 부담을 짊어지게 되는데, 마지막으로 '이러한 재액을 더욱 과중하게 하는 것으로서, 평화기조차도 고통스럽게 만드는—끊임없이 새로운 전쟁이 닥쳐오기 때문에—결코 완전히 끝나지 않는 부채'를 인수하는 수가 있다). 따라서 국민은 수지가 맞지 않는 이러한 도박을 시작하는 것에 대해 당연히 신중해져서, 쉽사리 전쟁을 시작한다든지 그것을 영속시킨다든지 하지 않는다. 이에 반해 공화적이지 않은 체제에서 원수는 국가의 성원이 아니라 국가의 소유자이기 때문에, 그에게 전쟁은 전혀 신중함을 필요로 하지 않는 세상일이며, 그것에 의해 그의 식탁이나 사냥, 궁중연회 따위가 사라지는 일은 없다. 그러므로 그는 전쟁을 하나의 유희처럼 결정하고, 그것의 정당화를 외교사신단에게 적당히 떠넘기는 것이다.

제2확정조항 : 국제법은 자유로운 여러 국가의 연맹에 기초를 두지 않으면 안 된다.

국가로서의 각 민족은 외적 법칙에 종속하지 않은 자연 상태에서는 함께 존재하여 서로 상처를 입힌다. 즉 이런 상태에서 여러 국가가 자기 권리를 추구하는 방법으로 사용할 수 있는 것은 전쟁이며, 전쟁에 의한 승리이다. 그러나 승리에 의해 권리 문제가 결정되지는 않는다. 또한 평화조약에 의해 그때의 전쟁은 분명 종결될지도 모르지만, 언제나 새로운 핑계 아래 다시 전쟁이 시작될 수 있으며, 따라서 전쟁 상태는 끝나지 않게 된다. 하지만 도덕적으로 입법하는 최고 권력으로서의 이성은, 전쟁을 결정적 소송 대신 사용하는 것을 절대로 허용하지 않으며, 그와 반대로 평화 상태를 의무로 직접 명한다.

그래서 각 국가는 자기 안전을 위해 다른 나라에 대하여 함께 각자의 권리가 보장되는 시민적 체제와 닮은 체제로 들어갈 것을 요구할 수 있으며, 또한 요구해야만 한다. 이것을 국제연맹이라고도 할 수 있을 것이다. 그것은 여러 민족으로 이루어진 하나의 국가, 곧 국제국가라는 형태여서는 안 된다. 그것의 전제는 다만 각 민족이 한 나라를 형성하여 스스로의 권리를 주장하고 그것이 보장된다는 것이므로, 한 국가에 융합되어서는 안 되는 것이다. 왜냐하면 그렇게 됨으로써 자유로운 국가의 존엄이 상실될 수 있기 때문이다.

이렇게 이성이 명하는 것은 평화 상태이기 때문에 그것을 보장하는 것으로서, 민족 상호의 계약에 의한 국제연맹 또는 평화연맹이라고 칭할 만한 특별한 종류의 연합이 있어야만 한다. 평화조약이 하나의 전쟁을 끝내려 하는 데 반해, 이 연맹은 모든 전쟁을 종식시키고자 한다. 그것은 국가의 어떠한 힘의 획득이 아니라 한 국가 자체의 자유, 연합한 나라들의 자유 유지와 보장을 지향하는 것이다. 이 연맹은 차츰 늘어나서 모든 국가에 영향을 미치고, 그들을 영구평화로 이끌어 갈 것이다. 이와 같은 자유로운 연맹 조직이 존재하지 않는다면 대체 무엇을 근거로 자국의 권리를 확고한 것으로 믿을 수 있겠는가? 이성은 이 연맹조직을 국제법의 개념과 결부지어야 한다.

이성의 관점에서 본다면 한 나라 안에서의 공화적 체제처럼, 각 독립국가를 단위로 하여 공화체제적인 세계 공화국을 형성하는 것이 영구평화의 유지에 있어서 가장 바람직하다고 할 수 있다. 칸트는 그것을 적극적 이념이라 부르고 있다. 그러나 칸트는 지금 이와 같은 이념(존재해야 할 목표로서의 세계 공화국)을 우리의 실천을 위한 지도 원리로 삼는 것은 바람직하지 않다고 보았다. 현재와 같은 상황 아래서 세계 공화국을 지향하는 것은 전쟁의 위험을 증대시키기 십상이라고 생각했던 것이다. 따라서 그는 이성이 옳다고 생각하는 것도 구체론으로서는 배척하고, 실현 가능한 세계 평화의 유지 수단으로 적극적 이념 대신에 소극적 대용물로서 국제연맹을 제안했다. 그리고 그 대용물을 통하여 진정 바라는 것을 지향하고자 했던 것이다.

뛰어난 칸트의 지혜는 125년이나 지난 뒤의 국제연맹과 오늘날의 국제연합의 구상으로 받아들여져 세계 평화에 공헌하고 있다.

제3확정조항 : 세계시민법은 보편적 우호를 초래하는 여러 조건에 한정되어서는 안 된다.

우리 인간은 세계의 어디서든 우호적인 대우를 받을 권리를 지녀야 한다. 다른 나라 땅에 발을 들여놓아도 그곳에서 평화롭게 행동하는 한, 적대적인 대우를 받는 일이 있어서는 안 된다. 그러나 요구할 수 있는 권리는, 적대적 대우를 받는 일 없이 자유롭게 방문할 수 있는 권리이지 손님으로 대우받을 권리는 아니다. 인간은 지구 표면을 공유할 권리를 갖는다. 그에 기초하여 서로 교제를 청할 권리를 갖는 것이다. 그렇기 때문에 방문의 권리는 모든 인간의 것이다. 따라서 가까운 자에게서 약탈을 하거나, 표착민을 노예로 삼는 등의 비도덕적인 대우는 자연법에 반한다. 하지만 외국인이 받는 이러한 우호적 권한은 원주민과의 교제를 시도할 수 있는 가능성의 여러 조건에 한할 뿐, 그것을 넘어서서 확장되어서는 안 된다. 이러한 방법으로 멀리 떨어진 여러 대륙도 서로 평화로운 관계를 맺을 수 있게 되어, 마침내는 이 관계가 공적이고 법적인 것이 되며, 이리하여 결국은 인류가 세계시민적 체제에 차츰 가깝게 다가갈 수가 있는 것이다.

그러나 세계의 현재 상황은 어떠한가? 한편으로는 앞에서 말한 것처럼 찾아온 사람에게 잔학무도한 처사를 하는 자가 있는가(그곳에선 방문권이 인정되지 않는다) 하면, 다른 한편으로는 찾아온 자(대륙의 문명화된 국가들, 특히 상업활동이 번성한 여러 국가)가 방문지를 정복하고, 지배하고, 영유하기까지 하는 것이다. 그 옳지 못함은 두려울 정도이다(그곳에선 방문권 이상의 일이 강요되는 것이다). '동인도에서 그들은 단지 상업 지점을 두겠다는 핑계 아래 군대를 끌어들였다.

하지만 그와 동시에 원주민을 압박하고, 그곳의 여러 국가를 선동하여 광범위한 지역에 걸친 전쟁을 일으킴으로써, 굶주림, 반란, 배신, 그 밖에 인류를 고통에 빠뜨리는 온갖 재액과 악행을 그것을 탄식하는 목소리가 일일이 열거할 수 없을 정도로 벌였던 것이다.' 더구나 그러면서도 이들 열강 국가들은 경건에 대하여 크게 외치고, 정통 신앙에 있어서 선택된 자로 인정받고 싶어 하는 것이다.

그러한 까닭에 중국과 일본이 이러한 내방자의 시도를 접한 뒤 취한 조치는 현명했다. 즉 중국은 내항은 허용하지만 입국은 허용하지 않았다. 또한 일본은 (이른바 쇄국에 의하여) 유럽 민족 가운데 네덜란드인에게만 내항을 허용하고, 더구나 그들을 죄수처럼 다루어 자국민과의 교제를 막았던 것이다.

그러나 앞에서 말한 방문권 내지 우호권이 일반화해야만 인류는 영구평화를 향해 끊임없이 다가갈 수가 있다.

보충 설명―영구평화의 보장

생 피에르의 평화론은 공상 내지 환상이라며 경멸을 당했다. 칸트도 자신의 평화론을 '몽상곡'이라 하고 있다. 하지만 만약 그렇다고 한다면 칸트 자신이 생 피에르를 변호하는 일도 없었을 테고, 그가 영구평화를 위한 예비조항이나 확정조항을 제시하는 일도 소용없었을 것이다.

그러나 과거에 그는 《판단력비판》에서 인간의 최고 목적으로서의 도덕에 대해 자연이 합목적적일 것을 주장했다. 이곳 보충 설명에서는 '위대한 기교가인 자연', 그 하는 일이 운명 또는 섭리인 자연이 '인간의 불화를 통해 인간 의지에 거스르더라도 그 융화를 회복시킨다는 합목적성'을 현실적으로 분명하게 드러낸다는 것을 논증하고 있다. 영구평화에 대한 자연의 합목적성이 논증됨으로써, 그것은 이제 공상이나 몽상이 아니게 될 것이다. 그렇게 되면 영구평화는 자연이라는 뛰어난 예술가에 의해 그 성립이 보장된다. 자연의 기구 자체가, 인류가 바라건 바라지 않건 상관없이 인류를 영구평화의 방향으로 저절로 향하게 하는 것이다. 물론 여기서도 이와 같은 합목적성이 이론적으로 인식되는 것은 아니며, 단지 반성적으로 인정된다. 자연이 앞의 국내법, 국제법, 세계시민법을 통해 영구평화라는 숭고한 도덕적 목표가 달성되도록 자연(자연계 및 인간의 자연적 경향)의 모든 기구를 계획한 것처럼 생각되는 것이다.

(1) 먼저 자연은 지구상에 있는 모든 지역의 인간이 그곳에서 생활할 수 있도록 배려했다. 얼음 덮인 차가운 황무지에서도 이끼가 자라게 하고, 또 순록이 그것을 먹음으로써 자라나며, 순록은 오스탸크족과 사모예드족의 식량이 되고, 썰매를 끄는 데 이용된다. 나아가 얼음 바닷가에는 바다표범과 바다코끼리, 고래가 있어 주민에게 식량과 연료가 되어준다. 불꽃같은 사막에는 낙타를 서식하게 하여 인간의 여행에 유용한 도구가 되게 한다. 실로 놀라울 만한 자연의 배려이다. 이렇게 사람들은 환경에 적응하고 그것을 이용하며 서로 평화롭게 살 수가 있는 것이다.

(2) 아울러 자연은 인간에게 부여한 호전적 경향성을 이용하여, 살기에 적합하지 않은 지역으로까지 인간을 몰아내 분산시켰다. '자연은 인간이 지상의 모든 장소에서 생활할 수 있도록 배려했지만, 또한 동시에 인간의 기호에 어긋나더라도 모든 장소에서 생활할 것을 단호하게 바라는 것이다.' 그 수단으로 쓰인 것이 전쟁이다. 이것은 '해야만 한다'는 도덕적 의무법칙에 의한 것이 아니라 자연이 강요한 선택에 의한 것이다. 이리하여 사모예드족은 알타이산 속에서 호전적인 몽고족에게 쫓겨나 황량한 북극해 연안이라는 극지로 옮겨가게 되었고, 유럽 최북부의 핀족 역시 고트족 및 사르마티아인에게 압박을 당해 동족인 헝가리인과 헤어져 멀리 동떨어진 곳에서 살도록 강요되었던 것이다.

(3) 또한 자연은 전쟁을 이용하여 인간을 많든 적든 법적 관계(국내법적, 국제법적, 세계시민법적)에 들어가도록 강요했다.

자연의 배려와 대비에 의해, 모든 민족은 자민족을 압박하는 다른 민족과 이웃하고 있다. 그렇게 되면 군사적인 힘으로 그 위협에 대항하기 위해, 비록 내부 불화에 의해 공법의 강제 아래에 들어오도록 강요받지 않더라도, 타국과의 전쟁에 의해 강제적으로 민족 내부에 국가를 형성하지 않을 수 없게 된다. 국가는 구성원 상호 간의 관계를 조화시키고 그 안녕을 보장하며, 단결에 의해 다른 단체에 대항하기 위한 가장 강한 법적 체제이다. 이런 개인의 안녕과 자기방어라는 인간의 권리에 완전하게 적합한 국내 체제는 공화제이다. 인간은 이기적인 경향을 지니므로 이러한 숭고한 체제 따위는 만들 수 있을 리가 없다고 할지도 모르지만, 자연은 오히려 이 이기적 경향을 이용하여 도움을 주고 있다. '이기적인 경향의 힘이 서로 맞서서, 한쪽의 힘이 다른 한쪽 힘의 파괴를 억제하거나, 또는 그것을 제거함으로써' 보다 나은 국가조직의 형성이 가능해지고, 인간은 보다 나은 시민이 되도록 강제되는 것이다. 다시 말해 자연의 기구는 인간이 지닌 비우호적 심정의 항쟁을 조정하여 그들이 강제법 아래로 들어오도록 서로 강제하고, 법이 힘을 지닐 수 있는 평화로운 상태에 이를 수밖에 없도록 하는 것이다.

자연은 도덕적 이유에 의해서가 아니라 인간의 자기 보존이라는 자연적 기구의 결과로서, 인간을 법에 따라 평화롭게 살아가도록 선량한 시민으로 만들어 낸다. 이러한 선량한 시민에 의한 선량한 국가체제에서 비로소 국민의 도덕적 교화를 기대할 수 있는 것이다. 이기적 경향에 의한 이와 같은 자연의 기구를 이성이 수단으로 이용함으로써, 이성 본디의 목적인 법의 지시가 실현될 여지가 주어지며, 그로써 국가 자체가 가능한 한계 안에서 대내외적 평화가 촉진되고 보장되는 것이다. 자연은 법이 최종적으로는 주권을 지니도록, 차마 거스르기 어렵게 바라고 있는 것이다.

이웃한 여러 나라가 독립, 분리해 있다―이것이 국제법 이념의 전제이다. 이 경우에 여러 국가의 연맹적 통일에 의한 적대 행위 발생을 예방하지 않으면 이미 전쟁 상태와 마찬가지이지만, 이성의 이념으로 볼 때에는 이러한 상태가 저 로마제국처럼 하나의 강국이 여러 국가를 융합해 버리는 세계 왕국보다 나은 것이다. '왜냐하면 법은 통치 범위가 확대됨과 동시에 점점 무게를 잃게 되고, 혼이 없는 전제정치는 선한 싹을 뿌리 뽑은 끝에 마지막에는 무정부 상태에 빠지기 때문이다.' 어느 국가(또는 그 우두머리)나 이 세계 왕국을 바라고, 이에 의해 영속적 세계 평화로 이행하려 하고 있다. 그러나 자연은 언어 및 종교가 다르다는 점을 수단으로 이용해 민족의 혼합을 가로막고, 민족을 분립시킨다. 이런 다른 점은 서로를 미워하는 경향과 전쟁을 위한 핑계를 수반하게 되지만, 문화가 발전하여 여러 원리에 대한 합치 쪽으로 인간이 점점 다가감에 따라 경쟁에 의한 힘의 균형에 의해 평화적 협조가 형성, 유지되게 된다.

이렇게 자연은 현명하게도 여러 민족을 분리하고, 각 국가의 의지가 책략과 힘에 의해 여러 민족을 통치하려는 것을 방지한다. 그러나 다른 한편으로 자연은 또한 이기심이라는 인간의 자연 기구를 통해, 그 민족들을 결합하여 폭력과 전쟁에 대해 여러 민족의 안전을 보장하는 것이다. 인간의 자연적 경향성인 이기심은 이득 욕구를 낳고, 그 결과 상업이 일어난다. 국가권력은 그 증대를 위해 자금력을 필요로 한다. 그 때문에 그것은 국제적인 상업활동을 보호한다. 그리고 이런 일은 전쟁과는 양립하지 않는다. 그래서 국가들은 만약 세계 어딘가에 전쟁의 위험이 닥치는 경우에, 동맹에 의한 것과 같은 조정에 의한 전쟁 방지의 필요를 느끼는 것이다. 이리하여 평화는 촉진되고 차츰 국제법 및 세계 시민법이 힘을 얻어 영구평화의 이념이 실현되어 간다. 이와 같은 방법으로 자연은 인간의 경향 자체의 기구를 이용하여 영원한 평화를 보장하는 것이다.

이것은 앞서 말한 바와 같이 영원한 평화를 이론적으로 논증하는 것은 아니지만, 영원한 평화가 비난받는 것처럼 공상이나 환상이 아님을 보여 주고, 그것을 바라는 우리의 도덕적 의무가 가지는 노력의 의의를 보장하는 것이다. '전쟁은 있어서는 안 된다'는 도덕적 의무의 절대명령에 대해 합목적적이고, 또 협력적인 것이다. 이렇게 '반드시 해야 하기 때문에 할 수 있다'는 도덕적 신념과 자연의 합목적성에 의해, 영구평화는 그 실현을 보장받게 된다.

비밀조항―철학자에게 귀 기울이기

공법(公法)의 심의에 비밀조항이 있는 것은 의아하게 생각될 수도 있다. 하지만 그 심의상의 무언가가 공법칙을 명령하는 인간의 존엄과 관계되는 경우에는 비밀도 있을 수 있는 것이다.

공공의 평화를 가능케 하는 여러 조건에 대한 철학자의 주관적인 원리, 즉 철학자의 평화론은 전쟁을 위해 무장한 여러 국가들에 충고로 받아들여지지 않으면 안 된다. 이러한 일은 국가의 권위와 관계되는 것처럼 보일 것이다. 그러나 가르침을 구하고, 철학자의 평화론에 귀를 기울이는 것은 매우 득이 되는 일이다. 그 때문에 국가는 비밀리에 철학자에게 그렇게 할 것을 권하는 것이리라. 다시 말해 국가가 철학자에게 전쟁 수행과 평화 달성의 일반적 원리에 대해 자유롭게, 나아가 공공연하게 발언하게 하는 것이다.

군주가 철학을 하는 것, 또는 플라톤이 말한 것처럼 철학자가 군주가 되는 것은 기대해서는 안 되는 일이고, 또 바람직한 일도 아니다. 왜냐하면 권력을 가지면 군주나 철학자나 이성의 자유로운 판단을 할 수 없게 되기 때문이다. 그러나 군주, 또는 평등의 법칙에 따라 스스로를 지배하고 있는 군주다운 민족이 철학자 계층을 없애거나 침묵하게 하지 않고 거리낌 없이 발언하게 하는 것은, 양쪽 모두에게 있어 각자의 직분을 분명하게 하기 위해 필요불가결한 일이다. 철학자는 그 본성상 폭도가 되거나 도당을 조직하는 것이 불가능하다. 또 종교론에 대해 받은 것과 같은 선동의 혐의를 받아야만 하는 사람들도 아닌 것이다.

이렇게 칸트는 자신의 영구평화론이 여러 국가와 정치가들에게 무시되거나 공상으로 받아들여지지 않고, 경청되어야만 한다는 것을 호소하고 있다.

부록—정치와 도덕

전쟁 없는 영원한 평화는 도덕적 의무였다. 그것은 당연히 정치와 관련되어 있다. 그래서 마지막으로 도덕과 정치의 관계가 문제되는 것이다.

정치는 '뱀처럼 영리해야 한다'고 하는 것처럼 국가권력의 증대를 목적으로 하여 술책을 꾀하고, 어떠한 부정한 수단을 써서든 뜻을 관철하는 것이다. 그 원리는 심리를 이용하는 바, 단순한 기술의 문제이며, 단지 자신의 개인적 이익이 손상되지 않도록 시대의 지배 권력에 영합하여, 국민을, 나아가 가능하다면 전 세계를 희생시키려 하는 것이다. 따라서 정치는 자국민에 대해, 또는 인접한 다른 민족에 대해 국가의 권리를 마음대로 손안에 넣을 기회를 잡기 위해, 정당화는 나중에 하면 된다면서 잘못을 저지른다. 그리고 그 때문에 국민이 폭동을 일으켜도 책임을 부정하고, 대립자가 있는 경우에는 국민과 서로 이간시켜 불화하게 하며, 여러 외국이 대항해 올 경우에는 그들 나라와 갈등을 일으킨다. 이와 같이 정치에는 지배하라는 준칙이 이용된다.

이에 반해 도덕은 정의를 원리로 한다. 칸트는 정치에 이익이 될 만한 도덕을 생각할 수는 없지만 도덕에 들어맞는 정치는 생각할 수 있거니와 또한 생각해야만 한다고 말한다. 다시 말해 정략 내지 술책으로서의 정치를 위해 도덕을 수단으로 이용하는 것이 아니라, 반대로 도덕에 맞는 정치를 생각하고, 정치 쪽을 도덕에 맞춤으로써 양자를 합치 또는 양립시켜야 하며, 그것이 가능하다는 것이다. 이와 같은 방향을 취하는 것이 도덕적 정치가인데, 그에게 정치는 단순히 기술의 문제가 아니라 도덕의 문제이기도 하다. 즉 그는 국가 정략의 여러 원리를 도덕과 양립하는 형태로 채용하는 정치가인 것이다.

그러한 정치가의 경우에는 '뱀처럼 영리하라'는 명제를 제한하고, '비둘기처럼 정직하라'는 명제를 정치의 불가결한 조건으로 덧붙인다. 도덕적 정치가는, 비록 그들의 이기심을 희생하더라도 '갖가지 결함이 국가체제와 국제관계에 생겼을 경우에 어떻게 하면 그들 결함이 가능한 한 빨리 개선되고 이성의 이념 속에 본보기로 나타나 있는 자연법에 적합하게 될까?'를 고려할 것을 의무로 삼는다. 그들은 이러한 것들에 의해서만 진정한 공화적 통치 방식을 깨닫게 되며, 그들이 바라야 하는 과제가 '순수실천이성의 국가와 그 정의'라는 것도 알게 된다. 다시 말해 그들은 모든 인간이 서로 자타의 인격을 단지 수단으로서가 아니라 동시에 목적 그 자체로서 서로 존중하는 공동체('목적의 나라')를 지향해야 하는 것이다. 이 과제를 향한 노력에 의해 '영구평화라는 축복은 저절로 얻어질 것이다.'

도덕에 의한 정치 지배라는 형태 속의 양자 일치라는 지향은, '비록 세계가 멸망하더라도 정의는 행해져야 한다', '비록 세계의 사악한 무리들이 그로 인하여 모조리 멸망할지라도 정의여 지배하라'라는 명제로 제시되는 것이다. '참된 정치는, 그렇기 때문에 사전에 도덕에 복종하고 있지 않으면 한 발짝도 나아가지 못한다. 정치는 그렇게 보면 과연 힘든 기술이다. 그러나 정치와 도덕을 일치시키는 것은 어떤 기술이 아니다. 왜냐하면 양자가 서로 모순되게 되면 도덕은 정치가 풀지 못하는 매듭을 둘로 끊어버리기 때문이다.' '정치는 모두 법 앞에 무릎을 꿇지 않으면 안 된다. 하지만 그 대신에, 정치는 서서히 나아가기는 해도 자신이 빛나게 되는 단계에까지 이를 것을 기대할 수 있는 것이다.'

그런데 정의는 늘 공표성과 결부되어 있고, 그러한 것으로만 생각할 수 있는 것이라서, 공표성이 없으면 어떠한 정의도 존재하지 않는다. 따라서 '타인의 권리에 관계되는 행위로서 그 준칙이 공표성과 일치하지 않는 것은 모두 부정이다'라는 명제가 공법의 선험적 공식이 된다. 공표성, 곧 공표할 수 있다는 것은 정치가 도덕과 일치할 수 있는 기준인 것이다.

영원한 평화는 비록 무한히 전진하면서 접근할 수밖에 없더라도, 그 실현은 우리의 의무이다. 그리고 그에 대한 희망에 근거가 있다면 그것은 결코 공허한 이념이 아닌 우리의 과제이며, 차츰 해결되어 목표에 끊임없이 접근하게 될 것이다. 이 말을 결말로 하여 《영원한 평화를 위하여》는 끝나는 것이다.

결국 인간이란 무엇인가
《실용적 관점에서 본 인간학》

실용적 안트로폴로기가 지향하는 것

우리는 앞에서 우리 인간은 무엇을 알 수 있는가, 무엇을 해야 하는가, 무엇을 바라야 하는가를 문제로 들어왔다. 인간은 한편으로는 본능과 충동을 부여받아 그것에 기초하여 살아가는 동물이었다. 그러나 다른 한편으로는 생각하는 능력으로서의 지성과 이성을 부여받아 자연을 인식하고, 그 법칙을 탐구하며, 자유에 기초하여 도덕을 생각하고, 종교를 바라는 존재였다. 물론 인간은 전지전능한 신은 아니다. 인간은 단지 한편으로는 수동적, 감성적인 동물적 존재이면서도, 다른 한편으로는 그런 자신의 존재적 한계를 넘어서서 활동하는 능동적 존재이고, 현실적으로 주어진 바를 초월하는 것을 꿰뚫어보며 그것과 만나는 예지적 존재였다. 그렇게 함으로써 인간은 스스로 조직한 지혜를, 도덕을, 예술을, 종교를 비판해 간다. 다시 말해 알 수 있는 지식을, 행해야만 하는 도덕을, 바라도 되는 종교를 비판적으로 고찰하는 것이다. 이와 같은 의미에 있어서 칸트 철학은 비판철학이자 선험철학이었다. 그러나 다른 한편으로 칸트 철학이 무엇을 대상으로 삼았느냐고 묻는다면, 그것은 말할 것도 없이 '인간'이었다.

칸트는 《순수이성비판》에서 인간 이성이 갖는 모든 관심, 즉 사변적인 것과 실천적인 것 모두를, 나는 무엇을 알 수 있는가, 나는 무엇을 해야 하는가, 나는 무엇을 바라야 하는가라는 세 가지 물음으로 정리할 수 있다고 말한다. 이와 같은 칸트 철학은 비판철학이라 한다. 그러나 그것은 칸트 철학을 방법상으로 규정한 것이다(물론 그것이 철학사상 코페르니쿠스적 의의를 지닌다는 것은 이미 말한 대로지만). 이에 대해 한층 비판적인 방법으로 무엇을 문제로 삼았느냐고 묻는다면, 위의 세 가지 질문에 상응하여 그것이 인간의 지식이고, 인간의 행위이며, 인간의 종교라고 대답할 수 있을 것이다.

그런데 칸트의 논리학 강의라든가 그가 슈토이들린 앞으로 보낸 편지에서는, 철학의 과제로서 위에 말한 세 가지 과제에 이은 네 번째 것으로서 '인간이란 무엇인가'에 답하는 '인간학'(안트로폴로기)이 덧붙여져 있다. 더구나 주목해야 할 것은, 칸트가 '처음 세 가지 질문은 결국 네 번째 질문인 인간학으로 총괄될 수 있다'고 말하고 있다는 점이다. 인간학이야말로 지식, 도덕, 종교에 대한 저 세 가지 과제를 하나로 묶는 중요한 위치를 차지하고 있었던 것이다. 따라서 칸트 철학이 방법상 비판철학이라고 한다면, 그 내용상으로는 인간철학이라고 할 수 있다.

여러분은 경건한 마음속의 신앙을 존중하는 피에티스무스 가정에서 자라난 칸트를 떠올릴 수 있을 것이다. 매우 규칙적인 생활을 하여, 산책마저도 시계처럼 정확했던 일상생활을 보냈다는 엄숙한 도덕주의자의 모습을 말이다. 어떤 사람들은 평생을 독신으로 살면서 어려운 비판철학을 헤아릴 수 없을 만큼 깊이 사색하고 강의했던, 가까이 다가가기 힘든 철인 칸트를 상상할 것이다. 하지만 이때에도 그의 다른 면을 놓쳐서는 안 된다. 즉 칸트가 오랫동안 다른 철학 강의와 나란히 인간학 강의를 했고, 그 수업에서 다양한 주제의 현실적인 지식과 지혜에 대한 이야기를 학생들에게 재미있고 즐겁게 들려주었다는 것을 말이다. 풍부한 화제와 사교에 뛰어났던 칸트는 인간학 강의에서는 학생을 웃게 만드는 선생이었다. 인간학은 '실용적 관점' 또는 '실용적'(프래그마티쉬)이라 할 성격을 띠고 있는 것이었는데, 이것에 대한 칸트의 강의는 그의 마지막 저서 《실용적 관점에서 본 인간학(안트로폴로기)》이 되었다(1798년, 74세).

인간학 강의는 앞에서도 말해 왔던 것처럼 인간의 마땅한 모습에 대한 것이 아니라, 현실의 인간 모습을 문제로 삼는 것이었다. 현실의 인간은 사회(세상)를 이루어 살아간다. 인간학은 사회를 구성함으로써 공존하게 되는 경험적 현실적인 인간 지식, 세상 지식을 다루는 것이다. 이미 도덕론에서 살펴본 것처럼 현실의 인간은 악착스레 자기 이익과 행복을 추구하는 존재이다(물론 거기서 엄연한 도덕적 의무의 목소리, 현실을 초월하는 도덕적 양심의 목소리와 맞닥뜨려 고뇌하기도 하지만). 한편 도덕의 법칙과 원리는 경험에서 이끌어 내질 수 없으며, 우리가 선험적으로 파악해야만 하는 순수하고 형식적인 것이었다. 따라서 도덕의 세계가 가능해지려면 단순히 경험적인 것, 즉 인간학에 속하는 모든 것을 완전히 내버린 선험적 도덕원리를 다루는 순수도덕철학, 또는 도덕형이상학이 먼저 만들어지지 않으면 안 된다. 그러나 이러한 형식적, 선험적인 법칙을 인간에게 적용하기에 즈음해서는 현실의 인간이 무엇인지에 대해, 경험적 일상적인 인간의 모습이 어떠한지, 다시 말해 인간 지식과 세상 지식으로서의 인간학에 능통해야만 한다고 칸트는 말한다. 칸트에 따르면 이와 같이 순수부문인 도덕의 형이상학이 인간학에 적용되었을 때, 그것이 도덕의 경험적 부문으로서의 실천적 인간학 또는 도덕적 인간학인 것이다. 그래서 윤리학은 순수와 경험의 두 부문으로 구성된 실질적 순수철학이라고 할 수 있다(칸트는 이같이 말하고는 있지만, 실제로는 실천적 인간학 내지 도덕적 인간학은 만들어지지 않았다).

인간은 생물이고 동물이다. 그렇다면 생물이나 동물로서의 인간에 대한 여러 현상 또한 생각할 수 있다. 그러한 현상의 탐구가 자연학적 인간학이라 할 것이다. 이에 반해 칸트가 문제로 삼은 것은 실용적 인간학이었다. 칸트는 1772~73년의 겨울학기 뒤에(1773년 끝무렵) 마르크스 헤르츠에게 보내는 편지에서 인간학 강의의 성격에 대해 이렇게 말하고 있다.

'내가 품은 의도는, 인간학에 의해 모든 학문의 원천과 도덕, 숙달, 사교 등 인간을 갈고닦으며 통제하는 방법 등의 원천, 즉 모든 실천적인 것의 원천을 열어 보이려는 것입니다. (……)

나는 일상생활에서도 끊임없이 다음 문제를 생각하고, 관찰하고 있습니다. 곧 나의 수강자들이 처음부터 마지막까지 결코 무미건조한 강의를 듣는 것이 아니라, 각자의 일상 경험을 내가 말하는 바와 끊임없이 비교해 볼 기회를 가짐으로써, 언제나 유쾌하게 수업을 듣고 있는가를 말입니다. 그래서 나는 틈만 나면 내 눈에는 매우 즐거운 이 관찰의 학문에 기초하여, 숙달과 영리, 아니 그뿐만이 아니라 현명한 지혜까지도 대학생들에게 예비 연습을 실시하는 것입니다. 이런 예비 연습은 다른 모든 지식의 교수와 달리, 자연생리학과 함께 세상 지식이라 불러야 할 것입니다.'

칸트의 말처럼 인간학은 인간의 일상적인 세상 생활을 경험적으로 관찰하고 인식하는 것으로, 인간이 조직해 내는 모든 학문과 모든 실천의 원천이다. 따라서 인간학은 학문과 실천의 전제가 되며, 그렇기 때문에 우리의 일상생활에 유용하고, 또 처세의 방법을 가르쳐 준다. 칸트가 강의한 인간학은 이와 같이 실용적인 것이었고, 실용적 관점에 있는 학문이었다. 다시 말해 그것은 경험적, 실용적인 일상적 인간에 대한 관찰이자 인식이었던 것이다.

실용적 현실의 성격

인간의 본원적 소질

칸트는 종교론에서 '인간 본성에 있어서의 선의 본원적 소질'로서, 동물성, 인간성, 인격성 세 가지를 들고 있다. '동물성의 소질'이란 생물로서의 인간의 소질이며, '물적으로 보아 단지 기계적인 자애, 즉 이성을 필요로 하지 않는 자애'이다. 이와 같은 동물적 인간이 '자연학적 관점에서 본 인간학'의 대상이었다. 이러한 소질이 갖는 성질로는 자기 보존, 종족 보존, 사교적 충동의 세 가지를 생각할 수 있다. 그러나 이 소질은 인간이 단지 동물이라는 사실에 기초한 것이고, 그것 자체로서는 선도 악도 아니거니와 유용하지도 않다. 그것은 다른 소질(인간성이나 인격성)에 기초하는 존재 방식을 가능하게 하는 자연적 소재인 것이다.

'인간성의 소질'이란 '생물임과 동시에 이성적 존재자로서의 인간'의 소질이다. 그것은 동물성과 마찬가지로 '자애'의 소질이기는 하지만, '이성적 고려'의 바탕, 스스로의 안전, 자기 행복, 타인에 대한 우월을 희구하는 존재인 한에서 동물성과는 본질적으로 다른 것이다. 이성적 고찰을 바탕으로 타인과 비교하여 자신이 행복한지 불행한지를 비판하고, 거기서 언제나 타인보다 더 우월해지고, 행복해지려는 끊임없는 배려와 욕망이 생겨난다. 이것이 높아지면 질투와 경쟁심, 적의, 시기, 상해(傷害)의 기쁨 같은 바람직하지 않은 것이 되기도 한다.

'인격성의 소질'이란 '이성적임과 동시에 책임을 감수하는 자로서의 인간'의 소질이며, 도덕적 책임의 주체인 인격을 가능하게 하는 도덕적 소질이다. 이것은 도덕률과의 일치에서 생겨나는 편안함 또는 희열의 본질인 도덕감을 가능하게 하는 소질로서, 무조건적이고 절대적인 도덕법칙의 존경, 그리고 의무로서의 무조건적 구속성이나 책무의식이 터잡은 곳이며, 자기 자신의 결단에 의한 의지의 자유를 알게 하는 자유의식이 유래하는 곳이다. 또 나아가서는 자기에 대한 존경과 이웃 사랑 같은, 여러 내용적 의무를 가능하게 하는 소질이다. 종합하면 이 인격성의 소질은, 도덕적인 이성적 소질이라고 할 수 있는 것이다.

실천의 세 가지 양식

칸트는 위와 같은 인간의 본원적 소질과 관련하여, 인간의 실천으로 세 가지를 구별한다. 따라서 이에 대한 우리의 실천은 첫 번째는 '기술적', 두 번째는 '실용적', 세 번째는 '도덕적'인 것으로 나뉘게 된다.

기술적 실천

기술적(technisch) 실천은 임의의 목적 달성을 위한 사물과 관계된다. 이것은 사물을 생산하고 형성하며 또 그것을 사용하는 바의 실천인 것이다. 이것은 비록 인간을 대상으로 하고 인간과 관련된다 해도, 사물로서의 인간, 즉 인간의 자연성과 관계되는 것이다(예를 들면 의학적 수술이나 치료, 보육처럼). 이와 같은 실천이 가능해지고 쉬워지려면, 우리는 사물을 알아야만 한다. 기술적 실천은 결국 이론에 기초한, 그 응용이기 때문이다. 그러한 실천의 기초가 되는 이론에는 수학이나 물리학처럼 선험적인 것도 있지만, 화학이나 생리학, 물리학처럼 경험적 기술(記述)적인 것도 있을 것이다. 또한 사물로서의 인간, 곧 자연적 인간을 알려면 경험적인 생리학이나 심리학을 알아야 한다(그것이 자연학적 인간학일 것이다). 그리고 이와 같은 이론이 실천이 되기 위해서는 기술적 실천이성에 의해 이론에서 이끌어 낸 기술적인 가설적 명제('만약 이렇게 하고자 생각한다면 이렇게 하지 않으면 안 된다'는 조건부 명제)와 그것을 실현하는 의지적 신체, 특히 '손'이 필요하다. 이 이성적인 손이야말로 기술적 실천의 중심이다(자국어의 실력이 붙다, 실력이 떨어지다, 능숙하다, 서투르다, 수완, 솜씨, 기량에 자신이 있다, 등의 말은 그러한 실천을 표현하는 것이다).

그러나 여기서는 그 손이 총명한 사려분별이 있는 손인지, 아니면 생각이 부족한 아둔한 손인지, 또는 선인의 손인지 악인의 손인지는 아직 직접적으로 따지지 않는다. 기술적인 손은 능숙한지 서투른지가 문제가 될 따름이다. 능숙한 것, 다시 말해 이성적인 손이 그러한 기술적 실천을 구체적으로 솜씨 좋게 해내는 것을 칸트는 geschickt(깊이 통달하다, 솜씨가 있다, 요령을 터득하고 있다)라 하고, 요령을 안다는 것, 요령을 익힌다는 것, 솜씨가 있다는 것을 일반적으로

Geschicklichkeit(숙련, 통달)이라고 한다. 숙련과 통달은 이처럼 사물과 관계하여 사물을 능숙하게, 나아가 손쉽게 생산, 형성, 사용, 처리하는 사람의 솜씨를 의미한다. 따라서 기술적 실천을 명하는 가설적 명제는 그러한 숙련과 통달을 요구하는 것이다. 이때 그러한 명제가 임의의 목적 아래에 있는 조건적인 것이고, 나아가서는 이론적 지식(선험적인 또는 경험적인)에 바탕하는 한, 그것은 실로 '숙련과 통달의 규칙'이라고 부르기에 알맞은 것이다.

실용적 실천

인간은 본디 자기 행복을 지향하기 마련이다. 현실 세상에서 이와 같은 자기 행복을 추구하는 실천 또는 행위를 우리는 실용적(pragmatisch) 실천이라 부른다. 그것은 자기와 똑같은 인간과 관계하고, 또 그를 대상으로 한다. 다시 말해 사물로서의 인간, 단순한 동물로서의 인간이 아니라, 이성을 갖고 있는, 자신과 동등한 인간과의 행위적 관련에 처한 인간, 그러나 신성한 자가 아니라 또한 실수를 저지르는 그러한 이성적 인간이 행하는 실천인 것이다. 바꿔 말하면 실용적 실천이란 일상의 세상적 생활—칸트에 따르면 '인간'이란 곧 '세상'이었다—에 있어서 자기 행복을 위해 다른 인간을 수단으로 사용하는 것이다. 실로 '실용적'이란 말은 자신의 안녕과 복지를 위해 세상을 이용하며 세상을 사는 일인 것이다. 그리고 자기 의도를 위해 교묘하게 남을 이용하고 사용하는 것, 즉 능숙하게 세상을 이용하고 약삭빠르게 처세하면서 세상을 사는 것이 칸트에 의하면 일반적으로 klugheit(영리, 처세술을 터득한 것, 사려분별이 있는 것, 총명, 세상의 재주와 물정에 훤한 것, 빈틈없는 것)라고 불리는 것이다.

칸트는 영리하다는 것은 우리의 의도를 위해 인간을 교묘하게 이용하는 재주라고도 말한다. 그런데 기술적 실천의 숙달이 사물에 관계하는 것에 반해, 실용적 실천의 영리함은 인간과 관계된다. '시계 기술자가 완전한 시계를 만든다면 그는 솜씨가 있고 숙련되었으며 통달했다고 말할 수 있지만, 유행에 따라 잘 만들어 내고 신속하게 팔려 나가는 것을 만드는 법까지 터득해야 비로소 영리하다고 말할 수 있는 것이다.' 이런 빈틈없는 실용적 실천에도 그 자신의 영속적인 이익이나 행복과 연결시키는 통찰이 없으면 안 된다. 용의주도하고 약삭빠르며 꾀가 있지만, 전체적으로 똑똑하지 않은 사람은 충분히 영리하다고 할 수는 없을 것이다(이성적 손이 기술적 실천의 중심인 데 반해, 실용적 실천의 중심은 이성적 입에 있다고 할 수 있으리라. 인간의 입, 이성적인 입은 실로 인간을 향해, 세상을 향해 있는 것이다. 입을 통한 말은 모두 '인간 세상'과 관계하기 때문이다. 그러나 칸트는 그러한 이성적 입의 실용적 의의에 대해서는 아직 충분한 자각에 이르러 있지 않았다).

기술적 실천은 사물에 관계하는 것으로서 그를 위해서는 사물을 알아야만 했다. 이에 반해 실용적 실천은 인간을, 그것도 단순한 생물적 인간과는 다른 이성자로서의 인간, 즉 자기와 동등하게 숙달되고 영리한 실천을 하며 뭔가를 이룩해 나가는 인간, 세상을 이루고 공동생활을 하는 인간을 모르면 안 되는 것이다. 다시 말해 인간 상호의 관계, 곧 세상을 알아야만 하는 것이다. 그런 인간과 세상을 아는 자만이 인간 세상을 자기 의도대로 할 수가 있다. 실용적 관점에 있어서의 인간학이란 실로 이와 같은 인간과 세상에 대한 지식을 요구하는 것이었다. 그러나 칸트에 따르면 자연학적 인간학이 그랬던 것처럼, 아니 그 이상으로 인간과 세상의 지식은 경험에 기초하지 않으면 안 된다.

인간은 누구나 행복을 추구하여 실용적 실천을 함에도 불구하고, 유한한 존재로서 과연 무엇이 행복이고 무엇이 자신을 행복하게 하는지를 명확하게, 말하자면 선험적으로 규정하지 못한다. 다시 말해 행복은 명확하지 않은 개념이고, 우리는 현실적으로 무엇이 행복인가에 대해 인간 세상의 여러 사상(事象)들을 선험적으로 다양하게 비교하고 통일함으로써 일반적 개괄적으로 알게 될 뿐이다. 따라서 실용적 실천의 원리는 행복에의 길에 대한 경험적 조언을 주는 것이므로, '영리한 충고'라고 부르기에 적합하다. '오히려 이성의 충고로 간주되어야만 하는' 어떠한 행위가 이성자로서의 인간 행복을 증진하는지 보편적으로 규정하는 것은 유한한 인간으로서는 불가능한 일인 것이다.

도덕적 실천

도덕적(moralisch) 실천에 대해서는 이미 말한 바 있으므로 지금 여기서 새삼 언급할 필요는 없을 것이다. 우리는 현실의 불가능과 상관없이, 또한 자기의 호불호에 개의치 않고, 아니 행복에의 경향을 거스르더라도 단호하게 해야만 하는 도덕적 의무의 무조건적이고 절대적인 명령과 마주친다. 여기서의 중심은 손이나 입이 아니라, 모든 경험적인 것을 차단하고 안쪽 깊숙이 선험적 형이상학적인 것과 만나는 순수실천이성 그 자체이다. 그 순수실천이성은 눈에 보이는 현실 세계의 바닥에 있으며, 현실적인 것의 이념을 제시하고, 유한한 현실의 인간에 대해 무조건적이고 절대적으로 명령한다. 즉 인간에 대하여 도덕에의 복종을 단호하게 강제하는 것이다.

그럼에도 불구하고 유한한 실용적 인간은 행복에의 사랑에 이끌려서, 또는 모르는 사이에 점점 행복에 이끌려서, 또는 행복 추구야말로 도덕 이상의 숭고한 것이라고 간주함으로써 악을 저지르고 만다. 그리고 인간은 그렇게 자신의 유한한 실용적 존재로서의 욕구에 탐닉하면 할수록, 거꾸로 도덕의 절대적인 명령에 강한 압박을 받아, 행복을 추구하는 실용적 실천과 절대적인 도덕적 양심 사이에서 고뇌하는 것이다. 칸트는 이 모순을 인간이 도저히 빠지지 않을 수 없는 모순(자연적 변증)이라고 부른다.

실용적 실천에 있어서 도덕적 가상의 연출

도덕적 실천은 누구에게나 통용되는, 누구나 행사해야 하는 의무라는 형식에 바탕하는 행위였다. 다시 말해 그것은 자기가 하고자 하는 일이 보편적으로 타당한지 아닌지를 생각하고, 그와 같은 기준에 들어맞는 것을 목표로 행위하는 것이었다. 그러는 한, 도덕적 실천은 자기의 인격 및 타인의 인격을 존경하고자 하는 것이다. 그런데 실용적 실천은 자기 행복을 지향하고, 쾌락을 추구하는 자기 충동을 좇는 것으로서, 자기 인격을 그 충동 수단으로 삼으며, 또 남의 인격을 자기 행복을 위해 수단화하는 것이었다. 함께 사는 세상에서 이러한 이기심이나 자애가 노골화하면, 거기서는 서로 먹고 먹히는 늑대가 되어 실용적 실천의 자기부정에 빠질 수밖에 없을 것이다. 그렇기 때문에 실용적 실천이 가능해지려면 어디까지나 자기 본마음을 감춘 채 상대를 간파해 내고, 마치 타자를 존경하기라도 하는 듯 가상을 연출하는 배우가 되지 않으면 안 된다. 즉 도덕적 가상, 겉보기 아래에서만 실용적인 공존 생활이 가능해지는 것이다.

실용적 세계는 도덕의 세계를 외면적으로 흉내냄으로써 존립할 수 있다(보편적인 법 아래 외면적 행위의 적법성을 요구하고 강제하는 정치적 시민 상태의 형성은 실용적 인간의 영리함에 기초한다고 할 수 있다). 이것은 실로 도덕적 실천이야말로 인간의 진실이며, 이 세상이 존재해야 할 진정한 모습이라는 사실에 대한 반증인 것이다. 칸트는 배우 같은 예의범절을 지니고 살아가는 공민 사회(인간 세상)는 '서로 속이는 인간 세상'과 이웃해 있다고 말한다. 그러나 '서로 속이는 사회'란 사회의 자기모순인 동시에 자기부정이다. 인간 세상이 진정 인간 세상으로서 진실해져서 영원성을 얻으려면, 도덕에 의해 뒷받침되는 실용적 공민 사회가 확립되고, 참인간의 원리에 의해 결합하는 도덕적 공민 사회가 형성되지 않으면 안 된다. 칸트에 따르면 거기에서 도덕의 진실성을 전제하는 기술적 인간성 개발로서의 숙달(개화)을 이용한 실용적 인간성, 곧 영리함(시민화)의 개발은 도덕의 준비 과정이 된다. 이렇게 도덕을 정면에서부터 준비하는 도덕 교육을 포함해 기능적 개화, 시민적 영리화, 현명한 지혜 등을 얻게 하는 모든 인간성의 개발(문화)은 참인간을 준비하는 의미를 지니게 되는 것이다.

인간 지식의 획득 방법

세상 지식의 원천인 교제

인간학은 경험적인 인간 지식과 세상 지식을 구체적으로 어떤 방법으로 획득하고 넓혀가는 것일까? 칸트는 실용적인 인간 지식, 세상 지식을 얻는 첫 번째의 그리고 가장 본질적인 원천을 타인과의 교제에서 찾는다. 그는 인간을 아는 것이 곧 세상을 아는 것임을 꿰뚫어 보고, 그러한 세상 지식을 교제에 의해 파악하려 한 것이다. 인간은 타인과의 교제에 의해 세상을 함께하고, 또 생활을 함께하고 있다. 생활 공동의 장에서의 교제는 먼저 가정생활에서 시작되며, 학교, 동료나 시민 생활, 국민 생활 등 더욱 다양한 세계로 그 범위가 확대되어 간다. 그리고 우리는 그러한 교제를 바탕으로, 또 원천으로 하여 세상을 아는 것이 가능해진다. 그 때문에 세상을 알려면 교제를 넓히고, 특히 상류사회나 교양 사회와 관계하는 것이 중요하다. 하층의 교양 없는 사회에 비해 상류층 사회에서는 보다 더 풍부한 '인간성'의 개발이 가능한데, 그것은 인간에 대해 더 깊고 넓은 관찰이 가능하기 때문이다.

여행, 여행기, 보조 수단

여행과 여행기도 인간학의 원천으로 바람직한 것이다. 교제와 여행 다음으로 세계사, 전기, 연극(희극, 비극), 소설 등이 인간 지식을 넓히는 보조 수단이 될 수 있다. 그것들은 교제와 여행과 비교할 때 인간학의 원천이 될 수는 없다는 차이를 가지지만, 그 원천을 보조하는 재료를 제공할 수는 있다. 오히려 교제와 여행처럼 타자와의 직접적인 교섭으로 인간을 알고자 하는 경우에 발생하는 온갖 장해(예를 들면 타인이 자기를 감추려 해서 충분히 그에 대해 알 수 없는 경우, 또 관찰자 자신이 격정에 휩싸여 있어서 스스로의 모습을 관찰할 수가 없을 뿐만 아니라 타인을 냉정하게 관찰하는 것도 불가능한 경우 등에서 겪는 장해)가 이 경우들에서는 나타나지 않는다는 점에서도 이것들은 중요한 보조 수단이 된다. 이때 물론 연극이나 소설은 인간의 현실을 과장되게 가상한 것임을 잊으면 안 된다.

그러나 '세상을 함께한다는 것'이 곧 '세상을 아는 것'은 아니다. 하지만 인간은 세상에 태어나 세상을 살다가 세상에서 죽어간다. 그러는 이상 인간은 함께 있는 세상이 무엇인지를 이미 주체적, 실천적으로 알고 있다. 세상을 안다는 것은, 그러한 주체적 파악인 '세상을 함께한다는 것'을 매개로 하여 세상을 대상적으로 관찰하고 이해하는 일이다.

계획을 세워 실험하기

인간의 관찰을 통한 인간학적 인간 지식은 단지 얼마간 교제를 계속하고 경험을 쌓는 것만으로 충분히 얻어지지는 않는다. 하물며 막연하게 여행을 떠나거나 또는 목적도 없이 많은 책을 읽는 것이 인간 지식에 어떤 이득이 되는 것은 아니리라. 칸트는 말한다. "연습과 경험은 인간 지식을 얻기 위해서는 우리에게 있어 가장 좋은 방법이다. ……하지만 그것만으로는 불충분하다. ……먼저 인간에 대해 착안해야 한다. 즉 우리는 타인을 향하지 않으면 안 되는 것이다. 인간은 이 점에 대한 근본 이념—이로써 인간 지식은 획득될 수 있다—을 규정해야 한다. ……인간 지식을 발전시켜 나가려면 이러한 예비지식이 필요한 것이다."

어떤 방법을 취하더라도, 그것을 아무런 계획도 없이 막연하게 시작하는 것으로는 인간 지식을 얻을 수 없다. 그러므로 인간 지식 획득의 방법은 교육에 의해 인간을 관찰하는 근본 이념과 일반적 예비지식을 쌓고, 그런 다음에 그것을 바탕으로 실험하는 것이어야만 한다. 다시 말해 이것은 교제 자체를 통해 인간을 관찰하고, 다른 지역으로 여행을 떠나 계속 찾으며 돌아다니면서, 인간에 대해 자기가 지닌 척도에 의해 고찰하라는 것이다.

실험의 장해

인간 지식 획득을 위한 이러한 실험에는 인간성 자체에 따라다니는, 쉽지 않은 장해가 존재한다. 첫 번째로 사람은 누군가 자신을 관찰하려 할 때 그것을 알아채면, 있는 그대로의 자기 모습을 보일 수 없게 되거나, 아니면 있는 그대로의 자기 모습을 알리지 않으려 한다는 사실이다. 자기를 감추고 억제하여 거짓되게 가장하는 것이다. 더구나 그런 것은 인간학에 있어서 매우 풍부한 원천인 상류사회나 교양인의 경우에 더욱 두드러지게 나타나는 경향이다. 사람은 교양이 있을수록 점점 더 자기를 감춤으로써 타인에 의해 탐구당하지 않으려한다. 이러한 가장의 기술은 교양이 풍부해짐에 따라 더욱 늘어나며, 정교화할뿐만 아니라 그 반대를 보이기까지 하는 것이다. 이 때문에 인간을 관찰할 때는 자신이 관찰자임을 상대가 절대 눈치 채지 못하도록 조심해야 한다. 아무런 거리낌 없이 이야기하는 것처럼 보여야 하고, 더구나 그럴 때 상대가 하는 말에 맞장구쳐 가며 분위기를 맞춰야 한다. 인간 관찰에는 실로 이와 같은 영리함이 필요한 것이다.

두 번째, 하지만 위와 같이 타인을 관찰하는 경우에 일어나는 어려움은 자기 자신에 대해 관찰하고 실험함으로써 제거된다고도 할 수 있다. '누구나 자기 자신을 가장 잘 아는 법이다.' '타인을 아는' 것에 비해 '자기를 아는 것은 지극히 쉽다.' '자기 자신이나 자기가 하는 인식에 대해서는 어떠한 가장이나 은닉도 불가능하다.' 여기서는 타인들이 서로 간에 사용하는 가면은 모조리 제거된다. 그러나 자기 자신을 관찰하려는 경우라도 '격정에 대해서라면 마찬가지로 막다른 길에 다다르고 만다. 충동이 작용할 때는 자신의 그러한 상태를 관찰하고 있지 않으며, 관찰할 때는 이미 그 충동이 조용히 가라앉아 있다.' 따라서 사람은 자기의 격정과 충동, 그중에서도 특히 격정 같은 것을 관찰하기는 매우 어렵다. 그리고 그 어려움은 타인의 관찰 쪽으로 다시 방향을 바꿈으로써 줄어든다. 타인에게 향할 때는 이미 냉정하기 때문에 타인의 관찰에 의해 어떤 암시를 얻고, 그 암시에 기초하여 자기를 되돌아보는 것이다. 타인에 대한 관찰과 자신에 대한 관찰을 상호 매개로 함으로써 구체적인 인간 지식은 확대되고, 획득되어 가는 것이다.

하지만 다시 세 번째 어려움이 있다. 우리 문제의 근본은 인간 일반 또는 인류가 무엇인가라는 것이었다. 우리는 자신과 타인을, 또는 타인끼리를 비교함으로써 인간에 대해 알 수가 있었지만, 인간 일반은 비교할 만한 어떤 대상도 지니고 있지 않다. 따라서 우리는 구체적으로 세상을 돌아다녀 보고, 세상에 존재하는 개개의 인간을 실험함으로써 인류 자체가 무엇인지를 해명해 가는 도리밖에 없는 것이다.

네 번째로 다음과 같은 어려움이 존재한다. 인간은 정의(情意)적 충동이 활동하는 한, 자기 정의 자체의 관찰이 불가능하다. 그뿐만 아니라 외적 사물의 관찰, 나아가 인간에 대한 실험도 혼란스러워진다. 그래서 인간학적 실험을 위해서도 냉정한 사고 태도(충동을 제어하고 이념을 작동시키는 기술)의 훈련이 필요한 것이다.

다섯 번째로 '때와 장소의 정세 등이 고정적이라면 그것에 적응하여 습관이 생겨난다. 습관은 제2의 천성이며, 인간이 자기 자신을 무엇이라고 생각해야 하는지에 있어 자기 판단을 어렵게 한다. 더 나아가서는 교제하고 있는 타인을 무엇으로 생각해야 하는가에 대한 판단도 곤란하게 한다. 그래서 인간이 운명에 의해 그곳에 던져졌다거나, 어떤 낯숫물에서 모험적으로 뛰어들었다는 그런 경우의 변동이 아니라면 고정적인 때와 장소는 인간학을 학문다운 학문으로 높이는 것을 매우 어렵게 만든다.' 그래서 변화를 불러오는 여행이나 여행기가 인간학에 있어서 중요한 수단이 되는 것이리라.

이때 모든 각도에서 풍부한 변화를 제공하는 항만도시 쾨니히스베르크 같은 곳은 '세상 지식과 인간 지식을 확장하기에 매우 좋은 장소라고 볼 수 있다. 그곳에서는 여행하지 않아도 그러한 지식이 얻어지는 것이다.' 칸트는 일생의 대부분 시간 동안 쾨니히스베르크를 떠난 적이 없었으나, 실로 이 도시에 의해 그 풍부한 인간 지식과 세상 지식을 얻을 수 있었던 것이다.

실용적 현실의 여러 모습

인식능력에 기초한 현상들

자기 인식이야말로 자유로운 자기 형성자로서의 인간을 가능하게 하는 것이며, 지상에 생명을 지닌 다른 모든 존재자를 넘어서서 인간을 높이고, 다른 모든 것과 구별되는 이성자, 즉 인격을 가능하게 하는 것이다. 그러나 실용적 인간은 곧장 자기중심적인 이기심으로 내달린다. 여기서 즉각 인간의 갖가지 병이 시작된다. 세계 속의 자기임에도 불구하고 자기가 세상을 장악하려 하는 것이다. 이와 같은 이기적 질환은 논리적, 미적, 실천적인 세 가지 측면으로 나타난다. 논리적 이기자란 자기 판단을 타인의 것에 비춰 보고 비교해 보려 하지 않는 태도를 가진 사람이다. 이로써 그런 자들은 오류에 빠질 뿐만 아니라 기교와 아집 등의 질환으로 빠져들어 간다. 미적 이기자란 예술적 아름다움의 시금석을 자기만의 미적 판단 속에서 찾고, 타인의 평가나 비난, 냉소에도 개의치 않고 자기가 지닌 취미에 만족하는 사람이다. 도덕적 이기자란 자기 의지의 규정 근거를 보편적인 의무 관념에 두려 하지 않고 단지 주관적인 자신의 이익과 행복에만 두는 자들로서, 실천적 이기주의 또는 행복주의의 무리이다.

그러나 어떤 경우에든 자기가 세상을 거머쥐고, 자기를 세상의 중심에 두며, 자기를 세상의 모든 척도로 삼고 그런 자기를 세상에 통하게 하려 한다면, 공존하는 세상의 다른 사람들의 이기심과 부딪치게 되기 마련이다. 그래서 실용적 영리함은 이기심을 감추고 몰아를 가장하는 겸손한 태도를 연출하는데, 나아가서는 '자기를 하나의 세계 공민으로 보고 행동하려는 사고방식', 곧 공공주의를 취한다.

자기에게로 눈을 향하는 자기의식이 지나치면 공상, 망상, 내성적, 잘난 척, 등과 같은 병에 걸린다. 자기의식은 인간의 본질이었음에도 불구하고 자기가 자기에게로만 틀어박히고 공존의 세계를 잊어버릴 때, 수많은 병을 일으키는 것이다. 그리고 이 병을 고쳐 건강해지려면, 실용적 영리함은 어쨌든 형태상의 공존 세계를 시인하고, 적어도 이 공존 세계를 실현시키고자 하는 도덕을 표방하지 않으면 안 된다. 이렇게 하여, 앞서도 말했듯이 실용적 인간의 영리함은 도덕의 가상을 연기하는 배우가 되고, 그것으로써 진실한 도덕이 준비되는 것이다.

하지만 인식은 단순히 행위적, 자발적인 지성적 능력에 의해서만 구성되는 것이 아니며, 동시에 수동적 수용성으로서의 감성능력을 필요로 하는 것이다. 그리고 전자가 논리적 규칙에 바탕하여 사유하는 순수한 자발성인 데 반해, 후자는 감각의 내용을 받아들이는 능력이다. 감성은 감각기관과 구상력을 포함한다. 감각기관은 다시 외부기관과 내부기관으로 나뉜다. 내부기관이 외부기관을 떠나 자기에게 머무르며 외부기관을 매개로 하지 않을 때, 내부기관의 현상을 외적 현상으로 굳게 믿는 착각이 더욱 높아져 망상이나 정신병이 생겨난다. 그렇게 시간적 내면의 명상으로 침체하는 것에서 병이 유래하는 것이라면, 그것의 쾌유는 외부기관의 대상인 외적 사물의 질서로 되돌아옴으로써 가능할 것이다.

감성 가운데 다른 하나인 구상력은 대상이 현존하지 않음에도 그것을 직관할 수 있는 능력이다. 본디 구상력은 감각기관과 지성을 매개하는 것으로서, 감각기관으로부터 재료를 얻어 지성에 의해 이끌리지 않으면 안 된다. 그런데도 그것이 곧바로 감각기관을 떠나 다시 지성을 잊어버리고, 자기 홀로 제멋대로 무규칙하게 행동하기 때문에 악몽, 몽유병, 공상, 망상, 우상, 착각 등의 질환에 걸리는 것이다.

구상력을 자극하는 것으로 음주가 있다. 음주는 우리를 사교로 나아가게 하는 실용성을 지닌다. 술자리는 혀를 느슨하게 한다. 따라서 모든 사람이 흉금을 털어놓고 뱃속에 딴 뜻을 품은 바 없이 솔직해진다. 그래서 술자리는 인간을 음험하고 영리한 실용적 사교의 가면을 쓰고 보편적 공공적인 세상으로 나아가게 하며, 그로써 참된 도덕적 사회생활을 준비하는 것 같은 도덕적 성질마저 갖게 되는 것이다. 물론 부인이나 사제, 유대인은 술에 취하지 않는 것이 그들의 처세훈이자 영리함이다.

인간은 모두 문명이 발전하면 할수록 점점 더 능숙한 배우가 되어 호의와 타인에 대한 존경, 그리고 상냥함과 이타성을 가장한다. 사교에 있어서 인간이 해야만 하는 모든 덕은 보조화폐이다. 그것을 순금이라고 생각하는 것은 어리석은 일이다. '그러나 세상에서 그와 같은 일이 행해진다는 것은 매우 다행한 일이기도 하다. 왜냐하면 인간이 그와 같은 역할을 연기함으로써, 결국에는 오랜 세월을 통해 단지 연기해 왔던 겉치레 덕의 진품인 진짜 덕이 차츰 환기되어 정말로 유효한 사고방식이 되어가기 때문이다.' 자연의 의도는 보조화폐인 겉치레 덕을 유통시킴으로써 진짜 덕을 준비하고, 우리를 진짜 덕으로 이끌려는 데에 있다. 실용적 세계는 그런 의미에서 줄곧 가상을 연기하여, 순금을 유통하는 진실한 세계(도덕적 세계)에 대해 준비가 되어 있는 것이다.

유쾌·불쾌 감정의 인간적 현상

유쾌 또는 불쾌는 감각기관에 의해 인간적으로 만족 또는 고통이라고 불리는데, 이에 대한 인간 세상의 현실은 그러한 만족과 고통의 싸움이다. '만족이란 생명을 촉진하는 감정이며, 고통은 그를 저지하는 감정이다. 그런데 (동물의) 생명이란 이미 현자도 주의하는 바와 같이, 이 만족과 고통의 싸움을 잇달아 계속해 나가는 것이다.' '어떠한 만족도 다른 만족으로 직접 이어지는 경우는 없으며, 하나의 만족과 다른 하나의 만족 사이에는 반드시 고통이 존재하지 않으면 안 된다.' 건강한 상태란, 생명을 저지하는 것과 같은 그러한 고통에 의해 계속 자극을 받아 생명을 촉진해 가는 것, 즉 고통과 만족의 싸움을 계속해 나가는 것이지, 결코 연속적으로 느끼는 무사함이나 만족이 아니다. 그래서 인간 세상에서는, 예를 들면 '두려움'과 '희망'의 상태가 끊임없이 뒤바뀌는 승부 가르기, 기대와 유쾌, 불안과 곤혹이 교차하는 연극, 기쁨과 희망 속에 질투의 아픈 마음을 끼워 넣는 연애소설 등이 만들어져서 유행하기에 이르는 것이다. 수고와 휴식이 교차하는 상태의 계속이기 때문에 인간은 노동에 의해 삶을 누리는 것이다.

이와 같은 인생의 상태를 거꾸로 안에서부터 보여주는 것이 무료함에 괴로워하는 자의 따분함이리라. 따분함만큼 괴로운 것은 없다. 영국인은 무료함을 달래기 위해 물에 빠져 죽는다고도 한다. 인간 세상은 인생을 보내기 위해, 즉 만족과 고통의 싸움 상태를 유지하기 위해 갖가지 일들을 발명하고 형성해 가는 것이다.

취미란 아름다움에 대한 감정이다. 그것은 어떤 대상을 아름다움이라고 판정하는 일에서 쾌감을 느끼는 것으로, 사회적이고 세상적이며 공통적인 기쁨이다. 또한 그것은 보편적인 미적 감정에 바탕하는 것인 이상, 공존의 세계, 공통의 세계에 있을 수 있는 기쁨이다. 취미는 현상으로 나타난 자유이자 도덕이라고도 할 수 있을 것이다.

그러나 이와 같은 취미의 병으로서, '유행을 좇는 것'과 '사치'를 들 수 있다. 유행을 따르는 것은, 세상에서 일반에게 널리 퍼져 아름답고 좋은 것으로 간주되는 세계에 가입해서 서로 남보다 더 좋게 보이려는 허영에 중점을 두는 어리석은 취미이다(물론 그런 유행이 여러 예술 분야를 고무하고 나아가 국민의 미적 생활을 도야한다는 이점을 갖기도 하지만). 하지만 어쨌든 세상에 존재하려는 이상, 칸트는 사람들에게 유행에 거스르는 기인이기보다는 유행을 따르는 어리석은 사람이 되기를 권했다. 한편으로 사치는 취미적인 환락 생활의 도를 넘어선 질환이다.

그런데 여기서 중요한 것은 취미와 도덕의 관계이다. 취미가 보편적이고 필연적인 규칙에 따르는 미적 판정의 작용이고, 합법칙성을 지닌 자유 활동 형식 자체에서 발견되는 만족인 이상, 이상적 취미는 외면적으로 도덕성을 촉진시키는 경향을 지닌다. '인간을 그가 속한 공동사회의 온갖 정황에 걸맞는 모양새를 갖추게 하는 것은 물론 그를 윤리적으로 선하게 한다. 다시 말해 그것은 도덕적 도야와 완전히 동일한 것을 의미하지는 않지만, 여러 공동체에서 타인의 마음에 들도록(바람직하게 여겨지도록, 타인들이 감탄하도록) 노력함으로써 인간은 그런 도야를 위한 준비를 하게 되는 것이다.' 취미가 공통성과 보편성 자체를 사랑하고, 공존의 세계를 시인하며, 공동 즐거움을 즐기고자 하는 것인 이상, 그것은 도덕의 세계를 준비하고 도덕의 세계로 향하는 것을 외면적으로 촉진하는 것이다. 유행을 벗어난 기인이 고독에 빠져 비사교적, 반사회적으로 되기 쉬운 위험성을 띠는 데 반해, 유행에 맞추려는 사람은 어쨌든 공통 세계를 시인하고 사교적이고자 하는 사람이다. 그리고 이런 이상 그것은 한 도덕의 세계에 가깝다고도 할 수 있는 것이다.

공통의 세계를 시인하고 그것을 촉진한다는 점에서 음악, 무도회, 승부 가르기 등을 통한 교제나 사교는 중요한 의미를 지닌다. 특히 회식은 공존적 인간성과 조화하여, 그것을 촉진시키는 것으로서 매우 중요하다. 함께 식사를 한다는 것 자체가 이미 서로 신뢰하는 공존의 세계를 가능하게 하는 일이라 할 수 있다. 이런 회식의 이점을 촉진하기 위해서는 회식에 참가하는 인원수(3명보다 많게, 9명보다 적게), 얼굴 하나하나, 예법, 화제, 화제의 이동 방법과 분위기, 말투,

식후 행사, 나아가 산책 뒤의 일 등에까지 세심하게 주의를 기울여야 한다. 어쨌든 이런 빈틈없는 사교는 공존공영의 인생을 인정하는 공공주의라고 할 수 있다.

욕구능력적 여러 현상

욕구능력의 현실은 특히 그것의 병증인 격정과 욕정을 중심으로 묘사된다. 이는 모두 욕구의 강한 자기주장으로서, 이성의 지배를 허용하지 않는 '마음의 병'이다. 격정은 돌발적이고 조급하며, 이성적 고려를 받아들이지 않는 무분별이다. 순간적인 저돌 맹진의 과격함이고 미쳐 날뛰는 일과성이며, 따라서 이내 진정되어 잊기기도 한다. 이에 반해 욕정은 시간을 인정하며, 아무리 과격해도 냉정한 고려와 결합되어 마음 깊이 뿌리내려 있기 때문에 쉽사리 가라앉지 않는 깊은 집념을 지닌다. '격정은 마치 제방을 무너뜨리는 홍수와 비슷한 작용을 하고, 욕정은 강바닥을 차츰 깊이 훑어내는 물의 흐름과도 닮았다. 격정은 신체에 마치 뇌졸중 발작처럼 작용하며, 욕정은 폐결핵 또는 야위는 병과도 비슷한 작용을 한다. 격정은 술에 취했을 때처럼 하룻밤 자고나면 뒤에 이어지는 두통을 남기고 깨어나지만, 욕정은 독극물을 삼켰을 때 일어나는 병 또는 기형으로 보아야 하며, 내과적 또는 외과적 정신과의사를 필요로 하고, 더구나 의사도 대부분은 뿌리 뽑는 치료 수단을 처방하는 재주 없이 언제나 임시변통적 치료 수단만을 강구할 수 있을 뿐 다른 방법을 알지 못한다. ……격정은 솔직해서 뱃속에 숨긴 것이 없고, 욕정은 이에 반해 음험하고 집요하다.'

욕정은 건강한 이성의 자유를 내팽개치게 하고, 올바른 이성의 지배를 깊은 집념으로 언제까지나 허용하지 않는 이른바 '순수실천이성의 암(癌)'이다. 그것은 실용적으로 단지 유해할 뿐만 아니라, 도덕적으로도 폐기해야 마땅한 것으로, 환자 자신이 치유하기를 바라지 않고, '건강한 이성의 지배'라는 유쾌한 방법을 받아들이지 않는 불치병이다. 욕정에 의한 인생의 불행과 악이 심각한 까닭도 이러한 점에 있다. 매우 뿌리 깊은 실용적 영리함이 계속되어, 인생에 있어 가장 유해하고 반실용적인 병이 욕정인 것이다.

칸트에 의해 욕정은 '자연적(생래적) 경향성의 욕정'과 '문화에서 생겨난 (획득적) 경향성의 욕정'으로 분류된다. 전자는 격정을 포함한 경향성의 욕정으로 복수욕도 여기에 속한다. 이에 비해 후자는 명예욕, 지배욕, 소유욕 등으로, 지극히 냉정하고 이성적인 고려 아래 일정한 목적을 지향하는 확고부동한 실용적이고 주관적인 의도와 결합되어 있는 것들이다.

인간의 성격

이상이 '인간의 내면 및 외면을 인식하는 방법에 대하여' 가르치는 실용적 인간학의 제1부인 데 반하여, 제2부는 '인간의 내면(정신)을 외면(육체)에서 인식하는 방법에 대하여' 논하는 '인간학적 성격학'이 된다. 거기서는 개인의 성격, 남녀 양성의 성격, 민족의 성격, 인류의 성격 등 네 가지가 기술된다.

개인의 성격은 다혈질, 우울질, 담즙질, 점액질로 나뉘는데, 이것은 인간이 감성적 자연적 존재자로서 지니는 고유의 식별 징표와, 또 인간이 단적으로 성격을 지닌다고 했을 때 인간만이 지니는 징표로 구별된다. 후자는 본능에서가 아니라 인간이 자기 자신의 자각적 의지에 바탕하여 형성하는 것으로서, 자유로운 이성자인 인간을 그렇지 않은 경우와 식별하는 징표이다. 그것은 모든 가격을 초월하여 대체할 수 없는 인간의 내면적 가치이며, 인간임을 결정짓는 징표이다.

양성의 성격에서는 남자다움, 여자다움이 문제가 된다. 남자다움은 체력이 강하고 용기가 있다는 것이며, 여자다움은 약함이다. 남성은 체력과 용기로 연약한 여자를 보호하고, 여성은 약하기 때문에 오히려 남성을 끌어당기며 지배하고 조종하여 자기를 보호하는 쪽으로 향하게 한다. 여성은 남성을 지배하기를 바라기 때문에 도리어 연약하고 부드럽지 않으면 안 된다. 그처럼 서로를 원하는 양자의 강한 결합에 의해, 성적 공동체로서의 가족을 통해 종족은 유지되어 간다. 자연의 의도는 매우 현명했다.

민족의 성격에 대한 부분에서는 인간의 여러 능력에 대한 인간학적 분석에 의해 훈련된 인간 관찰의 안목을 갖고, 또 개인 성격의 기술(記述)을 이용하여 각 민족—프랑스인, 영국인, 스페인인, 독일인 등—의 성격을 비교하는 묘사가 진전된다. 실용적 관점에 있어서 이러한 비교는 한쪽이 다른 한쪽에게 무엇을 기대해야 하는가, 또는 한쪽은 다른 한쪽을 자기 이익을 위해 어떻게 이용할 수 있을까를 판단하게 하는 것이다.

실용적 인간학의 총괄

인간종족의 성격

마지막으로 전반적이고 총괄적으로 말해 인간이라는 종족 자체는 어떤 특별한 성격을 지니는 것일까? 현실적 인간의 의의와 사명은 무엇이라고 판정해야 하는가? 칸트는 '인간의 규정에 대한 실용적 인간학의 총괄', 따라서 또한 '인간을 만들어 내는 특색의 묘사'로서 다음과 같이 말한다.

"인간은 사람들과 하나의 사회를 형성하여 그 사회에서 예술 및 학문을 통해 자기 자신을 도야하고, 시민화하며, 나아가 도덕화하도록 스스로의 이성에 의해 정해져 있다. 행복이라고 불리는 안일과 환락의 유혹에 수동적으로 몸을 맡기려는 동물적 경향이 아무리 강해도, 오히려 인간의 자연적 조야함 때문에 능동적으로 인간에게 얽혀 있는 방해물과 계속해서 싸우고, 자신을 인간성에 어울리는 사람이게 할 수 있도록 그 이성에 의해 정해져 있는 것이다."

다시 말해 먼저,

① 인간이란 사회적 존재임이 확실하다. 인간은 사회 속에서 공존하고 있다. 그럼에도 개인적이고 이기적이기 때문에 갖가지 자기모순과 실패, 실수, 악을 저지르는 것이다. 그리고 또한 병에 빠져든다.

② 인간은 인간으로 완성되어 이 세상에 있는 것이 아니라, 미완성인 채이다. 따라서 예술과 학문을 통해, 자기를 오직 자기 자신에 의해 자유롭게 형성(도야, 시민화, 도덕화)하지 않으면 안 된다. 자연성을 갈고닦아 유능해지고, 사회성을 익히며, 처세를 통해 영리해져야 한다. 나아가 도덕적 소질을 높여서 선한 사람이 되도록 노력하지 않으면 안 된다.

③ 이미 살펴본 바와 같이 한편으로 인간은 동물이다. 그래서 인간은 이 세상의 쾌락과 행복을 추구하고, 그러한 안일과 환락에 유혹당하여 몸을 맡기려 한다. 자기만의 쾌락과 행복을 찾아 서로 먹고 먹히는 늑대가 되기도 하지만, 인간은 이성을 부여받아 이성적 숙고를 하여 충동적인 쾌락 추구의 유혹을 이기고, 어떻게 하면 타인을 자기 행복에 이용할 수 있을까 하는 실용적 영리함을 고려한다. 그런데도 걸핏하면 노골적으로 이기심이 얼굴을 드러내 앞에서 말한 것처럼 실패나 실수, 병에 빠져든다. 그렇지만 어쨌든 유능해져서 처세술

을 익힌 다음 타인을, 세상을 자기 행복을 위해 이용하려 한다. 현실의 인간은 이러한 실용적 현실을 엮어내는 것이다.

그러나 다른 한편으로 인간에게는 도덕적 소질이 있다. 인간은 의무의 목소리, 양심의 목소리에 맞닥뜨리는 것이다. 이 목소리는 절대적, 무조건적으로 해야만 하는 일, 누구에게나 통용되는 일, 보편적으로 타당하도록 행위할 것을 다그친다. 신이 아닌 인간, 동시에 쾌락을 추구하는 본능과 충동에서 벗어나지 못하는 인간은 도덕의 목소리에 귀를 기울이고, 그것을 동경하기는 하지만 순수하게 도덕적 양심에 의해서만 규정되지는 않는다. 그렇지만 어쨌든 인간은 공존의

광장에 세워진 칸트의 동상
지금은 주변에 나무가 무성히 자라 동상을 감싸고 있다.

세상을 인정하고 그것을 전제로 하기 때문에, 타인과 세상을 배려하고, 적어도 도덕의 가상적 모습을 연기하지 않을 수 없는 실용적 현실에서의 인간성 개발 (숙달, 연마, 영리)은 문화로서 도덕을 위한 준비 단계가 되는 것이다. 도덕은 자기 원리에 반하는 실용적 실천에 대해 무조건적이고 절대적인 복종을 강요하지만, 실용적 현실이 도덕의 외형을 흉내내는 한, 그것에 의해 자기 자신의 준비를 하게 되는 것이다. 거기에는 실로 실용적 현실을 통한 이성의 교활한 지혜가 있다고도 할 수 있겠다.

맺는말
칸트를 살리는 길

시대와 장소
우리는 칸트를 신으로 여겨서는 안 된다. 확실히 그는 '칸트 이전의 철학은

모두 칸트에게로 흘러들어 오고, 칸트 이후의 철학은 모두 칸트에게서 흘러나왔다'고 해도 무리가 없는 대철학자이다. 하지만 칸트도 그의 시대와 장소 위에서 있었고, 또 그러지 않으면 안 되었다. 그도 시간과 공간 위에 두 발을 딛고 살며, 생각하고, 구상했던 것이다.

다시 이 시간과 공간을 되돌아보자.

앞에서 말한 것처럼 이곳 동프로이센은 18세기 서유럽의 근대시민화에서 비껴나 뒤떨어져 있던 변방이었다. 그곳은 여전히 전근대적인 체제와 봉건적인 관습의 강한 지배 아래에 있었다. 쾨니히스베르크는 길드인 중세 시민의식이 감도는 도시였고, 칸트는 이곳의 한 수공업자의 아들이었다. 내면의 신앙을 존중하는 피에티스무스적 신교는 이러한 상황 속에서도 순종적이고 경건한 시민의식을 강하게 하여, 서유럽에서처럼 사회 혁신을 위해 작용하는 일은 없었다. 하지만 쾨니히스베르크는 서유럽으로의 문호였다. 따라서 근대적 시민혁명의 분위기가 서쪽으로부터 그곳으로 전해져 왔고 자연과학과 자연과학적인 사고방식 또한 침투해 왔다. 이러한 분위기 속에서 칸트는 자유와 인간 존중 철학을 강조했다. 뒤처진 상황 속에서의 계몽, 그래서 우리는 오히려 칸트의 의의와 위대함을 더욱더 우러러보게 되는 것이다.

다만 유감스러운 것은 뒤늦은 상황 속에서 칸트가 주장하는 자유는 서유럽의 시민혁명과는 달리 내면적 자유의 강조라는 방향을 취하지 않으면 안 되었다는 것이다. 칸트는 이 뒤처진 사회를 근대화하기 위해, 계몽군주로 존경받는 프리드리히 대왕의 이른바 위로부터의 계몽에 기대를 걸었던 것이다. 칸트는 그 자신이 프리드리히 대왕을 존경해 마지않는 선량한 신민이었다. 또한 귀족이나 기사와도 교분을 갖고 상류사회의 관습을 익힌 사교인이었다. 그런 점에서는 확실히 칸트의 사고방식과 행동의 애매함을 엿볼 수 있다. 그러나 어쨌든 칸트는 비판철학에 철저하여 도덕적 자유를 주장하고, 인간다운 인간의 철학을 관철했다고 할 수 있다. 거기에서 우리는 시대와 장소를 전진시키려 했던 칸트의 주장에 귀 기울이게 되는 것이다.

탐구와 비판

우리가 처해 있는 오늘날의 상황은 칸트가 처했던 시대와 장소와는 크게 다르다. 따라서 우리에게는 칸트의 철학 사상을 계속 익혀서 그것을 오늘날의 상황 속에서 살려 나가는 일이 중요할 것이다. 오늘날은 저 18세기적인 주관적 자유주의와 이성적 개인주의가 맞닥뜨리게 된 모순 때문에 고뇌하고 있는 시대라고도 할 수 있다. 우리가 오늘날 처해 있는 상황(시간적 공간적 상황) 속에서 이 상황을 비판하고, 그것을 혁신하며, 진정으로 인간다운 인간 사회를 만들어 내는 것, 그것이야말로 오늘날의 '우리 안에 있는 도덕률'이 바라는 바가 아닐까?

칸트식으로 말할 때 탐구 없는 비판은 공허하고, 비판 없는 탐구는 맹목일 것이다. 충분한 탐구 없는 비판은 헛바퀴 돌기 마련이다. 거꾸로 비판적 정신을 지니지 않은 탐구는 이 모순과 혼란과 불안으로 가득 찬 오늘날의 상황 속에서 단지 그 안에 묻히고, 휩쓸리고, 그것에 아양 떨게 마련이다. 풍부한 탐구와 날카로운 비판 정신에 의해 회색의 현실을 장밋빛 희망으로 바꾸도록 노력하는 것, 그것이 오늘날 칸트를 살리는 길이 아니겠는가?

칸트 연보

1724년	4월 22일, 쾨니히스베르크에서 태어나다.
1732년(8세)	콜레기움 프리데리키아눔에 입학.
1737년(13세)	어머니 죽음(1698~1737).
1740년(16세)	쾨니히스베르크 대학 입학.
1746년(22세)	대학 졸업. 《활력의 참된 측정술에 대한 사상》(졸업논문·첫 작품) 아버지 죽음(1682~1746).
1747년(23세)	가정교사로 일하다.
1754년(30세)	〈지축의 회전에 의해 지구가 겪는 변화〉
1755년(31세)	이 무렵, 가정교사를 마치고 대학으로 돌아옴. 《보편적 자연사와 천체이론》, 〈불에 대하여〉(마기스터 학위(석사) 논문), 〈형이상학적 인식의 첫 번째 원리에 대한 새로운 해석〉(개인강사 자격논문), 쾨니히스베르크 대학에서 개인강사로 취임.
1756년(32세)	〈지진의 원인에 대하여〉《물리적 단자론》〈바람 이론의 해명에 대한 새로운 주해〉
1757년(33세)	〈자연지리학 강의 개요. 부록 : 서풍론〉
1758년(34세)	〈운동과 정지의 새로운 개념〉
1759년(35세)	〈낙관주의 시론〉
1762년(38세)	헤르더가 칸트의 강의를 듣다.
1763년(39세)	〈신의 존재를 증명하기 위한 유일하게 가능한 논거〉, 〈부정량의 개념을 세계지에 도입하는 시도〉
1764년(40세)	《미와 숭고의 감정에 대한 고찰》, 《자연신학과 도덕 원리의 명확성에 대한 고찰》
1766년(42세)	왕립도서관 부사서로 취임(1766~1772). 〈형이상학의 꿈에 의해

해명된 시령자의 꿈〉

1770년(46세)   논리학 형이상학 정교수로 취임함. 《감성계와 예지계의 형식과
              원리》(정교수 취임논문, 출판)

1778년(54세)   할레 대학의 교수 초빙을 거절하다.

1781년(57세)   《순수이성비판》

1783년(59세)   《장래의 모든 형이상학을 위한 프롤레고메나》

1784년(60세)   〈세계시민적 관점에서의 일반사의 이념〉, 〈계몽이란 무엇인가
              라는 물음에 대한 대답〉

1785년(61세)   《윤리형이상학 기초》

1786년(62세)   〈인류사의 추측상의 기원〉, 《자연과학의 형이상학적 원리》, 쾨
              니히스베르크 대학 학장이 되다.

1787년(63세)   《순수이성비판》 제2판. 왕립과학학사원 회원이 되다.

1788년(64세)   《실천이성비판》, 대학 학장이 되다(재임).

1790년(66세)   《판단력 비판》

1793년(69세)   《단순한 이성의 한계 안에서의 종교》

1794년(70세)   종교에 대한 강의나 저작을 금지당하다.

1795년(71세)   《영원한 평화를 위하여》

1796년(72세)   노령으로 강의를 그만두다.

1797년(73세)   《윤리형이상학》

1798년(74세)   《학부들의 논쟁》, 《실용적 관점에서 본 인간학》

1800년(76세)   《논리학》(예세 편찬)

1802년(78세)   《자연지리학》(링크 편찬)

1803년(79세)   《교육학》(링크 편찬)

1804년(80세)   2월 12일 칸트 죽음.

정명오

서울대학교 문리대 및 대학원 철학과를 졸업했다. 동국대학교 대학원에서 박사학위를 받았다. 경북대학교, 한국외국어대학교를 거쳐 인하대학교 교수를 지냈다. 지은책에《현대사회학(공저)》《민주사회와 윤리(공저)》, 논문에《하이데거에 있어서 존재의 사유와 진리의 본질》《하이데거와 실존철학》등이 있다. 옮긴책에 플라톤의《국가》《소크라테스의 변명》, 아리스토텔레스의《시학》《니코마스윤리학》, 하이데거의《존재와 시간》, 칸트의《실천이성비판》등이 있다.

Immanuel Kant
KRITIK DER REINEN VERNUNFT
순수이성비판
임마누엘 칸트/정명오 옮김
1판 1쇄 발행/2016. 6. 9
1판 3쇄 발행/2023. 5. 1
발행인 고윤주
발행처 동서문화사
창업 1956. 12. 12. 등록 16-3799
서울 중구 마른내로 144(쌍림동)
☎ 546-0331~2 Fax. 545-0331
www.dongsuhbook.com
✻

사업자등록번호 211-87-75330
ISBN 978-89-497-0908-6 04080
ISBN 978-89-497-0382-4 (세트)